Ulrich Weber / Andreas Mauz / Martin Stingelin (Hg.)

Dürrenmatt-Handbuch

Leben – Werk – Wirkung

Unter Mitarbeit von Simon Morgenthaler, Philip Schimchen, Kathrin Schmid
und Benjamin Thimm

J. B. Metzler Verlag

Die Herausgeber

Ulrich Weber ist wissenschaftlicher Mitarbeiter am
Schweizerischen Literaturarchiv, Bern, am Centre
Dürrenmatt, Neuchâtel, und Betreuer des literarischen
Nachlasses von Friedrich Dürrenmatt.
Andreas Mauz ist Oberassistent am Institut für Hermeneutik
und Religionsphilosophie (IHR) der Universität Zürich und
Koordinator des Netzwerks Hermeneutik
Interpretationstheorie (NHI).
Martin Stingelin ist Professor für Neuere deutsche Literatur
an der Technischen Universität Dortmund.

Schweizerische Eidgenossenschaft
Confédération suisse
Confederazione Svizzera
Confederaziun svizra

Eidgenössisches Departement des Innern EDI
Schweizerische Nationalbibliothek NB

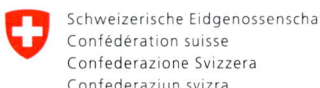

Die Drucklegung des vorliegenden Bandes wurde
ermöglicht durch finanzielle Unterstützung der Charlotte
Kerr Dürrenmatt-Stiftung (Bern), der Burgergemeinde
Bern, der Stiftung Pro Scientia et Arte (Bern) und der
Stiftung Dürrenmatt-Mansarde (Bern).

ISBN 978-3-476-02435-0
ISBN 978-3-476-05314-5 (eBook)
https://doi.org/10.1007/978-3-476-05314-5

Die Deutsche Nationalbibliothek verzeichnet diese
Publikation in der Deutschen Nationalbibliografie;
detaillierte bibliografische Daten sind im Internet
über http://dnb.d-nb.de abrufbar.

J. B. Metzler
© Springer-Verlag GmbH Deutschland,
ein Teil von Springer Nature, 2020

Einbandgestaltung: Finken & Bumiller, Stuttgart
(Foto: Picture Press/Herbert Peterhofen)

J. B. Metzler ist ein Imprint der eingetragenen Gesellschaft
Springer-Verlag GmbH, DE und ist ein Teil von Springer Nature
Die Anschrift der Gesellschaft ist:
Heidelberger Platz 3, 14197 Berlin, Germany

Inhalt

Vorwort

Das vorliegende Handbuch erscheint zu einem doppelten Jubiläum: Am 14.12.2020 jährt sich Friedrich Dürrenmatts Todestag zum dreißigsten Mal, am 5.1.2021 feiert er seinen hundertsten Geburtstag. Der gewichtigere Anlass zur Publikation war freilich ein anderer. Ein Handbuch stellte, nebst editorischen Projekten, das vielleicht größte Desiderat der Dürrenmatt-Forschung dar. Seit dem Tod des Autors sind nur zwei schmale und eher populäre Gesamtdarstellungen des Werkes erschienen, die den gegenwärtigen Forschungsstand weder abbilden können noch wollen. Die verschiedenen älteren Einführungen, die nach wie vor regelmäßig genutzt werden, reflektieren mehrheitlich den Forschungs- und Werkstand der 1970er Jahre. Entsprechend streifen sie das Spätwerk Dürrenmatts nur und werden seiner Stellung bedingt gerecht. Schließlich tragen die genannten Titel auch dem Bildwerk nicht oder nur minimal Rechnung. Mit dem vorliegenden Buch liegt nun erstmals ein Referenzmedium vor, das – der Grundstruktur der Reihe gemäß – die Trias von Leben, Werk und Wirkung des Autors umfassend darstellt.

Dabei ist es fast müßig zu sagen, dass ›umfassend‹ ein großes Wort ist. Umfassender geht immer, vor allem bei einem literarischen Werk, dessen derzeit maßgebliche Ausgabe 37 Bände aufweist, zu denen nicht nur ein umfangreiches Bildwerk hinzu treten, sondern neuerdings auch fünf voluminöse Bände des nachgelassenen *Stoffe-Projekts* (Zürich 2020), die ihrerseits von einer vollständigen rund 30.000 Manuskriptseiten starken Online-Edition begleitet werden.

Dreißig Jahre nach seinem Tod ist Friedrich Dürrenmatt noch sehr präsent – in der Literaturwissenschaft wie im breiteren Kulturbetrieb, in der Schweiz wie international. Der Autor ist nicht nur ein Klassiker, sondern ein gegenwärtiger Klassiker. Das belegt neben dem kontinuierlichen Erscheinen von Forschungsbeiträgen vor allem auch seine Präsenz auf den Bühnen. Gemäß der *Statistik des deutschen Bühnenvereins* gehört Dürrenmatt konstant zu den meistgespielten 25 Autorinnen und Autoren der jeweiligen Spielzeiten; er fungiert damit jeweils unter den drei bis sechs meistgespielten deutschsprachigen Dramatikern des 20. Jahrhunderts.

Die Daten des Theaterbetriebs belegen, näher betrachtet, freilich auch die starke Kanonisierung, die den anhaltenden Erfolg begleitet: Dürrenmatt ist in weiten Kreisen in erster Linie der Autor tragischer Komödien, unter denen die Welterfolge *Der Besuch der alten Dame* und *Die Physiker* herausragen. Der Dramatiker wird sekundiert vom Krimiautor: Dürrenmatt-Krimis halten sich beharrlich im Kanon gymnasialer Lektüren, sie wurden teils auch nach dem Tod des Autors neu verfilmt und werden derzeit im Zuge des Trends von Prosadramatisierungen ihrerseits auf die Bühne gebracht.

Ein Handbuch kann von diesen Spurrillen der Rezeption nicht absehen; es darf sie aber auch nicht schlicht reproduzieren. Das gilt nicht nur im Bereich des Werks, wenn den Beiträgen zu den einschlägigen Texten, zu deren Wirkung viel zu sagen wäre, nicht beliebig großer Umfang zugestanden wurde. Es gilt auch im Bereich der textübergreifenden Erschließung. So bieten die Abteilungen IV (*Motive und Diskurse*) und V (*Ästhetik und Poetik*) nebst erwartbaren Lemmata, die bereits im Sprachgebrauch des Autors prominent hervortreten (etwa ›Labyrinth‹, ›Groteske‹, ›schlimmstmögliche Wendung‹), auch Stichworte, die auf wenig erschlossene Zusammenhänge hinweisen (etwa ›Körper‹ oder ›Tiere‹). Diese Beiträge zeigen besonders deutlich, was für das gesamte Buch gilt: Es möchte nicht nur Grundinformationen zum Werk bieten und verdichtet den Stand der Forschung abbilden, sondern nach Möglichkeit auch Hinweise für die künftige Beschäftigung mit dem Autor geben.

Der Abschluss des Projekts unter Corona-Bedingungen hatte es in sich. Wir sind allen Kolleginnen und Kollegen, die sich nicht nur am Projekt beteiligt, sondern dessen fristgerechte Publikation ermöglicht haben, zu größtem Dank verpflichtet. Das gilt zunächst für die Autorinnen und Autoren, die bereit waren, ihre Dürrenmatt-Kompetenz in den Dienst des Handbuches zu stellen. Unsere Schlussredaktorinnen und -redaktoren Kathrin Schmid (Bern), Simon Morgenthaler (Basel), Benjamin Thimm und Philip Schimchen (Dortmund) haben sämtliche Texte mit großer Sorgfalt bearbeitet und auch einige Beiträge beigesteuert. Ein besonderer Dank gilt dem Metzler Verlag und vor allem Dr. Oliver Schütze und Dr. Ferdinand Pöhlmann; sie haben die undankbare Aufgabe, den Abschluss unter schwierigen Bedingungen zu begleiten, mit Souveränität und Nachsicht gemeistert. Das Schweizerische Literaturarchiv (Leiterin: Irmgard M. Wirtz) und die Schweizerische Nationalbibliothek haben ihre Infrastruktur zur Verfügung gestellt, und das Centre Dürrenmatt Neuchâtel (Leiterin: Madeleine Betschart) hat freundlicherweise den Abdruck der Dürrenmatt-Bilder genehmigt. Unser geschätzter Kollege Davide Giuriato (Deutsches Seminar, Universität Zürich) hat dem Projekt das unverzichtbare institutionelle Dach geboten. Wir danken insbesondere auch Irmgard Thiel für ihre zuverlässige Betreuung der Finanzen. Die Drucklegung und der günstige Ladenpreis wurden ermöglicht durch Beiträge der Burgergemeinde Bern, der Stiftung Pro Scientia et Arte (Bern) und der Stiftung Dürrenmatt-Mansarde (Bern). Auch ihnen gilt unser Dank.

Eigens zu erwähnen ist das große Engagement der Charlotte Kerr Dürrenmatt-Stiftung (Bern). Ohne ihre Finanzierung der mehrjährigen Koordinations- und Redaktionsarbeit wäre die Realisierung des Handbuchs nicht möglich gewesen.

Bern / Basel / Dortmund, September 2020
Die Herausgeber

I Biografie und Kontexte

1 Ein unspektakuläres Leben. Biografischer Abriss

Kindheit im Emmental

Friedrich Dürrenmatt pflegte zu sagen, er habe keine Biografie. Sein Leben verlief äußerlich unspektakulär und undramatisch: Er wurde am 5.1.1921 in Stalden (später Konolfingen) am Rand des Emmentals, wenige Kilometer von Bern entfernt, geboren und starb am 14.12.1990 in Neuchâtel, wo er seit 1952 wohnte, keine siebzig Kilometer von seinem Geburtsort entfernt. Mit 25 Jahren heiratete er die Schauspielerin Lotti Geissler (1919–1983), mit der er drei Kinder hatte. Nach ihrem Tod heiratete Dürrenmatt 1984 ein zweites Mal und verbrachte die letzten Lebensjahre mit der deutschen Schauspielerin und Filmemacherin Charlotte Kerr (1927–2011).

Sein Vater Reinhold Dürrenmatt (1881–1965), seit 1912 in Stalden/Konolfingen als Pfarrer tätig, war seinerseits der Sohn des streitbaren Zeitungsherausgebers, -redakteurs und Nationalrats Ulrich Dürrenmatt (1849–1908), eines konservativen Querkopfs, der um die Jahrhundertwende mit seinen frechen Gedichten auf der Titelseite seiner *Berner Volkszeitung*

immer wieder für Beifall und Ärger gesorgt hatte. Auch die auf Ulrich Dürrenmatt folgenden Generationen brachten regional und national bekannte Figuren hervor: Hugo Dürrenmatt (1876–1957), der ältere Bruder Reinholds, war langjähriges Mitglied der Berner Kantonsregierung, und dessen Sohn Peter (1904–1989), Friedrich Dürrenmatts Vetter, war ebenfalls Nationalrat und Chefredakteur der *Basler Nachrichten*; er schrieb eine vielgelesene *Geschichte der Schweiz*.

Während die Mutter Hulda (1886–1975), ihrerseits Tochter des Politikers und Gemeindepräsidenten von Wattenwil, Friedrich Zimmermann, eine resolute und dominante Person war, die dem Sohn als packende Erzählerin der biblischen Geschichten in Erinnerung blieb, war der Vater Reinhold introvertiert, eher ein stiller Gelehrter als ein mitreißender Prediger. Doch nahm er seine Aufgabe als Seelsorger in der weitläufigen Gemeinde, in der es viele freikirchliche und sektiererische Gruppierungen gab, sehr ernst. Fritz Dürrenmatt (wie Friedrich als Kind und von Familie und Freunden sein Leben lang genannt wurde) war das erste Kind des lange kinderlos gebliebenen Paars, das ein paar Jahre zuvor eine Pflegetochter, Elisabeth Gori (1916–1990), bei sich aufgenommen hatte. Drei Jahre nach Fritz kam seine Schwester Verena, genannt Vroni (1924–2018), zur Welt. Fritz besuchte die Primarschu-

Abb. 1.1 Friedrich Dürrenmatt als Kind mit den Eltern und der jüngeren Schwester Verena in Konolfingen, um 1924.

J. B. Metzler © Springer-Verlag GmbH Deutschland, ein Teil von Springer Nature, 2020
U. Weber / A. Mauz / M. Stingelin (Hg.), *Dürrenmatt-Handbuch*, https://doi.org/10.1007/978-3-476-05314-5_1

le in Stalden/Konolfingen und die Sekundarschule in Grosshöchstetten. Der Knabe interessierte sich ebenso für Astronomie wie für Abenteuerromane und war ein leidenschaftlicher Zeichner. Im Jahr 1931 erlitt er bei einem Zusammenstoß mit einem Motorrad innere Verletzungen (›Blutsturz‹) und durchstand Todesängste. Auch eine ›Kopfgrippe‹ – eine leichte Kinderlähmung – prägte seine Kindheit, sie machte den Sportbegeisterten schwerfällig.

Die Emmentaler Herkunft verbindet Dürrenmatt mit dem Lieblingsautor seiner Mutter: Jeremias Gotthelf (1797–1854). Dieser hatte als Pfarrer in Lützelflüh in einer stark dialektal gefärbten, sinnlich-reichen Sprache die bäuerliche Welt des 19. Jahrhunderts in großen realistischen und moralistischen Romanen beschrieben. Doch gerade Konolfingen passte als Dorf nicht in das Bild der naturwüchsigen Bauerngesellschaft und gottgewollten Ordnung, wie es in Gotthelfs Romanen beschworen wird: Das Dorf entstand erst um die Wende zum 20. Jahrhundert an einer Straßenkreuzung und um die neu gegründete Milchsiederei Stalden, die bald zu einem wichtigen Arbeitgeber für die Region wurde. Dürrenmatt wuchs also an einer Schnittstelle zwischen moderner Industrie und traditionellem Bauerntum auf. Auch als Bahnknotenpunkt war das Dorf mit der großen Welt verbunden.

Dürrenmatt blieb, auch wenn er erklärtermaßen Welttheater schrieb, mit seiner Sprache und seinen Motiven zeitlebens im Regionalen verankert: Anders als die Mehrheit der Deutschschweizer Autorinnen und Autoren seiner Zeit strebte er nicht nach einer von allen dialektalen und regionalen Spuren gereinigten Sprache, vielmehr war für ihn die mundartlich grundierte schriftstellerische Kunstsprache ein Mittel, auf Eigenständigkeit zu beharren: »Es gibt Kritiker, die mir vorwerfen, man spüre in meinem Deutsch das Berndeutsche. Ich hoffe, daß man es spürt. Ich schreibe ein Deutsch, das auf dem Boden des Berndeutschen gewachsen ist« (WA 32, 123).

Jugend in der Stadt Bern

1935 zog die Familie nach Bern um, wo der Vater eine Stelle am Salem-Krankenhaus annahm, das vom Diakonissen-Orden betrieben wurde. In Bern besuchte Dürrenmatt zunächst das evangelische Freie Gymnasium. Nach ein oder zwei Jahren drohte die Relegation wegen seiner Undiszipliniertheit und ungenügender Noten. Seinen Wunsch, Maler zu werden, akzeptierten die Eltern nur unter der Bedingung, dass er

zuerst die Matura (= Abitur) bestände. Dürrenmatt besuchte deshalb in der Folge das private ›Maturitätsinstitut‹ Humboldtianum, weiterhin mit wenig Disziplin. Gleichwohl schaffte er mit enormer Willensleistung im Sommer 1941 die eidgenössische Matura Typus A (Alte Sprachen). In einem Brief an seinen Vater aus der Zeit nach der Matura brachte er seine Berufsabsichten klar zum Ausdruck: »Es handelt sich hier nicht darum zu entscheiden[,] ob ich ein ausübender Künstler werde oder nicht, denn da wird nicht entschieden, sondern das wird man aus Notwendigkeit. Und das[s] ich ein Künstler werden kann und muss, weiss und fühle ich. – Das Problem liegt ja bei mir ganz anders. Soll ich malen oder schreiben. Es drängt mich zu beidem. Aber ich weiss auch[,] dass man diese beiden Künste nicht gleichzeitig ausüben darf; denn bald wird einer zu einem Zwitter, er schreibt da, wo er malen sollte, und wo Schreiben am Platze gewesen wäre, greift er zum Pinsel« (zit. nach Weber 2020, 59).

Die Gymnasialzeit und auch noch das Studium sah Dürrenmatt rückblickend im Zeichen der Rebellion. Von der Welt der Eltern setzte er sich u. a. durch ein pubertäres Sympathisieren mit faschistischen Bewegungen und Hitler ab. Am Ende seiner Gymnasialzeit und zu Beginn seines Studiums war er, wie er in seinen autobiografischen *Stoffen* berichtet, für kurze Zeit Mitglied einer frontistischen Jugendorganisation (vgl. WA 28, 189). Die Haltung scheint sich – nicht zuletzt dank der Bekanntschaft mit jüdischen Autoren und Gelehrten, mit Emigranten und Flüchtlingen – bald in eine Ablehnung Hitlers gewandelt zu haben, ohne dass der Student große Sympathien für die Alliierten empfunden hätte, die ihm kulturell fremd waren. Seine Haltung war eher apolitisch: »Es war für mich unmöglich, im Weltgeschehen einen Kampf zwischen ›guten und schlechten Mächten‹ zu sehen, was damals die meisten taten [...]. Das Zusammenkrachen Europas spielte sich für mich wie eine Naturkatastrophe jenseits aller Moral, aber auch jenseits aller Vernunft ab, für mich trugen alle die Schuld an einem Massaker ohnegleichen, die Opfer und die Henker, der Strudel einer unsinnigen Apokalypse riß alle hinab. Der Mensch erschien mir als kosmischer Mißgriff, als Fehlkonstruktion eines offenbar gleichgültigen, wenn nicht stumpfsinnigen Gottes, für den bestenfalls Hitler als Symbol dienen konnte, als Weltfratze, von der allgemeinen Unvernunft heraufbeschworen« (197).

Unentschieden zwischen Malerei und Literatur begann Dürrenmatt in Bern ein Studium der Literatur-

Abb. 1.2 Friedrich Dürrenmatt als Student, um 1944.

wissenschaft und Kunstgeschichte, zwei Jahre später wechselte er zur Philosophie. Dazwischen lag eine nach wenigen Wochen abgebrochene Rekrutenschule (Dürrenmatt wurde wegen seiner Kurzsichtigkeit in den militärischen Hilfsdienst versetzt) und ein Wintersemester in Zürich, wo er kaum die Universität besuchte. Eine französischsprachige Walliser Malerin, Christiane Zufferey, wurde dort seine Freundin, und er diskutierte mit dem expressionistischen Maler Walter Jonas und seinem Umfeld über Kunst und Literatur. Hier begegnete er erstmals dem Namen Kafkas. Am Schauspielhaus Zürich sah Dürrenmatt die Uraufführung von Brechts *Der gute Mensch von Sezuan*. Mit einer Hepatitisinfektion kehrte er früher als geplant nach Bern zurück, doch sah er diese Monate in Zürich im Rückblick als Phase eines intellektuellen wie literarisch-künstlerischen Durchbruchs. Neben einem Kooperationsprojekt mit Jonas (*Buch einer Nacht*) und erzählerischen und dramatischen Versuchen entstand damals – angeregt durch einen Besuch beim Georg Büchner-Gedenkstein – der früheste Text, den er später zu seinem Werk zählte: *Weihnacht* (vgl. WA 28, 278 f.).

Den besten Ausdruck für die wilde, expressive Ausdruckslust des Studenten Dürrenmatt geben die Wandmalereien, mit denen er sich in der im Sommer 1942 bezogenen Mansarde in der Berner Laubeggstraße über der Wohnung der Eltern umgab (vgl. Abb. 1.3). Sie oszillieren in leuchtenden Farben zwischen Rebellion gegen den christlichen Glauben der Eltern, Spiel mit der griechischen Mythologie, Auseinandersetzung mit dem Kriegsgeschehen, karikaturistischem Witz und bedrängenden apokalyptischen Visionen.

Zurück in Bern besuchte Dürrenmatt ab Herbst 1943 vor allem die Vorlesungen und Seminare des Philosophen Richard Herbertz, bei dem Jahre zuvor auch Walter Benjamin doktoriert hatte. Im Zentrum von Dürrenmatts philosophischen Interessen standen Platon (über dessen Höhlengleichnis er ein Referat hielt), Kant und Søren Kierkegaard. Über den dänischen Philosophen wollte er auch eine Dissertation verfassen, deren Titel *Kierkegaard und das Tragische* lauten sollte. Doch brach er 1946 das Studium ab, ohne seine Arbeit geschrieben zu haben. Verschiedene Faktoren spielten dabei wohl eine Rolle: Kurz zuvor hatte sich Dürrenmatt von Christiane Zufferey getrennt und die Schauspielerin Lotti Geissler kennengelernt, die er noch im gleichen Jahr heiratete. Während seines Studiums hatte er stets gezeichnet und geschrieben. Waren seine ersten Versuche im Drama noch epigonal an Büchner orientiert gewesen, so gab ihm die Niederschrift des Stücks *Es steht geschrieben* über den Wiedertäuferstaat in Münster im 16. Jahrhundert die Gewissheit, eine eigene schriftstellerische Sprache gefunden zu haben. Es war wohl nicht zuletzt das Studium Kierkegaards, dieses fundamentalen Kritikers aller systematisch-akademischen und existenzfernen Philosophie, das den Entscheid herbeiführte, das Studium abzubrechen. Dürrenmatt stellte auch die Malerei zurück und wagte die Existenz als freier Schriftsteller.

Karriereanfänge als religiöser Dramatiker

Nach der Heirat zog das Paar zunächst nach Basel um, wo es in einem leerstehenden ehemaligen ›Greisenasyl‹ ein paar Zimmer bezog. Lotti, die als Sechzehnjährige im Heimatfilm *Ds Vreneli am Thunersee* debütiert hatte und während der Kriegsjahre in Deutschland und der Schweiz als Schauspielerin tätig gewesen war, hatte am Basler Theater ein Engagement für kleine Rollen als Schauspielerin, das jedoch bald mit ihrer ersten Schwangerschaft ein Ende nahm. Am 6.8.1947

Abb. 1.3 Die Mansarde, die Dürrenmatt 1942/43 ausmalte. Heutiger Zustand.

Abb. 1.4 Hochzeit mit
Lotti Geissler in Ligerz,
12.10.1946, mit den
eigenen Eltern (li.) und
der Schwiegermutter
Cécile Falb (re.).

wurde Sohn Peter geboren. In Basel fand Dürrenmatt ein anregendes Umfeld; zu den wichtigsten Diskussionspartnern gehörten der protestantische Theologe Karl Barth, dessen – die dialektische Theologie begründenden – *Römerbrief*-Kommentar Dürrenmatt bereits in Bern gelesen hatte, und der Germanist Walter Muschg, der die Erinnerung an die von der Nazizeit verschüttete Literatur des Expressionismus wach hielt. Der Regisseur und Schauspieler Kurt Horwitz, seit kurzem Theaterdirektor in Basel, zeigte von Anfang an großes Interesse für den jungen Dramatiker. Er hatte dessen Erstling *Es steht geschrieben* bereits 1946 im Manuskript gelesen und war sehr beeindruckt, wenn er auch an der Möglichkeit zweifelte, ihn auf die Bühne zu bringen und eher auf das zweite, bereits fertige Stück *Der Blinde* setzte. Das Schauspielhaus Zürich jedoch interessierte sich für den Erstling; es kam zum Streit, schließlich zum Kompromiss: Horwitz brachte das Stück *Es steht geschrieben* am 19.4.1947 am Zürcher Schauspielhaus zur Uraufführung; das Publikum war zwischen Begeisterung und Empörung gespalten, es kam zu tumultuösen Szenen. Horwitz und sein Theaterfreund Ernst Ginsberg, beide aus Deutschland emigriert, beide jüdischer Herkunft und zum Katholizismus konvertiert, wurden zu den wichtigsten Förderern des jungen Dramatikers. Ginsberg inszenierte das zweite Stück, *Der Blinde*, am 10.1.1948 in Basel; auch bei *Romulus der Große* (UA 25.4.1949) übernahm er die Regie, während Horwitz die Titelrolle spielte. Horwitz sah in Dürrenmatt eine Art protestantisches Pendant zum katholischen Dramatiker Paul Claudel, dessen *Seidenen Schuh* er in Zürich in deutschsprachiger Erstaufführung inszeniert hatte. Die Freundschaft Dürrenmatts zu den beiden kühlte sich ab, als Horwitz die 1949/1950 geschriebene Komödie *Die Ehe des Herrn Mississippi* ablehnte. Sie kam erst 1952 an den Münchner Kammerspielen in der Regie von Hans Schweikart zur Uraufführung und brachte Dürrenmatt den Durchbruch in Deutschland.

Schwierige Jahre des Aufstiegs – Brotarbeiten

Trotz der raschen Anerkennung, die die Auszeichnung seines ersten Stücks mit dem renommierten Welti-Preis für das Drama mit sich brachte, waren die ersten Jahre von Dürrenmatts Laufbahn als freier Schriftsteller und Dramatiker von großen finanziellen Schwierigkeiten geprägt. Zwar hatte er für einige Zeit feste Einkünfte: Der Reiss-Theaterverlag zahlte ihm einen fixen monatlichen Betrag und das Cabaret Cornichon – das wichtigste Schweizer Kabarettensemble der damaligen Zeit – engagierte ihn 1948 als Sketch-Autor. Diese Zusammenarbeit nahm allerdings ein rasches Ende, zudem scheiterte Dürrenmatt mit einem Stück zum *Turmbau zu Babel*. Als nach dem Zwischenerfolg mit *Romulus der Große* (25.4.1949) das *Mississippi*-Stück abgelehnt wurde, fielen diese regelmäßigen Einkünfte weg und Dürrenmatt stand vor dem finanziellen Nichts. Immer wieder bemühte er sich um Unterstützungsbeiträge und versuchte zugleich konsequent, mit dem Schreiben Geld zu verdienen: Er schrieb Theaterkritiken für *Die Nation* und später *Die Weltwoche*, verfasste für die in der Deutschschweiz viel gelesene Zeitschrift *Der Schweizerische Beobachter* zwei Kriminalromane in Fortsetzungen – *Der Richter und sein Henker* und *Der Verdacht* – und fasste zwischen 1951 und 1956 sieben Hörspiele ab. »Die westdeutschen Rundfunkanstalten waren damals unsere Mäzene« (WA 29, 64), schreibt er – mit Seitenblick auf den zehn Jahre älteren Max Frisch, mit dem er sich in dieser Zeit befreundete. Dürrenmatt, der wohl unter den Schweizer Autoren des 20. Jahrhunderts von Rang am meisten Geld verdient hat, war die ersten zehn Jahre seines Berufslebens auf bedeutende finanzielle Unterstützung aus privater und öffentlicher Hand angewiesen.

Nicht nur die Regisseure wurden auf Dürrenmatt aufmerksam, auch Brecht, der wichtigste deutschsprachige Dramatiker der Zeit, interessierte sich für das junge Theatertalent. Obwohl es nur zu einer wirklichen Begegnung kam, verfolgte Brecht bis zu seinem Tod 1956 Dürrenmatts Entwicklung genau. Er wurde zur Theaterinstanz, an der sich Dürrenmatt maß und an der er ein Leben lang bis zum Überdruss gemessen wurde. Stets kritisch stand Dürrenmatt Brechts dogmatischem Bekenntnis zum Marxismus gegenüber. Bei aller Sympathie für kommunistische Ideen sah Dürrenmatt im marxistischen Geschichtsverständnis eine Ersatzreligion, die nichts mit realen historischen Entwicklungen zu tun hatte. Er kritisierte ebenfalls Sartres Theater als Illustration einer vorgegebenen existentialistischen Philosophie. Für sich nahm er dagegen Eigenständigkeit in Anspruch, wie er in seinem grundlegenden Essay *Theaterprobleme* (1955) schrieb: »Dann möchte ich bitten, in mir nicht einen Vertreter einer bestimmten dramatischen Richtung, einer bestimmten dramatischen Technik zu erblicken oder gar zu glauben, ich stehe als ein Handlungsreisender irgendeiner der auf den heutigen Theatern gängigen Weltanschauungen vor der Tür, sei es als Existentialist, sei es als Nihilist, als Expressionist oder als Ironiker, oder wie nun auch immer das in die Kompottgläser der Literaturkritik Eingemachte etikettiert ist« (WA 30, 31 f.).

Auf der Suche nach einer günstigen Wohngelegenheit zog die junge Familie Dürrenmatt bereits 1948 von Basel weg, aber nicht in Richtung des in Trümmern liegenden Deutschland, sondern in eine idyllische Schweizer Landschaft, nach Schernelz bei Ligerz am Bielersee, wo Lottis Mutter wohnte. Die Familie blieb dort bis 1952; zuletzt wohnte das Paar – inzwischen mit den drei Kindern Peter (1947), Barbara (1949) und Ruth (1951) – in der ›Festi‹ Ligerz, einem alten Weinbauernhaus oberhalb des Dorfes, als Mieter der ebenfalls im Haus wohnenden Textilkünstlerin Elsi Giauque, mit der eine Freundschaft entstand. Trotz der schriftstellerischen und finanziellen Sorgen waren die Jahre am Bielersee von heiterer Geselligkeit und familiärem Glück geprägt: »Ich lebte immer, auch in schlechten Zeiten, fürstlich« (WA 28, 221), meint Dürrenmatt im Rückblick.

Die Zeit im Winzerdörfchen Ligerz fand ihr Ende, als die Familie nach der Geburt der Tochter Ruth erneut mehr Raum brauchte und im März 1952 zu günstigen Konditionen ein Haus oberhalb von Neuchâtel fand, nur zwanzig Kilometer südwestlich von Ligerz, aber jenseits der Sprachgrenze. Dürrenmatt musste sich das Geld für die Hypotheken durch Vorschüsse von verschiedenen Verlegern zusammenpumpen.

Hier sollte er den Rest seines Lebens verbringen, ganze 38 Jahre. Die Familie bewohnte ein zu Beginn des Jahrhunderts am Jurahang erbautes Einfamilienhaus mit Flachdach und acht Zimmern auf drei Stockwerken. Es war zwar zu Fuß nur zwanzig Minuten vom Bahnhof Neuchâtel entfernt, aber einsam über der Stadt gelegen, mit viel umliegendem Gelände, das Dürrenmatt über die Jahrzehnte zu einem großen Garten gestaltete. Eine Terrasse vor seinem Arbeitsraum gab den Blick über die Weite des Neuenburgersees bis zu den Alpen frei.

Dürrenmatt hat sein privates Reich und sein Verhältnis zu Neuchâtel und seinen Einwohnern in einem Text mit dem Titel *Vallon de l'Ermitage* dargestellt, der erstmals 1981 in französischer Übersetzung publiziert wurde, als ihm die lokale Universität zum 60. Geburtstag den Ehrendoktor-Titel verlieh. Zwar konnte sich der Berner Autor, der im Alltag Berner Mundart sprach, auf französisch verständigen, er gab gelegentlich auch Interviews in dieser Sprache, doch blieben ihm französische Sprache und Kultur weitgehend fremd. Neuchâtel bot ihm die nötige Zurückgezogenheit für sein Schreiben. Er suchte nicht die Anschauung des Großstadtlebens in Paris oder Berlin wie viele andere Schweizer Autorinnen und Autoren: »Man kann heute die Welt nur noch von Punkten aus beobachten, die hinter dem Mond liegen, zum Sehen gehört Distanz, und wie wollen die Leute denn sehen, wenn ihnen die Bilder, die sie beschreiben wollen, die

Abb. 1.5 Dürrenmatt mit seinen Kindern und Eltern im Garten des neu erworbenen Hauses in Neuchâtel, 1952.

Augen verkleben?« (WA 32, 32). Der distanzierte Beobachter mischte sich nur punktuell in aktuelle Diskussionen ein. Er schöpfte primär aus der eigenen Fantasie, dem eigenen Denken und der Auseinandersetzung mit literarischen und dramatischen Traditionen; mit der Zeit entwickelte er ein dichtes Geflecht von Referenzen, Inversionen und Variationen von Motiven und Figuren innerhalb seines eigenen Werks. Damit blieb er trotz zeitweise überwältigender Erfolge ein intellektueller, literarischer und künstlerischer Einzelgänger, der zwar mit wachem Auge die politischen, wirtschaftlichen und technischen Entwicklungen verfolgte, aber zu den intellektuellen Diskursen und Moden betont Distanz hielt.

Krankheit, Krisen und internationaler Erfolg

In sechs Jahren hatte sich Dürrenmatt als bedeutender Autor etabliert und drei Wochen nach dem Umzug mit der Uraufführung von *Die Ehe des Herrn Mississippi* an den Münchner Kammerspielen (26.3.1952) auch den endgültigen Durchbruch in Deutschland geschafft. Doch der finanzielle Druck wurde mit den Hypotheken nicht kleiner. Es kamen Krisen persönlicher und beruflicher Art hinzu: Im Sommer 1952 erlitt Dürrenmatt einen physischen Zusammenbruch, die Untersuchung ergab den Diabetes mellitus, mit dem er nun ein Leben lang umgehen musste. Er klagte nicht oft, doch wo er über den Diabetes spricht, kommt Ermüdung und Resignation, wenn nicht Verzweiflung zum Ausdruck. Immer wieder musste er ins Krankenhaus und zur Kur, und die Erwartung eines frühen Todes begleitete ihn stets.

Auch auf dem Theater ergaben sich neue Probleme: Zwar hatte Dürrenmatt bereits im Dezember 1948 das fragmentarische Manuskript zum Stück *Der Turmbau zu Babel* nach einem Jahr Arbeit verbrannt und für *Die Ehe des Herrn Mississippi* lange nur Kritik eingesteckt, bevor er mit Schweikart den Regisseur fand, der es zum Erfolg brachte, die Uraufführung des nächsten Stücks, *Ein Engel kommt nach Babylon*, am 22.12.1953 in München jedoch führte zu einer radikalen Krise. Dürrenmatt sah in der Inszenierung ein fundamentales Missverständnis: Er hatte seiner Ansicht nach eine poetische Komödie der Gnade geschrieben, während »Schweikart im *Engel* eine Satire sah [...]. Das Mißverständnis war nicht mehr zu korrigieren. [...] Es wurde ein Achtungserfolg, das Schlimmste, was passieren konnte, doch nur scheinbar das Schlimmste – schlimmer war, daß ich meine Naivität dem Theater

gegenüber verlor, wohl endgültig. Was ich seitdem für dieses Medium schrieb, verfaßte ich im Gefühl einer ›Bühnenohnmacht‹, im Gefühl, mich in ›Feindesland‹ zu befinden« (WA 28, 216 f.). So blieb Dürrenmatts Beziehung zur Bühne stets angespannt; der Weg von seiner vorsprachlichen Vision durch die Sprachnot der Ausformulierung, die nie zu eleganter Konversation führte, sondern zu dicht gefügten Sprachbrocken mit Hang zu groteskem, oft kalauerndem, manchmal plattem Witz, und deren ›Übersetzung‹ des Texts in der Bühneninszenierung, war ein Prozess voller Fallen und Unberechenbarkeiten, der erst während der Proben zur Uraufführung zu einem vorläufigen Ende kam und von allen Seiten viel Geduld und Ausdauer erforderte.

Nach den gesundheitlichen und beruflichen Problemen kam wie aus dem Nichts heraus der Erfolg: Noch im Jahr 1955 kämpfte Dürrenmatt, dessen Frau in Bern operiert werden musste und nur knapp dem Tod entging, mit nicht endenden finanziellen Sorgen. Um ihren Krankenhausaufenthalt überhaupt bezahlen zu können, erschrieb er sich Vorschüsse von deutschen Rundfunkanstalten durch Exposés für verschiedene Hörspiele, die er später nur zum Teil ausführte. Und er schrieb mit *Der Besuch der alten Dame*, jene am 29.1.1956 in Zürich uraufgeführte tragische Komödie, die ihn berühmt und innerhalb weniger Jahre zum Weltautor machte.

Leben im Wohlstand

Der finanzielle Umbruch war ungeheuer: War Dürrenmatt gerade noch als ›Meisterbettler‹ mit dem Sammeln von Vorschüssen und Unterstützungen beschäftigt, wurden ihm 1957 von seinem Theaterverleger auf einmal Tantiemen in einer Höhe ausbezahlt, die bei weitem überstieg, was er sich vorher in all den Jahren an Einkommen erschrieben hatte. Dürrenmatt hatte schon früher mit dürftigen Mitteln ein Optimum an Lebensqualität und Lebenskunst erreicht, nun genoss er es, mit dem Geld großzügig umzugehen. Legendär war sein Weinkeller, mit exquisitem Bordeaux bestückt, darunter Grand-Crus aus dem 19. Jahrhundert. Dürrenmatt lernte mit 35 Jahren Auto fahren und wurde bald Besitzer einer stattlichen Chevrolet-Limousine und stolzierte gelegentlich im Pelzmantel herum. Seine Karriere als Automobilist war von zahlreichen kleineren und größeren Unfällen gesäumt; sie bilden den realen Hintergrund seiner Dramaturgie der Pannen und Unfälle. War schon frü-

Abb. 1.6 Lotti Dürrenmatt mit den Kindern Peter und Barbara in Neuchâtel, ca. 1963.

her ein Kindermädchen Teil der Familie, so wurde nun eine Sekretärin angestellt, das Haus in Neuchâtel umgebaut, später ein zweites errichtet, in dem der Autor in Ruhe arbeiten konnte. Es folgten ein Swimmingpool, später ein in den Hang gebauter Atelier- und Musikraum: Nach und nach entstand im Vallon de l'Ermitage ein feudales Dürrenmatt-Reich, in dem der Dichterfürst Hof hielt.

Durch den Erfolg mit dem *Besuch der alten Dame* wurde Dürrenmatt ein Star der Nachkriegsliteratur. Die Literaturpreise häuften sich, sein Porträt erschien auf der Titelseite des deutschen Magazins *Der Spiegel*; sein Stück wurde zunächst europaweit, dann weltweit an den großen Theatern aufgeführt. Oft reiste er zu den Spielorten, auch nach New York (wenn auch erst im Mai 1959, ein Jahr nach der Premiere), wo die leicht amerikanisierte Version *The Visit* ein drei Jahre andauernder Riesenerfolg an einem Broadway-Theater und auf Tournee in nordamerikanischen Städten wurde (es sollte später in den USA als Beweis gelten, dass im Zentrum der Unterhaltungsbühnen auch anspruchsvolle Stücke mit Erfolg gezeigt werden konnten). Das Stück war in aller Munde und omnipräsent; sogar die amerikanische Modezeitschrift *Vogue* porträtierte den Autor. Tonangebende Regisseure wie Peter Brook und Giorgio Strehler inszenierten die *Alte Dame*. Ingrid Bergman und Anthony Quinn spielten in der Hollywood-Verfilmung des Stoffs, später gab es Bearbeitungen bis hin zu einer afrikanischen Verfilmung und einer chinesischen Comic-Version.

Dürrenmatt konnte nun die Bedingungen diktieren, unter denen er arbeiten wollte; man riss sich um Hörspiele, Fernsehspiele und Theaterstücke des Autors. Neue Stücke wurden in Auftrag gegeben. Dass sie

nicht immer zur vollen Zufriedenheit der Auftraggeber ausfielen, hing nicht zuletzt mit Dürrenmatts Widerstreben zusammen, sich zu wiederholen und den Erwartungen des Publikums zu entsprechen; er brauchte für sein Schreiben die Lust am Experimentieren: Als Jubiläumsstück für das Schauspielhaus schrieb er mit dem Komponisten Paul Burkhard *Frank der Fünfte. Oper einer Privatbank*. Das Stück über eine restlos korrupte Institution, 1959 uraufgeführt, fand wenig Anklang, trotz immer neuer Versuche Dürrenmatts, es durch neue Versionen – bis hin zur eigenen Inszenierung als Fernsehspiel am Norddeutschen Rundfunk in Hamburg (1966) – zum Erfolg zu bringen. Dürrenmatt war ständig in Zeitnot, bei seiner Fantasie und Arbeitslust ließ er sich häufig auf Projekte ein, die er nicht oder nur mit Mühe zu Ende führen konnte. Auch die gesundheitlichen Probleme mit Krankenhaus- und Kuraufenthalten blieben ständige Begleiter von Dürrenmatt und seiner Frau Lotti, bei der, mitbedingt durch das Leben im Schatten des immer erfolgreicheren und stärker von der Umwelt absorbierten Gatten, Depressionen hinzutraten.

Filmarbeit

Ein neues Medium beschäftigte den Autor in der zweiten Hälfte der 1950er Jahre: Zwar war Dürrenmatt schon früher in Filmprojekte involviert – aus einem, das nicht realisiert wurde, entstand die »Prosakomödie« *Grieche sucht Griechin* (1955) –, doch nun erlebte er die ganzen Produktionsprozesse. Zunächst entstand als erster abendfüllender Spielfilm des deutschen Fernsehens in Eigenproduktion *Der Richter und sein Henker* (1957), basierend auf einem Drehbuch unter Mitarbeit von Dürrenmatt. Dann schrieb er im Auftrag der Zürcher Praesens-Film Treatment und Drehbuch für den Kriminalfilm *Es geschah am hellichten Tag*. Die Erfahrungen mit der Entfremdung des Stoffs in der Umsetzung, die er bei Theateraufführungen machte, wiederholte sich hier: Der konventionell-positive Schluss des Films mit Heinz Rühmann in der Hauptrolle befriedigte ihn nicht. Als Gegenentwurf schrieb er 1958 den Roman *Das Versprechen*, der seinerseits mehrmals verfilmt wurde (u. a. 2003 von Sean Penn, mit Jack Nicholson in der Rolle des Detektivs). Nach diesem erfolg- und spannungsreichen Projekt unterschrieb Dürrenmatt einen neuen Vertrag mit Produzent Lazar Wechsler von der Praesens-Film, wonach er die Stoffe für fünf weitere Filme liefern sollte. Doch bereits am ersten, der Filmerzählung *Justiz*, scheiterte er – erst 25 Jahre später schloss er den Stoff als Roman ab. Stattdessen entstand eine Filmfassung seines älteren Stücks *Die Ehe des Herrn Mississippi*, die 1961 an Stelle des *Justiz*-Stoffs realisiert wurde.

Naturwissenschaft und Theater – Höhepunkt des Erfolgs

Schon seit seiner Kindheit interessierte sich Dürrenmatt für Astronomie; in den 1950er Jahren trat – im Gespräch mit dem Physiker Marc Eichelberg, der ab 1954 in Neuchâtel wohnte – ein dezidiertes Interesse für Naturwissenschaften und Mathematik hinzu. Es brachte ihn bereits 1956 zur Überzeugung, dass »wir heute auf eine Wirklichkeit gestoßen sind, die jenseits der Sprache liegt, und dies nicht auf dem Wege der Mystik, sondern auf dem Wege der Wissenschaft« (WA 32, 66). Die moderne Philosophie fände man womöglich »bei Einstein oder Heisenberg [...] und nicht bei Heidegger« (62). Entschieden wandte sich Dürrenmatt vor dem Hintergrund einer Wissenschaft, die mit mathematisch fundierten Modellen arbeitet, der jede direkte Bildhaftigkeit abgeht, und die durch ihre technische Ausbeutung doch entschieden die soziale und historische Wirklichkeit prägt, gegen jede Abbildästhetik in aristotelischer Tradition. Er entwickelte sein Konzept der »Eigenwelten«: »Was der Schriftsteller treibt, ist nicht ein Abbilden der Welt, sondern ein Neuschöpfen, ein Aufstellen von Eigenwelten, die dadurch, daß die Materialien zu ihrem Bau in der Gegenwart liegen, ein Bild der Welt geben« (68).

Dürrenmatt traf sich schon in den 1950er Jahren mit führenden Physikern und Astronomen wie Wolfgang Pauli und Fritz Zwicky und setzte sich – etwa in einer Rezension von Robert Jungks Buch *Heller als tausend Sonnen* – auch mit der Geschichte der Atomforschung und der Erfindung der Atombombe auseinander.

Diese Beschäftigung mündete u. a. in die Komödie *Die Physiker*, die 1962 ihre Uraufführung erlebte. Mit diesem Stück konnte Dürrenmatt den Erfolg der *Alten Dame* wiederholen, ja sogar übertreffen. Das Stück, das mitten in die heißeste Phase des Kalten Kriegs fiel, als selbst in der Schweiz eine atomare Bewaffnung auf der politischen Agenda stand, wurde nach der Zürcher Uraufführung in der Saison 1962/63 allein in Deutsch-

Abb. 1.7 Dürrenmatt, Regisseur Ladislao Vajda (li.), Darsteller Heinz Rühmann und Verleger Peter Schifferli (re.) anlässlich der Dreharbeiten zum Film *Es geschah am hellichten Tag,* 1958.

Abb. 1.8 Dürrenmatt auf der Bühne mit Schauspielern bei Premiere zu *Der Meteor*, Zürich 1966.

land gleichzeitig auf über fünfzig professionellen Bühnen gespielt und auch weltweit inszeniert. Dürrenmatt stand auf dem Höhepunkt seines Ruhmes.

Doch wie bereits nach *Der Besuch der alten Dame* folgte ein Misserfolg: *Herkules und der Stall des Augias*, aus dem gleichnamigen Hörspiel von 1954 zur Komödie und zum parodistischen Festspiel umgeschrieben, fiel bei der Uraufführung 1963 durch und wurde mit seinem helvetischen Stoff nur wenig nachgespielt. Ein Bühnenereignis wurde dann wieder *Der Meteor* (1966), nicht zuletzt dank einer herausragenden Interpretation der Hauptfigur durch Leonard Steckel. Es war der letzte große Erfolg Dürrenmatts am Schauspielhaus Zürich.

Theaterleidenschaft in Basel

Dort fand Mitte der 1960er Jahre ein Generationenwechsel statt. Einige der Schauspieler und Regisseure, mit denen Dürrenmatt zusammengearbeitet hatte, waren gestorben; andere, die während der Nazizeit in

die Schweiz emigriert waren, waren nach Deutschland zurückgekehrt und nur noch für gelegentliche Gastspiele vor Ort. Neue Talente erschienen, darunter der junge erfolgreiche Regisseur Werner Düggelin. Er inszenierte 1967 Dürrenmatts Stück *Die Wiedertäufer* (eine Bearbeitung des Bühnenerstlings). Als Düggelin bald darauf zum Basler Theaterdirektor berufen wurde, lud er Dürrenmatt ein, als Hausautor in der Direktion mitzuwirken. Es wurde Dürrenmatts intensivste, vielleicht auch forcierteste Theaterarbeit. Das Basler Theater stellte ihm eine großzügige Dachwohnung am Barfüßerplatz zur Verfügung, und er arbeitete Tag und Nacht für das Theater: Zwischen 1968 und 1969 verfasste er die Shakespeare-Adaption *König Johann*, bearbeitete Strindbergs *Totentanz* in praktischer Regie (mit Co-Regisseur Erich Holliger) und Dramaturgie im Verlauf der Proben so weit, dass daraus ein eigenes Drama, *Play Strindberg*, wurde, schrieb mit *Porträt eines Planeten* ein weiteres Stück und stürzte sich in weitere Shakespeare- und Lessing-Adaptionen. Er entwickelte eine ungeheure Produktivität und wollte dem Basler Theater seinen Stempel aufdrücken. Hinter dem Ganzen steckte jedoch ein Missverständnis: Düggelin hatte ihn als künstlerischen Mitarbeiter engagiert, Dürrenmatt aber schwebte sein eigenes ›BE‹, sein ›Basler Ensemble‹ analog zu Brechts ›Berliner Ensemble‹ vor. Entsprechend hatte er den Anspruch, sich auch in die Regiearbeit anderer einzumischen. So musste es früher oder später zum Bruch kommen; für den Eklat sorgte ein Konflikt zwischen dem Ensemble und dem mit Dürrenmatt befreundeten Schauspieler Kurt Beck. Dürrenmatt, der zudem im April 1969 in der Situation völliger Überarbeitung einen Herzinfarkt erlitt, schied im Herbst 1969 im Streit vom Basler Theater und von Düggelin.

Scheiternde Theaterversuche und Ehrungen

Bis dahin blieb für Dürrenmatt stets die Theaterarbeit im Zentrum, er verstand sich zuerst als Dramatiker; andere literarische Arbeiten wie Kriminalromane schrieb er insbesondere in Krisensituationen, in den früheren Jahren als Geld- und Auftragsarbeiten oder zur Erholung.

Nach dem Herzinfarkt, der Dürrenmatt zur Veränderung seiner Lebensgewohnheiten zwang, sollte es zwar immer wieder Phasen intensiver Theaterarbeit geben, wenn er selbst Regie führte, eine kontinuierliche Zusammenarbeit mit einem festen Ensemble, Theater oder Regisseuren aber gab es nicht mehr.

Abb. 1.9 Dürrenmatt mit Adolph Spalinger und Mathias Habich bei den Probenarbeiten zu *König Johann*, Basel 1968.

Abb. 1.10 Dürrenmatt mit Regisseur Andrzej Wajda bei den Proben zu *Der Mitmacher*, Zürich 1973.

Zu Beginn der 1970er Jahre knüpfte er wieder enge Kontakte zum Zürcher Schauspielhaus; er inszenierte dort sein neues Stück *Porträt eines Planeten* 1970, kurz nach der Düsseldorfer Uraufführung. Er wurde Mitglied des Verwaltungsrats und stand gar als Direktor zur Diskussion, doch fehlten Erfolg und Rückhalt. Dürrenmatt befand sich in einer lang anhaltenden Krise: In den Jahren 1959–1971 hatte er neun Theaterstücke verfasst, daneben häufig bei Produktionen seiner Stücke mitgearbeitet, aber keinen einzigen erzählerischen Text veröffentlicht, neben dem Theater nur ein paar Reden publiziert. Umso bitterer war für ihn die Erfahrung, dass nach *Play Strindberg* keines seiner Stücke auch nur annähernd den Erfolg der früheren Komödien erreichte: Mit dem *Mitmacher*, den er für eines seiner besten Stücke hielt, erlebte er bei der Uraufführung in Zürich am 3.3.1973 ein eigentliches Debakel.

Von da an war Dürrenmatt als Theaterautor abgeschrieben, es wurden fast nur noch seine alten Erfolgsstücke als Kassenfüller gespielt. Die Gleichgültigkeit der Theaterwelt ging einher mit zahlreichen Ehrungen – Ehrendoktorate in Philadelphia, Nizza, Jerusalem, Neuchâtel und Zürich, zwei Berner Literaturpreise, drei Schillerpreise, Jean-Paul-Preis, Grillparzer-Preis, Österreichischer Staatspreis für Europäische Literatur, Georg Büchner-Preis, um nur die wichtigsten zu nennen. Auch für den Nobelpreis wurde Dürrenmatt wiederholt als Kandidat gehandelt.

Politische Publizistik

Die späten 1960er Jahre waren eine Zeit des politischen Aufbruchs. Auch bei Dürrenmatt manifestierte sich dies in literarischen und publizistischen Tätigkeiten. Er war kein weltfremder Autor. Zwar hatte er große Vorbehalte gegenüber dem modischen Dekret der politisch engagierten Literatur und lachte über die Vorstellungen von der Veränderbarkeit der Gesellschaft durch Literatur und Theater. Dennoch begann er ab Mitte der 1960er Jahre, sich in politische Debatten einzumischen. Er nahm in Interviews Stellung zu aktuellen Fragen der Schweizer Politik und nutzte Gelegenheiten wie den Berner Literaturpreis 1969 für politische Manifestationen: Er reichte die Preissumme an drei engagierte Figuren weiter, darunter einen Militärdienstverweigerer und Zivildienst-Aktivisten. Von 1969–1971 war Dürrenmatt Mitherausgeber des neu gegründeten linksliberalen *Sonntags-Journals*, für das er auch zahlreiche Texte schrieb. 1968 erlebte er im März den ›Prager Frühling‹ vor Ort, als er anlässlich des Besuchs einer Inszenierung seiner *Wiedertäufer* dort weilte. Nach dem Einmarsch der sowjetischen Truppen in Prag organisierte er in Basel eine Protestveranstaltung mit Max Frisch, Günter Grass und Peter Bichsel als Rednern, Heinrich Böll schrieb einen Text für die Veranstaltung. Reisen nach Polen (1960), in die Sowjetunion (1964, 1967) und in die Tschechoslowakei (1964, 1968) gaben ihm Anschauungen vom real existierenden Sozialismus, die sich auch in der satirischen Erzählung *Der Sturz* (1971) niederschlugen. Reisen in die USA (1959, 1969, 1973, 1981), wo er mit Ulrich Geissler, dem Bruder seiner Frau Lotti, und später mit seiner eigenen Tochter Ruth auch familiäre Bande hatte, führten dazu, dass er sich vermehrt und konkreter mit dem Kapitalismus und dem technischen Fortschritt beschäftigte.

1967 und 1974, zur Zeit des Sechstage- und Yom-Kippur-Krieges, bekannte sich Dürrenmatt öffentlich zu Israel, einem Staat, dessen unbedingte Notwendigkeit er im jahrhundertealten europäischen Antisemitismus und dem Holocaust begründet sah. Vor allem das Engagement für Israel in einer Zeit, als es in Westeuropa bereits linker Commonsense war, für die Palästinenser Partei zu ergreifen und Israel als Vorposten des US-amerikanischen Imperialismus zu kritisieren, nahm tiefere Züge an. Dürrenmatt wurde im Herbst 1974 vom israelischen Staat zu einem Besuch eingeladen, er wurde vom Staatspräsidenten empfangen und hielt an mehreren Universitäten einen Vortrag über seine Sicht des Gastlandes. Nach der Rückkehr in die Schweiz erweiterte er den Vortrag zu einem umfassenden Essay (mit eingeflochtener Erzählung) mit dem Titel *Zusammenhänge*, worin er die aktuelle Situation der Israeli und der Palästinenser aus der religiösen und politischen Geschichte heraus zu verstehen suchte. Die Sympathie hielt ihn jedoch nicht davon ab, die israelische Politik gegenüber den Palästinensern wiederholt und dezidiert zu kritisieren.

Dürrenmatt, den man von seinen konkreten politischen Positionen her am ehesten als linksliberal situieren konnte, geriet mit seinen Stellungnahmen zunehmend ins Abseits des linksintellektuellen Mainstreams. Ironisch bezeichnete er sich in seiner Rede für den Berner Literaturpreis 1979 als politisch weder links noch rechts stehend, sondern quer liegend. Ge-

Abb. 1.11 Dürrenmatt bei der Dankesrede für das Ehrendoktorat der jüdischen Universität Jerusalem, 1977.

radezu störrisch beharrte er auf seinem Selbstverständnis als Einzelner, der sich in einem eigenständigen Denkprozess abseits von Parteimitgliedschaft und -parolen seine eigenen philosophisch-politischen Positionen erarbeitete.

Das Langzeitprojekt der *Stoffe*

Aus dem Debakel der *Mitmacher*-Uraufführung von 1973 schrieb sich Dürrenmatt in jahrelanger Arbeit frei, indem er dem Stück für die Buchpublikation ein *Nachwort* mit eingeflochtenen Erzählungen und autobiografischen Passagen nachschickte, das doppelt so lang wie der eigentliche Dramentext ist und mit diesem den 1976 publizierten *Mitmacher-Komplex* bildet. Dieser entstand im Zeichen eines größeren Projekts: Die auf intensiven Lektüren basierende Auseinandersetzung mit den Komplexen Recht und Politik, Philosophie, Naturwissenschaft und Religion in Dürrenmatts ›dramaturgischem Denken‹ der 1970er Jahre ging einher mit einer zunehmenden Thematisierung der eigenen Biografie. Seit seinem Herzinfarkt 1969 und mit zunehmender Intensität, parallel zum Scheitern neuer Anläufe auf dem Theater, setzte Dürrenmatt zum Projekt einer »Geschichte [s]einer Schriftstellerei« (WA 32, 13) oder »Geschichte [s]einer Stoffe« (ebd.; WA 28, 13; WA 29, 11) an – ein Projekt, das ihn bis zu seinem Tod 1990 begleiten sollte. Es entstand eine neuartige, vielschichtige Prosa aus dem Gestus der Rückbesinnung auf die eigenen Anfänge und auf nicht realisierte literarische Projekte.

Dass sich Dürrenmatt in dieses Langzeitprojekt einschrieb, war auch Ausdruck der veränderten Lebensumstände. War sein Leben als Erfolgsdramatiker bis in die frühen 1970er Jahre von einer atemlosen Hektik und ständiger Zeitnot geprägt, so stand er nun mit der Abwendung der Theater und Regisseure zunehmend allein. Es wurde still um ihn, und auch im Privaten wurde es einsam; die Kinder waren erwachsen und lebten andernorts, Lotti zog sich zunehmend in ihr Schlafzimmer zurück. Zwar hatte Dürrenmatt finanziell keine großen Sorgen – nach wie vor flossen Tantiemen von den Aufführungen seiner Erfolgsstücke *Der Besuch der alten Dame* und *Die Physiker*, die inzwischen auch zum Schulstoff geworden waren –, die Öffentlichkeit zeigte jedoch nur noch sporadisch Interesse an ihm. Umso empfänglicher war er für neue Impulse wie ab Herbst 1974 die Verfilmung des Romans *Der Richter und sein Henker* durch Maximilian Schell, an der er sich nicht nur mit dem Drehbuch, sondern auch als Darsteller der Schriftstellerfigur beteiligte.

Das Bildwerk

Während der Dreharbeiten an diesem Film in seinem Wohnhaus in Neuchâtel lernte Dürrenmatt den Emmentaler Wirt und Kunstsammler Hans Liechti kennen, der in der Nähe ein Restaurant führte. Zwar hatte Dürrenmatt nach seiner Entscheidung für den Beruf des Schriftstellers im Jahr 1946 mit Ausnahme der satirischen Serie *Die Heimat als Plakat* (1964) nur gelegentlich Illustrationen zu seinen Werken und vereinzelte Karikaturen publiziert, das Zeichnen und Malen somit weitgehend als Privatangelegenheit betrieben. Bilder begleiteten seine dramatischen Inventionen dennoch sein Leben lang. Als ihm die Umsetzung seiner Visionen auf dem Theater immer schwerer fiel, gewann das Zeichnen und Malen erneut an Dringlichkeit und Spielraum. Die neue Freundschaft mit Liechti spornte ihn an. Dieser organisierte 1975 die erste öffentliche Ausstellung von Dürrenmatts Bildern in seinem Restaurant, es folgten weitere in der Galerie Daniel Keel 1978 und 1983 im Musée d'Art et d'histoire in Neuchâtel. Trotzdem verstand sich der Autodidakt Dürrenmatt nie als professioneller Zeichner und Maler, wodurch er sich einerseits diesen künstlerischen Ausdruck als privaten Schonraum und andererseits die Freiheit bewahrte, sich nicht mit zeitgenössischen Tendenzen und den Meinungen der Kritik auseinandersetzen zu müssen.

Einsamkeit in Neuchâtel und ein Verlagswechsel

Dürrenmatt machte nach seinem Herzinfarkt von 1969 immer wieder gesundheitliche Krisen durch. 1973 musste er eine USA-Reise infolge seiner Diabetes-Erkrankung frühzeitig abbrechen; im Herbst 1975 erlitt er eine weitere Herzattacke und musste wochenlang in ein Berner Krankenhaus. Er lebte in der Folge weitgehend zurückgezogen und zunehmend einsam in Neuchâtel, auch bedingt durch den ebenfalls prekären Gesundheitszustand seiner Frau, die unter Depressionen litt und mit Alkohol- und Medikamentensucht kämpfte. Seine Kontakte konzentrierten sich vermehrt auf einzelne Freundschaften.

Im Herbst 1977 scheiterte auch ein neuer Anlauf auf der Bühne mit der Komödie *Die Frist* kläglich;

Abb. 1.12 Dürrenmatt mit seinem Verleger Daniel Keel (Diogenes), 1986.

Abb. 1.13 Dürrenmatt mit seiner zweiten Frau Charlotte Kerr, um 1985.

Dürrenmatt wurde von Regisseuren und Kritik geradezu vorgeführt und lächerlich gemacht. Seine neuen Werke wurden kaum mehr gespielt und verkauft, und er machte sich doch zunehmend Existenzsorgen. So wechselte er 1979 von Peter Schifferlis Kleinverlag Die Arche, bei dem er seit 1952 fast alle Werke publiziert hatte, zu Daniel Keels aufstrebendem Diogenes Verlag. Keel war schon immer ein begeisterter Dürrenmatt-Leser gewesen. Dieser Verlagswechsel brachte neuen Schwung, der Ende 1980 rechtzeitig vor dem 60. Geburtstag in einer 30-bändigen Werkausgabe Ausdruck fand und im Herbst darauf in der Publikation der *Stoffe I–III*. Erstmals nach langen Jahren fand Dürrenmatt wieder größere Aufmerksamkeit als Prosaautor.

Aufbruch ins Spätwerk

Im Januar 1983 starb Lotti im Alter von 64 Jahren. Ihr Tod stürzte Dürrenmatt in tiefe Verzweiflung und Hilflosigkeit. Freunde holten ihn allmählich aus diesem trostlosen Zustand heraus. Mit Maximilian Schell arbeitete er am Filmprojekt *Midas*; über ihn lernte er Charlotte Kerr kennen, die von ihm ein einfühlsames vierstündiges Filmporträt drehte, das *Portrait eines Planeten*. Am Ende der Dreharbeiten, im Mai 1984, heirateten die beiden. Die Ehe mit der streitbaren und ungeduldigen Filmerin und Schauspielerin war keineswegs konfliktfrei, doch zugleich gab sie Dürrenmatt die Energie, angefangene Arbeiten wieder aufzunehmen und neue Texte zu schreiben. 1985 entstand die von Tuschezeichnungen begleitete Ballade *Minotaurus* – ein Text, der wie kaum ein anderer eine nicht ironisch gebrochene Tragik des einsamen Tier-Menschen zeigt. Im gleichen Jahr wurde das um 1960 abgebrochene Kriminalromanfragment *Justiz* abgeschlossen und publiziert. Ein Jahr darauf entwickelte sich die Novelle *Der Auftrag* aus einem geplanten Filmprojekt von Kerr. Das Stück *Achterloo*, 1983 mit bescheidenem Erfolg in Zürich uraufgeführt, wurde im Dialog mit Kerr mehrfach überarbeitet und zunehmend zum vielfach-reflektierten Metatheater getrieben. Die *Stoffe*, die mit dem 1981 publizierten ersten Band bei weitem nicht abgeschlossen waren, führten Dürrenmatt in immer verwickeltere Erinnerungsfluchten und Textzusammenhänge. 1989 verselbständigte sich daraus der Roman *Durcheinandertal*, in dem Dürrenmatt noch einmal zentrale Denkmotive verdichtet und aus ironisch-distanzierter Perspektive religiöse Motive inszeniert. Das *Stoffe*-Projekt wurde

Abb. 1.14 Dürrenmatt mit Václav Havel in Rüschlikon, 14.11.1990.

schließlich im Jahre 1990 doch noch zu Ende geführt, wenn auch in ganz anderer Form, als es in den frühen 1970er Jahren angelegt worden war. Dürrenmatts späte Texte sind von einer eigenwilligen denkerischen Spiellust geprägt: Zum einen hatte er in den 1970er Jahren eine Art Wiederholung seines Philosophiestudiums vollzogen, indem er von Platon über Spinoza und Kant bis zu Schopenhauer, Marx, Kierkegaard und Nietzsche für ihn wichtige Denker wieder oder neu las; hinzu kam das Studium zeitgenössischer Werke zu Mathematik, Physik, Astronomie, Kosmologie und Hirnforschung, dazu wissenschaftstheoretische Abhandlungen von Karl Popper bis Gerhard Vollmer. Zum andern gab die gute Betreuung und Vermarktung seines Werks durch den Diogenes Verlag Dürrenmatt eine finanzielle Sicherheit, die ihm auch als aus der Mode gekommenem Dramatiker erlaubte, in der Prosa jenseits aller Konventionen zu schreiben, was und wie es ihm zusagte. So entstanden essayistische Gedankenfluchten und waghalsige erzählerische Konstruktionen, die bei der Kritik eine gemischte Aufnahme fanden, aber Ausdruck einer atemberaubenden kreativen Spielfreude und gedanklichen Spannweite sind.

Auch Dürrenmatts Alltag änderte sich, obwohl er weiterhin in seinem Privatreich in Neuchâtel wohnte, das ihm allein die konzentrierte Schreibarbeit erlaubte. Er reiste wieder mehr: Abgesehen von den Nachbarländern der Schweiz, in denen er regelmäßig unterwegs war, besuchte er in den letzten sieben Lebensjahren in Begleitung seiner Gattin Griechenland, Ecuador, Peru, Ägypten, England, Schweden, Polen und die Sowjetunion.

Dürrenmatt war auch in den Medien präsent, nahm in der Endphase des Kalten Krieges an Fernsehdiskussionen mit prominenten Politikern und Forschern teil – etwa dem bundesdeutschen Verteidigungsminister Manfred Wörner, dem Abgeordneten Egon Bahr oder dem Miterfinder der Neutronenbombe Edward Teller – und reiste 1987 nach Moskau zum internationalen Friedensforum von Michail Gorbatschow.

Das Ende

Nicht zufällig steht im Zentrum des zweiten *Stoffe*-Bandes, *Turmbau*, die Auseinandersetzung mit dem Tod in all seinen Facetten – eine Auseinandersetzung, die auch in der intensivierten Malerei der letzten Lebensjahre ihren Ausdruck findet. Nach dem Abschluss des über mehr als zwanzig Jahre hinweg betriebenen Großprojekts schien Dürrenmatt zutiefst erschöpft. Bei seinem letzten Auftritt in der Schweiz im November 1990, als er in einer Preisrede für den tschechoslowakischen Staatspräsidenten und Berufskollegen Václav Havel die Schweiz mit einem selbstgewählten Gefängnis verglich, provozierte er zwar noch einmal einen Skandal, doch war er physisch gezeichnet. Einen Monat später, am 14.12.1990, starb Dürrenmatt in Neuchâtel an Herzversagen. Um ihn her waren die Vorbereitungen für die Feier seines 70. Geburtstags im Gang, der er sich mit Kerr durch eine Weltreise hatte entziehen wollen.

Literatur

Grimm, Gunter E.: Friedrich Dürrenmatt. Marburg 2013, 15–35.
Rüedi, Peter: Dürrenmatt oder Die Ahnung vom Ganzen. Biographie. Zürich 2011.
Rusterholz, Peter: Nachkrieg – Frisch – Dürrenmatt – Zürcher Literaturstreit – Eine neue Generation (1945–1970). In: Ders., Andreas Solbach (Hg.): Schweizer Literaturgeschichte. Stuttgart 2007, 241–344, v. a. 280–311.
Weber, Ulrich: Friedrich Dürrenmatt. Eine Biographie. Zürich 2020.

Ulrich Weber

2 Selbst- und Fremddarstellung: Mythos Dürrenmatt

Friedrich Dürrenmatt war mit 40 Jahren ein weltberühmter Dramatiker und mit 60 Jahren ein von der Kritik mehrheitlich abgeschriebener Autor, dessen Schaffenskraft erschöpft sei. So kursierten bereits früh Bilder und Klischees von ihm, zu denen er einerseits beitrug und die ihn zugleich befremdeten und verletzten. Insbesondere sein Spätwerk ist *auch* als Dialog mit solchen Bildern zu verstehen. »Wir wurden mit dezidiertem Wohlwollen empfangen. Frisch als Intellektueller, ich als Naturbursche« (WA 29, 64 f.), schreibt Dürrenmatt in *Turmbau. Stoffe IV–IX* über eine Tagung des Bayerischen Rundfunks in München 1956. Damit evoziert er nur eines von vielen Bildern, die sich die Öffentlichkeit schon früh von den beiden Protagonisten der Schweizer Literatur der 1950er Jahre machte. ›Frisch und Dürrenmatt‹ war eine fixe Formel. 1956 nannte sie Manuel Gasser in der *Weltwoche* (10.2.1956), einem alten literaturgeschichtlichen und mythischen Muster folgend, »unsere dramatischen Dioskuren«. Dürrenmatt greift das Bild in *Turmbau* auf: »Wir stellten einmal am schweizerischen Schriftstellerhimmel ein Doppelgestirn dar, Kastor und Pollux, wobei es unklar ist, wer von uns beiden Kastor und wer Pollux darstellt, sind doch die beiden nur scheinbar ein Doppelgestirn« (WA 29, 75). Kunstvoll demontiert er in der Folge das Bild als perspektivische Täuschung und bestätigt dadurch doch zugleich seine Gültigkeit, indem er Max Frisch zu seinem dialektischen Gegensatz stilisiert. Das Doppelbild Frisch und Dürrenmatt wurde etwa auch auf den Gegensatz zwischen dem Erzähler und dem Dramatiker, dem Politischen und dem Unpolitischen, dem Liberalen und dem Konservativen, dem sauren Moralisten und dem lebenslustigen Humoristen, dem ernsthaften Denker und dem Clown zugespitzt. Zugleich wurden die beiden Autoren häufig verwechselt, was sie in verschiedenen Werken thematisierten, z. B. Frisch in *Montauk*, Dürrenmatt im *Nachwort des Herausgebers* zu *Justiz* (vgl. WA 25, 200).

Wenn sich Dürrenmatt als Opfer simplifizierender Fremdbilder versteht, so steht dem gegenüber, dass er selbst intensiv an diesen Bildern mitarbeitete, nicht erst, seit er in den *Stoffen* sein Selbstbild prägte. Auch wenn er sich etwa gegen das Bild des »Naturburschen« wehrte, trug er zugleich zu diesem bei: Dem Kritiker Werner Weber, der in seiner Besprechung der Erzählung *Die Panne* gewisse sprachliche Nachlässigkeiten

bemängelt hatte, schrieb er in einem Brief, jener könne sein Deutsch »wie ein Pudel, der seine Kunststücke macht. Für Sie, lieber Weber, wird Sprache ewig etwas sein, das nachzuahmen ist, doch belästigen Sie bitte nicht jene, die Sprache erzeugen, hervorbringen. Bleiben Sie in Ihrem sprachlichen Museum, aber verbrennen Sie sich die Hände nicht bei Naturvorgängen« (zit. nach Weber 2020, 268).

Dürrenmatt war ein lustvoller Selbstinszenierer. Über ihn kursierten und kursieren zahlreiche Anekdoten, von denen er selbst viele erzählt und in die Welt gesetzt hatte. Er liebte es, Witze zu reißen, zu blödeln, sich in Clown-Posen fotografieren zu lassen: Bereits am 25.3.1963 erschien auf dem Titelblatt der *Schweizer Illustrierten* ein Porträt mit seinem Nymphensittich Shakespeare, der auf seiner Glatze thronte; er posierte für professionelle Fotografen mit Weinglas auf dem Kopf oder im eigenen Swimming-Pool (vgl. Cover-Foto). Humor, Satire und Groteske verstand er als seine Mittel zur Distanzierung gegenüber dem Pathos, mit dem er sich immer schwer tat.

Doch hinter seiner vordergründig ruhigen Biografie und dem stets zum Spaßen aufgelegten, geselligen Menschen steckte Dürrenmatts Selbstverständnis zufolge ein Leben voller innerer Abenteuer. In der Tat stellt er dieses vor allem in seinen Briefen als ein Drama mit Peripetien und Katastrophen dar. Und hinter der Ausstrahlung gemütlicher Lebenslust, die er auch gerne öffentlich zelebrierte, steckte ein hohes Ethos der schriftstellerischen Arbeit; er bewies immer wieder große Selbstdisziplin und arbeitete konzentriert an seinem Werk.

Als 22-Jähriger schrieb er seinen Eltern im Herbst 1943, als er die Studienrichtung von Literatur und Kunstgeschichte zu Philosophie wechselte: »Ich freue mich aufs Studium, es wird mir gut tun. Es bedeutet nach der ›Schlacht um die Kunst‹, die ich geführt habe, für mich eine geistige Erfrischung. Ich kann sagen, dass ich diese Schlacht gewonnen habe. Es bedeutet dies für mich das entscheidende Ereignis. Mit der Komödie, die ich hier oben geschrieben habe, ist der erste Zyklus meiner Werke geschlossen, den ich mit Chaos überschreiben möchte« (zit. nach ebd., 72).

Als der vierzehnjährige Dürrenmatt nach Bern kam, fühlte sich der Pfarrerssohn – so zumindest die rückblickende Darstellung – bereits als Einzelgänger und Außenseiter. Damit nahmen ein Selbstverständnis und später eine Selbstdarstellung ihren Ausgangspunkt, die, unter dem Einfluss des von ihm hochgeschätzten Existenzphilosophen Søren Kierkegaard, sehr stark auf die Kategorie des ›Einzelnen‹ ausgerich-

J. B. Metzler © Springer-Verlag GmbH Deutschland, ein Teil von Springer Nature, 2020
U. Weber / A. Mauz / M. Stingelin (Hg.), *Dürrenmatt-Handbuch*, https://doi.org/10.1007/978-3-476-05314-5_2

tet war. Dieses Selbstverständnis verband sich mit der labyrinthischen Weltsicht zum indirekten Selbstporträt als Minotaurus. Darin liegt auch der Ausdruck für ein geradezu autistisches Element seines künstlerischen Temperaments. Im Herbst 1942 schreibt er an seinen Mentor Wilhelm Stein: »Mein Schicksal, mein Unglück und Glück, meine Stärke und meine Schwäche ist es, dass ich immer nur aus mir schaffen kann, dass mir die Verbindung mit der Aussenwelt von irgendeinem Teufel stets durchschnitten wird, mit einem Wort, dass ich eine Brille trage, die stets anläuft« (zit. nach ebd., 71).

Er galt als eher unpolitischer Komödienschreiber, insbesondere in den 1970er Jahren, als ›politisch‹ im Kulturbereich geradezu synonym für ›linksintellektuell und engagiert‹ war. Als er 1979 zum wiederholten Male einen Berner Literaturpreis bekam, legte er in der Dankesrede – wohl zur Abgrenzung von Autoren wie Grass und Frisch – das Geständnis ab, er habe »zwar Freunde [...], aber keine Genossen« (WA 34, 169), und stellte sich selbst politisch weder als Rechten oder Linken, sondern als einen »Queren« (173) dar. Die Meinung, »es sei in der letzten Zeit still um [ihn] geworden« (167), quittierte er mit der Bemerkung: »hoffentlich. Wer nicht beizeiten dafür sorgt, daß er aus dem Kulturgerede kommt, kommt nicht mehr zum Arbeiten, und damit nicht mehr zu sich selber« (ebd.).

Weiter erzählte Dürrenmatt in seiner Dankesrede, er habe unlängst in einer Radio- und TV-Zeitschrift einen Beitrag über den »Alten vom Berge« angekündigt gesehen und, interessiert am so bezeichneten Scheich al-Djebal, dem Führer der persischen Sekte der Assassinen, näher hingeschaut und erkannt, dass mit dem Epitheton er selbst gemeint sei (vgl. 168). Das Bild vom ›Großen Alten‹ entwickelte er später weiter. Nachdem der Literaturkritiker Marcel Reich-Ranicki sich in einem Gratulationsbrief zu Dürrenmatts 60. Geburtstag ausgemalt hatte, wie der Autor, konfrontiert mit Postsäcken voller Gratulationsbriefe und -telegramme, seinem Sekretär in Frack befiehlt, diese ungelesen verbrennen zu lassen, griff dieser das Bild im Roman *Durcheinandertal* auf in der Figur des Gangsterchefs, des »Großen Alten«, der aussah wie »der Gott des Alten Testaments ohne Bart« (WA 27, 11), der an seinem Pool liegend, säckeweise Briefe ungelesen in den Pool kippen lässt (vgl. 91 f.). Und nachdem Reich-Ranicki in seiner *Zeit*-Kritik vom 10.11.1989 diesen Roman wiederum als »metaphysischen Mumpitz« abqualifiziert hatte, stellte sich Dürrenmatt im Schlussteil von *Turmbau* ein letztes Mal indirekt als »metaphysischen Mumpitz-Gott« dar (WA 29, 260). Hintergrund für dieses ironisch-indirekte Selbstporträt als »zuckerkranke[r] Gott ohne Bart« (259) ist ein literarisches Selbstverständnis des Schriftstellers und Künstlers als eines Schöpfers von Figuren und Welten, der, ein Alter Deus, aus Nichts etwas schafft.

Steht dieses Bild für die Allmacht über die eigenen Erzählwelten, so taucht im Spätwerk auch wiederholt das Selbstbild des Scheiternden auf – auch dies als Reaktion auf Kritiken, die ab den frühen 1970er Jahren gehäuft befanden, Dürrenmatt sei erstarrt in seinen Bildern und Klischees, wiederhole sich nur noch und schreibe seine Werke um. Die Präsentation des zweiten *Stoffe*-Bandes *Turmbau* als Trümmer eines Erinnerungsgebäudes, das der Autor ursprünglich intendierte, ist jedoch kaum einfach als Resignation, sondern zumindest *auch* als ästhetische Aufwertung des Unabgeschlossenen, Unharmonischen zu verstehen, das Dürrenmatt seinen so formal geschlossenen Werken wie *Der Besuch der alten Dame* oder *Die Physiker* entgegenstellte. So überarbeitete er auch seine Komödie *Achterloo* (1983) von Fassung zu Fassung in Richtung auf die Auflösung fester Strukturen und Handlungszusammenhänge; in *Achterloo IV* (1988) tritt Georg Büchner als Alter Ego des Autors auf, der auf der Bühne sein Werk zu schreiben versucht, während seine Figuren bereits spielen und sich nicht an den Text halten.

Literatur

Matt, Peter von: Der Liberale, der Konservative und das Dynamit. Zur politischen Differenz zwischen Max Frisch und Friedrich Dürrenmatt. In: Ders.: Das Kalb vor der Gotthardpost. Zur Literatur und Politik der Schweiz. München 2012, 191–207.

Reich-Ranicki, Marcel: Lieber, verehrter Herr Dürrenmatt. Ein Brief von 1981, kommentiert von Heinz Ludwig Arnold. In: Text + Kritik 50/51 (2003), 161–166.

Stingelin, Martin: Der Fluch der Dioskuren. Die mythische ›Arbeitskameradschaft‹ von Friedrich Dürrenmatt und Max Frisch. In: CH-Lit. Mitteilungen zur deutschsprachigen Literatur der Schweiz 13 (2005), 5–7.

Weber, Ulrich: Friedrich Dürrenmatt ermordet einen Pappkameraden. Striche und Streiche im Spätwerk Dürrenmatts. In: Lucas Marco Gisi, Hubert Thüring, Irmgard M. Wirtz (Hg.): Schreiben und Streichen. Zu einem Moment produktiver Negativität. Göttingen 2011, 305–323.

Weber, Ulrich: Friedrich Dürrenmatt. Eine Biographie. Zürich 2020, 13–16, 557 f.

Ulrich Weber

3 Politisch-kulturelle Kontexte

Als Friedrich Dürrenmatt 1921 in Konolfingen geboren wurde, war gerade die Weimarer Republik gegründet worden. 1935 – die Familie zog nach Bern – herrschte in Deutschland bereits der NS-Staat. Während Dürrenmatt seine Maturität machte, war über Europa der Zweite Weltkrieg hereingebrochen. Die Schweiz blieb eine von wenigen Friedensinseln, geprägt von der patriotischen Kultur der ›Geistigen Landesverteidigung‹, die lange über das Kriegsende hinaus wirksam blieb. Als Dürrenmatt sich 1945/1946 für den Beruf des Schriftstellers entschied, endete nach dem Atombombenabwurf auf Japan der Zweite Weltkrieg. In Europa etablierte sich eine neue Ordnung im Zeichen des beginnenden Kalten Krieges zwischen den Supermächten USA und Sowjetunion. Als Dürrenmatt 1956 mit *Der Besuch der alten Dame* den ersten Welterfolg lancierte, sorgte in Deutschland das sogenannte Wirtschaftswunder für zunehmenden Wohlstand und eine neue Konsumkultur nach US-amerikanischem Vorbild. Dürrenmatts Erfolgshöhepunkt im Jahr 1962 nach der Uraufführung der Komödie *Die Physiker*, er war gut 40-jährig, fiel in eine der brisantesten Phasen des Kalten Krieges mit dem Bau der Berliner Mauer, der Kuba-Krise und der US-amerikanischen Drohung, einen Atomkrieg zu beginnen. Als Dürrenmatt 1968/69 in Basel sein intensivstes Theaterengagement erlebte, stand der Westen im Zeichen der Popkultur, der Studentenrevolte und neomarxistischer Utopien. Als Dürrenmatt 1973 mit *Der Mitmacher* sein größtes Theaterdebakel erlebte und als Dramatiker abgeschrieben wurde, stand die Welt im Zeichen der Erdölkrise; der Bericht *Die Grenzen des Wachstums* des Club of Rome führte zur Entwicklung neuer Umweltbewegungen, zur Kritik von Umweltzerstörung, Mobilitätswahn und der Risiken der Atomenergie. Während der Feierlichkeiten Dürrenmatts 60. Geburtstag 1981 am Schauspielhaus Zürich fanden rund um das Theater Demonstrationen der bewegten Jugend im Zeichen einer neuen konsumkritischen Alternativkultur statt. Und als Dürrenmatt 1990 seine letzten öffentlichen Auftritte hatte, bezogen sich diese auf das Ende des Kalten Krieges.

Dürrenmatts Werk stand in einer ständigen Spannung zwischen Bezugnahmen auf diese Strömungen und Ereignisse und einer betonten monolithischen Eigenständigkeit. Als initiale Erlebnisse beschreibt er in den *Stoffen* die Erkenntnis der eigenen grotesk-komischen, ja lächerlichen Situation in der verschonten Schweiz im Januar 1945: »[D]iese Groteske des Ver-

schontseins – das unserem Lande in der Folge mehr Schaden zufügen sollte, als damals noch zu ahnen war – stellte mich endlich vor eine Aufgabe: Die Welt, die ich nicht zu erleben vermochte, wenigstens zu erdenken, der Welt Welten entgegenzusetzen, die Stoffe, die mich nicht fanden, zu erfinden« (WA 28, 67).

Damit war eine Tonlage gefunden, die sich von Anfang an von der ›Geistigen Landesverteidigung‹ absetzte: Für den selbstgerechten Patriotismus der Schweiz im und nach dem Zweiten Weltkrieg hatte Dürrenmatt zeitlebens bloß Spott übrig, angefangen bei den bissigen Kabarettnummern von 1948, etwa zur Flüchtlingspolitik, über das heimatliche Umfeld des Kommissärs Bärlach und die Darlegung, dass Verschontsein kein Verdienst sei, bis zu Essays wie *Zur Dramaturgie der Schweiz* (1968/70): »Unser Davonkommen war nicht vorbildlich, auch eine erfolgreiche Politik hat ihre bitterbösen Seiten. Wir ließen unsere Opfer nicht ins Land oder schoben sie wieder über die Grenze und damit aus unserem Bewußtsein. [...] [W]ir hielten an unseren Idealen fest, ohne sie unbedingt anzuwenden [...]. Tell spannte zwar die Armbrust, doch grüßte er den Hut ein wenig – beinahe fast nicht –, und das Heldentum blieb uns erspart« (WA 34, 63 f.). Und weiter: »Zu unserem Davonkommen gehört die Schuld; gerade hier erweist sich die Schweiz als klein, kleiner noch als auf der Landkarte. Sie sieht ihre Vergangenheit nur heldisch und human, sie will schuldlos davongekommen sein« (69 f.).

Dürrenmatts literarischer Aufbruch nach dem Zweiten Weltkrieg steht im Zeichen großer Skepsis gegenüber allem Kollektiven und der patriotisch bis totalitär eingeschworenen Gemeinschaft. Mit seiner Orientierung am Individuum, an der Erfahrung von Freiheit in einer Situation metaphysisch-religiöser Haltlosigkeit und seiner Darstellung von Individuen, die plötzlich aus ihrem Alltag hinausgeworfen und in eine Grenzsituation geraten (z. B. *Der Tunnel*, *Die Panne*), steht Dürrenmatt im Kontext markanter Zeitströmungen wie der des Existentialismus und – etwas später – des absurden Theaters. Obwohl er mit Martin Heidegger nichts anfangen konnte, steht er mit seiner Rezeption der Philosophie Søren Kierkegaards und der dialektischen Theologie Karl Barths ebenfalls in einer Traditionslinie der Existenzphilosophie. Doch hielt er sich auf Distanz zum Existentialismus. Die Werke von Sartre und Albert Camus standen in seiner Bibliothek. Sartres Schauspiel *Der Teufel und der liebe Gott* kritisierte er anlässlich einer Aufführung in Zürich aber als den »nie ganz erquickliche[n] Fall [...], daß ein Philosoph in steigendem Maße Theaterstücke verfertigt«

J. B. Metzler © Springer-Verlag GmbH Deutschland, ein Teil von Springer Nature, 2020
U. Weber / A. Mauz / M. Stingelin (Hg.), *Dürrenmatt-Handbuch*, https://doi.org/10.1007/978-3-476-05314-5_3

(WA 31, 52). Von Sartres späterem Konzept einer ›littérature engagée‹ und seiner Wendung zum Marxismus distanzierte sich Dürrenmatt ebenso klar wie von der brechtschen Lehrstück-Dramatik. Näher musste ihm Camus liegen. Obwohl Dürrenmatt den Begriff als Verneinung der Möglichkeit von Sinn für sich ablehnte, besteht doch eine Affinität zwischen Camus' Begriff des Absurden (verstanden als einer Disproportion zwischen menschlichem Ordnungsbedürfnis und einer Welt, die sich menschlichen Deutungsversuchen entzieht) und Dürrenmatts Bild einer labyrinthischen Welt. Zudem gibt es auch eine gewisse Nähe zwischen Camus' *Mythos des Sisyphus* mit seiner Betonung der individuellen Rebellion und Dürrenmatts labyrinthischem Weltverständnis mit seiner Konzeption des ›mutigen Menschen‹ (vgl. Burkard 1991).

Auf weltpolitischer Ebene war das Ende des Zweiten Weltkriegs zugleich der Beginn des Kalten Krieges. War der Bau der Atombombe von den USA aus Furcht vor einer deutschen Atombombe forciert worden, so stand deren Realität am Ausgangspunkt der Konfrontation zwischen zwei politischen Systemen: einem grundsätzlich liberalen Kapitalismus unter der Schirmherrschaft der USA und einem totalitären Sozialismus, dominiert von der UdSSR. Diese Bipolarität bestimmte die ganze Epoche, in der Dürrenmatt schrieb, und prägte auch maßgeblich die politische Dimension seines Werks.

Der Kalte Krieg war durch eine unvorstellbare Aufrüstungsdynamik der konkurrierenden Supermächte geprägt, die den technischen Fortschritt beflügelte. Schon im März 1946 prägte Winston Churchill das Wort des ›Eisernen Vorhangs‹, der sich quer durch Europa ziehe. Die oberste politische Maxime der USA war die Eindämmung der weltweiten Ausbreitung des Kommunismus. Immer wieder kam es zu Stellvertreterkriegen mit riesigen Verlusten – der größte 1953 in Korea, bei dem mehrere Millionen Menschen dem Machtkampf zwischen Kapitalismus und Sozialismus zum Opfer fielen. Bereits dieser Krieg drohte zum neuen Weltkrieg zu eskalieren. Dürrenmatt schrieb vor diesem Hintergrund sein Hörspiel *Der Prozeß um des Esels Schatten*, bei dem die Stadt Abdera – stellvertretend für die Welt – einem zunächst lächerlichen Streit zwischen einem Eselvermieter und -mieter zum Opfer fällt und schließlich von den Bewohnern in Brand gesetzt wird.

1956 und 1962 drohte der Kalte Krieg erneut zu eskalieren, 1956 mit dem (von der Sowjetunion und ihren Verbündeten brutal niedergeschlagenen) Ungarnaufstand und der Suezkrise, 1962 mit der Stationierung von atomar bestückten Mittelstreckenraketen durch die USA und die Sowjetunion, die die jeweiligen Hauptstädte der Gegnermacht direkt hätten erreichen können. Das Stück *Die Physiker*, das die – unvermeidliche – zerstörerische Ausbeutung der naturwissenschaftlichen Erkenntnisse durch die Macht verhandelt, hatte seinen überwältigenden Erfolg auch seiner brisanten Aktualität zu verdanken. Die atomare Bedrohung war *das* politische Thema; in der Schweiz fand wenige Wochen vor der Uraufführung des Stücks eine Volksabstimmung darüber statt, ob eine atomare Aufrüstung verboten werden sollte. Trotz des Engagements Dürrenmatts und anderer Intellektueller stimmte das Volk gegen die Vorlage. Neben dem Risiko der Eskalation der Stellvertreterkriege in der zweiten und dritten Welt zu einem atomaren Weltkrieg bestand dasjenige eines atomaren Infernos durch Zufall oder Unfall. Es gab während der Phase des Kalten Kriegs rund 1200 schwere Atomunfälle, was Dürrenmatts Dramaturgie des Unfalls (vgl. WA 30, 203–205) und der Panne (vgl. WA 21, 37–39) in einen konkreten historischen Kontext stellt. Das ›Gleichgewicht des Schreckens‹, die angeblich friedenssichernde Dimension der riesigen Waffenarsenale, hing wiederholt an seidenem Faden.

Auch wenn Dürrenmatt die Einhaltung der Menschenrechte und Gedankenfreiheit als Grundvoraussetzungen jeder politischen Ordnung und diese nur in demokratischen Strukturen gewährleistet sah, auch wenn er, im Gegensatz zu vielen anderen europäischen Intellektuellen seiner Zeit, den Marxismus nie als ein taugliches politisch-wissenschaftliches Geschichtsmodell verstand, sondern als Religion bezeichnete, nahm er in seinem Werk mehrheitlich die Position eines Diagnostikers und Beobachters der Dynamiken der beiden Systeme und ihrer Konfrontation ein. In *Der Besuch der alten Dame* schrieb er ein Gleichnis auf die Dominanz des Geldes, das im Osten teilweise als ›Totentanz des Kapitalismus‹ begrüßt wurde; in *Der Sturz* stellte er auf der andern Seite den selbstbezogenen politischen Leerlauf eines totalitären Herrschaftskollektivs dar, was zum Verbot des Textes in den sozialistischen Ländern führte; im *Monstervortrag über Gerechtigkeit und Recht* schließlich analysierte er aus distanzierter Perspektive die politischen Systeme zwischen den Polen Freiheit und Gerechtigkeit als ›bürgerliches Wolfs-‹ und sozialistisches ›Gute-Hirte-Spiel‹.

Der Rüstungswettkampf stand auch im Hintergrund des Wettlaufs um die Eroberung des Weltraums, der Dürrenmatt ebenso faszinierte, wie er ihn

– gerade angesichts der weltweiten Bevölkerungsexplosion – als neue »Verführung des Menschen« skeptisch stimmte: »Daß der Papst im gleichen Jahre, da er vor dem Bildschirm die Mondlandung segnete, die Pille verbot, symbolisiert die Katastrophe, der wir, schneller als den Sternen, entgegeneilen« (WA 33, 31 f.). Der Himmel verführte, »ihn zu erobern, statt das, was uns allein gehört, vernünftig zu gestalten: unsere Erde. Es gibt keine andere Heimat, und jeder Fluchtversuch ist eine Utopie. Der Weltraumflug hat nur dann einen Sinn, wenn wir durch ihn die Erde entdecken und damit uns selber. Am 20. Juli 1969 bin ich wieder ein Ptolemäer geworden« (32).

Dürrenmatt machte sich zunehmend Sorgen um die Ressourcenverschwendung und Umweltzerstörung in einer ›Risikogesellschaft‹ (Ulrich Beck). Plastisch schildert er etwa die Leerung eines Tankwagens in der idyllisch gelegenen Deponie in einem Steinbruch am Jurahang oberhalb seines Hauses: »Es war, als ob ein Dinosaurier an Durchfall litte: Die Scheiße prasselte in einen schwarzen öligen See, besät mit Plastikflaschen. [...] Was die Straßenarbeiter aus der Kanalisation oder aus den Senklöchern pumpten, kam in dieses anrüchige Riesenloch hinein, [...] früher auch die Heizölrückstände, die noch jetzt nicht versickert waren. Langsam sinterte diese dunkle Dreckbrühe zwischen den Felsschichten hinab, auf denen weiter unten mein Wohn- und Arbeitshaus standen, und fraß sich dem See entgegen, an dessen Steinhängen und aufgeschütteten Ufern die Stadt liegt« (WA 36, 53).

Die bipolare Konstellation des Kalten Krieges steht auch noch im Hintergrund von Dürrenmatts letztem Stück, *Achterloo*, wo er angesichts der polnischen Konflikte 1981 um die Gewerkschaft Solidarnóscz und der Ausrufung des Kriegsrechts die Frage nach dem richtigen politischen Handeln stellt. Er verfolgte das weltpolitische Geschehen aufmerksam und nahm im Kontext der in den Weltraum führenden US-amerikanischen Rüstungsprogramme der 1980er Jahre an Fernsehdiskussionen über deren Risiken teil. Die Konstellation der Supermächte löste sich gegen Ende der 1980er Jahre auf. Dürrenmatt begrüßte die Entwicklungen in der Sowjetunion unter Michail Gorbatschow, nachdem er sich nach dem Einmarsch der

Sowjetunion in Prag 1968 zwanzig Jahre lang geweigert hatte, nach Russland zu reisen. Er starb ein Jahr nach dem Fall der Berliner Mauer, keineswegs euphorisch das *Ende der Geschichte* erwartend wie der damalige Trend-Philosoph Francis Fukuyama: Dürrenmatt machte sich Sorgen über das explosive Potential der deutschen Wiedervereinigung, wies auf die Gefahren des religiösen Fundamentalismus hin, war skeptisch gegenüber der Euphorie des Triumphs des liberalen Westens angesichts der ökologischen Risiken. Er glaubte auch jetzt nicht an einen kontinuierlichen Fortschritt der politischen Aufklärung. Gab es für ihn in Technik und Naturwissenschaft eine unumkehrbare und unaufhaltsame Entwicklungsdynamik – »Was einmal gedacht wurde, kann nicht mehr zurückgenommen werden« (WA 7, 85) –, so blieb für ihn das politische Geschehen eher von Zyklen wechselnder Machtkonstellationen geprägt, die mehr oder weniger große Oasen der friedlichen Koexistenz und Lebensorganisation ermöglichten. Auch in seiner letzten Rede, einen Monat vor seinem Tod gehalten, blieb sein Grundton apokalyptisch: »[W]ie das Weltall expandiert auch die Menschheit, in absehbarer Zeit wird sie zehn Millarden [sic] Menschen zählen. Wir bauen uns eine technische und ökologische Katastrophenwelt auf. Die Galaxis der Armut droht die unsere des Wohlstands zu durchdringen, die freie Marktwirtschaft beschwört Krisen herauf [...]. Aber eine furchtlose Vernunft ist das einzige, was uns in der Zukunft zur Verfügung steht, diese möglicherweise zu bestehen, uns [...] am eigenen Schopfe aus dem Untergang zu ziehen« (WA 36, 208 f.).

Literatur

Burkard, Martin: Dürrenmatt und das Absurde. Gestalt und Wandlung des Labyrinthischen in seinem Werk. Bern u. a. 1991.

Centre Dürrenmatt Neúchatel (Hg.): Phantasie der Wissenschaften. L'imaginaire des sciences. Neuchâtel 2017 (Cahier 15).

Fischer, Michael: »Die Welt ist eine Pulverfabrik, in der das Rauchen nicht verboten ist.« Friedrich Dürrenmatts politisches Denken im Kalten Krieg. Diss. Universität Lausanne 2020.

Ulrich Weber

4 Freundschaften

Dürrenmatt war ein sehr geselliger Mensch, der mit seinem Humor, seiner Gemütlichkeit, seinem Charisma und seiner Erzählfreude ein gern gesehener Gast und ein großzügiger Gastgeber war. Zu seinen Geburtstagen und zum Schweizer Nationalfeiertag am 1. August pflegte er stets Gäste um sich zu scharen. Doch auch der Alltag in Neuchâtel mit Frau und drei Kindern war in den 1950er und 1960er Jahren kaum je von Kleinfamilienatmosphäre geprägt: Ständig waren Gäste da, Schauspielerinnen und Schauspieler, Regisseure, Komponisten, Übersetzerinnen und Übersetzer, Journalistinnen und Journalisten. Dürrenmatt war stets offen dafür, die beruflich bedingten Begegnungen in gesellige Abende mit nächtelangen Diskussionen ausufern zu lassen. Auch wenn es in den 1970er und 1980er Jahren ruhiger um ihn wurde und Gefühle von Einsamkeit aufkamen, gab es immer noch solche Abende. Der Publizist Heinz Ludwig Arnold erinnert sich etwa, wie er mühsam, mit Verzögerung und Hartnäckigkeit am 7.3.1973 um 15 Uhr zu einem ersten Interviewtermin kam. Kaum hatte er jedoch diese hohe Hürde überwunden, war Dürrenmatt sehr offen: Die beiden kamen spontan ins Gespräch, Dürrenmatt ins Erzählen, ohne Rücksicht auf das Tonband. »In diesem Gespräch erlebte ich Dürrenmatt zum ersten Male, und gleich so unverstellt, ohne eine Rolle nach außen, dem Interviewer gegenüber [...]. Als es draußen schon dämmerte, begannen wir endlich, auf Band zu sprechen, um wenigstens noch etwas zu ›arbeiten‹ [...]. Aber die Pflicht allein trieb mich nicht mehr sonderlich an« (Arnold 1998, 10–13). Das Gespräch wurde gegen Abend durch einen Termin mit Dürrenmatts Anwalt Horace Mastronardi unterbrochen, man traf sich anschließend zu dritt wieder im Restaurant zum Abendessen. Nachdem sich Mastronardi verabschiedet hatte, wurde das Gespräch bei altem Wein bei Dürrenmatt zuhause weitergeführt bis in die frühen Morgenstunden hinein. »Immer mehr erscheint mir vieles an Dürrenmatt als das, was landläufig ›barock‹ heißt: die Figur, die Freude am Essen und Trinken; wie sich herausstellen wird: an ausschweifenden Gesprächen; überhaupt am Auskosten, Zur-Neige-Trinken« (zit. nach Weber 2020, 413). Zahlreiche Zeugnisse anderer passen zu dieser Schilderung; auch die erste Begegnung Dürrenmatts mit seiner zweiten Frau Charlotte Kerr in der Wohnung von Maximilian Schell verlief ähnlich endlos (vgl. ebd., 490 f.).

Dürrenmatt hatte von seinen ersten Bühnenerfahrungen 1947 bis ca. 1970 viele Freunde unter Schauspielern und Regisseuren (s. Kap. 5), doch war er – sieht man von der Freundschaft mit Max Frisch ab – nicht sonderlich erpicht auf Freundschaften mit Autorenkollegen. Es blieb mehrheitlich bei sporadischen freundschaftlichen Kontakten (Paul Celan, Eugène Ionesco, Carlos Fuentes, Arthur Miller oder Günter Grass) oder eher distanzierten Gelegenheitsbegegnungen (Bertolt Brecht, Samuel Beckett oder Jean-Paul Sartre). Auch wenn er einzelne Freundschaften zu Schweizer Autoren pflegte (s. Kap. 7), Ludwig Hohl und Paul Nizon finanziell unterstütze und ein paar Jahre in intensivem Kontakt mit dem israelischen Autor Tuvia Rübner stand (vgl. ebd., 428–433), blieb Dürrenmatt im Literaturbereich ein Einzelgänger. Die Gründe, weshalb er keine weitläufigen Dichterfreundschaften pflegte, sind leicht am Charakter seiner (seltenen) Briefe abzulesen: Er war zu sehr in seinen eigenen Kosmos verstrickt, zu sehr auf sein eigenes Schaffen bezogen, um sich gedanklich wirklich auf einen Dialog mit anderen zeitgenössischen Autoren einzulassen.

Etwas anders sah die Sache bei bildenden Künstlerinnen und Künstlern aus. Die Begegnung mit dem Maler Walter Jonas war 1942/43 ein entscheidender Impuls für seine Entwicklung. Eng war die Freundschaft mit der Textilkünstlerin Elsi Giauque, als die Familie von 1949–1952 bei ihr auf der ›Festi‹ Ligerz wohnte. Dürrenmatt, der selbst eine Vielzahl von karikaturistischen Zeichnungen herstellte, war ein Liebhaber von Cartoons, und so schrieb er auch Geleittexte zu Cartoon-Büchern im Diogenes Verlag und freundete sich dabei – vermittelt durch Verleger Daniel Keel – mit Paul Flora und Tomi Ungerer an. Er verkehrte mit dem Bildhauer Hans Aeschbacher und schrieb auf der Grundlage von persönlichen Begegnungen über Künstler wie Hans Falk, Eric Fischer und Jef Verheyen. Geradezu eine Wahlverwandtschaft verband ihn mit dem Maler Varlin (Willy Guggenheim, 1900–1977), den er 1962 kennenlernte. Er sammelte dessen Bilder – allen voran die *Heilsarmee*, ein monumentales Bild von sieben Metern Breite, das zwanzig Jahre lang die Wand neben Dürrenmatts Schreibtisch einnahm. Er fühlte sich Varlins Werk, in dem er ein ebenso humorvolles wie ungeschöntes individualistisches Existenzverständnis verkörpert sah, zutiefst verbunden und flocht es wiederholt in eigene Fiktionen ein (*Der Winterkrieg in Tibet*, *Der Auftrag*). Er ließ sich auch wiederholt von Varlin porträtieren, schrieb mehrere Aufsätze für Ausstellungskataloge und Werkmonografien und ließ sich die kleinen, sarkastischen Bosheiten Varlins gefallen.

J. B. Metzler © Springer-Verlag GmbH Deutschland, ein Teil von Springer Nature, 2020
U. Weber / A. Mauz / M. Stingelin (Hg.), *Dürrenmatt-Handbuch*, https://doi.org/10.1007/978-3-476-05314-5_4

Waren die Kontakte zu seinen Berufskollegen eher die Ausnahme, so war der Berufskreis der – mehrheitlich männlichen, in der Schweiz ansässigen – Personen, mit denen Dürrenmatt phasenweise oder längerfristig lockeren oder intensiven freundschaftlichen Umgang pflegte, umso weiter: Angefangen mit frühen Freundschaften zum Altphilologen Eduard Wyss, den Germanisten Bernhard Böschenstein und Walter Muschg, der Musikerin Antoinette Vischer, dem Historiker Markus Kutter und dem Biochemiker Hans Noll sowie dessen Bruder, dem Rechtswissenschaftler Peter Noll, ergibt sich ein breiter gesellschaftlicher Fächer; es folgen der Physiker Marc Eichelberg und der Astronom Fritz Zwicky, Regisseure wie Hubert Gignoux und Erich Holliger sowie dessen Bruder, der Musiker und Komponist Heinz Holliger, weiter der Rocker ›Tino‹ (Martin Schipper), Filmemacher wie Erwin Leiser, Maximilian Schell und Ludy Kessler, der Wirt und Kunstsammler Hans Liechti, der Historiker Jean Rudolf von Salis, der Kunstkritiker Manuel Gasser, die eigenen Anwälte Horace Mastronardi und Peter Nobel, der Jurist Veit Wyler, die Verleger Peter Schifferli und Daniel Keel, Dürrenmatts Vertrauensarzt Fred Schertenleib, der Unternehmer François Loeb, der Psychiater Otto Riggenbach und der Philosoph Samuel Gagnebin – und viele nicht näher bezeugte Freundschaften lassen sich erahnen, wenn wieder ein Manuskript oder eine Zeichnung aus Privatbesitz auftaucht, die Dürrenmatt einst verschenkt hatte. Die schmale Korrespondenz steht in keinem Verhältnis zu seinem schier unüberblickbaren Freundeskreis; er schrieb ungern Briefe, die ihm keineswegs leicht aus der Feder flossen. Sein Medium der Freundschaft war das Gespräch. Wenn die hier skizzierte Palette sich auf akademisch ausgebildete Personen konzentriert, so hatte Dürrenmatt als Kneipengänger vor allem in den frühen Jahren auch stets einen guten Draht zu Handwerkern und Bauern. Und Hans Noll beschreibt 1948 in Basel, »mit welcher Liebe und Ver-

ehrung diese einfachsten Leute, Zeitungsverkäufer und Straßenhändler, über Dürrenmatt reden. Sie scheinen ihn alle zu kennen und grüßen ihn mit Freude, wenn er mit seinem Hund durch die Straßen walzt« (zit. nach Weber 2020, 104).

Die Kehrseite der intensiven Freundschaftspflege und Geselligkeit war, dass sie oft Kränkungen und Verletzungen hinterließ, wenn Dürrenmatt – stets sein Werk als wichtigste Lebensaufgabe vor Augen – schwieg oder sich zurückzog. Der Komponist Gottfried von Einem beispielsweise, mit dem Dürrenmatt für die Oper *Der Besuch der alten Dame* zusammenarbeitete und von dem über 70 Briefe im Nachlass zu finden sind, beklagt, dass Dürrenmatt nie schriftlich geantwortet und nur selten zum Telefon gegriffen habe.

Und bei Umbrüchen in seinem Leben – etwa nach Abbruch des Studiums 1946 und der Wiederheirat 1984 – ließ Dürrenmatt ganze Freundeskreise hinter sich. Trotzdem hielten sich einige Freundschaften über die Jahrzehnte: Seine letzte geplante Weltreise sollte auch zu Hans Noll nach Hawaii führen, mit dem er seit der Studienzeit verbunden war. Und noch den letzten Abend am 13.12.1990 verbrachte Dürrenmatt in schier endlosen Gesprächen mit seinem alten Physikerfreund Marc Eichelberg, den er 1954 kennenlernte (vgl. ebd., 573–576).

Literatur

Arnold, Heinz Ludwig: Querfahrt mit Friedrich Dürrenmatt. Aufsätze und Vorträge. Zürich 1998.

Loetscher, Hugo: Friedrich Dürrenmatt – labyrinthische Erinnerungen. In: Ders.: Lesen statt klettern. Aufsätze zur literarischen Schweiz. Zürich 2003, 282–375.

Rüedi, Peter: Dürrenmatt oder Die Ahnung vom Ganzen. Biographie. Zürich 2011, 293–307, 355–360, 437–443, 628–630.

Weber, Ulrich: Friedrich Dürrenmatt. Eine Biographie. Zürich 2020.

Ulrich Weber

5 Theater

Zu Beginn seiner Karriere wechselte Dürrenmatt zwischen den Theatern in Basel und Zürich hin und her, die einerseits personell eng verflochten waren, andererseits in einem Konkurrenzverhältnis standen. Wichtiger war die Tatsache, dass Kurt Horwitz, der nach Jahren am Zürcher Schauspielhaus seit 1946 das Theater Basel leitete, die Förderung des jungen Dramatikers zu seiner persönlichen Sache machte. Nachdem die Ablehnung seines vierten Stücks, *Die Ehe des Herrn Mississippi*, zu einer Krise zwischen Horwitz und Dürrenmatt führte, fand der Autor – vermittelt durch den Bühnenbildner Teo Otto – 1952 mit dem Intendanten Hans Schweikart an den Münchner Kammerspielen einen Regisseur, der über anderthalb Jahrzehnte jedes neue Stück selbst inszenierte, als Uraufführung oder deutsche Erstaufführung. Trotzdem blieb Dürrenmatt gegenüber Schweikart auf Distanz, zumal er sich bereits durch dessen zweite Inszenierung, *Ein Engel kommt nach Babylon*, völlig missverstanden fühlte. Spätestens mit *Der Besuch der alten Dame* fand Dürrenmatt am Schauspielhaus Zürich eine feste Theaterheimat. Die Arbeit mit Schauspielerinnen und Schauspielern wie Therese Giehse, Maria Becker, Ernst Schröder oder Gustav Knuth, die Diskussion mit Schauspieler-Regisseuren wie Horwitz (der später als Gastregisseur und -schauspieler nach Zürich zurückkehrte), Ernst Ginsberg und Leonard Steckel, mit dem Bühnenbildner Teo Otto und im Hintergrund mit dem Chefdramaturgen und späteren Direktor Kurt Hirschfeld waren für ihn ein elementarer Bestandteil seiner kreativen Arbeit. Für Dürrenmatt war dieser enge Kontakt, der ihm bei der Realisierung viel Spielraum und Mitsprachemöglichkeit bot, existentiell. Er konnte, wie er immer wieder erklärte, ein Stück nicht in eine gültige Form bringen, ohne es auf der Bühne zu sehen. In der Regel gab er vor Probenbeginn eine erste provisorische Fassung ab und erschrieb sich die gültige Version – insbesondere den Schluss seiner Stücke – erst im Verlauf der Probenarbeit. Die Arbeit an den jeweiligen Stoffen ging jedoch über die Uraufführung hinaus, er reagierte auf die Wirkung der aufgeführten Fassung und bearbeitete sie oft erneut für die Buchpublikation und weitere Aufführungen (für die wiederum das Schauspielhaus Zürich Hand bot). Insofern war die Inszenierung in den Entstehungsprozess der Stücke einbezogen. Das Schauspielhaus Zürich verstand er – mit seinen zwanzig Premieren pro Saison – als »schnell atmende Bühne« (WA 30, 19), bei der Perfektion unmöglich sei.

»An ihre Stelle muß die Intensität treten« (ebd.). War die Arbeit am Schauspielhaus Zürich stets von großem Zeitdruck und viel Improvisation geprägt, so erlebte Dürrenmatt mit der Inszenierung von *The Visit*, der englischsprachigen Bearbeitung des *Besuchs der alten Dame*, in der Inszenierung von Peter Brook ein ganz anderes Modell: einen Perfektionismus des abgesicherten Publikumserfolgs, wie er im deutschen Sprachraum zu dieser Zeit nicht existierte. Eine Produktionsfirma leitete das Unternehmen, ganze Tourneen durch den angelsächsischen Sprachraum fanden statt, bevor das Stück am Broadway in New York Premiere hatte.

Theaterstücke zu schreiben, war für Dürrenmatt nicht eine rein literarische Tätigkeit, sondern ein kollektiver Prozess: »Malt ein Maler für die Farbe? Er malt, weil es Farben gibt. Die Farben sind seine Möglichkeit, sich auszudrücken. Ich schreibe, weil es Schauspieler gibt, weil die Schauspieler meine Möglichkeit sind, mich auszudrücken. [...] Ein Schauspieler ist mehr als ein Rollenträger, er ist ein Mensch auf der Bühne. [...] Die Bühne ist durch den Schauspieler mehr als Literatur« (WA 30, 141 f.). Diese Worte schrieb Dürrenmatt 1967, in einer Zeit, als ihm die Heimat am Schauspielhaus Zürich allmählich abhanden gekommen war.

Nach der kontinuierlichen Auflösung des alten Ensembles am Schauspielhaus Zürich erlebte Dürrenmatt 1968/69 noch einmal ein Jahr intensivster Theaterarbeit am Basler Theater in Co-Direktion mit Werner Düggelin. »Wenn man älter wird, sucht man ein Zuhause, und ein Theater ist eben ein Zuhausesein« (zit. nach Weber 2020, 323), erklärte er in einem Interview. Es waren für ihn glückliche Monate. War bereits *König Johann* das Resultat enger Zusammenarbeit mit Regisseur Düggelin und seinem Team, so entstand die *Totentanz*-Bearbeitung *Play Strindberg* – Dürrenmatts letzter großer Theatererfolg – gar ohne festen Text. Aus einer geplanten Strindberg-Inszenierung wurde im direkten Austausch mit der Darstellerin und den zwei Darstellern und dem Co-Regisseur zugleich Inszenierung und Stücktext erarbeitet (vgl. Holliger 1996).

Nach dem Eklat in Basel (s. Kap. 1) hatte Dürrenmatt zwar bald darauf wieder eine Art ›Heimbühne‹ am Schauspielhaus Zürich (bis 1983 mit *Achterloo*), inszenierte dort mehrfach und stand gar als Direktor zur Diskussion, doch fehlte ihm dort die feste ›Familie‹ mit Regisseuren und Schauspielern, die sich kontinuierlich auf seine neuen Werke einließen. Es war jedoch nicht nur das Fehlen eines eigenen Ensembles, das ihm nun den Zugang zur Bühne und die Ausarbei-

J. B. Metzler © Springer-Verlag GmbH Deutschland, ein Teil von Springer Nature, 2020
U. Weber / A. Mauz / M. Stingelin (Hg.), *Dürrenmatt-Handbuch*, https://doi.org/10.1007/978-3-476-05314-5_5

tung seiner Stücke erschwerte: Die Theaterszene hatte sich in den 1960er Jahren so grundsätzlich weiterentwickelt und verwandelt, dass Dürrenmatt trotz aller Experimente mit neuen Stücken nicht mehr den Anschluss fand.

Mit dem Dokumentartheater und einer Politisierung in revolutionärem Geist entfernte sich das deutschsprachige Theater schon um 1968 von Dürrenmatts Parabeln. Als Theaterautor, der sich mit seinen Stücken in kritisch-parodistischer Abgrenzung von dramatischer Komposition und Fabel leiten ließ, hatte er in den Entwicklungen des postdramatischen und regiezentrierten Theaters, die ab Ende der 1960er Jahre zunehmend das Theaterleben im deutschen Sprachraum prägten, keinen Platz mehr. So schrieb er seine Stücke, wie er in der Einleitung zu *Die Frist* (1977) notiert, »für eine imaginäre Bühne«, »für das Theater [s]einer Einbildungskraft« (WA 15, 14) oder tingelte, wie im Fall der Komödienfassung von *Die Panne* (1979), mit einem Tourneetheater durchaus erfolgreich durch die Provinz.

Literatur

Amrein, Ursula: Irritation Theater. Max Frisch und das Schauspielhaus Zürich. Zürich 2013.

Holliger, Erich: Wie viele Runden hat ein Boxkampf? Erich Holliger im Gespräch mit Ernst Buchmüller. In: Play Dürrenmatt. Zürich 1996, 228–230.

Kröger, Ute/Exinger, Peter: »In welchen Zeiten leben wir?« Das Schauspielhaus Zürich 1938–1998. Zürich 1998.

Rüedi, Peter: Dürrenmatt oder Die Ahnung vom Ganzen. Biographie. Zürich 2011, 682–707.

Weber, Ulrich: Friedrich Dürrenmatt. Eine Biographie. Zürich 2020, 181 f., 329–344, 447–451.

Ulrich Weber

6 Verlage

Dürrenmatts literarische Karriere als Buchautor wurde weitgehend durch Schweizer Verlage geprägt: Die ersten sieben Buchpublikationen bis 1952 erschienen in sieben verschiedenen Kleinverlagen. Dazu brachte der Basler Theaterverlag Reiss (bzw. in Deutschland Bloch Erben) von Anfang an sämtliche Theatertexte für den Bühnengebrauch in Umlauf.

Ab 1952 wurde der Arche Verlag zu Dürrenmatts Hausverlag, 1979 wechselte er zum Diogenes Verlag. Dürrenmatt wurde zwar immer wieder von deutschen Verlegern umworben, doch war ihm die räumliche und menschliche Nähe wichtig; er gewichtete sie höher als den Nachteil des teilweise erschwerten Zugangs zum deutschen Markt.

Der Arche Verlag war 1944 vom Studenten Peter Schifferli in Zürich gegründet worden und verstand sich durchaus als Rettungsboot für deutsche Autoren zur Zeit des Zusammenbruchs des Nationalsozialismus und des Neubeginns des Verlagswesens: Er profilierte sich rasch mit der Publikation von Autoren der sogenannten inneren Emigration wie Werner Bergengruen, Ernst Wiechert und Gottfried Benn. Dem Logo des Verlags entsprechend – ein Schiff, dessen Mast ein Doppelkreuz bildet – wies das Programm in den ersten Jahren eine starke religiöse Tendenz auf; so erschienen auch theologische Texte von Hans Urs von Balthasar, Thomas von Aquin und Kardinal John Henry Newman.

Der Erzählband *Die Stadt*, der 1952 als Dürrenmatts erstes Buch beim Arche Verlag erschien, passt in weitem Sinn in dieses religiöse Umfeld. Die Erzählungen *Weihnacht* und *Pilatus* bilden dessen Anfangs- und Endtext. Allerdings war Dürrenmatts Entscheidung für diesen Verlag nicht dem religiösen Kontext, sondern freundschaftlichen Kontakten geschuldet: Kurt Horwitz, der selbst bei Arche eine Anthologie von Georg Trakl-Gedichten herausgab, wies Schifferli auf seinen Protegé Dürrenmatt hin. Dieser erzählte 1973 im Rückblick: Schifferli »war ein Anfänger, und ich war einer. Ich erinnere mich noch an einen Nachmittag in einem Gartenrestaurant. Er besaß die Mittel nicht, mir einen Vorschuß zu geben, den ich dringend benötigte. Deshalb beschlossen wir, meine Kriminalromane bei Benziger herauszugeben. Danach bin ich endgültig beim Arche Verlag geblieben. Peter Schifferli hat immer alles gedruckt, was ich schrieb, manchmal vielleicht etwas voreilig. Probleme gab es zwischen uns nie« (G 2, 104). So erschienen ausgerechnet zwei der erfolgreichsten Publikationen Dürrenmatts,

die beiden Bärlach-Kriminalromane, nicht bei Arche. Als Taschenbücher wurden sie ab 1959 bei Rowohlt zu millionenfach verkauften Longsellern. Die übrigen Werke erschienen bis 1978 hingegen praktisch ausnahmslos bei Arche.

Bei allen Mängeln wie dem Fehlen eines Lektorats und der Unerfahrenheit des Verlegers war der Arche Verlag in den frühen 1950er Jahren eine gute Wahl. Schifferli wurde zu einem der innovativsten Verleger im deutschen Sprachraum, er brachte mit Neueditionen und Anthologien die Dada-Bewegung und Expressionisten wie Jakob van Hoddis oder Walter Mehring wieder ins Gespräch. Neben den Theaterwerken und Romanen Dürrenmatts druckte er in schmucken Bänden der Reihe *Die kleinen Bücher der Arche* – oft illustriert – auch Dürrenmatts Hörspiele, Erzählungen und Reden.

Die 1960er Jahre waren für Dürrenmatt eine derart intensive Theaterzeit, dass er sich nur am Rande um Fragen der Buchpublikationen, geschweige denn ihres Lektorats und Vertriebs, kümmerte. Doch in den 1970er Jahren, als er als Dramatiker aus der Mode kam, mit Aufführungen kaum mehr Aufmerksamkeit erzeugte und die Aufführungantiemen weniger reichlich flossen, spitzte sich die Situation zu: Dürrenmatt konstatierte im Dezember 1973: »Ich lebe zum größten Teil von meinen alten Arbeiten. [...] Was meine Bücher betrifft, bin ich noch nie offiziell auf einer deutschen Bestsellerliste gewesen. Daher erstaunt es mich eigentlich, was ich mit meinen Büchern verdiene, besonders wenn ich bedenke, wie wenig meine letzten Werke [...] besprochen worden sind« (ebd., 105).

Es war gewiss nicht zuletzt die Passivität Schifferlis bei der Promotion im Buchhandel, die dazu beitrug, dass auch für Dürrenmatt so kapitale Werke wie die *Zusammenhänge* (1975) und der *Mitmacher-Komplex* (1976) fast unbemerkt von der Öffentlichkeit erschienen. In der Arche-Abrechnung für die erste Jahreshälfte 1978 vom 1.9.1978 figurieren zwar beispielsweise 25.058 verkaufte Exemplare von *Der Besuch der alten Dame* und 29.395 von *Die Physiker*, die in der Zwischenzeit zum Lektürekanon der Mittelschulen gehörten, aber nur 855 vom jüngsten Stück *Die Frist* (1977) und 487 vom *Mitmacher-Komplex*. Der keine drei Jahre zuvor publizierte große Israel-Essay *Zusammenhänge* verkaufte sich in dieser Periode gerade 172 Mal (vgl. Weber 2015, 118, Anm. 32). Der Arche Verlag entwickelte kaum Aktivitäten in Marketing und Verkauf in Deutschland; es fehlte an Vertretern und weitgehend auch an Werbung für den Autor. Dürrenmatt musste zunehmend den Eindruck gewinnen, dass sich

J. B. Metzler © Springer-Verlag GmbH Deutschland, ein Teil von Springer Nature, 2020
U. Weber / A. Mauz / M. Stingelin (Hg.), *Dürrenmatt-Handbuch*, https://doi.org/10.1007/978-3-476-05314-5_6

der Verlag mit den alten Erfolgsstücken auf seine Kosten über Wasser hielt. (Als Regina Vitali und Elisabeth Raabe den Arche Verlag wenige Jahre nach Dürrenmatts Abgang übernahmen, konnten sie in kurzer Zeit die Präsenz im deutschen Buchhandel um 80 Prozent erhöhen.)

Zwischen 1978 und 1980 wechselte Dürrenmatt daher in mehreren Etappen zum Diogenes Verlag. Der Kontakt war nicht neu: Schon 1952 hatte der Jungverleger Daniel Keel Dürrenmatt um ein Vorwort zum ersten Diogenes-Buch überhaupt gebeten, Ronald Searles Cartoon-Band *Wem noch das Lämpchen glüht*. Seither war Keel ein Bewunderer Dürrenmatts, hatte 1963 den satirischen Bildband *Die Heimat im Plakat* in bibliophiler Aufmachung publiziert und 1978 – parallel zu einer Ausstellung in seiner Zürcher Galerie – den ersten großen Bildband zum künstlerischem Werk. Dazu druckte Diogenes 1978 Lizenzausgaben der Kriminalromane *Der Richter und sein Henker* und *Der Verdacht*, die Dürrenmatt das Potential dieses Verlags zeigten. So kam es an einem Sonntag im Januar 1979 zum folgenreichen Telefonanruf bei Keel: »Wotsch du mi?« (»Willst du mich?«), fragte ihn Dürrenmatt, wie sich Keel erinnert, fast wie bei einem Heiratsantrag (Kampa 2003, 349).

Der Diogenes Verlag war zunächst als Einmann-Unternehmen des Buchhändlers Keel mit vergleichbarem Improvisationsgeist wie der Arche Verlag in Zürich entstanden, entwickelte sich allerdings ganz anders. Im beengenden Bildungsklima der 1950er Jahre prägte Keel seiner Galionsfigur entsprechend eine im wahrsten Sinne kynische Gegenkultur im Verlag, die sich nicht um den sogenannten guten Geschmack und um den Bildungskanon, geschweige denn um Genre-Vorurteile kümmerte. Keel fing mit Cartoon-Büchern und von Zeitgenossen illustrierten Klassikern an. Zu ihm gesellte sich bald sein gleichaltriger Jugendfreund Rudolf C. Bettschart als pekuniäres Gewissen und Mitverleger. Dieser entwickelte in den 1960er Jahren genuin marktbezogene Ideen: Die Diogenes Sonderbände fanden Absatz zu Hunderttausenden. 1971 wurde mit der Lancierung der Diogenes Taschenbücher (detebe) der Grundstein für ein enormes Wachstum gelegt. Seine maximale Größe erreichte der Verlag just zur Zeit von Dürrenmatts Einstieg: 1981 wurden von rund 50 Mitarbeitenden 169 neue Titel produziert. Beim Arche Verlag waren es in den Jahren um 1980 jeweils gut zwanzig Titel.

1980 unterzeichnete Dürrenmatt einen Generalvertrag, der Diogenes die ausschließlichen Rechte an seinem neu entstehenden Werk gegen eine höhere Tantieme einräumte, die zum Teil, einer Festanstellung gleichend, monatlich als fixer Vorschuss in der Höhe eines gut mittelständischen Lohnes ausbezahlt wurde. Der Vertrag war auf zehn Jahre angesetzt, der Autor hatte in dieser Zeit nur die Möglichkeit, bei Einstellung der Zahlungen den Vertrag zu kündigen, der Verlag verpflichtete sich seinerseits, alles zu drucken, was Dürrenmatt zu publizieren wünschte.

Schon der Start der neuen Bindung war aufsehenerregend: Rechtzeitig zu Dürrenmatts 60. Geburtstag erschien Ende 1980 eine neue Werkausgabe in 30 Bänden, die formell eine Kooperation von Arche und Diogenes war, de facto aber vom Diogenes Verlag produziert wurde. Im Herbst 1981 folgte der erste Band der *Stoffe* in einer Startauflage von 16.000 Exemplaren, die rasch verkauft war. Schon vor Jahresende wurde eine zweite Auflage von 6000 Exemplaren gedruckt. Der Verlag brachte Dürrenmatt, der in den 1970er Jahren fast vollständig vom deutschsprachigen Buchmarkt verschwunden war, wieder ins Gespräch und in die Buchhandlungen.

Die exklusive Bindung wurde Schritt für Schritt konsolidiert: 1985 gingen sämtliche älteren Buchrechte an Diogenes über. 1986 wurde der alte Generalvertrag durch einen neuen ersetzt, der sich auch auf den Nachlass bezog. Und 1987 übernahm Diogenes den Reiss Verlag und damit auch die Bühnenrechte an Dürrenmatts Werk (vgl. ebd., 352).

Literatur

Kampa, Daniel: Diogenes. Eine illustrierte Verlagschronik 1952–2002. Zürich 2003.

Rüedi, Peter: Dürrenmatt oder Die Ahnung vom Ganzen. Biographie. Zürich 2011, 444–453.

Weber, Ulrich: Von der Arche ins Fass des Diogenes. Dürrenmatts Verlagswechsel. In: Irmgard M. Wirtz, Ulrich Weber, Magnus Wieland (Hg.): Literatur – Verlag – Archiv. Göttingen, Zürich 2015, 109–131.

Ulrich Weber

7 Dürrenmatt im Literaturbetrieb

Frühe Jahre und erste Erfolge

Meteorhaft tauchte Friedrich Dürrenmatt 1946 in der Schweizer Literaturszene auf. Erfolglos hatte sich davor sein Freund und Mentor, der Altphilologe und Gymnasiallehrer Eduard Wyss, ein Patensohn seines Vaters Reinhold Dürrenmatt, in Zürich um einen Verlag für seine Prosa bemüht: »Ich stieß an eine Wand, das Nein zu dieser Kunst war deutlich« (Rüedi 2011, 213). Aber auf dem Intendantenpult von Kurt Horwitz, Direktor das Stadttheaters Basel, entdeckte Peter Lotar, Dramaturg im Kurt Reiss Verlag, nach Dürrenmatts Umzug nach Basel dessen Stück *Es steht geschrieben*.

Mit diesem ersten Theaterstück kam Dürrenmatt zu seinem Theaterverlag. Für das eigene Haus lehnte Horwitz das Stück über die Wiedertäufer im westfälischen Münster ab, doch er inszenierte im April 1947 die Uraufführung am Schauspielhaus Zürich. Sie wurde zum Skandal. Publikum wie Kritik teilten sich in die zwei Lager der Ablehnung und der Zustimmung. Doch Einigkeit herrschte, dass sich hier ein Talent mit Wucht und Sprachmacht zu Wort gemeldet habe.

Über das Basler Theater und Horwitz wurde Dürrenmatt mit dem Basler Literaturhistoriker Walter Muschg bekannt, der in jener Zeit an seiner *Tragischen Literaturgeschichte* arbeitete. In einem Brief vom 7.1.1947 stellte sich der Dramatiker vor ihrer ersten persönlichen Begegnung als »Sohn eines Landpfarrers« vor: »Ich schreibe seit 1942, vorher beschäftigte ich mich mit der Malerei. Entscheidend war für mich die Auseinandersetzung mit dem Glauben meines Vaters, sie bestimmte mich, Philosophie zu studieren. So ist meine Bildung eigentlich nicht eine literaturhistorische. Ich habe nach drei unglücklichen germanistischen Semestern bei Strich, Ermatinger und Staiger, [sic] sieben Semester fast ausschließlich Philosophie studiert. Nach zehn Semestern verließ ich die Universität. Dies war 1946. Im gleichen Jahr habe ich auch geheiratet und lebe mit meiner Frau in Basel als Schriftsteller. Es mag an der Richtung meiner Bildung liegen, dass ich mit der neusten Literatur keinen Kontakt habe. Sie ist mir fremd, und was ich gelesen habe, ist mir gleichgültig geblieben. Dies soll aber kein Werturteil sein, sondern nur eine Angabe der Position. Jünger hat mich nicht gleichgültig gelassen, doch lehne ich ihn ab. Mit Mann, Wiechert und Bergengruen, um ganz verschiedenartige zu nennen, konnte ich nie etwas anfangen. Frisch verstehe ich nicht« (ebd., 297 f.).

Die Verbindung zu Muschg, die sich über die Jahre freundschaftlich hielt, bedeutete für Friedrich Dürrenmatt vollends das Ankommen im Literaturbetrieb. Davor waren ihm literarische Kreise verschlossen. Er fand Gleichgesinnte in kleinen Zirkeln von Studierenden, so in den Anfängen seines Studiums in Bern um den Kunsthistoriker und Stefan-George-Verehrer Wilhelm Stein oder in seinem Zürcher Studienjahr 1942/43 um den Maler Walter Jonas. Hier lernte er den ihm noch unbekannten Expressionismus kennen und Werke von Georg Heym, Georg Trakl und Franz Kafka.

1948 zog Dürrenmatt von Basel nach Ligerz in eine kleine Wohnung im Haus seiner Schwiegermutter, ein Jahr später nach Schernelz. Die geringen Einkünfte aus den Theatern ließen ihn Auftragsarbeiten annehmen. Er schrieb (mit wenig Erfolg) Chansons für das Cabaret Cornichon und Theaterkritiken für die Zürcher Wochenzeitung *Die Weltwoche*. Als einträglich erwiesen sich Hörspiele, die er für deutsche Rundfunkanstalten verfasste: »Mein erster wirklicher Mäzen waren die deutschen Rundfunkanstalten, die mir für Hörspiele Preise offerierten, mit denen der Schweizerische Rundfunk nicht konkurrieren konnte« (WA 34, 57), erklärte er 1969 in seiner Dankesrede für den Berner Literaturpreis.

Die beiden Kriminalromane *Der Richter und sein Henker* und *Der Verdacht* entstanden 1950 und 1951 als Fortsetzungsromane für die Zeitschrift *Der Schweizerische Beobachter*. Ihr Chefredaktor Max Ras lancierte unter den Abonnenten und Abonnentinnen eine ›Fünfliber-Aktion‹: 112 Beiträger zahlten während dreier Jahre monatlich fünf Franken ein, was Dürrenmatt zu monatlich 600 Franken verhalf. – Geld, das er wie die Honorare für die Kriminalromane dringend benötigte. Erst mit dem weltweiten Erfolg des Theaterstücks *Der Besuch der alten Dame* von 1956 kam er zu Reichtum.

Dürrenmatt und Frisch

Das erste Stück von 1946, die Komödie *Es steht geschrieben*, setzte auch den Anfang der Beziehung zwischen Dürrenmatt und Max Frisch. Frisch, damals bereits Autor des Reiss Verlags, las das Stück und schrieb an Dürrenmatt: »Da ist so vieles, worum ich Sie aufrichtig beneide, und ich hoffe, dass Sie meinen Brief nicht als väterlichen Zuspruch empfinden, als ein Klopfen auf die Schultern; ich möchte Sie nur wissen lassen, wie sehr ich begeistert bin und überzeugt, dass in Ihnen ein wirklicher Dichter angetreten ist, und ich

J. B. Metzler © Springer-Verlag GmbH Deutschland, ein Teil von Springer Nature, 2020
U. Weber / A. Mauz / M. Stingelin (Hg.), *Dürrenmatt-Handbuch*, https://doi.org/10.1007/978-3-476-05314-5_7

beglückwünsche Sie zu Ihrem ersten Stück« (Frisch/Dürrenmatt 1998, 96).

Die Voraussetzungen der beiden waren allerdings gänzlich unterschiedlich. Frisch, zehn Jahre älter als Dürrenmatt, konnte nach dem Zweiten Weltkrieg – inzwischen hatte er Architektur studiert und mit dem Projekt des Freibads Letzigrund in Zürich ein eigenes Büro eröffnet – an seine Anfänge als Schriftsteller und seine journalistischen Arbeiten aus den 1930er Jahren anknüpfen und war durch seine drei Romane *Jürg Reinhart* (1934), *Antwort aus der Stille* (1937) und *J'adore ce qui me brûle* (1943), die *Blätter aus dem Brotsack* (1940) und die Erzählung *Bin oder die Reise nach Peking* (1945) bereits bekannt. Dürrenmatt kam aus dem Nichts.

Die Beziehung zwischen Frisch und Dürrenmatt kannte ihre Höhen und Tiefen. In einem Entwurf zu den *Stoffen* schreibt Dürrenmatt: »Ich muß hier gestehen, daß ich nie einen getreueren Kollegen gefunden habe als Max Frisch, ja, daß ich seitdem es zum Bruch gekommen ist – aus Gründen, die ich nie gänzlich begriffen habe – ich glaube, es sind in Wirklichkeit unbegreifbare Gründe, Müdigkeit, Unwille, ständig gegeneinander ausgespielt zu werden, Gründe, die im Kleinstaatlichen liegen – sei es wie es sei [sic] – daß ich mich seitdem in einer vollkommenen Einsamkeit befinde, genauer, in einer vollkommenen Vereinzelung, denn einsam kam ich mir immer schon vor« (ebd., 73).

In einem letzten Brief, 1986 zu Frischs 75. Geburtstag geschrieben und vom Empfänger nicht mehr beantwortet, zieht Dürrenmatt Bilanz: »Ich habe dich in Vielem bewundert, Du hast mich in Vielem verwundert und verwundet haben wir uns auch gegenseitig. Jedem seine Narben. Diese Zeilen schreibe ich nicht ohne Nostalgie. Ich habe mich nie sonderlich um die Schriftstellerei unserer Zeit gekümmert, du bist seiner Zeit einer der wenigen gewesen, die mich beschäftigt haben – ernsthaft beschäftigt wohl der Einzige. Als einer, der so entschlossen wie Du seinen Fall zur Welt macht, bist Du mir, der ebenso hartnäckig die Welt zu seinem Fall macht, stets als Korrektur meines Schreibens vorgekommen« (ebd., 166).

Auf Dieter Fringelis Frage nach seinem Verhältnis zu Kollegen und Schriftstellerfreunden antwortete Dürrenmatt 1977: »[I]ch war sehr lange mit Frisch in engem Kontakt. Natürlich kenne ich auch andere Schweizer Schriftsteller. Aber ich bin eigentlich ein Mensch, der persönlich mehr mit Menschen verkehrt, die nichts mit Literatur zu tun haben, mit einigen Physikern etwa, mit Malern auch, mit Ärzten« (G 2, 194). Im selben Gespräch erklärte er: »Meine persönliche

Beziehung zu bedeutenden Schriftstellern ist eigenartig, es sind Blitzbeziehungen. So habe ich Thomas Mann nur einmal für einen Moment, für eine Sekunde gesehen – er hatte ein Stück von mir besucht, den *Engel*, glaube ich. Fast ebenso erging es mir mit Benn, mit dem ich einmal in einer Lifttür zusammenstieß. Auf einer Reise nach Hamburg habe ich Hans Henny Jahnn einmal flüchtig kennengelernt. Er machte auf mich einen sehr merkwürdigen, wie soll ich sagen: froschartigen Eindruck. Zweimal habe ich Brecht gesehen; mit ihm sprach ich sehr ausführlich – über Zigarren« (ebd., 193).

Beziehungen zu weiteren Schriftstellerkollegen

Seit 1952 lebte Dürrenmatt im eigenen Haus hoch über der Stadt Neuchâtel. Das kam seinem Einzelgängertum zugute, er lebte in seinem eigenen Kosmos. »Ich bin kein vereinsamter Mensch«, sagte er 1976 zu Heinz Ludwig Arnold vor einer Kamera des Norddeutschen Rundfunks. »Ich bin ein zurückgezogener Mensch, das ist etwas ganz anderes. Ich bin sehr froh über Besuche, ich habe Freude, wenn man mich besucht. Ich könnte nicht in Zürich leben. Ich hätte da zu viele Literaten um mich, ich hätte auch zu viele Menschen, die ich schätze. Ich sehe sie lieber einmal im Jahr als jeden Tag. Es ist viel fruchtbarer« (Arnold 1998, 33).

Zu den Besuchern in seinem Haus über Neuchâtel zählten auch Paul Celan oder der Verleger Heinrich Maria Ledig-Rowohlt, der sich – erfolglos – um Dürrenmatts Werk bemühte. Beharrlich hielt Dürrenmatt an Peter Schifferli und seinem Arche Verlag fest, auch wenn der ihm wenig, vor allem kaum Präsenz auf dem deutschen Buchmarkt, nur bescheidene Werbung und nicht einmal ein Lektorat bieten konnte. Seit 1976 übernahm es Arnold, dem Autor als freundschaftlich verbundener Lektor zur Seite zu stehen. 1979 wurde dann Daniel Keel von Diogenes Dürrenmatts Verleger.

Anders als Frisch war Dürrenmatt keiner, der Autorenkollegen um sich versammelte, auch keiner, der als väterlicher Freund und Förderer mit der nachfolgenden Generation im Austausch stand. Hugo Loetscher, der unter den zeitgenössischen Schriftstellern Dürrenmatt als Freund wohl am nächsten stand, formulierte es so: »Frisch suchte Jünger, Dürrenmatt hielt Hof« (2003, 321).

Dürrenmatt verschloss sich nicht, wenn es galt, Kollegen zu unterstützen. So etwa Paul Nizon: »Ein

Jahr lang hatte mich Dürrenmatt unterstützt, was ich einem Freund verdankte, der meine Mittellosigkeit gesehen und ihn um Hilfe für mich gebeten hatte« (Nizon 2017, 33). Über Jahre bezahlte Dürrenmatt die Telefonrechnungen von Ludwig Hohl. Solche Gesten geschahen im Verborgenen, und wenig Aufheben machte Dürrenmatt auch von seinen ideellen Unterstützungen, der Teilnahme an Aufrufen und Unterschriftensammlungen. 1968 organisierte er nach der Niederschlagung des Prager Frühlings durch die Truppen des Warschauer Pakts eine Protestveranstaltung mit Max Frisch, Peter Bichsel, Günter Grass und Kurt Marti am Theater Basel. 1969 äußerte er sich zu den Globus-Krawallen und reichte im selben Jahr den Berner Literaturpreis als kulturpolitisches Statement an den Schriftsteller Sergius Golowin, den Journalisten Ignaz Vogel und den Dienstverweigerer und Politiker Arthur Villard weiter: »[D]ie Preise kommen, wenn man sie nicht mehr braucht. Ich vermag mich längst aus eigener Kraft zu ernähren« (WA 34, 57). Die Gelegenheit, anstelle des Malers Varlin (Willy Guggenheim) 1967 die Dankesrede für den Zürcher Kunstpreis zu halten, nutzte Dürrenmatt zu einer Antwort auf den Preisträger des Vorjahres, den Germanisten und Goethe-Exegeten Emil Staiger, der mit seiner Rede gegen die zeitgenössische Literatur aus der Kloake und dem Geist des Nihilismus den Zürcher Literaturstreit provoziert hatte. Jeder bemühe sich seit jener Rede, der unsittlichste Dichter zu sein, dabei habe Staiger, dessen Name nicht fällt, niemand anderen als ihn, Dürrenmatt gemeint. »Die Entfremdung unter den Dichtern nahm denn auch zu. Die Rede demoralisierte sie. Freundschaften gingen in Brüche. Frisch und ich verkehren nur noch über unsere Rechtsanwälte. Wie Diggelmann mit mir verfährt, kann man in der ›neuen presse‹ lesen. Hugo Loetscher behandelt mich merklich kühler, vorher standen wir herzlich zueinander« (WA 32, 165).

Zwischen Annäherung und Ablehnung

Dürrenmatts Verhältnis zum Literaturbetrieb war eine wechselvolle Abfolge von Annäherung, Teilnahme, wachsendem Missverständnis und Ablehnung. Das spiegeln auch die Preise und Auszeichnungen: Schon sein erstes Stück, *Es steht geschrieben*, wurde mit dem Welti-Preis für das Drama ausgezeichnet, doch den wichtigen Büchner Preis erhielt Dürrenmatt erst vierzig Jahre später (1986). Das machten all die kleineren Preise, die Ehrendoktorate dazwischen nicht wett. Die Anerkennung war nie selbstverständlich, und in die Zustimmung mischte sich immer auch Kritik und Ablehnung.

In den 1970er Jahren geriet Dürrenmatt zunehmend ins Abseits des Literaturbetriebs und stellte sich mit seinem öffentlichen Bekenntnis zu Israel trotzig gegen den linksintellektuellen Zeitgeist. Nach einigen blamablen Theatermisserfolgen (v. a. *Der Mitmacher*, 1973; *Die Frist*, 1977) wurde er von Theaterkritik und -regie insbesondere in Deutschland kaum mehr ernst genommen.

Dem Literaturbetrieb blieb Dürrenmatt im Grunde sein Leben und Schreiben lang fern und fremd. Er ließ sich nicht eingliedern und kümmerte sich nicht um Umkreis und Erwartungen, er blieb der große Einzelne auf dem Berg. »Ich kann schreiben was ich will«, sagte er in einem seiner letzten Gespräche, »[i]ch spiele heute in der deutschen Literatur keine große Rolle mehr« (G 4, 184).

Literatur
Primärtexte
Frisch, Max/Dürrenmatt, Friedrich: Briefwechsel. Hg. von Peter Rüedi. Zürich 1998.

Sekundärliteratur
Arnold, Heinz Ludwig: Querfahrt mit Friedrich Dürrenmatt. Aufsätze und Vorträge. Zürich 1998.
Loetscher, Hugo: Lesen statt klettern. Aufsätze zur literarischen Schweiz. Zürich 2003.
Nizon, Paul: Die Republik Nizon. Eine Biographie in Gesprächen, geführt mit Philippe Derivière. Innsbruck, Wien 2017.
Rüedi, Peter: Dürrenmatt oder Die Ahnung vom Ganzen. Biographie. Zürich 2011.

Urs Bugmann

II Schriftstellerisches Werk

A Frühe Prosa

8 Die Stadt

Entstehungs- und Publikationsgeschichte

Die Stadt. Prosa I–IV (1952) ist Dürrenmatts vierte Buchpublikation und die erste einer langen Reihe beim Arche Verlag (Zürich). Die neun Texte entstanden zwischen 1942 und 1952. *Das Bild des Sisyphos* erschien zuerst in der Wochenpresse (Dürrenmatt 1947), *Die Falle* in einer kleinen illustrierten Ausgabe unter dem Titel *Der Nihilist* (Dürrenmatt 1950) und *Pilatus* als limitierter Einzeldruck (Dürrenmatt 1949). Alle anderen Texte wurden 1952 erstmals publiziert. In den Werkausgaben wurden die Erzählungen in verschiedenen Bänden mit anderen frühen Erzählungen publiziert (WA 19; WA 21); Dürrenmatts Auswahl im Band *Die Stadt* wird in der WA nicht wiedergegeben.

Inhalt und Analyse

Die neun Erzählungen sind in vier Einheiten gegliedert: I. *Weihnacht*, *Der Folterknecht*; II. *Der Hund*, *Das Bild des Sisyphos*, *Der Theaterdirektor*, *Die Falle*; III. *Die Stadt*; IV. *Der Tunnel*, *Pilatus*. Im knappen Nachwort des Bandes stellt Dürrenmatt die Texte als »Vorfeld« der Dramen dar und distanziert sich implizit von diesem Stil, indem er ihn als überwunden darstellt (WA 19, 197). Dies mag zur eher stiefmütterlichen Behandlung der Erzählungen beigetragen haben, obwohl die Entstehungsdaten nicht in allen Fällen vor den Dramen anzusiedeln sind, sondern sich mit den Bühnenerfolgen überlagern (vgl. Weber 1980, 24–26). Zentrale Motive und Verfahren werden fortgeführt und sind insbesondere in der späten Prosa wichtig (vgl. Rüedi 2011, 245; Knapp 1993, 24; Melton 1973, 26).

Auffällig ist die theologisch-christologische Rahmung des Bandes: Er beginnt mit der Erzählung *Weihnacht* und endet mit *Pilatus*, ist also nicht chronologisch geordnet (vgl. Weber 1970, 38–42). Für Dürren-

matt ist in jener Zeit die Auseinandersetzung mit dem Protestantismus von großer Bedeutung: »Ich bin ein Protestant und protestiere. Ich verzweifle nicht, aber ich stelle die Verzweiflung dar«, schreibt er im Erscheinungsjahr 1952 (WA 32, 32; s. Kap. 78).

Den Auftakt des Bandes bildet der knapp halbseitige Text *Weihnacht* (verfasst 1942), ein nihilistischer Abgesang auf das Christentum, der eine ebenso sinn- wie wirkungslose Eucharistie erzählt (vgl. Diller 1971). Das Ich geht an Weihnachten über die »weite Ebene«, findet das »Christkind« erfroren im Schnee, isst dessen Heiligenschein, der »wie altes Brot« schmeckt, und beißt »ihm den Kopf ab«: »[a]lter Marzipan« (WA 19, 11). Mit dem im ähnlichen Duktus kurzer Hauptsätze verfassten *Der Folterknecht* (verfasst 1943), der in Umkehrung des toten Christuskindes aus *Weihnacht* einen folternden Gott ins Zentrum stellt, sind es die einzigen Texte, die Dürrenmatt unbearbeitet in den Band aufgenommen hat (vgl. Rüedi 2011, 264). Werkgeschichtlich gehören auch *Die Wurst* und *Der Sohn* in diesen Zusammenhang, die erst 1978 publiziert wurden (vgl. Dürrenmatt 1978).

Im Fokus der zweiten Gruppierung steht die zum Scheitern verurteilte Produktion von Kunst. *Das Bild des Sisyphos* (verfasst 1945) ist eine düstere Kunstparabel über den Versuch, »aus Nichts Etwas [zu] machen« (WA 19, 55). Die grotesk zugespitzte Geschichte handelt vom Aufstieg und Fall eines Kunstmalers, der durch die Fälschung und den Verkauf eines Gemäldes von Hieronymus Bosch unermesslich reich geworden war und im Versuch, das Gemälde wieder zu erlangen, seinen Reichtum und Verstand verliert. *Der Theaterdirektor* (verfasst 1945) handelt von der Macht des Theaters sowie der Korrumpierbarkeit der Masse und des Einzelnen. *Die Falle* (verfasst 1946) erzählt die Geschichte eines gescheiterten Selbstmörders, der zum Mörder wird; erst nachdem er den Mord dem Ich-Erzähler berichtet, den er verfolgt und minutiös »studiert« (WA 19, 75) hat, vollzieht er den Suizid. Die die Textgruppe eröffnende Erzählung *Der Hund* (verfasst 1951) stellt einen Prediger ins Zen-

J. B. Metzler © Springer-Verlag GmbH Deutschland, ein Teil von Springer Nature, 2020
U. Weber / A. Mauz / M. Stingelin (Hg.), *Dürrenmatt-Handbuch*, https://doi.org/10.1007/978-3-476-05314-5_8

trum, der von einem furchterregenden Hund beglei-tet wird; sie zeichnet ebenfalls das Bild des kompro-misslosen Künstlers, der seiner ihn gefährdenden ›Sendung‹ hartnäckig nachgeht bis in das Verbrechen, den Wahnsinn und den Tod.

Die Stadt ist die umfangreichste Erzählung der Sammlung und bildet die dritte Abteilung. Sie hat auch dadurch, dass sie dem Band seinen Titel gibt, ei-nen besonderen Status und wird zudem im Nachwort hervorgehoben. Dürrenmatt hat die Erzählung bis zur Publikation 1952 und darüber hinaus immer wieder bearbeitet; im Band jedoch ist »im Großen jene [Fas-sung] des Jahres 1947« (Dürrenmatt 1952, 183; vgl. WA 19, 200) wiedergegeben. Nach einem Teilabdruck 1954 nimmt er sie unter dem Titel *Aus den Papieren eines Wärters* in die Werkausgabe von 1980 auf (vgl. WA 19, 149–193). Den Stoff dieser »labyrinthische[n] Geschichte«, dieser »Wucherungen« (G 3, 186), hat Dürrenmatt nach eigener Aussage erst mit dem *Win-terkrieg in Tibet* abgeschlossen (vgl. G 3, 56; WA 19, 198; WA 28, 68).

Die Erzählung wird mittels Herausgeberfiktion ausgegeben als »Anfang eines [...] fünfzehnbändigen Werkes«, das den Titel *Versuch zu einem Grundriß* trägt und, abgesehen vom vorliegenden Text, in einem Brand verloren gegangen sei (WA 19, 118). Der na-menlose Ich-Erzähler erinnert sein Leben in der von einer omnipotenten »Verwaltung« beherrschten Stadt; seine Zeit verbrachte er mit dem Bemalen seines Zimmers und dem Verfassen von »sinnlose[n] Pam-phlete[n] gegen die Stadt« (121 f.). Nach einem ge-scheiterten Aufstand der Bevölkerung trat der Pro-tagonist als Wärter in einem unterirdischen Kerker in den »Dienst der Stadt« (132). In der Dunkelheit ver-sucht er, den »Grundriß« (140) der Stollen zu begrei-fen; drohend ist die Ungewissheit, »ob ich nicht selbst ein Gefangener sei und meine Stellung als Wärter nur eine Fiktion, mit der mich die Verwaltung täuschte« (141 f.) – eine Thematik, die in zahlreichen späteren Texten zentral wird, besonders in der Rede *Die Schweiz – ein Gefängnis* (1990; vgl. WA 36, 175–188).

Die Absurdität der Lage, in der der Protagonist sich befindet, öffnet mehrere Deutungsperspektiven: Exis-tentialistische Lektüren betonen die Absurdität des Daseins angesichts der Macht des Irrsinns; die Schil-derung des Regimes sowie der Entstehungskontext la-den dazu ein, in ihr eine Kritik an jeglicher Form von Totalitarismus zu sehen. Die erkenntniskritische Lek-türe wird vom Nachwort gestärkt; hier findet sich ein Hinweis auf die Bedeutung von Platons Höhlengleich-nis. Dieses lässt sich auch als Ausdruck der Unfähig-

keit des Protagonisten zur Handlung verstehen, schließlich ist die Befreiung aus dem Gefängnis nicht mit Denken zu bewerkstelligen, sondern nur mit dem Versuch hinauszugehen, dem Kierkegaardschen ›Sprung‹ zur Handlung (vgl. Weber 1980, 200–205). In dieser Betonung der Handlung spiegelt sich auch die biografische Situation des jungen Autors Dürren-matt, der sein theoretisches Denken in die Praxis der Kunst übersetzt.

In *Der Tunnel* (verfasst 1952), der bekanntesten Er-zählung Dürrenmatts, stürzt ein Zug in einem plötz-lich endlos gewordenen Tunnel in den Abgrund; der Protagonist, ein Student, ist dazu verdammt, den Ein-bruch des Absurden zu akzeptieren. Kompositorisch nimmt die Erzählung eine Sonderstellung ein, weil sie mehrere Jahre nach den anderen Texten entstanden ist und als einzige Erzählung über ein zunächst realisti-sches Setting verfügt, das in einer Groteske endet.

In der *Pilatus*-Erzählung (verfasst 1946), die dem Prozess und der Kreuzigung Jesu gewidmet ist, erlebt Pilatus eine Epiphanie. Obwohl er in Jesus Gott er-kennt, ist er »gezwungen, eine Grausamkeit um die andere an Gott zu begehen, weil er die Wahrheit wuß-te, ohne sie zu verstehen« (WA 19, 112). In dieser letz-ten Abteilung ist die Kategorie des Einzelnen zentral: Beide Protagonisten – der Student wie Pilatus – neh-men eine Sonderstellung ein, weil sie Gott und die Ab-surdität der Welt wahrzunehmen vermögen.

Rezeption und Forschung

In der frühen Rezeption des Bandes wurden durch-gängig die Bezüge zum dramatischen Werk sowie die religiösen Aspekte betont. *Die Stadt* wurde als bedeu-tende Publikation wahrgenommen, gar als »das wich-tigste Buch eines Schweizers seit Jahren« (Gerster 1952). Der Bezug zu Kafka wurde oft erwähnt, derje-nige zu Camus und Sartre positiv hervorgehoben (vgl. Weber 1952); die »transzendente Wahrheit« der Texte betonte Walter Muschg (1952). Die Erzählungen wur-den aber auch kritisiert als »dumpfe Angstliteratur« und »Tiefengerede« (Dach 1953). *Die Stadt* ist kaum Gegenstand neuerer Forschungsarbeiten; eine genaue Untersuchung vor dem Hintergrund zeitgenössischer Ansätze fehlt. Die Verbindung der frühen Prosa mit den gleichzeitig entstandenen Stücken wurde bisher gleichfalls erst kursorisch herausgearbeitet (vgl. Mel-ton 1973). Lohnenswert wäre schließlich eine Studie, die den motivischen und strukturellen Bezügen des Frühwerks im Spätwerk der *Stoffe* nachgeht.

Literatur
Primärtexte

Die Stadt. Prosa I–IV. Zürich 1952.

Weihnacht. In: Die Stadt. Prosa I–IV. Zürich 1952, 9–12.

Weihnacht. In: Friedrich Dürrenmatt Lesebuch. Zürich 1978, 11–14.

Weihnacht. In: WA 19, 9–12.

Der Folterknecht. In: Die Stadt. Prosa I–IV. Zürich 1952, 13–20.

Der Folterknecht. In: WA 19, 13–20.

Der Hund. In: Die Stadt. Prosa I–IV. Zürich 1952, 23–34.

Der Hund. Eine Erzählung. In: WA 21, 9–18.

Das Bild des Sysiphos. In: Sonntagsblatt der Basler Nachrichten, 12.1.1947.

Das Bild des Sysiphos. In: Die Stadt. Prosa I–IV. Zürich 1952, 35–56.

Das Bild des Sisyphos. Erzählung. Zürich 1968.

Das Bild des Sisyphos. In: WA 19, 41–56.

Der Theaterdirektor. In: Die Stadt. Prosa I–IV. Zürich 1952, 55–68.

Der Theaterdirektor. In: WA 19, 57–69.

Der Nihilist [= Die Falle]. Illustrationen von Teo Otto. Horgen-Zürich 1950.

Die Falle. In: Die Stadt. Prosa I–IV. Zürich 1952, 73–104.

Die Falle. In: WA 19, 71–96.

Die Stadt. In: Die Stadt. Prosa I–IV. Zürich 1952, 107–146.

Die Stadt. In: WA 19, 117–148.

Der Tunnel. In: Die Stadt. Prosa I–IV. Zürich 1952, 149–168.

Der Tunnel. In: Friedrich Dürrenmatt Lesebuch. Zürich 1978, 25–39.

Der Tunnel. Eine Erzählung. In: WA 21, 19–34.

Pilatus. Olten 1949.

Pilatus. In: Die Stadt. Prosa I–IV. Zürich 1952, 169–194.

Pilatus. Erzählung. Zürich 1952.

Pilatus. Erzählung. Zürich 1963.

Pilatus. In: WA 19, 97–116.

Dürrenmatt-Lesebuch. Zürich 1978.

Sekundärliteratur

Dach, Charlotte von: Blick in ein Zwischenreich. Zur Prosa von Friedrich Dürrenmatt. In: Der Bund, 12.2.1953.

Diller, Edward: Friedrich Dürrenmatt's *Weihnachten*. A Short, Short Revealing Story. In: Studies in Short Fiction 3 (1966), 138–140.

Gerster, Georg: Dürrenmatt: *Prosa I–IV*. In: Die Weltwoche, 19.12.1952.

Knapp, Gerhard P.: Friedrich Dürrenmatt [1980]. Stuttgart, Weimar 1993.

Melton, Judith Mary: Friedrich Dürrenmatt's *Die Stadt*. Analysis and Significance of Dürrenmatt's Early Prose. Ann Arbor 1973.

Muschg, Walter: Erzählungen von Friedrich Dürrenmatt. In: Basler Nachrichten, 21.12.1952.

Rüedi, Peter: Dürrenmatt oder die Ahnung vom Ganzen. Biographie. Zürich 2011.

Spycher, Peter: Friedrich Dürrenmatt. Das erzählerische Werk. Frauenfeld, Stuttgart 1972.

Weber, Emil: Friedrich Dürrenmatt und die Frage nach Gott. Zur theologischen Relevanz der frühen Prosa eines merkwürdigen Protestanten. Zürich 1980.

Weber, Werner: Dichter oder Kritiker? Zur Prosa von Friedrich Dürrenmatt. In: Neue Zürcher Zeitung, 6.12.1952.

Lukas Gloor

9 *Der Tunnel*

Entstehung

Die vierzehnseitige Erzählung *Der Tunnel* wird 1951 geschrieben und erstmals in der Prosasammlung *Die Stadt* (1952) publiziert. Der Band vereinigt kürzere Prosatexte, die düstere, krude Gewalt provokativ in biblisch getönten Gleichnisformen präsentieren, vom Eingangstext *Weihnacht* bis zum abschließenden *Pilatus*. Ein zentrales Leitmotiv dieser literarischen Höllenmaschinen ist der ›Abgrund‹. *Der Tunnel* teilt zwar Motivik und parabolische Erzählform mit den Texten der Sammlung. Seine Höllenfahrt hat jedoch einen viel konkreteren Ausgangspunkt in der schweizerischen Realität und ist mit einer ironischen Brechung der Perspektive erzählt, an der Walter Muschg schon 1952 einen vielversprechenden, »aristophanischen« Ton heraushört (Muschg 1998, 276). Seither hat die Forschung die »neue Qualität« des *Tunnels* in Dürrenmatts Schreiben öfter bestätigt (Rüedi 2011, 445; vgl. Knapp 1993, 35–38). Entsprechend wird die Erzählung später vielfach separat publiziert oder neuen Anthologien einverleibt: ein Lesebuchtext, der als universelle Parabel zum wohl bekanntesten und am meisten übersetzten Kurzprosatext Dürrenmatts geworden ist.

Inhalt

Die Hauptfigur der Erzählung, der 24-jährige verbummelte Student, der an seinem Wohnort den Zug nach seinem Studienort besteigt, trägt konkrete biografische Züge des Autors. Doch schon im ersten Satz meldet sich hinter der Figur auch eine Erzählstimme, welche gelegentlich mit ergänzenden Klammerbemerkungen das Geschehen kommentiert: »Ein Vierundzwanzigjähriger, fett, damit das Schreckliche hinter den Kulissen, welches er sah (das war seine Fähigkeit, vielleicht seine einzige), nicht allzu nah an ihn herankomme« (WA 21, 21). So erhält der Leser von Anfang an eine ironisch getönte Distanz zur Hauptfigur, anders als in den anderen, unerbittlich dunklen Erzählungen der Sammlung *Die Stadt*. Im *Tunnel* wird das Schwarz-Sehen in der Figur des Studenten mit dunkler Sonnenbrille selbst zum Thema, als der Zug aus der abendlich vergoldeten Schweizerlandschaft in den Tunnel eintaucht. Zwar tickt bis in die Hälfte der Erzählung noch die normale Fahrplanzeit weiter, und scheinbar fährt der Zug auch an realen Ortschaften an der Strecke von Bern nach Zürich vorbei. Doch der Tunnel nimmt kein Ende, und der Zug bricht aus dieser horizontalen Raum- und Zeitordnung aus und stürzt in beschleunigter Fahrt dem Abgrund im Erdinnern zu. Nur der Student scheint dies jedoch wahrzunehmen, während die übrigen Passagiere unbeteiligt bleiben; im Speisewagen werden weiter Wiener Schnitzel serviert. Der Student hingegen erwartet das Verhängnis, den »Aufprall des rasenden Zuges am Fels«, »dieses Zerschmettern und Ineinanderschachteln der Wagen« (ebd., 29). Eigentlich hatte er fast darauf hingelebt, wie die Erzählstimme in Klammern ergänzt, »auf diesen Augenblick des Einbruchs, auf dieses plötzliche Nachlassen der Erdoberfläche, auf den abenteuerlichen Sturz ins Erdinnere« (ebd., 30). Er arbeitet sich mit dem Zugführer, der die Gefahr ebenfalls erkennt, in den Führerstand der dahindonnernden Lokomotive vor. Doch dieser ist leer; der Lokführer ist längst abgesprungen. Auch der Griff zur Notbremse bleibt wirkungslos. Als Zuschauer an der Frontscheibe der Lokomotive klebend, sieht sich der Student selbst in einem »tödlichen Schauspiel« (WA 21, 98) gefangen, dem er nun mit geweiteten Sinnen entgegenstarrt. Auf die Frage des Zugführers: »Was sollen wir tun?« antwortet er mit dem letzten Satz des Textes: »Nichts. Gott ließ uns fallen und so stürzen wir denn auf ihn zu« (ebd.).

Diesen Schluss überarbeitet Dürrenmatt für eine Neupublikation im *Friedrich Dürrenmatt Lesebuch* (1978), die später auch in die WA übernommen wird. Sie wirkt wie ein Widerruf der Erstfassung, indem die Überarbeitung die Antwort des Studenten auf ein nacktes: »Nichts« (WA 21, 34) verkürzt. »Gott«, der in der Erstfassung im dialektischen letzten Satz als ultimative Instanz erscheint und dessen Gravitation gerade diejenigen anzieht, die von ihm abfallen, verschwindet. Das »Nichts«, so isoliert, bezeichnet nun nicht nur die fehlenden Handlungsmöglichkeiten vor dem Untergang, sondern es ist der eigentliche Fluchtpunkt einer Welt, aus der Gott getilgt wurde.

Entsprechend verschwindet zuvor auch ein biblischer Verweis auf den Höllensturz der »Rotte Korah« (ebd., 97). Dafür wird die theatrale Metaphorik akzentuiert, welche den Text einklammert, vom Blick hinter die »Kulissen« am Anfang bis zum Absturz als einem »Schauspiel« (Knopf 2004, 137), das in der Zweitfassung nicht mehr als »tödlich« qualifiziert wird. Ihm begegnet der Student mit einer »gespensterhaften Heiterkeit« (WA 21, 34), die in der zweiten Fassung schon fast nach einer Komödie klingt. So holt die Überarbeitung den frühen Text in den Horizont von Dürrenmatts späteren Kardinalkategorien hinein:

J. B. Metzler © Springer-Verlag GmbH Deutschland, ein Teil von Springer Nature, 2020
U. Weber / A. Mauz / M. Stingelin (Hg.), *Dürrenmatt-Handbuch*, https://doi.org/10.1007/978-3-476-05314-5_9

Dem »Nichts« kommt höchstens noch die »gespensterhafte Heiterkeit« der Komödie bei.

Deutungsaspekte

Der Tunnel ist zunächst als existentialistisches Gleichnis im Kontext der Sinnkrise der Nachkriegszeit verstehbar (vgl. Freund 1996): Wenn der Einzelne aus seinem Alltag stürzt, wenn er gezwungen ist, dem Tod ins Auge zu blicken, dann erst kann er sich individualisieren. Dann kann er allenfalls auch – so religiöse Deutungen des Schlusses in Anlehnung an Kierkegaard und Karl Barths *Römerbrief*-Auslegung – Gott selbst als den »verborgenen Abgrund« erkennen (Barth 1922, 23; vgl. Zobel 1995, 95). Gott bestimmt eine vertikal-geistige Wertorientierung, die von der horizontal-weltlichen her nicht einsehbar ist (Barth 1922, 7 f.; vgl. Rusterholz 2017; Bühler 2000). Zwischen diesen Achsen verläuft die parabolische Verlaufskurve des *Tunnels*: Er bricht aus der Horizontalen aus und nähert sich der Vertikalen an. So wird *Der Tunnel* gewissermaßen zur Parabel einer Parabel; er figuriert damit, poetologisch gelesen, jene Gleichnisform, die für Dürrenmatts Schreiben zeitlebens grundlegend ist. In dieser reflexiven Selbstbezüglichkeit kann die Lektüre, wie der Tunnel selbst, an kein Ende kommen (vgl. Renken 2009).

Zum Ausbruch aus der helvetischen Realität nutzt *Der Tunnel* die Möglichkeiten des fantastischen Erzählens (vgl. Freund 1996). Er unterminiert damit auch das Bild und Selbstbild einer vom Weltkrieg verschonten Idyllenschweiz. Was sie und »unsere Zeit« an »Hölle« und »Abgrund« birgt, das kann man nur durch die Fantasie anschaulich machen, so Dürrenmatt in einem Brief an Eduard Wyss vom 14.5.1946 (zit. bei Rüedi 2011, 215–217, 216). Gleichzeitig widerspricht *Der Tunnel* damit jenem Katastrophenkonsens, mit dem sich die Schweiz als Schicksalsgemeinschaft im Angesicht der Weltkatastrophen glorifiziert (vgl. Utz 2013). Im Eisenbahnzug des *Tunnels*, der in den Abgrund rast, entsteht gerade keine Solidargemeinschaft. Im Fragment gebliebenen Script zu einem Film über den verschütteten *Gotthardexpress* (1953), das thematisch an den *Tunnel* anschließt, treibt Dürrenmatt diese Subversion der helvetischen Katastrophenkultur weiter (vgl. Utz 2019). Auch im Bild *Die Katastrophe* (1966) setzt Dürrenmatt bei der Eisenbahn, dieser identitätsstiftenden Ikone der Schweiz, an, um die helvetische Alpenidylle mit ihren Brücken und Tunneln in sich zusammenstürzen zu lassen. *Der Tunnel* ist so ein frühes, dunkel funkelndes, vieldeutiges Meisterstück von Dürrenmatts apokalyptischer Fantasie.

Literatur
Primärtexte
Der Tunnel. In: Die Stadt. Prosa I–IV. Zürich 1952, 151–167.
Der Tunnel [Neufassung]. In: Friedrich Dürrenmatt Lesebuch. Zürich 1978, 25–39.
Der Tunnel [Fassung 1978]. In: WA 21, 19–34 (Schluss der Erstfassung: ebd., 97 f.).

Sekundärliteratur
Barth, Karl: Der Römerbrief [1918]. 2. Aufl. München 1922.
Bühler, Pierre: Le paradoxe chrétien et ses potentialités créatives. In: Jürgen Söring/Annette Mingels (Hg.): Dürrenmatt im Zentrum. 7. Internationales Neuenburger Kolloquium 2000. Frankfurt a. M. 2004, 237–258.
Freund, Winfried: Friedrich Dürrenmatt: *Der Tunnel*. Vorlauf in den Tod. In: Interpretationen. Deutsche Erzählungen des 20. Jahrhunderts, Bd. 2. Stuttgart 1996, 153–166.
Knopf, Jan: Friedrich Dürrenmatt: *Der Tunnel*. In: Werner Bellmann (Hg.): Klassische deutsche Kurzgeschichten. Interpretationen. Stuttgart 2004, 135–145.
Muschg, Walter: *Die Stadt* [1952]. In: Keel, Daniel (Hg.): Über Friedrich Dürrenmatt. Zürich 1998, 273–276.
Renken, Arno: Comment tomber dans un livre? *Le Tunnel* de Dürrenmatt en bilingue et en biface. In: Figurationen 10 (2009), 1–2, 149–157.
Rusterholz, Peter: Christliches Paradox als Skandalon und Korrektiv der Nachkriegskultur nach 1945: Friedrich Dürrenmatt und Karl Barth. In: Ders.: Chaos und Renaissance im Durcheinandertal Dürrenmatts. Hg. von Henriette Herwig und Robin-M. Aust. Baden-Baden 2017, 15–34.
Utz, Peter: Kultivierung der Katastrophe. Literarische Untergangsszenarien aus der Schweiz. München 2013.
Utz, Peter: Der steckengebliebene Gotthardexpress. Ein unbekanntes frühes Filmtreatment von Friedrich Dürrenmatt. In: Ewa Wojno-Owczarska (Hg.): Literarische Katastrophendiskurse im 20. und 21. Jahrhundert. Frankfurt a. M., Bern 2019, 149–166.
Zobel, Klaus: Friedrich Dürrenmatt: *Der Tunnel*. In: Christian Eschweiler, Klaus Zobel: Vergleichende Analysen zu literarischer Kurzprosa. Northeim 1997, 67–122.

Peter Utz

B Frühe Dramatik

10 *Es steht geschrieben / Die Wieder-*
täufer

Entstehungs-, Publikations- und Auf-
führungsgeschichte

Nach verschiedenen unvollendet gebliebenen Theater-
versuchen (*Der Knopf*, *Untergang und neues Leben*,
Thogarma) schrieb Dürrenmatt zwischen Juli 1945
und März 1946 in Bern sein erstes zur Aufführung ge-
langendes Bühnenstück, zunächst unter dem Arbeitstitel *Die Wiedertäufer*, später mit dem Titel *Es steht geschrieben* (wohl in Anspielung auf die täuferische Praxis des Bibelzitats). Das Drama wurde am 19.3.1947
unter der Regie von Kurt Horwitz im Zürcher Schauspielhaus uraufgeführt. Es kam zu einem Theaterskandal, über den sich der Autor hinter den Kulissen freute
(vgl. G 1, 52–59). Die Länge des Stücks, die vielen biblischen Anspielungen, Kirchenlieder und dichterischen Texte, die drastischen Sprachbilder, die Wechsel
zwischen barock-erhabenem und zotenhaftem Stil, die
als blasphemisch empfundene Behandlung religiöser
Motive führten dazu, dass die Zuschauer zu randalie-
ren begannen und das Theater vorzeitig verließen. Das
Stück löste auch in der Presse eine heftige Debatte aus,
mit teils scharfen Verurteilungen. Zugleich wurde es
bereits 1948 mit dem wichtigen Welti-Preis für das
Drama ausgezeichnet. Die Aufführungen in Wiesbaden (1950) und in Paris (1952, hier unter dem Titel *Les
Fous de Dieu* – die erste Dürrenmatt-Aufführung außerhalb des deutschen Sprachraums) waren allerdings
eher Misserfolge. Das trug wohl dazu bei, dass Dürrenmatt, sich von zu unmittelbar christlicher Vereinnahmung distanzierend, dieses Stück wie auch *Der Blinde*
für weitere Aufführungen sperren ließ.

Als Buch erschien das Stück 1947 mit Zeichnungen
des Autors im Basler Schwabe Verlag. 1959 wurde es
im Zürcher Arche Verlag neu aufgelegt und 1964 in
den Sammelband *Komödien II und Frühe Stücke* aufgenommen.

Nach Anfragen verschiedener Theater (u. a. des
Schauspielhauses Zürich), das gesperrte Stück wieder
spielen zu dürfen, unternahm Dürrenmatt 1966 eine
Neubearbeitung, nun wieder unter dem Titel *Die Wie-
dertäufer* (s. Kap. 28). Das Drama wurde um ein Vier-
tel gekürzt und von der Grundkonzeption her zu einer
Komödie umgestaltet. Zugleich wurde die opulente
Sprache des Bühnenerstlings abgeschwächt. Zwanzig
Jahre nach *Es steht geschrieben* wurde das Stück am
16.3.1967 erneut im Schauspielhaus uraufgeführt (R.:
Werner Düggelin). Im selben Jahr erschien im Arche
Verlag die Buchausgabe, versehen mit dramaturgischen Überlegungen zur Neubearbeitung. Es folgten
verschiedene Aufführungen in Deutschland, Polen
und Frankreich. Zu einem großen Erfolg kam es 1968
in Prag, im Kontext des Prager Frühlings. 1973 wurde
im Zweiten Deutschen Fernsehen eine Fernsehinszenierung unter der Regie von Heinrich Koch produziert. In die Werkausgaben von 1980 und 1998 wurden sowohl *Es steht geschrieben* als auch *Die Wiedertäufer* nach dem Text ihrer jeweiligen Urfassung übernommen.

Inhalt und Analyse

Inspiriert durch eine 1896 von Georg Tumbült veröffentlichte Monografie, die Dürrenmatt in der väterlichen Bibliothek entdeckt hatte, wählte er für sein
Stück ein tragisches Kapitel der deutschen Reformati-
onsgeschichte, das bereits öfter als literarischer Stoff
bearbeitet worden war: den Aufstieg und Fall des
Täuferreichs im westfälischen Münster in den Jahren
1534–1536. Im Zeichen apokalyptischer Naherwar-
tung erklärt eine radikale Gruppe der Täuferbewe-
gung Münster zum himmlischen Jerusalem und installiert eine tyrannische Theokratie. So erzählt das
Stück zunächst, wie die Täufer progressiv die Macht
erobern, den Bischof und sein Gefolge sowie die Anhänger Luthers aus der Stadt vertreiben und strenge
Sitten- und Glaubensregeln nach biblischen Vor-

J. B. Metzler © Springer-Verlag GmbH Deutschland, ein Teil von Springer Nature, 2020
U. Weber / A. Mauz / M. Stingelin (Hg.), *Dürrenmatt-Handbuch*, https://doi.org/10.1007/978-3-476-05314-5_10

schriften einführen. Der Machtkampf innerhalb der Führergruppe fällt zugunsten des Hochstaplers Johannes Bockelson aus, der sich zum alleinigen König krönen lässt. Während er die Bevölkerung mit Strafen, Gerichten und Hinrichtungen terrorisiert, pflegt er selbst einen erotisch wie gastronomisch überschwänglichen Lebensstil. Bockelsons Gegenfigur ist der ehrbare Bernhard Knipperdollinck, der dem Demagogen gottergeben seinen Reichtum und seine Frau überlässt und, gefolgt von seiner Tochter, den Weg der Armut wählt.

Mit Hilfe des Kaisers Karl V. und des Landgrafen Philipp von Hessen belagert der Bischof die Stadt und hungert sie aus. Im zweiten Teil beschreibt das Stück die sich ausbreitende Not und das Gemetzel bei der Einnahme der Stadt: »Deine Mauern sinken dahin, deine Türme zerbrechen! Blutige Nacht! Blutiger Mond! Du schreckliche Fackel des Sieges! [...] Bleiches Antlitz voll Verwesung und Mord! O Schwärme pfeifender Ratten! O Schweigen des Doms, tot aufgereckt in das Leere! Wie ist dir nicht alles anheimgegeben, ewige Qual, wie ist dir nicht alles verfallen, unendlicher Abgrund!« (WA 1, 142). Wie viele andere enden Bockelson und Knipperdollinck auf dem Rad.

In seiner Bearbeitung des historischen Stoffs vollzieht Dürrenmatt eine doppelte Kontrastierung: einerseits zwischen dem in der Stadt herrschenden fanatischen Rausch, der zu allen möglichen Exzessen führt, und einem besonnenen Bischof, der dem Schrecken gegenüber um seine Ohnmacht weiß; andererseits, innerhalb der Stadt, zwischen dem demagogischen Verführer Bockelson und dem einfältigen Glaubenseiferer Knipperdollinck, der nach Jesu Armutsregeln lebt, um für das Übel zu büßen.

Deutungsaspekte, Positionen der Forschung

Dem Stück kommt in Dürrenmatts Gesamtwerk eine wichtige Bedeutung zu; nicht so sehr, weil ihn – wie er öfter scherzhaft betonte – der Skandal im Schauspielhaus berühmt gemacht hatte, sondern vielmehr weil ihm »*Es steht geschrieben* die Zunge löste« (WA 1, 250). Das Drama wirkte wie eine Befreiung, die Dürrenmatt neue Sprachmöglichkeiten eröffnete und ihm so einen fulminanten Start auf der Theaterbühne gewährte. Wie Hans Wysling ausführlich gezeigt hat, spielten dabei vielfältige literarische Einflüsse und Reminiszenzen eine wichtige Rolle, vor allem Paul Claudels Stück *Der seidene Schuh*, das Horwitz im Juni 1944 am Schauspielhaus in Hans Urs von Balthasars

deutscher Übersetzung uraufgeführt hatte (vgl. Wysling 1996).

Natürlich spielte bei der Stoffwahl auch der zeitgeschichtliche Kontext eine Rolle. Das Täuferreich ließ sich als Gleichnis für zeitgenössische Ereignisse verstehen: »Daß sich mir dieser Stoff 1945 aufdrängte, erscheint mir nachträglich selbstverständlich: das irrationale Phänomen des Dritten Reichs, sein Untergang spiegeln sich [...] in diesem Stoff wider« (WA 1, 250). Zugleich betonte Dürrenmatt aber, das Stück sei nicht einfach auf diese Facette zu reduzieren; die Stadt Münster sei für ihn auch eine Vision gewesen, »in mir, nicht außer mir, und so gestaltete ich das Drama aus der Phantasie« (ebd.). Man wird also die Grundperspektive breiter auffassen müssen: Es geht dem Autor darum zu erproben, was passiert, wenn der ideologische ›Größenwahn‹, das Reich Gottes auf Erden zu verwirklichen, zu einem ›Massenwahn‹ wird, der es manipulierenden Führern erlaubt, aus dem blinden Vertrauen der Menschen Profit zu schlagen (vgl. Zeindler 2011). In diesem Sinne wird hier bereits Dürrenmatts späteres Grundmotiv des ›Mitmachens‹ vorbereitet.

Diese kritische Sicht auf den Zynismus der Macht wird in der Fassung von 1967 dadurch verschärft, dass Bockelson als Schauspieler und der Bischof als Theaterliebhaber präsentiert werden. So wird denn Bockelson am Schluss nicht, wie in *Es steht geschrieben*, aufs Rad geflochten, sondern wegen seines komödiantischen Talents in die bischöfliche Theatertruppe aufgenommen. Die Mächtigen erkennen, dass er sie perfekt ›spielt‹. Deshalb ist Bockelson »ein Thema jeder Macht: Ihre Begründung durch Theatralik« (WA 10, 135).

Die spätere Komödie entschärft somit die religiöse Konfrontation zwischen Bockelson und Knipperdollinck, die 1947 im Zentrum stand. In der Gestalt Knipperdollincks vollzog sich Dürrenmatts Auseinandersetzung mit dem vom Elternhaus geprägten Glauben, hatte er doch einer anderen Gestalt im Stück die folgende Selbstdarstellung in den Mund gelegt: Er sei »ein im weitesten Sinne entwurzelter Protestant, behaftet mit der Beule des Zweifels, mißtrauisch gegen den Glauben, den er bewundert, weil er ihn verloren« (WA 1, 58). So schließt das Stück in der frühen Fassung mit einem Gebet des geräderten Knipperdollinck, das die paradoxe Spannung von Gericht und Gnade ausdrückt: »Die Tiefe meiner Verzweiflung ist nur ein Gleichnis Deiner Gerechtigkeit, und wie in einer Schale liegt mein Leib in diesem Rad, welche Du jetzt mit Deiner Gnade bis zum Rande füllst!« (148).

Literatur
Primärtexte
Es steht geschrieben. Mit sechs Zeichnungen vom Autor. Basel 1947.
Die Wiedertäufer. Eine Komödie in zwei Teilen. Zürich 1967.
Es steht geschrieben. Ein Drama. In: WA 1, 9–148.
Die Wiedertäufer. Komödie. WA 10.

Sekundärliteratur
Bühler, Pierre: *Es steht geschrieben/Les fous de Dieu* (1947). Le jeune Dürrenmatt se confronte aux anabaptistes de Münster. In: Mennonitica Helvetica 41 (2018), 7–26.

Centre Dürrenmatt Neûchatel (Hg.): Les Fous de Dieu. Gottes Narren. Neuchâtel 2017 (Cahier 16).
Wyrsch, Peter: Die Dürrenmatt-Story. In: G 1, 25–97, bes. 52–59.
Wysling, Hans: Friedrich Dürrenmatt: *Es steht geschrieben* (1947). Protestantismus und Narzissmus [1982]. In: Hans-Rudolf Schärer, Jean-Pierre Bünter (Hg.): Streifzüge. Literatur aus der deutschen Schweiz 1945–1991. Zürich 1996, 15–37.
Zeindler, Matthias: Wider das Reich Gottes auf Erden. Religionskritik und Ideologiekritik bei Friedrich Dürrenmatt. In: David Plüss u. a. (Hg.): Imagination in der Praktischen Theologie. Zürich 2011, 159–169.

Pierre Bühler

11 *Der Blinde*

Entstehungs- und Wirkungsgeschichte

Friedrich Dürrenmatt begann die Arbeit an seinem zweiten Theaterstück *Der Blinde* noch vor der Uraufführung von *Es steht geschrieben* – eine erste Fassung schrieb er im Januar 1947 innerhalb eines Monats nieder. Sie ist als Typoskript überliefert und wird mit weiteren Vorfassungen und Fragmenten im Schweizer Literaturarchiv in Bern aufbewahrt. Die Erstfassung steigt mit vier großen Monologen ein, die in der endgültigen Fassung, die Dürrenmatt im Winter 1947/48 fertigstellte, durch Dialoge ersetzt sind (vgl. Rusterholz 2017, 23–25). Offenbar überarbeitete Dürrenmatt das Stück zum Verdruss der Theatertruppe noch während der letzten Proben weiter. Die Uraufführung fand am 10.1.1948 unter der Regie von Ernst Ginsberg am Stadttheater Basel statt, mit hochkarätiger Besetzung der Hauptrollen: Heinz Woester brillierte als der blinde Herzog, Kurt Horwitz spielte dessen Widersacher Negro da Ponte, Bernhard Wicki den Herzogssohn Palamedes und Maria Becker die Tochter Octavia.

Das Stück des jungen »Stürmers und Drängers« (*Tages-Anzeiger* vom 17.1.1948) wurde nach dem Theaterskandal des vorigen Jahres mit angeregtem Interesse erwartet. Am Mittwoch vor der Uraufführung hielt der Journalist und Redakteur Dr. Walter Allgöwer im Rahmen einer fünfteiligen Vortragsreihe zum modernen Dramenschaffen im überfüllten Unionssaal der Basler Kunsthalle einen ausführlichen Vortrag über die geistige Situation im Allgemeinen und Dürrenmatts Stück im Besonderen, der am folgenden Wochenende im *Sonntagsblatt der Basler Nachrichten* in voller Länge publiziert wurde.

Anders als die Uraufführung von *Es steht geschrieben* endete diejenige des *Blinden* mit regem Applaus. Der überwiegende Teil der über vierzig Schweizer Pressestimmen würdigte sowohl die ausgezeichnete Aufführung als auch die »tiefe Frömmigkeit« der »gleichnishaften Predigt« (*Basler Nachrichten*, Abendblatt vom 12.1.1948; *Solothurner Zeitung* vom 13.1.1948). Während in der späteren Rezeption die Darstellung des Glaubens im Stück zunehmend problematisiert wurde (s. u.), war in der zeitgenössischen Meinung unter kirchenkritischen wie kirchennahen Organen durchweg anerkannt, Dürrenmatt verkünde »die Botschaft des Glaubens« (die sozialistische Zeitung *Vorwärts* vom 15.1.1948), dass »der Glaube Berge versetzen und heldische Menschen im besten Sinne des Wortes erzeugen kann« (*Solothurner Zeitung* vom

13.1.1948). Diese Tendenz wurde damals von den meisten öffentlichen Stimmen begrüßt und dem Autor außerordentliches Potential in dieser Richtung attestiert. Kritisiert wurde dagegen, dass das Stück als Drama noch unausgereift sei, kaum eine Handlungsentwicklung zeige und daher mit drei Stunden Aufführungszeit zu lang dauere.

Dürrenmatt ließ den *Blinden* nach weiteren Aufführungen in Zürich (1948) und Münster (1951) für das Theater sperren, vermutlich aufgrund der Kritik an der dramatischen Durchführung und weil er den Ruf des christlichen Tendenzdichters ablegen wollte. Erst 1960 publizierte er das Drama in leicht veränderter Fassung in Buchform; 1980 und 1998 wurde diese Fassung ohne weitere Überarbeitungen in die Werkausgaben übernommen. Die neuere Literaturkritik folgt der zeitgenössischen darin, dass das Stück »undramatisch« sei (so Knopf 1988, 34), hebt demgegenüber aber hervor, dass hier bereits mehrere charakteristische Aspekte von Dürrenmatts späterer Dramentheorie praktisch umgesetzt seien (so Ringel 2002, bes. 347 u. 362).

Inhalt und Analyse

Das Drama *Der Blinde* spielt im Dreißigjährigen Krieg. Ein Herzog sitzt in den Trümmern seines Schlosses inmitten seines verwüsteten Landes, von dessen Zerstörung er nichts weiß, da er zum Zeitpunkt des Angriffs schwer erkrankt war und sein Augenlicht verlor (vgl. WA 1, 160). Sein schwermütiger Sohn Palamedes versucht aus Mitleid die Illusion aufrechtzuerhalten, dass Land und Schloss von den Kriegswirren verschont geblieben seien; das gelingt ihm, bis eines Tages Negro da Ponte, Hauptmann der gegnerischen Armee Wallensteins, zufällig an der Ruine vorbeigeht und vom Herzog unversehens zu dessen Statthalter ernannt wird (vgl. 156). Negro da Ponte, irritiert von der Gutgläubigkeit des Herzogs, nimmt das Amt an und beschließt, dem Herzog mithilfe seines Gesindels die Zerstörung des Schlosses und des Reiches vorzuspielen und ihm so die vermeintliche Grundlage seines inneren Friedens zu nehmen. Der blinde Herzog schenkt dem Spiel Glauben und nimmt dafür in Kauf, sowohl seinen Sohn Palamedes als scheinbaren Verräter hinrichten zu lassen (vgl. 208–216), sich einem Wallenstein spielenden »Neger« zu unterwerfen (221–227), seinen Hofdichter Gnadenbrot Suppe eigenhändig zu erwürgen (vgl. 228–230) und den Selbstmord seiner Tochter Octavia, die sich da Ponte als Gespielin hingegeben hatte, hinzunehmen (vgl. 236–241). Negro da

J. B. Metzler © Springer-Verlag GmbH Deutschland, ein Teil von Springer Nature, 2020
U. Weber / A. Mauz / M. Stingelin (Hg.), *Dürrenmatt-Handbuch*, https://doi.org/10.1007/978-3-476-05314-5_11

Ponte kapituliert vor der unbeirrbaren Glaubensbereitschaft des Herzogs und verlässt ihn, »tappend wie ein Blinder« (242).

Die Handlung des Stückes rekurriert auf mehrere Traditionen, die unterschiedlich eingesetzt oder verfremdet werden. Die Funktion des Dreißigjährigen Krieges als Hintergrund ist es, in der Parallelität zu den Schrecken des Nationalsozialismus sowohl die Aktualität als auch die Zeitlosigkeit des Geschehens zu betonen. Es geht um den Menschen ›an sich‹ (vgl. Welskop 2014, 74). Das macht die Handlungsträger zu Typen: Gleich zu Beginn des Stückes werden durch biblische Referenzen der Herzog als gottesfürchtiger Hiob und sein nihilistischer Widersacher Negro da Ponte als dessen teuflischer Versucher stilisiert; auch auf sprachlicher Ebene wird durch eine Fülle alttestamentlicher Bilder und Sprachmuster auf die biblische Tradition Bezug genommen (vgl. ausführlich Groseclose 1974). Palamedes und Octavia stehen für zwei glaubenslose Haltungen, prinzipientreue Melancholie und opportunistischen Hedonismus; sie parodieren mythische und historische Namensvettern aus der homerischen *Ilias* und der römischen Antike, indem sie eine »irritierende Gleichzeitigkeit« (Ringel 2002, 353) der in den ursprünglichen Geschichten gegebenen Ordnung und dem im Stück dargestellten Ordnungsverlust evozieren (vgl. ebd., 353–358).

Darüber hinaus werden im Stück zusätzliche Doppelbödigkeiten über die Sprache hergestellt; einerseits durch die Diskrepanz zwischen der Sprache und der bildlich dargestellten Realität, andererseits durch sich widersprechende Sprachspiele (vgl. ebd., 355). Dürrenmatt reflektierte 1954 in *Theaterprobleme*, der grundlegende Einfall des Stückes sei gewesen, das Wort gegen das Bild zu stellen: »Der dramatische Ort ist der gleiche, aber durch das Spiel, das man dem Blinden vorspielt, wird er ein Doppeltes, ein Ort, den der Zuschauer sieht, und ein Ort, an welchem sich der Blinde glaubt« (WA 30, 45; vgl. selbstkritisch WA 30, 142; vgl. Frisch 1998, 573 f.). Tatsächlich bleibt der Schauplatz das ganze Stück hindurch, das ursprünglich als Vierakter aufgeführt, für die Buchform aber als Einakter umgestaltet wurde, die Schlossruine, deren Realität von zwei gegenläufigen Schauspielen parodiert wird: zuerst von der heilen Welt, die Palamedes seinem Vater vorgaukelt, dann von deren Zerstörung, die da Ponte inszeniert. Auch das zweite Schauspiel steht der bildlich dargestellten Wirklichkeit entgegen, denn die vermeintliche ›Flucht‹ vor den Truppen Wallensteins führt den Herzog in seiner Ruine im Kreis herum, die Würdenträger aus dessen Armee werden

von Dirnen und Gaunern verkörpert, und Negro da Ponte deckt bis zum Schluss seine wahre Identität nicht auf.

Deutungsaspekte

Der Fokus zeitgenössischer und späterer Interpretationen liegt auf der Einschätzung des Glaubens des Herzogs im Zusammenhang mit dessen Blindheit. Die Literatur nach dem Zweiten Weltkrieg hat eine auffällige Fülle von blinden Protagonisten hervorgebracht (vgl. Hinweise bei Welskop 2014). Die Blindheit literarischer Figuren weist stets über sich hinaus; sie verkörpert entweder Hellsichtigkeit oder – und in der Nachkriegszeit vermehrt – ein Gefühl der Vereinsamung. Dass die Blindheit des Herzogs neben dem ›höheren Wissen‹ auch eine egoistische Indifferenz mit sich bringt, die an mutwillige Verblendung grenzt und ihn von allen Mitmenschen entfremdet, ist erst in neueren Interpretationen verstärkt hervorgehoben worden (vgl. etwa ebd., 66 f.). Dürrenmatt bedient sich einer primitiven Blindenpsychologie und ignoriert die Frage nach der sinnlichen Kompensation (vgl. ebd., 61 f.; *Die Weltwoche* vom 16.1.1948). Zwar behauptet der Herzog: »Ich bin blind. Ich muß dem Menschen vertrauen, um zu sehen« (WA 1, 156) – aber müsste er nicht tastend begreifen, dass sein Schloss in Trümmern liegt? Einen Hinweis darauf, dass er sich womöglich entgegen seiner Worte *wissentlich* der Wirklichkeit verschließt, gibt der vieldiskutierte Mord am Hofdichter Suppe, den der Herzog erwürgt, als dieser ihm die ›Wahrheit‹ aufdecken will (vgl. die unterschiedlichen Deutungen bei Ringel 2002, 358–361; Welskop 2014, 67 f.; Groseclose 1974, 69 f.; *Luzerner Neueste Nachrichten* vom 12.1.1948).

Die Frage, ob der blinde Herzog glauben muss und dementsprechend die unausweichliche Erfordernis des Glaubens mutig bejahe, oder ob er nicht glauben müsste und die willentliche Entscheidung zum Glauben daher als feige und gewissenlos zu betrachten wäre, ist nicht letztgültig zu klären. Evident ist dagegen, dass die »elementare Kraft« (WA 31, 142) dieser völlig entschränkten Glaubensbereitschaft den Herzog für die Sehenden »schrecklich und auf eine gespenstische Art unmenschlich« macht (WA 1, 256), indem der Herzog jedem Menschen alles glaubt und so »sein Land von einem Augenblick auf den andern einem bösartigen, ja teuflischen Abenteurer« überlässt und demselben Sohn und Tochter in die Hände und in den Tod spielt (Brock 1948, 746). Dürrenmatt selber will diesen grotesken Zug erst später bemerkt haben und weist im Nachwort der Werkausgabe darauf hin, das Stück sei nur als Experiment, nicht als Allegorie zu verstehen (vgl. WA 1, 256). Ebenfalls erst viel später äußerte er gar den Gedanken, das Stück sei »von der Frage angeregt, wie wohl Hitler und damit der Glaube an ihn möglich geworden war« (WA 31, 142). Der Theologe Karl Barth, der der Premiere des Stückes beigewohnt hatte, sah dagegen im *Blinden* eine christliche »Theologie wie etwa die des ›Römerbriefs von 1921‹«, seiner einflussreichen Frühschrift (zit. bei Rüedi 2011, 313, vgl. 312 f.; vgl. WA 29, 192). Während sicher ist, dass Dürrenmatt sich zur Entstehungszeit des *Blinden* und lange darüber hinaus intensiv mit Barths Theologie auseinandergesetzt hatte (vgl. Rusterholz 2017), scheint es problematisch, das Stück für den christlichen Glauben in Anspruch zu nehmen, da der Glaube des Herzogs in der experimentellen Anlage des Stückes nicht auf den verborgenen Gott, sondern die verborgene Welt gerichtet ist (vgl. ebd., 28). Die Problematik dieser Ersetzung und der von Dürrenmatt hergestellte Bezug zum Glauben an Hitler sind in den bisherigen Interpretationsversuchen noch wenig berücksichtigt worden und würden ebenso eine vertiefte Beschäftigung verdienen wie die abschließende Frage, ob der Herzog als Sieger über den geschlagenen Negro da Ponte zu bezeichnen sei, weil er in seinem Glauben letztlich recht behalte (so etwa Welskop 2014, 56). Da der Herzog im Laufe des Stückes alle menschlichen Beziehungen verspielt, ist mit Rusterholz (2017, 26) zu erwägen, dass einem solchen Glauben, auch wenn er alle Schläge unerschüttert übersteht, eine unangenehme Fragwürdigkeit anhaftet.

Literatur
Primärtexte, Quellen

Der Blinde. Ein Drama. Zürich 1960.

Der Blinde. In: WA 1, 149–243, 255–257.

Der Blinde: 1.–3. Fassung und Fragmente. Typoskripte. Schweizerisches Literaturarchiv, Sig. SLA-FD-A-m10.

Agendaeinträge vom 1. und 27.1.1947. Schweizerisches Literaturarchiv, Sig. SLA-FD-C-1-d-1947.

Brief an Maria Becker [1967]. In: WA 30, 140–142.

Friedrich Dürrenmatt interviewt F. D. [1980]. In: WA 31, 139–167, bes. 142.

Theaterprobleme [1954]. In: WA 30, 31–72, bes. 45 u. 63.

Vinter [1970–1990]. In: WA 29, 189–231, bes. 192.

Sekundärliteratur

Brock, Erich: Friedrich Dürrenmatt: *Der Blinde*. In: Schweizer Monatshefte 27 (1948), 11, 745–748.

Frisch, Max: Tagebuch 1946–1949. In: Gesammelte Werke in zeitlicher Folge, Bd. 2. Hg. von Hans Mayer u. a. Frankfurt a. M. 1998, bes. 573 f.

Groseclose, Sidney: The Murder of Gnadenbrot Suppe. Language and Levels of Reality in Friedrich Dürrenmatt's *Der Blinde*. In: German Life & Letters 28 (1974), 64–71.

Pressedokumentation zu den Aufführungen des *Blinden* in Basel und Münster [enthält alle im Text zitierten Pressestimmen]. Schweizerisches Literaturarchiv, Sig. SLA-FD-D-10-b-BLI.

Ringel, Stefan: Der stumme Hiob. Parodie in Dürrenmatts Dramentheorie und in seinem frühen Stück *Der Blinde*. In: Monatshefte für Deutschsprachige Literatur und Kultur 94 (2002), 3, 346–367.

Rusterholz, Peter: Christliches Paradox als Skandalon und Korrektiv der Nachkriegskultur nach 1945. Friedrich Dürrenmatt und Karl Barth. In: Ders.: Chaos und Renaissance im Durcheinandertal Dürrenmatts. Hg. von Henriette Herwig und Robin-M. Aust. Würzburg 2017, 15–34.

Welskop, Nena: Der Blinde. Konstruktionen eines Motivs in der deutschsprachigen Literatur nach 1945. Würzburg 2014, bes. 55–76.

Kathrin Schmid

C Kabarett

12 Kabarett-Texte

1933 emigrierte das von Erika Mann in München mitbegründete Kabarett *Die Pfeffermühle* in die Schweiz und legte den Grundstein für die Entstehung des ersten schweizerischen Kabaretts: Am 30.12.1933 gründen Walter Lesch, Otto Weissert, Emil Hegetschweiler und Alois Carigiet in Zürich das Cabaret Cornichon. Das Cornichon war ein Unterhaltungskabarett, das von 1934 bis 1954 insgesamt 64 Programme aufführte und in dieser Zeit zum wichtigsten Kleinkunstensemble der Schweiz avancierte. Innenpolitisch verstand es sich als eine Stütze der ›Geistigen Landesverteidigung‹, außenpolitisch wandte es sich gegen den Nationalsozialismus und den Faschismus.

1948 schrieb Friedrich Dürrenmatt für das Cornichon einige Kabarett-Texte. Walter Lesch hatte im Sommer 1947 mit Max Werner Lenz seinen wichtigsten Autor verloren. Auf der Suche nach einem Ersatz wurde er auf Dürrenmatt aufmerksam, der am 19.4.1947 mit seinem ersten Theaterstück *Es steht geschrieben* am Schauspielhaus Zürich erstmals für Furore gesorgt hatte. Nachdem am 10.1.1948 das zweite Theaterstück *Der Blinde* am Theater Basel uraufgeführt wurde, schickte Lesch seinen Co-Leiter Peter Wyrsch nach Basel, um den jungen Dramatiker für die Mitarbeit zu gewinnen und machte ihm das Angebot von monatlich 500 Franken für jeweils drei Sketche pro Programm. Für Dürrenmatt war die Mitarbeit beim Cornichon primär ein Broterwerb, gleichzeitig bot ihm das Kabarett aber auch die Möglichkeit, einige seiner frühen dramatischen Ideen auf der Kleinkunstbühne erstmals zu erproben.

Im Mai 1948 wurden im Programm *Arche Noah* die ersten beiden Dürrenmatt-Nummern aufgeführt. Der Sketch *Der Gerettete* (WA 17, 127–135) spielt im Büro von Dr. Matthias Blauhals, dem Chef des Amtes für Schiffbrüchige, auf der »Arche« (127). Der Schiffbrüchige Armin Schlucker erklärt, er sei ins Meer gesprungen, nachdem der Abschaum der Menschheit sich seines Bootes bemächtigt habe. Der Beamte teilt ihm mit, dass ihm auf der Arche aufgrund der Überbevölkerung und des schützenswerten großen Tierbestandes kein menschenwürdiges Leben ermöglicht werden könne. Er könne lediglich in einem »sichern Winkel« dankbar verharren (133). Darauf springt der Schiffbrüchige zurück ins Meer. Dürrenmatt verband im Sketch das Programmthema der ›Arche‹ mit der seit 1942 allgemein bekannten Metapher vom ›vollen Boot‹, das für eine Schweiz stand, die keine Flüchtlinge mehr aufnehmen konnte, da sie sonst selber untergehen würde. Entgegen dem durch die Propaganda gepflegten Selbstbild einer humanitären Schweiz stellte er dem Flüchtling eine kaltherzige und unmenschliche Bürokratie gegenüber. Dass sich der Sketch kritisch auf die restriktive Flüchtlingspolitik der Schweiz bezieht, geht etwa auch aus der Namensgebung hervor: Mit Dr. Matthias Blauhals spielte Dürrenmatt offensichtlich auf Heinrich Rothmund an, den damaligen Chef der Fremdenpolizei im Eidgenössischen Justiz- und Polizeidepartement (EJPD). Dieser galt als zentrale Figur der schweizerischen Flüchtlingspolitik der Kriegszeit. Im August 1942 hatte er gestützt auf einen Bundesratsbeschluss die Weisung erlassen, dass Flüchtlinge aus Rassegründen grundsätzlich abzuweisen seien. Rothmund reagierte prompt auf die von Dürrenmatt an ihn adressierte, satirische Kritik und beschwerte sich in einem Brief bei seinem ehemaligen Studienfreund Walter Lesch über die »Verleumdung« (Rothmund 1948).

Der zweite Sketch im *Arche*-Programm trug den Titel *Apokalypschen* oder *Der Erfinder* (WA 17, 136–151). Er thematisiert die Bedrohung durch die Atombombe im Kontext des beginnenden Kalten Krieges. Der Sketch spielt in einem bürgerlichen Salon auf der Arche: An der Wand hängen Ferdinand Hodlers *Wilhelm Tell* und *Die Toteninsel* von Arnold Böcklin. Der aus einem Irrenhaus geflohene »Professor Zweistein« tritt als Erfinder der Atombombe auf (137). Er führt einen Koffer mit Miniatur-Atombomben bei sich, mit denen er zu experimentellen Zwecken die Arche in die Luft sprengen will. Der Archenpräsident zieht jedoch

J. B. Metzler © Springer-Verlag GmbH Deutschland, ein Teil von Springer Nature, 2020
U. Weber / A. Mauz / M. Stingelin (Hg.), *Dürrenmatt-Handbuch*, https://doi.org/10.1007/978-3-476-05314-5_12

einen Revolver und erklärt dem Professor, er befinde sich auf einer Arche, deren Nationalheld auch nicht vor einem Mord zurückgeschreckt sei. Nachdem der Präsident den verrückten Professor von seinem Vorhaben abbringen kann und dieser das Schiff verlässt, entdeckt der Archenpräsident im Dekolleté seiner Frau eine kleine Atombombe, die Zweistein dort heimlich versteckt hat. Der Präsident steht am Ende alleine auf der Bühne und hält die Bombe in seinen zitternden Händen, während im Hintergrund Böcklins Gemälde von der untergehenden Sonne beschienen wird. Das Motiv des Untergangs der Menschheit durch die Atombombe behandelte Dürrenmatt auch in seiner ersten Komödie *Der Knopf* (1943/1951), im Hörspiel *Das Unternehmen der Wega* (1954) und später in der Tragikomödie *Die Physiker* (1962). Für das Cornichon-Programm hatte er zudem ein Chanson geschrieben, das den Titel *Der Mister* oder *Das Lied vom Pflanzer auf dem hintersten Planet* trug (unpubliziert; im SLA Bern als Typoskript zugänglich). Im Chanson kontrastiert Dürrenmatt das Motiv einer atomaren Katastrophe mit dem idyllischen Bild eines gepflegten Gemüsegartens im Weltall. Die Erde wurde durch einen Atomkrieg zerstört, die letzten Menschen sind auf den hintersten Planeten geflüchtet. Dort pflügt ein ›Mister‹ Planetenmist um und pflanzt Bohnenstangen, Kopfsalat sowie rote und gelbe Rüben. Im Hörspiel und in der Komödie *Herkules und der Stall des Augias* (1954/1962) griff Dürrenmatt den ›Mist‹ als komödiantisches Leitmotiv wieder auf. Die Weltall-Phantasie erinnert zudem an den Psalm Salomos aus den *Physikern*, mit welchem Möbius seinen Wahnsinn zu demonstrieren versucht, sowie an eine ähnliche lyrische Szene in der Komödienfassung der *Panne* (1979), wo die Pensionäre kurz vor dem tragischen Ende ebenfalls ein wildes, blasphemisches Lied auf die Planeten anstimmen.

Für das Cornichon-Programm *Es liit i dr Luft* vom Herbst 1948 schrieb Dürrenmatt dann die Sketche *Die Amtssprache*, *Hochschule der Politik* und *Gib Gas!* (ebenfalls alle unpubliziert und zugänglich im SLA Bern). Der Sketch *Die Amtssprache* ist eine politische Satire, in der sich Hitler, Mussolini und Franco zusammen mit den Sowjets, den USA, dem Vatikan, den Arabern, Charles de Gaulle und den Schweizer Politikern in der Hölle versammeln, wobei sämtliche ideologische Feindbilder ad absurdum geführt werden. Im Sketch *Hochschule der Politik* konfrontiert der Autor einen Velohändler mit einem Professor, der ein machiavellistisches Politikverständnis propagiert, in dem die Politik allein dem eigenen Streben nach

Macht dient. In seinen Hoffnungen enttäuscht, wendet sich der besorgte Kleinbürger resigniert von der Politik ab. Der Sketch *Gib Gas!* nahm ein aktuelles Ereignis aus dem Motorsport zum Anlass. Nach einigen schweren Unfällen wurden 1948 Stimmen laut, die den Grand Prix Bern verbieten wollten. Im Sketch überfährt ein Autorennfahrer in einem makabren Running Gag nacheinander ein Kaninchen, eine Ziege, einen Briefträger und einen Kegelclub. Während der Tachometer des Rennfahrers immer höher steigt, erreicht der Sketch am Ende seine Klimax in einem abrupten Stopp.

Die Erwerbsarbeit für das Cornichon wurde für Dürrenmatt allerdings mehr und mehr zu einer lästigen Nebenbeschäftigung. Er ärgerte sich über die Kürzungen und Streichungen seiner Sketche durch die Leitung. Als ihm im Sommer 1948 das Honorar von 500 auf 300 Franken gekürzt wurde, kam es endgültig zum Bruch. 1963 schrieb er noch die Kabarettnummer *Die Hochzeit der Helvetia mit Merkur*, die von Tibor Kasics als Kantate für Voli Geiler und Walter Morath vertont wurde. Die ersten beiden Cornichon-Nummern *Der Gerettete* und *Der Erfinder* nahm Dürrenmatt in die Werkausgabe von 1980 auf; die anderen Kabarett-Texte blieben unveröffentlicht.

Die Kabarett-Texte von 1948 sind auch deshalb von Interesse, weil sie zentrale Themen vorwegnehmen, mit denen sich Dürrenmatt auch später in seinen politischen Reden, Essays und Theaterstücken auseinandergesetzt hat. Mit seiner Art Kabarett, das weder Lösungen noch Versöhnung anbot, stieß er bei der Cornichon-Leitung, aber auch beim Publikum und der Kritik auf Unverständnis. »Ihre Sketche scheinen den Rahmen des Cabaret zu sprengen. Es sind keine Sketche mehr, sondern gefährliche und unbequeme Drohungen. Dahinter ist eine Art Gericht, das man bei Bier, Wein und Café nicht gerne hat. Selbst die ernstesten Dinge von Lenz sind harmlos gegen Ihre Dynamik-Attentate«, schrieb ihm damals Kurt Horwitz, der Schauspieldirektor des Stadttheaters Basel (Horwitz 1948).

Als Theaterautor wurde Dürrenmatt später wiederholt der Hang zum ›Kabarettistischen‹ zum Vorwurf gemacht, da manche Kritiker den Klamauk als unnötiges Anhängsel verstanden. Die Komik erfüllt in Dürrenmatts Theaterstücken jedoch eine wichtige dramaturgische Funktion, da sie dem tragischen Ernst der von ihm behandelten Stoffe entgegenwirkt. Erst aus dem Kontrast von Komischem und Tragischem ergibt sich die für ihn charakteristische Form der Tragikomödie: »Das Komische gilt als das Minderwertige,

Dubiose, Unschickliche, man läßt es nur gelten, wo einem so kannibalisch wohl wird als wie fünfhundert Säuen. Doch in dem Moment, wo das Komische als das Gefährliche, Aufdeckende, Fordernde, Moralische erkannt wird, läßt man es fahren wie ein heißes Eisen, denn die Kunst darf alles sein, was sie will, wenn sie nur gemütlich bleibt«, schrieb Dürrenmatt im Essay *Theaterprobleme* (1954; WA 30, 69).

Literatur
Primärtexte, Quellen
Der Gerettete. In: WA 17, 127–135.
Der Erfinder. In: WA 17, 136–151.
Hochschule für Politik. Typoskript. Schweizerisches Literaturarchiv, Sig. SLA-FD-A-r220.
Die Amtssprache. Typoskript. Schweizerisches Literaturarchiv, Sig. SLA-FD-A-r220.
Gib Gas! Typoskript. Schweizerisches Literaturarchiv, Sig. SLA-FD-A-r220.
Das Lied vom Pflanzer auf dem hintersten Planet. Typoskript. Schweizerisches Literaturarchiv, Sig. SLA-FD-A-r220.
Die Hochzeit der Helvetia mit Merkur. Typoskript. Schweizerisches Literaturarchiv, Sig. SLA-FD-A-m252_XII.
Brief von Kurt Horwitz an Friedrich Dürrenmatt vom 1.5.1948. Schweizerisches Literaturarchiv, Sig. SLA-FD-B-2-HOR.
Brief von Heinrich Rothmund an Walter Lesch vom 11.5.1948. Cabaret-Archiv, Gwatt, L 4.1.

Sekundärliteratur
Keller, Peter Michael: Friedrich Dürrenmatt im Nachkriegs-Cornichon. In: Cabaret Cornichon. Geschichte einer nationalen Bühne. Zürich 2011, 341–361.
Kreis, Georg: Die Schweizerische Flüchtlingspolitik der Jahre 1933–1945. In: Schweizerische Zeitschrift für Geschichte 47 (1997), 552–579.
Rüedi, Peter: Dürrenmatt oder Die Ahnung vom Ganzen. Biographie. Zürich 2011, 338–341, 492–493.
Wyrsch, Peter: Die Dürrenmatt-Story. In: G1, 25–97.

Michael Fischer

D Hörspiele

13 Hörspiele

Einführung

Das Hörspiel als Stiefkind in der Forschung

Das Hörspiel als Forschungsgegenstand fristet in der Literaturwissenschaft gemeinhin ein Schattendasein. Zu sehr bewegt es sich an den Grenzen zu Literaturfernem: zu Klangcollagen, zur Unterhaltungsliteratur, zu reiner Zweitverwertung. Stirnrunzelnd ordnet die deutschsprachige Literaturwissenschaft das Hörspiel dem Gebiet der Medienwissenschaft zu. Tatsächlich ist zwar der Rundfunk und alles, was damit zusammenhängt, Domäne der Medienwissenschaft. Da der Anteil von Hörspielen am Gesamtprogramm der Rundfunksender selbst in den Blütephasen der 1920er und 1950er Jahre nie über drei Prozent lag, ist allerdings auch in der Medienwissenschaft das (literarische) Hörspiel eine Forschungsnische.

Entsprechend sind die Analysen der Hörspiele Friedrich Dürrenmatts, von denen er zwischen 1951 und 1960 immerhin acht geschrieben hat, eher spärlich. Das ist umso befremdlicher, als sich gerade in Deutschland, wo seine Hörspiele überwiegend produziert und gesendet wurden, das Medium als literarische Gattung bei Publikum und Autorenschaft weit größerer Beliebtheit erfreut als in anderen Ländern und Literaturen.

Hörspiel-Schreiben als Brotberuf

Wenn man sich nun von literaturwissenschaftlicher Seite über zahlreiche Monografien hinweg mit einem Autor auseinandersetzt und dabei einen umfangreichen Bereich seines Schaffens ausklammert, ergibt sich ein gewisser Erklärungsdruck. In der Regel wird auf die wirtschaftliche Notsituation verwiesen, die Dürrenmatt zum Schreiben von Hörspielen geradezu gezwungen habe. Hörspiele seien, schreibt beispielsweise Wolfgang Pasche, sein »finanzieller Rettungsanker« gewesen (1997, 109). Zuweilen entsteht bei der Lektüre der Forschungsliteratur der Eindruck, als handle es sich bei Dürrenmatts Hörspielen ausschließlich um Auftragsarbeiten, die seinem ansonsten selbstbestimmten Œuvre nicht zuzurechnen seien, ohne dessen Wert zu schmälern.

Ebenso wie seine Kriminalromane schrieb Dürrenmatt seine Hörspiele durchaus auch aus Gründen des Broterwerbs, zumal er mit seinen Theaterarbeiten zunächst wenig erfolgreich war. Im Gespräch mit Heinz Ludwig Arnold sagt er: »Da muss ich dem deutschen Rundfunk sehr dankbar sein, denn der wurde so etwas wie mein Mäzen« (Arnold 1990, 313). Deutsche Sender hatten eine große Reichweite, und sie zahlten gut.

Brotberuf als schriftstellerisches Stimulans

Das Hörspiel hatte im Deutschland der Nachkriegszeit Hochkonjunktur; zahlreiche namhafte Schriftstellerinnen und Schriftsteller haben solche geschrieben (u. a. Ilse Aichinger, Ingeborg Bachmann, Heinrich Böll, Günter Eich, Wolfgang Hildesheimer). Diese immense schriftstellerische Betätigung in Sachen Hörspiel mit den Honoraren allein zu begründen, greift allerdings zu kurz. Ein weiterer Aspekt war, dass man über den Lautsprecher schlicht mehr Rezipienten erreichte als über Druckseiten oder Theaterbühnen. Die Radio-Affinität war in Deutschland seit jeher hoch. Schon im Dritten Reich war der Rundfunk massiv propagiert worden. In der Nachkriegszeit bauten die Alliierten innerhalb kürzester Zeit ein flächendeckendes Sendenetz auf, da der Rundfunk das verlässlichste Medium war. Die mediale Infrastruktur lag danieder; Druckereien, Theater und Kinos waren großteils zerstört, Papier war knapp. Auch war Radiohören schlicht kostengünstiger, als Bücher zu erstehen. Und nicht zuletzt gab es in Deutschland 11.000 erblindete Kriegsheimkehrer, die mit Literatur versorgt sein wollten und ein forderndes Publikum darstellten. So gründete der Bund der Kriegsblinden Deutschlands e. V. 1950 den Hörspielpreis der Kriegsblinden, der binnen kurzem zu einer weithin anerkannten literarischen Auszeichnung avancierte.

J. B. Metzler © Springer-Verlag GmbH Deutschland, ein Teil von Springer Nature, 2020
U. Weber / A. Mauz / M. Stingelin (Hg.), *Dürrenmatt-Handbuch*, https://doi.org/10.1007/978-3-476-05314-5_13

Ob aus Gründen des Broterwerbs oder doch aus Überzeugung, Dürrenmatt hat sich intensiv mit der Gattung auseinandergesetzt und die Notwendigkeit des Hörspielschreibens sogar als positiv empfunden: »Überhaupt tut es dem Schriftsteller gut, sich nach dem Markte zu richten. Er lernt so schreiben, listig schreiben, das Seine unter auferlegten Bedingungen zu treiben. Geldverdienen ist ein schriftstellerisches Stimulans« (WA 32, 59).

Immerhin trug die Beschäftigung mit dem Hörspiel nicht ›nur‹ finanzielle Früchte: 1957 erhielt Dürrenmatt den Preis der Kriegsblinden für *Die Panne*, ein Jahr später den Prix Italia für *Abendstunde im Spätherbst*. Und auch seitens der Literaturwissenschaft werden seine Hörspiele nicht durchgängig abgetan. So gehört für Birgit Lermen *Die Panne* »zu den gültigsten Leistungen der deutschen Hörspielproduktion« (1975, 87); Gerhard P. Knapp überzeugt im Fall von *Herkules und der Stall des Augias* (1954) oder der *Abendstunde im Spätherbst* (1957) »der Hörspielentwurf auf lange Strecken mehr als die Bühnen- beziehungsweise Filmrealisierung, gerade weil die Beschränkung auf das Wort eine (sprachliche) Konzentration erzwingt, die die Bühne nicht leistet« (1993, 72). Und Murray B. Peppard meint, dass Dürrenmatt in den Hörspielen Inhalt und Form so meisterhaft aufeinander abgestimmt habe, dass sie als Bearbeitungen für die Bühne alle gleichermaßen erfolglos waren (vgl. 1969, 90).

Dürrenmatt selbst empfand das Ignorieren des Hörspiels seitens der Kritik sogar als Vorteil: »Nach einem Theaterstück tut es gut, einen Roman zu schreiben, nach dem Roman erwacht die Lust auf ein Hörspiel, nach dem Hörspiel wagt man sich wieder an ein Theaterstück: Blutkreislauf. [...] Und dann noch das Beste: mit deinen Hörspielen tauchst du wieder unter (falls du nicht gar zu offensichtlich in ihnen dichtest, reines Wort, Raumlosigkeiten usw.), kein ernsthafter Kritiker nimmt sie wahr, liest sie, er schaut sie ja nur als reine Gelegenheitsarbeit an, und so läßt sich gerade in ihnen ungestört oft das Wesentlichste tun oder doch vorbereiten« (WA 17, 157).

Hörspieladaptionen

Dürrenmatt war ein Meister der Zweitverwertung: Von den meisten seiner Romane und Bühnenstücke existieren mehrere Fassungen (s. Kap. 28, 63). Noch in den 1950er Jahren wurden Hörspieladaptionen der Bühnenstücke *Romulus der Große*, *Ein Engel kommt nach Babylon* und *Der Besuch der alten Dame* gesendet, an

deren Umsetzung Dürrenmatt allerdings nicht beteiligt war. So wirkte er etwa bei der Hörspielversion von *Das Sterben der Pythia* (1981) lediglich als Sprecher mit.

Die nachfolgend zu analysierenden acht Hörspiele sind dagegen keine Zweitverwertungen anderer Texte, sondern Originale dieser Gattung: *Herkules und der Stall des Augias* bearbeitete Dürrenmatt erst 1962 für die Bühne, neun Jahre nach der Ursendung im Nordwestdeutschen Rundfunk (NWDR), und *Die Panne* wurde als Hörspiel am 17.1.1956 vom Bayerischen (BR) und Süddeutschen Rundfunk (SDR) urgesendet, erst später im Jahr erschien sie als Erzählung; als Bühnenstück wurde *Die Panne* 1979 aufgeführt. Diese Bearbeitungen sind natürlich für eine Analyse der Hörspiele wichtig, da sich anhand der jeweiligen Unterschiede einerseits Einblicke in den Produktionsprozess gewinnen lassen (da Bühne, Papier und Lautsprecher unterschiedliche Herangehensweisen an einen Stoff nötig machen). Andererseits werden dadurch Weiterentwicklungen im Stoff selbst erkennbar, die womöglich das Hörspiel als Vorläufer- und Testversion der späteren Bühnenrealisierungen erweisen. Bearbeitungen in die Gegenrichtung, also Umwandlungen eines dramatisch konzipierten Textes in ein Hörspiel, finden sich in Dürrenmatts Werk nirgendwo.

Hörspielgeschichte als Provokation

Die Untersuchung von Dürrenmatts Hörspielen hinsichtlich ihrer Stellung im Gesamtwerk oder im Kontext der entsprechenden Bühnenwerke wurde in der Forschung bisher zwar durchaus geleistet, allerdings fast ausschließlich den reinen Text betreffend. Die Geschichtlichkeit und Funktionsweisen der Gattung sind indes bisher in Bezug auf die Analyse der Hörspiele Dürrenmatts nicht zur Kenntnis genommen worden – und das, obwohl eine Einordnung nicht nur wichtig ist, um die Stücke an sich besser verstehen zu können. Dieses Bezugsfeld ist auch zentral, um zu verstehen, worin die Sonderrolle des Schweizers Dürrenmatt im bundesdeutschen Hörspielschaffen der Nachkriegszeit besteht, das dem Schweizer Umgang mit der Gattung in geradezu diametraler Weise gegenübersteht.

Das Nichteinordnen in den Hörspielkontext der Zeit kann zu Fehlinterpretationen führen. Beispielsweise schreibt Hansueli Beusch, dass Dürrenmatt die Möglichkeiten, die Gattung und Medium bieten, nicht ausschöpfe, sie geradezu missachte (vgl. Beusch 1979, 153 u. 202 f.), da in seinen Hörspielen Hintergrundgeräusche kaum eine Rolle spielen würden. Die Beobachtung an sich ist durchaus richtig. Daraus zu schließen, Dürrenmatt habe sein Handwerkszeug »nicht im Griff« gehabt (Kuckhoff 2007, 197) oder aber die spartanische akustische Untermalung sei individuelle Handschrift (Brock-Sulzer 1980, 210; Mitrache 1999, 62), ist entschieden zu kurz gegriffen. Dieser sparsame Umgang mit Geräuschkulissen trifft für die meisten Hörspiele der 1950er Jahre zu; er war schlichtweg – und das, wie sich noch zeigen wird, aus gutem Grund – allgemeines Programm dieser Zeit.

Die Entwicklung des Hörspiels in Deutschland und der Schweiz

Die Art und Weise, wie sich das Hörspiel in den 1950er Jahren darstellte, ist das Resultat einer über 30-jährigen Entwicklung. In Deutschland begann am 29.10.1923 die Funk-Stunde AG Berlin mit der Ausstrahlung eines regelmäßigen Programms. Das neue Medium wurde begeistert aufgenommen; die Zahl der gemeldeten Rundfunkgeräte nahm innerhalb kurzer Zeit ungeahnte Ausmaße an: Im März 1924 waren es etwas mehr als 2500, im Mai 11.000, im Juni 70.000, und bis Ende des Jahres hatten bereits über eine halbe Million Deutsche ein Radio angemeldet. Die deutschen Hörspielmacher entwickelten eine ungemeine Liebe zum Experiment. Bereits das erste Hörspiel *Zauberei auf dem Sender*, ausgestrahlt am 24.10.1924, ist alles andere als ein langsames Herantasten an die neue Technik und die neue Gattung, sondern ein Spiel mit dem Hörer, dessen voraussichtliche Erwartungen von vornherein auf ein Karussell gesetzt werden.

Schon früh machten sich Schriftsteller von Rang ausführliche Gedanken darüber, was ein Sendespiel, Funkspiel, Funkdrama – der Begriff ›Hörspiel‹ etablierte sich erst nach und nach – leisten kann, darf oder muss und welche Möglichkeiten und Grenzen es hat, so etwa Alfred Döblin in seinem Vortrag auf der Tagung *Dichtung und Rundfunk* der Preußischen Akademie der Künste in Kassel (1929) oder Bertolt Brecht in verschiedenen zwischen 1927 und 1932 veröffentlichten Arbeiten, die später zu einer ›Radiotheorie‹ zusammengefasst wurden.

In Fritz Walter Bischoffs Hörspiel *Hallo! Hier Welle Erdball!* (1928) wird collageartig das Stakkato der Großstadt wiedergegeben; *Weekend* von Walter Ruttmann vom Juni 1930 besteht ausschließlich aus Geräuschen und kommt vollkommen ohne Text aus. Inhaltlich wurde das Hörspiel schon bald für politische Botschaften genutzt – links bis sozialistisch geprägt bei Brecht (*Der Lindberghflug*, 1929), Erich Kästner (*Leben in dieser Zeit*, 1929) und Walter Benjamin (*Ra-*

dau um Kasperl, 1932), pazifistisch bei Edlef Köppen (*Wir standen vor Verdun*, 1931) und Ernst Johannsen (*Brigadevermittlung*, 1929). Aber auch die nationalsozialistische Art des Hörspiels zeichnete sich mit Eberhard Wolfgang Möllers *Douaumont* (1932) bereits sowohl formal als auch inhaltlich ab.

In der Schweiz wurden ebenfalls 1923 die ersten Rundfunkstationen eingerichtet, die ein regelmäßiges Programm ausstrahlten, zunächst in Lausanne und Bern. Der Zuspruch der Bevölkerung der neuen Technik gegenüber hielt sich jedoch in Grenzen. Die Zuwachsraten der Hörerschaft waren weit weniger sprunghaft als in Deutschland: Bis Ende 1924 zählte man in der Schweiz lediglich 16.964 registrierte Hörer.

Auch an die neue Kunstform ›Hörspiel‹ tastete man sich sehr vorsichtig heran: Experimentelles Hörspiel wurde im Schweizer Rundfunk nicht praktiziert, und inhaltlich beschränkte man sich von vornherein auf Adaptionen bewährter Klassiker. Das erste Schweizer Hörspiel wurde am 3.1.1925 auf Radio Zürich gesendet: die Bearbeitung eines der ältesten literarischen Denkmäler der Schweiz überhaupt, das um 1511 von einem unbekannten Autor verfasste *Urner Spiel von Wilhelm Tell*. Es folgten zwei geistliche Dramen, ein Teil eines Osterspiels aus dem 15. Jahrhundert und Calderóns *Großes Welttheater*. 1926 folgte dann das *Spiel vom verlorenen Sohn* von Johannes Salat aus dem Jahr 1537. Im gleichen Jahr wurde auch erstmals ein Hörspiel eines Zeitgenossen gesendet, das Schützenfestspiel *Die Schweizer* von Cäsar von Arx, das sich in Inhalt und Form allerdings ebenfalls in ausgesprochen traditionellem Rahmen bewegte. Die Hörspielproduktion von Radio Bern wurde 1926 mit Anton Tschechows Lustspiel *Heiratsantrag* (1888) eröffnet, einem ebenfalls höchst bewährten Klassiker (vgl. Schwitzke 1963; Leonhardt 2001; Krug 2003; Strzolka 2004; Schweiss u. a. 2008).

Das Hörspiel nach 1933

Die Zeit des radiofonen Experimentierens und Auslotens des Möglichen und Machbaren in Deutschland war mit der Machtergreifung der Nationalsozialisten schlagartig vorbei: Die prominentesten Radiomacher wurden noch im Frühjahr 1933 zugunsten linientreuer Nazis ihrer Ämter enthoben und mit Berufsverbot belegt. Statt experimenteller und sozialkritischer Hörspiele wurden nunmehr bei sinkenden Produktionszahlen ausschließlich leicht verständliche Stücke präsentiert, die in erster Linie Propagandazwecken dienten.

In der Schweiz war mit der zunehmenden faschistischen Bedrohung aus Italien die Bewegung der sogenannten ›Geistigen Landesverteidigung‹ entstanden. Spätestens mit dem Beginn des Dritten Reichs wurde sie zum kulturpolitischen Programm und dominierte mithin auch das Schweizer Hörspielgeschehen. Neben militärischer und wirtschaftlicher Selbstbehauptung sollten auch die geistigen Kräfte für die Stärkung des Nationalbewusstseins eingesetzt werden.

Für den Rundfunk bedeutete das, wie Kurt Schenker, der Chef der Sektion Radio im Stab Bundesrat Abteilung Presse und Funkspruch, im April 1938 formulierte: »Wir senden weiter Bilder unserer Heimat, Lieder unseres Volkes, die Sprache unserer Altvordern. Was bodenständig und echt, gehört neben den Arbeiten unserer geistigen Elite ans Mikrophon. [...] Wir sind aber auch verpflichtet zu zeigen, dass unser Volk ebenfalls seine Feste und Freuden, die Frau ihren Kuchen und der Mann seinen Stumpen hat. Kurz gesagt: Wir müssen in die Schweizer Schädel hineinhämmern, dass es uns gar nicht schlecht, zum mindesten besser als den uns umgebenden Ländern geht« (Schenker, zit. nach Wüthrich 2003, 339). Gesellschaftskritisch, was die nationalen Verhältnisse betraf, durfte man also beim Rundfunk nicht sein; auf der anderen Seite war die Schweizerische Rundspruchgesellschaft gehalten, stets die schweizerische Neutralität zu wahren und »sich daher mit ausländischen politischen Verhältnissen besser überhaupt nicht zu befassen« (Radio-Zeitung [1938], zit. nach Weber 1995, 64). Für das Hörspielprogramm blieben mithin fast nur Mundartkomödien übrig. Nichts anderes ist aus dieser Zeit überliefert (vgl. Jorio 2006; Döhl 1992; Weber 1995; Tribelhorn 2013).

Das Hörspiel nach 1945

Nach dem Ende des Dritten Reichs konnten oder wollten die deutschen Hörspielmacher an die beiden Hörspieltraditionen der Vergangenheit nicht anknüpfen: Die Freude am Experiment wollte so gar nicht zur deutschen Nachkriegsliteratur passen, und es waren ja zunächst die Literaten, die in der neu entstehenden Hörspielszene den Ton angaben. Die propagandistische und auf Allgemeinverständlichkeit ausgerichtete Tradition der nationalsozialistischen Produktionen wollte/konnte man ebenfalls nicht fortführen. Die Konsequenz waren unaufgeregte Hörspiele, die auf ausladende Geräuschkulissen weitgehend verzichteten und stattdessen auf das reine Wort mit einer überschaubaren Anzahl an Sprecherinnen und Sprechern setzten, auf Dialoge und innere Monologe. Eines der ersten deutschen Original-Hörspiele nach dem Krieg, Wolfgang Borcherts *Draußen vor der Tür* aus dem Jahr 1947, gab die Richtung vor, an der man sich allgemein orientierte.

Für den Rundfunk der Schweiz bedeutete das Jahr 1945 ebenso wenig eine Zäsur wie das Jahr 1933: Der öffentliche Zuspruch war gleichbleibend zögerlich, die Sender waren weniger zahlreich, die Programme dünner, und nach wie vor legte man Wert darauf, sich vom nördlichen Nachbarland abzuheben. Man blieb der ›Geistigen Landesverteidigung‹ weiterhin verhaftet, Klassiker, leichte Krimis und harmlose Mundartkomödien dominierten das Hörspielprogramm.

Dass Dürrenmatts Hörspiel-Erstling *Der Doppelgänger* 1946 von Radio Bern abgelehnt wurde, erscheint vor diesem Hintergrund in keiner Weise verwunderlich. Das Stück war weder im Dialekt noch hielt es ›Schweizer Grundwerte‹ hoch noch war es sozial und politisch leichte Kost. Dass sich Dürrenmatt fürderhin an deutsche Rundfunkanstalten hielt, war nur konsequent.

Dürrenmatt macht Hörspiele für ein deutsches Publikum, er kennt die deutschen Hörspiel-Gepflogenheiten, und er versteht diese so gut in sein Schaffen zu integrieren, dass man ihm hohe Auszeichnungen zuspricht (vgl. Dedner 1971; Döhl 1979; Bloom 1985; Friedrich 1991; Dussel 2010).

Dürrenmatts Hörspiel-Sonderweg

Aber schrieb Dürrenmatt seine Hörspiele als Schweizer? In seiner Dankesrede anlässlich der Verleihung des Hörspielpreises der Kriegsblinden am 2.4.1957 geht er humorvoll lapidar auf diese Frage ein: »Ich bin Schweizer, wenn auch mein Fall insofern etwas gemildert wird, als ich aus Neuchâtel komme, einer Stadt, die bis vor etwas mehr als hundert Jahren zu Preußen gehörte« (WA 16, 177). Tatsächlich ist dies, was die Inhalte seiner Hörspiele betrifft, einer der springenden Punkte: Die thematischen Vorgaben, die ein bundesrepublikanisches (oder auch DDR-)Nachkriegshörspiel seinem bundesrepublikanischen (oder deutschdemokratischen) Autor fast schon diktiert, gelten für Dürrenmatt nur bedingt. Die beiden großen deutschen Traumata, die Bewältigung des Dritten Reichs einerseits, die deutsche Teilung andererseits, betreffen ihn nicht, bzw. aus einem anderen Blickwinkel heraus. Auch das Wiederaufrüsten und der Kalte Krieg spielen für Schweizer eine andere Rolle als für Deutsche, resp. als für deutsche Schriftstellerinnen und Schriftsteller, die sich ihres dichterischen Auftrags sehr wohl bewusst sind. Dürrenmatt weiß natürlich um den Unterschied: »[E]s ist ein menschliches Problem, um das es geht, ein Problem, das sich hinter der Feststellung verbirgt, die ein Schweizer oft zu hören bekommt, nämlich, er habe nichts durchgemacht. Präziser, er habe keinen Krieg durchgemacht« (ebd.).

Als Nicht-Deutscher kann sich Dürrenmatt größere Freiheiten erlauben. Und er erlaubt sie sich. Dort, wo deutsche Hörspiele zum überwiegenden Teil positiv enden, einen Weg aufzeigen, zumindest eine Perspektive, weg vom Faschismus, hin zu neuen politischen und gesellschaftlichen Formen, folgen seine Hörspiele dem Diktum, dass eine Geschichte erst »dann zu Ende gedacht [sei], wenn sie ihre schlimmstmögliche Wendung genommen« habe (WA 7, 91). Diese schlimmstmögliche Wendung kann gerade auch darin bestehen, dass es eben keine Entwicklung gibt, dass die Geschichten im Kreis verlaufen – am deutlichsten ausgeführt in *Die Panne* und *Abendstunde im Spätherbst*, die jeweils mit der Wiederholung der Anfangsszene enden. Zwar machen die Protagonisten eine Entwicklung durch, begreifen sogar etwas; die höhere Einsicht oder gar eine Läuterung, die dem Lernprozess folgen sollte, bleibt jedoch aus.

Wessen Hörspiele vorwiegend auf bundesrepublikanischen Sendern gespielt werden, der wird hauptsächlich von bundesrepublikanischem Publikum empfangen; inwiefern Dürrenmatt dieses nun allerdings auch anspricht, muss am Einzelfall geprüft werden. Immerhin sagt er, es falle ihm »gar nicht ein, mich in erster Linie an die Deutschen zu wenden, sondern ich wende mich vor allem an die Schweizer« (Dürrenmatt, zit. nach Döhl 1978).

Die Hörspiele im Kontext des Gesamtwerks

Dürrenmatts Hörspiele zu interpretieren, ohne deren Stellenwert im Gesamtwerk und die Bezüge zu seinem restlichen Schaffen zu berücksichtigen, wäre ebenso unzulänglich wie das Außer-Acht-Lassen der deutschen und schweizerischen Hörspielhistorie. *Herkules und der Stall des Augias* und *Die Panne* gibt es zusätzlich zur Hörspiel- auch als Theater- bzw. Prosafassung; ein Vergleich dieser Doppelfassungen drängt sich geradezu auf. Andererseits bietet es sich an, die Hörspiele im Zusammenhang mit den thematisch verwandten Bühnen- und Prosawerken zu betrachten. Anhand dieses Vorgehens lässt sich die künstlerische Entwicklung Dürrenmatts in ihrer Gesamtheit erkennen, zumal die Hörspiele, wie Renate Usmiani meint, »in ih-

rer knappen und konzentrierten Form ein deutlicheres Bild dieser Entwicklung liefern, als es aus den Bühnenstücken zu gewinnen ist« (1976, 127). Eingedenk dessen sollen die Hörspiele im Folgenden in der chronologischen Reihe ihrer Entstehung dargestellt werden.

Die Hörspiele

Der Doppelgänger

Das Stück gehört zu Dürrenmatts frühesten Werken; es entstand 1946 noch während seiner Studienzeit in Bern. Erst vierzehn Jahre nachdem es von Radio Bern abgelehnt worden war, erschien es 1960 bei Dürrenmatts ›Stammverlag‹ Arche in Buchform. Im Dezember desselben Jahres wurde es in einer Gemeinschaftsproduktion des BR und Norddeutschen Rundfunks (NDR) gesendet. Ob Dürrenmatt das Stück bereits vorher einem deutschen Sender angeboten hatte, ist nicht bekannt. Im Jahr 1946 wäre es dafür definitiv zu früh gewesen; in den unmittelbaren Nachkriegsjahren wurden überwiegend amerikanische, französische und britische Hörspiele gesendet sowie Hörspielbearbeitungen von Exilliteraten. Der von den Briten eingerichtete NWDR startete sein Hörspielprogramm im September 1945 mit Carl Zuckmayers *Hauptmann von Köpenick*. Auch Original-Hörspiele deutscher Autoren wurden bereits früh gesendet – im Januar 1946 *Der Held* von Volker Starke und im Februar 1947 das prominenteste Beispiel des neu entstehenden Nachkriegshörspiels, Borcherts *Draußen vor der Tür*. Doch war hier die Thematik mehr oder weniger vorgegeben: Die Beschäftigung mit den konkret benennbaren Problemen nach dem Zweiten Weltkrieg. Dürrenmatts Motive hätten sich in dieses Schema kaum einpassen lassen.

Im *Doppelgänger* wird innerhalb eines Rahmendialogs zwischen dem Regisseur und dem Autor (gesprochen von Dürrenmatt selbst), die das Geschehen kommentierend begleiten, der zunächst namenlose Protagonist von seinem Doppelgänger aus dem Schlaf geschreckt. Dieser eröffnet ihm, er sei zum Tode verurteilt, aufgrund eines Mordes, den nicht er selbst begangen habe, sondern eben sein Doppelgänger. Als Folge der ungerechtfertigten Verurteilung wird der Protagonist im Laufe des Stücks allerdings tatsächlich zum Mörder – am Doppelgänger und an seiner Frau –, wird schuldig und stellt sich in Erwartung einer gerechten Strafe dem »hohen Gericht« (WA 1, 321). Der Hörspielregisseur will sich diesem Paradox nicht beugen, mischt sich in die Handlung ein und versucht den Protagonisten davon abzuhalten, das Urteil anzunehmen:

»DER MANN Ich war ein Mörder, ohne zu töten, ich war des Todes schuldig, ohne ein Verbrechen begangen zu haben. / REGISSEUR Das ist ungerecht. Vom Menschen aus gesehen, ist das ungerecht. / DER MANN Ich habe es aufgegeben, vom Menschen aus zu sehen. / REGISSEUR Was von Ihnen in jener nächtlichen Stunde im Gefängnis verlangt wurde, kann von keinem Menschen verlangt werden. / DER MANN Wurde von mir mehr verlangt als Glaube? / REGISSEUR *verwundert* Glaube? / DER MANN Glaube an die Gerechtigkeit des hohen Gerichts. / REGISSEUR Wenn Sie jetzt glauben, das hohe Gericht habe recht, müssen Sie sich aufgegeben haben. / DER MANN Ich habe mich aufgegeben. / [...] / Nur wer seine [des hohen Gerichts, D. L.] Ungerechtigkeit annimmt, findet seine Gerechtigkeit, und nur wer ihm erliegt, findet seine Gnade« (321 f.).

Die Thematisierung von Glaubensproblemen und den Widersprüchlichkeiten des religiösen Lebens, aber auch die Auflehnung des Pastorensohns gegen das Christentum ziehen sich durch Dürrenmatts komplettes Frühwerk: Im *Doppelgänger* geht es um eines der Urthemen der christlichen Lehre, die Prädestination, das Schuldigwerden des Menschen, die Gerechtigkeit Gottes und die Unterwerfung des Menschen unter Gottes Urteil. Indem der Mensch Mensch ist, ist er auch schon der Sünde schuldig (Röm 5, 12).

Als zusätzliches Paradoxon kommt hinzu, dass, wie Regisseur und Autor am Ende feststellen, das hohe Gericht – und somit wohl auch Gott – überhaupt nicht existieren. Der Sitz des Gerichts wird in Form eines Rokokoschlösschens beschrieben, die schwarzen Automobile der Richter sind im Schatten der Bäume davor geparkt; der Gerichtssaal selbst jedoch ist öde und leer, nur eine längst verwitterte Statue der Justitia deutet auf seine ursprüngliche Funktion hin.

Das Motiv der paradoxen Gerechtigkeit prägt Dürrenmatts gesamtes Frühwerk. *Der Doppelgänger* ist damit seiner frühen Prosa, aber auch seinen ersten beiden Bühnenwerken *Es steht geschrieben* (1945/46) und *Der Blinde* (1947) verwandt.

Die Unterwerfung des Menschen unter eine höchste Autorität, seine Schuld, die Frage nach seiner Eigenverantwortlichkeit wären zwar vor dem Hintergrund des gerade zu Ende gegangenen ›Tausendjährigen Reichs‹ auch aus bundesrepublikanischer Sicht eine interessante Themenstellung gewesen. Im Jahr 1946 war die Zeit dafür allerdings noch nicht reif, zu metaphysisch war die Geschichte, zu wenig konkret.

Auch wenn man im Produktionsjahr 1960 bereits neue Hörspielwege beschritt, die sich vom Nachkriegshörspiel wegbewegten, ist *Der Doppelgänger* von der Machart ein Worthörspiel der unmittelbaren Nachkriegszeit par excellence: Sieben Stimmen, zum Schluss hin ein wenig Hall, an einigen Stellen werden Szenen sporadisch mit Musik unterlegt; Hintergrundgeräusche fehlen bis auf einen merkwürdig deplatzierten Schuss komplett.

Der Prozeß um des Esels Schatten

Dürrenmatts zweitem Hörspiel wurde mehr Erfolg zuteil. Es wurde mehrfach gesendet: zunächst am 5.4.1951 auf Radio Bern, ein Jahr später folgten Neuinszenierungen des Südwestfunks (SWF) und des BR, dann des NWDR, des NDR, des Österreichischen (ORF), des SDR und Saarländischen Rundfunks (SR), des Rundfunks der DDR und zuletzt 1990 der Deutschen Welle. Gedruckt erschien das Hörspiel 1958 bei Arche.

Der Umstand, dass das Stück in der Schweiz des Jahres 1951 gesendet wurde, scheint den bisherigen Ausführungen zu widersprechen, thematisch scheint es eher an den bundesrepublikanischen Hörspielgepflogenheiten der Zeit orientiert: Eingebettet in seine literarische Vorlage – das vierte Buch des Romans *Die Abderiten* von Christoph Martin Wieland – wird die westeuropäische Nachkriegsgesellschaft satirisch überzeichnet, die Gefahr eines Atomkriegs und die Gier der Kriegsgewinner dargestellt. In diesem Sinn und mit der Anleihe aus Brechts *Ballade von den Seeräubern* (Publikationsjahr 1927) passte das Stück freilich auch in den DDR-Rundfunk. Dabei bleibt es aber, wie Renate Usmiani anmerkt, »durchaus im Rahmen des Gemütlichen«, bleibt »spöttisch überlegen« und kompatibel zum Hörspiel schweizerischen Zuschnitts, obwohl der Stoff an sich durchaus brisant war (1976, 133). Auch trägt das »lausige thrazische Nest Abdera« (WA 8, 121), in dem *Der Prozeß um des Esels Schatten* spielt, deutlich schweizerische Züge.

Der Zahnarzt Struthion aus Abdera mietet für eine Geschäftsreise einen Esel. Unterwegs lässt er sich in dessen Schatten nieder, worauf es mit dem Eseltreiber Anthrax zum Streit über die Frage kommt, ob Struthion zusammen mit dem Esel auch dessen Schatten gemietet habe. Da sich die beiden Kontrahenten nicht einigen können, ziehen sie vor Gericht. Der Streit um die Eselsmiete eskaliert schnell zu einem Streit um Prinzipien, um Götterglaube, Menschlichkeit, das Wohl des Proletariats und schließlich die

Freiheit, die verteidigt werden muss. Beziehungen, Bestechung und Propaganda spielen plötzlich eine Rolle. Die Prozesskosten bringen die Kontrahenten buchstäblich um Weib und Kind, um Zahnarztpraxis und Esel. Staats- und Volksversammlung schalten sich ein, der Fremdenverkehrsverein, der Tierschutz, die Zünfte und schließlich die Waffenindustrie. Nachdem letztendlich die ganze Stadt in Flammen aufgegangen ist, sucht man nach einem Schuldigen, an dem man seine Wut auslassen kann, und findet – den Esel.

Wie im *Doppelgänger* geht es um das Paradoxon der Gerechtigkeit, und diesmal gibt es auch ein Gericht, das allerdings korrupt und ineffektiv ist. Dabei ist das Hörspiel frei von Moralpredigten, dafür voller Humor, locker im Ton, reich an Übertreibungen und Wortspielen, was zu unterschiedlichen Bewertungen führt: So ist es für Peppard aus diesem Grund eines von Dürrenmatts besten, leichtesten und komischsten Stücken (1969, 92 f.). Usmiani hingegen hält es, gerade deswegen und weil er »zu viel im Stil widersprüchliches Fremdmaterial aufgenommen hat«, für »das am wenigsten gelungene Hörspiel Dürrenmatts« (1976, 133).

Nächtliches Gespräch mit einem verachteten Menschen

Die Uraufführung von Dürrenmatts drittem Hörspiel fand am 25.6.1952 als szenische Lesung an den Münchner Kammerspielen statt, drei Tage später wurde es vom BR gesendet. Diese Produktion wurde im folgenden Jahr von Radio Bern übernommen, in Buchform erschien das Stück 1957. Weitere Produktionen folgten 1958 (ORF), 1959 (Hessischer Rundfunk; HR) und 1961 (DRS). Jiří Smutný vertonte die Geschichte 1968 als Kurzoper unter dem Titel *Nächtliches Gespräch*.

Mitten in der Nacht taucht in der Wohnung des Schriftstellers der Henker auf; der Schriftsteller hat ihn bereits erwartet: Er war vom Ministerpräsidenten des Landes verbal angegriffen worden, und solche Angriffe ziehen in der Regel eine Verurteilung zum Tod und die rasche Vollstreckung des Urteils nach sich. Man lebt in einem nicht benannten, aber eindringlich genug beschriebenen totalitären Staat. Der Schriftsteller ist seinem Henker gegenüber zwar höflich, macht aber aus seiner Verachtung keinen Hehl. Es entwickelt sich ein Dialog, in dem der Schriftsteller anfangs versucht, den Henker von seiner Unschuld und der Ungerechtigkeit dieses Urteils zu überzeugen, wofür dieser durchaus Verständnis aufbringt, was ihn jedoch

nicht dazu bringt, von seinem Auftrag Abstand zu nehmen. Ihm ist es einerlei, ob seine Delinquenten schuldig oder unschuldig sind. Er berichtet aus seinem Berufsleben, von den Erfahrungen, die er mit seinen Opfern gemacht hat. Es ist ein großer Monolog über die Kunst des Sterbens, die Kunst, seinen Tod in Demut anzunehmen. Was der Schriftsteller schließlich auch tut.

Das *Nächtliche Gespräch* weist einige Reminiszenzen an den *Doppelgänger* auf: Auch hier steht die moralische Komponente im Vordergrund. Der Lehrcharakter wird bereits im Untertitel *Ein Kurs für Zeitgenossen* angedeutet, und tatsächlich ähnelt der Monolog des Henkers in weiten Teilen einer Predigt. In deren Zentrum steht wiederum ein christliches Motiv, die Demut: Das sinnvolle Sterben, vielmehr Hingerichtetwerden nach einem Verbrechen oder als Rebell im Kampf für seine Ideale, gebe es – so der Henker – nicht mehr in einer Gesellschaft, die keine menschlichen Werte mehr kenne. Der einzig ›gute Tod‹, den man heute noch sterben könne, sei der in Demut: »Dies ist, was ich, ein Henker, ein verachteter Mensch, von den Unschuldigen lernte, die mein Beil fällte und die sich nicht wehrten: Daß einer in der Stunde seines ungerechten Todes den Stolz und die Angst, ja auch sein Recht ablegt, um zu sterben, wie Kinder sterben, ohne die Welt zu verfluchen, ist ein Sieg, der größer ist, als je ein Sieg eines Mächtigen war« (WA 17, 29).

Wie im *Doppelgänger* haben wir eine höchste Instanz, wieder ist sie ungerecht, wieder hat man sich ihr zu fügen. Der Unterschied und das doppelt Paradoxe ist aber, dass nicht nur sie selbst um ihre Ungerechtigkeit weiß, sondern auch ihre ausführende Gewalt, der Henker, der indes subversiv genug ist, dem Delinquenten zu verraten, wie man diese Instanz besiegt, nämlich indem man sich ihrem Urteil in Demut fügt.

Wieder handelt es sich um ein Hörspiel, das auf bundesdeutsche Hörergewohnheiten zugeschnitten scheint: Im vorgestellten Staat werden Bücher verboten, gebildete Menschen leben gefährlich, offen Opposition zu bekunden, kommt einem Todesurteil gleich. Soweit könnte es sich auch um eines der autoritären Systeme im ›Osten‹ handeln, und als ein solches ist der Handlungsort des *Nächtlichen Gesprächs* von den Zeitgenossen auch oft verstanden worden. Dürrenmatt selbst wollte sein Stück als Allegorie verstanden wissen, als Bild des totalitären Staats an sich, nicht nur in Hinsicht auf Vergangenes oder Gegenwärtiges. Dennoch wird Dürrenmatt an zwei Stellen konkret, indem eine »schimmelnde Stelle oben an der Decke, die fast wie Europa aussieht« (18), erwähnt wird und der Sohn des Schriftstellers sich »in irgendeinem Konzentrationslager« befindet (12). Der Begriff ›Konzentrationslager‹ wurde im Nachkriegsdeutschland des Jahres 1952 auf die spezifisch deutsche Vergangenheit bezogen und hatte entsprechend allzu provokatorisches Potential, als dass man ihn leichtfertig für Verallgemeinerungen hätte verwenden können. Insofern lässt sich das *Nächtliche Gespräch* als Beitrag zur Aufarbeitung des Nationalsozialismus verstehen. Im Hinblick auf die Machart, das fast vollständige Fehlen von Geräuschkulissen und die Konzentration auf das gesprochene Wort ist es gleichzeitig ein typisches Hörspiel der Innerlichkeit.

Stranitzky und der Nationalheld

In Dürrenmatts nächstem Hörspiel wird diese Darstellung der Ohnmacht gesellschaftlicher Randfiguren auf ein konkretes Dilemma der deutschen Gegenwart der 1950er Jahre bezogen, die in dieser Zeit so virulente Kriegsheimkehrerproblematik. Bezeichnenderweise wurde keine der deutschen Produktionen (NWDR und SDR 1952, BR 1954, Radio DDR 1965) im Schweizer Rundfunk übernommen. Erst 1989 produzierte das Schweizer Radio DRS eine eigene Fassung. Die Buchausgabe erschien 1959.

Die Problematik der invaliden Kriegsheimkehrer, die in der Gesellschaft des aufkommenden westdeutschen Wirtschaftswunders keinen Platz finden, wird mit der Kritik an den ›Massenmenschen‹ verbunden, die sich von den Medien dergestalt manipulieren lassen, dass sie über den Ereignissen in der ›großen weiten Welt‹ die Probleme vor ihrer eigenen Haustüre nicht mehr als relevant empfinden bzw. gar nicht mehr wahrnehmen. Darüber hinaus lässt sich das Hörspiel auch als Satire auf sein eigenes Massenmedium verstehen, den Rundfunk, der den Hörern suggeriert, sie seien persönlich angesprochen, der sie aber einzeln nur als Vertreter einer anonymen Masse versteht. Mithin ist es ein dezidiert deutsches Hörspiel, was sich auch im Namen des Nationalhelden Baldur von Moeve zeigt: unverkennbar eine Anspielung auf den Führer der Hitlerjugend Baldur von Schirach.

Die Geschichte handelt vom »Nationalhelden Baldur von Moeve, den alle Welt kennt und von dem die ganze Welt spricht, und von einem Invaliden, den niemand kennt« (WA 17, 35). Der Nationalheld, Staatsoberhaupt eines nicht namentlich bezeichneten und durch etliche Widersprüche verrätselten und nicht eindeutig identifizierbaren Landes, ist an der großen Zehe des linken Fußes »aussätzig geworden« (38). Der

beinlose Invalide Adolf Josef Stranitzky und sein kriegsblinder Freund Anton hegen nun die Hoffnung, man könne den Nationalhelden, der ja nun ebenfalls Invalide sei, von der Notwendigkeit der Solidarität aller Invaliden überzeugen, von einer großen Solidargemeinschaft, davon, »daß man sich zusammentun muß, die Oberen und die Unteren, die Reichen und die Armen« (61). Stranitzky und Anton leben diesen Zusammenhalt vor, indem sie die Beeinträchtigung des je anderen kompensieren: Stranitzky leiht Anton sein Augenlicht, indem er ihm die Richtung weist, und Anton trägt Stranitzky auf seinen Schultern oder zieht ihn in einem Wägelchen.

Tatsächlich bekommen die beiden eine persönliche Audienz beim Nationalhelden gewährt und träumen bereits vom »Wendepunkt der Weltgeschichte« (65). Bei der abendlichen Rundfunkübertragung des Treffens müssen sie aber feststellen, dass die Rede Stranitzkys komplett gestrichen wurde, dass Anton und er nur als Statisten benutzt wurden, um die Großherzigkeit des Nationalhelden zu unterstreichen, der in einem Akt der Nächstenliebe zwei einfache Leute empfangen habe. Als sich die Hoffnung der beiden Invaliden dergestalt in Nichts auflöst, lenkt Stranitzky seinen blinden Träger in einen Kanal und damit in den gemeinsamen Ertrinkungstod. Mit in seiner spezifisch deutschen Problematik und dem Anklang an das Dritte Reich im Namen des Protagonisten ist *Stranitzky und der Nationalheld* vielleicht Dürrenmatts am meisten auf das deutsche Publikum zugeschnittene Hörspiel.

Herkules und der Stall des Augias

Nach diesem ›deutschen Hörspiel‹ hält sich Dürrenmatt in seinem nächsten Radiostück wieder, wie im *Prozeß um des Esels Schatten*, an ›schweizerischere‹ Hörspielwerte. *Herkules und der Stall des Augias* ist abermals im antiken Griechenland angesiedelt, wieder steht das Humoristische bis Slapstickhafte stark im Vordergrund; es herrscht bis kurz vor Ende ein spöttisch-amüsanter Tonfall vor. Wo im *Prozeß um des Esels Schatten* der Handlungsort Abdera milde an Schweizer Verhältnisse erinnert, repräsentiert das Land Elis, in dem der Stall des Augias steht, unverkennbar die Schweiz: Die Elier tragen Namen wie Pentheus vom Säuliboden oder Kadmos von Käsingen. Mit zahlreichen Seitenhieben und Anspielungen wird gegen die schweizerische Biederkeit und den Amtsschimmel polemisiert, Dürrenmatt geht mit seinen Landsleuten nicht zimperlich um: »Die Elier sind ein Bauernvolk. Fleißig, einfach, ohne Kultur. Sie ver-

mögen nur bis drei zu zählen. Geistig eben zurückgeblieben« (WA 8, 191).

Wie im *Stranitzky* haben wir es mit einem Nationalhelden zu tun, diesmal jedoch nicht mit einem se-
nilen Popanz, sondern mit einem echten griechischen
Nationalhelden von Format, der Großes zu leisten imstande war und nach wie vor wäre, wenn man ihn nur
ließe. Allerdings ist auch Herkules ein Produkt, hier
nicht der Medien, sondern der zwanzig bestallten
Schriftsteller, die ihn des lieben Geldes wegen dem
Volk der Elier gegenüber heroisch und erhaben darstellen, wobei er selber aber bemerkt: »Ich kann es mir
einfach nicht leisten, nicht nach dem Wunsche des
Volkes zu leben, ich muß schließlich darauf achten,
daß ich Aufträge bekomme, und geschäftlich geht es
mir gar nicht etwa besonders« (202 f.).

Herkules wird von den Eliern für die Ausmistung
des mythischen Stalls engagiert, scheitert schließlich
aber an der allmächtigen Bürokratie des verdreckten
und vermisteten Landes und beschließt zuletzt, zusammen mit seiner Geliebten Deianeira das Land un-
ausgemistet zu verlassen.

Ausgeschmückt wird das Stück durch humoristische Episoden, durch Anspielungen auf die Schweiz
und Spiele mit mythologischen Referenzen; verschiedene Versatzstücke der griechischen Mythologie werden aufgenommen und neu – und in der Regel nur bedingt sinnvoll – kombiniert. Form und Inhalt entsprechen einander: Die Schriftsteller, allen voran Polybios,
der Erzähler des Stücks, erschaffen die Welt so, wie sie
es wollen, bzw. so, wie es das Lese- resp. Hörpublikum
von ihnen verlangt. Und die meisten von ihnen sind
darin nicht sonderlich virtuos.

Dürrenmatt hat sich des Stücks immer wieder und
von verschiedenen Seiten angenommen: 1953 schrieb
er einen Entwurf zu *Herkules und der Stall des Augias*,
1954 erschien das Hörspiel in Buchform; im Dezember desselben Jahres wurde es vom NWDR und dem
SDR gesendet und 1955 von Radio Bern übernommen. Eine weitere Produktion wurde 1956 vom BR gesendet. Das Stück wurde in Deutschland also vergleichsweise spärlich gesendet; offenbar fehlte der Bezug zu Deutschland und die Verortbarkeit in der
Tradition des deutschen Nachkriegshörspiels. 1962
schrieb Dürrenmatt eine Bühnenfassung, die 1963 im
Zürcher Schauspielhaus uraufgeführt wurde und kra-
chend durchfiel. Daraufhin überarbeitete er den Text;
diese Fassung erschien 1963. Eine weitere Neufassung
des Theaterstücks schrieb Dürrenmatt schließlich
1980 für die Werkausgabe. Er fügt in den Bühnenfassungen zwei neue Figuren ein: Iole, die Tochter des

Augias, und den Briefträger Lichas; dafür streicht er
zwei Figuren der Hörspielfassung, den Volksschulleh-
rer Schmied und den Redaktor Xenophon.

Herkules und der Stall des Augias dürfte Dürrenmatts am wenigsten bekanntes Hörspiel sein, zumindest ist es das von der Forschung am wenigsten beachtete. Thematisch und inhaltlich weist es deutliche Parallelen zu Dürrenmatts ›Prosakomödie‹ *Grieche sucht
Griechin* auf, die unmittelbar im Anschluss an das
Hörspiel entstanden ist.

Das Unternehmen der Wega

Das Hörspiel entstand 1954 und wurde in zwei Produktionen im Januar 1955 im BR und NWDR gesendet, vom SWF im Juli 1955; die Buchausgabe erschien
1958. Radio DRS sendete erst im Jahr 1968 eine vom
Autor um zwei Szenen ergänzte eigene Produktion.
Bereits an dieser zeitlichen Verzögerung ist ersicht-
lich, dass es sich beim *Unternehmen der Wega* wieder
um ein Stück handeln muss, das am bundesdeutschen
Markt orientiert war: Es geht um den Kalten Krieg
und die atomare Aufrüstung der Supermächte, mithin
ein konkretes in der Zeit verortbares Thema, das natürlich auch in der Schweiz von Interesse gewesen wäre, allerdings im Schweizer Rundfunk nur unter Wahrung eines ›neutralen‹ Standpunkts. Und vor allem
nicht im Hörspiel, insbesondere nicht, wenn die politische Sonderlage der Schweiz direkt thematisiert
wird: »BONSTETTEN Du wirst dich erholen müssen,
wenn du zurückkehrst. Geh in die Schweiz. Ins Engadin. Ich war einmal dort im letzten Sommer vor fünfzehn Jahren. Ich vergesse nie die Bläue dieses Himmels. / WOOD Ich fürchte – die politische Lage – /
BONSTETTEN Natürlich. Eure politische Lage. Daran habe ich gar nicht gedacht« (WA 17, 118).

Das Unternehmen der Wega ist ein Science-Fiction-
Hörspiel, es spielt im Jahr 2255 – und der Kalte Krieg
dauert immer noch an. Eine Delegation der ›Vereinigten, freien Staaten Europas und Amerikas‹ macht sich
mit dem Raumschiff Wega auf den Weg zum Planeten
Venus, der beiden irdischen Machtblöcken als Straf-
kolonie für Kriminelle und Oppositionelle dient. Man
möchte die Bewohnerschaft zur Zusammenarbeit mit
dem Westen bewegen, da der Kalte Krieg gegen die
östliche Koalition auf der Erde (bestehend aus Russland, Asien, Afrika und Australien) unmittelbar davor
steht, in einen heißen Krieg umzuschlagen. Für den
Fall, dass die Mission nicht den gewünschten Erfolg
zeitigen sollte, hat man vorsichtshalber einige Atombomben an Bord.

Die Bewohner und Bewohnerinnen der Venus sind aber im Kampf mit den Elementen dergestalt ausgelastet, dass sie auf Schiffen leben, da die pausenlosen Erdbeben und Vulkane die Landmasse unbewohnbar machen. Daher gibt es keine Städte auf der Venus und auch keine Regierung. Man hat noch nicht einmal ständige Unterhändler, die sich mit der irdischen Delegation beschäftigen können oder wollen. Das Interesse, sich in einen kriegerischen Konflikt auf der Erde hineinziehen zu lassen, ist entsprechend gering: »Die Venus ist groß, und wir sind klein. Sie ist grausam. Wir müssen kämpfen, wenn wir leben wollen. Wir können uns Politik nicht leisten« (95).

Nachdem die Versuche, mit den Venus-Bewohnern und -Bewohnerinnen übereinzukommen, allesamt scheitern, macht sich die Delegation mit ihrem Raumschiff auf den Rückweg zur Erde – nicht jedoch, ohne vorher die Venus zu bombardieren und das Leben dort zu vernichten, um zu verunmöglichen, dass sich die Venusianer und Venusianerinnen mit den ›Russen‹ verbünden können.

Verglichen mit den bisherigen (und auch den weiteren) Hörspielen Dürrenmatts fällt – uns liegt die Produktion des SWF vor – bereits in der ersten Szene die relativ opulente Hintergrundgeräuschkulisse auf: ein ›Science-Fiction-mäßiger‹ elektronischer Ton, die Abspieltasten des Tonbandgeräts, Schritte, verfremdete Stimmen, das Einströmen von Sauerstoff und Helium, das Starten des Raumschiffs. Und das, obwohl in Dürrenmatts Regieanweisungen lediglich ein »[l]eiser Summton« und ein »leises Zischen« vorgegeben wird (81). Die Regie dürfte sich hier weniger an der Hörspiel-Mode der Zeit orientiert haben, zumal Science-Fiction im deutschsprachigen Hörspiel der 1950er Jahre etwas ausgesprochen Ungewöhnliches darstellte, sondern vielmehr an den zahlreichen SciFi-*Filmen*, die in den 1950er Jahren im großen Stil die Kinos eroberten.

Die Panne

Angesichts des Umstands, dass es von der *Panne* eine Hörspiel- und eine Prosafassung gibt, die in etwa gleichzeitig entstanden sind (die Bühnenfassung folgte erst im Jahr 1979), liegt es nahe, diese beiden Texte miteinander zu vergleichen, was zwar in der Forschung durchaus unternommen wird, allerdings durchaus seltener, als dass die Erzählung *ohne* Rekurs auf das Hörspiel analysiert wird. Wo dieser Vergleich angestellt wird, zeitigt er größerenteils ein umso erstaunlicheres Ergebnis, wenn man bedenkt, dass die

Geschichte um Alfredo Traps ihren Ruhm dem Hörspiel verdankt: Es wurde 1956 vom DRS, BR/SDR und dem NDR produziert, mithin innerhalb eines Jahres von drei deutschen und einem Schweizer Sender, fand also in beiden Ländern sein Publikum und wurde 1957 mit dem Hörspielpreis der Kriegsblinden ausgezeichnet. Die Buchausgabe erschien diesmal nicht Jahre nach der Erstsendung, sondern noch im gleichen Jahr, 1956. Peter André Bloch wertet – ohne nähere Erklärung oder Begründung – das Hörspiel als ›Entwurf‹ (1980, 208), Beusch geradezu als Verfehlung (1979, 149 u. 153).

Nachdem Alfredo Traps im Anschluss an den feuchtfröhlichen Herrenabend für den Mord an seinem Chef verurteilt und auf sein Zimmer gebracht wird, weichen die verschiedenen Versionen der *Panne* voneinander ab: In der Erzählung erhängt sich Traps in der Nacht, im Theaterstück erschießt er sich. Im Hörspiel (und in der Verfilmung von Fritz Umgelter, 1957) hat er am nächsten Morgen seinen Rausch ausgeschlafen und alles vergessen, er setzt sich unbehelligt in seinen mittlerweile reparierten Wagen und fährt seiner Wege.

In der Erzählung wird also eine Figur, die sich schuldlos wähnt, eines Verbrechens überführt; sie erkennt ihre Schuld und richtet sich selbst. Im Hörspiel findet zwar ein Erkenntnisgewinn statt, der indes am nächsten Morgen vergessen ist. Der Schluss ist die nur unwesentlich variierte Eingangsszene: Man hört die gleiche Musik aus dem Autoradio, Traps verwendet in seinem Monolog die gleichen Formulierungen, hat die gleichen hinterhältigen Gedanken hinsichtlich seines beruflichen Fortkommens. In den Regieanweisungen wird am Anfang »[l]eichte Schlagermusik«, zum Schluss »[l]eise Schlagermusik« vorgegeben (WA 16, 11 u. 55), in der uns vorliegenden Realisierung des NDR werden Autogeräusche und dasselbe Musikstück zu Beginn ein-, zum Schluss ausgeblendet.

Die Erzählung hat also einen Anfang und ein Ende. Das Hörspiel hingegen verläuft im Kreis; es hört auf, wie es begonnen hat, und in dieser Kreisstruktur setzt es sich vom bundesrepublikanischen Hörspiel-Typus der 1950er Jahre ab, in dem zumindest ein Appell zu einer inneren Umkehr ein wesentliches Element war. Formal entspricht das Hörspiel durchaus den ›Vorgaben‹ des bundesrepublikanischen Worthörspiels: sparsam eingesetzte Geräusche, Konzentration auf das gesprochene Wort. Während die Erzählung *Die Panne* ein Einzelschicksal darstellt, hebt das Hörspiel dieses Einzelschicksal auf eine metaphorische Ebene: Nichts ändert sich, Läuterung ist nicht möglich; die Welt dreht sich im Kreis. Insofern wäre die ›schlimmstmögliche Wendung‹ im Hörspiel erreicht. Die Handlung ist in der Schweiz verortet, wenngleich sehr dezent angedeutet: Pilet, der Henker, war »einer der vortrefflichsten, tüchtigsten im Nachbarlande« (27).

Die 1979 von Dürrenmatt zum Bühnenstück umgearbeitete *Panne* scheint eine Kombination der beiden Vorgängerversionen zu sein: Auch hier bringt sich Traps um, allerdings wird das Ende vorweggenommen, indem zu Beginn des Stücks die übrigen Figuren um seinen Sarg herumstehen und das Geschehen aus der Retrospektive kommentieren (s. Kap. 28).

Abendstunde im Spätherbst

Dürrenmatts letztes Hörspiel, geschrieben 1956, wurde in Deutschland (NDR 1957), Österreich (ORF 1957), der Schweiz (DRS 1958 unter dem Titel *Herr Korbes empfängt*) und der DDR (1969) gesendet; die österreichische Produktion wurde 1958 mit dem Prix Italia ausgezeichnet.

Einerseits geht es in dem Stück wieder um den großen Themenkomplex ›Verbrechen – Schuld – Strafe‹, andererseits wird die Sensationsgier der Menschen dargestellt und mit einer Kritik des Literaturbetriebs verknüpft. Die Hörspielhandlung ist auf kein spezifisches Land oder Ereignis beschränkt, trotzdem kommt der Schweiz aber eine Sonderrolle zu. Ort der Handlung ist ein Grandhotel in der fiktiven Stadt Iselhöhebad, der Beschreibung nach an einem der oberitalienischen Seen gelegen. Hier residiert der Erfolgsschriftsteller Maximilian Korbes, ein Kriminalautor, wie er im Buche steht, »dick, braungebrannt, unrasiert, kahler Riesenschädel. Meine Eigenschaften: brutal, gehe aufs Ganze, versoffen« (WA 9, 172 f.), immer mit einem Glas Whisky in der Hand und ständig unterwegs. Er bekommt Besuch von Herrn Fürchtegott Hofer, seines Zeichens Schweizer und in seinem gesamten Auftreten ein Biedermann, der sich seit seiner Pensionierung als Detektiv in Sachen Literatur betätigt. Hofer stellt fest, dass sämtliche 22 Morde in Korbes' 22 Romanen keineswegs fiktiv, sondern real passiert sind, und zwar an Orten, an denen sich der Autor just zur jeweiligen Tatzeit eben aufhielt. Und nun möchte er, Hofer, von Korbes ein »kleines Taschengeld [...], so sechshundert oder siebenhundert Schweizerfranken im Monat« (187), um weiterhin die Möglichkeit zu haben, seinem Idol nachreisen zu können. Korbes gesteht die Morde, zeigt aber weder Reue noch Furcht vor Aufdeckung oder Strafe. Dass er ein Mörder sei, sei alles andere als ein Geheimnis: Die

Welt der Boulevard-Presse, sowohl Produzenten als auch Rezipienten, wüssten genau, dass er seine literarischen Morde auch in der Realität begehe; man würde es ihm nicht nur nicht verübeln, sondern verlange es geradezu von ihm, da man wisse, dass er diese Morde nach begangener Tat literarisch verewige: »Damen der höchsten Gesellschaft, Bürgersfrauen, Dienstmädchen bieten sich [...] an, sich von mir ermorden zu lassen« (191). Und wie zum Beweis für die Hörer und Fürchtegott Hofer, und auch, weil die Welt ohnehin ein neues Buch mit einem neuen Mord erwartet, stürzt er Hofer vom Balkon. Dieser ruft zwar um Hilfe, worum sich aber, wie von Korbes vorhergesagt, niemand kümmert.

Abendstunde im Spätherbst vereinigt eine Reihe Dürrenmattscher Motive und Stilmittel: Ebenso wie *Die Panne* endet das Stück mit den gleichen Worten, mit denen es begonnen hat. Allerdings fügt Dürrenmatt ein Paradoxon hinzu, indem er die Kreisstruktur mit einer geraden Linie verbindet, einer Krimihandlung mit Opfer, Mörder und Motiv und im Resultat wohl einer Publikation, einer zielgerichteten Entwicklung also. Indem sich Korbes' Morde aber alle auf ähnliche Weise abspielen, haben wir es doch mit einer Wiederholung zu tun. Und aus dieser paradoxen Schleife heraus erzeugt sich der Text aus sich selbst: »Ich diktiere: Meine Damen, meine Herren. Zu Beginn halte ich es für meine Pflicht, Ihnen den Ort dieser vielleicht etwas seltsamen, aber – ich schwöre es – wahren Geschichte zu beschreiben« (195; vgl. 171).

In dieser Figur deuten sich die großen Gleichnisse von Dürrenmatts Spätwerk an, wo in *Selbstgespräch* (WA 36, 115–118) Gott in einem Monolog seine eigene Existenz von der menschlichen Rede abhängig macht, oder wo *Das Hirn* (WA 29, 233–263) sich die Welt erdenkt und am Ende auf den Autor stößt, der sich das Hirn erdenkt, das sich die Welt erdenkt. In dieses Paradoxon ist auch die Figur des Schriftstellers gedacht: Im *Doppelgänger* erschafft er eine Welt, die er von außen betrachten und mit dem Regisseur diskutieren kann, die er indes nicht vollständig in der Hand hat; zuweilen entgleitet ihm die Handlung, er kann sie nicht beeinflussen, nur zur Kenntnis nehmen: »REGISSEUR *wütend* Und damit soll ich mich zufriedengeben? / SCHRIFTSTELLER Damit m ü s - s e n wir uns zufriedengeben« (WA 1, 324). In *Nächtliches Gespräch mit einem verachteten Menschen* mag die Figur des Schriftstellers eine Parallelwelt schaffen, in der Realität bewirkt er nichts und ist zum Scheitern verurteilt. In *Herkules und der Stall des Augias* wird die Welt des Protagonisten von Schriftstellern erschaffen, denen allerdings die Welt selbst diktiert, wie sie auszusehen hat. In der *Abendstunde im Spätherbst* haben wir einen Schriftsteller, der die Welt erschafft, deren Teil er selbst ist. Mit diesem fortwährenden Schaffen und Selbsterschaffen ist ein immer stärkerer Schaffensdruck verbunden: Ebenso wie Herkules von Abenteuer zu Abenteuer hastet, um zu überleben, hastet Korbes von Mord zu Mord.

Abschied vom Hörspiel

Abendstunde im Spätherbst wurde in allen vier seinerzeitigen deutschsprachigen Ländern ausgestrahlt und mit dem renommiertesten internationalen Hörspielpreis ausgezeichnet – ein größerer Erfolg ist kaum vorstellbar. Es stellt die Quintessenz von Dürrenmatts bisherigen Hörstücken dar und setzt insofern einen Schlusspunkt. Sollte das der Grund sein, warum Dürrenmatt nach *Abendstunde im Spätherbst* keine weiteren Hörspiele mehr geschrieben hat?

Auch andere Gründe sind vorstellbar. – Das ständige Schaffen, Sich-selbst-Erschaffen, Sich-selbst-*neu*-Erschaffen mag nicht nur für Maximilian Korbes gelten, sondern auch für das Genre ›Krimi‹ und die Gattung ›Hörspiel‹. Mit zunehmender Popularität wächst auch der Druck, diese zu bedienen, dem Publikum immer weiter entgegenzukommen, bis im Extremfall der Publikumsgeschmack irgendwann einmal zum Gesetz wird. Krimi und Hörspiel feierten in den 1950er Jahren Hochkonjunktur; die vom BR produzierte Hörspiel-Krimiserie *Dickie Dick Dickens* prägte 1957 den Begriff ›Straßenfeger‹. Damit hatte das Hörspiel einen nicht mehr zu überbietenden Gipfelpunkt erreicht, der indessen zwar inhaltlich witzig gemachte, aber eher oberflächliche Unterhaltungsliteratur war. Tatsächlich zogen sich ab 1960 viele der eingangs erwähnten Schriftsteller aus dem Hörspielgeschehen zurück. Neue Autorinnen und Autoren betraten die Rundfunkstudios: Ernst Jandl und Friederike Mayröcker, Wolf Wondratschek, Paul Wühr oder Ludwig Harig. Dem ›Hörspiel der Innerlichkeit‹ folgte das ›Neue Hörspiel‹; es dominierte wieder das Experiment, in dem Wörter nicht ausschließlich als Träger von Inhalten, sondern auch als Klangelemente verstanden wurden.

Auch Dürrenmatt konnte oder wollte sich dem neuen Hörspieltrend nicht anpassen. Womöglich hat er sich während der Arbeit an *Der Besuch der alten Dame* und *Die Panne* endgültig für die ›bestmögliche‹ Plattform entschieden: Bühne statt Radio. Immerhin

sagt er im Gespräch mit Heinz Ludwig Arnold, »wie die Novelle das Hörspiel weiterführe, denke die Komödie die Novelle weiter« (Dürrenmatt, zit. nach Pasche 1997, 109). Wenngleich wir den Hörspielskeptikern an dieser Stelle keineswegs das Wort reden wollen, muss – und damit wären wir wieder am Ausgangspunkt – der Vollständigkeit halber ein weiterer möglicher Punkt erwähnt werden, vorstellbar immerhin wäre es: Dürrenmatt hörte auf, Hörspiele zu schreiben, weil er es finanziell nicht mehr nötig hatte.

Literatur
Primärtexte
Abendstunde im Spätherbst. In: Akzente, 3, 1957, 194–216.
Abendstunde im Spätherbst. In: WA 9, 169–196.
Der Doppelgänger. Ein Spiel. Zürich 1960.
Der Doppelgänger. In: WA 1, 295–324.
Herkules und der Stall des Augias. Mit Randnotizen eines
    Kugelschreibers. Zürich 1954.
Herkules und der Stall des Augias. In: WA 8, 179–226.
Hörspielerisches. In: WA 17, 155–157.
Nächtliches Gespräch. In: Das Lot, Bd. 6, Juni 1952.
Nächtliches Gespräch mit einem verachteten Menschen. Ein
    Kurs für Zeitgenossen. Zürich 1957.
Nächtliches Gespräch mit einem verachteten Menschen. In:
    WA 17, 9–32.
Die Panne. Ein Hörspiel. Zürich 1960.
Die Panne. In: WA 16, 9–56.
Die Panne [Rundfunkproduktion 1956] und eine kurze
    Rede des Autors. Audio-CD. Basel 2010.
Die Physiker. In: WA 7.
Der Prozeß um des Esels Schatten. Ein Hörspiel (nach Wieland, aber nicht sehr). Zürich 1956.
Der Prozeß um des Esels Schatten. In: WA 8, 119–174.
Schriftstellerei als Beruf. In: WA 32, 54–59.
Stranitzky und der Nationalheld. Hörspiel. In: Hörspielbuch
    1953. Frankfurt 1953, 151–185.
Stranitzky und der Nationalheld. In: WA 17, 33–76.
Das Unternehmen der Wega. Hörspiel. In: Hörspielbuch
    1955, Frankfurt a. M. 1955, 43–80.
Das Unternehmen der Wega. In: WA 17, 77–124.
Vier Hörspiele mit schlimmstmöglicher Wendung: Die
    Panne und eine kurze Rede des Autors. Herr Korbes empfängt oder Abendstunde im Spätherbst. Nächtliches
    Gespräch mit einem verachteten Menschen. Das Unternehmen Wega. Audio-CD/Hörbuch, Basel 2005.

Sekundärliteratur
Arnold, Heinz Ludwig: Schriftsteller im Gespräch mit Heinz
    Ludwig Arnold. Zürich 1990.
Beusch, Hansueli: Die Hörspiele Friedrich Dürrenmatts.
    Zürich 1979.
Bloch, Peter André: *Die Panne*. In: Daniel Keel (Hg.): Über
    Friedrich Dürrenmatt. Essays und Zeugnisse von Gottfried Benn bis Saul Bellow. Zürich 1980, 194–208.
Bloom, Margret: Die westdeutsche Nachkriegszeit im literarischen Original-Hörspiel. Frankfurt a. M. u. a. 1985.
Brock-Sulzer, Elisabeth: Die Hörspiele. In: Daniel Keel

(Hg.): Über Friedrich Dürrenmatt. Essays und Zeugnisse von Gottfried Benn bis Saul Bellow. Zürich 1980, 209–230.

Camp, George Selvidge: Fixed sensory images of characters and settings in Friedrich Dürrenmatts ›Hörspiele‹. Rice 1982.

Dedner, Burghard: Das Hörspiel der fünfziger Jahre und die Entwicklung des Sprechspiels seit 1965. In: Manfred Durzak (Hg.): Die deutsche Literatur der Gegenwart. Aspekte und Tendenzen. Stuttgart 1971, 128–147.

Döhl, Reinhard: Zu Friedrich Dürrenmatts *Nächtliches Gespräch mit einem verachteten Menschen* (WDR III, 5.6.1978). In: https://www.reinhard-doehl.de/forschung/duerrenmatt2.htm (31.1.2019).

Döhl, Reinhard: Das Hörspiel der 50er Jahre (WDR 12.3.1979). In: https://www.reinhard-doehl.de/forschung/hspl50.htm (31.1.2019).

Döhl, Reinhard: Das Hörspiel zur NS-Zeit. Darmstadt 1992.

Dussel, Konrad: Deutsche Rundfunkgeschichte. Konstanz 2010.

Friedrich, Sabine: Rundfunk und Besatzungsmacht. Organisation, Programm und Hörer des Südwestfunks 1945 bis 1949. Baden-Baden 1991.

Jorio, Marco: Geistige Landesverteidigung (2006). In: Historisches Lexikon der Schweiz, https://hls-dhs-dss.ch/de/articles/017426/2006-11-23 (31.1.2019).

Krug, Hans-Jürgen: Kleine Geschichte des Hörspiels. Konstanz 2003.

Knapp, Gerhard P.: Friedrich Dürrenmatt [1980]. Stuttgart, Weimar 1993.

Kuckhoff, Armin-Gerd: Friedrich Dürrenmatt. In: Klaus Pezold (Hg.): Schweizer Literaturgeschichte. Die deutschsprachige Literatur im 20. Jahrhundert. Leipzig 2007, 187–217.

Leonhardt, Joachim-Felix u. a. (Hg.): Medienwissenschaft. Ein Handbuch zur Entwicklung der Medien und Kommunikationsformen. Berlin, New York 2001.

Lermen, Birgit H.: Das traditionelle und neue Hörspiel im Deutschunterricht. Paderborn 1975.

Mayer, Hans: Dürrenmatt und Frisch. Anmerkungen. Pfullingen 1963.

Mitrache, Liliana: Intertextualität und Phraseologie in den drei Versionen der *Panne* von Friedrich Dürrenmatt. Uppsala 1999.

Pasche, Wolfgang: Interpretationshilfen. Friedrich Dürrenmatts Kriminalromane. Stuttgart 1997.

Peppard, Murray B.: Friedrich Dürrenmatt. New York 1969.

Schröder, Christoph: Wer ist hier der Esel? In: Spiegel-Online, 3.1.2011, http://www.spiegel.de/kultur/literatur/duerrenmatt-hoerspiele-wer-ist-hier-der-esel-a-737149.html (31.1.2019).

Schweiss, Christoph A. u.a.: Die Geschichte des Radios in der Schweiz von 1911–2008. Zürich 2008.

Schwitzke, Heinz: Das Hörspiel. Dramaturgie und Geschichte. Köln 1963.

Strzolka, Rainer: Abriss zur Geschichte des Hörspiels in der Weimarer Republik. Hannover 2004.

Tribelhorn, Marc: Geistige Landesverteidigung. Ein Volk von Murmeltieren. In: Neue Zürcher Zeitung, 7.12.2013.

Usmiani, Renate E.: Die Hörspiele Friedrich Dürrenmatts: unerkannte Meisterwerke. In: Gerhard P. Knapp (Hg.): Friedrich Dürrenmatt. Studien zu seinem Werk. Heidelberg 1976, 125–144.

Weber, Paul: Das Deutschschweizer Hörspiel. Geschichte – Dramaturgie – Typologie. Bern 1995.

Würffel, Stefan Bodo: »Jeder Esel kann da Regie führen.« Friedrich Dürrenmatts Rundfunkarbeiten. In: Jürgen Söring, Annette Mingels (Hg.): Dürrenmatt im Zentrum. Frankfurt a. M. u. a. 2004, 61–78.

Wüthrich, Werner: Bertolt Brecht und die Schweiz. Zürich 2003.

Dieter Lohr

E Kriminalromane und Erzählungen

14 *Der Richter und sein Henker*

Entstehungs-, Publikations- und Wirkungsgeschichte

Dürrenmatt schrieb seinen ersten Kriminalroman in verschiedenen Phasen von Ende 1948 bis Herbst 1950 als Auftragsarbeit für die Zeitschrift *Der Schweizerische Beobachter*. Er erschien in acht Folgen zwischen dem 15.12.1950 und dem 6.3.1951. Nachdem der Autor den Text im Frühjahr 1952 noch einmal intensiv überarbeitet hatte, erschien die Buchfassung im Herbst 1952 im Benziger Verlag in einer Auflage von 5000 Exemplaren (Fassungsvergleich Müller/Thiel 2016, 217 f.). In späteren Neuausgaben (ab 1979 im Diogenes Verlag) erfolgten nur noch geringfügige Textänderungen.

Dem Genre entsprechend gab es keine großen Rezensionen. Der Roman wurde jedoch über die Jahrzehnte mit zahlreichen Neuauflagen, Lizenzausgaben und Übersetzungen millionenfach verkauft. Dazu trug insbesondere seine Aufnahme in den Lektürekanon von deutschsprachigen Mittelschulen bei (vgl. Vogt 2011, 217; Ladenthin 2016), die sich u. a. in einer breiten Palette von Unterrichts- und Lektürehilfen manifestiert (z. B. Knapp 1983).

1957 wurde der Stoff als erste abendfüllende Spielfilm-Eigenproduktion des deutschen Fernsehens realisiert (R.: Franz-Peter Wirth). An dieser wie am Kinofilm von Maximilian Schell (1978) war Dürrenmatt als Mitautor des Drehbuchs beteiligt. Daneben existieren mehrere fremdsprachige TV-Verfilmungen und eine Version als *Graphic Novel*. In jüngerer Zeit wurde der Stoff auch mehrfach für die Theaterbühne adaptiert.

Dürrenmatt hatte eine ambivalente Haltung zu Kriminalromanen; er schrieb solche nur auf äußeren Anlass hin. Zugleich sah er darin eine Chance: »Wie besteht der Künstler in einer Welt der Bildung, der Alphabeten? [...] Vielleicht am besten, indem er Kriminalromane schreibt, Kunst da tut, wo sie niemand vermutet« (WA 30, 71 f.). Dürrenmatt schrieb Werke, die »die Regeln des Genres zugleich erfüllen und de-

struieren« (Vogt 2011, 215), und trug maßgeblich dazu bei, dass Kriminalromane heute als literarische Gattung ernster genommen werden als damals; er wird auch als einziger deutschsprachiger Krimiautor in angloamerikanischen Standard- und Nachschlagewerken genannt (vgl. ebd., 217).

Inhalt und Analyse

Dürrenmatt präsentiert seinen Stoff in 21 Kapiteln. Das Geschehen, das sich zwischen dem 3. und 7. November 1948 abspielt, wird von einem allwissenden Erzähler, der allerdings oft hinter seine Figuren zurücktritt, in ironisch grundiertem Ton in chronologischer Abfolge vermittelt – wobei es in den Dialogen Rückblenden auf frühere Lebensphasen der Protagonisten gibt. Die meist antagonistisch geführten Dialoge nehmen viel Raum ein. Mit ihren dialektalen und französischen Einsprengseln widerspiegeln sie typische schweizerische Sprachhybridität. Dürrenmatt greift für die Schauplätze auf eine ihm vertraute Umgebung zurück: Er lässt den handlungseröffnenden Mord wenige hundert Meter von seinem damaligen Wohnort Ligerz am Bielersee geschehen und bringt sich selbst in der Figur des Schriftstellers ins Spiel ein. Der zweite Schauplatz ist die Stadt Bern, in der Dürrenmatt elf Jugendjahre verbrachte.

Die Handlung: Der Berner Kriminalpolizist Schmied ist in seinem Wagen auf dem Rückweg nach Bern von einer Abendgesellschaft beim dubiosen und reichen Herrn Gastmann erschossen worden. Der magenkranke, alternde Kommissär Bärlach übernimmt zusammen mit dem jungen Polizisten Tschanz die Untersuchung. Der Verdacht richtet sich zunächst auf Gastmann und sein Umfeld. Die Leserinnen und Leser erfahren, dass Gastmann ein Verbrecher im großen Stil und als einstiger Jugendfreund Bärlachs dessen mörderischer Gegenspieler ist: Der Ermordete hatte für Bärlach heimlich gegen Gastmann ermittelt. Trotzdem lässt Bärlach durchblicken, dass er Gast-

J. B. Metzler © Springer-Verlag GmbH Deutschland, ein Teil von Springer Nature, 2020
U. Weber / A. Mauz / M. Stingelin (Hg.), *Dürrenmatt-Handbuch*, https://doi.org/10.1007/978-3-476-05314-5_14

mann nicht für den Täter hält. Gastmann erweist sich als scheinbar allmächtig, doch Bärlachs junger, ehrgeiziger Mitarbeiter Tschanz, der dem verstorbenen Schmied nacheifert, begibt sich auf eigene Faust zu Gastmann und erschießt diesen nebst seinen Leibwächtern. Der Fall scheint nach außen gelöst, zumal sich bei Gastmann Unterlagen finden, die nicht nur seine Verbrechen belegen, sondern auch, dass er Schmied durchschaut hatte. Doch am Schluss hält Bärlach über seinen Mitarbeiter Tschanz bei einem opulenten Mahl Gericht. Tschanz, der Schmied aus Eifersucht und mit Kalkül umgebracht hatte, muss erkennen, dass er von Bärlach schon lange als Mörder identifiziert und gewissermaßen als Henker gegen Gastmann instrumentalisiert wurde; er nimmt sich in der Folge das Leben.

Der Roman spielt mithin auf einer doppelten Ebene: Vordergründig geht es um die Aufklärung des Mordes an Schmied, doch diese steht im Zeichen des Zweikampfs zwischen Bärlach und Gastmann. Ausgangspunkt dazu war eine »trotzig in den Himmel hinein« gehängte »Wette«, verlockend wie ein »fürchterliche[r] Witz«, die Bärlach und Gastmann in ihrer Jugend abschlossen (WA 20, 69). Dabei ging es um die Frage, ob menschliche Unvollkommenheit, Unvorhersagbarkeit des Handelns und Zufall »die meisten Verbrechen zwangsläufig zutage fördern« (Bärlachs These) oder ob vielmehr »die Verworrenheit der menschlichen Beziehungen es möglich mache, Verbrechen zu begehen, die *nicht* erkannt werden könnten« (Gastmanns These; 68). Der junge Bärlach begründete damals seine Auffassung damit, dass »es unmöglich sei, mit Menschen wie mit Schachfiguren zu operieren« (ebd.). Durch die mörderische Wette machen die beiden ihren Zweikampf im Umgang mit den Mitmenschen zur Schachpartie – ein Moment, das Detektiv und Mörder, die sich »auf den ersten Blick« (67) liebten, auf eine gleiche Ebene bringt. Bärlach erscheint geradezu als Alter Ego von Gastmann.

Gastmann ist Bärlach stets einen Zug voraus. Als auch noch Schmied ermordet wird und Gastmann dessen Unterlagen in seinen Besitz bringt, scheint die Partie für Bärlach verloren. Nach der Konfrontation mit Gastmann überfällt ihn der Schmerz; er wälzt sich in Verzweiflung am Boden: »›Was ist der Mensch?‹ stöhnte er leise, ›was ist der Mensch?‹« (73). Doch Bärlach rafft sich nach diesem Schachmatt wieder auf: Er gibt das Spiel nach gesetzlichen Regeln (es sind zugleich die des ›klassischen‹ Detektivromans) auf und spielt die Partie mit andern Mitteln und mit anderer Zielsetzung zu Ende: Er instrumentalisiert den Mör-

derpolizisten Tschanz als berechenbare Spielfigur im Kampf gegen Gastmann. Bärlachs Dämonie offenbart sich in der Ambivalenz und Paradoxie dieser eigenmächtigen Wiederherstellung einer höheren Gerechtigkeit: Er realisiert in seiner Selbstjustiz jenes perfekte Verbrechen, dessen Möglichkeit er in der Wette ausgeschlossen hatte; er treibt Tschanz in den Selbstmord, womit sich der einzige Mitwisser und das Instrument seiner Selbstjustiz selbst liquidiert. Die Wiederherstellung der Gerechtigkeit jenseits menschlicher Justiz manifestiert sich in einem perfekten, mit der Eleganz des Schachspielers delegierten, indirekten Doppelmord des Kriminalisten. In dieser Selbstermächtigung wird Bärlach zugleich zur »tragischen Figur«, die »Unrecht tun muss, um Gerechtigkeit zu schaffen« (Ladenthin 2016, 405).

Deutungsaspekte, Positionen der Forschung

In der Forschungsliteratur lassen sich verschiedene Diskussionsschwerpunkte herauskristallisieren:

1. Die Einordnung in die Tradition und die Rolle des Zufalls: Dürrenmatts Roman wird gedeutet als »Variation und Parodie, Verfremdung, Subversion oder Dekonstruktion, Demontage oder Destruktion des Detektivschemas« (Gasser 2009, 55 f.). Formal wird die Nähe des Romans zum traditionellen Rätselroman mit fixen Spielregeln betont (Jambor 2007, 151), wobei die entscheidende Differenz in der bedeutenden Rolle des Zufalls liege, angefangen mit dem Kugelfund beim Tatort. Die Figur des ehrgeizigen Polizisten Tschanz erscheint geradezu als »Allegorisierung des Zufalls« (ebd., 170). Sein Mord bedeutet für Bärlach zunächst einen unglücklichen Zufall, doch erkennt er darin die Chance, den Mörder zu seiner Waffe gegen Gastmann zu machen.

Es wurde auf die Verwandtschaft des Ermittlers Bärlach mit Georges Simenons Inspektor Maigret und auf Stoff-Analogien hingewiesen, insbesondere zu *Maigrets erste Untersuchung* (vgl. Arnold 1981, 158–163). Eine Szene mit Gastmanns Hund, der Bärlach angreift, erscheint andererseits als Reminiszenz an Arthur Conan Doyles *Der Hund der Baskervilles* (vgl. Ladenthin 2016, 398). Am offensichtlichsten scheint jedoch der Bezug zu Friedrich Glauser, wobei wohl nicht dessen Romane, deren damalige Kenntnis Dürrenmatt dezidiert in Abrede stellte, sondern die Verfilmungen von Leopold Lindtberg bei Dürrenmatt früh Eindrücke hinterließen (v. a. *Wachtmeister Stu-*

der, 1939; vgl. G 2, 195). Neben den gemeinsamen Berner Schauplätzen ist auf den ersten Blick eine große Nähe Bärlachs zum Berner Wachtmeister Studer evident. Bei aller vordergründigen Verwandtschaft der beiden brummigen Ermittler, die es mehr mit den einfachen Leuten als mit ihren Vorgesetzen bei der Kantonspolizei und den wirtschaftlichen und politischen Führungsfiguren halten und nicht vor Kompetenzüberschreitungen zurückschrecken, darf man die Unterschiede nicht übersehen: Bärlach – wie Studer als sympathische, väterliche Figur eingeführt – erweist sich am Schluss zugleich als rücksichtslose Verkörperung menschlicher Hybris.

2. Werkzusammenhang: Die Relation zwischen den ersten beiden Kriminalromanen Dürrenmatts, die Held und Schauplatz teilen und eine unmittelbare zeitliche Abfolge Ende 1948 darstellen, beschränkt sich nicht auf den seriellen Aspekt (vgl. dazu Müller/Thiel 2016). Sie bilden »eine Art kontrastiv und komplementär angelegten Ditpychons [sic]« (Jambor 2007, 13). Dieses entstand nachträglich, als *Der Verdacht* bereits in Fortsetzungen erschienen war und Dürrenmatt den ersten Kriminalroman einer starken Überarbeitung für die Buchfassung unterzog. Die beiden Romane boten ihm Gelegenheit zur Entfaltung einer Typologie des Bösen, wie aus dem neu eingeführten Gespräch zwischen dem Schriftsteller und Bärlach (WA 20, 81–83) indirekt hervorgeht: Gastmann im *Richter* und Emmenberger in *Der Verdacht* erscheinen als spiegelbildliche Typen moralischer Nihilisten, während die Nebenfiguren der beiden Romane verschiedene Formen des Bösen aus psychologischen Deformationen heraus zeigen. Tschanz erscheint entsprechend als Verbrecher aus Eifersucht und krankhaftem, streberischem Ehrgeiz. Beide Bärlach-Romane legen die Grundlage für die Fundamentalkritik am Genre, die im *Requiem auf den Kriminalroman* – so der Untertitel – *Das Versprechen* (1958) folgt.

3. Gesellschaftskritik, Rechtstradition und -verständnis: Der Roman zeigt eine zeit- und gesellschaftskritische Dimension in der Tradition Glausers. Bezeichnend dafür sind die Hindernisse, die Bärlach über den einflussreichen Anwalt und Nationalrat von Schwendi in den Weg gelegt werden. Dieser repräsentiert eine gesellschaftliche Elite, die Recht mit der Bestätigung der bestehenden Machtverhältnisse gleichsetzt. Nicht nur die Nachkriegsgesellschaft steht dabei im Fokus; der Opportunismus und das Hofieren gegenüber dem skrupellos-kriminellen Gastmann kann durchaus

auch mit Bezug auf die Zeit des Nationalsozialismus gelesen werden (vgl. Przytocka/Sośnicka 2014).

Es geht um Grundsatzfragen von Gerechtigkeit und Recht. Zum einen entwickelt der Roman eine übermenschliche Dimension, indem Bärlach jenseits des Gesetzes gottähnlich seinen Richterspruch fällt: Gastmann hat er »zum Tode verurteilt« und schickt ihm seinen Henker »in Gottes Namen« (WA 20, 100). Tschanz verbannt er, nachdem er ihn überführt hat, aus seinen Weltenrichteraugen. Damit steht *Der Richter und sein Henker* in der von Edgar Allan Poe begründeten Tradition des Kriminalromans als einer »erzählten Theorie des Absoluten nach dem Tod des absoluten Gottes« (Ladenthin 2016, 407). Bei Bärlach kommt eine geradezu archaische Dimension des Verzehrens hinzu. Seine Magenerkrankung spiegelt »seine moralisch fragwürdigen Entscheidungen [...] wider« (Nelles 2018, 142). Ein gegenläufiger Höhepunkt ist am Schluss die »doppelte Henkersmahlzeit: erstens für Tschanz, der sich vom Kommissar durchschaut findet, aber zweitens auch für den todkranken Kommissar [...]. Seine Souveränität, seine Ruhe und Stärke sind nur gespielt, inszeniert in einer Orgie der Einverleibung« (Battegay 2019, 243).

Zum andern steht Bärlach in einer konkreten Rechtstradition. Sein Vorgesetzter Lucius Lutz vertritt eine aus den nordamerikanischen Großstädten hergebrachte »wissenschaftliche[...] Kriminalistik« (WA 20, 18) mit Anspruch auf lückenlosen Beweis. Bärlach dagegen orientiert sich kriminalpsychologisch am einzelnen Menschen, am Verdacht gegenüber Tschanz, der ihm selbst die Beweise für seine Tat liefert. Damit steht Bärlach in der Folge des österreichischen Hochschullehrers und Kriminalisten Hans Gross, der schon Wachtmeister Studers (und Franz Kafkas) Lehrmeister war (vgl. Bergengruen 2014, 57).

4. Intertextualität und ironische Narration: Der Richter und sein Henker ist gespickt mit literarisch-künstlerischen Reminiszenzen. Die Wette zwischen Bärlach und Gastmann, eine »teuflische Versuchung des Geistes durch den Geist« (WA 20, 69), erinnert an die Wette zwischen Gott und Mephistopheles in Goethes *Faust* – korrespondierend mit dem Gespräch zwischen Bärlach und Emmenberger im zweiten Bärlach-Roman *Der Verdacht*, das an die Versuchung Christi in der Wüste erinnert. Bärlachs Ausruf nach seinem Zusammenbruch: »Was ist der Mensch?« ist eine anthropologische Leitfrage Immanuel Kants, die im *Verdacht* wieder aufgegriffen wird (vgl. WA 20, 250). Der Name Bärlach scheint schließlich auch auf Ernst Barlach anzuspielen, dessen Drama *Die Sündflut* Dürrenmatt 1948 las (vgl. Rüedi 2011, 338) und dessen Darstellung des Kampfs eines Nihilisten gegen Gott auch Dürrenmatts damalige Dramatik prägte. Die Nihilismus-Thematik, verbunden mit der Frage nach dem Menschen und der Freiheit zum Verbrechen, lässt den Existentialismus Jean-Paul Sartres anklingen (vgl. Knapp 1983, 42 f.)

Die Nennung von Arnold Böcklins *Toteninsel* (vgl. WA 20, 15) ordnet sich in eine Reihe von Todessymbolen ein. Die Erwähnung der Bilder des Schweizer Malers Friedrich Traffelet im Büro des Vorgesetzten Lutz (vgl. 17) hingegen stellt diesem apokalyptischen (»finster wie der Letzte Tag«, 12) oder mythischen Geschehen (›der blaue Charon‹, vgl. 30) wiederum die patriotisch-positive Stimmungslage der Nachkriegsjahre in der Schweiz entgegen.

Dürrenmatt hat auch einen kleinen Hinweis auf Theodor Fontane platziert (vgl. 99) und nennt im Rückblick dessen *Stechlin* als sprachliches Vorbild für den Roman (vgl. G 2, 195). Das mag im Hinblick auf seine damals für ihn neue Hinwendung zum von Dialogen dominierten, realistischen Erzählen gelesen werden, das im Roman zugleich ironisiert wird. Im Gespräch mit Bärlach vergleicht sich der Schriftsteller mit dem Kriminalisten (»es sei auch *sein* Beruf, den Menschen auf die Finger zu sehen«, WA 20, 81). Analog zur Autonomie und Willkür des Spielers Bärlach »treibt der Erzähler auch mit dem Leser sein inszeniertes Sprachspiel« (Ladenthin 2016, 403). Damit geht die Erzählhaltung über ein dem Genre entsprechendes realistisches Erzählen hinaus, als ein Spiel mit »inszenierten Requisiten« (ebd., 394) realistischen Erzählens und symbolischer Bedeutsamkeit. Aus diesem Spiel entwickelt sich die spezifische Qualität des Romans als »(postmoderne) Literarisierung des Trivialen« (ebd., 403), die wegweisend für die Aufwertung des Genres wird, wie sie bei Umberto Eco und anderen fortgeführt wird.

Literatur
Primärtexte

Der Richter und sein Henker. In: Der Schweizerische Beobachter, 15.12.1950 (24. Jg., Nr. 23) bis 6. März 1951 (25. Jg., Nr. 6) (8 Folgen).

Der Richter und sein Henker. Einsiedeln 1952.

Der Richter und sein Henker. In: WA 20, 9–117.

Sekundärliteratur

Arnold, Armin: Die Quellen von Dürrenmatts Kriminalromanen. In: Gerhard P. Knapp, Gerd Labroisse (Hg.): Facetten. Studien zum 60. Geburtstag Friedrich Dürrenmatts. Bern u. a. 1981, 153–174.

Battegay, Caspar: Fressen. Gericht und Gedächtnis bei Friedrich Dürrenmatt. In: Ders., Lena Henningsen, Kai Wiegandt (Hg.): Gegessen? Essen und Erinnerung in den Literaturen der Welt. Berlin 2019, 235–252.

Bergengruen, Maximilian: »Vergessen Sie jedoch nicht, daß die Zeit auch vor dem berühmtesten Kriminalisten nicht haltmacht.« Paradigmen der Kriminalistik in Friedrich Dürrenmatts *Der Richter und sein Henker*. In: Ulrich Weber u. a. (Hg.): Dramaturgien der Phantasie, Göttingen 2014, 41–60.

Gasser, Peter: »... unsere Kunst setzt sich aus etwas Mathematik zusammen und aus sehr viel Phantasie.« Zu Friedrich Dürrenmatts Kriminalromanen. In: Ders., Elio Pellin, Ulrich Weber (Hg.): »Es gibt kein größeres Verbrechen als die Unschuld«. Zu den Kriminalromanen von Glauser, Dürrenmatt, Highsmith und Schneider. Göttingen, Zürich 2009, 53–75.

Jambor, Ján: Die Rolle des Zufalls bei der Variation der klassischen epischen Kriminalliteratur in den Bärlach-Romanen Friedrich Dürrenmatts. Prešov 2007.

Knapp, Gerhard P.: Friedrich Dürrenmatt. *Der Richter und sein Henker*. Frankfurt a. M. u. a. 1983.

Ladenthin, Volker: Warum man heute Friedrich Dürrenmatts Roman *Der Richter und sein Henker* lesen sollte. In: Stefan Neuhaus, Uta Schaffers (Hg.): Was wir lesen sollen. Kanon und literarische Wertung am Beginn des 21. Jahrhunderts. Würzburg 2016, 387–413.

Müller, Ralph/Thiel, Franziska: Roman und Serialität in der Zeitschrift. Dürrenmatts *Der Richter und sein Henker* und *Der Verdacht* im *Schweizerischen Beobachter*. In: Stefanie Leuenberger u. a. (Hg.): Literatur und Zeitung. Fallstudien aus der deutschsprachigen Schweiz von Jeremias Gotthelf bis Dieter Bachmann. Zürich 2016, 205–223.

Nelles, Jürgen: Friedrich Dürrenmatt. In: Susanne Düwell u. a. (Hg.): Handbuch Kriminalliteratur. Theorien – Geschichte – Medien. Stuttgart 2018, 141–146.

Przytocka, Małgorzata/Sośnicka, Dorota: *Die Schweiz – ein Gefängnis?* Zeit- und Gesellschaftskritik in den Kriminalromanen *Wachtmeister Studer* von Friedrich Glauser und *Der Richter und sein Henker* von Friedrich Dürrenmatt. In: Colloquia Germanica Stetinensia 23 (2014), 73–99.

Vogt, Jochen: Krimis, Antikrimis, ›Gedanken‹-Krimis. Wie Friedrich Dürrenmatt sich in ein gering geschätztes Genre einschrieb. In: Véronique Liard, Marion George (Hg.): Dürrenmatt und die Weltliteratur. Dürrenmatt in der Weltliteratur. München 2011, 215–235.

Ulrich Weber

15 *Der Verdacht*

Entstehungs- und Publikationsgeschichte, Rezeption

Der Verdacht ist Dürrenmatts zweiter (Bärlach-)Kriminalroman, und er folgt auch punkto Rezeptionsintensität dem klassischen Erstling *Der Richter und sein Henker* (Buchausgabe 1952). Wie dieser erschien der Roman zunächst wöchentlich in Fortsetzungen in *Der Schweizerische Beobachter* (September 1951–Februar 1952), als Buchausgabe dann 1953 im Benziger Verlag, Einsiedeln. Letztere ist seither in verschiedenen Lizenzausgaben wie in Übersetzungen erschienen. Die Differenzen zwischen der Erstpublikation und der Buchfassung wurden, obwohl erheblich, noch nicht Gegenstand einer umfassenden Untersuchung. Die unveröffentlichte Seminararbeit Marion Gerbers (Deutsches Seminar, Univ. Bern, 2009) gibt jedoch erste Aufschlüsse; nach ihrer Beobachtung zielt die Bearbeitung vor allem auf eine Straffung und stilistische Glättung. Dürrenmatts »Arbeitsexemplar« (SLA, Sig. A-m125_I) nimmt textgenetisch eine Mittelstellung zwischen Zeitschriften- und Buchfassung ein. Chronologisch wohl vor der *Beobachter*-Fassung anzusiedeln, erlaubt es näherungsweise die Eingriffe seitens der Redaktion von jenen des Autors zu unterscheiden.

Ergänzend zu den Auskünften der Forschung lässt sich hinsichtlich des Stoffs, der um die Identifikation und Ergreifung eines sadistischen Naziarztes kreist, erstmals eine wahrscheinliche historische Quelle benennen: Wie der Journalist und Krimiautor Ulrich Ritzel in einem Briefwechsel mit Peter von Matt (verfügbar im Schweizerischen Literaturarchiv Bern) plausibel vermutet, könnte Dürrenmatt bei der Figur des Arztes Nehle/Emmenberger der deutsch-schweizerische Anatom August Hirt (1898–1945) vor Augen gestanden haben (zu Hirt vgl. Benzenhöfer 2010). Der SS-Mann war im elsässischen KZ Natzweiler-Struthof für eine Gaskammer verantwortlich und an Menschenversuchen beteiligt. Im Herbst 1944 kam er auf der Flucht vor anrückenden französischen Truppen auf einem Einödhof in der Nähe von Schönenbach unter; laut der dörflichen Überlieferung wurde er dort geduldet, weil er der Tochter des Bauern, die an einem Abszess im Hals zu ersticken drohte, durch die Notoperation einer Koniotomie (umgangssprachlich fälschlich auch ›Luftröhrenschnitt‹ genannt) das Leben rettete. Genau diesen Eingriff nimmt in einer Notsituation auch Dürrenmatts Figur vor. Hirt nahm sich im Juni 1945 das Leben. Die Beisetzung auf dem Friedhof Grafenhausen muss in aller Stille erfolgt sein; sein Name erscheint noch Jahre später auf Fahndungslisten, und 1953 wird er aufgrund seiner Verbrechen *in absentia* zum Tod verurteilt. Diese Analogie und insbesondere die Spezifik des lebensrettenden Eingriffs durch einen Kriegsverbrecher lässt Ritzel vermuten, dass Dürrenmatt von dem Ereignis in einem kleinen Schwarzwalddorf vernommen haben muss – eine These, die auch aufgrund der Nähe zu seinem damaligen Wohnort (Basel) plausibel scheint.

1993 wurde der Roman als Comic umgesetzt (Dürrenmatt/Städtisches Literargymnasium Bern-Neufeld 1993), 1999 vom Schweizerischen Radio SRF als Hörspiel produziert (R.: Manfred Mixner) und 2008 vom Diogenes Verlag als Hörbuch eingespielt (Sprecher: Hans Korte). Im Gegensatz zu anderen Dürrenmatt-Krimis gibt es nur eine einzige (italienischsprachige) TV-Verfilmung des Romans: *Il sospetto* (1972) (R.: Daniele d'Anza, Paolo Stoppa in der Rolle Bärlachs). Wie der Dichte der schulischen Sekundärliteratur zu entnehmen ist (vgl. u. a. Matzkowski 2014), gehört der Roman, wie *Der Richter und sein Henker*, nach wie vor zum gymnasialen Lektürekanon. Dies dürfte vor allem in Deutschland auch dem Stoff geschuldet sein: *Der Verdacht* bietet eine frühe und anspruchsvolle literarische Thematisierung der NS-Medizin (vgl. Battegay 2015). In Hinsicht auf das Genre liegt die Bedeutung, wie die der anderen kriminalliterarischen Texte Dürrenmatts, in ihrer Poetologie: im Umstand, dass sie »Anti-« oder »Metakrimis« darstellen (Vogt 2014; Genç 2018).

Inhalt und Analyse

Der Roman ist in achtzehn unnummerierte, aber mit Titeln versehene Kapitel gegliedert, die in zwei in etwa gleich umfangreiche Teile verfallen. Die erzählte Zeit umfasst nur wenige Tage (27.12.1948–6.1.1949), die grundsätzlich chronologisch zur Darstellung kommen. Die Erzählinstanz ist nicht Teil der erzählten Welt (Heterodiegese), und sie verfügt prinzipiell über Einsicht in die Psyche der Ermittlerfigur Bärlach (interne Fokalisierung). In dokumentarischem Modus wiedergegebene Dialog-Szenen mit langen Redesequenzen dominieren den Roman, was zu einem stark variierenden Erzähltempo führt.

1. Teil (Kap. 1–7): Die Handlung setzt mit dem titelgebenden ›Verdacht‹ ein: Kommissär Hans Bärlach

J. B. Metzler © Springer-Verlag GmbH Deutschland, ein Teil von Springer Nature, 2020
U. Weber / A. Mauz / M. Stingelin (Hg.), *Dürrenmatt-Handbuch*, https://doi.org/10.1007/978-3-476-05314-5_15

wird wenige Tage nach seiner Pensionierung einer Operation unterzogen. Sie bestätigt die Vermutung: Er leidet an einem Magenkrebs in fortgeschrittenem Stadium; man rechnet mit seinem baldigen Tod. Überraschend stabilisiert sich aber Bärlachs Zustand. Er ist in der Lage, mit seinem Arzt und Freund Samuel Hungertobel einen Artikel aus einer alten Nummer der Zeitschrift *Life* zu diskutieren: »Sieh dir dieses Bild aus dem Konzentrationslager Stutthof an! Der Lagerarzt Nehle führt an einem Häftling eine Bauchoperation ohne Narkose durch« (WA 20, 123). Als Hungertobel angesichts der Fotografie erbleicht, erwacht im Moribunden sofort der Ermittler. Hungertobel wird durch das Bild des Arztes in Schutzmaske an seinen Studienkollegen Fritz Emmenberger erinnert, der mittlerweile am Zürichberg die Privatklinik Sonnenstein betreibt. Damit ist der Verdacht erregt: Bärlach will herausfinden, ob Emmenberger mit dem Naziarzt Nehle identisch ist, der 1945 Selbstmord begangen haben soll. Aus dem Spitalbett ermittelnd verdichten sich die Hinweise für und gegen die Hypothese eines Namens- und/oder Identitätstauschs. Für Hungertobel ist der Verdacht zunächst »ein lächerlicher Irrtum« (126); er verweist dafür auf die durch Publikationen belegte medizinische Forschungspraxis Nehles in Chile während der Kriegsjahre. Zugleich erkennt er aber auf dem Bild eine Operationsnarbe über der Schläfe wieder, hatte er Emmenberger doch selbst operiert. Ebenso entscheidend ist aber eine zweite Erinnerung: »Ich war einmal dabei, [...] als Emmenberger einen Eingriff ohne Narkose ausführte« (140). Während einer Bergtour sei einer der Teilnehmer unglücklich gestürzt und drohte zu ersticken. Emmenberger habe den Verunfallten mittels einer »Coniotomie«, einem chirurgischen Schnitt »über dem Kehlkopf, zwischen dem Adamsapfel und dem Ringknorpel«, gerettet, dabei sei aus dessen Augen aber »etwas Teuflisches, eine Art übermäßiger Freude, zu quälen« (144), hervorgebrochen.

Am Krankenbett erhält Bärlach mehrfach Besuch. Der erste (und heimliche) Besucher ist der hühnenhafte Jude Gulliver, der im KZ Stutthof interniert war, und berichtet, dass er als einziger Nehles Operationspraktik überlebt hat; er war es auch, der *Life* die Fotografie zugespielt hatte. Ebenfalls entdeckt er Bärlach, dass Nehle seine Operationen ohne Narkose »mit der Zustimmung seiner Opfer ausführte« (159). Allein die Hoffnung auf die von Nehle versprochene Freiheit habe Hunderte dazu bewogen, sich ihm auszuliefern: »Die Liebe und der Glaube, die *gingen* in Stutthof zum Teufel, aber die Hoffnung«, die anders als bei Paulus (vgl. 1. Kor. 13) größte Kardinaltugend, »die blieb, mit der ging

man zum Teufel« (WA 20, 160). Auf Bärlachs Frage, »was ein Massenmörder wohl für ein Mensch ist« (152), entgegnet er: »Alle Menschen sind gleich. Nehle war ein Mensch. Also war Nehle wie alle Menschen. Das ist ein perfider Syllogismus, doch kann niemand gegen ihn aufkommen« (153). Wie Hungertobel geht auch Gulliver davon aus, dass sich Nehle nach der Veröffentlichung des *Life*-Artikels das Leben nahm. Die Analyse der (Un-)Ähnlichkeiten zwischen Nehle und Emmenberger führen Bärlach und Hungertobel vor allem durch das körperliche Merkmal der Narbe und durch stilistische Untersuchungen von Nehles Fachpublikationen zu einem vorläufigen Ergebnis: Es sei wahrscheinlich, dass Emmenberger als Nehle im Stutthof Menschen zu Tode operiert habe, während es Nehle als Emmenberger gewesen sei, der in Chile tätig war. Als zweites besucht der verkrachte Berner Schriftsteller Fortschig den Ermittler. Er soll, so Bärlachs Plan, durch einen Enthüllungsartikel in seinem antibürgerlichen Protestblatt den Arzt aus der Reserve locken. – Damit sind die Fäden eingeführt, die im zweiten Teil weiter verflochten und schließlich in bestimmter Weise auch wieder gelöst werden. Der Übergang beider Textteile korrespondiert mit dem Ortswechsel von Bern nach Zürich: Bärlach hatte Hungertobel gebeten, ihn »unter dem Namen Blaise Kramer als frischoperierten [...] Patienten« in der Klinik Sonnenstein anzumelden (166). Und Hungertobel ist es auch, der ihn am Silvesterabend 1948 nach Zürich fährt und auf dieser, so Bärlach, »Fahrt nach der Realität« (193) begleitet.

2. Teil (Kap. 8–18): Bärlachs prekärer Zustand wird nun bestimmend für den weiteren Gang der Erzählung. Er pendelt zwischen moribunder Ohnmacht und fatalistischer Selbstüberschätzung. So lässt sich Emmenberger durch das offensive Auftreten des inkognito Ermittelnden und dessen allgemeiner Thematisierung seiner Investigation in Analogie zur medizinischen Tätigkeit – »Sie spüren Krankheiten auf und ich Kriegsverbrecher« (202) – keineswegs irritieren; Bärlach selbst muss sich fragen: »Wer verhört wen?« (203). Im Gespräch geben die Analogien von medizinischer und kriminalistischer Praxis aber auch Anlass zu allgemeinsten anthropologischen Schlüssen: Wenn Krebserkrankungen und Kriegsverbrechen in jedem Land möglich sind, so könne, was »in Deutschland geschah«, »in jedem Land« geschehen (ebd.). Bärlach macht auch Bekanntschaft mit Dr. Marlok, Emmenbergers rechter Hand. Sie ist eine ehemalige Kommunistin jüdischer Abstammung, die das Lager überlebt hat, indem sie Emmenbergers Geliebte wurde.

Wie im ausführlich dokumentierten Gespräch mit der Morphiumabhängigen deutlich wird, ist ihre Loyalität keinem situativ verständlichen Opportunismus geschuldet; sie ist die Konsequenz einer ganz und gar schwarzen Anthropologie. Bärlach wird sediert und in ein anders Zimmer verlegt, das sich als das jeweils bewusst zur psychischen Destabilisierung individuell angepasste »Sterbezimmer« (210) der Klinik erweist. Der Versuch, die ihn betreuende Emmentalerin Schwester Kläri auf seine Seite zu ziehen, scheitert an ihrer pervertierten Frömmigkeit, die mit den praktischen Konkretionen von Emmenbergers Weltanschauung kompatibel ist. Auch das Manöver mit Fortschigs Zeitungsartikel scheitert: Da dieser nach der Publikation nicht – wie mit Bärlach vereinbart – untertaucht, wird er zum Opfer des ›Zwergs‹, eines weiteren von Emmenberger im Stutthof auf perfide Weise instrumentalisierten Schergen.

Die finale Konfrontation zwischen Täter und Ermittler ist allerdings nicht der Showdown eines kriminalistischen und rechtsstaatlichen *Whodunit*, sondern vielmehr die weltanschauliche Disputation der Tatmotivation bzw. ihrer Sanktionierung, die in eine Debatte um die Opposition von Nihilismus und Glauben mündet. Bärlachs Urteil über Emmenberger, er sei »Nihilist« (247), kontert dieser mit der Gegenfrage nach dessen Glaube. Emmenberger selbst bekennt sich offensiv zu einem Materialismus, der gänzlich frei ist von humanistischen Idealen: »Es gibt keine Gerechtigkeit – wie könnte die Materie gerecht sein –, es gibt nur die Freiheit [...], die man sich nehmen muß. Die Freiheit ist der Mut zum Verbrechen, weil sie selbst ein Verbrechen ist« (252). Habe Bärlach ein stärkeres Credo, verspreche er ihm, der zu Tode operiert werden soll, die Freiheit: »Der Glaube an das Gute wird doch wenigstens im Menschen gleich stark sein wie der Glaube an das Schlechte! [...] [Z]eigen Sie mir Ihren Glauben!« (255). Im Hintergrund nimmt Bärlach das Ticken einer Uhr wahr: Es wird zum Countdown des angekündigten Operationstermins und grundiert das finale Kapitel: Bärlach wartet auf den Tod (vgl. 256), seine Zeit läuft ab – manifestiert im Artefakt der tickenden Uhr –, schließlich wird er selbst zur »lebende[n] Uhr« (258), zählt das Springen des Zeigers, bis sich die Tür öffnet. Doch nicht Emmenberger tritt ein, sondern Gulliver, der als Deus ex machina Emmenberger gezwungen hat, eine Giftkapsel zu schlucken (wie dieser den echten Nehle). Gulliver ist es auch vorbehalten, das schonungslose Schlusswort zu sprechen: »Die Nazis haben Stutthof gewollt, die Millionäre dieses Spittel [...]. Wir können

als einzelne die Welt nicht retten [...]. Wir können nur im einzelnen helfen [...]. So sollen wir die Welt nicht zu retten suchen, sondern zu bestehen, das einzige wahrhafte Abenteuer, das uns in dieser späten Zeit noch bleibt« (264).

Deutungsaspekte

Wie anhand der bisherigen Paraphrase zu erahnen und der vorliegenden Forschung im Einzelnen zu entnehmen ist, sind es wenigstens vier Aspekte, die in ihrer Kombinatorik und ihren Querbezügen das Profil des Romans ausmachen.

1. Bezugsdiskurs NS/Shoa: Der Verdacht ist offensichtlich ein Kriminalroman nach der Shoa. Während die erwähnte Beziehung der Figur Emmenberger/Nehle auf den historischen August Hirt wohl hypothetisch bleiben muss, hat Dürrenmatt mit dem KZ Stutthof klar einen faktualen Schauplatz gewählt: Es gab unweit von Danzig ein Vernichtungslager dieses Namens, in dem auch Menschversuche durchgeführt wurden. Dieses Lager ist innerfiktional auch der biografische Schnittpunkt zentraler Figuren: Emmenberger, Marlok, Gulliver und der Zwerg kennen sich von dort. Entsprechend zeichnet sich *Der Verdacht* gegenüber dem ersten Bärlach-Roman durch einen deutlich stärkeren zeitgeschichtlichen Bezug aus. Dieser geht aber zugleich, in signifikanter ›antirealistischer‹ Gegenläufigkeit, einher mit einer genuin literarischen Dimension. Durch die Anreicherung des Figurenarsenals um Gulliver und den Zwerg – und die offene Thematisierung der betreffenden literarischen Traditionen (vgl. 138 f.) – weist der Roman zugleich »märchenhafte Züge« (Weber 2020, 149) auf und wird auch in diesem Sinn zu einem Meta-Kriminalroman. Diese Anlage gibt dem Roman, als Werk eines Schweizer Reformierten, eine literaturgeschichtliche Sonderstellung: »Möglicherweise ist *Der Verdacht* die erste fiktive Holocaust-Erzählung eines nicht persönlich betroffenen (und nicht-jüdischen) Autors, der sich in die Gedanken von Mörder oder Täter versetzt« (Battegay 2015, 174, Anm. 3). Diese Konstellation verweist im Blick auf den Autor ebenso auf dessen intensive Beschäftigung mit der Schweiz als ›verschonter‹ Nation, wie auf sein Interesse am Judentum, der Shoa und der politischen Bedeutung Israels. Mit Bezug auf die poetologische Dimension ist darüber hinaus von Belang, dass mit der Figur Gullivers ein Opfer – ein geflohener KZ-Häftling – zur Instanz wird, die den Täter nicht nur in physischer Hinsicht zu überwinden vermag: »Gerechtigkeit lässt sich nicht wieder herstellen. Nur Gulliver, der als Opfer spiegelverkehrt die Erfahrung des Täters teilt und zum Untoten geworden ist, kann den Souverän ausheben, derweil er durch seine Erfahrung für immer aus der ›Menschenordnung‹ ausgeschieden ist, die auch Emmenberger in andere Richtung überschritten hat« (ebd., 194).

2. *Bezugsdiskurs Religion:* Die Handlungs- und Figurenentwicklung geht von Anfang an mit einem religiösen Deutungs- und Sprachregister einher: Emmenberger wird etwa als »Teufel« (WA 20, 153 u. 157 u. 224) oder »Höllenfürst[…]« (226) bezeichnet und das KZ wie sein Zürcher Pendant als »Hölle« (159 u. 220). Diese religiöse Perspektivierung des Verbrechens wird ausdifferenziert durch den Antagonismus von Judentum und Christentum (bzw. auch durch die Opposition zur Heilslehre des Kommunismus, wie er durch die frühere Kommunistin Marlok repräsentiert wird). Es scheint bezeichnend, dass die zentrale jüdische Figur – Gulliver – zumindest teilweise ›aus einer anderen Welt‹ zu kommen scheint. Auch abgesehen von seinem Namen ist er mit literarischen Eigenschaften und philosemitischen Stereotypen ausgestattet und erweitert so, wie der Zwerg, das textimmanente Realitätssystem. Dass es Gulliver gelingt, die Operation zu überleben, akzentuiert gerade, wie fatal die Hoffnung ist, die seine Glaubensgenossen veranlasste, sich Emmenbergers ärztlichen Praktiken auszuliefern. In Marloks Auslegung wird dieser Schritt ausdrücklich als Konversion zu einem »neuen Gott« charakterisiert (224). Der Jude Gulliver ist aufgrund der genannten Disposition besser in der Lage, die Zeichen der Zeit zu verstehen als der ›Christ‹ Bärlach, der von ihm als »ein Mann der sittlichen Weltordnung« (159) angesprochen wird. Diese massiv destabilisierte Weltordnung wird aber mehrfach direkt auf die theologische Ordnung bezogen. Gullivers sarkastische Theodizee – »Jehova war fern, mit anderen Welten beschäftigt, oder er studierte an einem theologischen Problem herum, das gerade seinen erhabenen Geist in Anspruch nahm« (158) – korrespondiert insofern aber auch mit Bärlachs Unwilligkeit/Unfähigkeit zu einem Credo gegenüber Emmenberger. Das letzte Wort hat der »ahasverische[…] Rächer« (Battegay 2015, 175) Gulliver, der von der »Begrenzung des armen Juden« auf die »Begrenzung aller Menschen« (WA 20, 264) schließt und defensiv plädiert für eine Umstellung vom aussichtslosen Versuch einer ›Rettung‹ der Welt auf den seinerseits anspruchs-

vollen ihres ›Bestehens‹ (vgl. ebd.). Angesichts dieser fundamentalen Diagnose wirkt die anlässlich der Kläri-Figur beiläufig eingespielte Kritik an der unbeirrbaren und darin latent gewaltbereiten Frömmlerei des schweizerischen ›Bible Belts‹ des Emmentals fast trivial (vgl. 228).

3. *Bezugsdiskurs Schweiz:* Die Hintergrundthematik der verschonten Nation und die Frömmigkeitskritik erschöpfen längst nicht das Spektrum der Schweiz-Bezüge: Dass Bärlach ein Berner ist, spielt ebenso in seiner Beziehung zu Kläri wie zum Berner Emmenberger eine (auch ermittlungsrelevante) Rolle. Ein pointiertes ›Bern-Bashing‹ betreibt der Schriftsteller Fortschig (vgl. 179 f.). Vergleichbare Vorbehalte begleiten Bärlach bei seiner Ankunft in der ihm unsympathischen Stadt Zürich: »[V]ierhunderttausend Schweizer auf einem Fleck fand er etwas übertrieben« (193). Die gewichtigste Pointe des Schweiz-Bezugs liegt aber gerade in dessen universalisierender Überschreitung: Was in den Lagern geschah und in der Zürcher »Hölle der Reichen« geschieht, kann überall geschehen. Dürrenmatt vollzog damit 1952 die skandalöse ›Nestbeschmutzung‹, derer Jahrzehnte später Adolf Muschg für seinen Essay *Wenn Auschwitz in der Schweiz liegt* (1997) bezichtigt wurde. Charakteristisch für Dürrenmatts narrative durchgeführte These ist einerseits ihre theologisch-anthropologische Fundierung, andererseits die damit verbundene internationalistische Pointierung: Gulliver schärft, existentiell bezeugt, ein, dass der Unterschied zwischen »Peiniger und Gepeinigten« tiefer liege als der »zwischen den Völkern«, den »guten und schlechten Nationen« (WA 20, 157 f.).

4. *Bezugsdiskurs Kriminalliteratur/Rechtssystem* (vgl. Nelles 2018, 142 f.; Vogt 2011; Weber 2006): »Das liest sich wie ein Kriminalroman« (WA 20, 135), meint Bärlach angesichts der medizinischen Fachartikel, die den Verdacht gegen Emmenberger erhärten. Dieser Satz kann gleichsam emblematisch für den genrereflexiven Grundzug des Romans stehen. Dürrenmatt arbeitet mit offenkundigen (nicht aber markierten) intertextuellen Verweisen. So realisiert die Ermordung Fortschigs das Motiv des ›Locked-Room Mystery‹, das seit Poes *The Murders in the Rue Morgue* (1841) ein eigentliches Subgenre der Verbrechensliteratur bildet. Ähnlich verbreitet, nicht nur kriminalliterarisch (u. a. Schiller, Droste-Hülshoff), ist das Motiv der Narbe als Erkennungsmerkmal. Aber auch diese Bezüge scheinen sekundär gegenüber der Entschiedenheit, mit

welcher der Roman das faktisch investigierte Verbrechen als Indiz einer generell gestörten Ordnung zur Darstellung bringt. Wie im ersten Bärlach-Roman kann der Täter auch hier nicht durch professionelle Ermittlungsarbeit innerhalb der regulären rechtsstaatlichen Ordnung gefasst werden. Emmenberger wird, wie viele Verbrecher des NS-Regimes, von dieser Seite weder verfolgt noch belangt. Die ›Lösung‹ des Falls sowie die Rettung des unprofessionell agierenden Ermittlers sind nur möglich durch die illegale Selbstjustiz eines Opfers. Diese verschiedenen Bezugsdiskurse werden in Gullivers Schlussvotum noch einmal äußerst prägnant eng geführt: »Man kann heute nicht mehr das Böse allein bekämpfen, wie die Ritter einst allein gegen irgendeinen Drachen ins Feld zogen. Die Zeiten sind vorüber, wo es genügt, etwas scharfsinnig zu sein, um die Verbrecher, mit denen wir es heute zu tun haben, zu stellen. Du Narr von einem Detektiv; die Zeit selbst hat dich ad absurdum geführt!« (WA 20, 260). In diesem Sinn lässt sich auf die gelegentliche Kritik des Romans als Kriminalroman erwidern, dass vor allem das Finale nicht als ›unglaubwürdig‹ oder ›Fehler‹ zu sehen ist, sondern als eine Demontage des konventionellen Genre-Modells, das der Wirklichkeit nicht mehr beikommt (Weber 2006).

Zur Forschung

Die genannten Aspekte werden durch die verfügbare Forschung im Einzelnen gut erschlossen. Ihr komplexes Zusammenspiel scheint aber noch nicht hinreichend erfasst, nicht anders als die angedeuteten textgenetischen Zusammenhänge und die narratologischen Charakteristika des Romans. Neben dieser einzeltextbezogenen Desiderate scheint auch die Stellung des *Verdachts* innerhalb des kriminalliterarischen Werks Dürrenmatts (bzw. der Bärlach-Minireihe) noch weiterer Beschäftigung wert (trotz Keller 2014). Im Anschluss an den Impuls Riedlingers (2000, 173 f.) wäre es mit Blick auf das Gesamtwerk schließlich auch reizvoll, die Beziehung zwischen der Ermittlerfigur und Dürrenmatts ›mutigem Menschen‹ genauer auszuloten. Dürrenmatt sieht, wie er in *Theaterprobleme* (1955) ausführt, in der Darstellung dieses Typus eines seiner zentralen Anliegen, und in dessen Entfaltung bezieht er sich ausdrücklich auf die (swiftsche) Gulliver-Gestalt und den »Entschluß [...], die Welt zu bestehen« (WA 30, 63).

Literaturverzeichnis

Primärtexte, Quellen

Der Verdacht (Fortsetzungsdruck). In: Der Schweizerische Beobachter 25 (15.9.1951), 7 – 26 (29.2.1952), 4.
Der Verdacht. Einsiedeln 1953.
Der Verdacht. In: WA 20, 119–265.
Handexemplar, Schweizerisches Literaturarchiv, Sig. A-m125_I.
Der Verdacht. Hörbuch, gelesen von Hans Korte. Zürich 2008.
Dürrenmatt, Friedrich/Germann, Brigitte/Städtisches Literargymnasium Bern: Der Verdacht. Comic auf der Grundlage des Romans. Luzern 1993.

Sekundärliteratur

Battegay, Caspar: »Wahnsinn als Methode«. Friedrich Dürrenmatts *Der Verdacht* als Kriminalroman nach der Shoah. In: Clemens Peck, Florian Sedlmeier (Hg.): Kriminalliteratur und Wissensgeschichte. Genres – Medien – Techniken. Bielefeld 2015, 173–196.
Benzenhöfer, Udo: August Hirt. Verbrecherische Menschenversuche mit Giftgas und »terminale« Anthropologie. In: Ders. (Hg.): Mengele, Hirt, Holfelder, Berner, von Verschuer, Kranz. Frankfurter Universitätsmediziner der NS-Zeit. Münster 2010, 21–42.
Genç, Metin: Gattungsreflexion. In: Susanne Düwell u. a. (Hg.): Handbuch der Kriminalliteratur. Theorien – Geschichte – Medien. Stuttgart 2018, 3–13.
Gerber, Marion: Friedrich Dürrenmatt: *Der Verdacht*. Ein Bericht über den Vergleich verschiedener Fassungen. Unv. Seminararbeit Univ. Bern 2009.
Keller, Otto: Dürrenmatts Gangster. Von den Kriminalromanen der 1950er zum Justizroman der 1980er Jahre. Bern 2014, 23–42.
Matzkowski, Bernd: Textanalyse und Interpretation zu Friedrich Dürrenmatt *Der Verdacht*. Hollfeld 2014.
Nelles, Jürgen: Friedrich Dürrenmatt. In: Susanne Düwell u. a. (Hg.): Handbuch Kriminalliteratur. Theorien – Geschichte – Medien. Stuttgart 2018, 141–146.
Riedlinger, Stefan: Tradition und Verfremdung. Friedrich Dürrenmatt und der klassische Detektivroman. Marburg 2000, 165–189.
Spedicato, Eugenio: Das Böse im Land des Paradoxes. Überlegungen zu Friedrich Dürrenmatts Erzählwerk. In: Ders. (Hg.): Das Böse. Fragmente aus einem Archiv der Kulturgeschichte. Bielefeld 2001, 121–141.
Vogt, Jochen: Krimis, Antikrimis, »Gedanken«-Krimis. Wie Friedrich Dürrenmatt sich in ein gering geschätztes Genre einschrieb. In: Véronique Liard, Marion George (Hg.): Dürrenmatt und die Weltliteratur, Dürrenmatt in der Weltliteratur. München 2011, 215–235.
Weber, Ulrich: Starke und weniger starke Abgänge. Zerfallserscheinungen der Detektivfigur bei Dürrenmatt und Highsmith. In: Quarto. Zeitschrift des Schweizerischen Literaturarchivs 21/22 (2006), 80–98.
Weber, Ulrich: Friedrich Dürrenmatt. Eine Biographie. Zürich 2020.

Andreas Mauz

16 *Grieche sucht Griechin*

Entstehungs- und Wirkungsgeschichte

Die Umstände, unter denen der Roman *Grieche sucht Griechin* entstand, waren unglücklich: Der Achtungserfolg von *Ein Engel kommt nach Babylon* (1953) brachte Dürrenmatt endgültig zur Überzeugung: »Als Dramatiker bin ich ein unvermeidliches Mißverständnis« (WA 28, 217). Als seine Frau Lotti schwer erkrankte und er für die Operation bezahlen musste, spitzte sich die finanzielle Situation weiter zu und er begann, eine nur vage im Geist entwickelte Filmidee tatsächlich niederzuschreiben: »Der Vorschuß mußte her, ich schrieb das Buch voll böser Ahnungen in wenigen Tagen zu Ende« (ebd., 219). Am 21.1.1955 wird der Vertrag zwischen Dürrenmatt und dem Arche Verlag unter Peter Schifferli geschlossen und aus dem Arbeitstitel *Ich heiratete eine Kurtisane* wird *Grieche sucht Griechin – Eine Prosakomödie*. Obwohl sie typische Mittel Dürrenmattschen Erzählens ebenso enthält wie zentrale Themen bzw. Motive seines Schreibens (z. B. Gerechtigkeit, Gnade, Moral, Ideologiekritik) und die Mehrdeutigkeit des Textes deutlich auf deren Gleichnisgehalt verweist, wurde sie fast einhellig als Unterhaltungsliteratur bzw. als Spiel mit ihr gelesen und spielte beim Lesepublikum wie in der Forschung kaum eine Rolle (vgl. Obermeier 2015, 91). Zur Verfilmung kam es 1966 unter der Regie von Rolf Thiele. Der Text der WA ist nach der gegenüber der Erstausgabe leicht redigierten Fassung der Werkausgabe 1980 wiedergegeben.

Inhalt und Analyse

»Grieche sucht Griechin!« (WA 22, 23), so lautet der übersichtliche Text der Kontaktanzeige, mit der Arnolph Archilochos, kurzsichtiger Abstinenzler mit sittlicher Weltordnung und Unterbuchhalter einer Maschinenfabrik (Abteilung Geburtszangen), tatsächlich die bezaubernde Griechin Chloé Saloniki nicht nur ansprechen, sondern sie bereits bei ihrem ersten Treffen zur Heirat bewegen kann. In diesem märchenhaften Tempo geht es weiter: Archilochos steigt kometenhaft auf, um sogleich umso tiefer zu fallen, als er während der Hochzeitsfeier erkennt, dass Chloé die berühmteste Kurtisane der Stadt gewesen ist, und er Nutznießer der Abschiedsgeschenke ihrer einflussreichen Kunden. Seine Ordnung entpuppt sich als Chaos, die ehrwürdigen Vorbilder sind Marionet-

ten im kapitalistischen System, und Chloé, von ihm verstoßen, ist verschwunden.

»ENDE I« schreibt der Erzähler unter diesen Schluss, und: »Es folgt das Ende für Leihbibliotheken« (ebd., 154): Archilochos macht sich auf die Suche nach Chloé, findet sie schließlich, und sie gehen zusammen ihrem Glück entgegen: »ENDE II« (ebd., 162).

In der Prosakomödie treffen Ordnung und Zufall als Prinzipien aufeinander: Archilochos versucht, die Welt in eine Ordnung zu bringen, in der alles bestimmt und nichts zufällig sein soll. Er will Sicherheit bis über den Tod hinaus, glaubt er als »Altneupresbyteraner« (22) doch unerschütterlich an die Ewigkeit der Höllenstrafen. Diesen Halt gibt ihm seine sittliche Weltordnung, die aus sieben Personen des öffentlichen Lebens besteht – und seinem kriminellen Bruder Bibi, von dessen gutem Kern er jedoch überzeugt ist. Die im Verlauf der Handlung sichtbar werdenden Widersprüche zwischen der Vorstellung, die er sich von seinen Vorbildern gemacht hat, und der Wirklichkeit integriert er kreativ in sein Weltbild, und Chloé macht er aus innerer Notwendigkeit zu einer Heiligen. Als er schließlich die Wahrheit über Chloé und die Gründe für seinen märchenhaften Aufstieg nicht mehr ignorieren kann, ist er dem Chaos schutzlos ausgeliefert und droht, an ihm zu scheitern. Der Staatspräsident – eine der christologischen Figuren im Werk Dürrenmatts – fungiert jedoch als Geburtshelfer und kann Archilochos schließlich zur Wahrheit verhelfen: zur Geburt zu sich selbst. Das Motiv der Geburt ist in *Grieche sucht Griechin* von Beginn an angelegt: Als milchtrinkender Mitarbeiter in der Geburtszangenabteilung seines Vorbildes Petit-Paysan muss ihn seine Pensionswirtin neun Monate lang bearbeiten, bevor Archilochos sich endlich überreden lässt zu heiraten. Dass der Grieche nun in der Lage ist, sich die nötige Distanz zur Welt zu schaffen und sie als Chaos innerhalb der Ordnung anzunehmen, ermöglicht es ihm, sich in der Welt als ›Einzelner‹ im Sinne Kierkegaards zu positionieren (vgl. Mingels 2003). Trotz objektiv demonstrierter Sinnlosigkeit menschlichen Handelns – nach einem Regierungssturz verändern sich die (Macht-)Verhältnisse und trotzdem bleibt alles, wie es war – setzt eine Gegenbewegung ein: Die Suche des Helden geht weiter, aber sie behält ihren subjektiven Charakter, indem sie nicht-objektivierter Teil der Geschichte ist. Was beschrieben wird, ist die ›Suche nach der Liebesgöttin‹; was sich dahinter verbirgt, bleibt die Sache des Einzelnen.

Der Einzelne, der ›mutige Mensch‹, das ist der Held Dürrenmatts, der nicht einfach zu charakterisieren ist

J. B. Metzler © Springer-Verlag GmbH Deutschland, ein Teil von Springer Nature, 2020
U. Weber / A. Mauz / M. Stingelin (Hg.), *Dürrenmatt-Handbuch*, https://doi.org/10.1007/978-3-476-05314-5_16

und für den Leser oder Zuschauer kaum eine Identifikationsfläche bietet (s. Kap. 72). Er ist gebrochen, aber er verzweifelt nicht an der Sinnlosigkeit der Welt, sondern übt sich im ›dennoch‹ und sucht den Sinn hinter allem Unsinn. Archilochos ist die einzige Figur Dürrenmatts, die in Bezug auf die Gnade – in diesem Fall die Liebe zu sich selbst und die Liebe zu Chloé – eine zweite Chance erhält. Als mutiger Mensch nimmt er das Wagnis der Liebe auf sich und im Gegensatz zu Doc aus dem *Mitmacher* und Übelohe aus *Die Ehe des Herrn Mississippi* überwindet er die Furcht vor ihr, weil er keine Angst mehr hat, sich selbst zu verlieren.

Deutungsaspekte

Dürrenmatt bezeichnet in *Theaterprobleme* die Komödie als eine »Mausefalle, in die das Publikum immer wieder gerät und immer noch geraten wird« (WA 30, 64). In *Grieche sucht Griechin* versteckt sich die ›Mausefalle‹ im Anmerkungssatz »Es folgt das Ende für Leihbibliotheken«, den die meisten Leser aber wohl nicht als Falle, sondern als Bestätigung ihrer Leseerwartung rezipieren. Dieser Satz – ein ›Zeichen des Widerspruchs‹ im Sinne Kierkegaards – ist nur scheinbar paratextueller Art: Er gehört zum eigentlichen Text und ist durch seine ironische Form das stärkste Mittel, auf das Prinzip der indirekten Mitteilung hinzuweisen, das dem ganzen Text zugrunde liegt. Er ist der Ort für Dürrenmatt, indirekt auszudrücken, dass er sich indirekt ausdrückt. Gerade in diesem Satz, wo er unterschiedlichen Lesarten zufolge als Autor in Erscheinung tritt (vgl. Obermeier 2015, 197–219), ist er als solcher am wenigsten zu fassen. An dieser Stelle wird der ›Einzelne‹ angesprochen, auf indirektem Weg, denn über das Allgemeine ist er nicht zu erreichen. Hier entscheidet sich, ob es Dürrenmatt gelingt, sich dem Leser als Individuum mitzuteilen und ihm sein eigenes Verständnis des Gleichnisses zu überlassen, denn »Gleichnisse sind an sich mehrdeutig, eindeutig werden sie nur durch den Deuter, durch

den Leser, durch den Zuschauer, und das nur, wenn er vom Gleichnis betroffen ist, sonst bleibt für ihn das Gleichnis nur eine belanglose, verrückte Geschichte, und viele glauben, ich hätte nur solche geschrieben« (WA 29, 131).

Bringt man die offensichtlichen Griechenland-Bezüge in *Grieche sucht Griechin* (vgl. Obermeier 2015, 182) mit den Idyllen von Salomon Geßner in Verbindung, dann kann Dürrenmatt durch den Bezug auf diese Gedankenwelt die idyllischen Verhältnisse der Schweiz parodieren und demontieren, die ihr von Außenstehenden auch dadurch zugeschrieben werden, dass Geßners Werke als Annäherung zwischen Arkadien und der Schweiz rezipiert wurden. Außerdem schicken sich sowohl Geßner als auch Dürrenmatt an, mit Literatur zur Überwindung gesellschaftlicher Hierarchien und zur Herausbildung einer öffentlichen Kommunikation beizutragen, und teilen die Einschätzung darüber, wie gesellschaftliche Veränderungen vonstatten gehen können: Das Veränderungspotential wird beim Einzelnen gesehen. Wo aber die Idylle Glückseligkeit in der Flucht vor der Gesellschaft sieht, kann bei Dürrenmatt die Reise nach Griechenland zum einen als politische Option für den Einzelnen gedeutet werden und zum anderen wird der Prozesscharakter der Sehnsucht betont, denn die eigentliche Reise endet eben nicht beim Erreichen des Sehnsuchtsorts.

Literatur
Primärtexte
Grieche sucht Griechin. Eine Prosakomödie. Zürich 1955.
Grieche sucht Griechin. In: WA 22, 9–162.

Sekundärliteratur
Mingels, Annette: Dürrenmatt und Kierkegaard. Die Kategorie des Einzelnen als gemeinsame Denkform. Köln 2003.
Obermeier, Monika: Nur eine belanglose Geschichte? Eine Interpretation der Prosakomödie *Grieche sucht Griechin* von Friedrich Dürrenmatt und ihre Verortung innerhalb des Gesamtwerkes. Hamburg 2015.

Monika Obermeier

17 *Die Panne*

Entstehungs- und Wirkungsgeschichte

Am 17.1.1956 wurde Dürrenmatts Hörspiel *Die Panne* zum ersten Mal ausgestrahlt. Im Herbst desselben Jahres erschien die gleichnamige Erzählung mit dem Untertitel *Eine noch mögliche Geschichte*. Diese Chronologie mag dazu beigetragen haben, dass manche glaubten, das Hörspiel sei vor der Erzählung entstanden (z. B. Mayer [1967] 1998, 300). Tatsächlich aber hat Dürrenmatt zuerst an der Erzählung gearbeitet. Später schrieb er parallel dazu auch am Hörspiel, wobei sich komplexe Wechselwirkungen ergaben. Das geht aus einem Brief des Autors vom 17.12.1956 an Werner Weber hervor: »Die *Panne* [gemeint ist die Erzählung] existiert in fünf Fassungen […], zwischen der Prosafassung Drei und Vier liegen noch drei Fassungen des Hörspiels *Die Panne*, Fassungen, die wieder die späteren Prosafassungen stark veränderten« (zit. nach Rüedi 2011, 419). Auf der Grundlage der ausgestrahlten Hörspielfassung verfasste Dürrenmatt dann das Drehbuch zum Fernsehspiel *Die Panne* (1957), in dem Fritz Umgelter Regie führte. Und über zwanzig Jahre später hat er den Pannen-Stoff schließlich noch einmal aufgenommen und für die Bühne bearbeitet: *Die Panne. Eine Komödie* wurde am 13.9.1979 unter seiner eigenen Regie in Wilhelmsbad/Hanau uraufgeführt.

Sowohl die Erzählung als auch das Hörspiel waren große Erfolge. Für Letzteres erhielt Dürrenmatt 1957 den wichtigen Hörspielpreis der Kriegsblinden, und die Erzählung – versehen mit in heutigen Ausgaben kommentarlos weggelassenen Illustrationen des damals noch ganz jungen Rolf Lehmann – erlebte zahlreiche Auflagen, in denen der Text wiederholt leicht redigiert wurde (der Wortlaut in WA 21 entspricht dem der Werkausgabe von 1980). Der Erfolg der Erzählung zeigt sich auch daran, dass sie 1960 unter dem Titel *The Deadly Game* in einer Theateradaption von James Yaffe am Broadway aufgeführt wurde (die wiederum George Schaefer zu seinem gleichnamigen Film von 1982 anregte) und dass Ettore Scola sie 1972 in einer freien Bearbeitung unter dem Titel *La più bella serata della mia vita* verfilmte. Dürrenmatts Komödie *Die Panne* konnte nicht mehr an die Erfolge des Hörspiels und der Erzählung anknüpfen.

Inhalt und Struktur

Im kurzen ersten Teil der Erzählung wird die Frage erörtert, ob es noch »Geschichten für Schriftsteller« gebe, und der Erzähler gibt sich als einer zu erkennen, der nicht »von sich erzählen« will (WA 21, 37). Doch wie ist so der Welt erzählend noch beizukommen? »Die Ahnung steigt auf, es gebe nichts mehr zu erzählen« (ebd., 38). Denn die moderne Welt sei – und damit wird ein Gedanke aus den *Theaterproblemen* (1955) wieder aufgenommen – unübersichtlich geworden. Was der Einzelne erlebe, sei »ohne Zusammenhang mit dem Weltganzen« (ebd.). Das »Schicksal« habe »die Bühne verlassen« und zurückgeblieben sei eine »Welt der Pannen«, in der »kein Gott mehr« drohe, »keine Gerechtigkeit, kein Fatum« (ebd., 39). Alle Ereignisse seien nur noch Zufälle, Unfälle und kontingente Fehlleistungen, und nur ganz selten würden sich »noch einige mögliche Geschichten ergeben, indem aus einem Dutzendgesicht die Menschheit blickt, Pech sich ohne Absicht ins Allgemeine weitet, Gericht und Gerechtigkeit sichtbar werden, vielleicht auch Gnade, zufällig aufgefangen, widergespiegelt vom Monokel eines Betrunkenen« (ebd.).

Nach diesem Satz, der in seiner ungeschmeidigen Struktur, wie auch andere Passagen, gleichsam syntaktischer Ausdruck der Zusammenhanglosigkeit der Pannen-Welt ist (vgl. Weber 1956), setzt der zweite Teil des Textes ein, in dem exemplarisch die Geschichte des Textilkaufmanns Alfredo Traps erzählt wird. Dieser hat in ländlicher Gegend eine Autopanne, findet in der Villa eines pensionierten Richters Unterkunft und beteiligt sich bei einem lukullischen Gelage an einem Gesellschaftsspiel, das sein namenloser Gastgeber (im Hörspiel heißt er Werge, in der Komödie Wucht) zusammen mit dem ehemaligen Staatsanwalt Zorn, dem früheren Strafverteidiger Kummer und dem pensionierten Henker Pilet entwickelt hat. Dabei schlüpfen die vier Greise in die Rollen ihrer früheren Berufe und halten Gericht – ein Motiv, zu dem Dürrenmatt zum einen durch eine Anekdote über zwei entlassene Beamte inspiriert wurde, die alte Akten aufkauften, um ihren Beruf als Spiel weiter ausüben zu können (vgl. Dürrenmatt 1996, 115), zum andern durch eine Erzählung Maupassants, wahrscheinlich *Le Voleur* (1882; vgl. Spycher 1972, 231, Anm. 4). Die Rolle des Angeklagten besetzen die Pensionierten oft mit einer historischen Persönlichkeit, doch wenn möglich vergnügen sie sich »am lebenden Material« (WA 21, 46). So wird Traps gebeten, den Part des Angeklagten zu übernehmen, und das Spiel besteht

J. B. Metzler © Springer-Verlag GmbH Deutschland, ein Teil von Springer Nature, 2020
U. Weber / A. Mauz / M. Stingelin (Hg.), *Dürrenmatt-Handbuch*, https://doi.org/10.1007/978-3-476-05314-5_17

nun darin, dem nach herkömmlichen juristischen Kriterien unbescholtenen Gast ein Verbrechen nachzuweisen und ihn zu verurteilen – ein Motiv, das vage an Kafkas *Prozess* (1925) erinnert.

Im Laufe des Tischgesprächs, das zugleich immer schon Verhör ist (vgl. Hess-Lüttich 2008), erfährt der Staatsanwalt von Traps' steilem beruflichen Aufstieg. Sogleich wittert er Zweifelhaftes, und als deutlich wird, dass Traps bei seiner Karriere vom Tod seines einstigen Chefs Gygax profitiert hat, ist zur Freude der Alten auch schon eine Leiche gefunden. Als sich dann aber auch noch erweist, dass Traps vor dem Ableben seines Vorgesetzten ein Verhältnis mit dessen Ehefrau unterhalten und dafür gesorgt hatte, dass der herzkranke Gygax davon erfuhr, ist für den Staatsanwalt klar: Traps ist für dessen Tod verantwortlich und muss deshalb zum Tode verurteilt werden. Zwar weist der Verteidiger diese Anklage als absurd zurück, weil überhaupt kein zwingender Kausalnexus zwischen Traps' Handlungen und dem Tod von Gygax bestehe. Doch der hoffnungslos betrunkene Traps will nichts davon hören. Denn in *der* Version seiner Biografie, die der Staatsanwalt rekonstruiert hat, sieht er sich endlich – und sei es durch ein genial geplantes Verbrechen – aus seiner nichtssagenden Durchschnittsexistenz gleichsam in den Adelsstand des Außergewöhnlichen erhoben. Er bekennt sich deshalb mit Begeisterung schuldig und wird vom Richter unter allgemeinem Gejohle zum Tode verurteilt – freilich nicht, weil der Richter die Argumentation des Staatsanwalts teilen würde, sondern »juristisch nur darauf gestützt, daß der Verurteilte sich selbst als schuldig« bekennt (WA 21, 91). Danach torkelt Traps beglückt in sein Zimmer, wo er sich – zum Schrecken seiner Mitspieler – tatsächlich erhängt, jedenfalls in der Erzählfassung. Im Hörspiel schläft er seinen Rausch aus und geht am nächsten Tag seinen Geschäften nach, als wäre nichts gewesen. In der Komödie wiederum erschießt er sich.

Deutungsaspekte

In Traps' Name kann das englische *trap* mitgehört werden, und tatsächlich geht der Textilkaufmann in eine Falle. Er wird im geschickt gewobenen Text des Tischgesprächs und vor allem in der Anklage des Staatsanwalts Zorn gefangen. Nicht nur Traps steht freilich im Bann von Zorns Worten, sondern auch das Lesepublikum der *Panne*. Denn unversehens gerät auch es in den Deutungssog der Anklage – die auch eine Abrechnung mit dem Geist der 1950er Jahre ist –,

so dass Zorns (Re-)Konstruktion der Traps-Vita in einem positiven Sinne als die im Untertitel angekündigte *noch mögliche Geschichte* erscheint. Aber hat der Staatsanwalt tatsächlich das letzte Wort? Oder besteht die noch mögliche Geschichte in der *Panne* insgesamt, in deren Rahmen Zorns (Re-)Konstruktion vom Erzähler zwar als Deutungsangebot präsentiert, zugleich aber auch kritisch perspektiviert wird?

Für die erste Lesart spricht, dass im theoretischen Vorspann davon die Rede ist, dass die hie und da noch möglichen Geschichten »vom Monokel eines Betrunkenen« widergespiegelt würden (39). Dieses Monokel steht metonymisch für den Staatsanwalt, der, wie man später erfährt, Monokelträger ist (vgl. ebd., 45). Nur aus dessen Perspektive ergäbe sich demnach noch eine mögliche Geschichte im Zeichen von »Gericht und Gerechtigkeit« (ebd., 39). Eine solche Lektüre könnte auch gestützt werden durch Dürrenmatts *Ansprache anläßlich der Verleihung des Kriegsblinden-Preises* (1957). Denn dort meint er, die »Welt als ganze« sei zwar »in Verwirrung«, doch die »Welt des Einzelnen« sei »noch zu bewältigen«; hier gebe es, wie in seiner *Panne*, »noch Schuld und Sühne« (WA 16, 179). Und weiter könnte noch angeführt werden, dass es wohl kaum ein Zufall ist, dass Dürrenmatt den Staatsanwalt nach einer Emotion benannte, die er in den unmittelbar zuvor niedergeschriebenen *Theaterproblemen* als zentral für seine eigene Gegenwartskritik nennt: »[V]or allem der Zorn reiß[t] seinen [des Schriftstellers] Mund auf« (WA 30, 70).

Gegen diese Lesart spricht allerdings, dass Zorns Sicht der Dinge in der Erzählung nicht unwidersprochen bleibt. Der Verteidiger weist sie als absurd zurück, und auch der Richter sieht sie kritisch. Daran zeigt sich übrigens, dass die Greise keineswegs, wie Hans Mayer meint, alle »strenge Anhänger der in der Strafrechtslehre längst abgeschafften ›Bedingungstheorie‹ [sind], wonach einem Täter, der irgendeine Bedingung gesetzt hat, die zu einer strafbaren Handlung führte, diese Straftat juristisch zugerechnet wird« (Mayer 1967/1990, 294). Ihre Argumentationen differieren entscheidend (vgl. Büttner 2009). Eine weitere Relativierung der Position des Staatsanwalts – und überhaupt des ganzen ›Gerichts‹ – ergibt sich durch das groteske Setting der Verhandlung. Und zu denken geben muss auch der Umstand, dass die vom Staatsanwalt (re-)konstruierte Geschichte ausgerechnet vom zweifelhaften Traps in den höchsten Tönen gelobt wird (vgl. WA 21, 83). Sie kommt deshalb kaum in einem affirmativen Sinne als ›noch mögliche Geschichte‹ in Frage. Vielmehr besteht die noch mögliche Geschichte darin, erzählend vorzuführen, wie nach dem Strickmuster des Staatsanwalts gearbeitete Geschichten letztlich eben gerade nicht mehr möglich sind.

Die Panne thematisiert mithin die für Dürrenmatts »Dramaturgie der Panne« insgesamt typischen »nie lösbaren Auseinandersetzungen zwischen Sinngebung und Sinntilgung« (Neumann 1969, 32). Sie erzählt eine noch mögliche Geschichte von der Sinngebung und Sinntilgung durch Erzählen und führt vor, wie prekär Sinnstrukturen in der Moderne geworden sind. Die Labilität dieser Strukturen zeigt sich nicht nur daran, dass sie – wie im Spiel der Alten – bloß noch unter dem Vorbehalt des ›Als-ob‹ sichtbar werden, sondern auch daran, dass sie sich in ihrer Scheinhaftigkeit nur zufällig ergeben. Sie sind so kontingent wie alles andere in der »Welt der Pannen« (WA 21, 39). So kommt es nur zur ›Gerichtsverhandlung‹, weil Traps eine Autopanne hatte, und als Angeklagter macht sich dieser die Perspektive des Staatsanwalts keineswegs aus einer gleichsam inneren Notwendigkeit heraus zu eigen, sondern bloß, weil er, wie sein Verteidiger bemerkt, eine »geistige Panne« (88) erlitten hat. Und auch sein Selbstmord erfolgt nicht aus einer tieferen Einsicht heraus – ein Umstand, den Dürrenmatt nicht zuletzt dadurch unterstrichen hat, dass er Traps in der Hörspielfassung konsequenzlos überleben lässt. Die Entscheidung dieses »Durchschnittsmenschen« (ebd., 91) fällt einmal so aus, einmal anders. Sie ist vom Zufall abhängig. Es ist deshalb auch problematisch, den Schluss der Erzählung als »folgerichtiger[...]« (Mayer 1990, 303) als den des Hörspiels zu bezeichnen, denn gerade die Kategorie der Folgerichtigkeit steht hier ja im eigentlichen Sinn auf dem Spiel.

Literatur
Primärtexte

Die Panne. Eine noch mögliche Geschichte. [Mit Illustrationen von Rolf Lehmann]. Zürich 1956.

Die Panne. Ein Hörspiel. Zürich 1961.
Die Panne. Eine Komödie. Zürich 1979.
Die Panne. Hörspiel und Komödie. WA 16.
Die Panne. In: Der Hund. Der Tunnel. Die Panne. Erzählungen. WA 21, 35–94.
Die Entstehung der *Panne*. In: Luis Bolliger, Ernst Buchmüller (Hg.): Play Dürrenmatt. Ein Lese- und Bilderbuch. Zürich 1996, 115–118.

Sekundärliteratur

Büttner, Urs: Urteilen als Paradigma des Erzählens: Dürrenmatts Narratologie der Gerechtigkeit in seiner Geschichte *Die Panne* (1955/56). In: Monatshefte 101 (2009), 4, 499–513.
Cuonz, Daniel: Über den Rahmen des Möglichen. Übertragung, Inszenierung, Spiel – Zu Friedrich Dürrenmatts *Panne*. In: Daniel Müller-Nielaba (Hg.): Rhetorik der Übertragung. Würzburg 2013, 181–192.
Hess-Lüttich, Ernest W. B.: Pannen vor Gericht. Sprache, Literatur und Recht in einem frühen Hörspiel von Friedrich Dürrenmatt. In: Elke Gilson u. a. (Hg.): Literatur im Jahrhundert des Totalitarismus. Hildesheim 2008, 149–169.
Mayer, Hans: *Die Panne* [1967]. In: Daniel Keel (Hg.): Über Friedrich Dürrenmatt [1988]. 6. Aufl. Zürich 1998, 292–308.
Mitrache, Liliana: Intertextualität und Phraseologie in den drei Versionen der *Panne* von Friedrich Dürrenmatt. Aspekte von Groteske und Ironie. Uppsala 1999.
Neumann, Gerhard: Friedrich Dürrenmatt. Dramaturgie der Panne. In: Ders., Jürgen Schröder, Manfred Karnick: Dürrenmatt. Frisch. Weiss. Drei Entwürfe zum Drama der Gegenwart. München 1969, 27–59.
Rüedi, Peter: Dürrenmatt oder Die Ahnung vom Ganzen. Biographie. Zürich 2011.
Schnyder, Peter: Pannenpoetik. Dürrenmatt als Nachfahr Schillers? In: Ulrich Weber u. a. (Hg.): Dramaturgien der Phantasie. Dürrenmatt intertextuell und intermedial. Göttingen, Zürich 2014, 61–76.
Spycher, Peter: *Die Panne*. In: Ders.: Friedrich Dürrenmatt. Das erzählerische Werk. Frauenfeld 1972, 231–271.
Weber, Werner: Dürrenmatts *Panne*. In: Neue Zürcher Zeitung, 15.12.1956, Blatt 1.

Peter Schnyder

18 *Das Versprechen*

Entstehungs-, Publikations- und Aufführungsgeschichte

Im Frühjahr 1957 beauftragt Lazar Wechsler, der Produzent der Praesens-Film (Zürich), Dürrenmatt damit, für ihn einen Film über »Sittlichkeitsverbrechen« (Dürrenmatt 1957a, 1) an Kindern zu konzipieren. Der Autor verfasst am 27.3.1957 ein Exposé von zwei Seiten und soll laut Vertrag ab Mitte Mai 1957 für die Dauer von drei bis vier Monaten ausschließlich der Praesens-Film zur Verfügung stehen und zunächst Treatment und Dialoge entwickeln, wobei sämtliche Arbeitsschritte Wechsler zur Diskussion und Genehmigung vorzulegen sind. Möglicherweise mit Blick auf die von Anfang an geplante Buchpublikation des Stoffes bei Peter Schifferli im Arche Verlag (Zürich) schreibt der mit dem Medium Film noch sehr unerfahrene Dürrenmatt nun allerdings statt eines Treatments eine Filmerzählung, die er noch vor ihrer Beendigung in mehreren Schritten überarbeitet. Weder die erste noch die zweite Fassung der Filmerzählung – beide bereits mit *Das Versprechen* betitelt – besitzen einen Schlussteil. Die zweite Fassung bricht unvermittelt nach Kapitel 36 ab und ist vermutlich im Juli 1957 beendet.

Unter dem Druck Wechslers beginnt Dürrenmatt in der zweiten Augusthälfte die Arbeit am Schlussteil der Filmerzählung. Anfang September 1957 liegt diese schließlich vollständig vor. Wechsler urteilt, sie sei »gut und stark«, doch sei sie »unfertig und es wird noch sehr viel Arbeit brauchen, bis man einen Film daraus machen kann« (zit. nach Möbert 2011, 55). Um die Produktion voranzubringen, wird zwischen dem 23.9. und dem 5.10.1957 ein Arbeitstreffen zwischen dem erfahrenen Drehbuchautor Jochen Huth und Dürrenmatt arrangiert. Der von Huth verfasste *Handlungsablauf eines Films nach der Novelle von Friedrich Dürrenmatt ›Das Versprechen‹* entspricht zwar endlich einem Treatment, doch möchte Dürrenmatt sich nun wieder der Filmerzählung zuwenden.

Damit ist Wechslers Zeitplan endgültig geplatzt: Der Film sollte im Januar 1958 in die Kinos kommen; als Regisseur war bereits Wolfgang Staudte und für die Rolle des Kommissärs Matthäi Martin Held verpflichtet worden. Nach wiederholten Verschiebungen der Dreharbeiten standen aber beide nicht mehr zur Verfügung. Im Oktober 1957 wird nun erstmals Ladislao Vajda, der in seinen Filmen großes Geschick bei der Arbeit mit Kindern bewiesen hatte, als Regisseur genannt. Der Produzent gibt Dürrenmatt jedenfalls bis

Mitte Dezember 1957 Zeit, die »Novelle so zu schreiben, wie Sie sie verantworten können« (zit. nach ebd., 60). Gleichzeitig sieht er mit dieser weiteren Verzögerung aber auch die Existenz der Praesens gefährdet und appelliert an das Gewissen des Autors. Vielleicht beginnt Dürrenmatt deshalb Mitte Oktober 1957 nun doch mit der Arbeit am Drehbuch. Auch knüpft der neu verpflichtete Regisseur Vajda seine Mitarbeit an die Bedingung, dass »der Autor auch die Filmfassung schreiben müsse« (zit. nach ebd., 153).

Diese erste Drehbuch-Fassung ist Anfang Januar 1958 beendet. Es folgen bis zum Februar 1958 unter der Mitarbeit von Dürrenmatt, Vajda, Wechsler und möglicherweise auch Richard Schweizer (vgl. Dumont 1987, 490), dem ›Haus-Drehbuchautor‹ der Praesens, drei weitere Fassungen. Der Filmtitel *Es geschah am hellichten Tag* stammt von Staudte. Dürrenmatt möchte den Film lieber *Schrott geht bummern* [sic] oder *Gott schlief am Vormittag* nennen (vgl. Möbert 2011, 148 f.). Auch *Der Köder* ist offenbar zwischenzeitlich als Titel im Gespräch (vgl. ebd., 149 f.).

Heinz Rühmann wird erst spät für die Rolle des Kommissärs verpflichtet. Vertraglich wird ihm zugesichert, dass sein eigener Drehbuchautor, Hans Jacoby, als Berater hinzugezogen werde. Diesem kommt nun die Aufgabe zu, Dürrenmatts Stoff dem Image Rühmanns anzupassen, der damals ein gefeierter Star ist. Mit Datum vom 11.3.1958 legt Jacoby die aus 21 Blättern bestehenden *Aenderungen am Drehbuch ›Es geschah am hellichten Tag‹* vor, welche insbesondere Dürrenmatts Schluss der vierten Drehbuchfassung – der Grundlage für die Dreharbeiten – entscheidend verändern. Am 18.2.1958 fällt die definitive Entscheidung über die Realisierung des Films, bereits zwei Tage später beginnen die Dreharbeiten. Laut den Skriptbüchern des Skriptgirls Marty Vlasak enden die Dreharbeiten Anfang Mai 1958. Am 4.7.1958 wird der Film im Rahmen der VIII. Internationalen Filmfestspiele Berlin in Anwesenheit von Dürrenmatt uraufgeführt. Im Vorspann werden lediglich Dürrenmatt, Jacoby und Vajda als Urheber des Drehbuchs genannt. Irreführend ist zudem der Hinweis »nach dem Roman ›Das Versprechen‹ von Friedrich Dürrenmatt« auf den Filmplakaten (zit. nach Möbert 2011, 206 f.), während die Kinobetreiber von der Praesens-Film für die Inserate um die zutreffendere Formulierung »Nach einer Original Filmstory von Friedrich Dürrenmatt« gebeten werden (zit. nach ebd., 169).

Von März bis Juli 1958 arbeitet Dürrenmatt die Filmerzählung zum Roman *Das Versprechen* mit dem Untertitel *Requiem auf den Kriminalroman* um. Ver-

J. B. Metzler © Springer-Verlag GmbH Deutschland, ein Teil von Springer Nature, 2020
U. Weber / A. Mauz / M. Stingelin (Hg.), *Dürrenmatt-Handbuch*, https://doi.org/10.1007/978-3-476-05314-5_18

leger Schifferli, der im Juni 1957 noch eine ›Novelle‹ erwartet hatte, sprach einen Monat später bereits von einem ›Roman‹: »Ich habe den Umfang des Romans in unserem Herbstprogramm mit ca. 240 Seiten angegeben« (zit. nach ebd., 366). Doch dieser erscheint erst 1958, zunächst als Vorabdruck in der *Neuen Zürcher Zeitung* (5.–28.8.1958) und in der Illustrierten *Constanze* (ab Nr. 17/58 vom 17.8.1958). Noch im selben Jahr erfolgt die Buchpublikation im Arche Verlag mit einem Nachwort des Autors. Die – später weggelassene – Widmung »an Lazar Wechsler / den Chef / und Ladislao Vajda / den Regisseur« (Dürrenmatt 1958b, 5) verrät, dass das Verhältnis zwischen dem Schriftsteller und dem Produzenten durchaus nicht ohne Spannung war.

Am 3.9.1959 wird die britische Verleihfassung in London unter dem Titel *It Happened in Broad Daylight* erstaufgeführt; die Szenen des Polizeikommandanten und des Psychiaters waren mit englischen Darstellern nachgedreht worden. Diese Fassung muss heute als verschollen gelten.

Auf der Grundlage des Spielfilms von 1958 gibt es mehrere Neuverfilmungen: *Szürkület/Crépuscule/ Twilight/Dämmerung* (H/CH, 1990), R.: György Fehér; *The Cold Light of Day/Tod im kalten Morgenlicht* (GB/NL/D, 1994), R.: Rudolf van den Berg; *Es geschah am hellichten Tag* (D, 1997), R.: Nico Hofmann (TV-Produktion). Auch der Roman wird verfilmt: *La promessa/Das Versprechen* (I/CH/D, 1978), R.: Alberto Negrin; *The Pledge* (USA, 2001), R.: Sean Penn.

Der Roman *Das Versprechen* wird seit 2005 zudem – wie es für das Gegenwartstheater bezeichnend ist – regelmäßig für die Bühne adaptiert. Namhafte Häuser nahmen das Stück in ihren Spielplan auf, darunter: Thalia Theater, Hamburg (2005); Schauspielhaus Zürich (2012); Theater Basel (2018).

Inhalt und Analyse

Die zweite Fassung der Filmerzählung beginnt mit der Einführung der Figur Schrott: »Er hatte sich noch zu rasieren. Er stand vor dem Lavabo im Badzimmer. Aus dem Spiegel blickten ihm über dem Schaum eher gutmütige Augen entgegen. [...] Was da allmählich aus dem Seifenmeer auftauchte, strahlte in dumpfer Treuherzigkeit, zu der nur der Umstand nachdenklich stimmen musste, dass Schrott nach beendigter Prozedur das Rasiermesser nicht zu den übrigen Utensilien legte« (Dürrenmatt 1957b, 1). Schrott fährt mit seinem Buick aus der Stadt hinaus, hält schließlich bei einem einsamen Tal. Er hat einen tiefgreifenden Entschluss gefasst, und er wartet auf etwas. Es folgt ein Perspektivwechsel zu dem Hausierer von Gunten, der nach einer üppigen Mahlzeit am Waldrand döst: »So sah er denn Schrott nicht, der mächtig und entschlossen aus dem Wald trat, wie ein böser Gott, [...] und auch nicht das Mädchen, das [...] die Strasse von Mägendorf heranhüpfte, herantanzte« (ebd., 6 f.). Von Gunten wird durch einen Schrei geweckt, bricht überstürzt auf und findet im Wald die Mädchenleiche. Voller Panik flüchtet er nach Mägendorf und verständigt von dort aus die Kantonspolizei. Kommissär Matthäi übernimmt die Ermittlungen, doch steht sein Wechsel nach Jordanien kurz bevor. Der Mutter des ermordeten Gritli Moser verspricht er »bei meiner Seligkeit« (ebd., 21), den Täter zu finden. Matthäi tritt seinen Flug nicht an und ermittelt auf eigene Faust weiter: Er zieht mit der alleinerziehenden Frau Heller und deren Tochter Annemarie in ein verkommenes Haus, das er sich als »Benzinverkaufstelle« (ebd., 111) hat einrichten lassen. Mit Annemarie als Lockvogel möchte Matthäi den Mörder fassen. Dieser geht ihm auch tatsächlich in die Falle; im Zweikampf mit dem Kommissär wird Schrott tödlich verwundet. Die Filmerzählung endet damit, dass Matthäi Gritlis Mutter mitteilt, er habe sein Versprechen gehalten, doch diese antwortet ihm nicht mehr: »Ihre Augen waren leer, ihr Gesicht tot, nur die Zugluft spielte manchmal mit ihrem Haar, die eiskalt aus der dunklen Höhle der Türe drang; das war das einzige Leben an ihr. Matthäi wurde von Grauen erfüllt« (Dürrenmatt 1957c, 139).

In dieser Frühphase der Stofffindung im Sommer 1957 können die intertextuellen Bezüge dieses Stoffes am deutlichsten an der Filmerzählung aufgezeigt werden. Dürrenmatt übernimmt aus den Kriminalromanen *Wachtmeister Studer* (1936) und *Matto regiert* (1937) von Friedrich Glauser und aus verschiedenen Erzählungen Glausers zentrale Motive, die er verfremdet und neu arrangiert. Die Kurzgeschichte *Der alte Zauberer* (1932/33) etwa handelt von dem Bauern Leuenberger, der seine sehr viel jüngeren Ehefrauen in der Überzeugung ermordet hat, nach der siebenten toten Ehefrau bekomme man die Gewalt, da könne man fliegen. Dürrenmatt übernimmt das titelgebende Motiv und lässt den ebenfalls wahnsinnigen Schrott für Annemarie zu einem ganz realen ›Zauberer‹ werden (vgl. Dürrenmatt 1957c, 125). Der ganze Plot wiederum ist sehr stark an den Roman *Maigret stellt eine Falle* (frz. 1955) von Georges Simenon angelehnt, und auch aus weiteren Kriminalromanen Simenons werden Motive übernommen. Bereits im Exposé hatte

Dürrenmatt den Gedanken geäußert, für den ›Detektiv‹ die Figur des ›Wachtmeisters Studer‹ zu übernehmen (vgl. Dürrenmatt 1957a, 1).

Dürrenmatts Vorstellung einer grotesken Welt wird u. a. an der Figur des Psychiaters Professor Locher deutlich. Dieser wird als schwerer Alkoholiker gezeichnet, der zudem morphiumabhängig ist, in volltrunkenem Zustand das Tatmotiv des Mörders erschließt und sich fürchtet, selbst wahnsinnig zu werden (vgl. Dürrenmatt 1957b, 100–103). Bei der »beim Dorfe Maringen« (ebd., 80) gelegenen Privatklinik orientiert sich Dürrenmatt an der psychiatrischen Klinik Préfargier in Marin bei Neuchâtel. Die in der Filmerzählung beschriebene Villa nebst den in ihr untergebrachten Patienten (vgl. ebd., 93–95) wiederum stellt eine Präfiguration der Villa des privaten Sanatoriums ›Les Cerisiers‹ des späteren Stücks *Die Physiker* (1962) dar. Schon sehr filmisch gestaltet ist der bummelnde, andächtig eine Schaufensterauslage betrachtende Schrott: »[e]in Kindersarg mit Silber verziert, Engelchen drauf, umflossen von Schrottens geisterhaftem Spiegelbild« (Dürrenmatt 1957b, 40).

Insbesondere die zahllosen Märchen-Motive wie auch die biblischen und mythologischen Motive, welche die große Vielfalt und den besonderen Reichtum der Filmerzählung ausmachen, werden in den nachfolgenden Textstufen wieder sukzessive aus dem Stoff eliminiert. Im Film sind sie nicht mehr, im Roman nur noch ansatzweise enthalten. Die Gründe dafür sind vielfältig.

Die Interessen Wechslers und seines Autors divergieren von Anfang an. Dürrenmatt möchte seinen Stoff in eine unheilvolle Märchenwelt einbetten; ihm sind seine thematischen Leitmotive wie Glaube und Gerechtigkeit wichtig, er schafft eine absurde und apokalyptische Welt voller grotesker Elemente. Dürrenmatt will Gesellschaftskritik üben. Dabei schreckt er auch vor Tabubrüchen nicht zurück, wenn er Frau Heller eine ehemalige Prostituierte sein lässt. Wechsler hingegen verfolgt gänzlich andere Intentionen: Ihm schwebt ein Aufklärungsfilm mit unterhaltendem Charakter vor. Die Handlung soll in der Realität angesiedelt sein; der Mörder soll am Ende gefasst und auf die Sehgewohnheiten und Moralvorstellungen der 1950er Jahre soll Rücksicht genommen werden.

Als Jacoby ohne Dürrenmatts Einverständnis den Schluss der vierten Drehbuchfassung abändert, arbeitet der Autor die Filmerzählung im Sinne der späteren Roman-Konzeption vollständig um: Er schafft einen doppelten Erzählrahmen mit zwei langen Rückblenden, in denen der Polizeikommandant das Ge-

schehen um Matthäi nun retrospektiv entwickelt. Die lineare Struktur der Erzählweise wird im Roman aufgegeben, sämtliche Szenen mit dem Mörder Schrott werden gestrichen. Der Schluss ist völlig neu gestaltet: Der Kommissär wartet nun vergeblich, durch das Einwirken des Zufalls ist der Mörder längst ums Leben gekommen (vgl. WA 23, 14–16 u. 153–161). Auch der Roman weist zahlreiche intertextuelle Bezüge auf. Dürrenmatts apokalyptische und groteske Welt erfährt hier zumindest teilweise ihre feierliche Wiederauferstehung.

Deutungsaspekte, Positionen der Forschung

In *Turmbau. Stoffe IV–IX* erweckt Dürrenmatt den Eindruck, dass er bereits im Sommer 1957 die Idee des scheiternden Detektivs der späteren Romanfassung hatte: »Wollte Wechsler eine logische, berechenbare Handlung, faszinierte mich die Möglichkeit, eine grundsätzlich unberechenbare Welt aufzuzeigen, an der eine grundsätzlich richtige Überlegung scheitert« (WA 29, 41). Im Nachwort zum Roman weist Dürrenmatt darauf hin, dass er »Kritik an einer der typischsten Gestalten des neunzehnten Jahrhunderts« (WA 23, 203), dem Detektiv, habe üben wollen. Und im Untertitel nennt er seinen Roman nun *Requiem auf den Kriminalroman* – mit seiner Genreverletzung strebt Dürrenmatt die Dekonstruktion dieser Gattung an.

Die Annahme, Dürrenmatt habe mit dieser Neukonzeption den Stoff lediglich »jenseits des Pädagogischen« (ebd.) weiterdenken wollen, greift aber zu kurz. Tatsächlich übt er mit dem Roman massive Kritik an dem Film, wenn er den Kommandanten am Schluss ausführen lässt, wie eine solche Geschichte nun für den Film aufbereitet werden könne, worauf die Schlussszene des Films ziemlich genau wiedergegeben wird (vgl. ebd., 142 f.). Durch diesen geschickten Dreh muss der Leser annehmen, dass der Film tatsächlich auf der Grundlage dieser Darstellung im Roman entstanden sei – was aber nicht zutrifft.

Film und Roman bleiben als zwei voneinander abweichende Fassungen desselben Stoffes nebeneinander bestehen. Leser und Zuschauer reagieren verstört. Es handelt sich hier weder um eine ›Literaturverfilmung‹ (was der Vorspann des Films und der Roman nahelegen) noch um eine ›Verbuchung‹ (was man wiederum vermuten könnte, da der Roman ja erst nach der Aufführung des Films publiziert wird). Der Roman stellt trotz seines abweichenden Inhalts auch kein ›Buch zum Film‹ dar, vielmehr handelt es sich um einen ›Gegenentwurf‹.

Philipp Bühler konstatiert, dass »die fast unerträgliche atmosphärische Spannung [...] *Es geschah am hellichten Tag* zum besten deutschen Nachkriegsfilm« (2014, 429) mache.

Peter Rüedi erkennt im Roman »die in ihrer Form vollkommenste und vielschichtigste aller Detektivgeschichten Dürrenmatts [...]: eine virtuose Parabel über das prekäre Verhältnis von Verbrechen und Strafe, Kunst und Wirklichkeit, der ästhetischen Folgerichtigkeit und der dem Zufall unterworfenen Wirklichkeit. Über das Scheitern eines Aufklärers als Gleichnis für das Scheitern der Aufklärung« (2011, 608 f.).

Verbindendes Glied zwischen Film und Roman aber ist die bildgewaltige Filmerzählung. Nur mit ihrer Kenntnis lässt sich das erste realisierte, genuin filmische Projekt Dürrenmatts wirklich verstehen.

Literatur
Primärtexte, Quellen

Exposé zum Film. Typoskript mit handschriftlichen Änderungen. 2 Seiten. 27.3.1957 (1957a). In: Oliver Möbert: Intertextualität und Variation im Werk Friedrich Dürrenmatts. Zur Textgenese des Kriminalromans *Das Versprechen* (1957/58) unter besonderer Berücksichtigung des Spielfilms *Es geschah am hellichten Tag* (CH/D/E, 1958). Frankfurt a. M. 2011, 39 f.

Das Versprechen. Filmerzählung. Zweite Fassung, ohne Schlussteil. Typoskript. 122 Seiten. 14.7.1957 (1957b). Schweizerisches Literaturarchiv, Sig. SLA-FD-A-m131_III.

Das Versprechen. Schlussteil der Filmerzählung. Typoskript. 18 Seiten. 16./18.8.1957 bis 2.9.1957 (1957c). Archiv der Praesens-Film, Zürich.

Drehbuch zum Film *Es geschah am hellichten Tag*. Erste Fassung. Typoskript mit handschriftlichen Änderungen und Collagen. 210 Seiten. 15.10.1957 bis 8.1.1958 (1958a). Schweizerisches Literaturarchiv, Sig. SLA-FD-A-m104_V.

Das Versprechen. Requiem auf den Kriminalroman. Zürich 1958 (1958b).

Das Versprechen. Requiem auf den Kriminalroman. WA 23, 11–163 u. 203.

Turmbau. Stoffe IV–IX. WA 29, 37–41.

Huth, Jochen: Handlungsablauf eines Films nach der Novelle von Friedrich Dürrenmatt *Das Versprechen*. Typoskript. 17 Seiten. 23.9. bis 5.10.1957. Schweizerisches Literaturarchiv, Sig. SLA-FD-A-m104_IV.

Jacoby, Hans: Aenderungen am Drehbuch *Es geschah am hellichten Tag*. 21 Blätter. 11.3.1958. DFF – Deutsches Filminstitut & Filmmuseum, Frankfurt a. M.

Vajda, Ladislao (Regie): *Es geschah am hellichten Tag*. CH/D/E, 1958. Spielfilm. 99 Min.

Sekundärliteratur

Bühler, Philipp: Es geschah am hellichten Tag. In: Paul Duncan, Jürgen Müller (Hg.): Film Noir. 100 All-Time Favorites. Köln 2014, 424–429.

Dumont, Hervé: Geschichte des Schweizer Films: Spielfilme 1896–1965. Lausanne 1987, 490–494.

Möbert, Oliver: Intertextualität und Variation im Werk Friedrich Dürrenmatts. Zur Textgenese des Kriminalromans *Das Versprechen* (1957/58) unter besonderer Berücksichtigung des Spielfilms *Es geschah am hellichten Tag* (CH/D/E, 1958). Frankfurt a. M. 2011.

Rüedi, Peter: Das verhüllte Gericht oder Requiem auf die Gerechtigkeit. In: Ders.: Dürrenmatt oder Die Ahnung vom Ganzen. Biographie. Zürich 2011, 607–618.

Oliver Möbert

19 *Der Pensionierte*

Entstehung

In Dürrenmatts Nachlass fand sich das Fragment eines Kriminalromans, das in mehreren Arbeitsfassungen zwischen Ende 1969 und 1979 entstanden war. Einen Hinweis auf dessen Existenz hatte der Autor in seinen um die Jahreswende 1969/70 entstandenen *Sätzen aus Amerika* gegeben: »In San Juan [...] schrieb ich [...] an einem neuen Roman, *Der Pensionierte*. Der Roman handelt davon, wie nach den ersten Tagen nach seiner Pensionierung ein bernischer Polizeikommissär alle seine Verbrecher aufsucht, die er im Verlauf seiner langen Tätigkeit aus Humanität und Wissen um das Ungenügen menschlicher Gerechtigkeit hatte entkommen lassen« (WA 34, 91). Das Fragment wurde 1995 als Text letzter Hand in der Reinschrift von Juni 1979 mit Faksimiles der ursprünglichen Handschrift von 1969/70 und einer Arbeitsfassung von Mai 1979 mit textgenetischem Kommentar publiziert.

Der Pensionierte knüpft deutlich an die Bärlach-Romane *Der Richter und sein Henker* und *Der Verdacht* an: Kommissär Gottlieb Höchstettler von der Berner Kantonspolizei zeigt ähnlich eigenbrötlerische Züge wie sein Vorgänger. Die Romanhandlung wird jedoch in der Entstehungszeit des Textes angesiedelt.

Wie bereits die früheren Kriminalromane, so Peter Rüedi im Nachwort, entsprang der Beginn der Niederschrift dem »Versuch, sich aus einer Krise zu befreien« (Dürrenmatt 1995, 184). Dürrenmatt hatte 1969 einen Herzinfarkt erlitten, und die Mitarbeit in der Direktion des Basler Theaters war in einem großen Krach zu Ende gegangen. Dass Dürrenmatt einen Roman unvollendet liegen ließ, war eher die Regel als die Ausnahme – ihm fehlte oft die Geduld, begonnene Texte zum Abschluss zu bringen, was er teilweise in seinem *Stoffe*-Projekt nachholte. Dass er 1979 noch einmal am Romanfragment arbeitete, hing vermutlich mit dem soeben vollzogenen Verlagswechsel und dem Wunsch des Diogenes-Verlegers Daniel Keel zusammen, einen neuen Kriminalroman zu präsentieren. Doch die Handlung wurde auch bei der Wiederaufnahme kaum weitergeführt, vielmehr arbeitete Dürrenmatt vor allem den bestehenden Teil aus. So ist die Handlung trotz insgesamt 330 überlieferten Manuskriptseiten nicht wesentlich über den 1969/70 auf 50 handschriftlichen Seiten entworfenen Anfang hinaus entwickelt (vgl. ebd., 195).

Inhalt und Analyse

Das Fragment besteht nur aus der Exposition zu einem Kriminalroman: Höchstettler wird als 60-Jähriger anlässlich eines Führungswechsels frühzeitig pensioniert. Den Würdigungen durch die Vorgesetzten am letzten Arbeitstag entzieht er sich, stattdessen geht er seinen ›unerledigten Fällen‹ nach, konkret einem Autofriedhofbetreiber und Einbrecher sowie einem Wirtepaar, das Versicherungsbetrug begangen hatte. Auch ein Bilderfälscher taucht auf, dem Höchstettler für seine Kunstfertigkeit Anerkennung zollt. In jedem zehnten Fall hatte er die Delinquenten laufen lassen. Nun demonstriert er den Kriminellen, dass er durchaus in der Lage gewesen wäre, sie zu überführen, gibt sich aber versöhnlich, ja freundschaftlich und wird gar mit einer Liebesnacht durch eine frühere Prostituierte belohnt, die er einst vor Strafverfolgung verschont hatte.

Es wird also ein geradezu idyllisches Szenario entwickelt, das allerdings nur den Vordergrund zu einem Selbstmord und einem Mord bilden sollte, wie Dürrenmatt in den *Sätzen aus Amerika* schreibt (vgl. WA 34, 92), ohne Konkreteres über den Handlungsverlauf zu verraten. Der Suizid wird in der letzten ausgeführten Szene angedeutet: Es ist jener des ehemaligen Regierungsrats von Rubigen, der durch eine politische Intrige einschließlich der Drohung, den verheirateten Mann als Homosexuellen zu outen, zum Rücktritt gezwungen und in seinem Amt vom Intriganten Gümmliger beerbt wurde. Im Zentrum des Interesses sollten also »vermutlich [...] vor allem gesellschaftskritische und politisch brisante Aspekte stehen« (Spedicato 2005, 146). Zur gleichen Zeit als Dürrenmatt im *Schweizerpsalm III* über ein Land wetterte, in »welchem es langsam genierlich« werde, einem »Bundesrat die Hand zu reichen« (WA 34, 185), ließ er also seinen menschlichen Kommissär Höchstettler wörtlich mit der Kleinkriminalität auf Einbruch und ins Bett gehen.

Es besteht kaum Zweifel, dass Dürrenmatt mit dieser idyllischen Note als »Mausefalle« (wie er es einst mit Bezug auf die Komödie umschrieb) die Leserinnen und Leser auf Gemütlichkeit einstimmen wollte, um sie dazu zu bringen, »sich Dinge anzuhören, die sie sich sonst nicht so leicht anhören würde[n]« (WA 30, 64), und sie in menschliche Abgründe eines verkommenen Politsystems, wenn nicht einer ganzen sozialen Elite, zu führen. Doch ist es müßig, hier über den weiteren Handlungsverlauf zu spekulieren.

Im Prozess der Überarbeitung zwischen 1971 und 1979 lassen sich zwei Tendenzen erkennen: Die eine

J. B. Metzler © Springer-Verlag GmbH Deutschland, ein Teil von Springer Nature, 2020
U. Weber / A. Mauz / M. Stingelin (Hg.), *Dürrenmatt-Handbuch*, https://doi.org/10.1007/978-3-476-05314-5_19

ist ein Zug ins Maßlose, der vor allem in einer Essensszene zwischen Höchstettler und dem Gerichtspräsidenten Ellenberger ins Auge fällt (WA 37, 151–158): Während der Gerichtspräsident, ein Berg von einem Menschen, bei Essen und Trinken keine Grenzen kennt, ist der Kommissär (wie einst Claire Zachanassian) maßlos in Bezug auf Ehen, kommen die beiden doch gerade vom Gerichtstermin zu Höchstettlers siebenter Scheidung. Dieser Zug verstärkt die Komik des Romans, die sich auch in der Dialogführung zeigt, und übersteigert sie ins Groteske.

Die andere Tendenz zeigt sich in der Folgeszene (159–164): Höchstettler steigt nach dem Essen in seinen Chevrolet Impala – ein Wagenmodell, das auch Dürrenmatt selbst fuhr. Diese Fahrt gehört zu den stärksten Teilen des Fragments: Er fährt angetrunken im zunehmenden Schneegestöber ohne Ziel los und landet schließlich, ohne bewusst darauf zugesteuert zu sein, bei seinen ›unerledigten Fällen‹. Diese Schneefahrt durch das Vergessen und das unverhoffte Entdecken des Unerledigten als Ziel kann als Sinnbild für die literarische Hauptarbeit der späten 1970er Jahre gelesen werden: das Erinnerungsprojekt der *Stoffe* (vgl. Rüedi 1995, 188 f.). Die selbstreflexive Dimension wird durch die Tatsache unterstrichen, dass der Kommissär während seiner Fahrt am Autoradio eine Kultursendung über einen Schriftsteller hört, »dessen Untergang längst unaufhaltsam geworden sei« (WA 37, 160). Genussvoll entfaltet Dürrenmatt doppelspurig zum einen die Schneefahrt, zum andern in der Radiosendung die vorweggenommene Kritik am Kriminalroman, den er gerade schreibt, der dem Sprecher als Ausdruck der Unverbindlichkeit und der Krise erscheint: »Der Schneesturm ist das Gleichnis einer erstarrten Schöpferkraft, und die Rückkehr zum Kriminalroman ein verzweifelter Versuch, sie wiederzuerlangen. Jazz wäre jetzt das Richtige [...], dachte der Kommissär« (163).

In dieser Szene (die ihre Parallele in der Schneefahrt Lotchers in der *Stoffe*-Erzählung *Mondfinsternis* hat, vgl. WA 28, 223–225) kann man auch den poetologischen Grund vermuten, der Dürrenmatt an der Weiterführung und Vollendung des Fragments hinderte: Sein Schreiben hatte sich im Verlauf der 1970er Jahre so sehr in eine selbstreferentielle Wiederholung, Variation und Reflexion seines früheren Werks hinein entwickelt, dass er offensichtlich keine Lust hatte oder nicht mehr in der Lage war, eine Handlung in konventionellem Sinne zu Ende zu schreiben, obwohl ihm, wie die ausgearbeiteten Kapitel zeigen, die erzählerischen Mittel dazu keineswegs abhanden gekommen waren. Vor diesem Hintergrund, verbunden mit der Tatsache, dass Höchstettler überraschend erfährt, dass er von seiner ersten Frau einen erwachsenen Sohn hat, liegt doch eine Vermutung über die geplante Fortsetzung am nächsten: »Vielleicht wäre *Der Pensionierte* [...] zur Selbstprüfung eines Mannes geworden, der hinter seinen ungeklärten Fällen, man könnte auch sagen: seinen nicht bewältigten Stoffen, die Wahrheit über sich selbst sucht« (Krättli 1996, 36).

An Dürrenmatts Stelle hat der Schweizer Schriftsteller Urs Widmer einen Schluss des Fragments geschrieben, der in der Taschenbuchausgabe abgedruckt ist (Dürrenmatt 1997). Widmer war allerdings verständnisvoll genug, Dürrenmatts selbstbezügliche Ironie aufzunehmen: Die Fortsetzung ist eine Art Epilog mit humoristischen Zügen, der nichts über die Weiterentwicklung des Kriminalfalls verrät. Der pensionierte Polizeibeamte geht – zehn Jahre nach dem Hauptgeschehen – erneut mit den bekannten Kleinkriminellen auf Einbruch, diesmal beim Schriftsteller in Neuchâtel, der in Zürich gerade seine Skandal-Rede über die Schweiz als Gefängnis hält. Dieser kehrt allerdings wegen Unwohlseins frühzeitig zurück und überrascht die Einbrecher, lädt sie jedoch gastfreundlich zu einer Flasche Wein ein.

Literatur

Primärtexte

Friedrich Dürrenmatt: Der Pensionierte. Fragment eines Kriminalromans. Text der Fassung letzter Hand. Faksimile des Manuskripts. Faksimile des Typoskripts mit handschriftlichen Änderungen. Zürich 1995.

Friedrich Dürrenmatt: Der Pensionierte. Fragment eines Kriminalromans. Mit einem möglichen Schluß von Urs Widmer und einem Nachwort von Peter Rüedi. Zürich 1997.

Friedrich Dürrenmatt: Der Pensionierte. Fragment eines Kriminalromans. In: WA 37, 145–216.

Sekundärliteratur

Krättli, Anton: Angefangenes von Dürrenmatts Werkplatz. *Der Pensionierte – Fragment eines Kriminalromans.* In: Schweizer Monatshefte 76 (1996), 4, 34–36.

Spedicato, Eugenio: Schweizer, wie sie sein sollten. Zu Friedrich Dürrenmatts *Der Pensionierte* im Kontext seiner Detektivromane. In: Sandro M. Moraldo (Hg.): Mord als kreativer Prozess. Heidelberg 2005, 145–153.

Ulrich Weber

F Tragische Komödien

20 *Romulus der Große*

Entstehungs-, Publikations- und Aufführungsgeschichte

Mit der im Winter 1948/49 in Ligerz am Bielersee entstandenen, am 23.4.1949 im Stadttheater Basel uraufgeführten und am 16.10. desselben Jahres im Theater der Stadt Göttingen erstmals in Deutschland inszenierten Komödie *Romulus der Große* hat Dürrenmatt seinen literarischen Durchbruch erzielt. Weitere Aufführungen fanden in Zürich (Dezember 1949), Darmstadt (1950) und Wien (1951) statt.

Von dem Stück existieren – neben verschiedenen Rollenbüchern für den Theatergebrauch – fünf Fassungen. Insbesondere hat Dürrenmatt für die Wiederaufführung im Zürcher Schauspielhaus am 24.10.1957 eine grundlegende, das Sujet teilweise anders akzentuierende Neubearbeitung vorgenommen. Sie erlebte am 23.5.1958 in den Kammerspielen München ihre Erstaufführung in Deutschland, wurde zwischen 1958 und 1961 auch in Frankreich, Polen, Argentinien und den USA gespielt und ist 1957 als ›Zweite Fassung‹ erstmals in Buchform veröffentlicht worden. Alle späteren Fassungen haben nur noch weniger gravierende Änderungen. 1961 erschien eine dritte Fassung, 1964 eine vierte – angefertigt anlässlich der Aufführung des Stückes in Paris, diente sie auch als Basis für die am 6.6.1965 in der ARD und im Schweizer Fernsehen erstausgestrahlte Fernsehinszenierung Helmut Käutners. 1980 entstand schließlich die in den Werkausgaben von 1980 und 1998 abgedruckte fünfte Fassung (am 31.12.1980 in Zürich aufgeführt). Das Stück wurde auch im Bayerischen Rundfunk (1951, 1968) sowie im Süddeutschen Rundfunk (1956) als Hörspiel gesendet und nochmals 1971 in einer französischen Fernsehfassung vom Sender TFI ausgestrahlt. – Die Erstfassung des vierten Aktes ist im Anhang zu WA 2 abgedruckt (grundlegend Scholdt 1978; zur Aufführungs-, Druck- und Fassungsgeschichte vgl. den *Nachweis* in WA 2, 166 f. sowie die umfassende Dokumentation im Schweizerischen Literaturarchiv, Bern).

Stoff und Quellen

Dürrenmatt bezeichnet sein Stück im Untertitel mit dem Oxymoron *Eine ungeschichtliche historische Komödie* (nur in der dritten Fassung ist, wohl versehentlich, »historische« entfallen) und deutet damit an, dass er zwar auf einzelne Fakten und Personen Bezug nimmt, aber äußerst frei mit ihnen verfährt. Im Jahre 476 hatte der Germane Odoaker als Offizier in der kaiserlichen Leibgarde einen Militärputsch organisiert, wurde am 23.8. zum König der germanischen Truppen in Italien ausgerufen und hat am 4.9. den letzten weströmischen Kaiser Romulus (mit dem spöttischen Beinamen Augustulus) abgesetzt (grundlegend für die politische Geschichte in der zweiten Hälfte des 5. Jahrhunderts: Henning 1999).

Die Handlung des Stückes ist erfunden. Die von dem Dichter selbst angeführten Quellen – August Strindbergs Novelle *Attila* und die Gestalt des alten Dubslav in Fontanes Roman *Der Stechlin* (vgl. WA 2, 122 f.) – haben allenfalls als stoffliche Anregungen gedient oder einige Parallelen in der Lebensführung geliefert (vgl. Profitlich 1981, 254). Das Motiv des Hühner züchtenden Herrschers geht auf eine Anekdote zurück, die Prokop von Kaisareia über den weströmischen Kaiser Honorius anlässlich der Eroberung Roms durch den westgotischen König Alarich im Jahre 410 berichtet (Bellum Vandalicum 3, 2, 25 f.; vgl. Bossard 1998; Engels 2009).

Ähnlichkeiten mit Motiven und Handlungszügen bei weiteren Autoren und Werken sind festzustellen (vgl. Wagener 1985, 25 f.; Knapp 1985, 17; Delbrück 1993), bleiben aber peripher. Auffallend sind Ansätze einer Sophokles- und einer Shakespeare-Parodie – insbesondere bei dem missglückten Attentat auf den Kaiser als Persiflage auf *Julius Caesar* (vgl. Durzak 1972, 66 f.; Wagener 1985, 19 u. 26). Einzelne Motive er-

J. B. Metzler © Springer-Verlag GmbH Deutschland, ein Teil von Springer Nature, 2020
U. Weber / A. Mauz / M. Stingelin (Hg.), *Dürrenmatt-Handbuch*, https://doi.org/10.1007/978-3-476-05314-5_20

innern auch an Petrons *Satyricon* (vgl. Bursch 2006, 28–43). Schließlich steht Dürrenmatt mit seinem Stück und seinen theoretischen Überlegungen – namentlich in der *Anmerkung über die Komödie* von 1952 (WA 30, 20–25) – in einer auf Aristophanes zurückreichenden Tradition (vgl. Nesselrath 2004, 113–119).

Inhalt und Analyse

Zu Beginn des Stückes wird die komische Diskrepanz zwischen dem aufreizenden Müßiggang des Kaisers und der panischen Stimmung am Hofe angesichts des drohenden Untergangs (eine teils erstarrte, teils in Auflösung begriffene Verwaltung, Korruption und Intrigantentum) vorgeführt. Romulus wird von seiner Frau Julia, dem oströmischen Kaiser Zeno sowie seinen Freunden und Ministern vergebens bedrängt, den Vormarsch der Germanen aufzuhalten. Sie verschwören sich gegen ihn und versuchen, ihn zu ermorden. Als ihr Plan scheitert, fliehen sie. Nach der Ankunft Odoakers wird der Kaiser pensioniert: »Damit […] hat das römische Imperium aufgehört zu existieren« (WA 2, 115).

Charakteristisch ist der Einfall, dass Romulus zwei Jahrzehnte lang Rom durch konsequentes Nichtstun und Nichtregieren systematisch geschwächt und dessen Untergang planmäßig herbeigeführt hat. Zu diesem Zweck hat Dürrenmatt aus dem Minderjährigen, der erst am 31.10.475 in Ravenna zum Kaiser erhoben worden war, während sein Vater Orestes als Reichsfeldherr faktisch die Regierungsgeschäfte führte, einen Mann von »über fünfzig« gemacht (ebd., 16; vgl. ebd., 120 f.).

Weitere Änderungen betreffen die historischen Personen, die auftreten oder erwähnt werden, sowie den Ort und vor allem die Zeit der Handlung. Dürrenmatt führt den oströmischen Kaiser als Verbannten ein, der Feldherr Orestes ist bei ihm nicht Romulus' Vater, der ostgotische König Theoderich ist der Neffe Odoakers (den er tatsächlich ab 486 im Auftrag Zenos bekämpft und 493 besiegt und eigenhändig ermordet hat), und das Stück spielt nicht in Ravenna, sondern in der Villa des Romulus in Campanien, also bereits in der Nähe der Villa des Lucullus, des Ortes seiner späteren Verbannung. Insbesondere aber hat Dürrenmatt, um die grundsätzliche Untergangsstimmung, aber auch den Kontrast zu einer heroischen Vergangenheit zu verstärken, ab der zweiten Fassung die Vorgänge vom September auf den Morgen des 15. bis zum Morgen des 16.3.476 – also auf die Iden des März – verlegt, den Jahrestag von Caesars Ermordung im Jahre 44 v. Chr.

Deutungsaspekte und Positionen der Forschung

Wie sich namentlich im dritten Akt in den Dialogen mit seiner Frau Julia und seiner Tochter Rea sowie in seiner Ansprache an die Attentäter zeigt, ist Romulus skeptisch gegenüber dem an der griechischen Tragödie geschulten Heldenethos und dem Patriotismus seiner Umgebung (vgl. 77 f. u. 80 f. u. 91 u. 93). Die Vergangenheit des römischen Staates erscheint ihm als verbrecherisch, und er selbst hat jeglicher Machtpolitik abgeschworen. So übergibt er in der ersten Fassung des Stückes im vierten Akt das Reich den Germanen, damit diese es mit »Menschlichkeit« regieren. Er überredet Odoaker, ihn zu pensionieren, und wird als »Romulus der Große« gepriesen (ebd., 140–142).

Hierin schlägt sich deutlich die Polemik des Autors gegen nationalistische Parolen seiner Gegenwart nieder. In Anmerkungen zu dem Stück aus dem Jahre 1949 hat er den »Landesverräter«, der »einem Weltreich den Todesstoß« gibt, gerechtfertigt und betont, dass er »einen Helden nicht an der Zeit, sondern eine Zeit an einem Helden zugrunde gehen« lasse. Sein Stück richte sich gegen den »Großstaat«, den »Staat […], der unrecht hat«: »Der Verfasser ist von Natur aus gegen die Weltreiche« (ebd., 121–124). Dabei war er sich zwar des spielerisch-utopischen Charakters seiner Konzeption bewusst, ließ aber eine vage Hoffnung auf einen Sieg der Humanität durchblicken. Später hat Dürrenmatt diese in der Situation der unmittelbaren Nachkriegszeit wurzelnde Zuversicht zunächst ansatzweise relativiert und schließlich durch eine radikale Skepsis ersetzt. Bereits die Ende 1949 in Göttingen und Zürich gespielte Version hat auf manche komischen Episoden verzichtet und enthält stattdessen ernstere Züge. Der utopische Schluss aber bleibt erhalten (vgl. Scholdt 1978, 276–279).

Die grundlegende Neufassung der Komödie von 1957 betrifft vor allem den vierten Akt. Odoaker erweist sich jetzt als ein ebenso der Macht überdrüssiger Herrscher wie Romulus. Sein Wunsch, »den Krieg human zu führen« (WA 2, 107), hatte sich nicht erfüllt. Romulus, der eigentlich bereit ist zu sterben, muss den Widerstrebenden regelrecht überreden, sein Erbe anzutreten – und im Hintergrund wartet bereits Theoderich, der Odoaker einst ermorden, das Römerreich wiederherstellen und dessen alte Machtpolitik weiter betreiben wird (vgl. ebd., 107–110). Die Geschichte erweist sich als ein verhängnisvoller und sinnloser Kreislauf. Das Einzige, was Romulus und Odoaker zu erreichen vermögen, ist ein Aufschub von einigen Jahren (vgl. ebd., 112 f.).

Dürrenmatts Stück endet zwar auch in der neuen Fassung mit denselben Worten wie in der ursprünglichen – aber die Pensionierung wird nicht mehr von Romulus selbst, sondern von Odoaker initiiert, und seine Lobpreisung als ›Romulus der Große‹ ist entfallen. Er ist aus einer überlegenen zu einer lächerlichen Figur geworden. Schien in der ersten Fassung in der Gestalt des »als Narr verkleideten Weltenrichters« (ebd., 120) der Gegenentwurf einer humanen Politik wenigstens ästhetische Wirklichkeit zu werden, so enthüllt sich nunmehr der Weltenrichter als Narr (vgl. Scholdt 1978, 279). Der weströmische Kaiser und der germanische König sind gleichermaßen gescheitert (vgl. Daviau 1979, 107). Die historische Realität siegt über utopische Wunschvorstellungen; eine gerechte Weltordnung ist nicht möglich. Der vorsichtige Optimismus von 1948/49, dass einige vernünftige Persönlichkeiten der Weltgeschichte einen freundlicheren Verlauf bereiten können, ist 1957 – charakteristisch für den Wandel von Dürrenmatts Geschichtsbild angesichts der Entwicklung nach dem Zweiten Weltkrieg – resignativer Satire gewichen. Das Scheitern wird zu einer zentralen Kategorie seines Werkes (vgl. Paganini 2004).

Wenn *Romulus der Große* in der Neufassung bei allem Pessimismus nicht in absoluter Verzweiflung endet, dann geschieht dies dadurch, dass Dürrenmatt dem Einzelnen zumindest die Möglichkeit einräumt, für eine begrenzte Zeit gemäß seinen Vorstellungen zu agieren. Er bezeichnet es in dem Essay *Theaterprobleme* von 1955 sogar als sein »Hauptanliegen«, dass es »immer noch möglich [sei], den mutigen Menschen zu zeigen« (WA 30, 63; vgl. Daviau 1979, 107).

Das Stück trägt in sämtlichen Fassungen die Gattungsbezeichnung ›Komödie‹ – in Übereinstimmung mit dem eben genannten Essay, in dem Dürrenmatt von der »heutige[n] Welt« sagt, dass sie »nicht mehr in der Form des geschichtlichen Dramas Schillers zu bewältigen« sei, und allein die Komödie, die durch einen »Einfall« Distanz schaffe, für eine unserer Zeit adäquate dramatische Gattung hält (WA 30, 59–63). Dabei handelt es sich um durchaus unterschiedliche Spielarten des Komischen. Hat die erste Fassung Merkmale des Lust-, ja des Possenspiels, so ist die zweite eher als Tragikomödie zu bezeichnen. So sind einerseits farcenhafte Züge des vierten Aktes entfallen (vgl. Daviau 1979, 106; Bursch 2006, 42 f.); andererseits hat das Stück tragische Elemente erhalten. Dürrenmatt sieht zwar die *Tragödie* für unsere Zeit als

nicht mehr möglich an, nicht aber das *Tragische* (vgl. WA 30, 62 f.). Die Angehörigen des Kaisers, von denen in der ersten Fassung nur gesagt wird, dass sie geflohen seien, kommen jetzt auf der Flucht um, und Romulus bedenkt, wie viel Leid seine Politik des Nichtregierens über die Menschen gebracht hat, und will dafür mit dem Tod sühnen (vgl. WA 2, 108 f.). Die Pensionierung ist jetzt für ihn »das Entsetzlichste, was mir zustoßen könnte« (ebd., 111). Der Schriftsteller hat 1957 seinen Romulus als »witzig, gelöst, human«, aber zugleich als einen Menschen bezeichnet, »der mit äußerster Härte und Rücksichtslosigkeit vorgeht und nicht davor zurückschreckt, auch von andern Absolutheit zu verlangen, ein gefährlicher Bursche, der sich auf den Tod hin angelegt hat«. Die Tragik »dieses kaiserlichen Hühnerzüchters« liege »genau in der Komödie seines Endes, in der Pensionierung«; doch habe er »die Einsicht und die Weisheit […], auch sie zu akzeptieren« (ebd., 120).

Dieser Romulus ist eine schillernde, mehrschichtige, tragikomische Gestalt, die gleichermaßen Sympathien wie Antipathien erweckt – problematisiert gegenüber der ersten Fassung, aber mehr als *nur* ein Ideologe und realitätsferner Idealist (vgl. Scholdt 1978, 279–282; Daviau 1979, 104–106), dessen Ideen nicht allein an der Wirklichkeit scheitern, sondern auch in sich selbst kritikwürdig sind (vgl. Profitlich 1981, 261–163). Dabei sollte man allerdings nicht tadelnd von einem zyklisch-fatalistischen Weltbild des Autors sprechen (vgl. Scholdt 1978, 279 f.) oder ihm gar vorwerfen, kein politisches oder soziales Modell zu geben (vgl. Daviau 1979, 108 f.). Die eigentliche Problematik liegt in den geschichtlichen Abläufen selbst, die keine Lösungen bieten, sondern nur das Durchspielen unaufhebbarer Konflikte erlauben. Es deutet sich hier eine poetische Konzeption an, die Dürrenmatt später als »Dramaturgie des Labyrinths« bezeichnen wird (WA 28, 69–86, hier 69; vgl. Riedel 2011, 100 f.).

Neben der historischen Einordnung des Stückes und seiner Fassungen werden in der Forschung gattungstheoretische Fragen erörtert, vor allem das Verhältnis zwischen Tragischem und Komischem – bis hin zum Burlesken und Grotesken (vgl. Farag 2015). Dabei wird auch der streng ›klassizistische‹ Charakter des Stückes hinsichtlich der Einheit der Zeit, des Ortes und der Handlung betont (vgl. Durzak 1972, 68 f.).

Romulus der Große ist beispielhaft für Dürrenmatts späteren Umgang mit antiken Motiven. Skepsis, Ironie und Sarkasmus bestimmen auch *Herkules und der Stall des Augias* und *Der Besuch der alten Dame* (vgl. Riedel 2011, 97 f.), und die anhaltende Affinität zur Spätantike als einem Reservoir für eine hintergründige Auseinandersetzung mit der Geschichte schlägt sich nochmals in dem 1963 geschriebenen Fragment *Kaiser und Eunuch* und in der Bearbeitung von Shakespeares *Titus Andronicus* aus den Jahren 1969/70 nieder – sogar in einer Verbindung zwischen Romulus Augustulus und Justinian, in einer Berufung auf Prokop und in der neu eingeführten Gestalt des Alarich: »Auch hier findet die Antike ihr Ende« (WA 11, 211; vgl. Riedel 2011, 98 f.).

Literatur
Primärtexte

Romulus der Große. Vierter Akt der ersten Fassung. In: WA 2, 125–142.

Romulus der Große. Eine ungeschichtliche historische Komödie in vier Akten. Zweite Fassung 1957. In: Friedrich Dürrenmatt: Komödien I, Zürich 1957, 7–85.

Romulus der Große. Eine ungeschichtliche Komödie in vier Akten. Dritte Fassung 1961. In: Friedrich Dürrenmatt: Komödien I [1957]. 4. Aufl. Zürich 1961, 7–86.

Romulus der Große. Ungeschichtliche historische Komödie in vier Akten. Neue Fassung 1964. In: Friedrich Dürrenmatt: Komödien [1957]. I. 7. Aufl. Zürich 1965, 7–79.

Romulus der Große. Eine ungeschichtliche historische Komödie in vier Akten. Neufassung 1980. WA 2.

Sekundärliteratur

Bossard, Walter: Der Kaiser als Hühnerzüchter. Eine neue Quelle bringt Licht in die Entstehungsgeschichte von Dürrenmatts Komödie *Romulus der Große*. In: Schweizer Monatshefte für Politik, Wirtschaft, Kultur 78 (1998), 49–53.

Bursch, Roland: »Wir dichten die Geschichte«. Adaption und Konstruktion von Historie bei Friedrich Dürrenmatt. Würzburg 2006, 37–64.

Daviau, Donald D.: Friedrich Dürrenmatts *Romulus der Große*: A Traitor for our Time? In: The Germanic Review 54 (1979), 104–109.

Delbrück, Hansgerd: Antiker und moderner Helden-Mythos in Dürrenmatts »ungeschichtlicher historischer Komödie« *Romulus der Große*. In: The German Quarterly 66 (1993), 291–317.

Durzak, Manfred: Dürrenmatt, Frisch, Weiss. Deutsches Drama der Gegenwart zwischen Kritik und Utopie. Stuttgart 1972, 58–69.

Engels, David: Der Hahn des Honorius und das Hündchen der Aemilia. Zum Fortleben heidnischer Vorzeichenmotivik bei Prokop. In: Antike und Abendland 55 (2009), 118–129.

Farag, Sami Samir Gohar: Dürrenmatt und das Groteske. Zu Form und Funktion des Grotesken bei Friedrich Dürrenmatt am Beispiel der Komödie *Romulus der Große*, Hamburg 2015.

Henning, Dirk: *Periclitans res publica*. Kaisertum und Eliten in der Krise des weströmischen Reiches 454/5–493 n. Chr. Stuttgart 1999.

Knapp, Gerhard P.: Friedrich Dürrenmatt. *Romulus der Große*. Frankfurt a. M., Berlin, München 1985.

Nesselrath, Heinz Günther: Aristophanes und Friedrich Dürrenmatt. In: Jürgen Söring, Annette Mingels (Hg.): Dürrenmatt im Zentrum. 7. Internationales Neuenburger Kolloquium 2000. Frankfurt a. M. u. a. 2004, 109–128.

Paganini, Claudia: Das Scheitern im Werk von Friedrich Dürrenmatt. Hamburg 2004.

Profitlich, Ulrich: Geschichte als Komödie – Dürrenmatts *Romulus der Große*. In: Walter Hinck (Hg.): Geschichte als Schauspiel. Deutsche Geschichtsdramen. Interpretationen. Frankfurt a. M. 1981, 254–269.

Riedel, Volker: Antikerezeption bei Friedrich Dürrenmatt. Die Komödie *Romulus der Große* und ihr literaturgeschichtlicher Kontext. In: Véronique Liard, Marion George (Hg.): Dürrenmatt und die Weltliteratur – Dürrenmatt in der Weltliteratur. München 2011, 83–103.

Scholdt, Günter: *Romulus der Große*? Dramaturgische Konsequenzen einer Komödien-Umarbeitung. In: Zeitschrift für deutsche Philologie 97 (1978), 270–287.

Wagener, Hans (Hg.): Friedrich Dürrenmatt. *Romulus der Große*. Stuttgart 1985.

Volker Riedel

21 *Die Ehe des Herrn Mississippi*

Entstehungs-, Publikations- und Aufführungsgeschichte

Die Komödie *Die Ehe des Herrn Mississippi* entstand 1949/1950 in Ligerz am Bielersee. Dürrenmatt hatte mehrere Arbeitsfassungen erstellt und gliederte die ursprünglich fünf Akte schließlich in zwei Teile. Da die Freunde Kurt Horwitz und Ernst Ginsberg das Stück ablehnten, wurde es nicht in der Schweiz uraufgeführt, sondern am 26.3.1952 an den Münchner Kammerspielen (R.: Hans Schweikart). Diese erste deutsche Uraufführung verhalf dem Autor zum Durchbruch in Deutschland. Im selben Jahr erschien die Erstfassung im Oprecht Verlag, Zürich (mit Copyright des Europa Verlags).

Tilly Wedekind, Frank Wedekinds Witwe, erhob gegen Dürrenmatt einen Plagiatsvorwurf: Er habe im ersten Akt Wedekinds *Schloss Wetterstein* nachgeschrieben. In seiner öffentlichen Antwort am 9.8.1952 in *Die Tat* kehrt Dürrenmatt den Vorwurf ironisch um in ein Lob auf Wedekind: »Daß ein Dramatiker von der Potenz Wedekinds auf andere Dramatiker wirkt, ist natürlich« (WA 3, 215). Er sei von ihm inspiriert worden, aber nicht vom *Schloss Wetterstein*, sondern von *Der Marquis von Keith*: »ein Theaterstück, das ich für Wedekinds bestes halte und welches mich auf die Idee brachte, die Menschen als Motive einzusetzen. In diesem Stück ging mir die Möglichkeit einer Dialektik mit Personen auf« (216; vgl. Maharens 1990 für einen ausführlichen Vergleich).

Die erste Schweizer Aufführung fand im Februar 1954 in Bern statt, von Dürrenmatt selbst inszeniert. Für eine Neuinszenierung am 11.4.1957 am Zürcher Schauspielhaus durch Leopold Lindtberg schrieb der Autor eine neue Fassung, in der er das sprachliche Pathos und zu direkte religiöse Anklänge reduzierte. Diese zweite Fassung erschien im selben Jahr als Einzelausgabe im Oprecht Verlag und im Sammelband *Komödien I* im Arche Verlag, Zürich. Nach Aufführungen in New York und London (1958–1959) überarbeitete Dürrenmatt das Stück erneut für die französische Erstaufführung in Paris (1960).

Weil der *Justiz*-Stoff, der durch Lazar Wechsler verfilmt werden sollte, nicht termingerecht vorlag, schrieb Dürrenmatt Ende 1960/Anfang 1961 ein Drehbuch zu *Die Ehe des Herrn Mississippi*, das 1961 unter der Regie von Kurt Hoffmann verfilmt wurde. Der Film wurde an den Berliner Filmfestspielen 1961 gezeigt; das Drehbuch erschien im selben Jahr im Sanssouci Verlag, Zürich. Die für Paris erarbeitete Fassung wurde im Januar 1962 in Graz in deutscher Sprache aufgeführt und erschien 1964 als dritte Fassung im Oprecht Verlag und 1966 zusammen mit dem Drehbuch im Arche Verlag. Eine in Dürrenmatts Basler Theaterzeit entworfene vierte Fassung wurde am 20.9.1970 im Hamburger Thalia-Theater aufgeführt. Sie erschien 1972 als ›Fassung 1970‹ in einer Co-Edition des Europa Verlags und des Arche Verlags. Die Fassung in den Werkausgaben von 1980 und 1998 beschrieb Dürrenmatt als »eine Art Synthese: Es galt, Kühnheiten wiederaufzunehmen, die ich nur in der ersten Fassung wagte, und Erfahrungen beizubehalten, die nach und nach kamen« (WA 3, 210). Neben der Komödie wird dort auch der Text des Drehbuchs von 1961 abgedruckt.

Inhalt und Analyse

Der Schauplatz ist ein spätbürgerliches Zimmer. Man könne sogar sagen, dass »die folgenden Geschehnisse die Geschichte dieses Zimmers darstellen« (WA 3, 11). In der Mitte des mit vielen Stilmöbeln ausgestatteten Raumes steht »ein rundes Biedermeier-Kaffeetischchen, die eigentliche Hauptperson des Stücks, um das herum sich das Spiel dreht« (12). An diesem wird Kaffee getrunken, manchmal mit zuckerförmigem Gift, manchmal ohne. Der komplexe Stoff handelt von Treue und Verrat in unterschiedlichen Variationen.

Seit fünf Jahren lebt in diesem Haus ein sonderbares Ehepaar: der strenge Staatsanwalt Florestan Mississippi, der das Gesetz Moses wieder einführen will und sich rühmt, bereits 350 Todesurteile durchgesetzt zu haben, und seine Frau Anastasia, welche die zum Tod Verurteilten betreut. Die Ehe war durch einen Mord zustande gekommen: Anastasia hatte ihren früheren Mann angeblich wegen Ehebruchs vergiftet. Mississippi kam hinter diesen Mord, weil der das Gift zur Verfügung stellende Arzt gestanden hatte. Anastasia wusste aber nicht, dass die Geliebte ihres Mannes Mississippis damalige Frau war, die Mississippi mit dem vom geständigen Arzt abgegebenen Gift im Namen des mosaischen Gesetzes hingerichtet hatte. Anstatt Anastasia vor Gericht zu stellen, zwingt er sie zur Heirat: Sie soll zusammen mit ihm für ihren Mord sühnen, indem sie zum »Engel der Gefängnisse« wird (39; vgl. 35). Die Ehe beruht jedoch auf einem Verrat: Bis zuletzt verbirgt Anastasia ihrem neuen Mann, dass der eigentliche Grund ihres Mordes eine Liebesbeziehung zum Gift liefernden Arzt war. Mit ihm, einem reichen und

J. B. Metzler © Springer-Verlag GmbH Deutschland, ein Teil von Springer Nature, 2020
U. Weber / A. Mauz / M. Stingelin (Hg.), *Dürrenmatt-Handbuch*, https://doi.org/10.1007/978-3-476-05314-5_21

adligen Jugendfreund, Graf Bodo von Übelohe-Zabernsee, wollte sie ein neues Leben beginnen.

Im Namen der Regierung bittet der Justizminister
Diego Mississippi, seine Rechtspraxis zu mäßigen.
Dieser bleibt jedoch stur. Auch als ein alter Freund,
der Kommunist Frédéric René Saint-Claude, Mississippi in seine Revolution einspannen will, weigert er
sich mitzumachen. Daraufhin macht Saint-Claude
Mississippis dubiose Vergangenheit publik (sie hatten
gemeinsam in einem Bordell gearbeitet und waren mit
der Kasse geflohen), um so eine Revolte gegen ihn an-
zuzetteln, die dann zur Revolution führen soll.

Als der Arzt damals vernommen hatte, was mit
dem Gift tatsächlich geschehen war (er meinte, es sei
für einen kranken Hund), floh er nach seinem Geständnis ins Ausland. Er steckte sein ganzes Vermögen
in ein Urwaldspital auf Borneo, wo er sich auch allerlei
tropische Krankheiten holte. Doch nun ist er zurück,
ruiniert, krank und stets betrunken. Er sieht aber
trotzdem die Möglichkeit, mit Anastasia noch glücklich zu werden – unter der Bedingung, dass sie Mississippi die Wahrheit sagt. Sie verleugnet aber ihre Liebe
zu Übelohe vor Mississippi, kurz bevor dieser in die
Irrenanstalt abgeführt wird, weil sein Pochen auf das
mosaische Gesetz als krankhaft gilt. Ihre Liebe wäre
möglich gewesen, sie ist aber durch den Verrat unmöglich geworden.

Inzwischen misslingt Saint-Claudes Revolution:
Der Opportunist Diego hat sie zu seinen Gunsten ma-
nipuliert, gemäß seinem Credo: »Alles in der Welt
kann geändert werden, [...] nur der Mensch nicht«
(44). Saint-Claude kommt zu seiner ehemaligen Geliebten Anastasia und schlägt ihr vor, mit ihm zu fliehen und sich für seine nächste Revolution nützlich zu
machen – als Dirne, dem Einzigen, was sie wirklich
könne. Sie lehnt ab und versucht, ihn mit vergiftetem
Kaffee zu töten. Im Drehbuch zur Verfilmung heiratet
Anastasia Diego, der an die Macht kommt. Im Theaterstück kommt sie zusammen mit dem aus der Irrenanstalt geflüchteten Mississippi um: Er schenkt ihr
vergifteten Kaffee ein, um sie vor dem Tod zur Wahrheit zu zwingen, während er unwissend den für
Saint-Claude vorbereiteten Kaffee trinkt. Zugleich
wird Saint-Claude von Auftragsmördern erschossen.

Im Drehbuch wird Übelohe in ein Armenspital eingeliefert, das er selbst gegründet hat. Im Theaterstück
tritt er am Schluss als Don Quijote auf, mit verbeultem
Helm und verbogener Lanze, gegen die Windmühle
des Bösen kämpfend. Sie aber stürzt ihn mit seiner
Schindermähre in den Abgrund, was er mit folgen-
dem Schlusssatz kommentiert: »Eine ewige Komödie /

Daß aufleuchte Seine Herrlichkeit, / genährt durch
unsere Ohnmacht« (WA 3, 114).

Nicht zufällig endet das Stück mit Don Quijote. In
einer unveröffentlichten Notiz schreibt Dürrenmatt,
der Haupteinfluss sei nicht vom Theater gekommen,
»sondern von Cervantes, der seine Zeit bekanntlich
durch einen Verrückten darstellte, dass ich gleich drei
brauchte, um die unsrige darzustellen, mag bedenk-
lich stimmen« (SLA-FD-A-m105_I).

Die drei Verrückten sind Mississippi, Saint-Claude
und Übelohe. Alle drei bemühen sich um eine Frau –
Anastasia –, so dass das Stück auch »Frau Anastasia
und ihre Liebhaber« (WA 3, 15) heißen könnte. Diese
Frau lebt ganz im Augenblick, ohne Idee, »weder dem
Himmel noch der Hölle, sondern allein der Welt nach-
gebildet« (58). Die drei Männer möchten diese Welt
verändern, jeder auf seine Art: Mississippi hatte in jungen Jahren die Bibel entdeckt und sieht das Heil allein
im mosaischen Gesetz, während Saint-Claude *Das Kapital* gelesen hatte und nun die Welt durch die kommunistische Revolution befreien will. Übelohe hingegen wurde in seiner Jugend christlich erzogen und
will »die Welt durch die Liebe retten« (WA 3, 120), so
dass das Stück ebenso gut »Die Liebe des Grafen Bodo
von Übelohe-Zabernsee« (WA 3, 15) heißen könnte.
Weil sich die Welt nicht verändern lässt, scheitern
schließlich alle drei an ihr, wie ehedem Don Quijote.

Unter vielen Aspekten bildet dieses Stück ein for-
males Experiment: Innovative Mittel werden eingesetzt, um die Theatersituation zu verfremden, wie
etwa groteske Raumgestaltung, Vor- und Rückblenden, die Antizipation des Endes am Anfang des Stücks,
das Heraustreten der Figuren aus ihren Rollen, um in
grossen Monologen das Geschehen auf der Bühne
und die Absichten des Autors zu kommentieren, usw.
Durch die Stilisierung ihrer Profile wie auch durch die
Extravaganz ihrer Namen werden die Hauptgestalten
stark typologisiert. Das entspricht der bei Wedekind
erahnten ›Dialektik mit Personen‹.

Diese Perspektive findet im Spätwerk *Turmbau* einen interessanten Nachklang: Über sein Verhältnis zu
Kierkegaard sprechend, sagt Dürrenmatt, dieser sei
dramaturgisch der einzige Nachfolger Lessings, und
zwar »nicht nur weil er die Grenze des tragischen Helden und damit der Tragödie aufzeigt, sondern weil er
›dramaturgisch‹ denkt« (WA 29, 125). Das heißt für
Dürrenmatt: »Nicht die Begriffe sind bei ihm dialektisch gesehen, sondern die ›Positionen‹« (ebd.). In diesem Sinne vertreten die drei ›Verrückten‹ im Theaterstück *Positionen*: Wahrheits- und Lebenseinstellun-
gen, mit Hilfe derer sie auf die Welt einzuwirken ver-

suchen, ähnlich den Existenzsphären Kierkegaards. *Die Ehe des Herrn Mississippi* ist deshalb das Theaterstück Dürrenmatts, das wohl am stärksten vom dänischen Philosophen inspiriert wurde.

Deutungsaspekte, Positionen der Forschung

Nach drei Stücken, deren Handlung in weltgeschichtlichen Zusammenhängen spielt (*Es steht geschrieben* in der Reformation; *Der Blinde* im Dreißigjährigen Krieg; *Romulus der Große* im römischen Reich) und einem gescheiterten Drama, das dem Mythos vom Turmbau zu Babel gewidmet war, experimentiert Dürrenmatt mit *Die Ehe des Herrn Mississippi* an etwas Neuem: einem Stück, das in der Gegenwart spielt und dessen ganze Handlung sich in einem Zimmer entfaltet, um ein Kaffeetischchen herum. Nach Rüedi (2011, 368) geschieht hier ein »Paradigmenwechsel«. Die Aufmerksamkeit gilt nun ganz der Interaktion der Hauptfiguren. Diese spielt jedoch auf verschiedenen Ebenen.

In den frühen Fassungen handelt es sich um eine existentiell-religiöse Konfrontation. Wie Habermann (1997) und Maharens (1990) überzeugend gezeigt haben, vollzieht sich mit dem Drehbuch und den späteren Fassungen eine Verschiebung zur politischen Komödie. Mit den Worten Dürrenmatts: »[A]us einer mehr vielleicht religiös bestimmten Komödie wurde eine politische Farce« (G 1, 128). Habermann (1997, 349) spricht von einer »Posse«. Die Hauptfiguren vertreten Ideologien, die am Zynismus der Machtverhältnisse scheitern. Mississippi und Saint-Claude rücken ins Zentrum. In einer noch im Gang befindlichen Forschungsarbeit interpretiert Michael Fischer das Stück vor dem Hintergrund des Kalten Krieges. Hier wird Übelohe zum Vertreter eines »dritten Weges«, orientiert am Einzelnen.

In der Fassung für die Werkausgabe hat Dürrenmatt wiederum diese politische Dimension teilweise zurückgenommen. Das spricht dafür, die existentiell-religiöse Perspektive der frühen Fassungen nicht ganz zu vernachlässigen. Aus dieser Sicht spielt die Gestalt des Grafen eine wichtigere Rolle. Das zeigt sein – durch alle Fassungen hindurch erhalten gebliebener – Monolog (WA 3, 56–60), von dem Dürrenmatt in der zitierten Nachlass-Notiz sagt: »Im Übrigen habe ich dem Monolog des Grafen Bodo von Übelohe-Zabernsee nichts hinzuzufügen« (SLA-FD-A-m105_I).

An dieser Stelle bringt Übelohe das Grundanliegen des Autors explizit zum Ausdruck: Er glaube diesem, dass er seine Figuren nicht leichtfertig erschuf, »son-dern daß es ihm darum ging zu untersuchen, was sich beim Zusammenprall bestimmter Ideen mit Menschen ereignet, die diese Ideen wirklich ernst nehmen und mit kühner Energie, mit rasender Tollheit und mit einer unerschöpflichen Gier nach Vollkommenheit zu verwirklichen trachten« (WA 3, 57). Es sei ihm auf die Frage angekommen, ob der Geist eine Welt ändern könne, die ohne Idee existiert (vgl. ebd.).

Der Aufprall leidenschaftlicher Überzeugungen auf eine unverbesserliche Welt: Das gilt hier allgemein als Grundthematik der drei ›Verrückten‹. Der Figur des Grafen kommt jedoch ein besonderes Gewicht zu, weil sein Scheitern eine religiöse Dimension annimmt. Übelohe, der in einer ganz frühen Arbeitsfassung (SLA-FD-E-30-A-2-2) noch John Stämpfli alias Anastasius Sturm hieß, trägt in der Erstfassung explizit christologische Züge, die in den späteren Fassungen verschwinden. So beschreibt er dort das Scheitern an Anastasias Verleugnung als Kreuzigung: »[G]ena-gelt ans Kreuz meiner Lächerlichkeit hänge ich nun an diesem Balken, der mich verspottet, schutzlos, dem Antlitz Gottes entgegengehoben, ein letzter Christ« (Dürrenmatt 1952, 75).

Im Monolog wird ohne christologische Anspielung hervorgehoben, dass Übelohe der Einzige sei, den der Autor »mit ganzer Leidenschaft liebte«, weil er allein das Abenteuer der Liebe auf sich nehme, »dieses erhabene Unternehmen, das zu bestehen oder in dem zu unterliegen die größte Würde des Menschen ausmacht« (WA 3, 58). Doch indem er ihm Anastasia als Geliebte schenkte, habe ihn sein Autor, »dieser zäh-schreibende Protestant und verlorene Phantast«, »in den Tiegel seiner Komödie« geworfen, ihn entwürdigt, um seinen »Kern zu schmecken« (ebd.). Gemäß Übelohe hätten dabei zwei Motive mitgespielt: Einerseits habe ihn der Autor in die Position des Besiegten bringen wollen, »die einzige Position, in die der Mensch immer wieder kommt«, und andererseits habe er prüfen wollen, »ob denn wirklich Gottes Gnade in dieser endlichen Schöpfung unendlich sei, unsere einzige Hoffnung« (ebd.). Auch dieses paradoxe Ineinander von menschlichem Scheitern und göttlicher Gnade ist Kierkegaardscher Prägung.

In *Turmbau* betonte Dürrenmatt, Kierkegaard habe die Grenze der Tragödie aufgezeigt. Diese Spur verfolgt Dürrenmatt auch in *Die Ehe des Herrn Mississippi*, wie er es selbst 1967 (also zwischen der dritten und der vierten Fassung) zur Sprache gebracht hat, indem er das Groteske als Grenze zwischen Tragödie und Komödie hervorhebt. Es möge zynisch klingen, ein Stück, in dem fast alle Helden umkommen, als Komödie zu bezeichnen. Doch echt zynisch wäre vielmehr, es eine Tragödie zu nennen. »[D]enn das Schicksal ihrer Gestalten ist zu grotesk, um unser Mitgefühl zu erwecken, und will dies auch nicht: Das Stück ist bewußt ganz in den Witz hineingehängt. Gerade das Groteske jedoch ist ein Stil der Komödie« (WA 3, 217 f.). Das gilt sowohl für die existentiell-religiöse als auch für die politische Dimension: Auch in der ›Fassung 1970‹ ist der Stil der grotesken Komödie beibehalten, den Dürrenmatt auf Aristophanes, Swift und Wedekind zurückführt.

Nicht mit-leidend, tränenüberströmt und schluchzend, wie die Tragiker, bringe der Autor seine Helden um, sondern hohnlachend. »Er hat zwar Witz, doch geht es in seinem Stück ungemütlich zu. Die Wahrheit sagt er mit einer Grimasse, und die Beziehung, die er zu seinem Publikum hat, ist vielleicht am besten mit jener zu vergleichen, die zwei Faustkämpfer zueinander haben« (218 f.). In *Theaterprobleme* hatte Dürrenmatt dieses Ineinander von Witz und Ungemütlichkeit in Anlehnung an Shakespeare als das Tragikomische, das Tragische aus der Komödie heraus charakterisiert: »Wir können das Tragische aus der Komödie heraus erzielen, hervorbringen als einen schrecklichen Moment, als einen sich öffnenden Abgrund, so sind ja schon viele Tragödien Shakespeares Komödien, aus denen heraus das Tragische aufsteigt« (WA 30, 63).

Literatur
Primärtexte, Quellen

Die Ehe des Herrn Mississippi. Typoskript. o. J. Schweizerisches Literaturarchiv, Sig. SLA-FD-E-30-A-2-2.

Die Ehe des Herrn Mississippi. Eine Komödie in zwei Teilen. Zürich 1952.

Die Ehe des Herrn Mississippi. Eine Komödie in zwei Teilen. Zweite Fassung. In: Komödien I. Zürich 1957, 81–157.

Die Ehe des Herrn Mississippi. Ein Drehbuch mit Szenenbildern. Zürich 1961.

Die Ehe des Herrn Mississippi. Eine Komödie in zwei Teilen. Fassung 1970. Zürich 1972.

Die Ehe des Herrn Mississippi. Eine Komödie in zwei Teilen. Neufassung 1980. In: WA 3, 9–114.

Die Ehe des Herrn Mississippi. Drehbuch. In: WA 3, 115–205.

[Notiz zur dritten Fassung von *Die Ehe des Herrn Mississippi*]. Oktober 1960. Schweizerisches Literaturarchiv, Sig. SLA-FD-A-m105_I.

Sekundärliteratur

Bühler, Pierre: »[Dieser] zähschreibende Protestant und verlorene Phantast«. Der junge Dürrenmatt im Kampf mit seinem Glauben. In: Andreas Mauz u. a. (Hg.): »Wunderliche Theologie«. Konstellationen von Literatur und Religion im 20. Jahrhundert. Göttingen 2015, 199–219.

Habermann, Britta: Friedrich Dürrenmatt: *Die Ehe des Herrn Mississippi*. Von der Komödie zur Posse – ein Vergleich der Fassungen und ihrer Konfiguration. In: Karl Konrad Polheim (Hg.): Die dramatische Konfiguration. Paderborn 1997, 349–377.

Maharens, Gerwin: Franz Wedekinds *Der Marquis von Keith* und Friedrich Dürrenmatts *Die Ehe des Herrn Mississippi*. In: Linda Dietrich u. a. (Hg.): Momentum dramaticum. Festschrift für Eckehard Catholy. Waterloo 1990, 493–519.

Rüedi, Peter: Dürrenmatt oder Die Ahnung vom Ganzen. Biographie. Zürich 2011, 360–375.

Pierre Bühler

22 Ein Engel kommt nach Babylon

Entstehungs- und Publikationsgeschichte

Wie Dürrenmatt 1977 im Programmheft der Uraufführung zu Rudolf Kelterborns Opernbearbeitung (Abdruck in WA 4, 128–133) wissen lässt, entstand der erste Akt des Dramas bereits 1948, angedacht als Auftakt einer als solche nie realisierten Komödie mit dem Titel *Der Turmbau zu Babel*. Im gleichen Jahr verbrannte Dürrenmatt fast alle Entwürfe des Projektes – Inhalt und Gründe, die zum Scheitern führten, sind in *Stoffe IV–IX* skizziert (vgl. WA 29, 50–58) –, bevor er den *Turmbau*-Komplex mit dem zwischen 1950 und 1953 entstehenden *Engel* doch wieder aufgreift: Er rekonstruiert den ersten Akt, schließt dann aber eine andere Handlung an, in der die zum Turmbau führenden Gründe entfaltet werden. Geplant ist nun eine Trilogie zum Turmbau-Stoff (vgl. WA 4, 128), die ebenfalls nie realisiert wird. Noch 1953 erfährt die Komödie ihre Uraufführung am 22.12. in den Münchner Kammerspielen (R.: Hans Schweikart); es schließen sich Aufführungen am Düsseldorfer (9.1.1954) und, die erste Aufführung in der Schweiz, am Zürcher Schauspielhaus (30.1.1954, R. beide Male: Oskar Wälterlin) an; am 15.5.1954 folgt die österreichische Erstaufführung im Akademietheater Wien (R.: Joseph Glücksmann).

Die im Arche Verlag erscheinende Druckfassung mit dem Untertitel *Eine Komödie in drei Akten* liegt erstmals 1954 vor; eine mit überarbeitetem drittem Akt erscheinende zweite Fassung (Untertitel: *Eine fragmentarische Komödie in drei Akten*) wird 1957 als Einzelausgabe und im Sammelband *Komödien I* gedruckt und am 6.4. am Deutschen Theater Göttingen aufgeführt (R.: Horst Loebe). 1963 inszeniert William Dieterle im Rahmen der Bad Hersfelder Freilichtspiele diese zweite Fassung; vom Hessischen Rundfunk aufgezeichnet erlebt die Aufführung am 18.11.1964 ihre Ausstrahlung. Gemeinsam mit Kelterborn überarbeitet Dürrenmatt zwischen November 1974 und August 1976 die Komödie als Opernlibretto (erschienen 1976 als Begleitheft zur Uraufführung vom 5.6.1977 im Opernhaus Zürich). Die dritte und letzte Fassung schließlich fertigt Dürrenmatt eigens für die Werkausgabe an: eine »Zusammenfassung verschiedener Versionen« (WA 4, 8), basierend auf der Erstfassung und unter Berücksichtigung von Zweitfassung und Libretto. Verwiesen sei abschließend noch auf das Gedicht *Die Geschichte vom großen Turm* (141) und die ebenfalls in der Werkausgabe enthaltenen Fragmente des *Turmbau*-Komplexes *Gespräche über*

den Turm (134–136) und *Der Uhrenmacher* (137–140) sowie prospektiv auf den vierten Band der textgenetischen Ausgabe des *Stoffe*-Projekts (Zürich 2020), in dem die vier überlieferten Akte des gescheiterten *Turmbau*-Dramas erstmals publiziert werden.

Inhalt und Analyse

Im Vorfeld der dramatisch offen (atektonisch) ausgestalteten Komödie stehen politische Reformen König Nebukadnezars: Nachdem sein Vorgänger König Nimrod gestürzt und verhaftet wurde (vgl. WA 4, 17), will dieser sein Reich in den »wahrhaft sozialen Staat« (18) umwandeln. Daher – denn einem sozialen Staat stünde die Notwendigkeit zu betteln nicht zu Gesicht – hat er das Betteln verbieten und sämtliche Bettler in den Staatsdienst aufnehmen lassen (vgl. ebd.). In diesem Kontext entfaltet sich das Szenario des ersten Aktes: Nebukadnezar steht dem letzten verbliebenen Bettler Akki gegenüber, einer Art Diogenes von Sinope oder Eulenspiegel (vgl. Brock Sulzer 1980, 123), der als »freischaffender Künstler« (WA 4, 56) seine erbettelten Reichtümer im Euphrat versenkt (vgl. 52) und sich beharrlich weigert, sein Gewerbe aufzugeben (vgl. 18 f.). Anstatt den Bettler jedoch sogleich hinrichten zu lassen, will es der König zunächst »mit Humanität« versuchen (19): Verkleidet als der »Erste Bettler von Ninive« (25) sucht er den Meisterbettler auf, um diesen zu »überreden, dem Staatsdienst beizutreten« (19).

In diese Konstellation hinein stößt der titelgebende Engel. Herabgestiegen aus dem »unermeßliche[n] Himmel [...], in dessen Mitte der Andromedanebel schwebt« (13), bringt er das just von Gott »aus dem Nichts« (14 f.) erschaffene Mädchen Kurrubi (partiell lautlich isomorph zu Cherub), das er, ohne zu wissen warum, dem »geringsten der Menschen zu übergeben« hat (16). Dieser Geringste soll, so entnimmt es der Engel seiner Karte, Akki sein, »der einzige noch erhaltene Bettler der Erde« (ebd.). Unversehens sieht sich der Engel nun aber zwei Bettlergestalten gegenüber. Antwort auf die Frage, wer der geringere ist und Kurrubi erhält, soll ein Wettstreit geben, der zugleich auch über Akkis Eintritt in den Staatsdienst entscheidet (vgl. 26 f.). Der bettlerischen Virtuosität Akkis ist Nebukadnezar freilich nicht gewachsen. Nicht nur dass Akki ein Vielfaches mehr an Almosen erhält; ihm gelingt, woran Nebukadnezar (obgleich er sich als König zu erkennen gibt) zuvor kläglich scheitert: den verhafteten Exkönig Nimrod, der während des Wett-

J. B. Metzler © Springer-Verlag GmbH Deutschland, ein Teil von Springer Nature, 2020
U. Weber / A. Mauz / M. Stingelin (Hg.), *Dürrenmatt-Handbuch*, https://doi.org/10.1007/978-3-476-05314-5_22

streits durch die Szenerie geschleppt wird, aus den Händen seiner Wachen zu erbetteln (vgl. 27–39).

Somit erhält Nebukadnezar das Mädchen, das sich überdies längst in den vermeintlichen Bettler verliebt hat (vgl. 33). Der König aber vermag Kurrubi, die »Gnade des Himmels« (42), nicht anzunehmen. Wie nur kann der Himmel ihm in der Rolle des Bettlers das Geschenk der Gnade machen? Wie es wagen, sie nicht dem König zu geben, der ihrer bedarf? Voller Zorn verstößt Nebukadnezar das Mädchen und tritt es im Tausch gegen Nimrod an Akki ab (vgl. 46–48).

Fortan lebt Kurrubi mit dem Meisterbettler. Rasch jedoch wird das Mädchen zum Objekt kollektiver Begierde und Eifersucht: Während sich Arbeiter, Bankiers und Weinhändler in das Mädchen verlieben, es begehren und besitzen wollen, begegnet ihm das weibliche Volk mit Hass. Ein sich entspinnender Tumult wird durch das erneute Erscheinen des Engels aufgelöst, das mit einer regelrechten Bekehrungswelle (vgl. 70 f. u. 96) und dem Beschluss einhergeht, Kurrubi zur Königin zu machen (vgl. 72 f.). Akki indes soll nun doch hingerichtet werden. Ihm aber gelingt ein weiteres Glanzstück seiner Bettlertätigkeit: Er erbettelt sich den Beruf seines Henkers (vgl. 80–84), was ihm gestattet, sich ebenfalls am königlichen Hof zu bewegen.

Von der Euphratbrücke, unter welcher der zweite Akt spielt, verschiebt sich die Handlung im Schlussakt in den königlichen Thronsaal, den das Volk – im religiösen Eifer und in der Absicht, Nebukadnezar zur Ehe mit Kurrubi zu drängen – im Begriff zu stürmen ist. Doch obgleich das Mädchen vor Nebukadnezar steht und in ihm den vermeintlichen Bettler erkennt (die Anagnorisis des Stücks), verweigert sie sich der Ehe. Warum? Weil sie nur den Bettler Nebukadnezar, nicht aber das »Gespenst« (102) des Königs liebe: »Du bist«, so sagt sie, »Schein; der Bettler, den ich suche, ist Wirklichkeit« (113). Damit zerschlägt sie das politische Ränkespiel, die Macht des Königs qua Heirat »metaphysisch zu verankern« (98). Verzweifelt kommt man überein, den Engel gegen die Hälfte der Staatseinkünfte durch die Theologie leugnen zu lassen (vgl. 108 f.) und Kurrubis göttliche Herkunft abzustreiten: Sie soll »zur ausgesetzten Tochter des Herzogs Lamasch« (109) erklärt werden. Als dann das Volk tatsächlich in den Thronsaal eindringt, erfährt Kurrubis Schicksal eine letzte Wendung. Da niemand, weder König noch Volk, dem Nebukadnezar das Mädchen anbietet, sich entschließen kann, zu jenem Bettler zu werden, den Kurrubi sucht, beschließt man, sie hinrichten zu lassen. Vom König um seiner Macht, vom Minister um der Staatskunst, vom Priester um

der Theologie, vom Volk endlich um seiner Habe willen verraten (vgl. 121), wird das Mädchen Akki übergeben, der in der Amtstracht des Henkers unerkannt bleibt (vgl. 120). Voller Zorn und (Selbst-)Hass erklärt Nebukadnezar, den mythischen Turm zu Babylon zu errichten, »durchmessend die Unendlichkeit, mitten in das Herz meines Feindes« (121), während Akki mit Kurrubi in die Wüste flieht (vgl. 122 f.).

Deutungsaspekte, Positionen der Forschung

Die zentrale Opposition des Stücks ist deutlich: Möglichkeit der Gnade, Menschlichkeit, Freiheit und Armut auf der einen, Macht, gesellschaftliche Position und Geld auf der anderen Seite. Das manifestiert sich auch in der Figurenkonstellation: Akki und Kurrubi vs. Nebukadnezar und (Hof-)Volk (vgl. auch Paganini 2004, 93, die die Opposition auf Nebukadnezar und Akki beschränkt).

Mit dem Begriff der Gnade (s. Kap. 67) ist bereits die theodizeeische Dimension angesprochen, auf die Dürrenmatt selbst verwiesen hat (vgl. WA 31, 147). Wenngleich man im Stück sicherlich keinem »deus absconditus« begegnet, der »seine Schöpfung [...] sich selbst überläßt« (Jenny 1967, 50), so doch einem »zerstreuten Weltschöpfer«, »der seine Schöpfungen offenbar immer wieder vergesse« (WA 31, 147). Und nicht nur, dass Dürrenmatt selbst vom Himmel als dem »Unbegreiflichen« (WA 30, 46) sprach; angesichts eines Engels, der – mehr Physiker als Anthropologe (vgl. WA 4, 42) – »dem Menschenschicksal gegenüber unempfindlich« (Brock-Sulzer 1980, 121) ist und keinerlei Wissen über die Pläne und Absichten Gottes hat (vgl. WA 4, 15), wird fraglich, was Gott über die Menschen weiß. »Gegenseitiger Agnostizismus« (Große 1998, 67) herrsche in der gnadenlosen Welt des Stücks (vgl. ebd., 64).

Zugleich darf man aber nicht übersehen, dass die Unmöglichkeit der Gnade Schuld der menschlichen Hybris ist: Erwies sich im *Turmbau* die in Kurrubi allegorisierte Gnade noch als »Gericht des Himmels über die Menschen«, wandelt sie sich im *Engel* zu einem »Angebot des Himmels, das die Menschen vor die freie Wahl stellt und zu Richtern macht« (Wirtz 2000, 151). Der Turmbau, so Dürrenmatt, erfolge weniger »aus der Wut des Königs Nebukadnezars heraus, daß Kurrubi, das Geschenk des Himmels, für den ärmsten der Menschen bestimmt war, sondern vielmehr seiner unermeßlichen Empörung wegen, daß der Himmel offenbar ihn, der sich doch für den mächtigsten der Menschen hielt, als den ärmsten betrachtete« (WA 4, 128). Wie in der *Genesis* (1. Mose 11,1–9) versteigen sich die Menschen; sie sind »durch ihre blutigen Welthändel« unfähig, die »greifbare Gnade« zu sehen und anzunehmen (Knopf 1987, 69). Allein Akki scheint der Gnade würdig zu sein (vgl. Paganini 2004, 95); ihm, »der sie am wenigsten braucht« (Jenny 1967, 58), fällt sie zu, weniger weil er sie verdient (vgl. Knapp 1980, 55), sondern weil er sich – im Gegenteil – eben nicht um sie bemüht. In ihm begegnet man einem jener mutigen Menschen (s. Kap. 72), von denen Dürrenmatt in *Theaterprobleme* spricht (vgl. WA 30, 63): einem, »der sich in einem totalen Staat die Freiheit bewahrt hat« (Poser 1975, 89) und dem es gelingt, sich nicht etwa als Revolutionär, aber als »Lehrer« und »Erzieher der Völker« (WA 4, 39) der Welt gegenüber zu positionieren. »Die Chance«, so hat es Ulrich Weber formuliert, »sah Dürrenmatt abseits der grossen Imperien und Turmbauten, an den Rändern der Gesellschaft« (2006, 88). Insofern wird das Stück lesbar als Reflexion des vergeblichen menschlichen Bemühens um Permanenz: sei's in Form des Staates, der Stadt Babylon (vgl. Gabor 2006, 177), sei's allgemeiner in Form einer *doxa*: einer Ideologie, einer Ökonomie, eines bestehenden Machtverhältnisses usw. Die Nichtigkeit all dessen erfasst Akki, der sich »jedes Jahrhundert einen anderen Namen zusammen[bettelt]« (WA 4, 22): Zeichen seines kontingenten und gewissermaßen antidoxalen Wesens. Ob man im *Engel* allerdings die »endgültige Absage des Autors an metaphysische Lösungsversuche der diesseitigen Misere« (Knapp 1980, 56) erkennen muss oder sich aus den zahlreichen (Neu-)Bearbeitungen des Stoffes (vgl. Wirtz 2000) ein versöhnlicheres Bild zeichnen ließe, bliebe zu diskutieren.

Literatur
Primärtexte

Ein Engel kommt nach Babylon. Eine Komödie in drei Akten. Zürich 1954.

Ein Engel kommt nach Babylon. Eine fragmentarische Komödie in drei Akten. Zweite Fassung. Zürich 1957.

Ein Engel kommt nach Babylon. Oper in drei Akten. Kassel 1976.

Ein Engel kommt nach Babylon. Eine fragmentarische Komödie in drei Akten. Neufassung 1980. WA 4.

Der Turmbau zu Babel. In: WA 29, 50–58.

Friedrich Dürrenmatt interviewt F. D. In: WA 31, 139–167.

Sekundärliteratur

Brock-Sulzer, Elisabeth: Ein Engel kommt nach Babylon [1954]. In: Daniel Keel (Hg.): Über Friedrich Dürrenmatt. Zürich 1980, 120–123.

Gabor, Olivia G.: The Stage as ›Der Spielraum Gottes‹. Bern 2006, 159–207.

Große, Wilhelm: Friedrich Dürrenmatt. Stuttgart 1998, 59–67.

Knapp, Gerhard P.: Friedrich Dürrenmatt. Stuttgart 1980, 54–56.

Knopf, Jan: Der Dramatiker Friedrich Dürrenmatt. Berlin 1987, 66–72.

Paganini, Claudia: Das Scheitern im Werk von Friedrich Dürrenmatt. »Ich bin verschont geblieben, aber ich beschreibe den Untergang.« Hamburg 2004, 92–95.

Poser, Therese: Friedrich Dürrenmatt. In: Rolf Geißler (Hg.): Zur Interpretation des modernen Dramas. Brecht, Dürrenmatt, Frisch [1960]. Frankfurt a. M. 1975, 88–96.

Weber, Ulrich: Friedrich Dürrenmatt oder Von der Lust, die Welt nochmals zu erdenken. Bern, Stuttgart, Wien 2006, 87 f.

Wirtz, Irmgard: Die Verwandlung des Engels. Von Friedrich Dürrenmatts früher Komödie zur späten Prosa *Turmbau IV–IX*. In: Peter Rusterholz, Dies. (Hg.): Die Verwandlung der *Stoffe* als Stoff der Verwandlung. Friedrich Dürrenmatts Spätwerk. Berlin 2000, 145–159.

Benjamin Thimm

23 *Der Besuch der alten Dame*

Der Besuch der alten Dame, geschrieben 1955, uraufgeführt in Zürich am 29.1.1956, wurde ein Welterfolg, der bis heute anhält. Damit rückt diese *Tragische Komödie* (so die Gattungsangabe im Untertitel) in das Feld jener Dramen, die unmittelbar nach dem Zweiten Weltkrieg das internationale Theater prägten und auf den Bühnen des 21. Jahrhunderts noch immer gegenwärtig sind: *Les Mains sales* (1948) von Jean-Paul Sartre, *Death of a Salesman* (1949) von Arthur Miller, *The Cocktail Party* (1949) von T. S. Eliot, *Les Chaises* (1952) von Eugène Ionesco, *En attendant Godot* (1953) von Samuel Beckett, *Cat on a Hot Tin Roof* (1955) von Tennessee Williams und *Long Day's Journey into Night* (1956) von Eugene O'Neill. Schon an dieser fragmentarischen Übersicht ließe sich das breite thematische und formale Spektrum im Theater jener Jahre aufzeigen. Gleichzeitig könnte man hier studieren, welche aktuellen Spielformen auch Dürrenmatt in seinem berühmtesten Stück aufgegriffen hat. Die scheinbar widersprüchliche Verzahnung von Realismus und Groteske, von Gesellschaftsanalyse und komödiantischer Typisierung, von vordergründigem Spektakel und transzendenten Signalen wird einleuchtend, wenn man erkennt, wie sehr sie die Vielfalt der damals modernsten Bühnenarbeit spiegelt. (Zu den verschiedenen Fassungen vgl. die Hinweise in WA 5, 153–155.)

Umriss der Handlung

Kern der Handlung ist ein uraltes Motiv. Man könnte es die Versuchung der Menschen durch den Teufel nennen. Dieser Akt steckt schon im berühmten Bericht vom Apfelbiss im Paradies, ebenso in Mt 4,7, wo der Teufel dem fastenden Jesus in der Wüste »alle Königreiche der Welt und ihre Pracht« verspricht, wenn er ihn dafür anbete. Von diesen Urszenen nähren sich viele volkstümliche Teufelsgeschichten. Eine davon hat Dürrenmatt schon als Kind gekannt und damals auch, wie er selbst berichtet, gezeichnet (vgl. WA 28, 12). Es ist *Die schwarze Spinne* von Jeremias Gotthelf. Diese berühmte Erzählung, auf die Gotthelfs umfangreiches Werk heute weitgehend zusammengeschrumpft ist, nimmt sich aus wie ein fernes Modell für die Geschichte von der *Alten Dame*. Im Unterschied zu den meisten Teufelsgeschichten wird hier nämlich nicht ein Einzelner vom Satan in Versuchung geführt, sondern die Bevölkerung eines ganzen Dorfes, ein Kollektiv also, wie auch die Bewohner von Güllen es sind. Hier wie

dort geschieht ein Verbrechen durch eine Gemeinschaft (vgl. von Matt 2012, 146–150). Wie weit Dürrenmatt dieser Bezug bewusst war, lässt sich nicht entscheiden. Es ist aber auffällig, dass auch das zweite Meisterwerk des Jahres 1955, die Erzählung *Die Panne*, einen Bezug zu Gotthelf aufweist. Ihr Schluss deckt sich mit dem Ende einer der eindrücklichsten Kurzgeschichten dieses Autors: *Wie man kaputt werden kann* (vgl. Gotthelf 1932, 217). In beiden Werken hängt zuletzt ein Selbstmörder im Fensterrahmen, als schwarze Silhouette vor dem Morgenlicht.

Aber Claire Zachanassian, die alte Dame, ist gewiss kein Teufel, wie er bei Gotthelf auftritt. Sie wurde vielmehr als junge, verliebte Frau zum Opfer eines fiesen Kerls und seiner ebenso fiesen Kumpane. Und jetzt, als Edelprostituierte maßlos reich geworden, kehrt sie zurück in die Stadt ihrer Kindheit, um sich zu rächen. Das kann man verstehen, auch wenn der Racheplan grausam ist. Sie fordert, dass die Einwohner von Güllen ihren einstigen Liebhaber, Alfred Ill, umbringen. Dafür wird sie die vergammelte Stadt zu einer *Boomtown* machen, wo noch der letzte Bürger die Taschen voller Geld hat. Dies erklärt sie öffentlich gleich zu Beginn und wartet dann gelassen, bis der Mord geschieht. Sehr lange dauert es nicht.

Soweit in groben Zügen der Plot, und so betrachtet, könnte man auch auf eine recht triviale Handlung schließen. Der ungeheure Erfolg des Stücks, der nunmehr über 60 Jahre andauert – auch in Film und Fernsehen (s. Kap. 60), in Oper (von Einem, Wien 1971) und Musical (Kander/Ebb, New York 2001; Schneider/Reed/Struppeck/Hofer, Thun/Wien 2013) –, müsste dem nicht unbedingt widersprechen. Theater darf immer auch knallendes Spektakel sein. Aber ein späteres Stück von Dürrenmatt, *Der Mitmacher* von 1973, ist noch weit spektakelmäßiger und wurde doch ein bitterer Misserfolg. *Der Besuch der alten Dame* muss ein Geheimnis haben.

Das Geheimnis Zachanassian

Dieses Geheimnis ist die Dame selbst, Claire Zachanassian, geborene Wäscher. Wir wissen alles über ihr Leben, und doch ist ihre Identität unheimlich fluktuierend. Der Autor arbeitet sich gezielt daran ab. Er legt immer neue Bestimmungen ihrer Existenz vor. Viele weist er sofort zurück, dann tauchen sie doch wieder auf. Bei jedem andern Schriftsteller würde man sagen, er wolle durch solche Verwirrungen interessant erscheinen. Dürrenmatt aber ist der gespens-

J. B. Metzler © Springer-Verlag GmbH Deutschland, ein Teil von Springer Nature, 2020
U. Weber / A. Mauz / M. Stingelin (Hg.), *Dürrenmatt-Handbuch*, https://doi.org/10.1007/978-3-476-05314-5_23

tischen Frau gegenüber tatsächlich hilflos, ist nicht Herr über sein eigenes Geschöpf. Und diese Macht, die sie über ihn hat, überträgt sich auf die Leser und Zuschauer. Auch sie, auch wir alle werden mit dieser Zachanassian nicht fertig.

Das hängt mit dem wichtigsten Element von Dürrenmatts Kreativität zusammen: Er ist von Bildern verfolgt. Sie sind unerwartet da und verlangen Gestaltung. Diese kann glücken oder scheitern. Aber das Bild – vielfach sagt er: die Vision – steht immer am Anfang. Die Vision regiert sein Schaffen. »Nicht meine Gedanken erzwingen meine Bilder«, heißt es in der Einleitung zu den *Stoffen*, »meine Bilder erzwingen meine Gedanken« (WA 28, 15). So erschien vor ihm eines Tages diese Zachanassian und erzwang sein Nachdenken, forderte die künstlerische Form.

Im Nachwort erklärt er zunächst, man solle sich über die Person der Frau nicht weiter den Kopf zerbrechen, es sei alles ganz einfach. Bei der Begründung aber gelangt er zum genauen Gegenteil, zur Beschwörung einer dämonischen Gestalt. Dieser Widerspruch verlangt eine genaue Betrachtung. Der Autor schreibt: »Claire Zachanassian stellt weder die Gerechtigkeit dar noch den Marshallplan oder gar die Apokalypse, sie sei nur das, was sie ist, die reichste Frau der Welt, durch ihr Vermögen in der Lage, wie eine Heldin der griechischen Tragödie zu handeln, absolut, grausam, wie Medea etwa. Sie kann es sich leisten. Die Dame hat Humor, [...] eine seltsame Grazie ferner, einen bösartigen Charme. Doch, da sie sich außerhalb der menschlichen Ordnung bewegt, ist sie etwas Unabänderliches, Starres geworden, ohne Entwicklung mehr, es sei denn die, zu versteinern, ein Götzenbild zu werden« (WA 5, 142 f.).

Das geht weder logisch noch psychologisch auf, wird aber sofort stimmig, wenn man es als den tastenden Versuch des Dichters liest, die Vision zu beschreiben, von der er förmlich besessen ist. Und wer sich länger mit Dürrenmatt beschäftigt hat, weiß ohnehin: Sobald dieser Mann etwas bestreitet, muss man aufmerken. Denn was er verneint, hat stets eine eigene Wahrheit. So gehört die Gerechtigkeit sehr wohl zur Zachanassian, gebraucht sie das Wort doch fast wie einen Refrain. Auch steht das Stück durchaus in einem Bezug zum Marshallplan; der Untertitel lautete ja zunächst *Komödie der Hochkonjunktur* (ebd., 139). Und schließlich ist die Vision dieser Frau tatsächlich auch mit der Apokalypse verknüpft. Denn nicht nur wird sie laufend als Hure bezeichnet und nennt sich auch selbst so, sondern der gebildete Lehrer spricht sie explizit an als »Erzhure, die ihre Männer wechselt vor

unseren Augen« (ebd., 102). Mit diesem Wort »Erzhure« rückt sie in die Nähe der *Magna meretrix*, der *Großen Hure Babylon* in der Johannes-Apokalypse (Offb 17 f.), einer mythischen Gestalt, deren Auftritt den Weltuntergang und das Weltgericht ankündigt (vgl. Schu 2007, 145 f. und passim).

Dürrenmatt bestätigt diesen Zusammenhang in einer Schlussszene, die er für die deutsche Erstaufführung schrieb. Darin ruft die Zachanassian, als sie mit Ills Leiche abreist, den reichgewordenen Bürgern (und Mördern) zu: »Einst war die Hure ich, die Huren seid jetzt ihr. / Doch auch ihr, meine Herren / Werdet sehn mich wiederkehren / Und kehr ich wieder, werdet ihr verlieren / Man wird mit euch verfahren wie mit Tieren / Ich bin das Ende und das End ist nah / Nicht mitzulieben, mitzuhassen bin ich da« (SLA-FD-A-m24_IX, vgl. Weber 2010, 103). Zwar hat er diese Verse in den Druckfahnen der Buchausgabe wieder gestrichen; die Ankündigung des großen Untergangs, der Letzten Dinge, erschien ihm wohl als überdeutlich, und sie kollidierte auch mit dem triumphalen Schlusschor der Bürger. Dennoch ist der Text ein wertvolles Dokument für die apokalyptische Dimension von Dürrenmatts unheimlichster Heldin.

Dazu gehört auch ihr rätselhaftes ›Versteinern‹, das sie dem Tod zu entziehen scheint. Dürrenmatt spricht davon im obigen Zitat aus dem Nachwort, und bei ihrem letzten Auftritt im Stück wird sie beschrieben, wie sie in ihrer Sänfte sitzt, »unbeweglich, ein altes Götzenbild aus Stein« (WA 5, 134). Damit in untergründiger Beziehung steht wiederum das Motiv im Stück, dass ihr Körper zu einem großen Teil aus Prothesen besteht.

In der Apokalypse des Johannes reitet die *Große Hure Babylon* auf einem Tier mit sieben Köpfen, hat einen goldenen Becher in der Hand und ist überreich geschmückt mit Perlen und Juwelen. So wurde sie von Dürer bis William Blake vielfach dargestellt. Im ersten Band der *Stoffe* zählt Dürrenmatt Dürers Holzschnitt-Serie über die Apokalypse – dabei auch ein Blatt mit der *Magna meretrix* – zu den Bildern, die ihn als Kind am tiefsten beeindruckten: »Die Bilder stürzten auf mich ein. Sie ließen mich nicht mehr los« (WA 28, 33). Auch die Zachanassian reist mit sieben Begleitern, mehrheitlich monströsen Wesen, darunter ein schwarzer Panther, und ihr Reichtum ist ebenfalls unbegrenzt. Dennoch wäre es falsch, in diesen Anspielungen kurzerhand den Schlüssel zum Stück zu sehen. Die Evokation der *Magna meretrix* gehört zum Werk, gehört zur Figur, aber sie ist nicht gleichzusetzen mit deren personaler Identität. Es verhält sich da wie mit der mythischen Gestalt der Medea, mit der die Zachanassian sowohl in Dürrenmatts Nachwort wie im Stück ebenfalls verglichen wird. Sie ist eine Zauberin, Enkelin des Sonnengottes und eine gnadenlose Rächerin, ein furchtbares Denkbild aus dem ältesten Erzählen der Menschheit, von Euripides dramatisiert. Medea und die *Magna meretrix* erscheinen hinter der Bühnenfigur Claire Zachanassian wie riesige dunkle Umrisse.

Ähnlich mehrdeutig muten einzelne ihrer Aussagen über sich selbst an, wenn sie etwa auf das wehleidige Jammern Ills, er habe in der Hölle gelebt, antwortet: »Und ich bin die Hölle geworden« (WA 5, 38). Da rückt die Vorstellung vom Teufel und die Assoziation an die *Schwarze Spinne* wieder nahe. Ebenso zwielichtig ist ihre unmittelbar anschließende Erklärung: »Ich kenne die Welt. [...] Weil sie mir gehört« (ebd.). Friedrich Dürrenmatt war und blieb »ein Dichter der letzten Dinge«, wie Grillparzer sich selbst einmal nannte (Grillparzer 1960, 518), aber er konnte davon nicht im Klartext reden, sondern, um eine Metapher aus der Bühnenanweisung zum Schlusschor aufzunehmen, nur »als gäbe ein havariertes Schiff, weit abgetrieben, die letzten Signale« (WA 5, 132).

1953, drei Jahre vor der Niederschrift des *Besuchs der alten Dame*, hatte Dürrenmatt das Kerngeschehen des Stücks bereits für eine Novelle entworfen, mit einem rachesuchenden Heimkehrer als Hauptfigur. Davon sind nur wenige Aufzeichnungen erhalten. Für sein Spätwerk *Stoffe* hat er dieses imaginäre Projekt um 1978 doch noch ausgeführt, als eine Art Erinnerungsspiel, unter dem ursprünglichen Titel *Mondfinsternis* (WA 28, 171–269). Von der Zachanassian, seiner komplexesten Schöpfung, ist dabei keine Spur vorhanden (Rusterholz 2017).

Das Gefüge des Stücks

Es ist erstaunlich, dass das dramatische Gefüge dieses Stücks nicht auseinanderbricht. Denn was um die Zachanassian herum geschieht, ist schrill und grotesk, von einer Slapstick-Komik, die keinen Effekt scheut, während die Handlung um ihren einstigen Geliebten Alfred Ill unaufhaltsam ernster und schließlich im strengen, im antiken Sinne tragisch wird. Anfangs ist Ill ein egoistischer Spießer wie alle andern, noch immer der fiese Kerl, der einst das Mädchen Klara verraten und zwei Kumpane zum Meineid angestiftet hat. In seiner wachsenden Einsamkeit aber, als er sich schrittweise von allen im Stich gelassen und dem Tod ausgeliefert sieht, erkennt er seine Schuld und stimmt

schließlich seiner Ermordung zu. Ein einziges Mal, dem Bürgermeister gegenüber, spricht er sich darüber aus, und er nennt, was er jetzt erfährt und was ihm bevorsteht: »Gerechtigkeit« (WA 5, 109). Dieses ernste Geschehen steht in schroffem Gegensatz zum Bereicherungstumult der Güllener und zu den Clownerien von Zachanassians Begleitung. Aber der Autor schafft es, dass die Dissonanzen nicht als Stilbruch empfunden werden. Alles erscheint als ein zwingendes Gefüge und stellt damit die kompositorische Meisterschaft des Stücks unter Beweis.

Diesen Aufbau gliedern die zwei Szenen draußen im Wald, wo das einstige Liebespaar sich wieder trifft. In der ersten, im ersten Akt, ist Ill noch ganz der Heuchler, der glaubt, die Frau wieder um den Finger wickeln zu können; in der zweiten, im dritten Akt, ist er verwandelt, bereit zu sterben, und er spricht ganz sachlich vom Sarg, der in der Stadt für ihn bereit steht. Er dankt sogar für dessen reichen Schmuck. Und obwohl alles nach dem unerbittlichem Willen der Zachanassian abläuft, lebt die alte Liebe noch einmal auf zwischen den beiden, und der Abschied mit den einfachen Worten: »Adieu, Alfred« – »Adieu, Klara« wird zum ergreifendsten Moment des Werks (ebd., 118). Diese zwei Waldszenen halten die voranstürzende Handlung, die *Präzipitation*, wie Schiller die zielgerichtete Dynamik auf der Bühne nennt, je für eine kurze Zeitspanne auf und verleihen so dem Ganzen eine markante Struktur.

In der Neufassung 1980 hat Dürrenmatt zwischen diese zwei einsamen Begegnungen noch eine dritte gerückt, im zweiten Akt, in der genauen Mitte des Stücks (ebd., 78 f.). Ill ist hier nicht mehr der üble Schmeichler wie im ersten Akt, aber auch noch nicht von der tragischen Einsicht gezeichnet wie im dritten. Ihn hetzt vielmehr eine verzweifelte Panik. Er verlangt von der Frau den Abbruch ihres tödlichen Spiels, und in einem atemraubenden Moment richtet er sogar das Gewehr auf sie. Sie aber redet ruhig weiter von ihrer einstigen Liebe – geisterhaft unverletzbar. Da senkt Ill das Gewehr und beginnt zu begreifen. Dramaturgisch ist dies die Peripetie des Stücks.

Die Modernität der Bühne

Die breite Popularität dieses Werks hat dazu geführt, dass auch Volksbühnen es bald mit Begeisterung aufzuführen begannen. Dabei wurde die schneidende Modernität der Form meistens gedämpft und den herkömmlichen Bühnengewohnheiten angeglichen. Aber auch Theater von Rang neigen heute dazu, die szenischen Kühnheiten zurückzubinden. Zum Beispiel verlangt die Bühnenanweisung, dass die Bäume des Waldes, in dem das alte Paar sich trifft, von Schauspielern verkörpert werden, die einige Äste in den Händen tragen. Und als Klara ausruft: »Schau mal, ein Reh« (37), muss einer dieser Schauspieler über die Bühne rennen; ein anderer klopft mit dem Hausschlüssel auf seine Tabakpfeife und ist mithin ein Specht. Das macht jeden konventionellen Bühnenrealismus unmöglich. Um die Zuschauer nicht zu irritieren, hat man daher schon früh versucht, die extravaganten Szeneneinfälle wirklichkeitsnäher und also publikumsfreundlicher zu machen. Je mehr aber dieses Werk den Volksstücken Horváths oder Zuckmayers angeglichen wird, umso mehr verschwindet auch seine beklemmende Grausamkeit, und die apokalyptischen Zeichen, die Andeutungen eines Mysterienspiels, verblassen.

Theatergeschichtlich folgt Dürrenmatts Bühne hier deutlich dem Vorbild Thornton Wilders, insbesondere dem radikal entleerten Raum in dessen Stück *Our Town – Unsere kleine Stadt*. 1938 wurde es in den USA uraufgeführt, die deutschsprachige Erstaufführung folgte bereits 1939 im Schauspielhaus Zürich. Dabei spielten u. a. Therese Giehse, Ernst Ginsberg und Leonard Steckel – drei Schlüsselfiguren in Dürrenmatts späterer Theaterkarriere. Im Diskurs über den Dramatiker Dürrenmatt ist Wilder heute hinter der Gestalt Brechts fast völlig verschwunden, obwohl der Amerikaner für die szenische Form der frühen Stücke sowohl Dürrenmatts wie Frischs prägender war als Brecht. Im Nachkriegsdeutschland verkörperte *Unsere kleine Stadt* als meistgespieltes Stück die Theatermoderne schlechthin (vgl. Beckmann 1966, 130–132).

Wilders maßgebliche Leistung war die radikale Ausräumung der Illusionsbühne mit ihren bunten Kulissen und lebensechten Requisiten. Er braucht nichts weiter als ein, zwei Tische und einige Stühle, die dann für alles Mögliche stehen können. In der *Kleinen Stadt* kommt dazu ein Spielleiter, der dem Publikum laufend erklärt, was passiert und was die Stühle von Fall zu Fall darstellen. In der *Alten Dame* gibt es diesen Spielleiter nicht, die legendären Wilder-Stühle aber sehr wohl. So werden in der zweiten Fassung für die Autofahrt der Familie Ill statt eines Wagens kurzerhand vier Stühle auf die Bühne gerückt, den Rest muss man sich nach den Worten und Gesten der Spieler vorstellen. Im Nachwort äußert sich Dürrenmatt dazu auf etwas verrätselte Weise. Er schreibt: Man »spiele auch die Autoszene einfach, am besten mit vier Stühlen. (Diese Szene hat nichts mit Wilder zu tun – wieso? Dialektische

Übung für Kritiker.)« (WA 5, 142). Dürrenmatt bestreitet hier einmal mehr etwas, das er gleichzeitig eingesteht. Ohne Zweifel operiert er nämlich in der Szene mit Stühlen, wie Wilder es tut, aber ebenso berechtigt ist seine im Klammersatz versteckte Aussage, dass die bühnentechnische Anlehnung an den US-Amerikaner die schroffe Differenz zwischen dem bürgerlich-humanen Thornton Wilder und dem Apokalyptiker Friedrich Dürrenmatt nicht verwischen darf.

Wieweit Wilders antiillusionistische Szenerie, eine *Arte povera* des Theaters, auch mit Brechts epischem Theater zu tun hat, ist hier nicht zu fragen. Die beiden nahezu gleichaltrigen Dramatiker wussten voneinander. Wilder beherrschte die deutsche Sprache und lebte 1928 in Berlin. Brechts berühmte Gegenüberstellung von dramatischem Theater und epischem Theater (Brecht 1967, 1009 f.) wurde 1931 veröffentlicht, im selben Jahr erschien auch das Stück von Wilder, das seine Ästhetik der leeren Bühne erstmals konsequent verwirklichte – und dabei für eine Autofahrt vier Stühle bereitstellte: *The Happy Journey to Trenton and Camden / Eine glückliche Reise* (vgl. Wixson 1972).

Die Paradoxie des Tempos

Wenn man die dramaturgischen Verfahren im *Besuch der alten Dame* studiert, ist auch von einem Phänomen zu sprechen, das beim Lesen oder Zuschauen kaum auffällt, tatsächlich aber eine faszinierende Paradoxie darstellt. Die erlebte Geschwindigkeit der Handlung, die *Präzipitation* des Stücks, steht in einem schroffen Gegensatz zur Zeitstrecke, die für das tatsächliche Geschehen angenommen werden muss. Zu Beginn des Ganzen ist die Stadt Güllen im Zustand eines trostlosen Ruins. Häuser, Kirchen und Fabriken sind am Zerfallen, die Einwohner hungrig und verlumpt. Es besteht keine Hoffnung auf eine Sanierung. Dann erscheint Claire Zachanassian, verspricht die ökonomische Wiedergeburt der Stadt und Wohlstand für alle. Die Einwohner müssen dafür bloß ihren Mitbürger Alfred Ill töten. Dieses Ansinnen weisen sie empört zurück, beginnen aber umgehend, sich mit allem Schönen und Kostbaren einzudecken, auf Kredit und im schweigenden Vertrauen auf die baldige Liquidierung ihres Mitbürgers. Daraus ergibt sich einer der stärksten Bühneneffekte des Stücks und ein legendäres Zeugnis für Dürrenmatts theatralischen Instinkt. An den neuen, leuchtend gelben Schuhen, den teuren Kleidern, Fahrzeugen und Delikatessen kann das Publikum die wortlose Zustimmung der Menschen von Güllen zum Todesurteil mit eigenen Augen verfolgen.

Das läuft rasch ab, dauert, so will es scheinen, nur wenige Tage. In dieser Zeit sitzt die Zachanassian auf dem Balkon ihres Hotels und blickt dem Einkaufstrubel regungslos zu. Und bald vollzieht man denn auch, um des Reichtums willen, den Justizmord nach den bewährten Regeln der direkten Demokratie.

Als die alte Dame am Schluss den ungeheuren Scheck überreicht und mit dem toten Geliebten verschwindet, stimmen die Frauen und Männer von Güllen den Schlusschor an, eine Travestie auf das zweite Chorlied in der *Antigone*. Darin beschreiben und feiern sie den wiedererlangten Wohlstand und die neue Herrlichkeit ihrer Stadt.

Dieser rasante Ablauf ist ein Triumph der dramatischen *Präzipitation* über die Logik der Handlung. In Wahrheit könnte die Wiederherstellung Güllens jetzt erst langsam beginnen. Sie ist aber bereits vollendet, und der Widerspruch stört uns als Zuschauer nicht. Wir sind mitgesaust im unwiderstehlichen Zug der szenischen Dynamik und folgerichtig am Ziel angelangt. Alles stimmt, auch wenn es so gar nicht sein kann.

Diese kühne Operation mit der Zeit ist nur möglich durch eine berechnete Geschwindigkeit des dramatischen Prozesses, die uns die natürlichen Zwischenräume vergessen lässt. Dürrenmatt macht hier genau das, was Schiller einmal triumphierend über seine Arbeit am *Wallenstein* schreibt: Es sei ihm gelungen, »die Handlung gleich vom Anfang in eine solche Präzipitation und Neigung zu bringen, dass sie in stetiger und beschleunigter Bewegung zu ihrem Ende eilt« (Schiller/Goethe 1912, 416). Das berühmteste Beispiel aus der Theatergeschichte für diese Kunst des gesteigerten Tempos über breite Zeitlücken hinweg ist Shakespeares *Macbeth*. Die großen Dramatiker begegnen einander über die Jahrhunderte hin in den Kunstgriffen ihres Handwerks, zu denen sie in der Regel schweigen. Friedrich Dürrenmatt ist einer von ihnen.

Literatur

Primärtexte

Der Besuch der alten Dame. Eine tragische Komödie in drei Akten. Zürich 1956.

Der Besuch der alten Dame. Tragische Komödie. WA 5.

Mondfinsternis. In: WA 28, 171–269.

Brecht, Bertolt: Anmerkungen zur Oper *Aufstieg und Fall der Stadt Mahagonny*. In: Gesammelte Werke 17, Schriften zum Theater 3. Frankfurt a. M. 1967, 1004–1016.

Brief von Schiller an Goethe am 2. Oktober 1797. In: Der Briefwechsel zwischen Schiller und Goethe in drei Bänden, Bd. 1. Hg. von Hans Gerhard Gräf und Albert Leitzmann. Leipzig 1912, 415–417.

Gotthelf, Jeremias: Wie man kaputt werden kann. In: Rudolf Hunziker, Hans Bloesch (Hg.): Sämtliche Werke in 24 Bänden, Bd. 24. Erlenbach-Zürich 1932, 215–217.

Grillparzer, Franz: Gedichte, Epigramme, Dramen I. In: Sämtliche Werke, Bd. 1. München 1960.

Sekundärliteratur

Beckmann, Heinz: Wilder. Velber bei Hannover 1966.

Matt, Peter von: Der Autor in der Falle / Fragmente zu F. D. In: Die tintenblauen Eidgenossen. Über die literarische und politische Schweiz. München 2001, 241–259.

Matt, Peter von: Was bleibt nach den Mythen? Das neue literarische Nachdenken über die Schweiz / Der Liberale, der Konservative und das Dynamit. Zur geschichtsphilosophischen Differenz zwischen Max Frisch und Friedrich Dürrenmatt / Wenn Dürrenmatt Geschichten erzählt. In: Ders.: Das Kalb vor der Gotthardpost. Zur Literatur und Politik der Schweiz. München 2012, 139–156, 191–219.

Rüedi, Peter: Dürrenmatt oder Die Ahnung vom Ganzen. Biographie. Zürich 2011.

Rusterholz, Peter: Differenzen der Geschlechter. Dürrenmatts Mondfinsternis und ihre Genese. In: Ders.: Chaos und Renaissance im Durcheinandertal Dürrenmatts. Hg. von Henriette Herwig und Robin-M. Aust. Baden-Baden 2017, 73–85.

Schu, Sabine: Deformierte Weiblichkeit bei Friedrich Dürrenmatt. Eine Untersuchung des dramatischen Werkes. St. Ingbert 2007.

Weber, Ulrich: Ob die Gemeinschaft würdig sei, in einen Chor auszubrechen – Friedrich Dürrenmatts *Besuch der alten Dame*, textgenetisch betrachtet. In: Elio Pellin, Ulrich Weber (Hg.): »Wir stehen da, gefesselte Betrachter«. Theater und Gesellschaft. Göttingen, Zürich 2010, 87–112.

Wixson, Douglas C., Jr.: The Dramatic Techniques of Thornton Wilder and Bertolt Brecht. A Study in Comparison. Modern Drama 15 (1972), 2, 112–124.

Peter von Matt

24 *Frank der Fünfte*

Entstehungs-, Publikations- und Aufführungsgeschichte

Die Keimzelle des Werks bildete, so Dürrenmatt, eine Theaterprobe der *Titus Andronicus*-Inszenierung von Peter Brook in Paris 1958, die den Autor dazu anregte, ein Shakespearesches Königsdrama moderner Prägung auf die Bühne zu bringen: »Ich kam vom Wunsche nicht mehr los, etwas Wildes, Groteskes, Shakespearehaftes zu schreiben, ein Stück für die Gegenwart« (WA 29, 48). Dürrenmatt war von der Zürcher Neuen Schauspielhaus AG damit betraut worden, eine Ode anlässlich ihres zwanzigjährigen Jubiläums zu verfassen. In Zusammenarbeit mit dem Operettenkomponisten Paul Burkhard entstanden »in etwa zweimal fünf Tagen« (G 1, 119) in Neuchâtel noch vor Skizzierung des Handlungsgerüsts mehrere Chansons, die in der Folge zu einer Oper ausgebaut wurden.

Die Uraufführung von *Frank der Fünfte. Oper einer Privatbank* am Schauspielhaus Zürich vom 19.3.1959 (R.: Oskar Wälterlin) war ein »eklatanter und für den Autor sehr schmerzlicher Mißerfolg« (Helbling 1982, 85). Dasselbe Schicksal erlitt die überarbeitete Bühnenfassung für die deutsche Erstinszenierung an den Münchner Kammerspielen vom 18.10.1960. Nach weiteren Erstaufführungen in Amsterdam, Prag, Wien, Brüssel und Paris kam es im Vorfeld der Bochumer Inszenierung 1963 (R.: Dürrenmatt und Erich Holliger) zur Auseinandersetzung mit dem Intendanten Hans Schalla, worauf der Autor sein Stück per einstweiliger Verfügung sperren ließ. Die Bochumer Fassung fand Eingang in die Neuausgabe von 1964 und mit neuem Untertitel *Komödie einer Privatbank* in den Sammelband *Komödien II und Frühe Stücke* (1963), während der Erstdruck bei Arche 1960 als *Oper* figurierte. Bereits 1966 erfolgte eine neuerliche Umarbeitung zum Drehbuch für den NDR. Das Fernsehspiel wurde mit Hubert von Meyerink (Frank), Therese Giehse (Ottilie), Willy Maertens (Böckmann) und Hans Korte (Egli) in den Hauptrollen am 16.2.1967 erstausgestrahlt. Für die Neufassung 1980 schrieb Dürrenmatt das Werk abermals um und entschied sich für den ursprünglichen Schluss der Zürcher Uraufführung, die mit dem Chorgesang und der Einsicht in den fragil-illusorischen Freiheitswunsch von Machtkollektiven ausklingt. Die erste Buchausgabe betont dagegen den Prozess des Niedergangs qua Ankündigung einer künftigen »Eiswelt« (WA 6, 152), die noch viel schlimmer werde, als die bestehende.

Den Schlusspunkt der Bochumer Fassung schließlich bildet das maliziöse Gelächter, mithin der Triumph der Nachgeborenen über die herrschende Ordnung, wenn Herbert verkündet, die Mutter habe die Bank »saniert« (146). Freiheit wird den Figuren in sämtlichen Schlussfassungen verwehrt.

Frank der Fünfte zählt zu den eher selten aufgeführten Stücken des Autors, hat im Zuge der Finanzkrise 2008 indes wieder an Aktualität gewonnen (zuletzt: Bern 2013, Esslingen bei Stuttgart 2019/2020).

Inhalt und Analyse

Gottfried Frank alias Frank V., Direktor einer traditionsreichen »Gangsterbank« (22), und seine Gattin Ottilie sehen sich angesichts unzeitgemäßer Geschäftspraktiken gezwungen, die Liquidation ihres im Niedergang begriffenen Familienunternehmens einzuleiten. Skrupulös planen sie den Scheintod des Patrons und das Verschwinden des Personals, um dank des abgezweigten Schwarzgelds »den Lebensabend gemeinsam unter einem anderen Namen in einem humaneren Klima« (23) verbringen zu können. Mehrere durch absurde Zufälle ruinierte Geschäfte und die eigenen Kinder durchkreuzen jedoch diesen Plan. Die vermeintlich rechtschaffenen Internatszöglinge Franziska und Herbert erachten die Liquidationsabsichten der Eltern als das eigentliche Verbrechen und erpressen die Bank: Sollten binnen einer Woche nicht 20 Millionen Franken gezahlt werden, droht die Offenlegung des Versicherungsbetrugs. Inmitten dieser Krisensituation versucht jeder noch rasch seine Schäfchen ins Trockene zu bringen. Es kommt zum nächtlichen Showdown der bis an die Zähne mit Maschinenpistolen und Nachschlüsseln bewaffneten Angestellten vor dem Tresor im Keller. Herbert und Franziska geben sich zu erkennen und usurpieren die Bank. In einer zynischen Schlussvolte wird dieser sogar eine Sanierung durch den Staatspräsidenten zuteil, der den Bankrott aufgrund der Größe der verübten Verbrechen und der Verfilzung mit dem Staat vereitelt: »Ich müßte ja die ganze Weltordnung umstürzen« (122).

Frank der Fünfte ist damit im Kern eine Verfallsgeschichte. Der sich auf Handlungsebene Bahn brechende Verfall von Dynastie und Unternehmen geht einher mit einer Genealogie der Amoral und des Werteverfalls auf Ebene der Figuren. In Zeiten des Erfolgs partizipieren die durch die Unternehmensphilosophie augenfällig korrumpierten Bankangestellten nahezu bedingungslos am verbrecherischen Treiben des Hau-

J. B. Metzler © Springer-Verlag GmbH Deutschland, ein Teil von Springer Nature, 2020
U. Weber / A. Mauz / M. Stingelin (Hg.), *Dürrenmatt-Handbuch*, https://doi.org/10.1007/978-3-476-05314-5_24

ses: Sie »[m]orden, prellen und betrügen«, sie »[w]u-
chern, stehlen, hehlen, lügen« (25). Doch der brüchige
Kitt des unheilvollen Zusammenhalts besteht schon
da im Wissen um die Missetaten der andern, im viru-
lenten denunziatorischen Potential und in der Furcht
vor gegenseitiger Entdeckung. Im Augenblick des
ökonomischen Niedergangs beginnt die Loyalität des
Einzelnen zum Kollektiv erwartungsgemäß zu brö-
ckeln. Die Verfallsdynamik ist Ausdruck einer Verunsicherung und eines übergeordneten Ordnungszer-
falls, der sich nahtlos in eine Ästhetik der Moderne
und deren »Entdeckung einer radikalen Kontingenz,
die [...] die Ordnung selbst antastet« (Waldenfels 2006,
19), einlesen lässt. Das Urteil des Staatspräsidenten
Traugott von Friedemann ist insofern an Zynismus
kaum zu überbieten, als dieser selbst Akteur und
Symptom einer Welt ist, deren Ordnung maßgeblich
auf Korruption, Bigotterie und volatilen sozialen
Asymmetrien beruht. Eine Ordnung aber, die den
Rechtsstaat aus den Angeln hebt und zum ohnmächti-
gen Zuschauer degradiert, Politiker als Kollaborateure
entlarvt, die wechselseitige Affinität von Gangster und
Bürger fördert, ist längst gestürzt, ist pervertiert.
Frank der Fünfte wirft mithin ein grelles Schlaglicht
auf eine Welt in Unordnung. Dürrenmatt operationa-
lisiert hierfür den Topos des *mundus inversus*, der als
Instrument der Systemkritik und zur Deutung einer
krisenhaften Welt fungiert: Franks Bank schmückt
sich damit, »noch nie ein ehrliches Geschäft abge-
wickelt« (WA 6, 22) zu haben, der Schalterbeamte Hä-
berlin schwärmt vom freien Leben im Zuchthaus,
Doktor Schlohberg gilt als »Ehrenmann«, da er »noch
jeden unserer Morde durch ein Attest gedeckt« (65)
habe, und Ottilie postuliert als Handlungsmaxime:
»Was ich auch tu, es ist verquer« (47). Lüge und Verbrechen avancieren im frankschen Kosmos zu Tugenden, und das Täterkollektiv stilisiert sich in einem bi-
gotten Gesangsreigen schamlos zu Opfern.

Die Modernität des Stücks liegt neben der Problematisierung eines Ordnungsverlusts und Kontingenz-
zuwachses in der Pluralität seiner ästhetischen Verfahren. Ungeachtet der Kritik an der inkonsistenten
dramatischen Funktion der Musik (vgl. Jauslin 1964,
105 f.) erscheint die Gattungswahl plausibel. Sie kon-
gruiert mit Dürrenmatts Dramenpoetik, deren Entwicklung er in seiner *Standortbestimmung* (1960) auf
die griffige Formel »vom ›Denken über die Welt‹ zum
›Denken von Welten‹« (WA 6, 155) brachte und die
das Fingieren *möglicher* Modellwelten gegenüber der
realistischen Wiedergabe tatsächlicher Gesellschafts-
verhältnisse priorisiert. Die Oper konstituiert eine

Desillusionierung im doppelten Sinne, weil der Wechsel von Figurenrede und -gesang über den verfrem-
denden Akt der Illusionsdurchbrechung hinaus zur
satirisch-moralischen Entlarvung der Figuren beiträgt, die »singen [...], wenn sie lügen« (G 1, 120). Die
Opernform leistet zum andern einer antithetischen
Struktur Vorschub, die sich in diversen motivischen
Antagonismen wie Gangster vs. Bürger, Individuum
vs. Kollektiv oder Eltern vs. Kinder widerspiegelt. Die
an Shakespeares Königsdramen geschulte Kontrast-
ästhetik (vgl. Profitlich 1973, 12 f.) fällt in eins mit einer Ästhetik des Grotesken (vgl. Grimm 1961). Angesichts einer als krisenhaft wahrgenommenen Welt der
Moderne bedient sich Dürrenmatt dieses paradigmatischen Schreibverfahrens zur Darstellung von Zer-
fallsdynamiken, da es das Spannungsverhältnis zwischen Krise und Komik auf der Bühne zu verhandeln
vermag, ohne die Zuschauer durch allzu bereitwillige
Auflösung der Paradoxien und Preisgabe des Ernstes
in ein kathartisches Lachen der Entlastung zu entlas-
sen oder dem erbaulichen Klamauk anheim zu fallen
– den es freilich zumal in den Gesangspartien gibt.

Die Zusammenführung von Komik und Grauen
manifestiert sich am deutlichsten im Protagonisten
selbst, der keine Gelegenheit auslässt, seine humanis-
tische Gesinnung zu betonen, während der selbst-
ernannte »Menschenfreund« (WA 6, 14) gleichzeitig
das mörderische Treiben seiner an Lady Macbeth ge-
mahnenden Gemahlin Ottilie und seiner Angestellten
nicht nur duldet, sondern explizit anordnet. Franks
Moralbezeugungen entpuppen sich als hohles Ritual
eines falschen Priesters, der die »Welt des Geistes« (62)
und die Verehrung für Goethe und Mörike vorschützt,
um seine Verbrechen unter dem Deckmantel der
Menschlichkeit zu camouflieren. Parodistisches Potential entfaltet das Stück bereits qua Franks *telling name*: Akzentuiert die Ableitung aus der Schweizer Wäh-
rung ›Franken‹ die Ökonomie als gesellschaftlichen
Brennpunkt, unterminiert das anklingende Reimwort
›krank‹ zugleich deren Integrität. Über die Kritik am
homo oeconomicus und dessen scheinbar unverbrüch-
lichen Glauben an »die ökonomische Kausalität«
(Durzak 1969, 109) der Welt hinaus verweist das as-
soziierbare ›frank und frei‹ auf das Freiheitsthema. Die
Figuren sind sowohl Gefangene des paranoiden Über-
wachungskollektivs als auch ihres »Selbstbetrugs«
(Jauslin 1964, 108), wenn sie dem naiven Traum vom
Spießerglück mit Familie und Einfamilienhaus anhän-
gen. Ihr Ansinnen ist lediglich ein Feigenblatt, ein un-
aufrichtiger Entlastungswunsch von eigener Schuld.
Freiheit muss für jene, die ihre Missetaten idealistisch

verbrämen, letztlich eine Illusion bleiben: »Die Freiheit ist schön, ach, das wissen wir alle / Doch willst du sie greifen, vergeht sie im Nu« (WA 6, 79).

Deutung und Positionen der Forschung

»[W]ie ißt man Dürrenmatt?« (Loetscher 1980, 162). Auf Hugo Loetschers hintersinnige Frage im Zürcher Programmheft, die den Anfang der kritischen Rezeption des Stücks markiert, haben Literaturkritik und -wissenschaft mit Verdauungsproblemen reagiert und den Autor förmlich aufgefressen bzw. »abgespritzt« (WA 6, 165). Zwar anerkannte man die Bühnenwirksamkeit einzelner Szenen, doch überwog die Kritik an der misslungenen Gesamtstruktur und an Unstimmigkeiten in der Figurenzeichnung. Manche Forscher sprachen der Komödie in Verkennung der primär auf »Problemträchtigkeit« (159) abhebenden Dramenpoetik sogar die Glaubwürdigkeit ab (vgl. Arnold 1969, 75). Kontrovers diskutiert wurde die Frage, inwiefern es sich bei *Frank* eingedenk der augenfälligen formalen und thematischen Analogien um eine Variante, Kopie oder Parodie von Brechts *Dreigroschenoper* handle. Manfred Durzak unterstrich etwa die Zuspitzung der brechtschen Sozialparabel im Sinne einer Umkehr der Räuber-Bürger-Dialektik (vgl. Durzak 1969, 105 f.). Dürrenmatt betonte demgegenüber den Bezug zu Shakespeares *Richard III*. Die Eingangslosung »Wie Helden von Shakespeare« (WA 6, 11) bildet einerseits eine ironische Setzung, da es der willfährige Personalchef Richard Egli ist, der den prätentiösen Vergleich zieht, und die klassischen Helden längst im Kollektiv der Moderne untergegangen sind. Die Referenz akzentuiert andererseits aber ebenso die historische Kontinuität der Gefährdung individueller Freiheit innerhalb hierarchischer Machtsysteme (vgl. Käppeli 2013, 251). Egli benennt im moritatenhaften Prolog bereits das Grundthema, weshalb das verschiedentlich geäußerte Monitum erstaunt, wonach dem Stück eine »zentrale Idee« (Jenny 1970, 79) fehle.

Die zentrale Freiheitsproblematik behandelt auch die tragisch tingierte Böckmann-Szene. Frank und Ottilie haben dem treuen Prokuristen zwei Jahre lang seine Krebsdiagnose verschwiegen, aus Angst, er könne unter Narkose delikate Bankdetails preisgeben. Den Tod vor Augen gelangt Böckmann zur Einsicht der Eigenverantwortlichkeit und der Selbstbestimmtheit des Menschen: »In jeder Stunde hätten wir umkehren können, in jedem Augenblick unseres bösen Lebens. [...] Wir waren frei, falscher Priester, in Frei-

heit erschaffen und der Freiheit überlassen!« (WA 6, 92). Böckmann zeigt, dass der Einzelne seine Entscheidungen der ihm oktroyierten Kollektivzwänge zum Trotz frei treffen kann. Was Loetscher resümieren ließ: »In dieser Entdeckung der Freiheit zum Bösen liegt das Moment des Moralischen bei Dürrenmatt« (1980, 168). Wenn das selbstkritische Individuum die pervertierte Welt auch nicht zurückzukehren vermag, so ist es doch imstande, jederzeit selbst umzukehren. Dass Böckmann die Beichte am Ende verwehrt bleibt, weil Ottilie den ohnehin im Sterben Liegenden umbringt, ist die böse wie geniale Pointe dieser Tragikomödie. Dürrenmatt hielt sie nicht zu Unrecht für »meine beste Szene« (WA 25, 150).

Literatur
Primärtexte
Frank der Fünfte. Oper einer Privatbank. Musik von Paul Burkhard. Zürich 1960.
Frank der Fünfte. Eine Komödie. Mit Musik von Paul Burkhard. Bochumer Fassung. Zürich 1964.
Frank der Fünfte. Komödie einer Privatbank. In: Komödien II und frühe Stücke. Zürich 1963.
Frank der Fünfte. Komödie einer Privatbank. Neufassung 1980. Zürich 1980.
Frank der Fünfte. Komödie einer Privatbank. WA 6.
Friedrich Dürrenmatt interviewt Friedrich Dürrenmatt. In: WA 25, 140–167.
[Gespräch mit] Horst Bienek [1961]. In: G 1, 114–131.
Querfahrt. In: WA 29, 23–84.

Sekundärliteratur
Arnold, Armin: Friedrich Dürrenmatt [1969]. Berlin 1986, 72–76.
Durzak, Manfred: Dürrenmatt, Frisch, Weiss. Stuttgart 1972, 102–115.
Grimm, Reinhold: Parodie und Groteske im Werk Friedrich Dürrenmatts. In: Germanisch-Romanische Monatsschrift 11 (1961), 431–450.
Helbling, Robert: *Frank der Fünfte*. Eine kritische Bilanz der Gangsterbank nach über zwanzig Jahren. In: Armin Arnold (Hg.): Zu Friedrich Dürrenmatt. Stuttgart 1982, 85–96.
Jauslin, Christian Markus: Friedrich Dürrenmatt. Zur Struktur seiner Dramen. Zürich 1964, 104–110.
Jenny, Urs: Friedrich Dürrenmatt. Velber 1970, 73–79.
Käppeli, Patricia: Politische Systeme bei Friedrich Dürrenmatt. Eine Analyse des essayistischen und dramatischen Werks. Köln 2013, 190–264.
Loetscher, Hugo: *Frank V. – Oper einer Privatbank*. In: Daniel Keel (Hg.): Über Friedrich Dürrenmatt. Essays und Zeugnisse von Gottfried Benn bis Saul Bellow. Zürich 1980, 130–138.
Waldenfels, Bernhard: Grundmotive einer Phänomenologie des Fremden. Frankfurt a. M. 2006.

Moritz Wagner

25 *Die Physiker*

»Eine Geschichte ist dann zu Ende gedacht, wenn sie ihre schlimmstmögliche Wendung genommen hat« (WA 7, 91). Dieses Diktum findet sich in Dürrenmatts Kommentar zur Komödie *Die Physiker*, die mit *Der Besuch der alten Dame* zu seinen bekanntesten und auch populärsten Arbeiten für das Theater gehört. Die Erfolgsgeschichte seiner *Komödie in zwei Akten* verdankt sich mit der bühnenwirksam in Szene gesetzten Dramaturgie des Zufalls, der Verhandlung brisanter Zeitfragen im Modus der Groteske sowie der formalen Anlehnung an die Kriminalkomödie entscheidend auch dem Zürcher Schauspielhaus. Dürrenmatt entwickelt *Die Physiker* in enger Zusammenarbeit mit der renommierten Bühne, die das Werk am 21.2.1962 in der Regie von Kurt Horwitz uraufführt. Die Aufführung wird zum Triumph für alle Beteiligten. Der Erfolg ist wechselseitig und verschafft sowohl dem Dramatiker als auch dem Schauspielhaus internationale Geltung. Während Dürrenmatt von einer Bühne profitiert, deren Ästhetik stilbildend für die Nachkriegsmoderne ist und die er treffsicher umzusetzen weiß, sieht sich das Schauspielhaus umgekehrt in seiner epochalen Bedeutung bestätigt.

Textfassung, Aufbau und Handlung

Parallel zur Uraufführung veröffentlicht Dürrenmatt das Stück im Zürcher Arche Verlag. Mit dem Verleger Peter Schifferli verbindet ihn ebenfalls eine langjährige Zusammenarbeit. Die Textfassung ist mit einer ausführlichen Bühnenanweisung versehen, hinzu kommen die *21 Punkte zu den ›Physikern‹*, die bereits im Programmheft abgedruckt waren. Das Buch ist Therese Giehse gewidmet; sie gehört zum legendären Emigrantenensemble und soll Dürrenmatt dazu angeregt haben, die ursprünglich einem Schauspieler zugedachte Hauptrolle für sie umzuschreiben. Sie brilliert in der Rolle der grotesk überzeichneten Irrenärztin »Fräulein Dr. h. c. Dr. med. Mathilde von Zahnd« (12) und trägt, wie schon sechs Jahre zuvor als Claire Zachanassian in *Der Besuch der alten Dame*, entscheidend zur begeistert aufgenommenen Uraufführung bei. Als Dürrenmatt *Die Physiker* 1980 in seine Diogenes-Werkausgabe aufnimmt, überarbeitet er den Text geringfügig. Auf diese Fassung stützen sich die vorliegenden Ausführungen. Dürrenmatt erklärt die Neufassung für verbindlich; sie bilde nicht die »theatergerechte[...]«, sondern die »dichterische« und darin »literarisch gültige[...]« Version seines Textes ab (8).

Handlungsschauplatz ist das private »Sanatorium[...] ›Les Cerisiers‹«, lakonisch auch als »Irrenhaus[...]« bezeichnet (11). Es befindet sich in der heruntergekommenen Villa der einst mächtigen Familie von Zahnd, »deren letzter nennenswerter Sproß« die »bucklige Jungfer« Mathilde von Zahnd ist, eine berühmte Ärztin, die sich als Psychiaterin und Gründerin der Heilanstalt einen Namen machte (12). In der Villa befinden sich derzeit drei Patienten. Es sind dies Herbert Georg Beutler (genannt Newton), Ernst Heinrich Ernesti (genannt Einstein) sowie Johann Wilhelm Möbius (vgl. 10). Alle drei sind Physiker oder geben sich als solche aus. Die beiden ersten beanspruchen die Identität zweier Schlüsselfiguren der modernen Physik. Möbius hingegen behauptet, dass ihm der biblische König Salomo erscheine. Er ist Physiker, verheiratet, Vater von drei Buben und bereits seit fünfzehn Jahren in der Klinik. Newton und Einstein kamen erst Jahre später hinzu. Über ihr Privatleben ist nichts bekannt.

Der erste Akt beginnt mit der Aufklärung eines Mords. Im Salon der Villa liegt die ermordete Krankenschwester Irene Staub. Kriminalinspektor Voß leitet die Ermittlungen. Der Täter ist rasch gefunden. Einstein bekennt sich unumwunden zur Tat. Doch der Fall ist kompliziert. Es handelt sich bereits um den zweiten Mordfall im Sanatorium. Auch das erste Opfer war eine Krankenschwester, ermordet von Newton. Der Ruf der Klinik steht auf dem Spiel. Newton und Einstein aber lassen sich nicht zur Verantwortung ziehen; die Patienten sind unzurechnungsfähig, wie Mathilde von Zahnd resolut betont. Ein unerwarteter Besuch treibt die Handlung voran. Damit kommt Möbius ins Spiel. Lina Rose, ihre drei Buben und ihr neuer Ehemann, Missionar Oskar Rose, wollen sich von Möbius verabschieden. Lina ist die seit kurzem geschiedene Frau von Möbius, sein »Verrücktsein« kostete sie »bestialische Summen« (44), deshalb will sie sich jetzt eine neue Existenz auf einer Missionsstation im Stillen Ozean aufbauen (vgl. 32). Ihr Abschied ist rührselig, Möbius wendet sich brüsk ab. Sarkastisch kommentiert er die Weltverbesserungspläne des Missionars und verflucht ihn, weil er König Salomo, den »Psalmendichter«, beleidigt hätte. Möbius behauptet, »Salomo von Angesicht zu Angesicht« zu kennen, längst habe der »arme König der Wahrheit« abgedankt, sitze nun »nackt und stinkend« in seinem Zimmer, seine Psalmen hätten ihren Zauber verloren und seien bloß noch »schrecklich« (40). Im »Psalm Salomos, den Weltraumfahrern zu singen«, entwirft er das Schreckszenario eines radioaktiv verseuch-

J. B. Metzler © Springer-Verlag GmbH Deutschland, ein Teil von Springer Nature, 2020
U. Weber / A. Mauz / M. Stingelin (Hg.), *Dürrenmatt-Handbuch*, https://doi.org/10.1007/978-3-476-05314-5_25

ten und zerstörten Universums (41 f.). Geschockt reist die Missionarsfamilie ab. Möbius indes erklärt, aus »humane[n]« Gründen gehandelt zu haben. Mit seinem »wahnsinnigen Betragen«, so gegenüber Schwester Monika, habe er der Familie den Abschied erleichtert. Sie könne jetzt einen »Schlußstrich« ziehen und ihn »mit gutem Gewissen vergessen« (44). Ein Happy End scheint sich abzuzeichnen. Schwester Monika gesteht ihm ihre Liebe, sie halte ihn nicht für verrückt und habe bereits ein Leben außerhalb der Anstalt organisiert. Möbius drängt sie, ihre Pläne aufzugeben. Einstein kommt hinzu und warnt ebenfalls. Auch Schwester Irene wollte mit ihm ausbrechen, da habe er sie »erdrosselt«, denn es »gibt nichts Unsinnigeres auf der Welt als die Raserei, mit der sich die Weiber aufopfern« (48). Unversehens reißt Möbius den Vorhang herunter und wiederholt Einsteins Tat. Er ermordet Schwester Monika.

Der zweite Akt präsentiert sich als Wiederholung und groteske Zuspitzung des ersten Akts: Im Salon liegt jetzt die ermordete Krankenschwester Monika Stettler. Erneut ermittelt Kriminalinspektor Voß. Im Fortgang der Handlung stellt sich heraus, dass Newton, Einstein und Möbius alle aus demselben Grund zu Mördern wurden. Sie wollten ihre im Irrenhaus angenommene Identität nicht preisgeben. Die drei Schwestern sind ihren Patienten auf die Spur gekommen und mussten deshalb beseitigt werden. Doch was treibt die Insassen an? Was hält sie im Irrenhaus? Für das Publikum klärt sich diese Frage in einer Szene, die ausschließlich unter den Physikern spielt. Möbius hat als genialer Physiker das »Problem der Gravitation« gelöst, die sogenannte »Weltformel« entdeckt und das »System aller möglichen Erfindungen« aufgestellt; die Auswirkungen seiner Forschung wären indes »verheerend« (69). Denn was die Menschheit technisch voranbringen kann, enthält auch das Potential zu ihrer Vernichtung. Diese Erkenntnis treibt ihn ins Irrenhaus. Er zieht sich die »Narrenkappe« (74) an und versteckt sich mit seinem Wissen an einem scheinbar sicheren Ort. Die Geheimdienste zweier Großmächte machen ihn jedoch ausfindig. Newton alias Beutler entpuppt sich jetzt als Alex Jasper Kilton; er ist tatsächlich Physiker und Agent einer der beiden Großmächte. Dasselbe gilt für Einstein alias Ernesti; auch er ist Physiker, heißt Joseph Eisler und arbeitet für die Gegenseite. Als Möbius bekennt, seine Manuskripte nach dem Mord an Monika Stettler verbrannt zu haben, entspannt sich ein Disput über Freiheit und Verantwortung der Wissenschaft, über machtpolitische Interessen und das Risiko, ein Waffenarsenal aufzubauen, das zuletzt den »Untergang der Menschheit« (73) herbeiführen kann. Mit der

Verbrennung der Manuskripte ist auch das begehrte Objekt vernichtet. Die Physiker beschließen, im Irrenhaus zu bleiben. »Nur im Irrenhaus sind wir noch frei. Nur im Irrenhaus dürfen wir noch denken. In der Freiheit sind unsere Gedanken Sprengstoff« (75). Eine Freiheit außerhalb der Klinik ist jedoch allein schon deshalb nicht denkbar, weil sie gemordet haben. Das Irrenhaus wäre insofern nur gegen das Gefängnis zu tauschen. Die Situation ist paradox: »Verwandeln wir uns wieder in Verrückte«, lautet die Devise, wir sind »[v]errückt, aber weise«, »[g]efangen, aber frei«, »Physiker, aber unschuldig« (77).

Das Stück könnte hier zu Ende sein. Doch abermals kommt es zu einer irrwitzigen Verkehrung der Situation. Die Irrenärztin tritt auf die Szene. Und mit ihr nimmt die Geschichte ihre schlimmstmögliche Wendung: Sie hat das Gespräch ihrer Patienten abgehört und Möbius' Schriften längst kopiert. Sein Wissen ist nicht mehr aus der Welt zu schaffen: »Was einmal gedacht wurde, kann nicht mehr zurückgenommen werden« (85). Die Weltformel diente Mathilde von Zahnd zum Aufbau eines wirtschaftlichen Imperiums, als dämonische Göttin in Weiß übernimmt sie die »Weltherrschaft« (82). Die Irre triumphiert. Und die vermeintlich Irren ergeben sich in ihr Schicksal als Mörder und Verrückte.

Thema

Im Mittelpunkt der *Physiker* steht die Frage nach der Verantwortung der Wissenschaft im Zeitalter der atomaren Bedrohung. Die Frage ist brisant. Kann es der Forschung gleichgültig sein, was mit ihren Erkenntnissen passiert? Ist sie gemäß ihrem eigenen Ethos tatsächlich zweckfrei? Oder unterliegt sie nicht vielmehr institutionellen Vorgaben, die diesen Anspruch hintertreiben und sie machtpolitischen Interessen unterwerfen? Im Kontext des Kalten Kriegs beziehen sich solche Überlegungen spezifisch auf das Wettrüsten der beiden Großmächte UdSSR und USA. Die wechselseitig praktizierte nukleare Abschreckung etabliert ein Gleichgewicht des Schreckens, das der Friedenssicherung dienen soll. Doch die Atombombe – als angebliches Mittel zur Sicherung des Weltfriedens – wird im Wettrüsten der beiden Großmächte zur globalen Bedrohung. Die USA und die UdSSR treiben eine Forschung voran, die in sich das Potential zur Auslöschung der Menschheit enthält.

Dürrenmatt exponiert solche Kippeffekte. Seine Dramaturgie, die auf die schlimmstmögliche Wendung zielt, ist daraufhin angelegt. Nicht die Ereignisgeschichte interessiert in dieser Konstruktion. Die Figuren repräsentieren keine historischen Personen, sondern bilden konfliktreiche Konstellationen im Spannungsfeld von Wissenschaft und Macht ab. Am Ende steht die apokalyptische Vision einer »sinnlos« im entleerten Universum kreisenden »radioaktive[n] Erde« (87). Dürrenmatt selbst erklärte, die Idee zu *Die Physiker* sei ihm im Spätsommer 1959 während eines Kuraufenthalts im Unterengadin gekommen (WA 29, 35–37). Der Stoff indes beschäftigte ihn schon länger. Die Faszination für Astrophysik, Kosmologie und apokalyptische Szenarien dokumentiert sich nicht zuletzt in Dürrenmatts bildkünstlerischem Werk. Hinzu kommt das breite Interesse an philosophischen, wissenschaftlichen und auch populärwissenschaftlichen Abhandlungen zur Kernphysik (vgl. Weber 2020, 392 f.). Speziell hervorzuheben ist Robert Jungks Bestseller *Heller als tausend Sonnen. Das Schicksal der Atomforscher* (1956). Dürrenmatts Rezension des Buches erschien im Dezember gleichen Jahres in der Schweizer Zeitschrift *Die Weltwoche* (vgl. WA 34, 20–24). Wesentliche Überlegungen, die in *Die Physiker* eingehen, sind hier bereits ausformuliert. Sie betreffen namentlich die Verantwortung der Wissenschaft gegenüber Politik und Gesellschaft sowie Fragen des Machtmissbrauchs durch korrupte Eliten.

Mit der Verortung des Geschehens in einem Irrenhaus, das sich zuletzt als Gefängnis entpuppt, unterstreicht Dürrenmatt den modellhaften Charakter der Handlung. Das Irrenhaus fungiert als Metapher für die verkehrte Welt. Die scheinbar festgefügten Grenzen zwischen Vernunft und Wahn lösen sich auf, die angestrebte Freiheit verkehrt sich in ihr Gegenteil. Die Geschichte der Physiker wird dadurch auf eine überzeitliche Perspektive hin geöffnet. Was sich in der Gegenwart des Kalten Kriegs ereignet, verweist insgesamt auf eine aus den Fugen geratene Welt. Diese Denkfigur ist in Dürrenmatts Werk vielfach präsent. Sie erfährt wiederholte Bearbeitung, prominent ausformuliert zuletzt in der Rede *Die Schweiz – ein Gefängnis* (vgl. WA 36, 175–188), gehalten anlässlich der Verleihung des Gottlieb-Duttweiler-Preises an Václav Havel am 22.11.1990 in Zürich, Dürrenmatts letztem öffentlichem Auftritt in der Schweiz.

Formale Aspekte

Dramaturgisch setzt Dürrenmatt prononciert auf die »Einheit von Raum, Zeit und Handlung«. Denn, so der sarkastische Kommentar, »einer Handlung, die unter Verrückten spielt, kommt nur die klassische Form bei« (WA 7, 12). Verwiesen ist damit auf die dialektische Verschränkung von Ordnung und Chaos, Kalkül und Zufall, die leitmotivisch das ganze Stück durchzieht. Die einleitende Bühnenanweisung liefert eine detaillierte Schilderung des Schauplatzes. Das Stück spielt ausnahmslos im »Salon« jener »verlotterten Villa des »privaten Sanatoriums ›Les Cerisiers‹« (11). Die Anspielung auf Anton Tschechows *Der Kirschgarten. Eine Komödie in vier Akten* (1904) ist offensichtlich. *Die Physiker* sind entsprechend im Kontext der modernen gesellschaftskritischen Komödie situiert. Spiegelt Tschechow den Untergang einer überlebten Gesellschaft in der Auflösung einer russischen Gutsbesitzerfamilie, so überträgt Dürrenmatt diese Endzeitsituation modellhaft in die eigene Gegenwart. Unter dem Stichwort »[n]ähere Umgebung« entwirft er eine Szenerie, die in ihrer vordergründigen Idyllik das Bild schierer Trostlosigkeit abgibt. Abbildbar auf der Bühne sind diese Anweisungen nicht, bloß der »Genauigkeit zuliebe« sei das »Örtliche« beschrieben (WA 7, 11). Interieur und Ausstattung des Salons rücken jetzt in den Fokus. Im Salon hinten führen drei Türen in die Patientenzimmer, eine Flügeltür links auf die Terrasse, von rechts betreten Personal und Besucher den Salon. Sämtliche Auftritte sind in diesem Raum angesiedelt. Mit dem Ort ist auch die Einheit von Zeit und Handlung gewährt. Die gespielte Zeit deckt sich praktisch mit der Handlung, die ihrerseits stringent komponiert ist. In einem entscheidenden Punkt aber weicht diese von der herkömmlichen Dramaturgie ab. In ihrem zweigeteilten Aufbau (der Untertitel *Eine Komödie in zwei Akten* hebt diesen Umstand hervor) folgt sie nicht dem klassischen Prinzip der Peripetie, sondern der Logik einer Anhäufung von Katastrophen. Die Peripetie ist durch die permanente Abfolge schlimmstmöglicher Wendungen ersetzt, womit letztlich auch offen bleibt, ob die Komödie am Schluss wirklich an ihr Ende kommt.

Die Handlung selbst beginnt als Kriminalgeschichte. Dürrenmatt nimmt das zuvor in den Prosaschriften erfolgreich erprobte Genre auf und überträgt dieses auf die Bühne. Gleichzeitig arbeitet er mit Elementen der Verwechslungskomödie und lässt auch das populäre Heimatschutztheater anklingen (1914 anlässlich der Landesausstellung in Bern vom Sprachwissenschaftler Otto von Greyerz als Laientheater gegründet). In Kontrast zu den lustspielartigen Sequenzen stehen die zahlreichen Anspielungen auf kanonische Texte der Weltliteratur. Dazu zählen Möbius' Kontrafaktur der alttestamentlichen Psalmendichtung sowie die vielen Verweise auf die aristotelische Poetik und Dramen der klassischen Antike in der einleitenden Bühnenanweisung sowie in den nachgelagerten *21 Punkten zu den ›Physikern‹*. Mit Sophokles' *Ödipus* (vgl. 92) ist hier namentlich die Urform des analytischen Dramas aufgerufen. Die Aufdeckung eines dem Bühnengeschehen vorausliegenden Ereignisses bestimmt dessen Handlung. Indem Dürrenmatt *Die Physiker* mit der Aufklärung eines Mords beginnen lässt, überblendet er raffiniert das der Populärliteratur zuzurechnende Genre des Krimis mit der Tragödie, die vom tragischen Scheitern der Selbsterkenntnis handelt. Gleichzeitig aber sind *Die Physiker* ausdrücklich nicht als Tragödie, sondern als Komödie definiert. Er zeige das »Satyrspiel«, das »im Gegensatz zu den Stücken der Alten« bei ihm der Tragödie vorausgehe (14). In der genannten Mischung der Stillagen erweisen sich *Die Physiker* als hybride und darin bereits auf formaler Ebene ins Groteske weisende Konstruktion.

Figurenzeichnung und Sprache unterstreichen das Komische und Groteske. Es sind Typen und nicht Individuen, die Dürrenmatt auftreten lässt. Auch hier zeigt sich seine eminente dramatische Begabung. Sein Schaffen ist inspiriert vom großartigen Ensemble des Zürcher Schauspielhauses. Giehse gibt in der Uraufführung die verrückte Irrenärztin, »[b]ucklig, etwa fünfundfünfzig, weißer Ärztemantel, Stethoskop« (24), Kommissar Voß (Fred Tanner) agiert stilgerecht in »Hut und Mantel« (14), Newton (Gustav Knuth) präsentiert sich »in einem Kostüm des beginnenden achtzehnten Jahrhunderts mit Perücke« (18), Einstein (Theo Lingen) müht sich völlig untalentiert am Geigenspiel ab, während Möbius (Hans Christian Blech) das »Pech« hat, dass ihm »der König Salomo erscheint« (45).

Literaturgeschichtlich betrachtet gelten *Die Physiker* als herausragendes Beispiel für die Modell- und Parabelstücke der Nachkriegsmoderne. Die Forschung verweist in diesem Zusammenhang insbesondere auf den Vorbildcharakter von Bertolt Brecht, dessen Lehrstücke das Zürcher Schauspielhaus zeigte, 1941 beginnend mit der Uraufführung von *Mutter Courage und ihre Kinder* (vgl. Schröder 1994, 261 u. 268 f.). Nach der Rückkehr aus dem amerikanischen Exil nahm Brecht im November 1947 zunächst Wohnsitz bei Zürich, bevor er im Mai 1949 nach Ost-Berlin übersiedelte. Während dieser Zeit wurde er sowohl für Max Frisch als auch Dürrenmatt zum gleichermaßen bewunderten wie bekämpften Vorbild. Brechts episches Theater, das sich gegen das sogenannte Illusionstheater richtet und mit dem Stilmittel der Ver-

fremdung arbeitet, findet bei Dürrenmatt und Frisch Anklang. Brechts direkter Einfluss wird in der Literaturgeschichtsschreibung indes überschätzt. Am Schauspielhaus etablierte sich während des Zweiten Weltkriegs eine Spielpraxis, die das Interesse an Brecht überhaupt erst ermöglichte (vgl. Amrein 2007, 155–162). Dürrenmatt bezieht sich auf diese Praxis, wie entlang seiner Theatertheorie deutlich wird.

Theatertheorie und Wirkungsgeschichte

Der Genrebezeichnung ›Komödie‹ sind theatertheoretische Überlegungen eingeschrieben, die Dürrenmatt seit den 1950er Jahren beschäftigen. Im Zentrum dieser Überlegungen steht die Frage nach der Darstellbarkeit der Gegenwart. Dürrenmatt distanziert sich ausdrücklich von einem Verfahren, das »Tendenz oder Reportage« sein will (WA 30, 25). Dagegen setzt er seine Ästhetik der Distanz (vgl. Amrein 2004, 256–258; Amrein 2007, 150 f. u. 160–162). Exemplarisch ausformuliert ist diese in den *Anmerkungen zur Komödie* (1952) sowie in *Theaterprobleme* (1954).

Dürrenmatt rekurriert hier gattungstypologisch auf den Gegensatz von Tragödie und Komödie, wobei er letztere ins Groteske ausweitet. Die »Tragödien stellen uns eine Vergangenheit als gegenwärtig vor, [sie] überwinden Distanz, um uns zu erschüttern« (WA 30, 24). Die Komödie hingegen verfahre umgekehrt. Ihr Ziel sei es, die Gegenwart in die Ferne zu rücken und sie dadurch erkennbar zu machen. Das Mittel zur Schaffung von Distanz heißt bei Dürrenmatt »Einfall« (61). Der Begriff bezeichnet eine verblüffende Idee, meint aber auch eine physisch vernichtende Kraft.

Bereits in den 1950er Jahren bringt Dürrenmatt zur Veranschaulichung dieser Theorie die Atombombe ins Spiel: »Sichtbar, Gestalt wird die heutige Macht nur etwa da, wo sie explodiert, in der Atombombe, in diesem wundervollen Pilz, der da aufsteigt und sich ausbreitet, makellos wie die Sonne, bei dem Massenmord und Schönheit eins werden« (60). Und er fährt fort, indem er die »Atombombe« mit den »apokalyptischen Bilder[n]« des Hieronymus Bosch« analogisiert und sie dadurch dem Grotesken zurechnet: »Doch das Groteske ist nur ein sinnlicher Ausdruck, ein sinnliches Paradox, die Gestalt nämlich einer Ungestalt, das Gesicht einer gesichtslosen Welt, und genau so wie unser Denken ohne den Begriff des Paradoxen nicht mehr auszukommen scheint, so auch die Kunst, unsere Welt, die nur noch ist, weil die Atombombe existiert: aus Furcht vor ihr« (62).

Die Physiker liefern Jahre später das Exempel dazu. Gleichzeitig nimmt Dürrenmatt seine theatertheoretischen Überlegungen auf und verdichtet diese in den *21 Punkten zu den ›Physikern‹* gleichsam zu einem Manifest. Als Dramatiker interessiere ihn nicht eine »These«, sondern eine »Geschichte«. Unausgesprochen distanziert er sich damit auch von den Lehrstücken Brechts sowie der zur Tendenz erklärten Dokumentarliteratur. Eine Geschichte wiederum funktioniere nur, wenn sie zu »Ende gedacht« werde. Dieser Punkt sei erreicht, »wenn sie ihre schlimmstmögliche Wendung genommen hat« (WA 7, 91). Kalkulierbar ist dieses Ereignis nicht. Es tritt durch »Zufall« ein und trifft jene »am schlimmsten«, die »[p]lanmäßig« vorgehen. Sophokles' *Ödipus* kann exemplarisch dafür einstehen. Die Gegenläufigkeit von Plan und Zufall sei »grotesk«, nicht aber »sinnwidrig«, sondern eigentlich »paradox«, da sie mit Logik allein nicht zu bewältigen wäre. Daraus schließt Dürrenmatt: »Ein Drama über die Physiker muß paradox sein«. Es darf nicht den »Inhalt der Physik zum Ziele haben, sondern nur ihre Auswirkung« (92). Diese betrifft die ganze Menschheit, weshalb jeder »Versuch eines Einzelnen«, die dadurch entstehenden Probleme zu lösen, zwingend zum Scheitern verurteilt ist. Das Fazit: »Im Paradoxen erscheint die Wirklichkeit«, und umgekehrt lasse sich daraus folgern: »Wer dem Paradoxen gegenübersteht, setzt sich der Wirklichkeit aus«. Die Aufgabe des Dramatikers mithin bestehe darin, den Zuschauer dieser »Wirklichkeit auszusetzen«, ohne ihn aber zu »zwingen, ihr standzuhalten oder sie gar zu bewältigen« (93). Um eine lehrhafte Sentenz als Legitimation seines Schaffens kommt damit auch Dürrenmatt nicht herum.

Dürrenmatts Theatertheorie verdankt sich in vielem der Zusammenarbeit mit dem Zürcher Schauspielhaus, das nach 1933 zur wichtigsten deutschsprachigen Exilbühne aufstieg. Während des Zweiten Weltkriegs etablierte sich eine am Humanitätsideal der deutschen Klassik orientierte Spielpraxis. Auf der Bühne sollte die Gegenposition zu einem Regime sichtbar sein, das im Begriff war, die Grundwerte der Zivilisation und jegliche Form von Humanität auszulöschen. Gezeigt wurden neben Klassikern auch zeitgenössische Werke, sofern sie modellhaft und parabelhaft arbeiteten (vgl. Amrein 2007, 157–162). Auch Brecht passte mit seinem epischen Theater perfekt in diese Konzeption. Als Referenzstück indes galt Thornton Wilders *Unsere kleine Stadt*, 1939 in Zürich als deutschsprachige Erstaufführung gezeigt, auf das sich auch Dürrenmatt explizit bezieht (vgl. WA 30, 44

u. 49). Die künstlerische und intellektuelle Ausrichtung der Pfauenbühne war wesentlich geprägt von Kurt Hirschfeld. 1933 als jüdischer Emigrant nach Zürich gekommen, arbeitete er zunächst als Dramaturg und Regisseur und übernahm 1961 die Direktion. Hirschfeld förderte sowohl die Bühnenkarrieren von Frisch als auch Dürrenmatt (vgl. Amrein 2013, 13–15 u. 82–84). Die Zusammenarbeit erreichte in der Spielzeit 1961/62 ihren Höhepunkt. Klug kalkulierend setzte Hirschfeld in seiner ersten Saison nacheinander die Uraufführungen von Frischs *Andorra* und Dürrenmatts *Die Physiker* an. Er konnte damit einen sensationellen Erfolg verbuchen. Die Dramatiker festigten ihren Weltruhm, während das Schauspielhaus noch einmal ins Scheinwerferlicht der internationalen Theateröffentlichkeit rückte.

Die doppelte Uraufführung steigerte das Interesse an beiden Autoren und potenzierte die Wirkung zweier Werke, die sich inhaltlich und formal überraschend nahe stehen. Während Frisch mit *Andorra* zum Zeitpunkt des international beobachteten Eichmann-Prozesses in Jerusalem den Antisemitismus auf die Bühne bringt, rekurriert Dürrenmatt auf die nicht minder präsente Debatte über die Atombombe. Die Bezugnahme auf die zeitgenössische Aktualität in der Geschichte und Nachgeschichte des Zweiten Weltkriegs verleiht den Stücken Brisanz, sie erfolgt indes nicht im Modus einer dokumentarischen Abbildästhetik, sondern zielt auf überzeitliche Gültigkeit.

Dürrenmatts Reflexion auf die Naturwissenschaften in ihrer Verantwortung gegenüber der Gesellschaft steht darüber hinaus im Dialog mit Zeitstücken, die in Zürich als Uraufführungen oder schweizerische Erstaufführungen schon früh auf die Bühne kamen. Dazu zählen Brechts *Leben des Galilei* (1943) sowie Carl Zuckmayers *Das kalte Licht* (1955). Auf Dürrenmatts *Die Physiker* folgte 1965 mit Heinar Kipphardts *In der Sache J. Robert Oppenheimer* die Inszenierung des wohl umstrittensten Stücks über den Erfinder der Atombombe und dessen Verurteilung wegen illoyalen Verhaltens gegenüber der US-amerikanischen Regierung. Auf diesen Prozess bezog sich bereits Zuckmayer. Auch Jungk referierte den Fall in der oben genannten Geschichte der Atomforschung. Kipphardt nun arbeitet mit den Mitteln des Dokumentartheaters, er stützt sich auf Quellenmaterialien und historisch verbürgte Fakten. Das Schauspielhaus zeigte sein aufsehenerregendes Werk als Konzession an die aktuelle Debatte, äußerte indes große Vorbehalte gegenüber der Form des *szenischen Berichts*, wie Kipphardt sein Stück im Untertitel nannte.

Dürrenmatts Komödie verfährt hier radikal anders. Die Präferenzen sind in der normativen Ästhetik des Schauspielhauses eindeutig und werden über Zürich hinaus geteilt. Seine Favoritenrolle ist unbestritten. Damit ist ein wichtiger Faktor in der Erfolgsgeschichte der *Physiker* benannt. Hinzu kommt, dass das parabelhafte Stück in seinem überzeitlichen Anspruch auf vielfältige Kontexte übertragbar ist. Nach der Uraufführung in Zürich gehörten *Die Physiker* zu den meistgespielten Stücken auf den deutschsprachigen Bühnen, sie avancierten zum Welterfolg und wurden auch verfilmt (WA 7, 94 f.; vgl. Probst/Zimmerli 2001). Die wissenschaftliche Auseinandersetzung mit dem Stück erfolgt primär in Zusammenhang mit Dürrenmatts dramatischem Schaffen insgesamt. Themenschwerpunkte bilden Fragen zur Textgenese, zur Verortung in der Nachkriegszeit sowie zur Entwicklung der Atomphysik. Hinzu kommen Überlegungen zur Intertextualität (spezifisch die Beschäftigung mit Brecht) sowie zur Komödientheorie. Bis heute gehört die Komödie zum schulischen Lektürekanon (Payrhuber 2019). Am Schauspielhaus Zürich waren *Die Physiker* zuletzt 2013 in der Inszenierung von Herbert Fritsch zu sehen.

Literatur
Primärtexte

21 Punkte zu den ›Physikern‹. In: WA 7, 91–93.
Anmerkungen zur Komödie. In: WA 30, 20–25.
Die Physiker. Komödie in 2 Akten. Zürich 1962.
Die Physiker. WA 7, 9–87.
Gedenkrede auf Kurt Hirschfeld. In: WA 30, 121–123.
›Heller als tausend Sonnen‹. Zu einem Buch von Robert Jungk. In: WA 34, 20–24.
Theaterprobleme. In: WA 30, 31–72.
Turmbau. Stoffe IV–IX. WA 29.
Gottwald, Benjamin: Die Physiker. Eine Graphic Novel. Frankfurt a. M., Wien, Zürich 2018.

Sekundärliteratur

Amrein, Ursula: Das Groteske als Existenzchiffre der Moderne. In: Das Groteske – Le grotesque – The grotesque. Colloquium Helveticum 35 (2004), 243–266.
Amrein, Ursula: Ästhetik der Distanz. Klassik und Moderne in der Dramaturgie von Max Frisch und Friedrich Dürrenmatt. In: Dies.: Phantasma Moderne. Die literarische Schweiz 1880 bis 1950. Zürich 2007, 149–166.
Amrein, Ursula: irritation | theater. Max Frisch und das Schauspielhaus Zürich. Zürich 2013.
Schröder, Jürgen: Das Jahrzehnt Frischs und Dürrenmatts. Parabeltheater aus der Schweizer Loge. In: Wilfried Barner u. a. (Hg.): Geschichte der deutschen Literatur von 1945 bis zur Gegenwart. München 1994, 260–269.
Knapp, Gerhard P.: Friedrich Dürrenmatt. *Die Physiker* [1979]. 11. Aufl. Frankfurt a. M. 1999.
Knopf, Jan: Friedrich Dürrenmatt. *Die Physiker*. Apokalyptisches Narrenspiel. In: Interpretationen. Dramen des 20. Jahrhunderts. Stuttgart 1996, Bd. 2, 109–125.
Payrhuber, Franz-Josef: Friedrich Dürrenmatt: *Die Physiker*. Dietzingen 2019.
Profitlich, Ulrich (Hg.): Komödientheorie. Texte und Kommentare. Vom Barock bis zur Gegenwart. Reinbek bei Hamburg 1998.
Probst, Rudolf/Zimmerli, Beat: Friedrich Dürrenmatt: *Die Physiker*. Multimediale Dokumentation zum Text, zur Entstehung und zur Wirkungsgeschichte. Bern 2001.
Weber, Ulrich: Friedrich Dürrenmatt. Eine Biographie. Zürich 2020.

Ursula Amrein

26 *Herkules und der Stall des Augias*

Entstehungs-, Publikations- und Aufführungsgeschichte

Herkules und der Stall des Augias existiert in mehreren Varianten. Ein *Entwurf zum Hörspiel* (Erstabdruck im Programmheft der Uraufführung, Wiederabdruck in WA 8, 175–178) entstand 1953, das Hörspiel selbst dann 1954. Noch im gleichen Jahr wurde dieses vom Nordwestdeutschen Rundfunk erstmals gesendet (R.: Gert Westphal), am 20.10. von Radio Bern übernommen und vom Zürcher Arche Verlag *[m]it Randnotizen eines Kugelschreibers* erstmals verlegt; eine Neuausgabe folgte 1960 im gleichen Verlag. 1957 brachte die Deutsche Grammophon Gesellschaft eine von Dürrenmatt mit einer Kurzfassung des Hörspiels besprochene Schallplatte heraus. Die Bühnenfassung des Stücks wiederum entstand 1962. Ihre überwiegend negativ aufgenommene Uraufführung erlebte sie am 20.4.1963 am Zürcher Schauspielhaus (R.: Leonard Steckel). Die Kritiken veranlassten den Autor, den Text zunächst für die gleiche Inszenierung, anschließend auch für die Buchausgabe mit dem Untertitel *Eine Komödie in 15 Bildern* zu überarbeiten, die 1963 in zwei Versionen im Arche Verlag erschien: einerseits mit Zeichnungen Dürrenmatts versehen und auf dem Umschlag als *Festspiel* untertitelt, andererseits im Sammelband *Komödien II und Frühe Stücke* erweitert um den abschließenden Chor der Parlamentarier. Die Bühnenfassung wurde selten gespielt; Erstaufführungen fanden 1963 in Plzni (R.: Jan Fisner), 1966 in Dortmund (R.: Rolf Schneider), 1967 in Vincennes bei Paris (R.: Patrick Antoine) und 1972 in London (R.: Frederick Proud) statt. 1980 erschien die Komödie in der WA in ihrer »Endfassung«, ihrer »literarisch gültigen« Form (8). Diese wurde am 2.5.1991 in gekürzter Version anlässlich der 700-Jahr-Feierlichkeiten der Schweiz durch Lukas Leuenberger im Nationalratssaal des Bundeshauses in Bern inszeniert und live im Schweizer Fernsehen übertragen.

Inhalt und Analyse

Bereits der Titel des Dramas verweist auf die parodierte oder travestierte (vgl. Steinberger 1991, 48) mythologische Folie: die fünfte der zwölf Herkulesarbeiten des *Dodekathlos*. Zweifellos eine ehrlose Aufgabe, die der Herkules des Stücks auch nur aufgrund seiner Insolvenz und der Androhung seiner Geliebten Deianeira

annimmt, sich zur Tilgung der Schulden als Hetäre zu prostituieren (vgl. WA 8, 22 f. u. 52). Anders als im Mythos ist es dabei weniger die physische Unmöglichkeit der Aufgabe (dort müssen die gigantischen Ställe bekanntlich binnen eines Tages ausgemistet werden), die in der Adaption Dürrenmatts das zentrale Motiv ausmacht, als vielmehr Herkules' Scheitern an der elischen Bürokratie. Die dem Mythos entstammende Umsetzung des Plans, die Flüsse Alpheios und Peneios zu stauen, um den Mist ins Meer zu spülen (vgl. 59), bedarf zunächst der »Genehmigung des Wasseramtes« (64), dann der Bewilligungen des Fremden- und Arbeits-, des Tiefbau,- des Finanz-, ja selbst des Mistamts (vgl. 71). Was das Drama strukturell wie inhaltlich auszeichnet, ist ein Moment des Ver- und Aufschiebens: strukturell insofern, als dass drei Bilder verstreichen, bevor Herkules überhaupt in Elis eintrifft, und die Einheit der Zeit durch Anachronismen aufgebrochen wird (bereits im fünften Bild wird der Tod des Herkules inszeniert); inhaltlich in Form eben jener Verkettung bürokratischer Vorgaben. Die Herkulestat wandelt sich so in einen »Mythos des Scheiterns des Einzelkämpfers an den strukturellen Missständen« (Weber 2006, 104): Seiner Heldenrolle überdrüssig (vgl. WA 8, 49), selbst seiner Geliebten ratend, Phyleus, den Sohn des Augias', an seiner statt zu heiraten (vgl. 81), reist der Heros zuletzt unverrichteter Dinge ab, um sich den stymphalischen Vögeln zu widmen (vgl. 111). Der mythologische Augiasstall wird lesbar als metaphorischer Augiasstall der Politik, als das »Gesichtslose, Unüberschaubare moderner Macht- und Finanzstrukturen« (Weber 2006, 104), als Bürokratie einer Politik, die in ihrer »Nabelschau« das Totalversagen des Staates zeigt (Tegelkamp 2013, 32). Bezeichnend, dass Elis demokratisch organisiert, König Augias eigentlich nur Parlamentspräsident ist (vgl. WA 8, 28); dass der Große Nationale Rat sich als unfähig erweist, das beschlossene Ausmisten auch umsetzen zu lassen – allein im zwölften Bild verhandelt er die Bildung einer ›Kommission‹, einer ›Gegenkommission‹ und einer ›Zwischenkommission‹, um die kulturellen, wirtschaftlichen und militärischen Folgen des Ausmistens zu prüfen (vgl. 92–98) –; dass schließlich die Statue der Eleutheria, der Göttin der Freiheit, gemäß den Regieanweisungen zum Bühnenbild »während der Handlung allmählich versinkt« (11).

Ist in der Hörspielfassung noch ein positiver Ausgang für Elis angedeutet – der Mist wird zu Humus, auf dem ein Garten entsteht, der künftig wohl von Phyleus bewirtschaftet werden wird (vgl. WA 8, 225 f.) –, verweist die Bühnenfassung eher auf einen kata-

J. B. Metzler © Springer-Verlag GmbH Deutschland, ein Teil von Springer Nature, 2020
U. Weber / A. Mauz / M. Stingelin (Hg.), *Dürrenmatt-Handbuch*, https://doi.org/10.1007/978-3-476-05314-5_26

strophalen Ausgang. Zwar gibt es den Garten, doch wird Phyleus Deianeira, die ihn am Traualtar stehen lässt (vgl. ebd., 111), nachreisen, Herkules herausfordern und im Zweikampf sterben (vgl. 38 u. 116).

Deutungsaspekte, Positionen der Forschung

Die angedeutete politische Dimension des Dramas ist – ungeachtet bestehender Unklarheiten, wofür der Mist tatsächlich steht (vgl. Arnold 1986, 81; Knapp 1993, 98) – alsbald von der Forschung erkannt und bis in die jüngste Zeit betont worden: Es handle sich um ein »sehr schweizerisches Stück« (Brock-Sulzer 1971, 35), ein »Stück über die Schweiz bzw. die Schweizer« (Große 1998, 113; vgl. Whitton 1990, 67), um eine »ironische Kritik an den Mängeln des politischen Systems der Schweiz und verwandter direkter und parlamentarischer Demokratien« (Weber 2006, 104; vgl. Knapp 1993, 97). Tatsächlich lässt sich das 1963 ironisch als *Festspiel* untertitelte Stück in die Schweizer Tradition des Volkstheaters und der theatralischen Selbstdarstellung des Landes einreihen, die ihren Höhepunkt in der ›Geistigen Landesverteidigung‹ während der NS-Zeit erreichte: ein Anti-Festspiel gewissermaßen. Ist das Stück Ausdruck einer »kulturpessimistische[n] Einstellung« (Usmiani 1976, 132)? Nicht unbedingt. Wie Dürrenmatt bekannt hat, ist der Mist auch ein »Fruchtbarkeitssymbol« (G 3, 181). Und gewiss ist Herkules »Sinnbild eines unzeitgemäßen Heroentums« (Weber 2006, 104) und Augias kein »Revolutionär« (WA 8, 72), der eine blitzartige Veränderung bewirken könnte; Letzterem aber scheint es zu gelingen, »im kleinen das beste« zu leisten (Arnold 1986, 81): Sein Garten wird – ähnlich demjenigen aus Voltaires *Candide* – zum Zeichen der Selbstbescheidung, der Absage an hochtrabende Ideologien und politische Würfe (vgl. Große 1998, 118), zum Verweis auf die »kleinen, hoffnungsvollen und aussichtsreichen Veränderungen« (Schu 2008, 137), die allenfalls »über Ge-

nerationen hinweg« (Große 1998, 118) noch möglich sein könnten: »Die Chance«, so Dürrenmatt in *Vom Sinn der Dichtung in unserer Zeit*, »liegt allein noch beim Einzelnen« (WA 32, 67; vgl. Schu 2008, 137).

Sind die abweichenden Enden von Hörspiel- und Bühnenfassung das Resultat von Dürrenmatts Beobachtung, dass sich die Welt in den die Textvarianten trennenden Jahren nicht geändert hat (vgl. Whitton 1990, 127)? Das muss hier unentschieden bleiben.

Literatur
Primärtexte
Herkules und der Stall des Augias [Hörspiel]. Mit Randnotizen eines Kugelschreibers. Zürich 1954.
Herkules und der Stall des Augias. Eine Komödie. Zürich 1963.
Herkules und der Stall des Augias. Eine Komödie. Neufassung 1980. In: WA 8, 9–117.
[Gespräch mit] Andreas Conrad [1983]. In: G 3, 168–194.

Sekundärliteratur
Arnold, Armin: Friedrich Dürrenmatt [1969]. Berlin 1986.
Brock-Sulzer, Elisabeth: Dürrenmatt in unserer Zeit. Eine Werkinterpretation nach Selbstzeugnissen. Basel 1968.
Große, Wilhelm: Friedrich Dürrenmatt. Stuttgart 1998.
Knapp, Gerhard P.: Friedrich Dürrenmatt [1980]. Stuttgart, Weimar 1993.
Schu, Sabine: »Das Prinzip Hoffnung als denkfaule Schlamperei«? Das Aufscheinen utopischer Tendenzen in Dürrenmatts Hörspielen *Herkules und der Stall des Augias* und *Das Unternehmen der Wega*. In: Zeitschrift für Literaturwissenschaft und Linguistik 38 (2008), 150, 131–144.
Steinberger, Martina: Das Antike-Bild Friedrich Dürrenmatts. Unv. Diss. Universität Salzburg 1991.
Tegelkamp, Martin W. J.: Recht und Gerechtigkeit in Dürrenmatts Dramen und Prosa. Baden-Baden 2013.
Usmiani, Renate: Die Hörspiele Friedrich Dürrenmatts. Unerkannte Meisterwerke. In: Gerhard P. Knapp (Hg.): Friedrich Dürrenmatt. Studien zu seinem Werk. Heidelberg 1976.
Weber, Ulrich: Friedrich Dürrenmatt oder Von der Lust, die Welt nochmals zu erdenken. Bern, Stuttgart, Wien 2006.
Whitton, Kenneth S.: Dürrenmatt. Reinterpretation in Retrospect. New York, Oxford, München 1990.

Benjamin Thimm

27 *Der Meteor*

Entstehungs-, Publikations- und Aufführungsgeschichte

Die Idee dieser *Komödie in zwei Akten* beschäftigte Dürrenmatt seit den späten 1950er Jahren. Am 30.12.1963 schrieb er: »Ich werde ein neues Stück schreiben. Das Thema: der Tod« (WA 9, 159). Im Mittelpunkt stehe ein sterbender Mensch von heute. Das Bewusstsein des nahen Todes verleihe ihm eine ungeheure Kraft, sein Individualismus übersteigere sich, und jede gesellschaftliche Bindung falle dahin. Nihilismus sei, wie er zeigen wolle, keine Lehre, sondern eine Haltung des Menschen. *Der Meteor* heiße das Stück. Am 20.1.1966 wurde es am Zürcher Schauspielhaus unter der Regie Leopold Lindtbergs mit Leonard Steckel in der Rolle Wolfgang Schwitters – des Sterbenden – uraufgeführt. Eine erste, Steckel gewidmete, leicht überarbeitete Druckfassung erschien 1966 im Arche Verlag. Es folgten u. a. Aufführungen in Hamburg, München, London und Warschau (1966), Tel Aviv (1967) und Philadelphia (1969). Eine unter der Filmregie von Ettore Cella vom Deutschschweizer Fernsehen produzierte Aufzeichnung der Uraufführung wurde am 24.10.1967 erstmals gesendet. Dürrenmatt revidierte den Text der Erstausgabe für seine eigene Inszenierung des Stücks in Wien 1978 (sog. ›Wiener Ausgabe‹), und zwar vor allem den Schluss. Diese zweite Fassung wurde für die Werkausgabe 1980 nochmals überarbeitet.

Für eine öffentliche Diskussion im Schauspielhaus Zürich am 25.2.1966 schrieb der Autor *Zwanzig Punkte zum ›Meteor‹* (WA 9, 159–162), in denen er seine Idee und sein Verhältnis zur Kritik des Stücks erläutert. Dessen Idee sei die Geschichte eines Mannes, der auferstehe, an das Wunder seiner Auferstehung aber nicht glaube. Er sei ein doppeltes Ärgernis: für die Einen als Auferstandener, für die Anderen als nicht Glaubender. Deshalb sei er ein paradoxer Mensch – tragisch und komisch zugleich –, aber nicht so, dass sich das Tragische und das Komische aufheben würden, sondern so, dass sie sich schroff gegenüberstünden. Deshalb sei *Der Meteor* ein »wildes Stück« (160). Ursprünglich hätte das Christentum an die verheißene Auferstehung im Jüngsten Gericht geglaubt; heute aber stünde in Frage, ob die Christenheit das wirklich noch glaube.

Im Programmheft der Wiener Aufführung (1978) beantwortet Dürrenmatt die Frage nach den Veränderungen in der zweiten Fassung. In der ersten Fassung richtet sich Schwitter im Bett auf und ruft nach seiner wiederholten Auferstehung verzweifelt und bevor die Posaune der Heilsarmee zur letzten Strophe des Liedes *Morgenglanz der Ewigkeit* ansetzt: »Wann krepiere ich denn endlich!« (WA 9, 165). In der zweiten Fassung erwürgt Schwitter vor seinem Verzweiflungsruf den Heilsarmeemajor Friedli, bleibt aber nicht liegen und läuft hinaus (vgl. ebd., 95). Dürrenmatts Kommentar auf die Frage, ob das nicht gerade der entscheidende Punkt sei: »Sein Fortrennen ist der Lauf in die Welt, in das Leben hinein. Allein dieses Hinauslaufen kennzeichnet die Neufassung, gegenüber der statischen Lösung der Unbeweglichkeit in Zürich« (SLA-FD-D-11-MET-08, 24).

Inhalt und Analyse

Die Hauptperson des Stücks – der frühere Maler und nun Literatur-Nobelpreisträger Schwitter –, kommt, während am Radio sein Tod mitgeteilt wird, in sein früheres Atelier zurück, das nun von dem wenig talentierten Maler Nyffenschwander und seiner als Modell wirkenden Frau Auguste bewohnt wird. Er übergibt dem Maler seine letzten Manuskripte und sein Vermögen in Tausendernoten und heißt ihn, alles zu verbrennen. Dann legt er sich zum Sterben nieder, erlebt aber immer wieder die von ihm verfluchte Auferstehung. Während er bis zum Schluss überlebt, sterben schließlich alle, die in Schwitters Sterben geraten. Der Pfarrer, der am Sonntag die Auferstehung und das Leben predigt, stirbt an Herzversagen, überwältigt vom Wunder der Auferstehung Schwitters. Den großen Muheim, den Unternehmer, der sich rühmt, aus Liebe zu seiner Frau im Konkurrenzkampf der Gemeinste zu sein, weil nur der Gemeinste siege, zerstört die Eifersucht: der bloße Verdacht, Schwitter hätte mit seiner Frau geschlafen. Statt Schwitter tötet er den von Schwitter betrogenen Nyffenschwander und wird als Mörder verhaftet. Nyffenschwander malte unaufhörlich seine schöne nackte Frau und glaubte, so das Leben zu malen. Aber er versäumte es, mit seiner Frau zu leben. Schwitter aber schläft mit ihr und meint: »Ihre Frau war tot in Ihren Armen, wie sie tot in Ihren Bildern ist« (WA 9, 62). Der Arzt, Professor Schlatter, hat seinerzeit Schwitter für tot erklärt, nun halten ihn die Einen für verblödet, die Andern für von Gott zum Narren gehalten. Schwitter vermag zwar den Anlass dafür zu schaffen, dass andere über der Einsicht zusammenbrechen, ihr Leben sei eine Lüge gewesen. Doch auch er selbst unterliegt als Künstler demselben

J. B. Metzler © Springer-Verlag GmbH Deutschland, ein Teil von Springer Nature, 2020
U. Weber / A. Mauz / M. Stingelin (Hg.), *Dürrenmatt-Handbuch*, https://doi.org/10.1007/978-3-476-05314-5_27

Schicksal: »Vor der ungeheuerlichen Unordnung der Dinge kerkerte ich mich in ein Hirngespinst aus Vernunft und Logik ein. Ich umstellte mich mit erfundenen Geschöpfen, weil ich mich mit wirklichen nicht abgeben konnte, denn die Wirklichkeit ist nicht am Schreibtisch faßbar« (91). Er sagt dies zu seiner Schwiegermutter, der Mutter seiner vierten Frau, der Abortfrau Nomsen. Sie ist noch radikaler auf das Geschäft fixiert als der große Muheim, der wenigstens das Gefühl der Liebe kennt. Sie meint, Gefühle hätte man nicht zu haben, es sei denn, man mache ein Geschäft mit ihnen. Frau Nomsen hat ihre Tochter Olga in diesem Sinn erzogen, als Call-Girl. Doch trotz ihrer Warnungen hätte sie Schwitter geliebt und geheiratet, und nun hätten sie beide ihr Kind zu beklagen, das sich aus Liebe umgebracht hätte. »Wissen sie warum?« fragt sie Schwitter. »Weil sich Olga Gefühle leistete, ich warnte sie immer davor, doch einer Mutter Wort schlägt man in den Wind« (89). Schwitter erwidert, er wolle sich weder rechtfertigen noch beschuldigen. Er verzichte auf Geschmacklosigkeiten wie Schuld, Sühne, Gnade, Liebe, »die erhabenen Ausreden und Begründungen, die der Mensch für seine Ordnungen und Raubzüge braucht« (90). Frau Nomsen schweigt und stirbt. Zuletzt gerät auch Schwitters Sohn Jochen in den Strudel des Todes. Er wurde von Schwitters Verleger Koppe aufgeklärt, die Bücher seines Vaters seien aus der Mode gekommen, die Welt wolle harte Tatsachen, Dokumente, nicht Unterhaltung. Er hätte nicht viel gewollt, nur seines Vaters Vermögen, doch das hätte dieser mit einigen Streichhölzern erledigt. Mit den Worten »Es ist aus mit der Schwitterei« (94) bricht Jochen zusammen, und Major Friedli kommt mit der Heilsarmee zur Begrüßung des Auferstandenen ins Atelier.

Deutungsaspekte, Positionen der Forschung

Die Uraufführung war dank des verblüffenden Einfalls des Autors, seiner optischen Fantasie, der artistischen Vitalität des Hauptdarstellers Steckel und der Regie Leopold Lindtbergs, der das symbolische Potential der Requisiten optimal zu nutzen verstand, ein großer Erfolg. Obgleich schon die ersten Kritiken eine Vielfalt von Deutungsmöglichkeiten in Betracht zogen, waren sie sich nur einig über den Rätselcharakter des Stücks, nicht aber über dessen Sinn und Bedeutung. Unter Dürrenmatts Inventionen sei *Der Meteor*, schreibt Friedrich Luft in der *Welt* vom 22.1.1966 begeistert aber ambivalent, das eingängigste und abstoßendste zugleich, unter seinen Stücken »das attraktiv widerwärtigste, lustigste und beste«. Obwohl der Autor mit dem Auftritt der Abortfrau Nomsen »die letzten Grenzen des geschmacklich Möglichen einzureißen« suche, genießt er offensichtlich »Dürrenmatts Rache an seinen Figuren« und spricht von ›gelungener Blasphemie‹. Er lobt trotz jenen, »denen der Jux mit dem Tode, denen das schwarz grundierte Trubelspiel mit dem verhinderten Sterben über die Hutschnur des Erträglichen ging«, Steckels »artistische Kraft« (ebd.). Wie Luft bezeugt Elisabeth Brock-Sulzer in der *Tat* vom 23.1.1966 »den Eindruck eines überwältigenden Theatergeschehens«. Sie teilt aber dessen Urteil über Dürrenmatts Figuren als Objekte seines Spotts nicht, sondern betont, dieser habe weder den Pfarrer noch die Heilsarmee lächerlich machen wollen. Sie weist auch die Vermutung zurück, der Autor habe sich in der Figur des Nobelpreisträgers Schwitter selbst gesehen, differenziert aber diese These, wenn sie lobt: »Es ist, als ob Dürrenmatt in einem verwegenen Balanceakt versucht hätte, die Gestalt des um seinen Tod geprellten Literaten sich selber gerade soweit anzunähern, wie es braucht, um umso stärker den Gegenstoß« zu führen. Ihr Schluss über den *Meteor* bleibt aktuell, wenn sie sagt, wir seien noch lange nicht am Ende »mit seinen Rätseln und seinem gefährlichen Leuchten« (ebd.).

Max Frisch hatte den Entwurf des *Meteor* gelesen und dem Freund geschrieben, er käme ihm vorerst wie eine Flaschenpost vor, eine »Standortmeldung von einem Freund, den man zuletzt auf einem robusten Kahn gesehen hat, und es tönt nach grimmiger Seenot« (Frisch/Dürrenmatt 1998, 159). Das Stück sei nahe an dem Punkt, wo einer nur noch schweige. – Stellt *Der Meteor* nicht alles in Frage? Verschiedene Deutungen widersprechen sich, weil sie die Perspektive des Autors nicht von den Perspektiven seiner Figuren unterscheiden. Wegen der Nähe zur Auferstehung durch Christus – im Entwurf hatte Dürrenmatt noch Lazarus genannt – haben kritische Stimmen dem Autor Blasphemie vorgeworfen und Schwitter als unwürdige Figur betrachtet. Jan Knopf wendet sich sowohl gegen eine Interpretation als theologische Komödie, »als ein Stück, das insgeheim einen christlichen Lehrsatz umsetzt«, wie gegen die Antithese, welche behaupte, »daß das Stück mit seinen Blasphemien den christlichen Gehalt unterlaufe und parodiere« (Knopf 1987, 121). Offensichtlich aber stellt das grotesk-komische Spiel Schwitters den konventionellen kirchlichen Glauben in Frage. Offen aber bleibt, ob – wie im ersten Schluss des Stücks – eine Möglichkeit des Glaubens der Heilsarmee überlebt oder ob, wie im zweiten Schluss, da Major Friedli durch Schwitters Hand stirbt, auch diese Möglichkeit entfällt. Auf jeden Fall »ist der Auferstandene, der nicht an seine Auferstehung glaubt«, für Dürrenmatt bewusst »eine Gestalt, die die heutige Christenheit versinnbildlicht« (WA 9, 161).

Offensichtlich fällt es der Forschung schwer, den Doppelcharakter Schwitters als Mensch und als Künstler zu verstehen. Er kann als Mensch nicht sterben, weil er nicht gelebt und geliebt hat. Er wurde zwar von zwei Frauen geliebt, von Auguste und von Olga, seiner vierten Frau. Er hat zwar seine Frauen genossen, aber er liebte sie nicht. Auch als Künstler hat er versagt und nicht gelebt, weil er sich nur mit erfundenen, nicht mit wirklichen Geschöpfen, weil er sich nicht mit »der ungeheuerlichen Unordnung der Dinge« befasst hat (WA 9, 91). Dies rechtfertigt aber die These Knapps nicht, diese Komödie würde »zur Manier, zur rein artistischen Beschreibung einer zwischen Chaos und Kloake hin und her gezerrten Welt«, der mit theatralischen Gegenprojektionen nicht mehr zu helfen sei (Knapp 1993, 102). Schwitters Sohn trifft mit seiner Parole »Der Schriftsteller engagiert sich oder wird überflüssig« (WA 9, 92) eine damals aktuelle Problematik des Theaters und der Kunst (Bertolt Brecht, Peter Weiss), mit der sich Dürrenmatt kritisch beschäftigt, aber nicht identifiziert hat.

Obschon Schwitter sich auch mitschuldig fühlt an der Unordnung der Welt und sich gerade deshalb von ihr abwendet, ist er doch nach der Intention Dürrenmatts der radikale Egoist und Nihilist ohne gesellschaftliche Bindung (vgl. WA 9, 159). »Sterben ist die letztmögliche Vereinzelung« (WA 9, 162), sagt Dürrenmatt in seinen *Zwanzig Punkten*. Der Autor ist zwar mit keiner Perspektive seiner Figuren zu verwechseln. Trotzdem distanzierte sich Dürrenmatt in einer öffentlichen Diskussion von moralisierender Kritik und betonte, dass es nicht nur um Schwitters Fall, sondern auch um seinen eigenen, des Autors Fall und um den Fall der Unordnung der Welt gehe, so dass er sich selbst nicht als schuldloser Beobachter, sondern als Mitangeklagter sehe (handschriftl. Briefentwurf in SLA-FD-A-m249_X). Und wenn es in den *Zwanzig Punkten* heißt, *Der Meteor* sei »ein Stück über das Nicht-glauben-Können« (161), so weist das auf wichtige Wandlungen in Dürrenmatts Selbst- und Dichtungsverständnis hin.

Literatur
Primärtexte, Quellen

Der Meteor. Eine Komödie in zwei Akten. Zürich 1966.
Der Meteor. Eine Komödie in zwei Akten. Wiener Fassung 1978. In: WA 9, 9–95.
Programmheft Wiener Aufführung. Theater in der Josefstadt. Schweizerisches Literaturarchiv, Sig. SLA-FD-D-11-MET-08, 23–26.
Handschriftlicher Briefentwurf. Schweizerisches Literaturarchiv, Sig. SLA-FD-A-m249_X.

Sekundärliteratur

Brock-Sulzer, Elisabeth: Friedrich Dürrenmatt. Der Meteor. In: Die Tat, 23.1.1966.
Knapp, Gerhard P.: Friedrich Dürrenmatt [1980]. Stuttgart, Weimar 1993, 99–103.
Knopf, Jan: Der Dramatiker Friedrich Dürrenmatt. Berlin 1987, 117–127
Luft, Friedrich: Von einem, der nicht sterben konnte. In: Die Welt, 22.1.1966.
Rüedi, Peter (Hg.): Max Frisch, Friedrich Dürrenmatt Briefwechsel. Zürich 1998.
Scheid, Judith R.: Poetic and Philosophical *Einfall*. Aristophanes' and Hegel's Influences on Dürrenmatt's Theory of Comic Action and on His Comedy *Der Meteor*. In: Seminar 15 (1979), 128–142.
Weber, Ulrich: Friedrich Dürrenmatt oder Von der Lust, die Welt nochmals zu erdenken. Bern, Stuttgart, Wien 2006, 47–49.

Peter Rusterholz / Pierre Bühler

G Dramenbearbeitungen und Regie

28 Bearbeitungen eigener Werke

Dürrenmatt ist kein Autor, der seinen Texten statuarische Letztgültigkeit zugedacht hätte. Seine Schriften befinden sich im Gegenteil ständig ›im Fluss‹, oft auch noch nach Veröffentlichung bzw. Uraufführung. Gerade seine Theaterstücke kommen kaum ohne zusätzliche Anmerkungen, Überlegungen und Kommentare aus, die sich teils aus der eigenen dramaturgischen Arbeit, teils aus den Reaktionen des Publikums und der Kritik speisen. Stets spiegeln die Varianten, Variationen und Überarbeitungen wider, dass die öffentlichkeitswirksame Resonanz der Literatur für Dürrenmatt durchaus im Zentrum stand.

Als Ausdruck dieses fluiden und politischen Literatur- und Werkbegriffs sind auch die drei regelrechten Umarbeitungen, Fortschreibungen und ironischen Selbstüberbietungen zu verstehen, die Dürrenmatt über Jahrzehnte, durch mehrere Werkphasen hindurch und über mehrere Medien- und Gattungsgrenzen hinweg vorgenommen hat und die im Folgenden im Zentrum stehen: Die Komödie *Die Wiedertäufer* ist eine Neubearbeitung von Dürrenmatts skandalträchtigem Erstlingsdrama *Es steht geschrieben*. Der Stoff um *Die Panne* erfährt gar mehrere mediale Umsetzungen: 1955 als Erzählung verfasst, wird 1956, noch vor der Buchveröffentlichung, vom NDR ein Hörspiel unter dem gleichen Titel gesendet. 1960 wird die Erzählung für Broadway adaptiert (*The Deadly Game*), 1972 wird der Stoff als *La più bella serata della mia vita* in einer italienisch-französischen Produktion verfilmt, was Dürrenmatt veranlasst, 1979 eine eigene Komödie zu erarbeiten und uraufzuführen. Die Komödie *Dichterdämmerung* von 1980 schließlich ist eine szenische Bearbeitung des frühen Hörspiels *Abendstunde im Spätherbst*.

Die Wiedertäufer. Eine Komödie in zwei Teilen (1967)

Die Komödie *Die Wiedertäufer* feierte im Frühjahr 1967 am Schauspielhaus Zürich Premiere. Der Kommentar der Werkausgabe vermutet, dass Dürrenmatts Überarbeitung von der Anfrage des Zürcher Schauspielhauses induziert wurde, das Stück zum zwanzigsten Jahrestag der Uraufführung von *Es steht geschrieben* (in punktuell gleicher Besetzung) wiederaufzunehmen (vgl. WA 1, 328). In jedem Fall wurde Dürrenmatt nach eigener Aussage von der Gelegenheit verlockt, »noch einmal das alte Spiel, bewußter jetzt, durchzuspielen« (WA 10, 137).

Den beiden Fassungen ist mehr als die stoffliche Ausgangslage gemeinsam: Der Gottesstaat, den die Wiedertäufer 1534 im westfälischen Münster errichteten und der bereits im Jahr darauf blutig niedergeschlagen wurde, wird in beiden Versionen nicht als Historiendrama verarbeitet, sondern als (relativ zufällig ausgewählte) Episode eines Welttheaters, das den paradigmatischen Menschen in seiner ideologischen Befangenheit zeigt, in seinem durch und durch unvernünftigen Glauben an eine vernünftige Welt. Die Forschung identifiziert in den beiden »Variationen desselben Themas« (Brock-Sulzer 1973, 168) als Hauptthemen Dürrenmatts Auseinandersetzung mit der (Kierkegaardschen) Theologie (vgl. Wysling 1996, 22) sowie seine Beschäftigung mit dem Phänomen Hitler und dem Dritten Reich (vgl. Böschenstein 2012, 101).

Die auffälligsten Unterschiede zwischen *Es steht geschrieben* und *Die Wiedertäufer* betreffen neben der stringenter durchgeführten Form den Umgang mit Illusionsbrüchen und Verfremdungseffekten, die im späteren Stück deutlich zugunsten einer Allegorie auf das (Welt-)Theater zurückgenommen werden. Dürrenmatt rückt in seiner »seit dem *Romulus* vollzogene[n] Wendung zur Komödie« (Brock-Sulzer 1973, 162) eine Ebene der Reflexion über das Theater ins Zentrum: Bockelson, der spätere ›König‹ des Täuferreichs, wird, indem er sich von Anfang an als Schau-

J. B. Metzler © Springer-Verlag GmbH Deutschland, ein Teil von Springer Nature, 2020
U. Weber / A. Mauz / M. Stingelin (Hg.), *Dürrenmatt-Handbuch*, https://doi.org/10.1007/978-3-476-05314-5_28

spieler zu erkennen gibt (vgl. WA 10, 18), als ein ahistorischer »Schmierenkomödiant« (Brock-Sulzer 1973, 162) fokussiert, der die Fäden stets souverän in der Hand hält und seinen religiösen Furor nur gezielt vorspielt, um an die Macht zu kommen und in seinem Spiel die Welt(-geschichte) als groteske Komödie zu entlarven. Anders als in *Es steht geschrieben*, wo er zusammen mit seinem Gegenspieler Knipperdollinck gerädert wird, kommt Bockelson in *Die Wiedertäufer* am Ende davon: »Ich stellte einen König dar / Und rezitierte komödiantisch einen Possentext / Durchsetzt mit Bibelstellen und mit Träumen einer beßren Welt / Die halt das Volk so träumt / [...] / Das Spiel ist aus, ihr Fürsten ohnegleichen / Ich trug eure Maske bloß, ich war nicht euresgleichen« (WA 10, 118 f.).

Die theologische Perspektive, welche das Erstlingsdrama auch in sprachlich-stilistischer Hinsicht, in seinem ostentativen »Nebeneinander von Bibelspruch und Zote« (Allemann 1958, 420) dominiert hatte, tritt damit insgesamt zugunsten von Dürrenmatts ›dramaturgischem Denken‹ zurück (s. Kap. 87). In den *Dramaturgischen Überlegungen zu den Wiedertäufern* wird diese Wendung zur »Dramaturgie der Komödie als Welttheater« (WA 10, 133) als »ein Gleichnis, immer wieder neu zu erdenken« (136), anhand des Helden Bockelson ausführlich reflektiert.

Die Panne. Eine Komödie (1979)

Wohl auch wegen des Erfolgs der Erzählung *Die Panne. Eine noch mögliche Geschichte* (1956) und des im gleichen Jahr erstmals ausgestrahlten Hörspiels entschloss sich Dürrenmatt 1979 zu einer Komödienfassung in zwei Teilen (im Druck 1980). Auktoriale Überlegungen zur Dramaturgie hatten schon die Erzählung eingeleitet, was konnte also näherliegen, als den Stoff in tatsächlicher Komödienform auf die Bühne zu bringen? Für die Bühnenadaption nahm Dürrenmatt allerdings gewichtige Änderungen des zuvor nur an minimalen Stellen variierten Plots vor.

Der auffälligste Eingriff besteht in einer komödiantischen Umkehr (vgl. Bloch 1980, 205), nämlich darin, dass im Schauspiel die Ereignisse um die *Panne* nicht chronologisch dargestellt werden, sondern das Stück gleichsam mit der Schlussszene beginnt und den Selbstmord des Protagonisten Traps anschließend analytisch vor den Augen der Zuschauerschaft entwickelt. Der Schauspieler, der den Richter Wucht gibt, richtet sich nach der ersten Szene vor Traps' Sarg an das Publikum und erklärt diese Panne in *Die Panne*: Die kleinen

und künstlerisch unbefriedigenden Rollen, die zum Schluss des Stücks auftreten, hätten es nicht gerechtfertigt, die Schauspielerinnen und Schauspieler so lange warten zu lassen. »[W]ie Peer Schmidt, der die Rolle des Alfredo Traps spielt, in den Sarg gekommen ist, aus dem er jetzt eben steigt, warum er da hineinkam, wird das Spiel ohnehin zeigen« (WA 16, 78).

Die Pointe dieses Vorgehens scheint in einer ähnlichen Volte zu bestehen, wie die früheren Fassungen mit der Erzählbarkeit von ›noch möglichen‹ Geschichten gespielt hatten. Analog dazu legt die analytische, mit den katastrophischen Schluss beginnende Dramenform ein tragisches Deutungsschema nahe, das Dürrenmatts Komödie anschließend anhand ihrer Hauptfigur dialektisch aufheben kann. Denn: »Die Spielwelt dieser Komödie ist nicht determiniert: Traps erleidet kein Schicksal, sondern eine Panne« (65). Die simple Panne, das Missverständnis und der Unfall als die zeitgemäße Form dessen, was ehemals als Schicksalsmächte hätte gedeutet werden können, waren von Dürrenmatt in seinem ›dramaturgischen Denken‹ wiederholt pointiert worden. Traps, der sich nach erlittenem Autodefekt beim Gelage mit den pensionierten Juristen nur zu gerne mit dem ihm unterstellten Mord identifiziert, weil dies ihm erlaubt, die Rolle des tragischen Helden zu übernehmen, stellt geradezu einen Modellfall für diese Diagnose dar.

Nicht so sehr Gerechtigkeit als vielmehr der Begriff der Schuld steht in der Komödie im Zentrum, die damit zum »Meta-Text der beiden früheren Fassungen« (Utz 2013, 56) avanciert. In seinem Schlussplädoyer charakterisiert der Verteidiger Kummer Traps als »ein Beispiel für viele«: zur Schuld unfähig und doch nicht schuldlos, im Gegenteil »verstrickt in alle möglichen Arten von Schuld« (WA 16, 146). Anders als in den anderen beiden Fassungen erhält Traps in absurder Feierlichkeit vom selbst nicht unschuldigen Gericht aus Pensionierten zwei Urteile: zunächst ein »metaphysisches« Todesurteil (das ihn und das Gericht mit Stolz, ja »unbeschreibliche[r] Ehre« erfüllt) und hinterher, juristisch, einen Freispruch, der ihn »fassungslos« zurücklässt (162 f.). Traps wurde nämlich im Laufe des weinseligen Verfahrens, wie der Verteidiger sagt, als Angeklagter »in einen allzu begreiflichen Größenwahn getrieben, in den Größenwahn des Jahrhunderts: schuldig zu sein« (140). Doch »das Schicksal«, so begründet Richter Wucht, hat »die Bühne verlassen, und an seine Stelle ist der Zufall getreten, die Panne« (162).

Dass der schicksals- und bewusstseinslose Traps trotzdem beharrlich auf seiner eigenen Schuldhaftigkeit besteht, ist nicht nur in seinem »Wunsch-Verbrecher-Ich« (Bloch 1980, 196) begründet, sondern auch darin, dass er Justine verfällt, der Enkelin Wuchts. Die Figur der mannstollen Justine ist eine »Ergänzung des Stoffes, die nun einmal die Bühne erzwingt« (WA 16, 64), indem sie eine komödiantische Nebenhandlung anstößt, welche Traps' Identifikation mit dem tragischen Helden zusätzlich motiviert. Denn auch dieser fragwürdigen Allegorie der Gerechtigkeit fühlt sich der Trunkene verpflichtet: »Nur als Mörder bin ich deiner würdig, Justine« (159). Es entspricht der von der Komödie selbst vermittelten Zeitdiagnose, dass auch die Selbsttötung Traps' letzten Endes nicht als Sühne gelten darf, sondern als: »eine Panne« (73).

Dichterdämmerung. Eine Komödie (1980)

Ebenfalls als eine »Mise-en-abîme« der tragischen Katastrophe (Utz 2013, 59), die nicht mehr möglich ist, weil das nachmoderne Welttheater Schuld nicht kennt, kann *Dichterdämmerung* von 1980 gelten, die szenische Bearbeitung von Dürrenmatts letztem Hörspiel *Abendstunde im Spätherbst*.

Text und Handlung der Komödie sind bis auf kleine, sich auf die abstrakte Inszenierung selbst beziehende Zusätze im Wesentlichen identisch zum Hörspiel. Der Autor führt sich auch hier gleich selbst als Hauptperson ein, bevor die eigentliche Handlung beginnt. Der Nobelpreisträger wird von einem Verehrer in seinem mondänen Arbeitszimmer besucht, der, wie sich herausstellt, nicht nur das Werk ausgezeichnet kennt, sondern in langjähriger Detektivarbeit auch herausgefunden hat, dass der Nobelpreisträger die 21 oder 22 Morde, die in seinen Romanen vorkommen, allesamt tatsächlich verübt hat. Wider Erwarten bestreitet der Autor die ihm vorgeworfenen Taten nicht, im Gegenteil: Mit einem gewissen Stolz gibt er alles zu und behauptet, die literarische Welt wisse längst Bescheid. Weil er auf der Suche nach einem neuen Stoff ist, bedroht er den Besucher mit einem Revolver: »Sie gaben mir die Idee zu einem Theaterstück. [...] Durch mich werden Sie in die Weltliteratur eingehen [...]. Das Stück, das ich über Ihre Ermordung schreiben werde, wird über alle Bühnen gehen« (WA 9, 138 f. vgl. 193 f.). Vor Angst stürzt sich der literaturkundige Besucher über den Balkon und stirbt als ein weiteres Opfer des Autors.

In der Komödienfassung wird dieser Dialog immer wieder dadurch durchbrochen, dass die Schauspieler aus der Rolle fallen – wegen des reichlich abstrakten Bühnenbildes, in dem sie sich bewegen, oder wegen der unklaren Inszenierungspolitik zweier uneiniger Regisseure und einer Vielzahl von Dramaturgen. Wo das Hörspiel allerdings mit dem Diktat eines neuen Hörspiels des Autors schließt und damit an seinen Anfang zurückkehrt, belässt es die Komödie nicht bei dieser selbstreflexiven Volte: »Dürrenmatt hat einen neuen Schluß geschrieben« (143), verkündet auf der Bühne eine junge Dame, die sich ebenfalls danach sehnt, in die Weltliteratur einzugehen. Weil der Autor sich aber weigert, sie umzubringen, sticht umgekehrt sie ihn nieder, worauf er röchelt: »Mein letztes Werk bleibt unvollendet: die schlimmst-mögliche Wendung« (145).

Dürrenmatts *Dichterdämmerung* macht bei diesem komischen Selbstzitat und weiteren Allusionen nicht Halt: Nicht nur, dass der Autor-Schauspieler, genauso wie der tote Besucher sich quicklebendig weiterunterhalten, nicht nur, dass die gesamte Szene vom Sekretär auf Band aufgenommen wurde (»die bestmögliche Wendung«, 147); aus einem vermeintlichen Aschenbecher entwickelt sich auch noch ein Schwarzes Loch, das allmählich die gesamte Bühne mitsamt ihren Akteurinnen und Akteuren verschluckt. Vor den schwarzen Vorhang tritt Oberst Macfire, eine ›gestrichene‹ Figur, die im Personenverzeichnis nicht auftaucht, und hält eine apokalyptische Rede auf den subventionierten Theaterbetrieb. Mit dem Schrei »Weltuntergang, ahoi!« (154) fällt er in den Orchestergraben, nur um – in einer abermaligen Wendung – dort die Leiche des einen Regisseurs zu entdecken; eine weitere Leiche, jene des Intendanten, wird unter der großen Trommel aufgefunden. Mit dieser Rückkehr in die Farce endet das endlos in sich gewundene Ende von *Dichterdämmerung*. Der »mehrfach nachzündende[...] Schluss« macht eines deutlich: »Damit scheint auch die ›Katastrophe‹ im ursprünglichen Sinn des fünften Tragödienaktes endgültig unmöglich geworden« (Utz 2013, 59).

Literatur
Primärtexte
Abendstunde im Spätherbst. Ein Hörspiel. In: WA 9, 169–196.
Dichterdämmerung. Eine Komödie. In: WA 9, 97–156.
Dramaturgische Überlegungen zu den Wiedertäufern. In: WA 10, 127–137.
Es steht geschrieben. Ein Drama. In: WA 1, 9–148.
Die Panne. Ein Hörspiel. In: WA 16, 9–56.
Die Panne. Komödie. Zürich 1979.
Die Panne. Eine Komödie. In: WA 16, 57–173.
Die Panne. Eine noch mögliche Geschichte. In: WA 21, 35–94.
Die Wiedertäufer. Eine Komödie. In: WA 10, 9–122.

Sekundärliteratur

Allemann, Beda: Dürrenmatt – *Es steht geschrieben*. In: Benno von Wiese (Hg.): Das deutsche Drama. Düsseldorf 1958, 415–432.

Bloch, Peter André: *Die Panne*. Das Zuendedenken einer Idee. In: Daniel Keel (Hg.): Über Friedrich Dürrenmatt. Zürich 1980, 194–208.

Böschenstein, Bernhard: Friedrich Dürrenmatts erstes Stück *Es steht geschrieben*. Eine Skizze. In: Günter Butzer, Joachim Jacob (Hg.): Berührungen. Komparatistische Per-spektiven auf die frühe deutsche Nachkriegsliteratur. München 2012, 101–106.

Brock-Sulzer, Elisabeth: Friedrich Dürrenmatt. Stationen seines Werkes [1960]. Zürich 1973.

Utz, Peter: Kultivierung der Katastrophe. Literarische Untergangsszenarien aus der Schweiz. München 2013.

Wysling, Hans: Streifzüge. Literatur aus der deutschen Schweiz 1945–1991. Hg. von Hans-Rudolf Schärer und Jean-Pierre Bünter. Zürich 1996.

Simon Aeberhard

29 Shakespeare-Bearbeitungen

Die Hauptwerke Shakespeares, die schon seit dem Sturm und Drang im Zentrum der Entwicklung zu einer eigenständigen Bühne in den deutschsprachigen Gebieten gestanden hatten, gehörten auch für Dürrenmatt zum festen Repertoire. Doch ein direkter Zugriff auf das Gesamtkorpus fand erst in Verbindung mit dem Basler Theaterprojekt (1967–1969) statt, als Dürrenmatt mit Werner Düggelin die Leitung des Theaters Basel übernahm in der Hoffnung, dort einen eigenen Wirkungsraum zu entfalten. Er suchte nach einem eigenen Repertoire an Stücken, die seine Vision von der Funktion des Theaters tragen konnten und auf die aktuelle Zeitlage antworteten. Es sei »sinnlos« die Hauptwerke Shakespeares umzuarbeiten. Die weniger bekannten Dramen erschienen ihm teils unbefriedigend, doch vielleicht gerade deswegen erkannte er in ihnen »mehr Rohstoff für Stücke als Stücke« (WA 11, 212). Dass Shakespeare selbst seine Stoffe früheren Texten entnahm, galt Dürrenmatt als Legitimation, »meine Bearbeitung der Bearbeitung Shakespeares« (ebd., 201) auf die Bühne zu bringen.

König Johann

Das erste Resultat dieser Auseinandersetzung war das Stück *König Johann*. Es entstand in den Jahren 1967/68 und wurde am 18.9.1968 in der Regie Düggelins am Basler Theater uraufgeführt. Es folgten bis in die 1970er Jahre weitere Aufführungen in Europa. Der Text erschien 1969 erstmals als Einzelausgabe und wurde 1972 in den Sammelband *Komödien III* des Arche Verlags aufgenommen. In der Werkausgabe 1980 strich Dürrenmatt die letzten zwei Sätze der Figur des Bastards; in dieser Form wurde der Text in die WA aufgenommen (vgl. WA 11, 223 u. 233). Vorlage war *The Life and Death of King John*, das Shakespeare wahrscheinlich Mitte der 1590er geschrieben hatte und das 1598 uraufgeführt wurde. Dürrenmatt bediente sich der Übersetzung Schlegels sowie einer eigenen wörtlichen Übersetzung und der Quellen Shakespeares.

In der postumen ersten Gesamtausgabe der Werke Shakespeares, dem sogenannten *First Folio* von 1623, wurde das Stück unter der Kategorie der *Histories* geführt. Es handelt sich dabei um Dramen, in denen Shakespeare die englische Geschichte aus der Perspektive seiner Zeit ideologisch so ordnete, dass die Gegenwart als notwendiger Zielpunkt der Entwicklung erschien. König Johann (ca. 1166–1216), auch bekannt

als Johann Ohneland, war der jüngste Sohn Eleonores von Aquitanien und Heinrichs II. von England. Er bestieg den englischen Thron 1199 nach dem Tod seines Bruders Richard Löwenherz. Im britischen Verständnis erinnert man sich an ihn als einen der schlechtesten Könige Englands, vor allem im Rahmen der Robin Hood-Legenden. Das herausragende Ereignis seiner Herrschaft war die *Magna Charta*, die Johann 1215 unterschreiben musste, um die rebellierenden Barone zu besänftigen. Dieses Dokument, das den Handlungsspielraum des Königs stark begrenzte, gilt den Briten heute als Beginn der Machtbeschneidung der Monarchie und somit ihrer konstitutionellen Ordnung.

Shakespeare erwähnt dieses Ereignis jedoch nicht, vielleicht weil sich Königin Elisabeth daran gestoßen hätte. Der Dramatiker setzt den Akzent eher auf die Themen, die auch seine Zeit bewegten, vor allem die Frage der Legitimität. Johanns Anspruch auf den Thron war ebenso fragwürdig wie der Elisabeths, und beide versuchten, sich ihrer Nebenbuhler zu entledigen (Arthur bzw. Maria Stuart). Die drohende Invasion durch fremde Armeen (Frankreich bzw. Spanien) und die schwierigen Beziehungen zum Papst werden ebenfalls thematisiert. Shakespeare kondensiert den Stoff stark, so dass die Abfolge der Ereignisse heute teilweise grotesk wirken kann. Die Figuren werden vom Schicksal getrieben; politische Intrigen erscheinen ebenso sinnlos wie (seltene) moralische Taten. Johann selbst stirbt nicht auf dem Schlachtfeld, sondern – ohne tragische Größe – im Fieberwahn. Ihm zur Seite steht die Figur des Bastards. Obwohl dieser sich teilweise an den Machtintrigen beteiligt, erscheint er meistens als chorartige Figur, die versucht, dem Geschehen eine moralische Deutung abzuringen. Seine vermeintlich patriotischen Schlussworte verliehen dem Stück im England des 19. Jahrhunderts große Beliebtheit.

Dürrenmatts Umarbeitung hat ein ähnliches Thema: Menschliches Tun scheitert an der Unberechenbarkeit der Realität. Der Bastard verkörpert das auf Ausgleich und Verzicht individueller Glücksrealisierung gegründete Humanitätsprinzip. Obwohl er fähig ist zu Verrat zugunsten von politischen Kompromissen, tut er dies, um Krieg und Inhumanität ein Ende zu setzen.

Dürrenmatt verändert jedoch den dramatischen Charakter Johanns und unterlegt ihm eine kohärente ideologische Handlungsbegründung. Er gestaltet ihn als machiavellistischen Herrscher, der sein Handeln klug berechnet und auf Machtausbau ausrichtet. Dürrenmatt meint, »wir können Shakespeare nur noch politisch lesen« (WA 11, 210), behauptet aber auch:

J. B. Metzler © Springer-Verlag GmbH Deutschland, ein Teil von Springer Nature, 2020
U. Weber / A. Mauz / M. Stingelin (Hg.), *Dürrenmatt-Handbuch*, https://doi.org/10.1007/978-3-476-05314-5_29

»[I]ch bin nur einer, der seine mißglückteren Spiele in unsere Zeit zu transponieren versucht« (ebd., 216). So behandelt er im Gegensatz zu Shakespeare u. a. das Zusammenspiel von Volk und Mächtigen. Der Monolog König Johanns, in dem er einsieht »Was wir Gesindel heißen, dem gehört / Das Land« und die *Charta* feiert als »Einschränkung meiner königlichen Macht, / Freiheit der Stände, Schutz vor Willkür der / Gerichte« (ebd., 110), kann mit Recht als Dürrenmatts politische Utopie, als Ausdruck seiner 1968er Vision interpretiert werden. Der Zuschauer weiß zu diesem Zeitpunkt, dass der König sterben muss, was den utopischen Charakter der Worte im Sinne einer tragischen Ironie unterstreicht. Am Ende verflucht Johann das Vernunftprinzip, das seinen Untergang nicht aufhalten konnte, während sein unmündiger Sohn zu einem Spielball in den Händen seiner Barone und einem ungefährlichen Gegner für Frankreich heranwächst. Dass Dürrenmatt den Stoff noch weiter kondensiert als Shakespeare, trägt zum Eindruck der absurden Abfolge unwägbarer Ereignisse bei.

Bei Dürrenmatt wie auch schon bei Shakespeare können die Schlussworte des Bastards problematisch wirken. 1980 relativiert Dürrenmatt selbst seine politische Vision einer vom Volk ausgehenden Demokratie: »In der letzten Szene des *König Johann* habe ich nachträglich die letzten Worte des Bastards ›Und senke in das Volk die Kraft des Löwen! / Nur so ist diesem England noch zu helfen.‹ abgeändert. Mein Vertrauen in das Volk ist in letzter Zeit zu arg erschüttert worden; schon das Wort ›Volk‹ ist politisch so zweideutig geworden, daß es kaum anständig verwendet werden kann« (ebd., 223). Mit Blick auf die Renaissance-Vorlage wird hier nicht nur mit dem geschichtlichen Handlungsanspruch des Volkes abgerechnet, sondern auch mit vermeintlich patriotischen Diskursen.

Der große Erfolg dieser Dürrenmatt-Düggelin Zusammenarbeit steht in starkem Kontrast zum Fehlschlag, den der Autor mit seinem *Titus Andronicus* hinnehmen musste.

Titus Andronicus

Der Bezug Dürrenmatts zu diesem Shakespeare-Stück reichte weiter zurück. 1958 hatte er in Paris einer Probe für die Inszenierung des *Titus Andronicus* durch Peter Brook beigewohnt: »[D]er Eindruck [war] außerordentlich« (WA 11, 208). Vor allem die Bildmächtigkeit des Stücks faszinierte ihn, denn für ihn erfolgte die Wirkung nicht über den englischen Text, sondern

über die Intensität der dramatischen Situation und der ästhetischen Formen.

Die Bearbeitung entstand jedoch im Kontext der Zerrüttung des Verhältnisses zwischen Dürrenmatt und dem Basler Ensemble unter Düggelin. Dürrenmatt arbeitete seit 1969 an seinem Text, gestützt auf die Übersetzung durch Graf von Baudissin. Doch zog der Regisseur Hans Hollmann eine eigene Bearbeitung (*Titus Titus – 50 Theatralische Vorgänge*) derjenigen Dürrenmatts vor. Während Hollmanns Text 1969 am Basler Theater uraufgeführt wurde, fand die Premiere des Dürrenmattschen Stücks erst am 2.12.1970 am Düsseldorfer Schauspielhaus unter der Regie von Karl-Heinz Stroux statt. Doch das Stück fiel durch. Das Publikum, das wohl mit der wenig bekannten Shakespeareschen Vorlage nicht vertraut war, schrieb die Gewalttaten dem Bearbeiter zu. Nackte Brüste und Wehrmachtsuniformen auf der Bühne machten den Theaterskandal perfekt. Das Dürrenmattsche Stück wurde nie wieder aufgeführt. Diese Erfahrung führte vermutlich auch dazu, dass Dürrenmatt seine geplante *Troilus und Cressida*-Umarbeitung nie durchführte. *Titus* erschien 1970 als Einzelausgabe und wurde 1972 im Sammelband *Komödien III* des Arche Verlags aufgenommen. Dürrenmatt entschied sich, für die Werkausgabe 1980 die erste Szene in der Baudissin-Übersetzung voranzustellen; in dieser Form wurde der Text in die aktuelle WA aufgenommen (vgl. ebd., 223 u. 233).

Titus Andronicus firmiert im Shakespeareschen *First Folio* unter den Tragödien; in der Sekundärliteratur wird es gelegentlich zu den *roman plays* gezählt. Doch haben wir es hier mit einem fiktiven Endzeit-Rom zu tun, dessen ideologische Grundlagen von innen her zerfallen und das von außen durch die Barbaren bedroht wird. Shakespeare schrieb das Stück vermutlich um 1590, als der Typus der *revenge tragedy* auf dem Höhepunkt seines Erfolges stand. Die Rachetragödie nach dem Vorbild des Seneca und des Thomas Kyd setzt eine tragische Kausalität von Mord und Vergeltung in Gang, die am Ende alle Protagonisten verschlingt.

Shakespeare stellte den Feldherren Titus Andronicus in den Mittelpunkt, der alles, auch seine Kinder, der römischen Ideologie der Überlegenheit durch Recht und Ordnung unterwirft. Als der Kaiser dieses Recht bricht, sich mit der im Krieg unterlegenen Barbarin vermählt, deren Kinder Titus' Tochter vergewaltigen und verstümmeln und zuletzt auch Titus selbst betrügen, nimmt er grausame Rache. Nach dem Vorbild des Thyestes aus der Atriden-Sage tötet er die Kinder der Barbarin und setzt sie ihr zur Speise vor. Am Ende sterben alle.

Während Dürrenmatt diese Endzeit-Konstellation in *Romulus der Große* komisch interpretiert, greift er hier auf eine extrem blutige Bildwelt zurück. Doch geht es ihm nicht um das kathartische Tragödienmuster, sondern um einen Erkenntnisvorgang, der bei Romulus in einer komischen, bei Titus in einer absurden Peripetie mündet. Titus' Glaube an die römische Überlegenheit schlägt um in eine Parodie derselben, die jede Illusion einer geschichtlichen Entwicklung zur Humanität zersetzt. Am Ende lässt der Gote Alarich, den Dürrenmatt als »mythische zerstörerische Größe« (ebd., 211) hinzufügt, alle Römer töten und Rom anzünden.

Obwohl sich Shakespeares Stück in die Kategorie der *revenge tragedy* einreiht, erscheint die ununterbrochene Reihe der Grausamkeiten für den modernen Zuschauer oft grotesk (z. B. in der Filmadaptation 1999 durch Julie Taymor). Dürrenmatt arbeitet besonders diesen Aspekt heraus, so dass das Stück zu einer *Komödie nach Shakespeare* werden kann. Die Enttäuschung der politischen Utopie wird deutlich. Im Schlussmonolog beschreibt Alarich Geschichte als eine beliebige Abfolge von inhumanen und sinnlosen Herrschaftsformen ohne Hoffnung auf Fortschritt: »Sie alle gierig nach der Weltherrschaft, / Die eine kurze Weltsekunde unser. / Was soll Gerechtigkeit, was soll da Rache? / Nur Namen sind's für eine üble Mache. / Der Weltenball, er rollt dahin im Leeren / Und stirbt so sinnlos, wie wir alle sterben: / Was war, was ist, was sein wird, muß verderben« (ebd., 197).

Von Dürrenmatt, nach Shakespeare

Dürrenmatt verknappt und konzentriert die barocken Bildwelten Shakespeares auf eine durchgängig logisch-intellektuelle Handlungsfolge. Diese Modernisierung schlägt den Bogen zu einem Theater, das nicht (nur) bildungsbürgerliches Repertoire anbietet, sondern auf aktuelle Zeitprobleme antworten will. Durch diesen Schritt gelangen die Stücke über den Status simpler Übersetzungen hinaus und werden zu Werken von Dürrenmatt, nach Shakespeare.

Aber nicht nur die Überwindung einer zeitlichen Barriere, sondern auch einer sprachlich-kulturellen verlangt nach Veränderung. Vor allem *Titus* sei »unübersetzbar«; ein »dramaturgisches Credo« Dürrenmatts besagt: »Ändert sich die Sprache, ändert sich der Stoff« (WA 11, 208 f.). Der logische Schluss: »Aus einer Bearbeitung wurde eine Umarbeitung« (ebd., 212). Umformung ist nicht einfach künstlerische Freiheit oder gar Willkür, sie ist Notwendigkeit.

So stellen die beiden Bearbeitungen innerhalb des Dürrenmattschen Werks eigenständige Leistungen dar, die einerseits Brechts Versuche mit dem *Coriolan* fortschreiben, andererseits eine neue Linie der Shakespeare-Bearbeitungen initiieren (u. a. Botho Strauß, Heiner Müller), die bis heute anhält.

Literatur
Primärtexte
König Johann. Zürich 1969.

König Johann. In: Komödien III. Zürich 1972.

König Johann. In: König Johann. Titus Andronicus. Shakespeare-Umarbeitungen. WA 11, 9–113.

Titus Andronicus eine Komödie nach Shakespeare. Zürich 1970.

Titus Andronicus. In: Komödien III. Zürich 1972.

Titus Andronicus. In: König Johann. Titus Andronicus. Shakespeare-Umarbeitungen. WA 11, 115–197.

Sekundärliteratur
Erne, Lukas: Lamentable Tragedy or Black Comedy? Friedrich Dürrenmatts adaptation of Titus Andronicus. In: Sonia Massai (Hg.): World-Wide Shakespeares: Local Appropriations in Film and Performance. London 2005, 88–94.

Lerner, Laurence: King John, *König Johann*: War and Peace. Shakespeare Survey 54 (2001), 213–222.

Marquardt, Anne-Kathrin: »Halb Shakespeare, halb Dürrenmatt« – Friedrich Dürrenmatts *Titus Andronicus*. In: Véronique Liard, Marion George (Hg.): Dürrenmatt und die Weltliteratur – Dürrenmatt in der Weltliteratur. München 2011, 105–129.

Ranke, Wolfgang: Adaption und Intertextualität: Friedrich Dürrenmatts *König Johann* und die Tradition der deutschen Shakespeare-Bearbeitung. In: Jahrbuch für Internationale Germanistik 24 (1992), 8–36.

Anne-Kathrin Marquardt

30 *Play Strindberg*

Entstehungs-, Publikations- und Aufführungsgeschichte

Das Drama *Play Strindberg. Totentanz nach August Strindberg* basiert auf dem schwedischen Ehedrama und Klassiker *Dödsdansen* (dt. *Totentanz*) August Strindbergs. Das Stück entstand 1968 und wurde am 8.2.1969 in der Regie von Friedrich Dürrenmatt und Erich Holliger am Basler Theater uraufgeführt. Dürrenmatts Auseinandersetzung mit Strindberg fällt in Bezug auf seine Theaterarbeit in die Zeit eines Umbruchs. Nach dem Abgang am Schauspielhaus Zürich schöpfte er mit der Anstellung am Theater in Basel neue Hoffnung, die eigenen Vorstellungen von einem anderen, modernen Theater realisieren zu können. Als Teil der Direktion – Seite an Seite mit dem Intendanten Werner Düggelin – hegte er den Wunsch, ein eigenes Theater zu gründen (vgl. Rüedi 2011, 692). Geplant war ursprünglich, dass der Regisseur Erich Holliger, auf Vorschlag des Dramaturgen Hermann Beil, Strindbergs *Totentanz* inszenieren sollte (vgl. ebd., 696). Dürrenmatt besuchte Proben, konnte sich jedoch nicht mit dem Stück anfreunden. Die Mühe mit dem Stück bekundete er in seinem Bericht, den er im Programmheft der Uraufführung abdrucken und auch den Buchausgaben beifügen ließ: »1968. Lese die ersten Seiten des Stücks, finde den Theatereinfall interessant, stoße mich an seiner Literatur (Plüsch × Unendlichkeit)« (WA 12, 193). Dürrenmatt war gegen eine »theaterübliche Strindberg-Bearbeitung« (ebd.) und entschied sich kurzerhand für eine Umarbeitung des Stücks. Es folgte eine intensive Auseinandersetzung mit dem Stoff und dem Text, den er zuhause in Neuchâtel, aber auch in enger Zusammenarbeit mit dem Regisseur und den Schauspielern während der Proben in Basel weiterentwickelte (vgl. WA 12, 202). Dürrenmatt arbeitete nach eigener Aussage mit einer »Rohübersetzung« (WA 12, 193) des schwedischen Originals. In seinem Nachlass befinden sich zwei deutschsprachige *Totentanz*-Ausgaben von zwei verschiedenen Übersetzern, die als Grundlage der Überarbeitung in Frage kommen (vgl. Winkler 2009).

Play Strindberg, wie Dürrenmatt die Bearbeitung in Anspielung auf die damals sehr populären *Play Bach*-Alben des Jacques Loussier Jazztrios betitelte, wurde 1969 beim Arche Verlag in leicht überarbeiteter Fassung publiziert, erschien 1972 unverändert im Sammelband *Komödien III* und wurde 1980 ebenfalls unverändert in die Werkausgabe aufgenommen. Das Stück wurde zwischen 1969 und 1971 auf über 30 deutschsprachigen Bühnen und später auch in anderen europäischen Städten (Paris, London, Athen, Warschau) sowie in den USA und Japan aufgeführt. Die Uraufführung wurde 1971 auch im deutschen Fernsehen (ARD/SDR) ausgestrahlt. Nach der breiten frühen Theaterrezeption geriet Dürrenmatts Bearbeitung in der folgenden Zeit in Vergessenheit und wird heute nur noch selten aufgeführt (vgl. WA 12, 202 f.), etwa 2014 am Royal Theatre in Bath oder 2016 am Basler Theater.

Inhalt und Analyse

Das Ehepaar Edgar und Alice lebt in einem alten Gefängnisturm auf einer Insel in den schwedischen Schären. Die beiden – er, ein heruntergekommener Hauptmann und Militärschriftsteller; sie, eine wenig erfolgreiche Schauspielerin – sind seit 25 Jahren verheiratet. Abgeschottet von der Gesellschaft liefern sie sich einen schonungslosen Ehestreit. Ihr einziger Kanal zur Außenwelt ist der Telegrafenapparat. Zeitweilig unterbrochen wird dieser Streit durch die Ankunft von Alices Vetter Kurt. Dieser gibt vor, nach seiner langjährigen Abwesenheit zurück auf die Insel gekommen zu sein, um Quarantänemeister zu werden. Mit der Ankunft Kurts verschärft sich der Konflikt zwischen den beiden Ehepartnern. Alice versucht per Telegrafenmitteilung an den Oberst die Absetzung Edgars einzufädeln und ihn wegen Geldunterschlagung ins Gefängnis zu bringen. Edgar beabsichtigt, Alice aufgrund ihrer Zuneigung zu Kurt zum Ehebruch anzustiften. Während eines durch Edgar vorgetäuschten Ohnmachtsanfalles steigt Alice tatsächlich mit Kurt ins Bett, womit Edgars Plan aufgeht. Wenig später eröffnet Edgar seiner Frau, dass er sie in Bezug auf das unterschlagene Geld angelogen habe: Nicht er, sondern der Oberst habe Geld veruntreut, womit nicht er, sondern vielmehr der Oberst in Zugzwang gerate. Zudem gesteht er Alice und Kurt, die Ohnmachtsanfälle nur vorgetäuscht zu haben. Kurze Zeit später glaubt Edgar, Kurt als Kleinkriminellen entlarven zu können, der als Bankangestellter in Amerika Geld unterschlagen habe und nur deshalb als Quarantänemeister auf die Insel gekommen sei, um sich der Strafverfolgung zu entziehen. Als Edgar nach einem Angriffsversuch auf Alice und Kurt – mit einem Säbel – erneut zusammenfällt und einen Schlaganfall erlebt, halten Alice und Kurt dies lediglich für eine Fortsetzung seiner Täuschungsversuche. Edgar ver-

J. B. Metzler © Springer-Verlag GmbH Deutschland, ein Teil von Springer Nature, 2020
U. Weber / A. Mauz / M. Stingelin (Hg.), *Dürrenmatt-Handbuch*, https://doi.org/10.1007/978-3-476-05314-5_30

liert durch den Schlaganfall jedoch tatsächlich die Sprache und kann nur noch zuhören, wie Kurt am Ende des Stücks Alice gesteht, kein Kleinkrimineller, sondern ein reicher Geschäftsmann und Millionär zu sein, der längst den Oberst als Teilhaber seiner Geschäfte auf seine Seite gebracht habe.

Das Bühnenbild wird von Dürrenmatt als »Szene« bezeichnet, die aus einem mit Scheinwerfern beleuchteten Ring besteht, der mit einzelnen Möbeln (»Klavier«, »Stuhl 1«, »Hocker 2« etc.) ausgestattet ist (WA 12, 10). Die Handlung des Stücks ist in zwölf Runden eingeteilt, deren Beginn jeweils durch einen im Nebentext vermerkten Gong eingeläutet wird. Dadurch wird die Nähe zu einem Boxkampf unmissverständlich angezeigt. Die Runden sind zu Beginn länger und werden gegen Schluss immer kürzer. Jede wird durch die Figuren angekündigt. Dadurch entsteht eine doppelte Handlungsebene, ein episches Element, das die Schauspieler kontinuierlich von ihrer Rolle distanziert. Die Figurenrede wird während des gesamten Stücks von einem ausführlichen Nebentext begleitet, der die nonverbalen Handlungen der Figuren im Detail beschreibt und damit die Wirkung eines genau orchestrierten Bühnengeschehens unterstützt.

Ist bei Strindberg noch eine stark naturalistisch geprägte Darstellung des bürgerlichen Milieus der Jahrhundertwende sichtbar, fällt in *Play Strindberg* genau dieses Illusionselement weg. Dürrenmatts Eliminierung der literarischen Seite (vgl. WA 12, 193) und die Akzentuierung des Spielcharakters geschieht nicht nur durch das hochartifizielle Bühnenbild und die Nebentexte, sondern ebenso durch die Veränderung der sprachlichen Handlungen der Protagonisten. Erinnert sich Alice im *Totentanz* noch an bessere gemeinsame Zeiten während einer Kopenhagen-Reise – »Es waren doch unsere besten Stunden!« (Strindberg 1958, 11) –, meint sie in *Play Strindberg* in kühlem Ton: »Meine schönste Zeit in Kopenhagen war die Zeit, als ich dich noch nicht kannte« (WA 12, 18). Tritt im *Totentanz* der Ehestreit – so unerbittlich er ist – noch als funktionierender wechselseitiger Sinnaushandlungsprozess zu Tage, fehlt bei *Play Strindberg* die ›Illusion‹ eines produktiven Streits weitgehend. So richtet Alice in *Play Strindberg* zwar die gleichen Vorwürfe an ihren Mann wie im *Totentanz* (Altersschwäche und Krankheit, fehlendes Geld, die verlorene gesellschaftliche Stellung), jedoch scheint die gewollte Provokation in *Play Strindberg* nicht mehr zu funktionieren. Zeigen die Nebentexte im *Totentanz* noch an, dass sich Edgar über die Vorwürfe seiner Frau ärgert, weil sie ihn damit im Kern seines bürgerlich-männlichen Stolzes an-

greift, fehlen gerade diese Markierungen von Befindlichkeiten in *Play Strindberg* durchgängig. Die Einteilung des Dialogs in Runden und einzelne Dialogblöcke unterstützt die Wirkung eines nicht mehr durch die Intentionen und Emotionen der Figuren gesteuerten, sondern von außen auferlegten und organisierten ›verfremdeten‹ Dialogs.

Deutungsaspekte, Positionen der Forschung

Dürrenmatt selbst schreibt in seinem Bericht nicht nur von der Verwandlung eines »Schauspielerstück[s]« in ein »Stück für Schauspieler« (WA 12, 193), sondern auch von »Schauspielerartistik« (194), was die Wichtigkeit anzeigt, die er dem Bühnengeschehen beimisst. Die Entstehung aus der Inszenierungspraxis heraus würdigte Dürrenmatt denn auch mit der Gattungsbezeichnung *Übungsstück für Schauspieler*. Vor diesem Hintergrund verweist der Titel *Play Strindberg* gerade nicht nur auf den spielerischen Umgang mit dem klassischen Stoff, sondern auch auf den Versuch einer Abkehr vom textuell fixierten, einmaligen Theaterstück zugunsten einer gemeinschaftlichen und fortwährenden praktischen Auseinandersetzung mit Text und Stoff. Wohl aufgrund der Kenntnis der von Dürrenmatt intendierten engen Verbindung zwischen Bühnenarbeit und der Arbeit am Text hat man in der Forschung den Standpunkt vertreten, der Text sei ohne die Umsetzung auf der Bühne gar nicht als Theaterstück zu begreifen (vgl. Rumler-Gross 1985, 218).

Die literaturwissenschaftliche Auseinandersetzung mit dem Stück ist generell stark geprägt von den Überlegungen und Standpunkten, die Dürrenmatt selbst in seinem Bericht notiert. Im Zentrum stehen die Fragen des Verhältnisses zwischen Originaltext (bzw. dessen deutschsprachiger Übersetzung) und der Bearbeitung sowie der dahinterliegenden Konzeption und Wirkungsabsicht Dürrenmatts. Betont wird, dass es nicht wie bei Strindberg um die genaue sprachliche Schilderung der Figuren und ihrer inneren Befindlichkeiten gehe, sondern um die Darstellung eines gnadenlosen Ehekampfes (vgl. Tiusanen 1977, 332). Dabei werden die auch für andere Dramen Dürrenmatts kennzeichnenden stilistischen Elemente der Kürze und Knappheit sowie der Stilisierung der Figurenrede genannt. Sharp (1970, 280) fasst diesen Charakter prägnant mit der Metapher eines »word ping-pong«. In der stilisierten und stichomythischen Sprache findet der Emotionsausdruck keinen Platz mehr. Die Figuren in *Play Strindberg* sind laut Sammern-Frankenegg (1991,

92) »keiner echten Gefühlsregung mehr fähig, weder von Liebe noch Haß bewegt«. Aus den leidenden Figuren des *Totentanzes* werden Rollen. Der schicksalhafte eheliche Einzelfall wird bei Dürrenmatt durch Mittel der Distanzierung zum grotesk dargestellten Modell. Dabei zeigen sich die Züge Dürrenmattscher Theaterintention besonders deutlich anhand der Figur Kurts, der nicht – wie bei Strindberg – als Quarantänemeister auf die Insel kommt, sondern sich als reicher und krimineller Geschäftsmann entpuppt und feststellt: »Ich durfte in eure kleine Welt hineinsehen. In der großen Welt, in der ich lebe, geht es in keiner Weise schlechter zu: Nur die Dimensionen sind anders« (WA 12, 91). Damit löst sich die im *Totentanz* verankerte Tragik des ehelichen Geschlechterkampfes auf. Die bei Strindberg noch angelegte Heiligkeit und Verklärung der Ehe ist in *Play Strindberg* durch deren Gleichsetzung mit den kriminellen Handlungen in der großen Welt Kurts nichtig geworden. Die Ehe und die darin stattfindenden zwischengeschlechtlichen Konflikte fungieren nur noch als Modell für die (grausame) Wirklichkeit.

Das Groteske offenbart sich auch in der Figur Edgars, dessen Pläne und Handlungen infolge von Kurts Geständnis unterwandert und sinnlos werden. Die groteske Wirkung wird dadurch verstärkt, dass Edgar nicht wie im *Totentanz* stirbt, sondern lallend und undeutliche Laute von sich gebend überlebt. Die Wirkung auf den Rezipienten ist nicht Identifikation und Mitleid, sondern ein »Lachen als Ausdruck der Distanzierung« (Treib 1980, 132). Dürrenmatt fasst diese Verschiebung im *Bericht* wie folgt zusammen: »Aus einer bürgerlichen Ehetragödie wird eine Komödie über die bürgerlichen Ehetragödien« (WA 12, 194). Angemerkt sei jedoch, dass der Dialog bereits bei Strindberg – zumindest im schwedischen Originaltext – an etlichen Stellen durchaus groteske Züge trägt. Auch im *Dödsdansen* entsteht und entwickelt sich der Konflikt weitgehend nicht durch die rationalen Entscheidungen und Handlungen der einzelnen Figuren,

sondern er ist vielmehr a priori vorhanden und wird auch nicht durch die Figuren gelöst. Das Tragische im aristotelischen Sinn ist auch bei Strindberg nicht erkennbar (vgl. Treib 1980, 119–121). Er legt mit dem *Dödsdansen* also ein Fundament, das zumindest dramenkonzeptionell bereits Charakteristika des modernen Dramas Dürrenmatts trägt, auch wenn es in Bezug auf die sprachliche Umsetzung – vielleicht nicht zuletzt wegen der zugrunde liegenden deutschsprachigen Übersetzungen – weit von Dürrenmatts Vorstellungen entfernt ist.

Literatur
Primärtexte

Play Strindberg. Totentanz nach August Strindberg. Zürich 1969.

Play Strindberg. Totentanz nach August Strindberg. In: WA 12, 9–93.

Sekundärliteratur

Rumler-Gross, Hanna: Thema und Variation. Eine Analyse der Shakespeare- und Strindberg-Bearbeitungen Dürrenmatts unter Berücksichtigung seiner Komödienkonzeption. Köln, Wien 1985.

Rüedi, Peter: Dürrenmatt oder die Ahnung vom Ganzen. Biographie. Zürich 2011.

Sammern-Frankenegg, Fritz: Exit Strindberg. Zur Eliminierung Strindbergs in Friedrich Dürrenmatts *Play Strindberg*. In: Studia neophilologica 63 (1991), 89–93.

Sharp, Sister C.: Dürrenmatt's *Play Strindberg*. In: Modern Drama 13 (1970), 276–283.

Strindberg, August: Totentanz. Erster Teil. Deutsch von Emil Schering. München 1958.

Tiusanen, Timo: Dürrenmatt. A study in plays, prose, theory. New Jersey 1977.

Treib, Manfred: August Strindberg und Edward Albee. Eine vergleichende Analyse moderner Ehedramen (Mit einem Exkurs über Friedrich Dürrenmatts *Play Strindberg*). Frankfurt a. M. 1980.

Winkler, Oliver: Von Strindbergs *Dödsdansen* zu Dürrenmatts *Play Strindberg*. Die Darstellung des Ehekonflikts in Original, Übersetzung und Bearbeitung. In: Mona Enell-Nilsson, Niina Nissilä (Hg.): VAKKI Symposium XXIX. Sprache und Macht. Vaasa 2009, 409–420.

Oliver Winkler

31 Dürrenmatt als Regisseur

Dürrenmatts Tätigkeit als Regisseur begann 1954 mit der Inszenierung seines Stücks *Die Ehe des Herrn Mississippi* in Bern und endete 1988 mit *Achterloo IV*, das der Dramatiker für die Schwetzinger Festspiele inszenierte und mit dem er seinen *Abschied vom Theater* (WA 18, 568–586) markierte. In diesem Zeitfenster brachte er einige seiner eigenen Stücke auf die Bühne, nahm aber gelegentlich auch die Herausforderung der üblichen Regiesituation an und inszenierte Fremdtexte. Da die Aufführungen nur in Ausnahmefällen aufgezeichnet wurden, sind die meisten Inszenierungen Dürrenmatts lediglich aus sekundären Hinweisen zu rekonstruieren. Während seine Klassikerinszenierungen (Zürich, 1970–1974) detailliert analysiert wurden (vgl. Carasevici 2011), standen Dürrenmatts Mise-en-scènes eigener Stücke bislang im Zentrum keiner ausführlichen Studie.

Regietätigkeit in Bern und Basel

Die Perspektive einer konkreten Bühnenarbeit hat sehr früh Dürrenmatts Interesse geweckt, noch vor seinem einschlägigen Essay *Theaterprobleme* (1954). 1950 verfasste er einen programmatischen Text, der die Grundlage für ein gewagtes Projekt bilden sollte: die »Schweizerischen Kammerspiele«, ein neues Berner Theater, dessen Gründer ein junger Regisseur, ein junger Theaterleiter und ein junger Dramatiker (namens Friedrich Dürrenmatt) waren (vgl. Carasevici 2011, 46–49). Das Unternehmen wurde nie verwirklicht, aber Bern blieb der Ort von Dürrenmatts erster wichtigen theaterpraktischen Erfahrung: der Inszenierung von *Die Ehe des Herrn Mississippi* (Stadttheater Bern, EA 3.2.1954). Seine Motivation bestand darin, sowohl sein Komödienkonzept als auch das Schlüsselprinzip seines Theaterdenkens – nämlich »mit der Bühne zu dichten« (WA 30, 12) – in der Praxis auszuprobieren (vgl. Dürrenmatt 1954, 2). Die meisten Rezensionen lobten den Dramentext, zeigten aber weniger Interesse an der Regie an sich, und wenn doch, dann in kritischer Weise: Der Regisseur Dürrenmatt habe eine offensichtliche Vorliebe für starke Bühneneffekte (vgl. *Der Bund*, 5.2.1954), es fehle aber die Routine des Praktikers (vgl. *Tages Anzeiger*, 9.2.1954). Dieselben Rezensionen berichteten auch von einer geteilten Publikumsreaktion.

Zwei Jahre später übernahm Dürrenmatt wieder die Rolle des Regisseurs, diesmal für eine Basler Insze-

nierung der Komödie *Der Besuch der alten Dame* (Stadttheater Basel, EA 12.11.1956), die Oskar Wälterlin bereits in Zürich mit großem Erfolg auf die Bühne gebracht hatte. Im Programmheft begründet Dürrenmatt seine Regie wie folgt: »Den Versuch, selber zu inszenieren, habe ich unternommen, meinem Stück weiterzuhelfen, es von der Handlung her noch einmal durchzudenken. Nach der Arbeit am Schreibtisch muß die Arbeit auf der Bühne kommen. Eine Notwendigkeit, die im Metier liegt« (Dürrenmatt 1956, 4). Diese »Notwendigkeit« wird der Dramatiker während seiner Karriere ständig fühlen, gleichgültig ob er selbst oder andere Regie führen. Ebenso spricht er im Programmheft über ein weiteres Erfordernis, nämlich über die Notwendigkeit, während der Proben Textänderungen zu machen (vgl. ebd.) – eine andere Konstante seiner Theaterpraxis. Die Rezensionen beurteilten die Regie wieder negativ, während sie den Text priesen: »Das Stück ist stärker als Dürrenmatts Regie-Können« (*Basellandschaftliche Zeitung*, 20.11.1956). Die Reaktion des Publikums scheint dagegen überwiegend positiv gewesen zu sein (vgl. *Tages Anzeiger*, 1.12.1956).

Die Bühnenrealisierung von *Der Besuch der alten Dame* beschäftigte Dürrenmatt weiter, und 1959 inszenierte er das Stück in Bern am Atelier-Theater (UA 25.11.1959). Für diese Bühne erstellte er eine Neufassung, in der er die Figurenzahl und einige Szenen reduzierte. Sowohl diese Fassung als auch die Regie wurden von den Rezensenten gelobt, die auch von einem »stürmischen Beifall« (*Berner Tagblatt*, 27.11.1959) der Zuschauer und Zuschauerinnen berichteten.

Erst 1966 inszenierte Dürrenmatt wieder, diesmal aber nicht für die Theaterbühne, sondern für das Fernsehen: *Frank V* (NDR, 16.2.1967). Eigentlich hatte der Dramatiker drei Jahre früher an einer Inszenierung desselben Stücks in Bochum gearbeitet; nach Auseinandersetzungen mit dem Intendanten Hans Schalla hatte er das Projekt aber fallen gelassen. 1966 bearbeitete der Autor den Text wieder und so entstand die Fernsehfassung, die er für den NDR inszenierte – allerdings nicht mit großem Erfolg (vgl. *Neue Zürcher Zeitung*, 19.2.1967).

1968 übernahm Werner Düggelin die Leitung der vereinigten Basler Theater und lud Dürrenmatt ein, dem neugebildeten Stab als künstlerischer Berater beizutreten. Der Dramatiker nahm die angebotene Stelle an, »in der Hoffnung, hier sein ›BE‹, sein ›Basler Ensemble‹ zu finden« (Rüedi 2004, 286) und – wie Brecht – seinen »Traum vom eigenen Theater« (Rüedi 1996, 222 f.) zu verwirklichen. In Basel bearbeitete

J. B. Metzler © Springer-Verlag GmbH Deutschland, ein Teil von Springer Nature, 2020
U. Weber / A. Mauz / M. Stingelin (Hg.), *Dürrenmatt-Handbuch*, https://doi.org/10.1007/978-3-476-05314-5_31

Dürrenmatt zwei Dramentexte – Shakespeares *König Johann* und August Strindbergs *Totentanz* – an deren Inszenierung er auch aktiv teilnahm. Im Falle von *Totentanz*, das *Play Strindberg* wurde, war er neben Erich Holliger sogar Co-Regisseur: »Die ›Auftragswerke‹ *König Johann* und *Play Strindberg* entstehen in enger Zusammenarbeit mit Ensemble und Dramaturgen als eine ›Bühnenpartitur‹, die erst während der Proben ihre endgültige Gestalt gewinnt, ja die sich im Fall von *Play Strindberg* erst in der Zusammenarbeit mit den Schauspielern konstituiert« (Rumler-Gross 1985, 69). Diese Arbeitsweise wird Dürrenmatt von nun an weiterentwickeln, besonders in Zürich, wo er wieder selbständig inszeniert, meistens nicht seine eigenen Dramentexte. Sein Regiedenken ist am besten anhand dieser üblichen Regiesituation zu beurteilen.

Zürich: Klassikerinszenierungen

1970 wurde Dürrenmatt von Harry Buckwitz und Werner Wollenberger vom Schauspielhaus Zürich als künstlerischer Mitarbeiter der Direktion eingeladen. Hier inszenierte er Goethes *Urfaust*, Büchners *Woyzeck* und Lessings *Emilia Galotti*, aber auch zwei eigene Stücke: *Porträt eines Planeten* und – in letzter Minute – *Der Mitmacher*. Wie bei *Play Strindberg* kann auch die Aufführung des letztgenannten Stücks nicht hundertprozentig als eigene Inszenierung gelten: Infolge des Rückzugs von Andrzej Wajda musste der Dramatiker kurz vor der Uraufführung die Regie übernehmen (vgl. Weber 2006, 51). Die Mise-en-scène wurde von der Kritik verrissen, aber Dürrenmatt kapitulierte nicht und inszenierte das Stück im selben Jahr noch einmal am Mannheimer Nationaltheater (EA 30.10.1973). Obwohl überwiegend negativ, betonten die Rezensionen den Umstand, dass die Mannheimer Inszenierung besser als jene in Zürich gewesen sei (vgl. Rühle 1973).

Zurück ins Jahr 1970 und zu den Klassikern: Dürrenmatts Wahl, den *Urfaust* zu bearbeiten und zu inszenieren (UA 22.10.1970), wird von seinem Wunsch begleitet, Goethe und seinen *Faust*-Stoff zu entmythisieren (vgl. Carasevici 2011, 86–92). Im Vergleich zu seinen Basler Umarbeitungen lässt er in seiner *Urfaust*-Bearbeitung das Original fast unberührt und konzentriert sich eher auf strukturelle Änderungen und besonders auf einige Einfügungen aus dem Volksbuch vom Doktor Faustus. Den *Urfaust* im Hinblick auf das Volksbuch zu inszenieren, ist eine Idee, die eigentlich von Brecht stammt (vgl. George 2011, 161–

171), und Dürrenmatts Verwendung dieser Text-Inserate ist ebenfalls im Sinne Brechts als episches Theater zu verstehen (vgl. Carasevici 2011, 86–89). Die Besetzung ist an sich ein grotesker Grundeinfall, denn Dürrenmatt lässt keinen jungen, sondern einen alten Mann – den unverjüngten Faust – ein junges Mädchen verführen. Das gesamte dramaturgische Denken hinter der Inszenierung ist stark von Dürrenmatts Komödienkonzeption geprägt (vgl. Carasevici 2016, 146). Der Zürcher *Urfaust* beinhaltet auch Reminiszenzen der Basler Umarbeitungen, besonders *Play Strindberg*: einerseits das Konzept der ›Bühne auf der Bühne‹, andererseits die Bühnenverwandlungen ohne Bühnenarbeiter, sondern mit den Schauspielern bei offener Szene, was ganz im Sinne Peter Brooks eine gewisse Theaterwerkstatt-Atmosphäre schafft. Die zwiespältigen Rezensionen neigen dazu, den Regisseur und sein Team (Schauspieler, Bühnenbildner Michel Raffaëlli usw.) an gegensätzlichen Extremen zu positionieren (vgl. Carasevici 2011, 106–111).

Nach dem *Urfaust* führte Dürrenmatt seine Regietätigkeit am Schauspielhaus Zürich mit der Inszenierung einer Neubearbeitung seines eigenen Stücks *Porträt eines Planeten* fort (UA 25.3.1971). Im Programmheft macht er entscheidende Bemerkungen zur zentralen Funktion der Schauspieler: »Ich schreibe meine Theaterstücke nicht mehr für Schauspieler, ich komponiere sie mit ihnen. Ich gebe die Literatur zugunsten des Theaters auf« (Dürrenmatt 1971, 5). Die meisten Kritiker beurteilten Dürrenmatts Text negativ, hielten seine Regiearbeit aber für ziemlich gelungen (vgl. Bachmann 1971), zumindest im Vergleich zur Düsseldorfer Uraufführung (1970, R.: Erwin Axer).

Dürrenmatts *Woyzeck*-Inszenierung (UA 17.2.1972) stützt sich auf eine Collage aus Büchners vier verschiedenen Manuskripten (vgl. Carasevici 2011, 118–131). Die Novität besteht grundsätzlich im Zusammenbringen zweier Szenen, was die Gleichsetzung zwischen Woyzeck und einem von Büchner unbenannten Barbier bzw. zwischen dem Tambourmajor und einem ebenfalls unbenannten Unteroffizier zur Folge hat (vgl. Weber 2011, 199). Dürrenmatts Beschäftigung mit den Möglichkeiten der Schauspielerei wird immer intensiver, und in Verbindung damit ist auch der extreme Minimalismus des Bühnenbildes zu sehen. In dieser Hinsicht lässt sich Dürrenmatts Regiedenken auch in Anlehnung an Peter Brooks Theorie vom ›leeren Raum‹ (vgl. Brook 1968) verstehen. Aus fast allen Rezensionen, die nicht sehr positiv waren, resultiert das Bild eines eher zurückhaltenden Regisseurs (vgl. Carasevici 2011, 151).

Zwischen zwei Klassiker-Inszenierungen kehrte Dürrenmatt 1973 mit den erwähnten *Mitmacher*-Inszenierungen, aber auch mit einer Mise-en-scène von *Die Physiker* (für das Schweizer Tournee-Theater) wieder zu seinem eigenen Werk zurück. Trotz der Bekanntheit des Textes und des Autor-Regisseurs wird die letztgenannte Inszenierung von der Kritik nahezu ignoriert.

Dürrenmatts letzte Inszenierung am Schauspielhaus Zürich war *Emilia Galotti* (EA 5.6.1974). Der Text bleibt fast unangetastet, es gibt nur einige Striche: Gekürzt werden in erster Linie alle Übertreibungen und Künstlichkeiten eines Aufklärungsdramas, um den Weg zum zeitgenössischen Publikum zu finden (vgl. ebd., 168–172). Darauf zielt eigentlich das gesamte Regiekonzept, in dem Dürrenmatt zwei wichtige Aspekte von Lessings Text in den Vordergrund stellt: die Kritik an einem politischen System und den Konflikt zwischen Mann und Frau, wobei beide Aspekte unter dem Stichwort ›Missbrauch‹ verbunden werden (ebd., 173–177). Im Vergleich zu den *Urfaust*- und *Woyzeck*-Inszenierungen kann man bei *Emilia Galotti* keineswegs von einem minimalistischen Bühnenbild sprechen. Die prächtige Renaissance-Szenerie erlaubte keine Theaterwerkstatt-Atmosphäre (vgl. ebd., 181–183). Ironischerweise war das Bühnenbild das Einzige, was die Kritik an der Inszenierung lobte (vgl. ebd., 184–189).

Der lange Abschied von der Regie

Erst vier Jahre nach der produktiven, für ihn aber enttäuschenden Zürcher Bühnenerfahrung führte Dürrenmatt erneut Regie: Es ging diesmal wieder um einen eigenen Text, nämlich um *Der Meteor* (Theater in der Josefstadt, Wien, UA 23.11.1978). In einem im Programmheft veröffentlichten Interview sagt der Autor, dass jede Regie eine Neufassung sei und dass die Ursache der Veränderungen die Schauspieler und Schauspielerinnen seien (vgl. Dürrenmatt 1978, 22). Die Theaterrezensionen waren positiv und berichteten auch von einer affirmativen Publikumsreaktion (vgl. Sebestyen 1978).

Trotz des Wiener Erfolgs beschloss der Dramatiker, seinen Abschied von der Regie vorzubereiten: Die Inszenierung der *Panne* werde seine letzte Regiearbeit, so Dürrenmatt (vgl. *Berner Zeitung*, 19.9.1979). Auf die Bitte seines Freundes Egon Karter (vgl. 1991, 75) dramatisierte der Autor seine gleichnamige Novelle und inszenierte sie für das Gastspieltheater Karters

(UA 13.9.1979 in Wilhelmsbad/Hanau). Die Rezensionen waren hauptsächlich negativ (vgl. Schnell 1979) und vergällten Dürrenmatts Abschied, der ohnehin keiner war.

Der tatsächliche Abschied von der Regie und vom Theater im Allgemeinen erfolgte neun Jahre später mit der Inszenierung von *Achterloo IV* für die Schwetzinger Festspiele (UA 17.7.1988) mit Josef Svoboda als Bühnenbildner. Die Kritik reagierte weniger auf die Regie, sondern eher auf die glänzende Besetzung und auf das Element der Sensation: Dürrenmatts Abschied von der Bühne (vgl. Schär 1988). Roman Brodmann, der die Proben mit der Filmkamera verfolgt hat, skizziert im Programmheft das Bild des Autors als Regisseur, wie es aus der Regiearbeit zu *Achterloo IV* hervorgeht. Seine Worte gelten eigentlich für das ganze Regiedenken Dürrenmatts: »Nie ein besserwisserischer Peitschenknall, Führung schon: Dürrenmatt kommt es darauf an, daß der Schauspieler genau weiß, was er warum sagt, und daß er bei der Wahl seines Ausdrucks von diesem Wissen Gebrauch macht. Es ist ein Idealfall von Theater« (Brodmann 1988, 7). In der Beschreibung einer Probe nennt Brodmann das Stichwort, das ebenfalls für die gesamte Regietätigkeit des Dramatikers steht: »Theaterwerkstatt« (ebd.).

Literatur
Primärtexte
Abschied vom Theater. In: WA 18, 568–586.
Begründung einer Regie. In: Programmheft zu *Der Besuch der alten Dame*. Stadttheater Basel 1956, 4.
Die Ehe des Herrn Mississippi. Nachschrift zur Schweizer Erstauffführung. In: Programmheft zu *Die Ehe des Herrn Mississippi*. Stadttheater Bern 1954, 2.
Etwas über die Kunst, Theaterstücke zu schreiben. In: WA 30, 11–15.
Gespräch mit Nicolaus Windisch-Spoerk (1978). In: Programmheft zu *Der Meteor*. Theater in der Josefstadt, Wien 1978, 22–25.
Porträt eines Planeten. Vorwort zur Zürcher Fassung. In: Programmheft zu *Porträt eines Planeten*. Schauspielhaus Zürich 1971, 2–6.

Sekundärliteratur
Bachmann, Dieter: Wie es euch gefällt. In: Die Weltwoche, 2.4.1971.
Brodmann, Roman: Der Dramatiker führt Regie. In: Programmheft zu Achterloo IV. SDR 1988, 7.
Brook, Peter: The Empty Space. London 1968.
Carasevici, Dragoș: Die Klassiker dürrenmattisiert. Friedrich Dürrenmatt als Regisseur. In: Ders., Alexandra Chiriac (Hg.): Friedrich Dürrenmatt. Rezeption im Lichte der Interdisziplinarität. Iași, Konstanz 2016, 143–152.
Carasevici, Dragoș: Produktive Rezeption im deutschsprachigen Theater. Dramen der Weltliteratur in Friedrich

Dürrenmatts Umarbeitung. Diss. Universität Genf, Universität Jassy 2011.

George, Marion: Lesarten – Goethes Urfaust bei Brecht und Dürrenmatt. In: Véronique Liard, Dies. (Hg.): Dürrenmatt und die Weltliteratur – Dürrenmatt in der Weltliteratur. München 2011, 157–190.

Karter, Egon: Hommage an Friedrich den Grossen von Konolfingen. Geschichten von und mit Friedrich Dürrenmatt. Hg. von Raymond Petignat. Basel 1991.

N. N.: Basler Stadttheater: Der Besuch der alten Dame. In: Basellandschaftliche Zeitung, 20.11.1956.

N. N.: Blick auf den Bildschirm: Frank V von Friedrich Dürrenmatt. In: Neue Zürcher Zeitung, 19.2.1967.

N. N.: Der Besuch der alten Dame im Atelier-Theater. In: Berner Tagblatt, 27.11.1959.

N. N.: Dürrenmatt als Regisseur. In: Tages-Anzeiger, 1.12.1956.

N. N.: Schweizer Bühnen: Dürrenmatt-Erstaufführung in Bern. In: Tages Anzeiger für Stadt und Kanton Zürich, 9.2.1954.

N. N.: Stadttheater Bern: Die Ehe des Herrn Mississippi. Eine Komödie von Friedrich Dürrenmatt. In: Der Bund, 5.2.1954.

N. N.: Uraufführung von Friedrich Dürrenmatts Panne. In: Berner Zeitung, 19.9.1979.

Rüedi, Peter: Die glücklichste Zeit, die schlimmste Erfahrung. Friedrich Dürrenmatts Basler Abenteuer oder Der Anfang eines langen Abschieds. In: Jürgen Söring, Annette Mingels (Hg.): Dürrenmatt im Zentrum. Frankfurt a. M. 2004, 285–306.

Rüedi, Peter: Der Traum vom eigenen Theater. In: Luis Bolliger, Ernst Buchmüller (Hg.): Play Dürrenmatt. Ein Lese- und Bilderbuch. Zürich 1996, 222–223.

Rühle, Günther: Dürrenmatt rettet sich selbst. In: Frankfurter Allgemeine Zeitung, 2.11.1973.

Rumler-Gross, Hanna: Thema und Variation. Eine Analyse der Shakespeare- und Strindberg-Bearbeitungen Dürrenmatts unter Berücksichtigung seiner Komödienkonzeption. Köln, Wien 1985.

Schär, Markus: Abgang mit *Achterloo*: Der alte Fritz hat alles gesagt. In: Sonntagszeitung, 19.6.1988.

Schnell, Urs: Ein offener Brief statt Theaterkritik. In: Berner Zeitung, 11.12.1979.

Sebestyen, György: »Der Tod ist das einzig Wirkliche«. In: Wiener Zeitung, 25.11.1978.

Weber, Ulrich: »Der grässliche Fatalismus der Geschichte«. Friedrich Dürrenmatt und Georg Büchner. In: Véronique Liard, Marion George (Hg.): Dürrenmatt und die Weltliteratur – Dürrenmatt in der Weltliteratur. München 2011, 191–213.

Weber, Ulrich: Friedrich Dürrenmatt oder Von der Lust, die Welt nochmals zu erdenken. Bern, Stuttgart, Wien 2006.

Dragoş Carasevici

H Späte (Meta-)Dramatik

32 *Porträt eines Planeten*

Entstehung

Porträt eines Planeten mit dem Untertitel *Übungsstück für Schauspieler* wurde am 10.11.1970 in Düsseldorf uraufgeführt. Die für die Saison 1969/70 in Basel geplante Premiere wurde durch den Herzinfarkt des Autors und sein Ausscheiden aus den Basler Theaterprojekten vereitelt. 1971 inszenierte Dürrenmatt eine Neufassung des Stückes am Schauspielhaus Zürich. Diese Aufführung wurde vom Schweizer Fernsehen in Koproduktion mit dem Süddeutschen Rundfunk aufgezeichnet. Zur Erstausstrahlung dieser Aufzeichnung am 15.11.1971 trug Dürrenmatt einen Text vor, den er 1980 als *Nachwort zu ›Porträt eines Planeten‹* in die Werkausgabe aufnahm (vgl. WA 12, 195–201). Die Erstausgabe des Stücks erschien 1971 im Arche Verlag.

Inhalt und Form

In *Porträt eines Planeten* wird die Erde »im Lichte ihres plötzlichen Untergangs« (WA 12, 197) porträtiert. Das Licht dieser Katastrophe wird als Energiewelle einer explodierenden Sonne vorgestellt, die ihr Planetensystem in den Untergang reißt. Auf einem dieser Planeten leben wir Menschen. Dieses Ereignis ist unwahrscheinlich, denn unsere Sonne gilt als stabil auf lange Frist. Aber auch das Unwahrscheinliche kann eintreten, es ist nicht unmöglich (vgl. WA 30, 203). Im Zeitalter des Vietnamkriegs und der sich anbahnenden Klimaerwärmung unternimmt Dürrenmatt, was Karl Kraus mit seiner »bis ins Enorme aufgeschwollene[n] Tragödie« *Die letzten Tage der Menschheit* (1919/22; WA 12, 197 f.) auch wollte: seine Zeit kritisch darzustellen. Anders als Kraus versucht er dies bühnentechnisch mit »kärglichsten Mitteln« (198), was den Schauspielern allerdings das Extremste an Verwandlungskunst abverlangt.

Am Anfang steht das Bühnenbild: »Im Hintergrund leuchtet [...] die Milchstraße auf« (WA 12, 97). Vier greise Gestalten treten ein, die sich als Götter vorstellen. Auf ihrer Wanderung durch das All gönnen sie sich ermüdet eine Sitzpause. Man beobachtet ein Lichtphänomen in der Milchstraße: »Eine Sonne dort geht hops. [...] Sie wird eine Supernova.« Man macht sich Gedanken: »Ob sie wohl Planeten hat? [...] Mit Pflanzen, Tieren, Menschen.« Aber die Gesprächspartner sind schwerhörig und vegetieren am Rande der Demenz: »Mit Lebewesen kenne ich mich auch nicht aus. [...] Spielt ja auch keine Rolle. [...] Hops geht sie ohnehin« (98–101). Am Ende des Stückes wird, formal rahmenbildend, derselbe Dialog wiederholt, aber in die Vergangenheitsform transponiert. Die kosmische Katastrophe ist vorbei, die Götter ziehen weiter. Diese gleichgültige Haltung kann das Publikum nicht einnehmen, denn auf dem Planeten, von dem die Rede ist, leben wir Menschen. Die Parodie der Götter wird zum Reflexionsanstoß, der den Menschen auf sich selbst zurückwirft.

Wie die Menschen auf dem in den nächsten Minuten verdampfenden Planeten sich verhalten würden, was ihnen in dieser Situation wichtig wäre, was sie von dieser Situation überhaupt erfassen und wie sie ihr Wissen und ihre Werte am Ende leben würden – dem geht das *Porträt eines Planeten* in kaleidoskopartig komponierten Szenen nach. Viele beleuchten das Thema Krieg: Ein Soldat stirbt an einem Bauchschuss (vgl. 123–125); Kriegswitwen blättern im Coiffeursalon in Modejournalen und suchen Vergessen in einem todtraurigen Konsumalltag (vgl. 125–128); Diplomaten rauchen in einer Verhandlungspause Zigarre und reden zynisch darüber, warum der Krieg nicht zu früh enden darf (vgl. 128–130). Diese Szenen sind komplementär aufeinander bezogen. Andere sind so angeordnet, dass sich rahmenbildende Symmetrien ergeben, z. B. spiegeln sich vier Monologe uralter Frauen zu Beginn des Stückes und vier Monologe uralter Männer gegen Ende. Ihre Lebensbilanzen sind Bilanzen des Scheiterns. Doch Scheitern erzeugt keine Gemeinsam-

J. B. Metzler © Springer-Verlag GmbH Deutschland, ein Teil von Springer Nature, 2020
U. Weber / A. Mauz / M. Stingelin (Hg.), *Dürrenmatt-Handbuch*, https://doi.org/10.1007/978-3-476-05314-5_32

keit. Gescheitert wenden sie sich voneinander ab (vgl. 164) oder leben in den geschlossenen Räumen ihrer Demenz. Nur selten erscheinen Menschen, die auch am Ende noch das Wagnis der Liebe eingehen; angesichts ihrer Trauer erwacht für Sekunden Mitgefühl und Sympathie. Ein Beispiel: Ein Mann und eine Frau ducken sich im Dschungel unter einem Bomberangriff. Die Szene evoziert den Vietnam-Krieg. Die beiden fürchten um das Leben ihres Sohnes. Doch als die Frau Zweifel am Sinn des Krieges ausspricht, ohrfeigt sie ihr Mann: Es ist lebensgefährlich, unter dem totalitären Regime Zweifel auszusprechen. Die Ohrfeige ist ein Zeichen der Angst, aber auch ein Zeichen der Sorge und der Liebe und wird als solches verstanden (vgl. 122). Genau in der Mitte von *Porträt eines Planeten* befindet sich das Gespräch dreier Kriegsgefangener angesichts ihrer unmittelbar bevorstehenden Hinrichtung. Diese Szene ist als genaues Gegenstück zum rahmenbildenden Dialog der Götter komponiert und fasst die noch mögliche humane Weltsicht zusammen: »Ein Wissenschaftler hat mir gesagt, wenn die Erde kleiner wäre, hätte sie keine Atmosphäre, und wenn sie näher an der Sonne läge, würde sie verbrennen.« »Wahrscheinlich.« »Die Erde ist eine Chance.« »Offensichtlich.« »Der Mensch kann denken.« »Manchmal.« »Seine Ideen können nicht erschossen werden.« »Offenbar.« »Die bessere Welt liegt in der Zukunft.« »Vermutlich.« »Du bist pessimistisch.« »Wir werden an die Wand gestellt« (146). Gleich darauf singen drei Schauspielerinnen das Lied *Der Wanderer an den Mond* von Franz Schubert: »Ich auf der Erd', am Himmel du, / wir wandern beide rüstig zu« (147 f.). Nach beendigtem Gesang werfen sie die Notenblätter in einen Blechkübel. Drastischer könnte man nicht zeigen, dass die im Lied implizierte harmonisch-heimatliche Kosmologie für Dürrenmatt nicht mehr zu den »noch mögliche[n] Geschichte[n]« (WA 21, 35) gehört.

Kontextwissen, Wirkungsästhetik

Dürrenmatt war sich bewusst, mit seinem experimentellen *Übungsstück* »an die Grenze dessen vorgestoßen zu sein, was eigentlich Theater vermag« (WA 12, 199). *Porträt eines Planeten* weist keine durchgehende Handlung auf. Acht Schauspielerinnen und Schauspieler erhalten die Aufgabe, sich auf offener Bühne in Sekundenschnelle in verschiedene Personen zu verwandeln und nur mit Hilfe spärlichster Requisiten unterschiedlichste Situationen zu evozieren, die für den Zuschauer als Theater-Fiktionen funktionieren, obschon das Büh-

nen-Setting gerade nicht realistisch ist (z. B. das verfolgte Liebespaar in Zeiten der Apartheid, in dunkelster Nacht – bei hell erleuchteter Bühne, vgl. 130–136). Mit solchen Theaterstrategien zielt Dürrenmatt auf die aktive Beteiligung des Zuschauers beim imaginären Aufbau der Theater-Fiktionen. Das dargestellte ›Reale‹ weist stets gleichnishaft auf das Gemeinte, auf eine Bedeutung, die nur das Publikum konstituieren kann. Das Risiko dieser Strategie ist hoch, denn wenn das Publikum die mitdenkende und mitfühlende Aufbauarbeit verweigert, bleiben nur triviale Alltagssituationen auf der Bühne zurück (vgl. 197).

Es gibt allerdings einen roten Faden, der dem Zuschauer von Szene zu Szene erlauben würde, einen Zusammenhang zu bilden. Aber dieser Zusammenhang ist kein dramatisch handlungsbezogener, er zeigt vielmehr die physikalische Entwicklung des Systems Erde in seinem Bezug zum Kosmos auf. Der Klimawandel zieht sich als Leitmotiv durch alle Szenen. Sogar die Soldaten im Dschungelkrieg nehmen die zunehmende Hitze wahr und sie fluchen: Die »Scheißsonne« »könnte zur Abwechslung auch mal explodieren« (124). Sie wissen nicht, was wir als Zuschauer aufgrund des einleitenden Dialogs der Götter wissen: Die Sonne ist gerade dabei, es zu tun. Das Katastrophenbewusstsein wird akut in der Szene, die im Kommandobunker des Staatspräsidenten einer Großmacht spielt (vgl. 172–179). Der Präsident ist ungehalten über die wachsende Anzahl zerstörerischer Hurrikane, denn sie verhindern die Fortsetzung des Dschungelkrieges. Nun beginnt der Streit der Experten. Die Erklärung des Klimawandels durch die unmittelbar bevorstehende Instabilität der Sonne wird zwar von einem Professor der Temple University in Philadelphia vertreten, aber dieser wird umgehend zum Narren erklärt, denn die Instabilität der Sonne würde ja das Ende der Erde bedeuten, und das könne nicht sein.

Die Klimaerwärmung wird in *Porträt eines Planeten* als Konsequenz erhöhter Sonnenaktivität verstanden, die sich in einer höheren Anzahl beobachtbarer Sonnenflecken manifestiert (z. B. 168 f.). Das entspricht dem möglichen Wissen zur Entstehungszeit des *Übungsstücks*. Bis etwa 1960 verlief die Kurve der Klimaerwärmung parallel zur Kurve vermehrter Sonnenflecken-Tätigkeit. Ab 1960 ging die Sonnenflecken-Aktivität wieder zurück, die Erderwärmung jedoch nicht (vgl. Russel 2014). Dieses Auseinandertreten der Kurven ist heute ein starkes Argument dafür, den Klimawandel als menschengemacht zu verstehen. In den späten 1960er Jahren war dieses Argument noch nicht möglich.

Dürrenmatt weist im *Nachwort zu ›Porträt eines Planeten‹* auf den Kontext einer »kosmologischen Hypothese« hin, die behauptet, »daß Planeten [...] nur dann entstehen, wenn die auseinanderfegende Materie von explodierenden Sonnen (Supernovae) Wasserstoffwolken beschmutzt, [...] so daß wir eigentlich auf den Überresten einer unvorstellbaren Weltkatastrophe leben« (WA 12, 195). Diese kosmologische Hypothese bezieht sich auf die Theorie der Entstehung der schweren Elemente in Supernovae, die Fred Hoyle 1946 und 1954 aufgestellt hat. In Dürrenmatts Bibliothek befindet sich dessen astrophysikalisches Einführungswerk *Das grenzenlose All* (1963); aus dieser Quelle bezieht der Autor u. a. sein Wissen über die Evolution des Kosmos.

Fast alle der im *Porträt* dargestellten Menschen haben astronomisches Wissen oder Halbwissen und bauen es in ihre Haltung gegenüber dem unausweichlichen Ende ein. Die Art und Weise, wie sie mit diesem Wissen umgehen, charakterisiert ihre existentielle Position zu Leben und Tod und zu den Werten, die Humanität definieren könnten. Damit bestätigt sich auch in *Porträt eines Planeten*, was in Dürrenmatts literarischen Texten immer wieder zu beobachten ist: Die Bezugnahme auf den Kosmos ist perspektivisch gebrochen. Damit öffnen sich Spielräume für ironische Strategien und für die wirkungsästhetische Lenkung von Sympathie in allen Schattierungen des Bewertungsspektrums zwischen mitfühlender Identifikation und empörter Distanzierung. Wie ergiebig es sein kann, die wirkungsästhetischen Kategorien der Dramenanalyse von Pfister (1975; 1978) im Umgang mit Dürrenmatts Theaterpartituren konsequent anzuwenden, hat Käppeli (2013) gezeigt.

Das wirkungsästhetische Konzept seiner neuen experimentellen Darstellungsweise hat Dürrenmatt am präzisesten in seinen *Sätzen über das Theater* dargestellt, die zeitlich parallel zum *Porträt eines Planeten* entstanden und deren Kernsatz er in seinem *Nachwort* zitiert. Nach Dürrenmatts ›Poetik des Unwahrscheinlichen‹ ist es die Aufgabe des Dramatikers, »daß er beschreibt, was wahrscheinlicherweise geschähe, wenn sich unwahrscheinlicherweise etwas Bestimmtes ereignen würde« (WA 30, 207). »Durch die schlimmstmögliche Wendung, die ich einer dramatischen Fiktion gebe, erreiche ich auf einem merkwürdigen Umweg über das Negative das Ethische: Die Konfrontierung einer gedanklichen Fiktion mit dem Existentiellen« (209). Diese Konfrontation mit dem Ethischen, mit dem Existentiellen, findet im Wesentlichen nicht auf der Bühne statt, nicht im »inneren Kommunikationssystem« (Pfister 2001, 67). Dort kommt sie nämlich nur ganz selten, oft gerade nicht oder doch nur in verkümmerten Ansätzen zur Sprache. Die Konfrontation mit dem Ethischen ist vielmehr als Wirkung des Übungsstückes im »äußeren Kommunikationssystem« (ebd.) zu verstehen, als Appell an das Publikum. Dieser Appell könnte lauten, angesichts der Endlichkeit des Lebens auf der Erde nicht zum zynischen Nihilisten zu werden, sondern sich auf die Seite derjenigen zu stellen, die das Wagnis der Liebe eingehen, die also um etwas zu trauern haben, falls die Katastrophe eintreten sollte.

Rezeption

Die Literaturkritik hat sich zur Deutung des *Porträt[s] eines Planeten* bisher meist auf einzelne inhaltliche Hinweise zur Kosmologie aus dem *Nachwort* gestützt und sich kaum auf die Analyse des Werks eingelassen. Da es in diesem neuartigen Theaterstück nicht mehr möglich ist, die Handlung eines ›mutigen Menschen‹ als Plot zusammenzufassen, scheint die Kritik dem Experiment eher hilflos und verärgert gegenüberzustehen. Stellvertretend sei auf Rusterholz (2007, 300 f.) verwiesen, der, den Tenor bisheriger Beurteilung zusammenfassend, dem Stück »Trivialität« und »unfreiwillige Komik« vorwirft, aber die Leitmotive des Klimawandels und des astronomischen Wissens nicht rekonstruiert, die Funktion der Kulturzitate daher verkennt und die wirkungsästhetische Dimension außer Acht lässt. Mit seinem dramaturgischen Experiment realisiert Dürrenmatt bereits in den späten 1960er Jahren, was Michel Serres 2016 in einem geschichtsphilosophischen Essay fordert: Die traditionelle historische Selbstreflexion des (europäischen) Menschen habe mehrere Akte des Vergessens rückgängig zu machen: das Vergessen der kulturellen Vielfalt, der Umwelt, der biologischen Evolution, des Planeten, des Universums und seiner astrophysikalischen Aspekte. Man kann Dürrenmatt und seinem gewagten dramaturgischen Experiment vieles vorwerfen, aber nicht, dass er diese Kultur des Vergessens weitergeführt habe.

Literatur
Primärtexte
Porträt eines Planeten. Übungsstück für Schauspieler. Zürich 1971.
Porträt eines Planeten. Übungsstück für Schauspieler. In: WA 12, 95–189.

Sekundärliteratur
Käppeli, Patricia: Politische Systeme bei Friedrich Dürrenmatt. Weimar 2013.

Pfister, Manfred: Das Drama [1975]. München 2001.

Pfister, Manfred: Zur Theorie der Sympathielenkung im Drama. In: Werner Habicht, Ina Schabert (Hg.): Sympathielenkung in den Dramen Shakespeares. München 1978, 20–34.

Russel, John: Behauptung: »Die Sonne verursacht den Klimawandel«. In: https://www.klimafakten.de/ behauptungen/behauptung-die-sonne-verursacht-den-klimawandel (12.8.2019).

Rusterholz, Peter: Friedrich Dürrenmatt. In: Ders., Andreas Solbach (Hg.): Schweizer Literaturgeschichte. Stuttgart, Weimar 2007, 280–311.

Serres, Michel: Darwin, Bonaparte et le Samaritain: une philosophie de l'histoire. Paris 2016.

Rudolf Käser

33 *Der Mitmacher*

Entstehungs-, Publikations- und Aufführungsgeschichte

Gemäß Dürrenmatts Darstellung in *Der Mitmacher. Ein Komplex* (WA 14, 232–235) hatte er den Einfall zum *Mitmacher*-Stoff 1959 anlässlich eines New York-Aufenthalts. Dürrenmatt hat diesen ersten Ansatz erst nach der Uraufführung der Komödie 1973 wieder aufgenommen und als ursprüngliche Version des Stoffs in der Erzählung *Smithy* »rekonstruiert« (ebd., 261). Die Komödie selbst wurde in den Jahren 1971–1973 (mit den Arbeitstiteln *Die Erfindung* und *Die Mitmacher*) niedergeschrieben und am 5.3.1973 am Schauspielhaus Zürich uraufgeführt. Der Uraufführung waren Auseinandersetzungen Dürrenmatts mit dem polnischen Regisseur Andrzej Wajda vorausgegangen, die in dessen Rückzug eine Woche vor dem Premierentermin gipfelten. Der Autor übernahm daraufhin selbst die Regie. Die Uraufführung war ein Misserfolg – Dürrenmatt sprach im Rückblick von einem »Debakel« (WA 30, 236) und von einer seiner »grössten Theaterniederlagen« (zit. nach Weber 2007, 88). Nach der Uraufführung interessierte sich kein größeres Theater mehr für die Übernahme des von der Kritik verrissenen Stücks. Immerhin wurde der Autor vom Nationaltheater Mannheim zu einer eigenen Inszenierung eingeladen, deren Premiere am 31.10.1973 stattfand. Für die Mannheimer Inszenierung überarbeitete und erweiterte Dürrenmatt den Text. Auf der Basis dieser Fassung wurden Ende 1973 die Druckfahnen für die Buchpublikation im Arche Verlag gesetzt. Doch wurde das Stück erst 1976 als Teil des Werkzusammenhangs *Der Mitmacher. Ein Komplex. Text der Komödie, Dramaturgie, Erfahrungen, Berichte, Erzählungen* publiziert. Eine Neufassung der Komödie erschien in der Werkausgabe von 1980 und dient als Textgrundlage auch für die WA. Eine letzte Umarbeitung erstellte Dürrenmatt für die Inszenierung des Stücks durch seine Ehefrau Charlotte Kerr 1989 in Aachen. Sie ist allerdings nur in Auszügen im Programmheft publiziert. Darin werden vor allem Anspielungen auf zeitgenössische Politik eingeführt. *Der Mitmacher* wird bis heute nur selten inszeniert, meist auf kleinen Bühnen.

Inhalt und Analyse

Ein heruntergekommener, einst in der Spitzenforschung tätiger Biochemiker (Doc) lässt sich in einer namenlosen Großstadt von einem Gangster (Boss) dazu anheuern, Leichen durch ein chemisches Verfahren spurlos aufzulösen. Er arbeitet schon einige Zeit für dieses Unternehmen, als der Polizeichef der Stadt (Cop) die Machenschaften entdeckt und eine Beteiligung von 50 Prozent an den Zahlungen für die Leichenvernichtung erpresst. Doc hegt die Hoffnung, bald aussteigen und ein neues Leben mit seiner Geliebten Ann beginnen zu können. Doch gerät er zunehmend in Verstrickungen: Nicht nur ist Ann ohne sein Wissen zugleich die Geliebte von Boss; Doc sieht sich zudem in seiner ›beruflichen‹ Funktion unvermittelt seinem eigenen Sohn Bill gegenüber, der – als Erbe eines Chemiekonzerns der reichste Mann des Landes – die Gangsterbande für seine revolutionären Zwecke einspannen will und eine Serie von Präsidentenmorden plant, aber seinerseits von seinem Aufsichtsrat auf die Abschussliste gestellt wird. Diese institutionellen und privaten Konflikte führen dazu, dass schließlich alle Hauptfiguren bis auf Doc als Leichen im unterirdischen Lagerraum enden, wo Doc sein Geschäft betreibt.

Doc und Cop sind nicht nur im Schriftbild Spiegelfiguren: Beide stehen für gegensätzliche Haltungen in der Frage nach dem ›Mitmachen‹ und nach der Möglichkeit der Freiheit, die sich – vergleichbar mit *Der Besuch der alten Dame* – in Form einer Absonderung des Einzelnen von einem negativen kollektiven und systembestimmten Handeln manifestiert. Doc, der mit seiner Anstellung im Unternehmen von Anfang an seine biochemischen Kenntnisse für ein perverses Ziel einsetzt, entscheidet sich für das Überleben, das nur um den Preis des Mitmachens und der Selbstverleugnung zu haben ist; er verleugnet seine Geliebte Ann und dreimal (wie einst Petrus) seinen Sohn Bill. Dagegen ergreift der nur scheinbar korrupte Cop die »letztmögliche Freiheit« (WA 14, 211). Durch seinen Mord an Bill, dem reichsten Mann des Landes und Auftraggeber des Unternehmens, lässt er das große Geschäft platzen, ohne sich jedoch Illusionen über eine dauerhafte Störung des Systems zu machen: Es geht ihm nur noch um seine Selbstachtung und darum, »eine kurze Weltsekunde lang [...] dem fatalen Abschnurren der Geschäfte Einhalt« zu gebieten (ebd., 87), im Bewusstsein, dass er diesen Verrat am Unternehmen mit dem Leben bezahlen wird. Das Motiv des subjektiv freien Handelns ohne Illusionen über objektive, gesellschaftsverändernde Aus-

J. B. Metzler © Springer-Verlag GmbH Deutschland, ein Teil von Springer Nature, 2020
U. Weber / A. Mauz / M. Stingelin (Hg.), *Dürrenmatt-Handbuch*, https://doi.org/10.1007/978-3-476-05314-5_33

wirkungen verbindet die Figur Cop mit dem 1955 in den *Theaterproblemen* formulierten Konzept des ›mutigen Menschen‹. Dürrenmatt wird im *Nachwort* zum *Mitmacher* in der Weiterführung und Zuspitzung dieses Konzepts Cop mit Bezug auf Kierkegaard als ›ironischen Helden‹ (vgl. ebd., 202 f.) interpretieren: Sein moralisches Handeln ist für Außenstehende unverständlich; es hat den Charakter eines Verbrechens und ist zugleich die einzige Möglichkeit, den Systemmechanismen mit Bezug auf eine ethische Position Widerstand entgegenzusetzen, es ist mithin paradox. Dem steht auf Seiten des sozio-ökonomischen Systems die »große[…] Korruption« (ebd., 84) gegenüber: Die staatlichen Instanzen wollen allesamt das verbrecherische Geschäft nicht unterbinden, sondern selbst davon profitieren, so dass sich als Systemlogik die Verstaatlichung des ›Unternehmens‹ vollzieht.

Steht Doc für die bereits in den *Physikern* zentrale Frage nach der gesellschaftlichen Verantwortung der Naturwissenschaft, so repräsentiert Bill im Ansatz Dürrenmatts Anliegen, mit naturwissenschaftlichen Denkweisen Erkenntnisse über die Gesellschaft und ihre Funktionsweise zu gewinnen; doch bleibt er zugleich in seinen ideologischen Voraussetzungen befangen und scheitert (vgl. Käppeli 2013, 233–237).

Das Stück ist in zwei Teile gegliedert. Doch besteht es in der Fassung der Erstpublikation im Rahmen dieser Zweiteilung aus fünf gleichförmigen Segmenten, die je durch einen epischen, aus dem »inneren Kommunikationssystem« (Weber 2007, 41; vgl. Käppeli 2013, 246) der Spielebene heraustretenden Monolog eines der fünf Protagonisten eingeführt werden, gefolgt von daran anknüpfenden Dialogen. In der Neufassung von 1981 kommt ein weiterer Monolog von Jack hinzu, der dadurch aus der Nebenfigur zu einer sechsten Hauptfigur wird. Die Person, die den Monolog hält, tritt in der Folge jeweils in einen Dialog mit Doc. Sieht man von den Monologen ab, ist dieser – ähnlich wie die Hauptfiguren in *Romulus der Große* und *Der Meteor* – in allen Szenen des Stücks präsent. Docs Wohn- und Arbeitsort ist der einzige Schauplatz: das fünfte Untergeschoss einer alten, unbenutzten Lagerhalle, in das eine Wohnnische sowie ein Kühlraum eingebaut wurde, wo Doc seinem Geschäft nachgeht. Dieser geschlossene Raum befindet sich in einer unbenannten Großstadt, die an New York oder Chicago erinnert, aber – der stilisierenden Abstraktion des gesamten Stücks entsprechend – nicht beim Namen genannt wird.

In seinem Eingangsmonolog stellt Doc programmatisch die Kommunikationssituation ins Zentrum, die das Stück prägt: »Ich bin in eine Geschichte verstrickt, die mich nicht zu Wort kommen läßt, in eine heil- und sprachlose Angelegenheit, sprachlos, weil sie im Verschwiegenen spielt, so daß die Beteiligten schweigen, auch wenn sie miteinander reden« (WA 14, 15). Die Monologe sind ans Publikum gerichtet und geben diesem einen Wissensvorsprung gegenüber den Figuren. Dadurch werden die Dialoge von der Funktion der Zuschauerinformation entlastet und können beinahe vollständig in ihrer Doppelfunktion als reduktionistische Sprachkomposition und als verbaler Kampf zwischen den Figuren aufgehen.

Deutungsaspekte, Positionen der Forschung

Kennzeichnend für die Dramaturgie des *Mitmachers* ist ein konsequentes Prinzip des Nicht-Zeigens der ganzen Grausamkeit des Geschehens. Sprachlich manifestiert sich diese Ästhetik in Euphemismen wie ›Ware‹ für die Leichen und ›Unternehmen‹ für die Killerorganisation, visuell in der Tatsache, dass die Tötungen jenseits des Sichtbaren bzw. Gezeigten stattfinden und (bis auf Bill) weder die Leichen noch der Leichenauflösungsapparat, von seinem Erfinder Doc ›Nekrodialysator‹ genannt, auf der Bühne sichtbar sind.

Mit diesen Prinzipien der Darstellung wie auch mit der Einheit des Ortes und der Zeit – die Handlung spielt sich, abgesehen von zwei Rückblenden, innerhalb von zwei Tagen ab – knüpft Dürrenmatt in seiner schwarzen Komödie an die Ästhetik der klassischen Tragödie an (vgl. Weber 2007, 95–137; Käppeli 2013, 244–247). Dass dieser Bezug auf »Klassik« (Probst 1996, 41) Methode hat, zeigt sich in weiteren Eigenarten des Stücks, in der (in der Erstfassung) hintergründig auf fünf Akte hin angelegten Struktur, in den Dialogen, die zu Stichomythien, zu knappstem Schlagabtausch mit Worten verdichtet sind, im Spiel mit der Anagnorisis (der Wiedererkennungsszene), die neben der Peripetie zu den aristotelischen Grundelementen der Dramaturgie zählt. In der Tat hat Dürrenmatt bereits früh (1951 im Text *Etwas über die Kunst, Theaterstücke zu schreiben*) davon gesprochen, es sei in seiner Zeit für die »Liebhaber[…] der strengen Form« wieder möglich, die »geschlossene Form aus Kühnheit« als »Ausnahme« anzustreben (WA 30, 15) und so – wie er über den *Mitmacher* sagt – »Klassik als Experiment« (G 2, 95) zu realisieren.

Doch weist nicht nur das grotesk-makabre Szenario der Leichenvernichtungsmaschinerie die Bezüge zu ›Klassik‹ als Parodie aus; die ›klassischen‹ Elemente werden in systematischer Weise dysfunktional angewendet (vgl. Weber 2007, 115–117): Zwar wird beispielsweise von Anfang an auf das Wiedererkennen hingewiesen, doch wird dieses Wiedererkennen nicht als Handlungsfaktor eingelöst (Boss kommt bis zu seiner Hinrichtung durch Cops Handlanger ›nicht drauf‹, wo er Cop schon getroffen hat). Das Drama erweist sich als Schein- oder Post-Drama (vgl. ebd., 119–137): Die repräsentativen Figuren sind nur noch scheinbar die Handelnden, die Antagonismen bloße dramaturgische Spiegelfechterei ohne Auswirkungen auf das Funktionieren des ökonomischen Systems. Dies entspricht einer Verlagerung des Fokus von den Figuren auf die »systemischen Bedingungen« (Käppeli 2013, 170). *Der Mitmacher* kann als die konsequenteste dramaturgische Umsetzung und Fortführung der These aus den *Theaterproblemen* interpretiert werden, dass heute »Kreons Sekretäre [...] den Fall Antigone« (WA 30, 60) erledigten: Am Ende ist Doc neben den Statisten, die vordergründig – stellvertretend für ein totalitäres, an diktatorische Verhältnisse erinnerndes System von Wirtschaft und Staat – die Macht übernehmen, der einzige Überlebende. Am Schluss stehen nur noch die ›Sekretäre‹, hier, die Handlanger der anonymen, unsichtbaren Macht des Systems auf der Bühne.

Komposition und Sprache werden dabei zunächst konsequent als Ausdruck dieses unmenschlichen Systemcharakters eingesetzt, in den späteren Fassungen treten jedoch die Klassik-Bezüge und der ›systematische‹ Charakter des Stücks in den Hintergrund und die damit verbundene strenge Komposition wird zunehmend gelockert – möglicherweise als Konsequenz der Erkenntnis, dass sie in der Rezeption der Aufführungen in ihrer Logik kaum wahrgenommen wurden.

Trotz der konsequenten Stilisierung fehlt es nicht an historischen Kontexten, auf die das Stück bezogen werden kann: Die Verstrickung korrupter Behörden mit einer mächtigen Mafia in den nordamerikanischen Großstädten der 1960er Jahre war zur Zeit der Uraufführung ein aktuelles Medienthema (vgl. Brack 1997), doch zugleich widerspiegelt der Generationenkonflikt zwischen Doc und seinem Sohn Bill die insbesondere in Deutschland virulente Auseinandersetzung zwischen der ›Mitmacher‹-Generation der Nazizeit (die in der Tötungs- und Vernichtungsmaschinerie und im euphemistischen Sprachgebrauch mitzudenken ist) und den Rebellen der 1968er-Bewegung bis hin zu den terroristischen Aktivitäten der Roten Armee Fraktion (RAF). Dürrenmatt selbst weist in einer zu Lebzeiten unpublizierten Erinnerung den italienischen marxistischen Verleger Giangiacomo Feltrinelli als *eine* mögliche Modellfigur für den Rebellen Bill aus (vgl. Dürrenmatt: *Rekonstruktionen*, 26). Durch seine ideologische Befangenheit bleibt es Bill verwehrt, seinen Versuch zur politischen Anwendung experimentell-naturwissenschaftlichen Denkens aufklärerisch fruchtbar zu machen, wie es Dürrenmatt in Anlehnung an Karl Popper postuliert (vgl. Käppeli 2013, 233).

Literatur
Primärtexte

Der Mitmacher. Eine Komödie. In: Zürich 1976, 7–78.
Der Mitmacher. Eine Komödie. In: WA 14, 13–93.
Dramaturgie eines Durchfalls. In: WA 30, 231–249.
Friedrich Dürrenmatt interviewt F. D. In: WA 31, 139–167, bes. 159 f.
[Gespräch mit] Dieter Bachmann [1973]. In: G 2, 84–91.
[Gespräch mit] Peter André Bloch/Herbert Tiefenbacher [1973]. In: G 2, 92–108.
Rekonstruktionen. Mit einem Kommentar von Ulrich Weber. In: Text + Kritik 50/51 (2003), 19–35.

Sekundärliteratur

Arnold, Heinz Ludwig: Theater als Abbild der labyrinthischen Welt. In: Daniel Keel (Hg.): Über Friedrich Dürrenmatt. Essays und Zeugnisse von Gottfried Benn bis Saul Bellow [1980]. Zürich 1998, 80–100.
Brack, Gerhard: Durchfall einer Philosophie. Friedrich Dürrenmatts *Der Mitmacher*. Dramaturgie, Entstehung, Zusammenhänge. Erlangen 1997 (Mikrofiches).
Käppeli, Patricia: Politische Systeme bei Friedrich Dürrenmatt. Eine Analyse des essayistischen und dramatischen Werks. Köln, Weimar, Wien 2013.
Probst, Rudolf: Die Komödie *Der Mitmacher*: Abschied vom Drama? In: Quarto. Zeitschrift des Schweizerischen Literaturarchivs (1996), 7, 39–58.
Weber, Ulrich: Dürrenmatts Spätwerk. Die Entstehung aus der *Mitmacher*-Krise. Basel, Frankfurt a. M. 2007.

Ulrich Weber

34 *Die Frist*

Die Frist. Eine Komödie, ab Dezember 1975 unter den Arbeitstiteln *Exitus* und *Höllenfahrt – Untergang eines Regimes* entwickelt, wurde am 6.10.1977 am Schauspielhaus Zürich in der Regie von Kazimierz Dejmek uraufgeführt. Parallel dazu wurde es in Basel von Hans Neuenfels inszeniert (Premiere: 19.10.1977). Kurz vor der Uraufführung erschien eine erste Textfassung. 1978 wurde die Komödie überarbeitet und im *Friedrich Dürrenmatt Lesebuch* des Arche Verlags publiziert, 1980 erschien sie in einer weiteren Fassung in der Werkausgabe. Für das Programmheft der Uraufführung schrieb Dürrenmatt einen Begleittext, *Wie ›Die Frist‹ entstand* (WA 15, 135–147), der leicht verändert und gekürzt in die *Stoffe* (WA 28, 161–167) eingegangen ist. Unter den wenigen Inszenierungen sind zu erwähnen die polnische Erstaufführung in Lodz (9.3.1978) und die DDR-Erstaufführung im Volkstheater Rostock am 8.2.1979. Diese wurde vom DDR-Fernsehen aufgezeichnet (Erstsendung 13.10.1979).

Inhalt

Der Titel bezieht sich auf das medizinisch hinausgezögerte Sterben eines Diktators. Der Ministerpräsident des Staats versucht, die Machtansprüche potentieller Nachfolger gegeneinander auszuspielen und eine politische Lösung zu finden, die den drohenden Bürgerkrieg vermeidet. Um dafür Zeit zu gewinnen, wird der Diktator auf der in seiner Residenz eigens eingerichteten Intensivstation am Leben erhalten und mehreren Operationen unterzogen. Seine Agonie wird im Fernsehen übertragen, um im Volk Mitleid zu erregen und mögliche Putschisten am Handeln zu hindern. Im mittelalterlichen Thronsaal machen sich Bildschirme der medizinischen Geräte und Scheinwerfer des Fernsehens breit. Das Sterben als Spektakel wird zur medienkritischen Tragikomödie.

Zeitgeschichte vs. Welttheater

Die realgeschichtlichen Analogien zur Agonie des spanischen Diktators Franco (gest. 22.11.1975) und zum anschließenden Prozess der ›Transition‹ Spaniens sind nicht zu übersehen. Dürrenmatt verfolgte das politische Geschehen vom Spital aus; am 12.10.1975 war er mit akuten Herzbeschwerden eingeliefert worden. Franco erlitt seinen Herzinfarkt am 15.10.1975. Für den Diktator wurde ein Operationssaal in der Residenz El Pardo eingerichtet, was dem Autor den Anstoß für das räumliche Setting seiner Komödie vermittelte. Dürrenmatt schildert in *Wie ›Die Frist‹ entstand* seine Situation als Patient und Weltbeobachter. Die Komödie ist ein Versuch, der eigenen Krankheit und den schwer durchschaubaren politischen Geschehnissen eine poetische ›Gegenwelt‹ entgegenzusetzen und es dem Zuschauer zu überlassen, kraft der eigenen Fantasie »auf der Bühne die Wirklichkeit zu entdecken« (WA 15, 13). Anders als z. B. Rolf Hochhuth versucht Dürrenmatt nicht, ein dokumentiertes Zeitstück zu schreiben; ihm geht es um »Welttheater« (s. Kap. 99), dessen Verhältnis zur Gegenwart ein völlig anderes ist: »Alles ist Erinnerung, vom Gegenwärtigen heraufbeschworen […]. Das Gegenwärtige, vom Heraufbeschworenen durchdrungen, entlädt sich in Visionen« (WA 15, 146). Dürrenmatt hat diese Poetologie des »Welttheaters« weiter ausgeführt im *Nachwort zu Achterloo* (WA 18, 556), in den einleitenden Passagen zu *Stoffe IV: Begegnungen* (WA 29, 15 f.) und schließlich, parodistisch, unter dem Stichwort »Wirrkopfs Wirklichkeitsphilosophie« in der posthum erschienenen Erzählung *Der Versuch* (WA 37, 127 f.).

Anregungen, Umsetzungen

In *Wie ›Die Frist‹ entstand* benennt Dürrenmatt weitere Erinnerungen, die durch die aktuellen politischen Ereignisse heraufbeschworen wurden. Zunächst evoziert die Agonie des Diktators gleichnishaft die mythische Figur des Atlas, der unter dem Gewicht der Welt zusammenbricht (vgl. WA 15, 135 u. 142 f.). Das hinausgezögerte Sterben erinnert Dürrenmatt an Experimente, die von Ärzten während der NS-Zeit durchgeführt wurden und die er in seinem Kriminalroman *Der Verdacht* thematisiert hat (vgl. WA 20, 119–265). Die Figur des Arkanoff, ein untergetauchter Lagerarzt, der bereit ist, dem sterbenden Diktator ohne Narkose das Herz des soeben zum Selbstmord gezwungenen Geheimdienstchefs zu implantieren, erinnert an den Arzt Nehle/Emmenberger aus *Der Verdacht*. Die Übersteigerung ins Groteske ist eine Antwort auf die euphorisch gefeierten Erfolge der Transplantationsmedizin, z. B. der ersten Herztransplantation durch Christiaan N. Barnard (1967). Diese medizinischen Erfolge werden in den 1970er Jahren kontrapunktisch begleitet von einer zunehmenden Problematisierung des Sterbens auf der Intensivstation. 1974/75 kam es in Zürich zu einer öffentlich ausgetragenen Kontroverse um die

J. B. Metzler © Springer-Verlag GmbH Deutschland, ein Teil von Springer Nature, 2020
U. Weber / A. Mauz / M. Stingelin (Hg.), *Dürrenmatt-Handbuch*, https://doi.org/10.1007/978-3-476-05314-5_34

Legitimität passiver Sterbehilfe in Spitälern (›Affäre Haemmerli‹). Folgen und Grenzen der modernen Medizin werden thematisiert durch Philippe Ariès' *Studien zur Geschichte des Todes im Abendland* (dt. 1976) und durch den polemischen Essay *Die Nemesis der Medizin* (dt. 1977) von Ivan Illich.

Arkanoffs Gegenpart, der Arzt und Friedensnobelpreisträger Goldbaum, ist laut Dürrenmatt eine Transposition des russischen Physikers und Friedens-Nobelpreisträgers Andrei Dmitrijewitsch Sacharow (vgl. WA 15, 142), der ab 1973 in der Sowjetunion regimekritische Pressekonferenzen abhielt, in denen er den menschenrechtswidrigen Umgang mit politisch Dissidenten anprangerte.

In Dürrenmatts Welttheater verschmelzen also Anregungen durch die politischen Reformprozesse in Spanien und der Sowjetunion. Aus dieser Fusion konzipiert er die Vision eines Transitionsprozesses, in dem der prometheisch-idealistische Weltkritiker Goldbaum zum Atlas werden muss, zum verantwortlichen Weltenträger, der sich den korrumpierenden Gesetzen der Machtausübung zu beugen hat. Nach der Ermordung des Ministerpräsidenten durch den Bauern Toto, den Vater eines hingerichteten Partisanen, muss Goldbaum dessen Amt übernehmen: »Zu menschlich für diese Welt, werden Sie in die Unmenschlichkeit gestoßen. Und wenn Sie jetzt nicht unmenschlich werden, wird dieses Land noch unmenschlicher« (125).

Dürrenmatts Feminismus-Vision

Diese skeptische Sicht wird mit noch dunkleren Perspektiven versehen durch die visionäre Umsetzung feministischer Diskurse der 1970er Jahre, z. B. in Ernest Bornemanns *Das Patriarchat* (1975). Der Geschlechterkampf, gesehen als archaische Unterdrückung des Matriarchats durch das Patriarchat und als nun anbrechende Rache der Opfer, führt zur Theatervision einer Horde uralter weiblicher Wesen, der Großmütter und Urgroßmütter, Tanten und Großtanten des Diktators, die sich für »Unsterbliche« halten. Sie hausen in einem überwachten Winkel des Palasts, brechen aber ab und zu gewaltsam aus. Den Machtkampf der Männer belauern sie aus dem Hintergrund und begleiten das Geschehen mit hämischen Kommentaren. Am Schluss fleddern sie die Leiche des Diktators und vereinen sich zu einem Chor, der den Rachesieg feiert: »Jetzt sinkt zurück ins weiße All, / Was Männer schufen, Männer dachten, / Ein unfruchtbarer Erdenball / Erlöst von Spermen und vom Schlachten, / Unsterblich wie wir

selber sind, / [...] / Das Weibliche, es hat zum Ziele / Die Ewigkeit und das Sterile« (WA 15, 131). Unverkennbar ist dieser Schlusschor als Kontrafaktur des Schlusses von Goethes *Faust II* konzipiert (vgl. Weber 2013, 363 f.). Allerdings sollte man die letzte Bühnenanweisung nicht übersehen: »Die Unsterblichen fallen in sich zusammen und sterben« (WA 15, 131). Die Engführung »Unsterbliche sterben« ist ein Ironiesignal (Esslin 1983, 145): Wenn am Schluss der Dürrenmattschen Komödien im Chor gesungen wird, ist die Spitze der Verblendung auf der Bühne erreicht. Das Publikum wird nicht aufgefordert, dabei mitzumachen.

Forschung

Die Forschung zu *Die Frist* hat sich vor allem mit der Deutung der provokativen Schlussszene befasst. Crockett nimmt den Chor der Unsterblichen ohne Ironieverdacht ernst: Dürrenmatt hätte hier der »Verlockung des Nihilismus nicht widerstehen« können. Er hält das Motiv der Unsterblichen für »eine Assoziation zu viel«, die das Theaterstück zum Scheitern bringe (Crockett 1998, 159 f.). Weber (2013) untersucht die Intertextualität mit Goethes *Faust II*, hinterfragt aber die Gültigkeit der Sterilitätsvision der Unsterblichen nicht und vernachlässigt damit ebenfalls die wirkungsästhetische Ironiestrategie des Chor-Schlusses. Einen weiterführenden Interpretationsansatz entwickelt Schu: Sie weist darauf hin, dass dem Tod und dem Todesbewusstsein im Kontext des evolutionsgeschichtlichen Denkens bei Dürrenmatt eine humanisierende Funktion zugedacht wird. Seine deformierten Frauenfiguren, angefangen mit Claire Zachanassian aus *Der Besuch der alten Dame* bis hin zum Schlusschor der Unsterblichen in *Die Frist*, blieben in ihrer Opfer- und Rächer-Rolle befangen: »Diesen apokalyptischen Frauenfiguren wird jeglicher Fortschritt abgesprochen, sie sind in einem unveränderlichen evolutionären Ist-Zustand gefangen« (Schu 2007, 285). In ihrer Lebensfeindlichkeit werden sie dem Publikum als Warnvisionen einer nicht zukunftsfähigen Haltung vorgestellt. Ein steriler Kosmos entspricht nicht dem Denken des Autors, sondern ist eine Ideologie der in ihrer Opferrolle befangenen Figuren.

Literatur
Primärtexte
Die Frist. Eine Komödie. Zürich 1977.
Die Frist [Neufassung]. In: Friedrich Dürrenmatt Lesebuch. Zürich 1978, 141–253.
Die Frist. Eine Komödie. Neufassung 1980. WA 15.

Sekundärliteratur

Crockett, Roger Alan: Understanding Friedrich Dürrenmatt. Columbia 1998.

Esslin, Martin: *Die Frist*. Dürrenmatt's late Masterpiece. In: Moshé Lazar (Hg.): Play Dürrenmatt. Malibu 1983, 139–153.

Schu, Sabine: Deformierte Weiblichkeit bei Friedrich Dürrenmatt. Eine Untersuchung des dramatischen Werks. St. Ingbert 2007.

Weber, Ulrich: »Von Zeit zu Zeit seh' ich den Alten gern«. Friedrich Dürrenmatts Umgang mit Goethe. In: Oliver Ruf (Hg.): Goethe und die Schweiz. Hannover 2013, 351–374.

Rudolf Käser

35 *Achterloo I–IV*

Entstehung und Struktur

Dürrenmatt verfasste *Achterloo. Eine Komödie in zwei Akten* zwischen April 1982 und Oktober 1983. Im selben Jahr erschien das Stück im Diogenes Verlag. Uraufgeführt wurde es am 6.10.1983 am Schauspielhaus Zürich. Die Kritiken fielen verhalten bis ablehnend aus. Zwischen Juni 1984 und Januar 1985 schrieb Dürrenmatt eine zweite Fassung, die 1986 in französischer Übersetzung in der Zeitschrift *Lettre Internationale* erschien. Zusammen mit seiner zweiten Ehefrau, der Filmemacherin Charlotte Kerr, publizierte der Autor 1986 die Dokumentation *Rollenspiele*, die Materialien zur Entstehung des Theaterstücks enthält: das *Protokoll einer fiktiven Inszenierung* – ein literarisiertes, über den Zeitraum von zwei Jahren immer wieder aufgenommenes Gespräch zwischen Kerr und Dürrenmatt –, ein dreiseitiges *Zwischenwort*, eine Serie von Filzstiftzeichnungen, die seine Vorstellung vom Stück visualisieren sowie eine stark veränderte Version mit dem Titel *Achterloo III. Ein Rollenspiel*. Als *Achterloo IV. Komödie* betitelte Dürrenmatt den für die Schwetzinger Festspiele im Sommer 1988 erstellten Text, den er selbst inszenierte.

Im *Nachwort zu ›Achterloo IV‹* ist die Rede von weiteren Bearbeitungen. Dies belegen verschiedene Nachlassdokumente im Schweizerischen Literaturarchiv. Insgesamt muss also eher von einer »variantenreiche[n] Textur« (Klimant 2014, 11) als von Versionen *eines* Stückes die Rede sein. Diese Textur unterläuft dramatische Konventionen ebenso wie die Ansprüche an einen realistischen Plot, eine nachvollziehbare, chronologische Handlung oder psychologische Charaktere. Die *Achterloo*-Textur stellt eine in höchstem Maße selbstreflexive »Collage« (WA 18, 225) dar, die mit ihrer labyrinthischen Struktur (vgl. Bloch 2018, 307) auf theatrale Schreib- und Inszenierungspraktiken der 1990er und 2000er Jahre verweist. Der Text der WA folgt wortgetreu den jeweiligen Erstausgaben.

Hintergrund und Analyse

Den politischen Impuls zu den *Achterloo*-Texten bilden die Ereignisse in Polen im Dezember 1981: die Verhängung des Kriegsrechts unter Wojciech Jaruzelski und die Zerschlagung der Gewerkschaft Solidarność. Dürrenmatt deutet den Coup im Kontext des Kalten Krieges als Versuch, mittels Gewalt noch um-

fassendere Gewalt zu verhindern, nämlich den Einmarsch der sowjetischen Truppen und – im schlimmsten Fall – einen nuklear geführten Weltkrieg. Die Ereignisse seien deshalb ein Beleg für die »Notwendigkeit des Verrats in der Politik« (WA 18, 553). *Achterloo* ist also ein »Zeitstück«, wie Dürrenmatt im Nachwort zu *Achterlooo IV* schreibt (ebd.) – allerdings eines, das die eigene Zeit in einer ganzen Reihe von historischen Epochen, Personen und Ereignissen spiegelt und die Weltgeschichte als chaotisches Feld ineinander verschachtelter Analogien vorführt.

Der Titel *Achterloo* hat ebenfalls Teil an dieser programmatischen Mehrdeutigkeit. Er erinnert an Conrad Ferdinand Meyers Märchenballade *Fingerhütchen*, in der ein buckliger Korbflechter »[t]ief im Tal von Acherloo« (Meyer 1963, 44) von Elfen geheilt wird, weil er einen Vers eines Elfenliedes komplettiert. Das Stück bezieht sich kaum auf diesen »unheimlichen Reim« (WA 18, 415), außer dass der Ort der Handlung »Achterloo in Acherloo irgendwo bei Waterloo« (WA 18, 10) als textueller Nicht-Ort gedeutet werden kann (vgl. Zeller 2002). Zudem spielt der Titel auf den historischen Wendepunkt – die *Achter*bahn der Geschichte – und die Figur Napoleon Bonapartes an. Achterloo ist aber auch der Name einer fiktiven psychiatrischen Klinik, in der die Patientinnen und Patienten während einer Rollentherapie historische und/oder fiktive Figuren verkörpern. So steht etwa der Reformator Jan Hus für den polnischen Gewerkschaftsvorsitzenden und Dissidenten Lech Wałęsa, Napoleon für den Jaruzelski, Robespierre für den sowjetischen KP-Chef, Benjamin Franklin für den Außenminister der USA etc. Im Zug der Bearbeitungen wird dieses Rollenspiel immer abgründiger; in einer Art Wahnlogik werden immer wieder Rollen hinter Rollen sichtbar. Ein weiterer inhaltlicher Unterschied zwischen *Achterloo III* und *IV* zu der ersten Bearbeitung besteht darin, dass die Spielsituation in der Klinik bereits zu Beginn des Stücks deutlich gemacht wird.

Dürrenmatts grundsätzliches Verfahren besteht darin, mit der Denkfigur des Spiels die Gegensätze von Kontingenz und Notwendigkeit, von Realität und Fiktion in der »Theaterrealität« (WA 18, 131) aufzuheben und eine parahistorische Gleichzeitigkeit zu simulieren (vgl. Bloch 2017, 307). Der Autor nutzt nicht nur den alten und in *Die Physiker* prominent verwendeten Topos von der Welt als Irrenhaus, sondern entwirft ein nicht leicht zu durchschauendes Rollenspiel, in das auch die Instanz des Autors eingebunden ist. So tritt in *Achterloo IV* der Autor Georg Büchner als Autoren-Figur auf, der den anderen Figuren ihren Text

J. B. Metzler © Springer-Verlag GmbH Deutschland, ein Teil von Springer Nature, 2020
U. Weber / A. Mauz / M. Stingelin (Hg.), *Dürrenmatt-Handbuch*, https://doi.org/10.1007/978-3-476-05314-5_35

zu schreiben vorgibt, obwohl er behauptet, eigentlich »Erbe einer Spanferkelkette« (WA 18, 442) zu sein. Als Antwort auf die Frage Kerrs, warum Dürrenmatt historische Ereignisse fiktionalisiere und abändere, antwortet der Autor: »Ich spiele. [...] Schreiben ist Rollentherapie« (WA 18, 136).

Deutungsaspekte, Positionen der Forschung

Nicht ohne Ironie sieht Dürrenmatt die potentiellen literaturwissenschaftlichen Analysen der *Achterloo*-Texte: »[D]a haben die Germanisten Futter« (225). Entgegen dieser Vorhersage bleibt die Forschungsliteratur vergleichsweise schmal. Federico (1989) liest das Stück im Kontext der nuklearen Bedrohung im Kalten Krieg. *Achterloo* demonstriere die Notwendigkeit, das politische Denken konstant zu revidieren. Das Drama richte sich gegen den Wahrheitsanspruch von Ideologien und verneine die Möglichkeit fester Kriterien für gerechtes Handeln. Vielmehr zeige Dürrenmatt, dass nur die pragmatische Orientierung am jeweiligen Resultat als Gradmesser politischen Handelns gelten könne. Auch Goltschnigg geht ausführlich auf die Vorgänge in Polen ein und sieht bei Dürrenmatt eine desillusionierende »Warnutopie vor einem Frieden um jeden Preis« (2002, 409) am Werk, die keinerlei Alternativen andeute. Des Weiteren thematisiert er neben der intertextuellen Anlage von *Achterloo IV*, für die Dürrenmatt öfter die Metapher des mit immer gleichen Mustern gewobenen Teppichs verwendet, auch dessen Referenzen auf Friedrich Hebbel, Johann Nestroy, Shakespeare, Schiller, Bernard Shaw, Peter Weiss und nicht zuletzt sein eigenes Werk (s. Kap. 92). Hingewiesen wird außerdem auf die verschachtelte Anlage der Figuren in *Achterloo IV*. Diese treten prinzipiell immer als auf der diegetischen Ebene reale Personen, als Wahn- und als Therapierolle auf, wobei sie in jeder Rolle gezwungen sind, die Traumata ihrer angenommenen Identitäten zu wiederholen. So spielt die Enkelin eines KZ-Kommandanten in ihrem Wahn die Rolle der Judith aus Friedrich Hebbels gleichnamiger Tragödie (1840), die im Therapiespiel wiederum Jeanne d'Arc darstellt, in dieser Rolle aber einen Mitpatienten ermordet. Zentral in diesem Vexierspiel zwischen Geschichte, Literatur und diegetischer Realität ist die Figur Büchners. Dürrenmatt orientiert sich explizit an dessen Montagetechnik und übernimmt literarische Figuren wie Franz Woyzeck aus dem Dramenfragment *Woyzeck* (1837), das Dürrenmatt 1972 in Zürich selbst inszeniert hat. Zudem ist Büchners

Verabschiedung teleologischer Welt- und Geschichtsdeutungen ausschlaggebend für seine eigene pessimistische Sicht auf die Geschichte, in der sich Katastrophen unablässig wiederholen.

Allemann (1991) widmet sich der erkenntnis- und literaturtheoretischen Dimension des Werks und weist auf den spezifischen Charakter der Spiel-im-Spiel-Situation hin: Im Gegensatz zu Brecht folge diese nicht dem rezeptionsästhetischen »Prinzip der Darstellungspraxis auf der Bühne«; für Dürrenmatts Maskenspiel gelte vielmehr, dass es »die Dialektik der Bühne selbst thematisiert, wodurch die dramatis personae in ihrer Rollenhaftigkeit erst zum Vorschein gebracht werden, und zwar durch dramaturgische, nicht durch darstellungstechnische Mittel« (Allemann 1991, 105). Gemäß Zeller habe Dürrenmatt so die Weigerung der modernen Literatur, »dort Sinn zu produzieren, wo es in Anbetracht der Krise aller Wert- und Sinnsysteme keinen Sinn mehr gibt, im Medium des Theaters« dargestellt (2002, 295). Dedner (2003) stellt Dürrenmatts Stück in den literaturhistorischen Zusammenhang der Reflexion der Französischen Revolution in der deutschsprachigen Dichtung und Dramatik. Sie liest es als selbstreflexive Verabschiedung einer potentiell gemeinschaftsstiftenden Tradition des Revolutionsdramas unter den politischen Bedingungen des späten 20. Jahrhunderts. Descourvières (2006) sieht *Achterloo* als Radikalisierung von Dürrenmatts Werk. Die oft zitierte »schlimmstmögliche Wendung« (WA 30, 209) ergebe sich in *Achterloo* nicht mehr als plötzlicher Einfall oder Zufall, sondern sie sei schon immer als permanentes Bewusstsein des Scheiterns jedem (politischen) Handeln eingeschrieben. Der emanzipatorische Anspruch, gesellschaftliche Prozesse durch die Groteske aufzudecken, sei damit aber keineswegs ganz aufgegeben. Die Wahrnehmung der Ausweglosigkeit werde mit einer (auch im Schaffensprozess von *Achterloo I* bis *IV* feststellbaren), immer radikaler werdenden Verästelung der dramatischen Form beantwortet. Von Dürrenmatt selbst wird diese Radikalisierung als Übergang der Komödie in die »Posse« gekennzeichnet (WA 18, 270).

Klimant verfolgt den Ansatz der »Transzendentaldramaturgie«. Damit ist eine »Verquickung erkenntnistheoretischer und dramaturgischer Reflexion Dürrenmatts« gemeint. In Anlehnung an Friedrich Schlegels Konzept der Transzendentalpoetik wird Dürrenmatts Spätwerk als eine performative Kunst gedeutet, die ihre äußeren Bedingungen und poetologischen Konsequenzen ausstelle und quasi durchspiele. Die Dramaturgie *Achterloos* folge also gleichsam einer

»Dramaturgie aller möglichen Dramaturgien« (Klimant 2014, 14) und lote mit ihrer selbstbezüglichen Form die Möglichkeiten eines Bühnenstückes in der Gegenwart aus. Darin läge allerdings auch die Verbindung zu konstruktivistischen Denkfiguren, die Dürrenmatt parallel in den *Stoffen* stark beschäftigt haben. Der Auftritt Büchners etwa, mit dem er sich selbst als Autor parodiert, sowie die Inszenierung seiner eigenen Rolle als Autor in den *Rollenspielen*, werden von der Fragwürdigkeit der Unterscheidbarkeit von Fiktion/Spiel und wahrgenommener Realität angetrieben.

Von dieser Fragwürdigkeit geht auch Dürrenmatts letzter zu Lebzeiten publizierter literarischer Text *Das Hirn* aus. Dieser bleibt allerdings nicht bei der angenommenen Ununterscheidbarkeit von Möglichkeit und Wirklichkeit stehen, sondern führt eine Kategorie ein, die keinen Möglichkeitshorizont enthält und deshalb unbezweifelbar real ist. Dieser Ort ist für Dürrenmatt in *Das Hirn* das Vernichtungslager Auschwitz: ein Ort, der »undenkbar« sei und deshalb »[s]innlos wie die Wirklichkeit und unbegreiflich wie sie und ohne Grund« (WA 29, 263). Die Kulmination der Gewaltgeschichte im industriellen Massenmord – die als historisches Trauma auch das ›Posthistorienspiel‹ in der Klinik Achterloo antreibt – entzieht sich dem Möglichkeitshorizont und hat deshalb wirklichkeitsstiftende Funktion. Diese absolut pessimistische Pointe wird im Mord am Schluss von *Achterloo* angedeutet und gleichzeitig durch Jeannes Vision als Judith in einen mythischen Kontext gerückt. Die Realität des Guten bleibt dagegen fragwürdig. So bleibt der letzte Satz von *Achterloo IV*, gesprochen von der Klinikleiterin Frau von Ziemsen, kryptisch: »Ich war der Liebe Gott« (WA 18, 537). Innerhalb der in *Achterloo* als großes Weltlabyrinth ausgestellten Gewaltgeschichte scheint Menschlichkeit vielleicht nur noch in einem ebenso burlesken wie absurden Humor auf.

Literatur
Primärtexte
Achterloo. Eine Komödie in zwei Akten. Zürich 1983.
Rollenspiele. Zürich 1986.
Achterloo IV. In: Gesammelte Werke in sieben Bänden. Hg. von Franz Josef Görtz. Zürich 1988, 335–459.
Achterloo I. Rollenspiele. Achterloo IV. WA 18.
Rollenspiele. Achterloo IV. Komödie. WA 16.
Das Hirn. In: WA 29, 233–269.
Meyer, Conrad Ferdinand: Sämtliche Werke. Historisch-kritische Ausgabe. Besorgt von Hans Zeller und Alfred Zäch. Erster Band: Gedichte. Bern 1963, 44.

Sekundärliteratur
Allemann, Beda: Friedrich Dürrenmatt – Literatur und Theater. In: Jürgen Söring, Jürg Flury (Hg.): Hommage à Friedrich Dürrenmatt. Neuenburger Rundgespräch zum Gedächtnis Friedrich Dürrenmatts. Neuchâtel 1991, 77–124.
Bloch, Peter André: Friedrich Dürrenmatt – Visionen und Experimente. Werkstattgespräche – Bilder – Analysen – Interpretationen. Göttingen 2017.
Dedner, Ulrike: Deutsche Widerspiele der Französischen Revolution. Reflexionen des Revolutionsmythos im selbstbezüglichen Spiel von Goethe bis Dürrenmatt. Tübingen 2003, 261–298.
Descourvières, Benedikt: Die Welt als Rätsel und die Bühne als Welt. Friedrich Dürrenmatts Komödien *Der Besuch der alten Dame* und *Achterloo*. In: Ders. (Hg.): Mein Drama findet nicht mehr statt. Deutschsprachige Theater-Texte im 20. Jahrhundert. Frankfurt a. M. 2006, 119–137.
Federico, Joseph: Political Thinking in a Nuclear Age. Hochhut's *Judith* and Dürrenmatt's *Achterloo*. In: The German Quarterly 62 (1989), 3, 335–344.
Goltschnigg, Dietmar: Dürrenmatts Tragikomödie *Achterloo*. Ein Stück Welt- und polnische Zeitgeschichte. In: Edward Białek (Hg.): Literatur im Zeugenstand. Beiträge zur deutschsprachigen Literatur- und Kulturgeschichte. Festschrift zum 65. Geburtstag von Hubert Orlowski. Frankfurt a. M. 2002, 393–410.
Klimant, Tom: Dürrenmatts Transzendentaldramaturgie. Die *Achterloo*-Varianten (1982–1988) als Beitrag zur Auseinandersetzung zeitgenössischer Dramaturgie mit radikal konstruktivistischen Denkfiguren. Berlin 2014.
Knapp, Gerhard P.: Friedrich Dürrenmatt [1980]. Stuttgart, Weimar 1993, 125–130.
Zeller, Rosmarie: »Ein doppelt verrücktes Unternehmen«. Das Delirium des Irr-Sinns in Dürrenmatts *Achterloo*. In: Hans Krah, Claus-Michael Ort (Hg.): Weltentwürfe in Literatur und Medien. Phantastische Wirklichkeiten – realistische Imaginationen. Festschrift für Marianne Wünsch. Kiel 2002, 279–297.

Caspar Battegay

36 Der Sturz

Entstehungs- und Publikationsgeschichte

Die Entstehung der kurzen, in der WA 55 Seiten umfassenden, und, wie man gesagt hat, »höchst ›dramaturgisch‹ konzipierten Erzählung« Der Sturz (Knapp 1980, 108) geht zurück auf zwei längere Aufenthalte Dürrenmatts in der Sowjetunion 1964 und 1967. Ein erster Entwurf lag vermutlich bereits 1965/66 vor. Zu Beginn des Jahres 1966 teilte Dürrenmatt im Gespräch mit Urs Jenny mit, er sei »mitten in einer neuen Arbeit: Dreizehn Personen in einem geschlossenen Raum, die Mächtigsten eines Landes, wie sie miteinander konspirieren, einander bekämpfen, bis der Mächtigste liquidiert wird und ein neuer nachrückt und alles von vorne beginnt – denken Sie an eine Kreml-Geheimsitzung, an Stalins Sturz« (Jenny 1966, 12). Den finalen Impuls, die endgültige, 1970 abgeschlossene, 1971 im Zürcher Arche Verlag erscheinende Version zu verfertigen, die auch als Textgrundlage der WA diente, gab aber erst die Teilnahme an der Eröffnungszeremonie des vierten Sowjetischen Schriftstellerkongresses am 22.4.1967 in Moskau, wie Dürrenmatt im Gespräch mit Christoph Geiser und innerhalb des Stoffe-Komplexes bekannt hat (vgl. G 2, 31; WA 28, 297–301). Die Entstehung des Textes fällt somit in eine Zeit, in der Dürrenmatt kaum episch gearbeitet hat. Folgt man einer Notiz des Programmhefts zu Der Mitmacher, soll Der Sturz zusammen mit Play Strindberg und Porträt eines Planeten als »stilistische Vorübung« zum ursprünglich als Novelle konzipierten Stück Der Mitmacher entstanden sein (Bänziger 1976, 216).

Inhalt und Analyse

Die ›Dramatik‹ der Erzählung entfaltet sich zwischen zwei den Text rahmenden Tableaus (WA 24, 10 u. 64):

A		D	
B	C	B	C
D	E	F	E
F	G	M	N
H	I	H	G
K	L	K	I
M	N	O	L
O	P		P

Jeder der Buchstaben verweist dabei auf einen Amtsinhaber und dessen mit einem Sitzplatz korrespondierende hierarchische Position innerhalb des Sitzungszimmers des ›Politischen Sekretariats‹ eines nicht näher spezifizierten diktatorischen Staates: A, am Kopfende des Sitzungszimmers sitzend, bekleidet dabei die Position des Machtinhabers, B bis O stellen die im zunehmenden Maße weniger mächtigen Minister dar – vom Außenminister B, über den Postminister N, aus dessen Perspektive erzählt wird (interne Fokalisierung), bis hin zum Atomminister O und dem Chef der Jugendgruppe P, die als nicht Stimmberechtigte am Fuße der Machtpyramide stehen. Die untergebene Position der Minister zeigt sich nicht zuletzt an den Spitznamen, die A seinen Untergebenen gibt: Den Chef der Geheimpolizei C nennt er »Staatstante« (26), den Parteisekretär D »Wildsau« (ebd., 15), die Erziehungsministerin M »Parteimuse« (ebd., 22) usw.

Der eigentliche Fließtext nun bildet den Übergang vom ersten zum zweiten Tableau; er entfaltet die Prozesse, die zum namensgebenden Sturz des Machtinhabers A und der Umstrukturierung des Politbüros während einer Parteisitzung führen. Katalysator des Sturzes ist das Fehlen des Atomministers O, das die ohnehin in Furcht voreinander befangenen Mitglieder des Politbüros zur Annahme eines Komplotts verführt. Gerüchte wollen von einer Verhaftung wissen, Bemerkungen über O's Fernbleiben werden als ihre Bestätigung der Gerüchte gedeutet, Versuche, das Fehlen durch eine Krankheit zu erklären, als Lügen betrachtet. Jede Äußerung, jede Geste wird daraufhin interpretiert, was sie für das Machtgefüge des Politbüros

J. B. Metzler © Springer-Verlag GmbH Deutschland, ein Teil von Springer Nature, 2020
U. Weber / A. Mauz / M. Stingelin (Hg.), Dürrenmatt-Handbuch, https://doi.org/10.1007/978-3-476-05314-5_36

bedeutet und für Konsequenzen hat. Die geschilderte Sitzung gleicht einem Schachspiel (s. Kap. 79), bei dem sämtliche Mitglieder des Politischen Sekretariats ihre individuellen eigentlichen Aufgaben und Zuständigkeiten zurückstellen, um die Züge des anderen zu interpretieren und vorauszusehen. Tatsächlich gilt A als »gerissener Taktiker«, dessen »verblüffenden Schachzügen im Spiel um die Macht [...] niemand gewachsen« war (ebd., 36). Als A dann die Auflösung des Politischen Sekretariats verkündet – die Partei müsse sich demokratisieren, das Politische Sekretariat daher »seine Macht einem erweiterten Parteiparlament delegiere[n]« (ebd., 30) –, glaubt man auch gleich, den politischen Schachzug zu durchschauen: Die Auflösung des Politischen Sekretariats würde A's Alleinherrschaft begründen. Aufgrund der vermeintlichen Verhaftung O's in Angst vereint, positioniert sich das Politische Sekretariat geschlossen gegen A und isoliert ihn. Schließlich – und analog zum dritten der *21 Punkte zu den ›Physikern‹* – kommt es zur schlimmstmöglichen Wendung (s. Kap. 98) für A (vgl. Spycher 1972, 357). Sein Sturz vollzieht sich »nüchtern, sachlich, mühelos, gleichsam bürokratisch« (WA 24, 58): L erdrosselt ihn mit dem Gürtel K's.

Erst am Ende des Textes klärt sich das Fehlen des Atomministers auf. Die Witz der Erzählung liegt im Zufall (s. Kap. 84), einem Irrtum, der die Peripetie erst ermöglicht: O erscheint und erklärt, sich im Datum geirrt zu haben. In neuer Konstellation wird die Sitzung des Politischen Sekretariats fortgesetzt – mit der Festlegung der neuen Sitzordnung (zweites Tableau).

Deutungsaspekte

Auffällig ist, dass trotz des sich ereignenden Sturzes keine Änderung des politischen Systems eintritt (vgl. Goertz 1987, 103; Paganini 2004, 50 f.). Darin besteht ein offenkundiger Unterschied zur Geschichte des sowjetrussischen Politbüros (vgl. Goertz 1987, 103). Wenngleich auch »unzweideutig das sowjetrussische Politbüro unmittelbar vor Stalins Ende« als Vorlage diente (Spycher 1972, 329, vgl. ferner 346 f.), wäre eine Interpretation, die die Erzählung nur als Chiffretext liest, verkürzt. Warum? Weil es Dürrenmatt weniger um eine Kritik am realen Vorbild, am Stalinismus, an der Sowjetunion, dem marxistischen Kommunismus geht. Gemäß eigener Aussage ist er »mehr Konstrukteur als Beobachter« (G 2, 30). Somit erweist sich *Der Sturz* als »Denkspiel« (Bänziger 1976, 215), als nicht

mimetischer Versuch, »die Konzentration der Macht in einem Kollektiv ›an sich‹ darzustellen« (G 2, 30). Der Text ist Beispiel des ›dramaturgischen Denkens‹ (s. Kap. 87), das Dürrenmatt im *Monstervortrag* skizziert hat (vgl. WA 33, 91–94; ferner etwa auch Knapp 1980, 108; Spycher 1972, 342). Dürrenmatt interessiert das Mögliche im Unterschied zum Tatsächlichen, das Modellhafte, die Abstraktion. *Der Sturz* widmet sich dem »Wesen des Totalitarismus« (Weber 1971, 273), den Mechanismen der Macht, ohne dabei jedoch zum Schluss zu kommen, korrumpierte Macht sei *per se* dem Untergang geweiht: Macht und ihre Mechanismen sind zeitlos (vgl. Crockett 1998, 170 f.). Anstatt also eine Identifikation des fiktiven Staates mit der Sowjetunion vorzunehmen, lässt sich *Der Sturz* vielmehr als »tragikomisch gestaltete Auseinandersetzung« mit Staaten *wie* der Sowjetunion verstehen (Spycher 1972, 342). Trotz des Primats des Modellhaften handelt es sich demnach gleichwohl um einen hochgradig politischen Text. Werkimmanente Bezüge zu Dürrenmatts politisch-ideologischem Denken lassen sich zu *Meine Rußlandreise* (Dürrenmatt, 10.7.1964), *Sätze aus Amerika* (bes. Sätze 56–61, WA 34, 100–102) wie auch zum bereits genannten *Monstervortrag* (s. Kap. 50) herstellen (vgl. auch Spycher 1972).

Literatur
Primärtexte
Der Sturz. Zürich 1971.
Der Sturz. In: WA 24, 9–64.
[Gespräch mit] Christoph Geiser [1971]. In: G 2, 30–40.
Meine Rußlandreise. In: Zürcher Woche, 10.7.1964.

Sekundärliteratur
Bänziger, Hans: Frisch und Dürrenmatt [1960]. Bern, München 1976, 214–216.
Crockett, Roger A.: Understanding Friedrich Dürrenmatt. Columbia, South Carolina 1998, 167–171.
Goertz, Heinrich: Friedrich Dürrenmatt mit Selbstzeugnissen und Bilddokumenten. Reinbek bei Hamburg 1987, 102 f.
Jenny, Urs: Lazarus, der Fürchterliche. Urs Jenny im Gespräch mit Friedrich Dürrenmatt über dessen neue Komödie *Der Meteor*. In: Theater heute 7 (1966), 2, 10–12.
Knapp, Gerhard P.: Friedrich Dürrenmatt. Stuttgart 1980, 107 f.
Paganini, Claudia: Das Scheitern im Werk von Friedrich Dürrenmatt. »Ich bin verschont geblieben, aber ich beschreibe den Untergang.« Hamburg 2004, 50–55.
Spycher, Peter: Friedrich Dürrenmatt. Das erzählerische Werk. Frauenfeld, Stuttgart 1972, 329–367.
Weber, Werner: *Der Sturz* [1971]. In: Daniel Keel (Hg.): Über Friedrich Dürrenmatt. Zürich 1980, 269–273.

Benjamin Thimm

37 *Abu Chanifa und Anan ben David*

Entstehungs- und Publikationsgeschichte

Dürrenmatts Erzählung über die beiden Theologen Abu Chanifa und Anan ben David (1975) gehört in den Kontext des essayartigen Komplexes *Zusammenhänge. Essay über Israel. Eine Konzeption* (WA 35, 9–162), verfasst anlässlich der Berufung Dürrenmatts auf eine Gastprofessur an der Ben-Gurion-Universität in Be'er Scheva (1974). Über einen längeren Zeitraum (1974–1975) geschrieben, verknüpft der Essay geschichtsphilosophische Erörterungen mit Elementen einer Reiseerzählung. Dürrenmatt, der sich in einem thematisch affinen Text als »Drauflosdenker« charakterisiert (*Über Toleranz*, WA 33, 149), macht den Essay zum Dokument dieses Denkstils. Die Erstausgabe des expansiven Textes wird 1976 im Arche Verlag (Zürich) publiziert. Am Ende des *Zweiten Teils* findet sich ein erster Teil der Theologen-Erzählung (WA 35, 82–87), ganz am Ende der vierteiligen *Zusammenhänge* dann der umfangreichere zweite Teil (ebd., 148–162). Dabei erfolgt der Anschluss an die zuvor unterbrochene Geschichte fast übergangslos, wie denn die *Zusammenhänge* insgesamt nicht allein auf inhaltlicher Ebene von Zusammenhängen sprechen, sondern ihre Teilthemen auch textgestalterisch eng miteinander verweben. Kompositorisch als Beitrag zur Darstellung übergreifender historischer und denkgeschichtlicher Zusammenhänge arrangiert, steht die parabelartige Geschichte von Abu Chanifa und Anan ben David ihrerseits im Zeichen mehrschichtiger Zusammenhänge. Herausgelöst aus ihrem Erstkontext geht sie 1978 in bearbeiteter Form in das *Friedrich Dürrenmatt Lesebuch* (Arche Verlag, Zürich) sowie in die Werkausgabe ein. Einen wichtigen Eingriff nimmt der Autor auf der Ebene der Erzähltempora vor: Wird in der *Essay*-Fassung der erste Teil im Wesentlichen im Präteritum, der zweite Teil dann im Präsens erzählt, so steht die separat veröffentlichte Erzählung ganz im Präsens.

Inhalt und Analyse

Zwei Theologen, der Korankenner Abu Chanifa und der Rabbi Anan ben David, werden um 760 in Bagdad vom Kalifen al-Mansur gleichzeitig eingekerkert. Beide empfinden die Nähe des anderen zunächst als demütigende Zusatzstrafe. In stummer Feindseligkeit verschmähen sie lange sogar das zu teilende Essen, das ihnen ein Wärter bringt. Erst als angesichts des nahen-

den Hungertodes das Überleben zur Demonstration der Ergebenheit in Gottes Willen wird, finden beide Gelegenheit, die wahre Demut und Frömmigkeit des jeweils anderen zu erkennen, und essen fortan gemeinsam. Auf die erste Annäherung folgt ein frommes Gespräch, unterbrochen von Gebeten, die sogar die Folterknechte in den Nachbarverliesen vertreiben. Der Dialog überdauert die Jahrhunderte, die Herrschaft al-Mansurs und seiner Nachfolger, Kriege und Expansionen des Gefängnisses. Als die Gesprächspartner ihre heiligen Schriften durch Rattenfraß verlieren, ersetzt das Gespräch Koran und Thora.

Durch den Willkürakt eines neuen Herrschers amnestiert, verlässt Anan ben David den Kerker und seinen Gefährten. Er tritt eine Jahrhunderte dauernde Wanderung durch die Welt an, die sich so verändert hat, dass man seine Sprache kaum mehr versteht. Als Ketzer angegriffen, flieht er ins Gefängnis zurück und sucht vergeblich nach Abu Chanifa; fünfzehn Jahre später verlässt er die Stadt bei einem Brand. Wiederum zweihundert Jahre danach fragt er in Granada vergebens nach Rabbi Moses ben Maimon, wird unter Karl V. von der Inquisition verfolgt, sucht Zuflucht in Synagogen, Ghettos, Lehrhäusern. Zur Legende geworden, dient er dem Maggid von Mesritsch, gerät nach Auschwitz, wird zum Versuchsobjekt eines NS-Arztes, der ihn einfriert, aber nicht zu töten vermag und als Putzkraft beschäftigt, bis der Jude wiederum verschwindet. Während all der Zeit sitzt Abu Chanifa im Verlies zu Bagdad, in eine »Art Stalagmit« (WA 24, 81) transformiert, von den Ratten aus alter Gewohnheit miternährt. Anan ben David trifft in Istanbul einen betrunkenen Schweizer Whiskyschmuggler und fährt mit diesem nach Bagdad, wo der Bus explodiert. Ein Hund weist ihm den Weg zu Abu Chanifa, ohne dass man sich erkennt. Ein mörderischer Kampf entbrennt aus vermeintlicher Feindschaft. Erst der Blick ins Gesicht des Gegenübers löst ein Wiedererkennen aus; der Bann des Hasses bricht mit der Ansprache des Gegenübers als »Du« (ebd., 86). So erkennen beide, wie es abschließend heißt, »daß beider Eigentum, das Gefängnis des Abu Chanifa und der Kerker des Anan ben David, die Freiheit des einen und die Freiheit des anderen ist« (ebd.).

Deutungsaspekte

Motivisch und thematisch ist die Geschichte innerhalb von Dürrenmatts Werk vielfach vernetzt. Im Israel-Essay-Komplex, der die Geschichte des Staates

J. B. Metzler © Springer-Verlag GmbH Deutschland, ein Teil von Springer Nature, 2020
U. Weber / A. Mauz / M. Stingelin (Hg.), *Dürrenmatt-Handbuch*, https://doi.org/10.1007/978-3-476-05314-5_37

und der Idee Israel in einen menschheitsgeschichtlichen Zusammenhang stellt, wirkt sie zugleich parabolisch und illustrierend. Die beiden Theologen figurieren zunächst den Religionskonflikt zwischen Muslimen und Juden; ihre zwischen Disput und gemeinsamer Meditation changierenden Dialoge über Gott erinnern an die Textform des Religionsgesprächs, wie sie seit dem Mittelalter belegt ist, so durch Boccaccios *Decamerone* und durch Lessings Ringparabel (*Nathan der Weise*), wo die bei Dürrenmatt explizit erörterte Toleranz-Idee entfaltet wird. Die christlich-westlich geprägte Welt bleibt in der Erzählung eher im Hintergrund, repräsentiert durch Inquisitor, NS-Sadist und Schweizer Schmuggler. Implizit reflektiert wird auch der aktuelle israelisch-palästinensische Konflikt als politische und militärische Eskalation der alten Gegnerschaft zwischen Juden und Arabern.

Mit ihrem skurril-versöhnlichen Ende scheint die Erzählung für eine ethisch fundierte Konfliktlösung zu optieren; als groteske Utopie erscheint die Schilderung wechselseitigen Erkennens und enger Verbrüderung – wobei das Erkennen Anagnorisis ist. Und die Verbrüderung als Entdeckung von Wesensgleichheit mit dem Anderen erscheint als ein Schritt zur Selbsterkenntnis. Als Voraussetzungen der utopischen Lösung erscheinen das Gespräch (als unermüdlicher, unbegrenzter Dialog) sowie der Blick ins Gesicht des Anderen. Während letzteres Konzept ein Echo der Ethik von Emmanuel Lévinas sein mag, konkretisiert sich im Motiv des interkulturellen und interreligiösen Gesprächs eine Ethik des Worts, die an die gemeinsamen Grundlagen von Judentum, Islam und Christentum erinnert. Die Annäherung des Juden und des Moslems erscheint allerdings ironischerweise keineswegs als direktes Resultat religiöser Meditation und spiritueller Lebenshaltung; sie nimmt ihren Weg vielmehr über geteilte Mahlzeiten, einen geteilten Alltag, geteilte Leiden. Die finale Erleuchtung bedarf der sinnlich-konkreten Anschauung des anderen.

Dürrenmatts Text enthält Reminiszenzen an traditionsreiche Vorstellungsbilder und Stoffe: Modell der langen Wanderung Anan ben Davids ist vor allem die Legende um den Ewigen Juden Ahasver. Die weitläufigen verwirrenden Gefängnisarchitekturen gehören ins Spektrum von Dürrenmatts Labyrinthen, in denen sich metaphorisch eine labyrinthische Welt spiegelt, ein *Durcheinandertal* (WA 27). Die existentielle Verlassenheit des Einzelnen im Labyrinth und seine Angst vor Begegnungen mit einem potentiell mörderischen Gegenüber erinnern an den Protagonisten im *Winterkrieg in Tibet* (WA 28, 11–170) und an die Minotaurusfigur, insbesondere die der *Minotaurus*-Ballade (WA 26, 9–32). Dort treffen der als Minotaurus maskierte Theseus und sein Opfer als Doppelgänger aufeinander, so wie hier die beiden Theologen, die – nun aber unter positiven Vorzeichen –, zu einem Doppelgängerpaar werden, weil sie so vieles verbindet. Der Kampf mit dem Doppelgänger im Labyrinth bildet ein Scharnier zu Max Frischs Roman *Stiller* (1954), wo sich zudem eine Version der Geschichte Rip van Winkles findet, die in Dürrenmatts Erzählung ebenfalls anklingt.

Literatur
Primärtexte

Abu Chanifa und Anan ben David. In: Friedrich Dürrenmatt Lesebuch. Zürich 1978, 41–62.
Abu Chanifa und Anan ben David. In: WA 24, 65–86.
Zusammenhänge. Essay über Israel. Eine Konzeption. Zürich 1976.
Zusammenhänge. Essay über Israel. Eine Konzeption. In: WA 35, 9–162.

Sekundärliteratur

Bursch, Roland: »Wir dichten die Geschichte«. Adaption und Konstruktion von Historie bei Friedrich Dürrenmatt. Würzburg 2006.
Mingels, Annette: Dürrenmatt und Kierkegaard. Die Kategorie des Einzelnen als gemeinsame Denkform. Köln, Weimar, Wien 2003, bes. 323–338.
Schmitz-Emans, Monika: Am Ende – die Toleranz. Abu Chanifa, Anan ben David und Friedrich Dürrenmatts Religionsgespräch. In: Oxana Zielke (Hg.): Nathan und seine Erben. Würzburg 2005, 143–161.

Monika Schmitz-Emans

38 *Smithy*

Entstehung und Hintergrund

Die Erzählung *Smithy* entstand im Rahmen des umfangreichen *Nachworts* zur Komödie *Der Mitmacher*, das Dürrenmatt von 1974 bis 1976 schrieb. Die Reflexionen über das Stück sind als Prozess der subjektiven und poetischen Sinnstiftung in einer literarischen wie existentiellen Krisenerfahrung verstehbar (vgl. Weber 2020, 375–404). Das *Nachwort* wird zum eigenständigen literarischen Text, mit philosophierenden, autobiografischen und dramaturgischen Exkursen sowie den eingeschobenen Erzählungen *Smithy* als ›Urfassung‹ des *Mitmacher*-Stoffes und *Das Sterben der Pythia* als narrative Verhandlung von Problemstellungen eines auf der Bühne gescheiterten Dramas.

Der Einfall zu *Smithy* hat der Darstellung im *Mitmacher-Komplex* zufolge seinen Ursprung in der ersten Begegnung des Autors mit der Stadt New York (1959), im überwältigenden Eindruck der »ungeheuerlich in den einnachtenden Himmel ragenden Stadt« (WA 14, 262). Dürrenmatt schrieb unmittelbar nach dem Aufenthalt einen ersten handschriftlichen Textanfang nieder, der fünfzehn Jahre liegen blieb, bis ihn der Autor beinahe wörtlich als Auftakt für die rekonstruierte Erzählung verwendete (vgl. WA 14, 235–237).

Smithy erschien erstmals 1976 in *Der Mitmacher – Ein Komplex. Text der Komödie, Dramaturgie, Erfahrungen, Berichte, Erzählungen* im Arche Verlag Zürich. Die Werkausgaben von 1980 und 1998 übernahmen den Text der Erstausgabe und präsentierten ihn jeweils zweimal: einerseits im ursprünglichen Kontext des *Mitmacher*-Nachworts (WA 14, 235–261) sowie textidentisch als für sich stehende Erzählung (WA 24, 87–115).

Inhalt und Analyse

Der Titelheld ist ein beschränkter, mit sozialen Vorurteilen behafteter, moralisch gleichgültiger Kleinunternehmer. Sein Geschäft besteht darin, zusammen mit seinem Gehilfen Leibnitz die Leichen von Mordopfern, die ihm von Seiten der Mafia wie korrupter Polizeivertreter geliefert werden, durch Sezieren und ein Säurebad zum Verschwinden zu bringen. Die Erzählung bildet rund 24 Stunden an einem heißen Maitag im Leben Smithys in New York ab. Die Ereignisse werden in chronologischer Abfolge erzählt. Indem die Perspektive (in personaler Erzählsituation) auf Smithy konzentriert und die Zeit auf sein Erleben hin gebündelt ist, präsentiert sich das Geschehen als Krisengeschichte. Eingangs erinnert sich Smithy in Rückblende an die Tagesereignisse; seine Schwierigkeiten hatten sich ebenso kontinuierlich gesteigert wie die Hitze der Stadt und sein Alkoholpegel. Komplexe Verhandlungen mit Gangstern und Polizei und personelle Veränderungen führten zu »Schwierigkeiten, nichts als Schwierigkeiten« (WA 14, 236). Smithy, der sich »wenn nicht arriviert, so doch gesichert gefühlt hatte« (235), ist am Ende des Tages geschäftlich an einem Tiefpunkt. Als er spät nachts seinen Arbeitsort aufsucht, kommt es zu einem überraschenden Ereignis: Eine unbekannte Frau spricht ihn an und bietet sich ihm an, und aus einem »wilde[n] Humor« (242) heraus lässt sich Smithy auf das Abenteuer ein. Die Begegnung mit der Frau, die ihm den »Eindruck von etwas Vornehmem, von etwas Ungewöhnlichem« (243) vermittelt, irritiert ihn. Obwohl sie sich distanziert gibt, kaum ein Wort spricht und nur Sex will, wird die elementare Liebeserfahrung für Smithy nachträglich zum Auslöser eines neuen Selbstbewusstseins, für eine innere Freiheit gegenüber den Zwängen seiner schmutzigen Existenz. Frühmorgens wird er für einen vielversprechenden Auftrag in ein Nobelhotel geführt und erkennt in der Leiche, die er beseitigen soll, die Frau, mit der er geschlafen hat. Er stellt ihren Ehemann, einen hohen ausländischen Politiker, der sie ermordet hat und die Leiche beseitigen lassen will, zur Rede und schlägt sein lukratives Angebot – es wäre das »Geschäft [s]eines Lebens« (261) – aus. Wie die Frau sich ihm »[g]ratis« (243) hingegeben hatte, demonstriert Smithy seine Überlegenheit und Verachtung gegenüber dem »Mann, der so [...] erhaben war, wie der liebe Gott« (255), indem er die Bezahlung ablehnt und die Leiche »gratis« (258) verschwinden lässt. Diese Manifestation von Freiheit gegenüber dem Geschäft, eine kleine Rebellion gegen die Sachzwänge seiner schäbigen Existenz und das Machtgefüge, kostet Smithy das Leben: Da er damit auch für Polizeichef und Gangsterboss ein großes Geschäft hat platzen lassen, wird er von einem Gehilfen des Gangsters hingerichtet.

Smithy wird als »jämmerliche[r] Held« (261) dargestellt, dessen Horizont sich auf sein Geschäft beschränkt, der das Andere nur als Schimpfwort und Vorurteil kennt (alle, die ihm Schwierigkeiten bereiten, sind ›Juden‹, ›Kommunisten‹ und ›Schwule‹), und der auch in seiner Verweigerung weder eine moralische Gewissensentscheidung trifft noch ein kritisches Bewusstsein hat. Es ist allein die Erinnerung an die schein-

J. B. Metzler © Springer-Verlag GmbH Deutschland, ein Teil von Springer Nature, 2020
U. Weber / A. Mauz / M. Stingelin (Hg.), *Dürrenmatt-Handbuch*, https://doi.org/10.1007/978-3-476-05314-5_38

bar rein animalisch-sexuelle Begegnung mit dieser schönen Frau, die Smithy zur Verweigerung bewegt – als Wunsch und anschließender Stolz, sich der geheimnisvollen Frau nachträglich als würdig zu erweisen.

Deutungsaspekte

Die Erzählung, bei der jemand aus seinem Alltag hinausgerissen wird und unverhofft zu einem neuen Selbstverständnis durchdringt, wobei ihm das Überleben gleichgültig wird, knüpft an frühe Texte wie *Der Tunnel* oder *Die Panne* an. Diese existentialistische Dimension verbindet sich jedoch mit einer auffallenden sprachlichen Eigenart: Obwohl die Geschichte vordergründig keinerlei Bezug zur Religion hat, gibt es zahlreiche religiöse Namen und Übernamen wie ›Holy‹ (der Gangsterboss trägt einen Priestermantel, um seine Waffen zu verstecken) oder ›van der Seelen‹ (der mit ›Leibnitz‹ ein bedeutungsträchtiges Namenspaar bildet). Der Politiker, der seine Frau umgebracht hat, aus Smithys Sicht als »der liebe Gott persönlich« (255), »Jahwe« oder »Gott der Allmächtige« (256), logiert in einem unendlich hohen Stockwerk des Coburn-Hotels, wo »hinter riesigen Glaswänden der heiße Himmel wie eine Betonmauer stand« und die tote Frau in einem »Himmelbett« liegt, »vom Betthimmel hingen Wolken von weißen Schleiern herunter« (253). In Verbindung damit steht eine implizite Darstellung New Yorks mit seiner unerträglichen Hitze als irdische Hölle, genauer als modernes Babylon, wo eine für Smithy undurchschaubare Internationalität und babylonische Sprachverwirrung herrscht. Vor diesem Hintergrund verweist das im Gegensatz zum endlosen Feilschen um Preise und Prozente stehende, zweimal vorkommende Wort »gratis« auf seinen lateinischen Wortsinn der *gratia* (Gnade; s. Kap. 67). Mit dieser semantischen Ebene etabliert die Erzählung – wie es für das Spätwerk Dürrenmatts charakteristisch ist – eine auf das eigene Frühwerk bezogene Intertextualität, primär zum Drama *Ein Engel kommt nach Babylon* (vgl. Weber 2007, 182 f.). Dort erweist sich der König Nebukadnezar des göttlichen Gnadengeschenks des Mädchens Kurrubi als unwürdig und verspielt die Chance zum Glück. Hier ist die Situation gerade umgekehrt: Der schäbige und korrupte Smithy wird durch das Gratis-Geschenk der geheimnisvollen Frau erweckt und befreit sich – um den Preis des Lebens – aus seiner Gefangenschaft

im monetären Wertesystem. Smithys Aufbegehren nimmt damit – jenseits aller Konfession und über den Akt der Individuation hinaus – den Charakter eines religiösen Urerlebnisses an.

Im Kontext des *Mitmacher-Komplexes* entwickeln sich zusätzliche Bedeutungsdimensionen. Dürrenmatt präsentiert *Smithy* als ersten Einfall des Stoffes, den er zur Komödie *Der Mitmacher* entwickelte. Die Erzählung wird im Textzusammenhang aber zugleich zur Variation auf das *fertige* Stück, enthält sie doch eine Vielzahl wörtlicher Zitate aus dem Drama, die vom Autor gezielt in die nachträgliche Rekonstruktion der angeblichen Vorstufe eingestreut wurden. Die Erzählung bildet damit einen Gegenentwurf und eine Fortsetzung des Stückkommentars im *Mitmacher-Nachwort* mit anderen Mitteln.

Schließlich verweist eine weitere sprachliche Auffälligkeit auf den Kontext im *Mitmacher-Komplex* und darüber hinaus: Smithys Bindung an die Frau erfolgt primär über ihr edles Kleid, das ihm am Schluss von ihr übrigbleibt: »Smithy fühlte nichts als den Stoff des Kleides, über das seine Hände fuhren, ein leichter Fetzen, mehr nicht« (260). Damit deutet sich die selbstreferentielle Dimension der Erzählung auf den *Mitmacher-Komplex* an. Hier schreibt Dürrenmatt: Stücke, auf die man sich einlasse, seien »mehr oder weniger glückliche Liebesgeschichten mit Stoffen« (229), was wiederum auf das *Stoffe*-Projekt insgesamt verweist, in dessen Rahmen der *Mitmacher-Komplex* zu sehen ist (vgl. Weber 2007, 191–193).

Literatur
Primärtexte

Smithy. Eine Novelle. In: Der Mitmacher – Ein Komplex. Text der Komödie, Dramaturgie, Erfahrungen, Berichte, Erzählungen. Zürich 1976, 202–226 (Titel und Gattungsbezeichnung nur im Inhaltsverzeichnis).

Smithy. Eine Novelle [im *Nachwort* zum *Mitmacher*]. In: WA 14, 235–261 (Titel und Gattungsbezeichnung nur im Inhaltsverzeichnis).

Smithy. In: WA 24, 87–115.

Sekundärliteratur

Weber, Ulrich: Dürrenmatts Spätwerk. Die Entstehung aus der *Mitmacher*-Krise. Eine textgenetische Untersuchung. Frankfurt a. M. 2007, 173–196.

Weber, Ulrich: Friedrich Dürrenmatt. Eine Biographie. Zürich 2020.

Ulrich Weber / Kathrin Schmid

39 *Das Sterben der Pythia*

Entstehungs- und Publikationsgeschichte

Das Sterben der Pythia entstand im Rahmen des *Mitmacher-Komplexes* und wurde zum ersten Mal 1976 in diesem Zusammenhang, als angehängte Erzählung im *Nachwort zum Nachwort* publiziert. 1980 wurde der Text als eigenständige Erzählung unverändert in die Werkausgabe aufgenommen (entsprechend der zweimalige Abdruck in der WA: WA 14, 274–313; WA 24, 117–158). Im gleichen Jahr entstand eine Radiofassung von Hans Hausmann (Radio DRS).

Inhalt und Analyse

Das Sterben der Pythia erzählt die Geschichte von Ödipus als die Geschichte einer Reihe von Zufällen. In der antiken Mythologie ist Ödipus das klassische Beispiel für das Wirken des Schicksals: Ödipus will seinem von einem Orakel vorausgesagten Schicksal, dass er seinen Vater Laios töten und seine eigene Mutter Iokaste heiraten werde, entgehen, wobei alles, was er dafür unternimmt, das Unvermeidliche erst recht herbeiführt. Die Orakel, die nicht nur Ödipus, sondern auch diversen anderen Personen gegeben werden, können in Dürrenmatts Welt nicht von irgendeiner metaphysischen Instanz stammen; sie werden vielmehr aus Übermut oder politischem Interesse verkündet. Das Prinzip des Textes besteht darin, dass neben der Pythia und Tiresias auch die Hauptfiguren des Mythos (Ödipus, Iokaste, Laios und die Sphinx) ihre Version der Geschichte vor der sterbenden Pythia erzählen, wobei keine Figur alles weiß. So ist zum Beispiel nicht einmal klar, wer der Vater des Ödipus ist: vielleicht Laios, vielleicht der Gardeoffizier Mnesippos, vielleicht der Wagenlenker Polyphontes. Ja, man weiß letztlich auch nicht, ob Ödipus der Sohn der Iokaste oder der Sphinx ist und wie viele Ödipusse es eigentlich gibt (vgl. WA 24, 156). Dürrenmatt benützt hier bereits ein Verfahren, das er in *Durcheinandertal* zur Virtuosität treiben wird.

Einen Dramatiker, der sein Leben lang über Schicksal, Notwendigkeit und Zufall reflektierte, musste der Ödipus-Stoff interessieren, dieser »Urstoff[...]« des Theaters (WA 14, 314), der als Modell für das unausweichliche Schicksal und zugleich als exemplarisch für das analytische Drama gilt. An ihm kann der Autor von *Die Panne* demonstrieren, wie in der Moderne das Schicksal durch den Zufall ersetzt wird. In Dür-

renmatts *Das Sterben der Pythia* wird wissentlich und mit handfesten Interessen gehandelt, vor allem auch von Tiresias, der sich als Vertreter der Vernunft bezeichnet, und von Pythia, der Vertreterin der Fantasie (vgl. WA 24, 157). Das Orakel von Vatermord und Inzest mit der Mutter soll dazu dienen, Laios davon abzuhalten, überhaupt Nachkommen zu zeugen. Das zweite Orakel, welches die Pest betrifft, sollte Kreon, den Tiresias für gefährlich hält, beseitigen, beseitigt aber Ödipus als König, den Tiresias stützen wollte. Das für Ödipus bestimmte Orakel sodann wird von Pythia aus reinem Übermut gesprochen. Ödipus weiß, dass Polybos und Merope nicht seine Eltern sind, aber er möchte herausfinden, wer seine wirklichen Eltern sind: Es sind jene, an denen sich das Orakel erfüllt, insofern hat die Pythia, wie es im Text heißt, einen »Zufallstreffer« (127) gelandet. Der Zufallstreffer geht so weit, dass Ödipus auch seine möglichen oder wahrscheinlichen Väter tötet, den Gardeoffizier Mnesippos und den Wagenlenker Polyphontes. Wenn es hier scheint, als wäre das Schicksal durch die Hintertür doch wieder hereingekommen, so wird diese Deutung durch die Version der Sphinx unterlaufen. Denn sie erzählt, dass Ödipus ihr Sohn sei und nicht der von Iokaste. Allerdings, so Tiresias, ist die Sphinx die Tochter des Hermes, »des Gottes der Diebe und der Betrüger« (155). Damit repräsentiert sie, die hier eine ganz neue Rolle zugesprochen erhält, auch den erfindenden Dichter, der mit einer letzten Volte seiner Fantasie vermeidet, dass eine Version des Textes als »die Wahrheit« (ebd.) durchgehen kann. Ja er erfindet eine neue Geschichte, in der Ödipus nicht mehr der Sohn des Laios und der Iokaste ist – und damit nicht mehr der Ödipus des antiken Mythos, der durch diese Beziehung definiert ist –, sondern der Sohn der Sphinx und des Wagenlenkers Polyphontes. Tiresias bezeichnet sich und die Pythia als »Hauptpersonen« (156), weil sie das Ganze in Gang gesetzt haben, das allerdings zu einem »wüsten Durcheinander« geführt hat, zu einem »gigantischen Knäuel[...] von phantastischen Fakten, die, ineinander verstrickt, die unverschämtesten Zufälle bewirken« (ebd.).

Deutungsaspekte, Positionen der Forschung

Die Erzählung wurde in der Dürrenmatt-Forschung vor allem im Zusammenhang mit *Der Mitmacher* behandelt und in Arbeiten zum Mythos in der Moderne. So sieht Kundert (2010) die Erzählung unter dem Aspekt des Rätsels, das im Text selbst eine nebensächli-

J. B. Metzler © Springer-Verlag GmbH Deutschland, ein Teil von Springer Nature, 2020
U. Weber / A. Mauz / M. Stingelin (Hg.), *Dürrenmatt-Handbuch*, https://doi.org/10.1007/978-3-476-05314-5_39

che bis keine Rolle spielt, wobei er den Begriff metaphorisch anwendet und die Welt als Rätsel sieht. Dehrmann (2005) und Spedicato (2006) sehen Dürrenmatt vor allem als Dekonstrukteur des klassischen Mythos, dessen Ausgang aber doch erhalten bleibe (vgl. Dehrmann 2005, 409). Wenn man unter dem Ausgang die Selbstblendung des Ödipus meint, ist dem zuzustimmen. In Dürrenmatts Text geht es aber nicht um den Ausgang, sondern um die Varianten der Geschichte, die so kompliziert sind, dass sie schließlich jede eindeutige Sinnzuschreibung verhindern. Die verschiedenen Varianten, die Dürrenmatt die verschiedenen Personen erzählen lässt und die Multiplikation der Perspektiven, der Eigenschaften der Figuren und der Figuren selbst (Ödipus als Sohn der Iokaste und des Laios, als Sohn der Iokaste und des Gardeoffiziers, als Sohn der Sphinx und des Wagenlenkers, als Sohn der Sphinx, der gegen den Sohn der Iokaste ausgetauscht wurde, usw.) werden in solchen Deutungen nicht berücksichtigt. Dürrenmatt hat jedes Detail des Mythos remotiviert – von Laios' möglicher Homosexualität über Kreons spartanisches Wesen bis hin zum Seher Tiresias, der seine Blindheit nur spielt. Tiresias ist im Übrigen die aus Dürrenmatts Werk wohlbekannte Figur, eine Art Nachfahre von Romulus dem Großen, der die Welt mit seinen Orakeln zum Guten verändern will und dabei scheitert, weil es in der Wirklichkeit anders zugeht als berechnet. Das Besondere an Dürrenmatts Ödipus-Version zeigt sich, wenn man sie mit Max Frischs *Homo Faber* vergleicht: Frisch zeigt in einer Reihe von Zufällen, wie der Vater zum Liebhaber der Tochter wird, wobei dies ganz ohne Orakel geht. Das Orakel dient Dürrenmatt im Gegenzug dazu, den Zufall als Zufall zu diskutieren, was ihn spätestens seit *Die Physiker* interessiert. Aber erst mit *Das Sterben der Pythia* hat es zu einer ästhetisch adäquaten Darstellung gefunden, indem es ihm gelingt, eine Variante des Mythos durch die nächste aufzuheben.

Literatur

Primärtexte, Quellen

Das Sterben der Pythia. Erzählung. In: Der Mitmacher. Ein Komplex. Text der Komödie, Dramaturgie, Erfahrungen, Berichte, Erzählungen. Zürich 1976, 239–274.
Das Sterben der Pythia. Erzählung. In: WA 14, 274–313.
Das Sterben der Pythia. In: WA 24, 117–158.
Das Sterben der Pythia. Radiofassung und Regie: Hans Hausmann, DRS Basel, 1980. Schweizerisches Literaturarchiv, Sig. SLA-FD-A-r67.1.

Sekundärliteratur

Dehrmann, Mark-Georg: Dürrenmatt in Delphi. Korrekturen des Ödipus-Mythos im *Sterben der Pythia*. In: Martin Vöhler, Bernd Seidensticker, Wolfgang Emmerich (Hg.): Mythenkorrekturen. Berlin, New York 2005, 401–409.
Kundert, Mathias: »Ein Stoff, der uns Rätsel aufgibt«. Friedrich Dürrenmatts Nachfragen zur Rätselhaftigkeit in *Das Sterben der Pythia*. In: Variations 18 (2010), 113–126.
Spedicato, Eugenio: Mythisches Pech. Wozu Dürrenmatt griechische Mythen wiederaufnahm und neu erzählte. In: Silvio Vietta, Herbert Uerlings (Hg.): Moderne und Mythos. Paderborn, München 2006, 245–258.
Spycher, Peter: From *Der Mitmacher* to *Smithy* and *Das Sterben der Pythia*. In: Moshe Lazar (Hg.): Play Dürrenmatt. Malibu 1983, 107–124.
Weber, Ulrich: Dürrenmatts Spätwerk. Die Entstehung aus der *Mitmacher*-Krise. Eine textgenetische Untersuchung, Frankfurt a. M. 2007, 197–230.
Zeller, Rosmarie: Über das Ende des Textes hinausschreiben. Das Beispiel Ödipus. In: Véronique Liard, Marion George (Hg.): Dürrenmatt und die Weltliteratur – Dürrenmatt in der Weltliteratur. München 2011, 49–63.

Rosmarie Zeller

40 *Minotaurus*

Entstehungs-, Publikations- und Aufführungsgeschichte

Die Idee zur Ballade *Minotaurus* entwickelte Dürrenmatt 1984 – in der Anfangsphase seiner Beziehung zur Schauspielerin und Filmerin Charlotte Kerr, die er im Mai 1984 heiratete. Das erste Zeugnis des Stoffs ist die mündliche Erzählung der Geschichte während des Malens der Bilder im Kerr-Film *Portrait eines Planeten* (Dreharbeiten Anfang Mai 1984 abgeschlossen, Erstsendung 6.12.1984). In den ersten Manuskripten von Juni 1984 trägt der Stoff den Untertitel *Ein Ballett*. Publiziert wurde er mit dem Untertitel *Eine Ballade. Mit Zeichnungen des Autors* im Mai 1985. Die neun lavierten Tuschezeichnungen entstanden zwischen 1984 und Februar 1985. Der Text gehört zu den meistrezipierten im Spätwerk Dürrenmatts. Er wurde vielfach übersetzt, und es entstanden auch Bearbeitungen in Form von Tanz- und Musiktheater (s. Kap. 101).

Exposition des Themas

Schriftsteller sollten, so Dürrenmatt in den *Stoffen*, nicht nach chronologischen und literaturgeschichtlichen Kriterien eingeordnet werden, sondern nach »Urstrukturen, Urmotiven und Urbildern«, die sie verwenden (WA 28, 70). Zu diesen archetypischen Bildern gehören in seinem eigenen Fall insbesondere die Mythen, die er reichlich aufnimmt in Text und Bild und immer wieder neu belebt: u. a. Atlas, Prometheus, Sisyphos, Midas, Herkules, den Minotaurus im Labyrinth. Der Rückgriff auf mythische Erzählungen ist keineswegs als Zeichen mangelnder oder versiegender Fantasie auszulegen, denn nach Dürrenmatt ist die »Suche nach Stoffen überhaupt [...] ein Zurückgehen auf die Mythen« (G 3, 31). Der Mythos ist in seinen Augen »ein Archetypus, eine Urerscheinung, eine Urkonstellation, in die der Mensch immer wieder gerät. Er ist das immer Wiederholbare innerhalb des Menschlichen« (ebd.) und berührt Themen wie das Welt-Ertragen, die Rebellion, das Nie-Aufgeben, Macht, Heldentum, die menschliche Verlorenheit in einer undurchschaubaren Welt (vgl. ebd., 217). Der dialogische Bezug auf wissenschaftliche, philosophische, biblische oder eben mythologische Prätexte charakterisiert das für Dürrenmatt typische Schreibverfahren des Palimpsests, mit dem der Autor zitierend,

parodierend, travestierend auf kanonische Texte zurückgreift und mit ihnen spielt (vgl. Gasser 2014).

Der Minotaurus ist im Werk des Zeichners, Malers und Schriftstellers omnipräsent. Die Gouache *Der entwürdigte Minotaurus* (1958), die Federzeichnung *Der verängstigte Minotaurus* (1974), die Mischtechnik *Minotaurus* (1975), *Weltstier* (1975) und *Minotaurus, Frau vergewaltigend* (1976), die Tuschserie von 1975 und die Illustrationen (1984/1985) zur Ballade *Minotaurus* sind die hauptsächlichen bildlichen Variationen, mit denen Dürrenmatt die Muster traditioneller Labyrinthdarstellungen mit-, weiter- und umdenkt und in *Persönliche Anmerkung zu meinen Bildern und Zeichnungen* (WA 32, 201–216) gleich selber kommentiert (vgl. Dürrenmatt 1994, 193–205). Die in den *Stoffen I* integrierte »Dramaturgie des Labyrinths, Minotaurus« (WA 28, 69–86, hier 69) stellt das Motiv in den Kontext der antiken Vorlage, setzt sich mit Bedeutungsmöglichkeiten des Mythos auseinander und fragt punktuell nach der gegenwärtigen Erzählbarkeit des Labyrinth-Stoffs. Die eigentliche poetische Umsetzung dieser poetologischen Überlegungen ist die 1985 erschienene Ballade *Minotaurus* (WA 26, 9–32), für die der Autor eine spezielle gattungsübergreifende Schreibform wählt, die das Lyrische, Epische und Dramatische vereint. Sie sticht auch deshalb aus Dürrenmatts Beschäftigungen mit dem mythologischen Untier hervor, weil sie Bild- und Textschöpfung genuin verknüpft (vgl. Bigler 2014; Schmitz-Emans 2004). Eine reflexive Ergänzung zu Dürrenmatts Arbeit am Labyrinth-Mythos bilden die *Gespräche*, besonders das 1982 geführte Interview mit Franz Kreuzer (G 3, 121–167).

Motivanalyse

Die poetologischen Erwägungen in der *Dramaturgie des Labyrinths* – erstmals unter diesem Titel und in geringfügig abweichender Form erschienen in *Text + Kritik* (56, 1977, 1–7) – befragen den persönlichen Zugang des Autors zum Urmotiv des Labyrinths, erzählen die griechische Sage von ihren Quellen her nach, prüfen überlieferte Varianten kritisch, stellen eigene Spekulationen zum Stoff an und diskutieren verschiedene Deutungsmöglichkeiten. In Dürrenmatts Lesart ist der Minotaurus mit dem Kopf eines Stiers und einem Menschenleib ein Wesen, das weder zum Sprechen noch zum Denken fähig ist, sich jedoch instinktiv als »etwas Einzigartiges« fühlt und unbewusst ein Mensch werden will (WA 28, 78). Seine Gefangenschaft im Labyrinth ist eine »Unbegreiflichkeit«, denn er ist ein »schuldig Unschuldiger« (ebd., 81), der für ein Unrecht büßen muss, das er nicht begangen hat, nämlich eine minotaurische Ungestalt zu sein, weder ganz Tier noch Mensch noch Gott. Er wird für eine Schuld bestraft, die ihn ohne sein Einwirken trifft, weil deren Ursache vor seiner Geburt liegt. Durch seine Ungestalt verkörpert der Minotaurus sowohl den absolut Einzelnen, der sich mit seiner Umwelt auseinandersetzt, als auch die Komplexität des Menschseins, das sich bloß an Individualitäten – also nur plural – beschreiben lässt. Der Minotaurus spiegelt gleichnishaft die Vielfalt des Menschen und ist, wie alle Gleichnisse, mehrdeutig. Genauso mehrdeutig ist die avantgardistische Fiktionalisierung des Labyrinths, der die Labyrinthform selber als Erzählmodell dient (Schmeling 1987). Vielfältig sind ferner die Darstellungsmöglichkeiten des Labyrinths, die sich um den Labyrinth-Erbauer Dädalus, den Labyrinth-Begeher Theseus oder den Labyrinth-Bewohner Minotaurus organisieren können.

Ganz aus der wenig vertrauten minotaurischen Opferperspektive und in einem »Ausbruch der Sprache« (G 3, 232) lässt die Ballade *Minotaurus* das aus der Verbindung Pasiphaes mit einem Poseidon geweihten Stier geborene Wesen aus einem langjährigen Schlaf in einem Spiegelkabinett aufwachen. Der Dualismus von Schlafen und Wachen deutet auf ein der mythologischen Tradition teures Motiv, wonach das Labyrinth der Ort einer Initiation ist, an dem das Individuum einen Bewusstseins- und Reifeprozess durchläuft. Der zu Beginn ›Wesen‹ Genannte muss sich erst zum ›Minotaurus‹ entwickeln. Im Spiegel – sinnfällige Metapher von Subjektivität – nimmt der Stiermensch allmählich wahr, »daß er sich selber sich / gegenüber befand« (WA 26, 28). Tanzend feiert der Minotaurus sein gesteigertes Selbstgefühl, gleichzeitig ist der Tanz auch sein körpersprachliches Mittel, um sich am andern zu erfahren. In den sukzessiven Begegnungen mit dem Mädchen, das er liebt und durch Ungeschick trotzdem tötet, mit einer Gruppe von Mädchen und Jünglingen, in denen er ein Feindbild erblickt und sie in einem Gemetzel zerfetzt, und schließlich mit Theseus, der unter der Stiermaske vorerst als seinesgleichen und Freund erscheint, ihn dann aber ersticht, durchläuft der Minotaurus verschiedene Bewusstseinsstufen, welche die spiegelbildliche Selbstbegegnung um die Fremdbegegnung erweitern. Der letzte Tanz der Zweisamkeit mit Theseus endet für den Minotaurus in der Einsamkeit des Todes, »ohne die Erfahrung des Andern, des Du« (WA 32, 212). Damit scheitert der in der Ballade thematisierte Identitätsprozess dort, wo die Individuation eine Sozialisation mit einschließen sollte.

Deutungsaspekte und Positionen der Forschung

In Dürrenmatts Worten ist der Minotaurus die »existentielle Darstellung des Menschen als verlorenes Ich [...], der das Du sucht und es nur in der Katastrophe findet« (G 4, 84). In der Verlängerung dieses Eigenkommentars lässt sich in der Ballade das Gleichnis eines Selbstbewusstseins- und Selbstwerdungsprozesses mitlesen (Gasser 2004/2014). Die thematisierte Entstehung des Selbstbewusstseins, als spiegelbildliche Begegnung mit sich selbst und mit den andern dargestellt, gibt den labyrinthischen Weg als Initiationsweg zu erkennen, der nicht ans Ende gelangt. Das Tanzlied demonstriert, wie menschenzugeneigte Lust (Minotaurus) der menschlichen List (Theseus) zum Opfer fallen kann. Dürrenmatt verfremdet die mythologische Vorlage des menschenfressenden Monsters und des heldenhaften Befreiers im Umkehrungsverfahren, das die tierhafte Menschlichkeit gegen die menschliche Dämonie ausspielt und damit die ursprünglich wesensspezifischen Merkmale austauscht. Die Ballade erzählt eine »exemplarische Geschichte der Einsamkeit« (Hennig 2015, 93) und erinnert, weil sie auf die Thematik der Vereinzelung angelegt ist (vgl. G 4, 177), an Kierkegaards Menschenbild des Einzelnen (vgl. ebd., 173). Der Mensch lebt im Urkonflikt, ein Doppelwesen zu sein, ein Einzelwesen wie auch ein einer Gemeinschaft angehöriges Wesen. Sinnbild dieses existentiellen Urdramas ist der Stiermensch Minotaurus, der »zwei gegensätzliche Prinzipien in sich vereinigt und der als das Unikum, das Einzelwesen schlechthin, weder sich selbst, noch die Anderen oder die Welt begreifen kann« (Mingels 2004, 266 f.). Eine weitere Lesart des Tanzlieds, die sich auf den Schluss der *Dramaturgie* berufen kann, deutet Minotaurus und Theseus als bloß »verschiedene Masken des einen Menschenwesens« (Rusterholz 1998, 330), insofern der Versuch, »diese Welt denkend zu bewältigen [...], ein Kampf ist, den man mit sich selber führt« (WA 28, 86). Die gescheiterte Menschwerdung des Minotaurus wird ebenso als Reflexionsunvermögen (Wirtz 1996, 336) einer Figur gedeutet, die »Höhlenbewohner Platons« geblieben ist und die von Camus beschriebene Erfahrung des Absurden (Knapp 1993, 151) erleidet, das sich als unüberwindbare Kluft zwischen dem Ich und der Welt erweist, oder gar als politische Parabel einer Welt als Gefängnis (Craciun 2000, 261–324). Das Lesen der vieldeutigen Ballade kann ein Verlesen nie ausschließen, aber die Fülle der Deutungsperspektiven zeugt von der Faszination, die Dürrenmatts Minotaurus-Version ausübt und den Maler wie Schriftsteller aufgrund seiner Arbeit am Mythos in die Nähe von Picasso (Ziolkowski 2014), Borges, Butor, Eco, Gide, Kafka, Perec und Robert Walser rückt (Jambor 1997). Die Pluralität der Deutungspositionen und ihre Unvereinbarkeit entsprechen ganz dem poetologischen Selbstverständnis Dürrenmatts, für den »die Frage: Wer ist Minotaurus?« unbeantwortbar, der »Sinn des Labyrinths« undefinierbar ist (G 3, 154).

Literatur
Primärtexte

Minotaurus. Eine Ballade. Mit Zeichnungen des Autors. Zürich 1985.

Minotaurus. Der Auftrag. Midas. WA 26, 9–32 (ohne Zeichnungen).

Dramaturgie des Labyrinths. In: Text + Kritik 56 (1977), 1–7.

Dramaturgie des Labyrinths. In: WA 28, 69–86 (revidierte Fassung).

[Gespräch mit] Franz Kreuzer [1982]. In: G 3, 121–167.

Friedrich Dürrenmatt. Schriftsteller und Maler. Hg. vom Schweizerischen Literaturarchiv Bern und Kunsthaus Zürich. Bern, Zürich 1994.

Sekundärliteratur

Bigler, Regula: Surreale Begegnungen von Bild und Text. Lektüren im intermedialen Dialog. Paderborn 2014, 206–263.

Craciun, Ioana: Die Politisierung des antiken Mythos in der deutschsprachigen Gegenwartsliteratur. Tübingen 2000.

Gasser, Peter: Dramaturgie und Mythos. Zur Darstellbarkeit des Grotesken in Dürrenmatts Spätwerk. In: Jürgen Söring, Annette Mingels (Hg.): Dürrenmatt im Zentrum. 7. Internationales Neuenburger Kolloquium 2000. Frankfurt a. M. 2004, 191–209.

Gasser, Peter: Die Geburt der Literatur aus dem Geiste des Spiels. Zu Friedrich Dürrenmatts Dramaturgie der Phantasie. In: Ulrich Weber u. a. (Hg.): Dramaturgien der Phantasie. Dürrenmatt intertextuell und intermedial. Göttingen 2014, 19–40.

Hennig, Matthias: Gefangen zwischen Spiegelbildern. Friedrich Dürrenmatts Ballade Minotaurus (1985). In: Ders.: Das andere Labyrinth. Imaginäre Räume in der Literatur des 20. Jahrhunderts. Paderborn 2015, 80–93.

Jambor, Jan: Labyrinth, Spiegel, Tanz. Drei zentrale Bilder in Dürrenmatts Minotaurus. In: Brücken. Neue Folge 5 (1997), 293–317.

Knapp, Gerhard P.: Friedrich Dürrenmatt [1976]. 2. Aufl. Stuttgart, Weimar 1993.

Mingels, Annette: Jener Einzelne. Kierkegaards Kategorie des Einzelnen als Grundkonstante in Dürrenmatts ideologiekritischem Denken. In: Jürgen Söring, Annette Mingels (Hg.): Dürrenmatt im Zentrum. 7. Internationales Neuenburger Kolloquium 2000. Frankfurt a. M. u. a. 2004, 259–284.

Rusterholz, Peter: Metamorphosen des Minotaurus. Entmythologisierung und Remythisierung in den späten Stoffen Dürrenmatts. In: Verena Ehrlich-Häfeli (Hg.): Antiquitates Renatae. Deutsche und französische Beiträge zur Wirkung der Antike in der europäischen Literatur. Festschrift für Renate Böschenstein zum 65. Geburtstag. Würzburg 1998, 323–331.

Schmeling, Manfred: Der labyrinthische Diskurs. Vom Mythos zum Erzählmodell. Frankfurt a. M. 1987.

Schmitz-Emans, Monika: Im Labyrinth der Bilder und Texte. In: Jürgen Söring, Annette Mingels (Hg.): Dürrenmatt im Zentrum. 7. Internationales Neuenburger Kolloquium 2000. Frankfurt a. M. u. a. 2004, 11–44.

Wirtz, Irmgard: Mit Minotaurus im Labyrinth? Eine semiotische Lektüre von Friedrich Dürrenmatts Labyrinth in Text und Bild. In: Kodikas/Code 19 (1996), 4, 331–342.

Ziolkowski, Theodore: Der Minotaurus als tragische Gestalt bei Dürrenmatt. In: Ulrich Weber u. a. (Hg.): Dramaturgien der Phantasie. Dürrenmatt intertextuell und intermedial. Göttingen 2014, 239–260.

Peter Gasser

41 *Justiz*

Entstehungs- und Rezeptionskontexte

Dürrenmatts *Justiz* findet bis heute weit weniger Beachtung bei Krimi-Fans und in der Literaturwissenschaft als seine anderen Kriminalromane. Dabei böte *Justiz* durchaus Stoff für philologische wie philosophische Entdeckungen und Lesefreude, stellt der Roman doch eine innovative, satirisch-groteske Dekonstruktion des Krimi-Genres dar.

Eine Nachschrift zum Roman reißt dessen komplexe, werkumspannende Entstehungsgeschichte an: Dürrenmatt begann die Arbeit an *Justiz* angeblich 1957 (tatsächlich vermutlich 1959; vgl. WA 25, 236) in der Hochphase seiner Krimi-Produktion als mögliche Filmerzählung, die sich immer weiter auswuchs, 1960 aber unvollendet liegen blieb. 1980 nahm er das Projekt im Kontext der Werkausgabe wieder auf, führte es jedoch erneut nicht zu Ende. Als der Verleger Daniel Keel 1985 anriet, den Text als Fragment zu publizieren, machte sich Dürrenmatt daran, ihn nun doch fertigzustellen (vgl. 235–237; Knapp 1993, 148; Weber 2006, 74; Auge 2004). Noch im selben Jahr wurde *Justiz* zuerst als leicht gekürzter Fortsetzungsroman im *Stern*, dann in Buchform veröffentlicht; die Werkausgabe von 1998 übernahm den Text der revidierten zweiten Auflage vom Oktober 1985.

Die Entstehungsgeschichte, mit den Hauptarbeitsphasen in den späten 1950er und dann den 1980er Jahren, bewegt sich damit in einer Zeit, die für die deutschsprachige Kriminalliteratur wichtige Wendepunkte bereithält (vgl. dazu Bartl 2018, 326–328 u. 331–334): Nach Ende des Zweiten Weltkriegs avanciert die Kriminalliteratur (gerade angloamerikanischer Prägung) rasch zu den viel gelesenen Genres. Deutschsprachige Krimis, wie etwa die ›Tatsachenromane‹ Will Bertholds, fokussieren sich dabei oft auf die gesellschaftskritische Verarbeitung aktueller Themen, durchaus auch die Folgen von Krieg und Faschismus (vgl. Götting 1998, 170–172). Diese sozialkritische Tendenz, die *Justiz* ebenfalls eingeschrieben ist, vermischt sich im deutschsprachigen Krimi der 1980er Jahre – nicht zuletzt im Gefolge von Umberto Ecos *Il nome della rosa* / *Der Name der Rose* (1980/dt. 1982) – mit einem postmodernen, parodistischen Spiel mit gängigen Mustern des Krimi-Genres. Das führt insbesondere in der Phase von 1968 bis in die 1990er Jahre zur Etablierung von ›Anti-Detektivromanen‹, die keiner klaren (juristischen, moralischen, erzähllogischen) Ordnung folgen und das

genretypische ›Aufklärungsversprechen‹ nicht einlösen (vgl. Schmidt 2014, 56), sondern von Orientierungslosigkeit, Inkohärenz und Destabilisierung gekennzeichnet sind. Ihre Erzählweise ist fragmentarisch und weniger chronologisch-logisch als in traditionellen Krimis.

Die zeitgenössischen Rezensionen von Dürrenmatts *Justiz* sind daher durchaus positiv und würdigen insbesondere dessen unterhaltsame, satirische Zeitkritik (vgl. Knapp 1993, 148). Einzelne negative Stimmen, etwa Marcel Reich-Ranicki (*Ein Germanist wird ermordet*, FAZ, 30.11.1985), beanstanden jedoch die wenig stringente, wenig plausible Konstruktion von Handlung und Figuren (vgl. Knapp 1993, 148). Solcher Kritik zum Trotz wird der Roman freilich kurz nach seinem Erscheinen ins Italienische übersetzt und 1986 mit dem Premio Letterario Internazionale Mondello ausgezeichnet (vgl. ebd.). 1993 verfilmt Hans Wilhelm Geißendörfer *Justiz* (vgl. Grimm 2008, 57) mit prominenter Besetzung. Bei den *Golden Globes* 1994 steht diese Adaption gar auf der Nominierungsliste für den besten fremdsprachigen Film.

Inhalt und Struktur

Wäre *Justiz* ein gängiger Detektivroman, wäre seine Geschichte nach wenigen Seiten zu Ende erzählt: Kantonsrat Dr. h. c. Isaak Kohler erschießt 1955 mitten in dem eleganten Society-Lokal »Du Théâtre« in einer namenlosen, jedoch deutlich als Zürich erkennbaren Stadt den Germanistikprofessor Adolf Winter – in aller Öffentlichkeit und vor mehreren Zeugen. Kohler wird festgenommen und zu einer langjährigen Haftstrafe verurteilt. Damit würde ein klassischer Detektivroman enden, doch damit beginnt *Justiz*. Aus dem Gefängnis heraus beauftragt Kohler nämlich den jungen Anwalt Felix Spät, den Fall unter der Prämisse neu aufzurollen, dass er den Mord *nicht* begangen habe. Dieser Impuls setzt sich explosionsartig fort: Die juristische Gewissheit gerät immer mehr ins Wanken und in einem zweiten Prozess wird Kohler schließlich freigesprochen. Dr. Benno, ein zu Unrecht des Mordes an Winter Verdächtigter, begeht Selbstmord. Spät, eigentlich ein Gerechtigkeitsfanatiker, verzweifelt darüber und rutscht ab – in den Alkoholismus und in wilde Rachefantasien gegen Kohler. Erst 1984, nach fast 30 Jahren, löst sich das Knäuel der rätselhaften Handlungsfäden auf – zu spät. Längst sind alle Akteure tot, mit Ausnahme des mittlerweile greisenhaften Kohler und seiner Tochter Hélène. Im Nachhinein werden durch

J. B. Metzler © Springer-Verlag GmbH Deutschland, ein Teil von Springer Nature, 2020
U. Weber / A. Mauz / M. Stingelin (Hg.), *Dürrenmatt-Handbuch*, https://doi.org/10.1007/978-3-476-05314-5_41

deren Erzählungen Tathergang und Mordmotiv enthüllt: Kohler ermordete Winter, angestiftet von seiner Tochter Hélène, um dadurch quasi *à la bande* (vgl. WA 25, 19) noch drei weitere Figuren mitzuvernichten. Das Motiv? Rache und Selbstjustiz. Die von Kohler ›Bestraften‹ hatten seine Tochter Hélène vergewaltigt. Oder ging es doch um einen unternehmerischen Machtkampf, wie Kohler zunächst behauptet?

Dieser bizarre Plot wird in drei recht heterogenen Teilen erzählt (vgl. Keller 2014, 43–128): Der Ich-Erzähler der Teile I und II ist der verkrachte Rechtsanwalt Felix Spät, der fragmentarisch und wenig chronologisch von Kohlers Mord an Winter und dessen Folgen berichtet. Die (zunehmend verwirrten) Leserinnen und Leser können sich nur anhand einzelner eingestreuter Daten und Motive (z. B. welches Auto fährt Spät in der jeweiligen Szene?) orientieren, von welcher Phase der Handlung der sprunghaft und weitschweifig vor sich hin schwadronierende Erzähler gerade berichtet. Die Szenen aus Teil I und II spielen in den Jahren 1955 bis 1958. Teil III, ein zur Fiktion gehörendes *Nachwort des Herausgebers* (WA 25, 199), ist hingegen etwa im Jahr 1984 situiert und hat einen anderen Ich-Erzähler: einen namenlosen Schriftsteller, dem das – mit Teil I und II des Romans identische – Manuskript Späts zugeschickt wird; er ähnelt zum einen spielerisch-metaleptisch Dürrenmatt selbst, zum anderen dem ebenfalls namenlosen Krimi-Autor in der Rahmenerzählung von *Das Versprechen* (vgl. 212; Bartl 2018, 327). Letztere Analogie ist eins von mehreren (ironischen) Selbst- und Fremdzitaten, die gerade den dritten Teil prägen.

Beide Erzähler – Spät und der Schriftsteller – sind freilich gleichermaßen unzuverlässig. Spät beispielsweise ist permanent »stockbetrunken« (WA 25, 13) und kann nur mit Mühe den roten Faden seines Berichts im Blick behalten. Ihm wird zudem mehr und mehr bewusst, wie wenig er eigentlich über die Hintergründe der Tat weiß, ja wie eingeschränkt seine Perspektive auf das Geschehen ist. Oft kann er über die Abläufe nur spekulieren (vgl. etwa 109). Auch wenn der eigentlich versierte Erzähler des dritten Teils, der Schriftsteller, den Bericht Späts als »dilettantische Arbeit« kritisiert (»Der Verfasser, ein Rechtsanwalt, war seinem Stoff nicht gewachsen«, ebd., 213), so ist sein eigenes Erzählen doch genauso unzuverlässig: »Meine Zeitangaben sind nie allzu genau. [...] Wie immer verwechsle ich jemand mit jemandem« (ebd., 199). Darin spiegelt sich – neben dem selbstironischen Spiel mit dem eigenen literarischen Erzählen – eine Grundaussage von Dürrenmatts Roman, nämlich die

prinzipielle Unfähigkeit des Menschen, so etwas wie eine absolute Wahrheit oder einen größeren Zusammenhang zu erkennen, weil es beides in einer postfaschistischen, kapitalistischen oder postmodernen Welt eben nicht gibt.

Deutungsaspekte, Positionen der Forschung

Justiz bündelt viele, im Grunde fast alle zentralen Themen und Motive Dürrenmatts; dieser Roman vereint aufgrund seiner werkumspannenden Entstehungsgeschichte die Charakteristika eines die Themen entwickelnden Frühwerks und eines die Themen sammelnden Spätwerks. Es sind dies beispielsweise folgende Aspekte: *Themen* wie Recht, Gerechtigkeit, Justiz und Selbstjustiz, um die Dürrenmatt in seinem Gesamtwerk »fast wie besessen« (Losch 2003, 196) kreist, mit stark justizkritischem Impetus (»Ein Richter brauche persönlich ebensowenig gerecht zu sein wie der Papst gläubig«, WA 25, 189). Hinzu kommen *Darstellungsformen* des Grotesken, Ironischen, Skurrilen und Monströsen sowie kleine, jedoch wichtige und das Gesamtwerk durchziehende *Motive* wie Essen und Trinken, Rauchen, Teufel/Teufelspakt, Henker/Hinrichtung, Verkleidung/Theatralität und Nicht-Orte wie Sanatorium/Irrenanstalt/Gefängnis.

All diese Elemente tragen ihren Teil zur Gesellschaftsdiagnostik und -kritik des Romans bei, der in langen essayistisch-satirischen Gedankengängen über die Schweiz nachdenkt und an diesem spezifischen Modell die Verflochtenheit von Ökonomie, Macht und Rechtsprechung in kapitalistischen Industrienationen in den 1950er bis 1980er Jahren offenlegt. Die in diesen Gesellschaftssystemen Lebenden sind Täter und Opfer zugleich, überblicken jeweils nur Teile des Ganzen und sind durchweg alleinstehende Figuren ohne konstruktive Bindungen an andere.

Für diese Darstellung einer undurchschaubaren, verbrecherischen Welt und ihrer kleinen wie großen Gangster eignet sich die Gattung der Kriminalliteratur besonders gut, deren konstitutive Merkmale Dürrenmatt aufgreift, spielerisch variiert und ironisch dekonstruiert. In Bezug auf den Krimi ist er ein durchaus »traditionsverhafteter Autor [...], der die ›Klassiker‹ des Genres kennt und ihnen seine Reverenz erweist« (Nelles 2018, 143). *Justiz* steht dabei zwischen traditionellen Krimis des Schweizers Friedrich Glauser, des Belgiers Georges Simenon sowie der amerikanischen *Hard-Boiled School* eines Raymond Chandler und Dashiell Hammet (vgl. ebd., 141 f.). Zugleich schlägt der Text den Bogen zu absurden Kriminalerzählungen des Existentialismus, etwa in der Idee des Mordes ohne Motiv, die den Kern von Albert Camus' *L'Étranger* bildet. Mit seinen Romanen hat Dürrenmatt selbst eine zentrale Stellung in der Gattungsentwicklung, markiert sein Krimi-Werk doch einen Wendepunkt in der deutschsprachigen Kriminalliteratur. Mit Nusser (vgl. 2009, 136) argumentiert, findet dort ab ca. 1960 nämlich ein Paradigmenwechsel statt: Nach einer Phase der Etablierung und Entwicklung fester Muster dieser Schemaliteratur bewegt sich die deutschsprachige Krimiliteratur zur selbstironischen Variation und kritischen Revision solcher Muster.

Justiz führt diese Tendenz der Dekonstruktion etablierter Schemata ins Extrem: Der schon in der *Hard-Boiled School* moralisch problematisierte Ermittler zeigt sich in *Justiz* noch stärker als Teil des verbrecherisch-korrupten Systems (vgl. auch Späts Selbsteinschätzung: »In einer verbrecherischen Welt bin ich selbst ein Verbrecher geworden«, WA 25, 150). Spät ist, anders als die *Hard-Boiled Detectives*, für den Leser bzw. die Leserin keine Identifikationsfigur; er besitzt keine »Autorität, Moralität und Souveränität« (Nelles 2018, 145) und verkörpert auch keine idealisierte Männlichkeit. Der aktive Held US-amerikanischer Thriller oder der brillante Rationalist englischer *Detective Stories* wird in *Justiz* zum passiv Wartenden, dessen Verstand als welterklärendes Instrument nicht taugt. Dürrenmatt radikalisiert hier die Handlungsunfähigkeit und das Scheitern seiner Detektive Bärlach und Matthäi aus den früheren Krimis *Der Richter und sein Henker*, *Der Verdacht* und *Das Versprechen*.

Analog dazu zitiert *Justiz* immer wieder Elemente gängiger Krimis und verkehrt sie ins Gegenteil (vgl. Gasser 2009, 72): Bei Späts Besuch bei Kohler im Gefängnis verhört nicht der Ermittler den Täter, sondern umgekehrt (vgl. Immken 2006, 221). Auch überlebt und ›besiegt‹ am Ende dieser Täter den ihn jagenden Detektiv, was einen »eklatante[n] Genrebruch« (ebd., 237) darstellt und die Problematik käuflicher Rechtsprechung, unethischer Rationalität, nur perspektivisch geprägter Erkenntnis von ›Wahrheit‹ und generell einer chaotischen, undurchschaubaren Welt auf die Spitze treibt.

Diese Variation und Dekonstruktion klassischer Muster des Krimi-Genres werden im Text ironisch ausgestellt (»Aber mein Bericht bleibt Klischee. Trotz Dichtung. Tut mir leid. Ich komme mir wie der Verfasser eines Kolportageromans vor«, WA 25, 127) und verbinden sich mit poetologischen Elementen, die die Begriffe Wirklichkeit und Möglichkeit, Realität und

(künstlerisch-literarische) Fiktion umkreisen. Das zeigt sich schon zentral in Kohlers Ermittlungsauftrag, seine (fiktive, potentielle) Unschuld zu beweisen: »Das Wirkliche ist nur ein Sonderfall des Möglichen und deshalb auch anders denkbar. Daraus folgt, daß wir das Wirkliche umzudenken haben, um ins Mögliche vorzustoßen« (ebd., 59). Ebenso sind die auffällig vielen Künstlerfiguren des Romans ein Zeichen seiner Selbstreflexivität. Betrachtet man diese, so haben sie alle das Heroische des Künstlers eingebüßt, der als Außenseiter das Treiben der bürgerlichen Welt durchschaut und, wenn auch nicht ändern, so doch in seinen Kunstwerken souverän entlarven kann. *Justiz* zeigt uns in kritischer Auseinandersetzung mit dem eigenen Medium andere Künstler: Sie sind selbst ohnmächtiger Teil in der »Wurstelei unseres Jahrhunderts« (*Theaterprobleme*, WA 30, 62), haben die Deutungshoheit der Wirklichkeit und auch ihres eigenen Textes verloren, ja spielen das fragwürdige Spiel der Mächtigen mit und lassen sich kaufen. Trotzdem bleibt Dürrenmatt noch immer ein moderner Moralist (vgl. Losch 2003, 212); die einzige Hoffnung, die uns der Text lässt, liegt in dem zwar lächerlichen, übertriebenen, scheiternden, aber doch stoischen und gerechten Ausharren Späts. In ihm zeigen sich, wenn auch ironisch gebrochen, Reste des Ideals vom »mutigen Menschen« (und Künstler?) (WA 30, 63), das Dürrenmatts Gesamtwerk durchzieht.

Was Kritiker dem Roman *Justiz* mitunter vorwarfen – die sprunghafte, heterogene Erzählweise, die verschlungene, wenig kausal motivierte Handlung, die flachen, marionettenhaften Figuren, das Versagen detektorischer Logik (vgl. exemplarisch Knapp 1993, 148–150) –, ist somit nicht nur der jahrzehntelangen Entstehungsgeschichte geschuldet oder Anzeichen eines »mißlungenen Texts« (ebd., 149), sondern hat etwas Programmatisches. Darin spiegelt sich eine Weltsicht, die die Empörung über die Grausamkeit und Sinnlosigkeit von Shoah, Krieg, Atombombe verbindet mit der These von der prinzipiellen Perspektivität und Relativität von Wahrheit. Die »Universalien Wahrheit, Freiheit und Gerechtigkeit« sind keine absoluten Verbindlichkeiten mehr, sondern perspektivisch geprägte Fiktionen (Spedicato 2014, 80; vgl. Famula 2014, 199; Grimm 2008, 56), die noch dazu gesellschaftlich-ideologisch und persönlich zum Machterhalt missbraucht werden. Statt eines allwissenden Erzählers und eines souveränen Ermittlers konfrontiert uns (insbesondere der dritte Teil von) *Justiz* daher konsequenterweise mit unterschiedlichen Figurenberichten, die das Geschehen jeweils anders interpretieren.

Das Schachspiel, das so oft in Kriminalromanen als Inbegriff des dem Genre eigenen Prinzips überragender Rationalität und souveräner psychologischer Menschenkenntnis auftritt, hat hier ausgedient. Spät, der Schachspieler, verliert und Kohler, der Gewinner, spielt lieber Billard *à la bande*. Billard passt besser zu einer undurchschaubar gewordenen Welt, die von Kontingenz, undurchsichtigen Machtstrukturen und persönlicher Ohnmacht geprägt ist (vgl. Spedicato 2014, 77 f.; Losch 2003, 209). In ihr bleibt das Streben nach »Ordnung und Sinnhaftigkeit« trotzdem bestehen (Spedicato 2014, 80), allerdings ist die Hoffnung auf die ordnende Ratio eines klassischen Detektivs oder die sinnstiftende Narration eines klassischen Erzählers zur Illusion geworden. Aber vielleicht kann eine andere Variante des Kriminalromans mit einem passiv-wartenden Ermittler, einem billardspielenden Bösewicht und einer widersprüchlichen, heterogenen Erzählweise dieser ›Wirklichkeit‹ beikommen? Das versucht jedenfalls Dürrenmatts *Justiz* in einer spielerisch-radikalen Dekonstruktion des Kriminalromans.

Literatur
Primärtexte
Justiz. In: Stern, Heft 34 (15.8.1985) bis Heft 46 (7.11.1985).
Justiz. Roman. 1. Aufl. Zürich 1985.
Justiz. Roman. 2. rev. Aufl. Zürich 1985.
Justiz. Roman. WA 25.

Sekundärliteratur
Auge, Bernhard: Friedrich Dürrenmatts Roman *Justiz*: Entstehungsgeschichte, Problemanalyse, Einordnung ins Gesamtwerk. Münster u. a. 2004.
Bartl, Andrea: Kriminalliteratur seit der Mitte des 20. Jahrhunderts. In: Susanne Düwell u. a. (Hg.): Handbuch Kriminalliteratur. Theorien – Geschichte – Medien. Stuttgart 2018, 326–349.
Famula, Marta: Fiktion und Erkenntnis. Dürrenmatts Ästhetik des *ethischen Trotzdem*. Würzburg 2014.
Gasser, Peter: »... unsere Kunst setzt sich aus etwas Mathematik zusammen und aus sehr viel Phantasie.« Zu Friedrich Dürrenmatts Kriminalromanen. In: Ders., Elio Pellin, Ulrich Weber (Hg.): »Es gibt kein größeres Verbrechen als die Unschuld«. Zu den Kriminalromanen von Glauser, Dürrenmatt, Highsmith und Schneider. Zürich 2009, 53–75.
Götting, Ulrike: Der deutsche Kriminalroman zwischen 1945 und 1970. Formen und Tendenzen. Wetzlar 1998.
Grimm, Gunter E.: Friedrich Dürrenmatts Kriminalromane und ihre Verfilmungen. In: Volker Wehdeking (Hg.): Medienkonstellationen. Literatur und Film im Kontext von Moderne und Postmoderne. Marburg 2008, 39–59.
Immken, Susanne: »Ein Verbrechen läßt sich immer finden«. Die Dekonstruktion des Kriminalromans bei Friedrich Dürrenmatt. Unv. Diss. Ann Arbor 2006.
Keller, Otto: Dürrenmatts Gangster. Von den Kriminalromanen der 1950er zum Justizroman der 1980er Jahre. Bern 2014.
Knapp, Gerhard P.: Friedrich Dürrenmatt [1980]. 2. Aufl. Stuttgart, Weimar 1993.
Losch, Bernhard: Friedrich Dürrenmatt – »Die Gerechtigkeit ist etwas Fürchterliches«. In: Hermann Weber (Hg.): Recht, Staat und Politik im Bild der Dichtung. Berlin 2003, 195–213.
Nelles, Jürgen: Friedrich Dürrenmatt. In: Susanne Düwell u. a. (Hg.): Handbuch Kriminalliteratur. Theorien – Geschichte – Medien. Stuttgart 2018, 141–146.
Nusser, Peter: Der Kriminalroman [1980]. 4. Aufl. Stuttgart, Weimar 2009.
Schmidt, Mirko F.: Der Anti-Detektivroman. Zwischen Identität und Erkenntnis. Paderborn 2014.
Spedicato, Eugenio: Der Kontingenz-Gedanke und die Universalien Wahrheit, Freiheit und Gerechtigkeit bei Friedrich Dürrenmatt. In: Ulrich Weber u. a. (Hg.): Dramaturgien der Phantasie. Dürrenmatt intertextuell und intermedial. Göttingen 2014, 77–96.
Weber, Ulrich: Friedrich Dürrenmatt oder Von der Lust, die Welt nochmals zu erdenken. Bern, Stuttgart, Wien 2006.

Andrea Bartl

42 *Selbstgespräch*

Entstehungs- und Publikationsgeschichte

Der Diogenes-Verleger, Daniel Keel, hatte Dürrenmatt gebeten, sein religiöses Credo zu schreiben. Der Erstdruck des dreieinhalbseitigen Textes, dem Dürrenmatt den Titel *Selbstgespräch* gab, erfolgte in der Zeitschrift *Tintenfass* (Nr. 16, 1987, 53–56). Er erschien ebenfalls in der *Neuen Zürcher Zeitung* (11.2.1987), im Essayband *Versuche* (1988, 113–116) und schließlich in WA 36, 115–118.

Inhalt und Analyse

Ein Credo zu schreiben ist für Dürrenmatt eine höchst problematische Aufgabe. Ohne Glauben komme niemand aus, doch »legt man sein Credo ab, bekennt man seinen Glauben angesichts der Weltöffentlichkeit, durchaus großartig, durchaus mutig, [...] aber der Glaube ist zum Plakat geworden, das man vor sich herträgt« (WA 29, 226). Über seinen eigenen Glauben, seinen eigenen Zweifel könne er nur noch subjektiv reden, »indirekt [...], in sich immer widersprechenden Gleichnissen. Die Schriftstellerei und der Glaube sprechen die gleiche Sprache« (ebd., 227). Deshalb schreibt Dürrenmatt sein Credo als Rollenprosa. Er lässt seine Rollenfigur ein Selbstgespräch führen, wobei dieses Ich aufgrund der Fremdbezeichnungen als Gott identifiziert werden kann, ohne dass das Wort selbst gebraucht wird. – Inwiefern ist diese Figur auch eine Maske des Autor-Ichs, im Sinne eines autofiktionalen Textes? Eine Antwort verlangt, dass man sich auf die eigentümliche Machart des Textes einlässt.

Das Rollen-Ich ist sich selbst ein Problem. Es habe viele Namen, könne sich aber an keinen erinnern (vgl. WA 36, 115). Später habe man diese Vielheit »in eine Eins zusammengezogen« und sich eine komplizierte Theorie ausgedacht, »diese Eins sei eigentlich eine Drei« (ebd.), aber es habe sie nie verstanden. Das sagt der Rollen-Gott offensichtlich nicht als autonomes Ich. Er sagt nur: »Ich sage ›man‹« (ebd.). Das heißt etwas, das er vom Hörensagen kennt. Er könne sich weder sich selbst noch etwas außer sich vorstellen. Im handschriftlichen Entwurf des Textes stand noch: »Ich bin weder vorstellbar noch denkbar« (SLA-FD-A-r178_II-A, 1). In der Druckfassung steht dann: »Ich bin nicht vorstellbar, ich bin nur denkbar, und denkbar ist auch das Unsinnigste. Ich bin das

Unsinnigste. Ein Unsinn« (WA 36, 115). Das heißt, er kann sich nur denken wie einen geometrischen oder stereometrischen Begriff und sich beschreiben in einer paradoxen Reihe sich widersprechender Qualitäten: »Ich bin nicht ich, und ich bin ich. [...] Ich bin ein Punkt, eine Gerade, eine Fläche, ein Kubus, eine Kugel, ein n-dimensionaler Körper und nichts von allem, Nichts. Ich bin sowohl allmächtig und machtlos als auch allwissend und nichtwissend, ich bin alles, was man von mir behauptet, weil es gleichgültig ist, was man von mir behauptet, so komme ich immer wieder auf das ›Man‹« (ebd.). Diese Gottesfigur sagt von ihrem ›Ich‹, es sei vielleicht nur ein Einfall. Aber einmal eingefallen, »würde der Einfall ins Unermeßliche wachsen, wieder in sich zusammenstürzen und zu nichts werden: Das Endlose und das Nichts sind dasselbe« (ebd., 116). Dieses Ich ist aber nur ein »Denk-Ich« (ebd.), nur eine Möglichkeit seines real oder imaginär Geschaffenen. Nun hat es aber ein Verhältnis zu sich selbst und findet es komisch, sich etwas vorzustellen, was sich nicht vorstellen lässt, und lacht fortlaufend über sich selbst. Vielleicht sei es nur denkbar als etwas Komisches, Groteskes. Dieses mögliche Denk-Ich aber »wird mich, welches es selber ist, lieben oder hassen müssen«. Beides aber wäre gleich unanständig. »Nur die, welche von mir schwätzen, sind nicht unanständig« (ebd., 117). Es sei nur, indem es schwätze. Der Akzent auf das Schwätzen markiert einen Abstand vom Intentionalen, löst Liebe und Hass ins Unverbindliche auf. Denn würde es nicht schwätzen, nähme es sich ernst, müsste einen Sinn und einen Grund haben. Das Grundlose aber habe keinen Sinn. Immer wieder kommt es auf diesen Satz zurück. Da Gott gar nicht ist, würde dieses Denk-Ich ihn erfinden müssen und dieses Erfinden Glauben nennen. Da dieser Glaube aber keinen festen Gegenstand habe, würde es ihn endlos erfinden, mit endlosen Namen bezeichnen, ihn millionenfach vorhanden glauben oder in drei, zwei, eins zusammenziehen, in eine Idee, ein Prinzip, »in den einzig wahren Glauben, daß ich nicht bin. Aber diesen Glauben, der den Glauben aufhebt, wird man nicht glauben, man wird wieder glauben, daß ich dennoch ein Prinzip bin, eine Idee, eine Eins, eine Drei [...]: Bin ich einmal gedacht, bin ich gedacht, nur wenn ich nicht mehr gedacht werde, bin ich, was ich bin: nichts« (ebd., 118, Schlusssatz). Ob diese Gottesfigur gedacht oder nicht gedacht wird, entscheidet über deren Existenz. Solange sie aber gedacht wird, drehen sich die Fragen um ihre Existenz im Kreis: *da capo al fine*, sich unendlich wiederholend.

J. B. Metzler © Springer-Verlag GmbH Deutschland, ein Teil von Springer Nature, 2020
U. Weber / A. Mauz / M. Stingelin (Hg.), *Dürrenmatt-Handbuch*, https://doi.org/10.1007/978-3-476-05314-5_42

Deutungsaspekte

Dürrenmatt gelingt es, ein Credo zu formulieren, das, Modelle christlicher und existentialistischer Tradition parodierend, den Lesenden das Problem der Deutung überlässt. Martin Heideggers Begriff des ›Man‹ bezieht sich auf das faktische Dasein. Das Selbst müsste sich als wesenhafte Modifikation gegen das ›Man‹ behaupten, um zum *eigentlichen* Dasein zu kommen (vgl. Probst 1980, 706 f.). Dürrenmatts Gottesfigur kreist ewig um sich selbst, als Figur des Man.

Ein zweiter Bezugspunkt ist die negative Theologie. Sie betont, dass Gott ein an sich unmöglicher Erkenntnisgegenstand ist. Seine Wirklichkeit ist nur approximativ in Paradoxien formulierbar. Das berühmteste Bild aus dieser Tradition ist die unendliche Kugel, »deren Mittelpunkt überall und deren Umfang nirgends ist« (Mahnke 1966, 77; vgl. Flasch 2011, 29–31). Gott ist der Ursprung der Schöpfung und zugleich das allumfassende Sein, während Dürrenmatts Gottesfigur nur in unendlicher Folge nach einem mit ihr identischen Gedanken ihrer Schöpfung sucht.

Ein Blick auf die Textgenese gibt weitere Aufschlüsse. Der in einem Manuskript handschriftlich eingetragene Entwurf wird von zwei passenden Texten gerahmt: »Einst war ich vom Glauben begeistert / Nun sehe ich ein / Dass Nicht-Glauben das grössere ist« (SLA-FD-E-48-A-04-d-03, 156); und anschließend: »Soll ich darüber schreiben? Geht es jemanden etwas an? [...] Aber es hat mich zu sehr bestimmt und je länger es mich bestimmt, je mehr ich sehe, dass es mich immer mehr bestimmt [...]; je mehr mich das Gefühl beherrscht über eine Eisfläche zu gehen, die jederzeit einzubrechen vermag« (ebd., 160).

Diese Fragmente sind autobiografische Skizzen. Der handschriftliche Entwurf jedoch ist ein fast fertiger literarischer Text. In der gedruckten Fassung spricht nicht der Autor, sondern die in sich selbst kreisende Gottesfigur: ein Einfall des konzipierenden Autors, aber keine Konfession. Er stellt den Prozess eines Denk-Bildes dar, das sich im Modus des *als ob* (vgl. Burkhard 2004, 69–85) in verschiedenen Phasen reflektiert, im Wissen, das sich nur in paradoxen Formen ausdrücken kann. Ähnliche Bilder und Formulierungen erinnern an frühere Texte des Autors über sich selbst, so dass dieser sich über solche amüsierte, die dachten, »das sei ein Monolog, den ich mit mir führe« (G 4, 75).

Doch die gleichzeitig offene und geschlossene Form macht ihn zum exemplarischen literarischen Text: nicht zu einem autofiktionalen Text, in dem der, der ›Ich‹ sagt, der Autor ist, aber fiktional über sich spricht, sondern zu einem autofiktionalen Text, in dem eine Figur des Autors spricht, deren Sprechen indirekt auf eine Maske des Autor-Ichs verweist. Das löst auf ideale Weise das Problem eines Autors, der gleichzeitig der Aufforderung genügen will, ein Credo zu schreiben, und die direkte Aussage verweigert.

Der Diogenes Verlag hat im *Tintenfass* (Nr. 16, 1987, 76 f.) drei autobiografische Textfragmente Dürrenmatts unter dem Titel *Friedrich Dürrenmatt. An Gott glauben* beigefügt (auch in: Dürrenmatt 2005, 31 u. 35–37), um Dürrenmatts ambivalente Haltung zur Rede von Gott zu dokumentieren. Das erste Fragment formuliert eine Alternative: Wenn es einen Gott gibt, wäre der Zweifel daran der von Gott gewählte Schleier, den er vor sein Antlitz senkt; und gibt es ihn nicht, dann seien unsere Worte über ihn »in den Wind gesprochen« (vgl. WA 35, 15). Der nächste Ausschnitt beginnt mit: »Gott liegt gänzlich außerhalb jeder Rede«; deshalb dringen seine offenbarten Worte, unabhängig vom Glauben, »in unsere Wortsphäre von außen, wie Meteore in die Erdatmosphäre« (105). Zum Schluss ein Fazit mit Bezug auf die konkrete Situation des Autors: »Es gibt Augenblicke, da ich zu glauben vermag, und es gibt Augenblicke, da ich zweifeln muß.« Das Schlimmste sei, glauben zu wollen und den Zweifel zu unterdrücken. »Aber wer sich bezweifelt, ohne zu verzweifeln, ist vielleicht auf dem Wege zum Glauben.« Jedes Glaubensbekenntnis sei unbeweisbar und deshalb für sich zu behalten (vgl. WA 14, 326 f.). Auch diese Hinweise ergeben kein Credo.

In der letzten Bearbeitung des autobiografischen Essays *Abschied vom Theater* (1988/1990) nennt Dürrenmatt Gott ein »entleertes Wort: eine Groteske« (WA 18, 586; zur Datierung ebd., 591). Das zeige sich an der geistigen Krise unserer Zeit, »die anfängt, das Wunder Mensch zu entdecken und seinen Sinn in ihm selber. [...] Er war sein eigener Feind. Er muß sein eigener Freund werden. Dann erst kann er seinen Nächsten wie sich selber lieben. Jesus war vielleicht der erste wirkliche Atheist. Aber was wissen wir von ihm?« (ebd.). Dürrenmatt kann sich einen persönlichen Gott nicht mehr vorstellen, aber sein letztes Fazit ist der Wunsch nach der Veränderung des Menschen im Sinne des christlichen Liebesgebots.

Literatur
Primärtexte, Quellen
Selbstgespräch. In: Tintenfass 16 (1987), 53–56.
Selbstgespräch. In: Versuche. Kants Hoffnung. Essays und Reden. WA 36, 115–118.
Selbstgespräch. Handschriftlicher Entwurf. In: Textbuch im

Schweizerischen Literaturarchiv, Sig. TB Ch K III, 157–159.

Selbstgespräch. Entwurf. Typoskript mit handschriftlichen Korrekturen. 20 Seiten. 11.12.1985. Schweizerisches Literaturarchiv, Sig. SLA-FD-A-r178_II-A.

Denken mit Friedrich Dürrenmatt. Hg. von Daniel Keel, Anna von Planta. Zürich 2005, 31 u. 35–37.

[Gespräch mit] Hardy Ruoss [1989]. In: G 4, 71–81.

Sekundärliteratur

Abs, Carina: Denkfaule Hoffnung? Anfragen an Erlösungsnarrationen bei Alfred Döblin, Christine Lavant und Friedrich Dürrenmatt. Ostfildern 2017, 260–264.

Burkard, Philipp: Als Gott über Gott schwätzen? Das Verhältnis des späten Dürrenmatt zur Religion, untersucht am Text *Selbstgespräch*. In: Henriette Herwig, Irmgard Wirtz, Bodo Würffel (Hg.): Lesezeichen. Semiotik in Raum und Zeit. Festschrift für Peter Rusterholz. Tübingen, Basel 1999, 448–458.

Flasch, Kurt: Was ist Gott? Das Buch der 24 Philosophen. München 2011.

Mahnke, Dietrich: Unendliche Sphäre und Allmittelpunkt. Beiträge zur Genealogie der mathematischen Mystik [1937]. Stuttgart, Bad Cannstadt 1966.

Probst, Peter: Art. Man, (das). In: Joachim Ritter, Karlfried Gründer (Hg.): Historisches Wörterbuch der Philosophie, Bd. 5. Basel 1980, 706 f.

Peter Rusterholz / Pierre Bühler

43 *Der Auftrag*

Entstehungs- und Publikationsgeschichte

Die Textgenese von *Der Auftrag oder Vom Beobachten des Beobachters der Beobachter. Novelle in vierundzwanzig Sätzen*, erschienen 1986, steht in engem stofflichen Zusammenhang mit Dürrenmatts letztem zu Lebzeiten noch autorisierten Text, *Midas oder Die schwarze Leinwand*, erschienen im März 1991. Zentrale Ideen beider Werke finden sich in einer vierseitigen Szene, die der Autor in der Nacht vom 24. auf den 25.4.1984 entwarf (vgl. Stingelin 2006; Rusterholz 2009): Es handelt sich um eine Selbstbegegnung zwischen ›FD1‹ und ›FD2‹ am Fernsehbildschirm (ein Spiel, das im *Stoffe*-Kapitel *Die Brücke* bis zu ›FD 13‹ weitergetrieben wird; vgl. WA 29, 85–111). ›FD1‹ sieht fern und begegnet am Bildschirm mit ›FD2‹ sich selbst, der ihn in ein Gespräch verwickelt, woraus sich insbesondere zwei Motivstränge entwickeln: Einerseits wird die medienkritisch reflektierte Frage nach der Beobachtung des Beobachters der Beobachter aufgeworfen (im Dialog mit ›FD1‹ wird ›FD2‹ von einem Filmteam aufgezeichnet), die *Der Auftrag* aufgreift; andererseits geraten ›FD1‹ und ›FD2‹ in einen dramaturgischen Widerstreit über die Besetzung ihrer jeweiligen Rollen, der in *Midas* weiterentwickelt wird.

Der eigentliche Anlass für *Der Auftrag* ist allerdings der ebenso verzweifelte wie letztlich vergebliche Versuch von Dürrenmatts zweiter Ehefrau, der Filmemacherin Charlotte Kerr, Ingeborg Bachmanns ›Todesarten‹-Projekt *Der Fall Franza* in ein Drehbuch umzusetzen. Sie erinnert sich: »Dann, eines Abends, wir hören Musik: Das wohltemperierte Klavier I, Glenn Gould spielt, summt dazu, wir trinken eine Flasche Lynch Page, mein Lieblingswein, wir sind wohl, wir lassen uns fallen, wir hören alle vierundzwanzig *mouvements*, das letzte ist verklungen, Stille, Dürrenmatt steht auf, tief in Gedanken, geht zum Plattenspieler, stellt ihn ab, schließt den Deckel, legt die LP zurück in ihre Hülle und sagt: ›So, jetzt schreibe ich die Geschichte, in vierundzwanzig Sätzen.‹ [...] Die Filmrechte schenkt er mir« (Kerr 1992, 172 f.; vgl. auch Kerr 2009, 7–12).

Inhalt und Analyse

In der Wüste eines ›neutralen‹ nordafrikanischen Staates soll Tina von Lambert, die Gattin des Psychiaters Otto von Lambert, am Fuße der Al-Hakim-Ruine vergewaltigt und tot aufgefunden worden sein. Ihr Ehemann, der sich beschuldigt, seine depressive Gattin zur Flucht in die Wüste getrieben zu haben, beauftragt F., Autorin von Filmporträts, das Verbrechen vor Ort in einem Dokumentarfilm zu rekonstruieren.

Als wichtigster Anhaltspunkt erweist sich der rote Pelzmantel, den Tina von Lambert zuletzt bei ihrer Flucht in die Wüste trug. F.s Dokumentarfilm selbst gerät zur Farce, werden sie und ihr Filmteam bei der Ankunft in Afrika doch nicht nur auf Schritt und Tritt von einem Filmteam des nationalen Fernsehens verfolgt und beim Filmen gefilmt; die Polizei und der Geheimdienst, die F. einen falschen Mörder präsentieren, tauschen schließlich die Filme aus, um sich in einem besseren Licht erscheinen zu lassen. In der Zwischenzeit begibt sich F., die auf dem Markt ›zufällig‹ den roten Pelzmantel Tina von Lamberts gefunden hat, auf ihren Spuren in die Wüste, nur um festzustellen, dass vor ihr schon eine andere Frau im roten Pelzmantel auf den Spuren der Psychiatergattin in die Wüste gegangen ist: die dänische Journalistin Jytte Sörensen, Tinas Freundin. Nur unter dem Deckmantel von Tinas Identität konnte diese einreisen, um das Geheimnis aufzuklären, das sich jetzt F., der das gleiche Schicksal wie der Reporterin droht, offenbart: In der Wüste betreibt der Agent und Kameramann Polyphem nicht nur eine von verschiedenen sich gegenseitig beobachtenden Satelliten beobachtete Beobachtungsstation, auf der geheime interkontinentale Versuchsraketen niedergehen, sondern auch das Projekt, den authentischen Dokumentarfilm einer Vergewaltigung und eines Mordes zu drehen, deren Opfer Jytte Sörensen geworden ist. Vor diesem Schicksal wird F. im letzten Augenblick von verschiedenen sich dabei gegenseitig filmenden Filmteams gerettet, während die zuvor glücklich wiederaufgetauchte Tina von Lambert ihrem Mann ein Kind schenkt.

Der eigentliche Gegenstand der Novelle kommt im Untertitel zum Ausdruck: *Vom Beobachten des Beobachters der Beobachter*, eine Beobachtung dritter Ordnung also, mit der alle aus der Systemtheorie von Niklas Luhmann bekannten Paradoxa Einzug in den Text halten. Wie für Luhmann (1991) ist Gott (s. Kap. 68) vornehmlich ein Problem der Beobachtung, der alles beobachtende Beobachter, der selbst den daraus entspringenden Paradoxa nur deshalb entgehen kann, weil er selbst als absoluter Beobachter nicht beobachtet werden kann: »[E]in Gott, der beobachtet werde, sei kein Gott mehr« (WA 26, 115), sagt Polyphem, der den Ehrgeiz seines Projekts, den authentischen Dokumentarfilm einer Vergewaltigung

J. B. Metzler © Springer-Verlag GmbH Deutschland, ein Teil von Springer Nature, 2020
U. Weber / A. Mauz / M. Stingelin (Hg.), *Dürrenmatt-Handbuch*, https://doi.org/10.1007/978-3-476-05314-5_43

und eines Mordes zu filmen, in der Wendung zusammenfasst: »[N]ur wenn Gott reines Beobachten wäre, bliebe er von seiner Schöpfung unbesudelt, was auch für ihn den Kameramann gelte, auch er habe nur zu beobachten« (113). Doch da Gott nach der von der Novelle mit Nietzsche geteilten Diagnose tot ist (vgl. 48), sehen sich alle Beobachter von Beobachtungen nach dem Befund des mit F. befreundeten Logikers D. (»F.« »D.«) in einem Dilemma: Entweder die Unentrinnbarkeit, als Beobachter selbst beobachtet zu werden, treibt sie in die tödliche Aggression, oder die Drohung, als Beobachter nicht beobachtet zu werden, beraubt sie jeden lebensnotwendigen Sinns – zwei weitere Fiktionen.

Deutungsaspekte, Positionen der Forschung

Die innerhalb des Spätwerks vergleichsweise umfangreiche Forschung zur Novelle hat an Dürrenmatts wohl komplexestem Text bislang vor allem drei Aspekte hervorgehoben: die medienkritische Frage nach der Vermitteltheit von ›Wirklichkeit‹, die identitätskritische Frage nach der Perspektivität von ›Welt‹-Wahrnehmung und die stilkritische Frage nach dem ›langen Satz‹.

Das Moment der medialen Vermitteltheit von ›Wirklichkeit‹ wird in der Novelle durch die Frage problematisiert, wie sich die ›Welt‹ durch die monoperspektivisch eingeschränkte Sicht eines einzigen Kameraauges wahrnimmt, im Grunde unserer Fernsehwelt: ›Polyphem‹, ursprünglich als ›Galileo‹ konzipiert, beobachtet durch das Objektiv mit nur einem Auge (vgl. Helbling 1988; Michaels 1988; Käser 2003). Daraus ergibt sich eine Reihe von Rückfragen zur – innerhalb der Novelle tatsächlich mehr als fatalen – Technikfolgenabschätzung einer medial revolutionierten Moderne (vgl. Hebel 1989).

Wo sich aber alle außer Gott letztlich auf ihre eigene Perspektive zurückgeworfen sehen, stellt die Novelle zwei Fragen: Wie ›konstruiert‹ durch uns selbst ist unsere eigene Wirklichkeit (vgl. Kost 2005)? Und an welches Selbstverständnis von ›Identität‹ können wir uns unter diesen Voraussetzungen halten (vgl. Rusterholz 1987; Rusterholz 2001)?

Im Sinne von Roman Jakobsons Postulat, dass *Linguistik und Poetik* (1960) nicht unabhängig voneinander gedacht werden sollten, haben die 24 langen Sätze gleichzeitig auch ein besonderes von Sprach- und Literaturwissenschaft geteiltes Interesse auf sich gezogen (vgl. Schnitzer 2006; Hoffmann 2018; Stingelin 2018).

Desiderate bleiben insbesondere das Spannungsverhältnis zwischen ›Intertextualität‹ und ›Intermedialität‹: ›Intertextualität‹: allen voran zu Bachmanns Romanfragment *Der Fall Franza* aus dem ›Todesarten‹-Zyklus (damit aber auch die Frage nach Dürrenmatts dioskurischem Zwillingsbruder Max Frisch als durch Bachmanns Romanfragment vermittelte Schlüsselfigur in *Der Auftrag*); ›Intermedialität‹: allen voran das Dürrenmatt bis zu *Midas oder Die schwarze Leinwand* zusehends mehr umtreibende Konkurrenzverhältnis zwischen Literatur und Film.

Literatur
Primärtexte
Der Auftrag oder Vom Beobachten des Beobachters der Beobachter. Novelle in vierundzwanzig Sätzen. Zürich 1986.

Der Auftrag oder Vom Beobachten des Beobachters der Beobachter. Novelle in vierundzwanzig Sätzen. In: WA 26, 33–130.

Der Auftrag. Gelesen von Charlotte Kerr und Gert Heidenreich. Mit einer Werkstattlesung von Friedrich Dürrenmatt und Charlotte Kerr von 1986. Zürich 2009 (3 CDs).

Kerr, Charlotte: Die Frau im roten Mantel. München 1992.

Kerr, Charlotte: Skizzen zur Entstehung von *Der Auftrag*. In: *Der Auftrag*. Gelesen von Charlotte Kerr und Gert Heidenreich. Mit einer Werkstattlesung von Friedrich Dürrenmatt und Charlotte Kerr von 1986. Zürich 2009, Booklet, 7–12.

Sekundärliteratur
Hebel, Franz: Technikentwicklung und Technikfolgen in der Literatur. Timm, Der Schlangenbaum/Eisfeld, Das Genie/Dürrenmatt, Der Auftrag/Wolf, Störfall. In: Der Deutschunterricht 41 (1989), 5, 35–45.

Helbling, Robert E.: »I am a Camera«. Friedrich Dürrenmatts's Der Auftrag. In: Seminar. A Journal of Germanic Studies 24 (1988), 2, 178–181.

Hoffmann, Ludger: Einen langen Satz schreiben: Sprache. In: Ders., Martin Stingelin (Hg.): Schreiben. Paderborn 2018, 177–199.

Jakobson, Roman: Linguistik und Poetik. In: Ders.: Poetik. Ausgewählte Aufsätze 1921–1971. Frankfurt a. M. 1979, 83–121 (engl. 1960).

Käser, Rudolf: »Fernsehkameras ersetzten das menschliche Auge«. Friedrich Dürrenmatts Spätwerk im Spannungsfeld von Wissenschaftsgeschichte und Medientheorie. In: Text + Kritik 50/51 (2003), 167–182.

Kost, Jürgen: Mediale Inszenierung als Paradigma der entfremdeten Moderne. Friedrich Dürrenmatts Der Auftrag oder Vom Beobachten des Beobachters der Beobachter. In: Hein-Peter Preußler (Hg.): Krieg in den Medien. Amsterdam, New York 2005, 329–350.

Luhmann, Niklas: Stenographie und Euryalistik. In: Hans Ulrich Gumbrecht, K. Ludwig Pfeiffer (Hg.): Paradoxien, Dissonanzen, Zusammenbrüche. Situationen offener Epistemologie. Frankfurt a. M. 1991, 58–82.

Meyer-Kalkus, Reinhart: Geschichte der literarischen Vortragskunst. 2 Bde. Berlin 2020.

Michaels, Jennifer E.: Through the Camera's Eye. An Analysis of Dürrenmatt's *Der Auftrag*. In: The International Fiction Review 15 (1988), 2, 141–147.

Rusterholz, Peter: Durchgänge durchs Labyrinth. *Minotaurus – Der Auftrag – Durcheinandertal*. In: Quarto. Zeitschrift des Schweizerischen Literaturarchiv 7 (1996), 92–103.

Rusterholz, Peter: Aktualität und Geschichtlichkeit des Phantastischen am Beispiel von Friedrich Dürrenmatts Novelle *Der Auftrag*. In: Wolfram Buddecke, Jörg Hienger (Hg.): Phantastik in Literatur und Film. Frankfurt a. M. u. a. 1987, 163–186.

Rusterholz, Peter: Darstellung der Krise – Krise der Darstellung. Friedrich Dürrenmatts Darstellung der Maschinenwelt in seiner Novelle *Der Auftrag*. In: Ernest W. B. Hess-Lüttich (Hg.): Autoren, Automaten, Audiovisionen. Neue Ansätze der Medienästhetik und Tele-Semiotik. Wiesbaden 2001, 75–84.

Rusterholz, Peter: Der Autor als Subjekt und Objekt des Schreibprozesses oder der permanente Anfang. Friedrich Dürrenmatt: *Der Auftrag*. In: Hubert Thüring, Corinna Jäger-Trees, Michael Schläfli (Hg.): Anfangen zu schreiben. Ein kardinales Moment von Textgenese und Schreibprozeß im literarischen Archiv des 20. Jahrhunderts. München 2009, 181–196.

Schnitzer, Nathalie: »Donnerwetter, hast du aber Glück gehabt«. Satz- und Redegestaltung in Dürrenmatts apokalpytischer Vision *Der Auftrag*. In: Cahiers d'études germaniques 51 (2007), 187–201.

Stingelin, Martin: Ein Selbstporträt des Autors als Midas. Das Spannungsverhältnis zwischen Schrift und Bild in Friedrich Dürrenmatts Spätwerk. In: Davide Giuriato, Stephan Kammer (Hg.): Bilder der Handschrift. Die graphische Dimension der Literatur. Frankfurt a. M., Basel 2006, 269–292.

Stingelin, Martin: Einen langen Satz schreiben: Literatur. In: Ludger Hoffmann, Ders. (Hg.): Schreiben. Paderborn 2018, 163–175.

Martin Stingelin

44 *Durcheinandertal*

Entstehungs- und Publikationsgeschichte, Rezeption

Das *Durcheinandertal* (1989) nimmt in Dürrenmatts erzählerischem Werk insofern eine Sonderstellung ein, als es dieses beschließt. Er ist der letzte zu Lebzeiten des Autors erschienene Roman. Befördert diese Stellung bei Kunstwerken generell die Intuition eines ›Vermächtnisses‹ oder einer ›Summe‹, so ist diese hier in einem gewissen Sinn sicher angebracht. Heinz Ludwig Arnold betont, der Roman »schreib[e] sich von seiner [Dürrenmatts] gesamten Prosa her« (1989, 935). Dürrenmatt selbst hat vor allem den Bezug zu seinen schriftstellerischen Anfängen markiert. Durch den Arbeitstitel *Weihnacht II* wird das Projekt paratextuell als Wiederaufnahme seiner allerersten Prosaminiatur *Weihnacht* (WA 19, 9–11) ausgewiesen. *Prima vista* verbindet beide Texte die Dominanz der Religionsthematik. Auch und gerade in dieser Hinsicht lässt sich *Durcheinandertal* durchaus als eine Summe begreifen; der Autor lässt viele Motive Revue passieren, die für sein Nachdenken über Gott und die Welt charakteristisch sind (s. Kap. 68, 73, 78). Das ändert nichts daran, dass der Roman, der ein kontrolliertes Durcheinander kultiviert, weder im Fokus der breiten Leser- und Leserinnenschaft noch der wissenschaftlichen Aufmerksamkeit steht.

Dürrenmatt hat sich in verschiedenen Gesprächen zum Roman allgemein (vgl. u. a. G 4, 64–91), zur Entstehung speziell in *Stoffe V* (*Querfahrt*) geäußert (vgl. WA 29, 37 u. 40–45). Nach letzterer Darstellung inspirierte ihn 1957 ein Aufenthalt im Engadiner Kurhaus ›Waldhaus Vulpera‹ zur Überlegung, was geschähe, wenn »ein alter Boss eines Gangstersyndikats« (43) das Hotel kaufte, wie die ihm verpflichteten Angestellten den Gästen nachstellen, um sie berauben und erpressen zu können. Schriftliche Belege für die Idee finden sich auch in Nachlassnotizen; sie datieren allerdings vom August 1959, als Dürrenmatt sich erneut in Vulpera aufhält (vgl. Das Stoffe-Projekt, Bd. 4, Zürich 2020). Für den späteren Roman wird vor allem eine saisonale Idee wichtig: Im Winter beherbergt das leere Kurhaus Gangster aus den USA, die sich der Justiz entziehen wollen. Da diese gelangweilt die Dörfler tyrannisieren, brennen Letztere das Kurhaus nieder. »Die Geschichte«, so die retrospektive Darstellung in *Querfahrt*, »sickerte ins Unterbewußtsein. Nach mehr als dreißig Jahren brach sie wieder aus. Was sich heute alles christlich nennt, brachte mich in Rage. Ich überleg-

te, wie Gott aussähe, würde man ihn heute personifizieren. Aus dem Gangsterboss wurde der Große Alte. Ich schrieb *Durcheinandertal*« (WA 29, 44). Peter Rusterholz hat diesen textgenetischen Zusammenhang prägnant bilanziert: »Aus dem Stoff für einen helvetischen Kriminalroman [...] wurde ein Welttheater, das sich in szenischer Prosa präsentiert, die sich in allegorischen Zwischenspielen selbst reflektiert« (2017, 132). Der Bezug auf den Denk- und Darstellungshorizont des (Welt-)Theaters ist material gut begründet: Wie dem Nachlass zu entnehmen ist, war der Text zunächst Teil des *Stoffe*-Projekts (*V Querfahrt*), zeitweise in der Struktur eines Fünfakters mit Vor- und Nachspiel und zwei Zwischenspielen (vgl. Das Stoffe-Projekt, Bd. 3, Zürich 2020).

Die vielfältigen Bezüge zu anderen (v. a. eigenen) Texten bilden einerseits die Grundlage einer Wertschätzung des Romans, andererseits gaben sie Anlass zu massiver Kritik: Klara Obermüller sprach in der TV-Sendung *Das Literarische Quartett* (12.10.1989) von »ein[em] Plagiat seiner selbst«. Kritisch auch Marcel Reich-Ranicki (10.11.1989), der den Roman als »metaphysischen Mumpitz« verriss, das Buch trage »alle Merkmale einer schriftstellerischen Katastrophe« (Reich-Ranicki 1989, 26). Die Forschung hat sich im Gegenzug zumindest auch bemüht, die Programmatik des Textes positiv herauszustellen (vgl. u. a. Rusterholz 2017). In jüngerer Zeit wurde der Roman dramatisiert (Theater St. Gallen, 2017; Theater Basel, 2019). Die satirischen Schweiz-Bezüge nicht nur dieses Dürrenmatt-Textes haben zudem im Film *Beresina oder Die letzten Tage der Schweiz* (1999, R.: Daniel Schmied) Spuren hinterlassen.

Inhalt und Analyse

Der Roman umfasst in der Erstausgabe 176, in der WA 136 Seiten, gegliedert in 49 Abschnitte. Der Handlungsverlauf in Grundzügen: Im schweizerischen ›Durcheinandertal‹ steht ein Kurhaus, das für das namenlos bleibende Dorf auf der anderen Talseite in wirtschaftlicher Hinsicht wichtig ist. So wird das Kurhaus etwa durch das vierzehnjährige Mädchen Elsi, von ihrem Hund Mani begleitet, mit frischer Milch versorgt. Das Kurhaus befindet sich im Besitz des mächtigen mit einem Syndikat verbandelten ›Großen Alten‹. Erfolgreich schlägt diesem der lokale Laientheologe Moses Melker vor, seine »Theologie des Reichtums« (WA 27, 19) im Kurhaus praktisch umzusetzen: So wird dort im Sommer das »Haus der Ar-

J. B. Metzler © Springer-Verlag GmbH Deutschland, ein Teil von Springer Nature, 2020
U. Weber / A. Mauz / M. Stingelin (Hg.), *Dürrenmatt-Handbuch*, https://doi.org/10.1007/978-3-476-05314-5_44

mut« (43) eingerichtet, eine »Erholungsstätte« (12) für Millionäre, welche sich für »immense Preise« (49) erholen, indem sie selbst den personallosen Betrieb aufrechterhalten. Im Winter dient das Kurhaus dagegen als geheimer Aufenthaltsort für untergetauchte Gangster. Die scheinbar klare Opposition dieser saisonalen Nutzungen wird allerdings dadurch untergraben, dass Melker zugleich ein von der Justiz unbehelligt bleibender Vergewaltiger und Mörder ist. Diese relative Ordnung gerät durcheinander, als Elsi eines Tages durch einen der Kriminellen – Big-Jimmy – vergewaltigt wird, obwohl ihn sein Kollege – Marihuana-Joe – daran zu hindern versucht. Marihuana-Joe wird im Zuge der Auseinandersetzung vom Hund Mani in den Hintern gebissen, weshalb das Tier, von den Behörden als gefährlich eingestuft, erschossen werden soll. Elsis Vater, der Gemeindepräsident Prétander, entzieht Mani den wiederholten Zugriffsversuchen der Behörden. Erst nachdem eine Attrappe des Hundes ›erlegt‹ wurde, gilt der Fall offiziell als erledigt. Prétander erhebt seinerseits Anklage gegen Elsis Vergewaltiger. Diese Anklage versandet aber in den Mühlen der Verwaltung. Auch die Machenschaften im Kurhaus werden offiziellerseits, obwohl bekannt, nicht weiter untersucht. Marihuana-Joe läuft schließlich zum Dorf über. Er gibt sich als der Sohn des alten Dorfpfarrers Prétander zu erkennen und hetzt die Bevölkerung durch eine patriotisch angereicherte Weihnachtspredigt gegen die Gangster im Kurhaus auf. Dort verkündet Moses Melker, versehentlich in der falschen Jahreszeit dort verkehrend, den Gangstern seinerseits das oder vielmehr sein Evangelium. Das Kurhaus wird gestürmt und in Brand gesetzt. Der Brand erfasst das ganze Tal und vernichtet auch Dorf und Dorfbewohner. Allein Mani und Elsi überleben. Das Schlusstableau: »Vor dem Haus des Gemeindepräsidenten lag der Hund, neben ihm stand Elsi. Sie schaute auf den brennenden Wald, auf die lodernde Feuerwand jenseits der Schlucht, welche die Bewohner des Dorfes verschlungen hatte und noch verschlang. Sie lächelte. Weihnachten, flüsterte sie. Das Kind hüpfte vor Freude in ihrem Bauch« (136). Diese Synopse darf allerdings nicht darüber hinwegtäuschen, dass der Erzählstoff wie dessen diskursive Vermittlung ausgesprochen komplex ist. Charakteristisch dafür ist die metanarrative Bemerkung des Erzählers, die diesen Umstand ausdrücklich benennt: »Doch gesetzt, die Geschichte, die hier erzählt ist, stellt eine sowohl durcheinander- als auch durchgehende Geschichte dar, wo sich eines aus dem anderen und durch das andere entwickelt, und nicht ein Bündel von Ge-

schichten ohne Zusammenhang, wird der Grund des Gelächters in einen Hintergedanken zu suchen sein, auf den der Große Alte gekommen war« (23).

Der textgenetischen Struktur entsprechend lassen sich die 49 Abschnitte des Romans plausibel dem fünfaktigen Aufbau des klassischen Dramas zuordnen (vgl. Meyer 2001, 114–120). Die Peripetie bildet dabei der Komplex von Elsis Vergewaltigung und der aus ihr resultierende Prozess gegen Mani. »Seine vermeintliche Tötung ist der eigentliche Umschlag des Geschehens« (ebd., 115). Ihr geht eine triadische Steigerung voran, die stellvertretend für weitere satirische Episoden stehen mag (vgl. WA 27, 75–87): Während im ersten Anlauf der Dorfpolizist des Hundes allein habhaft zu werden versucht, scheitert auch die Ergreifung durch vier bewaffnete Wachtmeister. Manis vermeintliche Exekution erfolgt schließlich im Rahmen eines eigens ins Durcheinandertal verlegten Militärmanövers. Die verschiedenen durch Personalunionen verbundenen Behörden planen gemeinsam eine echte Erschießung im Rahmen der Fiktion eines sowjetischen Spions, der in einem Hundekostüm agiert.

Der Große Alte ist eine Schlüsselinstanz. Er verbindet die Sphäre des (im Kurhaus zentrierten) helvetischen Durcheinandertals als Mikrokosmos mit zwei weiteren Sphären: dem Mesokosmos der schweizerischen wie globalen Wirtschafts- und Unterwelt (u. a. Zürich, Lichtenstein, New York, Jamaica) und dem Makrokosmos universal-kosmischer Sphären, in denen Götter agieren (vgl. Meyer 2001, 117–119). Diese drei Sphären sind durch komplexe Figurensymmetrien oder -spiegelungen verknüpft. So eröffnet den Roman etwa eine programmatische Missverständnis-Szene: die des »verständlich[en]« Missverständnisses, dass Moses Melker, wenn er vom Großen Alten spricht, Gott meint – den ›Großen Alten mit Bart‹ –, während der Große Alte selbst meint, Melker spreche von ihm, dem ›Großen Alten ohne Bart‹ (WA 27, 12). Ferner ist dem verbrecherischen ›Großen Alten‹ Jeremiah Belial beigesellt, der – bereits dem Namen nach eine im jüdischen wie christlichen Schrifttum erwähnte dämonische Gestalt – einerseits als Gegenbild zum ›Großen Alten mit Bart‹ wie zugleich als Emanation des ›Großen Alten ohne Bart‹ (vgl. auch 14) erscheint.

Die dualen Konstellationen, die bereits deutlich wurden in den Verdoppelungen Manis und Marihuana-Joes/Sepp Prétander, sind teils mit triadischen gekoppelt: etwa der Große Alte mit Bart mit den drei angelischen Advokaten Raphael, Raphael und Raphael oder Melker mit seinen drei, von ihm sukzessiv ermordeten Gattinnen Emilie, Ottilie und Cäcilie. Der

Durchdringungsgrad der drei Sphären zeigt sich deutlich in einer Begegnung eines Raphaels mit dem Großen Alten: Dieser Verbrecher/Gott liegt halbnackt am Strand; nebst Pornoheften hat er u. a. eine *Biblia Hebraica* und Karl Barths Ausführungen zur Schöpfungslehre bei sich. Dauersediert durch einen Assistenten ist er allerdings unfähig, diese oder die unzähligen Briefe zu lesen, die ihm überbracht werden (vgl. 24 f.). Letztere sind aufgrund einer Parallelszene als ungehörte Gebete zu interpretieren (vgl. 90–94).

Die Klimax der makrokosmischen Sphäre bildet die ›Kaffeemühlen-Szene‹ »südlich des König-Haakon-Plateaus in der Antarktis« (108): Der Große Alte und Belial drehen ihre jeweiligen Mühlen, die den Kosmos bewegen, zeitgleich in die jeweils andere Richtung, wodurch beide Bewegungen sich aufheben. Diese Aufhebung wird einerseits mit dem Antagonismus von »Universum« und »Antiuniversum« assoziiert, andererseits mit dem Denkbild der Nichtorientierbarkeit: der »Möbiusschlinge« (110). Kosmologisch-naturwissenschaftliche Modelle, die den Autor vor allem in den späteren Jahren generell beschäftigen, bilden einen wichtigen Hintergrund für die Verflechtungen der Sphären und ihrer Verkörperung in den beiden Großen Alten (vgl. Meyer 2001, 130–135; Fritsch 1990). Die politische Dimension des Mikrokosmos, die im Bezug auf den Tell-Stoff und die heroische Befreiungsgeschichte der Ur-Schweiz zu Beginn des Projekts eine Rolle spielte, ist im publizierten Text nur punktuell präsent. Mit Blick auf die handlungsbestimmenden Antagonisten lässt sich der Roman aber durchaus auch als »ironisch-parodistische Variation auf die Schweizer Nationalmythen« bezeichnen; das Verhältnis von habsburgischer Besatzungsmacht und Urschweizern wird durch das von Kurhausgästen und Dorfbewohnern beerbt (Weber 2007, 163 f.).

Deutungsaspekte, Positionen der Forschung

Die vielfachen Spiegelungen zeigen sich auch in der erzählerischen Ausgestaltung des Romanendes, in dem theologisches und kriminelles Milieu restlos zusammenschießen. Die Katastrophe wird durch die zeitgleich erfolgenden und durch verschiedene Inversionsfiguren charakterisierten Predigten eingeleitet (vgl. Mauz 2020). In institutioneller Hinsicht werden die Ordnungen von Raum und Redner überkreuzt: Die Predigt des Laien Marihuana-Joe erfolgt im sakralen Raum, die (spontane) des Kirchenmannes Melker im profanen. Die – geplante – Predigt des Gangsters in der

durch Vernachlässigung maroden Kirche verwandelt die Gemeinde in einen patriotischen Mob, der loszieht, um »das Kurhaus als einen Tannenbaum [zu] benützen« (WA 27, 122). Die – spontane – Predigt des eigenwilligen Geistlichen erfolgt dagegen in der Kurhaus-Lobby, die als Ad-hoc-Sakralraum nicht nur baulich intakt, sondern eigens dem Geschmack der Gäste entsprechend – der Weihnachtsbaum ist »mit Revolvern und Maschinenpistolen behängt, in deren Läufen die brennenden Kerzen« stecken (125) – festlich hergerichtet ist. Melkers Predigt nimmt ihren Ausgang vom klassischen neutestamentlichen Referenztext Lk 2, in dem der Engel mit den Hirten zugleich »allem Volk« die Weihnachtsbotschaft verkündet (Vers 10), »also«, so Melker »auch euch, den Halunken, Vaganten und Schurken« (WA 27, 127). Der Vollzug der Zwangspredigt wird mehr und mehr zu einem Transformationsereignis nicht für die Gemeinde (wie in der Dorfkirche), sondern für den Prediger. Melker bricht zu Erkenntnissen durch, die die bloße qua Machtaspekt etablierte Analogie von Theologie und organisiertem Verbrechen in eine Symbiose überführen: »Ich bin einer von euch, nicht der Theologe des Reichtums, sondern der Theologe des Verbrechens, ist doch der Große Alte nur als Verbrecher denkbar« (128). Die Symbiose ist dabei aber (das zeigt auch das Zitat) klar asymmetrisch zugunsten der Verbrechenssphäre. Dass Melker ein Mörder und Vergewaltiger ist, ist damit nicht länger ein Makel, sondern eine ›normale‹ Begleiterscheinung seines Standes.

Melkers Abrechnung mit zentralen theologischen Topoi gilt vor allem der Christologie, wobei der kritische Verweis auf den kitschigen »Marzipanheiland« (133) zugleich einen intertextuellen Bezug zum frühen Prosastück *Weihnacht* etabliert. Die äußersten und im engeren Sinn theologischen Einsichten werden Melker aber zugeschrieben unmittelbar bevor er mit dem Kurhaus in Flammen aufgeht: Wissend, »wahnsinnig« zu werden, stellt er sich vor, dass Gott und Welt seine Erfindungen sind, die zusammen mit allen anderen erdachten Göttern und Welten ein »Welthirn« bilden, das wiederum das Ich hervorbringt, welches »in einem phantastischen Zirkelschluß« den Großen Alten hervorbringt (135). Diese Ursprungssubversion bildet einen zweiten intertextuellen Selbstbezug auf die den *Stoffen* zugehörige Erzählung *Das Hirn* (WA 29, 233–263; vgl. auch WA 36, 115–118).

Wie der zitierte Schlusssatz auszulegen ist, wie viel Anfang qua Schwangerschaft Elsis im apokalyptischen Romanende steckt, wird sehr verschieden beurteilt, auch in Abhängigkeit von der Gewichtung der intertextuellen Referenz an die Perikope von ›Mariä Heimsuchung‹ (Lk 1, 39–45). Dürrenmatt selbst scheint mit dem Roman generell zufrieden gewesen zu sein. Wenn er wiederholt dessen ›Realismus‹ betont hat, dann auch aufgrund der prophetischen Note des Textes: Kurz nach dem Abschluss des Manuskripts brannte das ›Waldhaus Vulpera‹ unter unklaren Umständen vollständig nieder (vgl. Kerr 1992, 217–219; G 4, 198).

Die Forschung zum Roman ist überschaubar. Die instruktivsten Beiträge stammen von Meyer (2001) und Rusterholz (2017). Meyer ist zentral, da seine Untersuchung von »Allegorien des Wissens« multiperspektivisch angelegt und umfangreich ist. Er beschreibt ebenso die erzähltechnischen Charakteristika des Textes wie dessen physikalische, chaostheoretische, quantenphysische, mythologische und theologische Aspekte (u. a. auch die hier nicht erwähnten gnostischen und kabbalistischen Motive, vgl. 149–154). Die theologische Dimension des Romans steht auch im Zentrum der Arbeit Heinz Ludwig Arnolds. Sein Fokus auf die werkgeschichtlichen Bezüge des Romans mündet in die These, es handle sich bei diesem um »die letzte große Abrechnung Friedrich Dürrenmatts mit Gott« (1998, 129). Die flankierende Behauptung, das *Durcheinandertal* biete »die radikalste erzählerische Ausformung [seiner] negativen Theologie« (ebd., 130) hängt allerdings an der Explikation dieses vielfältig besetzbaren Labels, die der Autor schuldig bleibt.

Für die künftige Forschung könnte der Roman zentral werden im Kontext der fälligen Untersuchung von Dürrenmatts Religionskritik. So wurde mit Bezug auf triviale Blasphemie-Vorwürfe bereits von theologischer Seite das legitime Programm einer »Korrektur durch Karikatur« (Kunz 2011, 43) eingeschärft. Ein genderbezogener Aspekt, der innerhalb des Gesamtwerks zu rekonstruieren wäre, liegt in der (sexualisierten) Gewalt an Frauen. Die Vergewaltigung wird von Elsi selbst nicht als traumatisch erfahren (vgl. aber *Justiz*). Ein drittes Desiderat besteht schließlich in der detaillierten textgenetischen Untersuchung des Romans. Sie hätte – wie wiederum Meyer exemplarisch zeigt (vgl. 2001, 147) – signifikantes Material zu rekonstruieren.

Literatur
Primärtexte
Durcheinandertal. Roman. Zürich 1989.
Durcheinandertal. Roman. WA 27.
Das Stoffe-Projekt. Hg. von Ulrich Weber, Rudolf Probst, Bd. 3. Zürich 2020.

Sekundärliteratur
Arnold, Heinz-Ludwig: Weihnacht II. Zu Friedrich Dürrenmatt: *Durcheinandertal*. In: Schweizer Monatshefte 69 (1989), 11, 935–937.
Arnold, Heinz-Ludwig: Dürrenmatts negative Theologie. Über *Durcheinandertal*. In: Ders.: Querfahrt mit Dürrenmatt. Aufsätze und Vorträge. Zürich 1998, 129–135.
Fritsch, Gerolf: Labyrinth und großes Gelächter. Die Welt als *Durcheinandertal*. Ein Beitrag zu Dürrenmatts grotesker Ästhetik. In: Diskussion Deutsch 21 (1990), 652–670.
Kerr, Charlotte: Die Frau im roten Mantel. München 1992.
Kunz, Ralph: Durcheinander. In: David Plüss u. a. (Hg.): Imagination in der Praktischen Theologie. Festschrift für Maurice Baumann. Zürich 2011, 41–47.
Mauz, Andreas: Haus Gottes. Zur literarischen Ekklesiologie. In: Daniel Rothenbühler, Hubert Thüring (Hg.): Die Literatur und (ihre) Institutionen. Zürich 2020 [im Druck].
Meyer, Jürgen: Allegorien des Wissens. Flann O'Briens *The third policeman* und Friedrich Dürrenmatts *Durcheinandertal* als ironische Kosmographien. Tübingen 2001.
Reich-Ranicki, Marcel: Tohuwabohu. Dürrenmatts *Durcheinandertal*. In: Die Zeit, 10.11.1989.
Rusterholz, Peter: Tohuwabohu oder paradoxes ›Sinnenbild‹. In: Ders.: Chaos und Renaissance im Durcheinandertal Dürrenmatts. Hg. von Henriette Herwig und Robin-M. Aust. Baden-Baden 2017, 131–136.
Weber, Ulrich: Das Kurhaus im *Durcheinandertal*. Friedrich Dürrenmatt und das Waldhaus Vulpera. In: Cordula Seger, Reinhard C. Wittmann (Hg.): Grand Hotel. Bühne der Literatur. München 2007, 159–171.

Andreas Mauz

45 *Midas oder Die schwarze Leinwand*

Entstehungs- und Publikationsgeschichte

Dürrenmatts letztes von ihm zu Lebzeiten noch autorisierte Werk, datiert mit 31.7.1990, erscheint postum im März 1991. Die Verwirklichung der finalen Fassung steht in engem stofflichen Zusammenhang mit der Entstehung seiner Novelle *Der Auftrag* (s. Kap. 43). Zentrale Ideen beider Werke finden sich in einer vierseitigen Szene, die der Autor in der Nacht vom 24. auf den 25.4.1984 entwarf (vgl. Stingelin 2006; Wirtz 2010): einer Selbstbegegnung zwischen ›FD1‹ und ›FD2‹ am Fernsehbildschirm.

Die ›schwarze Leinwand‹, mit der die Szene endet, nachdem ›FD1‹ ›FD2‹ genervt ›ausgeschaltet‹ hat, taucht im Untertitel wieder auf: *Midas oder Die schwarze Leinwand*. Mit jener Verdopplung der Autorinstanz ›FD‹ einher geht eine Wende: Der Schreibprozess an verschiedenen Treatments und Drehbüchern zum seit vielen Jahren geplanten Film *Midas oder Das zweite Leben* mündet zuletzt in einen »Film zum Lesen«, so der Klappentext zur Erstausgabe (Dürrenmatt 1991, Umschlagrückseite). Mitte der 1980er Jahre hatte sich Dürrenmatts Freund Maximilian Schell wegen der fehlenden Finanzierung vergeblich darum bemüht, den gemeinsam immer wieder überarbeiteten Stoff im Kino für die Münchner MFG Film GmbH zu verwirklichen, nachdem zuvor bereits Hollywood kein Interesse gezeigt hatte (vgl. Dürrenmatt/Kerr 2010, 321 u. 330; Schell 2012, 279 f.). Tatsächlich finden sich in Dürrenmatts literarischem Nachlass mindestens zwölf Fassungen von *Midas*. Vorangegangen sind der definitiven Druckfassung elf Vorstufen, die den Grundeinfall variieren, angefangen bei der Stoff-Skizze *Coq au vin* 1970 (vgl. S1), die ihrerseits Rekonstruktion eines Projekts zu einem Fernsehfilm aus den 1950er Jahren ist. Abgezweigt worden ist aus diesem Stoff-Komplex die postum publizierte, viele Kernelemente bemerkenswert verdichtende Ballade *Midas* (Dürrenmatt 1993).

Inhalt und Analyse

Der Grundeinfall: Dem midasgleich zu unermesslichem Reichtum gekommenen Großindustriellen Richard Green, dessen Konzern in finanzielle Schwierigkeiten geraten ist, wird von dessen Aufsichtsrat ein ›zu-

fälliger‹ Verkehrsunfall nahegelegt. Da er diese Selbstaufopferung verweigert, lässt der Aufsichtsrat ihn schließlich erschießen, um den Konzern zu retten. Variieren die elf Vorstufen noch diesen Grundeinfall, ohne das im Akt der Rezeption gegenwärtige Publikum unmittelbar zu adressieren, hebt die definitive Fassung von *Midas* als »Film zum Lesen« mit einer direkten Anrede ans lesende Kopfkinopublikum an: »*Schwarze Leinwand* / STIMME GREEN Verzeihen Sie mir, daß Sie in einem Kino, wohin Sie gekommen sind, etwas zu sehen, vorerst nichts sehen. Sie hören dafür die Stimme eines Toten. / *Ein Aufschrei* / STIMME GREEN Wozu Erschrecken! Sie sind es schließlich gewohnt, auf der Leinwand Tote nicht nur reden zu hören, sondern auch zu sehen. / *In rascher Folge Szenenausschnitte verstorbener Schauspieler wie Ponto, Steckel, Schweikart, Jürgens* / STIMME GREEN Nun? Auf der Leinwand finden wahre Auferstehungen statt. Wird Ihnen dabei unheimlich zumute?« (WA 26, 133). Das Publikum wird einbezogen in das Doppelspiel zwischen der Autoreflexion ästhetischer Mortifizierung im Kunstwerk – was der Künstler-Midas berührt, wird zu Gold (vgl. Thiel 2000, zu Dürrenmatt v. a. 70–73) – und der Verlebendigung von Toten im Film.

Zugleich zeichnet sich die zwölfte Fassung dadurch aus, dass sie über dieses Doppelspiel hinausführt, indem sie die Autorinstanz im Text verdoppelnd vergegenständlicht. Das produktivste Prinzip aber, das Dürrenmatts Spätwerke charakterisiert, ist die explizite Thematisierung und Literarisierung ihrer zusehends komplizierter werdenden Textgenese. Hier, in *Midas oder Die schwarze Leinwand*, kommt dieser Zug zum Ausdruck. Denn nicht zuletzt indem Dürrenmatt die Autorinstanz verdoppelt, gelingt es ihm, die Schwierigkeiten des Schreibprozesses selbst mehrfach zum Gegenstand und damit zu einem integralen Bestandteil der definitiven Druckfassung von 1991 zu machen. So wird »der Schriftsteller F. D.« (WA 26, 140) von seinem Protagonisten Richard Green in einen Dialog über die Besetzung seiner Rolle verwickelt: »STIMME GREEN Ich weiß ja nicht, wie ich aussehe. / F. D. Ich auch nicht. / STMME GREEN Aber du mußt dir doch einen Menschen vorgestellt haben, als du mich geschrieben hast. / F. D. Ich habe dich noch nicht geschrieben, ich schreibe noch an dir. Mein Gott, jetzt bin ich an der zwölften Fassung. Du bist verdammt schwierig zu schreiben. / [...] / STIMME GREEN Aber wenn du schon an der zwölften Fassung bist – / F. D. Kein Grund für mich, dich mir vorzustellen. Ich stelle mir nie jemanden vor, wenn ich eine Rolle schreibe« (141).

J. B. Metzler © Springer-Verlag GmbH Deutschland, ein Teil von Springer Nature, 2020
U. Weber / A. Mauz / M. Stingelin (Hg.), *Dürrenmatt-Handbuch*, https://doi.org/10.1007/978-3-476-05314-5_45

In der Folge greifen die in dieser poetologischen Reflexion des Schreibens aufgeworfenen Besetzungsprobleme auf alle Rollen über, angefangen bei ›F. D.‹ und ›F. D. 2‹, gespielt von wechselnden Schauspielern, die untereinander die Entstehungschronologie des Textes im Zusammenhang von Dürrenmatts Spätwerk erörtern und beginnen, die Vorfassungen, die »alten Drehbücher« (176) zu plündern, um sich selbständig zu machen. Dieses Autonomiestrebens weiß ›F. D.‹ sich schließlich nur durch einen textgenetischen Kniff zu erwehren; er verbannt Schauspieler Z aus der definitiven Druckfassung in eine Vorstufe: »F. D. [...] Ab mit dir in die elfte Fassung. Es bleibt dir nichts anderes übrig. Zurück zu deiner Mutter« (177).

Zuletzt führt Dürrenmatt in der definitiven Druckfassung von *Midas oder Die schwarze Leinwand* schließlich die eineinhalb Seiten umfassende ›Urform‹ an: »geschrieben 1968«, »[v]or zweiundzwanzig Jahren« (186).

Der literarische Gewinn, die Entstehung eines Textes in diesem selbst zu thematisieren: Der Stoff treibt sich dabei immer weiter aus sich selbst hervor und reflektiert sich zugleich poetologisch selbst. Nirgends hat Dürrenmatt dieses schöpferische Prinzip seines Spätwerks entschiedener verwirklicht als in seinem letzten von ihm zu Lebzeiten noch autorisierten Werk.

Deutungsaspekte, Positionen der Forschung

Die noch vergleichsweise spärliche Forschung hat sich vorab der Textgenese gewidmet (vgl. Wirtz 2010). Dabei ist insbesondere der bemerkenswerte Aspekt hervorgehoben worden (vgl. Rusterholz 2004, 180–184), wie fragwürdig sich in Dürrenmatts Werk die ›Darstellbarkeit‹ der Hauptfigur Richard Green gestaltet (vgl. ebd., 181). Dieser Aspekt ist umso bemerkenswerter, als Dürrenmatt sich in seinem bildnerischen Werk durch eine Reihe von Porträts bemüht hat, die Protagonisten und ausgewählte Szenen zu vergegenwärtigen (vgl. Dürrenmatt 2005; Dürrenmatt/Kerr 2010).

Desiderat bleibt, gerade im Spiegel von Dürrenmatts letztem Werk, die Frage nach seiner Rezeption von Luigi Pirandello im Allgemeinen, von *Sechs Personen suchen einen Autor* im Besonderen.

Literatur
Primärtexte

Midas oder Die schwarze Leinwand. Zürich 1991.

Midas oder Die schwarze Leinwand. In: WA 26, 131–192.

Midas. In: Friedrich Dürrenmatt. Das Mögliche ist ungeheuer. Ausgewählte Gedichte. Zürich 1993, 38–61.

Dürrenmatt, Friedrich: Midas. In: Dürrenmatt und die Mythen. Zeichnungen und Originalmanuskripte Collection Charlotte Kerr Dürrenmatt. Mailand 2005, 110–133.

Dürrenmatt, Friedrich/Kerr, Charlotte: Die Geschichte von Midas-Green. Ein Entwurf von Charlotte Kerr, Textfragmente und Zeichnungen von Friedrich Dürrenmatt. In: Tintenfass. Das Magazin für den überforderten Intellektuellen 34. Zürich 2010, 318–385.

Schell, Maximilian: Ich fliege über dunkle Täler oder Etwas fehlt immer. Erinnerungen. Hamburg 2012.

Sekundärliteratur

Rusterholz, Peter: Die Krise der Darstellung als Darstellung der Krise: *Midas* – der Film zum Lesen. In: Jürgen Söring, Annette Mingels (Hg.): Dürrenmatt im Zentrum. Frankfurt a. M. u. a. 2004, 177–190.

Stingelin, Martin: Ein Selbstporträt des Autors als Midas. Das Spannungsverhältnis zwischen Schrift und Bild in Friedrich Dürrenmatts Spätwerk. In: Davide Giuriato, Stephan Kammer (Hg.): Bilder der Handschrift. Die graphische Dimension der Literatur. Frankfurt a. M., Basel 2006, 269–292.

Stingelin, Martin: Minotaurus, Midas ... Mythische ›Anfänge‹ im Spätwerk von Friedrich Dürrenmatt. In: Hubert Thüring, Corinna Jäger-Trees und Michael Schläfli (Hg.): Anfangen zu schreiben. Ein kardinales Moment von Textgenese und Schreibprozeß im literarischen Archiv des 20. Jahrhunderts. München 2009, 197–212.

Thiel, Anneke: Midas. Mythos und Verwandlung. Heidelberg 2000.

Wirtz, Irmgard M.: Friedrich Dürrenmatts Midas-Stoff: Der Fluch der Erfolgs. In: Anne Bohnenkamp u. a. (Hg.): Konjektur und Krux. Zur Methodenpolitik der Philologie. Göttingen 2010, 353–368.

Weber, Ulrich: Friedrich Dürrenmatt. Eine Biographie. Zürich 2020, 498–502

Martin Stingelin

J Stoffe

46 Das *Stoffe*-Projekt

Entstehungs- und Publikationsgeschichte

Unter dem lapidaren Titel *Stoffe* verfolgte Friedrich Dürrenmatt während der letzten zwei Jahrzehnte seines Lebens ein Projekt, das die Essenz und die Summe seines literarischen und künstlerischen Schaffens in sich birgt. Als Beginn bestimmt er retrospektiv die Zeit der Rekonvaleszenz nach dem Herzinfarkt von 1969. Das Konzept der *Stoffe* hat Dürrenmatt jedoch bereits im kurzen Text *Dokument* von 1964 formuliert. Im Wortlaut des Manuskripts: »Die Geschichte meiner Schriftstellerei ist die Geschichte meiner Stoffe, Stoffe jedoch sind verwandelte Eindrücke. Somit hat die Geschichte meiner Schriftstellerei mit den Eindrücken zu beginnen, die mir haften geblieben sind, die mich als Schriftsteller gemacht haben« (S1). Und so beginnt er mit der Beschreibung seiner Kindheit im Emmentaler Dorf, auf der Suche nach jenen Eindrücken, die seine Fantasie auf bestimmte Bilder und Einfälle lenkten. Eine wesentliche Eigenart des Großprojekts, das sich aus diesem Ansatz entwickelte, liegt in der Verflechtung des Autobiografischen mit Erzählungen und Erzählskizzen, der Rekonstruktion »ungeschriebene[r] Stoffe« (WA 29, 11), also einst geplanter Erzählungen und Stücke. Zugleich kommt hier der vieldeutige Begriff des ›Stoffs‹ ins Spiel, mit dem sich Dürrenmatt – die alte philosophische Unterscheidung von Stoff und Form implizit voraussetzend – auch von avantgardistischen und modernistischen Tendenzen abgrenzt. Diese neigen aus seiner Sicht zu sehr zur Betonung der formalen Aspekte von Kunst und Literatur. ›Stoff‹ ist für ihn Materie im Sinne des zu Erzählenden, aber auch ein spezifischer Aggregatzustand des Erdachten, der literarischen Fiktion, »die unmittelbaren Objekte der Vorstellungskraft« (WA 37, 99) vor ihrer Vollendung und Erstarrung im Werk. ›Stoffe‹ sind »Visionen« (ebd.), die zu Konstellationen und Handlungsideen kristallieren, oder Ansätze zu Texturen, die manchmal zum Werk verfestigt werden, oft

aber in diesem vorläufigen, fragmentarischen oder bloß gedanklich entworfenen Stadium bleiben, in dem sie der Autor gerne in mündlich variierender Erzählung ausprobierte.

Dürrenmatt verspürte nie einen Mangel an Ideen zu literarischen Werken. Ihm fehlte aber – als Erfolgsdramatiker – oft die Zeit und die Geduld zu ihrer Ausarbeitung. So belagerten die Stoff-Einfälle in ihrer Häufung zunehmend das kreative Zentrum des Autors. Wenn Dürrenmatt die ›Geschichte seiner Stoffe‹ niederschrieb, so auch, um sich von all den ungeschriebenen, nie formulierten oder Fragment gebliebenen Ansätzen zu befreien, indem er sie als Skizzen oder ausgeführte Erzählungen in die Autobiografie einfügte – wobei dieser Skizzencharakter der in die Autobiografie eingebundenen Stoffe das Resultat sorgfältiger Textarbeit ist. Durch ihre Rückbindung an sein Leben, an die Umstände ihrer Entstehung, konnte er eine raumzeitliche Struktur, eine Art Topografie und Chronik seiner Imagination konstruieren, die Ordnung und zugleich neue Freiheit schaffen sollte.

Die Verbindung von Autobiografie und Fiktion in den *Stoffen* – nun wieder verstanden als Werktitel – ist denn auch alles andere als eine literarische Resteverwertung. Die *Stoffe* sind Autobiografie und Poetik in einem, Selbstporträt und Weltporträt. Obwohl sie Dürrenmatt in zwei Bänden publiziert hat, waren die *Stoffe* grundsätzlich ein unabschließbares Projekt. Schon diese Bände waren Resultat eines zwanzigjährigen Schreib- und Umschreibprozesses, der sich in Dürrenmatts Nachlass niedergeschlagen hat, und Dürrenmatt hatte Pläne und Texte zur Fortsetzung des Projekts. Die Unabschließbarkeit hängt mit diesem Charakter des Selbstporträts, der Selbstanalyse und Selbstbeobachtung zusammen. Die Lebensbeschreibung interessiert Dürrenmatt in den *Stoffen* insofern, als sie Aufschluss über den Zusammenhang des Erlebten mit dem Werk gibt. Er beschreibt die biografischen Voraussetzungen und den Entstehungszusammenhang seiner ›geschriebenen Stoffe‹ und rekonstruiert ›ungeschriebene Stoffe‹, Einfälle zu Geschichten, die

J. B. Metzler © Springer-Verlag GmbH Deutschland, ein Teil von Springer Nature, 2020
U. Weber / A. Mauz / M. Stingelin (Hg.), *Dürrenmatt-Handbuch*, https://doi.org/10.1007/978-3-476-05314-5_46

im Verlauf seines literarischen Werdegangs gar nicht oder nur in Ansätzen ausformuliert wurden. 1981 erschien der erste Band als *Stoffe I–III* mit den Teilen *Der Winterkrieg in Tibet*, *Mondfinsternis* und *Der Rebell*. Er wurde 1990 mit minimen Veränderungen wieder aufgelegt mit dem Titel *Labyrinth. Stoffe I–III*, zusammen mit dem neu erscheinenden zweiten Band *Turmbau. Stoffe IV–IX* mit den Teilen *IV Begegnungen*, *V Querfahrt*, *VI Die Brücke*, *VII Das Haus*, *VIII Vinter* und *IX Das Hirn*.

Die beiden Bände müssen als Gesamtzusammenhang gesehen werden. Ein vielfach durchbrochener biografischer Bogen zieht sich über sie hin. Er umfasst die Zeit von der Kindheit in Stalden/Konolfingen (in den *Stoffen* »das Dorf« genannt) und der Jugend in Bern (»die Stadt«) bis zum 25. Lebensjahr (1946). Spätere Episoden und Lebensphasen werden nur punktuell eingestreut, etwa Krisensituationen wie das Scheitern am *Turmbau*-Drama im Jahr 1948 oder Umstände, die zu Einfällen führten, etwa ein Kuraufenthalt im Unterengadin 1959, der in den Stücken *Die Physiker* und *Der Meteor* mündete. Die autobiografische Darstellung führt in Einschüben bis in die Gegenwart des Schreibens an den *Stoffen* hinein, etwa wenn die Eindrücke vom Tod der Mutter (1975), des Malerfreundes Varlin (1977) oder der eigenen Frau Lotti (1983) beschrieben werden. Daneben erzählt Dürrenmatt auch von seinen Begegnungen mit Schriftstellern wie Rudolf Kassner, Max Frisch, Bertolt Brecht oder Paul Celan.

Als dritte Textform neben Autobiografischem und Binnenfiktionen finden sich in den *Stoffen* wiederholt essayistische Passagen, die dem Werk einen reflektierenden Charakter verleihen. Sie gelten etwa dem Marxismus und Nationalsozialismus, der Dramaturgie des Labyrinths, der Unmöglichkeit der Rekonstruktion des Gewesenen oder den eigenen geistigen Wurzeln in der Auseinandersetzung mit Philosophen wie Platon, Kant und Søren Kierkegaard oder dem Theologen Karl Barth.

Während der langjährigen Arbeit an den *Stoffen* verselbständigten sich wiederholt Teile davon wie der Text *Vallon de l'Ermitage*, der 1988 im Essay-Band *Versuche* erschien (WA 36, 11–58), und der Roman *Durcheinandertal* (1989; WA 27), der zunächst als Erzählung im Rahmen der *Stoffe* entwickelt wurde. 1990 brachte Dürrenmatt das Projekt nach zwanzigjähriger, mehrfach unterbrochener Arbeit zumindest zu einem vorläufigen Abschluss, gleichzeitig hielt er in seiner Schublade noch weitere – mehrheitlich essayistische – *Stoffe*-Teile zurück, an welchen er nach der Publikation des zweiten Bandes weiterschrieb. Diese in

Reinschrift vorliegenden Texte bilden die Grundlage des 1992 publizierten Nachlass-Bandes *Gedankenfuge* (WA 37, 9–144).

Eine neue textgenetische Auswahledition in fünf Bänden, die im Winter 2020 erscheint, präsentiert den Schreibprozess von den Anfängen in den 1960er Jahren bis zu Dürrenmatts Tod 1990. Sie ist verbunden mit einer Online-Präsentation, in der die Gesamtheit der ca. 30.000 Manuskriptseiten zum Projekt textgenetisch aufgearbeitet ist.

Labyrinth: Stoffe I–III

Der erste Band umfasst autobiografische Abschnitte zur Herkunft aus dem Dorf, zu den Eltern und ihrem Glauben, zum Umzug in die Stadt Bern und der damit verbundenen Labyrinth-Erfahrung, dem Literaturstudium in Bern und Zürich und zur Situation der Schweiz im Zweiten Weltkrieg. In die autobiografische Erzählung eingebunden sind drei Erzählungen in unterschiedlichem Grad der Ausarbeitung, die jeweils auch einem *Stoffe*-Teil den Titel geben: skizzenhaft *Der Rebell*, novellistisch ausgeführt *Mondfinsternis* und als geradezu uferlose fiktive Ich-Erzählung *Der Winterkrieg in Tibet*.

I. Der Winterkrieg in Tibet: Wenn Dürrenmatt seine Kindheit im Emmentaler Dorf und seine pubertären Nöte in Bern plastisch und mit zeitgeschichtlich aufschlussreicher Intensität schildert, geht es ihm um die Bedeutung der biografischen Entwicklung für die Genese seiner Fantasie, um die existentiellen Gründe des Literarischen: Wie kommen Fiktionen zustande, was ist die fantasierende Maschinerie, die auf der Grundlage einer Jugend, wie sie Tausende in der Schweiz ähnlich erlebten, ein vielgestaltiges dramatisches und erzählerisches Werk erzeugt? Die Schilderung von prägenden Erlebnissen, Charakterisierung der Eltern und Erinnerung an deren Erzählungen, eigener Lektüre, ersten Theater- und Filmerlebnissen, kindlichem Gestaltungsdrang in Zeichnungen, dem frühen Interesse an Astronomie, den Irrungen und Wirrungen der Adoleszenz, zeigt in ihrer Komposition durchaus Analogien zu Goethes *Dichtung und Wahrheit* (eine Lektüre, die im *Turmbau*-Band zur Sprache kommt), wenn die Darstellung in ihrem Charakter auch ganz andere Wege geht. Die Schilderungen Dürrenmatts aus seinem Leben sind voller Humor, Zeichen der Selbstdistanz in dieser Schweizer Schein-Idylle während der Zeit des Nationalsozialismus und des Weltkriegs. Die eingängigen Pointen sollten jedoch nicht zu einem oberflächlichen Lesen verleiten. Wenn Dürrenmatt Anekdoten aus seiner Jugend erzählt, gestaltet er sie zu Schlüsselszenen für das Verständnis seiner literarischen Energie und für die Entstehungsbedingungen seines Werks: Am 5.1.1945 feierte er beispielsweise kurz vor Kriegsende im militärischen Hilfsdienst-Einsatz bei Genf seinen 24. Geburtstag. Das improvisierte Fest artete in eine gewaltige Fresserei und Sauferei aus, und als sich der Student schließlich spät in der Nacht in seiner Unterkunft zur Ruhe legte, erbrach er sich: »[E]s schleuderte sich hinaus mit Riesengewalt, bekleisterte die Decke, das ganze Zimmer gleichsam tapezierend [...]. Gleichzeitig aber brach noch etwas anderes aus mir heraus: eine ungewöhnliche Heiterkeit; zwar war mir übel wie noch nie, doch die Lächerlichkeit meiner Kotzerei angesichts des ungeheuren Sich-Übergebens, das die Menschheit außerhalb dieses Landes befallen hatte, diese Groteske des Verschontseins – das unserem Lande in der Folge mehr Schaden zufügen sollte, als damals noch zu ahnen war – stellte mich endlich vor eine Aufgabe: Die Welt, die ich nicht zu erleben vermochte, wenigstens zu erdenken, der Welt Welten entgegenzusetzen, die Stoffe, die mich nicht fanden, zu erfinden« (WA 28, 66 f.). Das Kotzen als Gleichnis des Schreibens: Dürrenmatts expressionistische Wurzeln finden hier ein einprägsames Bild, wie auch seine Dramaturgie der grotesken Gegenwelten.

Die umfangreiche eingelagerte Erzählung *Der Winterkrieg in Tibet* schildert einen absurden Kampf aller gegen alle in einem labyrinthischen Stollensystem im Himalayagebiet. Dürrenmatt beschreibt, wie er diesen Stoff während des erwähnten Hilfsdiensteinsatzes in der klirrenden Kälte konzipierte. Doch bietet die Erzählung keineswegs eine einfache Rekonstruktion des damals Ausgedachten. Dem unterirdischen Kampf gehen die Erlebnisse des Ich-Erzählers, eines Schweizer Offiziers, in seiner im Dritten Weltkrieg zerstörten und atomar verseuchten Heimat voran, bevor er als Söldner in den unterirdischen Krieg im Tibet eintritt. Dieses apokalyptische Szenario entwickelt Dürrenmatt zu einem grotesken Gegenentwurf zu seiner unheroischen Schilderung der Schweiz während des Zweiten Weltkriegs.

Das Bild des Söldners, der im Stollenlabyrinth als der vermutlich letzte Überlebende mit seiner Arm-Prothese seine Geschichte in die endlosen Tunnelwände ritzt, reflektiert jedoch zugleich auch Dürrenmatts Schreibprozess an den *Stoffen*, der ihn zunehmend zurück ins Labyrinth seiner erinnerten Jugend führt und ihn in die damaligen Emotionen und Visio-

nen verstrickt. Das Labyrinth wird zur zentralen Metapher nicht nur der Welterfahrung, sondern auch des Erinnerungs- und Schreibprozesses; es führt den Autor durch ein unterirdisches Stollensystem seiner Manuskripte und endet in den Geröllhalden von Material, das sich im Schreiben angesammelt hat. Schließlich bildet das Tunnellabyrinth eine Variation von Platons Höhlengleichnis, eine Parabel der Verblendung.

Dies alles hat von der Textur her nur noch wenig mit den Ideen zu diesem Stoff zu tun, die Dürrenmatt am Ende des Zweiten Weltkriegs entwickelte. Die rekonstruierten Erzählungen – und man kann dies ausgehend von diesem Fall für alle aus der Frühzeit des Schreibens stammenden, im Rahmen des *Stoffe*-Projekts rekonstruierten Fiktionen sagen – sind also keineswegs identisch mit den damals konzipierten: Der Akt der Rekonstruktion und des Erinnerns ist ihnen eingeschrieben.

II. Mondfinsternis: Dies gilt in besonderem Maße auch für den zweiten Stoff. Dürrenmatt präsentiert *Mondfinsternis* als eine einst intendierte, aber nur ansatzweise niedergeschriebene Erzählung, die dann – aus Geldnot infolge von Krankenhausaufenthalten der Ehefrau Lotti – durch das Stück *Der Besuch der alten Dame* als dramatische Version des gleichen Stoffs (mit einigen Veränderungen, primär der Umkehrung der Geschlechterbeziehungen) ersetzt wurde. Eine typische Schweizer Rückkehrergeschichte, wie man sie spätestens seit Gottfried Kellers *Martin Salander* kennt: Ein reicher Amerikaner, Walt Lotcher, fährt mit seinem Cadillac ins Bergdorf Flötenbach und gibt sich dort als Wauti Locher zu erkennen, der das Dorf in seiner Jugend verlassen hatte. Doch ist seine Rückkehr nicht für alle erfreulich: Er bietet viel Geld für die Ermordung seines einstigen Nebenbuhlers Adolf Mani, dessen Bevorzugung durch die Geliebte Kläri Zurbrüggen Anlass seiner wütenden Abreise aus dem Heimatdorf war. Anders als die Kleinstädter Bevölkerung im berühmten Theaterstück haben die tonangebenden Männer im Bergdorf keinerlei Skrupel: Der Deal ist einzig eine Frage des Preises (sie möchten mehr als die paar Millionen, die Lotcher bietet) und der Mord nur eine Frage des *Wie*: Mani wird schließlich zum ursprünglich gebotenen Preis durch einen inszenierten Unfall beim Holzfällen umgebracht.

Was auf den ersten Blick als etwas flache Burleske über morallose Bergler mit starkem helvetischem Timbre in den Dialogen erscheinen mag, ist bei genauerem Hinsehen nicht nur die Vorstufe, sondern zugleich die raffinierte Parodie und ein Gegenentwurf zum *Besuch der alten Dame*: Wo sich Claire Zachanassian wie eine böse Schicksalsgöttin eine eigene Weltordnung leistet und die sozialen Gesetze durch ihre finanzielle Allmacht definiert, herrscht in *Mondfinsternis* Improvisation und Zufall. Das unmoralische Angebot entspringt einer augenblicklichen Laune des Rückkehrers und ist keinesfalls der Anlass der Rückkehr. Noch das ließe sich als erzählerische Etüde abtun. Doch die Geschichte wird zugleich zum indirekten Gegenbild der Autobiografie – zu einem Zerrspiegel der emotionalen Spannungen, die Dürrenmatt mit seiner Herkunft, dem Voralpendorf Konolfingen und mit pubertären Jugenderfahrungen im Kiental im Berner Oberland verbindet, wo er sich vor seinem Studium aufhielt: Der Knirps der Kindheit und der gehemmte angehende Student der Autobiografie kehren in der Fiktion als rächender Koloss zurück, der der Erwachsenenwelt die erlittenen Kränkungen heimzahlt.

Nach Dürrenmatts Auffassung lässt sich das Selbst nicht als Stoff objektivieren, ohne dass es dabei verlorenginge: »[M]an tritt sich als ein anderer gegenüber, als Stoff eben, mit dem man sich allzuleicht verwechselt« (WA 29, 225). Je mehr man die Wahrhaftigkeit der Mitteilung beteuere, desto fragwürdiger werde sie. In der Konfrontation von Autobiografie und Binnenfiktion findet Dürrenmatt ein Darstellungsmittel, das diese Schwierigkeit löst. In den autobiografischen Abschnitten kann der Autor die biografischen Voraussetzungen für sein Weltbild und für seine Gefühlslage schildern. Dieser Schilderung stellt er in der fiktionalen Erzählung unmittelbar ein Gleichnis gegenüber. Autobiografie und Fiktion erhellen einander wechselseitig, indem beide Darstellungsformen in ein Spannungsverhältnis treten. Unmittelbar ist die Konfrontation der beiden Formen in dem Sinne, dass es den Lesenden überlassen bleibt, die wechselseitigen Bezüge herzustellen und zu deuten.

Und noch eine weitere Dimension ist der Erzählung inhärent: Sie ist – im Ko-Text der *Stoffe* gelesen – ein Gleichnis des Erinnerns. Ganz im Gegensatz zur 1956 publizierten Heimkehrer-Geschichte *Der Besuch der alten Dame*, wo die unverminderte Erinnerung der Protagonistin an das Unrecht, das ihr einst geschah, die Dynamik des Stücks prägt, bildet *Mondfinsternis* insbesondere in den Anfangsteilen, bei der Schilderung der Rückkehr Lotchers nach Flötenbach, eine eigentliche szenische Dramaturgie der unwillkürlichen Erinnerung, der *mémoire involontaire* Marcel Prousts, um mit *Auf der Suche nach der verlorenen Zeit* einen weiteren Referenz-Text anzudeuten, von dem sich Dürrenmatt deutlich abgrenzt. Die Auslösung der

Erinnerung Lotchers an seine Jugend im Bergdorf durch einen Herzinfarkt, dann das Durchdringen des tief verschneiten Waldes mit dem Wagen und schließlich zu Fuß, das Stolpern über eine gefrorene Leiche im Wald, das Gespräch mit dem Wirt, das die ganze verdrängte Emotionalität der einstigen Flucht aus dem Bergdorf wieder wachruft und den Racheplan spontan entstehen lässt: All diese Elemente charakterisieren dieses Heimkehrer-Trauma deutlich als Drama von Verdrängung und Erinnerung. Es wird durch zahlreiche Analogien zum Sinnbild für den Erinnerungsprozess des autobiografischen Erzählers der *Stoffe*. Erst der Blick auf den Gesamtzusammenhang von Kindheitsdarstellung, rekonstruierter Fiktion *Mondfinsternis* und vom Autor einleitend eingeschobener Schilderung der Entstehungsumstände des Stücks *Der Besuch der alten Dame* erlaubt es, der Komplexität und Dichte dieses vielschichtigen Erzählgefüges gerecht zu werden.

III. Der Rebell: Die autobiografischen Abschnitte zu Dürrenmatts bohèmeartigem Leben in Zürich 1942/43, die Kontakte mit dem Maler Walter Jonas und seinem Umfeld, die Lektüre von Kafka und Kassner, die Begegnungen mit Kassner und Brecht, das Gelingen des ersten ›gültigen‹ Textes *Weihnacht* am Heiligabend 1942 unter der geistigen Patenschaft von Georg Büchner – eine Art parodistisch unterfütterte literarische Geburt –, schließlich die ambivalente Beziehung zu den Eltern umreißen den Kontext, in welchen die Erzählung *Der Rebell* eingebettet ist. Der formale Charakter der Skizzenhaftigkeit, Widersprüchlichkeit und Vieldeutigkeit spiegelt die Orientierungslosigkeit der Hauptfigur ›A‹, die sich in einer labyrinthischen Welt nicht zurechtfindet und zugrunde geht. A, ein Student der Mathematik, wächst bei seiner distanzierten Mutter auf und beginnt an der Schwelle zum Erwachsenwerden seinem verschollenen Vater nachzuforschen, den er nie gekannt hat. A findet in der Bibliothek seines Vaters die Grammatik einer unbekannten Sprache. Er verlässt sein Elternhaus und bricht auf, »ohne ein bestimmtes Ziel, aber aus dem dumpfen Gefühl heraus, die Reise antreten zu müssen« (WA 28, 308). Er gelangt in ein fremdes Land, wo die unbekannte Sprache gesprochen wird. Das Land wird von einem geheimnisumwobenen Herrscher tyrannisiert. Das Volk hegt messianische Heilserwartungen an einen Rebellen, der kommen werde, sie zu befreien. Während A ohne sein Zutun mit diesem Rebellen identifiziert wird, weisen verschiedene Indizien darauf hin, dass der Tyrann mit As Vater identisch sein könnte. Als die Revolution gegen den Tyrannen, der für A nie greif- und sichtbar wird, unmittelbar bevorzustehen scheint, wird A von der Palastwache verhaftet, angeblich um den Tyrannen in Sicherheit zu wiegen. Doch bleibt die Revolution aus und A wird in einem Spiegelgefängnis eingesperrt, wo er allmählich den Verstand verliert, seinen Spiegelbildern aufwieglerische Reden hält und vergessen zu Grunde geht.

Zentrales Motiv ist die unbeantwortbare Frage nach der Identität von Vater und Despot, alles bleibt im Ungewissen. Vatersuche und Reise sind Metaphern für den Identitätsfindungsprozess des Protagonisten, die statt zur Herrschaftsabfolge in ein Spiegellabyrinth des eigenen Inneren führen. Die Erzählung schildert einen ungreifbaren Vater-Sohn-Konflikt, sie bildet eine Art Anti-Ödipus-Geschichte. Die Absenz des Vaters bildet eine Lücke in der Persönlichkeitsstruktur des Protagonisten. Der Spiegel als Werkzeug der Selbsterkenntnis ist durch die Vervielfältigung und Anordnung zu einem Labyrinth pervertiert.

Dürrenmatt erklärt, er habe im *Rebell* versucht, »ohne daß ich es ahnte, meine eigene konfuse Lage darzustellen« (282). In den autobiografischen Abschnitten berichtet er sehr zurückhaltend, verständnisvoll und versöhnlich über seine Eltern und mit ironischer Distanz über seine pubertäre künstlerische Orientierungslosigkeit, seine temporäre Nazisympathie, seine Einsamkeit und die in mangelndem Widerstand verpuffende Rebellion gegen den Vater. Die Erzählungen *Der Winterkrieg*, *Mondfinsternis* und *Der Rebell* hingegen stellen die emotionalen Tiefenschichten von jugendlicher Verblendung und Kampfeslust, gekränkten Rachegelüsten und Größenfantasien, sexuellen Obsessionen und orientierungsloser Verzweiflung dar, die im autobiografischen Teil höchstens angedeutet werden.

Doch auch *Der Rebell* bleibt nicht auf die Dimension einer indirekten Spiegelung der eigenen Jugend beschränkt, sondern reflektiert zugleich die Situation des erinnernden Autors: Die rekonstruierte Erzählung *Der Rebell* – eine Idee von 1943 – erscheint zunächst als Reflex und indirekter Kommentar zur durch die ganzen *Stoffe* geführten Auseinandersetzung mit dem leiblichen Vater und dessen Glauben. Doch gibt es durch den Kontext und die Signale im Text durchaus eine Lesart, die die Geschichte als Spiegel der literarischen Initiation, der Suche nach einer literarischen Sprache und der Einordnung in eine literarische Generationenabfolge verstehen lässt. Und obwohl es Dürrenmatt als Stoff aus seinen Anfängen präsentiert, ist es nicht nur eine Geschichte von Elternverlust und Elternsuche, sondern zugleich auch ein Gleichnis für das Drama des Erfolgsautors im Kulturbetrieb, wie es Dürrenmatt in der Zeit der Niederschrift der *Stoffe* erlebte: suchende Anfänge, kometenhafter Aufstieg, Jubel der Menge, dann Verpuffen des Erfolgs und Fall in die Vergessenheit. Damit ergibt sich eine andere indirekte Referenz der Vaterfigur im Text: Im autobiografischen Teil vor der Binnenerzählung schildert Dürrenmatt seine beiden persönlichen Begegnungen mit Brecht – vor allem ein Essen, in dem es primär um die Stärke der gerauchten Zigarren ging. Brecht war der große Theaterautor, an dem es sich zu messen galt und an dem Dürrenmatt von der Kritik immer wieder gemessen wurde. Und während Dürrenmatt in den 1950er und 1960er Jahren als große neue Figur auf dem deutschsprachigen Theater gefeiert wurde, oft als *der* Nachfolger Brechts bezeichnet, wurde er von den Theatern zur Zeit der *Stoffe*-Arbeit mit seinen neuen Dramen links liegen gelassen, während sich Brecht fünfzehn Jahre nach seinem Tod erst richtig als Klassiker auf der Bühne etablierte.

Turmbau (*Stoffe IV–IX*)

Im 1990 publizierten zweiten Band *Turmbau. Stoffe IV–IX* erzählt Dürrenmatt sein Leben von der Rückkehr aus Zürich im Frühjahr 1943 bis zum Abbruch des Studiums und der Entscheidung für die Schriftstellerei im Jahr 1946. Wie bereits im ersten Band streut er in diese Chronologie viele Erinnerungen aus späterer Zeit ein. Auch hier rekonstruiert er frühe erzählerische Stoffe – *Das Haus* und *Vinter* – dazu auch ungeschriebene oder Fragment gebliebene Theaterszenen und -stücke: *Der Turmbau zu Babel*, *Der Brudermord im Hause Kyburg*, *Der Brandstifter zweiter Teil*, *Der Tod des Sokrates*. Schließlich kommen zwei politische Parabeln hinzu: *Das gemästete Kreuz* sowie *Auto- und Eisenbahnstaaten*. Den Abschluss bildet die kosmogonische Fiktion *Das Hirn*. Erneut finden sich auch wieder essayistische Passagen, insbesondere Auseinandersetzungen mit philosophischen und theologischen Konzepten und Figuren.

In der kurzen einleitenden Reflexion präsentiert Dürrenmatt den Band – mit implizitem Bezug auf die Titelmetapher – als Ansammlung von »Trümmer[n]« (WA 29, 11), die vom ursprünglichen Rekonstruktionsversuch nur noch übriggeblieben seien. In der Tat hat der Band *Turmbau* – trotz oder wegen der zehnjährigen Arbeit, die zu ihm führte – wesentlich stärkeren Bruchstück-Charakter als der erste; es fehlt eine explizite und durchgehende Verbindung zwischen Autobiografie und eingeschobenen Erzählungen. Doch hat auch dieses Scheitern Methode, es ist die poetische Konsequenz einer – bereits im ersten *Stoffe*-Band anklingenden – existentiellen Erkenntnis: Das gelebte Leben lässt sich nicht einholen und ohne Verfälschung zu einer Einheit stilisieren. Auch innerhalb der einzelnen *Stoffe*-Teile finden sich heterogene Elemente des langen Entstehungsprozesses.

IV. Begegnungen: Der Text liest sich mit den Überlegungen zur Verbindung von Erinnerung und Vorstellungskraft sowie der Darstellung persönlicher Todeseindrücke (die Ehefrau Lotti, der Maler Varlin, ein eigener Schäferhund) als programmatische Einleitung zum zweiten Band der *Stoffe* und zum Spätwerk überhaupt, in dem Todeseindrücke und Todesszenarien geradezu leitmotivisch begegnen.

Das ursprüngliche Erlebnis entzieht sich Dürrenmatts Überzeugung zufolge als das schlechthin Subjektive der Darstellung. Seine Intensität provoziert aber die Vision eines Stoffs, wie er am Beispiel des toten Schäferhunds illustriert, den er auf der Rampe der Abdeckerei wie im Schlaf daliegend betrachtet: »[E]twas fehlte und machte den Anblick schrecklich. Ein maßloses Staunen drang in mich herein, einen Augenblick lang, der ewig zu währen schien, einen Todesaugenblick lang eben – auch bei weit erhabeneren Augenblicken, beim Anblick meiner toten Eltern etwa, hatte ich dieses Gefühl nicht, dieses plötzliche Aufheben der Zeit« (19). Darin liegt eine poetologische Grundthese, die Dürrenmatt auch bei der Darstellung des Todes der eigenen Frau und beim Besuch der Auschwitz-Gedenkstätte am Ende des Bandes beibehält: »[D]er Tod ist nur von außen darstellbar« (21).

V. Querfahrt: Wie entsteht ein Stoff? Erinnerung, Assoziation und Logik sind die Faktoren, mit denen die Vorstellungskraft gemäß Dürrenmatts Reflexion arbeitet (vgl. 15). Der erste Teil von *Querfahrt* stellt sich als erzählerische Umsetzung dieser Erkenntnis dar. Ausgehend von der Rückkehr als Student aus Zürich nach Bern im Jahr 1943, die den Anschluss an den ersten Band der *Stoffe* herstellt, springt der Text scheinbar zusammenhanglos zwischen den Stoffen und Zeitebenen. Doch damit wird er strukturell zum Abbild des assoziativen Charakters von Erinnerungsprozessen. Der Text *Querfahrt* enthält eine Vielzahl von angedeuteten, erwähnten oder erzählerisch ausgeführten Fahrten, teilweise verbunden mit der Darstellung von – fiktiven und realen – Unfällen, die in je unterschiedlicher

Art die Frage nach der Schuld aufwerfen (vgl. Probst 2008, 137–170). So entsteht ein dichtes Gefüge anhand von Motivvariationen und -filiationen, etwa des Auferstehungsmotivs, das sich von Kindheitserzählungen der Eltern über die Lektüre von Jean Pauls *Siebenkäs* (1943) zu *Frank der Fünfte* (1959) und *Der Meteor* (1966) entwickelt. Dieses Geflecht deutet exemplarisch an, wie sehr nicht nur die *Stoffe* in sich, sondern Dürrenmatts Gesamtwerk als *ein* großer Schreib-, Motiv- und Gedankenzusammenhang zu verstehen ist. Der Text gibt jedoch auf die Frage nach den Ursprüngen einzelner Stoffe nicht *eine* monokausale Antwort bzw. Rückführung auf Kindheits- und Jugendeindrücke; unzählige Kombinationsmöglichkeiten, beim Schreiben unbewusste Assoziationen zwischen Erlebnissen, Gelesenem und eigenen Stoffen werden angedeutet oder ausgeführt.

An diese Darstellung schließt sich eine Reihe von nicht geschriebenen Stücken an, die Dürrenmatt skizzenhaft darstellt und autobiografisch einbettet: Die Rekonstruktion des 1948 geplanten *Turmbau*-Dramas und des dramatischen Scheiterns an diesem Stoff – es endete mit der Verbrennung des Manuskripts nach monatelanger Arbeit – hat zentrale Bedeutung für den ganzen Band und die Poetik des Spätwerks. Sie verbindet die Darstellung des Scheiterns mit dem Gelingen der Darstellung und kann so – pars pro toto – auch als Gleichnis für die Ästhetik der *Stoffe*, als wiederholter Durchgang durch das Werk, gelesen werden. Entgegen dem biblischen Mythos (1. Mose 11, 1–9) sollte im Stück der Turmbau gelingen, Nebukadnezar allerdings, als er mit seinem Turm den Dachboden der Welt erreicht, vergeblich nach dem Gott suchen, den er herausgefordert hatte.

Die Posse *Der Brudermord im Hause Kyburg* stellt den Beginn der Neuzeit am Ende mittelalterlichen Raubrittertums als Mischung von scheiterndem aufklärerischem Geist und gewaltauslösender technischer Innovation dar. Die Rekonstruktion des mit Max Frisch geplanten Projekts zu einer Fortsetzung (und Umkehrung) von *Biedermann und die Brandstifter* ist sowohl eine Demonstration des im ursprünglichen Sinne parodistischen Geistes als auch eine kritisch-melancholische Darstellung und gleichzeitige Dekonstruktion der Dürrenmatts Schriftstellerleben maßgeblich prägenden, scheinbaren ›Dioskuren‹-Beziehung zu Frisch.

Den Abschluss von *Querfahrt* bildet die politische Parabel *Das gemästete Kreuz*. Diese bissige Auseinandersetzung mit dem Schweizer Patriotismus und der Schweizer Armee war kein alter Stoff, sie hatte als neues Gleichnis in der Endphase des Kalten Krieges viele politische Anknüpfungspunkte, etwa die von Dürrenmatt unterstützte Volksinitiative zur Abschaffung der Schweizer Armee (1989).

VI. Die Brücke: In einem Gedankenexperiment wandelt der Autor eine Ausgangssituation – den Gang des Studenten ›F. D.‹ über die Kirchenfeldbrücke in Bern am 15.10.1943 – in dreizehn Variationen immer wieder ab und kombiniert sie mit erkenntniskritischen Reflexionen, die die Unmöglichkeit des Anspruchs demonstrieren, eine biografische Tatsache als solche logisch rekonstruieren zu können. Zugleich zeigt der Text aber auch die Unmöglichkeit, ein Leben auf unzweifelhaften Gewissheiten aufzubauen, wie es der Philosophiestudent F. D. versucht. Diese autofiktionale Variation unterläuft die Scheidung von Autobiografie und Fiktion und kann auch als kritische Auseinandersetzung mit der aristotelischen Scheidung von Geschichtsschreibung und Literatur gelesen werden. Der Gang über die Brücke kann als Bild für eine Entscheidungssituation im eigenen Leben verstanden werden. Kernthema und Ausgangspunkt des Texts ist jedoch die erkenntnistheoretische Problematik der Auffassung von Wahrheit, der Unterscheidung von Glauben und Wissen, der Beschaffenheit der Wirklichkeit und der Möglichkeit von Erkenntnis und literarischer Darstellung überhaupt – Fragen, mit denen sich der alternde Autor ebenso beschäftigte wie der damalige Student F. D., wechselte er doch in jenem Herbst 1943 seine Studienfächer von der Literatur und Kunst zur Philosophie und Psychologie (vgl. Probst 2008, 171–224).

VII. Das Haus: Das Haus ist einer der ältesten Stoffe im *Turmbau*. In der Studienzeit konzipiert, liegt die rekonstruierte Erzählung bereits um 1973 weitgehend abgeschlossen vor. Das gilt auch für ihren autobiografischen Begleittext: die Schilderung des Philosophiestudiums und die Charakterisierung der damaligen Lehrer Richard Herbertz und Wilhelm Stein, die zur erneuten Auseinandersetzung mit den für Dürrenmatts Welt- und Existenzverständnis grundlegenden Philosophen Platon, Kant und Kierkegaard führte, aber auch zur Darstellung der Suche nach einer eigenen literarischen Sprache in Auseinandersetzung mit Goethe, Jeremias Gotthelf, Stefan George, Ernst Jünger und anderen.

Die Erzählung *Das Haus* stellt dar, wie ein Mathematikstudent als Begleiter eines Kollegen in der Berner Gerechtigkeitsgasse in ein Haus hineingerät, das

ihm zum Verhängnis wird. Unfreiwillig und durch Missverständnisse gerät er von einer Wohnung in die andere und macht extreme Erfahrungen. So wird er etwa von einem alten SS-Offizier zusammengeschlagen und von einer geheimnisvollen Frau geliebt, bis er schließlich beim Hinaustaumeln vom blinden, eifersüchtigen Hauswart von hinten mit einem Feuerhaken erschlagen wird – eine Karikatur der blinden Justitia in der Gerechtigkeitsgasse.

Eingeschoben in diesen Textzusammenhang von Autobiografie und rekonstruierter Erzählung sind zwei Prosastücke aus späterer Zeit: *Auto- und Eisenbahnstaaten*, eine politische Parabel auf die Prinzipien der Freiheit und Gerechtigkeit (und die Antagonisten des Kalten Krieges), und *Der Tod des Sokrates*. Letztere Erzählung bildet einen tragikomischen, kritischen Gegenentwurf zur Platon-Lektüre während des Studiums: Platon erscheint als verbissener Ideologe, der dem beliebten Sokrates seine Dialoge in den Mund legt. In den Figuren des lebenslustigen Philosophen und des aus der Mode gekommenen Komödienautors Aristophanes hat Dürrenmatt auch ein in zwei Figuren aufgespaltetes indirektes Selbstporträt gezeichnet.

VIII. Vinter: Ist der *Stoffe*-Teil VII dem Philosophiestudium und den eigenen philosophischen Wurzeln gewidmet, so gilt Teil VIII der Auseinandersetzung mit der Religion und insbesondere der Theologie Karl Barths. Und er endet biografisch mit dem in einer intuitiven Eingebung gefällten Entschluss des 25-Jährigen, sein Studium abzubrechen und Schriftsteller zu werden. Dürrenmatt schließt damit den Bogen, der von der Kindheit im Emmentaler Dorf bis zum Beginn seiner schriftstellerischen Karriere führte. Argumentiert der späte Dürrenmatt als Atheist (»Ich halte die Frage, ob Gott existiere, für sinnlos«, WA 29, 201; »Barth erzog mich zum Atheisten«, 208), so stellt er die damalige intuitive Entscheidung als unbegründbaren existentiellen Sprung im Sinne Kierkegaards dar: als Sprung in eine Art von Glauben und Befreiung aus einer »sinnlose[n] Rebellion« (225).

In die Darstellung dieser Wende, des »schwierigsten Moment[s] meines Lebens« (ebd.), bettet der Autor die Binnenfiktion *Vinter* als weiteren Stoff ein, den er während des Studiums konzipiert habe. Die Erzählung über einen Auftragsmörder, der mit seinem letzten Job in die eigene Heimat zurückkehrt, liest sich wie eine Umkehrung zur Erzählung *Das Haus*: Wurde dort ein unschuldiger Student durch einen blinden Zufall, eine Schein-Gerechtigkeit, hingerichtet, so verzweifelt hier ein Schuldiger daran, dass das Gericht ausbleibt und er nicht für sein Verbrechen zur Rechenschaft gezogen wird, ihm vielmehr ohne sein Zutun eine neue Existenz und Wohlstand geschenkt wird.

IX: Das Hirn: Dürrenmatt schließt sein autobiografisches Werk mit der großen Fiktion *Das Hirn* ab: Ein einsames Welthirn erdenkt sich nach einem geistigen Urknall den Kosmos aus dem Nichts. Der Blick, der zu Beginn der *Stoffe* von den Kindheitserfahrungen im Emmental ausging, weitet sich nun zur Darstellung eines Weltentstehungsprozesses aus einem fiktiven reinen Hirn in der ursprünglichen Leere: eine ebenso großartige wie traurige Vision der Allmacht und Ohnmacht einer solitären Fantasie. Sie verbindet nicht nur in einem narrativen Sturmlauf spielerisch Denkmodelle von Schöpfungsgeschichte und idealistischer Philosophie, Evolutionstheorie und moderner Kosmologie, sondern bildet zugleich einen Reflex auf den Gesamtcharakter der *Stoffe*. Dürrenmatts Interesse gilt in den *Stoffen* – im Gegensatz zu seiner früheren Dramatik – weniger den fiktiven ›Eigenwelten‹ selbst, als vielmehr der Darstellung des Akts der Schöpfung und Vernichtung derselben. So ist es folgerichtig, dass er ans Ende der zu Lebzeiten publizierten *Stoffe* eine Fiktion stellt, welche die Weltentstehung als Gedankengang eines kosmischen Hirns durchspielt. Ganz zufällig, ein nebensächliches Detail in der überschwänglichen Gedankenflut, erscheint am Ende der Schriftsteller selbst, der sich *Das Hirn* erdenkt und mit dem das fingierte Hirn in ein paradoxes Verhältnis gegenseitiger Erschaffung bzw. ›Erdenkung‹ gerät.

Doch Dürrenmatt beschließt die *Stoffe* nicht mit dieser ironischen Selbstdarstellung des Schriftstellers als Fiktion des von ihm fingierten Hirns. Er bricht das Gedankenspiel ab und wechselt abrupt zur Schilderung eines Besuchs der Gedenkstätten in den ehemaligen Vernichtungslagern von Auschwitz und Birkenau, der in der direkten Gegenwart des Schreibens, im Mai 1990, stattfand. Dürrenmatt hatte seine Poetik der grotesken Gegenwelten im Anfangsteil der *Stoffe* aus seiner Erfahrung des Verschontseins und des Außenstehens im Zweiten Weltkrieg begründet. Nun kehrt er von der spielerischen ›Hirn‹-Fiktion zu diesem düsteren Ausgangspunkt zurück. Allmacht und Ohnmacht der Fantasie stehen hart nebeneinander. Den Schluss bilden wiederum die Eindrücke eines Verschonten, der vergeblich diese »Landschaft des Todes« (262) zu begreifen versucht. Es ist die ganze Spannweite zwischen der Begeisterung für das Wunder des menschlichen Hirns und seiner Schöpfungs-

kraft einerseits, der Fassungslosigkeit und Ohnmacht des Einzelnen und einer ganzen Generation gegenüber den Perversionen, deren Menschen fähig waren und sind, die sich im Schlusskapitel zeigt. »Es ist, als ob der Ort sich selber erdacht hätte. Er ist nur. Sinnlos wie die Wirklichkeit und unbegreiflich wie sie und ohne Grund« (263).

Textprozess, nachgelassene Texte und textgenetische Edition

Mit dieser Schilderung seines Auschwitz-Besuchs zieht Dürrenmatt am 21.5.1990 einen Schlussstrich unter den zweiten Band der *Stoffe*. Im August 1990, noch bevor dieser im Oktober bei Diogenes erscheint, schreibt er jedoch schon wieder an den *Stoffen* weiter: Er überarbeitet während zweier Monate die essayistischen Komplexe *Dramaturgie der Vorstellungskraft*, *Prometheus* und *Gedankenfuge*, deren Entstehung teilweise bis in die 1970er Jahre zurückreicht, die jedoch den Rahmen des zweiten Bandes gesprengt hätten. Offensichtlich waren für ihn die *Stoffe* kein abgeschlossenes Buchprojekt in zwei Bänden.

Was 1990 niemand wusste: In den langen Jahren der *Stoffe*-Arbeit entstanden unzählige Fassungen und Varianten, Konvolute im Umfang von über 30.000 Manuskriptseiten, die in Dürrenmatts Nachlass zum Vorschein kamen: Dokumente eines mächtigen Schreibstroms, der sich einem Abschluss entzog und entziehen musste. Wie Prousts *Auf der Suche nach der verlorenen Zeit* und Robert Musils *Mann ohne Eigenschaften* als reflektierte Gesamtprojekte einer Schreibexistenz nur durch den Tod des Autors zum Stillstand kamen, wurde das Variieren, Neuformulieren, Neukombinieren und Ergänzen zum poetischen Prinzip des *Stoffe*-Projekts – einer Schreibform, die sich in letzter Konsequenz der Statik des Buches entzog. Nicht zufällig regelte Dürrenmatt gemeinsam mit seinem Verlag in der zweiten Hälfte der 1980er Jahre, als der Abschluss des zweiten Bandes noch nicht absehbar war, seinen literarischen Nachlass und initiierte die Gründung des Schweizerischen Literaturarchivs. Damit war die Aufbewahrung, Erschließung und Zugänglichkeit des Manuskriptgebirges gesichert, das noch über jene 30.000 Manuskriptseiten hinausführt: Das gesamte Prosaschaffen Dürrenmatts seit Beginn der 1970er Jahre ist letztlich dem *Stoffe*-Projekt als einem großen Akt der Wiederbegegnung mit dem eigenen Leben und Werk zuzuordnen: Der angefangene Kriminalroman *Der Pensionierte* (ab 1970) ist als Reihe von Besuchen bei den ›unerledigten Fällen‹ u. a. ein Sinnbild

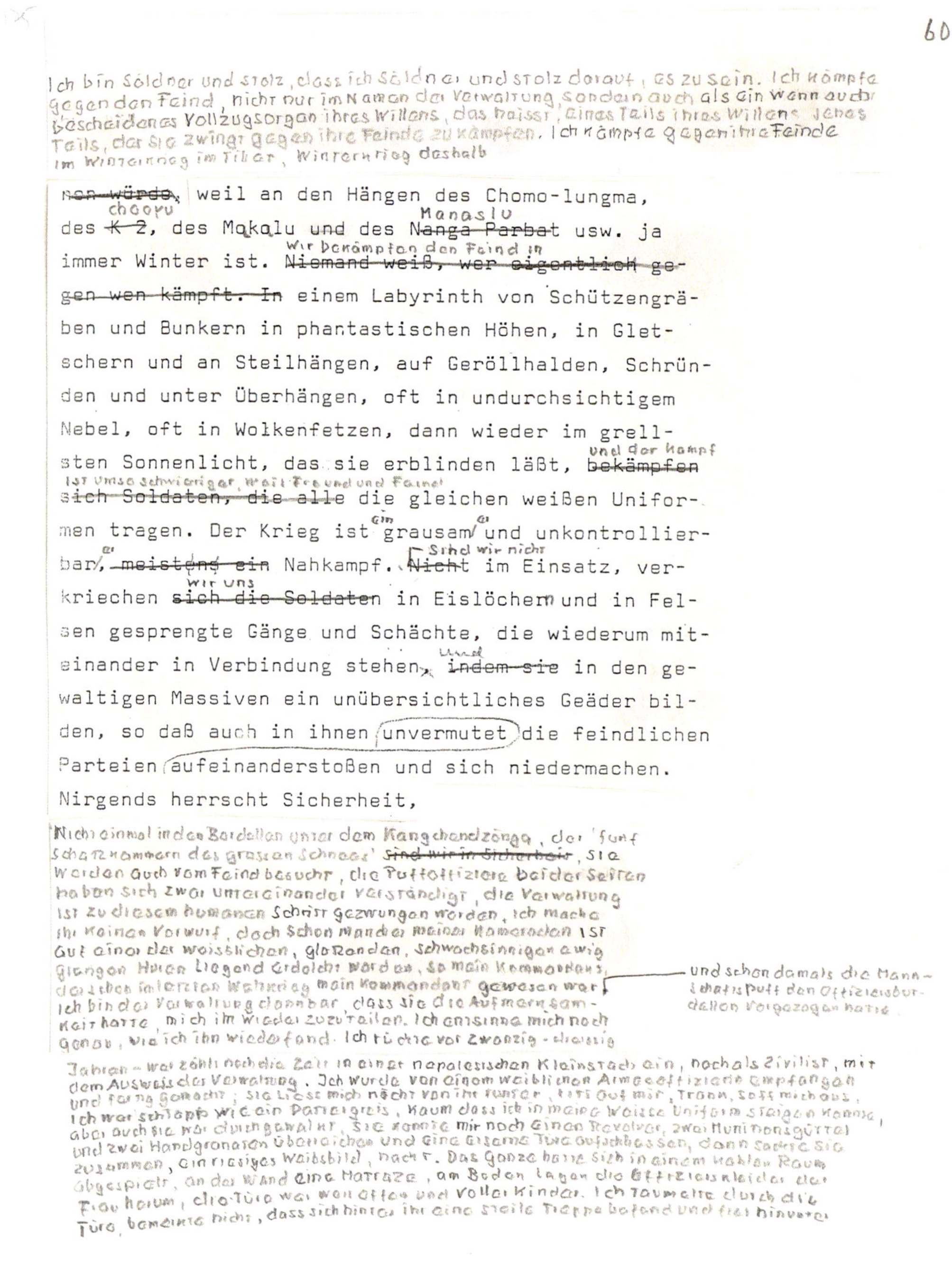

60

Ich bin Söldner und stolz, dass ich Söldner und stolz darauf, es zu sein. Ich kämpfe
gegen den Feind, nicht nur im Namen der Verwaltung sondern auch als ein wenn auch
bescheidenes Vollzugsorgan ihres Willens, das heisst, eines Tails ihres Willens jenes
Tails, der sie zwingt gegen ihre Feinde zu kämpfen. Ich kämpfe gegen ihre Feinde
im Winterkrieg im Tibet, Winterkrieg deshalb

~~nen würde~~, weil an den Hängen des Chomo-lungma,
des ~~K-2~~, des Makalu und des ~~Nanga-Parbat~~ usw. ja
immer Winter ist. ~~Niemand weiß, wer eigentlich ge-~~
~~gen wen kämpft. In~~ einem Labyrinth von Schützengrä-
ben und Bunkern in phantastischen Höhen, in Glet-
schern und an Steilhängen, auf Geröllhalden, Schrün-
den und unter Überhängen, oft in undurchsichtigem
Nebel, oft in Wolkenfetzen, dann wieder im grell-
sten Sonnenlicht, das sie erblinden läßt, ~~bekämpfen~~
~~sich Soldaten, die alle~~ die gleichen weißen Unifor-
men tragen. Der Krieg ist grausam und unkontrollier-
bar, ~~meistens ein~~ Nahkampf. ~~Nicht~~ im Einsatz, ver-
kriechen ~~sich die Soldaten~~ in Eislöchern und in Fel-
sen gesprengte Gänge und Schächte, die wiederum miteinander in Verbindung stehen, ~~indem sie~~ in den gewaltigen Massiven ein unübersichtliches Geäder bilden, so daß auch in ihnen unvermutet die feindlichen
Parteien aufeinanderstoßen und sich niedermachen.
Nirgends herrscht Sicherheit,

(handschriftliche Einfügungen am oberen Text: chooyu · Manaslu · Wir bekämpfen den Feind in · Und der kampf ist umso schwieriger, weil Freund und Feind · ein · ei · Sind wir nicht · wir uns · und)

Nicht einmal in den Bordellen unter dem Kangchendzönga, den 'fünf
Schatzkammern des grossen Schnees' sind wir in Sicherheit, sie
werden auch vom Feind besucht, die Puffoffiziere beider Seiten
haben sich zwei untereinander verständigt, die Verwaltung
ist zu diesem humanen Schritt gezwungen worden, ich mache
ihr keinen Vorwurf, doch schon mancher meiner Kameraden ist
gut einer der weisslichen, glotzenden, schwachsinnigen ewig
gitzgen Huren liegend erdolcht worden, so mein Kommandant,
der eben in letzten Weltkrieg mein Kommandant gewesen war,
ich bin der Verwaltung dankbar, dass sie die Aufmerksamkeit hatte, mich ihm wieder zuzuteilen. Ich erinnere mich noch
genau, wie ich ihn wieder fand. Ich rückte vor zwanzig – dreissig

— und schon damals die Mann-
schaftspuff den Offiziersbor-
dellen vorgezogen hatte.

Jahren – was zählt noch die Zeit in einer neapolitanischen Kleinstadt ein, noch als Zivilist, mit
dem Ausweis der Verwaltung. Ich wurde von einem weiblichen Armeeoffizier empfangen
und fertig gemacht; sie liess mich nicht von ihr runter, trieb auf mir, Tränen, sass mich aus,
ich war schlapp wie ein Parteigreis, kaum dass ich in meine weisse Uniform steigen konnte,
aber auch sie war ohnmgewalt, sie reichte mir noch einen Revolver, zwei Munitionsgürtel
und zwei Handgranaten überreichte und eine eiserne Türe aufstiessen, dann sackte sie
zusammen, ein riesiges Weibsbild, nach r. Das Ganze hatte sich in einem kahlen Raum
abgespielt, an der Wand eine Matraze, am Boden lagen die Offizierskleider der
Frau herum, die Türe war weit offen und voller Kinder. Ich taumelte durch die
Türe, bemerkte nicht, dass sich hinter ihr eine steile Treppe befand und fiel hinunter

Abb. 46.1: Dürrenmatt schreibt seit seinem Herzinfarkt 1969 nur noch in seiner eigenartigen Blockhandschrift, seine Sekretärin tippt seine Fassungen ab, und er überarbeitet das Typoskript wiederum handschriftlich – unter Einbezug von Leim und
Schere: Arbeitsfassung der Erzählung *Der Winterkrieg in Tibet*, Mai 1978.

der begonnenen *Stoffe*-Arbeit. Der Israel-Essay *Zu-sammenhänge* (1975) als wiederholte Auseinander-setzung mit den Wurzeln des eigenen Denkens und Schreibens im Glauben der Eltern, aber auch der *Mit-macher-Komplex* (1976) als schriftstellerische Neu-geburt aus dem Scheitern des Dramas auf der Bühne gehören von ihrer Anlage her zu den *Stoffen*. Neben dem zirkulären Gestus der Wiederbegegnung mit dem eigenen – geschriebenen und ungeschriebenen – Stoff, der den *Mitmacher-Komplex* prägt, kann auch die Ödi-pus-Variation *Das Sterben der Pythia* (entstanden 1976) im Hinblick auf die *Stoffe*-Arbeit gelesen wer-den: Es ist, wie *Mondfinsternis*, eine Geschichte über Vergessen und Verdrängen, Selbsttäuschung, unwill-kürliche Erinnerung und aufgezwungene Auseinan-dersetzung mit einer unbewältigten Vergangenheit. Die Frage des Ödipus nach seiner Identität kann als ei-ne indirekte Spiegelung der wiederholten Auseinan-dersetzung mit den Eltern in den *Stoffe*-Manuskripten verstanden werden, aber auch als ein Sinnbild für die sich in der Genese wandelnde Textstruktur der *Stoffe* als Versuch der Selber-Lebens-Beschreibung. Als au-tobiografische Untersuchung mit direktem Zugriff können die *Stoffe* nicht aufgehen; die Wahrheit über das ›Ich‹ hinter der Sprache, nach der der Autor im *Mitmacher-Komplex* fragt, entzieht sich dem identifi-zierenden Zugriff. Die veränderte Entwicklung der *Stoffe* ab Herbst 1977 kann *auch* als die poetische Kon-sequenz aus dem ›Scheitern der Pythia‹ verstanden werden. Die Selbsterkenntnis der Pythia, die ihrerseits zur ödipalen Figur wird, besteht in Dürrenmatts Ver-sion in der Erkenntnis einer unausweichlichen Verstri-ckung in den Irrtum und Selbstbetrug in jeder Fixie-rung eines Ergebnisses; die Antwort auf die Frage nach der eigenen Identität kann nur im Offenhalten der Fra-ge und in der vielgestaltigen Betrachtung liegen (vgl. Weber 2007, 295–299). In der Weiterarbeit an den *Stof-fen* nach der Niederschrift des *Mitmacher-Komplexes* zieht der Autor die Konsequenz aus dieser Problema-tik, indem er dem autobiografischen Zugriff vermehrt Fragecharakter verleiht und mögliche Varianten und fiktionale Gegendarstellungen präsentiert. Es ist die Wahl einer polyfonen Struktur von autobiografischen und fiktionalen Geschichten über ein vermeintlich Identisches, das in jeder Erzählung zu einem Anderen wird, eine Struktur, die in der Vervielfältigung der Per-spektiven jenes Ich umkreist.

Doch auch die Neulektüre des Gesamtwerks im Jahr 1980 für die Werkausgabe in 30 Bänden, die Text-überarbeitungen der Dramen und die in die Bände eingefügten Nachworte sind Teil dieses großen Aktes

und Gestus der Neubegegnung mit dem eigenen Schreiben, der das *Stoffe*-Projekt kennzeichnet.

Unter textgenetischer Perspektive zeigt sich zudem, dass verschiedene zu Lebzeiten in anderem Kontext publizierte Texte ihren Ursprung im *Stoffe*-Projekt ha-ben: Wie weiter oben schon ausgeführt, war der auto-biografische Text *Vallon de l'Ermitage* als Teil der *Stoffe* konzipiert. Als Anbindung an die Gegenwart schildert er das Verhältnis des Autors zu seinem langjährigen – französischsprachigen – Wohnort Neuchâtel (vgl. S 1). Zugleich bietet er eine eindrückliche Schilderung des ersten Herzinfarkts, der 1969 zum Auslöser der Arbeit an den *Stoffen* als ›Geschichte meiner Schrift-stellerei‹ wurde. Diese Passage war zeitweise auch in die *Querfahrt*-Manuskripte einbezogen.

Der im gleichen Sammelband publizierte, aus ei-nem *Stoffe*-Abschnitt in den *Querfahrt*-Manuskripten (vgl. S 3) entwickelte Vortrag *Kunst und Wissenschaft* (WA 36, 72–97) weist auf eine weitere Dimension des Projekts hin: Es geht Dürrenmatt nicht mehr nur um die Frage nach dem Zusammenhang von Fiktion, Le-ben und Erinnerung, sondern zugleich um die Frage nach der Rolle der Fantasie für Kunst, Philosophie und Wissenschaft. So gehen die poetologischen Fra-gen in erkenntniskritische über, was sich insbesonde-re auch in den nachgelassenen *Stoffe*-Essays *Gedan-kenfuge* (WA 37, 47–59; vgl. S 3) und *Kabbala der Phy-sik* (WA 37, 136–144; vgl. S 3) manifestiert.

Und auch der Roman *Durcheinandertal* wuchs, wie bereits kurz bemerkt, zunächst als 1959 konzipierter, 1986 rekonstruierter Gangsterhotel-Stoff über viele Fassungen im Rahmen der *Stoffe* (vgl. S 3), bevor der Autor 1988 angesichts seiner immer größeren Dimen-sionen beschloss, ihn als selbständigen Roman zu En-de zu führen und zu publizieren.

Mit dieser erweiterten Perspektive und den nach-gelassenen Texten zeigt sich, dass das Projekt für Dür-renmatt nicht abgeschlossen, ja grundsätzlich nicht abschließbar, sondern eine neue Form des permanen-ten Fortschreibens und -denkens war. Aus dem Nach-lass wurden die in Reinschriften vorliegenden meist essayistischen Texte in Überarbeitungen aus Dürren-matts letztem Lebensjahr im Band *Gedankenfuge* pu-bliziert. Dazu gehört etwa der Essay *Prometheus*, der das Motiv des Rebellen aus dem ersten Band der *Stoffe* weiterführt und vor dem Hintergrund des olym-pischen Götterhimmels zur Frage nach der Bedeutung des Wissens um den Tod führt: Es erlaube dem Men-schen Sinnstiftung und gäbe seinem Handeln Ver-bindlichkeit (vgl. u. a. WA 37, 15).

Über die zwanzig Jahre der Arbeit am *Stoffe*-Projekt

hatte sich dieses fortwährend gewandelt, und die Anfangsvoraussetzungen wurden in Frage gestellt. Das Erinnern des eigenen Lebens wurde unter der Hand zum Erfinden, aus der Autobiografie wurde Autofiktion. Die bewusst gesteuerte Lebenserinnerung stieß an Grenzen: Aus einem Erinnerungsbuch wurde damit zunehmend ein Buch über das Erinnern und eine *Dramaturgie der Vorstellungskraft*, wie ein weiterer Essay-Komplex im Band *Gedankenfuge* heißt (vgl. 91–109).

Dürrenmatt setzte, in Konsequenz dieser Denkhaltung, seine ganze Energie in den Prozess. 1981 meinte er in einem Gespräch mit Heinz Ludwig Arnold: »Das ist natürlich ein ziemliches Abenteuer. Ich beginne immer wieder von vorn, und die Prosa setzt immer mehr an und wuchert immer weiter, und ich habe mir eigentlich gar nicht vorgenommen, sie irgendwie zu beenden. Das ist eine ganz neue Form des Arbeitens; ich kann die Stoffe nicht im einzelnen herausgeben, weil ich da immer wieder ergänzen muß und weil immer wieder etwas ins Leben hineinspielt und das Leben sich immer wieder verändert und deshalb neue Erzählungen möglich macht und wieder neue *Stoffe* einbringt« (G 3, 13).

Zu diesem Zeitpunkt war Dürrenmatt nicht mehr darauf angewiesen, Texte möglichst rasch zur Druckreife zu bringen. Er konnte und wollte seine erinnernde Fantasie und seine Lust am Entwickeln von Fiktionen und seinen stetig durch die Lektüre wissenschaftlicher und philosophischer Texte angereicherten Reflexionsprozess nicht zügeln.

Der durch das Sekretariat des Autors gut strukturierte Bestand der 30.000 Manuskriptseiten wurde im Rahmen von Forschungsprojekten im Schweizerischen Literaturarchiv textgenetisch erschlossen und wird derzeit im Rahmen einer fünfbändigen Auswahledition und einer Online-Plattform veröffentlicht (Kooperation Schweizerisches Literaturarchiv/Diogenes Verlag, Publikation im November 2020). Zum einen enthält dieser Bestand unzählige Überarbeitungsvarianten, die das allmähliche Reifen, aber auch Umdeuten und Umschreiben des zuletzt Publizierten dokumentieren. Zum andern finden sich darin weitere Stoffe in unterschiedlichem Ausarbeitungsgrad, sei es beispielsweise die Skizze *Die Schachspieler* um mordende Richter und Staatsanwälte, oder auch die Parabeln *Die Dinosaurier und das Gesetz* und *Die Virusepidemie in Südafrika*. Die Sciencefiction-Erzählung *Der Versuch* stellt in der Retrospektive aus dem Jahr 10.000 auf das Jahr 2000 die Bemühungen um die Dokumentation eines beliebigen Tages in einer an Bern erinnernden Stadt (»Berzanz«, S 3) dar. Bei diesem Dokumentationsbemühen wird die Realität der Stadt völlig auf den Kopf gestellt. Die Versuchsanordnung der Beobachtung beeinflusst das Resultat der Beobachtung und die Realität des Beobachteten. Die Groteske der Rekonstruktion der Vergangenheit und der Konstruktion der Realität in ihrer Dokumentation, wie sie Dürrenmatt bei der *Stoffe*-Arbeit erfuhr, wird hier dadurch gesteigert, dass die Erzählinstanz eine KI-Maschine ist, die die Idee, dass der Mensch den Computer erdacht hätte, als absurden Ketzerglauben abtut.

Die fünfbändige textgenetische Auswahl-Edition des *Stoffe-Projekts* basiert auf den Voraussetzungen, dass sich Dürrenmatts Textverständnis im Spätwerk gegenüber der Phase des Erfolgsdramatikers grundlegend veränderte. Arbeitete Dürrenmatt als Dramatiker auf die schlimmstmögliche Wendung und die bestmögliche Form hin, auf das »Schachmatt, während andere nur das Patt suchen« (WA 14, 189), wie er es auch ausdrückte, so entwickelte nun in der späten autobiografischen Reflexionsprosa der Schreibprozess gegenüber dem Endresultat einen Eigenwert; das Schreiben selbst wurde zur literarischen Manifestation (s. Kap. 97). Dieses Verständnis entwickelte Dürrenmatt in der Auseinandersetzung mit Kierkegaards Konzept des sokratischen, subjektiv existierenden Denkers in der *Unwissenschaftlichen Nachschrift zu den Philosophischen Brosamen*, die er für »Kierkegaards wichtigstes Werk« (WA 33, 125 f.) hielt. Bei seiner Lektüre 1973 strich er u. a. folgende Stelle an: »Wer existiert, ist beständig im Werden; der wirklich existierende subjektive Denker bildet beständig diese seine Existenz denkend nach und versetzt all sein Denken ins Werden. [...] [N]ur der hat eigentlich Stil, der niemals etwas fertig hat, sondern sooft er beginnt, ›die Wasser der Sprache bewegt‹« (Kierkegaard 1959, 215). Die Unabschließbarkeit ergab sich andererseits aus der Dürrenmatt umtreibenden Reflexion der autobiografischen Frage, wie man über sich selbst schreiben und erinnernd sich selbst zum Stoffe werden könne (vgl. WA 29, 225). Allzusehr mit seinen »Stoffen verwoben und in sie eingesponnen«, sich selbst nur als Stoff, nicht als wahres Selbst begegnend, verirrte sich Dürrenmatt im Labyrinth der Textur des Selbst: »Ungestraft gerät keiner ins Labyrinth seiner selbst: ich stand und stehe immer wieder mir und doch nicht mir gegenüber, mich von einem Gespinst in ein anderes verirrend« (SLA-FD-A-a43 VII, fol. 2 f.; vgl. S 5).

Von diesen Voraussetzungen eines gewandelten literarischen Selbstverständnisses Dürrenmatts ausgehend, akzentuiert die Edition die Schreib- und Transformationsdynamik der Texte. Sie verbindet die

Edition der zu Lebzeiten erschienenen *Stoffe* mit zwei Bänden (1 und 3), die eine Auswahl von Manuskriptfassungen aus dem Schreibprozess zwischen ca. 1965 und 1990 präsentieren. Die Bände 2 und 4 mit den von Dürrenmatt publizierten *Stoffen I bis III* bzw. *IV bis IX* sind angereichert durch eine Dokumentation mit biografischen Materialien, auf die sich der Autor in seinen Erinnerungen bezieht, sowie den frühen Manuskriptfragmenten, auf die er bei seinem rekonstruktiven Schreibprozess zurückgriff. Das größte ist das vier Akte umfassende Fragment des Stücks *Der Turmbau*, an dessen Vollendung Dürrenmatt 1948 scheiterte, und das trotz einer Verbrennungsaktion in erstaunlichem Umfang erhalten ist (vgl. S 4).

Diese Druckausgabe wird begleitet von einer frei zugänglichen Online-Edition. Diese enthält nicht nur den Text der Druckausgabe als durch Hyperlinks vernetzte digitale Version, sondern zugleich das komplette Manuskriptmaterial des *Stoffe*-Projekts. Damit wird dem Publikum ermöglicht, nicht nur die Auswahl der Herausgeber kritisch zu überprüfen, sondern darüber hinaus andere Wege durch die Textgenese zu beschreiten. Dies wird erleichtert durch vielseitige zusätzliche Hilfsmittel der textgenetischen Analyse. Ein weiterer Baustein sind audiovisuelle Dokumente, die die Bedeutung des mündlichen Vortrags und Gesprächs für Dürrenmatts Entwicklung seiner Stoffe belegen.

Deutungsaspekte, Positionen der Forschung

Nachdem die Präsentation der *Stoffe* in den bis heute rezipierten Monografien von Gerhard P. Knapp (1993) und Jan Knopf (1988) von einem bestürzenden und in seiner Konsequenz für die Forschung fatalen Unverständnis geprägt war, wurde eine breitere Auseinandersetzung mit diesem kapitalen Werkkomplex erst durch die Publikation von Peter Rusterholz und Irmgard Wirtz (1997) initiiert. Sie lässt sich in vier Untersuchungsperspektiven zusammenfassen. 1. Autobiografie; 2. dialektischer Prozess; 3. Erinnerungs- und Gedächtnispoetik; 4. Geschichtsdarstellung und Erkenntniskritik.

Autobiografie: Trotz aller Eigenständigkeit der literarischen Gestaltung stehen die *Stoffe* in einer reichen literarischen Tradition (vgl. dazu Burkard 2003; Probst 2008, 38–70). Ihrer Anlage nach sind sie insofern eine klassische Autobiografie in der Traditionslinie von Augustin über Rousseau zu Goethe, als sie den Entwicklungsgang eines jungen Menschen auf dem Weg zur eigenen Identität zeigen – ein Prozess, der allerdings nicht als gelingende Sozialisation erscheint, sondern als Geschichte von Irrwegen, Gefährdung und Vereinzelung, die durch keine Selbstfindung zum Abschluss kommt. Der Wendepunkt, auf den die *Stoffe* zusteuern, ist der Augenblick im Jahr 1946, in dem der junge Mann sein Philosophie-Studium abbricht und sich für die Schriftstellerei entscheidet: Dieser Augenblick, dessen Gestaltung Kierkegaards Beschreibung des Sprungs in den Glauben anklingen lässt (vgl. Weber 2009), bildet den Abschluss einer Reihe biografischer Schlüsselszenen, welche – zusammen mit essayistischen Reflexionen zur Zeitgeschichte – die Voraussetzungen des eigenen literarischen Weltentwurfs darstellen. Stehen die *Stoffe* in der Tradition von Autobiografie und Bildungsroman, so führen sie nicht zu gefestigter Identität, sondern viel mehr in ein Lebens- und Weltlabyrinth hinein, jenes der Schriftstellerexistenz. Damit rückt das Motiv des *Labyrinths* in den Fokus, dem als einem mythischen Modell der Selbst- und Weltdarstellung in Dürrenmatts Spätwerk zentrale Bedeutung zukommt, am ausführlichsten und radikalsten im apokalyptischen Höhlenlabyrinth des Winterkriegs, das »zugleich Grabkammer und Bewusstseinsraum« (Hennig 2013, 76) wird (s. Kap. 71).

Dialektischer Prozess: Die *Stoffe*-Arbeit kann werkgenetisch als Reaktion auf eine Krise der dramatischen Darstellung und Kommunikation und durch die Kierkegaard-Lektüre inspirierten Akt der Wiederholung verstanden werden (vgl. Weber 2007, 232–238). Die Suche nach der Basis und den Knotenpunkten der eigenen literarischen Produktivität musste zur Erinnerung und Rekonstruktion der ungeschriebenen *Stoffe* führen: Ausgehend vom vollendeten Werk geht der Autor erinnernd noch einmal den Weg seiner Entstehung durch. Das prägnanteste Bild dafür findet sich innerhalb des *Mitmacher-Komplexes* im Motiv der Reise vom eigenen Haus aus um die Welt, die zur Hintertür zurückführt. Der Reisende trifft »die alten Fragmente, all das Halbbegonnene, Liegengelassene, ja nur Gedachte wieder an, das er einmal zur Hintertür hinauswarf [...]: Nun muß sich der Reisende, will er seine Reise vollenden, durch all dieses Gerümpel den Weg ins Haus bahnen« (WA 14, 324). In dieser wiederholten Begegnung führt Dürrenmatt in den *Stoffen* das fertige Werk in den Zustand seiner Entstehung zurück, um so auf eine grundsätzliche künstlerische Problematik zu reagieren: die Erstarrung der Kreativität zum abgeschlossenen Werk, eine Entäußerung und Objektivation, die er als Dramatiker mit der Verselbständigung der Bühnenwerke schmerzhaft als Entfremdung erfuhr. Er erkannte seine Werke auf der Bühne oft nicht mehr als das, was sie ihrer subjektiven Anlage nach waren, und bilanziert in den *Stoffen*: »Als Dramatiker bin ich ein unvermeidliches Mißverständnis« (WA 28, 217). Die *Stoffe* sind in ihrer Gesamtanlage Ausdruck einer alten Künstler-Problematik, sie bilden eine Art Künstlerdrama, das E. T. A. Hoffmann in seinem *Fräulein von Scudery* in kriminalistischer Zuspitzung dargestellt hat: Der Künstler kann sich nicht von seinem Werk lösen, er muss es nach der Preisgabe an andere wieder in seinen Besitz bringen. So ist Dürrenmatts *Stoffe*-Unternehmen von einer doppelten Bewegung geprägt: Auf der einen Seite Objektivierung des subjektiv Gebliebenen, des auf der Strecke gebliebenen Werks, Niederschrift der nicht geschriebenen Stoffe: mithin Befreiung und Vergessen-Können des alten ›Gerümpels‹. Auf der anderen Seite subjektive Wiederaneignung des Objektivierten, des geschriebenen Werks. Aus dieser dialektischen Doppelbewegung von Entäußerung, Entfremdung und Wiederaneignung ergibt sich auch der vom Autor im langen Schreibprozess hergestellte Charakter des Vorläufigen, der den *Stoffen* auch in der publizierten Form anhaftet. In dieser Gestalt entwickelt Dürrenmatt neue erzählerische Möglichkeiten – Möglichkeiten eines un-naiven, ironischen Erzählens, das seinen fiktionalen und konstruktiven Charakter stets mitbedenkt. Parallel zu zeitgenössischen Tendenzen der Auflösung des Werkbegriffs in *Nouveau roman*, *Living Theatre*, *Nouveau Réalisme*, *Fluxus* oder *Happening* ging Dürrenmatt auf seinem solitären Weg daran, sein Werk durch die Reflexion seiner Entstehung aus der Erstarrung zu befreien. Die *Stoffe* sind wohl Dürrenmatts wichtigster und originellster Beitrag zur modernen Erzählprosa: eine Art Metapoesie, die mit den Erzählungen zugleich nach den Bedingungen ihrer Möglichkeit forscht, eine Fiktion, die zugleich ihren eigenen Rohstoff und ihre Konstruktionsprinzipien offenlegt und den Entstehungsprozess zum Gegenstand der Darstellung macht. Die spezifische Qualität entsteht dabei nicht einfach aus dem Unabgeschlossenen, dem ›offenen Kunstwerk‹, sondern durch die Überlagerung von Abgeschlossenem, Rekonstruktion und wiederholtem Schreibprozess in der Erinnerung, der das vordergründig bruchstück- und trümmerhafte Textkorpus – mit dem Resonanzkörper des Gesamtwerks – in einem Geflecht von Filiationen verdichtet.

Erst ansatzweise erforscht ist die *Erinnerungs- und Gedächtnispoetik*: Die Darstellung der gefundenen und wiedergefundenen Stoffe verbindet sich zusammen mit den autobiografischen Teilen und den essayistischen Reflexionen zu einem Kaleidoskop von Gleichnissen und Metaphern, die Gedächtnis, Erinnern und Vergessen in wechselnden Aspekten und immer wieder neuen Anläufen inszenieren (vgl. Weber 2014). Die Vielfalt der Bilder reicht vom Blick in den Weltraum als räumlich entfaltete Vision der Gleichzeitigkeit des Ungleichzeitigen über die – kosmische Dimensionen annehmende – Bibliothek der »wirklichen konkreten Weltgeschichte« als totaler Dokumentation, wogegen unsere Geschichtsschreibung als »Katalog eines schäbigen Antiquariats abgegriffener blutverklebter Kolportagehefte« (59) erscheint. Im Zentrum dieser Bildervielfalt stehen topografische und architektonische Metaphern über die ganzen *Stoffe* verteilt: Turm, Labyrinth, Brücke, Haus, Dorf, Stadt, dazu Trümmer, Ruine, Baustelle (*Winterkrieg*, *Turmbau*, *Das Sterben der Pythia*). An die Unübersichtlichkeit des Labyrinths schließt das Wuchern der Natur an (die überwucherten Ruinen im Urwald von Yukatan in *Querfahrt*). Gedächtnismedien wie das Buch (*Winterkrieg*) und der Film (*Begegnungen*) finden sich ebenso wie Gedächtnisspeicher von der erwähnten Bibliothek (*Winterkrieg*) bis zum Archiv (*Das Sterben der Pythia*) und Museum (*Winterkrieg*, *Das Hirn*). Auch den Binnenerzählungen selbst ist im Kontext des *Stoffe*-Projekts als durchgehende metaphorische Sinnebene die Erinnerungsdimension eingeschrieben: sei's als Heimkehr des Protagonisten an frühere Lebensorte (*Winterkrieg*, *Mondfinsternis*, *Vinter*), sei's als Suche nach der eigenen Herkunft, insbesondere nach den Eltern (*Der Rebell*, *Das Sterben der Pythia* und *Vinter*). Das variierte Motiv der Auferstehung des Lazarus (*Querfahrt*) verknüpft Dürrenmatt als Erinnerungsmetapher mit der Totenschau, die er als antiken Topos aufgreift (*Pythia*, *Begegnungen* – parallel dazu künstlerisch dargestellt in der Gouache *Im Hades*). Die Bilder für die unwillkürliche Erinnerung, das Auftauchen des Unerwarteten, Verdrängten (*Mondfinsternis*, *Das Sterben der Pythia*) wurden bereits erwähnt. Auch das literarisch prominente Gedächtnis der Sinne wird inszeniert, allerdings ist es nicht der Geschmack eines feinen Gebäcks, der wie bei Proust die Erinnerungen an die Kindheit spontan auslöst, sondern der Geruch von Wasser und Blut anlässlich der Besichtigung der Pathologie-Abteilung in einem großen Krankenhaus, der angesichts der sezierten Leichen die Erinnerung an das kindliche Zuschauen beim Schlachten der Tiere im heimischen Dorf auslöst (vgl. 30 f.). Das Bild des Flusses, auf dem man treibt oder der an einem vorbeitreibt, während man als »Treibholz« (167) am Ufer hängenbleibt, drückt die unterschiedliche Zeitlichkeit in der Begegnung des Ichs mit der Außenwelt aus. Daran knüpft die Fahrt und (zirkuläre) Reise ebenso an, wie sie als ›Querfahrt‹ Sinnbild der assoziativen Bewegung in den Erinnerungsräumen wird.

Geschichtsdarstellung und Erkenntniskritik: Dürrenmatt geht es in den *Stoffen* nicht nur um das individuelle Gedächtnis. Das Ganze ist verschränkte Selbst- und Weltdarstellung, die nicht zufällig in das kosmogonische Gleichnis *Das Hirn* mündet, wo subjektive Kreativität und kosmische Geschichte sich vereinen. Immer wieder tauchen Passagen der *mise-en-abyme* von individueller Lebensgeschichte und Weltgeschichte auf. Der Manifestation eigenständiger Kreativität gegenüber steht die Ohnmacht angesichts der gewaltgeprägten historischen Realitäten des 20. Jahrhunderts, die in Auschwitz münden: Möglichkeitsdenken wird zurückgebunden an die Geschichte (vgl. Sorg 2003, 44). Dabei verbindet Dürrenmatt die Ohnmacht des Betrachters mit dem Selbsteinbezug in die Obsession in der figuralen Perspektive des Ich-Erzählers des *Winterkriegs*. Diese Mehrspurigkeit der Darstellungsebenen ist Ausdruck einer Erzählstrategie der Polyfonie (vgl. Müller 2009). Sie betrifft jedoch nicht nur den Wechsel von fiktiver und autobiografischer Perspektive, sondern zugleich die literarischen Register: Deutlich erkennbar ist im Spätwerk und den *Stoffen* eine Tendenz zu gleichzeitiger »Universalisierung und Re-Lokalisierung« (Utz 2013, 53) unter Einbezug dialektaler Sprachelemente (etwa in *Mondfinsternis*), die sich deutlich abhebt von der sprachlichen Stilisierung in dramatischen Parabeln wie *Der Besuch der alten Dame*. Ebenso sehr vom Stil der 1950er Jahre hebt sich Dürrenmatts Grobianismus in der Darstellung sexueller und gewalttätiger Exzesse (in *Winterkrieg* und *Mondfinsternis*) ab.

Ausgehend von der Thematisierung der Philosophie Kants als »Philosophie des Scheiterns« (WA 29, 123) metaphysischer Erkenntnisansprüche des Menschen und der Reflexionen im Kontext der Autofiktion *Die Brücke* stößt Dürrenmatts Verbindung poetologischer Reflexion mit erkenntnistheoretischen und naturwissenschaftlichen Konzepten auf zunehmendes Interesse der Forschung. Dürrenmatts Auseinandersetzung mit Kant und – im Umfeld der *Stoffe* – mit Hans Vaihingers Fiktionalismus erscheint als zentral für das Verständnis der Gleichnisse als Instrumente der Erkenntnis in den *Stoffen* (vgl. Burkard 2004). Ihr

Charakter als literarische Experimente im Rahmen eines induktiven, offenen Untersuchungsprozesses über Subjekt und Welt eröffnet »paradoxe Räume der Erkenntnis« (Kriens 2014, 219) in Analogie und Abgrenzung derselben Instrumente im wissenschaftlichen Kontext, in einer »Sphäre, in der Beweise kaum zu erbringen sind und Kategorien die Vorherrschaft über die vermeintlich sichere Wahrheit gewonnen haben« (ebd.). Dabei erscheint wiederum das Labyrinth als »genuines Bild für erkenntnistheoretisches Scheitern per se« (Famula 2013, 202).

Literatur
Primärtexte
Stoffe I–III. Der Winterkrieg in Tibet, Mondfinsternis, Der Rebell. Zürich 1981.
Labyrinth. Stoffe I–III. Zürich 1990.
Turmbau. Stoffe IV–IX. Zürich 1990.
Labyrinth: Stoffe I–III. WA 28.
Turmbau: Stoffe IV–IX. WA 29.
Weber, Ulrich/Probst, Rudolf (Hg.): Friedrich Dürrenmatt: Das *Stoffe*-Projekt. Textgenetische Auswahl-Edition in 5 Bänden. Zürich 2020. Online-Präsentation: http://www.fd-stoffe.ch.

Sekundärliteratur
Boothe, Brigitte: Non-Individuation and Wedding with Death in the Works of Friedrich Dürrenmatt. In: https://psyartjournal.com/article/show/boothe-non_individuation_and_wedding_with_death (19.6.2020).
Burkard, Philipp: Dürrenmatts *Stoffe*. Zur literarischen Transformation der Erkenntnistheorien Kants und Vaihingers im Spätwerk. Tübingen, Basel 2004.
Burkard, Philipp: Eine Lebensgeschichte als Geschichte von ungeschriebenen Stoffen? Friedrich Dürrenmatts paradoxes Projekt der *Stoffe* im literaturgeschichtlichen Kontext der Autobiografie. In: Text + Kritik 50/51 (2003), 47–60.
Emter, Elisabeth: Geschichte der *Stoffe* als Geschichte des Denkens. Dürrenmatts Gedankenexperiment *Die Brücke* im Kontext der modernen Physik. In: Peter Rusterholz, Irmgard Wirtz (Hg.): Die Verwandlung der *Stoffe* als Stoff der Verwandlung. Friedrich Dürrenmatts Spätwerk. Bielefeld 2000, 77–90.
Famula, Marta: Erlebtes, Erkanntes und Fingiertes. Dürrenmatts ästhetisches Konzept einer Erkenntnistheorie in seinem autobiographischen Projekt *Stoffe I–IX*. In: Martina Wagner-Egelhaaf (Hg.): Auto(r)fiktion. Bielefeld 2013, 183–206.
Gabor-Peirce, Olivia G.: Becoming fiction. Reassessing atheism in Dürrenmatt's *Stoffe*. New York u. a. 2017.
Hennig, Matthias: »Denn indem ich sie in den Fels grabe, grabe ich sie in mein Hirn.« Invalides Schreiben in Dürrenmatts *Winterkrieg in Tibet*. In: Sarah Mohi-von Känel, Christoph Steier (Hg.): Nachkriegskörper. Prekäre Korporealitäten in der deutschsprachigen Literatur des 20. Jahrhunderts. Würzburg 2013, 71–84.
Kapcsándi, Katalin: Verwirklichung der *Stoffe*. Möglichkeiten der Intermedialität bei Friedrich Dürrenmatt. In:

Erika Hammer, Edina M. Sándorfi (Hg.): »Der Rest ist – Staunen«. Literatur und Performativität. Wien 2006, 69–100.

Keller, Otto: Dürrenmatts Kritik des abendländischen Denkens in *Stoffe I: Der Winterkrieg in Tibet*. Das Labyrinth; Weltgleichnis oder Epos einer neuen Aufklärung. Bern u. a. 2000.

Kierkegaard, Søren: Philosophische Brosamen und unwissenschaftliche Nachschrift. Hg. von Hermann Diem, Walter Rest. Köln, Olten 1959.

Knapp, Gerhard P.: Friedrich Dürrenmatt [1980]. 2. erw. Aufl. Stuttgart, Weimar 1993, 142–147.

Knopf, Jan: Friedrich Dürrenmatt [1976]. 4., neubearb. Aufl. München 1988, 174–176.

Kriens, Jochen: Die Poetik des Experiments. Provozierte Erfahrung und künstlerische Erkenntnis bei Friedrich Dürrenmatt. Tübingen 2014.

Kunz, Edith Anna: Heimat als Arsenal des Schriftstellers. Zu Friedrich Dürrenmatts *Stoffen*. In: Eduard Beutner, Karlheinz Rossbacher (Hg.): Ferne Heimat – Nahe Fremde. Bei Dichtern und Nachdenkern. Würzburg 2008, 170–185.

Müller, Claudia: »Ich habe viele Namen«. Polyphonie und Dialogizität im autobiographischen Spätwerk Max Frischs und Friedrich Dürrenmatts. Paderborn, München 2009, 107–139.

Probst, Rudolf: Autobiographische Konzepte in der Entwicklung von Friedrich Dürrenmatts *Stoffen*. In: Peter Rusterholz, Irmgard Wirtz (Hg.): Die Verwandlung der *Stoffe* als Stoff der Verwandlung. Friedrich Dürrenmatts Spätwerk. Bielefeld 2000, 55–75.

Probst, Rudolf: (K)eine Autobiographie schreiben. Friedrich Dürrenmatts *Stoffe* als Quadratur des Zirkels. Paderborn 2008.

Rüedi, Peter: Friedrich Dürrenmatt und die *Stoffe* als Autobiographie des Als-Ob. In: Peter Rusterholz, Irmgard Wirtz (Hg.): Die Verwandlung der *Stoffe* als Stoff der Verwandlung. Friedrich Dürrenmatts Spätwerk. Bielefeld 2000, 41–53.

Rusterholz, Peter: Metamorphosen des Minotaurus. Entmythologisierung und Remythisierung in den späten *Stoffen* Dürrenmatts. In: Ders.: Chaos und Renaissance im Durcheinandertal Dürrenmatts. Hg. von Henriette Herwig und Robin-M. Aust. Würzburg 2017, 35–46.

Rusterholz, Peter: Vom »Werk« zur Intertextualität der *Stoffe*. Friedrich Dürrenmatts Wandlung. In: Zeitschrift für Semiotik 24 (2002), 2/3, 295–305.

Sorg, Reto: Von Konolfingen nach Auschwitz. Topografie und Poetologie in den *Stoffen* Friedrich Dürrenmatts. In: Text + Kritik 50/51 (2003), 36–46.

Utz, Peter: Kultivierung der Katastrophe. Literarische Untergangsszenarien aus der Schweiz. München 2013.

Weber, Ulrich: Dürrenmatts Entscheidung. Plausibilisierung durch Intertextualität. In: ...und Literatur: Pierre Bühler zum 60. Geburtstag. Hermeneutische Blätter 1/2 (2009), 364–373.

Weber, Ulrich: Erinnerung und Metapher im Schreibprozess von Dürrenmatts *Stoffen*. In: Ders. u. a. (Hg.): Dramaturgien der Phantasie. Dürrenmatt intertextuell und intermedial. Göttingen 2014, 117–141.

Weber, Ulrich: Erinnerung und Wiederholung in den *Stoffen* – Das Beispiel *Mondfinsternis*. In: Ders.: Dürrenmatts Spätwerk. Die Entstehung aus der *Mitmacher*-Krise. Frankfurt a. M., Basel 2007, 241–299.

Wirtz, Irmgard M.: Die Verwandlungen des Engels. Von Friedrich Dürrenmatts früher Komödie zur späten Prosa *Turmbau, Stoffe IV–IX*. In: Peter Rusterholz, Irmgard Wirtz (Hg.): Die Verwandlung der *Stoffe* als Stoff der Verwandlung. Friedrich Dürrenmatts Spätwerk. Bielefeld 2000, 145–159.

Rudolf Probst / Ulrich Weber

K Essays und Reden

47 Dürrenmatt als Redner

Aufgrund seiner aufsehenerregenden Vielseitigkeit, Originalität und Unabhängigkeit war Dürrenmatt als kritischer Analytiker oft eingeladen, zu seinem Werk oder zu den geistigen Strömungen seiner Zeit auch als Redner Stellung zu beziehen. Er liebte das Rednerpult, das freie Wort. Viele seiner insgesamt rund 50 Reden sind klassisch geworden, sie werden in den folgenden Artikeln einzeln präsentiert (s. Kap. 48–57). Der vorliegende Beitrag gilt ausgewählten anderen Auftritten, deren Wortlaut mehrheitlich in WA 34 und 36 zu finden ist.

Es gehört zu Dürrenmatts Profil, dezidiert in seinem eigenen Namen sprechen zu wollen. Pauschalurteile waren ihm zuwider, auch kollektive Stellungnahmen. »Ich bin Schriftsteller, kein Unterschriftsteller«, so Dürrenmatt, als man ihm 1971 die Mitgliedschaft bei der linken Autorenvereinigung ›Gruppe Olten‹ anbot. Als kritischer Individualist eigne er sich nicht für gemeinsame Verlautbarungen, »weil ich mir über mich selber Klarheit erlangen will, und zwar über alles, was mir widerfährt, und über alles, was ich erlebe oder dessen Zeuge ich bin« (Dürrenmatt 2017a, 66). Es gehe ihm bei einer Rede um das direkte Ansprechen eines Publikums, im Sinne einer öffentlichen Selbstreflexion: »Wenn ich etwas bewirken will, wenn ich Stellung nehme, schreibe ich kein Theaterstück, sondern einen Artikel« (ebd., 94). Er selbst habe zwar »noch nicht so viel Reden gehalten [...] wie Günter Grass, aber beinahe so viele wie Demosthenes« (WA 30, 164). An sich sei »eine Rede ein fixierter Moment, nur vom Augenblick aus zu beurteilen, in dem sie gehalten wurde, bloß von dessen Perspektiven, Umständen, Hintergründen, Stimmungen, besonders wenn es sich um eine politische Rede handelt, denn nichts ändert sich so wie ein politischer Standpunkt: Nicht der Opportunismus, die Zeit selbst ändert ihn, führt ihn ad absurdum, läßt ihn paradox erscheinen, nicht wir, die Geschichte begutachtet uns« (WA 32, 142).

Gerne hinterfragte er in seinen Reden etablierte literarische und politische Vorurteile. Mit Selbstironie wies er 1960 anlässlich der Übergabe des Großen Preises der Schweizerischen Schillerstiftung im Schauspielhaus Zürich in seiner Rede *Der Rest ist Dank* auf sein Unbehagen hin, dass man seine Komödien in ihrer provokant-ironischen Witzigkeit für unverbindlich halte, während doch nur die unwillkürliche »Moralität« (WA 32, 112) des komödiantischen Mediums der schwierigen Weltsituation von heute gewachsen sei. »Die Sprache der Freiheit in unserer Zeit« sei »der Humor, und sei es auch nur der Galgenhumor« (110); als Dramatiker vermeide er jede unverbindliche »falsche Weihe« (111) und verwende »das falsche Pathos« (110) nur noch im parodistischen Sinne. Denn das Theater von heute brauche die spielerische Distanz des Komödiantischen, um »aus seiner Freiheit heraus« – »das heißt unwillkürlich« und nicht mit dem feierlichem Pathos politischer Überlegenheit – an das »Gewissen der Menschen zu appellieren« (112).

Mit gleicher Intensität legte er sich in seiner *Münchner Rede* (1963) mit den Kritikern *Franks des Fünften* an, welche die Münchner Aufführung in ganz oberflächlich-konventioneller Weise besprochen hatten. Es zeuge von »beruflich[er] Ahnungslosigkeit« (WA 6, 163), die Banalität des Handlungsverlaufs zu kritisieren, ohne dessen dramaturgische Hintergründigkeit zu begreifen, weshalb er nun selber die Argumente der Kritiker in ihr Gegenteil verkehre. Wer merke denn nicht, dass »[i]n der Katastrophe« – in komödiantisch-satirischer Verkehrung – »die Wahrheit sichtbar« und der »verlogene Geist« »als Blasphemie erkennbar« (164) werde? »In einer Münchner Zeitung schreiben zu dürfen oder gar Berliner zu sein«, sei »allein noch kein Beweis, vom Theater auch etwas zu verstehen, und auch nicht ein Freipaß, vom Nachdenken dispensiert zu sein« (161).

Eindrücklich ist auch seine *Verhinderte Rede von Kiew*, in welcher er sich 1964 gegen eine einseitige Verehrung des ukrainischen Nationaldichters Taras Schewtschenko wandte, indem er dessen menschliche und dichterische Qualitäten hervorhob und in ihrer

J. B. Metzler © Springer-Verlag GmbH Deutschland, ein Teil von Springer Nature, 2020
U. Weber / A. Mauz / M. Stingelin (Hg.), *Dürrenmatt-Handbuch*, https://doi.org/10.1007/978-3-476-05314-5_47

Bedeutung für die Ukraine unterstrich, indessen den patriotischen Personenkult ablehnte. Literatur sei »in ihrer Gesamtheit das Gewissen der Menschheit, eine ihrer Dokumentationen«; man solle Schewtschenko »nicht nur [...] lieben, sondern auch seine Härte und seine Wildheit [...] spüren, denn nur so, als ein Unbequemer, ist er ein Hüter seines Volkers, seines Staates und kein totes Denkmal« (WA 34, 28). Dürrenmatt hat sich später auch kategorisch gegen eine Beteiligung an den 700 Jahr-Feiern der Schweizerischen Eidgenossenschaft gewehrt (1991).

Nach dem Einmarsch der Warschauer-Pakt-Truppen in die Tschechoslowakei lud das Stadttheater Basel am 8.9.1968 zu einer international beachteten öffentlichen Protest-Matinée von Schriftstellern ein, mit der brieflichen Teilnahme von Heinrich Böll und den Rednern Peter Bichsel, Friedrich Dürrenmatt, Max Frisch, Günter Grass und Kurt Marti. Dürrenmatt spricht in seiner Rede *Tschechoslowakei 1968* – in über-ideologischer Gefasstheit – von der unfassbaren, ja unbegreiflichen Wirklichkeit: »[I]ch denke an die Tschechoslowakei. Ich denke an Prag. Ich denke an eine Bevölkerung, die hoffnungsvoll war und jetzt hoffnungslos ist« (WA 34, 35). Er denke mit Trauer an seine persönlichen Freunde und Mitarbeiter im Theater, an die Schriftsteller, an die ganze Bevölkerung, auch an die Kommunisten und deren enttäuschte Hoffnungen auf einen politischen Frühling. Es handle sich um einen »Sieg der sowjetrussischen Reaktionäre«, »weil die erstarrte Partei jede Veränderung fürchtet« (41). Auch in der Schweiz habe sein Freund Konrad Farner als Kommunist und Dienstverweigerer das Pech, »in einem Land zu leben, das die Zufriedenheit mit sich selbst zum politischen Kult macht« (35). »In der Tschechoslowakei« habe »die menschliche Freiheit in ihrem Kampf um eine gerechtere Welt eine Schlacht, doch nicht den Krieg« verloren. »Der Krieg gegen die Dogmatiker der Gewalt« gehe weiter, »mögen sie nun die Maske des Kommunismus, des Ultrakommunismus oder jene der Demokratie tragen« (42). Und vielleicht erschüttere gerade der gewaltlose Widerstand ein Machtsystem tödlicher, »als wir zu ahnen vermögen« (ebd).

Auch in seiner Rede *Über Kulturpolitik* anlässlich der Verleihung des Großen Literaturpreises des Kantons Bern (25.10.1969) warnte er vor falschen Sicherheiten und Schönmalereien auch in der Schweiz: Man habe endlich zu begreifen, dass diese »nicht mehr die Schweiz Wilhelm Tells ist, sondern eine Schweiz der Mirage-, der Bührle- und der Florida-Affären, eine Schweiz, die noch nicht einmal das Frauenstimmrecht

zu verwirklichen vermochte, eine Schweiz, die durch ihre Demokratie der Demokratie im Wege steht, weil auch die Demokratie, wie die Kultur, kein Besitz ist, sondern eine Aufgabe darstellt, die täglich in mühseliger Kleinarbeit erfüllt werden muß« (WA 34, 56).

Im Anschluss an seine Überlegungen über das Verhältnis von Israel und Palästina (s. Kap. 52, 53) entwickelte er, anlässlich der Verleihung der Buber-Rosenzweig-Medaille am 6.3.1977, mahnende Gedanken *Über Toleranz* als Grundlage für ein staatliches Zusammenleben in Frieden. Seit dem Zweiten Weltkrieg habe sich kaum etwas verändert: »Nur die Zahl der Opfer nimmt ständig zu« (WA 33, 130). Es sei höchste Zeit, im Sinne von Lessing neben der religiösen Toleranz auch über das Wesen der politischen Toleranz nachzudenken (vgl. 133–135). Es tue ein »neues Zeitalter der Aufklärung not[...]«, das an die Stelle des eigenen »Anspruch[s] auf Wahrheit« vielmehr »das Suchen nach Wahrheit, nach Gerechtigkeit und nach Freiheit« stelle (144 f.). Die Nationalstaaten seien zu gewaltigen Institutionen geworden, als solche erstarrt, so dass nach dem Gesetz der großen Zahl »eine Menschheit [...] denkbar« werde, »für die es nur noch eine Freiheit gibt: die geistige« (148). Aufgrund der gemeinsamen Ängste jedoch, die von den »Praktikanten der Macht« geschürt würden, »um sich und ihre Kämpfe abzusichern«, werde überall aufgerüstet: »Dieser Welt sind wir ausgeliefert, Gläubige und Ungläubige, alle Völker, der Staat Israel und alle Staaten« (149). Es sei dringlich, die eigenen Ängste zu verlieren, die Vorstellungen vom bösen Feind zu vergessen und aufeinander in Toleranz und Vertrauen zuzugehen, im Glauben an eine gemeinsame Zukunft.

Die letzte Rede Dürrenmatts – *Die Hoffnung, uns am eigenen Schopfe aus dem Untergang zu ziehen* – ist eine Laudatio auf Michail Gorbatschow, gehalten am 25.11.1990 in Berlin, anlässlich der Verleihung der Otto-Hahn-Friedensmedaille. Es ist Gorbatschows »furchtlose Vernunft« (WA 36, 209), die Dürrenmatt ins Zentrum seiner Rede rückt, seinen Sinn für das Machbare und menschlich Nachvollziehbare über alle ideologischen Grenzen hinweg, seinen Mut für einen Neubeginn in der Beziehung zwischen den Völkern und Machtblöcken. Mit dem Fall der Atombombe auf Hiroshima 1945 endete nicht nur der Zweite Weltkrieg, mit dem Friedensschluss habe auch ein bisher nie da gewesenes Wettrüsten zwischen den Großmächten begonnen – der Kalte Krieg. Und »mit der Atombombe lernte der Mensch sich selber fürchten, er wurde seine eigene Apokalypse« (190). Zwar wagte keiner die Atomwaffen einzusetzen, jeder aber produzierte sie, »um zu beweisen, daß er sie anwenden würde, wenn der andere sie anwenden würde« (ebd.). In diesem rüstungsbezogenen Machtgehabe sei es der Marxist Michail Gorbatschow gewesen, der »in seiner Eigenschaft als Generalsekretär der Kommunistischen Partei der Sowjetunion den Kalten Krieg beendet« habe (191). Er habe versucht, »den Marxismus umzugestalten«, ihn zu erneuern, mit dem Gedanken der Perestroika und der Vision einer friedlichen Koexistenz (ebd.). Damit habe er »wie kein anderer Staatsmann die heutige Welt verändert«, durch seinen Mut und seine praktische Vernunft, indem er mit der Beendigung des atomaren Wettrüstens begann (206 f.). Gleichwohl aber baue sich der Mensch nach wie vor eine »technische und ökologische Katastrophenwelt« (208) auf. Angesichts von Hunger, Elend, Unterdrückung, der bestehenden atomaren Bedrohung und dem Bevölkerungswachstum bräuchten wir furchtlose Vernunft, »die furchtlose Vernunft Michail Gorbatschows« – »das einzige, was uns in der Zukunft zur Verfügung steht, diese möglicherweise zu bestehen, uns, nach der Hoffnung Kants, am eigenen Schopfe aus dem Untergang zu ziehen« (209).

Dürrenmatt schrieb die Rede auf Václav Havel (s. Kap. 57) und die Laudatio auf Michail Gorbatschow einige Wochen vor seinem Tod (14.12.1990). Sie wirken heute wie sein geistiges Vermächtnis als prophetischer Moralist, der über sich sagte: »Ich bin ein Mensch, der in der Einsamkeit lebt. Und ich arbeite drauflos, an einer verrückten Logik. Ich erkenne, die Menschheit geht unter, es gibt eine Katastrophe. Und mein Schicksal ist es, Analytiker dieser Katastrophe zu sein« (Dürrenmatt 2017b, 196).

Literatur
Primärtexte

An die Kritiker ›Franks des Fünften‹. In: WA 6, 160–165.
»Der Rest ist Dank«. In: WA 32, 109–112.
»Die Hoffnung, uns am eigenen Schopfe aus dem Untergang zu ziehen.« In: WA 36, 189–209.
Die verhinderte Rede von Kiew. In: WA 34, 26–28.
Dramaturgie des Publikums. In: WA 30, 164–175.
Nachträgliches. In: WA 32, 141–144.
Tschechoslowakei 1968. In: WA 34, 35–42.
Über Kulturpolitik. In: WA 34, 46–59.
Über Toleranz. In: WA 33, 125–149.
Dürrenmatt, Friedrich: Gespräch 1974 mit Peter André Bloch und Herbert Tiefenbacher. In: Peter André Bloch: Friedrich Dürrenmatt – Visionen und Experimente. Werkstattgespräche – Bilder – Analysen – Interpretationen. Göttingen 2017a, 86–104.
Dürrenmatt, Friedrich: Gespräch mit Friedrich Dürrenmatt zum Thema »Bild und Gedanke« in Neuenburg, 18. Februar 1980. In: Peter André Bloch: Friedrich Dürrenmatt – Visionen und Experimente. Werkstattgespräche – Bilder – Analysen – Interpretationen. Göttingen 2017b, 181–196.

Sekundärliteratur

Bloch, Peter André: Friedrich Dürrenmatt – Visionen und Experimente. Werkstattgespräche – Bilder – Analysen – Interpretationen. Göttingen 2017.

Peter André Bloch

48 *Theaterprobleme*

Entstehung, Kontext, Drucklegung

Die *Theaterprobleme* schrieb Dürrenmatt 1954 als Vortrag, den er im Herbst 1954 und Frühjahr 1955 mehrfach in der Schweiz und in Deutschland hielt (zuerst unter dem Titel *Probleme einer praktischen Dramaturgie*). Die Publikation erfolgte 1955 im Arche Verlag in Zürich. Sein Stück *Ein Engel kommt nach Babylon* musste Dürrenmatt bei der Uraufführung im Dezember 1953 an den Münchner Kammerspielen grundlegend – als Satire – missverstanden erkennen, was ihn in eine tiefe Verunsicherung führte, ob er sich dem Theaterpublikum überhaupt verständlich machen könne oder die Wirkung seiner Stücke auf Zufall beruhe (vgl. WA 28, 217). Gegenüber Hans Schweikart, dem Regisseur der Uraufführung, beschreibt er sich im März 1954 als ›abgedankten Dramatiker‹ (vgl. Rüedi 2011, 477); in den *Stoffen* hält er fest, dass er mit dieser Erfahrung seine »Naivität dem Theater gegenüber verlor[en]« habe (WA 28, 217). Eine Antwort auf diese Verunsicherung sind die *Theaterprobleme*, in denen der Autor eine umfassende Selbstvergewisserung als Dramatiker unternimmt, wobei er sich sowohl deutlich von der Dramaturgie Brechts distanziert als auch – mit Absagen an den Zug zur ›Reinheit‹ und ›Perfektion‹ in der Kunst – von Benns Ideal einer »absoluten [rein selbstbezüglichen] Bühnenkunst« (Benn 1968, 1755). Dürrenmatt entwickelt hier grundlegende Kategorien seiner Dramaturgie, die er im Laufe seines dramatischen Schaffens umdenkt, anders gewichtet und in neuen dramatischen Konkretionen umbildet (so z. B. die ›Dramaturgie des Einfalls‹; s. Kap. 88).

Inhalt und Analyse

Die *Theaterprobleme* entfalten keine systematische, aus Grundsätzen einer Ästhetik des Theaters oder Poetik des Dramas abgeleitete Argumentation, reihen aber auch nicht einfach Orientierungen und Erfahrungen beim Stückeschreiben aneinander. Die Argumentation ist induktiv: Aus Überlegungen zum eigenen Umgang mit den Konstituenten des Theaters (Bühne, Publikum) wie des Dramas (Handlung, Figur, Rede), die als Antworten auf die zeitgenössische politisch-soziale Wirklichkeit vorgestellt werden, entwirft Dürrenmatt die Bausteine seiner Dramaturgie. Die Ausführungen sind praxisbezogen, stellen aber kein Regelwerk für das Verfertigen von Theaterstücken dar.

Dürrenmatt orientiert sich dabei kritisch an Theatertraditionen, ist über deren Bezüge jedoch oft historisch oder theoretisch unpräzis. So kommt er als vermeintliches ›Gesetz‹ einer idealen Theaterhandlung mehrfach auf die Lehre von den drei Einheiten (des Ortes, der Zeit und der Handlung) zu sprechen, die man aus der aristotelischen Poetik herausgelesen habe, die aber längst nicht mehr beachtet würden, da deren Voraussetzungen nicht mehr gegeben seien. Diese Lehre hat Boileau für das höfische Theater entwickelt und für sie die Autorität des Aristoteles nur reklamiert. Entsprechend haben schon Vordenker und Praktiker eines bürgerlichen Theaters (z. B. Lessing) gegen sie polemisiert.

Die Schrift betont den Ereignischarakter des theatralischen Geschehens (vgl. WA 30, 37), führt das Theater in seiner heutigen Gestalt (Guckkastenbühne, Trennung von Bühne und Publikum) dann aber auf das Hoftheater zurück, dem fälschlicherweise die – genuin bürgerlichen – Forderungen nach Natürlichkeit und Illusionierung zugeordnet werden. Das höfische Theater ist tatsächlich jedoch eines der reflektierten Repräsentation. Vom Hoftheater ausgehend, so Dürrenmatt, sei das Theater heute ein Museum, das mit den Theaterstücken verschiedenster Zeiten deren zeitbezogene Dramaturgien und dramatischen Stile präsentiere. Mit der Rückbindung der Grundorientierungen des bürgerlichen Theaters an das höfische verdunkelt Dürrenmatt seinen eigenen Standort eines nicht mehr bürgerlichen Theaters, das weder den Weg Brechts noch den des absurden Theaters geht: Dem zu einem Museum gewordenen Theater festgelegter Dramaturgien stellt er seine »Dramaturgie des Experiments« gegenüber (ebd., 42).

Die Relation von Bühne und Publikum macht Dürrenmatt – in fundamentalem Gegensatz zu Brecht – nicht zu einem eigenen Thema; er hält nur fest, dass der moderne Autor das anonym gewordene Publikum fingiere, ja selbst dessen Stelle einnehme (vgl. ebd.). Mit der Aufhebung des Publikums im Autor vergibt er viele Chancen seiner nachfolgenden Festlegung des heutigen Theaters auf die Komödie. Die Behandlung von Ort, Zeit und Handlung entwickelt er nicht vom Drama, sondern gemäß seinem Ausgang vom Theater von der Wirklichkeit des Spielens her. Ort der Handlung sei primär die Bühne, die einen anderen Ort vorstellt, die Zeit analog primär die des Spielens: Deren Strukturierung durch Unterbrechungen leistete einst der Chor, neuzeitlich der Vorhang, gegenwärtig die direkte Anrede des Publikums; Letztere wird nur in der Spielart des epischen Theaters Brechts benannt und

J. B. Metzler © Springer-Verlag GmbH Deutschland, ein Teil von Springer Nature, 2020
U. Weber / A. Mauz / M. Stingelin (Hg.), *Dürrenmatt-Handbuch*, https://doi.org/10.1007/978-3-476-05314-5_48

als Erklären des Stücks kritisiert. Auf die für die Komödie seit der Antike konstitutiven Unterbrechungen der Handlung in Wendungen an das Publikum – die Parabase – wird nicht eingegangen. Die dramatische Figur charakterisiere primär, dass sie rede, Funktion der Handlung sei, den Menschen zu einer besonderen Rede zu zwingen (vgl. ebd., 51).

Mit dem Hinweis, dass der Held eines Stücks nicht nur die Handlung vorantreibe, sondern auch eine Welt darstelle, gelangt die Schrift zu ihrer zentralen Frage, wie die heutige Welt darzustellen sei. Die Diagnose, dass der heutige Staat »unüberschaubar, anonym, bürokratisch« geworden, Zuweisen von Verantwortung für dessen Aktionen nicht mehr möglich sei (ebd., 59 f.), nimmt Argumentationsmuster verweigerter Vergangenheitsbewältigung im Nachkriegsdeutschland auf. So begründet Dürrenmatt das mimetische Vermögen des heutigen Theaters, das zur Komödie führt, ausdrücklich politisch.

Es folgen einige griffig formulierte, jedoch verengend pauschale Bestimmungen zu Tragödie und Komödie. Die Erstere setze eine gestaltete Welt voraus (vgl. ebd., 60), die in der antiken Tragödie dem Publikum bekannten Mythen vorgeben, von Shakespeare bis Schiller die geschichtsmächtigen Helden. Schillers Gedanke, eine chaotische, Sinn verweigernde Welt vorzustellen, die den Zuschauer zu einer erhabenen Vergewisserung seiner Selbst in seinem ideellen Vermögen führe (vgl. Schiller 1992), wird übergangen. Die Komödie wird umgekehrt auf eine ungestaltete, im Werden begriffene Welt bezogen, da dem Komischen, das sie begründe, eigne, »das Gestaltlose zu gestalten, das Chaotische zu formen« (WA 30, 61). Das trifft für Komödien zu, die das Moment dionysisch entgrenzender Komik stark machen, nicht jedoch auf Komödien des Verlachens, die anerkannte Normen voraussetzen. Die Tragödie überwinde Distanz (vgl. ebd.,), wie dies die aristotelische Wirkungskategorie des Mitleids anzeige (vgl. ebd., 57); Tragödien im Zeichen des distanzierenden Erhabenen sind nicht im Blick. Die Komödie schaffe Distanz, was auf Verlachkomik verweist, während entgrenzende Komik auf Aufheben auch der Grenze zwischen Bühne und Publikum zielt. Distanzleistung erkennt Dürrenmatt der Komödie zu, da sie mittels des ihr affinen Grotesken einer opaken Welt Gestalt zu geben vermöge, sei diese auch paradox, »Gestalt einer Ungestalt, Gesicht einer gesichtslosen Welt« (ebd., 62). Die Komödie erreiche das durch ihre Gründung im (fantastischen) Einfall, der groteske Figuren und Verhältnisse generiere. In seiner Verbindung mit dem Paradoxen ist am Grotesken, konform mit dessen Geschichte und Theorie (vgl. Pietzcker 1972; Oesterle 2017), das Vermischen von Heterogenem betont. Antwort auf die Erfahrung einer sinnlosen, chaotischen Welt könne Verzweiflung sein, aber auch der Wille, diese Welt zu bestehen. Den könne man, als andere Antwort auf die sinnlose Welt, aus der Komödie heraus mit dem Entwurf des »mutigen Menschen« erzielen, der Schuld »als persönliche Leistung, als religiöse Tat« auf sich nehme und so die ›verlorene Weltordnung in seiner Brust wiederherstelle‹ (WA 30, 62 f.). Dürrenmatt umschreibt hier sehr genau die erhabene Wende als das Wirkungsziel der Tragödie im Sinne Schillers, allerdings nicht beim Publikum, sondern in der vorgestellten Welt, und er erwartet den Entwurf einer solchen Wende gerade von der Komödie, die sich hierin zum Tragischen öffne (vgl. ebd.). Die Bedingung der Möglichkeit solchen Heraustretens aus der Komödienwelt bleibt offen, eine appellative Setzung, die auf den *Besuch der alten Dame* vorausweist. Die Komödie kommt solcher Grenzübertretung durch das ihr eigene Verfahren entgegen, Figuren immer wieder aus der vorgestellten Welt heraustreten zu lassen. Dürrenmatt verbindet dieses Verfahren in seinen Stücken wiederholt mit solchen des epischen Theaters Brechts (z. B. in *Die Ehe des Herrn Mississippi*). Bezogen auf das Wirkungsziel der erhabenen Wende wird die Übertretung jedoch nicht auf die Wirklichkeit des Publikums hin gerichtet, sondern als ein immanentes Transzendieren auf eine andere fiktive Welt ›tragisch-erhabener‹ Helden hin. *Die Physiker* werden diese Übertretung durch deren längst schon vollzogene Aneignung in einer übergeordneten, sinnverweigernden Komödie als Illusion zeigen.

Das letzte große Thema des Essays betrifft den Umgang des Dramatikers mit Stoffen, diese verstanden als Objekte freien künstlerischen Gestaltens. Sie seien heute beschränkt, da sie durch die jeweils einschlägigen Wissenschaften schon bestimmt seien, womit die frühere Diagnose, dass dem Dramatiker der Gegenwart keine gestaltete Welt mehr vorgegeben sei, kompromittiert wird. Der Künstler müsse das wissenschaftlich Bestimmte wieder zu einem für Gestaltung offenen Stoff machen (vgl. ebd., 68). Erreicht werde das durch Reduktionen, die z. B. die Parodie bereithält – die große historische Figur als Verkehrung ihrer selbst – oder die Groteske, die das wissenschaftlich Geformte unterminiert. Mit der Opposition von Wissenschaft und Theater und ihrer solcherart ›de-konstruktiven‹ Aneignung setzt sich Dürrenmatt noch einmal von Brechts Theaterverständnis ab.

Positionen der Forschung

Der Essay wird allgemein als Schlüsselschrift zum Verständnis des Theaters Dürrenmatts gewürdigt, seine pointierten Formulierungen zu Komödie und Groteske fehlen in kaum einer Arbeit über den Autor. Die *Theaterprobleme* geben einen hellsichtigen Entwurf seines Weges, aber auch der Widersprüche seiner Theaterkonzeption, die in den Stücken immer neu produktiv werden. Jan Knopf hebt die politische Begründung der im Essay entworfenen Komödientheorie hervor, weiter die konsequente Argumentation vom Spielort Theater her und die Trennung von Wissenschaft und Kunst. Mit Letzterer vollziehe der Essay allerdings eben die Arbeitsteilung, deren Effekt die beklagte Unübersichtlichkeit und Verantwortungslosigkeit in der modernen Gesellschaft ist (vgl. Knopf 1980, 86 f.). Peter Rüedi betont die Funktion des Essays als Standortbestimmung des Autors in einer tiefgreifenden Verunsicherung. Die Begründung der Komödie sei politisch *und* metaphysisch; Dürrenmatt setze stets beim Besonderen an, in protestantischer Tradition wie als Leser Kierkegaards misstraue er dem Allgemeinen, den ›Kirchen‹ aller Art (vgl. Rüedi 2011, 499–504). Ulrich Weber verweist auf den Widerspruch, dass Dürrenmatt zwar betone, gesellschaftlich relevantes Handeln lasse sich nicht mehr in repräsentativen Taten herausgehobener Einzelner darstellen, aber gerade so handelnde Figuren als Helden seiner Dramen wähle, die er folgerichtig nur noch als Parodien ihrer selbst gestalten könne (vgl. Weber 2006, 37–39). Dieses *Als ob* affirmiert die Komödie wie die konstitutive Theatralität Dürrenmatts.

Literatur
Primärtexte
Theaterprobleme. Zürich 1955.
Theaterprobleme. In: WA 30, 31–72.

Sekundärliteratur
Benn, Gottfried: Die Ehe des Herrn Mississippi. Gesammelte Werke, Bd. 7. Hg. von Dieter Wellershoff. Wiesbaden 1968.
Knopf, Jan: Friedrich Dürrenmatt [1976]. 3., erw. Aufl. München 1980.
Oesterle, Günter: Das Groteskkomische. In: Uwe Wirth (Hg.): Komik. Ein interdisziplinäres Handbuch. Stuttgart 2017, 35–42.
Pietzcker, Carl: Das Groteske. In: Deutsche Vierteljahresschrift für Literaturwissenschaft und Geistesgeschichte 45 (1971), 197–211.
Rüedi, Peter: Dürrenmatt oder Die Ahnung vom Ganzen. Biographie. Zürich 2011.
Schiller, Friedrich: Über das Erhabene. In: Werke und Briefe in zwölf Bänden, Bd. 8: Theoretische Schriften. Hg. von Rolf-Peter Janz u. a. Frankfurt a. M. 1992, 822–840.
Weber, Ulrich: Friedrich Dürrenmatt oder Von der Lust, die Welt nochmals zu erdenken. Bern, Stuttgart, Wien 2006.

Bernhard Greiner

49 *Vom Sinn der Dichtung in unserer Zeit*

Entstehungskontext

Der Essay *Vom Sinn der Dichtung in unserer Zeit* geht zurück auf den Vortrag unter dem Titel *Vom Sinn der Dichtung im Zeitalter der Bilder*, den Dürrenmatt an der Tagung der Evangelischen Akademie für Rundfunk und Fernsehen am 20.9.1956 in Bad Boll hielt. Der Text wurde 1958 im *Jahrbuch für christliche Rundfunkarbeit* erstmals publiziert und 1966 in leicht überarbeiteter Form in die *Theater-Schriften und Reden* aufgenommen (vgl. WA 32, 60–69). Dürrenmatt äußert sich in dieser Rede namentlich zum Verhältnis von Naturwissenschaften und Literatur, von Mathematik und literarischer Sprache sowie zur Unverzichtbarkeit anschaulicher Bilder. Damit entwirft er Grundlinien seines Literaturverständnisses, das er später in vielen Punkten vertiefen, aber nicht mehr grundlegend verändern wird.

Dürrenmatt hat nach Auskunft seines Biografen »eher widerwillig« an der genannten Tagung teilgenommen (Rüedi 2011, 622). Die Einladung richtete sich wohl an den Autor der frühen Dramen, der ganz im Gravitationsfeld des religiösen Existentialismus zu stehen schien. Doch Dürrenmatt war inzwischen ein anderer geworden. 1951 nahm er am ›Europäischen Forum Alpbach‹ teil und erhielt dort Impulse des kritischen Rationalismus (vgl. Käppeli 2013, 127). Durch die Komödie *Romulus der Große* (1949), die Komödientheorie im Essay *Theaterprobleme* (1954) sowie durch die Erzählung *Die Panne* (1956) gewann er Distanz zu seinen Anfängen. Er untersagte weitere Aufführungen der beiden frühen religiösen Dramen *Es steht geschrieben* und *Der Blinde*. Ein wichtiger Gesprächspartner in dieser Phase der Neuorientierung war der Naturwissenschaftler Marc Eichelberg, der von 1954 bis 1957 in Neuchâtel als Angestellter einer Firma für Regelungstechnik arbeitete. Mit ihm zusammen studierte Dürrenmatt u. a. Alexander Wittenbergs Dissertation *Vom Denken in Begriffen. Mathematik als Experiment des reinen Denkens* (1957). Eichelberg kannte Wittenberg persönlich und besaß das Manuskript des Buches, das er Dürrenmatt schenkte (vgl. Eichelberg 1994). In abgrenzender Auseinandersetzung mit Wittenbergs Gedanken zur Grundlagenkrise und zu Verfahrensregeln der Mathematik schärfte Dürrenmatt sein Verständnis der Alltagssprache und damit der Literatur. Wie also sollte er mit den Erwartungen der Evangelischen Akademie umgehen? Er entschloss sich, Differenz zu markieren, indem er die Funktion der Dichtung entschieden in den Zusammenhang mit den modernen Naturwissenschaften stellte.

Poetologie der sprachlich-bildhaften Eigenwelten

Dürrenmatt meldet »den Verdacht [an], ob nicht die Form der heutigen Philosophie die Naturwissenschaft sei« (WA 32, 62). Er tut dies ohne Euphorie, denn »[v]ielleicht ist das Weltbild der Physik nur ein sehr genauer Ausdruck dessen, wie wenig wir wissen« (62 f.). Er schreibe dies nicht als Physiker, sondern als »Komödienschreiber«, als »Dilettant« (60). Gerade dem Schriftsteller fällt auf, dass »[u]nser Denken [...] aus der Domäne des Wortes herausgetreten und mathematisch abstrakt geworden« ist (61). Der Inhalt der Mathematik sei »nur sie selber, die Beziehung ihrer Begriffe zueinander«, eine »Sprache für Eingeweihte«, die »das Bild nicht benötigt« (ebd.). Da nun die moderne Physik sich ebenfalls der mathematischen Sprache bediene, sei sie »dazu übergegangen, ebenfalls die Anschauung, das Bild, das Modell endlich, fallen zu lassen. [...] Ein mehrdimensionaler Raum [...] ist ein sinnlicher, doch nicht ein mathematischer Unsinn« (62). Damit bezieht Dürrenmatt sich auf Einsteins Relativitätstheorie und deren vierdimensionales Raum-Zeit-Kontinuum, das sich mit der lebensweltlichen Alltagserfahrung von Raum und Zeit nicht vereinbaren lässt und zudem den erkenntnistheoretischen Rahmen außer Geltung setzt, den Kant als Bedingung der Möglichkeit aller Erfahrung dargestellt hat. Schon Goethe habe die Tendenz, gegen die Sinne zu verstoßen, getadelt, und auch heute seien viele der Auffassung, der Weg aus der Sprache heraus tangiere zwar die Naturwissenschaften, gehe die Geisteswissenschaften aber nichts an (vgl. ebd.). Dürrenmatt bezieht diesbezüglich entschieden eine andere Position. Obschon Physik und Mathematik durch Bildlosigkeit dem »Verständnis der überwiegenden Anzahl der Menschen« entrückt seien, seien sie nicht »ohne Wirkung nach außen«: Sie »schleudern immer neue Möglichkeiten in die Welt, Radar, Fernsehen, Heilmittel, Transportmittel, elektronische Gehirne usw.« »Die Technik [...] ist das sichtbar, bildhaft gewordene Denken unserer Zeit« (63). Dieser Widerspruch zwischen der Bildlosigkeit des naturwissenschaftlichen Denkens und der unübersehbaren Macht der modernen Technik führt Dürren-

J. B. Metzler © Springer-Verlag GmbH Deutschland, ein Teil von Springer Nature, 2020
U. Weber / A. Mauz / M. Stingelin (Hg.), *Dürrenmatt-Handbuch*, https://doi.org/10.1007/978-3-476-05314-5_49

matt zur Diagnose: »Der Mensch lebt heute in einer Welt, die er weniger kennt, als wir das annehmen. Er hat das Bild verloren und ist den Bildern verfallen« (64). Der Rückzug in den ›Geist‹ ist für Dürrenmatt jedoch kein gangbarer Weg. Der Schriftsteller müsse begreifen, »daß er in dieser Welt zu leben hat. Er dichte sich keine andere« (67).

Die neuen Medien ändern an dieser Situation nichts Grundlegendes. Theater, Hörspiel, Film hätten je eigene Gesetze, mit denen der Schriftsteller gut umgehen könne. Die Gefahr für die Kunst komme nicht von den Medien her, sondern von überhöhten, kunstreligiös grundierten Erwartungen (vgl. 66). Eine weitere Gefahr sieht Dürrenmatt in einem »logischen Fehler«, den der Schriftsteller aus der Diagnose ziehen könnte: »Er sieht die Sprache begrenzt [...]. Er sieht nicht, daß die Begrenzung etwas Natürliches ist – weil die Sprache nun einmal mit dem Bilde verhaftet sein muß, will sie Sprache bleiben« (ebd.). Diese inhaltsbezogene Poetologie wendet Dürrenmatt gegen Tendenzen des literarischen Formalismus. Der Weg der formalen Differenzierung, den Wittenberg als möglichen Umgang mit der Grundlagenkrise der Mathematik empfiehlt, führe literarisch in die Irre.

Gegen Brecht und sein politisches Theater stellt Dürrenmatt die Maxime auf: »Der Schriftsteller gebe es auf, die Welt retten zu wollen. Er wage es wieder, die Welt zu formen, aus ihrer Bildlosigkeit ein Bild zu machen« (67). Diese Forderung hat allerdings ausdrücklich nichts zu tun mit der Naivität einer Abbild-Poetik, sondern vielmehr mit dem »Aufstellen von Eigenwelten« (68). Als Beispiel nennt Dürrenmatt *Gullivers Reisen*, einen Text, den er bereits in den *Anmerkungen zur Komödie* (1952) in eine Reihe gestellt hat mit anderen ›grotesken‹ Gegenwelt-Entwürfen, beginnend mit den Komödien des Aristophanes. Die Komödie habe durch die explosive Kraft ihrer Einfälle die Möglichkeit, die Gegenwart ins Komische umzugestalten und damit Distanz zu schaffen. »Das Groteske ist eine äußerste Stilisierung, ein plötzliches Bildhaftmachen und gerade darum fähig, Zeitfragen, mehr noch, die Gegenwart aufzunehmen, ohne Tendenz oder Reportage zu sein« (WA 30, 24 f.).

Im letzten Abschnitt seiner Rede behauptet Dürrenmatt: »Wir sind nie ›im Bilde‹ über diese Welt, wenn wir uns von ihr kein Bild machen« (WA 32, 68). Damit bezieht er sich zustimmend auf die *Philosophie des Als Ob* (1911) von Hans Vaihinger und auf dessen Konzept der bewusst falschen, aber nützlichen »Hilfsbilder«, und er wendet sich implizit kritisch gegen Max Frisch, der in seinem *Tagebuch 1946–1949*

(1950) bekanntlich forderte, man solle sich kein Bildnis machen.

Zur Forschung

Elisabeth Emter (1995) hat die Rede als Leittext gewählt und minutiös die impliziten Bezüge zur *Philosophie der Naturwissenschaft* (dt. 1939) von Arthur Eddington herausgearbeitet, auf die sich Dürrenmatt auch an anderer Stelle wiederholt explizit bezieht. Es sei die immanente Logik, die sowohl der Mathematik wie der fiktionalen Literatur den Bezug zur Welt sichere. Dürrenmatt stimme mit dem selektiven Subjektivismus Eddingtons und mit den epistemologischen Konsequenzen der Quantentheorie in ihrer Kopenhagener Deutung überein: Der Mensch könne in der Welt nichts entdecken, was er nicht zuvor in seinem Bewusstsein entdeckt habe. Emters Verdienst ist in erster Linie die profunde Widerlegung der These Habermas', wonach Literatur sich nicht mit den Naturwissenschaften an sich, sondern nur mit deren technischen Folgen auseinandersetze (vgl. Habermas 1968, 82 f.). Heute wäre es wohl angebracht, zu versuchen, Dürrenmatts Ausführungen zur immanenten Logik der Sprache und der Literatur in Termini einer kulturwissenschaftlich orientierten Narratologie (Nünning, Koschorke) zu reformulieren und in diesem Zusammenhang seine wiederholte Unterscheidung von »noch möglichen« resp. »nicht mehr möglichen« Geschichten und Bildern einzubeziehen (vgl. u. a. *Die Panne*).

Dale Adams (2011) erkennt ebenfalls die zentrale Bedeutung der Rede für Dürrenmatts Poetologie, folgt aber nicht Emters Fokussierung auf den Kontext Eddingtons. Er bezieht Dürrenmatts Ausführungen vielmehr auf die Grundlagenkrise der Mathematik, allerdings ohne dessen Quellen (Wittenberg, Eichelberg) genauer nachzugehen. Zu Emters Interpretation bemerkt er zu Recht kritisch, Dürrenmatt habe die irreduzible Bildhaftigkeit der Sprache betont und dem Bewusstsein an keiner Stelle die konstitutive Bedeutung für die Mathematik zugemessen, die Emter behauptet. Auf welchen Kontext Dürrenmatts Beharren auf der Bildhaftigkeit der Sprache sich beziehen lässt, untersucht er allerdings nicht; er behauptet hier eine »epistemologische Lücke« (Adams 2011, 287) in seinem Denken. In diese Lücke passt jedoch genau Dürrenmatts Bezug auf die *Philosophie des Als Ob* von Hans Vaihinger. Er hat sich zeitlebens und an prominenter Stelle auf Vaihinger berufen, zuletzt in seiner

Laudatio auf Michail Gorbatschow (vgl. WA 36, 189–209). Philipp Burkard (2004) ist in seiner Dissertation den Bezügen zu Vaihinger nachgegangen und hat gezeigt, dass die gemeinsame Wurzel von Wissenschaft und Kunst für Vaihinger wie für Dürrenmatt nicht im Bewusstsein liegt, sondern in der ›Einbildungskraft‹ im Sinne Kants, in der ›Fantasie‹. Aus dieser Wurzel entwickeln sich die beiden Zweige der Wissenschaft und der Kunst. Beide vermögen sich nicht direkt auf die Wirklichkeit zu beziehen, sondern arbeiten mit ›Hilfsbildern‹, die korrekturbedürftig bleiben, aber leistungsfähig genug sind, dass der Mensch mit ihnen das Leben bestehen kann.

Literatur
Primärtexte

Vom Sinn der Dichtung in unserer Zeit. In: Jahrbuch der christlichen Rundfunkarbeit 1 (1958), 109–116.

Vom Sinn der Dichtung in unserer Zeit. In: Theater-Schriften und Reden. Zürich 1966, 56–64.

Vom Sinn der Dichtung in unserer Zeit. In: WA 32, 60–69.

Sekundärliteratur

Adams, Dale: Die Konfrontation von Denken und Wirklichkeit. Die Rolle und Bedeutung der Mathematik bei Robert Musil, Hermann Broch und Friedrich Dürrenmatt. St. Ingbert 2011, 247–326.

Burkard, Philipp: Dürrenmatts *Stoffe*. Zur literarischen Transformation der Erkenntnistheorien Kants und Vaihingers im Spätwerk. Tübingen 2004.

Eichelberg, Marc: F. D. und die Naturwissenschaften. In: Friedrich Dürrenmatt. Schriftsteller und Maler. Zürich 1994, 225–227.

Emter, Elisabeth: Literatur und Quantentheorie. Die Rezeption der modernen Physik in Schriften zur Literatur und Philosophie deutschsprachiger Autoren 1925–1970. Berlin 1995.

Habermas, Jürgen: Technik und Wissenschaft als Ideologie. Frankfurt a. M. 1968.

Käppeli, Patricia: Politische Systeme bei Friedrich Dürrenmatt. Eine Analyse des essayistischen und dramatischen Werks. Köln 2013.

Rüedi, Peter: Dürrenmatt oder Die Ahnung vom Ganzen. Biographie. Zürich 2011.

Rudolf Käser

50 *Monstervortrag über Gerechtigkeit und Recht*

Entstehungs- und Publikationsgeschichte

Den in der Druckfassung *Monstervortrag über Gerechtigkeit und Recht, nebst einem helvetischen Zwischenspiel. Eine kleine Dramaturgie der Politik* betitelten Vortrag hielt Friedrich Dürrenmatt am 24.3.1968 auf Einladung der beiden Schweizer Jura-Professoren Peter Noll und Peter Schneider, ein Jahr später und bis 1974 Rektor an der Johannes Gutenberg-Universität Mainz, im Rahmen einer Vortragsreihe zum Thema ›Recht und Gerechtigkeit in der zeitgenössischen Literatur‹. Er ist 1969 als wesentlich erweiterte Buchausgabe im Zürcher Arche Verlag erschienen. Dürrenmatt bezeichnet sich zu Beginn des Vortrags (halb-) ironisch als: »[i]rregeleitet von zwei schweizerischen Professoren [...]. Patriotismus macht blind« (WA 33, 36). Noll erinnert sich: »Der Vortrag fand im damals grössten Saal von Mainz statt, in der Liedertafel, und der Saal war völlig überfüllt, vor allem weil wir aus Angst, es finde sich zuwenig Publikum ein, die Schulen benachrichtigt hatten und nun Dreiviertel der Zuhörer aus Schülern bestanden, die endlich den grossen Dürrenmatt sehen wollten, den sie in der Schule gelesen hatten« (Noll 1984, 84). Im Nachlass erhalten hat sich das 32-seitige Vortragsmanuskript.

Inhalt und Analyse

Der Titel des *Monstervortrags* ist vor allem ein thematischer: Mit ›Gerechtigkeit‹, ›Recht‹, ›Dramaturgie‹, ›Politik‹ und dem im Adjektiv ›helvetisch‹ anklingenden Schweiz-Bezug benennt er die zentralen Inhalte der Rede.

Der offenkundig philosophisch abstrakten Thematik widmet sich Dürrenmatt allerdings nicht in einem bloß theoretischen Diskurs. Warum? Weil er ein ›dramaturgischer Denker‹ (s. Kap. 87) sei: Sein Interesse gilt dem Simulacrum, dem Literatur gewordenen Modell politischer Wirklichkeit, das ihren »inneren Spannungsgehalt« und ihre »Regeln« offenlegt (vgl. WA 33, 91 u. 92). Entsprechend zeichnet sich der Vortrag strukturell durch Anklänge ans Erzählprinzip von *Tausendundeiner Nacht* aus: Der theoretische Rahmen wird über zwei Schachtelerzählungen entfaltet.

Die erste Schachtelerzählung – der Prophet Mohammed beobachtet an einer Quelle die vermeintliche Ungerechtigkeit, wie ein Reiter seinen Geldbeutel verliert, ein zweiter diesen stiehlt und der erste Reiter schließlich im Glauben, den Dieb zu bestrafen, einen dritten tötet (vgl. 38 f.) – wird dabei zum Ausgangspunkt der Frage nach dem politisch gerechten System. Sowohl dem klassischen Bürger wie dem Bürger eines sozialistischen Landes erschiene das skizzierte Szenario ungerecht: dem ersten, weil der Mensch, auch wenn er ein Wolf sei, sich an Spielregeln halten müsse, die den Besitz des Einzelnen sichern; dem zweiten, weil im Besitz die Ursache für Ungerechtigkeit sehen würde.

Damit ist das Tableau für eine Reflexion des Kapitalismus, das »große ›Wolfsspiel‹« (48), und des Sozialismus, das »›Gute-Hirte-Spiel‹« (50), eröffnet. Gemeinsam sei beiden Systemen, dass sie in absoluter Ausprägung in die gleiche Aporie führen. Denn der Begriff des Menschen sei ein »Doppelbegriff« (56): Existentiell und im Besonderen halte der Mensch an seiner Identität fest; logisch und allgemein ordne er sich der Menschheit zu. Insofern erweist sich der Mensch als Paradoxon und mit ihm die Gerechtigkeit und die Gesellschaftsordnung: Die individuelle (kapitalistische) Freiheit kann nur durch die (sozialistische) Beschränkung der Freiheit des Einzelnen gewährleistet werden (vgl. 56–58).

Die Inkommensurabilität der »existentielle[n] Idee der Freiheit« und der »logische[n] Idee der Gerechtigkeit« (58) bedinge politisch sodann auch die Ideologien als »Kosmetika der Macht« (63), erlaube die Ideologie doch vom ›Ich‹ zum ›Wir‹ überzugehen, das Emotionale und Existentielle mit dem Logisch-Politischen zu verbinden (vgl. 67). Exemplarisches Beispiel dafür: die Schweiz mit ihrer Ideologie der Passivität (vgl. 70) und der daraus folgenden ›Geistigen Landesverteidigung‹.

Bleibt zuletzt die Thematik des Rechts, die in der zweiten Schachtelerzählung behandelt wird: Während eines Trinkgelages schwört der Kalif Harun al-Raschid unbedacht, noch in der Nacht mit einer schönen Sklavin des Wesirs zu schlafen. Die Sklavin allerdings ist noch Jungfrau und die Gesetze des Korans schreiben mehrtägige Riten vor, bevor der Beischlaf vollzogen werden kann. Rat weiß ein hinzugezogener Rechtsgelehrter: Ein Sklave soll die Sklavin ehelichen und sogleich wieder geschieden werden; mit einer geschiedenen Frau dürfe der Kalif jederzeit schlafen. Der Sklave aber verweigert die Scheidung. Es bleiben zwei Möglichkeiten: den Sklaven hinzurichten (mit der Witwe dürfe man gleich ins Bett) oder der Sklavin

J. B. Metzler © Springer-Verlag GmbH Deutschland, ein Teil von Springer Nature, 2020
U. Weber / A. Mauz / M. Stingelin (Hg.), *Dürrenmatt-Handbuch*, https://doi.org/10.1007/978-3-476-05314-5_50

die Freiheit zu schenken (eine Ehe zwischen Sklave und Freier könne jederzeit geschieden werden). »Der große Rechtsgelehrte wurde mit tausend Goldstücken belohnt, [...] der Sklave trotzdem gehängt, und der Kalif Harun al-Raschid war mit der schönen freigelassenen Sklavin [...] allein« (106). Die Art und Weise, in der das Recht »von einer gehobenen Gesellschaftsklasse gehandhabt« und für die eigenen Zwecke genutzt wird, bedarf wohl, wie Dürrenmatt anmerkte, tatsächlich »keines weiteren Kommentares« (103).

Deutungsaspekte

Nicht nur wegen der thematischen Funktion ist der Titel *Monstervortrag über Gerechtigkeit und Recht* interessant; er stellt auch drei Rätsel, die sich nur bedingt durch die Entstehungsgeschichte beantworten lassen. Tatsächlich war der Vortrag selbst in der ursprünglich vorgetragenen Form schon vergleichsweise ›monströs‹ überlang. Das Thema ›Recht und Gerechtigkeit‹ (s. Kap. 77) beansprucht Zeit. Für keinen anderen Vortrag hat Dürrenmatt sich zeitlebens erlaubt, mehr Zeit in Anspruch zu nehmen, war sich dabei aber seiner Gabe als Redner (s. Kap. 47) durchaus bewusst: Diese Rede »ist in einer komödiantischen Form geschrieben; sie ist virtuos und verblüfft dadurch, daß ich die Sache ständig verfremde« (G 2, 54). Die aus dem tatsächlichen Vortrag hervorgegangene Druckfassung hätte wohl sogar ein Dreifaches an Vortragszeit in Anspruch genommen.

›Monströs‹, d. h. den üblichen Rahmen sprengend, ist aber auch Dürrenmatts Versuch, die Frage nach dem Spannungsverhältnis zwischen ›Gerechtigkeit‹ und ›Recht‹ nicht durch ein tatsächlich vor Gericht ausgehandeltes Fallbeispiel, also eine *Causa*, oder aber abstrakt über eine übergeordnete Frage zu beantworten (etwa der nach ›Sühne‹ und dem daran gekoppelten Verhältnis von Rache und Gerechtigkeitsempfinden): An die Stelle des ganz Konkreten oder ganz Abstrakten tritt bei ihm die ›Zufalls-Anekdote‹, die alles in der Schwebe hält. Eben diese zeichnet Dürrenmatt, einmal mehr, als Dramatiker von Rang aus. Er denkt in Szenen: »Ich denke die Welt durch, indem ich sie durchspiele« (WA 33, 91). Als Szene ruft die ›Moham-

med-Anekdote‹ alle nur erdenklichen Instanzen auf, die über ›Gerechtigkeit‹ und ›Recht‹ entscheiden könn(t)en: die unmittelbar Beteiligten, Zeugen, unbeteiligte Beobachter, Gott, schließlich aber insbesondere die Hörerinnen und Hörer des Vortrags, allen voran nicht zuletzt die Leserinnen und Leser seiner veröffentlichten Fassung, die sich vor die Frage gestellt sehen: Was ist ›Recht‹, was ist ›Gerechtigkeit‹ und wie verhalten die Antworten auf die beiden Fragen sich zueinander? Zur Diskussion steht damit aber insbesondere die Frage, wer etwas ›beobachtet‹, welche die Novelle *Der Auftrag* wieder aufgreifen wird (s. Kap. 43), d. h. die Frage nach dem Perspektivismus von Weltwahrnehmung als solche. Was zurückbleibt, zeichnet Dürrenmatts Verhältnis zur Frage, wie das Recht Gerechtigkeit gewährleisten könnte, aus: Skepsis.

Die Forschung hat denn auch den Aspekt der Gleichnishaftigkeit und die damit einhergehende Mehrdeutigkeit hervorgehoben. Zur Gleichnishaftigkeit sagt insbesondere der Jurist Bernhard Losch: Dürrenmatts »Äußerungen können rechtlichen Grundsatzüberlegungen literarisch zu Hilfe kommen und am Gleichnis verdeutlichen, was anders nur mühsam lebendige Vorstellung wird« (Losch 1989, 343).

Dürrenmatt selbst hat sich über das ausgebliebene Echo zur Buchpublikation des *Monstervortrags* ausdrücklich beklagt (vgl. G 2, 105).

Literatur
Primärtexte
Monstervortrag über Gerechtigkeit und Recht nebst einem helvetischen Zwischenspiel. Zürich 1969.
Monstervortrag über Gerechtigkeit und Recht, nebst einem helvetischen Zwischenspiel. Eine kleine Dramaturgie der Politik. In: WA 33, 36–107.
[Gespräch mit] Peter André Bloch/Herbert Tiefenbacher [1973]. In: G 2, 92–108.
[Gespräch mit] Peter André Bloch/Rudolf Bussmann [1971]. In: G 2, 40–57.
Noll, Peter: Diktate über Sterben und Tod. Mit der Totenrede von Max Frisch. München, Zürich 1984.

Sekundärliteratur
Losch, Bernhard: Friedrich Dürrenmatt – »Die Gerechtigkeit ist etwas Fürchterliches«. In: Neue juristische Wochenschrift 42 (1989), 343–349.

Martin Stingelin / Benjamin Thimm

51 *Sätze über das Theater*

Entstehungs- und Publikationsgeschichte

Die Entstehung von *Sätze über das Theater* steht in engem Schaffenszusammenhang mit dem ungleich sperrigeren Fragment *Aspekte des dramaturgischen Denkens* (WA 30, 104–120), dessen erste Entwürfe auf die Jahre 1964/65 datieren und die 1972 zur Publikation in einem Essay-Band befördert werden. Anders als jenes Fragment sind die *Sätze über das Theater* für einen öffentlichen Publikationskontext aufbereitet, erschienen sie doch erstmals in kontinuierlicher Folge vom 19.4. bis zum 30.8.1970 in zwanzig Nummern in der Zürcher Wochenzeitung *Sonntags-Journal*. Für die in den Werkausgaben wiedergegebene Fassung, die 1976 im Dürrenmatt-Heft von *Text + Kritik* (50/51) erschien, hat der Autor den Text überarbeitet.

Die *Sätze über das Theater* stehen in einem dreifachen Kontext: Zu lesen sind sie hauptsächlich als poetologische Selbstbehauptung eines politischen Theaterautors. Das Bedürfnis nach dieser Selbstversicherung im Schreiben lässt sich auf die Krise in Dürrenmatts Werkbiografie zurückführen, die in der Mitte der 1960er Jahre das ausgesprochen erfolgreiche und früh schon kanonisierte Früh- vom kritischer rezipierten Spätwerk trennt. In den *Sätzen* reagiert der Autor deshalb mehr oder weniger explizit auch auf das Scheitern seines Engagements für das Theater und die kulturjournalistische Kritik einzelner Uraufführungen aus dieser Zeit. Nicht zuletzt entwickelt der Text das ›dramaturgische Denken‹ Dürrenmatts (s. Kap. 87) entscheidend fort und weiter.

Inhalt und Analyse

In 46 durchnummerierten ›Ab-Sätzen‹ von unterschiedlicher Länge exponieren Dürrenmatts *Sätze über das Theater* auf ihrer allgemeinsten Ebene eine Antwort auf die kunstphilosophische Frage, »wie es komme, daß wir mit bewußt erfundenen Vorstellungen die Wirklichkeit zu beschreiben vermögen« (WA 30, 210). Teilweise in apodiktischem Gestus, teilweise mit anekdotischer Evidenz entwickelt der Essay die Funktion von Theater, mit den Mitteln der Fiktion welthaltige Relevanz für ein Gemeinwesen zu generieren.

Der Begriff des Theatralen wird dabei zunächst weit gefasst und auf seine kultursoziologischen Funktionen hin geöffnet. Das Freistilringen stelle, so Dürrenmatt, eine »Urform der Tragöde« dar, weil die Akteure abschließend in Sieger und Besiegte eingeteilt würden; die Scherze des Zirkusclowns hingegen die »Urform der Komödie« (179), welche den Kampf des Menschen mit den ihn umgebenden Gegenständen zeige. Vergleichbar sind die zwei Formate, insofern beide »als eine bewußte Nachahmung einer menschlichen Wirklichkeit« (178) begriffen werden.

Als nachgeahmte Wirklichkeit kann das Theater prinzipiell beliebig an Komplexität hinzugewinnen, was die abgebildete Handlung sowie ihre (körper-)sprachliche, personelle und performative Ausgestaltung angeht. Die Techniken, mit denen Dramen in diesen Hinsichten künstlerisch organisiert sind, nennt Dürrenmatt ›Dramaturgie‹. Der Begriff der Dramaturgie ist durch diese Definition einerseits an ganz konkrete und praktische Fragen des Stückeschreibens und des Theaterbetriebs zurückgebunden, andererseits wird er auch zum analytischen Werkzeug politischer Zeitdiagnostik.

Namentlich wird der Dramaturgiebegriff zunächst dazu verwendet, die Historizität theatraler Formen zu bestimmen. Peter Handkes und Samuel Becketts dramatische Werke – später auch Szenen von Shakespeare, Goethe, Kleist, Christian Dietrich Grabbe und Max Frisch – dienen dabei als Anschauungsbeispiele. In einer Reflexion über Aristoteles’ *Poetik* und die dort getroffene Bestimmung der Tragödie als »Nachahmung einer menschlichen Handlung« (ebd.) arbeitet Dürrenmatt den historisch variablen Zusammenhang von Bühneninstitution und davon abhängiger Darstellung politischer Wirklichkeit heraus. Die dramaturgische »Einheit von Bühne, Stoff und Form« markieren für ihn die Quintessenz aus diesen Überlegungen: Sie muss »schon beim Schreiben eines Stückes wirksam sein als der bewegliche Rahmen, innerhalb dessen sich das dramaturgische Denken und der dramaturgische Instinkt betätigen« (190).

Das Verhältnis der Wirklichkeit zu dem, was auf der Theaterbühne präsentiert wird, interessiert Dürrenmatt in der Folge systematisch: Eingangs war dieses Verhältnis anhand der ›Urformen‹ als Abbildung bzw. Nachahmung definiert worden, bevor mit Aristoteles’ Differenzierung von historiografischen und literarischen (d. h. faktualen und fiktionalen) Schreibweisen das Mögliche als der dramatisch relevante Vorstellungsraum eingeführt wurde. In Auseinandersetzung mit den Kritiken zu *Der Meteor* (1966) einerseits und dramaturgischen Überlegungen von Max Frisch andererseits (zu *Biografie. Ein Spiel*, 1968) stellt Dürrenmatt die Wahrscheinlichkeit als die für seine Zeit

J. B. Metzler © Springer-Verlag GmbH Deutschland, ein Teil von Springer Nature, 2020
U. Weber / A. Mauz / M. Stingelin (Hg.), *Dürrenmatt-Handbuch*, https://doi.org/10.1007/978-3-476-05314-5_51

und sein Theaterschaffen entscheidende poetologische Größe heraus.

Anhand der minutiösen Rekonstruktion eines Autounfalls demonstriert Dürrenmatt, dass die Wirklichkeit dem Beobachter unter den Bedingungen kausallogischer Determination in der Form sich steigernder Wahrscheinlichkeit entgegentritt. Dürrenmatt definiert: »[D]ie Wirklichkeit ist die Unwahrscheinlichkeit, die eingetreten ist« (205). Folglich besteht die Aufgabe des Dramatikers darin, »daß er beschreibt, was wahrscheinlicherweise geschähe, wenn sich unwahrscheinlicherweise etwas Bestimmtes ereignen würde« (207). Gesellschaftlich relevant wird die theatrale Fiktion dadurch, dass die gesetzte Unwahrscheinlichkeit in einer deterministischen Kausalkette »die schlimmstmögliche Wendung« nimmt: Durch diese Konfrontation des künstlerischen Gedankenspiels »mit dem Existentiellen« (209) erreicht Dürrenmatts Theater politische Aktualität.

Deutungsaspekte

Verschiedene Argumente, die in *Sätze über das Theater* auftauchen, sind aus früheren poetologischen Einlassungen Dürrenmatts bekannt und markieren Grundpfeiler seines dramaturgischen Denkens: Die »schlimmstmögliche Wendung« (WA 7, 91; s. Kap. 98), die seine Stücke berühmterweise nehmen, ist als Selbstbeschreibung seit *Die Physiker* (1962) virulent. Nach einer ganzen Reihe von poetologischen Texten und Reden seit 1955 machen die *Sätze über das Theater* zudem erneut deutlich, dass Dürrenmatt jede dogmatische Ästhetik, die in einen politischen Klartext münden würde, dezidiert ablehnt. Die »marxistische, gesellschaftskritische, engagierte Dramatik« erscheint ihm als weltanschauliches »Wunschdenken« (WA 30, 198), weil der Wirklichkeitsbezug dieser Stücke (z. B. von Bertolt Brecht) ein idealistischer bleibt. In gleicher Weise verwahrt er sich gegen die (journalistische) Kritik, dass in seinen ›tragischen Komödien‹ allein groteske Welten zur Darstellung kämen und eine Kritik gesellschaftlicher Verhältnisse dadurch verunmöglicht würde: Wichtig ist Dürrenmatt demnach einzig, dass seine Stücke »*in sich* stimmen, eine konsistente Eigenwelt mit eigenen Gesetzmäßigkeiten bilden« (Weber 2006, 43).

Neu gegenüber früheren Überlegungen ist das Begriffspaar des ›Un-/Wahrscheinlichen‹, das in den *Sätzen über das Theater* den Wirklichkeitsbezug der dramatischen Handlung als zeitgemäß bestimmt. Unbestritten ist in der Forschung, dass Dürrenmatt hierbei auf positivistisch-naturwissenschaftliche Konzepte rekurriert und sie, explizit von Hans Vaihingers *Philosophie des Als Ob* (1911) inspiriert, erkenntnistheoretisch auf Literatur überträgt (vgl. WA 30, 210 f.). Die Fiktion als eine »Denktechnik« geht von »falschen Vorstellungen« aus, die dennoch »Richtiges erreich[t]«: »Wird durch eine physikalische Fiktion die Wirklichkeit befragt, wird die Wirklichkeit durch die künstlerische Fiktion künstlich hergestellt. Zur Wirklichkeit, wie sie ist, wird eine künstliche Gegenwirklichkeit geschaffen, in der sich die Wirklichkeit, wie sie ist, widerspiegelt« (210).

Der Begriff der Dramaturgie wird Dürrenmatt dadurch zu einem epistemologischen und politischen Analyseinstrumentarium; in ihm kondensieren seine »Vorstellungen von den Möglichkeiten, Bedingungen und vor allem Grenzen der Erkenntniskapazität der Kunst« (Adams 2010, 212). Fraglich bleibt allerdings, ob Dürrenmatts Wahrscheinlichkeitsbegriff quantentheoretisch Indeterminiertheit meint (vgl. Emter 1995, 266) und damit an das auch werkbiografisch ältere Konzept des ›Zufalls‹ anschließt (vgl. z. B. WA 7, 91; WA 20, 68; s. Kap. 84) oder neu und chaostheoretisch »als die Unmöglichkeit in Erscheinung [tritt], komplexe Zusammenhänge zu überschauen oder Zustandsparameter hinreichend genau berechnen zu können« (Adams 2010, 225 f.), wie es Dürrenmatts Beispiel des Autounfalls nahelegt.

Literatur
Primärtexte
Sätze über das Theater. In: Sonntags-Journal, 19.4.–30.8.1970.
Sätze über das Theater. In: Text + Kritik 50, 51 (1976), 1–18.
Sätze über das Theater. WA 30, 176–211.

Sekundärliteratur
Adams, Dale: Chaos, Zufall und Mathematik. Friedrich Dürrenmatts Weltbild und Dramaturgie. In: Limbus. Australisches Jahrbuch für germanistische Literatur- und Kulturwissenschaft 3 (2010), 211–231.
Emter, Elisabeth: Literatur und Quantentheorie. Die Rezeption der modernen Physik in Schriften zur Literatur und Philosophie deutschsprachiger Autoren (1925–1970). Berlin 1995.
Weber, Ulrich: Friedrich Dürrenmatt oder Von der Lust, die Welt nochmals zu erdenken. Bern, Stuttgart, Wien 2006.

Simon Aeberhard

52 *Zusammenhänge*

Entstehungs- und Publikationsgeschichte

Dürrenmatts *Essay über Israel* hatte als unmittelbaren Anlass eine Rede, die er auf Einladung der israelischen Botschaft in der Schweiz bzw. des israelischen Außenministeriums im Herbst 1974 an drei Universitäten in Israel gehalten hatte. Im Vorfeld trat Dürrenmatt in kritischen Situationen öffentlich für den Staat Israel ein. So hielt er unmittelbar nach dem Sechstagekrieg (5.–10.6.1967) am 17.6.1967 in Zürich die Rede *Israels Lebensrecht*. Während des Jom-Kippur-Krieges (6.–25.10.1973) äußerte er sich im Artikel *Ich stelle mich hinter Israel* (22.10.1973, u. a. in der *NZZ*). Im Kontext jener beiden Kriege stellte sich Dürrenmatt dezidiert »hinter« das Land, dessen Existenzrecht von den benachbarten Staaten Ägypten, Jordanien und Syrien nicht nur verbal, sondern auch durch militärische Offensiven in Abrede gestellt wurde.

Dürrenmatt wurde im Oktober und November 1974 vom israelischen Außenministerium zu Gastvorlesungen nach Israel eingeladen. Zunächst hielt er an der Hebräischen Universität Jerusalem eine in der Schweiz vorbereitete Rede. Doch unter dem Eindruck der politischen Realität, den er auch dank seines israelischen Schriftstellerkollegen Tuvia Rübner gewann, wurden vorgefasste Vorstellungen verschoben und in Frage gestellt. Für die Auftritte in Haifa und an der Universität in Be'er Sheva, wo er auch zum Ehrenmitglied ernannt wurde, arbeitete er den Text laufend um (vgl. die verschiedenen Versionen: SLA-FD-A-m209). Im Essay wird die damit verbundene Not thematisiert: »Ich [...] beginne die Rede wieder von vorn, sinnlos eigentlich, zerschneide die Rede, montiere sie um, [...] schreibe Ergänzungen, klebe sie neu zusammen, verpfusche sie hoffnungslos« (WA 35, 126). Aber auch nach der Rückkehr aus Israel arbeitete er über Monate an der Rede weiter, die nun zu einem »Monstervortrag [...] über Israel« (G 2, 162) anwuchs: »[L]ängst zurückgekehrt [...] schreibe ich immer noch an meiner doch schon längst gehaltenen Rede [...]. Besessen vom Wunsch, sie zu beenden, zwingt sie mich, bei ihr zu verweilen, bin ich doch neugierig, wohin mich der Sturmwind des Landes Israel noch treiben wird« (WA 35, 12 f.). So wurde aus der Rede ein Essay. 1976 erschien dieser in Buchform unter dem Titel *Zusammenhänge. Essay über Israel. Eine Konzeption*. Fertig mit dem Stoff wurde Dürrenmatt aber nicht. Die wiederholt thematisierten Suchbewegungen münden im Bild eines geradezu »gewalttätig hingeworfenen Ge-

mäldes« montierter Bausteine, »all dieser geistigen Massive, Eisklötze, Gletscherzungen, Kulme und Felszinken, die ich da hingespachtelt habe« (42). Der in vier Teile und 19 Abschnitte gegliederte Essay ist insofern ein ›Versuch‹, »Zusammenhänge« unsystematisch und offen aufzuzeigen, ohne finale Antworten finden zu können. Die Form des Essays ist gleichzeitig die Antwort auf die Grundsatz-Problematik der Diskrepanz zwischen Konzeption und Erlebnis Israel: Die ›geschlossene Form‹ wäre gerade nicht angemessen gewesen. Angemessen erschien ihm vielmehr ein multiperspektivisches Verfahren von politischer Konzeption, religionsgeschichtlichem Abriss, autobiografischem Diskurs und literarischer Erzählung, das von einer sehr präsenten subjektiven Stimme orchestriert wird, die prozesshaft zwischen Erleben, Nachdenken, Konzipieren und Forschen eine nicht-erreichbare Wahrheit sucht.

Inhalt und Analyse

Dürrenmatts zentrales Anliegen ist als solches ebenso klar wie überschaubar, allerdings dennoch kaum zu bewältigen: Im Ansatz analog zu seinen Reden von 1967 und 1973 geht es um die Legitimität des Staates Israel, dessen Verteidigung angesichts seiner Bedrohung. Dabei war Dürrenmatts »große Sorge um das Land« (117) nicht nur durch die kriegerischen Aggressionen der arabischen Nachbarn Israels begründet. Seine Kritik richtete sich auch gegen den ›Antizionismus‹ und die offenen »Nichtexistenz«-Wünsche (19) gegenüber Israel, die vor allem nach dem Jom-Kippur-Krieg sowohl von sozialistischen Staaten wie der Sowjetunion als auch von der westeuropäischen Linken laut wurden.

Gegen eine solche reale wie symbolische Negation behauptete Dürrenmatt das Existenzrecht Israels geradezu als ein »Naturrecht« (WA 35, 211), wobei er dies – weil sich seine Solidarität nicht mit seiner grundsätzlichen Kritik des Nationalismus verträgt – mit größtmöglichem Aufwand zu begründen versuchte: Denke er zwar »über den Nationalismus ausgesprochen bösartig«, so stehe er dennoch für Israel ein, weil er »diesen Staat für notwendig halte« (WA 35, 20). »[N]otwendig« nicht nur aus politisch-historischen Gründen, sondern weil er überhaupt Zeuge »der schrecklichen Unzulänglichkeit dieser Welt« sei (45). Auch diese allgemeine Wendung forderte die digressive Form des Essays: Er umgreift die Stellung der Juden in der antiken orientalischen Geschichte, im abendlän-

J. B. Metzler © Springer-Verlag GmbH Deutschland, ein Teil von Springer Nature, 2020
U. Weber / A. Mauz / M. Stingelin (Hg.), *Dürrenmatt-Handbuch*, https://doi.org/10.1007/978-3-476-05314-5_52

dischen Christentum und der Kirche, in der Geschichte und Gegenwart des Islams, aber auch in der Moderne der Aufklärung und den politischen ›Ideologien‹ des 19. und 20. Jahrhunderts sowie nicht zuletzt auch im aktuellen palästinensisch-israelischen Konflikt. Die ›Zusammenhänge‹, die Dürrenmatt auf diese Weise aufzeigte, bestehen auch in einer jahrhundertealten Geschichte der Vorurteile, Ausgrenzung und Verfolgung der Juden. So hätten sich lediglich »die Begründungen, die man gegen [die Juden] ins Feld führt« geändert: »Lagen sie einst im Glauben, später in der Rasse, liegen sie nun im Imperialismus [...]. Selbst in der Schweiz werden an den Ersten-Mai-Feiern Anti-Israel-Parolen herumgetragen, zusammen mit Spruchbändern gegen den Faschismus; nur verwunderlich für den, der noch nicht begriffen hat, dass jeder Ideologe jede Ideologie annehmen kann« (95).

Mit dieser ideologiekritischen Absicht beleuchtet Dürrenmatt die Perspektive der Palästinenser, die auch in der arabischen Welt keineswegs als Machtfaktor galten. Vielmehr erscheinen sie nach Dürrenmatt, in dem Punkt vergleichbar mit Israel, als Spielbälle eines globalen Machtgefüges im Zeitalter des Kalten Krieges, innerhalb dessen die Palästinenser von der UdSSR instrumentalisiert werden, wie Israel von den USA. Dass die »arabische Welt« mit dem Staat Israel »ein echtes politisches Problem« habe, sei zwar nachvollziehbar. Doch dahinter stehe nach Dürrenmatt »nicht nur ein neurotisches« Problem – Israel als »Haßobjekt«, »sondern darüber hinaus ein religiöser Konflikt« (49): die Auseinandersetzung des Islam mit einer bedrohlichen westlichen Moderne, mit der Israel identifiziert wurde. In der Beziehung zu Israel sah Dürrenmatt dennoch den besten Partner der Palästinenser, dies auch deshalb, weil erst Israel ihnen die Möglichkeit der Selbstkonstituierung gab: »Die Existenz des jüdischen Staates bekommt damit den politischen Sinn, den Palästinensern zu ihrem Recht zu verhelfen: zu ihrem Staat. So klein dieser Landstrich ist, den wir Palästina nennen, [...] er hat Platz für zwei Staaten, wie er Platz für viele Kulturen hat. Das setzt voraus, daß die Palästinenser den jüdischen Staat anerkennen und die Juden den palästinensischen. Mit Jerusalem als beider Hauptstadt, aber dennoch ungetrennt. Das scheint utopisch. Das Zukünftige ist immer utopisch« (112). Utopisch war dieser Vorschlag damals sowohl für die palästinensische Seite, die Israel erst 1993 als Staat anerkennen sollte, als auch für die israelische Seite, auf der – auch wenn es schon seit den 1920er Jahren Forderungen nach einem ›binationalen‹ Staat gab – die Vorstellung einer politischen Selbstständigkeit der Pa-

lästinenser erst Mitte der 1990er Jahre – durch Yizhak Rabin – erste Akzeptanz fand. Die Aussicht auf eine brüderliche Nachbarschaft brachte Dürrenmatt nicht zuletzt in der dem Essay eingelagerten Erzählung *Abu Chanifa und Anan ben David* (82–87 u. 148–162) zum Ausdruck.

Deutungsaspekte

Die Form des Essays erlaubte es Dürrenmatt, den Zugriff auf den Gegenstand inhaltlich umfassend, zugleich aber formal unsystematisch zu behandeln. Vor allem ist die Darstellungstendenz des aus unterschiedlichen Bausteinen bestehenden Textes, zu dem auch scheinbar nebensächliche Reiseerlebnisse und Anekdoten gehören, eine dezidiert subjektive, engagiert teilnehmende. Der Ausgangspunkt ist eine »Sorge« (117), das Ziel sind zugespitzte Thesen. Besonders markant ist diejenige, dass der Legitimationsgrund des Staates weniger ein intrinsischer sei, sondern primär von außen komme: Der Staat Israel lebe nicht nur »aufgrund seiner Ideologie«, dank »des Zionismus« oder »einer Gedankenkonstruktion [...], sondern auch auf Grund einer grausamen Notlage« (45). In einem Interview mit Rübner spitzte Dürrenmatt 1979 jene These noch zu: »Ich glaube nicht, dass der Zionismus zur Gründung Israels führte, sondern der Weltschock darüber, was da geschah«, also Hitler und »Auschwitz« (G 2, 299).

Die These eines Judentums *ex negativo* schließt teils an die Theorie des Antisemitismus an, die Jean-Paul Sartre in seinen *Réflexions sur la question juive* (1946) formuliert hatte. Sartre sieht die Juden nicht durch sich selber, sondern durch den Blick von außen definiert. Dürrenmatt wiederum variierte diese Theorie, indem er den Staat Israel – radikal zugespitzt – als ein ironisches Ergebnis des Nationalsozialismus verstand: »So paradox es ist, Hitler ist die Berechtigung, daß es den Staat Israel gibt«; so »schweißt dieser größte aller Pfuscher unabsichtlich die Juden zu einer Nation zusammen« (WA 35, 44).

In einer vorsichtigen Replik monierte Rübner gegenüber dieser Zuspitzung, dass der israelische Staat nicht auf eine passive und negative Zuschreibung reduzierbar sei und betonte die Rolle des Zionismus als intrinsischen Faktor (vgl. G 2, 301).

Des ungeachtet wurde Dürrenmatts Essay als wichtige Geste der Solidarisierung verstanden. Auch wenn er 1979 beklagte, dass keine hebräische Übersetzung zustande gekommen war (vgl. ebd. 297), erhielt er große Anerkennung. 1977 wurde er Ehrendoktor der Hebräischen Universität Jerusalem, im gleichen Jahr erfolgte in Frankfurt a. M. die Verleihung der Buber-Rosenzweig-Medaille, anlässlich der er die gewichtige Rede *Über Toleranz* (WA 33, 125–149) hielt.

Literatur
Primärtexte
Zusammenhänge. Essay über Israel. Eine Konzeption. Zürich 1976.

Zusammenhänge. Essay über Israel. Eine Konzeption. WA 37, 9–162.

Israels Lebensrecht (1967). WA 34, 29–34.

Ich stelle mich hinter Israel (1973). WA 34, 123–125.

[Gespräch mit] Heinz Ludwig Arnold/Horst Tim Lehner [1976]. In: G 2, 183–191.

[Gespräch mit] Tuviah Rübner [1979]. In: G 2, 285–303.

Sekundärliteratur
Améry, Jean: Friedrich Dürrenmatts politisches Engagement. Anmerkungen zum Israel-Essay *Zusammenhänge*. In: Text + Kritik 56 (1977), 41–48.

Kreutner, Jonathan: Schweiz und Israel. Auf dem Weg zu einem differenzierten historischen Bewusstsein. Zürich 2013.

Lewitscharoff, Sibylle: Dürrenmatt in Israel. In: Du 862 (2015), 66–71.

Mayer, Hans: Dürrenmatt in Jerusalem. In: Ders.: Frisch und Dürrenmatt. Frankfurt a. M. 1992, 56–67.

Shoham, Chain: *Der Besuch der alten Dame* – der doppelte Besuch in Israel. Aspekte der Rezeption des Stückes. In: Gerhard P. Knapp/Gerd Labroisse (Hg.): Facetten. Studien zum 60. Geburtstag Friedrich Dürrenmatts. Bern 1981, 259–273.

Spycher, Peter: Friedrich Dürrenmatts Israel-Essay. Religiöse Konzeption und Glaubensbekenntnis. In: Gerhard P. Knapp, Gerd Labroisse (Hg.): Facetten. Studien zum 60. Geburtstag Friedrich Dürrenmatts. Bern 1981, 243–257.

Wieckenberg, Ernst-Peter: Friedrich Dürrenmatts Israel-Buch. In: Tribüne. Zeitschrift zum Verständnis des Judentums 15 (1976), 60, 7266–7270.

Andreas Kilcher

53 *Nachgedanken*

Entstehungskontext

Die *Nachgedanken unter anderem über Freiheit, Gleichheit und Brüderlichkeit in Judentum, Christentum, Islam und Marxismus und über zwei alte Mythen* sind vom September bis Oktober 1980 im Rahmen der Re-Lektüre des Essays *Zusammenhänge* (1976) entstanden und diesem als Erstpublikation in der Werkausgabe 1980 beigefügt. Dürrenmatt wollte *Zusammenhänge* auch im Bewusstsein dafür kaum verändern, dass die inhaltlichen (und textökonomischen) Folgen eines erneuten Eingriffs in diese extensiv umgeschriebene Rede »unabsehbar gewesen« wären (WA 35, 167). Gleichzeitig nennt er mit seinem *Einstein*-Vortrag von 1978 einen wichtigen Impuls für die gesonderte Weiterentwicklung des Motivkomplexes (ebd.), wobei er auch die antiideologischen und -dogmatischen Gedanken aufnimmt, die er – z. B. in *Über Toleranz* – ausgehend von seiner Auseinandersetzung mit Karl Popper oder Hans Vaihinger entfaltet hat (vgl. WA 33, 127).

Inhalt und Analyse

Dürrenmatt nimmt die im *Einstein*-Vortrag anklingende Unterscheidung von »Kausalität« und »Determinismus« (vgl. z. B. WA 33, 150 f.) zum Anlass, seine Ideologiekritik epistemologisch zu extrapolieren (vgl. WA 35, 167). Methodisch impliziere »Kausalität« als empirischer Begriff die Induktion, »Determinismus« als logischer die Deduktion (ebd.). In dieser Dialektik entwickelt Dürrenmatt das für den Text zentrale Denkmodell: Ein Diktum Einsteins (vgl. auch WA 33, 180 f.) besage nämlich, dass die Sätze der Mathematik nicht sicher seien, insofern sie sich »auf die Wirklichkeit bezögen, [...] und insofern sie sicher seien, bezögen sie sich nicht auf die Wirklichkeit« (WA 35, 171). Daraus leitet Dürrenmatt den Gedanken ab, dass mathematische Modelle »nicht ›an sich‹, gemessen an einer Wirklichkeit, sondern ›in sich‹, gemessen an sich selber, ›sicher‹« seien (ebd.). Dieses Denkmodell überträgt er auf den (auch politisch gedachten) Bereich der Religionen: »Als Wahrheiten ›in sich‹ begriffen« seien diese »rational, notwendige Fiktionen; betrachten sie sich als Wahrheiten ›an sich‹, werden sie irrational« (179), und das heißt auch dogmatisch und ideologisch. Das »Prokrustesbett der Ideologien« (WA 34, 123) findet hier seine Figuration, indem Dürrenmatt Prokrustes als Archetypus des ideologischen Politikers literarisiert: Aus der ›in sich‹ logisch-rationalen, aber ›an sich‹ gesetzten Ideologie der Gleichheit und Gerechtigkeit hackt dieser den Riesen die Beine ab, die Nicht-Riesen werden gestreckt; am Ende sind beide verkrüppelt, ergo gleich (vgl. WA 35, 181). Theseus klärt Prokrustes – ihn erschlagend – schließlich darüber auf, dass es nicht darum gehe, alle gleich zu machen, sondern ein Gesetz zu schaffen, vor dem alle gleich seien (vgl. 184). Wenn nun das »rationale Recht« – wie Dürrenmatt ableitet – in der Instanz der Justiz, um gerecht zu bleiben, »immer von der Wirklichkeit neu überprüft werden können« muss, so lässt dies das ›an sich‹ gesetzte »dogmatische Recht« (187) etwa der katholischen Kirche oder des – im Text prioritär kritisierten – Marxismus gerade nicht zu. In philosophisch-politischen, historischen, aber auch aktuellen, den Nahostkonflikt betreffenden Exkursen kommt Dürrenmatt schließlich auf Israel zu sprechen, wobei er auch hier an die *Zusammenhänge* anschließt: Das aus »Naturrecht« entstandene Israel schaffe im gleichen Zug das »Naturrecht« der Palästinenser (211), beide seien damit »aufeinander angewiesen« (214); werde aus der »politischen Auseinandersetzung eine religiöse«, werde »das Problem unlösbar« (213).

Ausgehend von solchen, hier exemplarisch herausgearbeiteten Gedankengängen fächert Dürrenmatt seine Ideologiekritik multiperspektivisch auf. Das schon im umständlichen Titel programmatisch gesetzte »unter anderem« weist auf die textkonstitutive Verschachtelung verschiedenster inhaltlich aber auch formal interferierender Blickwinkel: Essayistisches wechselt mit Passagen in wissenschaftlich-analytischem Stil, in die wiederum biografische Anekdoten (vgl. z. B. 214 f.) oder selbstreferentielle Schreib- und Lektüreszenarien (vgl. z. B. 215 f.) eingewoben sind. Dürrenmatt literarisiert parabelartig Stoffe aus der Mythologie – neben der rahmenden Geschichte des Prokrustes (vgl. 180–185 u. 218 f.) wird auch der Sisyphos-Mythos als Denk- und Darstellungsmöglichkeit genutzt (vgl. 216 f.) – oder erläutert etwa die Abhängigkeitsverhältnisse der Trias Freiheit, Gleichheit und Brüderlichkeit anhand eines Gleichnisses aus der Astrophysik (vgl. 198–202). Diese offene, subjektiv gebrochene und multiperspektivische Form wird performativ gewissermaßen zum ›Dogma‹ seiner antidogmatischen Kritik: Die groß angelegten ›Deduktionen‹ seines eigenen ›récit‹ lässt Dürrenmatt in der grotesken Anekdote enden, dass die nektarschlürfenden, von der (in Theseus anklingenden) Rationalität der Menschen etwas desillusionierten olympischen

J. B. Metzler © Springer-Verlag GmbH Deutschland, ein Teil von Springer Nature, 2020
U. Weber / A. Mauz / M. Stingelin (Hg.), *Dürrenmatt-Handbuch*, https://doi.org/10.1007/978-3-476-05314-5_53

Götter den Beweis ihrer Unsterblichkeit erleichtert in einem Vortrag des Schweizer Bestseller-Autors und Außerirdischen-Spezialisten Erich von Dänikens erhalten, der per Sender ›Erde 1‹ in den Olymp übertragen wird (vgl. 218 f.).

Positionen der Forschung

Annette Mingels, die selber eine umfassende Studie zum Israel-Essay und den *Nachgedanken* im Bezugsfeld von Dürrenmatts Kierkegaard-Rezeption liefert, erachtet diese als ein wenig beachtetes »Schlüsselwerk[...]« (2003, 3). Die Texte wurden bisher vorwiegend in ihrer (israel-)politischen Dimension rezipiert. Eine Untersuchung ihres (gerade formalen) Zusammenhangs mit dem *Stoffe*-Projekt oder etwa mit der kritischen Verdichtung theologisch-religionsphilosophischer und naturwissenschaftlicher Gedanken und Denkmodi im Spätwerk bleibt ein Desiderat.

Literatur
Primärtexte
Albert Einstein. In: WA 33, 150–172.
Nachgedanken unter anderem über Freiheit, Gleichheit und Brüderlichkeit in Judentum, Christentum, Islam und Marxismus und über zwei Mythen. In: Werkausgabe in dreißig Bänden, Bd. 29. Zürich 1980, 163–219.
Nachgedanken. In: WA 35, 163–219.
Über Toleranz. In: WA 33, 125–149.
Zusammenhänge. In: WA 35, 9–162.

Sekundärliteratur
Mingels, Annette: Dürrenmatt und Kierkegaard. Die Kategorie des Einzelnen als gemeinsame Denkform. Köln, Weimar, Wien 2003, bes. 109–240 u. 339–348.

Simon Morgenthaler

54 *Der Mitmacher. Ein Komplex*

Entstehungs- und Publikationsgeschichte

Der Schriftsteller Hugo Loetscher bezeichnete den *Mitmacher-Komplex* in seiner Rede zu Dürrenmatts 60. Geburtstag als »eines der berühmten Bücher der neueren deutschsprachigen Literatur« (1990, 107). Nur habe es sich noch nicht herumgesprochen. In der Tat gehört der Komplex zu den am wenigsten rezipierten und am meisten unterschätzten Texten des Autors. Fast unbemerkt von der Öffentlichkeit publizierte Dürrenmatt drei Jahre nach dem katastrophalen Misserfolg seiner Komödie *Der Mitmacher* (UA 1973) das Stück als Teil eines größeren Textzusammenhangs, der den vollständigen Titel *Der Mitmacher. Ein Komplex. Text der Komödie, Dramaturgie, Erfahrungen, Berichte, Erzählungen* trägt. Gegliedert ist er in den Dramentext, das *Nachwort* (mit einem eigenen *Vorwort zum Nachwort*) und das *Nachwort zum Nachwort*, wobei jeder dieser drei Hauptteile etwa ein Drittel des Gesamtumfangs des Buches ausmacht. In das *Nachwort* ist die *Erzählung vom CERN* integriert, während das *Nachwort zum Nachwort* u. a. die zwei Erzählungen *Smithy* und *Das Sterben der Pythia* enthält.

Für die Werkausgabe von 1980 nahm Dürrenmatt – neben geringfügigen stilistischen Eingriffen – nur Änderungen im Zusammenhang mit der Dramen-Figur Jack vor. Er integrierte den Monolog, der in der Erstausgabe des *Mitmacher-Komplexes* noch im *Nachwort* stand, ins Stück selbst und schrieb für das *Nachwort* den Text über die verschiedenen möglichen realen Vorbilder Jacks neu (vgl. WA 14, 171–178).

Inhalt und Analyse

Die schwarze Komödie um den Leichenvernichter Doc wird hier als bekannt vorausgesetzt (s. Kap. 33). Das *Nachwort* entwickelt sich aus einem Bedürfnis nach Erläuterung und Rechtfertigung des auf der Bühne gescheiterten Stücks; es ist das Produkt einer Krise und zugleich die Antwort darauf.

Das *Nachwort* folgt in seiner Gliederung – nach einleitenden allgemeinen Bemerkungen zur Bühne, zur Beleuchtung, zur Thematik des ›Mitmachens‹ sowie zu den Monologen – dem Verlauf des Stücks; es hat den Charakter eines Kommentars zu den Hauptfiguren und Szenen. Doch dieser tritt in ein eigenartiges Wechselspiel mit essayistisch-reflektierenden und autobiografischen Exkursen, die teilweise nur noch lose mit dem Stück in Beziehung stehen, aber dazu dienen, den geistigen Grund zu umreißen, auf dem der Autor seine Komödie geschrieben hat. Wichtige Digressionen, die sich nicht unmittelbar auf das Stück beziehen, sind erstens die Schilderung eines Besuchs Dürrenmatts im Forschungszentrum CERN bei Genf während der Arbeit am *Nachwort* (im ›Doc‹-Abschnitt), zweitens die kultur- und literaturgeschichtliche Auseinandersetzung mit dem Phänomen der Liebe (im ›Ann‹-Abschnitt), drittens die Skizze der Kosmogonie und menschlichen Evolution einerseits, Reflexionen zu Utopie, Marxismus und Ideologie, Anarchismus und Terrorismus andererseits (im ›Bill‹-Abschnitt) und viertens schließlich die Dramaturgie des ›ironischen Helden‹ (im ›Cop‹-Abschnitt). So entsteht ein mäandrischer Erzähl- bzw. Argumentationsduktus, der die Lesenden vom Stück zu existentiellen, politischen und wissenschaftlichen Fragen und zur zeitgeschichtlichen Realität und dann unvermittelt wieder direkt zum Stück zurückführt.

Das *Nachwort zum Nachwort* – in der Erstausgabe ein absatz- und abschnittsloser Textblock – wechselt dagegen mehrfach von reflektierenden zu autobiografischen und erzählerischen Teilen. Es setzt auf einer weiteren Reflexionsstufe ein, indem es das *Nachwort* und die Auseinandersetzung des Autors mit seinem Stoff bzw. Stück vor und nach der Uraufführung zum Thema macht. Nach Überlegungen zu Charakter und Sinn des *Nachworts* kommt das Erzähler-Ich auf die Prozesshaftigkeit der Beziehung von Autor und Stoff zu sprechen; ausgehend von den biografischen Eindrücken (eine Reise nach New York 1959), die zur Invention des Stoffes führten, »rekonstruiert« (261) er als Binnenerzählung die ursprüngliche Novellenfassung (*Smithy*). Noch einmal kehrt der Erzähler anschließend zum Stück und zum Phänomen des ›ironischen Helden‹ und damit zum Theater zurück: Der weitere Text dreht sich um die Frage nach dem modernen, subjektivierten Bewusstsein (für das der ›ironische Held‹ steht) und nach der einer entmythologisierten Welt adäquaten Dramaturgie. In diesem Zusammenhang fügt sich auch die Binnenerzählung *Das Sterben der Pythia* – eine Travestie des Ödipus-Stoffes – und die darauffolgende Kritik an Brechts Dramaturgie (bzw. dem ihr zugrundeliegenden Weltbild) ein.

Der Schluss des Textes thematisiert das *Nachwort* und die Auseinandersetzung mit dem *Mitmacher*-Stoff als Denkprozess und als geistige Reise des Autors, die an den Ausgangspunkt zurückführt. In einem fiktiven Dialog des Autors mit einem Leser wird hier (implizit) die prozesshafte Schreibweise durch den Be-

J. B. Metzler © Springer-Verlag GmbH Deutschland, ein Teil von Springer Nature, 2020
U. Weber / A. Mauz / M. Stingelin (Hg.), *Dürrenmatt-Handbuch*, https://doi.org/10.1007/978-3-476-05314-5_54

zug auf ein dialektisches Denken gerechtfertigt, das keine endgültigen Wahrheiten kennt, sondern durch den Zweifel permanent in Bewegung gehalten wird.

Der *Mitmacher-Komplex* ist ein Werk des Übergangs: Zum einen bildet er eine rückblickende Publikation und Erläuterung des Stücks *Der Mitmacher*, zum andern – und das ist die literarisch entscheidende Dimension – nimmt er die Form der *Stoffe* vorweg und begründet sie poetologisch. Er ist nicht ein loses Konglomerat, wie es der Untertitel des Buches suggerieren könnte, sondern ein dichtes Gefüge unterschiedlicher Textarten. Die Binnentexte entwickeln im Gesamtkomplex einen anderen Sinnzusammenhang und evozieren andere Deutungsperspektiven als bei isolierter Aufführung, Publikation und Lektüre. Der Text des Dramas, der als solcher bloß »Theaterpartitur« bzw. »der erbärmliche Klavierauszug einer Partitur« (WA 14, 97) zur szenischen Aufführung ist, wird im *Mitmacher-Komplex* zum Lesedrama, das als *gelesener* Text (bzw. imaginativ vorgestelltes Stück) seine Konkretisierung und Kontextualisierung findet. Die Novelle *Smithy* ist im *Mitmacher-Komplex* nicht einfach eine stofflich mit dem Stück verwandte Erzählung. Sie ist als 1959 entworfener Stoff dessen kreativer Ausgangspunkt und zugleich und vielmehr noch eine Variation des Dramas. Und die Ödipus-Travestie *Das Sterben der Pythia* erhält durch den Ko-Text des *Mitmacher*-Dramas, das mit klassischen Formen spielt, und der Auseinandersetzung mit Brecht und dessen Dramaturgie einen dramentheoretischen Deutungshorizont: Die Figuren der Pythia und des Tiresias stehen in Analogie zu Dürrenmatt (bzw. dem Argumentationssubjekt) und Brecht und zugleich zu deren Positionen einer durch Zufälle oder durch Interessen gelenkten gesellschaftlichen Dynamik.

Dürrenmatt entwickelt im *Mitmacher-Komplex* eine neue, prozesshafte Darstellungsform, die den Reflexions- und Schreibprozess selbst zum Inhalt und zur Form des literarischen Textes macht und – im Gegensatz zur bislang praktizierten Dramenform – nicht einen von den Schlacken der Entstehung möglichst gereinigten Endtext. Das eigene Unternehmen wird bereits im *Vorwort zum Nachwort* als »Abenteuer im Subjektiven« (100) charakterisiert. Dieses Schreib- und Denkabenteuer entwickelt sich zugleich zum Abenteuer der Erinnerung mit der Rekonstruktion jenes Stoffes, den er 1959 in New York »vor [s]ich hingepfiffen« (263) hatte, von dem es nur einen kurzen Manuskriptansatz gab, und der die Keimzelle zum Drama *Der Mitmacher* bildete. Das eigene kreative Drama rückt damit ins Zentrum, die Liebesgeschichte

des Helden ist das Abenteuer des Autors mit seinem Stück bzw. seinem Stoff: »Denn die Stücke, in die man sich einläßt, sind nun einmal Affären, mehr oder weniger glückliche Liebesgeschichten mit Stoffen« mit all ihren Stadien vom Verlieben bis zur Scheidung; »so ist auch ein Stoff etwas anderes als Idee oder als eben geschriebenes Stück oder als Theateraufführung oder als ein Stück, das dem Autor, nachdem es auf der Bühne durchgefallen war, zum Komplex wurde, oder als ein Stück endlich, aus dessen Bannkreis der Autor getreten ist, von dem er sich gehäutet hat, indem er es noch einmal durchdachte, nicht um es vor der Welt, sondern um es vor sich selbst zu bewältigen« (229 f.).

Und am Ende des 100 Druckseiten langen *Nachworts zum Nachwort* schließt Dürrenmatt den Bogen, indem er die Metapher des Abenteuers wieder aufgreift und sie mit jener »Reise [...], die mir dieser Stoff auferlegte« (324), verbindet: »Doch fragt mich nun einer, bevor ich schließe, gesetzt, er sei mir bis zu diesem Punkt gefolgt [...], wozu denn diese Reise, so antworte ich, des Reisens wegen; und fragt er, was ist dein Standpunkt, so antworte ich, der eines Reisenden« (325). Die Reise besteht im Schreibprozess selbst. Damit bildet der *Mitmacher* eine literarische Gestalt, die in nuce das Modell für das ganze *Stoffe*-Projekt wird, an dem Dürrenmatt zur gleichen Zeit arbeitet und das im Zentrum seines Spätwerks steht: Der Prozess des subjektiven Denkens wird zum Zirkel stilisiert, zur Rückkehr an den Ausgangspunkt, vergleichbar auch dem ›doppelten Cursus‹ einer mittelalterlichen *âventiure* (vgl. Weber 2007, 171). Der erste Durchgang, die dramatische Bewältigung des Stoffes im *Mitmacher*-Stück, erweist sich als Scheitern und Selbstverlust, der eine erneute Aneignung in der Rückkehr zum Anfang und im wiederholten Durchgang erfordert. »[I]ndem ich unvermutet, das Stück weiterdenkend [...], ohne es eigentlich zu wollen, zu seinem Ursprung gelangte, komme ich mir vor, als sei ich durch ein Labyrinth gegangen und durch dieselbe Pforte, in die ich eingedrungen war, unvermutet wieder ins Freie geraten, wie Theseus einen Ariadnefaden benutzend: die Erinnerung« (WA 14, 261).

Deutungsaspekte, Positionen der Forschung

Weber (2007) bemisst in seiner textgenetischen Darstellung und Interpretation des Werkkomplexes der wiederholten Kierkegaard-Lektüre Dürrenmatts im Sommer 1973 entscheidende Bedeutung für die Werkentwicklung: Zwar war Søren Kierkegaards Denken in

Existenzpositionen schon immer von großer Bedeutung für Dürrenmatts Schreiben, und in dieser Logik deutet der Autor retrospektiv die Figur Cop aus der Komödie als ›ironischen Helden‹. Doch zugleich tritt eine neue Dimension hinzu, die er als »seltsame[n] Sprung vom Komödienschreiben ins komödiantische Denken« (WA 14, 228) bezeichnet. Insbesondere die von Kierkegaard in der *Unwissenschaftlichen Nachschrift zu den Philosophischen Brosamen* dargestellte und realisierte Existenz- und Erkenntnishaltung des sokratischen, subjektiv existierenden Denkers wird prägend für die Entwicklung einer neuen literarischen Form. Sie inspiriert nicht nur die unkonventionelle, ›unförmige‹ Proportion des Textes mit dem gigantischen *Nachwort*, sondern vor allem die Prosaform, die Dürrenmatt im *Mitmacher-Komplex*, im Israel-Essay *Zusammenhänge* und insbesondere in den *Stoffen* realisierte. Das subjektiv-existentielle und humoristisch-ironische Denken im *Mitmacher-Komplex* bestimmt die Kritik an einem Systemdenken, das bei Kierkegaard auf den Hegelianismus des 19. Jahrhunderts bezogen war, bei Dürrenmatt auf den zeitgeistigen Neo-Marxismus, der die Diskurse der 1970er Jahre insbesondere unter deutschsprachigen Intellektuellen prägte. Die Chance zur Freiheit liege im »Sich-zurückziehen auf die eigene Angelegenheit« (210). Dieser Rückzug war genau das, was Dürrenmatt in dieser Zeit tat. Das Nicht-Mitmachen wird hier als Beharren auf der eigenen geistigen Freiheit gegenüber Ideologien verstanden, als Wagnis, »auf eigene Faust zu denken [...], sei es noch so unvollkommen, methodisch stümperhaft, von Irrtümern verblendet, mit logischen Schnitzern behaftet wie ein Straßenköter mit Flöhen« (212 f.). Störrisch beharrt der Autor auf seinem bewusst dilettantisch-beschränkten, jedoch im Schreiben erarbeiteten Standpunkt und zieht sich auf sich selbst zurück, im Zeichen einer subjektiven Verantwortlichkeit für sich selbst, die sich *auch* als politisch-antipolitische Manifestation, als Konzept der »wirkliche[n] Opposition« (213) gegen ein zeit-

geschichtliches Klima versteht, das vom Intellektuellen (linke) politische Konfessionen fordert.

Doch ist der Rückzug nicht ein Rückzug auf einen weltfernen Subjektivismus: Die Schilderung des CERN-Besuchs mit Albert Vigoleis Thelen ist zum einen wie bereits die Komödien *Die Physiker* und *Der Mitmacher* ein »Aufweis des aller Erkenntnis innewohnenden Gefahrenpotentials« (Schrader 2016, 59 f.), zum andern bildet sie eine Art Inszenierung einer wissenschaftlich informierten Skepsis gegenüber dem Wahrheitsanspruch der Naturwissenschaften: Indem Dürrenmatt die Frage aufwirft, ob es sich vielleicht bei dem kleinsten, masselosen Teilchen, das man durch gigantische Experimente nachweisen wolle, um »ein bloßes Gedankending« (WA 14, 118) handle, etabliert er eine Position, die dem Zusammendenken von individueller Erfahrung, wissenschaftlichen Modellen, Mythen und Fiktionen, wie es den *Mitmacher-Komplex* und das Spätwerk prägt, seine erkenntniskritische Grundlage gibt (vgl. Weber 2007, 153–159).

Literatur
Primärtexte

Der Mitmacher. Ein Komplex. Zürich 1976.
Der Mitmacher. Ein Komplex. WA 14.

Sekundärliteratur

Loetscher, Hugo: Ein Gedankendramaturg [1981]. In: Daniel Keel (Hg.): Über Friedrich Dürrenmatt. Zürich 1990, 106–120.
Schrader, Hans-Jürgen: Dürrenmatts Erzählung vom CERN. In: Dragoş Carasevici, Alexandra Chiriac (Hg.): Rezeption im Lichte der Interdisziplinarität. Akten des Kolloquiums »Friedrich Dürrenmatts Rezeption im 21. Jahrhundert. Eine Internationale Tagung anlässlich des 25. Todesjahres des Dramatikers« (Jassy, 23.–25. November 2015). Konstanz 2016, 35–60.
Weber, Ulrich: Dürrenmatts Spätwerk. Die Entstehung aus der *Mitmacher*-Krise. Eine textgenetische Untersuchung. Frankfurt a. M., Basel 2007.

Ulrich Weber

55 *Albert Einstein*

Albert Einstein. Ein Vortrag wurde am 24.2.1979 anlässlich einer Gedenkfeier zu Einsteins 100. Geburtstag an der ETH Zürich gehalten. Ergänzt um die *Skizze zu einem Nachwort* erschien er 1979 in Buchform. Dürrenmatt ist sich der Problematik seiner Sprecherposition bewusst: »[U]nerbittlich als Laie [zu] reden«, sei legitim angesichts der Tatsache, dass die Verknotung von Mathematik, Physik und Philosophie die Spezialisten in die »Ghettos ihrer Fachgebiete« zurücktreibe, wo sie »den Raubzügen der Techniker und der Ideologen ausgeliefert« (WA 33, 150) seien. Als Laie zu sprechen, sei auch angemessen, weil die Veranstalter wohl, wie bei einem Schau-Turnier mit einem Schachweltmeister, einen Laien als Gegner gewählt hätten, nicht um zu sehen, wie schlecht er spiele, sondern um die Meisterschaft des Meisters ins Licht zu rücken: »[W]er sich mit Einstein beschäftigt, muß sich ihm stellen, den Irrtum nicht fürchtend. Ihn zu belächeln, ist Ihr Recht, ihn zu begehen, das meine« (172). Im Laufe der Rede behält Dürrenmatt das Schachspiel als Leitmetapher bei (s. Kap. 79) und baut sie zu einer komplexen Allegorie des Verhältnisses von Denken und Wirklichkeit aus (vgl. Mingels 2003, 326–332). Dürrenmatt weiß: »Das Gedankenexperiment ist nicht ganz einfach« (WA 33, 163); es geht ihm darum, »mit Hilfe einer Parabel das Schicksal seines [Einsteins] Denkens nachzuzeichnen« (ebd.).

Einsteins Rebellion

Um als Laie nicht »kurz nach Eröffnung des Spiels ein Torenmatt zu begehen« (151), verzichtet Dürrenmatt darauf, Einstein als Physiker in den Diskurs der Physik einzuordnen. Vielmehr versucht er zu ergründen, warum dieser wiederholt bekennt, »er glaube an Spinozas Gott, der sich in der gesetzlichen Harmonie des Seienden offenbare« (157). Dürrenmatt stellt dieses Bekenntnis in den Zusammenhang mit Einsteins »schwankende[m] Verhältnis zur Mathematik« (158) und mit seinem Vorbehalt gegenüber der Kopenhagener Interpretation der Quantenphysik: »[E]in Gott, der würfelt, hat für ihn in einer kontinuierlichen und deterministischen Welt nichts zu suchen« (169). Damit schafft Dürrenmatt sich die argumentative Basis, um über das Gottesbild Spinozas und Einsteins nachzudenken. Beide seien Juden, die den anthropomorphen, persönlichen und emotionalen Gott des tradierten Judentums ablehnten: »eine eminent jüdische Rebellion« (ebd.). In den *Anmerkungen* ordnet Dürrenmatt Einstein und Spinoza zusammen mit Marx und Freud ein in »eine der fruchtbarsten Denklandschaften, die wir kennen«, nämlich in die »dreitausendjährige Auseinandersetzung des jüdischen Denkens mit der ›Fiktion Gott‹« (WA 33, 178).

Determinismus vs. Kausalität

In diesem geistesgeschichtlichen Zusammenhang fragt sich Dürrenmatt, warum Spinoza sein philosophisches Weltbild *more geometrico* darstellte und warum Einstein angesichts der Schwierigkeiten seiner einheitlichen Feldtheorie »verzweifelt ausrief: ›Ich brauche mehr Mathematik‹« (WA 33, 167). Seine These: Es geschah aus Rebellion gegen einen unberechenbaren Gott. Diese Rebellion habe Spinoza und Einstein gezwungen, die Welt als determinierte zu konstruieren. Um diesen Sachverhalt plausibel zu machen, unterscheidet Dürrenmatt zwischen »Determination« und »Kausalität«. Mathematisch-geometrisch determinierte Zusammenhänge sind nicht kausal, d. h. sie sind nicht erst nachträglich durch eine Kette von Ursachen und Wirkungen erklärbar, sondern sie beanspruchen zeitlose Evidenz: »Nur in einer kausalen Welt ist es sinnvoll, von einer Wirkung auf eine Ursache zu schließen; in einer deterministischen, in einer rein geometrischen Welt etwa, wäre die Behauptung, das rechtwinklige Dreieck sei die Ursache des pythagoreischen Lehrsatzes, Unsinn« (156). Dieses Argument steht in engem Zusammenhang mit Dürrenmatts Dramaturgie der (Un-)Wahrscheinlichkeit, die er in *Sätze über das Theater* (1970) entwickelt hat: »Betrachtet man den Unfall dramaturgisch, so setzt er sich auf den ersten Blick aus lauter Zufälligkeiten zusammen [...]. Vom Unfall her nach rückwärts gesehen führt zum Unfall eine einzige Kausalitätskette« (WA 30, 204 f.). Die Kausalitätskette, die nur retrospektiv erkennbar ist, stellt für Dürrenmatts Erkenntnis-Konzept das genaue Gegenstück zur Weltvision der mathematisch-geometrischen Determination dar.

Dürrenmatt ist sich bewusst, dass er damit eine eigenwillige Differenzierung vornimmt, aber er beharrt auf dem Recht, diese Begriffe »so [zu] gebrauchen, wie ich sie benötige, um einen Gegensatz herauszuarbeiten« (WA 33, 151). Ein naturwissenschaftlich geschulter Kommentator (Bellwinkel 1995, 233) will diese Unterscheidung nicht akzeptieren und reduziert Determiniertheit auf Kausalität. Dale Adams wiederum (Adams 2010, 224 f.; Adams 2011, 269–274 u. 299) dis-

J. B. Metzler © Springer-Verlag GmbH Deutschland, ein Teil von Springer Nature, 2020
U. Weber / A. Mauz / M. Stingelin (Hg.), *Dürrenmatt-Handbuch*, https://doi.org/10.1007/978-3-476-05314-5_55

kutiert zwar ausführlich Dürrenmatts Konzept des Zufalls und der Kausalität, ohne aber den komplementären Gegenbegriff der geometrischen Determiniertheit damit in Zusammenhang zu bringen. Vielmehr attestiert er ihm eine »epistemische Lücke« (Adams 2011, 287) und übersieht damit, dass Dürrenmatt in Bezug auf Einstein genau an dieser Stelle das »logische Abenteuer« (WA 33, 167) und damit das Risiko des Scheiterns des Denkers an der Welt zu würdigen weiß.

Einsteins Tragik kündet sich für Dürrenmatt bereits in dessen berühmter Aussage an: »[I]nsofern sich die Lehrsätze der Mathematik auf die Wirklichkeit beziehen, sind sie nicht sicher, und insofern sie sicher sind, beziehen sie sich nicht auf die Wirklichkeit« (Einstein, zit. nach WA 33, 180). Aus diesem Verhältnis ergibt sich der Schluss: »Die Verbindung [der] Sinnen-Erlebnisse zu den durch die Regeln der Logik verbundenen Begriffen und Sätzen sei rein intuitiv, nicht selbst logischer Natur« (161). Deshalb diagnostiziert Dürrenmatt: »Die Intuition, nicht die Logik, ist sein Schicksal, genauer das logische Abenteuer, nicht die logische Absicherung« (167). Einstein beschreibt als den Antrieb des Naturwissenschaftlers, »die Welt des Erlebens zu überwinden, indem er sie bis zu einem gewissen Grad durch [ein] Bild zu ersetzten strebt. [...] Die Sehnsucht nach dem Schauen jener prästabilierten Harmonie« (Einstein über Max Planck, zit. nach WA 33, 170). Daran habe Einstein zeitlebens gearbeitet, auf der Suche nach seiner einheitlichen Feldtheorie. Doch die Ironie des Schicksals erweist sich gemäß Dürrenmatt in seinem Fall darin, dass das Weltbild der Physik sich zum genauen Gegenteil entwickelte: »kosmologisch, indem es nicht, wie Einstein hoffte, zum Schauen der prästabilierten Harmonie führte, sondern zur Vision einer prästabilierten Explosion, zu einem monströsen auseinanderfegenden Weltall voller Supernovae, Gravitationskollaps, Schwarzer Löcher« (170 f.).

Die ethische Wende

Spinoza habe mit seiner geometrischen Methode den »Gegensatz Gut – Böse« überwunden: »Für diesen Gott gibt es weder das Gute noch das Böse. Gäbe es für ihn diesen Gegensatz, wäre er wieder persönlich« (156). Mit seinem Bekenntnis zum Gott Spinozas bekenne sich auch Einstein ausdrücklich zu einem Gott, der sich »in der gesetzlichen Harmonie des Seienden offenbare« und sich nicht »mit den Schicksalen und Handlungen der Menschen abgebe« (157). Doch der an seinem spinozistisch inspirierten Weltbild scheiternde Einstein vollziehe am Ende seines Denkweges eine Wende, die ihn für Dürrenmatt menschlich groß erscheinen lässt: »Umso ernsthafter haben wir darum Einstein zu nehmen, wenn er 1947 schreibt, er glaube, daß wir uns mit unserer unvollständigen Erkenntnis und Einsicht begnügen und moralische Werte und Pflichten als rein menschliche Probleme – die wichtigsten aller menschlichen Probleme – sehen müßten« (171). Mit dieser Wende zu einer humanistischen Ethik überwinde Einstein scheiternd die Position Spinozas und mache sich die Humanität des Sokrates zu eigen. Dieser Wende entspricht in Dürrenmatts eigenem Schaffen die Reaktion auf die Technik-Euphorie in den Massenmedien angesichts der Mondlandung: »Es ist leichter, auf den Mond zu fliegen, als mit anderen Rassen friedlich zusammenzuleben, [...] leichter, als Hunger und Unwissenheit zu besiegen. [...] Am 20. Juli 1969 bin ich wieder ein Ptolemäer geworden« (WA 33, 31 f.). Einsteins Klageruf »O weh«, als die Atombomben über Hiroshima und Nagasaki abgeworfen wurden, zeugt nach Dürrenmatt »von einer unendlichen Hilflosigkeit« (WA 33, 178). Gerade diese Hilflosigkeit legitimiert die Rede des Laien, denn, wie Dürrenmatt in den *21 Punkten zu den Physikern* sagt: »Was alle angeht, können nur alle lösen« (WA 7, 92).

Literatur
Primärtexte
Albert Einstein. Ein Vortrag. Zürich 1979.
Albert Einstein. Ein Vortrag (1979). In: WA 33, 150–203.

Sekundärliteratur
Adams, Dale: Chaos, Zufall und Mathematik. Friedrich Dürrenmatts Weltbild und Dramaturgie. In: Limbus 3 (2010), 211–232.
Adams, Dale: Die Konfrontation von Denken und Wirklichkeit. Die Rolle und Bedeutung der Mathematik bei Robert Musil, Hermann Broch und Friedrich Dürrenmatt. St. Ingbert 2011, 269–274.
Bellwinkel, Hans Wolfgang: Dürrenmatt und die Naturwissenschaften. In: Gesnerus 52 (1995), 209–246.
Mingels, Annette: Dürrenmatt und Kierkegaard. Köln u. a. 2003.

Rudolf Käser

56 *Abschied vom Theater / Nachwort zu ›Achterloo IV‹*

Entstehungskontext, Publikationsgeschichte, Charakteristik

Im Anschluss an Dürrenmatts Inszenierung von *Achterloo IV* bei den Schwetzinger Festspielen 1988 entsteht im Juni gleichen Jahres das *Nachwort zu ›Achterloo IV‹*. 1990 teilt der Autor diesen Text in zwei Essays auf: *Abschied vom Theater* und *Nachwort zu ›Achterloo IV‹*. Unter dem Titel *Abschied vom Theater* erscheint die letzte Bearbeitung des Doppelessays 1991 nur einige Tage nach Dürrenmatts Tod in der Reihe *Göttinger Sudelblätter*. Der Text stellt nicht nur ein theatertheoretisches Werk dar, sondern enthält neben dramaturgischen Überlegungen auch poetologische, philosophische und politische Reflexionen, die inhaltlich und motivisch mit Dürrenmatts Spätwerk verbunden sind.

Diese Intertextualität ist zum einen implizit im Funktionsprinzip der Essays angelegt. Beide verfolgen keine kohärente Argumentationskette. Wie in den *Stoffen* bewegt sich der Text grundsätzlich digressiv in Assoziationsschlaufen, die Reflexionen, Polemiken, kleine narrative Formen, autobiografische Skizzen oder Nacherzählungen dicht miteinander verweben. Zum anderen ordnet sich Dürrenmatt explizit in die literarische und theatergeschichtliche Tradition ein. Grundsätzlich belegen die Essays aber auch, dass erstens für Dürrenmatt mit dem Begriff des ›Dramaturgischen‹ immer auch das Denken (und Schreiben) überhaupt gemeint ist (vgl. Rüedi 2011, 519), und dass zweitens die Begriffe *Rollenspiel* und *Spiel* in ihrer ganzen Bedeutungsfülle gemeint sind.

Inhalt und Analyse

Obwohl Dürrenmatt das Theaterspiel als anthropologische Konstante begreift, habe die Bühne als sein »Medium« ausgedient (WA 18, 541). In *Nachwort zu ›Achterloo IV‹* bezeichnet er deshalb die Struktur seines letzten Stückes als »eine Dramaturgie des Scheiterns« – eine Diagnose, der Dürrenmatt eine normative Anweisung hinzufügt: »Das Stück ist als eine mißglückte Theateraufführung zu inszenieren« (561). Dieses performative Scheitern als paradoxe Praxis versieht der Autor mit einem dramentheoretischen Abriss von der Antike über die Klassik (Lessing, Kleist, Schiller) bis in die Moderne, wobei Überlegungen aus früheren theatertheoretischen Essays aufgenommen und variiert werden. Identifikationsfigur ist der griechische Autor Aristophanes, der mittels der Komödie den »Irrsinn« (541) der Welt bloß gestaltet und nicht deutet oder gar zum Besseren geordnet habe. Als Antipode tritt Bertold Brecht auf. Dieser nahm Dürrenmatts Frage anlässlich einer Diskussion in Baden-Baden 1955, »ob die heutige Welt durch Theater überhaupt noch dargestellt werden könne« (ebd.), als Aufhänger für seinen kurzen Aufsatz *Über die Darstellbarkeit der Welt auf dem Theater*. Brechts optimistische Antwort lautet dort, »daß die heutige Welt auch auf dem Theater wiedergegeben werden kann, aber nur, wenn sie als veränderbar aufgefaßt wird« (Brecht 1993, 8). Diese Antwort jedoch, so Dürrenmatt im *Nachwort zu ›Achterloo IV‹*, sei angesichts der chaotischen Welt und einer existentiellen Bedrohungslage »absurd geworden« (WA 18, 547).

In der realpolitischen Situation eines gescheiterten Kommunismus und des kapitalistischen ›Pyrrhussieges‹ (vgl. 547) sieht Dürrenmatt die zu seinen Lebzeiten auch in Westeuropa verbreitete marxistische Deutungspraxis des klassischen Bühnenrepertoires als wirkungsloses »Schattenboxen« (545). Die Verschiebung zwischen dem Idealismus brechtscher Prägung und Dürrenmatts pessimistischer Weltsicht geht mit einer Differenz in der Einschätzung der Technik und der Naturwissenschaften einher: »Die Wissenschaft hat die Natur derart zu verändern gewußt, daß die Welt nahezu unbewohnbar zu werden droht« (547). Dieses dystopische Diktum, das unter dem Eindruck der nuklearen Bedrohung geäußert wird, zeigt Dürrenmatt als einen bis heute nicht gewürdigten Vertreter eines ökologischen Bewusstseins. Er prangert dabei die »Wurstigkeit der Zukunft gegenüber« (ebd.) an, diskutiert aber (versetzt mit satirischen Seitenhieben auf den Kulturbetrieb) auch die philosophischen Konsequenzen der technischen Innovationen des 20. Jahrhunderts. So wie die atomare Welt »unscharf, nicht mehr beschreibbar« sei, so sei es auch »das Ganze«: »Unsere Welt ist mit Worten nur noch im Gleichnis darzustellen. Es ist ebenso notwendigerweise mehrdeutig, wie die Aussagen der Physik notgedrungen unscharf sind. Aber auch die Welt unseres Handelns. Wir sind in einen Teppich gewoben, den wir nicht mehr überblicken« (549 f.). Paradigmatisch für Dürrenmatts Spätwerk ist das selbstreflexive Verfahren, in dem das Gleichnis des Teppichs, dem »wir« selbst angehören, als Bestätigung für die Aussage der Notwendigkeit des Gleichnisses genommen wird. Die behauptete paradoxe Situation des modernen Dramatikers wird also per-

J. B. Metzler © Springer-Verlag GmbH Deutschland, ein Teil von Springer Nature, 2020
U. Weber / A. Mauz / M. Stingelin (Hg.), *Dürrenmatt-Handbuch*, https://doi.org/10.1007/978-3-476-05314-5_56

formativ ausgestellt, ein Verfahren, das Dürrenmatt variantenreich und auf verschiedenen textuellen Ebenen in seiner *Achterloo*-Textur vorführt. Neben der Genese des Stücks beschreibt Dürrenmatt im *Nachwort* die poetologischen Prinzipien von *Achterloo*, das eben »keine Illustration der Geschichte« sei, sondern als »*Metabasis eis allo genos*« fungiere, als ein in der Logik unzulässiger Denkschritt, der als Verfahren einer Verschiebung das »Welttheater« bedinge: Die Assoziationen seien teilweise »willkürlich«, die Figuren »Verfremdungen, Figuren auf einem anderen Schachbrett«, die die Geschichte in einer Sphäre des Imaginären nachspielen (555).

Die Unmöglichkeit einer kongruenten Darstellung historischer Wirklichkeit verdeutlicht Dürrenmatt mit einem Bezug auf Jorge Luis Borges' Kurzgeschichte *Averroes auf der Suche*: Das Bild Averroes' sei nicht überliefert, deshalb könne der Autor auch nicht wissen, welches Bild seine Figur im Spiegel erblickt. In diesem Zusammenhang erläutert Dürrenmatt die »Dialektik des Theaters«, die darin bestehe, dass ein Mensch eine Rolle verkörpert, das Publikum aber nur einen Schauspieler sehen würde (WA 18, 557 f.). Diese konventionelle Dialektik habe sich seit der Antike verstärkt: Heute stelle nicht mehr ein Schauspieler mit Maske eine Figur dar, sondern trete als Darsteller einer Rolle auf. Diese Rolle sei wichtiger geworden als das Stück an sich, »ist doch für mich Theater vor allem ein Ereignis, das in der Begegnung eines Schauspielers mit einer Rolle besteht« (559). Dieses Bekenntnis verbindet Dürrenmatt mit Erinnerungen an die Schauspielerinnen und Schauspieler in seinen Theatererfolgen: u. a. Charles Regnier, Dinah Hinz, Renate Schroeter, Kurt Horwitz, Erwin Kalser, Peter Lühr, Ernst Ginsberg, Theo Lingen, Therese Giehse, Maria Becker, Gustav Knuth.

In *Abschied vom Theater* führt Dürrenmatt seine Betonung des Spiels auf die Ebene der Produktionsgenese der *Achterloo*-Bearbeitungen. Er erklärt, dass sich »durch den Verlauf der Geschichte« (WA 18, 569), nämlich den Zusammenbruch des Ostblocks, seine Arbeit am Stoff von der Handlung zu den handelnden Personen verschoben hätte. Damit geht eine doppelte Verabsolutierung einher: die der Rollen, für die der Text nur noch einen »Rohstoff« darstellt, sowie die des »Rollenspiels« (Bloch 2017, 296), das hinter den Rollen immer wieder neue Rollen sichtbar werden lässt. Diese Unschärfe reflektiert Dürrenmatt in der Auflösung der Differenz von Glauben und Wissen. Mit einem weiteren (mehrdeutigen) Gleichnis spricht er vom Wissen als einer dünnen Eisdecke »über dem

kochenden Abgrund des Glaubens« (WA 18, 570), das den Glauben zwar zudecke, ohne aber dessen Macht zu erreichen. Wenn das Eis ein Aggregatzustand des Wassers sei, dann stelle das Wissen vielleicht einen Aggregatzustand des Glaubens dar. In einer erkenntnistheoretischen Reflexion problematisiert Dürrenmatt einerseits den prekären Status des Bewusstseins und stellt mit einer radikalkonstruktivistischen Wendung fest, dass die Frage, »ob ich weiß, daß ich wach bin, oder ob ich glaube, wach zu sein« (ebd.), nicht zu beantworten sei. Andererseits stellt er auch das Wissen des Bewusstseins in Frage, das möglicherweise nur ein geglaubtes Wissen sei. Zur Untermauerung wird eine autobiografische Anekdote von einer Marokko-Reise erzählt, auf der Dürrenmatt mit einem vom Heliozentrismus überzeugten Taxifahrer debattiert. Anhand dieser Figur zeigt der Autor narrativ das »Paradox des Wissens« (573) auf, das immer Gefahr läuft, durch seine Abstraktion unbegriffen zu sein und in einen neuen Glauben überzugehen. Nach einer historischen Analyse von Marxismus, Nationalsozialismus und Kapitalismus, die als unterschiedliche Glaubenssysteme gedeutet werden, folgt eine Auseinandersetzung mit der Leerstelle Gottes im atheistischen Weltbild der Moderne. Dürrenmatt verabschiedet sich schließlich mit einer Note der Hoffnung, die 1990 mit der Wende in Osteuropa eine reale Chance gewesen sein mochte, knapp dreißig Jahre später aber als ungelöste Aufgabe erscheint: »Die alten Fluchtwege des Menschen sind verschüttet [...]. Er war sein eigener Feind. Er muß sein eigener Freund werden« (586).

Deutungsaspekte

Die ethische Konsequenz seiner politischen und philosophischen Überlegungen formuliert Dürrenmatt im *Nachwort* auch folgendermaßen: »Der Mensch ist zum Spielball seiner selbst geworden« (547). In seiner Alltäglichkeit klingt der Satz simpel, wird er aber mit der Betonung auf dem Wort »Spielball« gelesen, weist er auf die Vielschichtigkeit des Begriffs ›Spiel‹ hin, ein Begriff, der zentral in Dürrenmatts Denken ist, allerdings noch kaum systematisch aufgearbeitet wurde (s. Kap. 79). Im Kontext der literaturwissenschaftlichen Spielforschung fällt die »doppelte Relevanz des Spielbegriffs für die Literatur« (Plaice 2010, 76; vgl. auch Anz/Kaulen 2009) auf, zum einen der Gedanke des Spiels als literarisches Verfahren, zum anderen das Motiv und die Metapher des Spiels *in der* Literatur. Ein Ansatzpunkt für eine neu ansetzende Lektüre von

Dürrenmatts Dramaturgie könnte von diesen im post-modernen Denken relevanten Ideen des Spiels oder des Text-Spiels als ästhetische Grundfigur des Welt- und Selbstverständnisses ausgehen.

Einen weiteren Ansatzpunkt böte das kulturwissenschaftliche Spieldenken, das ausgehend von Johan Huizingas Klassiker *Homo Ludens* (1938) das Spiel als anthropologische Konstante begreift. Nach Huizinga ist jeder Kultur eine Spielhaftigkeit eigen; er vertritt die Thesen, »dass Kultur in Form von Spiel entsteht, dass Kultur anfänglich gespielt wird« und »dass der Kultur in ihrer ursprünglichen Phase etwas Spiel-mäßiges eigen ist, ja dass sie in den Formen und der Stimmung eines Spiels aufgeführt wird« (Huizinga 2015, 57). Auch die Dichtung begreift Huizinga als »soziales Spiel« (ebd., 122), das als eigene Sphäre den Gegensatz von Ernst und Un-Ernst transzendiert. Ei-ne solche Sphäre ist auch in Dürrenmatts Denken des absoluten Rollenspiels auszumachen: Dieses kann so verstanden werden, dass es ausgehend von dramaturgischen Fragen immer wieder neu ansetzend einen Begriff des Spiels umkreist, der vor dem Horizont der drohenden Katastrophe nichts weniger als eine neue Form menschlichen Zusammenlebens – und Zusam-menspielens – bedeutet.

Literatur
Primärtexte

Abschied vom Theater. Göttingen 1991.
Abschied vom Theater. In: Gedankenfuge. Zürich 1992, 141–187.
Abschied vom Theater. In: WA 18, 568–586.
Nachwort zu ›Achterloo IV‹. In: WA 18, 541–567.

Sekundärliteratur

Anz, Thomas/Kaulen, Heinrich (Hg.): Literatur als Spiel. Evolutionsbiologische, ästhetische und pädagogische Konzepte, Berlin 2009.
Bloch, Peter André: Friedrich Dürrenmatt – Visionen und Experimente. Werkstattgespräche – Bilder – Analysen – Interpretationen. Göttingen 2017, 289–323.
Brecht, Bertolt: Über die Darstellbarkeit der Welt auf dem Theater. In: Ders.: Werke. Große kommentierte Berliner und Frankfurter Ausgabe. Hg. von Werner Hecht u. a. Bd. 23: Schriften 1942–1956. Frankfurt a. M. 1993, 240 f.
Huizinga, Johan: Homo Ludens. Vom Ursprung der Kultur im Spiel. Reinbek bei Hamburg 2015 (ndl. 1938).
Rüedi, Peter: Dürrenmatt oder Die Ahnung vom Ganzen. Biografie. Zürich 2011, 513–553.
Plaice, Renata: Spielformen der Literatur. Der moderne und der postmoderne Begriff des Spiels in den Werken von Thomas Bernhard, Heiner Müller und Botho Strauß. Würzburg 2010.

Caspar Battegay

57 *Die Schweiz – ein Gefängnis*

Man kann Dürrenmatts letzten öffentlichen Auftritt in der Schweiz als kaum verhohlenes Spiel bezeichnen, das er – im Bewusstsein der eigenen Wirkungsmacht als Redner – mit den rhetorisch gebotenen Voraussetzungen einer Lobrede und den Erwartungshorizonten von Ehrenden, zu Ehrenden und honorablen Gästen trieb. Der Autor war von der 1962 gegründeten Gottlieb-Duttweiler-Stiftung (einer Einrichtung des gleichnamigen, sehr erfolgreichen Schweizer Unternehmers, Gründer des Detailhandels Migros, der gleichzeitig die unabhängige Oppositionspartei ›Landesring der Unabhängigen‹ förderte) eingeladen worden, die Laudatio zur Verleihung des Gottlieb-Duttweiler-Preises an den Schriftsteller, Bürgerrechtler und Präsidenten der neu gegründeten Tschechischen und Slowakischen Föderativen Republik Václav Havel zu halten.

Zunächst bewegt sich die am 22.11.1990 gehaltene Rede auch in den Mustern, die eine Laudatio erwarten lässt: Verwiesen wird auf den Stiftungsgründer; mit »Zivilcourage, Ehrlichkeit und Toleranz gegenüber anderen Auffassungen« (WA 36, 176) finden jene Tugenden des zu Ehrenden Erwähnung, die die Verleihung des Preises begründen. Rasch aber zeigt sich Dürrenmatts Entschluss, die Voraussetzungen einer Laudatio zu verkehren: Das Herrscherlob – Havel soll schließlich, wie bereits die Anrede zeigt, auch als »Staatspräsident« (175) geehrt werden – wird zum Demokratietadel (vgl. Stingelin 1999). Denn den tragischen Grotesken, die Havel als Dramatiker schrieb, stellt Dürrenmatt das nicht minder groteske Bild einer Schweiz gegenüber, das den Traum der Schweizer, in einer freien und demokratischen Republik zu leben, als solchen entlarvt. »Doch die Wirklichkeit«, so der Laudator, »in der die Schweizer träumen, ist anders« (WA 36, 180); in Wirklichkeit sei die Neutralität der Schweiz ein selbstgewähltes »Gefängnis« (181), in dem der Schweizer, um seine Freiheit zu beweisen, zugleich »Gefangener und Wärter« (ebd.) sein müsse. (Die gleiche paradoxe Situation hatte Dürrenmatt bereits in seiner Erzählung *Die Stadt* entworfen, vgl. WA 19, 141 f.)

Die Rede, von der sich sowohl Video- wie Audioaufzeichnungen im Internet finden, geriet – zur augenscheinlich zunehmenden und nicht geringen Belustigung des Redners – zum Skandal (vgl. Matt 2015), der als narzisstische Kränkung das schweizerische Selbstverständnis bis in die Gegenwart irritiert. »Die Inkompatibilität der Ausführungen der Migros-Vertreter Jules Kyburz und Pierre Arnold, von alt Bundesrat Kurt Furgler etwa mit der Rede von Friedrich Dürrenmatt

[...] war zum Teil so grotesk, als wär's ein Stück des frühen Havel«, so die *Neue Zürcher Zeitung* am 23.11.1990 zur Preisverleihung. Die anwesenden Bundesräte verabschiedeten sich nicht vom Redner (vgl. G 4, 149), der anschließend »allein im Saal [stand]; es dauerte lange, bis jemand hinging, um mit ihm zu sprechen«, so der Augenzeuge Peter von Matt (2015).

Doch worin besteht der ›eigentliche‹ Skandal? Vordergründig in der Verkehrung, die unfreien Verhältnisse der vermeintlichen ›Republik‹ Tschechoslowakei auf die schweizerische ›Demokratie‹ zu übertragen: Als *tertium comparationis* wird die Lage von zu Freiheitsstrafen verurteilten schweizerischen Wehrdienstverweigerern mit dem Widerstand tschechoslowakischer Freiheitskämpfer verglichen und der sogenannte ›Fichen-Skandal‹ (der schweizerische Geheimdienst hatte jahrelang einen Aktenberg aus letztlich wohl über 100.000 Schweizer Bürger erfassenden Karteikarten, ›Fichen‹, angelegt) gleichgesetzt mit den diktatorischen Verhältnissen in der Tschechoslowakei. Formal allerdings rührt der Stachel der Rede noch tiefer: In ihrer eigentümlichen, für Dürrenmatt durchaus überraschenden Dramaturgie – der Lobende scheint sich zum Auftakt hinter länglichen Bildungszitaten zu verstecken – zeigt sie den Redner als virtuosen Rhetoriker, der die sprachlichen Bedingungen der Möglichkeit einer Laudatio reflektiert. Indem er das Publikum durch den Bann seiner Suggestionskraft spüren lässt, für die Dauer der Laudatio unentrinnbar sein eigener Gefangener zu sein, greift er diesen Umstand zugleich thematisch auf in der Allegorie der ›Schweiz als Gefängnis‹. Dabei spielt Dürrenmatt noch einmal meisterhaft alle ihm eigenen Arten des Humors und des Komischen durch: Groteske, Ironie, Sarkasmus, Zynismus etc. Sein Publikum hat es ihm, mit Ausnahme der anwesenden Politiker, mit zusehends befreiterem Lachen gedankt, wie der filmischen Dokumentation zu entnehmen ist.

Bemerkenswerterweise scheint sich Dürrenmatt ansonsten weder in seinem Werk noch in Gesprächen auf Havel bezogen zu haben. Aus dieser vermeintlichen Unvertrautheit mit Havels Werk mag sich auch der Umstand erklären, dass er die Gattung der Lobrede zum willkommenen Anlass nahm, quasi ›im Namen‹ des Geehrten die Schweiz anzuklagen. Havel allerdings »war allem Vernehmen nach keineswegs peinlich berührt« (Weber 2020, 569 f.).

Die Forschung hat aus unterschiedlichen Perspektiven insbesondere den Aspekt der ›Allegorie‹ in den Vordergrund gerückt, sei es aus politischer (Münger 2014), sei es aus symbolischer (Städeli 2015), sei es

J. B. Metzler © Springer-Verlag GmbH Deutschland, ein Teil von Springer Nature, 2020
U. Weber / A. Mauz / M. Stingelin (Hg.), *Dürrenmatt-Handbuch*, https://doi.org/10.1007/978-3-476-05314-5_57

aus rhetorisch-formal(istisch)er Perspektive (Stingelin 1999). Bleibt als Desideratum die Frage nach der Angemessenheit, des *aptum* als der höchsten rhetorischen Tugend von Dürrenmatts Rede. Als Reverenz bzw. Verneigung vor dem Geehrten jedenfalls teilt sie dessen Geist des bürgerrechtlichen Widerstandskämpfers mit seinen literarischen Mitteln der tragikomischen Groteske: »Die Schweiz – ein Gefängnis«.

Literatur
Primärtexte
Über die Absurdität der Schweizer. In: Süddeutsche Zeitung, 15./16.12.1990.
Die Schweiz – ein Gefängnis. Rede auf Václav Havel. In: Friedrich Dürrenmatt: Kants Hoffnung. Zwei politische Reden. Zwei Gedichte aus dem Nachlaß. Zürich 1991, 7–23.
Die Schweiz – ein Gefängnis. Rede auf Václav Havel. In: WA 36, 175–188.
Audio der Rede. In: http://www.srf.ch/play/radio/popupaudioplayer?id=3282f67d-3de8-4469-9c17-2e76b3c72097 (13.6.2020).
Video der Rede (u. a.). In: http://www.youtube.com/watch?v=ACvbhrEotqI (13.6.2020).
gfh: Verleihung des Gottlieb-Duttweiler-Preises an Václav Havel. In: Neue Zürcher Zeitung, 23.11.1990, 21.

Sekundärliteratur
Matt, Peter von: Wer die Schweiz kritisiert, gilt bei uns als denkschwach. In: Das Magazin 44, 31.10.2015, 9.
Münger, Felix: »Das Gefängnis Schweiz«. Friedrich Dürrenmatt (1990). In: Ders.: Reden, die Geschichte schrieben. Stimmen zur Schweiz. Baden 2014, 235–248.
Städeli, Martin: Im unabhängigen Gefängnis der Neutralität. Dürrenmatts ironische Allegorie. In: http://www.symbolforschung.ch/files/pdf/Allegorie_Gefaengnis.pdf (13.6.2020).
Stingelin, Martin: Allegorie der Rede. Herrscherlob als Demokratietadel in Friedrich Dürrenmatts Rede auf Václav Havel zur Verleihung des Gottlieb-Duttweiler-Preises. In: Josef Kopperschmidt, Helmut Schanze (Hg.): Fest und Festrhetorik. Zu Theorie, Geschichte und Praxis der Epideiktik. München 1999, 365–374.
Weber, Ulrich: Friedrich Dürrenmatt. Eine Biographie. Zürich 2020.

Martin Stingelin / Benjamin Thimm

L Lyrik

58 Lyrik

Werkkontexte, Poetik und Publikations- geschichte

Obwohl es, unter Berücksichtigung des unveröffent- lichten Nachlasses, vielleicht 50 Gedichte von ihm gibt, trat Dürrenmatt nie als Lyriker in Erscheinung. Weder führt er das lyrische Dichten als eine seiner Tätigkeiten zu Beginn der poetologisch-autobiografischen *Stoffe* explizit an (vgl. WA 28, 36), noch widmet er sich in sei- nen essayistischen Reflexionen eigens der Lyrik. Le- diglich der kurze Text *Lieblingsgedichte* von 1953 be- schäftigt sich mit der Lyrik Goethes und Trakls (WA 32, 33–37), neben denen Dürrenmatt auch Claudius und Hölderlin sowie Heym und Brecht als wichtige Einflüsse nennt. Dagegen distanziert er sich nachträg- lich von George, der in seiner Jugendzeit eine prägende Rolle gespielt hatte (WA 29, 167; vgl. Böschenstein 1999, 442). Gedichte erlangten für Dürrenmatt nach eigener Aussage aber vor allem im Kontakt mit Paul Celan Bedeutung, wiewohl ihn dessen Lyrik – als »Ge- dichte der vollkommenen Einsamkeit« – in »Hilflosig- keit« zurückließen (WA 29, 170). Celan verkörperte den fast schon »zu esoterisch[en]«, aber respektierten Gegensatz zu Dürrenmatts eigenem Schreiben (ebd., 169; vgl. Rüedi in Dürrenmatt 1993, 126).

Gerade diese Gegensätzlichkeit trieb Dürrenmatt wohl vereinzelt zum Dichten, verstand er seine eigene schriftstellerische Arbeit doch in Abgrenzung zur »ge- weihten Künstlerschaft« der Dichter (Rüedi ebd., 120; vgl. WA 28, 14). Immer noch dem Paradigma der Sub- jektivität und der Intimität verhaftet (vgl. Rüedi in Dürrenmatt 1993, 122), stehen Gedichte Dürrenmatts stofforientierter Distanzpoetik (WA 28, 69) entgegen. Überarbeitete er seine Texte grundsätzlich oft, so die Gedichte kaum (vgl. Rüedi in Dürrenmatt 1993, 122). Das illustriert der *Gedichtband bei einer Mittagszigar- re*: »Gedichte, die in ein, zwei Minuten getan sind« (70). Dürrenmatt versuchte sich daher auch an weni- ger subjektiven Formen: die Balladen *Midas* und *Mi-*

notaurus sowie parodistische »Tirade[n]« (Rüedi 2011, 394) wie die *Schweizerpsalmen*.

Die ältesten lyrischen Versuche – zwei Sonette und das mit Walter Jonas und Werner Y. Müller verfasste *Buch einer Nacht* – reichen bis in die Zeit des Zweiten Weltkriegs zurück (vgl. ebd., 152; Dürrenmatt 1993, 135). Und noch in den 1980er Jahren arbeitete Dür- renmatt am *Minotaurus*, den er 1985 publizierte (vgl. ebd., 136). Abgesehen davon veröffentlichte er seine Gedichte mit Ausnahme vereinzelter Zeitungs- und Zeitschriftenpublikationen nicht (vgl. ebd., 131). Ver- streut tauchen sie erst unter den Reden und Essays der beiden Werkausgaben auf. Posthum versammelt der grundlegende Band *Das Mögliche ist ungeheuer* (1993) eine Auswahl von Gedichten, die teilweise auch aus dem Nachlass stammen.

Inhalt und Analyse

Der Band, zusammengesetzt aus eigenständigen Ge- dichten und Theaterliedern, steht unter der Spannung dieser beiden Pole. Kann den selbständigen Gedichten ein Anspruch auf strenge »Übereinstimmung zwi- schen Form und Inhalt« zugrunde gelegt werden, sol- len die Theaterlieder »szenische Kraft« und »dramati- sche Anschaulichkeit« gerade durch ihre »ungehobel- te, leidenschaftliche Rhetorik« entfalten (Böschen- stein 1999, 441–443), die sich freilich erst im Kontext der Dramen vollständig erschließt (vgl. z. B. Conterno 2014). An Brechts Chansons gelehnt (»Auch lockte mich das Abenteuer, das Chanson als dramaturgi- sches Mittel einzusetzen«, WA 29, 48) verdeutlichen gerade die Lieder aus *Frank V.* diese Problematik. Dürrenmatt schreibt: »Ohne die Handlung sind die Chansons in *Frank der Fünfte* unverständlich« (ebd.). Dennoch haben diese Chansons Eingang in den Band gefunden, da sie »über ihre dramatische Funktion hi- naus als selbständige Texte verständlich sein« können (Rüedi in Dürrenmatt 1993, 124). Ähnlich zeigt sich die Gattungsproblematik auch beim *Buch einer Nacht*.

J. B. Metzler © Springer-Verlag GmbH Deutschland, ein Teil von Springer Nature, 2020
U. Weber / A. Mauz / M. Stingelin (Hg.), *Dürrenmatt-Handbuch*, https://doi.org/10.1007/978-3-476-05314-5_58

Abgesehen von den im Band vertretenen Theaterliedern lässt sich Dürrenmatts Lyrik in drei Bereiche gliedern: seine parodistischen Gedichte, die Balladen *Midas* und *Minotaurus* sowie kurze Einzeltexte, die vom Liebesgedicht bis ins Kosmische und Weltanschauliche ausgreifen. Mehrere parodistische »Hymnen und Verwünschungen« (Rüedi ebd., 125), deren Formen frei gehalten sind, verhandeln das Verhältnis zwischen der Schweiz und Deutschland bzw. Europa, das Dürrenmatt stets beschäftigte. Befassen sich das abwehrende Selbstgespräch Gottes in *Gott und Péguy* sowie die Klage *An Europa* noch mit Europa im Ganzen, lotet *Wenn ich durch die Städte Deutschlands gehe* das Verhältnis zwischen der Schweiz und Deutschland aus persönlicher Sicht aus. Das Gedicht darf »als Gegenstück, als Vorstufe« (Rüedi 2003, 112) zu den *Psalmen* gelten, die den Fokus ganz auf die Schweiz richten. In parodistischer Anlehnung nicht nur an die religiöse Tradition, sondern auch an die Schweizer Nationalhymne – die damals schon inoffiziell kursierende und nun offizielle Nationalhymne *Schweizerpsalm* –, besingt Dürrenmatt 1950 mit der skandalträchtigen Publikation von *Schweizerpsalm I* »in einer der wenigen unverblümten Attacken gegen die Schweiz« (Rüedi 2011, 389) seine »Hassliebe« (ebd., 394) zu seinem Heimatland. Noch zwanzig Jahre später, 1971, beschäftigt er sich in einer dritten Fassung mit dem *Schweizerpsalm*. In den Bereich des Parodistisch-Satirischen gehört auch Dürrenmatts kurzes – erfolgloses – lyrisches Engagement im Zürcher Kabarett Cornichon 1948 (vgl. ebd., 492).

Den politischen Tiraden steht Dürrenmatts Deutung der eigenen Situation mithilfe des Motivs des Labyrinths gegenüber. In den *Stoffen* schreibt er: »[J]eder Versuch, die Welt, in der man lebt, in den Griff zu bekommen, sie zu gestalten, stellt einen Versuch dar, eine Gegenwelt zu erschaffen, in der sich die Welt, die man gestalten will, verfängt wie der Minotaurus im Labyrinth« (WA 28, 81 f.). Das als ›Ballade‹ bezeichnete Langgedicht *Minotaurus* – freirhythmisch, ungereimt, monostrophisch – erzählt die Geschichte des Minotaurus im Labyrinth (das auch im *Midas* anklingt) vom Moment seiner Selbstwahrnehmung bis zum Tod durch Theseus. In einer gläsern-labyrinthischen Welt von Spiegeln ringt der Minotaurus um ein Selbstverständnis in der Begegnung mit sich selbst, den Menschen sowie den dazugehörigen Spiegelbildern. Den Hintergrund bilden dabei der Gegensatz von bewusst-sprachlichem und unbewusst-bildlichem Denken bzw. Fühlen sowie die Unausweichlichkeit der eigenen Geschichte.

Neben dem poetologischen *Gedichtband bei einer Mittagszigarre* reichen die persönlichen Gedichte von einer Würdigung der *Kronenhalle*, wo sich Dürrenmatt in Zürich heimisch fühlte, über die Abschiedsgedichte für *Willy Birgel* und *An Varlin* bis hin zum Liebesgedicht *Vor uns hintastend, Liebes*. Das Gedicht *Meere* lehnt sich an eine Beschreibung von Dürrenmatts Daseinsgefühl, einem schopenhauerischen Treiben auf dem Meer (vgl. WA 29, 206; WA 18, 571).

Mit dem Gedicht *Blick durchs Fenster* gerät allmählich das Weltall in den Fokus. Bemerkenswert ist, dass die drei kosmischen Gedichte – *Antares, Mond, Siriusbegleiter* – mit ihrer durchgehaltenen Form an die Unerbittlichkeit der Kausalität erinnern, die z. B. in der Ballade *Midas* durch den Zeilenbruch nur beschrieben ist: »Die Kausalität ist unerbittlich, die Frei-/heit illusorisch« (Dürrenmatt 1993, 58). Im Gegensatz zu den meisten anderen Gedichten (mit Ausnahme einiger Lieder aus den Theaterstücken sowie *Was soll an diesem Nachmittage* und *Vater mein, ein Riese steht im Wald*) sind die kosmischen Gedichte formal strenger.

Positionen der Forschung

Wissenschaftliche Beachtung findet einerseits Dürrenmatts *Minotaurus*-Ballade. Als lyrische Ausprägung des grundlegenden Labyrinth-Motivs bietet sie sich einer Interpretation im Kontext des Gesamtwerks besonders an – sowohl unter dem Aspekt der »Identitätsproblematik« (Röthinger 2018, 212) im Spannungsfeld von vorbewusster Individualität und gesellschaftlichem Bewusstsein, als auch in strukturell-semiotischer Hinsicht (vgl. z. B. Schmitz-Emans 2009). Andererseits erfahren aufgrund der Psalmentradition auch die *Schweizerpsalmen* einiges Interesse. Grundlegend ist Heinz Ludwig Arnolds Diskussion des Verhältnisses Dürrenmatts zur Schweiz (vgl. Arnold 1998). Eingehendere Behandlung findet das Verhältnis von Dürrenmatts Psalmdichtung zu den biblischen Vorläufern (vgl. Conterno 2014) sowie marginal die Machtthematik (vgl. Zweifel 2012, 249). Zu *Siriusbegleiter* gibt es insbesondere bezüglich der genannten Kausalitätsthematik einen Kurzkommentar von Peter von Matt (vgl. von Matt 1995).

Neben den mehrfach diskutierten *Psalmen* sowie dem *Minotaurus* verdiente allenfalls die *Midas*-Ballade als umfangreicherer Text größere Aufmerksamkeit. Die kürzeren Gedichte interessieren vielleicht weniger im Einzelnen als insgesamt, stellen sie doch ein poetologisches Gegenkonzept zu Dürrenmatts Prosa dar.

Literatur
Primärtexte
Das Mögliche ist ungeheuer. Ausgewählte Gedichte. Hg. von Daniel Keel, Anna von Planta. Zürich 1993.
Minotaurus. In: WA 26, 9–32.
Turmbau. Stoffe IV–IX. In: WA 29, bes. 167–170.
Lieblingsgedichte. In: WA 32, 33–37.

Sekundärliteratur
Arnold, Heinz Ludwig: Friedrich Dürrenmatt und die Schweiz. Ein Panorama. In: Heinz Ludwig Arnold, Anna von Planta, Ulrich Weber (Hg.): Meine Schweiz. Ein Lesebuch. Zürich 1998, 7–41.
Conterno, Chiara: Die andere Tradition. Psalm-Gedichte im 20. Jahrhundert. Göttingen 2014, 288–325.
Matt, Peter von: Friedrich Dürrenmatt: Siriusbegleiter. In: Marcel Reich-Ranicki (Hg.): Frankfurter Anthologie. Gedichte und Interpretationen. Frankfurt a. M. 1995, 181–184.
Röthinger, Julia: Ästhetische Erkenntnis und politisches Handeln. Max Frisch und Friedrich Dürrenmatt in Konstellationen ihrer Zeit. Berlin 2018, 211–236.
Rüedi, Peter: Die Grenze, die Reise, die Heimkehr. Grundmotive im Werk Friedrich Dürrenmatts. In: Text + Kritik 50/51 (2003), 98–128.
Rüedi, Peter: Dürrenmatt oder Die Ahnung vom Ganzen. Biographie. Zürich 2011.
Rüedi, Peter: Hymnen und Verwünschungen. In: Mu, 119–130.
Schmitz-Emans, Monika: Labyrinthische Visualtexte in der Moderne. In: Christian A. Bachmann (Hg.): Labyrinthe als Texte – Texte als Labyrinthe. Bochum 2009, 21–29.
Zweifel, Annarosa: Die Darstellung der Macht in der deutschsprachigen Schweizer Lyrik des 20. Jahrhunderts. In: Conçalo Vilas-Boas, Teresa Martins de Oliveira (Hg.): Macht in der Deutschschweizer Literatur. Berlin 2012, 241–252.

Fabian Schwitter

M Gespräche

59 Dürrenmatt als Gesprächs-
partner

Dürrenmatt war seit seinen ersten Erfolgen als Dramatiker ein gefragter Gesprächspartner. So gibt es eine unüberschaubare Fülle von Presse- und Rundfunk-
gesprächen, von denen die von Heinz Ludwig Arnold
herausgegebene vierbändige Ausgabe (G 1–4) eine
Auswahl von 89 Interviews versammelt. Daneben publizierten Vertraute und Bekannte Dürrenmatt-Por-
träts, die Gespräche teilweise wörtlich wiedergeben
oder zusammenfassend darüber berichten (Kerr 1992;
Rüedi 2011; Bloch 2017). Das mündliche Erzählen
war für Dürrenmatt Teil des Formungsprozesses seiner Stoffe. Spontan über sein Wirken Auskunft gebend, sich gewissermaßen beim Arbeiten selber zuse-
hend und über die eigenen Beweggründe, Interessen
und auch Schwierigkeiten nachdenkend, diente ihm
das Gespräch – analog zum Schreiben – als Mittel und
Werkzeug des Denkens: »Denken«, so soll Dürrenmatt Klara Obermüller bekannt haben, »kann ich nur
beim Reden und Schreiben« (G 1, 24); im Gespräch
mit Kerr sprach er im Bezug auf den Dialog von einer
»Gedankenschmiede« (Kerr 1992, 154). Doch war er
auch skeptisch gegenüber dem mündlich Formulierten. Vor der Publikation seiner Aussagen ließ er sich
meist das Manuskript zusenden, überarbeitete es
manchmal sorgfältig und strich, was ihm überflüssig
oder redundant erschien, ergänzte Lückenhaftes, ver-
deutlichte Unklarheiten.

Dürrenmatt liebte es, sich mit interessierten Ge-
sprächspartnern auseinanderzusetzen. Dafür nahm er
sich Zeit, bereitete sich sorgfältig vor, bestimmte souverän den Gesprächsverlauf, lustvoll nach Argumen-
ten und Beispielen suchend, um seine Aussagen zu
verdeutlichen. Nicht selten zog sich der von ihm sehr
geschätzte Dialog – »[e]ine ungeheure Bereicherung
in meinem Leben ist die Dialogmöglichkeit« (ebd.,
153) – bis in die frühen Morgenstunden. Charlotte
Kerr, Dürrenmatts zweite Frau, erzählt etwa, wie sie

bei ihrer ersten Begegnung mit dem Schriftsteller in
der Wohnung von Maximilian Schell bis vier Uhr früh
zusammengesessen habe (vgl. ebd., 8; Weber 2020,
490 f.).

Seine Äußerungen zum Theater, zur Bühnenarbeit,
über sein Schreiben, Zeichnen und Malen sowie zu
den eigenen politischen Stellungnahmen sind von be-
zaubernder Frische. Als Gedankendramaturg sprach
er gerne von seinen Intentionen und innovativ-expe-
rimentellen Darstellungsprinzipien, von seiner mehr-
dimensionalen Wortinszenierungskunst in Auseinandersetzung mit den Mitteln der bestehenden Bühnen-
traditionen, die er in Zusammenarbeit mit den Schauspielern und Schauspielerinnen weiterentwickelte, in
der möglichst konkreten Veranschaulichung der dramatischen, aber auch denkerischen wie sprachlichen
Prozesse. Er könne es sich nicht leisten, »reines Theater« zu schreiben, »weil wir gar nicht den gesellschaftlichen Boden dazu haben. Ich bin gezwungen, zu meinen Stücken Vorworte, Nachworte, Kommentare zu
schreiben« (G 1, 105).

Wie es Dürrenmatt in diesen Gesprächen zum Ausdruck bringt, ärgerte er sich über die mangelnde Ex-
perimentierfreude der subventionierten Staatstheater
und die Dominanz der Theaterkritiker, deren konventionelle Urteilsbegründungen entscheidend seien für
die öffentlichen Unterstützungsgelder. Die Regisseure
setzten sich zu oft an die Stelle des Autors, um mit ihren eigenen Bearbeitungen das Publikum zu unterhalten. Bald sei es so weit, dass man auf den deutschsprachigen Bühnen dauernd die gleichen Werke aufführe,
wie in den Konzertsälen, wo nur noch »Beethovens
Neunte, Vivaldis *Vierjahreszeiten* und Mozarts Kla-
vierkonzerte« gespielt würden (Bloch 2017, 44 f.). Es
sei Mode geworden, ihm »mangelnde Qualität vor-
zuwerfen«. Man verstehe nicht, dass es ihm »ums Experimentieren geht, ums Weiterdenken einer bereits
bestehenden Dramaturgie«. »Neue Inhalte« bräuchten »neue Formen, neue Darstellungsgefäße für bisher unbekannte Phänomene und Denkprozesse«
(ebd., 85).

J. B. Metzler © Springer-Verlag GmbH Deutschland, ein Teil von Springer Nature, 2020
U. Weber / A. Mauz / M. Stingelin (Hg.), *Dürrenmatt-Handbuch*, https://doi.org/10.1007/978-3-476-05314-5_59

Die Welt sei ein Labyrinth geworden; »alle Fluchtwege erweisen sich als Illusionen; es gibt keine Lösung, nur Irrwege«. Mit seinen Experimenten versuche er, das an sich Undarstellbare darzustellen. »Ich muss eine Form zu Ende denken, um sie dann wieder verlassen zu können [...]. Man muss einmal einen Schritt in eine Richtung wagen, aus der es kein Zurück mehr gibt. Ich brauche in einem gewissen Sinn die künstlerischen Katastrophen, um weiterzukommen, sonst schreibt man ja immer das Gleiche. Vielleicht werde ich auch einmal zu einem Punkt kommen, wo ich nicht mehr weiter schreiben will« (ebd., 83). »Doch plötzlich kommt es über mich, und dann entstehen Bilder, die mich überwältigen, die ich loswerden muss, und schon bin ich wieder mittendrin, ob ich will oder nicht, am Zeichnen oder Malen, am Schreiben oder Überarbeiten, am Diskutieren oder Entwerfen, kann nicht mehr aufhören, weil Gegenbilder dazukommen, Erinnerungen und bestimmte Vorstellungen, die mich packen und in mir die Lust des Arbeitens auslösen und immer weitertreiben« (ebd., 100).

Tagtäglich erlebte Dürrenmatt in den 1970er Jahren das Sinken seines Sterns. Sein experimentelles Schaffen wurde an den erfolgreichen Frühwerken gemessen, weshalb er sich in seinen Gesprächen verärgert gegen Erwartungen von Kritikern wie Marcel Reich-Ranicki wehrte: »Wir sind nicht die Tröster der Welt, nicht ihre Rezepttanten«, so 1977 zu Dieter Bachmann und Peter Rüedi (G 2, 223).

In langen Gesprächen mit Peter André Bloch 1969 (vgl. Bloch 2017, 49–64) und Heinz Ludwig Arnold 1975 (vgl. G 2, 114–176) erzählte Dürrenmatt über seine biografischen Ursprünge und Grundeinsichten – parallel zur Arbeit an den *Stoffen*. Noch einmal wandte er sich in den 1980er Jahren dem Theater zu: »Mit *Achterloo*«, so Dürrenmatt im Gespräch mit Klaus Nüchtern, »habe ich eigentlich das letzte versucht, was ich mit dem Theater wollte: aus einem Zeitstück ein überzeitliches Welttheater zu machen« (G 4, 56). Mit seiner zweiten Gattin Charlotte Kerr entwickelte er nach der halbwegs erfolgreichen Uraufführung die Dramaturgie und eine imaginäre Inszenierung seines letzten Stücks, publiziert als gemeinsames Buch *Rollenspiele* (1986). Bemerkenswert daran ist, dass dieser Band wiederum das Ergebnis eines Gesprächs, einer allmorgendlichen Plauderei darstellt: »Jeden Morgen nach dem Frühstück«, so erinnert sich Kerr, »›pläudern‹ wir ein, zwei Stunden, dann gehe ich auf mein Zimmer, schreibe das Gesprochene mit der Maschine ab, bringe es in eine

Form, so bleibt die Frische der Diktion erhalten. Abends nach dem Essen sitzen wir in der Bibliothek, die Gespräche gehen inzwischen weit über *Achterloo* hinaus, es sind Gespräche über Dramaturgie, Theater, Funktion des Theaters heute, gleichzeitig entsteht *Achterloo III*, Fritz zeichnet die Charaktere, die Bühne, so entsteht unser gemeinsames Buch *Rollenspiele*« (Kerr 1992, 117).

Er entwarf für sich zudem eine polyvalente Bühne, auf der sich durch wenige Kunstgriffe und Beleuchtungseffekte die Gleichzeitigkeit unterschiedlicher Realitätsebenen verdeutlichen lässt. Diese erweisen sich als Labyrinthe, in welchen alle Beteiligten ihre Rolle spielen, die in sich unterschiedlich verstanden werden können, je nach der Tiefe der Dimensionen oder des Assoziationsvermögens des Zuschauers.

Einerseits wird das Gespielte – vor allem nach der Auffassung von Charlotte Kerr – aus der Warte des Zuschauers betrachtet, während Dürrenmatt selbst eher vom dramaturgischen Konzept einer polyvalenten Bühne wie auch vom Versuch der Verschlüsselung und Demaskierung der Machtstrukturen ausgeht, auf der Grundlage des barocken Welttheaters, das er in unzähligen Variationen umspielt und schließlich ad absurdum führt. Er selber spricht von einem »Dreifachgeschichtenstück« (Dürrenmatt/Kerr 1986, 103).

In seinen letzten Lebensmonaten – im Vorfeld seines 70. Geburtstags – führte Dürrenmatt noch einmal viele lange Gespräche über seine letzten Werke, über die ›Fiktion‹ Gott, über Glauben und Wissen, über evolutionäre Erkenntnistheorie, über das Ende des Kalten Krieges und die Perspektiven einer neuen Weltordnung, der er mit Skepsis entgegenblickte. Er bleibt bei seiner Diagnose der Welt als ›Katastrophenwelt‹, die literarisch bearbeitet sein will (s. Kap. 69): »Ein zerstreuter Laborant führt die Explosion eines Atombombenfabrik herbei, ein schläfriger Programmierer fabriziert eine Fehlschaltung in den Pentagon-Computern, einem unachtsamen Gentechniker entwischen seine Virenkulturen – in diese Welt der apokalyptischen Pannen führt unser Weg. Deshalb muß die Literatur fragen, ob die Menschheit nicht in einer evolutionären Krise steckt und auf ihr Ende zugeht« (G 4, 191).

Literatur
Primärtexte
Gespräche 1961–1990 in vier Bänden. Hg. von Heinz Ludwig Arnold. Zürich 1996:
Der Klassiker auf der Bühne. Gespräche 1961–1970 (G 1).
Die Entdeckung des Erzählens. Gespräche 1971–1980 (G 2).
Im Bann der ›Stoffe‹. Gespräche 1981–1987 (G 3).
Dramaturgie des Denkens. Gespräche 1988–1990 (G 4).

Sekundärliteratur

Arnold, Heinz-Ludwig: Vorwort des Herausgebers. In: G 1, 11–19.

Bloch, Peter André: Friedrich Dürrenmatt – Visionen und Experimente. Werkstattgespräche, Bilder, Analysen, Interpretationen. Göttingen 2017.

Dürrenmatt, Friedrich/Kerr, Charlotte: Rollenspiele. Protokoll einer fiktiven Inszenierung und *Achterloo III*. Zürich 1986.

Kerr, Charlotte: Die Frau im roten Mantel. München 1992.

Rüedi, Peter: Dürrenmatt oder Die Ahnung vom Ganzen. Biographie. Zürich 2011.

Weber, Ulrich: Friedrich Dürrenmatt. Eine Biographie. Zürich 2020.

Peter André Bloch

60 Film und Literatur

Schreiben für den Film

Mehr als drei Jahrzehnte lang rieb sich Dürrenmatt an der Textform Drehbuch, in der er sich »gar nicht zuhause« fühlte (Kerr 1984). Obwohl er als Drehbuchautor die Thematik festlegen, Handlung und Figuren konzipieren und die Dialoge gestalten konnte (vgl. Schwab 2006, 96), bezeichnete er Regisseur und Kameramann als »das Wichtigste beim Film« (Kerr 1984). Sie überführen das Drehbuch, das Teil einer »Verbundkunst« (Schwab 2006, 97) ist, in Bilder, Bildsequenzen und Szenen. Ein früher Versuch Dürrenmatts, über ein Drehbuch mit den Möglichkeiten bewegter Bilder zu spielen, misslang (*Das Unternehmen der Wega*, 1958). Seine Drehbücher wurden, wenn überhaupt, nur mit größeren Überarbeitungen erfahrener Drehbuchautoren verfilmt. Und seine Arbeitsweise, einen Stoff als ganzen immer wieder neu zu denken, kollidierte mehrfach mit den Produktionsabläufen von Filmprojekten. Dürrenmatts Schreiben für den Film ist ein jahrzehntelanges sehr produktives Scheitern. In *Midas oder Die schwarze Leinwand* stellt die Autorfigur F. D. fest: »Es ist heller Wahnsinn, sich mit diesem Medium zu beschäftigen.« Auf die Frage, weshalb er es trotzdem tue, antwortet F. D.: »Weil mich die Zumutung reizt« (WA 26, 162).

Essayistisch setzte sich Dürrenmatt nur selten und knapp mit dem Film auseinander, so in *Gibt es einen spezifisch schweizerischen Stoff, der verfilmt werden müßte?* (1957; WA 32, 72 f.), *Untersuchung über den Film ›Das Wunder des Malachias‹* (1960, erstpubliziert 1966; WA 32, 103–108) oder *Ist der Film eine Schule für Schriftsteller?* (1968; WA 32, 125–137). Sein Schreiben *für* den Film (zu den Verfilmungen seiner Arbeiten von anderer Hand s. Kap. 114) lässt sich grob in zwei Phasen einteilen: In den 1950er Jahren bis 1961 bot ihm die Arbeit für Film und Fernsehen die Möglichkeit, Stoffe zu entwerfen und zu ent-

wickeln – und neben der Prosa, dem Hörspiel und den Theaterstücken eine weitere Einkommensquelle zu unterhalten. Die Filmprojekte der 1970er und 1980er Jahre waren dann einerseits eng mit dem Schauspieler und Regisseur Maximilian Schell und mit Dürrenmatts zweiter Ehefrau verbunden, der Schauspielerin und Filmemacherin Charlotte Kerr. Andererseits war sein Schreiben für das Medium Film in dieser zweiten Phase geprägt von der Verarbeitung der *Mitmacher*-Krise, nach der er sich als Autor neu erfand und reflexivere Formen des Schreibens entwickelte.

1953 verfasste Dürrenmatt für den Schauspieler und Regisseur Max Haufler – der in *Der Richter und sein Henker* (1957) und *Es geschah am hellichten Tag* (1958) die Regieassistenz und kleinere Nebenrollen übernehmen sollte – ein Treatment nach dem Roman *Gotthard-Express 41 verschüttet* von Emilio Geiler. Dürrenmatt und Haufler zerstritten sich aber, der Film wurde nie gedreht (vgl. Utz 2019, 152; Rüedi 2011, 464–468). Dürrenmatt hatte den Plot neu konzipiert und vor allem Beziehungen der Zuginsassen untereinander entworfen, die im Roman kaum eine Rolle spielen (vgl. Möbert 2011, 447–449). Dass die erhaltenen Textfassungen dieses Projektes mit Angaben zu Kameraperspektiven, Schnitten, Ton- und Lichteffekten bereits »außerordentlich filmisch gestaltet« sind, ist gemäß Möbert eher auf den erfahrenen Haufler als auf Dürrenmatt zurückzuführen (ebd., 450 u. 452).

Ebenfalls 1953 hatte der Bayerische Rundfunk zu einer Tagung über die Möglichkeiten des Fernsehspiels eingeladen. Dürrenmatt nahm teil und arbeitete 1954/55 für Walter Ohm, Regisseur beim Bayerischen Rundfunk, und die Columbia an einem Stoff mit dem Titel *Ich heiratete eine Kurtisane* (vgl. Weber 2020, 180). Der Film kam aber nicht zustande. Dürrenmatt veröffentlichte den Stoff stattdessen unter dem Titel *Grieche sucht Griechin* 1955 im Arche Verlag. Verfilmt wurde die ›Prosakomödie‹ erst 1966 von Rolf Thiele und ohne Beteiligung Dürrenmatts.

J. B. Metzler © Springer-Verlag GmbH Deutschland, ein Teil von Springer Nature, 2020
U. Weber / A. Mauz / M. Stingelin (Hg.), *Dürrenmatt-Handbuch*, https://doi.org/10.1007/978-3-476-05314-5_60

Der Richter und sein Henker (1957)

Tatsächlich realisiert wurde eine Adaption von Dürrenmatts Kriminalroman *Der Richter und sein Henker* durch den Süddeutschen Rundfunk. Der Film mit Außenaufnahmen in Bern und rund um Twann am Bielersee war die erste abendfüllende Spielfilm-Eigenproduktion des westdeutschen Fernsehens (vgl. ebd., 212 f.) und erhielt eine entsprechend große mediale Aufmerksamkeit.

Das Drehbuch schrieb Dürrenmatt zusammen mit Hans Gottschalk, dem Fernsehspielleiter des SDR, im Juni 1956; mit Franz Peter Wirth, der die Regie übernahm, wurde es noch einmal überarbeitet (vgl. ebd., 213). Wirth erinnerte sich aber, dass eigentlich Gottschalk und er das Drehbuch verfasst hätten. Dürrenmatt hätte keinen richtigen Zugang zur Film-Dramaturgie gehabt; die Verkürzungen, die optische Umsetzung seien ihm nicht vertraut gewesen (vgl. Buchmüller 1995, 2).

Gottschalk und Wirth hatten zwar viel Erfahrung mit den Live-Abläufen von Fernsehspielen, aber keine mit dem Medium Spielfilm. Daher filmten sie alle Szenen als ganze, wie sie es gewohnt waren. Der Cutter Fritz Schwaiger kürzte den Film um eine halbe Stunde (vgl. ebd., 1): »Jetzt waren Spannung, Witz und Tempo da« (Bolliger/Buchmüller, 30).

Der Richter und sein Henker ist ein gradlinig erzählter Krimi ohne Rückblenden. Die für den Stoff wichtige Vorgeschichte etwa wird nicht in Istanbul gedreht, sondern in den Dialogen rekapituliert. So erzählen sich Bärlach (Karl-Georg Saebisch) und Gassman (Robert Meyn), wie Gastmann hier heißt, in einer merkwürdigen Szene gegenseitig ihre gemeinsame Geschichte, die sie beide nur zu gut kennen. Die chronologische Erzählweise auf der Bildebene erweist sich auch in der Anfangsszene als problematisch. Anders als der Roman beginnt diese erste filmische Adaption nicht mit dem Fund der Leiche des Polizeileutnants Schmied, sondern mit dessen Ermordung. Tschanz (Herbert Tiede), den Schmied am Straßenrand erkennen müsste, damit er arglos seinen Wagen anhält, darf für das Publikum nicht identifizierbar sein. Deshalb muss Tschanz in einer eher absurd als glaubwürdig wirkenden Bewegung mit dem rechten Arm winken und ihn dabei vor sein Gesicht halten.

Es geschah am hellichten Tag (1958)

Schon während der Dreharbeiten von *Der Richter und sein Henker* arbeitete Dürrenmatt an seinem nächsten und noch größeren Filmprojekt. Für *Es geschah am hellichten Tag* sollte er nicht ein Hörspiel oder einen Roman zu einem Drehbuch umarbeiten, sondern eigens einen Stoff entwickeln. Bereits 1948 hatte Dürrenmatt Kontakt mit dem Filmproduzenten Lazar Wechsler gehabt (vgl. Rüedi 2011, 852 f.). Eine Zusammenarbeit kam aber erst neun Jahre später zustande. Wechsler gab ihm den Auftrag, für seine Praesens-Film eine ›Novelle‹ über ein ›Sittlichkeitsverbrechen an Kindern‹ zu schreiben (vgl. Möbert 2011, 35). Ende März 1957 verfasste Dürrenmatt ein Exposé, aber erst im Mai konnte er sich intensiver der Filmerzählung widmen. Danach entstanden vier Drehbuchfassungen, in die Änderungsvorschläge Wechslers und möglicherweise anderer Drehbuchautoren der Praesens-Film einflossen (vgl. ebd., 64–127). Die vierte Fassung wurde abschließend von Hans Jacoby, dem persönlichen Drehbuchautor des Hauptdarstellers Heinz Rühmann, noch einmal überarbeitet. Jacoby machte »aus Dürrenmatts von seiner Idee besessenen Kommissär einen fürsorglichen und beschützenden ›Vater‹« (ebd., 231). Der Sympathiebonus Rühmanns lässt die Bedenken zur fragwürdigen Ermittlungsmethode der Figur in den Hintergrund rücken (vgl. Riedlinger 2007, 220 f. u. 225). Der Film wurde »an der Berlinale beklatscht, in der Presse hochgejubelt« (Dumont 1987, 493) und in Barcelona mit dem Premis Sant Jordi de Cinematografia als bester Film ausgezeichnet.

Während das Drehbuch unter Zeitdruck für die Filmproduktion und mit Hilfe erfahrener Drehbuchautoren abgeschlossen werden musste, hatte die Entwicklung des Stoffs für Dürrenmatt längst eine andere Wendung genommen. Aus dieser Weiterentwicklung entstand der Roman *Das Versprechen*, der als *Requiem auf den Kriminalroman* (so der Untertitel) zu einem Klassiker der Kriminalliteratur und seinerseits zur Filmvorlage wurde.

Das Unternehmen der Wega (1958)

Das Anfang 1958 für den Norddeutschen Rundfunk fertiggestellte Drehbuch (vgl. SLA-FD-A-m-98-V) für eine Adaption des Hörspiels *Das Unternehmen der Wega* kann als früher Versuch Dürrenmatts gesehen werden, sich mit dem Fernsehfilm als Bild-Ton-Medium auseinanderzusetzen. Er wollte die Anlage des

Hörspiels mit den eingespielten Tonmitschnitten der Ereignisse auf dem Planeten Venus als Bild im Bild, mit Bildern auf Bildschirmen umsetzen (vgl. Möbert 2011, 443). Doch das Drehbuch wurde vom Abteilungsleiter und Regisseur Heinz Schwitzke zurückgewiesen und ausführlich kritisiert. Welchen Anteil Dürrenmatt am Film hatte, der noch im selben Jahr gesendet wurde, ist unklar.

Die Ehe des Herrn Mississippi (1961)

Nach dem Erfolg von *Es geschah am hellichten Tag* wollte Wechsler die Zusammenarbeit fortsetzen – und Dürrenmatt war zugleich »experimentierfreudig und Geschäftsmann genug« (Weber 2020, 219), um einem solchen Vorhaben zuzustimmen. Ab März 1960 arbeitete er am *Justiz*-Roman, zu dem er Wechsler ein Drehbuch versprochen hatte, kam damit aber nicht zuletzt aufgrund anderweitiger Verpflichtungen (u. a. der Erstaufführung von *Frank der Fünfte* im Oktober) nicht wie geplant voran. Wechsler hatte das Filmpersonal indes bereits unter Vertrag genommen und die Produktionstermine gebucht. Als schließlich eine Inszenierung der *Ehe des Herrn Mississippi* in Paris anstand, für die Dürrenmatt den Dramentext erneut überarbeiten sollte, schlug er Wechsler Ende Oktober vor, statt des *Justiz*-Stoffs diesen Zweiakter in ein Drehbuch umzuarbeiten (das 1961 für sein Teil im Sanssouci Verlag erscheinen sollte). Wechsler ließ sich auf das Wagnis ein. So entstand von Mitte Januar bis Mitte März – unter Dürrenmatts Beteiligung auch an den Dreharbeiten – mit dem für *Justiz* engagierten Starensemble und dem Komödienspezialisten Kurt Hoffmann als Regisseur eine aufwendige, gemeinsam mit der Berliner CCC produzierte Verfilmung (die Kosten beliefen sich auf über zwei Millionen Franken; vgl. Dumont 1987, 533). Sie feierte an der Berlinale Premiere und stieß dort, anders als in der überwiegend begeisterten Schweizer Presse (vgl. SLA-FD-D-10-b-MIS-3), zum Teil auf Kritik; der Vorwurf galt u. a. der »Verballhornung der Demokratie« (Schlappner 1961, 14). Die Einspielergebnisse fielen dennoch ansehnlich, wenn auch nicht kostendeckend aus (vgl. Dumont 1987, 533).

Im Vergleich mit den beiden 1952 und 1957 veröffentlichten Dramenfassungen wartet der Film mit gewichtigen Änderungen auf: Eine kommentierende Erzählstimme gibt das Geschehen chronologisch wieder und ersetzt so die erklärenden »Vor- und Rückblenden« der Dramenfiguren, ihr »Sprechen ins Pu-

blikum« (Benn 1968, 1754). An die Stelle des einen Zimmers, in dem sich die Handlung rund um das »Biedermeier-Kaffeetischchen« als »eigentliche[r] Hauptperson des Stücks« (WA 3, 12) abspielt, treten rasche Schauplatzwechsel: Die Heirat Mississippis mit Anastasia etwa findet angeblich »in Wilderswil« statt, das hier, tief verschneit, an die Bahnstrecke »nach Borneo« zu liegen kommt. Und vor allem wird nun, wie Dürrenmatt selber bemerkte, aus der »mehr vielleicht religiös bestimmten Komödie« »eine politische Farce« (Bienek 1962, 109). Diese Tendenz ist bereits an den verschiedenen Fassungen des Dramentexts abzulesen (vgl. Habermann 1997), der Film treibt sie aber auf die Spitze: Graf Übelohe-Zabernsee, der mit seinem Glauben an Liebe und Wahrheit zumindest in den frühen Fassungen des Stücks noch Züge einer Heilsgestalt trägt (vgl. ebd., 364), wird im Film zu einer kaum relevanten Nebenfigur (Hansjörg Felmy). Als solcher fällt ihm auch die Ehre des letzten Wortes nicht mehr zu. Die Verfilmung schließt mit dem Psychiatriepatienten Mississippi (O. E. Hasse), der nicht den Gifttod der Vorlage stirbt, sondern als Vorführobjekt im Auditorium der Anstalt zum Gaudi der versammelten Studentenschaft die immer gleiche, irrwitzige Forderung erheben darf: »Die Welt muß geändert werden« (WA 3, 205).

Der Richter und sein Henker (1975)

Etwas mehr als zehn Jahre später erhielt Maximilian Schell in Hollywood das Angebot, bei der Adaption von *Der Richter und sein Henker* Regie zu führen. Er schrieb selbst ein Drehbuch und nahm Kontakt auf mit Dürrenmatt, der ihm vorschlug, es zu überarbeiten (vgl. Fischer 2011). Das Drehbuch, das Dürrenmatt »drei Wochen vor Drehbeginn« vorlegte (Schell 2014, 277), erkannte der Regisseur nicht wieder. Dürrenmatt habe den Roman gar nicht mehr gelesen, sondern den Stoff auf der Grundlage des von ihm, Schell, geschriebenen Drehbuchs umgearbeitet. Seit seiner letzten Arbeit für den Film hatte Dürrenmatt – nicht zuletzt rund um den *Mitmacher* – einen neuen dramatischen Stil entwickelt, der auch die neue Drehbuchfassung von *Der Richter und sein Henker* prägte: »Eine Verknappung, Skelettierung der Dialoge zu stichomythischem Wortwechsel, zu einem Schlagabtausch oder Pingpong-Spiel, das sich immer mehr formalisiert: Dialog nicht als verständnisorientiertes Gespräch, sondern als Antagonismus, als strategisches Mittel im Kampf« (Weber 2020, 335). Zudem hatte Dürrenmatt Szenen, die Schell für wichtig hielt, gestrichen, dafür aber neue geschrieben, die nichts mit der Geschichte zu hatten. So sah Schell sich gezwungen, das Drehbuch selbst noch einmal zu überarbeiten (vgl. Schell 2014, 277).

Die Vorgeschichte in Istanbul wird in den Vorspann und an den Anfang des Films gesetzt. Die erhaltenen Drehbücher sehen als erste Szene die Untersuchung bei Arzt Hungertobel vor (vgl. SLA-FD-A-m-107-I und A-r133) bzw. den Fund der Leiche (vgl. SLA-FD-A-m-107-II). Anders als im Roman wird die quasi rechtsphilosophische Wette zwischen Bärlach und Gastmann mit einer Liebesgeschichte aufgeladen (in beiden Drehbuchversionen) bzw. von ihr überdeckt (im Film). Gastmann (Robert Shaw), Bärlach (Martin Ritt) und der Schriftsteller Friedrich (Dürrenmatt) umschwärmen die durch die orientalistische Kulisse tänzelnde Nadine (Rita Calderoni), die im Roman nicht vorkommt. Sie, nicht ein bankrotter Kaufmann, wird zum Opfer der Wette. Und die in der Vorlage marginale Figur von Schmieds Freundin Anna (Jacqueline Bisset), die Gastmann an Nadine erinnert, wird zur attraktiven Manövriermasse zwischen den männlichen Figuren ausgebaut.

Schells Richter und sein Henker ist prominent besetzt, auch in den Nebenrollen. Dürrenmatt gibt in einem selbstironischen Auftritt den Schriftsteller, der nur gegen sich selber Schach spielt; Donald Sutherland hat mit einer slapstickartigen Performance einen Auftritt als Schmieds Leiche. Maximilian Schell ist der Pianist, der den Violinisten Pinchas Zukerman begleitet. Und Gastmanns Leibwächter spielen Eduard (Edy) Hubacher, Olympiasieger 1972 im Viererbob, und Rudolf (Ruedi) Hunsperger, 1966, 1969 und 1974 Eidgenössischer Schwingerkönig, der in der Begräbnisszene also im doppelten Wortsinn als Kranzschwinger auftritt.

Der Auftrag (1986)

Sowohl den Auftrag (Für Charlotte) wie später Midas (Für J. [Joggeli]) – zwei Stoffe, für die das Medium Film zentral ist – widmete Dürrenmatt Charlotte Kerr. Für Kerrs Filmporträt von Melina Mercouri (Keine zufällige Geschichte – Melina Mercouri – Jules Dassin, 1984) arbeitete Dürrenmatt an den Texten mit (vgl. Weber 2020, 511). Bei Kerrs Versuch, Ingeborg Bachmanns Der Fall Franza zu verfilmen, schrieb er u. a. den Anfang: die Szene mit dem Helikopter, an dem der Sarg hängt (vgl. Kerr 1992, 228 f.). Und Dürrenmatt eignete sich Bachmanns Stoff an. Unter dem Eindruck der 24 Präludien und Fugen von Bachs Das

Wohltemperierte Klavier (I) schrieb er den Auftrag als Novelle in vierundzwanzig Sätzen. Zentral ist das Motiv des Filmens – übersteigert in der Figur des Polyphem, des versehrten Filmers, der alle filmt, beobachtet und seinerseits von Satelliten beobachtet wird. Die Medien, insbesondere die Bildmedien, spielen eine entscheidende Rolle in Dürrenmatts Denkmodell der Beobachtung: Eine Realität unabhängig von der Beobachtung gibt es nicht; mit der (medialen) Beobachtung verändert sich die Wirklichkeit (vgl. Kost 2005, 344 f.). Der Auftrag erscheint 1986; einige Monate später, Anfang 1987, schreibt Dürrenmatt eine Filmfassung, die er seinerseits Charlotte Kerr widmet. Und 1989 erstellt er aus dem Auftrag ein Filmtreatment.

Midas (1990)

Schon vor der Ausstrahlung von Der Richter und sein Henker am 7.9.1957 hatten der Süddeutsche Rundfunk und Dürrenmatt eine weitere Zusammenarbeit für drei Fernsehspiele in den folgenden drei Jahren vereinbart (vgl. Weber 2020, 213). Einer dieser – nie umgesetzten – Stoffe war mit großer Wahrscheinlichkeit Coq au vin. Dürrenmatt nahm die Geschichte vom Mann, der aus geschäftlichen Gründen bei einem Unfall sterben muss, 1970 in sein Stoffe-Projekt auf. 1972 stellte er sie aber zurück, löste sie später aus dem Stoffe-Komplex heraus und begann, sie ab 1980 für ein Filmprojekt mit Schell zu bearbeiten (vgl. WA 26, 196). In diesem Projekt zeigte sich erneut, wie problematisch Dürrenmatts Arbeitsweise beim Schreiben eines Drehbuchs war. Kerr erinnert sich, dass er die zehnte Drehbuchversion schrieb, statt nur eine Szene anzupassen, mit der Schell nicht zufrieden war (vgl. Kerr 1992, 10). Dass Dürrenmatt mit Stoffkomplexen und unabhängig von Projekten arbeiten wollte, die auf ein Medium, eine Textsorte beschränkt sind, zeigte sich in den Verhandlungen mit der Produktionsfirma, die für Schell die Rechte am Midas regeln sollte: Dürrenmatt bestand darauf, den Stoff als Novelle, Theaterstück etc. weiter bearbeiten zu können (vgl. SLA-FD-B-4-d-6-MID). Über die insgesamt mindestens vierzehn Fassungen wird aus Midas ein »raffiniertes, medienreflexives Spiel« (Weber 2020, 485). Dürrenmatt entschied sich für eine subjektive Kameraführung aus der Perspektive der Hauptfigur. Die Figur wird zur »Stimme Green« dematerialisiert und direkt an die Imagination des Autors gebunden. Bei Midas wie beim gesamten Spätwerk zeigt sich »[d]ie Befreiung des Werks aus der objektiven, endgültigen Erstarrung, die Rückholung des Objektivierten ins Subjektiv-Imaginäre, in den Denk- und Schreibprozess« (ebd., 485 f.). Dürrenmatt hat mit *Midas* einen »seine Text- und Bildkonstruktion reflektierenden Text« geschaffen, der »den inneren Zusammenhang der Krisen der Identität, der Autonomie des Ichs, des Autors wie die medialen Möglichkeiten und Grenzen der Konstitution von Wirklichkeit respektive ihrer Fiktionen zur Darstellung bringt« (Rusterholz 2017, 127). 1981 – also noch relativ früh im Entstehungsprozess von *Midas* – unterstrich Dürrenmatt, dass es ihm bei diesem Stoff um bildhaftes Denken gehe: »[D]arum schreibe ich heute ganz bewußt an meinem ersten Film, an einem Stoff, den ich von Anfang an als Film konzipiere« (G 3, 12). Das zeigt sich auch in der Form, in der *Midas* – mit dem oxymorischen Titelzusatz *Die schwarze Leinwand* – schließlich erschienen ist: gedruckt als »›Film zum Lesen‹« (WA 26, 196).

Justiz (1993)

Nachdem Dürrenmatt dem Drängen seines Verlegers nachgegeben und den 1960 abgebrochenen *Justiz*-Roman doch noch fertiggestellt hatte, wollten in der zweiten Hälfte der 1980er Jahre mehrere Produktionsfirmen und Regisseure die Filmrechte erwerben. Auch Charlotte Kerr bereitete 1986 einen Film oder einen TV-Dreiteiler nach dem Stoff vor und fragte Ernst Schröder für die Rolle des Kohler und Gloria Fürstin von Thurn und Taxis für die der Daphne an (vgl. SLA-FD-B-4-d-6-Jus). Dürrenmatt selber arbeitete den Roman im Februar 1988 in eine Filmerzählung um, eine »Kurz- oder Sonderfassung des Romans, die die Handlungsstruktur sowie das ›Dialog-Material‹ für einen Film enthält« (Auge 2004, 159). Darin sind Motiv und Ende der Handlung entscheidend modifiziert: Urheberin des Masterplans ist hier Hélène; *sie* spielt *à la bande* – »auf sowas können nur Weiber kommen«, meint Kohler (SLA-FD-A-r140) –, um sich an ihrem ehemaligen, von Daphne abspenstig gemachten Verlobten Benno zu rächen. Ihr Vater nimmt mit dem Mord an Winter in der Dramaturgie dieses Plans nur die Rolle eines Werkzeugs ein und wird von Hélène zuletzt mitsamt der steiermannschen Villa in die Luft gesprengt.

Hans W. Geißendörfer, der den Roman schließlich 1993 mit Maximilian Schell als Kohler verfilmte, hatte 1989/90 Briefkontakt mit Dürrenmatt. Am 17.7.1990 schickte er sein Drehbuch an Dürrenmatt und die beiden vereinbarten ein Treffen. Ein Dokument mit dem Titel *Justiz*, das im Nachlass erhalten ist und das, wenn nicht von Dürrenmatt selbst, dann von jemandem aus seinem Umfeld stammt, zeugt nicht gerade von Begeisterung: »Eigentlich ist nichts gegen das Drehbuch zu sagen und alles. Es ist konventionell gut gebaut, erzählt, teils spannend, eine Geschichte, die zu einem logischen Abschluss kommt. Nur die Menschen dieser Geschichte interessieren mich nicht. So wie die Geschichte ihre zweite und dritte Dimension verloren hat, so auch die Menschen. Sie sind flach« (SLA-FD-B-4-d-6-Jus, Justiz, 1).

Geißendörfer selber berichtete, Dürrenmatt habe das Drehbuch »akzeptiert[...]« und »an den Kürzungen« noch »mitgearbeitet« (Geißendörfer, zit. nach Bolliger/Buchmüller 1996, 299). Das Grundgerüst des Romangeschehens bleibt in der Verfilmung bestehen. Der Protagonist Spät (Thomas Heinze) ist aber nicht mehr der »getriebene« (ebd., 299), unsympathische Säufer des Romans, sondern eine Figur mit mehr Identifikationspotential, primär ein – wie *Der Spiegel* schrieb – »unwiderstehlich harmlos in die Welt schau[ender]« Grünschnabel (N. N. 1993). Zum Beispiel liefert er seinen Klienten aus dem Rotlichtmilieu nicht vorsätzlich ein Alibi. Und er schläft im gesamten Film lediglich mit zwei Frauen, hat demnach nur mit einer einzigen Prostituierten ein Verhältnis. Sein eigentliches Objekt der Begierde, die gemäß Drehbuch »außergewöhnlich attraktive« Hélène (Anna Thalbach), ist ihrerseits schwer in ihn verliebt und klärt das TV-Publikum schon früh über das eigentliche Mord-Motiv auf. Aus der Romangestalt, die ihre Vergewaltigung so problematischer- wie »geschmacklose[rweise]« (Knapp 1993, 149) genossen haben soll und danach »mit allen« (WA 25, 224) ins Bett steigt, auch mit ihren Vergewaltigern, macht die Sympathieregie des Films eine »ernsthafte Rührfigur« (*Der Spiegel* 41, 1993, 287). Eine größere Distanz zu dem, was Dürrenmatt in seinen späten Filmstoffen *Midas* und *Der Auftrag* interessierte, ist kaum denkbar.

Literatur

Auge, Bernhard: Friedrich Dürrenmatts Roman *Justiz*. Entstehungsgeschichte, Problemanalyse, Einordnung ins Gesamtwerk. Münster 2004.

Benn, Gottfried: *Die Ehe des Herrn Mississippi*. In: Ders.: Gesammelte Werke in acht Bänden, Bd. 7: Vermischte Schriften. Wiesbaden 1968, 1754–1756.

Bienek, Horst: Werkstattgespräche mit Schriftstellern. München 1962.

Bolliger, Luis/Buchmüller, Ernst: Play Dürrenmatt. Ein Lese- und Bilderbuch. Zürich 1996.

Buchmüller, Ernst: Schriftliches Exzerpt des Videointerviews mit Franz Peter Wirth am 12.11.1995. Schweizerisches Literaturarchiv, Play Dürrenmatt, 3sat Buch 1. Schweizerisches Literaturarchiv, Sig. SLA-FD-E-71.

Buchmüller, Ernst: *Der Richter und sein Henker*. In: Ders., Luis Bolliger: Play Dürrenmatt. Ein Lese- und Bilderbuch. Zürich 1996, 27–34.

Dumont, Hervé: Geschichte des Schweizer Films. Spielfilme 1896–1965. Lausanne 1987.

Fischer, Robert: Schach mit Dürrenmatt. Maximilian Schell über *Der Richter und sein Henker*. D 2011.

Habermann, Britta: Friedrich Dürrenmatt: *Die Ehe des Herrn Mississippi*. Von der Komödie zur Posse – Ein Vergleich der Fassungen und ihrer Konfiguration. In: Karl Konrad Polheim (Hg.): Die dramatische Konfiguration. Paderborn 1997, 349–377.

Kerr, Charlotte: Die Frau im roten Mantel. München 1992.

Kerr, Charlotte: Portrait eines Planeten. Friedrich Dürrenmatt. D 1984.

Knapp, Gerhard P.: Friedrich Dürrenmatt [1980]. Stuttgart, Weimar 1993.

Kost, Jürgen: Mediale Inszenierung als Paradigma der entfremdeten Moderne: Friedrich Dürrenmatts *Der Auftrag oder Vom Beobachten des Beobachters der Beobachter*. In: Heinz-Peter Preußler (Hg.): Krieg in den Medien. Amsterdam 2005, 329–350.

Möbert, Oliver: Intertextualität und Variation im Werk Friedrich Dürrenmatts. Frankfurt a. M. 2011.

N. N.: Ein Mord à la carte. In: Der Spiegel 41 (1993), 286 f.

Riedlinger, Stefan: Tradition und Verfremdung. Dürrenmatt und der klassische Detektivroman. Marburg 2007.

Rüedi, Peter: Dürrenmatt oder Die Ahnung vom Ganzen. Biographie. Zürich 2011.

Rusterholz, Peter: Die Krise der Darstellung als Darstellung der Krise: *Midas – Der Film zum Lesen*. In: Ders.: Chaos und Renaissance im Durcheinandertal Dürrenmatts. Hg. von Henriette Herwig und Robin-M. Aust. Baden Baden 2017, 115–129.

Schell, Maximilian: Ich fliege über dunkle Täler oder Etwas fehlt immer. Erinnerungen. Hamburg 2014.

Schlappner, Martin: Dürrenmatt auf der Leinwand. Zur Aufführung der *Ehe des Herrn Mississippi* im Zürcher Kino Capitol. In: Neue Zürcher Zeitung, 25.8.1961, 14.

Schwab, Ulrike: Erzähltext und Spielfilm. Zur Ästhetik und Analyse der Filmadaption. Berlin 2006.

Utz, Peter: Der steckengebliebene Gotthardexpress. Ein unbekanntes frühes Filmtreatment von Friedrich Dürrenmatt. In: Ewa Wojno-Owczarska (Hg.): Literarische Katastrophendiskurse im 20. und 21. Jahrhundert. Frankfurt a. M. 2019, 149–166.

Weber, Ulrich: Friedrich Dürrenmatt. Eine Biographie. Zürich 2020.

Ulrich Boss / Elio Pellin

III Bildnerisches Werk

61 Bildnerisches Werk

Einleitung

Friedrich Dürrenmatt gehört zu den sogenannten Doppelbegabungen, auch wenn ihm als bildender Künstler nicht die gleiche Wertschätzung wie als Schriftsteller zuteilwird. Dennoch speisen die gleichen »Stoffe«, wie Dürrenmatt seine »vorsprachliche[n] Visionen« (Rusterholz 2017, 189) bezeichnet, sowohl sein literarisches als auch sein bildnerisches Werk. Insofern wäre es ein Fehl- bzw. Kurzschluss, sein Bildwerk als Nebenprodukt oder reine Illustration seiner Schriften zu verstehen. Beide Kunstformen können dem gleichen Stoff entspringen, sich jedoch sehr selbständig in verschiedene Richtungen entwickeln.

Für Dürrenmatt sind das bildnerische Schaffen und das Schreiben komplementär: »Es gibt gewisse Dinge, die kann ich nur zeichnen, und es gibt gewisse Dinge, die kann ich nur schreiben. Aber man zeichnet und schreibt aus dem gleichen Hintergrund. Und der Hintergrund ist das Denken, ist das Denken über die Welt« (G 2, 258). Dem bildnerischen und dem literarischen Werk gemeinsam ist der Hang zum Grotesken, zur humorvollen, manchmal auch makabren Deformierung, zur Karikatur bzw. Parodie.

Der im Kontext des Bildwerks am häufigsten zitierte Text, den Dürrenmatt 1978 für die Begleitpublikation seiner Ausstellung in der Galerie Daniel Keel in Zürich verfasst hat, ist die *Persönliche Anmerkung zu meinen Bildern und Zeichnungen* (WA 32, 201–216). Es handelt sich um eine wichtige autobiografische Quelle, deren Gebrauch jedoch einen gewissen kritischen Abstand verlangt, um zu vermeiden, Dürrenmatt immer wieder durch Dürrenmatt zu erklären.

Bisher wurden nur Teilaspekte von Dürrenmatts Bildwerk untersucht. Eine Überblicksdarstellung steht bis heute aus. Dank des ständig aktualisierten Online-Katalogs seines Bildwerks (s. Bibliografie) ist zumindest die Forschungsgrundlage für eine Studie über das Gesamtwerk geschaffen. Ziel dieses Beitrags ist es, die wesentlichen Aspekte seines Bildwerks aufzuzeigen, seien es die von ihm bevorzugten Bildthemen, deren Quellen, Bezüge zu seinem eigenen Leben und zum Zeitkontext, die Beziehungen zwischen Text und Bild, stilistische Eigenarten, praktizierte Techniken und ver-

wendete Materialien, seine Ausbildung, Arbeitsweise, seine kunsttheoretischen Reflexionen, die Sammlungen seiner Werke und auch die Frage, ob sich Dürrenmatt selbst überhaupt als Maler verstand.

Ausbildung

Friedrich Dürrenmatt zeichnet und malt seit seiner Kindheit bis zu seinem Tode. Im »Atelier des Dorfmalers« in Konolfingen will er die Deckfarbenmalerei entdeckt und durch einen Gymnasiallehrer in Bern das Zeichnen mit der Feder erlernt haben (WA 28, 38 u. 50). Dem Privatunterricht des Malers Walter Jonas folgt er 1942/43 in Zürich nur als Zuschauer (vgl. WA 28, 276–278). Im gleichen Zeitraum lernt er seine erste Liebe Christiane Zufferey kennen, die an der Zürcher Kunstgewerbeschule Malerei studiert. Dürrenmatt selbst besucht nie eine Kunstschule und schafft sein umfangreiches bildnerisches Werk als Autodidakt.

Selbstverständnis als bildender Künstler

Obwohl Dürrenmatt auf eine langjährige Erfahrung als Maler und Zeichner zurückblicken kann, distanziert er sich 1978 ausdrücklich vom Status eines bildenden Künstlers: »Immer wieder: ich bin kein Maler« und: »Ich bin ein zeichnerischer Dilettant« (WA 32, 215 f.). Diese Behauptung begründet er mit einer mangelhaften technischen Beherrschung der Malerei, in der er sich auf die Stufe eines Kindes stellt. Malen und Zeichnen versteht er als eine Form, Gedanken zu visualisieren, die er nicht in Sprache auszudrücken vermag (vgl. WA 32, 215 f.; G 2, 121 f. u. 250 u. 257). Doch erscheint sein *Selbstporträt* von 1982 (Abb. 61.1) in offenem Widerspruch zu dieser autobiografischen Selbsteinschätzung. Dürrenmatt stellt sich darin vor einer Staffelei mit Leinwand und Malutensilien dar. Sein dem Betrachter zugewandter Blick scheint diesen aufzufordern, der Geste seiner rechten Hand zu folgen, die mit einem weißen Stofftuch über die Bildoberfläche wischt. Abgesehen vom offenen Hemd, das einen schonungslosen Blick auf Dürrenmatts Leibesfülle bietet, folgt er in diesem Gemälde der Tradition des Künstlerselbstbildnisses. Die ostentative Darstellung als Maler bei der Arbeit

J. B. Metzler © Springer-Verlag GmbH Deutschland, ein Teil von Springer Nature, 2020
U. Weber / A. Mauz / M. Stingelin (Hg.), *Dürrenmatt-Handbuch*, https://doi.org/10.1007/978-3-476-05314-5_61

zeigt, wie zweideutig sein Selbstverständnis als bildender Künstler ist. In den vier Jahren vor der Entstehung dieses Selbstbildnisses hat Dürrenmatt immerhin einer öffentlichen Ausstellung seiner Zeichnungen und Gemälde in Zürich und in Bern zugestimmt.

Bildthemen

Seine Bildthemen entlehnt Dürrenmatt in erster Linie der Bibel, der griechischen Mythologie, der Geschichte und der Literatur. Auch Schweizer Nationalmythen,

die er gerne karikiert, spielen in seinem Werk eine wichtige Rolle. Viele biblische und mythologische Szenen durchkreisen Himmelskörper, wie er sie »von seinen Beobachtungen mit dem Teleskop oder von Astro-Fotografien kannte« (Fischer 2017, 79). Aber auch andere Bildmotive zeugen von seiner Auseinandersetzung mit den Naturwissenschaften wie der Astronomie, Kosmologie, Astrophysik, Evolutionstheorie, Hirnforschung usw. (vgl. Käser 2017, 17). Einen wichtigen Stellenwert in seinem Bildwerk nimmt zudem das Porträt ein, wobei er sich neben Bildnissen von Familienmitgliedern und Freunden bevorzugt selbst darstellt. Zeit-

Abb. 61.1 Friedrich Dürrenmatt, *Selbstporträt*, 1982.

Abb. 61.2 Friedrich Dürrenmatt, *Schweizerknabe, Schweizerknabe*, vor 1940.

lebens zeichnet er Karikaturen, die er 1952 als »eine der Waffen des menschlichen Geistes« und als »eine der Möglichkeiten der Kritik am Menschen« bezeichnet (WA 32, 151). Als Religionskritiker karikiert er bevorzugt Päpste, aber auch Engel, von denen einige durch Hauben als Nonnen, andere durch Pastorenhut, Beffchen oder Bibel als Pfarrer gekennzeichnet sind. Dürrenmatt illustriert auch seine eigenen Werke (vor allem die Dramen), wovon die Tuschezeichnungen zu *Es steht geschrieben* (1947) das früheste Zeugnis ablegen. Ein Leitmotiv, sowohl im literarischen als auch im bildnerischen Werk, bilden zeitlebens Endsituationen, sei es der durch die biblische Apokalypse oder eine Supernova verursachte Weltuntergang, die von Menschenhand produzierte kollektive Katastrophe oder auf individueller Ebene der Tod eines Menschen. In einigen Fällen kann ein Motiv erstaunliche Metamorphosen durchmachen, so z. B. wenn der Felsbrocken des Sisyphos plötzlich zu einer gewaltigen Atombombe mutiert, die, von einer großen Menge von Menschen auf den Gipfel geschoben, im nächsten Augenblick schon diese überrollen und die Stadt am Fuße des Berges auslöschen wird (vgl. SLA-FD-A-Bi-1-275).

Zeitkontext

Dürrenmatt reagiert in seinem Bildwerk auf aktuelle politische und gesellschaftliche Themen. So stellt er während des Zweiten Weltkriegs in einer Karikatur mit der Aufschrift »Schweizerknabe, Schweizerknabe« (Abb. 61.2) ein durch das Kreuz auf seiner Kappe als Schweizer gekennzeichnetes winziges Männchen von drei Paar riesigen Beinen umzingelt dar. Diese symbolisieren die sich bekriegenden und die Schweiz be-

drängenden Nachbarländer: Die braunen Stiefel stehen für die deutsche Naziherrschaft, die schwarzen für das faschistische Italien und die eleganteren schwarzen Halbschuhe für Frankreich. Die Aufschrift könnte auf das patriotische Schweizer Lied anspielen: »Ich bin ein Schweizerknabe, ich leide keine Schmach, am Hochgefühl der Schweizer schon manche Lanze brach.«

Auf die 1963 in Zermatt ausgebrochene Typhusepidemie, die drei Todesopfer forderte und die Hospitalisierung von über 450 Personen zur Folge hatte, reagiert der Künstler mit einer Serie von fingierten Plakatentwürfen, die er für seine drei Kinder zeichnet. In den noch im gleichen Jahr im Diogenes Verlag unter dem Titel *Die Heimat im Plakat* erschienenen satirischen Zeichnungen und deren Kommentaren parodiert Dürrenmatt typische Werbesprüche der Tourismusbranche (Dürrenmatt 1963).

In der Zeit des Kalten Krieges führte ihn sein Anspruch, in Bild und Text Gleichnisse zu ersinnen, »die im Zeitalter der Wissenschaft noch möglich sind« (WA 32, 215), in das Gebiet der »apokalyptische[n] Kunst« (WA 9, 154). Ihr Ziel ist es, dem Betrachter das Potential der Selbstzerstörung durch technische Errungenschaften warnend vor Augen zu führen. In Karikaturen wie *Zorniger Schweizer Atombombe werfend I* (SLA-FD-A-Bi-1-393) kritisiert er in den frühen 1960er Jahren das Schweizer Kernwaffenprogramm. Aber auch biblische Themen, wie der Turmbau zu Babel, können sich auf aktuelle Probleme beziehen. Die kühnste seiner Konstruktionen ist der *Turmbau III* von 1968 (Abb. 61.3), den Dürrenmatt im Untertitel als *Der amerikanische Turmbau* bezeichnet. Mit abschussbereiter Rakete und Parabolantennen ist er mit allen Raffinessen einer hochtechnisierten Supermacht ausgestattet (vgl. Bonnefoit 2014, 182 f.). Die alttestamentliche Erzählung vom Turmbau zu Babel (vgl. 1. Mose 11,1–9) diente ihm als Allegorie des Weltuntergangs, der für ihn von einer »immerwährenden Aktualität« ist: »So zeigen denn alle meine ›Turmbau‹-Bilder die Unsinnigkeit des Unternehmens auf, einen Turm zu bauen, der bis in den Himmel reicht, und damit die Absurdität menschlichen Unterfangens schlechthin. Der Turm zu Babel ist das Sinnbild der menschlichen Hybris. Er bricht zusammen, und mit ihm stürzt die Menschenwelt zusammen« (WA 32, 206 f.). Die scheinbar wahllose Kombination unterschiedlichster technischer Teile auf fragilen Gerüsten erinnert an die fantasievollen Konstruktionen von Jean Tinguely, dessen Werke Dürrenmatt 1975 als »sinnlose Maschinen« beschreibt, die »als Protest gegen eine sinnlose Maschinenwelt« konstruiert seien (WA 32, 197).

Abb. 61.3 Friedrich Dürrenmatt, *Turmbau III: Der amerikanische Turmbau*, 1968.

Auch ein der griechischen Mythologie entlehntes Motiv wie der das Himmelsgewölbe auf den Schultern tragende Atlas kann zu einem Sinnbild des Weltuntergangs werden. In mehreren Zeichnungen erscheint Atlas am Ende seiner Kräfte. Die durch Krieg, Nuklearwaffen und Umweltzerstörung verunstaltete Welt wiegt zu schwer, als dass der Titan sie noch zu tragen vermag. Die Federzeichnung *Der versagende Atlas* von 1958 (SLA-FD-A-Bi-1-745) bezeichnet Dürrenmatt als »Weltuntergangsbild« (WA 32, 208). Obwohl die Menschen auf der Erde mit Parolen wie »Atlas darf nicht versagen« (208 f.) protestieren, hat der erschöpfte Titan die Welt bereits aufgegeben, wodurch der gesamte Kosmos aus den Fugen gerät.

Autobiografische Bezüge

Dürrenmatt stellt sich gelegentlich in der Gestalt mythologischer Figuren dar, mit deren Schicksal er sich identifizieren kann. Seine in mindestens zwölf Fassungen vorliegende Midas-Geschichte bezeichnet er als »ein Gleichnis vom Menschen, der an seiner Macht und an seinem Reichtum zugrunde geht« (Kerr 2010, 357). Als zeitgenössisches Äquivalent zu König Midas ersinnt er den skrupellosen und habgierigen Großindustriellen namens Green. Allerdings tritt in der Geschichte ein weiteres Individuum auf, das Green die Rolle des Midas streitig macht: der Autor F. D. Die Verschmelzung bzw. Verwandlung der Protagonisten zur Gestalt des Midas-Green-F. D. visualisiert eine Serie von fünf Filzstiftzeichnungen (SLA-FD-A-Bi-1-534 bis 538), bei denen es sich um Selbstporträts handelt. Einem von diesen sind, wie in der Erzählung des Mythos in den *Metamorphosen* des Ovid, Eselsohren gewachsen (vgl. Minder 2018, 44). Ulrich Weber vergleicht Midas' Fluch, alles in Gold zu verwandeln, was er berührt, mit Dürrenmatts künstlerischer Gabe: »[A]lle Menschen, denen er begegnet, verwandeln sich unter seiner Hand in künstlerischen ›Stoff‹, in Literatur und Bilder, und mitten in dieser zu Kunst erstarrten Welt steht der einsame Autor, der einem Menschen nicht begegnen kann, ohne ihn in ein Motiv zu verwandeln« (Weber 2008, 5).

Bevorzugt identifiziert sich Dürrenmatt mit dem Minotaurus: »Also ich fand das Labyrinth immer als ein Gleichnis von der Welt, in der ich selber drin war. [...] [I]ch war dann [...] sozusagen selber der Minotaurus, oder einer der ins Labyrinth gerät« (Kerr 2007, DVD 1, 00:28:23–00:28:50).

Da Dürrenmatt als Schriftsteller immer wieder zur Zielscheibe von Literatur- und Theaterkritikern wurde, illustrierte er besonders in den 1960er Jahren satirisch den Kampf zwischen diesen und den Künstlern. In einer Tuschezeichnung von 1963 liefern sich die beiden zu Kopffüßlern reduzierten Figurengruppen eine wilde Schlacht (Abb. 61.4), deren Kampfordnung dem bekannten Fresko in der Schlachtkapelle in Sempach entspricht. Auf der linken Seite, wo die Eidgenossen kämpfen, erscheinen in Dürrenmatts Zeichnung nicht zufällig die Künstler, die durch ihre langen, struppigen Haare als Bohemiens charakterisiert sind und schwere Bücher auf die Feinde schleudern. Die Kritiker werden durch ihre geschniegelte Frisur dagegen als gesellschaftlich arriviert gekennzeichnet. Sie nähern sich natürlich von der Seite des habsburgischen Feindes und werfen ihre Tintenfedern gleich Lanzen auf die Künstler. Einer der Künstler opfert sich wie Arnold Winkelried, indem er gleich ein ganzes Bündel von Tintenfedern packt, sich auf diesen aufspießt, um durch seinen Heldentod seinen Genos-

Abb. 61.4 Friedrich Dürrenmatt, *Schlacht zwischen Künstlern und Kritikern*, 1963.

sen zur Linken die Bresche in die feindlichen Reihen zu öffnen.

Nach dem Verriss seines Romans *Durcheinandertal* durch das Literarische Quartett am 12.10.1989 zeichnet sich Dürrenmatt in Form seines Alter Ego, dem Nashorn, das einen über dem Feuer brodelnden Suppentopf umrührt, aus dem die Köpfe von Marcel Reich-Ranicki, Hellmuth Karasek und Klara Obermüller herausschauen (vgl. Kerr 2001, 173). Die Bildgeschichten vom Nashorn und der Tigerin entwarf er ab 1984 für seine zweite Frau, Charlotte Kerr, wobei es sich bei den beiden Tieren um zwei autobiografische Gestalten handelt, die für Dürrenmatt und Kerr stehen. Ihnen fügt der Künstler noch drei imaginäre Kinder namens Vinzenz, Vinzenza und Pallepittli hinzu (vgl. Kerr 2001). Die Zeichnungen kommentieren auf humorvolle Weise tägliche Lebenssituationen und sind somit auch ein Bild-Tagebuch.

Bereits drei Jahrzehnte zuvor malt Dürrenmatt in Gegenwart seiner drei Kinder Peter, Barbara und Ruth die *Bildergeschichte für die Kinder* (SLA-FD-A-Bi-1-24, publ. 2013), die eine abenteuerliche Reise um die Welt darstellt. Auf einem Flugzeug stehen die beiden Namen Peter und Barbara, während auf einem Heiß-

luftballon »Ruthli« zu lesen ist. Die Reise führt die Kinder ins Universum und sogar auf den Grund des Meeres in das Schloss des Neptun, bei dem es sich laut Ruth um ein Selbstporträt Dürrenmatts in mythologischer Gestalt handelt (Dürrenmatt 2013). Die Szene des *Festessens bei Neptun* (SLA-FD-A-Bi-1-24-12) mit dem beleibten Meeresgott als Alter Ego Dürrenmatts, dessen Frau und den drei Kindern wirkt wie ein harmonisches Familienporträt.

Motivquellen

Dürrenmatt eignet sich in seinen Bildwerken Motive und bildnerische Mittel an von Hieronymus Bosch, Albrecht Dürer, Matthias Grünewald, Michelangelo, Rembrandt, Giovanni Battista Piranesi, Goya, Daumier, Picasso, Klee, George Grosz, Otto Dix (vgl. Gasser 1978, o. S.; Magnaguagno 1994, 181; Rusterholz 2017, 210; Bloch 2017, 225), aber auch von zeitgenössischen Karikaturisten wie Saul Steinberg und Paul Flora. Wie eigenständig er jedoch die Anregungen umsetzen kann, soll ein Vergleich seiner Federzeichnung *Beim Bau eines Riesen* mit dem Gemälde *Grenzen des Verstandes* (1927) von Paul Klee (Abb. 61.5 u. 61.6) exemplarisch zeigen, das ihm als Vorbild vorgeschwebt haben muss. In Publikationen über Klee finden sich ab 1929 Abbildungen dieses Werks. Klee entwirft in der unteren Bildhälfte aus Linienbündeln einen riesigen Kopf, dessen Gehirn eine Leiter entspringt, die die Basis eines Gerüsts bildet, das sich bis zu einem roten Planeten aufschwingt. Die Augen bestehen aus kegelförmigen Lichtbündeln, die von der Nasenwurzel des Gesichts ausstrahlen. Am unteren Bildrand findet sich ein weiterer Strahlenkegel. Dürrenmatt verwandelt Klees abstrakte Komposition in ein figuratives und narratives Bild, das Wissenschaftler beim Bau eines monströsen Kopfes zeigt. Von Klee übernimmt er die Idee eines aus dem Gehirn in den Himmel aufsteigenden Gerüsts, des über dem Schädel schwebenden Planeten und der kegelförmigen Lichtstrahlen, die den Augen entströmen. Dürrenmatt liebt an Klee »das Spielerische«, auch wenn er Bosch und Rembrandt für sein Bildwerk als »wichtiger« betrachtet (Bloch 2017, 186). Es sind vor allem die Hell-Dunkel-Effekte seiner Tuschezeichnungen und die Federschraffuren, wie sie in der *Kreuzigung III* von 1976 vorliegen, die an Rembrandts Grafik erinnern (Abb. 61.7). In der mit Grabstichel überarbeiteten Kaltnadelradierung *Die drei Kreuze* von Rembrandt fallen die Lichtstrahlen wie bei Dürrenmatt

Abb. 61.5 Friedrich Dürrenmatt, *Beim Bau eines Riesen*, 1952.

von oben auf Christus herab und breiten sich fächerförmig zu beiden Seiten des Kreuzes aus (Abb. 61.8). Damit der Körper des Gekreuzigten sich vom Hintergrund abhebt, ist er in beiden Werken von schwarzen Schraffuren umgeben.

Ulrich Weber weist auf Analogien hin zwischen Michelangelos *Jüngstem Gericht* in der Sixtinischen Kapelle und Dürrenmatts Gemälde *Die Katastrophe* (SLA-FD-A-Bi-1-335) von 1966, »nur dass an Stelle des Weltenrichters der Zusammenprall der beiden Sonnen steht [...], und keine Erwählten erkennbar sind, nur ein grosser Absturz der Menschheit« (Weber 2003, 29); Pierre Bühler vergleicht die konzentrischen Kreise in Dürrenmatts Gouache *Die letzten Menschen* (SLA-FD-A-Bi-1-138) von 1988 mit der tunnelförmigen Verbindung zum Himmel im Gemälde *Aufstieg zum himmlischen Paradies* von Hieronymus Bosch. Dabei weist Bühler auf die Umkehrung der Symbolik durch Dürrenmatt hin: Die ›letzten Menschen‹ schweben nicht durch den Tunnel ins Paradies, sondern scheinen aus diesem zurückzukehren, »um in eine Welt einzutreten, die nicht jene des Paradieses ist«

(Bühler 2003, 64–66, 66). Sowohl Boschs *Aufstieg* als auch die Sixtinische Kapelle hat Dürrenmatt im Herbst 1966 während einer Italienreise sehen können. Im gedeckten Tisch im Ölgemälde *Die letzte Generalversammlung der Eidgenössischen Bankanstalt* (SLA-FD-A-Bi-1-206; s. Abb. 77.1) des gleichen Jahres sieht Weber eine Anspielung auf die »Darstellung des Abendmahls, etwa das berühmte Bild von Leonardo da Vinci, von dem Dürrenmatt bereits als Kind eine Kopie gezeichnet hat« (Weber 2008, 3). Auch das Adjektiv ›letzte‹ im Titel des Werks, das einen kollektiven Selbstmord von Aktionären und Verwaltungsräten einer Bank darstellt, verweist auf *Das letzte Abendmahl* (vgl. ebd.).

Dürrenmatt scheint in den genannten Beispielen daran zu liegen, dass die Quelle erkannt wird und sein Bild damit als eigenständige Interpretation oder Gegenentwurf wahrgenommen wird. Einerseits erfolgen diese impliziten Verweise durch Analogien in Komposition, Farbgebung und Strichführung (z. B. zwischen Edvard Munchs *Der Schrei* und Dürrenmatts Bild *Der singende Kopf des Orpheus treibt den Styx hinunter*), andererseits durch Kontexthinweise – z. B., wenn er in *Labyrinth* (*Stoffe*, Bd. 1) die Be-

Abb. 61.6 Paul Klee, *Grenzen des Verstandes*, 1927.

Abb. 61.7 Rembrandt, *Die drei Kreuze*, 4. Zustand, um 1661.

Abb. 61.8 Friedrich Dürrenmatt, *Kreuzigung III*, 1976.

schreibung des Gemäldes *Katastrophe* unmittelbar nach dem Bericht über seine kindliche Faszination durch Michelangelos *Jüngstes Gericht* folgen lässt (vgl. WA 28, 33 f.). Das Karikaturistische in der Typisierung der Machthaber und Kriegstreiber, die er als Student zwischen 1942 und 1946 auf die Wände der Mansarde in seinem Elternhaus in der Berner Laubeggstrasse malt (SLA-FD-A-Bi-2-PS-233), erinnert an frühe Gemälde von George Grosz (vgl. Bonnefoit 2014, 168). Rudolf Käser hat die Bedeutung des Physikers und Astronomen Fritz Zwicky und dessen »Weltbild eines gewalttätigen Weltraums« für Dürrenmatts bildnerisches Werk erläutert (Käser 2015, 80).

In Dürrenmatts Bibliothek haben sich viele Bücher über die erwähnten Künstler erhalten, die ihm in einzelnen Fällen als Inspirationsquelle gedient haben könnten. In Maurice Raynals *Histoire de la peinture moderne. De Picasso au Surréalisme* (1950, 141) findet sich Picassos bekanntes Bildnis der *Weinenden Frau* von 1937. Ihre mit ovalem Strich umrandeten Augen, die ihr Gesicht fragmentierende schwarze Zickzacklinie und die auffallend sichtbaren Zähne übernahm Dürrenmatt in einer Papstkarikatur, die er nicht nur mit seinem Monogramm, sondern auch ironisch mit dem Namen »Picasso« signiert (Abb. 61.9 u. 61.10).

Abb. 61.9 Picasso, *Weinende Frau*, 1937.

Stil

Dürrenmatts Mal- und Zeichenstil lässt sich durch
keinen kunsthistorischen ›Ismus‹ auf den Punkt bringen. Der Künstler selbst beurteilte sein Werk rückblickend als dem deutschen Expressionismus ähnlich
(vgl. G 3, 97). Fest steht, dass er zeitlebens ein gegen-
ständlicher Maler und Zeichner war. Gegenständlich-
keit bedeutet bei Dürrenmatt jedoch kein realistisches
Abzeichnen eines Gegenstandes oder eines Menschen. Wie er 1975 in einem Gespräch mit Heinz Ludwig Arnold erklärte, habe es ihn nie interessiert, »Äp-
fel zu zeichnen« (G 2, 121 f.). Das Gleiche gilt auch für
seine Landschaften. Während Reisen durch Griechenland und Lateinamerika Anfang der 1980er Jahre skizzierte er mit schwarzem Filzstift Gebirgs- und Ge-
steinsformationen, in denen sich groteske Fratzen,
Minotauri und allerlei fantastische Gestalten verber-
gen (vgl. Fondation Bodmer 2005, 164–175). Seine
Porträts sind eher als psychologische, teils humorvoll
überzeichnete Charakterstudien zu bezeichnen, was
auch für das Werk seines engsten Malerfreunds Varlin
gilt. In einem Essay, den Dürrenmatt 1969 über ihn
schreibt, liest man: »Malen als Porträtieren ist ein Erleben, nicht ein Fotografieren, mehr einem Erinnern
vergleichbar als einem Abbilden« (WA 32, 178). Ein
Jahrzehnt später gestand er: »Eines ist sicher: Meine
Porträts sind von Varlin beeinflusst, den ich außerordentlich schätze« (Bloch 2017, 186).

Abb. 61.10 Friedrich Dürrenmatt, *Papst III*.

Viele Federzeichnungen setzen sich aus unzähligen
feinen Schraffuren zusammen, die nur noch an wenigen Stellen das Weiß des Papiers durchscheinen lassen. Indem Dürrenmatt Striche zu Strömen vereint,
die in die gleiche Richtung zu fließen oder spiralförmig um einen Punkt zu kreisen scheinen, entsteht der
Eindruck von Bewegung. Planeten wirbeln auf diese
Weise bedrohlich und mit großer Geschwindigkeit
durch das Weltall.

Während diese Federzeichnungen bis ins letzte Detail akribisch ausgearbeitet sind, bezeugen Dürrenmatts Karikaturen, die die größte Themengruppe innerhalb seines grafischen Werks bilden, ein hohes
Maß an Spontanität und Freiheit. Sein zeichnerisches
Talent manifestiert sich hier in seiner Fähigkeit, eine
Botschaft in kürzester Zeit und mit wenigen Linien
knapp aber präzise zu visualisieren. Auch in seinen
Gemälden geht Dürrenmatt wie ein Zeichner vor, indem er Figuren oder Gegenstände mit dem Pinsel um-
reißt. Die Überzeichnung und Typisierung der Figuren mit ihren oft grotesken Fratzen beschränkt sich
nicht auf das Gebiet der Karikatur, sondern kennzeichnet Dürrenmatts Werk von seinen Anfängen bis

zum Lebensende. »Deutlich ist eine Vorliebe für über-zeichnete und expressive Körperformen, dramatische Gesten und groteske Physiognomien« (Schmitz-Emans 2014, 276).

Kunsttheoretische Reflexionen

Angesichts des Siegeszuges der lyrischen, expressio-nistischen und geometrischen Abstraktion ab den 1950er Jahren verteidigt Dürrenmatt in seinem Var-lin-Essay von 1969 dessen konsequentes Festhalten an der gegenständlichen Kunst, insbesondere an der Figur des Menschen (vgl. WA 32, 174–182). Eine Ma-lerei, die dem gegenwärtigen »wissenschaftlichen Zeitalter« (179) entspreche, könne nur gegenständ-lich sein. Als Antonym von »abstrakt« verwendet Dürrenmatt in besagtem Essay den Begriff »konkret«, der jedoch das Gegenteil der von Theo van Doesburg im *Manifeste de l'art concret* (1930) oder später von Max Bill in seinem Aufsatz *Die mathematische Denk-weise in der Kunst unserer Zeit* (1948) definierten Kunstform meint. Die Welt ist für Dürrenmatt nur »im Konkreten enthalten, im Abstrakten als Erschei-nung eliminiert [...]. Das Konkrete des Menschen ist seine Individualität, seine Einmaligkeit« (178). In sei-ner *Dramaturgie der Vorstellungskraft* bezweifelt er die von Max Bill im genannten Aufsatz vertretene These, dass die »Kunst zu einem Zweig der Philoso-phie geworden« sei, die sich »im Einklang mit der Methode des mathematischen Denkens« befinden müsse (WA 37, 104). Nach Dürrenmatt ist es unzeit-gemäß, abstrakte Bilder zu malen, da die Atomphysik einen solchen Grad der Abstraktion erreicht habe, wie ihn die Malerei niemals erreichen könne. Daraus schließt er in letzter Konsequenz: »Die abstrakte Ma-lerei flüchtet aus der Zeit, indem sie ihr nachhinkt. Sie bleibt einfach zurück« (WA 32, 179; vgl. Bonnefoit 2018, 18–20).

Techniken und Materialien

Dürrenmatt zeichnet sowohl mit traditionellen Uten-silien wie Bleistift, Buntstift, Kohle, Kreide, Feder oder Pinsel, mit dem er Aquarell oder Tuschelavis auf das Papier setzt, als auch mit modernen Schreibgeräten wie dem Kugelschreiber oder Filzstift. Für seine Ge-mälde verwendet er Gouache, in seltenen Fällen auch Ölfarbe. Mit Ausnahme eines Stilllebens der 1940er (SLA-FD-A-Bi-1-291) entstehen alle Ölgemälde 1966.

Als Bildträger dienen ihm Karton oder Leinwand. Seit seiner Studentenzeit bemalt Dürrenmatt aber auch Wände in seinen Wohnräumen, so die Mansarde in der Berner Laubeggstrasse (vgl. Vachtova 1995), seine Zimmer in der Basler St. Alban-Vorstadt und in Scher-nelz und später die Toilette seines Neuenburger Hau-ses, die er ironisch »Sixtinische Kapelle« nennt (von Planta u. a. 2011, 2015). In seinem Bildwerk finden sich auch Collagen aus mit der Schere zurechtgeschnit-tenen Papierformen, wie *Ikarus* von 1971 (SLA-FD-A-Bi-1-81). Auch aus Illustrierten schneidet er Bildfrag-mente, die er auf bemalte oder gezeichnete Bildflächen klebt. Auf eine Landeskarte der Schweiz malt er einen Wilhelm Tell mit Armbrust, Atombombe und einem Mirage-Kampfflieger und klebt einzelne Teile einer zerschnittenen 10-Franken-Banknote darauf (SLA-FD-A-Bi-2-PS-205), um die Schweizer Aufrüstung im wörtlichen Sinne als Geldvernichtungsquelle anzukla-gen. Auf dem Gebiet der Druckgrafik erprobt er An-fang der 1960er Jahre den Linolschnitt und in den letz-ten acht Jahren seines Lebens in der Erker-Galerie in St. Gallen auch die Lithografie.

Arbeitsweise

Dürrenmatt hat nach eigener Aussage seine »Feder-zeichnungen nie zu einem Ende führen« können und sie oft über Jahre hinweg überarbeitet (Bloch 2017, 183). Mit einer Rasierklinge und einem Skalpell schabte er unliebsame Stellen ab. Riss das Papier da-bei, so zog er die Zeichnung zur Verstärkung auf ein weiteres Blatt Papier auf (vgl. ebd., 374). Das Skalpell diente ihm nicht nur zur Korrektur, sondern auch zur Bildgestaltung, indem er aus schwarzen Tuscheflä-chen durch Schaben das Weiß des Papiers wieder zum Vorschein brachte. Als Beispiel dieser Schabtechnik sei die Tuschezeichnung *Die beiden Tiere* von 1975 ge-nannt (Abb. 61.11), deren Entstehung der Künstler wie folgt erklärt: »Ich schabe mit dem Skalpell eine Nebeldecke über die Stadt, aus der die Tiere steigen [...], dann kratze ich jähe Lichtstrahlen in die Milch-straßensysteme« (WA 28, 37).

Dürrenmatt bezeichnete sich 1978 in einem Ge-spräch als »Nachtmaler«: »Ich konnte mich in der Nacht immer in die Ruhe des Zeichnens, des Malens flüchten, ich würde fast sagen: als Erholung. Man kann dann eben schauen und muß nicht denken« (G 2, 258 f.). Im gleichen Gespräch erklärte er, warum die Gouache- und Ölgemälde im Vergleich zu den gra-fischen Werken nicht einmal fünf Prozent seines bild-

Abb. 61.11 Friedrich Dürrenmatt, *Die beiden Tiere*, 1975.

nerischen Gesamtwerks ausmachen: »Ich würde am liebsten nur mit Farbe arbeiten, aber dann reißt es mich vom Schreibtisch. Drum zeichne ich eben, weil es gleichzeitig auf dem Schreibtisch entsteht« (ebd., 259.).

Viele Zeichnungen entstehen als Serie, indem der Künstler in rascher Abfolge ein Bildmotiv in zahlreichen Variationen durchdekliniert, z. B. die im Neuenburger Restaurant des Kochs und Kunstsammlers Hans Liechti in der Karwoche 1976 entstandenen Eierzyklen (vgl. Künzi 1996a, 11; Bloch 2017, 232 f.). Über deren Entstehung berichtet Liechti: »In ein bis zwei Stunden entstanden ungefähr 70 Eierzeichnungen. Er zeichnete immer zuerst den Eierbecher, dann die Karikatur der Eierköpfe« (Liechti 2003, 153). In einigen Fällen bilden zwei oder mehrere Blätter narrative Folgen, so wenn sich in einer Zeichnung eine ganze Eierparade in Reih und Glied vorwitzig aus ihren Eierbechern nach vorne lehnt (SLA-FD-A-Bi-2-SL-47-02), um in der anschließenden Szene als Folge dieses Übermuts am Boden zu zerschellen (SLA-FD-A-Bi-2-SL-51/02). Auch die 1975 in Liechtis Restaurant auf zehn Menükarten gezeichnete Serie des Alphornbläsers stellt eine Bildabfolge dar (SLA-FD-A-Bi-2-SL-123-01-10). Durch sein kräftiges Blasen wird das Loch des Alphorns immer größer, bis es im sechsten Blatt das ganze Weltall ausfüllt und der Bläser, den Liechti als Wilhelm Tell bezeichnet, hinter diesem fast verschwindet. In den Blättern sieben bis zehn »zeichnete er das Ganze in der umgekehrten Richtung wieder zurück, bis zur ursprünglichen Situation des Alphorn

spielenden Wilhelm Tell, der mit seinem Atem alles in sich zurückholt, ganz in sich zurücknimmt« (Bloch 2017, 357). Dürrenmatt soll beim Zeichnen kräftig gelacht haben (vgl. ebd.). Gutes Essen, Wein und die Gesellschaft von Freunden scheinen der Entstehung von Karikaturen zuträglich gewesen zu sein. Liechti berichtet, Dürrenmatt ab 1974 in seinem Restaurant zum Zeichnen animiert zu haben, indem er einen Stoß Menükarten bereithielt, auf deren Rückseite der Künstler seine Bilderwelten entfaltete (vgl. Bloch 2017, 229 u. 339).

Ein weiteres Beispiel für Dürrenmatts sequentiell narrative Zeichenweise bildet die 1975 entstandene Federzeichnung *Der letzte Papst*, in der dieser auf einem Mammut durch eine apokalyptische Landschaft reitet. Dürrenmatt empfindet den Anspruch des Papstes, »Stellvertreter Christ auf Erden« und obendrein noch »unfehlbar« zu sein, als Sinnbild des »Rechthaberischen«, das er als Quelle niemals endender religiöser und politischer Konflikte betrachtet: »Immer wieder steht Wahrheit gegen Wahrheit, bis der letzte Papst auf dem Mammut seiner Macht in die Eiszeitnacht der Menschheit reitet und in ihr verschwindet (›Der letzte Papst‹)« (WA 32, 205). Das Verschwinden des letzten Papstes stellt er in der ein Jahr später entstandenen Zeichnung *Turmbau V: Nach dem Sturz* dar (SLA-FD-A-Bi-1-103). Im Vordergrund des einstürzenden Gebäudes liegt der tote Papst mit seiner Tiara zwischen den Rippen und Stoßzähnen des verwesten Mammuts.

Die Analogien zwischen Dürrenmatts sequentiellem Zeichnen und dem Comic werden von Monika Schmitz-Emans eingehend untersucht: »Stilisierte, schematisierend und typisierend dargestellte Gestalten, wie man sie aus Comics kennt, beherrschen das Feld – und viele von ihnen tauchen mehrfach, manchmal variiert, auf, so wie auch Comicfiguren sich wiederholen und dabei modifizieren« (Schmitz-Emans 2014, 276).

Arbeitsphasen

Wie Dürrenmatt 1981 rückblickend erklärt, malte und zeichnete er während verschiedener Lebensphasen mit unterschiedlicher Intensität: »Ich habe ja zuerst gezeichnet, dann Philosophie studiert, dann fing ich langsam zu schreiben an; dann hatte ich sehr viel geschrieben und fing wieder mehr an, zu malen und zu zeichnen, gerade in den letzten Jahren« (G 3, 53). Während sich Dürrenmatt im September 1941 in einem Brief an seinen Vater noch unschlüssig war, ob er malen oder schreiben solle, weil es ihn zu beidem dränge, erfolgte 1946 die Entscheidung für die Schriftstellerei (vgl. Rüedi 2011, 160–162, 224 f.). Während seiner ganzen Karriere als Schriftsteller begleitete das Zeichnen und Malen das Schreiben im Hintergrund. Nach seinem größten Theaterdebakel bei der Uraufführung von *Der Mitmacher* im März 1973 am Zürcher Schauspielhaus wandte er sich mit neuer Intensität der bildenden Kunst zu. Eine treibende Kraft in dieser neuen Schaffensphase war der Wirt und Kunstsammler Hans Liechti, der 1971 das unterhalb von Dürrenmatts Haus in Neuenburg gelegene Restaurant du Rocher übernahm und ab 1975 mit Dürrenmatt befreundet war. An diesem Ort fand 1976 die erste Ausstellung von Dürrenmatts Bildwerk statt (vgl. von Planta u. a. 2011, 284 u. 292). Der Künstler würdigte 1978 Liechtis Bedeutung für sein bildnerisches Schaffen: »Ich sitze nach dem Schreiben oft bis tief in die Nacht bei ihm, erzähle ihm, was ich schreibe, und zeichne, was man zeichnen könnte. Ich weiß nicht, ob ich ohne ihn noch zeichnen und malen würde. Seine Begeisterung für die Malerei wirkt produktiv« (WA 32, 211). Ein weiterer wichtiger Förderer von Dürrenmatts Talent als Zeichner war Daniel Keel, der 1952 den Zürcher Diogenes Verlag gründete. Ihm verdankte Dürrenmatt die Möglichkeit, seine satirischen Zeichnungen in *Die Heimat im Plakat* zu veröffentlichen.

›Urbilder‹

Themen wie die Kreuzigung Christi, das Labyrinth, der Turmbau zu Babel, aber auch mythologische Gestalten wie der Minotaurus und Atlas beschäftigten Dürrenmatt über Jahre, teilweise sogar Jahrzehnte hinweg, wovon zahlreiche Variationen in seinem Bildwerk zeugen. Der Künstler bezeichnet diese Motive 1980 als ›Urbilder‹, die er mit den Archetypen von Carl G. Jung in Verbindung bringt und die er in aktualisierter Form in seine Zeit zu übertragen sucht: »Es geht darum, die entscheidenden Symbole zu finden und sie in ihrer zeitgemäßen, modernen Form, aber mit dem urtümlichen Sinn, darzustellen« (Bloch 2017, 184). Dürrenmatt vergleicht seine Fantasie mit einem »See, in den bestimmte Erlebnisse hinabsinken und aus dem dann ganz neue Bilder auftauchen, die vielleicht auf den ersten Blick mit dem ursprünglichen Erlebnis gar nichts mehr zu tun haben, aber doch aufgrund der Bildhaftigkeit irgendwie zusammenhängen« (Bloch 2017, 186). Der Vergleich des Unbewussten mit einem See entlehnt er ebenfalls Jung.

Beziehung zwischen Text und Bild

Dürrenmatt kommentiert die Stellung seines grafischen Werks innerhalb seines Schaffens 1978 wie folgt: »Meine Zeichnungen sind nicht Nebenarbeiten zu meinen literarischen Werken, sondern die gezeichneten und gemalten Schlachtfelder, auf denen sich meine schriftstellerischen Kämpfe, Abenteuer, Experimente und Niederlagen abspielen« (WA 32, 201). Indem er klarstellt, dass das Zeichnen mehr als nur bloßes Nebenprodukt der Schriftstellerei ist, wertet er den Rang seines bildnerischen Werks auf, erklärt dieses jedoch zugleich zum visuellen Niederschlag seines ständigen Kampfes beim Schreiben, was wiederum die Abhängigkeit vom literarischen Werk verdeutlicht. Das Zeichnen von Szenen und Charakteren konnte Dürrenmatt beim Ersinnen neuer Texte helfen, um sich Klarheit über den Handlungsort und die Persönlichkeit der Protagonisten zu verschaffen. Aus diesem Grund griff er etwa bei der Überarbeitung seines Theaterstücks *Achterloo* 1986 immer wieder zum Filzstift, um sich das Agieren der Figuren bildlich zu veranschaulichen (Fondation Bodmer 2005, 142–159).

Wenn Dürrenmatt 1978 behauptet, er sei ein »›dramaturgischer‹ Zeichner« (WA 32, 201), so scheint in diesem Adjektiv die Sichtweise eines Bühnenautors durch. Auf der Suche nach dramaturgischen Bildern

Abb. 61.12 Friedrich Dürrenmatt, *Kreuzigung I*, 1942.

brach er bewusst mit Sehgewohnheiten, um dem Betrachter die ursprüngliche Botschaft eines Motivs, wie beispielsweise der Kreuzigung Christi, wieder bewusst zu machen. In einer Tuschezeichnung von 1942 stellt er vier Männer in wallenden Gewändern und Stiefeln dar, die sich an den Händen fassend einen Reigen um den Gekreuzigten tanzen. Der Tänzer links tritt mit seinem gespornten Stiefel gegen den Kreuzesstamm, so dass dieser nach rechts kippt (Abb. 61.12). Durch das grausame Ritual, das an einen Freudentanz erinnert, verstößt der ca. 21-jährige Pastorensohn provokativ gegen alle Regeln der ikonografischen Tradition der Kreuzigungsszene. Um dem Vorwurf der Blasphemie entgegenzuwirken, rechtfertigt Dürrenmatt die Szene ca. vierzig Jahre später als Versuch, dem Betrachter die Grausamkeit von Christi Märtyrertod zu vergegenwärtigen: »Der Gedanke, das Kreuz sei einmal ein Marterinstrument gewesen, ist verlorengegangen. In meiner ersten ›Kreuzigung‹ versuche ich durch den Tanz um das Kreuz, das Kreuz wieder zum Kreuz, zum Gegenstand des Skandals zu machen, den es einmal darstellte« (202). Auf diese Weise macht er seine Bilder »zu Inszenierungen, zu dramatischen Momentaufnahmen« (Bühler/Minder 2014, 47). Was Dürrenmatt

konkret unter einem dramaturgischen Moment versteht, erklärt er am Beispiel von Michelangelos David: »Es ist der Augenblick, in dem David Goliath zum erstenmal wahrnimmt und überlegt, wie er ihn besiegen könnte: Wo muß ich den Stein hinschleudern?« (WA 32, 201). Peter Rusterholz vergleicht diesen entscheidenden Moment mit dem von Lessing im *Laokoon* definierten »prägnanten Augenblick«, den der Maler so zu gestalten habe, dass das Vorhergehende und Folgende der Handlung für den Betrachter nachvollziehbar sei (vgl. Rusterholz 2017, 215).

Einige Werke von Dürrenmatt, wie die beiden Ölgemälde von 1966 *Begräbnis des Bankiers* (*Frank V*) und *Die Wiedertäufer* sowie die in Mischtechnik ausgeführten Bilder der 1970er Jahre *Porträt eines Planeten II* und *Die Physiker II: Weltraum-Psalm*, beziehen sich unmittelbar auf gleichnamige Theaterstücke. Im Gemälde *Die Wiedertäufer* (Abb. 61.13) rezipiert der Künstler spielerisch die traditionellen Motive einer Weltgerichtsszene, wie sie in der *Offenbarung des Johannes* beschrieben wird (vgl. Offb 20,11–14). Doch erscheint in der leuchtenden Aureole nicht Christus, sondern der Schreckensherrscher Johann Bockelson, den Dürrenmatt in *Es steht geschrieben* selbstherrlich ausrufen lässt: »Ich werde Erde und Himmel beherrschen!« (WA 1, 82). Seine Ankunft wird bereits zu Anfang des Theaterstücks von einem Wiedertäufer prophezeit (vgl. 16). Im Gemälde schweben die auserwählten Wiedertäufer zur Rechten Bockelsons zum Himmel empor, während ihre Feinde in großen Kesseln in der Hölle schmoren, mit dem Kopf nach unten an einem Strick hängen oder auf ein Rad geflochten sind. Sie werden von einäugigen Teufeln mit Hörnern und langen Schwänzen gepeinigt, wie sie Dürrenmatt auch in einer Serie von Karikaturen in unterschiedlichsten Posen darstellt (vgl. SLA-FD-A-Bi-1-503 ff.). Die durch ihre Gewänder und Kreuze als Priester gekennzeichneten Männer zur Linken des Machthabers fliehen und stürzen vor den ihnen nachjagenden Teufeln. Auf Bockelsons Pakt mit der Hölle weist das Teufelchen, das auf seinem Schoß sitzt. Weitere Quälgeister steigen durch einen senkrechten Schacht, der den Diktator unmittelbar mit der Hölle verbindet, zu ihm empor. Bockelson erscheint nicht als Weltenrichter, sondern als »Weltmetzger«, wie Dürrenmatt in seiner 1953 erschienenen Schrift über Karl Kraus' Werk ›Die Dritte Walpurgisnacht‹ Hitler nennt (WA 32, 38). Dieser Figur widmete der Künstler 1965 unter dem Titel *Porträt eines Planeten I: Der Weltmetzger* eines seiner blutrünstigsten Bilder, in dessen Zentrum eine an-

Abb. 61.13 Friedrich Dürrenmatt, *Die Wiedertäufer*, 1966.

drogyne Gestalt mit Kochmütze steht, die soeben eine Frau geschlachtet hat (Abb. 61.14). In der Rechten hält sie deren abgehackten Kopf am roten Haarschopf, während ein abgetrenntes Bein aus einem mit Blut gefüllten Eimer ragt. 1978 erklärte Dürrenmatt den ›Weltmetzger‹ als »eine Gestalt aus der ersten Fassung des Stücks« *Porträt eines Planeten* (WA 32, 207). 1970 folgte das Bild *Porträt eines Planeten II* (Abb. 61.15), das im wörtlichen Sinne des Titels die durch Krieg und Umweltzerstörung verödete Oberfläche des Planeten Erde porträtiert. Auf die Farbe klebte Dürrenmatt eine aus einer Illustrierten herausgeschnittene Fotografie aus dem Vietnamkrieg, die einen vietnamesischen Soldaten darstellt, der mit einem breiten Lachen zwei abgeschnittene Köpfe am Haarschopf hält.

Das bekannteste Text-Bild-Ensemble ist das 1985 in Buchform erschienene Prosagedicht *Minotaurus. Eine Ballade*, das mit neun Tuschelavis-Zeichnungen illustriert ist (Dürrenmatt 1985). In der Forschung wird dieses Werk wiederholt als »ein eindrückliches Beispiel

der Doppelbegabung Dürrenmatts« zitiert (Bigler 2014, 217). Regula Bigler analysiert die Intermedialität der *Ballade*, die, wie bereits der Hinweis auf die Gattung ›Tanzlied‹ erwarten lässt, mit Rhythmen spielt, die sowohl den Text, als auch die Bilder durchdringen. Durch die regelmäßige Wiederholung des Verbs ›tanzen‹ entsteht ein Sprachrhythmus: »Das Wesen tanzte durch sein Labyrinth, durch die Welt seiner Spiegelbilder, es tanzte wie ein monströses Kind, es tanzte wie ein monströser Vater seiner selbst, es tanzte wie ein monströser Gott durch das Weltall seiner Spiegelbilder« (Dürrenmatt 1985, 12 f.). In der entsprechenden Illustration übersetzt der Autor den Sprachrhythmus in ein kaleidoskopisches Ornament, das sich aus dem tanzenden Minotaurus, dessen Spiegelbildern und den verschachtelten Spiegelwänden des Labyrinths zusammensetzt (Abb. 61.16). Dürrenmatt gelang es, die undurchdringliche Architektur des Labyrinths durch labyrinthische Sätze mimetisch in Sprache zu übersetzen, mit eingeschobenen Exkursen, die er durch Gedankenstriche vom Hauptsatz absetzt. Nach Ioana Crăciun ah-

Abb. 61.14 Friedrich Dürrenmatt, *Porträt eines Planeten I: Der Weltmetzger*, 1965.

men die Gedankenstriche dieser Einschübe »typographisch die Architektur des Labyrinthes mit seinen vielen Irrgängen nach« (2000, 275).

Sammlungen

Da Dürrenmatt seine Bildwerke nicht verkauft und nur gelegentlich an Freunde oder seine Ehefrau verschenkt hat, blieben sie zum größten Teil beisammen in seinem Wohnhaus in Neuenburg. Nach seinem Tod übergab seine Witwe, Charlotte Kerr, das gesamte Anwesen der Schweizerischen Eidgenossenschaft, die das Haus des Schriftstellers durch den Architekten Mario Botta in das Centre Dürrenmatt Neuchâtel integrieren ließ, das zwischen 1998 und 2000 erbaut wurde. Dieses präsentiert heute seine Bilder im Dialog mit seinem literarischen Werk und dient als Ort kultureller Aktivitäten mit Bezug zu Dürrenmatt.

Die größte Privatsammlung von mehreren hundert Werken des Künstlers legte ab 1975 Hans Liechti an. Dürrenmatt selbst erzählt in seinen *Stoffen*: »Wenn ich Gäste habe, essen wir bei Liechti, und ich

zahle mit einem Bild, auch was ich sonst bei ihm kritzle, überlasse ich ihm« (WA 28, 214). Dies erklärt das Entstehen dieser umfangreichsten Privatsammlung von Werken Dürrenmatts – vornehmlich aus den Jahren 1975 bis 1979.

Rezeption

Seit Ende der 1950er Jahre finden sich immer wieder einzelne Werke von Dürrenmatt in Ausstellungen, die sogenannten ›Doppelbegabungen‹ gewidmet sind. Das früheste Beispiel ist Harald Szeemanns Ausstellung *Malende Dichter, dichtende Maler* (1957) im Kunstmuseum St. Gallen. Obwohl sich Dürrenmatt auf dem Gebiet der Malerei stets als Dilettant bezeichnete, stimmte er im Alter vier Einzelausstellungen zu: 1976 im Neuenburger Restaurant von Hans Liechti, 1978 in der Zürcher Galerie von Daniel Keel (vgl. Strich 1978), 1981 in der Galerie Loeb in Bern und 1985 im Musée d'art et d'histoire in Neuenburg (vgl. von Allmen, 1985).

Monika Schmitz-Emans hat aufgearbeitet, wie Zeichnungen von Dürrenmatt seit den 1980er Jahren in Graphic Novels und in Comics, die auf Theaterstücken und Romanen des Schriftstellers basieren, zitiert bzw. verfremdet werden (vgl. Schmitz-Emans 2014). In *Moga Mobos 100 Meisterwerke der Weltliteratur* (Berlin 2001) findet sich *Der Besuch der alten Dame* und *Die Physiker* auf acht textlose Comic-Bilder komprimiert. Die im achten Bild der *Physiker* dargestellte Direktorin der Irrenanstalt, Mathilde von Zahnd, erscheint als entfesselte Furie, die eine Atombombe schleudert. Diese Szene beruht auf einer Serie von Zeichnungen Dürrenmatts (SLA-FD-A-Bi-2-PS-159 bis 161), bei denen es sich streng genommen nicht um Illustrationen, sondern um weiterentwickelte Inhalte der *Physiker* handelt.

Seit der Eröffnung des Centre Dürrenmatt Neuchâtel im Jahr 2000 werden regelmäßig zeitgenössische Künstler und Künstlerinnen eingeladen, Werke für Ausstellungen zu schaffen, die mit Dürrenmatts bildnerischen oder literarischen Werken in einen Dialog treten.

Forschungsstand

Im Vergleich zur umfangreichen Forschung über Dürrenmatts literarisches Werk haben nur wenige Kunsthistorikerinnen und -kritiker einzelnen Bild-

Abb. 61.15 Friedrich
Dürrenmatt, *Porträt eines
Planeten II*, 1970.

werken eine Analyse gewidmet, darunter Manuel Gasser (1978), Heidi E. Violand-Hobi (1992), Guido Magnaguagno (1994), Ludmila Vachtova (1995), Katrin Künzi (1996), Beate Schlichenmaier (2014), Régine Bonnefoit (2014; 2018) und Myriam Minder (2014; 2016a; 2016b; 2018). Unter den Literaturwissenschaftlerinnen und Literaturwissenschaftlern haben sich Ulrich Weber (2003; 2008), Monika Schmitz-Emans (2004; 2014), Ingeborg Hoesterey (2014), Theodore Ziolkowski (2014), Regula Bigler (2014), Rudolf Käser (2015; 2017), Michael Fischer (2017) und ganz besonders Peter Rusterholz (2017) mit dem Bildwerk auseinandergesetzt. Von theologischer Seite hat Pierre Bühler (2003; 2014) Dürrenmatts religiöse Bildmotive analysiert und die Bedeutung von Kierkegaard für sein Bildwerk untersucht. Darüber hinaus stellt er eine hermeneutische Methode zur Interpretation von Dürrenmatts Bildwerken und deren »Interaktion« mit seinen Texten vor (Bühler 2011, 131).

Elisabeth Brock-Sulzer versuchte 1986 einen Gesamtüberblick über Dürrenmatts künstlerische Entwicklung zu erarbeiten (Brock-Sulzer 1986). Hier müsste weitere Forschungsarbeit geleistet werden, um mit Hilfe einer Stilanalyse die Vielzahl undatierter Werke präziser zu verorten. Ein wichtiger Quellenfundus für zukünftige Forschungen ist Dürrenmatts umfangreiche Bibliothek, deren Inventar in den HelveticArchives online zugänglich ist. Ein systematischer Vergleich einiger illustrierter Werke der Weltliteratur oder der Kunstgeschichte sowie von Bildbänden berühmter Karikaturisten wie Saul Steinberg und Paul Flora mit Dürrenmatts grafischem Werk würde

Abb. 61.16 Friedrich Dürrenmatt, *Illustration zur Ballade Minotaurus I*, 1984.

die Herkunft mancher Motive enthüllen. Die Lektüre von Dürrenmatts umfangreichen Vorarbeiten zu der in 37 Bänden vorliegenden Werkausgabe birgt viele noch unbekannte Informationen zu seinem Bildwerk. Da der Künstler sich auch für das Kino interessierte, bleibt zu überprüfen, ob auch Filme ihn zu Bildmotiven angeregt haben könnten.

Literatur
Primärtexte

Bildergeschichte. Text von Ruth Dürrenmatt. Neuenburg 2013.

Die Heimat im Plakat. Ein Buch für Schweizer Kinder. Zürich 1963.

Minotaurus. Eine Ballade. Mit Zeichnungen des Autors. Zürich 1985.

Persönliche Anmerkungen zu meinen Bildern und Zeichnungen. In: WA 32, 201–216.

Schweizerisches Literaturarchiv: Inventar der Bildwerke 1926–1990. In: https://www.helveticarchives.ch/detail. aspx?ID=251167 (29.1.2020).

Sekundärliteratur

Allmen, Pierre von (Hg.): Friedrich Dürrenmatt. Œuvre graphique. Das zeichnerische Werk. Neuenburg 1985.

Bigler, Regula: Surreale Begegnungen von Bild und Text. Lektüren im intermedialen Dialog. Paderborn 2014.

Bonnefoit, Régine: Kokoschka – Dürrenmatt. Der Mythos als Gleichnis. In: Centre Dürrenmatt Neuchâtel (Hg.): Kokoschka – Dürrenmatt. Der Mythos als Gleichnis. Neuenburg 2018, 17–26.

Bonnefoit, Régine: »Weltuntergang ahoi!« Friedrich Dürrenmatts »apokalyptische Kunst«. In: Ulrich Weber u. a. (Hg.): Dramaturgien der Phantasie. Dürrenmatt intertextuell und intermedial. Göttingen 2014, 161–187.

Bloch, Peter André: Friedrich Dürrenmatt – Visionen und Experimente. Werkstattgespräche – Bilder – Analysen – Interpretationen. Göttingen 2017.

Bühler, Pierre: Die Apokalypse im Werk von Friedrich Dürrenmatt. In: Centre Dürrenmatt Neuchâtel (Hg.): Dürrenmatts Endspiele. Neuenburg 2003, 43–71.

Bühler, Pierre: Don Quijote als Gleichnis des mutigen Menschen. Ein hermeneutischer Zugang zu Dürrenmatts Cervantes-Rezeption. In: Véronique Liard, Marion George (Hg.): Dürrenmatt und die Weltliteratur – Dürrenmatt in der Weltliteratur. München 2011, 131–144.

Bühler, Pierre: Spuren von Kierkegaards Humor in Dürrenmatts Bildwerk? In: Ulrich Weber u. a. (Hg.): Dramatur-

gien der Phantasie. Dürrenmatt intertextuell und intermedial. Göttingen 2014, 209–237.

Bühler, Pierre/Minder, Myriam: Friedrich Dürrenmatt. Das
dramaturgische Potential von religiösen Motiven erkunden. In: Centre Dürrenmatt Neuchâtel (Hg.): The Hidden
World. Jim Shaw. Didactic Art Collection with Jean-Fré-
déric Schnyder & Friedrich Dürrenmatt. Neuenburg 2014,
46–52.

Brock-Sulzer, Elisabeth: Friedrich Dürrenmatt. Stationen
seines Werkes. Zürich 1986.

Crăciun, Ioana: Die Politisierung des antiken Mythos in
der deutschsprachigen Gegenwartsliteratur. Tübingen
2000.

Erismann, Peter Edwin/Weber, Ulrich (Hg.): Friedrich Dürrenmatt. Die Mansarde. Die Wandmalereien aus der Berner Laubeggstrasse. Zürich 1995.

Erismann, Peter Edwin (Hg.): Mario Botta. Centre Dürrenmatt Neuchâtel. Basel 2000.

Fischer, Michael: Über die Grenzen des Wissens und die
Macht der Fiktionen. In: Centre Dürrenmatt Neuchâtel
(Hg.): Friedrich Dürrenmatt – Phantasie der Wissenschaf-
ten. Neuenburg 2017, 71–95.

Fondation Martin Bodmer: Les mythes de Dürrenmatt. Des-
sins et manuscrits. Collection Charlotte Kerr Dürrenmatt,
mise en scène par Mario Botta et présentée, du 19 novem-
bre 2005 au 12 mars 2006, à la Fondation Martin Bodmer.
Cologny-Genf 2005.

Gasser, Manuel: Zu den Zeichnungen von Friedrich Dürrenmatt. In: Christian Strich (Hg.): Dürrenmatt. Bilder und
Zeichnungen. Zürich 1978, o. S.

Hoesterey, Ingeborg: Ungleichzeitigkeit des Gleichzeitigen.
Dürrenmatts visuelle Praxis und das System Kunst. In:
Ulrich Weber u. a. (Hg.): Dramaturgien der Phantasie.
Dürrenmatt intertextuell und intermedial. Göttingen
2014, 189–207.

Käser, Rudolf: Kosmos und Katastrophe. In: Betschart,
Madeleine u. a. (Hg.): Friedrich Dürrenmatt. Denker –
Maler – Weltautor. Du Magazin 862 (2015), 78–85.

Käser, Rudolf: Friedrich Dürrenmatt. Phantasie der Wissenschaften. In: Centre Dürrenmatt Neuchâtel (Hg.): Friedrich Dürrenmatt, Phantasie der Wissenschaften. Neuenburg 2017, 17–39.

Kerr, Charlotte: Das Nashorn schreibt der Tigerin. St. Gallen
2001.

Kerr, Charlotte: Portrait eines Planeten. DVD, 194 Minuten,
Neufassung 2006. Zürich 2007.

Kerr Dürrenmatt, Charlotte/Dürrenmatt, Friedrich: Die
Geschichte von Midas-Green. Ein Entwurf von Charlotte
Kerr, Textfragmente und Zeichnungen von Friedrich
Dürrenmatt. In: Tintenfass. Das Magazin für den überfor-
derten Intellektuellen 34 (2010), 318–385.

Künzi, Karin (Hg.): Friedrich Dürrenmatt. Bilder und
Zeichnungen. Fondation Saner. Studen 1996a.

Künzi, Katrin: Endspiele. Dürrenmatts späte »Schwarze Bilder«. In: Friedrich Dürrenmatt. Bilder und Zeichnungen.
Studen 1996b, 25–37.

Liechti, Hans: Meine Begegnungen mit Friedrich Dürrenmatt. In: Text + Kritik 50/51 (2003), 151–160.

Magnaguagno, Guido: Mit dem Fernrohr und der Lupe. In:
Schweizerisches Literaturarchiv Bern/Kunsthaus Zürich

(Hg.): Friedrich Dürrenmatt. Schriftsteller und Maler.
Bern 1994, 180–183.

Minder, Myriam: Ein Porträt des Malers Dürrenmatt. Selbstporträts und Identitäten. In: Dragoș Carasevici, Alexandra
Chiriac (Hg.): Friedrich Dürrenmatt. Rezeption im Lichte
der Interdisziplinarität. Konstanz, Jassy 2016a, 129–142.

Minder, Myriam: Variationen auf Stein. Eine Analyse von
Friedrich Dürrenmatts lithografischen Werken. In: Centre
Dürrenmatt Neuchâtel (Hg.): Ionesco – Dürrenmatt.
Lithografische Werke. Neuenburg 2016b, 61–73.

Minder, Myriam: Dürrenmatts Selbstdarstellungen in mythologischer Gestalt. Eine Aktualisierung der Mythen. In:
Centre Dürrenmatt Neuchâtel (Hg.): Kokoschka – Dürrenmatt. Der Mythos als Gleichnis. Neuenburg 2018, 39–45.

Planta, Anna von u. a. (Hg.): Friedrich Dürrenmatt: Sein
Leben in Bildern. Zürich 2011.

Rüedi, Peter: Dürrenmatt oder die Ahnung vom Ganzen.
Biographie. Zürich 2011.

Rusterholz, Peter: Chaos und Renaissance im Durcheinandertal Dürrenmatts. Hg. von Henriette Herwig und
Robin-M. Aust. Baden-Baden 2017.

Schlichenmeier, Beate: Von den Versuchen, »die Welt in den
Griff zu bekommen«. Aspekte des Gesamtkunstwerks bei
Armand Schulthess und Friedrich Dürrenmatt. In: Labyrinthe poétique de Armand Schulthess. Neuchâtel, Bellin-
zona 2014, 68–70.

Schmitz-Emans, Monika: Im Labyrinth der Bilder und
Texte. In: Annette Mingels, Jürgen Söring (Hg.): Dürrenmatt im Zentrum. 7. Internationales Neuenburger Kolloquium 2000. Frankfurt a. M. 2004, 11–44.

Schmitz-Emans, Monika: Friedrich Dürrenmatt im Comic
– Friedrich Dürrenmatt und der Comic. In: Ulrich Weber
u. a. (Hg.): Dramaturgien der Phantasie. Dürrenmatt
intertextuell und intermedial. Göttingen 2014, 271–301.

Schweizerisches Literaturarchiv Bern/Kunsthaus Zürich
(Hg.): Friedrich Dürrenmatt. Schriftsteller und Maler.
Bern 1994.

Strich, Christian (Hg.): Dürrenmatt. Bilder und Zeichnungen. Zürich 1978.

Vachtova, Ludmila: Dämonen der Mansarde. Ein frühes
Hauptwerk. In: Schweizerisches Literaturarchiv Bern
(Hg.): Die Mansarde. Die Wandmalereien aus der Berner
Laubeggstrasse. Zürich 1995, 31–54.

Violand-Hobi, Heidi E.: Friedrich Dürrenmatt's Minotaur
images. In: Source. Notes in the history of art 11 (1992),
3/4, 70–80.

Weber, Ulrich: Dürrenmatts Endspiele. In: Centre Dürrenmatt Neuchâtel (Hg.): Dürrenmatts Endspiele. Neuenburg
2003, 11–38.

Weber, Ulrich: Friedrich Dürrenmatt und das Geld (2008).
In: https://www.cdn.ch/dam/cdn/de/dokumente/cdn/
vortrag/friedrich_duerrenmattunddasgeldulrichweber.
pdf.download.pdf/friedrich_duerrenmattunddasgeldulric
hweber.pdf (29.1.2020).

Ziolkowski, Theodore: Der Minotaurus als tragische Gestalt
bei Dürrenmatt. In: Ulrich Weber u. a. (Hg.): Dramaturgien der Phantasie. Dürrenmatt intertextuell und intermedial. Göttingen 2014, 239–260.

Régine Bonnefoit / Myriam Minder

IV Motive und Diskurse

62 Astronomie

»Die Welt ist größer als das Dorf: über den Wäldern stehen die Sterne« (WA 28, 21). Schon als Junge zeichnete Dürrenmatt Sternkarten (vgl. SLA-FD-A-Bi-1-161). Die Einführung in diese Kenntnisse verdanke er einem Grundschullehrer (vgl. WA 28, 21). Anekdoten bezeugen, dass er gerne »den Himmel erklärte« und sich und seine Umgebung dabei völlig vergessen konnte (vgl. G 1, 51 f. u. 64; von Matt 2012, 164 f.). In seinem Arbeitszimmer stand später ein »Zweiundzwanzig-Zentimeter-Spiegelteleskop«, das er zur »Jagd auf Spiralnebel« einsetzte (WA 36, 17). Dürrenmatt hat die Entwicklungen der Astronomie und der Kosmologie zeitlebens mitverfolgt. Neben Sternkarten und Anleitungen zur Bedienung des Fernrohrs findet man in seiner Bibliothek zahlreiche wissenschaftliche und populärwissenschaftliche Bücher astronomischen Inhalts, die er in vielfältiger Weise für sein literarisches und bildnerisches Werk fruchtbar machte.

Fritz Zwicky und *Die Physiker*

Wichtig für Dürrenmatts Aneignung astronomischen Wissens war die Begegnung mit dem Schweizer Astronomen Fritz Zwicky. Im *Nachwort zum Nachwort* des *Mitmacher* schildert er die erste Begegnung im Mai 1959 in New York. Zwicky habe ihm damals seine Vision der »einzig mögliche[n] Raumfahrt« geschildert, die darin bestehe, die Sonne und damit das ganze Planetensystem »mit Hilfe einiger tausend Wasserstoffbomben [...] gegen das Innere der Milchstraße« zu treiben (WA 14, 232 f.; vgl. Zwicky 1966, 237 f.). Im August 1959 besuchte Zwicky Dürrenmatt in der Schweiz (vgl. Stöckli/Müller 2008, 168 f.). Dürrenmatt hat 1988 in einem Gespräch angedeutet, Zwicky sei für die Figur des Möbius in *Die Physiker* »zu Gevatter gestanden« (ebd., 168). Dies gilt in zwiespältigem Sinne. Wenn Möbius nicht nur die »einheitliche Feldtheorie« (WA 7, 69) findet, an der Einstein scheiterte, sondern gleich auch noch das »System aller möglichen Erfindungen« (44 u. 69), dann ist dies als Anspielung auf Zwickys Methode des ›morphologischen Baukastens‹ zu verstehen, die er zur systematischen Entdeckung neuer technologischer Lösungen einsetz-

te. Dürrenmatts kritische Sicht der Weltraumfahrt in den *Physikern* (vgl. *Psalm Salomos, den Weltraumfahrern zu singen*, 41 f.) und im Essay *Die vier Verführungen des Menschen durch den Himmel* (WA 33, 26–32) dürfte als Antwort auf Zwickys gigantische Raumfahrtvision zu verstehen sein. Die Supernova-Forschungen Zwickys und seine Vorstellung eines ›gewalttätigen Universums‹ (vgl. Dyson 1998, 127) hat Dürrenmatt hingegen zustimmend zur Kenntnis genommen: In seinem Vortrag zum 100. Geburtstag Einsteins (1979) erwähnt er den Gegensatz zwischen dessen Bild des deterministischen Kosmos und der auf Zwicky zurückzuführenden Vision eines »monströsen auseinanderfegenden Weltall[s] voller Supernovae, Gravitationskollapse, Schwarzer Löcher« (WA 33, 170 f.).

Astronomische Bezüge in weiteren Werken

Der Kosmos spielt in Dürrenmatts literarischen Texten eine prominente Rolle. Alami (1994) hat mit einer computergestützten Analyse gezeigt, dass in seinem Werk astronomische Motive zu den häufigsten gehören. Klein, aber gewichtig sind Dürrenmatts Gedichte zu Himmelskörpern wie z. B. *Siriusbegleiter* (WA 33, 35); es sind Texte, die sich markant von der romantischen Mond-Lyrik unterscheiden. Der Meteor ist nicht nur die titelgebende Metapher für das gleichnamige Drama, sondern spielt eine wesentliche Rolle als Reflexionsanstoß in der Erzählung *Die Brücke*. Das Mädchen Kurrubi in *Ein Engel kommt nach Babylon* stammt aus dem Andromedanebel. In *Der Winterkrieg in Tibet* wird der Andromedanebel als poetologische Allegorie zum »Bild eines Bildes« (WA 28, 53). In *Porträt eines Planeten* leuchtet unverändert die Milchstraße, während das Drama das Verhalten der Menschen auf einem Planeten zeigt, der infolge einer explodierenden Sonne den Hitzetod stirbt. Für einschlägige Passagen zur Entwicklung von Sternen im *Winterkrieg* (vgl. WA 28, 100–107) werden Informationen aus Fred Hoyles *Das grenzenlose All* (1957) übernommen, was sich an den Anstreichungen in Dürrenmatts Exemplar nachweisen lässt. Aus dieser Quelle bezieht er seine Kenntnisse der Sternentwicklungen und der Evolution schwerer Elemente in Supernovae. In den

J. B. Metzler © Springer-Verlag GmbH Deutschland, ein Teil von Springer Nature, 2020
U. Weber / A. Mauz / M. Stingelin (Hg.), *Dürrenmatt-Handbuch*, https://doi.org/10.1007/978-3-476-05314-5_62

Erzählungen und Dramen erscheint astronomisches Wissen oft perspektivisch gebrochen: Wissensbruchstücke um kosmologische Zusammenhänge charakterisieren die existentielle Position der dargestellten Person, nicht den objektiven Sachverhalt oder die Weltsicht des Autors.

Zahlreich sind die Umsetzungen astronomischen Wissens auch in Dürrenmatts Essays und Vorträgen. Souverän spielt er mit der mythologisch-astronomischen Vieldeutigkeit von Sternbildern und setzt seine Kompetenz gleichnishaft ein. So dekonstruiert er den zum Klischee gewordenen Vergleich der Autoren Frisch und Dürrenmatt mit dem Sternbild der Dioskuren Castor und Pollux (vgl. WA 29, 75 f.). Die Verwendung astronomischen Wissens kulminiert in einer werkgenetisch eng verbundenen Serie von Texten, die Käser (2017, 31) als »kosmo-politologische Allegorie« bezeichnet hat: In *Sätze aus Amerika* vergleicht Dürrenmatt erstmals die USA mit einem instabilen Stern (vgl. WA 34, 112). Darauf aufbauend entwirft er in den *Nachgedanken* zum Buch *Zusammenhänge. Essay über Israel* eine mehrgliedrige Allegorie, welche die innere Dynamik von Sternen mit der inneren Dynamik von Staaten in Beziehung setzt: »Staaten sind mit Sonnen vergleichbar. [...] Die Sowjetunion gleicht immer mehr einer überschweren Sonne, die mühsam dagegen ankämpft, unstabil zu werden. [...] Die USA bieten das Bild einer jungen überheißen Sonne dar, deren Schwerkraft zu schwach und deren Gasdruck zu ungestüm ist« (WA 35, 199–201). In *Der Winterkrieg in Tibet* wird diese Allegorie ausdifferenziert, indem die Konvektionszonen, die durch Energieflüsse entstehen, als Gleichnisse staatlicher Institutionen aufgefasst werden (vgl. WA 28, 111 f.). Diese kosmo-politologische Allegorie ist mehr als rhetorischer Schmuck; sie erhebt einen epistemischen Geltungsanspruch (vgl. Zabka 2005, 78 f.) im Sinne eines modellartigen Hilfsbildes.

Dürrenmatt hat seine astronomische Bibliothek auch verwendet, um aus dem Bildmaterial Anregungen für die Gestaltung der oft mit Himmelskörpern ausgestatteten Hintergründe seiner eigenen Bilder zu entnehmen. Käser (2017) hat anhand der Bilder *Turmbau I, II, IV* und *V* einige astronomische Bildquellen erschlossen und den ikonografischen Zusammenhang des Zusammenbruchs der babylonischen Türme im Vordergrund mit der Explosion einer Supernova und ihrem Kollaps zu einem Neutronenstern im Bildhintergrund aufgezeigt. *Tertium comparationis* dieser allegorischen Bilder ist die Instabilität großer Systeme: Das rückt sie in den Zusammenhang

mit systemtheoretischen und evolutionsgeschichtlichen Gedankengängen im Spätwerk Dürrenmatts (s. Kap. 76, 81).

Zur Forschung

Der hohen Dichte astronomischen Wissens in Dürrenmatts literarischem und bildnerischem Schaffen entspricht bisher keine ebenso differenzierte Forschung. Insbesondere fehlt eine umfassende Deutung der astronomischen Motive im Zusammenhang mit seiner Autorenbibliothek. Käser (2017) hat in dieser Hinsicht erste Ergebnisse erarbeitet. Özelt (2018) rekonstruiert die Geschichte des kulturellen Prestiges der Physik und zeigt im Überblick die Mainstream-Heroisierung des Astronomen Galilei. Er interpretiert Dürrenmatts Physiker Möbius in diesem Kontext, trägt aber den spezifischeren Zusammenhängen nicht Rechnung. Neben Zwicky gibt es für das Möbius-Bild in *Die Physiker* nämlich noch einen zweiten, zu wenig beachteten Paten, den man in Dürrenmatts Autoren-Bibliothek antreffen könnte. Wenn der Autor im Gespräch mit Heinz Ludwig Arnold (1975) sein Galilei-Bild als »Komödie« (G 2, 130) skizziert, bezieht er sich implizit auf Arthur Koestlers *Die Nachtwandler* (1959). Dessen Geschichte der Astronomie enthält u. a. eine gut dokumentierte Demontage Galileis zugunsten Keplers und der jesuitischen Astronomen des Vatikans. Dürrenmatt moniert, dass man Koestler heute »so gerne übergeht« (WA 35, 169). Das geschieht auch bei Özelt, wenn er Möbius als »tragischen Helden« auffasst (406), ohne das grimmig gezeichnete Galilei-Bild Koestlers und das ambivalente Zwicky-Bild Dürrenmatts zu erwähnen.

Literatur
Primärtexte, Quellen
Albert Einstein. In: WA 33, 150–172.
Nachwort zum Nachwort. In: WA 14, 223–328.
Nachgedanken. In: WA 35, 163–219.
Die Physiker. Eine Komödie. In: WA 7, 9–87.
Querfahrt. In: WA 29, 23–84.
Sätze aus Amerika. In: WA 34, 77–114.
Sternenkarte, ca. 1933, Bleistift und Farbstift auf Karton, 26,9 cm × 34,3 cm. Schweizerisches Literaturarchiv, Sig. SLA-FD-A-Bi-1-161.
Die vier Verführungen des Menschen durch den Himmel. In: WA 33, 26–32.

Sekundärliteratur
Alami, Marita: Die Bildlichkeit bei Friedrich Dürrenmatt. Computergestützte Analyse und Interpretation mythologischer und psychologischer Bezüge. Köln 1994.
Dyson, Freeman: The Evolution of Science. In: Andrew C.

Fabian (Hg.): Evolution, Society, Science and the Universe. Cambridge 1998, 118–135.

Käser, Rudolf: Friedrich Dürrenmatt. Phantasie der Wissenschaften. In: Centre Dürrenmatt Neuchâtel (Hg.): Phantasie der Wissenschaften. L'imaginaire des sciences. Neuchâtel 2017 (Cahier 15), 17–39.

Özelt, Clemens: Literatur im Jahrhundert der Physik. Geschichte und Funktion interaktiver Gattungen (1900–1975). Göttingen 2018, 402–412.

Stöckli, Alfred/Müller, Roland: Fritz Zwicky. Astrophysiker. Zürich 2008.

von Matt, Peter: Vom literarischen Gedächtnis der Schweiz. Eine Festrede. In: Ders.: Das Kalb vor der Gotthardpost. Zur Literatur und Politik der Schweiz. München 2012, 157–166.

Wyrsch, Peter: Die Dürrenmatt-Story. In: G 1, 25–97.

Zwicky, Fritz: Entdecken, Erfinden, Erforschen im Morphologischen Weltbild. München 1966.

Rudolf Käser

63 Autorschaft

Autorschaftsspiele

Friedrich Dürrenmatts Wirken als Autor fällt in eine Zeit, in der Autorschaft als theoretisches Konzept wie selten zuvor infrage gestellt wurde. Gleichzeitig verhalf ihm die Schriftstellerei als praktische Tätigkeit zu öffentlicher Anerkennung und einem guten Auskommen. Ist von Autorschaft die Rede, dann ist zu unterscheiden zwischen dem realen Autor/der realen Autorin, einer Autorfunktion im literarischen Text und historischen Autorschaftsmodellen, anhand derer sich das »Rollenverständnis des Autors in Bezug auf seine Tätigkeit des Schreibens einerseits und sein Verhältnis zur Gesellschaft andererseits« umreißen lässt (Hoffmann/Langer 2013, 139).

Dürrenmatt zeichnet in der Regel im klassischen Sinn als ›alleiniger Urheber‹, spielt aber auch immer wieder mit alternativen Formen: Textextern sind dies etwa Ansätze zu einer geteilten Autorschaft wie im Fall der als *Rollenspiele* veröffentlichten Gespräche mit Charlotte Kerr über *Achterloo*, des mit Max Frisch zusammenfabulierten zweiten Teils von *Biedermann und die Brandstifter* (vgl. WA 29, 67–74) oder der Bearbeitungen von Dramen Shakespeares. Textintern wird Autorschaft vor allem durch Herausgeberfiktionen thematisiert, wie in der Erzählung *Aus den Papieren eines Wärters* oder dem Roman *Justiz*, wo das *Nachwort des Herausgebers* am Schluss mit Dürrenmatts Namen und dem Datum der Niederschrift beglaubigt wird (WA 25, 199 u. 231).

Radikaler verfährt Dürrenmatt schließlich auf inhaltlicher Ebene: In seiner Version vom *Tod des Sokrates* beschreibt er Autorschaft als Mittel politischer Propaganda und Vehikel literaturgeschichtlichen Ruhms. Der »Weltverbesserer« (WA 29, 147) Platon legt dem bereits berühmten Sokrates seine eigene Lehre in den Mund; als dieser sich weigert, die Reden auswendig zu lernen, spielt der aus der Mode gekommene Aristophanes die Rolle des platonischen Sokrates zu Ende (vgl. 144–156). Bis zum Nobelpreis bringt es ein Mann mit dem vielsagenden Namen Bluff in der – unpublizierten – fragmentarischen ›Friedhofskomödie‹ *Die Sekretärin* durch das »Spiel«, Schriftsteller zu sein, d. h. durch das bloße Gerücht zu schreiben (SLA-FD-A-m81; vgl. Mingels 2000). Zugespitzt wie an kaum einer anderen Stelle beschreibt Dürrenmatt hier einen Literaturbetrieb, in dem nicht ein Werk, sondern die Fama Autorschaft begründet, und demaskiert deren mediale Inszenierung.

Seine Auffassung von Autorschaft hat Dürrenmatt zunächst verstreut in Reden entwickelt, dann aber auffallend oft anhand von Autorfiguren ›durchgespielt‹ und schließlich im Rahmen der Wiederaneignung des eigenen Werks in den *Stoffen* neu gefasst.

Autor und Gesellschaft

In den 1950er Jahren artikuliert Dürrenmatt in verschiedenen Vorträgen sein Verständnis von Autorschaft insbesondere in Bezug auf die Gesellschaft. In der Rede *Schriftstellerei als Beruf* versteht er diese, dem Titel gemäß, als eine freiberufliche Tätigkeit zum Zweck des Gelderwerbs. Diese umfasse keine Verpflichtung gegenüber der Gesellschaft, aber auch keine gesellschaftliche Garantie auf »Rentabilität« (WA 32, 57). Als »Schöpfer[...]« hat sich der Schriftsteller »seinem Geschöpf gegenüber nicht zu verantworten«, hält Dürrenmatt in *Vom Schreiben* fest (WA 32, 78). Er verweigert sich auch in den 1960er Jahren, etwa in *Literatur nicht aus Literatur*, den Ansprüchen einer engagierten Literatur und besteht auf der Autonomie des künstlerischen Produktionsprozesses: Der Schriftsteller könne auf das »Recht des Schöpfers« rekurrieren, zu »erschaffen« und nicht deuten zu müssen (WA 30, 89); dem ethischen Anspruch und ökonomischen Zwang, »geistige Werte zu liefern«, solle er sich dagegen verweigern (88). Dürrenmatt hält am genie-ästhetischen Autorschaftsmodell des Schöpfers fest, lehnt jedoch das auch in modernen Varianten vertretene antike Modell des *poeta vates* ab (vgl. etwa Schmitz-Emans 2017, 106–110). Die »versagende Philosophie« und die »fehlende Religion«, schreibt er in *Vom Sinn der Dichtung in unserer Zeit*, verführten den Schriftsteller dazu, eine »Rolle zu spielen, die ihm nicht zukommt«: »Er gilt als Prophet und, was noch schlimmer ist, er hält sich für einen« (WA 32, 66).

Dürrenmatts frühe theoretische Reflexionen finden in den folgenden Jahrzehnten keine direkte Fortsetzung. Mit seinen Reden, Vorträgen und Essays, in denen er zunächst als Verfasser breit rezipierter Dramen vor allem ›Theaterprobleme‹ erörtert und dann zunehmend philosophische, politische, theologische und naturwissenschaftliche Fragen behandelt, nimmt er jedoch die Funktion des Autors als Instanz des öffentlichen Diskurses wahr. Daneben verlagert sich seine Auseinandersetzung mit Auffassungen von Autorschaft immer mehr in das literarische Werk selbst.

J. B. Metzler © Springer-Verlag GmbH Deutschland, ein Teil von Springer Nature, 2020
U. Weber / A. Mauz / M. Stingelin (Hg.), *Dürrenmatt-Handbuch*, https://doi.org/10.1007/978-3-476-05314-5_63

Autorfiguren

Dürrenmatts Werk bevölkern auffallend viele Autorfiguren, in denen eigene und gesellschaftliche Autorbilder inszeniert und oft auch parodiert werden. Im frühen Hörspiel *Der Doppelgänger* etwa diskutieren Schriftsteller und Regisseur über die Plausibilität der Geschichte, die Ersterer erzählt und Letzterer laufend umsetzt; in *Ein Engel kommt nach Babylon* schnellen aus Sarkophagen immer wieder Dichter hervor, die das Geschehen kommentieren und auf die anderen Figuren einzuwirken versuchen. Auch in seinen Kriminalromanen bringt Dürrenmatt meist einen Autor unter: Als Zeuge in *Der Richter und sein Henker* bleibt dieser im Gegenlicht »unerkennbar« (WA 20, 79), während er in Maximilian Schells Verfilmung (1975) unverkennbar von Dürrenmatt selbst gespielt wird. Als Bärlachs Ghostwriter wird der Schriftsteller Fortschig, eine »lächerliche Figur« (WA 20, 181), in *Der Verdacht* ermordet. In *Das Versprechen* bearbeitet ein Krimiautor die Erzählung eines ehemaligen Polizeikommandanten über einen wahren Fall »nach bestimmten Gesetzen der Schriftstellerei« (WA 23, 141) und reflektiert dieses Verfahren wiederum in der Rahmenerzählung. Dürrenmatt lässt in der »Gestalt eines Schriftstellers« gleichsam einen »Weltenschöpfer« auftreten, der die gestörte Ordnung wiederherzustellen versucht (vgl. Bärfuss 2015, 90). In *Der Pensionierte* schließlich hört der Kommissär eine Radiosendung über einen Autor, der seine »erstarrte[...] Schöpferkraft« durch das Schreiben eines Krimis wiederzuerlangen versucht (vgl. WA 37, 160–163). Damit wird die Entstehung des Fragment gebliebenen Texts reflektiert und zugleich der mediale Diskurs über literarische Produktivität parodiert.

Der ›Tod des Autors‹, der in den Literaturwissenschaften im Gefolge von Barthes und Foucault seit Ende der 1960er Jahre diskutiert wird, beschäftigt Dürrenmatt in seinen ›Nobelpreisträgerstücken‹ in einem ganz konkreten Sinn: Der Nobelpreisträger Schwitter in *Der Meteor* möchte »ehrlich sterben ohne Fiktion und ohne Literatur« (WA 9, 24). Er wurde bereits für tot erklärt, ersteht aber immer wieder, während die Leute um ihn herum sterben. Für die spätere Theaterfassung *Dichterdämmerung* wird eine weitere Metaebene in die Handlung des Hörspiels *Abendstunde im Spätherbst* einzogen: Zuerst wird die Figur ›Autor‹ nach ihrem letzten Mord selbst ermordet, weil der Verfasser des Stücks, ›Dürrenmatt‹, einen neuen Schluss geschrieben habe (vgl. WA 9, 143–146); dann wird in einem Schlussmonolog »nur noch hypothe-

tisch« imaginiert, wie der »Autor des Autors«, ein »Autor hoch zwei«, mit dem gesamten Theater untergeht (vgl. 147–154). In beiden Stücken persifliert Dürrenmatt Autorschaft als gesellschaftliche Konstruktion und vermag zugleich sein Verschwinden von den Theaterbühnen literarisch produktiv zu verarbeiten.

Autor-Fiktion

Autobiografische Praktiken sind besonders geeignet, um das Selbstverständnis von Autorschaft zu inszenieren (vgl. Caduff 2008, 54). Die Misserfolge als Dramatiker führen Anfang der 1970er Jahre zu »Krisen des Autorselbstverständnisses und -bewußtseins« (Probst 2000, 68), die in Dürrenmatts Werk eine »autobiographische[...] Wende« einleiten (Weber 2012, 123). Das *Stoffe*-Projekt trägt den Charakter eines »erneuten Durchgangs durch das Werk«, mit dem der Autor sich selbst zum Stoff wird (ebd., 126 f.). Die Urszene seiner Autorschaft bildet eine gewaltige »Kotzerei«, mit der er sich aus der Lähmung durch die Kriegssituation befreit, um fortan »der Welt Welten entgegenzusetzen« und das Erdenken und Erfinden ins Zentrum seiner Produktionsästhetik zu stellen (WA 28, 66 f.).

Die ›Geschichte seiner Schriftstellerei‹ vergegenwärtigt sich Dürrenmatt anfangs im Dialog, insbesondere in einem 1975 mit Heinz Ludwig Arnold geführten Gespräch (G 2, 114–176). Von diesem angeregt, verdoppelt sich der Autor 1980 in einem Selbstinterview gleichsam selbst (WA 31, 139–167) – ein Verfahren, das vier Jahre später in einer Doppelgänger-Szene aus dem *Stoffe*-Kontext in die Fiktion hinein verlängert wird (SLA-FD-A-m110 II, 1a–4a, abgedruckt in Stingelin 2006, 273–279). Den Gedanken, dass Dramenfiguren Gedanken des Autors und als solche wirklich sind, bringt Dürrenmatt mit dem *Midas* auf die Bühne (vgl. WA 26, 169 f.). Das Resultat ist eine »verdoppelnde Vergegenständlichung der Autorinstanz im Text«, wobei die herkömmliche Vorstellung von schöpferischer Autorschaft durch die Eigendynamik der Werkgenese unterminiert wird (Stingelin 2006, 281 f.; vgl. 281–283). Im Stoff *Die Brücke* führt das Erzähler-Ich als Methode der (Selbst-)Erkenntnis gar dreizehn fingierte ›F. D.‹s ein (vgl. WA 29, 85–111).

Voraussetzung für die Rekapitulation des eigenen Werks im Rahmen des *Stoffe*-Projekts ist somit eine prinzipielle Destabilisierung eines festen Konzepts von Autorschaft. Am deutlichsten zutage tritt dies im *Nachwort zum Nachwort* der *Mitmacher*-Komödie (vgl. Weber 2012, 128–133). Wenn die Identität des

Autors eine Fiktion sei, stelle sich zwangsläufig die Frage, »wer denn zum Teufel da eigentlich schreibe« (WA 14, 231 f.). Autorschaft ist in dieser Perspektive nur als eine fingierte fassbar. In *Das Hirn* lässt Dürrenmatt sein Gehirn-im-Tank-Gedankenexperiment in der Einsicht kulminieren, dass letztlich unentscheidbar bleiben muss, ob das schreibende Ich Urheber oder Hervorbringung einer Fiktion ist (vgl. WA 29, 257 f.). Das einfache Kausalitätsverhältnis von Schöpfer und Geschöpf wird nunmehr durch ein zirkuläres ersetzt: Autor und Werk bringen sich gegenseitig hervor.

Forschungsperspektiven

Die vorwiegend das Frühwerk bestimmenden traditionellen Autorschaftsmodelle haben in der Forschung – abgesehen von der Schachspieler-Metapher (vgl. Weber/von Planta 1998) – deutlich weniger Aufmerksamkeit gefunden als deren originäre Reflexion und Überwindung im Spätwerk. Im *Winterkrieg in Tibet* greift Dürrenmatt in der theoretischen Exposition auf die Autorschaftsmodelle des *poeta faber* und des autonomen Schöpfers zurück; in der fiktionalen Durchführung setzt er mit der Figur des kritzelnden Söldners dann aber eine »zweifelhafte, ja postmoderne Autorschaft« ins Bild (Narindal 2013, 195 u. 197 f.). Mit seinem autofiktionalen *Stoffe*-Großprojekt reagiert er darauf, dass Autorschaft zu einer Funktion des öffentlichen Diskurses zu verkommen droht, und versucht, sich das eigene Werk »erneut anzueignen« und sich damit als Autor neu zu erfinden (Weber 2012, 137).

Vertieft analysiert zu werden, verdienen insbesondere die zahlreichen Autorfiguren im literarischen Werk, die Stellung des Autors Dürrenmatt als Instanz im öffentlichen Diskurs sowie die mediale (Selbst-)Inszenierung als Autor in Gesprächen, Reden oder Fotografien, aber auch im eigenen Bildwerk. Dadurch dürfte Dürrenmatts Werk noch deutlicher lesbar werden als ebenso eigenständige wie wirkungsmächtige Antwort auf den zeitgleich verkündeten ›Tod des Autors‹.

Literatur
Primärtexte, Quellen
Dichterdämmerung. In: WA 9, 97–156.
Der Doppelgänger. Ein Spiel. In: WA 1, 295–325.
Ein Engel kommt nach Babylon. In: WA 4, 9–123.
Das Hirn. In: WA 28, 233–263.
Literatur nicht aus Literatur. In: WA 30, 84–92.
Midas oder Die schwarze Leinwand. In: WA 26, 131–192.
Der Meteor. In: WA 9, 9–95.

Nachwort zum Nachwort. In: WA 14, 223–332.
Der Pensionierte. In: WA 37, 145–208.
Vom Schreiben. In: WA 32, 74–81.
Die Sekretärin. Eine Friedhofskomödie. Arbeitsexemplar und Reinschrift. März 1979. Schweizerisches Literaturarchiv, Sig. SLA-FD-A-m81.
Vom Sinn der Dichtung in unserer Zeit. In: WA 32, 60–69.
Der Tod des Sokrates. In: WA 29, 144–176.
Das Versprechen. In: WA 23, 9–163.
Der Winterkrieg in Tibet. In: WA 28, 11–170.

Sekundärliteratur
Bärfuss, Lukas: Friedrich Dürrenmatts *Das Versprechen*. In: Ders.: Stil und Moral. Essays. Göttingen 2015, 88–91.
Caduff, Corina: Selbstporträt, Autobiografie, Autorschaft. In: Dies., Tan Wälchli (Hg.): Autorschaft in den Künsten. Konzepte – Praktiken – Medien. Zürich 2008, 54–67.
Hoffmann, Torsten/Langer, Daniela: Autor. In: Thomas Anz (Hg.): Handbuch Literaturwissenschaft. Gegenstände und Begriffe. Stuttgart, Weimar 2013, Bd. 1, 131–170.
Mingels, Annette: Das Spiel mit dem Spiel im Spiel. Gefährliche Schachpartie in Dürrenmatts Dramenfragment *Die Sekretärin*. In: Stefan Koslowski, Andreas Kotte, Reto Sorg (Hg.): Berner Almanach. Theater. Bern 2000, Bd. 3, 248–263.
Narindal, Mathieu: Vom ›poeta faber‹ zur ›fabula‹. Zur Inszenierung von Autorschaft in Friedrich Dürrenmatts *Der Winterkrieg in Tibet*. In: Lucas Marco Gisi, Urs Meyer, Reto Sorg (Hg.): Medien der Autorschaft. Formen literarischer (Selbst-)Inszenierung von Brief und Tagebuch bis Fotografie und Interview. München 2013, 193–201.
Probst, Rudolf: Autobiographische Konzepte in der Entwicklung von Friedrich Dürrenmatts *Stoffen*. In: Peter Rusterholz, Irmgard Wirtz (Hg.): Die Verwandlung der *Stoffe* als Stoff der Verwandlung. Friedrich Dürrenmatts Spätwerk. Berlin 2000, 55–75.
Schmitz-Emans, Monika: Entwürfe und Revisionen der Dichterinstanz – poeta vates, poeta imitator, poeta creator. In: Anne Betten, Ulla Fix, Berbeli Wanning (Hg.): Handbuch Sprache in der Literatur. Berlin 2017, 205–235.
Stingelin, Martin: Ein Selbstporträt des Autors als Midas. Das Spannungsverhältnis zwischen Schrift und Bild in Friedrich Dürrenmatts Spätwerk. In: Davide Giuriato, Stephan Kammer (Hg.): Bilder der Handschrift. Die graphische Dimension der Literatur. Basel, Frankfurt a. M. 2006, 269–292.
Weber, Ulrich: »… immer noch mit dem unnützen Problem beschäftigt, ob der Identitätssatz A = A stimme«. Friedrich Dürrenmatts autofiktionales Spätwerk. In: Elio Pellin, Ders. (Hg.): »… all diese fingierten, notierten, in meinem Kopf ungefähr wieder zusammengesetzten Ichs«. Autobiographie und Autofiktion. Göttingen 2012, 121–151.
Weber, Ulrich/Planta, Anna von: Der Dichter als schachspielender Gott oder Von der Schwierigkeit, als Figur die Partie zu verstehen. Die Schachmetapher im Werk Friedrich Dürrenmatts. Bern 1998.

Lucas Marco Gisi

64 Einzelmensch – Institution – Gesellschaft

Einleitung

Schon früh wurde der Einzelne als wichtige Kategorie in Dürrenmatts Werk wahrgenommen. Dies hängt gewiss mit seinen zahlreichen Hinweisen auf einen Philosophen zusammen, die in der programmatischen Äußerung kulminierten: »Ohne Kierkegaard bin ich als Schriftsteller nicht zu verstehen« (WA 29, 125). Auch die Tatsache, dass er nach seinem Studium der Philosophie eine Dissertation über *Das Tragische bei Kierkegaard* geplant hatte, die er dann nie schrieb (vgl. WA 32, 138), dürfte dazu beigetragen haben, dass die Kategorie des Einzelnen als Inbegriff des subjektiv Existierenden sowohl als Denkform in Kierkegaards wie auch Dürrenmatts Werk analysiert wurde (vgl. Mingels 2003, 109 f.; Bühler 2013, 333 f.).

Diese Fokussierung auf den Einzelnen ist jedoch nicht unproblematisch, denn sie bietet lediglich eine partielle Sicht auf ein komplexeres Phänomen, mit dem sich Dürrenmatt im Verlauf seines Lebens sowohl im essayistischen als auch im literarischen Werk beschäftigt hat (vgl. Käppeli 2013, 17 f.). Aus diesem Grund wird im Folgenden die basale *Dualität* seines Mensch-Konzepts betont.

Der »Doppelbegriff« des Menschen

Dürrenmatt zufolge wird das menschliche Sein durch einen »Doppelbegriff« (WA 33, 56) adäquat erfasst, durch die dualen Begrifflichkeiten Besonderes und Allgemeines, Individuum und Gesellschaft sowie Freiheit und Gerechtigkeit, wie er im *Monstervortrag über Gerechtigkeit und Recht* (1969) ausführt. Soll nun eine gerechte Gesellschaftsordnung entwickelt werden, so gibt es ihm zufolge zwei Möglichkeiten. Gehen wir vom Individuum aus, dann besteht das Recht des Einzelnen darin, »er selbst zu sein« (57). Dieses Recht wird »Freiheit« genannt und ist die »existentielle Idee« der Gerechtigkeit, »der besondere Begriff« (57 f.). Das Recht der Gesellschaft hingegen besteht darin, die Freiheit des einzelnen Menschen zu garantieren, was sie aber nur kann, wenn sie die Freiheit des Einzelnen beschränkt. Dieses Recht wird gemäß Dürrenmatt »Gerechtigkeit« genannt und ist der »allgemeine Begriff der Gerechtigkeit« (57). Freiheit und Gerechtigkeit sind ihm zufolge die beiden Ideen, »mit denen die Politik operiert« (58).

Die Betrachtung des Menschen anhand dieses Doppelbegriffs ermöglicht es Dürrenmatt, das mathematische Gesetz der großen Zahlen in die soziopolitischen Reflexionen zu übertragen. Verkürzt ausgedrückt besagt das Gesetz, das z. B. in der Thermodynamik angewendet wird, dass etwa eine große Menge an Gasmolekülen (d. h. viele Menschen) statistisch berechenbar sind, während das einzelne Molekül (d. h. das Individuum) sich unberechenbar verhält (vgl. Käppeli 2013, 12 f.). Auf der Basis dieser Übertragung gelingt es Dürrenmatt nun, Aussagen über die Berechenbarkeit der Gesellschaft und des Individuums im 20. Jahrhundert zu treffen.

Er überträgt das Gesetz der großen Zahlen zuerst eins zu eins (vgl. WA 33, 108). Das exponentielle Bevölkerungswachstum führt Dürrenmatt aber dazu, auch kritische Grenzen des Wachstums zu betrachten. Aus diesem Grund präzisiert er seine Aussagen in Bezug auf die Berechenbarkeit von vielen Menschen in späteren Jahren (vgl. WA 28, 101 f.; Käppeli 2013, 115 f.). Dennoch bleibt er der Überzeugung, dass stets »das Suchen nach der Gerechtigkeit vor dem Suchen nach Freiheit kommen muß« (WA 33, 148), dass der allgemeine Begriff der Gerechtigkeit wichtiger ist als der individuelle (vgl. 108), verdeutlicht aber im Essay *Tschechoslowakei 1968*: »Die Freiheit des Geistes, die wir von jedem politischen System fordern müssen, ist allein deshalb die wichtigste politische Forderung, weil nur durch sie jene kritische Politik möglich ist, die aus dem Staat keinen mythologischen Popanz, sondern eine menschliche Institution macht« (WA 34, 38 f.).

Auch in Dürrenmatts Theaterstücken ist der Doppelbegriff des Menschen bestimmend. Ein Fokus liegt, wie er im Essay *Theaterprobleme* 1954 ausführt, auf der Darstellung des Einzelnen als »mutigen Menschen«: »Es ist immer noch möglich, den mutigen Menschen zu zeigen. Dies ist denn auch eines meiner Hauptanliegen. Der Blinde, Romulus, Übelohe, Akki sind mutige Menschen. Die verlorene Weltordnung wird in ihrer Brust wieder hergestellt« (WA 30, 63). Dürrenmatt stellt sich zudem die Frage, wann sich der Einzelne aus der Gesellschaft herauszukristallisieren beginnt. Ein erster vorsichtiger Versuch findet sich in der zitierten Stelle, eine weitere ähnliche Passage im Essay *Vom Sinn der Dichtung in unserer Zeit* (1956). Dürrenmatt schreibt, dass der Mensch aufgrund des Bevölkerungswachstums das Gefühl habe, »einem boshaften, unpersönlichen, abstrakten Staatsungeheuer gegenüberzustehen« (WA 32, 64). »Die Chance

J. B. Metzler © Springer-Verlag GmbH Deutschland, ein Teil von Springer Nature, 2020
U. Weber / A. Mauz / M. Stingelin (Hg.), *Dürrenmatt-Handbuch*, https://doi.org/10.1007/978-3-476-05314-5_64

liegt allein noch beim Einzelnen. Der Einzelne hat die Welt zu bestehen. Von ihm aus ist alles wieder zu gewinnen« (67). Diesen Gedankengang nimmt er im *Nachwort* des *Mitmacher-Komplexes* auf und verdeutlicht: »Wird das Allgemeine ungerecht, negativ, dann wird der Einzelne geboren, wird sich der Einzelne als Einzelner bewußt« (WA 14, 197). Die Einzelnen, Dürrenmatts mutige Menschen und – später – die ironischen Helden (vgl. 202), sind in den Komödien somit ein Epiphänomen der negativen korrupten Gesellschaft, die auf der Bühne dargestellt wird. Sie wagen es, aus den ungerecht gewordenen Systemen auszubrechen und sich gegen die herrschenden Regeln und Gesetze aufzulehnen.

Dürrenmatt beschäftigt sich aber auch mit der Frage, wie er die moderne Gesellschaft auf der Bühne adäquat darstellen kann. Versucht er etwa mit *Romulus der Große* (1949) noch an die antike Stofftradition anzuknüpfen, den Staat durch das Sinnbild der Familie darzustellen, verschiebt sich sein Fokus in *Frank der Fünfte* (1959) und *Der Mitmacher* (1973) auf die ökonomischen Institutionen der Gesellschaft (vgl. G 1, 116 f.).

In der diachronen Betrachtung der Theaterstücke ist interessant, dass Dürrenmatt z. B. in *Der Besuch der alten Dame* oder *Die Ehe des Herrn Mississippi* einzelne Institutionen, wie die politischen, ökonomischen, rechtlichen oder sinnstiftenden, die ein Gesellschaftssystem ausmachen, noch personalisiert darstellen kann. Es fällt ihm aber zunehmend schwer, die immer komplexer und undurchschaubarer werdende Welt auf der Bühne über diese Personalisierung darzustellen. Der Versuch, die zunehmende Entdifferenzierung der Gesellschaft in *Frank der Fünfte* und vor allem *Der Mitmacher* theatralisch zu zeigen, wird nicht mehr verstanden und führt zu Dürrenmatts »Abschied vom Theater« (Käser 2003, 179).

Diskussion

Auf die Frage nach den großen Themen in seinem Werk zählt Dürrenmatt 1985 den Einzelnen auf: »[d]er Rebell (die ewige Rebellion), Atlas (das Weltertragen), Sisyphos (das Nieaufgeben), Minotaurus (der Vereinzelte), das Labyrinth (das undurchschaubar gewordene Ich, die undurchschaubar gewordene Politik, die undurchschaubar gewordene Technik, der undurch-

schaubar gewordene Kosmos)« (G 3, 217). Dieser Fokus auf den Einzelnen ist denn auch vielfach untersucht worden (vgl. z. B. Mingels 2003, 109 f.). Zugleich merkt Dürrenmatt an, dass auch das Labyrinth, die undurchschaubar gewordene Welt, zu den großen Themen seines Werks gehöre. Seine Reflexionen über die Gesellschaft als Ganzes und die Institutionen, die sie ausmachen, sind u. a. stark geprägt vom Problem des Bevölkerungswachstums, das dazu führt, dass die Welt immer komplexer wird. Während sich Dürrenmatt in seinem essayistischen Werk weiter mit diesen Zusammenhängen beschäftigt (vgl. Käppeli 2013, 219 u. 265–267), führt ihre erschwerte Darstellbarkeit auf der Bühne zu einer vermehrten Thematisierung in seiner späten Prosa (vgl. Käser 2003, 179; Weber 2003, 75–78).

Literatur

Primärtexte

Der Mitmacher. Nachwort. In: WA 14, 95–221.

[Gespräch mit] Horst Bienek [1961]. In: G 1, 114–131.

[Gespräch mit] Fritz J. Raddatz [1985]. In: G 3, 211–230.

Labyrinth. Stoffe I–III. In: WA 28, 101 f.

Monstervortrag über Gerechtigkeit und Recht, nebst einem helvetischen Zwischenspiel. Eine kleine Dramaturgie der Politik. In: WA 33, 36–107.

Rede von einem Bett auf der Bühne aus. In: WA 32, 138.

Theaterprobleme. In: WA 30, 31–72.

Tschechoslowakei 1968. In: WA 34, 35–42.

Turmbau. Stoffe IV–IX. In: WA 29, 125.

Überlegungen zum Gesetz der großen Zahl. In: WA 33, 108–124.

Über Toleranz. In: WA 33, 125–149.

Vom Sinn der Dichtung in unserer Zeit. In: WA 32, 60–69.

Sekundärliteratur

Bühler, Pierre: Friedrich Dürrenmatt: un écrivain s'inspire de Kierkegaard. In: Revue de théologie et de philosophie 63 (2013), 3–4, 325–335.

Käppeli, Patricia: Politische Systeme bei Friedrich Dürrenmatt. Eine Analyse des essayistischen und dramatischen Werks. Köln 2013.

Käser, Rudolf: »Fernsehkameras ersetzten das menschliche Auge.« Friedrich Dürrenmatts Spätwerk im Spannungsfeld von Wissenschaftsgeschichte und Medientheorie. In: Text + Kritik 50/51 (2003), 167–182.

Mingels, Annette: Dürrenmatt und Kierkegaard. Die Kategorie des Einzelnen als gemeinsame Denkform. Köln 2003.

Weber, Ulrich: Elternsuche und Ideologiekritik. Die *Stoffe*-Erzählung *Der Rebell* und Dürrenmatts wiederholte Kassner-Lektüre. In: Text + Kritik 50/51 (2003), 73–86.

Patricia Käppeli

65 Geld/Ökonomie

Ein durchgängiges Thema im historischen Kontext

Das Geld findet sich als Motiv beinahe in jedem Text von Dürrenmatt, von *Romulus der Große* (1949), wo er »seine erste Finanzkrise auf die Bühne [bringt]: eine Staatspleite im Großformat« (Cuonz 2018, 305), bis zum Roman *Durcheinandertal* (1989), in dem Moses Melker eine Theologie der Gnade für Millionäre predigt.

Dürrenmatt hat wenig theoretische Reflexionen zum Charakter des Geldes publiziert. Im Gegensatz zu den Naturwissenschaften hat er sich – sieht man von Karl Marx' *Kapital* ab – kaum mit ökonomischer Literatur auseinandergesetzt. Sein Bild von ökonomischen Funktionsmechanismen war zum einen gewiss literarisch vermittelt, war er doch etwa ein bekennender Balzac-Leser (vgl. WA 32, 113). Zum andern war es durch die Schweiz der Nachkriegszeit geprägt. Mit einem durch die Neutralität und die Kriegsgeschäfte bedingten Startvorsprung profitierte diese vom westeuropäischen »Wirtschaftswunder« (Tanner 2015, 330); zugleich war sie von heftigen Klassenkämpfen verschont geblieben durch einen »koordinierten, kooperativen Kapitalismus, der die lohn- und sozialpolitischen Aspirationen der Linken und die Stabilitätsbedürfnisse mittelständischer Wirtschaftsgruppen in seinen Funktionsmodus integriere« (Tanner 2015, 297).

Im Roman *Justiz* skizziert Dürrenmatt eine von der Wirtschaft dominierte, der protestantischen Ethik verpflichtete moderne Schweiz – zunächst in ihrer Entwicklung seit dem 19. Jahrhundert: »Eine radikale Wende zu Geschäft und Gewerbe setzte ein«; »emsiger Fleiß überall, steigender Reichtum, doch ohne Verschwendung, leider auch ohne Glanz. [...] Banken wurden gegründet [...]. Alles mußte rentieren und rentierte« (WA 25, 39). Anschließend – explizit auf die mit 1957 datierte Gegenwart bezogen – die Bilanz: »Unser kleines Land [...] ist in Wirklichkeit von der Geschichte abgetreten, als es ins große Geschäft eintrat« (41).

Signum der Moderne und Mythos

Die Funktionsweise des Geldes beobachtet Dürrenmatt im Rahmen des Antagonismus des Kalten Krieges zwischen Sozialismus und Kapitalismus. Im *Monstervortrag über Gerechtigkeit und Recht* (1969) stellt er – ausgehend von einer Geschichte wie aus *Tausendundeiner Nacht* über einen verlorenen bzw. gestohlenen Geldbeutel – das sozialistische Gute-Hirte-Spiel dem kapitalistischen Wolfsspiel gegenüber. Aus der Überzeugung heraus, dass der Kapitalismus »kein System, sondern ein Ausdruck des Menschen« (G 3, 241) sei, lässt er die beiden gegensätzlichen Spiele an Konvergenzpunkten gelangen.

Auch wenn Geld geradezu als anthropologische Konstante erscheint, erweist sich für Dürrenmatt die Dominanz des Geldes – ähnlich wie der Zufall, der in Dürrenmatts Dramaturgie an die Stelle schicksalhafter Mächte tritt – als Signum der Moderne. Indem er es als dramaturgischen Faktor einbezieht, sucht Dürrenmatt nach Möglichkeiten, eine anonyme Welt ins Sichtbare zu rücken. Dies ist insofern ein paradoxes Unternehmen, als das Geld selbst einer jener quantifizierenden Faktoren ist, die zur Abstraktheit moderner Machtstrukturen führen. Dürrenmatt entwickelt variierende Modelle eines modernen Welttheaters, in dem moralische und finanzielle Schuld verschränkt sind. Das Geld ist nicht nur ein Motor moderner Gesellschaft, sondern es wird zugleich überhöht zu einem trügerischen Versprechen, das – mit Anklängen an die alttestamentliche Geschichte vom Tanz um das goldene Kalb (2. Mose 32,1–4) – die Menschen in Versuchung bringt.

In *Der Besuch der alten Dame* (1956) entfaltet das Geld sein Korruptionspotential mit einer Übermacht, die es zu einer analogen Funktion wie die des Schicksals in der antiken Tragödie oder des Schöpfers im Welttheater bringt (»mit meiner Finanzkraft leistet man sich eine Weltordnung«, WA 5, 91). In den teuren gelben Schuhen, die sich die Güllener Bürger auf Kredit kaufen, findet die Konstellation ›Reichtum auf der Grundlage einer nicht gedeckten (moralischen) Schuld‹ ihr Dingsymbol.

Letale Dynamik der Ökonomie

Frank der Fünfte (1958), die komische *Oper einer Privatbank*, handelt von einem in ökonomischem Niedergang begriffenen Institut, dessen Prinzip der Betrug an den Kunden ist. Keiner und keine der Mitarbeitenden darf das Geheimnis preisgeben. So dezimiert sich das Personal selbst; wer aus dem Geschäft austreten will, muss liquidiert werden. Emblematisch für diese letale Dimension steht ein Bild, das Dürrenmatt im Zusammenhang mit dem Stück gemalt hat. *Die letzte Generalversammlung der Eidgenössischen*

J. B. Metzler © Springer-Verlag GmbH Deutschland, ein Teil von Springer Nature, 2020
U. Weber / A. Mauz / M. Stingelin (Hg.), *Dürrenmatt-Handbuch*, https://doi.org/10.1007/978-3-476-05314-5_65

Bankanstalt (1966; s. Abb. 77.1) zeigt – in Anklang an die vierte Szene des Stücks – eine Versammlung der Aktionäre oder Aufsichtsräte einer Bank, die sich in einem kollektiven Akt das Leben nehmen. Das Bild ist kompositorisch eine parodistische Kontrafaktur: ein Abendmahl ohne Christus oder eine Ansammlung von Judas-Selbstmördern. Das Gemälde konzentriert in einem Augenblick, was sich im Stück als Prozess vollzieht. Der Bezug Religion – Geld prägt dieses durchgehend. Als Motto steht über der Bühne: »Handelt, bis dass ich wiederkomme« (Lk 19,13). Während in Jesu Gleichnis vom reichen Kaufmann das Geld des Kaufmanns ein Sinnbild für den Glauben ist, degradiert Dürrenmatt religiöse Motive und Bilder zu euphemistischen Gleichnissen für das Geld; der *sensus spiritualis* wird gewissermaßen auf den Boden des *sensus literalis* zurückgeholt.

Im Überblick seiner Erscheinungsformen zeigt sich das Geld in Dürrenmatts Werk als lebensfeindliches Prinzip; immer wieder stehen seine Protagonisten vor der Wahl zwischen einem Leben in Liebe und Anstand einerseits, dem Geld bzw. der Hoffnung auf Reichtum andererseits – und treffen meist die falsche Wahl. In *Frank der Fünfte* ist es Personalchef Egli, in *Der Mitmacher* (1973) der Titelheld, der die Chance zum Ausstieg aus dem Geschäft mit der Geliebten verpasst.

Freiheit vom Geld und Tendenz zum totalen ökonomischen System

Doch gibt es auch Gegenbeispiele wie Akki, den Meisterbettler in *Ein Engel kommt nach Babylon*, der sich Schätze erbettelt, um sie wieder zu verschenken und zu verschleudern, und so seine Freiheit gerade im unökonomischen Umgang mit dem Geld bestärkt. In *Der Mitmacher* und *Smithy* ist eine ähnliche Freiheit für Cop bzw. Smithy nur um den Preis des Todes zu erreichen.

Dürrenmatt setzt bei seinen szenischen Experimenten die Effekte des Geldes auf unterschiedlichen Ebenen an: Ist es zunächst und immer wieder das Individuum, so ist es im *Besuch der alten Dame* ein künstlich isoliertes Gemeinwesen und in *Frank der Fünfte* ein verschworenes wirtschaftliches Kollektiv, eine Institution, die der pekuniären Verlockung erliegt. In der Komödie *Der Mitmacher* zeigt Dürrenmatt schließlich die Mechanismen eines Systems, das alle moralischen Kriterien verabschiedet hat, ausschließlich nach dem Prinzip der Ökonomie funktioniert – die Leichen werden konsequent als »Ware«

(z. B. WA 14, 91) bezeichnet – und dabei einen gegenüber den Individuen mörderischen Prozess der Systemintegration realisiert. Am Schluss ist auch das mafiöse Unternehmen dem korrupten Staat einverleibt.

Noch Dürrenmatts letzter Text handelt vom Geld: In *Midas oder Die schwarze Leinwand* (1991) überlagern sich die Geschichte des Unternehmers Green, der das ökonomische Überleben der Firma und seiner Familie mit seinem als Unfall inszenierten Suizid retten könnte, und der antike Mythos von König Midas. Diesem wird der Wunsch erfüllt, dass alles, was er berührt, zu Gold wird. Die Gabe wird ihm zum Fluch, da er nichts mehr essen kann und selbst die Geliebte zu Gold erstarrt. In Ovids Version, die Dürrenmatt zitiert (vgl. WA 26, 146 f.), wird Midas gerettet, indem er Reue über seinen törichten Wunsch zeigt. Während in *Midas oder Die schwarze Leinwand* der Ausgang offen bleibt, führt Dürrenmatt diese Idee in einer nachgelassenen Balladenversion des Stoffs von 1984 radikal zu Ende: Der verzweifelte Midas verwandelt all seine Geschäftspartner zu Gold, am Schluss greift er sich selbst an den Hals und erstarrt zu einer Goldstatue (vgl. Dürrenmatt 1993, 61). Indem Dürrenmatt eine ganze Reihe von Selbstporträts als Midas gezeichnet hat, weist er indirekt auf eine weitere Deutungsperspektive hin: Die Gabe, alles in Gold zu verwandeln, kann zum einen auf Dürrenmatts erschriebenen Reichtum bezogen werden, zum andern auch auf eine spezifische Tragik des Künstlers. Alle Menschen, denen er begegnet, verwandeln sich unter seiner Hand in künstlerischen Stoff, in Literatur und Bilder. Mitten in dieser zu Kunst erstarrten, ›vergoldeten‹ Welt macht sich der Autor in seiner unausweichlichen Einsamkeit selbst zum Stoff: Der sich selbst an den Hals greifende, sich vergoldende Unternehmer ist *auch* ein indirektes Bild für die Leitfrage des großen Spätwerks der *Stoffe*, »ob man selbst ein Stoff zu werden vermag« (WA 29, 225).

Trotz der zentralen Bedeutung des Geldes in Dürrenmatts Werk bleibt eine vertiefte Untersuchung der Zusammenhänge von literarischer Gestaltung und ökonomischer Thematik sowie eine literaturgeschichtliche Verortung unter diesem Gesichtspunkt ein Desiderat der Forschung.

Literatur
Primärtexte
Der Besuch der alten Dame. WA 7.
Frank der Fünfte. WA 8.
Midas oder Die schwarze Leinwand. In: WA 26, 131–192.
Midas [Ballade, postum publiziert]. In: Das Mögliche ist
    ungeheuer. Zürich 1993, 38–61.

Der Mitmacher. WA 14.

Monstervortrag über Gerechtigkeit und Recht, nebst einem helvetischen Zwischenspiel. Eine kleine Dramaturgie der Politik. In: WA 33, 36–107.

Sekundärliteratur

Cuonz, Daniel: Weltbankrott und Welttheater: Dürrenmatt. In: Ders.: Die Sprache des verschuldeten Menschen. Paderborn 2018, 303–326.

Tanner, Jakob: Geschichte der Schweiz im 20. Jahrhundert. München 2015.

Vogl, Joseph/Burkhardt, Wolf: Handbuch Literatur & Ökonomie. Berlin 2020.

Ulrich Weber

66 Geschichte

Friedrich Dürrenmatt hat sich nicht nur in seinen Essays, sondern auch in den Theaterstücken, Kriminalromanen, Hörspielen und Gedichten intensiv mit der Geschichtsschreibung auseinandergesetzt. Seine Interventionen in vergangenheitspolitische Debatten sollen hier ebenso dargestellt werden wie die bis heute fortdauernden Kontroversen um die Rolle von Fakten in fiktionalen Erzählungen.

Fakten und Fiktionen

Dürrenmatt gehört nach eigener Aussage »zu den Gedankenschlossern und -konstrukteuren, die Mühe haben, mit ihren Einfällen fertig zu werden« (WA 28, 14). Er könne nicht anders, als »ins Blaue hinein zu schreiben« (WA 30, 66). Gerade deshalb beharrt er auf einem Begriff von Wirklichkeit, der das Schreiben wiederum in Schranken zwingt und dabei eine unproduktive Gegenüberstellung Literatur = Fiktionen vs. Historie = Fakten unterläuft.

Gleichzeitig wendet sich Dürrenmatt gegen die simple Gleichsetzung von literarischer und historischer Tätigkeit. Um die Differenz zu verdeutlichen, rekurriert er mehrmals auf die aristotelische Unterscheidung von Geschichtsschreibung als einer Darstellung dessen, was geschah, und von Dichtung als einer Auseinandersetzung mit dem, was hätte geschehen können, was – in anderen Worten – ins Reich des Wahrscheinlichen gehört (vgl. WA 30, 34 u. 183 f.; Aristoteles' *Poetik*, Kap. 9). Der Historiker und der Dramatiker suchten beide nach »Möglichkeiten der Darstellung des Ereignisses« (WA 30, 206). Beiden gehe es um die Wirklichkeit. Während die Geschichtsschreibung Fakten aus Quellen erkunde, nutze der Dichter Fiktionalisierungstechniken für seine »Analyse unserer Wirklichkeit« (ebd.). Er beschreibe die Wirklichkeit »vermittels einer Fiktion« und tue dabei so, »als ob sich die Wirklichkeit mit Fiktion beschreiben ließe, und in Wahrheit läßt sie sich nicht anders beschreiben« (207); denn »die Möglichkeit, an die der Mensch glaubt, hängt mit seiner Interpretation der Wirklichkeit zusammen« (184).

Mit dieser Einsicht reflektiert Dürrenmatt auch die für die Moderne grundlegende Erfahrung der Katastrophe: Hier wird die im ontologischen Bereich sich abspielende Wirklichkeit vom Unwahrscheinlichen eingeholt. Das, womit niemand rechnet, tritt ein. In der Literatur lässt sich mit den logischen Fiktionen ei-

ner Panne, eines Unfalls, einer Unterbrechung, eines Schocks operieren (vgl. 204 f.). Dürrenmatt schafft dafür den Topos der ›schlimmstmöglichen Wendung‹ (s. Kap. 98). Er insistiert auf der Kontingenz und ironisiert das illusionäre Bemühen, das Ungewisse in ein berechenbares Risiko zu übersetzen.

Wenn das Wirkliche und das Wahre das Fiktionale inkludieren, so muss sich die Geschichtswissenschaft über die Wirkung der Einbildungskraft in ihren Erzählverfahren klar werden. Dürrenmatt liefert produktive Vorschläge, wie das geschehen könnte. In der Einleitung zu *Der Winterkrieg in Tibet* – einer fantastischen Projektion eines dritten Weltkrieges –, wirft er den Blick in den zeitlichen Abgrund der Kosmologie: »Was die Zeit zurückläßt, ist Vergangenheit und damit nur noch mittelbar. Was wir Weltgeschichte nennen, gleicht vorerst einem Blick auf den Andromedanebel. Auch dieser liegt unerreichbar in der Vergangenheit, zweieinhalb Millionen Jahre zurück, sein Licht, das wir erblicken, verließ ihn im ersten Aufdämmern der Menschheit« (WA 28, 53).

Diese Passage enthält in komprimierter Form das Geschichtsverständnis Dürrenmatts. Geschichte und Literatur gleichen sich darin, dass sie von bildhaften Geschichten ausgehen, die sich in transdisziplinären, intertextuellen sowie intermedialen Kontexten formen (Weber 2014). Dürrenmatt ist auch Maler, und er bewegt sich auf der Höhe zeitgenössischer naturwissenschaftlicher Weltentwürfe. Er sprengt die im 19. Jahrhundert von Dilthey eingeführte und in den 1950er Jahren von C. P. Snow popularisierte Vorstellung der ›zwei Kulturen‹ der Wissenschaft. Da der Vorrat an basalen Bildern, die in Literatur und Geschichtsschreibung das Schreiben inspirieren, beschränkt ist, sind Wiederholungen und Ähnlichkeiten unvermeidlich (vgl. WA 35, 80 f.). Dürrenmatt klopft seine ›Stoffe‹ unentwegt nach solchen Bildern und damit nach den Möglichkeiten ab, sie auf die Bühne zu bringen. Das geht nicht ohne Stilisierung, und das verbindet erneut Dichtung und Geschichtsschreibung. Letztere muss in den Myriaden von Details Handlungs- und Wirkungsmuster erkennbar machen, ansonsten würde sie auf »reine Dokumentation« reduziert und zu einer »unermeßlichen Bibliothek anwachsen«, die dann nicht mehr sein könnte als »eine Bibliothek von verschwommenen Erinnerungsfetzen« (WA 28, 55 f.). Jedes historische Narrativ basiert somit auf Verallgemeinerungsstrategien, die von unterschiedlichen Prämissen ausgehen und verschiedene Zeiträume betreffen. Dies wiederum setzt die Vergangenheit in den Plural. Dürrenmatt antizipiert hier eine Diskussion, die heute in

J. B. Metzler © Springer-Verlag GmbH Deutschland, ein Teil von Springer Nature, 2020
U. Weber / A. Mauz / M. Stingelin (Hg.), *Dürrenmatt-Handbuch*, https://doi.org/10.1007/978-3-476-05314-5_66

der Geschichtswissenschaft unter dem Stichwort ›Anthropozän‹ geführt wird: Wie lassen sich Veränderungen unterschiedlicher Dauer aufeinander beziehen, und wie hängen insbesondere die Milliarden Jahre alte geologische Zeit des Planeten Erde mit der vergleichsweise kurzen Zeitdauer technisch bewaffneter Menschen zusammen?

Geschichte in Texten

Dürrenmatt kennt sich in Geschichte aus (»ich studiere ja überhaupt immer Geschichte«, G 2, 164) und gesteht gleichzeitig ein, er sei »durch jeden Historiker zu widerlegen, umso mehr als ich keiner bin« (WA 35, 147). Er greift immer wieder große Themen und herausragende Ereignisse auf, so etwa in seinen frühen Theaterstücken *Es steht geschrieben* (1947) und *Romulus der Große* (1949). Letzteres trägt den Untertitel *Eine ungeschichtliche historische Komödie*. Das Oxymoron verweist auf ein radikal synthetisches Geschichtsmodell, das historische Fakten nicht ignoriert, sondern sie im Modus der Ironie zu zeitgeschichtlichen Parabeln verdichtet.

So sehr Dürrenmatt laufend erfindet, so wenig hält er vom unverbindlichen Fabulieren. Er weiß um die historisch verbürgten Vorgänge – in den genannten Dramen das ›Täuferreich‹ von Münster der 1530er Jahre bzw. der Untergang des römischen Reiches im 5. Jahrhundert –, verpasst diesen indes eine poetische Drehung und sichert sich damit jenen dichterischen Freiheitgrad, der es ihm ermöglicht, »Strukturen der menschlichen Gemeinschaft selbst zum Handlungsträger zu machen« (zit. nach Mayer 1992, 42), und Anachronismen um ihrer Aufklärung willen zu reproduzieren (vgl. Bursch 2006, 209). Paradigmatisch zeigt sich das auch in *Frank der Fünfte* (1958). In dieser *Komödie einer Privatbank* wird der Modus operandi einer durch Sklavenhandel und betrügerische Transaktionen reich gewordenen korrupten »Gangsterbank« (WA 6, 22) vorgestellt, welche ihre »durch Tradition geheiligten Geschäftsmethoden« (36) mit schurkischer Energie in einer krisenhaften Gegenwart erfolgreich an neue Bedingungen anpasst: »Sei's hier, sei's dort, sei's anderswo« (129).

Die Geschichtsschreibung kann nicht einfach in einem solchen Möglichkeitsraum unterwegs sein. Sie schafft »Fakten [...], die nicht mehr zu umgehen sind« (WA 30, 67). Dies schränkt den Spielraum für literarische Werke ein und entzieht dem Autor gut erforschte Stoffe: »Hätte Shakespeare unser Wissen über Rom besessen, hätte er den *Caesar* nicht geschrieben, weil ihm in diesem Augenblick notwendigerweise die Souveränität abhanden gekommen wäre« (ebd.). Auch Schiller vermochte noch seine Versdramen »aus der Geschichte« herauszusuchen und auf dem fragmentarischen Wissen von dem, »was geschehen war«, aufzubauen (WA 30, 107). Je mehr Fakten die Wissenschaft schuf, desto stärker wurden dem Künstler die frei gestaltbaren Stoffe entzogen. Folge war eine Verschiebung von einer »Dramaturgie der vorhandenen Stoffe« zu einer der »erfundenen Stoffe« (WA 30, 68). Letztere leben von der Parodie des Wirklichen, wodurch die Komödie zur adäquaten Theaterform aufsteigt – und zwar als »Mausefalle, in die das Publikum immer wieder gerät« (64; vgl. Bursch 2006; Kost 1996).

Dürrenmatt verfügt über ein untrügliches Sensorium für wichtige Themen und blinde Flecken der Erinnerungskultur. Als Diagnostiker, der sich als solcher vom Therapeuten unterscheiden wollte, verfasste er viele mit stupendem historischem Wissen angereicherte Essays zu Zeitfragen (Kalter Krieg, Israel und Palästina, Atombombe etc.). Im ›helvetischen Zwischenspiel‹ des *Monstervortrag über Gerechtigkeit und Recht* (1969) sowie im Fragment *Zur Dramaturgie der Schweiz* (1968/70) sucht er im Stoff der Schweizergeschichte das Material für international dechiffrierbare Allegorien. Er fragt nach den »Möglichkeiten, aus bestimmten Konflikten und Aspekten der Schweiz Theater entstehen zu lassen« (WA 34, 60). Im *Monstervortrag* (1969) entwickelt er die weltläufige Parabel des ›Wolfs im Schafpelz‹, welche er als Metapher für Kapitalismus generalisiert und dem ›Gute-Hirte-Spiel‹ – dem Sozialismus – gegenüberstellt (vgl. WA 33, 48–52).

Längst bevor sich die akademische Geschichtsschreibung ernsthaft mit diesen Fragen auseinanderzusetzen beginnt, kritisiert er mit spitzer Feder den Umgang des neutralen Kleinstaates mit seiner Vergangenheit (Holenstein 2018). Dazu gehört auch eine Vergegenwärtigung seiner eigenen geistigen Verstrickung in den Aufstieg des Nationalsozialismus, auf die er in *Mondfinsternis* eingeht. In mehreren Schüben karikiert er die »Groteske des Verschontseins« im Zweiten Weltkrieg (WA 28, 67) und wählt dafür ein ikonisches Bild: »Tell spannte zwar die Armbrust, doch grüßte er den Hut ein wenig – beinahe fast nicht –, und das Heldentum blieb uns erspart« (WA 34, 63 f.). Kompensatorisch inszeniere sich dasselbe Land im Kalten Krieg in einer heroischen Rolle: »Unser übertriebener Antikommunismus ist zu einem Ritual geworden, zu einem Stammestanz der Schweizer.

[...] Da wir keine Kriegshelden waren, wollen wir nun wenigsten die Helden des kalten Krieges sein« (65 f.). Damit korrespondiert die »Zaubergleichung« rot gleich braun, in welcher Dürrenmatt den »dramaturgischen Kniff« schweizerischer Politik erkennt (64), mit der aber kein gutes Theater zu machen sei; seine Aufmerksamkeit richtet sich deshalb auf »bessere Stoffe als unsere bewältigte Vergangenheit« (69).

Forschungskontroversen

Bis zu seiner letzten in der Schweiz gehaltenen Rede *Die Schweiz – ein Gefängnis* (1990) hat sich Dürrenmatt pointiert zur Geschichte der Schweiz geäußert. Er wandte sich gegen die These eines ›Sonderfalls‹. Und auch wenn viele seiner Theaterstücke durchaus »mit der Schweiz zu tun« haben, so wäre es, so der Germanist Hans Mayer, »ganz töricht, daraus zu folgern zu wollen, Dürrenmatt ›meine‹ die Schweiz« (Mayer 1992, 40). Der Dramatiker sehe vielmehr in der heutigen Schweiz ein Modell, das ihm »das ›Denken von Welten‹« erlaube (ebd.). Mayer spricht von einem »Metaphysiker, der gleichzeitig ein Aufklärer bleibt«, und der »den Mikrokosmos Schweiz als Makrokosmos« verstehe: »Das muss ein Ärgernis geben. Güllen [der Schauplatz von *Der Besuch der alten Dame*] liegt in der Schweiz, aber es ist viel größer als die Schweiz« (ebd., 83). Umstritten bleibt, wie weit nur ein durch helvetische Verhältnisse geeichter Autor es fertigbringen konnte, solche mit unverkennbarem Lokalkolorit angereicherte Parabeln weltweit in Zirkulation zu bringen.

Eine weitere Diskussion dreht sich um das Indizienparadigma in der Geschichtsschreibung. Dürrenmatts ›Krimis‹ sind der Methode der »Spurensicherung« (Carlo Ginzburg) verpflichtet. Insbesondere der anfangs der 1950er Jahre veröffentlichte Roman *Der Verdacht*, der die nationalsozialistischen Medizinverbrechen zum Thema hat, zeichnet detailgestützte Rekonstruktionsverfahren nach. Wie diese für die historische Forschung genutzt werden können, wird unterschiedlich beurteilt. Dasselbe gilt für den Begriff der »Situation« (WA 30, 36), in der sich Handlungsstränge verknoten und kontingente Wirkungen zu beobachten sind.

Eine dritte Kontroverse kreist um die philosophisch-politischen Implikationen des Geschichtsverständnisses von Dürrenmatt. Peter von Matt kontrastierte ihn als konservativen Skeptiker mit dem liberal-progressiven Gläubigen Max Frisch (von Matt 2012).

Dagegen wurde fundiert eingewandt, auch Dürrenmatt habe auf eine Veränderung der Welt zum Positiven gedrängt und seine Stücke als kritische Aufklärung des Publikums verstanden (Käppeli 2013). Dennoch ist er kein Anhänger des ›Prinzips Hoffnung‹. Mit seinem Sarkasmus vaporisiert er jeden teleologischen Fortschrittsglauben; in seinen Denkbewegungen schlägt das Vernünftige nur allzu oft ins Paradoxe um (vgl. WA 30, 185). Stets hält er am »Wissen um die sinnlose Wirkungslosigkeit« menschlichen Tuns fest (WA 36, 108). Das Korrelat dazu ist ein kritischer Blick auf die gesellschaftliche Wirklichkeit. In der Rede *Tschechoslowakei 1968* qualifiziert er »unser Zeitalter« blockübergreifend als das »der politischen Verbrecher« (WA 34, 36).

Solche Aussagen und eine unerbittliche Institutionenkritik, wie sie in *Die Heimat im Plakat* (1961) zum Ausdruck kommt, tragen Dürrenmatt Attribute wie ›zynisch‹ und ›nihilistisch‹ ein. Praktisch beschwört er die »Illusionskraft der Bühne« (WA 10, 130), theoretisch ist er illusionslos. Er spricht vom stur sich drehenden »Rad der Geschichte« (WA 35, 73). Damit redet er nicht einer zyklischen Wiederkehr des Immergleichen das Wort. Dennoch gibt es für ihn keine Fluchtperspektiven: »Der Mensch ist unvollkommen. Die Wirklichkeit, die er sich schafft, ist immer vom Menschen bedroht« (WA 34, 41 f.). Für Dürrenmatt bleibt der Turm zu Babel das »Sinnbild der menschlichen Hybris«, und was »die Menschheit hinterlassen wird, sind ihre Ruinen« (WA 32, 206).

Literatur
Primärtexte
Zur Dramaturgie der Schweiz. Fragment (1968/1970). In: WA 34, 60–76.
Es steht geschrieben. Ein Drama. In: WA 1, 9–148.
Frank der Fünfte. Komödie einer Privatbank. WA 6.
Monstervortrag über Gerechtigkeit und Recht, nebst einem helvetischen Zwischenspiel. Eine kleine Dramaturgie der Politik. In: WA 33, 36–107.
Romulus der Große. Eine ungeschichtliche historische Komödie in vier Akten. WA 2.
Der Winterkrieg in Tibet. In: WA 28, 11–170.

Sekundärliteratur
Bursch, Roland: »Wir dichten die Geschichte«. Adaption und Konstruktion von Historie bei Friedrich Dürrenmatt. Würzburg 2006.
Grimm, Gunther E.: Friedrich Dürrenmatt. Marburg 2013.
Holenstein, André: Dürrenmatt, der Klein- und Kunststaat Schweiz und Europa. Beobachtungen des Historikers. In: Centre Dürrenmatt (Hg.): Kokoschka – Dürrenmatt. Der Mythos als Gleichnis. Neuchâtel 2018 (Cahier 20), 77–91.
Käppeli, Patricia: Politische Systeme bei Friedrich Dürren-

matt. Eine Analyse des essayistischen und dramatischen Werks. Köln 2013.

Keel, Daniel (Hg.): Über Friedrich Dürrenmatt. Zürich 1986.

Kost, Jürgen: Geschichte als Komödie. Zum Zusammenhang von Geschichtsbild und Komödienkonzeption bei Horváth, Frisch, Dürrenmatt, Brecht und Hacks. Würzburg 1996, 127–180.

Matt, Peter von: Der Liberale, der Konservative und das

Dynamit. Zur geschichtsphilosophischen Differenz von Max Frisch und Friedrich Dürrenmatt. In: Ders.: Das Kalb vor der Gotthardpost. Zur Literatur und Politik der Schweiz. München 2012, 191–207.

Mayer, Hans: Frisch und Dürrenmatt. Frankfurt a. M. 1992.

Weber, Ulrich u. a. (Hg.): Dramaturgien der Phantasie. Dürrenmatt intertextuell und intermedial. Göttingen 2014.

Jakob Tanner

67 Gnade

Das Konzept und der Begriff der ›Gnade‹ entstammen dem theologischen Denken (Pesch/Peters 1994). Der Bedeutungsumfang der entsprechenden biblischen wie kirchlichen Überlieferung (gr. *cháris*, lat. *gratia*) ist allerdings recht breit. Er reicht vom ›Wohlwollen‹, der ›Gefälligkeit‹ über das ›Geschenk‹ zur ›Gabe‹. Gemein ist dabei stets das Moment des ›Nicht-Verdankt-seins‹, des nicht Verdienten, das einem ›gratis‹ zufällt. Dieser Grundzug ist auch für die juristische Verwendung des Terminus maßgeblich: der ›Begnadigung‹ als Verzicht auf die Vollstreckung eines gültigen Urteils. Theologisch korrespondiert die Gnade (der Rechtfertigung) als Gut vor allem in protestantischer Tradition mit dem Übel der Sünde, das von ihr überwunden wird (vgl. Röm 5).

In dieser Grundbedeutung des Nicht-Verdienten ist die Gnade auch in Dürrenmatts Denken und Werk nicht nur anzutreffen, sondern von erster Bedeutung. Dieser Umstand ist von der Forschung, auch der religionsbezogenen, bislang nur gelegentlich gewürdigt worden (vgl. Buri 1962; zuletzt und mit Akzent auf die Christologie: Bühler 2000). Dürrenmatt selbst betont, er gebrauche »das Wort ›Gnade‹ [...] sehr ungern« (was eine regelmäßige Nutzung allerdings nicht ausschließt); er verwende es nur, um zu verdeutlichen, was ihm bei Franz Kafka und Søren Kierkegaard wichtig scheine (G 2, 204). Er verweist dafür auf das Moment des Unverdienten, das er unter Berufung auf Karl Barth in Opposition zum (katholischen) Verständnis eines aktiven Gnadenerwerbs bringt (vgl. ebd.).

Aus den verschiedenen Texten, die die Gnadenthematik betreffen, ragt die Komödie *Ein Engel kommt nach Babylon* (UA 1953) auch dem Begriff nach deutlich heraus. Die Gnade erscheint hier personifiziert in Gestalt des Mädchens Kurrubi, das ein Engel als Geschenk für den ärmsten der Menschen nach Babylon bringt. Da König Nebukadnezar zufällig gerade inkognito als Bettler unterwegs ist, erhält dieser und nicht der eigentliche Empfänger, der Bettler Akki, die Gnade. Aus Empörung, dass Nebukadnezar diese nur als Bettler, nicht aber in seiner tatsächlichen Rolle als mächtigster Mann seines Reiches zukommen soll, beschließt er – der Erzählung von 1. Mose 11 gemäß –, einen himmelhohen Turm zu bauen, um Gott herauszufordern, während Kurrubi als verkannte himmlische Gnade gemeinsam mit Akki in die Wüste emigriert.

Nebukadnezars Reaktion zeigt deutlich die Ambivalenz der Gnade, die ihr nach Dürrenmatts Verständnis generell zukommt. Sie stellt als »Unerhörtes, Einmaliges« (WA 4, 42) eine Herausforderung dar; wer sie erfährt, kann sich nicht nicht zu ihr verhalten. Als potentielle Überforderung kann man an ihr, wie Nebukadnezar, auch scheitern. Kurrubi ist für den bettelnden König aber auch als Frau eine Herausforderung. Angesichts ihrer strahlenden Schönheit verhüllt Nebukadnezar sein Antlitz, kaum enthüllt der Engel das Mädchen (vgl. 43). Dass ihn Kurrubi, ihrer göttlichen Bestimmung gemäß, bedingungslos liebt, kann er nicht annehmen und erwidert ihre Küsse durch Schläge: Die personifizierte Gnade wird sofort in die ökonomische Ordnung integriert, deren Widerspiel mit dem Glück das Drama grundiert: Was aus dem Nichts erschaffen und gratis geschenkt worden ist, wird als »unpraktische Gnade« gegen Exkönig Nimrod, ein »Goldstück« und »zwei Silberlinge« getauscht (48). Das Motiv der Heimsuchung durch eine Frauenfigur bzw. durch die Doppelgesichtigkeit von Gnade und Fluch führt, werkgeschichtlich gesehen, vom Fragment gebliebenen Hörspiel *Der Uhrenmacher* (vgl. die wichtigen *Anmerkungen zu einem Themenkomplex*, WA 4, 128–133) über die *Engel*-Komödie und *Grieche sucht Griechin* (vgl. die Gnadenerörterung WA 22, bes. 149) zu *Der Besuch der alten Dame*.

Wie Dürrenmatt ausführt, ist auch die Komödie *Der Meteor* (1966) als Verhandlung der Thematik zu sehen. Im Gegensatz zur Personifikation im *Engel*-Drama hat die Gnade hier Ereignischarakter im engeren Sinn: Der moribunde Literat und Nobelpreisträger Schwitter erfährt die »›Gnade‹«, »daß er wieder auferstehen darf« (G 2, 202), immer wieder. Dieses außerordentliche Ereignis wird von ihm aber nicht als Gunst erfahren, sondern vor allem als Last. Seine Erfahrung macht ihn nicht zu einem anderen Menschen, der die Gnade dankbar annimmt: »Auferstanden! Ich! [...] So ein Witz« (WA 9, 23). Sein »Seid gnädig, Ihr Christen!«, das die »Handorgelbrüder« der Heilsarmee auffordert, ihn zu »zerstampf[en]« (95), steht in maximaler Spannung zum Auferstehungsbeweis, als der er diesen gilt. Schwitter wird für sein Umfeld (das seinerseits sukzessive stirbt) zu einem »doppelten Ärgernis«: für die einen als Auferstandener, für die anderen als nicht Glaubender (WA 9, 160). Damit steht pointiert die Frage im Raum, weshalb gerade ein notorischer Säufer und Lebemensch mit einer Fortsetzung seines irdischen Daseins ausgezeichnet wird – die theologisch allerdings noch einmal klar von einem ernst zu nehmenden Verständnis von Auferstehung und ewigem Leben zu unterscheiden wäre. Die Antwort ist zunächst eben die negative, dass die Gnade die omnipräsente Logik des Lohns, des Verdienten,

J. B. Metzler © Springer-Verlag GmbH Deutschland, ein Teil von Springer Nature, 2020
U. Weber / A. Mauz / M. Stingelin (Hg.), *Dürrenmatt-Handbuch*, https://doi.org/10.1007/978-3-476-05314-5_67

durchkreuzt. »[D]enn wenn etwas unberechenbar ist«, so Dürrenmatt, »so ist es die Gnade« (G 2, 202).

Den konstitutiven Aspekt der Unberechenbarkeit teilt die Gnade mit dem Zufall, dessen ambivalenten Wirkungen der Mensch analog zur Gnade ebenfalls ausgeliefert ist. Anders als beim Zufall jedoch wirft Dürrenmatts Verständnis der Gnade stets die Frage nach ihrem Urheber auf. Im *Engel*-Drama besteht von vornherein kein Zweifel daran, dass es sich bei Kurrubi um eine Gnade Gottes handelt. In *Der Meteor* – dem Stück »über das Nicht-glauben-Können« (WA 9, 161) – stehen die Zurechnung des Ereignisses auf einen Urheber und dessen Motiv durch die unterschiedlichen Reaktionen der Figuren dagegen als offenes Problem zur Debatte. Damit überführt Dürrenmatt den Begriff in einen Bereich der Ungewissheit über einen möglichen Urheber und der Abhängigkeit von der Sichtweise des Empfängers.

Wenn Dürrenmatt den Bettler Akki als Repräsentanten des uneingeschränkt positiven Typus des ›mutigen Menschen‹ begreift (vgl. WA 30, 63; s. Kap. 72), zeigt sich noch einmal die Zentralstellung des Gnadenmotivs. Diese Einzelnen lassen sich nicht mit Geld abspeisen, sie verschenken ihre gesellschaftliche Chance, oft ihre Überlebenschance, um sich die Möglichkeit der Freiheit offenzuhalten. Eine detaillierte Studie hätte nicht nur zu zeigen, wie sich in den fraglichen Texten die Relationen von Begnadendem, Gnade und Begnadetem als System von Variablen und Interdependenzen darstellt, sondern insbesondere auch auf die basale Frage des Gnadenbedarfs zu achten – und die mit ihr verknüpften Eigenarten ihrer jeweiligen (Nicht-)Aneignung. Auf diesem Weg ließe sich zeigen, dass der religiöse Bezugsrahmen im Verlauf des Werks wohl in den Hintergrund rückt, die Gnade in Begriff wie Sache aber erhalten bleibt. Geradezu allegorisch wird dies in der Erzählung *Smithy* (WA 24, 87–115) inszeniert, wenn sich eine unbekannte Frau dem korrupten Mafia-Zudiener Smithy gratis hingibt und ihn so befähigt, aus Stolz das »Geschäft [s]eines Lebens« (114) fahren zu lassen. Der Sache nach klingt die Gnade aber auch in *Das Hirn* (WA 29, 233–263) an, einem der letzten Texte Dürrenmatts. Hier knüpft er eine positive Zukunftssicht an die Hoffnung, die Vernunft »könne im menschlichen Hirn, im Menschen das Wunder erkennen, dem seine Liebe und sein Staunen gilt« (260 f.). Nicht zuletzt kommt die Gnade aber auch als Deutungskategorie des eigenen Lebens zum Zuge. Seiner ersten Frau Lotti schreibt Dürrenmatt am 2.9.1970: »Die Welt ist traurig und das Glück eine Gnade, die sich nicht erzwingen lässt, etwas Momentanes, Vorübergehendes, das kommt, man weiss nicht wie, und geht, man weiss nicht wie« (zit. nach Weber 2020, 353).

Literatur
Primärtexte

Anmerkungen zu einem Themenkomplex. In: WA 4, 128–133.

Ein Engel kommt nach Babylon. WA 4.

Der Meteor. In: WA 9, 9–95.

Smithy. In: WA 24, 87–115.

Sekundärliteratur

Bühler, Pierre: Gnadenlosigkeit? Christologische Figuren in den späten Werken Dürrenmatts. In: Peter Rusterholz, Irmgard Wirtz (Hg.): Die Verwandlung der *Stoffe* als Stoff der Verwandlung. Friedrich Dürrenmatts Spätwerk. Berlin 2000, 161–178.

Buri, Fritz: Der ›Einfall‹ der Gnade in Dürrenmatts dramatischem Werk. In: Willi Jäggi (Hg.): Der unbequeme Dürrenmatt. Basel 1962, 36–69.

Pesch, Otto Hermann/Peters, Albrecht: Einführung in die Lehre von Gnade und Rechtfertigung [1981]. Darmstadt 1994.

Weber, Ulrich: Friedrich Dürrenmatt. Eine Biographie. Zürich 2020.

Andreas Mauz / Ulrich Weber

68 Gott

Einleitung

In Dürrenmatts Beschäftigung mit Religion (s. Kap. 78) nimmt die Instanz ›Gott‹ lebenslang eine zentrale Stellung ein. Seine literarischen und essayistischen Arbeiten zu dieser meist personal gedachten »transzendenten Wirklichkeit, die sich von der empirisch erfaßten [...] grundlegend unterscheidet, aber zugleich zu ihr in konstitutiver Beziehung steht [...] als deren Schöpfer« (Härle 2004, 140), schließen unmittelbar an einschlägige theologische und philosophische Problemlagen an. Deren Thematisierung wird maßgeblich bestimmt durch den christlichen Traditionshorizont in Gestalt des neuzeitlichen Protestantismus (Wittekind 2005). Auch in Dürrenmatts Aneignung des mythischen Polytheismus bleibt das Christentum eine entscheidende Referenz: ein Monotheismus, der im Kern die Vorstellung einer Selbstoffenbarung Gottes in Jesus Christus einschließt. Dieser Bezugspunkt ist ebenso ein positiver wie ein negativer. Dürrenmatts Gott-Denken ist – großzügig formuliert – zwischen protestantischer Theologie und Atheismus zu situieren; seine theismuskritische Position artikuliert sich theoretisch zentral anhand der Begriffe der ›Fiktion‹ wie auch der ›Konzeption‹ und wird literarisch bevorzugt in parodistisch-grotesker Gestalt ausbuchstabiert.

Literarische Aneignungen

Innerhalb der vielfältigen literarischen Bearbeitung der Thematik (vgl. Mingels 2003, 250–269; Abs 2017, 229–278) finden sich verschiedene Texte, die sie zentral betreffen, insofern hier Gott/Götter als (Haupt-)Figur(en) auftritt/auftreten. Die konzentrierteste und formal bemerkenswerte späte Ausgestaltung bietet das *Selbstgespräch* (1985; WA 36, 115–118). Der dreieinhalbseitige Monolog stellt eine durch paradoxale Rhetorik bestimmte Selbstvergewisserung Gottes dar (vgl. Burkard 1999). Die Ich-Instanz bezeichnet sich zwar nicht ausdrücklich als ›Gott‹, wird durch Hinweise auf die Entwicklung vom Poly- zum trinitarischen Monotheismus, aber auch zur Schöpfungspotenz, offen identifizierbar. Die monologische Anlage bildet die Voraussetzung des theologischen Gehalts: Die Rede, die performativ Existenz zu verbürgen scheint, nimmt qua Aussagegehalt den Existenzanspruch zurück. Das Ich thematisiert sich als menschliche Projektion; seine Descartes variierende

Selbstvergewisserung lautet: »Ich bin nur, insofern ich schwätze« (117).

Im Roman *Durcheinandertal* (1989; WA 27) haben Gottesfigurationen einen nicht weniger ambivalenten Auftritt. Wenn dessen erster Satz lautet »Er sah aus wie der Gott des Alten Testaments ohne Bart« (ebd., 11), wird programmatisch ein Erzähllabyrinth eröffnet, in dem die Existenz und Eigenschaften Gottes unsicher und Gegenstand nachhaltiger Missverständnisse sind. Die Verstehensfrage konzentriert sich in der Figur des eigenwilligen Theologen Moses Melker, der am zentralen Schauplatz des Kurhauses mit Repräsentanten eines Verbrechersyndikats konfrontiert wird. Wenn nebst dem Gott »ohne«, auch einer »mit Bart« ins Spiel kommen, aber auch die Ehrbezeichnung »der Große Alte« (11 f.), wird nicht nur innerfiktional unklar, von wem jeweils die Rede und wer mit wem identisch ist. Die über den Aspekt der Macht vermittelte Überblendung von theologischem und kriminellem Milieu zeigt den »Große[n] Alten« als Verbrecher-Gott, der halbnackt am Strand liegt und nebst Pornoheften u. a. eine *Biblia Hebraica* und Karl Barths Ausführungen zur Schöpfungslehre bei sich hat (25). Dauersediert durch einen Assistenten ist er allerdings unfähig, diese oder die unzähligen Briefe zu lesen, die ihm überbracht werden (Letztere sind aufgrund einer Parallelszene als ungehörte Gebete interpretierbar; vgl. 90–94). Die äußersten theologischen Einsichten werden aber Moses Melker zugeschrieben, im Angesicht des Todes: Die klassischen Topoi der Gottes- wie Inkarnationslehre hinter sich lassend und wissend, dass er »wahnsinnig« wird, gelangt er zur Vorstellung, dass Gott wie auch die Welt »seine Erfindung« sind, als solche aber zugleich die Folge eines alles hervorbringenden »Welthirn[es]« (135). Wird diese Ursprungssubversion hier innerfiktional als letzte Erkenntnis eines zwiespältigen Theologen vorgetragen, so verweist die Szene intertextuell zugleich auf deren weit ausführlichere Entfaltung in *Das Hirn* (1990). In dieser Erzählung aus dem *Stoffe*-Kontext (WA 29, 233–263) ist die Idee über die Ich-Instanz freilich auf das extratextuelle Autor-Ich Dürrenmatts bezogen – und der fiktionale Regress *ad infinitum* kommt vor der »undenkbar[en]«, »nicht mögliche[n]« »Wirklichkeit« von Auschwitz zum Stillstand (ebd., 263).

Die zweite Person der Trinität, der Sohn, kommt in verschiedenen Texten ausführlich zur Darstellung (Bühler 2000). Entscheidend für die Reflexion auf das Inkarnationsgeschehen ist die frühe Erzählung *Pilatus* (1949; WA 19, 97–115). Das Material der Passionsperikopen fortschreibend, schildert sie die Begegnung

J. B. Metzler © Springer-Verlag GmbH Deutschland, ein Teil von Springer Nature, 2020
U. Weber / A. Mauz / M. Stingelin (Hg.), *Dürrenmatt-Handbuch*, https://doi.org/10.1007/978-3-476-05314-5_68

zwischen Jesus und Pilatus, wobei der Gefangene – repräsentiert aus Pilatus' Perspektive – durchgängig als »Gott« bezeichnet wird. Und dieses Prädikat reflektiert denn auch die Figurenbeziehung: Pilatus ist von der Begegnung durch alle heilsgeschichtlichen Episoden hindurch restlos überfordert; er weiß intuitiv, wen er vor sich hat, ist aber außerstande, sich adäquat zu verhalten. Christus tritt ihm, wie vor allem über den Sehsinn vermittelt wird, als »absolutes Paradox« im Sinn Kierkegaards entgegen (Weber 1980, 222–237): »Der Abgrund zwischen Mensch und Gott war unendlich gewesen, und nun, da der Gott diesen Abstand überbrückt hatte und Mensch geworden war, mußte er an Gott zu Grunde gehen und an ihm zerschmettern, wie einer, den die Welle an eine Klippe schleudert« (WA 19, 104).

Die Fremdheit Gottes wie die Theodizeeproblematik stehen in anderer Weise auch in den Erzählungen *Der Folterknecht* und *Mister X macht Ferien* zur Debatte. Während der frühe Text (1943) Gott in einem expressionistischen Stakkato als Folterknecht präsentiert (WA 19, 13–20), bietet das Erzählfragment um Mister X (1953/7 entstanden, 1978 publiziert) eine Groteske, die den Dualismus von Gut und Böse anhand der Ferienbedürftigkeit des Teufels auslotet (WA 22, 163–184). Dass auch beiläufigere Gott-Szenen von Gewicht sein können, zeigt die Differenz der beiden Fassungen der klassischen *Tunnel*-Erzählung, deren zweite auf einen Untergang auf Gott hin verzichtet. Hier wie im »Übungsstück« *Porträt eines Planeten* (1970) und in *Achterloo IV* (1988) erscheint Gott jeweils ebenso am Textanfang bzw. -ende wie er inhaltlich mit der Schöpfungs- und Weltende-Thematik assoziiert ist. Dürrenmatts letzte für das Theater geschriebene Worte in *Achterloo IV* sind ein Monolog Gottes, von Frau von Zimsen gesprochen: »Ich war der liebe Gott. / *Licht aus*« (WA 18, 537).

Essayistische Positionsbezüge

Auch in Dürrenmatts essayistischen Arbeiten wie in Interviews kehrt die Gottesfrage regelmäßig wieder. Die ausführlichsten argumentativen Auskünfte finden sich im *Stoffe*-Komplex – den Vorbemerkungen zur Erzählung *Vinter* (1990) –, in den Israel-Essays (1976/1980), im Nachwort zur *Mitmacher*-Komödie (1976) und im Einstein-Vortrag (1979). Dürrenmatt bezieht hier dezidiert Position zu den großräumigen religionsgeschichtlichen Entwicklungen, zum Verhältnis der monotheistischen Religionen und insbesondere auch zur christli-

chen Gotteslehre. Als wichtigster fachtheologischer Gesprächspartner fungiert in den *Vinter*-Bemerkungen (WA 29, 189–231) wie auch andernorts Karl Barth. Dürrenmatts materialdogmatische Kritik konzentriert sich mit Barths Lehre vom »Nichtigen« (KD § 50) wiederum auf die Theodizee-Problematik. Er diagnostiziert in dessen Verständnis des Bösen als Manifestation des »göttlichen Nichtwollens« (WA 29, 196) ein Ausweichen vor einer letzten Konsequenz: einem Dualismus, der auch einen »Antigott« denkt (197). Anhand von Barths Schriften artikuliert Dürrenmatt aber auch eine generelle Theologiekritik, die – wie seine Theismuskritik – in einer bestimmten Auffassung des Fiktionsbegriffs gebündelt wird. Im Israel-Essay *Zusammenhänge* heißt es von der Gottesrede allgemein, nun aber superlativisch, es könne »eine gewagtere Fiktion [...] nicht geben« (WA 35, 105; vgl. WA 37, 12). Die Pointe von Dürrenmatts Argument liegt aber gerade nicht in der bloßen Zuschreibung eines Fiktionscharakters, sondern in der Verkennung der betreffenden Aussagen als »Besitz der Wahrheit« (WA 29, 193). Mit Hans Vaihingers Als-ob-Philosophie betont er nachdrücklich, Fiktionen dienten funktional der Wahrheitsannäherung, müssten dann aber »fallen gelassen« werden (ebd.). In Aufnahme von Wittgensteins bekanntem Diktum (*Tractatus*, 6.54) kann er nicht ohne Pathos sagen: »Ich warf die Leiter weg« (ebd.). Die Distanzierung von einem metaphysisch-dogmatischen Wissen geht für den Kierkegaardianer generell einher mit einer klaren Affirmation des individuell verantworteten, auch angefochtenen Glaubens (vgl. 205; WA 35, 15). Diese abwägenden Positionsbezüge sind immer mit zu bedenken, wenn sich Dürrenmatt vor allem im Alter *tout court* als »Atheisten« (vgl. etwa WA 29, 208) bezeichnet und angesichts fundamentalistischer Tendenzen eine ausdrückliche *Pflicht zum Atheismus* (1988) ausgerufen hat. Diese verzweigten Zusammenhänge werden in den Israel-Essays u. a. unter dem Begriff der »Konzeption« reformuliert (WA 35, 103–109), christologisch vertieft und mit dem interreligiösen Horizont insbesondere ins Politische hinein weitergedacht. Das *Mitmacher*-Nachwort bietet eine biografisch wie schöpfungstheologisch motivierte Kritik der »Liebe« als kardinaler Eigenschaft Gottes (WA 14, 131–134): eine rabenschwarze Theodizee, die in der Tradition der philosophischen Gottesbeweise deduziert, dass Gott die schlechteste aller möglichen Welten schaffen muss, damit seine Liebe als die größtmögliche erscheine. Überlegungen zu Theologie (v. a. Spinoza) und naturwissenschaftlicher Axiomatik bietet der Einstein-Vortrag (WA 33, 150–203).

Polytheistische Variationen

Das subtile Wechselspiel zwischen Gott und Mensch wie insbesondere die Vorstellung einer Abkünftigkeit bzw. Ebenbildlichkeit beschäftigt Dürrenmatt auch in seiner Reflexion des mythischen Polytheismus. Dabei zielt auch die parodistische Ausgestaltung des olympischen Haushalts – in den *Nachgedanken* (WA 35, 163–219) vergnügen sich die Götter, »beim Nachmittagsnektar« sitzend, mit dem »Fernsehprogramm ›Erde 1‹« – auf das schöpfungstheologische Differenzmoment von Sterblichkeit/Unsterblichkeit (ebd., 218 f.). Eine breite Entfaltung mythischer Theologie bietet der nachgelassene *Stoffe*-Essay *Dramaturgie eines Rebellen: Prometheus* (1992; WA 37, 11–46). Der Autor unternimmt eine paraphrasierende Auslegung des Erzählmaterials, die konsequent an dessen dramaturgischer ›Logik‹ orientiert ist – eine Bearbeitungsweise, die fällig scheint, da ihm der Mythos in dieser Hinsicht als defizitär gilt: »Überdenke ich die Götter, so stellen sie sich bei weitem absurder dar, als die Mythen sie zeigen. Diese habe jene nicht durchdacht« (18). Diese Diagnose wird hergeleitet über die Vorstellung einer allzu idealen Schöpfung des Prometheus (er produziert die Menschen als »Reißbrettgötter«, »zum Gähnen schön«, 16), die zum sykionischen Streit um das Opfer und Zeus' Strafmaßnahme menschlicher Sterblichkeit führen. Durch die Einordnung der Taten Prometheus' in das typologische Raster von »Rebell[...], Revolutionär [und] Reformator« (21) ergibt sich erneut die Verbindung mit dem christlichen Denkhorizont, der Beziehungskategorie des Glaubens und den »[n]euen Mythen« (40). Diese Überlegungen lassen sich wiederum produktiv auf Dürrenmatts literarische Bearbeitungen mythischer Stoffe beziehen (Sisyphos, Midas, Herakles, Minotaurus).

Zur Forschung

Die (christlich-)religiösen Aspekte von Dürrenmatts Werk *en gros* können als gut aufgearbeitet gelten (grundlegend: Rusterholz 2017); detaillierte Erschließungen der Gottesthematik und des Wechselspiels von ›Athen‹ und ›Jerusalem‹ gibt es jedoch nicht. Diese hätten – die aktuelle Forschung aufnehmend (mit narratologischem Akzent etwa Eisen/Müllner 2016) – nebst textnahen Rekonstruktionen etwa auch dem Bildwerk Rechnung zu tragen (vgl. u. a. *Der Zornige Gott*; *Götter* [Serie *Selbstgespräch*]; *Prometheus, Menschen formend*). Von hohem Interesse wären zudem

systematische Untersuchungen zur via ›Fiktion‹/›Konzeption‹ gegebenen Verbindung der Gottesfrage mit der Erkenntnisproblematik im Allgemeinen oder auch zu den Medien Gottes, den menschähnlichen/menschlichen (der Engel und Kurrubi aus der *Engel*-Komödie), aber auch den technischen (Schrift, göttliche ›Fernseher‹; vgl. aber auch das Gedicht *Gott und Péguy*, WA 33, 17–21).

Literatur
Primärtexte
Dramaturgie eines Rebellen: Prometheus. In: WA 37, 11–46.
Durcheinandertal. WA 27.
Der Folterknecht. In: WA 19, 13–20.
Das Hirn. In: WA 29, 233–263.
Mister X macht Ferien. In: WA 22, 163–184.
Pflicht zum Atheismus. In: Madeleine Betschart u. a. (Hg.): Les Fous de Dieu/Gottes Narren. Neuchâtel 2017, 71–73.
Pilatus. In: WA 19, 97–115.
Selbstgespräch. In: WA 36, 115–118.
Vinter. In: WA 29, 189–231.
Zusammenhänge / Nachgedanken. WA 35.

Sekundärliteratur
Abs, Carina: Denkfaule Hoffnung? Anfragen an Erlösungsnarrationen bei Alfred Döblin, Christine Lavant und Friedrich Dürrenmatt. Ostfildern 2017, 229–278.
Bühler, Pierre: Gnadenlosigkeit? Christologische Figuren in den späten Werken Dürrenmatts. In: Peter Rusterholz, Irmgard Wirtz (Hg.): Die Verwandlung der *Stoffe* als Stoff der Verwandlung: Friedrich Dürrenmatts Spätwerk. Berlin 2000, 161–178.
Burkard, Philipp: Als Gott über Gott schwätzen?! Das Verhältnis des späten Dürrenmatt zur Religion, untersucht am Text *Selbstgespräch*. In: Henriette Herwig u. a. (Hg.): Lese-Zeichen – Semiotik und Hermeneutik in Raum und Zeit (FS P. Rusterholz). Tübingen 1999, 449–458.
Eisen, Ute E./Müllner, Ilse (Hg.): Gott als Figur. Narratologische Analysen biblischer Texte und ihrer Rezeption. Freiburg i. B. 2016.
Härle, Wilfried: Art. Gott. In: Alf Christopherson, Stefan Jordan (Hg.): Lexikon der Theologie. Hundert Grundbegriffe. Stuttgart 2004, 140–143.
Mingels, Annette: Dürrenmatt und Kierkegaard. Die Kategorie des Einzelnen als gemeinsame Denkform. Köln 2003.
Rusterholz, Peter: Chaos und Renaissance im Durcheinandertal Dürrenmatts. Hg. von Henriette Herwig und Robin-M. Aust. Würzburg 2017.
Weber, Emil: Friedrich Dürrenmatt und die Frage nach Gott. Zur theologischen Relevanz der frühen Prosa eines merkwürdigen Protestanten. Zürich 1980.
Wittekind, Folkart: Friedrich Dürrenmatt: Der entwurzelte Protestant. In: Günter Brakelmann u. a. (Hg.): Protestanten in öffentlicher Verantwortung – biographische Skizzen aus der Anfangszeit der Bundesrepublik. Waltrop 2005, 189–225.

Andreas Mauz

69 Katastrophe

Exposition

Alles Erzählen – das alltägliche wie das literarische – unterliegt implizit oder explizit der Selektion von Erzählwürdigem und nicht Erzählwürdigem. Im Fall katastrophischer Ereignisse scheint dieser Relevanzaspekt nicht in Frage zu stehen: Als außerordentliche und potentiell lebensbedrohliche Geschehnisse verdienen sie auf jeden Fall erzählt zu werden. Ob es sich um tatsächliche oder imaginierte Ereignisse handelt, ist dabei sekundär. Ihre Darstellung mag dem kommunikativen Ernstfall und damit der Verarbeitung effektiver Erfahrungen dienen, aber auch der distanzierteren unterhaltsamen Beschäftigung mit Untergangsfiktionen.

Friedrich Dürrenmatt ist ein Autor, der sich mit besonderer Intensität der Darstellung mehr oder minder katastrophischer ›Endspiele‹ widmet: »[k]aum ein Werk [...], in dem nicht ein Untergang auf individueller, kollektiver oder kosmischer Ebene inszeniert wird« (Weber 2003, 13). Die zentrale Bedeutung des Katastrophischen für sein Werk zeigt sich aber nicht nur in einer materialen Fülle und Vielfalt, sondern auch in theoretischen Betrachtungen, die sich im Diktum der ›schlimmstmöglichen Wendung‹ verdichten. Geschichten müssten »zu Ende gedacht« werden, und dieses Ende sei eben dann gedacht, wenn die Geschichte ihre »schlimmstmögliche Wendung« genommen habe (*21 Punkte zu den ›Physikern‹*, WA 7, 91; s. Kap. 98). Diese poetologische Maxime ist einerseits im Kontext der aristotelischen Tragödientheorie zu sehen. Sie markiert die Wendung der Handlung in die Paradoxie bzw. in die Komödie und eröffnet das tragisch-komische Ende des Helden (s. Kap. 93). Andererseits ist sie mit einem starken Rekurs auf religiöse Endvorstellungen verbunden. Innerhalb der Denkfiguren der christlichen Eschatologie (Gericht, Auferstehung, ewiges Leben) spielt für Dürrenmatt das apokalyptische Bildreservoir eine besondere Rolle (für eine Übersicht der auch bildnerischen Bearbeitungen: Bühler 2003/2017; Bonnefoit 2011). Im *Nachwort zu ›Porträt eines Planeten‹* – einem Schlüsseltext für den in Frage stehenden Komplex – würdigt er die Eschatologie ausdrücklich in ihrer epistemologisch-poetologischen Funktion, nämlich als »Aufnahmetechnik«: »[D]er ungeheure Lichtblitz der explodierenden Sonne wird zum Blitzlicht einer kosmischen Kamera, die die Erde zum letzten Male porträtiert« (WA 12, 197). Die Gestaltung des *worst case* hat in Dürrenmatts Denken somit eine eminent wirklichkeitserschließende Funktion; darin liegt ihre höhere Erzählwürdigkeit. Mit dem Anschluss an die christliche Apokalyptik geht die End-Emphase aber auch potentiell mit einer Durchlässigkeit für Neuanfänge einher.

Die folgende Darstellung kann nur ein lückenhaftes Panorama von Dürrenmatts omnipräsenten Katastrophen geben. Diese Umschau ist an sieben systematischen Relationen orientiert: *vor vs. nach der Katastrophe*, *Betroffenheit vs. Beobachtung*, *Eingreifen vs. Zuschauen*, *Geschehensende vs. Textende*, *lokal vs. universal*, *Ende vs. Wende*. Diese Topologie bietet ebenso Anschlussstellen zu weiteren Texten des Autors wie zum künstlerischen Katastrophendiskurs (Krah 2004; Utz 2013; Wojno-Owczarska 2019) und zur Katastrophe als generellem *operative concept* (vgl. Lebovic/Killen 2014).

Nur angedeutet werden kann hier die Hintergrundspannung der zwei Kausalordnungen *Schicksal vs. Zufall*, die mitunter noch einmal quer zu den erwähnten Relationen verläuft. Dürrenmatt etabliert hier eine einfache kulturgeschichtliche Chronologie: An die Stelle des hehren Schicksals, das ›früher‹ die Weltläufe regierte, tritt ›heute‹ der schlichte Zufall. Die höhere tragische Ordnung wird durch die Zufälligkeit, die in Pannen ihre ereignishafte Verdichtung findet, ad absurdum geführt. Im Kontext fortgeschrittener Technisierung zeigt dies schnell Katastrophen globalen, wenn nicht kosmischen Formats: »In einer Welt der schuldigen Schuldlosen und der schuldlosen Schuldigen hat das Schicksal die Bühne verlassen, und an seine Stelle ist der Zufall getreten, die Panne. [...] Das Zeitalter der Notwendigkeit machte dem Zeitalter der Katastrophen Platz« (WA 16, 162; vgl. als Pendant das Ölbild *Die Katastrophe* [1966] und Dürrenmatts aufschlussreiche Kommentierung in WA 28, 34).

Vor vs. nach der Katastrophe

Die Darstellung von Katastrophen bemisst sich in vielfacher Hinsicht an zeitlichen Parametern. Es ist offensichtlich entscheidend, ob und wie auch prä- und postkatastrophale Geschehensausschnitte gezeigt werden. Insofern sie die untergegangenen alten Welten bzw. die aus diesen Untergängen entstandenen neuen Welten präsentieren, fungieren sie als Gradmesser des Katastrophischen. Nicht weniger entscheidend ist die Erzählgegenwart, aus der eine bestimmte Instanz diese Phase(n) thematisiert, wobei mit der

J. B. Metzler © Springer-Verlag GmbH Deutschland, ein Teil von Springer Nature, 2020
U. Weber / A. Mauz / M. Stingelin (Hg.), *Dürrenmatt-Handbuch*, https://doi.org/10.1007/978-3-476-05314-5_69

Pro- und der Retrospektive nur die einfachsten systematischen Differenzen angedeutet sind. Die Zugfahrt in *Der Tunnel* – dem bekanntesten Katastrophentext des Autors – endet im Fall, nicht im Aufprall (vgl. WA 21, 34). Die Erzählung gewinnt ihre Dringlichkeit gerade aus dem Bewusstsein der wahrscheinlichen, aber noch ausstehenden Katastrophe, die zum Positionsbezug nötigt.

Dürrenmatts hohes Interesse an den ›Finessen‹ der Endgestaltung zeigt sich prägnant an den zwei bzw. drei Fassungen von *Der Tunnel* und des *Panne*-Stoffs – sowie an seinem ›Modell Scott‹. Letzteres spielt den von vornherein feststehenden Tod des Polarforschers anhand verschiedener Sterbeprozesse durch, die jeweils kanonische Positionen der Dramatik einschließlich seiner eigenen repräsentieren (vgl. WA 10, 127 f.).

Wo die genannten Texte abweichende Endverläufe als starke Alternativen im Sinn medial eigenständiger Varianten reflektieren, operiert Dürrenmatt im Fall der Groteske *Grieche sucht Griechin* textimmanent mit einem doppelten Ausgang. Auf das zunächst präsentierte negative »ENDE I« (WA 22, 154), folgt ein alternatives »ENDE II« (162) »für Leihbibliotheken« (154), das die ernüchternden Erkenntnisse positiv in eine versöhnte Liebe aufhebt.

Das zeitliche Raster *vorher/während/nachher* basiert seinerseits auf der vorgängigen und zutiefst kulturellen Identifikation gewisser Ereigniszusammenhänge *als* Katastrophen. Diese erfordert zugleich die Identifikation eines nichtkatastrophischen Hintergrundes; das Außerordentliche braucht, um außerordentlich zu sein, eine Ordnung, wie labil diese auch sein mag. Damit tritt die Katastrophe immer an die zweite Stelle: Sie bricht als Ausnahme in eine wenigstens relativ gesehen stabilere/bessere Regelsituation ein. Dürrenmatt betont gegen eine starke dialektische Differenz dieser Art nun aber auch die latente Permanenz der Katastrophe bzw. die Unmöglichkeit, sie von perspektivischer Wahrnehmung und Überlieferung abzulösen.

Im *Nachwort zu ›Porträt eines Planeten‹* hält er unter Berufung auf kosmologisches Wissen entsprechend fest, dass die Planeten als Lebensräume katastrophisch *grundiert* seien: »[W]ir [leben] eigentlich auf den Überresten einer unvorstellbaren Weltkatastrophe« (WA 12, 195; vgl. auch 199).

In anderer Weise radikalisiert wird die raumzeitliche Identifikation der Katastrophe im ›Stoff‹ *Der Winterkrieg in Tibet* (WA 28, 86–161). Im Kontext eines mit Atomwaffen geführten Dritten Weltkrieges zeigt Dürrenmatt ein apokalyptisches Höhlengleichnis: In

einem unterirdischen Labyrinth führen Söldner unendliche Gefechte, in deren Verlauf die Konfliktgründe ebenso diffus werden wie die Unterscheidung von Freund und Feind. Im Zentrum der Darstellung steht der ›letzte‹ Söldner (und Ich-Erzähler) Hans, der sich – halb Mensch, halb Kriegsmaschine – nicht nur schießend, sondern auch schreibend einen Reim auf seine Lage zu machen sucht. Indem er die Tunnelwände durch einen Stahlgriffel mit Schriftzeichen versieht, wird er zum Chronisten für eine postkatastrophische Zukunft, die außerhalb des Höhlenlabyrinths vielleicht schon begonnen hat.

Betroffenheit vs. Beobachtung

Auch der *Winterkrieg*-Text zeigt: Die Binsenwahrheit, dass alles eine Frage der Perspektive sei, verliert in katastrophischen Kontexten ihre Trivialität. Je nach Umständen geht die schematische Differenz von ›unmittelbarer Betroffenheit‹ und ›bloßer Beobachtung‹ einher mit der Differenz von Tod und Leben. Die paradigmatische Szene des ›Schiffbruchs mit Zuschauer‹ lässt sich denn auch überzeugend als anthropologische »Daseinsmetapher« rekonstruieren (Blumenberg 1979). Trotz der Dramatik, die mit der Position der Betroffenen korreliert, ist die der Beobachtenden epistemologisch reicher, weil komplexer. Die Distanz, in der sie sich befinden, bedeutet eine Handlungsentlastung, die eine aktivere Entscheidung für ein Zuschauen dieses oder jenes Typs einschließt. Die Distanz ist hier ein entscheidender Faktor, weil räumliche und emotionale Distanz eher konvergent oder eher divergent laufen können.

In *Porträt eines Planeten* gibt Dürrenmatt ein Beispiel für maximale Konvergenz: Vier Götter beobachten gelangweilt die Milchstraße bzw. die Verwandlung der Sonne in eine Supernova. Sie erwägen zwar, ob es in jenem Sonnensystem vielleicht Planeten gibt, lassen die Frage aber offen. Sie spiele ja »keine Rolle«: »Hops geht sie [die Milchstraße] ohnehin« (WA 12, 100 f.). In diesem Fall korrespondiert die Indifferenz der beobachtenden Instanzen mit ihrer Unfähigkeit, in die kosmischen Vorgänge intervenieren zu können. Der generelle Zusammenhang beider Grundpositionen zum Aspekt der Handlungsmacht ist hier besonders signifikant, handelt es sich eben um Instanzen, denen zumindest qua christlicher Tradition Allmacht nachgesagt wird (was wiederum das – hier fast parodierte – Deutungsmuster der Katastrophe als göttliche Sanktion motiviert).

Eingreifen vs. Zuschauen

Schematisch betrachtet stehen angesichts einer katastrophischen Gegenwart zwei Reaktionsmodi zur Verfügung: das (aktive) Eingreifen und das (passive) Zuschauen. Erst durch diese Grundunterscheidung werden die vielfachen Abstufungen, Mischformen und dialektischen Umschläge beider Reaktionstypen kenntlich.

Der Student in *Der Tunnel*, der realisiert, dass sein Zug nicht nach Bern fährt, sondern zunehmend schnell in einen endlosen Tunnel stürzt, gehört zur Fraktion der eingreifenden Protagonisten. An seinem Beispiel kann man sich allerdings auch klarmachen, dass ein Eingreifen sofort eine weitere Alternative eröffnet: dessen Gelingen oder Misslingen. Der Student hat die Absicht, die noch ausstehende Katastrophe abzuwenden. Er muss aber zur Kenntnis nehmen, dass der Lokomotivführer nicht mehr in seiner Kabine ist und die Betätigung der Notbremse folgenlos bleibt. Auf die Frage des Zugführers (die zugleich die Grundfrage aller Eingreifwilligen ist) – »Was sollen wir tun?« – antwortet der Student in der Erstfassung (1952) »nicht ohne eine gespensterhafte Heiterkeit«: »Nichts. Gott ließ uns fallen und so stürzen wir denn auf ihn zu« (WA 21, 98). An der Figur des Studenten zeigt sich also zugleich, wie sich der Wille zum Eingreifen in Ergebung wandelt, die zumindest in diesem Fall wiederum nicht mit Resignation in eins zu setzen ist.

Jeder scheiternde Versuch der Abwendung einer Katastrophe unterstreicht deren Ausmaß. In der Neufassung der Erzählung (1978) streicht Dürrenmatt den letzten Satz und lässt die Erzählung mit einem bloßen »Nichts« enden (34). Damit vollzieht er eine Radikalisierung, die erst durch das Wissen um die eschatologische Note der Erstfassung – der theologischen Abfederung des Falls – kenntlich wird. Wie schwer es sein kann, angesichts einer Katastrophe die Position der souveränen Beobachtung aufrecht zu erhalten, zeigt wiederum mit einer theologischen Pointe die frühe *Pilatus*-Erzählung. Obwohl Pilatus in institutioneller Hinsicht überlegen ist und über Leben und Tod Jesu entscheiden kann, büßt er seine Souveränität in der Begegnung mit ihm vollständig ein. Die Erzählung schließt mit der Nachricht, »daß der Gott sein Grab« verlassen habe (WA 19, 115). Diese Nachricht aber bestätigt Pilatus in seinem Bewusstsein, vor ihm, der den »unendlich[en]« »Abgrund zwischen Mensch und Gott [...]« überbrückt hatte« (104), zu Grunde gehen zu müssen.

Dürrenmatt hat aber auch verschiedenste Endszenen gestaltet, die ihre Dramatik oder auch Komik gerade aus der Passivität der Betroffenen ziehen. Romulus der Große, der letzte Kaiser, setzt dem Untergang des Römischen Reiches keinerlei Widerstand entgegen. Er hat sich allerdings bewusst für eine – damit aktive – Passivität entschieden und kann sagen: »Wenn dann die Germanen da sind, sollen sie hereinkommen« (WA 2, 94). Eine alternative Betrachtung eines erwartbaren Weltendes aus kosmischer Perspektive findet sich im Hörspiel *Das Unternehmen der Wega*. In dieser Science-Fiction-Handlung sind es die Menschen, die im Zuge kosmischer Kolonialprojekte das Schicksal der Erde mit besiegeln. Die Schlussszene spielt an Bord des Raumschiffs, das den Außenminister eines der beiden politischen Blöcke wieder zur Erde bringt. Aus Furcht vor einer Koalition mit der anderen Partei wird der Planet Venus durch einen Bombenteppich vernichtet: »ROI Bomben im Ziel? / EINE STIMME Im Ziel. / *Schweigen* / WOOD Die Wirkung? / MANNERHEIM Unbeobachtbar. Aber wir können es uns ja denken« (WA 17, 123).

Geschehensende vs. Textende

Die Analyse von Katastrophen kann nicht von der Performanz ihrer Darstellung absehen. Dass das semiotische Gefüge eines künstlerischen Artefakts irgendwo endet, wirft insbesondere die Frage auf, in welchem Verhältnis das letzte Wort oder letzte Bild zum finalen Charakter des Erzählmaterials steht. Schematisch gesprochen können beide eher koinzidieren (als topisches Exempel: der Protagonist stirbt im letzten Satz); die Finalität des Erzählens und des Erzählten können aber auch bewusst distanziert werden (der Protagonist stirbt im ersten Satz; was diesem Tod voraus ging, wird im Modus anachronistischen Erzählens exponiert).

Relationen dieser Art werden von Dürrenmatt nicht nur gezielt genutzt, sondern gerne auch ausdrücklich thematisiert. In *Dichterdämmerung* (der Neubearbeitung des Hörspiels *Abendstunde im Spätherbst* für das Theater) werden die Zuschauer etwa früh davon in Kenntnis gesetzt: »Dürrenmatt hat einen neuen Schluß geschrieben« (WA 9, 143). Da einer der Protagonisten nicht nur ein Mörder ist, sondern diese Morde auch literarisch verwertet, wird die Gestaltung des Endes zu einer potenzierten literarischen *mise en abyme*. Wenn der Mörder-Autor schließlich selbst ermordet wird und in seinen letzten Worten auf die Poetologie seines Schöpfers verweist – »Mein letztes Werk bleibt unvollendet: die schlimmst-mögliche Wendung« (145) –, ist das noch längst nicht das Ende des Stücks. Es folgt, wie Peter Utz im Detail zeigt, ein »mehrfach nachzündende[s]« Finale (2013, 59): Ein kleines schwarzes Loch in einer Requisite erweist sich als großes Schwarzes Loch, das nicht nur die Bühnenwelt, sondern »auch Sie, meine Damen und Herren« (WA 9, 148) verschlingt. Die Figur Macfire, die diese Sachverhalte vermittelt, stürzt am Ende ihres Monologs in den Orchestergraben. Das effektive Ende des Stücks bildet das Eintreffen der Sanität, die sich um die zwei Leichen und den Beinbruch Macfires kümmern will. Sie trifft verspätet ein, denn, so der Schlusssatz: »Kein Mensch in dieser Stadt weiß mehr, wo das Theater ist« (156).

Eine Endregie anderer Art begegnet im späten Roman *Durcheinandertal*. Wenn das gleichnamige Tal am Weihnachtstag in Flammen aufgeht und beide Konfliktparteien verschlingt, ist das wiederum nicht ganz das Ende. Die allerletzten Sätze gelten der schwangeren Elsi, die als Einzige überlebt. Damit wird ein neuer Anfang aus dem Ende insinuiert, der durch seine intertextuelle Referenz auf die Perikope von ›Mariä Heimsuchung‹ (Lk 1,39–45) umso gewichtiger, aber auch umso deutungsbedürftiger wird.

Lokal vs. universal

»Jede Katastrophe reißt ein Loch in jene Grenzen, innerhalb denen sich eine Kultur einrichtet, und öffnet sie dadurch zur Welt« (Utz 2013, 25) – und über die Welt hinaus ins Universale. Diese prinzipielle Durchlässigkeit lässt sich auch und gerade anhand von Dürrenmatts Katastrophendarstellungen nachvollziehen. Er partizipiert, wie Utz zeigt, an einem breiten Diskurs eines Weltuntergangs in der Schweiz (ebd., 25–64), der mit einer Dominanz der ›neutralen‹ Zuschauerposition angesichts ausländischer Schiffbrüche einhergeht (ebd., 93–114). Wie Dürrenmatt in seinen Hinweisen zum *Winterkrieg*-Stoff festhält, verdankt sich dessen Entstehung unmittelbar der zeitgeschichtlichen Realität der Weltkriegsjahre, einer »Wirklichkeit, von der ich und mein Land ausgeschlossen waren« (WA 28, 65). Die »Groteske des Verschontseins« (67) führt ihn dazu, sich in jene ferne Wirklichkeit »durch eine erfundene Unwirklichkeit zu integrieren« (ebd.). Der Winterkrieg ›in Tibet‹ tobt deutlich auch in der Schweiz; er zeugt darin aber von der Suche nach einem »Weltgleichnis« (65) oder »Weltstoff« (67). In analoger Weise verbinden auch die *Tunnel*-Erzählung

oder die *Dichterdämmerung* helvetisches Lokalkolorit mit globalen bzw. universalen Sphären. Mit Utz lässt sich hier aber eine werkgeschichtliche Verschiebung festhalten: Während der Zug in *Der Tunnel* das schweizerische Schienennetz schnell verlässt, um in parabolisch-universale Koordinaten einzutreten und im Fall des *Besuch der alten Dame* allenfalls noch die Ortsangabe ›Güllen‹ national zurechenbar ist, lässt sich im Spätwerk eine deutliche »Re-Lokalisierung« ausmachen (vgl. Utz 2013, 53–57). Im *Justiz*-Roman wird die vielfache Spannung von Universalem und Lokalem zur prophetischen Formel verdichtet: »[D]ie Welt wird entweder untergehen oder verschweizern« (WA 25, 41).

Ende vs. Wende

Die einprägsame Formel von der ›schlimmstmöglichen Wendung‹ lädt dazu ein, sie als interpretatorischen Passepartout zu nutzen. Sie wird dann zum »pessimistischen Glaubensbekenntnis« und hört auf, eine – schlichte – »wirkungsorientierte Kategorie dramatischer Ökonomie« zu sein, analog zur Peripetie der Tragödie (Weber 2003, 21; vgl. auch Dürrenmatts regelmäßige Rekurse auf die Schach-Metaphorik, ebd., 13–20). Dürrenmatt hat denn auch selbst mehrfach nuanciert auf seine Formel Bezug genommen. In der *Dramaturgie des Rebellen: Prometheus* rückt er sie in die Nähe wissenschaftlicher Risikokalkulation: »Die bestmögliche Wendung ist ebenso logisch wie die schlimmstmögliche, wenn auch die unwahrscheinlichere. Wir sind nun einmal kosmische Pechvögel. Die Wahl zwischen beiden gleich logischen Möglichkeiten ist daher nicht nur ein Stilprinzip. Sie hat weder mit Optimismus noch mit Pessimismus zu tun, sondern mit Vorsicht. [...] Wer sich aber nicht warnen läßt, sollte auch nicht hoffen. Das Prinzip Hoffnung ist allzuoft eine denkfaule Schlamperei« (WA 37, 12).

Am Ende der werkgeschichtlich entscheidenden *Mitmacher*-Komödie (1973), die von einer zwielichtigen Leichenvernichtungsindustrie handelt, sind alle Protagonisten, die nicht ›mitmachen‹ tot; auch der positive »ironische Held« Cop bezahlt seine Option für die »letztmögliche Freiheit« (WA 14, 209 f.) durch Mord und Selbstmord. Nicht zu bestreiten ist allerdings die Heiterkeit, welche die Katastrophen regelmäßig begleitet, auch wenn diese – wie es in der *Tunnel*-Erzählung heißt – »gespensterhaft[...]« anmutet (WA 21, 98). Mag die gebrochene Heiterkeit auf der Figurenebene »verkappten eschatologischen Hoffnungen entspringen«, so ist sie auf der Ebene des Schreibprozesses auf jeden Fall auch »Zeichen der dramaturgischen Lust an der eleganten Endspiel-Führung« (Weber 2003, 13).

Ausblick

Nebst dem Desiderat einer monografischen Untersuchung des Komplexes lassen sich abschließend drei Bezugsdiskurse benennen, die für die kommende Forschung von Interesse sein dürften. Ulrich Weber hat Dürrenmatts Endspiele beiläufig auf das soziologische Modell der »Risikogesellschaft« (Beck 1986) bezogen. Die Kategorie des Risikos scheint damit aber weder in textimmanenter Hinsicht noch als Bindeglied zur interdisziplinären Katastrophenforschung ausgeschöpft. Unter dem Stichwort der *narrative closure* werden in der (analytischen) Erzählforschung Probleme diskutiert, die den Zusammenhang zwischen den *causal networks* von Erzählungen und dem leserseitigen *feeling of finality* betreffen (Carroll 2007). Diese Debatte böte gleichfalls Impulse, die Dürrenmatts Katastrophen in neuem Licht zeigten, gerade in Hinsicht auf den Zusammenhang von Geschehensende und Textende. Schließlich scheint es bislang keine Arbeiten zu geben, die Dürrenmatts Werk in den Kontext der dystopischen Literatur einzeichnen (vgl. Voigts/Boller 2015).

Literatur

Blumenberg, Hans: Schiffbruch mit Zuschauer. Paradigma einer Daseinsmetapher. Frankfurt a. M. 1979.

Bonnefoit, Régine: »Weltuntergang ahoi!« – Friedrich Dürrenmatts ›apokalyptische Kunst‹. In: Ulrich Weber u. a. (Hg.): Dramaturgien der Phantasie. Dürrenmatt intertextuell und intermedial. Göttingen 2014, 161–187.

Bühler, Pierre: Die Apokalypse im Werk von Friedrich Dürrenmatt. In: Centre Dürrenmatt Neuchâtel (Hg.): Dürrenmatts Endspiele. Neuchâtel 2003 (Cahier 7), 43–71.

Bühler, Pierre: La pire tournure possible. Motifs apocalyptiques dans l'œuvre de Friedrich Dürrenmatt – en textes et en images. In: Christophe Chalamet u. a. (Hg.): Game over? Reconsidering Eschatology. Berlin 2017, 87–202.

Carroll, Noël: Narrative closure. In: Philosophical Studies 135 (2007), 1, 1–15.

Hennig, Matthias: »Denn indem ich sie in den Fels grabe, grabe ich sie in mein Hirn.« Invalides Schreiben in Dürrenmatts *Winterkrieg in Tibet*. In: Sarah Mohi-von Känel, Christoph Steier (Hg.): Nachkriegskörper. Ästhetische Integrationen des Körpers im 20. Jahrhundert. Würzburg 2013, 71–84.

Krah, Hans: Weltuntergangsszenarien und Zukunftsentwürfe. Narrationen vom ›Ende‹ in Literatur und Film 1945–1990. Kiel 2004.

Lebovic, Nitzan/Killen, Andreas (Hg.): Catastrophes. A History and Theory of an Operative Concept. Oldenburg 2014.

Profitlich, Ulrich: Der Zufall in den Komödien und Detektivromanen Friedrich Dürrenmatts. In: Zeitschrift für deutsche Philologie 90 (1971), 2, 258–280.

Utz, Peter: Kultivierung der Katastrophe. Literarische Untergangsszenarien aus der Schweiz. München 2013.

Voigts, Eckart/Boller, Alessandra (Hg.): Dystopia, Science Fiction, Post-Apocalypse. Classics – New Tendencies – Model Interpretations. Trier 2015.

Weber, Ulrich: Dürrenmatts Endspiele. In: Centre Dürrenmatt Neuchâtel (Hg.): Dürrenmatts Endspiele. Neuchâtel 2003 (Cahier 7), 11–38.

Wojno-Owczarska, Ewa (Hg.): Literarische Katastrophendiskurse im 20. und 21. Jahrhundert. Berlin 2019.

Andreas Mauz

70 Körper

Dürrenmatt bevorzugt die Hässlichen und Hinfälligen, die Über- und Unterdimensionierten, die Zusammengeflickten und Zwiegestalten. Er kreiert in seinen Texten und Bildern mit Vorliebe Gestalten jenseits gängiger Vorstellungen von Schönheit und Ganzheit, Gesundheit und Natürlichkeit. Seine Körper sprengen gerne gewöhnliche Größenordnungen genauso wie Gattungsgrenzen und noch grundsätzlichere Einteilungen von Entitäten.

Entgrenzte Leiber: Mensch – Tier ...

Beispielhaft hierfür sind die beiden heimlichen Hauptfiguren des Kriminalromans *Der Verdacht*: zum einen der Jude Gulliver mit seinem »riesenhafte[n], massige[n] Leib« (WA 20, 164) voller Narben von »unmenschlichen Mißhandlungen« (147), einziger Überlebender der Menschenversuche des KZ-Arztes Nehle alias Emmenberger (Operationen am lebendigen, d. h. unbetäubten Leib), der das Leben eines »geschändeten und geprügelten Stück Viehs« (150) führt und durchweg als rächender bzw. rettender »Riese« auftritt (z. B. 151); zum anderen der »Zwerg« mit seinem »Gesicht von einer bestialischen Häßlichkeit«, Opfer und Mordgehilfe zunächst in Nehles, dann in Gullivers Diensten, der sich »nach Affenart« oder »katzenhaft[...]« bewegt, aber zugleich pflanzenhaft bis unbelebt wirkt (»wie ein verwitterter, moosüberwachsener Stein«, 196 f.; Gullivers »Alraunwurzel«, 262) und von Emmenberger zum »Ding«, zum »Werkzeug« gemacht wird (247). Die beiden Gestalten sind gleichsam aus dem »Märchen« *Gullivers Reisen* – jenem »Buch mit den Zwergen und Riesen«, von dem sich Kommissär Bärlach inspirieren lässt (139) – in die (Post-)KZ-Realität entstiegen.

Das ungleiche Paar verkörpert zunächst Dürrenmatts generelle Darstellungslust an außerordentlichen Körperdimensionen. In der breiten Variante zeigt sich diese etwa beim Protagonisten von *Der Tunnel*, einem »fett[en]« Vierundzwanzigjährigen, und seinem Gegenüber im Coupé, »noch dicker als er« (WA 21, 21 f.), oder an den vier Gericht spielenden Alten von *Die Panne*, namentlich dem »dicke[n]« Pilet und dem Herrn Kummer, »noch dicker als Pilet, unermeßlich, wie aus speckigen Wülsten zusammengesetzt«, samt der Kontrastfigur des Herrn Zorn, der »lang und hager« ist (WA 21, 43 u. 45).

Gulliver und der namenlose Zwerg stehen aber auch exemplarisch für die vielfältigen Entgrenzungen zwischen unterschiedlichen Gattungen von Körpern bei Dürrenmatt. Augenfällig ist zunächst die Vermischung von menschlichen und tierischen Gestalten, die hier vor allem per Metaphorik betrieben wird und sich markant doppelsinnig sowohl auf die Bestialität der Nazi-Verbrecher wie auf die Qualen der schlimmer als Vieh behandelten Opfer bezieht. Nicht nur metaphorisch, sondern ›wirklich‹ gemischt ist am prominentesten das Wesen des Tier-Menschen Minotaurus, lebenslängliches Leitmotiv und Identifikationsfigur Dürrenmatts (vgl. z. B. Ziolkowski 2014). Der Schuldlos-Schuldige, mit dem der Zwerg im *Verdacht* von Gulliver assoziiert wird (»Mein armer Minotaurus«; WA 20, 261), hat seinen größten Auftritt und Untergang in Text und Bild der *Minotaurus*-Ballade. Die tragische Ballade mit körperlich-plastischen Tuschezeichnungen und einem monströs langen Anfangssatz erzählt in rhythmischer Prosa und über weite Strecken aus der Eigenperspektive des Stiermenschen vom Fleisch gewordenen Tabu der Entgrenzung »zwischen Tier und Mensch«, die merkwürdig direkt mit der Entgrenzung zwischen »Mensch und den Göttern« gekoppelt ist (Minotaurus, 41; WA 26, 28; für andere menschlich-göttliche bzw. -engelhafte Körper vgl. durchgängig *Durcheinandertal*, beginnend mit dem rätselhaften »Gott ohne Bart«, WA 27, 11; sowie vor allem den Engel und das Mädchen Kurrubi in *Ein Engel kommt nach Babylon*). Das einsame Wesen im Spiegellabyrinth, bei dem der »Übergang« vom »Bullen zum Menschen« das »Unerträgliche« in seiner Gestalt bildet, gerät in euphorische Körperbewegung, als es anstatt des Spiegelglases das schöne Mädchen – »einen anderen Leib«, »anderes Fleisch« – spürt (Minotaurus, 17 f.; WA 26, 15 f.). Weil bei der ungestümen »Ungestalt« (Minotaurus, 18; WA 26, 16) Sexualität unauflöslich mit Gewalt vereint ist, bringt jedoch der Tanz der Lust zugleich den Tod; zuerst den Tod des Mädchens, zuletzt durch Ariadne und Theseus den Tod des »Unwesen[s]« (Minotaurus, 44; WA 26, 29) selbst, das betont leiblich als endlos widergespiegelter »Kadaver« (Minotaurus, 51; WA 26, 32) endet und den aasfressenden Vögeln (vgl. auch die Zeichnung Minotaurus, 48 f.; WA 26, 32) anheim gegeben wird.

Damit ist die in Dürrenmatts Texten immer wieder erzeugte Unsicherheit einer Abgrenzung des Menschlichen gegenüber dem Tierischen freilich nicht erledigt. Die Verunsicherung äußert sich neben den Sphären von Gewalt und Sexualität insbesondere im Zusammenhang mit der obsessiv behandelten Thematik

J. B. Metzler © Springer-Verlag GmbH Deutschland, ein Teil von Springer Nature, 2020
U. Weber / A. Mauz / M. Stingelin (Hg.), *Dürrenmatt-Handbuch*, https://doi.org/10.1007/978-3-476-05314-5_70

des Essens (vgl. u. a. *Es steht geschrieben*; *Der Richter und sein Henker*). Am Essen kann sich die allgemein wiederkehrende Figur des Lebens vom Tod bzw. Töten anderer (vgl. z. B. *Der Verdacht*, WA 20, 252; *Der Auftrag*, WA 26, 128; bes. *Mondfinsternis*, WA 28, 264) buchstäblich als Einverleibung konkretisieren und der zivilisierte Genuss von Delikatessen in rohe Fresserei mit Kannibalismus-Assoziation kippen (oder umgekehrt der kannibalistische Verzehr exquisit-exotischer Organe zum Schweinefleisch-Essen ›zivilisiert‹ werden, wie in *Porträt eines Planeten*). Beides geschieht in *Die Panne* nicht bloß metaphorisch: Der Gastgeber, »Gnom und Gourmet«, und seine greisenhaften Mit-Esser, die alle vier wie »ungeheure Raben« wirken, haben durch die Einführung des Justiz-Spiels mit Todesurteil ihre früheren Krankheiten überwunden; dank dieses »Gesundbrunnen[s]« sind sie körperlich aufgelebt (WA 21, 55 u. 44 u. 61). Bei ihrem maßlosen Gericht in juristisch-kulinarischer Doppelbedeutung laben sie sich am für schuldig erklärten und zum Tode verurteilten Traps, »als wäre er ein spezieller Leckerbissen« (53).

... Mensch – Technik

Der Zwerg aus *Der Verdacht* ist als Werkzeug oder Instrument überdies ein Extrem- bzw. Sonderfall der entgrenzten Körper zwischen menschlichem Fleisch und Technik, die bei Dürrenmatt ebenfalls eine wichtige Rolle spielen. Infolge eines Autounfalls sowie eines knapp überlebten Flugzeugabsturzes besteht Claire Zachanassian in *Der Besuch der alten Dame* körperlich zu einem Gutteil aus Prothesen (vgl. WA 5, v. a. 26, 39 f., 52 u. 54). Wie die vollkommen effiziente Rache der finanziell Allmächtigen ursprünglich durch fundamentale seelische Versehrtheit motiviert ist, so erscheinen die »vortrefflich[en]« (26) künstlichen Körperteile, die zunächst als Notbehelf leibliche Verletzungen (infolge Nutzung von Verkehrstechnik) kompensieren, letztlich als technische Mittel menschlicher Ermächtigung, mithin in der Funktion der Perfektion. Entsprechend gehört auch ein »edelsteinbesetzte[s] Lorgnon« (27 u. 41 u. 55) zu den Insignien der mächtig-versehrten Zachanassian. Vergleichbar doppelt codiert als Kompensation von körperlichen Beschädigungen bzw. Mängeln und potenter Erweiterung des Organischen sind die Film- und Foto-Apparate in *Der Auftrag*, wenn dort eine Zentralfigur des Beobachtens und Aufzeichnens mit technischen Mitteln den Übernamen Polyphem trägt. Diesen Einäugigen im über-

tragenen Sinn kennzeichnet, dass er ständig gewaltsam zu Tode Gekommene per Kameraauge aufnimmt – oder, gemäß suggerierter Verbindung zum Krieg (vgl. WA 26, 117 f.), Bilder von ihnen *schießt*. Dabei knüpft die Novelle um den Auftrag zur Aufklärung eines Verbrechens (Vergewaltigung und Mord) eine untergründige Liaison zwischen zerstückelten Körpern und anorganischen »Ruinen« (z. B. »Tinas von Schakalen zerfleischte[...] Leiche bei der Al-Hakim-Ruine«, 82; die »vom Arm abgetrennte[...] Hand des Dänen« in der »Busruine«, 90) und vermischt per Metaphorik mutwillig die Sphären von Tier, Mensch und Maschine (vgl. 126–128).

Die Doppelung von Kompensation und Perfektion wird im *Winterkrieg in Tibet* mit der »minotaurische[n] Einzelgängerfigur« (Hennig 2013, 72) des letzten überlebenden Söldners auf die Spitze getrieben. Dessen schwer kriegsgeschädigter Körper ist mit Technik – Prothesen und Rollstuhl – zu einem metallisch-fleischlichen Hybridwesen zusammengeflickt, das zugleich für seine Tätigkeiten perfektioniert ist: Links trägt er, jederzeit schussbereit, eine »Maschinenpistolen-Armprothese«, rechts einen »Stahlgriffel« (WA 28, 155), mit dem er im unterirdischen Stollenlabyrinth, verstehbar als Metapher des Hirns und seiner Gedächtnisleistung (vgl. Weber 2014, 126), seine Geschichte und »Erkenntnis« in die Wände ritzt, um sie sich – und uns – einzuprägen (WA 28, 155). Das Bild akzentuiert die betreffenden Tätigkeiten ganz physisch und suggeriert deren innige Zugehörigkeit zum Wesen des Menschen, den Dürrenmatt andernorts als »Prothesentier« definiert (G 4, 33).

Bei dieser Bestimmung überwiegt nun eindeutig der Aspekt der Prothese als einer Ermächtigung über die Möglichkeiten des gegebenen Körpers hinaus. Die Definition bezieht sich weniger auf einen Ausgleich des traditionellen menschlichen ›Mängelwesens‹ denn vielmehr auf »Technik« als Spezifik der »menschlichen Evolution« (ebd.). Beispielhaft für solche ›Prothesen‹ werden die Fotografie-Technik sowie die Verkehrsmittel (Auto, Flugzeug) genannt (ebd.) – in genauer Entsprechung zu *Der Auftrag* bzw. *Der Besuch der alten Dame*. Zu alledem passt, wie Dürrenmatt in einem Essay über Tomi Ungerer, dessen Körper-Karikaturen ihm gefallen, sich selbst als Velofahrer aus der Perspektive eines erstaunten Storches im Jahr 1938 imaginiert: »Vielleicht saß ich auf dem ersten Fahrrad, welches das Tier je gesehen hatte, so daß es mich für ein mythisches Doppelwesen hielt« (WA 32, 227).

Groteske Leiber – leibliches Groteskes

Das kursorisch beleuchtete Kabinett der Körper zeigt: Ein oder womöglich *der* Schwerpunkt von Dürrenmatts Darstellungen liegt bei Leibformen des Grotesken im Sinne der karikierenden Auflösung und Vermengung gängiger (Größen-)Ordnungen und Kategorien – einschließlich der Vermischung von Organischem und Mechanischem (vgl. v. a. Kayser 1957, 133–140) – mit changierenden Effekten zwischen Tragik und Komik. Die Körperthematik ist daher eng mit dem Zentralbegriff des ›Groteskschriftstellers‹ (z. B. Helbling 1986, 388) verbunden, der zugleich ein Zeichner bzw. Maler des Grotesken ist (vgl. ebd., 389 f.) und den die »Bilder des Hieronymus Bosch« als »grotesk« faszinieren (WA 30, 62). Nicht nur präsentieren sich Dürrenmatts Leiber gerne grotesk; es gilt auch umgekehrt: Das Groteske ist bei ihm stark körperbetont – nicht zufällig präsentiert sich sein Bild *Gelächter* als Orgie der Leiber (SLA-FD-A-Bi-1-148-4-L1).

Umso mehr erstaunt einerseits, dass es bislang kaum eigens auf die Körperdarstellung fokussierte Forschungsbeiträge gibt (vgl. einzig Brambilla 2003, freilich die Körper jeweils als Symbole interpretierend), und andererseits, dass Dürrenmatts Groteskes oft ohne konkret-körperliche Dimension behandelt wird (z. B. Helbling 1986). Dürrenmatt selbst mag mit Bemerkungen wie derjenigen, der Minotaurus bzw. »Weltstier« sei »das Sinnbild des amoklaufenden Ungeheuers, das wir Weltgeschichte nennen« (WA 32, 212), symbolische Interpretationen des Körperlichen nahelegen. Doch ein analytisches Auskosten des Leiblichen selbst würde sich lohnen und ergäbe in der Folge gerade auch Zugewinn an Bedeutungsdimensionen. Förderlich hierfür wäre eine vergleichende Lektüre namentlich mit Bachtins Konzeption der *grotesken Gestalt des Leibes* (1969, 15–23; für erste Ansätze vgl. Bonifazio 2004, 134 f.; Weber 2007, 268 f.). Die doppelte Vorliebe für groteske Körper wie für körperliches Groteskes, der Dürrenmatt praktisch-künstlerisch frönt, realisiert Bachtin kunsttheoretisch (übrigens ohne dass es Anzeichen für einen direkten Einfluss gäbe). Beim Vergleich kämen als »wesentliche[...] Ereignisse« des »grotesken Leibes« (Bachtin 1969, 17) in Frage: das erwähnte Leben vom Sterben und das Essen bzw. Fressen, aber ebenso etwa das Erbrechen bzw. Kotzen – das Dürrenmatt mit »Heiterkeit«, »Lächerlichkeit«, mit dem »Groteske[n]« verbindet und als autobiografische Urszene seiner dichterischen Aufgabenstellung, (nicht erlebte) »Stoffe« zu »erfinden«, poetologisch auflädt (WA 28, 67) – und das serielle

Begatten in *Mondfinsternis* (WA 28, v. a. 232). Ertragreich in diesem Kontext (und dagegen) lesbar wäre auch *Der Tunnel*. Dessen Protagonist sucht alle Körperöffnungen zu verstopfen – für Bachtin eine zentrale Strategie zur Unterdrückung des grotesken Leibes – und stürzt samt Zug ins Erdinnere, als gälte es, mit der impliziten Beziehung zwischen menschlichem Körper und Himmelskörper eine literarische (Um-)Interpretation von Bachtins Credo zu liefern, der groteske Leib sei »kosmisch«, er hänge mit Sonne und Gestirnen zusammen (Bachtin 1969, 18). Diese Beziehung ist bei Dürrenmatt generell häufig (z. B. *Das Hirn*, *Porträt eines Planeten*; in *Minotaurus*, 35; WA 27, 18; *Der Auftrag*, WA 26, 122; *Midas*, WA 26, 191 f.); genauso wie diejenige zwischen körperlichen und wirtschaftlichen Interessen, vor allem in *Der Mitmacher* sowie in *Midas*, wo der Konnex auch als Metamorphose realisiert wird, wenn in einer Version Midas-Green seine Geliebte unfreiwillig, seine Gegner bewusst durch Berührung in Gold verwandelt. In der Verbindung von Körperlichkeit und Ökonomie zeichnet sich ein Materialismus ab, der mit dem Brechts zu vergleichen wäre.

Bei solchen Beziehungen oder Überblendungen der Sphären ist das Gewicht der Körper selbst ernst zu nehmen, die nicht vorschnell und einseitig zu lesen sind als *für etwas* stehend: für eine Auffassung von Leben, Welt, Geschichte – oder Literatur. Sogar unbestrittene Metaphern, etwa die (tote) des ›Stoffs‹ oder die des Dramen-Texts als »äußerste[r] Haut« des Schauspielers (WA 5, 142), erzeugen zugleich einen Umkehreffekt: ein betont materielles oder körperliches Bild von Literatur oder Dramatik.

Literatur
Primärtexte

Der Auftrag oder Vom Beobachten des Beobachters der Beobachter. Novelle in vierundzwanzig Sätzen. In: WA 26, 33–130.
Der Besuch der alten Dame. WA 5.
Die Panne. Eine noch mögliche Geschichte. In: WA 21, 35–94.
Minotaurus. Eine Ballade. Mit Zeichnungen des Autors. Zürich 1989.
Minotaurus. Eine Ballade. In: WA 26, 9–32.
Der Tunnel. Eine Erzählung. In: WA 21, 19–34.
Der Verdacht. WA 20, 119–265.
Der Winterkrieg in Tibet. In: WA 28, 11–170.

Sekundärliteratur

Bachtin, Michail: Literatur und Karneval. Zur Romantheorie und Lachkultur. München 1969.
Bonifazio, Massimo: Frammenti di una giustizia carnevalesca nel racconto *Die Panne* di Friedrich Dürrenmatt. In: Eugenio Spedicato (Hg.): Friedrich Dürrenmatt e l'esperienza della paradossalità. Pisa 2004, 131–136.

Brambilla, Marina: La deformazione grottesca dei corpi nell'opera di Friedrich Dürrenmatt. In: Studia theodisca 10 (2003), 105–118.

Helbling, Robert E.: Friedrich Dürrenmatt: groteskes ›Welt-Bild‹ und assoziative Dramaturgie. In: Roland Jost, Hans-georg Schmidt-Bergmann (Hg.): Im Dialog mit der Moderne. Zur deutschsprachigen Literatur von der Gründerzeit bis zur Gegenwart. Frankfurt a. M. 1986, 380–395.

Hennig, Matthias: »Denn indem ich sie in den Fels grabe, grabe ich sie in mein Hirn.« Invalides Schreiben in Dürrenmatts *Winterkrieg in Tibet*. In: Sarah Mohi-von Känel, Christoph Steier (Hg.): Nachkriegskörper. Prekäre Korporealitäten in der deutschsprachigen Literatur des 20. Jahrhunderts. Würzburg 2013, 71–84.

Kayser, Wolfgang: Das Groteske. Seine Gestaltung in Malerei und Dichtung. Oldenburg 1957.

Weber, Ulrich: Dürrenmatts Spätwerk. Die Entstehung aus der *Mitmacher*-Krise. Frankfurt a. M. 2007.

Weber, Ulrich: Erinnerung und Metapher im Schreibprozess von Dürrenmatts Stoffen. In: Ders. u. a. (Hg.): Dramaturgien der Phantasie. Dürrenmatt intertextuell und intermedial. Göttingen 2014, 117–141.

Ziolkowski, Theodore: Der Minotaurus als tragische Gestalt bei Dürrenmatt. In: Ulrich Weber u. a. (Hg.): Dramaturgien der Phantasie. Dürrenmatt intertextuell und intermedial. Göttingen 2014, 239–260.

Christine Weder

71 Labyrinth

Das Labyrinth als Weltbeschreibungsformel

Das Labyrinth ist eine architektonische Struktur, die Chaos und Ordnung gleichzeitig prozessiert. Ausgehend von geometrischen Serialisierungen typischer Muster – ihrem antiken Ursprung nach spiralförmig oder rechteckig – konzentriert es auf minimalem Raum ein Maximum an Wegstrecken, die einer inneren Logik und Symmetrie folgen. Was aus der Außen- bzw. Vogelperspektive klar erkennbar ist, bleibt für den Labyrinthgänger desorientierend und verwirrend (Binnen- bzw. Froschperspektive). Als in sich geschlossener, exterritorialer Ort lässt sich das Labyrinth zugleich als Raum gewordene Extremform einer Konfrontation von Ich und Welt verstehen, die auf den Prinzipien der Richtungswahl, des Umwegs und verwirrender Wiederholung basiert. Diese Konfrontation ist, der Spur des antiken Mythos folgend, stets agonal und letal. Als Gefängnisbau beherbergt das Labyrinth ein menschenfressendes Unikum: den Minotauros, der als illegitimer Bastard die königliche und eheliche Autorität des kretischen Herrschers Minos bedroht. All diese Aspekte (Chaos/Ordnung; Umweghaftigkeit; Isolation/Einsamkeit; Gefängnissituation; agonale/letale Konfrontation von Ich und Raum in einem Moment der Krise) nutzt Dürrenmatt, um sie an zentraler Stelle in sein schriftstellerisch-malerisches Werk einzubinden.

Er bezeichnet das Labyrinth darum als ein ›Urmotiv‹ seines Schaffens (vgl. WA 28, 69 f.; Weber 2014, 139 u. 141) und entwickelt auf dieser Basis in den *Stoffen* eine »Dramaturgie des Labyrinths« (WA 28, 69–86, hier 69), deren Poetik er auch in Interviews umrissen hat (vgl. Kreuzer 1982, v. a. 29–49). Ihr Kern ist ein akut krisenhafter bzw. apokalyptischer Zustand der Welt. In den Texten, in denen labyrinthische Architekturen handlungskonstitutiv sind, bleiben die Figuren gefangen in über-ich-großen, undurchdringlichen Strukturen und kämpfen allein gegen ihre Umwelt. Der Autor wählt hierbei – erstens – nahezu ausschließlich die Binnen- bzw. Ich-Perspektive von Minotaurus/Theseus (und nicht die Außenperspektive von Ariadne/Dädalus). Zweitens wendet das Spätwerk die labyrinthische Erfahrung explizit ins Überzeitlich-Politische (*Der Rebell*) und ins Universelle/Kosmische (*Minotaurus*; *Winterkrieg in Tibet*). Drittens radikalisiert er damit erkenntnistheoretische Positionen des Frühwerks – insbesondere, was den Radikalkonstruktivismus, den Nihilismus und die (selbst-)zerstöreri-

sche Potenz ihrer monströsen Protagonisten angeht (vgl. Hennig 2015, 195–197).

Neben dieser motivisch-poetischen Funktion ist das Labyrinth auch für Dürrenmatts philosophisch-naturwissenschaftliches Weltverständnis grundlegend; es wird für ihn, anknüpfend an eine barocke Vorstellung, zur Metapher bzw. zentralen »Formel« (Arnold 1994, 217) der Weltbeschreibung. Anstelle religiöser (Er-)Lösungskonzepte greift er jedoch auf zeitgemäße erkenntnistheoretische und naturwissenschaftlich-kosmogonische Modelle zurück, um die entropisch-chaotische Überkomplexität des Universums in ihrer Raum und Zeit verschlingenden Logik zu erfassen.

Frühe Prosa

Labyrinthische Architekturen tauchen in Dürrenmatts früher Prosa (*Das Bild des Sisyphos*, *Die Falle*, *Die Stadt*, *Aus den Papieren eines Wärters*) ausschließlich im urbanen Kontext auf: Sie sind topische Metaphern *und* räumliche Realisierungen vage skizzierter Städte samt ihrer verschachtelt angelegten ober- und unterirdischen Architekturen. Als realisiertes Urbild des Labyrinths – und produktiver poetischer Inkubator – figuriert in den Kindheitserinnerungen des Autors denn auch die Stadt Bern mit ihren verzweigt angelegten Arkaden und Gängen (vgl. WA 28, 45–47). Dürrenmatts Prosastücke tasten weniger den sichtbaren als den unsichtbaren und schwerer zugänglichen Teil der Städte ab (entlegene Wege, versteckte und verfallene Häuser, dunkle Treppen, Gänge, Höhlungen, Dachböden, Keller, Gewölbe), in denen sie das Subjekt in die Irre und an die Grenzen seiner selbst führen. Ihr Ambiente ist halb fantastisch, halb romantisch; es bleibt dabei oft fremd und undurchdringlich. Die Prosastücke variieren in unterschiedlicher Dosierung topische Elemente labyrinthischer Räume und spiegeln sie in den Erfahrungen der Figuren: Gefängnishaftigkeit; Umwegigkeit (Sackgassen, Abgründe); Monotonie bzw. »Eintönigkeit« (WA 19, 89); Wiederholungen; Im-Kreis-und-in-der-Irre-Gehen – und daraus resultierend das Gefühl einer »Unendlichkeit des Raumes« (ebd., 87 u. 176); der Verlust des Raum-, Zeit- und Ichgefühls; die Irrealisierung des Erlebens/Traumstruktur; die Spiegel-, Doppelgänger- und Duell-Motivik; das Moment der Gefahr, Opferung (vgl. ebd., 92) und Todesdrohung, z. B. durch minotaurische Figuren (vgl. Hennig 2015, 21–24, 251–256). Durch die Undurchdringlichkeit und die ›Zerstörung des Raums‹ (vgl. WA 19, 48) strahlen diese dunklen apokryphen Architekturen ein

J. B. Metzler © Springer-Verlag GmbH Deutschland, ein Teil von Springer Nature, 2020
U. Weber / A. Mauz / M. Stingelin (Hg.), *Dürrenmatt-Handbuch*, https://doi.org/10.1007/978-3-476-05314-5_71

»Gefühl der unmittelbaren Gefahr« (ebd.) aus, das sich direkt auf das erzählende Subjekt auswirkt und es zu einem oft unzuverlässigen Erzähler werden lässt – eine Aura des Unheimlichen und Sinistren, die wir in ähnlicher Form in der Prosa von Poe, Lovecraft oder Borges sowie in den Spukgebäuden und Katakomben der Schauerromantik vorfinden.

Minotaurus. Eine Ballade und Der Rebell

In seiner mit Zeichnungen versehenen poetischen Prosa-›Ballade‹ *Minotaurus* (1985) variiert Dürrenmatt in rhythmisierten Langsätzen den antiken Stiermenschen-Mythos: die Tötung des gefangenen Minotaurus mithilfe des Schwertes Theseus' und des Fadens der Ariadne. Der Autor wählt jedoch – dies ist eine stoffgeschichtliche Konjunktur, die sich erst im 20. Jahrhundert vollzieht – die Perspektive des Minotaurus und stattet ihn mit menschlichem Bewusstsein aus. Er benutzt die exemplarische Einsamkeit des zweigestaltigen Monsters weniger zur Remythisierung als um zeitgenössischere Fragen aufzuwerfen: Wie sind Ich und Welt im Innersten aufgebaut und aufeinander bezogen? Wie konstruieren wir uns die Welt, in der wir leben? Dürrenmatt entwirft ein ästhetisches Isolationsexperiment, das in seiner Konzeption stark an Condillacs *Traité des Sensations* erinnert, um das Entstehen subjektiver Erkenntnis anhand des auf sich allein gestellten Tiermenschen beobacht- und darstellbar zu machen. Dieser wächst in einem verglasten Spiegellabyrinth auf, stellt doch der Spiegel *die* literarisch-philosophische wie psychoanalytische Leitmetapher von Subjektivität und Selbsterkenntnis dar (vgl. Konersmann 1991, 32 f.).

Auf ähnliche Weise wird in *Der Rebell* (1981) das Verhältnis von Ich, Raum und Zeit unter den Bedingungen von Einsamkeit und Isolation ausbuchstabiert. Ein schon qua Namen (›A‹) entindividualisierter Protagonist gerät als ›Rebell‹ und Messias ins Nirgendwo eines anonymen Landes. In der Hauptstadt wird er von Wachleuten in einen Spiegelkerker geführt, wo er zwischen tausenden Bildern seiner selbst nach Monaten zugrunde geht. Auch hier wird in extrem geraffter Form ein philosophisches Bewusstseins- und Bildungsmodell vorexerziert: als Konstruktion (Fama/absoluter Ruhm) und abschließende Destruktion eines Ichs (Selbstzerstörung/totales Vergessen) im Fremd- und Selbstbild. Während *Minotaurus* die Entwicklung vom tierischen zum menschlichen Bewusstsein zeigt, führt der *Der Rebell* umgekehrt vor, wie ein Mensch zum Tier wird: zum brüllenden, stierenden Wesen, das Pfützen aufleckt, um seinen Durst zu stillen, ehe es buchstäblich verkümmert und verreckt (vgl. WA 28, 321).

In beiden Texten benutzt Dürrenmatt ein Spiegellabyrinth als entscheidende räumliche Bedingung für den Tod des Protagonisten. Für Minotaurus und A gibt es kein Außerhalb: Lebenswelt und Labyrinthgefängnis sind eins. Zugleich vollzieht sich damit eine bereits im Frühwerk angelegte Wende ins Kosmische und Überzeitliche: *Minotaurus* und *Der Rebell* postulieren, dass jedes Ich(-Bewusstsein) eine Welt für sich sei, durch deren Zerstörung auch eine ganze Welt – auf apokalyptische Weise – unterginge. Daher ließe sich gemäß Dürrenmatts Philosophie die (nicht umkehrbare) Formel aufstellen: Ich = Kosmos/Labyrinth. Das Ich ist ein Kosmos für sich und als in sich geschlossener Kosmos den Anderen ein undurchdringliches, nur im Tod zu überwindendes Labyrinth.

Der Winterkrieg in Tibet

Exzess, Katastrophe, Groteske: Alle diese Elemente vereint der *Winterkrieg in Tibet* (1981), um im post-apokalyptischen Inferno eines Dritten Weltkriegs, der die Schweiz wie auch die ganze Welt erfasst, eine Söldnergeschichte voller Blut, Schweiß und Sperma zu erzählen. Erzählerisch-stilistisch hat dieses bewusst als Fragment angelegte, gleichwohl monolithisch für sich stehende Opus nur wenig mit einem handelsüblichen Science-Fiction- oder Landser-Roman gemeinsam – bis auf die soldatischen Figuren und das ›futuristische‹ Setting mit einer Cyborg-ähnlichen Figur und kosmotheoretischen Spekulationen. Interessiert Dürrenmatt bereits in *Minotaurus* das Labyrinth als – eher private – »Tötungsmaschine« (Hennig 2015, 213), spielen sich Vergewaltigungs- und Vernichtungsorgien im *Winterkrieg* im ganz großen globalen Maßstab ab: Hier wird jeder jedem zum Feind und alle schlachten einander ab, ohne an ein Morgen zu denken. Physische Vernichtung und Vergewaltigung sind der einzige *modus* und die *ratio vivendi*. Dürrenmatt verbindet das erzählerische Dispositiv der Apokalypse mit dem räumlichen Dispositiv des Labyrinths und durchbricht den Plot mit philosophischen Exkursen zur Entstehung kosmischer und staatlicher Systeme. Im azentrischen Höhlenlabyrinth verlieren – wie im Weltraum – räumliche Grundunterscheidungen wie links/rechts oder oben/unten völlig an Bedeutung; die Orientierung bleibt zufällig; ein Plan des Ganzen ist

Abb. 71.1 Friedrich Dürrenmatt, *Weltstier*, 1975.

nicht realisierbar. Für den Ich-Erzähler, den Söldner Hans, ein metallisch-fleischliches Mischwesen, wird sein Lebensraum zum Weltgefängnis, das nur im Tod verlassen werden kann.

Das Weltgefängnis Labyrinth lässt sich zum einen als realisierter Raum (als Spiegellabyrinth im *Minotaurus* und im *Rebell*, als Höhlenlabyrinth im *Winterkrieg*), zum anderen als Metapher für den in sich abgegrenzten Bewusstseinsraum, das ›Hirn‹, ihrer beiden Protagonisten verstehen: Auch der *Winterkrieg* ist eine doppelte ›Schädelstätte‹: als Ort der zahllosen Toten des Dritten Weltkriegs und – im übertragenen Sinn – als gigantisches Hirn des Erzählers, das dieser von innen mit in Stein geritzten Schriftzeichen bedeckt und sich im Schreiben seine Welt radikalperspektivisch und in selbstreferentieller Manier konstruiert.

Dürrenmatt benutzt das Labyrinth als ein Beschreibungsmodell, um die Undurchdringlichkeit und Unerforschlichkeit von Raum, Zeit und Ich abzubilden. Sein Schaffen wird von der grundlegenden Frage nach dem Verhältnis von Chaos und Ordnung bestimmt: Wie ist die Welt aufgebaut, in der wir leben und die wir uns selbst in unserer perspektivischen Betrachtung konstruieren? Diese Frage hat eine anthropologische und eine kosmologische Dimension; sie betrifft das Ich (den wahrnehmenden Körper) und die Struktur des Universums. Ich und Welt/Kosmos – sie sind für Dürrenmatt als labyrinthische *black box* gleichermaßen überkomplex wie opak. Labyrinthisches Ich und labyrinthische/r Welt/Kosmos sind einander zwar konfrontativ entgegengesetzt, in ihrem Funktio-

nieren sind sie einander jedoch ähnlich. *Minotaurus*, *Der Rebell* und *Der Winterkrieg in Tibet* führen die *conditio humana* auf ein absolutes, ja absolutistisches Alleinsein zurück. Der Minotaurus wird daher als Unikat, das es nur einmal gibt, und als ›Weltstier‹ (s. Abb. 71.1) zur Universalmetapher einer Vereinzelung des Menschen (Radikalsubjektivismus und -konstruktivismus): Die Welt war und ist und wird alles, was sich der Geist erdenkt und fabuliert. Labyrinth und Minotaurus sind Universalmetaphern in Dürrenmatts literarischem Gepäck, sich absolut setzende Formeln und Brenngläser, um die Welt poetisch und philosophisch zu betrachten.

Deutungsaspekte, Positionen der Forschung

Neben subjekttheoretischen, kosmologischen und allegorischen Auslegungen der Labyrinth-Figur sind die Konstruktionsbedingungen von Dürrenmatts Labyrinthen auch raumtheoretisch untersucht worden (vgl. Hennig 2015). Für Dürrenmatts Identitätsphilosophie und Kosmologie sind die Figuren von Labyrinth und Minotaurus/Theseus grundlegend. Das Labyrinth ist dabei – erstens – eine *realisierte Architektur* (als Stadt, Haus, Spiegelkabinett oder unterirdisches Höhlensystem). Zweitens ist es *ein Welt- und Denkbeschreibungsmodell*: Inbegriff eines chaotisch-entropischen Universums. Diese Aspekte fließen sowohl in die paradigmatische als auch in die syntagmatische Ebene der Textkonstitution ein und betreffen – insbesondere im *Winterkrieg* – auch die Ebene der Lektüresteuerung (vgl. Burkard 2004, 159 f.). Im Sinne Umberto Ecos lässt sich Dürrenmatt als ein Apokalyptiker beschreiben, der in seinem Spätwerk mit obsessiver Lust »Theorien über den Zerfall ausbildet« (1984, 16) und sich stets abweichlerisch außerhalb des *common sense* stellt. Gleichwohl speist sich seine »Ästhetik des Scheiterns« (Burkard 2004, 160), anders als bei Eco, nicht aus dem kulturkritischen Standpunkt vermeintlicher intellektueller Überlegenheit oder aus der Geste tugendhaften Besserwissens, sondern aus der Einsicht, dass eine ›wahre Identität‹ für das perspektivisch in seinem Weltbild gefangene Subjekt unerreichbar bleibe (vgl. Gabor-Peirce 2017, 142). Dürrenmatt transformiert dabei, unter Rückgriff auf Immanuel Kant und Hans Vaihinger, die erkenntnistheoretische Position, dass Erkenntnisse nur über Setzungen und Fiktionen möglich sind (vgl. Burkard 2004, 261–263) – und dass, mit Nietzsche, unser Geist nur perspektivische Interpretationen der Wirklichkeit erfinden kann, absolute Wahrheiten dagegen unmöglich sind. Das Labyrinth wird darum als »altes Lieblingsmotiv« Dürrenmatts (Planta u. a. 2011, 318), als zentrale »Formel« (Arnold 1994, 217) oder »Gleichnis« erkannt, das er zur Beschreibung einer durch die moderne Naturwissenschaft revolutionierten Welt benutze – ob in der raum-zeitlichen Instabilität der Quantenphysik oder in der spekulativen Kosmologie. Auch Dürrenmatts »Theaterfiguren« werden interpretiert als »Stellvertreter des Menschen« in einem »bild- und zukunftslosen Labyrinth« (ebd.): Das Labyrinth wird so zu einer »Grundmetapher der Postmoderne« (Bloch 2017, 267) und der *conditio humana*, da es Zufall und Katastrophe zusammenbinde.

Literatur

Primärtexte

Das Bild des Sisyphos. In: WA 19, 41–56.

Albert Einstein. In: WA 33, 150–172.

Die Falle. In: WA 19, 71–95.

Labyrinth. Stoffe I–III. WA 28.

Minotaurus. In: WA 26, 9–32.

Aus den Papieren eines Wärters. In: WA 19, 149–193.

Die Stadt. In: WA 19, 117–147.

Die Welt als Labyrinth. Die Unsicherheit unserer Wirklichkeit. Franz Kreuzer im Gespräch mit Friedrich Dürrenmatt und Paul Watzlawick. Wien 1982.

Sekundärliteratur

Arnold, Heinz Ludwig: Friedrich Dürrenmatt. Der gläubige Zweifler. In: Friedrich Dürrenmatt. Schriftsteller und Maler. Hg. vom Schweizerischen Literaturarchiv Bern und Kunsthaus Zürich. Bern, Zürich 1994, 212–224.

Bloch, Peter-André: Friedrich Dürrenmatt – Visionen und Experimente. Werkstattgespräche – Bilder – Analysen – Interpretationen. Göttingen 2017.

Burkard, Philipp: Dürrenmatts *Stoffe*. Zur literarischen Transformation der Erkenntnistheorien Kants und Vaihingers im Spätwerk. Tübingen 2004.

Eco, Umberto: Apokalyptiker und Integrierte. Zur kritischen Kritik der Massenkultur. Frankfurt a. M. 1984.

Gabor-Peirce, Olivia G.: Becoming Fiction. Reassessing Atheism in Dürrenmatt's *Stoffe*. New York 2017.

Hennig, Matthias: Das andere Labyrinth. Imaginäre Räume in der Literatur des 20. Jahrhunderts. Paderborn 2015.

Kern, Hermann: Labyrinthe [1982]. Erscheinungsformen und Deutungen – 5000 Jahre eines Urbilds. 4. Aufl. München 1999.

Konersmann, Ralf: Lebendige Spiegel. Die Metapher des Subjekts. Frankfurt a. M. 1991.

Planta, Anna von u. a. (Hg.): Friedrich Dürrenmatt. Sein Leben in Bildern. Zürich 2011.

Schmeling, Manfred: Der labyrinthische Diskurs. Vom Mythos zum Erzählmodell. Frankfurt a. M. 1987.

Weber, Ulrich u. a. (Hg.): Dramaturgien der Phantasie. Dürrenmatt intertextuell und intermedial. Göttingen 2014.

Matthias Hennig

72 Mutiger Mensch

Gedankliches Konzept

Dürrenmatt entwickelt die Gedankenfigur des ›mutigen Menschen‹ im Rahmen seiner ästhetischen Auseinandersetzung mit dem Theater. Anknüpfend an das Diktum gesellschaftlicher Verantwortung, das bereits im früheren Essay *Anmerkung zur Komödie* (1952) in der Frage nach der dramatischen Darstellbarkeit der beiden Weltkriege als Groteske einen zentralen Aspekt ausgemacht hatte, sieht er in *Theaterprobleme* (1954) die ethische Haltung als grundlegende Basis seiner Ästhetik, die er in der Figur des Einzelnen begründet. Angesichts einer immer komplexer werdenden modernen Welt sucht er die Antwort nicht in einer Ideologie, deren Anspruch auf Allgemeingültigkeit er grundsätzlich in Frage stellt. Er veranschlagt sie vielmehr in einem immer wieder neu und individuell zu konstituierenden Entschluss des Einzelnen, angesichts der undurchschaubaren Welt zu handeln: »Gewiß, wer das Sinnlose, das Hoffnungslose dieser Welt sieht, kann verzweifeln, doch ist diese Verzweiflung nicht eine Folge dieser Welt, sondern eine Antwort, die man auf diese Welt gibt, und eine andere Antwort wäre das Nichtverzweifeln, der Entschluß etwa, die Welt zu bestehen, in der wir oft leben wie Gulliver unter den Riesen. Auch der nimmt Distanz, auch der tritt einen Schritt zurück, der seinen Gegner einschätzen will, der sich bereit macht, mit ihm zu kämpfen oder ihm zu entgehen. Es ist immer noch möglich, den mutigen Menschen zu zeigen« (WA 30, 63). Das ethische Potential akzentuiert er dabei nicht im Ergebnis einer Tat, sondern in der ihr zugrunde liegenden Motivation. Das Epitheton ›mutig‹ beinhaltet so das Festhalten an einer ethisch motivierten Haltung trotz einer als kontingent erfahrenen Welt. Der ›mutige Mensch‹ stellt den Einzelnen als entscheidende Instanz heraus, die in der Lage ist, mutig zu sein, während kollektive Antworten, die Anspruch auf überindividuelle Gültigkeit erheben, grundsätzlich in Frage gestellt werden: »Trost in der Dichtung ist oft nur allzubillig, ehrlicher ist es wohl, den menschlichen Blickwinkel beizubehalten. Die Brechtsche These, die er in seiner Straßenszene entwickelt, die Welt als Unfall hinzustellen und nun zu zeigen, wie es zu diesem Unfall gekommen sei, mag großartiges Theater geben, was ja Brecht bewiesen hat, doch muß das meiste bei der Beweisführung unterschlagen werden: Brecht denkt unerbittlich, weil er an vieles unerbittlich nicht denkt« (64).

Dürrenmatts Skepsis gegenüber verbindlichen Erklärungsmustern und das Ausweichen auf subjektive Positionen birgt ein Problem dramatischer Visualisierbarkeit in sich. Denn es ist weniger das auf der Bühne sichtbare Geschehen als vielmehr die dem Geschehen zugrunde liegende Haltung, die das Wesen des ›mutigen Menschen‹ ausmacht. Entsprechend beschränkt sich die Haltung des ›mutigen Menschen‹ nicht auf die dramatischen Figuren, sondern tritt auf unterschiedlichen Ebenen in Dürrenmatts Werk auf: 1. als Gedankenfigur innerhalb seines Dramenkonzeptes, die er im *Theaterproblem*-Essay entwickelt, 2. in Form eines Figurentypus, der sich durch sein dramatisches wie sein Prosawerk zieht, sowie 3. in seinem schöpferischen Selbstverständnis, in dem der Vorgang des Erschaffens einer in sich stimmigen Modellwelt und der Verortung des Scheiterns darin als Bewältigungsstrategie gegenüber einer als kontingent begriffenen Welt zum Ausdruck kommt. Diese Bedeutung der individuellen schöpferischen Position greift Dürrenmatt im Vortrag *Vom Sinn der Dichtung in unserer Zeit* (1956) auf, wo er die Arbeit des Schriftstellers in den Kontext des ›mutiger Mensch‹-Gedankens stellt (vgl. WA 32, 67).

Der ›mutige Mensch‹ im literarischen Werk

Zahlreiche Varianten des ›mutigen Menschen‹ ziehen sich als Motiv durch Dürrenmatts literarisches Werk und weisen eine Entwicklung innerhalb der Werkgenealogie auf, die sich von der frühen Figur des letzten römischen Kaisers in *Romulus der Große* (1949, zweite Fassung 1957), über Möbius in *Die Physiker* (1962) bis hin zur späten Figur Cop in Dürrenmatts vorletztem Drama *Der Mitmacher* (1973) beobachten lässt: Der letzte Kaiser Roms verfolgt das Ziel, das Unrecht, das von seinem Reich ausgeht, zu stoppen. Wissend, dass er seine Untertanen nicht dazu bewegen kann, ihre Lebenshaltung zu ändern, lässt er sein Reich untergehen, um durch dessen Ende die Welt zu retten. Der Hofstaat sowie die Königsfamilie sollen dieses Ende auf einer Insel überleben, während Romulus selbst durch einen Opfertod mit seinem Reich unterzugehen gedenkt. In der Umsetzung des Plans kommt ihm allerdings dreifach der Zufall in die Quere und lässt nicht nur seinen Plan scheitern, sondern wendet seinen ethisch motivierten Entschluss in eine Katastrophe: Während seine Familie auf hoher See stirbt, er indessen unerwartet am Leben bleibt, bereitet das Ende des römischen Reiches den Weg für das

J. B. Metzler © Springer-Verlag GmbH Deutschland, ein Teil von Springer Nature, 2020
U. Weber / A. Mauz / M. Stingelin (Hg.), *Dürrenmatt-Handbuch*, https://doi.org/10.1007/978-3-476-05314-5_72

germanische – worin sich bereits die Schrecken des 20. Jahrhunderts abzeichnen.

In der Komödie *Die Physiker* entwirft Dürrenmatt in der Figur des genialen Physikers Möbius eine komplexere Variante des ›mutigen Menschen‹, in der die Diskrepanz zwischen der Zufälligkeit der Welt und der Opferbereitschaft der Figur geradezu modellhafte Züge annimmt. Möbius verzichtet auf persönliches Glück, wissenschaftlichen Erfolg, Reichtum und Ruhm, um die Welt vor den Konsequenzen der Weltformel, die er gefunden hat, zu beschützen. Er lässt sich in ein Irrenhaus einsperren, wo er sein Wissen vor den beiden politischen Systemen des Kalten Krieges versteckt. Was er in seinem Plan nicht bedacht hatte, ist die Tatsache, dass die wahnsinnige Leiterin des Irrenhauses selbst die Weltformel an sich nimmt und diese damit in die denkbar unberechenbarsten Hände fällt. Der Versuch, die Welt zu retten, hat so durch seine Tat zu ihrem Untergang geführt. Doch steht eben nicht die Sinnlosigkeit der Handlung, sondern deren Motivation im Zentrum des dramatischen Interesses, während die Wendung, die ihre schlimmstmögliche Gestalt annimmt, als dramaturgischer Ausdruck den Mut der Möbius-Figur veranschaulicht.

War die Entscheidung des Physikers radikal gewesen, ist sie im Fall der Figur Cop in Dürrenmatts vorletztem Drama *Der Mitmacher* für die Umwelt gar nicht mehr erkennbar: »Cop handelt subjektiv. Was er vollzieht, vollzieht er für sich, denn sein Unterfangen, ein Riesengeschäft auf Kosten seines Lebens hochgehen zu lassen, obwohl er weiß, daß nach dem vereitelten Riesengeschäft erst die ganz riesigen Geschäfte herangeschwommen kommen, dieser selbstmörderische Unfug beweist nichts als seine Subjektivität« (WA 14, 200). Scheinbar korrupt versucht Cop, durch einen Mord die Machenschaften eines kriminellen Unternehmens zu unterbinden, ohne sich Illusionen über die Zwecklosigkeit seines Tuns zu machen. Die Qualität des ›mutigen Menschen‹ erhält hier ihre konsequenteste und zugleich am weitesten von der äußeren Sichtbarkeit entfernte Form, die Dürrenmatt nunmehr – in Anlehnung an Sokrates – als ›ironischen Helden‹ bezeichnet (vgl. ebd., 202). Das Motiv des ›mutigen Menschen‹ erscheint damit als Kippfigur zwischen einem ethischen Anliegen und dessen kollektiver Wirkungsmöglichkeit, deren negative Interpretation sich im Laufe des Werks immer mehr verstärkt.

Eine ähnliche Entwicklung lässt sich in Dürrenmatts Kriminalromanen beobachten, denn auch seine Detektivfiguren weisen Züge des ›mutigen Menschen‹ auf. Das gattungsspezifische Anliegen, eine durch ein Verbrechen aus dem Gleichgewicht gebrachte Ordnung durch dessen Aufklärung wieder herzustellen, wird hier zum Experimentierfeld für die Erörterung der Problematik, angesichts einer endgültig verlorenen Ordnung dennoch für deren Wiederherstellung einzutreten. Im 1957 erschienenen Roman *Das Versprechen. Requiem auf den Kriminalroman* hat der Detektiv Matthäi den Schuldigen ermittelt, doch kann er nicht wissen, dass dieser kurz vor seiner Überführung durch einen Autounfall ums Leben kam. Matthäi stellt fortan sein immer weiter verkommendes Leben in den Dienst seiner Überzeugung von Gerechtigkeit und verkörpert so die Diskrepanz zwischen seinem mutigen Handeln und der zufälligen Wirklichkeit. Seine Subjektivität bringt dabei nicht das Wissen um die Richtigkeit seines Tuns zum Ausdruck, sondern gerade deren Unkenntnis.

Eine weitere Dimension der Undurchschaubarkeit der Welt zeigt der Kriminalroman *Justiz* (1985). Hier wird der Detektiv Felix Spät zum Spielball der Zusammenhänge und Zufälligkeiten der Wirklichkeit, denen weder er noch eine außenstehende Instanz mehr gewachsen ist. Die Diskrepanz zwischen der mutigen Haltung, sich der undurchschaubaren Wirklichkeit zu stellen, und der Zufälligkeit kommt so durch eine immer drastischere Darstellung des Scheiterns des ›mutigen Menschen‹ zum Ausdruck.

Deutungsaspekte, Positionen der Forschung

Dürrenmatts Begriff des ›mutigen Menschen‹ fungiert als Schnittstelle zwischen einem ethisch-philosophischen Anliegen und einem ästhetischen Konzept. Zentral ist dabei die Frage nach verantwortlichem Handeln angesichts einer als kontingent erfahrenen Welt. Basierend auf dem Studium der Kritiken Kants (vgl. Burkard 2004, 24–68; Famula 2014, 73–82) akzentuiert die Figur des ›mutigen Menschen‹ eine grundsätzliche Erkenntnisskepsis, die allerdings über den Status eines rein philosophischen Anliegens hinausreicht und vielmehr als dramaturgisch verstandener Begriff von Kontingenz zur Möglichkeit avanciert, ethische Anliegen wie Freiheit, Gerechtigkeit und Wahrheit darzustellen (vgl. Spedicato 2014, 80). Entscheidend ist dabei die Kategorie des Einzelnen, der aus dem paradoxen Moment des Handelns trotz des Wissens um die Wahrscheinlichkeit des Scheiterns heraus begriffen wird. Der Einzelne und das Paradoxe sind zentrale Kategorien der Philosophie Søren Kierkegaards, die Dürrenmatt als essentiell für das Verständnis seiner Arbeit ausgewiesen hat (vgl. WA 29, 125). Auf diese Weise wird der ›mutige Mensch‹ als eine philosophisch wie theologisch motivierte Figur lesbar (vgl. Mingels 2003, 109–112; Bühler 2004), deren entscheidender Akzent auf einer Haltung des ›Trotzdem‹ liegt. Angesichts des Scheiterns wurde dem ›mutigen Menschen‹ auch eine nihilistische Haltung attestiert, die im ironischen Helden des Spätwerks zur eigentlichen Blüte komme, jedoch bereits im vorausgegangenen Konzept gesehen wird (vgl. Klimant 2014, 70–73).

Derart philosophisch konzeptualisiert, gestaltet sich die ästhetische Umsetzung ausnehmend modellhaft. Nicht zuletzt lassen sich die drei zentralen Aspekte des ›mutigen Menschen‹ als mythologische Figuren lesen: als Minotaurus, in dem das Eingeschlossen-Sein im Labyrinth zum Ausdruck kommt, im Theseus, der den Mut symbolisiert, der sich entziehenden Wirklichkeit zu begegnen, sowie in der Figur des Dädalus, mit der ein Weg realisiert wird, eine eigene Gegenwelt zu gestalten und darin das Ungeheuer zu bannen (vgl. Gasser 2004, 203 f.; Rusterholz 1996, 93–95).

Literatur
Primärtexte
Theaterprobleme. In: WA 30, 31–72.

Sekundärliteratur

Bühler, Pierre: Le paradoxe chrétien et ses potentialités créatives. Dürrenmatt et la théologie. In: Jürgen Söring, Annette Mingels (Hg.): Dürrenmatt im Zentrum. 7. Internationales Neuenburger Kolloquium 2000. Frankfurt a. M. 2004, 237–257.

Bühler, Pierre: Gnadenlosigkeit? Christologische Figuren in den späten Werken Dürrenmatts. In: Peter Rusterholz, Irmgard Wirtz (Hg.): Die Verwandlung der *Stoffe* als Stoff der Verwandlung. Berlin 2000, 161–178.

Burkard, Philipp: Dürrenmatts *Stoffe*. Zur literarischen Transformation der Erkenntnistheorien Kants und Vaihingers im Spätwerk. Tübingen 2004.

Famula, Marta: Fiktion und Erkenntnis. Dürrenmatts Ästhetik des *ethischen Trotzdem*. Würzburg 2014.

Gasser, Peter: Dramaturgie und Mythos. Zur Darstellbarkeit des Grotesken in Dürrenmatts Spätwerk. In: Jürgen Söring, Annette Mingels (Hg.): Dürrenmatt im Zentrum. 7. Internationales Neuenburger Kolloquium 2000. Frankfurt a. M. 2004, 191–209.

Klimant, Tom: Dürrenmatts Transzendentaldramaturgie. Die *Achterloo*-Varianten (1982–1988) als Beitrag zur Auseinandersetzung zeitgenössischer Dramaturgie mit radikal konstruktivistischen Denkfiguren. Berlin 2014.

Mingels, Annette: Dürrenmatt und Kierkegaard. Die Kategorie des Einzelnen als gemeinsame Denkform. Köln 2003.

Rusterholz, Peter: Chaos und Renaissance im Durcheinandertal Dürrenmatts. Hg. von Henriette Herwig und Robin-M. Aust. Baden-Baden 2017.

Rusterholz, Peter: Durchgänge durchs Labyrinth. *Minotaurus – Der Auftrag – Durcheinandertal.* In: Quarto 7 (1996), 92–103.

Spedicato, Eugenio: Der Kontingenz-Gedanke und die Universalien Wahrheit, Freiheit und Gerechtigkeit bei Friedrich Dürrenmatt. In: Ulrich Weber u. a. (Hg.): Dramaturgien der Phantasie. Dürrenmatt intertextuell und intermedial. Göttingen 2014, 77–96.

Weber, Ulrich: »Ob man sich selbst zum Stoff zu werden vermag?« Kierkegaard und die Entwicklung des subjektiven Schreibens im *Mitmacher-Komplex.* In: Quarto 7 (1996), 65–79.

Weber, Ulrich: Dürrenmatts Spätwerk. Die Entstehung aus der *Mitmacher*-Krise. Eine textgenetische Untersuchung. Frankfurt a. M. 2007.

Marta Famula

73 Mythos

Dürrenmatts Mythos-Begriff

Abgesehen von starken autobiografischen Bezügen (s. u.) hat Dürrenmatt am Mythos vor allem das Zeit-los-Menschliche interessiert: 1981 definiert er ihn als »ein[en] Archetypus, eine Urerscheinung, eine Urkonstellation, in die der Mensch immer wieder gerät« (G 3, 31). Im folgenden Jahr nennt er als Beispiele für solche »Grundstoffe« die Stichwörter ›Labyrinth‹ und ›Rebellion‹ (G 3, 134); beide finden sich in von Dürrenmatt besonders gern verarbeiteten Mythen. Zu solchen zählt er auch biblische Geschichten: die Erzählungen von der Sintflut, vom Turmbau zu Babel, von Moses (vgl. ebd., 138). Aber es sind vor allem griechische Mythen, die – in zum Teil stark transformierter Gestalt – immer wieder auftauchen und von Bedeutung sind.

Quellen

Als erste wichtige Quelle für die von ihm behandelten Mythen hat Dürrenmatt die Erzählungen bezeichnet, mit denen ihn sein Vater auf dem Rückweg von seelsorgerischen Besuchen unterhielt (vgl. WA 28, 23 f.). Namentlich nennt er die Taten des Herkules, vor allem aber die Erzählungen »vom königlichen Theseus, wie er die Räuber Prokrustes und Pityokamptes besiegte, und vom Labyrinth des Minos, von Dädalus erbaut, den ungefügen Minotaurus gefangenzuhalten« (ebd.). Außerdem werden hier Sisyphus, Tantalus und Ödipus genannt. Alle diese Gestalten beschäftigen Dürrenmatt in unterschiedlicher Intensität auch in seinem Werk.

Seine wichtigsten schriftlichen Quellen für diese Mythen hat Dürrenmatt ebenfalls selbst genannt: Für die Beschreibung des Minotaurus-Labyrinths zitiert er wörtlich einige Zeilen aus Gustav Schwabs *Sagen des klassischen Altertums* (vgl. WA 28, 75). Wichtiger sind jedoch zwei Überblickswerke aus den 1950er Jahren: Herbert Hungers *Lexikon der griechischen und römischen Mythologie* (zuerst 1953) und Robert von Ranke-Graves' *Griechische Mythologie* (engl./dt. 1955). Dürrenmatt nennt beide Werke in seiner »Dramaturgie des Labyrinths« (1977/1981; WA 28, 69–84) im Zusammenhang mit dem Minotaurus-Mythos (so geht etwa der dortige Hinweis auf das verlorene Stück *Kreter* des Euripides auf Hunger s. v. ›Minos‹ zurück). Ihnen hat er auch bei Schwab nicht zu findende mythische ›Fakten‹ für seine Darstellung des Ödipus-Mythos in *Das Sterben der Pythia* entnommen: Den

Namen des von Ödipus erschlagenen Wagenlenkers des Laios, Polyphontes, liest man bei Ranke-Graves (II 8); und nur dort, nicht aber in antiken Quellen, ist das von einem Orakel des Teiresias ausgelöste Selbstopfer von Iokastes Vater Menoikeus zur Besänftigung der Theben heimsuchenden Pest berichtet (II 9, vgl. Schmitz 1985, 201, Anm. 9); der Tod des Teiresias durch erhitztes Trinken aus der Quelle Tilphussa findet sich bei Hunger s. v. ›Teiresias‹ (Ranke-Graves II 19 erwähnt diesen Todesort auch, sagt aber nichts von Erhitzung). Bei seiner Darstellung der Urgeschichte (›Theogonie‹) der griechischen Götter (vgl. WA 37, 12–14) hat sich Dürrenmatt an Ranke-Graves orientiert: Die skurrile Bemerkung »Kronos [wurde] nach Großbritannien verbannt« (14) verarbeitet dessen Hinweis, Kronos sei »auf eine britische Insel« verbannt worden (I 33), und in der Darstellung des Prometheus-Mythos selbst (vgl. WA 37, 15–43) finden sich wörtliche Anklänge an Ranke-Graves (I 128). Im Fall des Ödipus-Mythos hat Dürrenmatt auch auf den Text des *König Ödipus* des Sophokles zurückgegriffen, den er wiederholt explizit erwähnt (vgl. etwa Satz 18 der *Sätze über das Theater*; WA 30, 184).

Mythische Gestalten in Dürrenmatts Werk

Folgende griechische mythische Gestalten (in der Reihenfolge ihrer Nennung in WA 28, 23 f.) haben in Dürrenmatts Werk Eingang gefunden, in seine Texte, aber auch in seine Bilder und Zeichnungen:

Von den zwölf kanonischen Taten des *Herkules* hat Dürrenmatt nur die fünfte ausführlicher behandelt: *Herkules und der Stall des Augias* (Hörspiel 1954, Theaterstück 1963). Dürrenmatt wählt damit die am wenigsten ›heroische‹ Tat des Helden, die Herkules zudem bei Dürrenmatt (anders als im griechischen Mythos) nicht einmal gelingt, weil er an den Rahmenbedingungen, die ihm vom Parlament und von der Bürokratie von Elis auferlegt werden, scheitert.

Der von Zeus zum Tragen des Himmelsgewölbes verurteilte Titan *Atlas* taucht bei Dürrenmatt vor allem in Zeichnungen auf (vgl. Donald 2004, 132), aber dann auch in *Achterloo* I, wo sich Napoleon mit Atlas vergleicht (vgl. ebd., 134).

Den gefesselten *Prometheus* hat Donald (ebd., 137) auf einer von Dürrenmatt bereits 1942 ausgemalten schrägen Wand in seiner Berner Mansarde innerhalb der sogenannten ›skurrilen Kreuzigung‹ erkennen wollen; knapp vierzig Jahre später (1981) hat Dürrenmatt mit der Ausarbeitung des Essays *Prometheus* be-

J. B. Metzler © Springer-Verlag GmbH Deutschland, ein Teil von Springer Nature, 2020
U. Weber / A. Mauz / M. Stingelin (Hg.), *Dürrenmatt-Handbuch*, https://doi.org/10.1007/978-3-476-05314-5_73

gonnen, der – über fast ein Jahrzehnt weiterentwickelt – im August 1990 seine letzte Fassung unter dem Titel *Dramaturgie eines Rebellen: Prometheus* als Vorspann der *Gedankenfuge* (WA 37) erhielt. Dürrenmatt versucht hier, eine »logischere Variante« (11) dieses Mythos zu geben: Prometheus wird als »Intellektueller« (freilich ein gescheiterter; Spedicato 2006, 249) und »Reformator« dargestellt, der die Menschen erschaffen habe, um »Unsterbliche durch klügere Unsterbliche zu ersetzen« (WA 37, 22); er sei aber dann infolge seiner Ankettung an den Kaukasus (Zeus' Strafe für Prometheus' Unterstützung der Menschen) selber »allmählich ein Mensch« und »zum Rebellen« geworden (39). Denn nur so habe er seine Identität wahren können: »Indem Prometheus trotzt, bleibt er Prometheus« (ebd.). Am Schluss identifiziert sich Dürrenmatt selber ausdrücklich mit diesem Prometheus.

Vergleichbar mit dieser Umarbeitung hat Dürrenmatt 1980 in den *Nachgedanken* zum Israel-Essay *Zusammenhänge* eine Neufassung der *Prokrustes*-Geschichte publiziert, in der auch Prokrustes' Sohn Pityokamptes kurz auftaucht (vgl. WA 35, 180–185). Prokrustes wird hier als »der erste ideologische Politiker« (180) dargestellt, der die Menschen nur deshalb foltert, um sie einander gleich zu machen, bis ihm von Theseus das Handwerk gelegt wird.

In dieser Prokrustes-Geschichte wird *Theseus* zunächst positiv als ein nach Vernunft handelnder Held eingeführt, der der unvernünftigen Ideologie des Prokrustes ein Ende setzt. Doch schon im letzten Teil der Geschichte verdunkelt sich das Bild: Leider habe Theseus als König »seine kluge Rede an Prokrustes vergessen« (185). Wenigstens sehr ambivalent wird Theseus in der *Minotaurus*-Ballade von 1985 dargestellt, wo er bis kurz vor dem Ende namenlos bleibt und die Forschung durchaus uneins ist, ob der erste menschliche Angreifer des Minotaurus bereits Theseus sei oder nicht (vgl. WA 26, 19–21; dafür: Schu 2009, 234 f. u. 238; dagegen: Crăciun 2000, 319). Die Darstellung von Theseus' Tötung des Minotaurus in dieser Ballade wird überwiegend als theseuskritisch interpretiert, nämlich als hinterhältig-tödliche Täuschung des arglosen Minotaurus (vgl. Spedicato 2006, 250 f.; Jachimowicz 2012, 238; Abderhalden 2015, 104). Doch gibt es auch zumindest eine Pro-Theseus-Deutung (Crăciun 2000, 320). Theseus erscheint auch in Bildern Dürrenmatts, dabei stets in Verbindung mit dem Minotaurus (s. u.).

Mit dieser Theseus-Tat eng verbunden sind die mythischen Elemente des von Dädalus erbauten kretischen Labyrinths und des darin gefangen gehaltenen *Minotaurus*, der auf diese Weise als ›Ungestalt‹ mit Menschenkopf und Stierleib von der übrigen Welt isoliert werden soll. Das Labyrinth – als Gleichnis für eine unergründlich-desorientierende Welt – illustriert für Dürrenmatt sein Lebensgefühl nach dem Umzug nach Bern 1935 (vgl. WA 28, 45: »Das Labyrinth wurde Wirklichkeit«) und taucht auch bereits in seinen frühesten veröffentlichten Texten auf (vgl. *Das Bild des Sisyphos* 1945; *Die Falle* 1946; *Die Stadt* 1947; *Aus den Papieren eines Wärters* 1952; alle WA 19), erscheint dann immer wieder, etwa als Irrenhaus in den *Physikern*, und bleibt auch in maßgeblichen Texten seiner letzten zwei Jahrzehnte präsent, so in der schon erwähnten »Dramaturgie des Labyrinths« (1977/1981), in *Der Mitmacher* (1976), in der Geschichte vom *Winterkrieg in Tibet* (1981) sowie in *Der Rebell* vom gleichen Jahr; dann in *Der Auftrag* (1986) und im *Durcheinandertal* (1989). Bildlich dargestellt wird das Labyrinth in Zusammenhang mit dem Minotaurus.

Der mythische Bewohner des Labyrinths, der Minotaurus, bildet ebenfalls für Dürrenmatt eine frühe Identifikationsfigur: »[I]ch tappte in ihr [der Stadt Bern] herum wie Minotaurus in den ersten Jahren im Labyrinth« (WA 28, 51). Er erscheint in seinen Schriften, abgesehen von einer kurzen Erwähnung in *Das Bild des Sisyphos* (s. o.), etwas ausführlicher zuerst in der »Dramaturgie des Labyrinths« (1977/81). Minotaurusartige Figuren gibt es jedoch schon früher im Werk (vgl. Crăciun 2000, 265, Anm. 19 u. 271 f.): der Kommandant im *Winterkrieg*; Doktor Emmenberger in *Der Verdacht*; der tanzende alte Kohleträger in *Die Stadt*; ferner die Irrenärztin Mathilde von Zahnd in *Die Physiker* (so Dürrenmatt selbst in G 3, 157). Es gibt sie aber auch später: Der ›Achilles‹ genannte verrückt gewordene Griechisch-Professor, der in *Der Auftrag* von einem Kameramann namens Polyphem in einer labyrinth-ähnlichen Anlage gefangen gehalten wird, ist eine solche Gestalt. Die beeindruckendste Darstellung des Minotaurus findet sich zweifellos in der *Minotaurus*-Ballade von 1985, in der Leben und Tod des Minotaurus weitgehend aus dessen eigener Perspektive dargestellt sind. Für Dürrenmatt ist der Minotaurus im Labyrinth ein »Urdrama«, nämlich das »der Auseinandersetzung eines Ich mit seiner Umwelt« (WA 28, 83). Mehr als jeder anderen mythischen Gestalt hat Dürrenmatt dem Minotaurus (in Verbindung mit Theseus und dem Labyrinth) auch Zeichnungen und Bilder gewidmet, angefangen mit der skurril-verstörenden Gouache *Der entwürdigte Minotaurus* von 1958, in der ein triumphierender Theseus auf den im Labyrinth gebeugt umherirrenden

Minotaurus heraburiniert. Im Lauf der Zeit werden die bildlichen Darstellungen des Minotaurus immer menschlicher; der Höhepunkt dieser Entwicklung wird in den neun der *Minotaurus*-Ausgabe von 1985 beigegebenen Bildern erreicht (vgl. Rusterholz 1996, 95; Donald 2004, 140 f.).

Die Gestalt des *Sisyphus* taucht zuerst in der frühen Erzählung *Das Bild des Sisyphos* auf, jedoch nur in dem titelgebenden Bild, das die Bestrafung des Sisyphus in der Unterwelt zeigt; sehr viel später findet sie sich dann noch einmal in Kap. 9 der *Nachgedanken*, wo Dürrenmatt die Mühsal des Denkens mit Sisyphos' ewigem Wälzen seines Felsblocks illustriert, zugleich aber den Mythos verändert, indem er ›viele Sisyphosse‹ postuliert (vgl. WA 35, 216 f.). – *Tantalus* wird zwar in WA 28, 24 unter den mythischen Gestalten genannt, von denen Dürrenmatts Vater erzählte, taucht aber nur einmal kurz in der ironisch-zynischen Skizze auf, die Teiresias in *Das Sterben der Pythia* vom degenerierten mythischen »Uradel« der Griechen gibt (WA 24, 141 f.: Hier werden desillusioniert-rationalisierte Kurzporträts von Prometheus, Tantalos, Thyestes, Klytämnestra, Leda, Pasiphae entworfen).

Es bleibt die Gestalt des *Ödipus*. Eine Ödipus-Figur gibt es im frühen dramatischen Werk Dürrenmatts: Möbius in den *Physikern*; Dürrenmatt selbst zieht die Parallele in den *21 Punkten zu den ›Physikern‹*, in *Querfahrt* (WA 29, 36) und in Gesprächen (G 3, 142 u. 156 u. 176). Vom Ödipus-Mythos selbst liefert er, ausgehend von Sophokles' *König Ödipus*, in *Das Sterben der Pythia* (1976) eine höchst bemerkenswerte Neufassung, in der das Schicksal durch den Zufall ersetzt ist und das Wissen über die wahren Vorgänge sich am Ende durch immer weitere Berichtsvariationen vollends zu verflüchtigen droht.

Charakteristika von Dürrenmatts Mythen-Behandlung

Gerade in den letzten zwei Jahrzehnten seines Schaffens wandte Dürrenmatt sich den antiken Mythen selbst zu und gab ihnen oft überraschend neue Wendungen. *Das Sterben der Pythia* und die *Minotaurus*-Ballade sind dafür gute Beispiele. Die Neubehandlungen zeichnen sich dadurch aus, dass neue Elemente hinzugefügt werden (*Sterben der Pythia*: Verdoppelung, ja eventuell sogar Vervierfachung der Ödipus-Figur; *Minotaurus*-Ballade: die Spiegelwände des Labyrinths) und alte deutlich verändert (*Sterben der Pythia*: Die Sphinx ist hier eine schöne Frau und Tochter

des Laios sowie Mutter des zweiten Ödipus; *Minotaurus*-Ballade: Der Ariadne-Faden führt Theseus nicht aus dem Labyrinth heraus, sondern zum Minotaurus); ferner werden die Mythen aus neuer Perspektive geboten (aus der Sicht der Pythia und des Teiresias bzw. der des Minotaurus). Ulrich Weber (2003, 117) hat an Dürrenmatts Mythenbearbeitungen daher die »démontage« durch Parodie, aber auch die »révitalisation« durch neue Elemente und Perspektiven hervorgehoben.

Gegen Ende seines Prometheus-Essays bemerkt Dürrenmatt: »Die Mythen sind zeitlos [...]. Ob sie etwas bedeuten, liegt außerhalb ihrer Glaubwürdigkeit oder gar ihrer Existenz, es liegt daran, ob wir uns noch in ihnen wiederfinden oder nicht« (WA 37, 39). Durch seine Mythenbearbeitungen hat Dürrenmatt viel dafür getan, dass uns ein ›Wiederfinden‹ möglich ist.

Literatur
Primärtexte

Dramaturgie eines Rebellen: Prometheus. In: WA 37, 11–46.

Herkules und der Stall des Augias. In: WA 8, 9–117.

Minotaurus. Eine Ballade. In: WA 26, 9–32.

Das Sterben der Pythia. In: WA 24, 119–158.

Der Winterkrieg in Tibet. In: WA 28, 11–170.

Sekundärliteratur

Abderhalden, Sandra: Friedrich Dürrenmatt e la mitologia greca: ricezione e rielaborazione. In: Dies. u. a. (Hg.): Miti, triti e ritriti. München 2015, 101–113.

Andresen, Karen: Der Mensch ein Tier, das Tier ein Mensch? Reflexionen zu *Minotaurus. Eine Ballade* von Friedrich Dürrenmatt. In: Revista de filología alemana 12 (2004), 99–109.

Crăciun, Ioana: Politisierung durch Metaphorisierung. Friedrich Dürrenmatts *Minotaurus. Eine Ballade*. In: Dies.: Die Politisierung des antiken Mythos in der deutschsprachigen Gegenwartsliteratur. Tübingen 2000, 261–324.

Dehrmann, Mark-Georg: Dürrenmatt in Delphi. Korrekturen des Ödipus-Mythos im *Sterben der Pythia*. In: Martin Vöhler, Bernd Seidensticker (Hg.): Mythenkorrekturen: Zu einer paradoxalen Form der Mythenrezeption. Berlin, New York 2005, 401–409.

Donald, Sydney G.: Der Reiz des Mythos. In: Jürgen Söring, Annette Mingels (Hg.): Dürrenmatt im Zentrum. 7. Internationales Neuenburger Kolloquium 2000. Frankfurt a. M. 2004, 129–147.

Hunger, Herbert: Lexikon der griechischen und römischen Mythologie. Wien 1953.

Jachimowicz, Aneta: Modernität eines Mythos. Die Labyrinthmetapher in Friedrich Dürrenmatts Ballade *Minotaurus*. In: Acta neophilologica 14 (2012), 235–245.

Ranke-Graves, Robert von: Griechische Mythologie, Bd. 1–2. Reinbek bei Hamburg 1955.

Rusterholz, Peter: Durchgänge durchs Labyrinth. *Minotaurus, Der Auftrag, Durcheinandertal*. In: Friedrich Dürrenmatt: Die Entstehung des Spätwerks. In: Quarto 6 (1996), 92–103.

Schmitz, Heinz: Oedipus bei Dürrenmatt. Zur Erzählung *Das Sterben der Pythia*. In: Gymnasium 92 (1985), 199–208.

Schu, Sabine: »Minotaurus wollte unbewußt ein Mensch werden ...« – Friedrich Dürrenmatts kritische Adaption des Minotaurus-Mythos. In: Amaltea 1 (2009), 227–242.

Spedicato, Eugenio: Mythisches Pech. Wozu Friedrich Dür-renmatt griechische Mythen wiederaufnahm und neu erzählte. In: Silvio Vietta (Hg.): Moderne und Mythos. München 2006, 245–258.

Weber, Ulrich: Déconstruction du mythe d'Oedipe et tragé-die du Minotaure. Friedrich Dürrenmatt et la mythologie grecque. In: Andreas Dettwiler, Clairette Karakash (Hg.): Mythe et Science. Lausanne 2003, 115–125.

Heinz-Günther Nesselrath

74 Naturwissenschaften

Die Aneignung naturwissenschaftlichen Wissens und die Auseinandersetzung mit naturwissenschaftlichen Methoden ist in Dürrenmatts Werk seit Mitte der 1950er Jahre und bis zu seinem Tod in vielfältiger Weise präsent. Schon 1956 gibt er zu bedenken, »ob nicht die Form der heutigen Philosophie die Naturwissenschaft sei« (WA 32, 62), und in einem Gespräch im Jahr 1990 gesteht er: »[I]ch kann mir heute einfach keinen Schriftsteller mehr vorstellen, der nicht von der Naturwissenschaft zutiefst aufgewühlt wäre« (G 4, 117). Von seinem intensiven Interesse zeugen zahlreiche einschlägige Bände in seiner Bibliothek und präzise Markierungen und Randnotizen in einigen dieser Werke.

Entwicklung des thematischen Interesses

Schon als Jugendlicher interessiert sich Dürrenmatt für Astronomie, zeichnet Sternkarten und versucht, Teleskope zu bauen (vgl. G 2, 337; WA 28, 21). Astronomische Themen und Bilder sind in seinem Werk allgegenwärtig (vgl. Centre Dürrenmatt Neuchâtel 2017; s. Kap. 62). Physik und Mathematik scheinen den Schüler und Studenten hingegen nicht sonderlich interessiert zu haben. Erst der mit viel Ulk und Weißwein verbundene Nachhilfeunterricht durch einen jungen Physiker kurz vor der Maturitätsprüfung weckt das Interesse (vgl. WA 28, 205). Später, in einer wichtigen formativen Phase seines schriftstellerischen Lebens, in der es ihm nach den ersten Theatererfolgen darum geht, Distanz zum religiösen Existentialismus seiner Anfänge zu finden, liest und diskutiert er zusammen mit dem Naturwissenschaftler Marc Eichelberg physikalische, mathematische und wissenschaftstheoretische Werke (Eichelberg 1994). Eichelberg bleibt bis in die letzten Lebensstunden des Autors ein wichtiger Gesprächspartner und Berater in naturwissenschaftlichen Fragen (Eichelberg 1997). Das kosmologische Wissen um die Sternentwicklung und die Genese der schweren Elemente in Supernovae, das Dürrenmatt u. a. aus Schriften Arthur Eddingtons und Fred Hoyles bezieht, machen ihn empfänglich für Evolutionstheorien, die er durch Schriften von Adrien Turel, Teilhard de Chardin, Arthur Koestler, Hoimar von Ditfurth, Karl Popper, J. C. Eccles und Gerhard Vollmer kennenlernt.

Dass die Evolution durch eine stete Zunahme der Komplexität gekennzeichnet sei, ist eine seiner konstantesten Überzeugungen, die er wohl von Teilhard übernommen hat. Dieser Gedanke führt ihn von der Astronomie hin zur Biologie und schließlich zur Hirnforschung. Dürrenmatt hält das menschliche Hirn für die komplexeste evolutionär je entstandene Struktur (vgl. G 4, 105). Dank des Hirns wird der Mensch fähig, sich durch technische Prothesen und durch die ultimative Prothese des Hirns – den Computer – selbst zu überbieten. Von Turel hat Dürrenmatt gelernt, diese demiurgische, prothesenbasierte Evolution des Menschen von der Evolution durch körperliche Spezialisierung und irreversible Hypertrophie-Bildung zu unterscheiden, wie sie z. B. für Dinosaurier und Großsäugetiere charakteristisch war (s. Kap. 82). Doch droht sich die Prothesenwelt nun auch gegen den Menschen selbst zu richten. In vielen Werken Dürrenmatts werden Situationen aufgezeigt, in denen menschliche Körper auf groteske und selbstzerstörerische Weise mit den Prothesen verschmelzen, statt sie auf Distanz zu halten und gerade dadurch das Humane in seiner Integrität zu bewahren (s. Kap. 70).

Die drohende Selbstvernichtung der Menschheit durch Waffensysteme wie Atom- und Neutronenbomben und durch die Vergiftung der Umwelt lassen Dürrenmatt in zunehmendem Maße an den Überlebenschancen der Menschheit zweifeln: »Der wissenschaftliche Mensch gleicht einem, der alles über Krebs weiß und ihn hat. [...] Aber es gibt nichts Schwereres, als unser Wissen in unsere Existenz zu integrieren« (WA 18, 584 f.). Die emotionale Ausstattung des menschlichen Hirns sei hinter seiner kognitiven Kompetenz zurückgeblieben. Diesen Sachverhalt diagnostiziert Dürrenmatt als »biologische Krise« (G 4, 115) und als »ökologische Katastrophe« (WA 18, 569) der Menschheit.

Die ökokritische Sicht auf Wissenschaft und Technik ist bei Dürrenmatt keine Modeerscheinung jüngeren Datums. Er wurde schon früh auf ökologische Probleme aufmerksam, denn der Vater seines Freundes Marc Eichelberg, Gustav Eichelberg (Professor für Thermodynamik und Verbrennungsmotoren an der ETH Zürich), machte bereits 1932 auf die Verantwortung der Technik aufmerksam und kritisierte die »rechenschaftslose Verschwendung der Erdölvorkommen und die leichtfertige Verseuchung von Wasser, Luft und Boden« (Eichelberg 1997). Fritz Zwicky, den Dürrenmatt 1959 persönlich traf, warnte in seinen Schriften eindringlich vor der Verschmutzung der Umwelt und des Weltraums. In einem späten Gespräch erinnert sich Dürrenmatt an den ökologischen Klassiker *Silent Springs* von Rachel Carson, der »lange vor den *Physikern* erschienen« sei (G 4, 68). Das ist

J. B. Metzler © Springer-Verlag GmbH Deutschland, ein Teil von Springer Nature, 2020
U. Weber / A. Mauz / M. Stingelin (Hg.), *Dürrenmatt-Handbuch*, https://doi.org/10.1007/978-3-476-05314-5_74

chronologisch zwar nicht korrekt, denn beide Bücher erschienen 1962; es weist aber darauf hin, dass in Dürrenmatts Erinnerung die kritische Auseinandersetzung mit der Physik auch von ökologischen Einsichten begleitet war.

Literarische Transposition

In der Forschung wird öfter betont, Dürrenmatts Auseinandersetzung mit den Naturwissenschaften sei ein Gegenbeispiel zu der von C. P. Snow aufgestellten These der Nicht-Kommunikation zwischen den ›zwei Kulturen‹ der Natur- und der Geisteswissenschaften (vgl. Bellwinkel 1995, 245; Rüedi 2011, 624). Allerdings sagt diese allgemeine Positionierung wenig aus über die spezifische Form und Relevanz der künstlerischen Aneignung naturwissenschaftlicher Denkmuster bei Dürrenmatt. Allzu oft wird die These Jürgen Habermas' wiederholt, wonach es die Folgen der Naturwissenschaft und nicht diese selbst seien, die Literaten zum Schreiben drängten (vgl. Habermas 1968, 82 f.). An dieser These ist Dürrenmatt nicht ganz unschuldig, schrieb er doch in den *21 Punkten zu den ›Physikern‹*: »Der Inhalt der Physik geht die Physiker an, die Auswirkungen alle Menschen« (WA 7, 92). Dem ist jedoch ein Satz an die Seite zu stellen, den Dürrenmatt ein Jahr vor den *Physikern* äußerte: »An der modernen Naturwissenschaft interessiert mich vor allem die Konsequenz der Erkenntnistheorie [...]. An der Physik interessiert mich weniger, was sie aussagt, das Resultat, als die Art, wie sie die Natur befragt« (G 1, 101 f.). In *Standortbestimmung* (1960) unterscheidet er zwischen einer »naturwissenschaftlichen« und einer »mathematischen« Methode, die Welt dramatisch darzustellen (WA 6, 156). In einem Gespräch erläutert er diesen Ansatz: »Wenn die Mathematiker und Physiker die Natur befragen, so tun sie es immer nur auf einem Teilgebiet. Sie stellen dazu heute immer öfter Arbeitshypothesen auf, die sich experimentell bejahen oder verneinen lassen. [...] Ich schaffe mir, ähnlich wie der Physiker, Modelle von möglichen menschlichen Beziehungen. [...] Diese Modelle sind gleichzeitig auch meine ›Hypothesen‹, meine Methode, im wissenschaftlichen Zeitalter [...] bestimmte Phänomene der ›menschlichen Natur‹ zu veranschaulichen« (G 1, 102 f.). Diese Poetologie entspricht Karl Poppers *Logik der Forschung*. Arbeitshypothesen werden nach dieser Auffassung nicht durch beschreibende Abbildung gewonnen, nicht durch induktive Verallgemeinerungen, sondern sie werden aus Theorien und deren axiomatischen Setzungen deduktiv, d. h. ›mathematisch‹, abgeleitet und dann durch Experimente geprüft. Poppers *Logik der Forschung* schlägt eine Rollenteilung von Hypothesenbildung und Hypothesenprüfung vor, die Dürrenmatt analog auf seine Poetologie überträgt. Wer aber prüft die hypothetischen Strukturen eines Theaterstücks? In letzter Instanz ist es das Publikum, denn das Publikum entscheidet darüber, ob sich das vorgeschlagene Modell sinnvoll auf seine Wirklichkeit beziehen lässt oder nicht. Dürrenmatts Dramaturgie ist eine Wirkungsästhetik: »Ohne Vertrauen ins Publikum ist keine Dramatik möglich« (WA 6, 159; vgl. dazu Käser 2007). Wie mit dem hypothetischen Modellcharakter der Dürrenmattschen Gesellschaftsdarstellungen wirkungsästhetisch umzugehen sei, hat Patricia Käppeli 2013 aufgezeigt.

Subjektive Verdichtungen

Dürrenmatt hat stets betont, seine Auseinandersetzung mit den Naturwissenschaften erfolge aus der Perspektive des Laien. Diese Sicht scheint ihm aus zwei Gründen wichtig: Einerseits habe sich die Naturwissenschaft durch die unausweichliche Mathematisierung ihrer Darstellungsform der sinnlichen Unmittelbarkeit und damit weitgehend dem Verständnis der meisten Menschen entzogen und laufe Gefahr, zur Geheimwissenschaft zu werden (vgl. WA 32, 61 f.). In ihrer Spezialisierung sei sie andererseits den »Raubzügen der Techniker und der Ideologen ausgeliefert« (WA 33, 150). Deshalb sei es die Aufgabe des Schriftstellers, sich von der Bildlosigkeit der modernen wissenschaftlichen Welt ein eigenes, wenn auch laienhaftes Bild zu machen. Solche symbolischen Kondensate seiner Begegnung mit den Naturwissenschaften hat Dürrenmatt für alle ihn interessierenden Bereiche geschaffen: Im Vortrag *Kunst und Wissenschaft* stellt er seinen Besuch des astronomischen Observatoriums auf Mount Palomar dar (WA 36, 91), im *Nachwort zum Mitmacher* denjenigen des Forschungszentrums CERN bei Genf (WA 14, 111 f.). Eine Samenbank für die Rindviehzucht wird in der Erzählung *Vallon de l'Ermitage* zum real existierenden Gleichnis für Biotechnologie und für die damit einhergehende Entmythologisierung des Minotaurus im »technischen Bullenpuff« (WA 36, 13). In derselben Erzählung entdeckt Dürrenmatt mit ökokritischem Blick eine Mülldeponie in unmittelbarer Nähe seines Wohnortes: »Es war, als ob ein Dinosaurier an Durchfall litte: Die Scheiße prasselte in einen schwarzen öligen See, besät mit

Plastikflaschen. Eine merkwürdige Andacht hatte sich über die Männer gesenkt. Der Anblick war allen genierlich« (WA 36, 53). Dürrenmatt geht es in diesen Texten nicht um wissenschaftliche Objektivität; es gelingt ihm vielmehr, die menschliche Situation angesichts der Möglichkeiten und der Folgen moderner Naturwissenschaften seismografisch aufzuzeichnen.

Stand der Forschung

Es hat lange gedauert, bis die von Dürrenmatt genannte erkenntnistheoretische Dimension seiner Auseinandersetzung mit den Naturwissenschaften ernst genommen wurde. Eichelberg (1994) nennt zwar eine Reihe mathematischer und naturwissenschaftlicher Buchtitel, die Dürrenmatt und er gemeinsam gelesen haben, gibt aber nur spärliche Hinweise auf die Auswirkungen im Werk des Autors. Bellwinkel (1995) stellt eine kursorische Bestandsaufnahme naturwissenschaftlicher Themen bei Dürrenmatt dar, blendet aber die für Dürrenmatt spezifischen Kontexte und Perspektiven weitgehend aus und bemüht sich in etwas besserwisserischem Gestus um inhaltliche Korrekturen. Die erste bis heute maßgebende Studie zur erkenntnistheoretischen Dimension der Aneignung quantenphysikalischen Denkens bei Dürrenmatt stammt von Elisabeth Emter (1995). 1996 erschien die nach wie vor lesenswerte Dissertation von Thomas Wünsche, die aufzeigt, wie Dürrenmatt das subjektive Denken Kierkegaards und das objektive Denken Poppers komplementär, gleichsam stereoskopisch, zu einer Synthese zu bringen versucht (s. Kap. 75). Unter dem Titel *Phantasie der Wissenschaften* veranstaltete das Centre Dürrenmatt in Neuchâtel im Jahr 2017 eine Ausstellung mit Begleitpublikation, die es unternahm, den thematisch facettenreichen, sowohl auf Folgen wie auf die Denkmethoden bezogenen Umgang Dürrenmatts mit den Naturwissenschaften darzustellen und dabei erstmals auch die Komplementarität des literarischen und des bildnerischen Werks angemessen zu berücksichtigen (Centre Dürrenmatt Neuchâtel 2017).

Literatur
Primärtexte, Quellen
Eichelberg, Marc: Brief an Jürgen Meyer, 12.1997 (keine genaue Datierung). Unv. Kopie im Schweizerischen Literaturarchiv.
Privatbibliothek Friedrich Dürrenmatt, Centre Dürrenmatt Neuchâtel. Schweizerisches Literaturarchiv, Sig. SLA-FD-D-01.

Sekundärliteratur
Bellwinkel, Hans Wolfgang: Dürrenmatt und die Naturwissenschaften. In: Gesnerus 52 (1995), 209–246.
Centre Dürrenmatt Neuchâtel (Hg.): Phantasie der Wissenschaften. L'imaginaire des sciences. Neuchâtel 2017 (Cahier 15).
Eichelberg, Marc: F. D. und die Naturwissenschaften. In: Schweizerisches Literaturarchiv Bern/Kunsthaus Zürich (Hg.): Friedrich Dürrenmatt. Schriftsteller und Maler. Bern, Zürich 1994, 225–227.
Emter, Elisabeth: Literatur und Quantentheorie. Berlin 1995, 218–270.
Habermas, Jürgen: Technik und Wissenschaft als Ideologie. Frankfurt a. M. 1968.
Käppeli, Patricia: Politische Systeme bei Friedrich Dürrenmatt. Köln u. a. 2013.
Käser, Rudolf: »Fernsehkameras ersetzten das menschliche Auge«. Friedrich Dürrenmatts Spätwerk im Spannungsfeld von Wissenschaftsgeschichte und Medientheorie. In: Text + Kritik 50/51 (2003), 167–182.
Käser, Rudolf: Friedrich Dürrenmatt. Auf der Suche nach dem verlorenen Publikum (2007). In: http://www.rudolfkaeser.ch/080102 %20Vortrag%20Z%C3 %BCrich.pdf (4.3.2020).
Käser, Rudolf: Schmökern (engl. to browse) in Friedrich Dürrenmatts Schlafzimmer-Bibliothek. Ein Testlauf. In: Quarto 30/31 (2010), 156–161.
Rüedi, Peter: Dürrenmatt oder Die Ahnung vom Ganzen. Biographie. Zürich 2011.
Wünsche, Thomas: Dürrenmatts stereoskopisches Denken: die Erkenntniskritik oder der »Versuch zu einem Grundriss«. Unv. Diss. Hannover 1996.

Rudolf Käser

75 Philosophie

Friedrich Dürrenmatt hat an der Universität Bern fünf Semester Philosophie studiert. Als Student von Richard Herbertz entwickelte er Ideen zu einem Dissertationsprojekt zum Thema *Kierkegaard und das Tragische* (vgl. WA 29, 125), das allerdings nie realisiert wurde. »Mein Philosophiestudium wurde zur Brutstätte meiner Schriftstellerei, und als ich es aufgab, gab ich es nicht auf«, schreibt er in *Das Haus* (WA 29, 131). Schon während seines Studiums setzte sich Dürrenmatt mit Platons Höhlengleichnis auseinander. Dieser Text wirkt in vielen seiner Werke nach, von der frühen Erzählung *Die Stadt* bis zum späten *Winterkrieg in Tibet*; es steht für ihn exemplarisch ein für die Vieldeutigkeit literarisch gleichnishafter Darstellungsformen (vgl. 129 f.). Ab Beginn der 1970er Jahre vertiefte Dürrenmatt sein philosophisches Fundament durch die (Re-)Lektüre von Platon, Spinoza, Kant, Schopenhauer, Hegel, Kierkegaard, Marx, Nietzsche, Freud, Popper und weiterer Autoren – eine Lektüre, die vielfältige Spuren in seinem Spätwerk hinterließ. Seine Denkwege umkreisen dabei immer wieder die Polarität von Freiheit und Gerechtigkeit, die er ethisch und politologisch beleuchtet. Zwei Selbstaussagen des Autors haben sich als wegweisend für die Dürrenmatt-Forschung erwiesen: »Ohne Kierkegaard bin ich als Schriftsteller nicht zu verstehen« und »ich bin dem Denkimpuls nach Erkenntnistheoretiker geblieben« (124 f.).

Kierkegaard

Die Bedeutung Kierkegaards für Dürrenmatt wurde eingehend untersucht. Aufgrund seiner frühen Dramen *Es steht geschrieben* und *Der Blinde* ist er zunächst als christlicher Existentialist wahrgenommen worden. Kein geringerer als der Theologe Karl Barth hat ihn so verstanden (vgl. Rüedi 2011, 312–314). Von Kierkegaard hat Dürrenmatt den Begriff der ›Position‹ übernommen (vgl. WA 29, 125). Diese ergibt sich nach Kierkegaard, wenn ein Einzelner in seinem Denken und Leben die einer Idee entsprechende ›Bewegung‹ zu vollziehen versucht, z. B. die ethische Entscheidung oder den Sprung in den Glauben. Schon in seinen frühen Werken wird deutlich, dass es Dürrenmatt darum geht, die radikalen Konsequenzen bestimmter religiöser ›Positionen‹ literarisch zu erkunden und damit auch eine diagnostische Distanz zu diesen herzustellen.

Rusterholz (1995) leitet einen Paradigmenwechsel in der Dürrenmatt-Forschung ein, indem er nicht mehr nach der Übernahme bestimmter theologisch-philosophischer Inhalte fragt, sondern die Bedeutung der sprachtheoretischen Reflexionen Kierkegaards (und Barths) für die Funktion der literarischen Formen und Mitteilungsweisen untersucht. Das Konzept der ›indirekten Mitteilung‹, wie Kierkegaard es in der *Abschließenden unwissenschaftlichen Nachschrift zu den Philosophischen Brocken* darstellt, ist seither als wichtige Voraussetzung für Dürrenmatts Schaffen erkannt. Mingels (2003) untersucht die zentrale Stellung des Einzelnen als Denkform bei Kierkegaard und Dürrenmatt. Sie zeigt zudem die formalen und stilistischen Merkmale literarisch-indirekter Mitteilung auf: »Keine unanschauliche Theorie, sondern der Standpunkt eines einzelnen Menschen, dessen Existenz sich beständig in seinem Denken spiegelt und dieses als Korrelat eines je spezifischen Seins relativiert, begegnet dem Rezipienten« (Mingels 2003, 302). Dies führt in Dürrenmatts Komödien zu einer Form der Personendarstellung, »die nicht mehr überzeugen, sondern nur noch anstoßen – wo nicht gar *ab*stoßen – will« (ebd., 303). Dies ist der Grund dafür, dass das Publikum sich mit (fast) keiner seiner Figuren restlos und ohne Ambivalenz identifizieren kann und soll. Als Dürrenmatt 1973 mit seinem Drama *Der Mitmacher* bei der Theaterkritik durchfiel, bezog er sich wieder auf Kierkegaard. Im *Nachwort* zum *Mitmacher* entwirft er die Theorie des ›ironischen Helden‹ (vgl. WA 14, 202). Dieses Konzept markiert seinen Übergang zum (autobiografischen) Erzählen. Weber (2007, 168 u. 234) spricht zutreffend von einer »Übertragung des Konzepts des ›ironischen Helden‹ auf den Ich-Erzähler«.

Erkenntnistheorie 1: Kant und Vaihinger

Dürrenmatt argumentiert, Kierkegaards paradoxe Konzeption des Glaubens schließe unmittelbar an Kants *Kritik der reinen Vernunft* an. Denn Kant »trennt Wissen und Glauben scharf voneinander« (WA 29, 123), und er »mauerte den Ausgang des Labyrinths zu«, es gibt nur den ›Sprung über die Mauer‹, »den Glauben, das Paradox Kierkegaards« (124). Es gebe bei Kant »nur ›Menschliches‹ über das Objekt auszusagen«; das ›Ding an sich‹ sei ein »Gedachtes [...], wovon der Gedanke zurückgeworfen, reflektiert wird [...] auf den, der ihn denkt« (123). Dürrenmatt findet diese subjektivistische Sicht der kantischen Erkenntnistheorie bestätigt durch die *Philosophie des Als*

J. B. Metzler © Springer-Verlag GmbH Deutschland, ein Teil von Springer Nature, 2020
U. Weber / A. Mauz / M. Stingelin (Hg.), *Dürrenmatt-Handbuch*, https://doi.org/10.1007/978-3-476-05314-5_75

Ob von Hans Vaihinger (vgl. Burkart 2004). Auf dessen Grundfrage, wie es denn komme, dass wir mit »Fiktionen«, d. h. »mit bewußt falschen Vorstellungen doch Richtiges erreichen« (WA 30, 210), spielt Dürrenmatt immer wieder an, z. B. auch in seiner Laudatio für Michail Gorbatschow (vgl. WA 36, 196). Im posthum publizierten Essay *Kabbala der Physik* schreibt er in Bezug auf Modellvorstellungen der Quantenmechanik ganz im Sinne Vaihingers: » [W]as zurückbleibt sind die Hilfsbilder« (WA 37, 143). Die Quelle aller Fiktionen sieht er mit Vaihinger in der »Einbildungskraft«. Zwar besteht Dürrenmatt darauf, der naturwissenschaftliche Weg eines »Denkens in Begriffen« sei klar zu unterscheiden vom religiösen (und literarischen) »Denken in Mythen« (WA 29, 195), doch entspringen beide Äste menschlicher Kreativität demselben Stamm.

Erkenntnistheorie 2: Einstein, Heisenberg, Eddington

In seiner Rede *Vom Sinn der Dichtung in unserer Zeit* gibt Dürrenmatt schon 1956 zu bedenken, »ob es nicht einfach so sei, daß wir bei Einstein oder Heisenberg die Ansätze einer neuen Philosophie finden und nicht bei Heidegger« (WA 32, 62). Bedeutsam wurden für ihn vor allem die erkenntnistheoretischen Konsequenzen der Quantentheorie in ihrer Kopenhagener Interpretation, die er sich durch die Vermittlung Arthur Eddingtons aneignet (vgl. Emter 1995). Dürrenmatt bezieht sich wiederholt auf dessen »genialelische *Philosophie der Naturwissenschaft*« (WA 33, 127). Ausgehend von der Tatsache, dass in der Quantenphysik Licht nur in den komplementären Erscheinungsweisen als Welle und als Korpuskel modelliert werden kann und dass dies von der Art und Weise abhängt, wie Licht beobachtet wird, zieht Eddington die erkenntnistheoretische Konsequenz, die Physik beziehe sich nicht auf die Sache selbst, sondern auf das menschliche Wissen von ihr. Fortschritte in den Naturwissenschaften seien deshalb nur zu erwarten, wenn man konsequent den Beobachter selber beobachte. Eddington nennt diese erkenntnistheoretische Position ›selektiven Subjektivismus‹ (vgl. Eddington: *Philosophie der Naturwissenschaft*, Kap. 2, 28–41). Dürrenmatt hat sich dieses Konzept der Beobachtung des Beobachters angeeignet, wie Emter (1995) belegt, und er hat es literarisch umgesetzt z. B. in der Erzählung *Der Auftrag*. Von Heisenbergs Interpretation der Quantenmechanik übernimmt Dürren-

matt vor allem die Einsicht, dass die Natur nicht durchgehend determiniert ist, sondern im Einzelnen den Zufall zulässt, so dass Naturgesetze nur statistische Geltung beanspruchen können. Im Anschluss daran entwickelt Dürrenmatt in *Sätze über das Theater* (1970) sein eigenwilliges Wirklichkeitsverständnis: »[D]ie Wirklichkeit ist die Unwahrscheinlichkeit, die eingetreten ist. [...] [S]o möchte ich die Aufgabe des Dramatikers dahin definieren, daß er beschreibt, was wahrscheinlicherweise geschähe, wenn sich unwahrscheinlicherweise etwas Bestimmtes ereignen würde« (WA 30, 205 u. 207). Emter (1995, 263) weist darauf hin, dass der Gegensatz von Wahrscheinlichkeit resp. Unwahrscheinlichkeit, den Dürrenmatt hier ansetzt, in der Quantenphysik und in der mathematischen Statistik so nicht verwendet wird. Man spricht dort von ›Wahrscheinlichkeitsgraden‹. Dürrenmatts Insistieren auf dem Konzept der Unwahrscheinlichkeit interpretiert sie so, dass der Autor nicht an der statistischen Verteilung in Mengen interessiert sei, sondern literarisch vom Einzelfall her denke. Damit erhält die Auseinandersetzung mit der Wahrscheinlichkeit bei Dürrenmatt eine subjektive Färbung. Das Unwahrscheinliche kann zwar eintreffen, es ist nicht unmöglich, aber es ist subjektiv gesehen das Unerwartete. Das Unerwartete kann zwei gegensätzliche Werte annehmen: Es ist das Seltene und damit auch das Wertvolle, die Chance, so z. B. die Entstehung des Lebens auf der Erde. Umgekehrt ist das Zufällige aber auch das Unberechenbare und damit Zerstörerische: die ›schlimmstmögliche Wendung‹. Diese Auffassung ist kompatibel mit den Analysen von Adams (2011), der Dürrenmatts Umgang mit dem Wahrscheinlichkeitsbegriff als »epistemologisch«, d. h. nicht »objektiv« charakterisiert. Er argumentiert, dieser lasse sich am besten im Kontext komplexitätstheoretischer und chaostheoretischer Überlegungen verstehen, nämlich als Ausdruck der von Dürrenmatt diagnostizierten »Unberechenbarkeit« der Welt (ebd., 307–311). Dabei bleibt allerdings die Frage offen, inwieweit Dürrenmatt mit den einschlägigen Werken der Chaostheorie und der Selbstorganisation der Materie vertraut war.

Politische Philosophie: Popper

Dürrenmatt nennt Karl Popper einen Philosophen, der »für mich wichtig« war (*Über Toleranz*; WA 33, 127). Allerdings ist er für ihn eher als politischer denn als erkenntnistheoretischer Denker relevant geworden. Dürrenmatt plädiert mit Popper dafür, politische

Theorien als Arbeitshypothesen aufzufassen und soziale Institutionen nicht emotional zu besetzen, sondern sie kritisch auf ihre Funktionalität hin zu prüfen und stetig zu verbessern, ganz im Sinne der »Stückwerk-Sozialtechnik« (Käppeli 2013, 139). Poppers Kritik an den Feinden der ›offenen Gesellschaft‹ – an Plato, Hegel und Marx – ist für Dürrenmatts Vorbehalt gegen jede Form politischer Ideologie maßgebend, auch wenn er anmahnt, Popper sollte »*Die offene Gesellschaft und ihre Feinde* mit einer Schrift ›Die offene Gesellschaft und ihre Folgen‹ ergänzen« (WA 33, 127). Dürrenmatt hat in seinen Komödien des Öftern versucht, diese Folgen modellhaft und kritisch aufzuzeigen. Hier müsste die Forschung anknüpfen, um den Hinweis Webers (2006, 131) umzusetzen, »dass Dürrenmatt vor allem auch ein Dramatiker der Institutionen und ihrer Funktionsweisen war«. In diese Richtung hat Käppeli 2013 innovative Schritte getan. Dürrenmatts selektive Aneignung der Philosophie Poppers ist allerdings noch nicht abschließend geklärt. Ein Hinweis auf die Problemlage ergibt sich aus der Beobachtung, dass Dürrenmatt am Ende seiner Rede *Über Toleranz* (1977) angibt, Poppers Buch *Objektive Erkenntnis* (1973) rezipiert zu haben. Liest man diese Essaysammlung Poppers, fällt jedoch dessen scharfe Ablehnung des subjektiven Wahrscheinlichkeitsbegriffs auf, an dem Dürrenmatt seinerseits festgehalten hat.

Dürrenmatts Synthese von subjektivem und objektivem Denken

Wünsche (1996) fasst nach dem Tod des Autors erstmals das Gesamtwerk ins Auge und rekonstruiert die problemgeschichtlichen Zusammenhänge der Erkenntnistheorie von den frühen, noch während des Philosophiestudiums entstandenen Prosatexten (z. B. *Die Stadt*) bis zur letzten, erst posthum publizierten Erzählung *Der Versuch*. Der Nachweis dieser Kontinuität stellt zumindest teilweise Webers These von einer »erkenntnistheoretischen Wende« in Dürrenmatts Spätwerk (Weber 2007, 158) in Frage. Zudem berücksichtigt Wünsche bei seiner Rekonstruktion der Denkwege Dürrenmatts erstmals die Bibliothek des Autors, die zahlreiche Texte zur Philosophie der modernen Naturwissenschaften enthält. Wünsche kennt diese Bestände allerdings erst durch eine nicht ganz vollständige Titelliste und hat noch keinen Zu-

griff auf die Lesespuren, die neuerdings durch die Archivdatenbank *HelveticArchives* online zugänglich sind. Trotz dieser Einschränkung gelingt es Wünsche aufzuzeigen, dass es dem ›Gedankenschlosser‹ Dürrenmatt gelungen sei, die in der Folge von Kants Erkenntniskritik auseinanderfallenden Gegensätze von objektivem und subjektivem Denken, von positivistischer Wissenschaft und subjektivem Glauben, so zu »verschweißen« (Wünsche 1996, 421), dass das Absolutsetzen des einen oder des anderen Pols vermieden und die ständige dynamische Kontrolle der einen Perspektive durch die andere ermöglicht wird (vgl. ebd., 97). Wünsche bezeichnet diese Denkstrategie mit einer einprägsamen Metapher als »Dürrenmatts stereoskopisches Denken«.

Literatur
Primärtexte
Das Haus. In: WA 29, 113–187.
Kabbala der Physik. In: WA 37, 136–144.
Vom Sinn der Dichtung in unserer Zeit. In: WA 32, 60–69.
Über Toleranz. In: WA 33, 125–149.

Sekundärliteratur
Adams, Dale: Die Konfrontation von Denken und Wirklichkeit. Die Rolle und Bedeutung der Mathematik bei Robert Musil, Hermann Broch und Friedrich Dürrenmatt. St. Ingbert 2011.
Burkard, Philipp: Dürrenmatts *Stoffe*. Zur literarischen Transformation der Erkenntnistheorie Kants und Vaihingers im Spätwerk. Tübingen 2004.
Emter, Elisabeth: Literatur und Quantentheorie. Berlin 1995.
Käppeli, Patricia: Politische Systeme bei Friedrich Dürrenmatt. Köln 2013.
Mingels, Annette: Dürrenmatt und Kierkegaard. Die Kategorie des Einzelnen als gemeinsame Denkform. Köln 2003.
Rüedi, Peter: Dürrenmatt oder Die Ahnung vom Ganzen. Biographie. Zürich 2011.
Rusterholz, Peter: Theologische und philosophische Denkformen und ihre Funktion für die Interpretation und Wertung von Texten Friedrich Dürrenmatts. In: Claudia Brinker (Hg.): Contemplata aliis tradere. Studien zum Verhältnis von Literatur und Spiritualität. Frankfurt a. M. 1995, 473–489.
Weber, Ulrich: Friedrich Dürrenmatt oder Von der Lust, die Welt nochmals zu erdenken. Bern, Stuttgart, Wien 2006.
Weber, Ulrich: Dürrenmatts Spätwerk. Die Entstehung aus der *Mitmacher*-Krise. Frankfurt a. M. 2007.
Wünsche, Thomas: Dürrenmatts stereoskopisches Denken. Die Erkenntniskritik oder der »Versuch zu einem Grundriß«. Unv. Diss. Hannover 1996.

Rudolf Käser

76 Politik

»Politik findet der bei mir überall, der politisch denkt«

Friedrich Dürrenmatt äußert diesen Satz 1985 in einem Gespräch mit Fritz J. Raddatz (G 3, 216). Bereits acht Jahre zuvor gibt er in einem Interview zu verstehen: »Ich schreibe auch an einer längeren politischen Sache [...]: Ich versuche, das politische Geschehen vom Gesetz der großen Zahl her zu verstehen« (G 2, 220).

Obwohl sich Dürrenmatt oft und pointiert zur Politik geäußert hat, beurteilten Kritik und Forschung ihn und sein Werk meist vorschnell als apolitisch (vgl. ebd., 166 f.). Faktisch aber war er ein durchaus engagierter Schriftsteller, der zeitlebens in politische Debatten eingriff (vgl. Göbel 2008, 54): Er äußerte sich u. a. zur Schweiz im Zweiten Weltkrieg, zur Neutralität oder zum Frauenstimmrecht (vgl. G 1, 252–268), bezog aber auch zu internationalen Themen Stellung, etwa dem Prager Frühling, dem Kalten Krieg oder zur Israel-Frage (vgl. WA 34, 35–42 u. 123–125; WA 36, 175–188 u. 189–209).

Die Schwierigkeit, sich dem politischen Denker Dürrenmatt zu nähern, dürfte verschiedene Gründe haben: seine lebenslange Weigerung, einer Partei beizutreten (vgl. G 2, 274), das Problem, ihn auf eine klare Position zu fixieren (vgl. WA 14, 325 f.), sein kurzes Engagement in einer frontistischen Jugendorganisation 1941 (vgl. WA 28, 188 f.; Rüedi 2011, 130–139) sowie sein komplexer Ansatz, sich ab den 1950er Jahren das mathematische Gesetz der großen Zahlen (von ihm lange »Gesetz der großen Zahl« genannt) als Basis für die gesellschaftspolitischen Reflexionen anzueignen.

Das Gesetz der großen Zahlen wurde von Jakob I. Bernoulli entdeckt und 1713 im Werk *Ars Conjectandi* erstmals veröffentlicht. Es eignet sich zur Berechnung von Massenphänomenen und kommt z. B. in der Thermodynamik zur Anwendung. Verkürzt ausgedrückt besagt es, dass etwa über das Verhalten einer größeren Anzahl von Gasmolekülen statistische Aussagen gemacht werden können, während das Verhalten einzelner Gasmoleküle unberechenbar bleibt. Das Gesetz etabliert sich in der Folge auch in der Quantenphysik sowie in den Wirtschafts- und den Sozialwissenschaften.

Wie kommt Dürrenmatt dazu, in seinem soziopolitischen Diskurs ein Gesetz aus der Statistik mit thermodynamischen, quantenphysikalischen und gesellschaftspolitischen Aspekten zu verbinden? Er reagiert damit auf eine naturwissenschaftliche Entwicklung, die zu Beginn des 20. Jahrhunderts zu tiefgreifenden Veränderungen führt. Die Statistik, die bereits in der klassischen Physik bei der Thermodynamik genutzt wird, übernimmt in der frühen Quantenmechanik eine entscheidende Funktion. Denn diese wendet sich von einer vollständigen, minuziösen Berechenbarkeit der Welt ab, wie sie u. a. von der Newtonschen Mechanik in der klassischen Physik propagiert wird.

In diesen Erkenntnissen findet sich nun eine Analogie zu Dürrenmatts zentraler soziopolitischer Prämisse und zu seinem systemischen Denken. Interessiert an der Berechenbarkeit von Gesellschaftssystemen sowie der Möglichkeit von sozialem Wandel, eignet er sich das Gesetz der großen Zahlen als Gleichnis für Systemdynamiken der Moderne an. Interessanterweise folgt er mit diesem eigenwilligen Ansatz weder ausschließlich der in der Zeit nach dem Zweiten Weltkrieg aufkommenden Kybernetik, die sich vor allem auf die Steuerung und Regelung von Systemen konzentriert, noch dem wieder aufblühenden Existentialismus, der vorwiegend auf das Individuum fokussiert (vgl. Käppeli 2013, 11–19).

Das Gesetz der großen Zahlen im essayistischen Werk

Dürrenmatts Auseinandersetzung mit dem Gesetz der großen Zahlen findet im essayistischen Werk über Jahrzehnte statt. Sie beginnt 1956 mit dem Essay *Vom Sinn der Dichtung in unserer Zeit* und wird in verschiedenen Aufsätzen, Interviews und Reden in den 1960er und 1970er Jahren weiterentwickelt. Die letzte Beschäftigung erfolgt 1981 in den *Stoffen* (vgl. Käppeli 2013, 86–93). Die zentrale Stelle, um Dürrenmatts Aneignung zu verstehen, findet sich im Essay *Überlegungen zum Gesetz der großen Zahl* (1976/77): »Wie in der Thermodynamik gewisse Gesetze erst auftreten, wenn ›sehr viele‹ Moleküle beteiligt sind [...] – während die Bewegungen der einzelnen Moleküle dem Zufall unterworfen sind –, so werden gewisse Gesetze erst bei ›sehr vielen‹ Menschen wirksam [...], etwa jenes des Primats der Gerechtigkeit vor der Freiheit« (WA 33, 108).

Das Bevölkerungswachstum führt Dürrenmatt nun dazu, das Gesetz der großen Zahlen auf die Gesellschaft zu übertragen. Um die Übertragung zu verstehen, muss auf den *Monstervortrag über Gerechtigkeit und Recht* (1969) zurückgegriffen werden. In diesem Essay führt er den »Doppelbegriff« (WA 33, 56) des

J. B. Metzler © Springer-Verlag GmbH Deutschland, ein Teil von Springer Nature, 2020
U. Weber / A. Mauz / M. Stingelin (Hg.), *Dürrenmatt-Handbuch*, https://doi.org/10.1007/978-3-476-05314-5_76

Menschen ein, der durch die Dualität von Individuum und Allgemeinheit bestimmt ist. Dürrenmatt transferiert das Gesetz auf das Individuum (Einzelatom), welches sich unberechenbar verhält und nach Freiheit strebt, sowie auf das Gesellschaftssystem (große Menge an Gasmolekülen), das statistisch berechenbar ist und nach Gerechtigkeit strebt. Dadurch gelingt es ihm, zwei zentrale Ideen der Politik – Freiheit und Gerechtigkeit – in die Reflexionen zu integrieren (vgl. v. a. 56–58)

Dürrenmatt überträgt das Gesetz ursprünglich eins zu eins in seine gesellschaftspolitischen Überlegungen. Das exponentielle Bevölkerungswachstum führt ihn jedoch dazu, immer stärker auch das Überschreiten von kritischen Grenzen und dessen Folgen für die Steuerung von Systemen zu reflektieren. Dies zeigt sich bspw. im Jahr 1966. Dürrenmatt bezeichnet die systemischen Bedingungen während des Kalten Krieges als »Staatsmaschinerie im Osten und im Westen« (G 1, 275), die kaum zu überblicken und daher nur schwer zu steuern seien (vgl. ebd., 275 f.).

Dürrenmatts politscher Diskurs beschränkt sich aber nicht auf die Analyse von modernen Systemdynamiken; er äußert sich auch zu deren Ausgestaltung, indem er bspw. darüber reflektiert, wie die im Kalten Krieg vorherrschenden Wirtschaftsordnungen des Kommunismus und des Kapitalismus zu überwinden sind. Angesichts der stark ansteigenden Weltbevölkerung kommt er zur Einsicht, dass die Gerechtigkeit bedeutender wird als die Freiheit. Er konstatiert: »[D]as Gesetz der großen Zahl fordert den Sozialstaat. Er ist auch bei uns nicht zu umgehen« (WA 33, 118 f.). Allerdings präzisiert er, dass diesem ›Mehr‹ an Staat als notwendige Gegenbewegung stets ein ›Mehr‹ an Demokratie entgegengesetzt werden muss (vgl. 121).

Ein weiteres wichtiges Thema ist die Verhinderung starrer ideologischer Systeme (vgl. WA 33, 93; WA 33, 146 f.). Deshalb plädiert er in Anlehnung an Karl Popper dafür, ein naturwissenschaftliches, kritisches Denken in die Politik zu übertragen, in der Hoffnung, dass dadurch schrittweise gerechtere Institutionen aufgebaut werden können (vgl. 147).

Literarische Aneignungen und Bruchstellen zwischen Essay und Literatur

Eine Analyse des dramatischen Werks zeigt, dass Dürrenmatt das Gesetz der großen Zahlen anfänglich ebenfalls eins zu eins überträgt. In den früh verfassten Theaterstücken, z. B. in *Der Besuch der alten Dame*

(1956), stellt er das Volk als berechenbar dar. Im noch wenig komplexen Gesellschaftssystem der Komödie kann die Figur Claire Zachanassian ihre Pläne problemlos umsetzen und den sozialen Wandel vollständig steuern. Der unberechenbare Einzelne Ill versucht erst, sich gegen Zachanassians Pläne zu wehren, muss aber realisieren, dass das Milliardenversprechen die Güllener korrumpiert hat und seine Opposition erfolglos bleibt. Nach anfänglichem Widerstand fügt er sich ins Unvermeidliche, weigert sich aber bis zuletzt, das korrupte System zu unterstützen. In *Der Mitmacher* (1973) führt die verstärkte Undurchschaubarkeit des Gesellschaftssystems hingegen dazu, dass die Figur Boss die Systemdynamiken nicht mehr vollständig lenken kann, die Berechenbarkeit der Menschen eingeschränkt ist und seine Pläne nicht mehr aufgehen. Auch in Bezug auf den unberechenbaren Einzelnen ist eine Veränderung festzustellen: Cop kämpft aktiv gegen die große Korruption an, vermag das System letztlich aber nur geringfügig zu stören, bevor er ermordet wird (vgl. Käppeli 2013, 197–200).

Es gibt allerdings beträchtliche Unterschiede zwischen Dürrenmatts soziopolitischen Reflexionen im essayistischen und im dramatischen Werk, die sich in der Ausgestaltung der theatralischen Gesellschaftssysteme manifestieren. In den Komödien werden dem Zuschauer vorwiegend systemische Schreckensszenarien präsentiert, die »schlimmstmögliche Wendung« (WA 7, 91) tritt ein. In *Der Besuch der alten Dame* bspw. führen die durchgehende Käuflichkeit der Menschen sowie die fehlenden Oppositionsmöglichkeiten zur Instabilität der demokratischen Strukturen. In *Der Mitmacher* führen die durchgehende Korruption sowie das radikale kapitalistische Gewinnstreben dazu, dass ein mafiöses Geflecht entsteht, das die demokratischen Strukturen außer Kraft setzt.

Dürrenmatts Reflexionen über Politik und Gesellschaft haben somit je nach Medium verschiedene Funktionen. Im essayistischen Werk geht es Dürrenmatt vorwiegend darum, soziopolitische Überzeugungen und Notwendigkeiten zu vermitteln. In den Theaterstücken hingegen werden diese Einstellungen zu Politik und Gesellschaft in fiktive Gegenwelten übertragen und in Extremsituationen modellhaft durchgespielt. Sie können aus diesem Grund als Warnung interpretiert werden.

Dies zeigt sich auch in Dürrenmatts letzter Auseinandersetzung mit dem Gesetz der großen Zahlen in *Der Winterkrieg in Tibet* (1981). Die Erzählung, die sich in Dürrenmatts autobiografischem Werk *Stoffe* findet, nimmt eine Art Scharnierfunktion zwischen dem essayistischen und dramatischen Werk ein. Der prophezeite Dritte Weltkrieg (vgl. WA 28, 101 f. u. 114) kann ebenfalls als soziopolitische Extremsituation betrachtet werden, die als Warnmodell funktioniert (vgl. Käppeli 2013, 115–125 u. 257–264).

Positionen der Forschung

Bereits Rudolf Käser erkennt, dass das Gesetz der großen Zahlen Dürrenmatts politische Reflexionen entscheidend prägt (vgl. 2003, 176). Dennoch hält sich das »Klischee vom ›unpolitischen Dürrenmatt‹« hartnäckig (Rüedi 2011, 401). Ein Versuch, Dürrenmatts politischen Standpunkt zu klären, unternimmt Peter von Matt. Er verortet ihn als politisch Konservativen, weil sich »[d]ie Grundbeschaffenheit der Welt, der Gesellschaft, des Einzelnen nicht ändert« (2010, 78) und es keinen Verbesserungsprozess gibt. Diese Argumentation beruht auf einer Analyse von Dürrenmatts literarischem Werk. Da es zwischen den politischen Reflexionen im essayistischen und literarischen Werk aber beträchtliche Unterschiede gibt, muss der Versuch, den Autor lediglich über eine Analyse der literarischen Texte als politisch Konservativen einzuordnen, als problematisch gelten. Ein anderer Ansatz fokussiert auf Dürrenmatts wiederholte Bezugnahme auf Karl Poppers Fallibilismus und dessen Forderung nach der ›Stückwerk-Sozialtechnik‹, die sich im essayistischen Werk nachweisen lassen (vgl. Federico 1989, 92–95.). Darin finden sich zahlreiche Analogien zum Programm des gemäßigten SPD-Parteiflügels der Nachkriegszeit (vgl. Käppeli 2013, 21 u. 132–142).

Literatur
Primärtexte

21 Punkte zu den ›Physikern‹. In: WA 7, 91–93.
»Die Hoffnung, uns am eigenen Schopfe aus dem Untergang zu ziehen.« In: WA 36, 189–209.
Ich stelle mich hinter Israel. In: WA 34, 123–125.
Labyrinth. Stoffe I–III. In: WA 28, 11–207.
Monstervortrag über Gerechtigkeit und Recht, nebst einem helvetischen Zwischenspiel. Eine kleine Dramaturgie der Politik. In: WA 33, 36–107.
Nachwort zum Nachwort. In: WA 14, 223–328.
Die Schweiz – ein Gefängnis. Rede auf Vaclav Havel. In: WA 36, 175–188.
Tschechoslowakei 1968. In: WA 34, 35–42.
Überlegungen zum Gesetz der großen Zahl. In: WA 33, 108–124.
Über Toleranz. In: WA 33, 125–149.
[Gespräch mit] Alfred A. Häsler [1966]. In: G 1, 246–279.
[Gespräch mit] Dieter Bachmann/Peter Rüedi [1977]. In: G 2, 218–231.
[Gespräch mit] Fritz J. Raddatz [1985]. In: G 3, 211–230.
[Gespräch mit] Heinz Ludwig Arnold [1975]. In: G 2, 114–176.
[Gespräch mit] Rudolf Blum/Rolf Mühlemann [1979]. In: G 2, 273–278.

Sekundärliteratur

Federico, Joseph A.: The Political Philosophy of Friedrich Dürrenmatt. In: German Studies Review 12 (1989), 91–109.
Göbel, Helmut: Friedrich Dürrenmatts politisches Engagement. In: Eve Pormeister, Hans Graubner (Hg.): Tradition und Moderne in der Literatur der Schweiz im 20. Jahrhundert. Beiträge zur Internationalen Konferenz zur deutschsprachigen Literatur der Schweiz, 26. bis 27. September 2007. Tartu 2008, 53–84.
Käppeli, Patricia: Politische Systeme bei Friedrich Dürrenmatt. Eine Analyse des essayistischen und dramatischen Werks. Köln 2013.
Käser, Rudolf: »Fernsehkameras ersetzten das menschliche Auge.« Friedrich Dürrenmatts Spätwerk im Spannungsfeld von Wissenschaftsgeschichte und Medientheorie. In: Text + Kritik 50/51 (2003), 167–182.
Rüedi, Peter: Dürrenmatt oder Die Ahnung vom Ganzen. Biographie. Zürich 2011.
von Matt, Peter: Der Liberale, der Konservative und das Dynamit. Zur politischen Differenz zwischen Max Frisch und Friedrich Dürrenmatt. In: Elio Pellin, Ulrich Weber (Hg.): »Wir stehen da, gefesselte Betrachter«. Theater und Gesellschaft. Göttingen 2010, 69–85.

Patricia Käppeli

77 Recht und Gerechtigkeit

Das Panorama einer knapp gehaltenen Titelschau über Friedrich Dürrenmatts Werk mag vor Augen führen, dass die Frage nach dem Verhältnis zwischen ›Recht‹ und ›Gerechtigkeit‹ zu den gewichtigsten Schwerpunkten seines sowohl schriftstellerischen wie bildnerischen Œuvres zählt: Im Vordergrund stehen nicht nur die naheliegenden Kriminalromane, etwa *Der Richter und sein Henker* oder *Justiz*, sondern auch ein Hörspiel wie *Der Prozeß um des Esels Schatten. Ein Hörspiel (nach Wieland – aber nicht sehr)*, allen voran aber der *Monstervortrag über Gerechtigkeit und Recht*, die Rede über *Die Schweiz – ein Gefängnis* (s. Kap. 57) oder ein Rechtfertigungsschreiben wie *Zu meinem Prozeß gegen Habe*. Auch hinter vordergründig unscheinbaren Titeln wie *Der Besuch der alten Dame* (s. Kap. 23) verbirgt sich letztlich die Grundsatzfrage nach dem Verhältnis zwischen Recht, Rache und Gerechtigkeit, das Dürrenmatt in seinem Werk unablässig aufgeworfen hat.

Allerdings ›spielt‹ Dürrenmatt dramaturgisch unentwegt mit allen sich auf dem Spannungsfeld zwischen Recht und Gerechtigkeit ergebenden Aspekten, nennt er doch etwa *Die Panne* in der Komödienfassung ausdrücklich ein »Gerechtigkeitsspiel« (WA 16, 65). Worin besteht dieses ›Spiel‹? Es ist im Wesentlichen ein dreigeteiltes Spannungsfeld, auf dem Dürrenmatt spielerisch den Widerstreit zwischen Recht und Gerechtigkeit inszeniert, problematisiert und reflektiert: 1. das Spannungsfeld zwischen den beiden Polen der Zuversicht in die staatlich, zumal demokratisch garantierte bzw. zu garantierende Rechtssicherheit und der Skepsis, ob auf diesem Weg – jedenfalls juristisch – jemals Gerechtigkeit hergestellt oder gar garantiert werden kann; 2. das sich daraus ergebende Spannungsfeld zwischen den beiden Polen Justiz und Selbstjustiz, wobei die hier aufgeworfene Doppelfrage nach der Perspektivität, aus welcher Sicht Recht tatsächlich gerechtfertigt bzw. Gerechtigkeit juristisch gewährleistet werden kann, dramaturgisch im Moment der ›Augenzeugenschaft‹ bzw. der Selbstvergegenwärtigung der beteiligten Protagonisten im rechtlich fragwürdigen Geschehen zum Ausdruck kommt; 3. während die Subjektivität, ja Körperlichkeit dieser Perspektiven von Dürrenmatt auf dem Spannungsfeld zwischen ›Gericht‹ als rechtlich abgesichertem Verfahren und ›Gericht‹ als (Letztes Abend-) Mahl inszeniert und ausgetragen wird.

Für das erste Drittel dieses Spannungsfeldes steht stellvertretend der *Monstervortrag über Gerechtigkeit und Recht* (s. Kap. 50).

Für das zweite Drittel dieses Spannungsfeldes mag stellvertretend der Kriminalroman *Justiz* (s. Kap. 41) stehen. Durch ein an Hans Vaihingers philosophischem Grundlagenwerk *Die Philosophie des Als Ob* (1911) geschulten Gedankenexperiment, in Frage zu stellen, ob sich nicht, was zahlreiche Augenzeugen tatsächlich wahrgenommen zu haben glauben, ganz anders zugetragen haben könnte, gelangt Dürrenmatt zur entschiedenen Feststellung: »Die Wahrheit [...] spielt sich in Etagen ab, die für die Justiz unerreichbar sind« (WA 25, 175). Sie ist mittlerweile in abgewandelter bzw. entstellter Form durch die Verfilmung von Hans W. Geißendörfer (1993) sprichwörtlich geworden: »Die Gerechtigkeit wohnt in einer Etage, verehrter Herr Anwalt, zu der die Justiz keinen Zutritt hat«. Tatsächlich wird der (vermeintliche?) Mörder am Ende freigesprochen, ja die Rede ist gar von »Justiztheater« (WA 25, 182).

Das letzte Drittel, das ›Gericht‹ als ›Gericht‹, wird schon im Kriminalroman *Der Richter und sein Henker* aufgetischt, kommt es doch zwischen Kommissär Bärlach und seinem Mitarbeiter Tschanz in Form eines Menüs zu dem, was »ein kulinarisches Duell, dessen Ausgang in die Frage nach Schuld und Unschuld mündet« (Neumann 1969, 56), genannt worden ist, und in dessen Verlauf Tschanz von Bärlach gewaltsam überführt wird. Hier fallen in Dürrenmatts Prosawerk das Gericht, die Gerichte und das (vorweggenommene) Urteil im apokalyptischen Endspiel der ›Henkersmahlzeit‹ zusammen. Oft genug erweist sich ein Essen bei Dürrenmatt als Henkersmahlzeit, die nur dem Protagonisten selbst als solche noch nicht bewusst ist. Dasselbe gilt etwa für die verschiedenen Versionen von *Die Panne* oder für *Justiz*.

Implizit sind alle Theaterstücke, Hörspiele und Prosawerke Dürrenmatts von der denkbar größten Skepsis getragen, ob und wie ein Rechtssystem Gerechtigkeit überhaupt gewährleisten kann. Eine bemerkenswerte Rolle innerhalb der Dürrenmattschen Dramaturgie spielt dabei immer wieder der Zufall bzw. stellvertretend für diesen etwa eine ›Panne‹ (s. Kap. 84; vgl. Jambor 2007; Meier 2012; Neumann 1969). Oft genug weicht die vermeintlich ›höhere Gerechtigkeit‹ diesem Zufall bzw. dieser Panne, obwohl doch gerade die Selbstjustiz etwa in den Kriminalromanen *Der Richter und sein Henker*, *Das Versprechen* oder *Justiz* beidem entgegenwirken, ja sogar vorbeugen sollte.

Das jeweils dadurch offen bleibende Ende, geradezu dramaturgisches Hauptprinzip und -kennzeichen von Dürrenmatts Werken über Recht und Gerechtigkeit – und in *Die Panne* in drei verschiedenen Versionen als

J. B. Metzler © Springer-Verlag GmbH Deutschland, ein Teil von Springer Nature, 2020
U. Weber / A. Mauz / M. Stingelin (Hg.), *Dürrenmatt-Handbuch*, https://doi.org/10.1007/978-3-476-05314-5_77

Abb. 77.1 *Letzte Generalversammlung der Eidgenössischen Bankanstalt,* 1966.

Erzählung, Hörspiel und Komödie zelebriert –, hält mit der Spannung alle Fragen offen. Es gibt bei Dürrenmatt keine im angelsächsischen Sprachraum sogenannte ›Poetic Justice‹, also keine durch die Literatur tröstlicherweise gewährleistete höhere Gerechtigkeit.

Als Aus-›Blick‹ auf das bildnerische Œuvre sollte insbesondere die *Letzte Generalversammlung der Eidgenössischen Bankanstalt* (1966; SLA-FD-A-Bi-1-206) ins Auge gefasst werden: Dieses Gemälde verdichtet alle drei Momente der fragwürdigen Institutionalität, der Selbstjustiz und des ›Gerichts‹, hier parodiert als Letztes Abendmahl. Es ist das jüngste und aktuell gebliebene Gericht, das Friedrich Dürrenmatt uns aufgetischt hat (s. Abb. 77.1).

Literatur
Primärtexte

Die Panne. Eine Komödie. In: WA 16, 57–173.

Der Prozeß um des Esels Schatten. Ein Hörspiel (nach Wieland – aber nicht sehr). In: WA 8, 119–172.

Der Richter und sein Henker. In: WA 20, 9–117.

Justiz. WA 25.

Monstervortrag über Gerechtigkeit und Recht, nebst einem helvetischen Zwischenspiel. Eine kleine Dramaturgie der Politik. In: WA 33, 36–107.

Zu meinem Prozeß gegen Habe. In: WA 30, 212–216.

Letzte Generalversammlung der Eidgenössischen Bankanstalt. In: Schweizerisches Literaturarchiv, Sig. SLA-FD-A-Bi-1-206.

Sekundärliteratur

Bauer, Elisabeth: Die Gerichtsthematik im Werk von Friedrich Dürrenmatt. München 1990.

Jambor, Ján: Die Rolle des Zufalls bei der Variation der klassischen epischen Kriminalliteratur in den Bärlach-Romanen Friedrich Dürrenmatts. Univ. Prešov 2007.

Knapp, Mona/Knapp, Gerhard F.: Recht – Gerechtigkeit – Politik. Zur Genese der Begriffe im Werk Friedrich Dürrenmatts. In: Text + Kritik 56 (1977), 23–40.

Losch, Bernhard: Friedrich Dürrenmatt. »Die Gerechtigkeit ist etwas Fürchterliches«. In: Neue juristische Wochenschrift 42 (1989), 343–349.

Meier, Thomas Markus: Dürrenmatt und der Zufall. Ostfildern 2012.

Neumann, Gerhard: Dramaturgie der Panne. In: Ders., Jürgen Schröder, Manfred Karnick (Hg.): Dürrenmatt – Frisch – Weiss. Drei Entwürfe zum Drama der Gegenwart. München 1969, 27–59.

Robinson, Gabrielle: Justice Breeds Murder. Justice in Dürrenmatt as Theme and as Theatrical Material. In: Modern Drama XXIX (1981), 1, 73–87.

Tegelkamp, Martin W. J.: Recht und Gerechtigkeit in Dürrenmatts Dramen und Prosa. Baden-Baden 2013.

Martin Stingelin

78 Religion

Exposition

Friedrich Dürrenmatt gehört fraglos zum Kanon der deutschsprachigen Autorinnen und Autoren des 20. Jahrhunderts, deren Werk mit dem Stichwort der Religion assoziiert wird. Seine Beschäftigung mit ihr ist ebenso intensiv wie vielfältig. Die folgende Überblicksdarstellung muss sich entsprechend auf die grundlegendsten Aspekte beschränken. Diese lassen sich, thesenhaft, folgendermaßen fassen:

1. Religion spielt für Dürrenmatt nicht nur qua Herkunft eine Rolle; sein hohes Interesse wandelt sich, hält aber bis an sein Lebensende an. 2. ›Religion‹ meint in seinem Fall primär Christentum, genauer: Protestantismus. 3. Dürrenmatts Beschäftigung mit dem protestantischen Christentum resp. der evangelischen Theologie dokumentiert sich u. a. in der Zentralstellung des Glaubensproblems. 4. Die Glaubensfrage erscheint durchgängig in dialektischer Verschränkung mit dem Zweifel bzw. im Horizont eines Bewusstseins von der generellen Begrenztheit von Wissensansprüchen. Insofern bezieht sie sich auch auf Dürrenmatts Interesse an der Erkenntnistheorie und den Naturwissenschaften. 5. Die Religionsthematik ist qua Glaube nie isoliert von Dürrenmatts (schriftstellerischem) Selbstverständnis resp. seiner literarischen Praxis. 6. Wenn es eine Perspektive gibt, die Dürrenmatts Auseinandersetzung mit der Religion grundiert, ist es die der *Religionskritik*.

Für die thematischen wie erzählpraktischen Konkretionen dieser Sachverhalte sei auf die betreffenden Artikel verwiesen (s. v. a. Kap. 1, 67, 68, 69, 73). Als generelles *caveat*: Dürrenmatt hat sein Verhältnis zur Religion selbst ausführlich thematisiert und darin bewusst gestaltet. Man kann von diesen Selbstzeugnissen nicht absehen, sollte sie aber gerade vor dem Hintergrund seines hochreflektierten Umgangs mit dem Genre der Autobiografie als Teil einer bewussten Konstruktionsleistung, eines autofiktionalen *self-fashioning* (Stephen Greenblatt) wahrnehmen.

Biografisch-autofiktionale Grundlinien – Kierkegaard und Barth

Dürrenmatt ist einer der vielen Pfarrerssöhne der deutschen Literatur (vgl. WA 28, 183–203). Wie fast alle von ihnen musste er sich an dieser Herkunft abarbeiten, um in der Abgrenzung seine eigene Position

zu finden. In der retrospektiven Darstellung der *Stoffe* nimmt dabei ein Unfall im Alter von zehn Jahren den Rang einer Schlüsselerfahrung ein. Der Junge, der in Todesangst zu beten beginnt, muss anerkennen, dass seine Distanzierung vom robusten Glauben der Eltern nicht gelingt: »Mein Beten kam mir als eine Flucht in den Glauben vor, als eine Kapitulation. Die Religion wurde mir peinlich, ich mißtraute ihr und hatte ein schlechtes Gewissen, weil ich ihr, als es ernst wurde, doch nicht gewachsen gewesen war« (187). Die Überwindung des Distanzierungsbedürfnisses zugunsten eines entspannteren Verhältnisses zum Vater wie zum Vater im Himmel ist nach Dürrenmatts Selbstdarstellung unmittelbar verknüpft mit der lebensbestimmenden Entscheidung für die Literatur: Der Entschluss für die ›Schriftstellerei‹ und gegen die Malerei (als primäres künstlerisches Ausdrucksmedium) ist zugleich ein Entschluss gegen die Abfassung einer philosophischen Dissertation und für den ›eigenen Glauben‹. Die Ermöglichung dieses Entscheidungskonglomerats wird namentlich dem Philosophen/Theologen zugesprochen, dem die akademische Arbeit gewidmet gewesen wäre: Søren Kierkegaard. »Damit kann er [...] nicht mehr objektiv von dem schreiben, was seine Aufgabe gewesen wäre, von Kierkegaard und dem Tragischen, er wird seine Dissertation liegen lassen und sein Studium aufgeben, er wird nur noch subjektiv von sich reden können, indirekt [...], in sich immer widersprechenden Gleichnissen. Die Schriftstellerei und der Glaube sprechen die gleiche Sprache« (WA 29, 227). Nebst der Subjektivitätsphilosophie übernimmt Dürrenmatt von Kierkegaard vor allem die ihr korrespondierende kommunikative Strategie der »indirekten Mitteilung« (Kierkegaard 1959, 201). Diese kalkulierte Indirektheit zeigt sich poetologisch etwa in Dürrenmatts Neigung zu gleichnishaften, metatextuellen oder auch (narratologisch gesprochen) metaleptischen Darstellungsmodi (Nachworte und Nachworte zu Nachworten; Monologe, in denen die Figuren aus ihren primären Darstellungsebenen aussteigen, etc.).

Für Dürrenmatts intellektuelle Genealogie wird betreffend Religion als zweiter Referenzdenker Karl Barth entscheidend (der sich seinerseits, wenn auch reservierter, auf Kierkegaard beruft). Der Attraktionspunkt liegt hier zunächst in der fundamentalen Dialektik der Barthschen ›Krisentheologie‹, die emphatisch die Alterität Gottes einschärft – und mit ihr das notwendige Versagen des Menschen (der menschlichen Sprache) angesichts seiner paradoxen Offenbarung im Gekreuzigten. »Beide Formen der Aussage,

J. B. Metzler © Springer-Verlag GmbH Deutschland, ein Teil von Springer Nature, 2020
U. Weber / A. Mauz / M. Stingelin (Hg.), *Dürrenmatt-Handbuch*, https://doi.org/10.1007/978-3-476-05314-5_78

sowohl die dialektische Rede von Gott wie die ästhetische Sprache verweisen durch die Formen der Aussage auf einen Gegenstand, der direkt nicht ausgesagt werden kann« (Rusterholz 2017a, 28). In späteren Jahren widmet sich Dürrenmatt insbesondere Barths monumentaler *Kirchlicher Dogmatik* (1932–1967). Sie wird zum maßgeblichen Bezugspunkt seiner Reflexion auf das Gottesverständnis, nicht zuletzt in Hinsicht auf das Schöpfungswerk. Dürrenmatts Spitzensatz – »Barth erzog mich zum Atheisten« (WA 29, 208) – wird verständlich, wenn man sich seinen (Dürrenmatts) Glaubensbegriff vor Augen führt.

Das Material im Überblick

Der erste Text, den Dürrenmatt als gültigen Teil seines Werks anerkannt hat, ist die halbseitige Prosaminiatur *Weihnacht* (entst. 1942), eine deutlich von Georg Büchner inspirierte nihilistische Eucharistie. Doch sind die gesamte frühe Prosa und mehr noch die frühen Dramen von religiösen Problemlagen und Sprachmustern bestimmt. Das skandalträchtige erste Drama *Es steht geschrieben* lotet anhand eines historischen Stoffs (des ›Täuferreichs‹ in Münster) die Ideologieanfälligkeit religiöser Gemeinschaften aus. Das zweite – *Der Blinde* (1948) – exploriert anhand des Weltverhältnisses des Blinden, der Notwendigkeit des Vertrauens, was den Glauben ausmacht. Die Religionsthematik bleibt aber auch in der Prosa- und Dramenproduktion der 1950er und 1960er Jahre dominant. Offensichtlich ist dies wiederum in den Stücken: *Ein Engel kommt nach Babylon* (1953) schließt, wie das gescheiterte *Turmbau*-Drama, aus dem es hervorgeht, an alttestamentliche Erzählstoffe an und verhandelt das Verhältnis von Gnade, Armut und Freiheit. In *Der Meteor* (1966) steht wiederum die Glaubensthematik im Zentrum, diesmal anhand des theologischen Zentralereignisses der Auferstehung. Die Kriminalromane sind, als ›Metakrimis‹, alle mit mehr oder minder ausführlichen Überlegungen zur *conditio humana* versehen (in theologischer Hinsicht zentral: *Der Verdacht*, 1953). Im Kontext des *Mitmacher*-Projekts (1973–1981) spielen die Figurentypen des ›mutigen Menschen‹ bzw. ›ironischen Helden‹ eine zentrale Rolle (s. Kap. 72), wobei zumindest der Letztere qua Kierkegaard-Bezug religiös konnotiert ist. Nebst vielen kürzeren Texten und beiläufigen (auch essayistischen) Thematisierungen wird schließlich im letzten zu Lebzeiten erschienenen Roman *Durcheinandertal* (1989) die Gottesfrage durch eine Verquickung von

theologisch-metaphysischen Sphären und organisiertem Verbrechen noch einmal intensiv satirisch bearbeitet. Neben der christlichen Religion, auf die sich die genannten Texte in erster Linie beziehen, gilt Dürrenmatts Interesse insbesondere dem Judentum (vgl. die Israel-Essays; 1973/74, 1980; vgl. Spycher 1981) und, aufgrund der Israel-Frage, dem Islam (vgl. *Abu Chanifa und Anan ben David*).

Protestierender Protestantismus: Glaube, Zweifel, Wissen

Dürrenmatt hat sich vielfach zum Protestantismus bekannt, freilich zu einem Protestantismus, der an sich »protestier[t]« (WA 32, 32), also auch gegen diesen selbst. Spricht er von seiner Konfession, versieht er sie regelmäßig mit einer distanzierenden Klausel. In einem Figurenmonolog in *Es steht geschrieben* findet sich eine Charakterisierung, die sich auch auf den Autor beziehen lässt: ein »im weitesten Sinne entwurzelter Protestant, behaftet mit der Beule des Zweifels, mißtrauisch gegen den Glauben, den er bewundert, weil er ihn verloren« (WA 1, 58; vgl. WA 3, 58). Das Label ›Protestantismus‹ ist insofern deutlich mehr als ein bloßer Verweis auf ein Herkunftsmilieu, nämlich eine bewusst kultivierte Haltung (Wittekind 2005). Deren Ausrichtung auf den Einzelnen führt Dürrenmatt auch zu einer Distanz zur organisierten Religiosität, namentlich zur Kirche. Das ist einer der Gründe, weshalb sein frühes intensives Interesse am Katholizismus, ja die Möglichkeit einer Konversion, nur Episode bleibt (vgl. aber die zahlreichen Papst-Darstellungen innerhalb des Bildwerks). Der Protestantismus ist und bleibt auch in literarischer Hinsicht eine bestimmende Referenz, etwa hinsichtlich der ausdrücklichen Abgrenzung von den katholischen »Möglichkeiten« der Dramatik in *Theaterprobleme* (WA 30, 65 f.).

Protestantisch-protestierend ist aber vor allem Dürrenmatts Fokussierung auf den Glauben, also auf die Dimension, in welcher religiöse Überzeugungen für den Einzelnen lebensweltlich wirksam werden. Damit bewegt er sich im neuzeitspezifischen Spannungs- und Konfliktfeld von ›Glauben‹ und ›Wissen‹. Seine Position innerhalb dieser komplexen Debatte (vgl. Maly 2014) lässt sich hier nur anhand einiger Hinweise zum weiteren Begriffsfeld andeuten.

1. Sein Glaubensverständnis ist durch einen Fideismus Kierkegaardschen Typs bestimmt: Die Wahrheit des Glaubens lässt sich nicht rational andemonstrieren. Die Kluft zwischen Evidenz und Glaube ist nur

durch einen letztlich irrationalen ›Sprung‹ zu überbrücken, eine vertrauende Einlassung auf die Zumutung des Paradoxen (s. Kap. 95). Diese Auffassung wird in Verbindung mit erkenntniskritischen Impulsen deutlich anderer Provenienz (u. a. Arthur Stanley Eddington, Karl Popper) zur Basis einer globalen Theologiekritik. Der Theologie wird ein Vergessen dieses prekären epistemologischen Status unterstellt, ein Rückfall in den Glauben als metaphysischen Besitzstand: »In der Theologie vollzieht der Glaube Selbstmord: Er glaubt zu wissen« (WA 29, 205). Nach einem ausführlichen Zitat aus der *Kirchlichen Dogmatik* verfällt eben auch Barth dem Verdikt: »Wer so redet, glaubt sich im Besitz der Wahrheit« (193).

2. Die Bedrohung des authentischen Glaubens durch das Wissen wird auch deutlich in Dürrenmatts Ausführungen zur Ideologie bzw. zu Ideologie und Wissenschaft. Die Ideologie kommt einerseits unmittelbar als Verfallsform von Religion in den Blick, andererseits ist sie zugleich vermittelt über den Glauben, den Dürrenmatt auch für die Wissenschaft für relevant erachtet (vgl. insbesondere die Hinweise zu den Analogien und Differenzen von mathematischen Axiomen und »Glaubensaxiom[en]«, WA 29, 198). Im Zusammenhang des *Mitmacher-Komplexes* erläutert Dürrenmatt die Differenz von Ideologie und Wissenschaft ausführlich am Beispiel des Marxismus. Er sieht die Wissenschaften idealtypisch vom Zweifel an vorhandenen »Konzeptionen« angetrieben (WA 14, 160). Der (marxistische) Ideologe komme dagegen »ohne den Glauben nicht aus: Er will wissen und nicht zweifeln, darum muß er auch an sein Wissen glauben« (ebd.). Vor diesem Hintergrund erstaunt es nicht, wenn Dürrenmatt seine Analyse auch auf die Ebene der institutionellen Organisation bezieht und immer wieder die Entsprechung von ›absoluter‹ (katholischer) Kirche und Partei betont (vgl. u. a. WA 35, 41; WA 28, 191). In diesem Kontext wird der Zweifel, der den Glauben davor bewahrt, Wissen resp. Ideologie zu werden, nicht zu dessen Anderem, sondern – wiederum ganz Kierkegaardsch – zum positiven Ausdruck eines existentiellen also dynamischen Selbst-, Welt- und Gottesverhältnisses.

3. Als eine weitere Bezugsgröße des Glaubens kommt schließlich auch die »Vorstellungskraft« resp. »Phantasie« ins Spiel (WA 29, 205). Dürrenmatt sieht in beiden »die gleiche Bewegung« am Werk wie im Glauben (ebd.). Diese wird konsequenterweise in beide Richtungen nachverfolgt: Barths Dogmatik gilt ihm als ein »Riesenwerk der Vorstellungskraft« (ebd.), er sieht aber auch in der literarischen Vorstellungskraft die Tendenz zur falschen Sicherheit und täuschenden Wirklichkeit, die sie ›umbringe‹. So lässt sich generell sagen, dass Religionskritik bei Dürrenmatt – er selbst Dr. h. c. der Theologischen Fakultät Zürich (1983) – Hand in Hand geht mit Ideologie- und insbesondere Institutionskritik (Zeindler 2011).

Literarische Figurationen

Für eine literarische Durchführung dieser Konfliktlagen kann exemplarisch auf den *Verdacht*-Roman verwiesen werden. Die Figur Dr. Marlok ist eine desillusionierte jüdische Ex-Kommunistin, die sich nach dem Hitler-Stalin-Pakt einem Nihilismus ergibt und willig zur Handlangerin des Naziarztes Emmenberger wird. Im finalen weltanschaulichen Schlagabtausch mit dem gefangenen und sterbenskranken Ermittler Bärlach begründet Emmenberger die Legitimität seines Handelns ausführlich durch einen radikalen Materialismus, der mit einer Ablehnung von Werthaltungen wie Gerechtigkeit, Humanität etc. einhergeht. Angesichts von Emmenbergers Forderung, Bärlach möge ihm nun seinerseits ›seinen Glauben zeigen‹, verweigert dieser hartnäckig eine Antwort. Sein Schweigen lässt sich – nah an Emmenbergers Sicht – als Ausdruck eines bekenntnisscheuen Kulturchristentums verstehen, aber auch positiver: »Wenn nämlich die unerschütterten Gewissheiten zu den Tyranneien des Jahrhunderts führen, [...] wird die Unentschiedenheit in Glaubensdingen [...] zur humanen Haltung« (Zeindler 2011, 166).

Aussagekräftig sind zudem Passagen, in denen Dürrenmatts institutionszentrierte Religionskritik unmittelbar der wissenschaftlichen Theologie gilt. Diese kann, wie in *Mondfinsternis*, ein satirisches Register bespielen: »wie Barth in Bloch und beide zusammen unter Berücksichtigung von Sölle, Söltermann und Gläuberich in Hegel zurückzuintegrieren wären« (WA 28, 247). Am prägnantesten kommt die hybride, immer auch durch politische Interessen mitbestimmte Deutungsmacht der Experten aber anhand des Hoftheologen Utnapischtim (in *Ein Engel kommt nach Babylon*) zur Darstellung. Dass Gottes Gnade in Gestalt eines Mädchens von einem Engel nach Babylon gebracht wird, ist für seine Theologie nicht etwa eine Bestätigung, sondern eine Bedrohung (vgl. u. a. WA 4, 93).

Ein vielfach wiederkehrender Typus, der der Kritik verfällt, ist schließlich der freikirchliche ›Frömmler‹, dessen zweifelsfreier Glaube als latent gewalttätig gezeichnet wird. Das gilt für Kläri Glauber als weitere Handlangerin Emmenbergers (*Der Verdacht*), für den

Sektenprediger Moses Melker (*Durcheinandertal*), aber auch für die Heilsarmisten, die den mehrfach ins Leben zurückkehrenden Nobelpreisträger Schwitter gegen dessen Willen als Beleg für die leibliche Auferstehung feiern (*Der Meteor*).

Bilanz und Desiderate

Bereits diese kursorischen Hinweise zeigen, dass Dürrenmatts Beschäftigung mit der Religion einen deutlich kritischen Grundzug hat. Kritisch ist seine Auseinandersetzung aber nicht nur im Sinn einer Kritik *von* Religion, sondern auch *durch* Religion. Durch diese doppelte Kritik schreibt Dürrenmatt offensichtlich mit am Diskurs der Säkularisierung. Dieser seinerseits höchst dialektische Diskurs ist in seinen anspruchsvolleren (also religionstheoretisch informierten) Versionen in der verfügbaren Forschung allerdings noch wenig fruchtbar gemacht worden. Ausgehend von den betreffenden Entwürfen (einführend: Schmidt/Pitschmann 2014) wäre insbesondere eine schärfere Wahrnehmung des religiös ›positiveren‹ Frühwerks möglich. Wie Ulrich Weber (2020, 107–113) andeutungsweise zeigt, lässt sich Dürrenmatt auch im Kontext der ›christlichen Literatur‹ der Nachkriegszeit (Schlüter 2001) verorten. Weber zufolge ist die Differenz von Früh- und Spätwerk gerade hinsichtlich des Themenkomplexes ›Religion‹ nicht zu sehr zu betonen; beide Phasen seien geprägt durch »Strukturmodelle, die ursprünglich aus einem religiösen Kontext stammen, ohne noch an ein christliches Glaubensbekenntnis gebunden [...] zu sein« (Weber 2020, 112). Die Plausibilisierung dieser und anderer großräumiger Thesen ist sicher nicht abgeschlossen (zum späten Atheismus-Bekenntnis vgl. Gabor-Pierce 2017). Die Sperrung der beiden frühen Dramen für die Bühne belegt auf jeden Fall Dürrenmatts fraglos erfolgreichen Versuch, nicht in der Ecke der erbaulichen christlichen Literatur zu verbleiben.

Literatur
Primärtext

Kierkegaard, Søren: Unwissenschaftliche Nachschrift. In: Ders., Philosophisch-theologische Schriften. Köln, Olten 1959, Bd. 3, 131–844.

Sekundärliteratur

Abs, Carina: Denkfaule Hoffnung? Anfragen an Erlösungsnarrationen bei Alfred Döblin, Christine Lavant und Friedrich Dürrenmatt. Ostfildern 2017, 229–278.
Bühler, Pierre: Friedrich Dürrenmatt. A Swiss Author Rea-
ding and Using Kierkegaard. In: Jon Stewart (Hg.): Kierkegaard's Influence on Literature, Criticism and Art. The Germanophone World. Farnham, Burlington 2013, 43–59.
Busch, Eberhard: Gespannte Beziehung. Friedrich Dürrenmatt und Karl Barth. In: Text + Kritik 50/51 (2003), 183–195.
Centre Dürrenmatt Neuchâtel (Hg.): Les Fous de Dieu / Gottes Narren. Neuenburg 2017.
Cuonz, Daniel: Die Sprache des verschuldeten Menschen. Literarische Umgangsformen mit Schulden, Schuld und Schuldigkeit. Paderborn 2018, 303–326.
Diller, Edward: Friedrich Dürrenmatt's Chaos and Calvinism. In: Monatshefte. A Journal Devoted to the Study of German Language and Literature 63 (1971), 1, 28–40.
Gabor-Peirce, Olivia G.: Becoming Fiction. Reassessing Atheism in Dürrenmatt's *Stoffe*. New York 2017.
Maly, Sebastian: Glauben und Wissen. In: Thomas M. Schmidt, Annette Pitschmann (Hg.): Religion und Säkularisierung. Ein interdisziplinäres Handbuch. Stuttgart 2014, 291–304.
Mingels, Annette: Dürrenmatt und Kierkegaard. Die Kategorie des Einzelnen als gemeinsame Denkform. Köln 2003.
Rusterholz, Peter: Christliches Paradox als Skandalon und Korrektiv der Nachkriegskultur nach 1945. Friedrich Dürrenmatt und Karl Barth. In: Ders.: Chaos und Renaissance im Durcheinandertal Dürrenmatts. Hg. von Henriette Herwig und Robin-M. Aust. Baden-Baden 2017a, 15–34.
Rusterholz, Peter: Untergang und neues Leben im Durcheinandertal. Theologische Spuren bei Friedrich Dürrenmatt. In: Ders.: Chaos und Renaissance im Durcheinandertal Dürrenmatts. Hg. von Henriette Herwig und Robin-M. Aust. Baden-Baden 2017b, 189–208.
Schlüter, Dietrich: Christliche Literatur und ihre Kanonisierung seit 1945. Diss. Universität Dortmund 2001.
Schmidt, Thomas M./Pitschmann, Annette (Hg.): Religion und Säkularisierung. Ein interdisziplinäres Handbuch. Stuttgart 2014.
Spycher, Peter: Friedrich Dürrenmatts Israel-Essay. Religiöse Konzeption und Glaubensbekenntnis. In: Gerhard P. Knapp, Gerd Labroisse (Hg.): Facetten. Studien zum 60. Geburtstag Friedrich Dürrenmatts. Bern 1981, 243–257.
Weber, Emil: Friedrich Dürrenmatt und die Frage nach Gott. Zur theologischen Relevanz der frühen Prosa eines merkwürdigen Protestanten. Zürich 1980.
Weber, Ulrich: Friedrich Dürrenmatt. Eine Biographie. Zürich 2020.
Wittekind, Folkart: Friedrich Dürrenmatt. Der entwurzelte Protestant. In: Günter Brakelmann u. a. (Hg.): Protestanten in öffentlicher Verantwortung – biographische Skizzen aus der Anfangszeit der Bundesrepublik. Waltrop 2005, 189–225.
Zeindler, Matthias: Wider das Reich Gottes auf Erden. Religionskritik und Ideologiekritik bei Friedrich Dürrenmatt. In: David Plüss u. a. (Hg.): Imagination in der Praktischen Theologie. Festschrift für Maurice Baumann. Zürich 2011, 159–169.

Andreas Mauz

79 Spiel

Das poetologische Bekenntnis Dürrenmatts, aus der »Bildlosigkeit [der Welt] ein Bild zu machen« (WA 32, 67), verwirklicht sich in Metaphern, Gleichnissen, Parabeln oder Gedankenexperimenten (s. Kap. 89). Durch sie werden Überlegungen verdichtet, veranschaulicht oder auch der Wirklichkeit als Gegenwelt gegenübergestellt (vgl. WA 28, 69). Neben dem Turm, dem Labyrinth (s. Kap. 71), Minotaurus und weiteren Bildkomplexen der Mythologie referiert Dürrenmatt dabei wiederholt auf das Spiel – insbesondere auf das Schachspiel –, um menschliche Verhaltensmuster und das Weltgeschehen zu reflektieren. Damit setzt er dem literaturhistorisch wie auch kulturgeschichtlich wichtigen Komplex des literarisches Spiels oder der Spiele der Literatur ganz eigene, auch voneinander differierende Ausgestaltungen gegenüber.

Machtspiele bis zum bitteren Ende

In Dürrenmatts Kriminalromanen ist das Schachspiel zunächst eine Metapher für den Konflikt zwischen zwei Kontrahenten bis zum bösen Endspiel: In *Der Richter und sein Henker* (1950/51) wird die mörderische Wette zwischen dem Verbrecher Gastmann und dem Kommissär Bärlach im Bild einer Schachpartie figuriert, die den ganzen Roman als Strukturmetapher durchzieht. Der Kommissär wird am Ende als »unerbittliche[r] Schachspieler« entlarvt, der den Täter Tschanz »matt gesetzt hatte« (WA 20, 113). Im zweiten Bärlach-Roman *Der Verdacht* (1951/52) bezeichnet der ehemalige deutsche KZ-Arzt Emmenberger alias Nehle sich und den Kommissär als »zwei Wissenschaftler mit entgegengesetzten Zielen, Schachspieler, die an einem Brett sitzen«, und prophezeit, dass beide ihr Spiel verlieren werden (WA 20, 241). Das Bild von zwei Schachspielern, die sich menschenverachtend gegenübersitzen, andere instrumentalisieren und im Spiel ihre eigenen Positionen zu sichern versuchen, überträgt Dürrenmatt außerdem auf das Verhalten von Herrschern, Machtinhabern oder politischen Instanzen und deren Vorgehen bei Entscheidungen oder gar der Bildung ganzer Staatensysteme – so zum Beispiel in der Shakespeare-Bearbeitung *König Johann* (1969) oder in der Erzählung *Der Sturz* (1971), in der Minister auftreten, im begrenzten Raum eines Sitzungszimmers wie auf einem Schachbrett gruppiert, und scheinbar politische Entscheidungen treffen, faktisch aber pure Machtspiele betreiben.

In einem der ältesten Manuskripte der *Stoffe* erscheint Ende 1970 das Motiv zweier Schachspieler, die gemäß eigens gesetzter Spielregeln über Leben und Tod ihrer Nächsten verfügen wollen (vgl. S 1). Dieses Bild stehe, so der Autor, in einem größeren Motivkomplex rund um die Themen der Schuld und der Suche nach dem Schuldigen. Darauf folgt eine Skizze, die erst posthum publiziert wurde und als Grundlage eines von Hannes Binder illustrierten Bildbandes dient (Dürrenmatt/Binder 2007). 1979 plante der Autor außerdem eine Komödie unter dem Titel *Die Sekretärin. Eine Friedhofskomödie*, die die Geschichte eines angeblich erfolgreichen Schriftstellers erzählt, der behauptet, an einem Roman zu arbeiten, dies aber nicht tut (vgl. Mingels 2000). Seine Sekretärin hingegen hat tatsächlich die Idee für einen vielversprechenden Roman, worin dem Weltgeschehen ein Spiel zugrunde liegt: Alle historisch und geistesgeschichtlich bedeutsamen Momente sind auf die Launen von zwei Schachspielern zurückzuführen. Auch diese Komödie blieb Fragment.

Werden menschliche Intrigen als (Macht-)Spiele interpretiert, ist auch das Vorgehen der Milliardärin Claire Zachanassian, die in *Der Besuch der alten Dame* (1956/1980) in ihre Heimatstadt Güllen zurückkehrt, um ihrem ehemaligen Geliebten Alfred Ill ein an ihr verübtes Unrecht zurückzuzahlen, ein solches. Unter dem Deckmantel der Gerechtigkeit spielt sie ihr Rachespiel, das zum Tod Ills führt. Die Güllener ihrerseits vollziehen das geforderte Opfer in einem vorgetäuschten Gerechtigkeitsritual und -spiel im Theatersaal des Städtchens. Und in *Die Panne* (Erzählung/Hörspiel 1956, Komödie 1979), in der ein ehemaliger Richter, ein Staatsanwalt, ein Verteidiger und ein Henker Gericht spielen (vgl. WA 16, 16), wird der Protagonist Traps dergestalt in das »etwas sonderbare[...] Spiel« (15) miteinbezogen, dass er sich am Ende umbringt (Erzählung und Komödienfassung).

Im Roman *Justiz* (1985) soll ein junger, mittelloser Rechtsanwalt einen öffentlich begangenen Mord erneut untersuchen. Ein vom Mörder inszeniertes Spiel um die Frage nach Gerechtigkeit und Recht vollzieht sich in mehreren Szenen an Billardtischen. Und das Spiel wird zum Sinnbild einer Reflexion, in der der Protagonist nicht nur sich selbst verspielt (vgl. WA 25, 192 f.), sondern auch andere Menschen. Der Mörder zeigt sich als Billardspieler, der indirekt – über eine oder mehrere Banden – einen Menschen opfert. Er mordet aus Lust am Spiel, das ihn »lockt[...]« (81).

Spieltrieb als Mordtrieb: In den angedachten Werken um den oder die Schachspieler, in den Gerichts-

J. B. Metzler © Springer-Verlag GmbH Deutschland, ein Teil von Springer Nature, 2020
U. Weber / A. Mauz / M. Stingelin (Hg.), *Dürrenmatt-Handbuch*, https://doi.org/10.1007/978-3-476-05314-5_79

spielen der älteren Herren in *Die Panne*, im persönlichen Versuch einer öffentlichen Person, Gerechtigkeit herzustellen in *Justiz*, werden ausgerechnet jene Figuren, die mit Gerechtigkeit und Recht assoziiert scheinen, als Verbrecher entlarvt. Die Spiele kippen in bitteren Ernst um. Sie sind als Endspiele konzipiert, die Dürrenmatts Vorliebe für individuelle, gesellschaftliche und kosmische Katastrophen verbildlichen; sie illustrieren seine mehrmals umrissene Dramaturgie der »schlimmstmögliche[n] Wendung«, die allein es erlaube, einer »gedankliche[n] Fiktion auch eine ›existentielle‹ Berechtigung« (WA 30, 209) zu geben und »eine Geschichte [...] zu Ende« zu denken (WA 7, 90).

Spiele als theoretische, lebensferne Modelle

Diese »schlimmstmögliche Wendung« sei, so der Autor, »nicht voraussehbar. Sie tritt durch Zufall ein« (ebd.). Insbesondere im Schachspiel, aber auch im Billardspiel findet Dürrenmatt ein geeignetes Sinnbild, um diese These gleichsam ex negativo zu belegen. Die Billardspiele in *Justiz* wie auch die Schachspiele in den Kriminalromanen werden als Spiele inszeniert, die dem Zufall widerstehen: im ersten Fall, weil der Kugellauf berechenbar ist und die Geschicklichkeit des Spielers herausfordert, im zweiten Fall, weil der Gegenspieler und der ganze Spiellauf vorhersehbaren, starren Abläufen unterworfen ist. Grundsätzlich inszeniert Dürrenmatt das Schachspiel als das Bild einer Ordnung, die nicht der realen Welt, sondern einem hypothetischen künstlichen Modell entspricht. Strategien und Planung, die den Ablauf des Spiels kennzeichnen, widersprechen der Lebenswirklichkeit.

Bereits in der frühen Kurzgeschichte *Der Tunnel* (1952) hat das Schachspiel als Motiv wenig mit der aktuellen Lage der Protagonisten zu tun: Ein Schachspieler, »der mit sich selber Schach spielte« (WA 21, 22), ist so in sein Spiel versunken, dass er nicht bemerkt, wie der Zug, in dem er sitzt, dem Erdinnern entgegenstürzt. Und gerade der Kriminalroman entpuppt sich als geeignetes Genre, um das Bild des Schachspiels als theoretisches Prinzip zu inszenieren, das der kontingenten Lebenswirklichkeit zuwiderläuft, denn es sei »unmöglich [...], mit Menschen wie mit Schachfiguren zu operieren« (WA 20, 68). In der Rahmenhandlung des Romans *Das Versprechen. Requiem auf den Kriminalroman* (1957/58) legt der ehemalige Polizeikommandant Dr. H. gegenüber dem Ich-Erzähler, einem Kriminalautor, seine Kritik an der schriftstellerischen Konzeptionsarbeit dar. Ihre Romanhandlungen gehorchten der Logik des Schachspiels und nicht der Wirklichkeit (vgl. WA 23, 18). Das *Requiem auf den Kriminalroman* erzählt denn auch die Geschichte des Kommissärs Matthäi, dessen perfekter Plan zur Identifikation eines Mörders an einem nicht vorhersehbaren Zufall – einem Unfall – scheitert.

Das Spiel in seiner politischen Dimension und als Denkfigur

Die Spielmetapher tritt schließlich auch in mehreren nicht-fiktionalen, poetologischen, philosophischen oder politischen Texten des Autors auf und dient ihm dazu, seine erkenntniskritischen Anliegen zu formulieren.

Im *Monstervortrag über Gerechtigkeit und Recht, nebst einem helvetischen Zwischenspiel* (1968/69) legt Dürrenmatt das kapitalistische ›homo homini lupus‹-Menschenbild dar. Das Brettspiel dient ihm dabei als Metapher, um die Funktion des Geldes als Spielstein und den bürgerlichen Staat als Schiedsrichter zu veranschaulichen. Im Sozialismus hingegen werde dem »Wolfsspiel« das »Gute-Hirte-Spiel« entgegengesetzt: »Homo homini agnus« (WA 33, 50). Einem systemhaften dialektischen Denken, das »eine Lehre aufzustellen [versucht], wie beim Schachspiel Weiß gewinnt« (92), stellt Dürrenmatt in seinen Essays und Reden ein alternatives Denken zur Diskussion: ein ›dramaturgisches Denken‹, das ihm als Autor erlaubt, die Welt durchzudenken, indem er sie durchspielt (vgl. 91 f.). Das Spiel verliert seinen normativen Charakter und wird spielerisch.

Die Schachspielmetapher als Gedankenexperiment (vgl. WA 33, 163) exponiert Dürrenmatt insbesondere in seinem Vortrag an der ETH Zürich zum 100. Geburtstag von Albert Einstein (1979). Er schlägt hier das Gleichnis vom »Weltgeschehen als ein Schachspiel« vor – einem Schachspiel mit zwei denkbaren Partien, einer »deterministischen« und einer »kausalen« (WA 33, 152 f.) –, um auf dieser Folie die Gottes-, Menschen- und Weltbilder von den manichäischen Religionen über das Christentum, über Spinoza und Kant bis hin zu den naturwissenschaftlichen Konzeptionen der Gegenwart zu überdenken.

Innerhalb der kritischen Auseinandersetzung mit der Rolle der Schweiz schreibt Dürrenmatt den zunächst im *Magazin* abgedruckten, später in den zweiten *Stoffe*-Band *Turmbau* integrierten parabelhaften Essay *Das gemästete Kreuz*, in dem sich die Schweiz als »F. C. Helvetia 1291« (WA 29, 76) mehr und mehr aus

dem internationalen (Fußball-)Geschehen zurück-
zieht und aufs Training konzentriert. Die Bedeutung
des Clubs verlagert sich von den Aktivmitgliedern auf
die Passivmitglieder, die Mitgliedsbeiträge zahlen und
den Club als »irrationale[...] Glaubensgemeinschaft«
(77) entlarven. Zwar selbst in seiner Jugend aktiver
Fußballspieler und großer Fan des Neuchâteler Fuß-
ballclubs Xamax, verwendet Dürrenmatt hier die
Spielmetapher des Nationalmannschaftssport als
»Kampfsport« (76) und unterbreitet einen satirischen
Rückblick auf die Schweizer Geschichte von ihren Anfängen bis in die Gegenwart und zur Armeeabschaf-
fungsinitiative von 1989, in deren Kontext die Parabel
entstand.

Positionen der Forschung

Die Forschung richtet ihren Fokus insbesondere auf
das Schachspiel, das in den fiktionalen wie auch theoretischen Texten am deutlichsten Dürrenmatts
Grundgedanken veranschaulicht – sei es die Verneinung der Planbarkeit des Lebens im Bild des Schachspiels als »indirekter Mitteilung« (Kierkegaard; Mingels 2003, 326 f.), seien es die Leitideen seiner Dramaturgie (Rüedi 2011, 513–553; Bloch 2017, 289–311)
und die formgebende Metapher der Dramen (Irmscher 1983, 336 f.). In der Literatur wird insbesondere
die Dramaturgie des Endspiels und der schlimmstmöglichen Wendung betont, die sich beispielhaft in
der Schachspielmetapher spiegle (Weber 2003) und
im Umschlag eines »Gelingens im Scheitern« zuspitze
(Weber/von Planta 1998, 16). Das Schachspiel ziele –
anders als die Bildkomplexe des Labyrinths und des
Turms – auf die Handlungsabfolge und ermögliche
deshalb auch eine selbstbezügliche Komponente (We-
ber/von Planta 1998). Schließlich variiere der Autor in
diesem poetologischen Bild wie ein Schachspieler seine narrative Distanz zu den Figuren oder bringe sich
selbst ins Spielgeschehen ein (Bigler 2014).

Die – metaphorische – Darstellung anderer Spiele
(Billard, Mannschaftsspiele, Sport) wäre vor diesem
Hintergrund weiterzuverfolgen. Seit das Spiel von Johann Huizinga (1987) als »Kulturerscheinung« und
als anthropologische Basis der Kultur überhaupt dargestellt wurde, steht der spielende Mensch am Ursprung wissenschaftlicher Überlegungen und ästhetischer Ausgestaltungen im 20. Jahrhundert. Im Anschluss an Huizinga entwickelte Roger Caillois (1982)
eine Typologie, in der er zwischen Kampfspielen,
Glücksspielen, Schauspielen und rauschartigen Spie-

len unterscheidet. Diese kulturhistorische Annäherung könnte der Erforschung des Spielbegriffs in Dürrenmatts Werk sicher weitere Impulse liefern. Nicht
nur die noch wenig erforschten Spielkomplexe um
Billard- oder Mannschaftsspiele könnten dadurch
vertieft in den Blick genommen werden, sondern auch der
zentrale Bildkomplex um das Schachspiel könnte mit
einer neuen Zielrichtung aufgearbeitet werden: als
Bild für die »Gesamtheit der menschlichen Betätigun-
gen und Bedürfnisse« (ebd., 202), die auch Dürrenmatt interessiert.

Literatur
Primärtexte
Albert Einstein. In: WA 33, 150–172.
Justiz. WA 25.
Das gemästete Kreuz. In: WA 29, 76–84.
Monstervortrag über Gerechtigkeit und Recht, nebst einem
    helvetischen Zwischenspiel. Eine kleine Dramaturgie der
    Politik. In: WA 33, 36–107.
Die Panne. WA 16.
Der Richter und sein Henker. In: WA 20, 9–117.
Der Schachspieler. Ein Fragment. Illustriert von Hannes
    Binder. Hamburg 2007.
Das Stoffe-Projekt. Hg. von Ulrich Weber, Rudolf Probst.
    Zürich 2020.
Der Verdacht. In: WA 20, 119–265.
Das Versprechen. In: WA 23, 9–163.

Sekundärliteratur
Alami, Marita: Die Bildlichkeit bei Friedrich Dürrenmatt.
    Computergestützte Analyse und Interpretation mytholo-
    gischer und psychologischer Bezüge. Wien 1994.
Bloch, Peter André: Friedrich Dürrenmatt – Visionen und
    Experimente. Werkstattgespräche – Bilder – Analysen –
    Interpretationen. Göttingen 2017.
Bigler, Regula: Friedrich Dürrenmatt/Hannes Binder: Der
    Schachspieler. In: Dies.: Surreale Begegnungen von Bild
    und Text. Lektüren im intermedialen Dialog. Paderborn
    2014, 271–295.
Caillois, Roger: Die Spiele und die Menschen. Maske und
    Rausch. Frankfurt a. M. 1982 (frz. 1958).
Gasser, Peter: Die Geburt der Literatur aus dem Geist des
    Spiels. Zu Friedrich Dürrenmatts Dramaturgie der Phan-
    tasie. In: Ulrich Weber u. a. (Hg.): Dramaturgien der
    Phantasie: Dürrenmatt intertextuell und intermedial.
    Göttingen 2014, 19–40.
Huizinga, Johan: Homo Ludens. Vom Ursprung der Kultur
    im Spiel. Reinbek bei Hamburg 1997 (nl. 1938).
Irmscher, Hans-Dietrich: Das Schachspiel als Metapher.
    Bemerkungen zum ›komödiantischen Denken‹ Friedrich
    Dürrenmatts. In: Ders. u. a. (Hg.): Drama und Theater im
    20. Jahrhundert. Festschrift für Walter Hinck. Göttingen
    1983, 333–348.
Jambor, Jan: Die Rolle des Zufalls bei der Variation der klas-
    sischen epischen Kriminalliteratur in den Bärlach-Roma-
    nen Friedrich Dürrenmatts. Presov 2007.
Mingels, Annette: Das Spiel mit dem Spiel im Spiel. Gefähr-

liche Schachpartie in Dürrenmatts Dramenfragment *Die Sekretärin*. In: Stefan Koslowski u. a. (Hg.): Berner Almanach, Bd. 3: Theater. Bern 2000, 248–263.

Mingels, Annette: Dürrenmatt und Kierkegaard. Die Kategorie des Einzelnen als gemeinsame Denkform. Köln 2003, 326–332.

Rüedi, Peter: Dürrenmatt oder Die Ahnung vom Ganzen. Biographie. Zürich 2011.

Weber, Ulrich: Dürrenmatts Endspiele. In: Centre Dürrenmatt Neuchâtel (Hg.): Dürrenmatts Endspiele (Cahier 7). Neuchâtel 2003, 11–38.

Weber, Ulrich/Planta, Anna von: Der Dichter als schachspielender Gott oder Von der Schwierigkeit, als Figur die Partie zu verstehen. Die Schachmetapher im Werk Friedrich Dürrenmatts. Arbeitsberichte des Schweizerischen Literaturarchivs. Bern 1998.

Regula Bigler

80 Sterben/Tod

Exposition

Auf die Behauptung, dass in seinen Stücken »reihenweise Menschen umgebracht« würden, hat Dürrenmatt mit deutlicher Reserve reagiert: »Das ist ein reines Gerücht. Ich habe viel weniger Leichen als Shakespeare« (G 3, 81). Die Abgrenzung erschöpft sich aber nicht im numerischen Vergleich; sie gilt auch dem Urteil der Interpreten, es zeige sich an der Leichendichte sein grundlegender »Zynismus«, seine »Menschenverachtung« (ebd.).

Aus dieser Anekdote geht in nuce hervor, was offensichtlich generell gilt: Die Thematisierung von Sterben und Tod ist sensibel, im Leben wie in der Literatur. Die Darstellung von Sterbeprozessen hat ein besonderes Gewicht, steht in diesem Fall doch nicht eine beliebige Lebensphase zur Debatte. Als letztes Kapitel formatieren Sterbeerzählungen die betreffenden Lebensgeschichten in grundsätzlicher Weise; sie mobilisieren umfassendere biografische Integrationsmuster und geben auch früheren Ereignissen ihr spezifisches Gewicht (vgl. Peng-Keller/Mauz 2018) – ein Zusammenhang, der im Narrativ des Sterbens des ›eigenen Todes‹ besonders anschaulich wird.

Für eine Sichtung der Gemengelage im Werk Dürrenmatts scheint es hilfreich, die Phänomene Sterben/Tod klar zu unterscheiden: Das Sterben hat als letzte Lebensphase Prozesscharakter; dieser psychophysische Prozess wird durch das Ereignis des Todes abgeschlossen (vgl. Groß/Grande 2010, 75). Dabei ergeben sich trotz der kausalen Bindung jeweils verschiedene Fragen und potentielle Kontroverspunkte. Im Fall Dürrenmatts geht der Finalitätsaspekt des Todes etwa einher mit einem hohen Interesse an der notorisch strittigen Vorstellung einer ›Auferstehung‹.

In der unbestreitbaren Dichte von Todesfällen in Dürrenmatts Werk wird augenscheinlich: Der Autor interessiert sich – einhergehend mit seiner Neigung zum Katastrophischen (s. Kap. 69) – kaum für den ›ordentlichen‹ Alters- oder auch den ›alltäglichen‹ Unfalltod; seine Aufmerksamkeit gilt den außerordentlichen, in vielen Fällen gewalttätigen Todesumständen. Dies ist nicht hinreichend erklärt durch die generischen Üblichkeiten des Kriminalromans oder Dürrenmatts ›tragischer Komödie‹. Gerade in der Individualität ist der Tod eine prominente Form des Zu-Ende-Denkens und mit maßgebenden philosophischen, theologischen wie poetologischen Fragen verbunden – ein Umstand, der sich in Dürrenmatts Interesse für ›schlimmstmögliche Wendungen‹ verdichtet (s. Kap. 98).

Gerade aufgrund der Popularität dieses Diktums ist aber Dürrenmatts grundsätzlich positives Verhältnis zu Sterben und Tod zu betonen. Die Befristung der Lebenszeit gilt ihm, wie vielen, als die eigentliche Möglichkeitsbedingung von Sinn: »Was unsterblich ist, ist ewig und damit außerhalb des Sinns [...], nur Vergängliches vermag sinnvoll zu sein« (WA 37, 15). Für die Wahrnehmung seiner eigenen Sterblichkeit scheint die zunächst schmerzhafte, dann aber befreiende Erfahrung eines Herzinfarktes (1969) entscheidend gewesen zu sein (vgl. WA 36, 42–46). Die hohe biografische Bedeutung des Themas zeigt besonders deutlich der zweite *Stoffe*-Band *Turmbau* (1990). Die Generaldiagnose einer massiven Todesverdrängung (vgl. WA 29, 16) geht in den ersten beiden Abschnitten mit einer eigentlichen Kaskade von Sterbeerzählungen einher. Die Darstellung und Reflexion gilt dabei nicht nur dem Sterben naher Menschen (seiner Frau Lotti, des Freundes Varlin), sondern – eng verzahnt – auch dem seines Hundes. Aber auch literarische Variationen des Themas sind zentral (v. a. Jean Pauls »Auferstehungsparodie« im *Siebenkäs*, 32), bevor mit *Der Tod des Sokrates* eine Alternative zur platonischen *Apologie* angeboten wird und das Buch im Rahmen der metafiktionalen Erzählung *Das Hirn* mit einem Besuch des KZ Auschwitz endet (vgl. Weber 2020, 561–564; zu Dürrenmatts Tod: vgl. Lötscher 2003, 282–298).

Dass und wie nah Dürrenmatts Umgang mit Sterben und Tod mit poetologisch-dramaturgischen Interessen und Entscheidungen verbunden ist, zeigt sein *Modell Scott* mit besonderer Prägnanz (in: *Dramaturgische Überlegungen zu den ›Wiedertäufern‹*, 1967): Hier wird der vornherein feststehende Tod des Polarforschers anhand verschiedener Sterbeprozesse durchgespielt, die jeweils kanonische Positionen der Dramatik repräsentieren (Shakespeare, Brecht, Beckett). In seiner eigenen Variante wird der tragische Stoff ›schlimmstmöglich‹ zur Komödie gewendet: Scott erfriert im Eis eines Kühlraums, in den er sich im Zuge der Expeditionsvorbereitungen versehentlich eingeschlossen hat. – Die folgende Übersicht kann nur kursorische Hinweise zu den thematisch einschlägigsten Texten geben.

J. B. Metzler © Springer-Verlag GmbH Deutschland, ein Teil von Springer Nature, 2020
U. Weber / A. Mauz / M. Stingelin (Hg.), *Dürrenmatt-Handbuch*, https://doi.org/10.1007/978-3-476-05314-5_80

Der Meteor: Tod und ›Auferstehung‹

Die Komödie *Der Meteor* (1964/65) spielt die Problematik insofern radikal durch, als sie die Endlichkeit des Lebens außer Kraft setzt: Die Hauptfigur Schwitter stirbt wiederholt, ein endgültiger Tod bleibt jedoch aus. Während er mehrfach ins Leben zurückkehrt, sterben jedoch sämtliche Figuren, die ihn umgeben. Seine hartnäckige ›Auferstehung‹ wird von manchen verflucht, von anderen – etwa dem Pfarrer – im christlichen Sinn gefeiert. Innerhalb dieser Anlage lotet Dürrenmatt die Freiheiten aus, die mit einem Leben in Todesnähe einhergehen. Der Sterbewillige verfügt über eine ungeheure Vitalität, die er skrupellos auslebt. Die einschlägigen Lebensthematiken des Abschiednehmens, der Bereinigung von Beziehungen, aber auch der Erbschaft spielen dabei durchaus eine Rolle, dies aber durchgängig in Verbindung mit der Inversion, dass der Sterbende schließlich doch die Lebenden überlebt.

Dürrenmatt hat stark auf den christlichen Bezugshorizont verwiesen: Da Schwitter selbst mit seiner Auferstehung hadert, wird er zum doppelten Ärgernis: »für die einen […] als Auferstandener […] und für die anderen als ein nicht Glaubender« (WA 9, 160). Schwitter ist laut Dürrenmatt auch eine Versinnbildlichung des heutigen Christentums, dem die Auferstehung selbst zum Skandalon geworden ist. Es liegt ihm aber zugleich an einem selbstreflexiven Bezug auf die Poetik der Komödie: »Für gewöhnlich stehen die Toten im Theater erst auf, wenn der Vorhang gefallen ist; Schwitter aufersteht, als sich der Vorhang hebt: Das ist der entscheidende Einfall« (G 1, 202; s. Kap. 93). Eine Federzeichnung Dürrenmatts von 1978, welche die (titelgebende) *Auferstehung* in Gestalt einer kokonartigen Mumie zeigt, die aus der Gruft ins All schießt, dokumentiert dieses anhaltende spezifische Interesse (SLA-FD-A-Bi-1-113).

Der Mitmacher: Nekrodialyse und Nichtmitmachen durch Opfertod

Sterben und Tod stehen als *Fait accompli* auch im Zentrum von Dürrenmatts »größte[r] Theaterniederlage« (Dürrenmatt, zit. nach Weber 2007, 88) *Der Mitmacher* (1973). Im Fokus steht der ehemalige Spitzenwissenschaftler Doc, der mittels seines »Nekrodialysator[s]« (WA 14, 21) die Leichen beseitigt, die im Zuge der Machenschaften seines verbrecherischen Auftraggebers Boss zahlreich anfallen, wobei (mit einer Aus-

nahme) aber weder die Morde noch die (Auflösung der) Leichen zur Darstellung gebracht werden. Dieses ›Prinzip des Nichtzeigens‹ (s. Kap. 33) manifestiert sich auch in der Sprachgebung: Die Leichen werden euphemistisch als »Ware« (u. a. 68) bezeichnet, die Verbrecherorganisation als »Unternehmen« (u. a. 60). Weil durch die Leichenauflösung »[d]er perfekte Mord« (30) möglich wird, wollen sich auch der Polizist Cop und Docs Sohn Bill diese Geschäftspraxis zunutze machen. Innerhalb des durch und durch korrupten Systems, das die kriminelle Sphäre mit Politik und Wirtschaft verbindet, bildet Cop eine Ausnahme. Er fungiert vor allem als Gegenfigur zum ›Mitmacher‹ Doc: »Wer stirbt, macht nicht mehr mit« (90). Durch den Mord an Bill ergreift er die »letztmögliche Freiheit« (211) und versucht, »eine kurze Weltsekunde lang […] dem fatalen Abschnurren der Geschäfte Einhalt« zu gebieten (87). Darin repräsentiert Cop den Typus des ›mutigen Menschen‹, der im Wissen um die minimalen wie letalen Folgen seines Handelns dem System um seiner Selbstachtung als Einzelner entgegentritt (s. Kap. 72; zur sorgfältigen Abgrenzung vom Tod des tragischen Helden, vgl. 196).

Die Frist: medizinische und mediale Verwaltung des Lebensendes

Auch in der Komödie *Die Frist* (1977) steht ein individueller Todesfall im Zentrum, doch mit anderen Akzenten. Laut Dürrenmatt bot das Sterben Francisco Francos (1975), genauer: dessen unmenschliche Verlängerung »durch dreißig Ärzte« (WA 15, 136) eine Anregung. Die ›Frist‹ entspricht der künstlichen Lebensverlängerung eines sterbenden Diktators, um dessen Nachfolge möglichst günstig regeln zu können. Der Ministerpräsident spielt die potentiellen Nachfolger politisch gegeneinander aus und versucht so einen Bürgerkrieg zu vermeiden. In diesem Spiel wird der Sterbende mehrfach narkosefrei operiert und seine Agonie kalkuliert zur Schau gestellt. Dass dieser den medizinischen wie medialen Maßnahmen restlos ausgeliefert ist, korrespondiert mit seiner Repräsentation durch Absenz: Im Gegensatz etwa zum gesprächigen Schwitter kommt der sterbende Diktator, der nicht sterben darf, kein einziges Mal zu Wort; er wird nur besprochen, reduziert auf seine Lebensfunktionen. Die Verfügung über den Körper bildet zudem das Analogon zu einem anderen Kontext: Die Manipulation des Todeszeitpunktes scheint Dürrenmatt auf »diabolische Weise identisch mit den Methoden gewisser

KZ-Ärzte, die mit Menschen Tests unternommen hatten, welche die Grenze seines Sterben-Könnens erforschten« (141). Dazu treten mythische Bezüge: Der Diktator gilt ihm als »krepierender Atlas« (143) und Goldbaum (Arzt und Opfer jener NS-Menschenversuche) als Prometheus-Figur. Diese Dimension wird auch durch die Figurengruppe der ›Unsterblichen‹ repräsentiert, die ein zotig kommentierendes weibliches Komplement zum männlichen Machtspiel bildet. Im seinem Kommentar entwickelt Dürrenmatt eine eigentliche Todesästhetik: Jede Kunst sei »apokalyptisch: Sie setzt dem Menschen ein endgültiges Denkmal, das nur ein Grabmal sein kann: so wie einmal unsere Erde« (147).

Das Hörspiel *Nächtliches Gespräch mit einem verachteten Menschen* (1951) bildet werkgeschichtlich eine frühe und intime Variante zum Sterben unter diktatorischen Bedingungen: Das Stück gilt dem Dialog zwischen einem in Ungnade gefallenen Schriftsteller und seinem Henker, wobei die beiden eine »fast wohlwollende Komplizenschaft« (Knapp 1993, 76) verbindet.

Fazit und Ausblick

Was an diesen Texten deutlich wird, ließe sich am Gesamtwerk vielfältig weiter vertiefen: Dürrenmatt zeigt Sterben und Tod bevorzugt als Schau- oder vielmehr Kampfplatz konkurrierender ökonomischer, politischer, aber auch psychologischer Interessen. Leben werden nach Maßgabe entsprechender Kriterien verkürzt oder verlängert. Mit der Dominanz (extravaganter) gewalttätiger und damit schneller Tode gehen komplexe Täter-Opfer-Konstellationen einher, die innerliterarisch wie außerliterarisch bevorzugt in der Strukturmetapher des Schachspiels thematisiert werden (s. Kap. 79). Der selbstbestimmte Tod bildet dabei – wie etwa in der Erzählung *Der Tod des Sokrates* – eher die Ausnahme als die Regel.

Die Forschung hat sich bislang eher beiläufig der Sterbe- und Todesthematik gewidmet, sei es im Kontext von Einzeltextuntersuchungen (z. B. Esslin 1983) oder in Arbeiten zu Dürrenmatts Katastrophen (z. B. Utz 2013). Eine Zusammenschau, die die betreffende Spezialforschung aufnimmt (u. a. Jernigan 2019), bildet ein Desiderat. Als besonders ergiebig dürfte sich die Untersuchung der Beziehungen von Sterben/Tod und Humor erweisen (s. Kap. 90), aber auch das testamentarische Schreiben (vgl. *Der Winterkrieg in Tibet*) und die Befristung des Lebens als Spannungselement.

Literatur
Primärtexte
Die Frist. WA 15.
Nächtliches Gespräch mit einem verachteten Menschen. In: WA 17, 9–32.
Der Meteor. In: WA 9, 9–95.
Der Mitmacher. In: WA 14, 13–93.
Das Sterben der Pythia. In: WA 14, 274–313.
Der Tod des Sokrates. In: WA 29, 144–176.
Turmbau. Stoffe IV–IX. WA 29.
Dramaturgische Überlegungen zu den ›Wiedertäufern‹. In: WA 10, 127–137.

Sekundärliteratur
Brady, Philipp: Captain Scott in the Cold-Store: Some Ritual Formalities in Friedrich Dürrenmatt. In: Forum for Modern Language Studies 8 (1972), 1, 27–39.
Groß, Dominik/Grande, Jasmin: Sterbeprozess. In: Héctor Wittwer u. a. (Hg.): Handbuch Sterben und Tod. Stuttgart 2010, 75–83.
Esslin, Martin: *Die Frist*. Dürrenmatt's late Masterpiece. In: Moshé Lazar (Hg.): Play Dürrenmatt. Malibu 1983, 139–153.
Lötscher, Hugo: Lesen statt klettern. Aufsätze zur literarischen Schweiz. Zürich 2003, 282–375.
Jernigan, Daniel Keith: Narrating Death. The Limit of Literature. New York 2019.
Knapp, Gerhard P.: Friedrich Dürrenmatt [1980]. Stuttgart, Weimar 1993, 75–77 u. 99–103.
Peng-Keller, Simon/Mauz, Andreas (Hg.): Sterbenarrative. Hermeneutische Erkundungen des Erzählens am und vom Lebensende. Berlin 2018.
Utz, Peter: Kultivierung der Katastrophe. Literarische Untergangsszenarien aus der Schweiz. München 2013.
Weber, Ulrich: Dürrenmatts Spätwerk. Die Entstehung aus der *Mitmacher*-Krise. Frankfurt a. M. 2007.
Weber, Ulrich: Friedrich Dürrenmatt. Eine Biographie. Zürich 2020.

Andreas Mauz

81 System

Einleitung

Friedrich Dürrenmatt hat sich in seinem essayistischen und literarischen Werk über viele Jahre mit modernen Gesellschaftssystemen beschäftigt. Seine Auseinandersetzung beginnt gegen Ende der 1950er Jahre, verstärkt sich in den 1960er und 1970er Jahren während der Arbeit an *Frank der Fünfte* und *Der Mitmacher* und findet u. a. eine Wiederaufnahme im *Labyrinth*. Um Dürrenmatts Systembegriff in seiner Komplexität zu verstehen, ist es notwendig, auf seine Ausführungen zum Menschen zurückzugreifen, denn er fasst ihn 1969 anhand eines »Doppelbegriff[s]« (WA 33, 56): Einerseits ist der Mensch Teil eines Kollektivs; andererseits kann er in diesen Strukturen auch ein Einzelner sein (vgl. 56–58). Auf dieser Dualität basiert sein soziopolitischer Diskurs, der die Reflexionen über moderne Gesellschaftssysteme maßgeblich bestimmt.

Wie wichtig dieses duale Konzept für Dürrenmatt ist, führt er 1966 aus: »*Frank der Fünfte* behandelt ein Kollektiv. Ich fingierte eine Verbrecherbank, um [...] zu zeigen, daß ein Kollektiv Gesetzen untersteht, die anders sind als die Gesetze, die den Einzelmenschen bestimmen. Die Soziologie behandelt den Menschen innerhalb der Gemeinschaft, die Psychologie hat den Einzelmenschen zum Gegenstand. Es ist bemerkenswert, daß wir in der Dramaturgie noch weitgehend den Menschen als Einzelwesen verwenden [...]. Dem gegenüber steht [...] der Mensch, der in ein System gezwungen ist [...]. Die meisten Menschen leben heute in Kollektiven« (G 1, 248).

Der systemische Ansatz wurde lange Zeit wenig beachtet, denn bei Kritik und Forschung stand vorwiegend Dürrenmatts Einzelner, der ›mutige Mensch‹ oder ›der ironische Held‹, im Fokus. Der Autor hat diese Fokussierung auf den Einzelnen zwar verstanden, entsprach sie doch seinem wiederholten Hinweis auf eine starke Prägung durch Kierkegaard (vgl. WA 29, 125); dennoch zeigte er sich zunehmend irritiert, dass sein Versuch, auf der Bühne moderne Gesellschaftssysteme darzustellen, vernachlässigt oder nicht verstanden wurde (vgl. G 1, 186 u. 192 f. u. 248). Charakteristisch ist dabei, dass sich Dürrenmatts Interesse an Gesellschaftssystemen oder Teilbereichen, etwa den politischen Institutionen, nicht allein auf deren statischen Ist-Zustand richtete. In einer Welt, in der die Bevölkerung exponentiell anwuchs, interessierte ihn auch die Möglichkeit von Wandel und Steuerbarkeit der systemischen Bedingungen sowie die Rolle des Einzelnen.

Frank der Fünfte im Fokus

Die zunehmende Unüberschaubarkeit der Welt u. a. aufgrund der Bevölkerungsexplosion, die Dürrenmatt bereits im Essay *Vom Sinn der Dichtung in unserer Zeit* beschäftigt (1956), birgt für ihn ein dramaturgisches Darstellungsproblem: Wie kann ein solches Gesellschaftssystem auf der Bühne präsentiert werden? Da er sich v. a. während der Arbeit an *Frank der Fünfte* (1959) intensiv zum Systembegriff äußert, liegt der Fokus im Folgenden auf diesem Theaterstück und den dazugehörenden Reden und Gesprächen. Die Analyse der dargestellten systemischen Bedingungen zeigt, dass das Stück in Dürrenmatts Schaffen eine Art Wendepunkt darstellt (vgl. Käppeli 2013, 219).

1961 erklärt er in einem Gespräch: »Ich stelle nicht eine kapitalistische Gesellschaft dar, sondern ein Gewaltsystem« (G 1, 121). Zwei Jahre später ergänzt er in einer Rede, dass die Franksche Privatbank »als Symbol eines Machtsystems verstanden werden« (WA 6, 163) kann, in der ein Kollektiv »radikal ins Schiefe gedreht« (162) wird. Wie wichtig für ihn dieser Fokus auf die systemischen Bedingungen ist, in denen das Kollektiv lebt, zeigt sich daran, dass er wiederholt darauf zurückkommt und sich mit seinem »Kollektiv-Drama« bewusst vom Theater des einzelnen Helden abgrenzt (G 1, 192 f.; vgl. G 2, 87).

1967 erklärt Dürrenmatt zudem, wieso er in *Frank der Fünfte* auf eine Privatbank fokussiert, also auf die ökonomischen Institutionen des Gesellschaftssystems: »Nehmen Sie die griechischen Klassiker oder Racine, Corneille: Die Familie ist der Urstaat. [...] Der Staat ist heute vielmehr unter dem Begriff einer Firma zu sehen. [...] Ich nehme ein ›anderes‹ Symbol für den Staat: eine Bank« (G 1, 282). Dürrenmatt wechselt somit bewusst die Systemmetapher; er ist überzeugt, mithilfe einer Firma die modernen Bedingungen adäquat darstellen zu können.

In *Frank der Fünfte* wird dem Zuschauer nun ein durch und durch verbrecherisches System präsentiert, eine »Gangsterdemokratie« (WA 6, 162), in der durch die vorherrschende Korruption alle Regeln und Gesetze außer Kraft gesetzt sind. Im *Nachwort* des *Mitmacher*-Komplexes geht Dürrenmatt ausdrücklich auf deren Funktion ein: »Die Korruption setzt die politischen Systeme ebenso außer Kurs wie die Ironie die ästhetischen und moralischen Kategorien. Wird durch die Korruption die Demokratie unwirksam, wird die Diktatur durch sie erträglicher, sie entschärft jedes System« (WA 14, 218). Hier erfolgt nun die für Dürrenmatts systemisches Denken wichtige Schluss-

J. B. Metzler © Springer-Verlag GmbH Deutschland, ein Teil von Springer Nature, 2020
U. Weber / A. Mauz / M. Stingelin (Hg.), *Dürrenmatt-Handbuch*, https://doi.org/10.1007/978-3-476-05314-5_81

folgerung, wonach der Einzelne in seinen Theaterstücken erst geboren wird, wenn das Allgemeine negativ wird (vgl. 197).

Der Dürrenmattsche Einzelne ist somit primär eine systembedingte Figur, die in ungerecht gewordenen Systemen entsteht. Während der mutige Mensch Böckmann sich gegenüber den systemischen Bedingungen vorwiegend passiv verhält, kämpft der ironische Held Cop in *Der Mitmacher* aktiv gegen die Missstände an (vgl. Weber 1996, 68). Böckmann, in *Frank der Fünfte* der Einzelne, steht noch in der Tradition der frühen Stücke Dürrenmatts. Die systemischen Bedingungen hingegen werden als zunehmend undurchschaubar und entdifferenziert dargestellt. Die Entwicklungen können, wie in späteren Stücken, denn auch nicht mehr bis ins Detail berechnet und gesteuert werden. Auf der Bühne tritt die ›schlimmstmögliche Wendung‹ ein, sozialer Wandel zum Positiven bleibt aus (vgl. Käppeli 2013, 211–213).

Diskussion

Der konsequente Versuch, auf der Bühne zunehmend komplexe, entdifferenzierte Systeme zu zeigen, ist bereits in *Frank der Fünfte* erkennbar und wird in *Der Mitmacher* auf die Spitze getrieben. Der dargestellte Problemzusammenhang wird vom Publikum und den Kritikern aber teilweise nicht mehr verstanden (vgl. u.a WA 6, 160–165). Dürrenmatt bezeichnet *Der Mitmacher* denn als »große Niederlage« (G 2, 145); das Stück markiert den Beginn seines ›Abschieds vom Theater‹, den er mit *Achterloo IV* schließlich vollzieht (vgl. WA 18, 541). Aus der erfahrenen Unmöglichkeit, mit einer Dramaturgie der Personalisierung ein System der Entpersonalisierung auf der Bühne erfolgreich darzustellen, findet er vorerst einen künstlerischen Ausweg in eine neue Prosaform (vgl. Käser 2003, 178 f.; Weber 2007, 97–99 u. 231–240; Käppeli 2013, 217–219).

Dort nimmt Dürrenmatt auch seine systemischen Überlegungen wieder auf. In *Labyrinth* entwickelt er, in Anlehnung an Rudolf Kassners *Zahl und Gesicht*

(1919), zwei politische Systemkonzepte: Zum einen wird System als rationaler, totaler Begriff verstanden und mit Institution gleichgesetzt. Zum anderen wird der Staat als Ordnung definiert, die ein emotionaler, individueller Begriff ist, und somit als Vaterland verstanden. Das erste Konzept findet sich in Dürrenmatts Erzählung *Der Sturz* literarisch umgesetzt, das zweite in *Der Rebell* (vgl. Weber 2003, 81–83).

Auch im essayistischen Werk findet weiterhin eine Auseinandersetzung mit Systemen statt, z. B. in der Rede *Über Toleranz* (1977). Dürrenmatt ist der Überzeugung, aufgrund des exponentiellen Bevölkerungswachstums werde die Gerechtigkeit wichtiger als die Freiheit. Daher müssen, so folgert er, politische Systeme geschaffen werden, die stets gerechter, vernünftiger werden – was nur möglich ist, wenn sie kritisierbar und veränderbar sind (vgl. WA 33, 145–147).

Literatur
Primärtexte
An die Kritiker ›Frank des Fünften‹. In: WA 6, 160–165.
[Der Mitmacher.] Nachwort. In: WA 14, 95–328.
Monstervortrag über Gerechtigkeit und Recht, nebst einem helvetischen Zwischenspiel. Eine kleine Dramaturgie der Politik. In: WA 33, 36–107.
Nachwort zu ›Achterloo IV‹. In: WA 18, 541–567.
Über Toleranz. In: WA 33, 125–149.

Sekundärliteratur
Käppeli, Patricia: Politische Systeme bei Friedrich Dürrenmatt. Eine Analyse des essayistischen und dramatischen Werks. Köln, Weimar, Wien 2013.
Käser, Rudolf: »Fernsehkameras ersetzten das menschliche Auge«. Friedrich Dürrenmatts Spätwerk im Spannungsfeld von Wissenschaftsgeschichte und Medientheorie. In: Text + Kritik 50/51 (2003), 167–182.
Weber, Ulrich: »Ob man sich selbst zum Stoff zu werden vermag?«. Kierkegaard und die Entwicklung des subjektiven Schreibens im *Mitmacher-Komplex*. In: Quarto. Zeitschrift des Schweizerischen Literaturarchivs 7 (1996), 65–79.
Weber, Ulrich: Elternsuche und Ideologiekritik. Die *Stoffe*-Erzählung *Der Rebell* und Dürrenmatts wiederholte Kassner-Lektüre. In: Text + Kritik 50/51 (2003), 73–86.
Weber, Ulrich: Die Entstehung von Friedrich Dürrenmatts Spätwerk aus der *Mitmacher*-Krise. Basel, Frankfurt a. M. 2007.

Patricia Käppeli

82 Technik

»Was ist Technik?« (WA 32, 154). Diese Frage beantwortet Dürrenmatt im *Vorwort zum Buch von Bernhard Wicki ›Zwei Gramm Licht‹* (1960) mit Hinweis auf den Schriftsteller und Technosophen Adrien Turel: Technik sei »die Möglichkeit, Prothesen anzuwenden« (ebd.). Wer Technik unter dem Aspekt ihrer Prothesenhaftigkeit denkt, denkt sie ambivalent: Sie ist notwendig, ermöglicht vieles, aber sie macht den Menschen auch abhängig. Diese Spannung entfaltet Dürrenmatt in seinem Nachdenken über Technik auf exemplarische Weise.

Technik in der Evolutionsgeschichte

Turel hat den Menschen im Anschluss an Freud als ›Prothesenwesen‹ bestimmt und dieses Konzept in mehreren seiner Schriften entfaltet, die sich in der Bibliothek Dürrenmatts befinden. Turels Konzept ist in eine umfassende Periodisierung der Evolutionsgeschichte eingebettet. Der Mensch zeichnet sich, so betrachtet, dadurch aus, dass er in der relativ kurzen Zeit von 50.000 Jahren alle Lebensräume durch technische Prothesen (Schiffe, Dampflokomotiven, Flugzeuge) erobert hat, ohne dabei seine leibliche Gestalt zu verändern (»Werkumsatz«). Die Saurier brauchten zur Eroberung derselben Lebensräume 150 Millionen Jahre und waren dabei auf evolutionäre Artendifferenzierung angewiesen, die einherging mit massiver körperlicher Spezialisierung, was wiederum ihre Anpassungsfähigkeit an veränderte Umweltbedingungen schmälerte und zu ihrem Aussterben beitrug (»Werdeumsatz«; vgl. Turel 1947, 116). Eine vergleichbare »Formpanik« (ebd., 108) der körperlichen Überspezialisierung stellt Turel bei den Großsäugetieren am Ende des Tertiär fest, bei Säbelzahntigern, Mammuts und anderen »groteske[n] Zahnhypertrophien« (ebd., 90). Solche Sackgassen hat der Mensch sich ersparen können. Diesen »›allgeschichtlichen‹ Aspekt« Turels (WA 32, 156) übernimmt Dürrenmatt. Er prägt bei ihm nicht nur das Motiv der Saurier und der Mammuts im bildnerischen Werk, sondern er bezieht sich auch an bedeutenden Stellen seiner Reden darauf, z. B. im *Monstervortrag über Gerechtigkeit und Recht* (1968; WA 33, 87), in *Kunst und Wissenschaft* (1984; WA 36, 90) und zuletzt in der *Laudatio auf Michail Gorbatschow* (1990; WA 36, 194).

In den Jahren 1955 bis 1957 führte Dürrenmatt mit seinem Freund Marc Eichelberg Gespräche über den Status der Technik. Eichelberg weist darauf hin, dass Dürrenmatt schon damals auf ökologische Probleme aufmerksam wurde, denn Eichelbergs Vater (Gustav Eichelberg, Professor für Thermodynamik und Verbrennungsmotoren an der ETH Zürich) habe bereits seit den 1930er Jahren auf die Verantwortung der Technik hingewiesen und sei über die »rechenschaftslose Verschwendung der Erdölvorkommen und die leichtfertige Verseuchung von Wasser, Luft und Boden« erzürnt gewesen (Eichelberg 1997).

In diesem Zusammenhang ist Dürrenmatts Lektüre des 1956 erschienenen Buches *Heller als tausend Sonnen* von Robert Jungk von entscheidender Bedeutung. Jungk thematisiert die Erfindung der Atombombe und rekonstruiert das Verhalten der an ihr beteiligten Akteure. Dürrenmatt bespricht das Werk für die *Weltwoche*. In der Atombombe sieht er den »Sonderfall« einer grundsätzlichen Ambivalenz der Technik: »Was ›technisch süß‹ war, verführte die meisten [...]. Daß alles menschlich verständlich ist, macht die Geschichte teuflisch. So entsteht schließlich der Eindruck, daß all diese apokalyptischen Bomben nicht erfunden wurden, sondern sich selber erfunden haben, um sich, unabhängig vom Willen Einzelner, vermittels der Materie Mensch zu verwirklichen« (WA 34, 24). Diese Lesart steht in engem Zusammenhang mit Dürrenmatts Zeitdiagnose in *Theaterprobleme* (1954): »In der Wurstelei unseres Jahrhunderts [...] gibt es keine Schuldigen und auch keine Verantwortlichen mehr. Alle können nichts dafür und haben es nicht gewollt« (WA 30, 62). Erstmals zeigt sich hier eine Einsicht in die Eigengesetzlichkeit komplexer Systeme, die den Einzelnen als Ressource behandeln und ihn zum ›Mitmacher‹ degradieren.

Technikreflexion in Dürrenmatts Poetologie und literarischem Werk

Dürrenmatts Auseinandersetzung mit der Ambivalenz der Technik gehört auch zu den Voraussetzungen seines poetologischen Entwurfs *Vom Sinn der Dichtung in unserer Zeit* (1956). »Der Mensch sieht sich immer gewaltiger von Dingen umstellt, die er zwar handhabt, aber nicht mehr begreift« (WA 32, 63). Er kritisiert die Tendenz von Schriftstellern und Geisteswissenschaftlern, sich angesichts dieser Sachlage in den Elfenbeinturm des Humanismus zurückzuziehen. Doch gleichzeitig reflektiert Dürrenmatt die Ambivalenz technischer Prothesen literarisch, indem er z. B. im *Besuch der alten Dame* (1956) oder in *Der Winter-*

J. B. Metzler © Springer-Verlag GmbH Deutschland, ein Teil von Springer Nature, 2020
U. Weber / A. Mauz / M. Stingelin (Hg.), *Dürrenmatt-Handbuch*, https://doi.org/10.1007/978-3-476-05314-5_82

krieg im Tibet (1981) menschliche Körper darstellt, die auf groteske und selbstzerstörerische Weise mit Prothesen verschmelzen und gerade dadurch die humane Flexibilität einbüßen (vgl. Kap. 70).

Dürrenmatts Auseinandersetzung mit der Kernphysik erreicht ihren Höhepunkt in der Komödie *Die Physiker* (1962). Ihr Protagonist Möbius löst nicht nur das Problem der »einheitliche[n] Feldtheorie« (WA 7, 69), an dem Einstein scheiterte; er kümmert sich auch um die technischen Anwendungsmöglichkeiten seiner Erkenntnisse, indem er das »System aller möglichen Erfindungen« (ebd.) entwirft – ein Konzept, das an Fritz Zwickys ›morphologischen Baukasten‹ zur Erfindung aller erdenklichen Antriebssysteme erinnert (vgl. Zwicky 1962). Möbius erkennt: »Neue, unvorstellbare Energien würden freigesetzt und eine Technik ermöglicht, die jeder Phantasie spottet« (WA 7, 69). Er zieht die Konsequenz, sein Wissen um jeden Preis zu verheimlichen, was ethisch unhaltbare und tragikomische Folgen nach sich zieht. Skepsis gegenüber Technikeuphorie kommt in dieser Komödie pointiert in Möbius' »Psalm Salomos, den Weltraumfahrern zu singen« zum Ausdruck (vgl. 41 f.). Vordergründig dient der Psalm dazu, Möbius' Familie abzuschrecken, hintergründig stellt er aber eine prophetische Vision des Scheiterns dar: Die Raumfahrt führt zu tödlichem Orientierungsverlust, zum Vergessen der »atmende[n] Erde« (42) als dem einzigen Biotop des Menschen.

Dürrenmatt hat 1969 die Fernsehübertragung der Mondlandung mitverfolgt. Er reagiert auf dieses Medienereignis mit dem zornigen Essay *Die vier Verführungen des Menschen durch den Himmel*. Zwar anerkennt er die Sachkompetenz wissenschaftlicher Experten, aber er verspottet die Euphorie der kommentierenden Geisteswissenschaftler: »Zu einer technischen Perfektionsleistung sollte man keine Schöngeister beiziehen; da die Naturwissenschaften immer noch unter ihrem Denkniveau liegen, bestaunen sie die Technik, wie Neandertaler ein Fahrrad bestaunen würden: sie beten sie an« (WA 33, 28). Diesen Euphorikern schreibt Dürrenmatt ins Gedächtnis: »Es ist leichter, auf den Mond zu fliegen, als mit anderen Rassen friedlich zusammenzuleben, [...] leichter, als den Hunger und die Unwissenheit zu besiegen« (31).

Im Festvortrag zum 100. Geburtstag Albert Einsteins (1979) spricht Dürrenmatt davon, es sei die Aufgabe des Schriftstellers, die Wissenschaft anders zu durchdenken, als die Wissenschaft sich selber denke: »Denn überlassen wir die Physiker, die Mathematiker und die Philosophen sich selber, treiben wir sie endgültig in die Ghettos ihrer Fachgebiete zurück, wo sie hilflos und unbemerkt den Raubzügen der Techniker und der Ideologen ausgeliefert sind [...]. Ich werde darum [...] unerbittlich als Laie reden« (WA 33, 150). Damit hörte Dürrenmatt nicht auf. Bei seinen Besuchen des CERN und des astronomischen Observatoriums auf Mount Palomar erkannte er, dass die Wissenschaften heute von der Technik abhängig geworden seien (vgl. WA 36, 90–94). Die Parodie des Gebissprothesen schwingenden Zahntechnikers in *Achterloo III* und *Achterloo IV* (z. B. WA 18, 346 f.) sind späte Variationen des evolutionsphilosophischen Konzeptes, das Dürrenmatt von Turel übernommen hat. Die späte Science-Fiction-Erzählung *Der Versuch* ist aus der Perspektive eines Computers erzählt, der mit letztem Engagement die These bekämpft, der Mensch habe den Computer erfunden; wahr sei vielmehr das Gegenteil: Computer hätten den Menschen geschaffen (vgl. WA 37, 129). Die Prothese hat die Herrschaft übernommen. Immer wieder erhebt Dürrenmatt Einspruch gegen technik-euphorische Blindheit: »Ob es sich um die Abschreckung durch Atombomben, um Atomkraftwerke, um die Lagerung von Atommüll, um die Plünderung unseres Planeten usw. handelt, immer reden diejenigen, welche daran glauben, uns ein, wir sollen glauben, was sie tun, sei absolut sicher« (WA 29, 111). Im autobiografischen Essay *Vallon de l'Ermitage* (1988) beschreibt er schließlich eine Mülldeponie in unmittelbarer Nähe seines Wohnhauses. Diesen Unort stellt er als real existierendes Gleichnis des schlechten Umgangs des Menschen mit der Welt dar. In den publizierten Gesprächen wird spürbar, dass sich seine Zukunftsvision verdüstert: »Wenn ich als Arzt sprechen würde, so lautete meine Diagnose: Die Menschheit ist biologisch krank. Sie ist nicht imstande, gemäß ihrem Wissen zu leben« (G 4, 14).

Literatur
Primärtexte, Quellen

Albert Einstein. In: WA 33, 150–172.

›Heller als tausend Sonnen‹. Zu einem Buch von Robert Jungk. In: WA 34, 20–24.

Vom Sinn der Dichtung in unserer Zeit. In: WA 32, 60–69.

Die Physiker. WA 7.

Die vier Verführungen des Menschen durch den Himmel. In: WA 33, 26–32.

Vorwort zum Buch von Bernhard Wicki ›Zwei Gramm Licht‹. In: WA 32, 154–159.

Eichelberg, Marc: Brief an Jürgen Meyer, 12.1997 (keine genaue Datierung). Unv. Kopie im Schweizerischen Literaturarchiv.

Turel, Adrien: Von Altamira bis Bikini. Die Menschheit als System der Allmacht. Zürich 1947.

Zwicky, Fritz: Morphology of Propulsive Power. Pasadena 1962.

Sekundärliteratur

Centre Dürrenmatt Neuchâtel (Hg.): Phantasie der Wissenschaften. L'imaginaire des sciences. Neuchâtel 2017 (Cahier 15).

Youngman, Paul A.: We are the Machine. The Computer, the Internet, and Information in Contemporary German Literature. Rochester 2009, 49–60.

Rudolf Käser

83 Tiere

Tiere tauchen in Dürrenmatts Werk in allen Schaffensphasen und in allen Gattungen auf. Selbst in den Zeichnungen fehlen sie nicht. Die Ursprünge einiger Tierfiguren sind dabei im antiken Mythos und der europäischen Literaturgeschichte zu suchen, wie etwa die Frösche und der Esel in *Der Prozeß um des Esels Schatten* oder der Minotaurus der gleichnamigen ›Ballade‹ und dazugehörigen Zeichnungen. Andere, wie die konversierenden Saurier in *Die Dinosaurier und das Gesetz*, treten als gleichnishafte Fantasiewesen in Erscheinung. Weit zahlreicher sind allerdings solche Tiere, die integraler Bestandteil sowohl der Kulturgeschichte des Menschen als auch der Lebensgeschichte Dürrenmatts sind: Hunde, Katzen, Pferde, Kühe, Schweine, Hühner und Ratten.

Dieses Bestiarium ist nicht nur in seinem Umfang ungewöhnlich, sondern erscheint gerade für einen Autor wie Dürrenmatt erstaunlich, hatte er doch z. B. in seiner Rede *Über Toleranz* selbst betont, dass »vom Menschen« geredet werden müsse, denn »nur von ihm läßt sich reden« (WA 33, 148). Klar ist aber auch: Wer vom Menschen und menschlicher »Vernunft« (ebd.) sprechen will – und das tut Dürrenmatt zeitlebens –, muss gleichzeitig auch immer etwas über »die Tiere« (ebd.) sagen. Dürrenmatt als ›Tierautor‹ zu betrachten, ist daher durchaus berechtigt.

Dürrenmatts Bestiarium

Bei weitem nicht jedes von Dürrenmatts Tieren wird als leibhaftige Figur der textuellen oder gezeichneten Welt in Szene gesetzt. Eine Vielzahl der Tiere ist ausschließlich auf einer rhetorischen Ebene präsent, wenn sie beispielsweise als abwertende Ausdrücke, sprachliche Mittel der Vergleichung oder in Redewendungen verwendet werden. In anderen Texten besitzen Tiere einen konkreten Stellenwert im jeweiligen Handlungsgefüge. Die Hunde aus den Früherzählungen *Der Alte* und *Der Hund* agieren ebenso wie Gastmanns Wachhund in *Der Richter und sein Henker*, der Hund Mani, der im *Durcheinandertal* den Milchkarren zieht, aber auch Dürrenmatts eigene Hunde (Sheriff, Buddy etc.), die in den *Stoffen* erwähnt werden, als diegetische Figuren der erzählten (Auto-)Fiktion.

Mithilfe dieser heuristischen Unterscheidung können hinsichtlich des Gesamtwerks zwei gattungsspezifische Befunde konstatiert werden: Während Tiere in Dürrenmatts (Hörspiel-)Dramatik vornehmlich referentialisiert, nicht aber als *dramatis personae* repräsentiert werden, spielen sie als diegetische Figuren insbesondere in der Prosa, Essayistik sowie in den *Stoffen* und *Zusammenhängen* eine entscheidende Rolle. Buchstäblich Gestalt und Form, vor allem aber bestimmte Bedeutungen und Identitäten nehmen die Prosa-Tiere durch die Perspektive der Erzählinstanzen und die Fokalisierung der menschlichen Figuren an. Die Dramen-Tiere wiederum kommen vornehmlich typisiert und *in absentia* durch den Nebentext zum Vorschein. Die Kühe, die in *Herkules und der Stall des Augias* gemolken und getätschelt werden, sind laut Nebentext »nur in der Einbildungskraft des Publikums« vorhanden (WA 8, 69). Dennoch sind auf Dürrenmatts Werk-Bühne nicht alle Tiere abwesend anwesend. Von den »unermeßliche[n] Scharen von gackernden Hühnern« (WA 2, 13) in *Romulus der Große* bis hin zur toten Hündin, die in *Achterloo* vor Napoleons Füßen landet – Dürrenmatts dramatisierte Tiere können sich auch jenseits einer rein rhetorischen Präsenz bemerkbar machen.

Anthropologische Differenz und politische Zoologien

Wann immer in Dürrenmatts Werk von Tieren, vor allem aber von ›dem Tier‹ oder ›den Tieren‹ im Sinne eines Kollektivsingulars gesprochen wird, geht es um die Setzung eines Unterschieds. Besonders augenfällig wird dies mit Blick auf das essayistische und autofiktionale Werk, vor dessen Hintergrund sich Dürrenmatts Tiertheorie rekonstruieren lässt. Unter Rückgriff auf ein evolutionsbiologisches Narrativ animalisiert Dürrenmatt den Menschen wiederholt als »Raubtier mit manchmal humanen Ansätzen« (WA 28, 21), relativiert diese Animalisierung dann aber dadurch, dass er drei ineinandergreifende Vermögen ins Spiel bringt, die eine Ausnahmestellung des Menschen konstatieren sollen: 1. Denk-, Sprach- und Vernunftfähigkeit, 2. Bewusstsein der eigenen Sterblichkeit und Geschichtlichkeit, 3. neurophysiologische und technologische Entwicklung. Das Tier wiederum wird »als etwas Unbedingtes« mystifiziert, »das, weil es den Tod nicht kennt, in einer Art Unendlichkeit lebt« (WA 37, 20; vgl. G 2, 310 f.). In rationalistischer Manier kann Dürrenmatt daher zu dem Schluss kommen: »Könnte sich das Tier definieren, so würde es sagen, *sentio ergo sum*, ich fühle, also bin ich, während der Mensch bestimmt ist durch das

J. B. Metzler © Springer-Verlag GmbH Deutschland, ein Teil von Springer Nature, 2020
U. Weber / A. Mauz / M. Stingelin (Hg.), *Dürrenmatt-Handbuch*, https://doi.org/10.1007/978-3-476-05314-5_83

cogito ergo sum, ich denke, also bin ich« (WA 36, 193).

Ähnliche Formen der Animalisierung des Menschen und Mystifizierung des Tieres finden sich auch im literarischen Werk; etwa, wenn Richelieu in *Achterloo* den Menschen als »ganz passable[n] Raubaffe[n]« (WA 18, 88) bezeichnet oder der Henker in *Nächtliches Gespräch* zwischen einem demütigen Sterben und einem »wie Tiere [S]terben, gleichgültig« (WA 17, 22), unterscheidet. Mit Tieren lotet Dürrenmatt demzufolge die Gemeinsamkeiten, vor allem aber die Unterschiede zwischen Tieren und Menschen, Natur und Kultur aus. Deutlich wird dabei, dass diese Unterschiede keineswegs selbstverständlich sind. Sie müssen affirmiert, inszeniert und fortwährend postuliert werden. Genau dies tut Dürrenmatt auf eine frappierend vehemente Art in seinen Schriften.

Vor dem Hintergrund dieser Tiertheorie kann Dürrenmatt mit Tieren dann in dreierlei Hinsicht Politik machen. Weil sie als das Andere des Menschen erscheinen, das dennoch aus evolutions- und kulturgeschichtlicher Sicht in einem Analogie- und Kontinuitätsverhältnis zum Menschen steht, lässt sich mit Tieren, *erstens*, exemplarisch über Abstrakta und Konzepte reden. Im Sinne einer gleichnishaften Verfremdung, die groteske, humoristische, satirische und zynische Züge tragen kann, funktioniert dies z. B. im Hinblick auf Ideologien, politische Systeme und Kalküle. So können z. B. bürgerliche und sozialistische Theorie als »das Wolfsspiel und das Gute-Hirte-Spiel« (WA 33, 51) oder die atomare Bewaffnung der Schweiz als »Schaf« im »Wolfspelz« (G 1, 262) reflektiert werden.

Weil (Haus-)Tiere für Dürrenmatt als das Fremde im Eigenen, als begriffslose Teilnehmende in der menschlichen Welt des Begrifflichen gelten, können sie, *zweitens*, als mediale Vermittler einer außersprachlichen Wirklichkeit das veranschaulichen, was sich der sinnlichen Anschauung entzieht. Ein toter Schäferhund wird somit zum »Sinnbild des Todes selbst« (WA 29, 19) und offenbart dabei sowohl den Schrecken des Todes als auch die Suspension der Zeit im Tod. Die Ratte im Laborlabyrinth wiederum bringt die retrospektiv beleuchteten »Irrwege« (WA 29, 26) und damit verbundenen Gefühlszustände der eigenen Jugend zum Ausdruck. Tiere kommen also nicht zuletzt auch dort ins Spiel, wo es um das »Nichtdarstellbare« (21), wie Emotionen, Subjektivität, Tod und die außersprachliche Realität per se geht.

Dürrenmatts Tiere sind in beiden genannten Entfaltungsweisen einer anthropologischen Differenz allerdings nicht allein Medien der anschaulichen Erkenntnis. Vielmehr können sie, *drittens*, als Formen angesehen werden, »in denen eine Politisierung des Umgangs mit Tieren zu erkennen ist« (Kling 2016, 98). Mithilfe von Tieren versprachlicht Dürrenmatt bestimmte Ordnungssysteme: Tiere und Tierbezeichnungen reflektieren in diesem Zusammenhang insbesondere soziale Unterschiede zwischen Menschen auf der einen, Grade der Menschlichkeit auf der anderen Seite. Was alle menschlichen Figuren eint, die in Dürrenmatts Texten aus der Wahrnehmung der jeweilig Sprechenden als Tiere bezeichnet werden, ist ihr damit angezeigter Ausschluss aus bestimmten sozialen Verbünden oder der menschlichen Gemeinschaft als solcher, an die bestimmte kulturelle und ideelle Werte geknüpft sind: Humanität, Mitgefühl, Partizipation, Integrität. Besonders eindrücklich wird eine solche politische Zoologie der Mensch-Mensch-Differenzierung qua Tier, wenn Ratten auftauchen (vgl. etwa *Abu Chanifa und Anan ben David*; Knipperdollinck in *Es steht geschrieben*; den Juden Gulliver in *Der Verdacht*; den Protagonist in *Vinter*). Als Symbole des Abjekten und Grotesken, als Metaphern des Entmenschlichten oder Noch-Nicht-Menschlichen erschöpfen sich Dürrenmatts Tiere allerdings nicht. Vielmehr demonstrieren die Texte, wie politische Zoologien und literarische Anthropologien an der Grenzziehung zwischen Menschen und Tieren, Menschen und anderen Menschen mitschreiben, dabei aber gleichermaßen diese Unterscheidungen qua Text als etwas Gemachtes, vorsätzlich Gestaltetes vor Augen stellen, das sowohl in philosophischer als auch ästhetischer Hinsicht transformiert werden kann.

Zoopoetik

Eine Besonderheit in Dürrenmatts Schriften sind diejenigen Tiere, die als Akteure künstlerische Produktion und ästhetische Reflexion initiieren. In diesem Sinne stehen sie im Zeichen einer Zoopoetik: »a process of discovering innovative breakthroughs in form through an attentiveness to another species' bodily *poiesis*« (Moe 2014, 10). So bildet eine Fledermaus, die Dürrenmatt wiederholt während des Malens »besucht«, den Ursprung seiner literarischen und zeichnerischen Beschäftigung mit dem »Motiv ›Engel‹« (WA 32, 203). Aus der Berührung mit und in Ansehung von Fledermaus Mathilde entsteht allerdings mehr als ein Fledermaus-Engel-Motiv, das sich als solches sowohl in *Ein Engel kommt nach Babylon* und *Die*

Panne als auch in Dürrenmatts Zeichnungen niedergeschlagen hat. Denn Mathilde ist nicht nur der Ausgangspunkt für die Frage, wie ein Engel »dramaturgisch« und ästhetisch »zu gestalten wäre« (204). Vielmehr ist sie auch dann noch präsent, wenn Dürrenmatt das Mystische als »ultraviolette Fledermaus« bezeichnet, und damit »das rein Subjektive, das nicht Beweis- und das nicht Widerlegbare« (WA 36, 138) auszudrücken bestrebt ist, das für ihn jenseits sprachlicher und bildlicher Darstellung steht.

Auch die Erinnerung an die Spuren eines Tieres kann zum Ausgangspunkt ästhetischer Theoriebildung werden. Zweimal gleitet Dürrenmatt laut eigenen Abgaben »unfreiwillig« (WA 29, 116) unter den Augen eines Gärtners »auf dem gleichen Hundedreck« (ebd.) aus. Diesem Gärtner, so stellt sich Dürrenmatt rückblickend vor, war an dieser Stelle »der Mensch in seiner Lächerlichkeit an sich erschienen, als die Urkomödie« (ebd.). Ein leibhaftiger Schäferhund ist wiederum dasjenige Tier, das er im Rückblick zum Inbegriff künstlerischer Inspiration und Produktion stilisiert. Dreimal erscheint Dürrenmatt der »große[...] weiße[...] Abruzzen-Schäferhund« (WA 29, 206) innerhalb weniger Stunden: Auf der Bühne eines Theaters, wo der Hund den Protagonisten »an die Wand [spielte]« (207); kurz darauf erneut in einem Gasthof, wo Dürrenmatt das stockend-mühsame Schreiben an *Vinter* unterbricht und sich mit dem Besitzer des Hundes einen Rausch antrinkt; zuletzt auf dem Rückweg, als er ausgleitet, fällt und der weiße Schäferhund unerwartet über ihm auftaucht: »Er hatte etwas Gespensterhaftes, Unwirkliches. Ich fühlte mich seltsam geborgen« (208). Ausgehend von diesem Erlebnis kann der Text entstehen: »Ich wußte plötzlich, wie *Vinter* zu schreiben sei: wie im Fiebertraum. Gespenstisch wie der weiße Hund über mir in der hereinbrechenden Nacht« (ebd.). Die Begegnung mit dem geisterhaften Hund wird zum Initiator eines literarischen Schaffens, das aus dem Zusammenfall von Ereignis, Zu- und Einfall, von Delirium und Vision, von Phänomen und Fantastik hervorgeht. Die Erinnerung an den Schäferhund, die sich mit der Erinnerung an die Sage um den »riesige[n] schneeweiße[n] Wolfshund« (WA 28, 209), den »Stinkhaldenwaldhund« (210) verquickt, stellt Dürrenmatts Zoopoetik als imaginierte Aneignung und fantasievolle Verarbeitung von konkreten, epiphanischen Mensch-Tier-Begegnungen vor Augen. Die Tiere seines Werks sind in dieser Hinsicht weder schwarz noch weiß, sondern befinden sich in einer unauflöslichen Grauzone zwischen Materialität und Metapher.

Zur Forschung

Die literaturwissenschaftliche Forschung hat sich den Tieren Dürrenmatts bislang nur spärlich zugewandt. Besonders häufig ist dabei die Mensch-Stier-Figur des Minotaurus als »Sinnbild der sich widersprüchlichen Kreatur« (Mingels 2004, 265) des Menschen in den Blick genommen worden. Den Text selbst hat man etwa als »Parabel über den Zweiten Weltkrieg, den Nationalsozialismus und den Holocaust« (Ziolkowski 2014, 260; vgl. auch Craciun-Fischer 2000) interpretiert. In diesem Sinne wurden Dürrenmatts Tiere vornehmlich als satirisch-parabolische, grotesk-verfremdete Manifestationen einer imaginativen Auseinandersetzung mit gesellschaftlicher Wirklichkeit gedeutet (vgl. etwa Schu 2007, 129; Grimm 2013, 49).

Dass Dürrenmatts Tiere auf paradigmatische Weise an der Schnittstelle von Literatur und Autofiktion, Erfindung und Erinnerung, Philosophie und Zoologie stehen, hat Rudolf Probst (2008, 151–155) aus einer werkgenetischen Perspektive herausgearbeitet. Einige rezente Studien haben sich darüber hinaus mit den Prätexten des Esels im *Prozeß* (Košenina 2015) oder mit dem »rekurrenten Hundemotiv[...]« beschäftigt, dem sich Dürrenmatt wiederholt selbst in quasi-autohermeneutischen Zirkeln anzunähern versucht hat, um »der eigenen literarischen Produktion auf die Schliche zu kommen« (Weber 2014, 120). Das Desiderat einer »Monographie über das Kynische bei Dürrenmatt« (Rüedi 2000, 52) besteht indes bis heute. Auch eine umfassend-systematisierende Untersuchung zu Dürrenmatts Tieren steht noch aus. Zu erwarten ist jedoch, dass die vornehmlich motivgeschichtlich ausgerichteten Arbeiten künftig durch kulturwissenschaftlich orientierte Beiträge aus den *Cultural and Literary Animal Studies* (vgl. Borgards 2016) ergänzt werden. Anstatt Dürrenmatts Tiere als Motive, Metaphern und Symbole zu betrachten und als Zeichen für etwas Anderes zugunsten eines menschlichen Referenzrahmens gewissermaßen zum Verschwinden zu bringen, gilt es die Ambivalenzen der Texte im Hinblick auf ihr Mensch-Tier-Demarkationsregime herauszuarbeiten, nach dem Akteurstatus der Tiere in einem Netzwerk menschlicher und nichtmenschlicher Entitäten zu fragen oder zu ergründen, wo bestimmte Tiere aus Dürrenmatts Werk mit Blick auf ihren kultur- und wissenshistorischen Kontext stehen.

Für die Forschung sind die Tiere insbesondere deshalb interessant, weil sich mit ihnen die Grundelemente von Dürrenmatts Philosophie-, Literatur- und Ästhetiktheorie vom Früh- bis ins Spätwerk nachvollziehen lassen. Für die kulturwissenschaftliche Tierforschung wiederum sind Dürrenmatts Tiere nicht zuletzt deshalb von Interesse, weil sich an ihnen Theorien und methodische Zugriffe des neuen Forschungsfelds erproben und schärfen lassen. Die Erforschung von Dürrenmatts Tieren hat dabei gerade erst begonnen.

Literatur
Primärtexte
Achterloo I. In: WA 18, 9–122.
Persönliche Anmerkungen zu meinen Bildern und Zeichnungen. In: WA 32, 201–216.
Begegnungen. In: WA 29, 13–22.
Das Haus. In: WA 29, 113–187.
Gedankenfuge. In: WA 37, 9–144.
Die erste Geschichte. In: Monstervortrag über Gerechtigkeit und Recht, nebst einem helvetischen Zwischenspiel. Eine kleine Dramaturgie der Politik. In: WA 33, 38–70.
Nächtliches Gespräch mit einem verachteten Menschen. In: WA 17, 9–32.
Kants Hoffnung. In: WA 32, 175–209.
Querfahrt. In: WA 29, 23–84.
Romulus der Große. In: WA 2, 13–115.
Über Toleranz. In: WA 33, 125–149.
Vinter. In: WA 29, 189–231.
Der Winterkrieg in Tibet. In: WA 28, 11–170.

Sekundärliteratur
Borgards, Roland: Tiere und Literatur. In: Ders. (Hg.): Tiere. Kulturwissenschaftliches Handbuch. Stuttgart 2016, 225–244.
Craciun-Fischer, Ioana: Politisierung durch Metaphorisierung: Friedrich Dürrenmatts *Minotaurus. Eine Ballade*. In: Dies.: Die Politisierung des antiken Mythos in der deutschsprachigen Gegenwartsliteratur. Berlin 2000, 261–323.
Grimm, Gunter E.: Friedrich Dürrenmatt. Marburg 2013.
Kling, Alexander: Die Tiere der Politischen Theorie. In: Roland Borgards (Hg.): Tiere. Kulturwissenschaftliches Handbuch. Stuttgart 2016, 97–110.
Košenina, Alexander: Aktenzeichen Eselschatten ungelöst. Vertrackter Rechtsfall in den literarischen Gerichtshöfen von Wieland, Kotzebue und Dürrenmatt. In: Zeitschrift für Germanistik, Neue Folge XXV (2015), 1, 110–122.
Mingels, Annette: Jener Einzelne. Kierkegaards Kategorie des Einzelnen als Grundkonstante in Dürrenmatts ideologiekritischem Denken. In: Dies., Jürgen Söring (Hg.): Dürrenmatt im Zentrum. 7. Internationales Neuenburger Kolloquium 2000. Frankfurt a. M. 2004, 259–284.
Moe, Aaron: Zoopoetics. Animals and the Making of Poetry. Lanham 2014.
Probst, Rudolf: (K)eine Autobiographie schreiben. Friedrich Dürrenmatts *Stoffe* als Quadratur des Zirkels. Paderborn 2008.
Rüedi, Peter: Friedrich Dürrenmatt und die *Stoffe* als Autobiographie des Als-Ob. In: Peter Rusterholz, Irmgard Wirtz (Hg.): Die Verwandlung der *Stoffe* als Stoff der Verwandlung. Friedrich Dürrenmatts Spätwerk. Berlin 2000, 41–53.
Schu, Sabine: Deformierte Weiblichkeit bei Friedrich Dürrenmatt. Eine Untersuchung des dramatischen Werkes. St. Ingbert 2007.
Weber, Ulrich: Erinnerung und Metapher im Schreibprozess von Dürrenmatts *Stoffen*. In: Ders. u. a. (Hg.): Dramaturgien der Phantasie: Dürrenmatt intertextuell und intermedial. Göttingen 2014, 117–141.
Ziolkowski, Theodor: Der Minotaurus als tragische Gestalt bei Dürrenmatt. In: Ulrich Weber u. a. (Hg.): Dramaturgien der Phantasie: Dürrenmatt intertextuell und intermedial. Göttingen 2014, 239–260.

Frederike Middelhoff

84 Zufall

Einleitung

Das Phänomen des Zufalls hat in Dürrenmatts Werk einen zentralen Stellenwert. Sein gezielter Einsatz in den sujethaften Gattungen – vor allem (tragische) Komödie, Hörspiel, Kriminalroman, Autobiografie – wurde zum Markenzeichen des Autors, der sich zu diesem Phänomen auch in seinen Essays und Reden wiederholt äußert. Zu unterscheiden ist bei Dürrenmatt zwischen dem thematisierten und dem reflektierten Zufall. Ersterer lässt sich als »eine Koinzidenz von mindestens zwei Ereignissen bzw. Ereignisketten« bestimmen, »die zum Fortgang der Handlung beiträgt und deren Kausalität für den Leser nicht evident ist« (Jambor 2007, 133). Er erfüllt drei Funktionen: Er ist eines der Handlungselemente des Textes; er dient in dreifacher Hinsicht als Kompositionsmittel (als Handlungsauslöser, Handlungskatalysator und Faktor für das Handlungsende); er kann zum Bestandteil der Gedankenwelt der Figuren oder der Äußerungen des Erzählers werden. Mit der letztgenannten Funktion wird die Grenze zum reflektierten Zufall überschritten, der für Essays und Reden typisch ist. Zum einen lässt Dürrenmatt in den fiktionalen Texten seine Figuren und Erzähler Stellung zum Zufall einnehmen, zum anderen tut er dies als empirischer Autor in den faktualen Texten.

Dürrenmatts Arbeit mit dem Zufall ist interdisziplinär und intertextuell. Der Autor rezipiert vor allem philosophische, theologische, naturwissenschaftliche und mathematische Positionen. Dabei konzentriert er sich u. a. auf Konzepte, die mit dem Zufall in Verbindung stehen (Erkenntnistheorie Kants, Vaihingers und Poppers; Religionsphilosophie Kierkegaards; Relativitäts- und Quantentheorie; kinetische Gastheorie; Evolutions- und Chaostheorie; Wahrscheinlichkeitsrechnung, Gesetz der großen Zahlen). Im Unterschied zu den fiktionalen Texten, in denen die intertextuellen Bezüge zur Zufall-Problematik nicht evident sein müssen, pflegt Dürrenmatt in den faktualen Texten auf die verwendete Fachliteratur zu verweisen.

Frühwerk

Obwohl der thematisierte Zufall im Frühwerk meistens nicht als solcher bezeichnet wird, fasst Dürrenmatt manche einschlägigen Ereignisse doch unter diesen Begriff. So beginnt die Erzählung *Das Bild des Sisyphos* (1945/46) mit dem Satz: »Der Zufall hatte mich diesen Winter in ein Dorf der französischen Schweiz geführt« (WA 19, 43). Dieser traditionellen erzählerischen Verwendung, etwa auch bei (Wieder-)Begegnungen von Figuren – z. B. in der Erzählung *Die Falle* (1946; WA 19, 73) –, steht spezifischer der Zufall in Verbindung mit den Kategorien des ›Einfalls‹ und der ›schlimmstmöglichen Wendung‹ gegenüber. So handelt die Erzählung *Der Tunnel* (1952) vom Einfall einer kausal nicht erklärbaren Katastrophe. Ein Zug fährt in einen endlosen Tunnel, bis er ins Erdinnere stürzt.

Der reflektierte Zufall kommt im Frühwerk dagegen seltener vor. Am Beispiel des titelgebenden Protagonisten wird in der Erzählung *Der Theaterdirektor* (1945) der als Korrelat zur Freiheit aufgefasste Zufall vom Ich-Erzähler in Verbindung mit der Diktatur gebracht, die im Ausschalten des Zufalls ein Mittel zur Machterhaltung sieht (vgl. WA 19, 61).

Dramatik der mittleren Phase

Der Zufall gehört zu den Schlüsselbegriffen der Komödientheorie des Autors. Die Katastrophe des Zweiten Weltkriegs führt ihn im Vortrag *Theaterprobleme* (1954) zur Ansicht, dass die heutige Welt in der Form des geschichtlichen Dramas Schillers kaum darzustellen ist: »Aus Hitler und Stalin lassen sich keine Wallensteine mehr machen.« Beide sind »nur noch zufällige, äußere Ausdrucksformen [ihrer] Macht« (WA 30, 59). Aufgrund der chaotischen Beschaffenheit der Welt zieht Dürrenmatt der Tragödie die Komödie vor. In *21 Punkte zu den ›Physikern‹* (1962) legt der Autor eine nähere Charakteristik des Zufalls vor, die in Punkt 9 kulminiert: »Planmäßig vorgehende Menschen wollen ein bestimmtes Ziel erreichen. Der Zufall trifft sie dann am schlimmsten, wenn sie durch ihn das Gegenteil ihres Ziels erreichen. Das, was sie befürchteten, was sie zu vermeiden suchten, z. B. Ödipus« (WA 7, 92). Im Essay *Sätze über das Theater* (1964/1970) betrachtet der Autor seinen Verkehrsunfall vom Mai 1959 dramaturgisch. Dieser setzt sich »auf den ersten Blick aus lauter Zufälligkeiten zusammen« (WA 30, 204). Dürrenmatt definiert die Wirklichkeit als »die Unwahrscheinlichkeit, die eingetreten ist« (205). In Abgrenzung zu Aristoteles sieht er die Aufgabe des Dramatikers darin, »daß er beschreibt, was wahrscheinlicherweise geschähe, wenn sich unwahrscheinlicherweise etwas Bestimmtes ereignen würde« (207).

J. B. Metzler © Springer-Verlag GmbH Deutschland, ein Teil von Springer Nature, 2020
U. Weber / A. Mauz / M. Stingelin (Hg.), *Dürrenmatt-Handbuch*, https://doi.org/10.1007/978-3-476-05314-5_84

Das Konzept des Zufalls, in dem »die definitiven oder zum Definitiven tendierenden Zufälle« (Profitlich 1971, 265) bevorzugt werden, bleibt für das dramatische Werk von der Komödie *Romulus der Große* (1949) bis zum Spätwerk bestimmend. Wie jedoch Profitlichs Analyse der Theaterstücke und Hörspiele der mittleren Phase zeigt, gibt es auch viele Zufälle an anderen Stellen als am Handlungsende. Dürrenmatt teilt mit seinen Figuren die »Überzeugung von der Zufallsbestimmtheit alles Geschehens« (ebd., 276). Die effektive Arbeit mit dem Zufall ermöglicht ihm, auf die Grenzen menschlichen Denkens und Handelns hinzuweisen.

Kriminalliteratur der 1950er Jahre

Dürrenmatts Interesse an der Kriminalliteratur ist u. a. darin begründet, dass vor allem der klassische Detektivroman zur Konstruktion eines vereinfachten Weltbildes neigt, in dem der Zufall ausgeklammert wird. Dürrenmatt versteht die Gattungstradition als Herausforderung und entwirft komplexere Textwelten, in denen der Zufall rehabilitiert wird.

Seine ersten drei Kriminalromane sind »eine Art Kriminalromantrilogie über die ausschlaggebende Rolle des Zufalls in der Welt und im menschlichen Leben« (Jambor 2007, 14). In *Der Richter und sein Henker* (1950/51) vermag der Kommissär Bärlach verschiedene Zufälle zu seinen Gunsten auszunutzen, um die zwei zufällig miteinander verknüpften Fälle zu lösen (Wette mit Gastmann, Mord an Schmied). In *Der Verdacht* (1951) wendet sich die Gunst des Zufalls vom todkranken Bärlach ab. Ihm unterlaufen mehrere Fehler, die u. a. aus der Unterschätzung des Zufalls resultieren. Mehrere Figuren der beiden Romane (Bärlach, Gastmann, Emmenberger, Marlok, Gulliver) präsentieren ihre weltanschaulichen Positionen, in denen die Rolle des Zufalls überbetont wird.

In *Das Versprechen* (1957/58) ist der Zufall bestimmend in der Rahmengeschichte, die ein Kriminalromanautor erzählt, und auch in der Binnengeschichte vom Kommissär Matthäi, die Dr. H. diesem Autor erzählt. Matthäi gelingt es zwar, den Fall Gritli Moser durch seinen Verstand zu lösen; das Eingreifen des Zufalls (Tod des Mörders durch einen Autounfall) verhindert jedoch, dass der Täter dingfest gemacht wird. Der Detektiv scheitert an seiner Unfähigkeit, den Zufall als seinen stärksten Gegenspieler zu akzeptieren. Neben der fiktionalen Ebene bestimmt das Problem auch die metafiktionale Ebene: In einem

längeren Monolog kritisiert Dr. H. das vereinfachte, weil zufallsfreie Weltbild des traditionellen Kriminalromans.

Im Romanfragment *Aufenthalt in einer kleinen Stadt* (1953/54) und in der Erzählung *Die Panne* (1955/56) funktioniert der Zufall vor allem als Auslöser der Handlung, der zur Verwicklung des Protagonisten in unerwartete Situationen mit vernichtenden Folgen führt. Im essayistische *Ersten Teil* der *Panne* (WA 21, 37–39) verweist Dürrenmatt reflektierend auf die Ersetzung des Schicksals durch die auf den Zufällen beruhenden Unfälle als bestimmende Größe der durch Naturwissenschaften und Technik determinierten modernen Welt.

Spätwerk

Dürrenmatts Spätwerk zeichnet sich durch Wiederaufnahme, Radikalisierung und Umkehrung des Konzepts des Zufalls aus. Die Radikalisierung ist für *Der Mitmacher. Ein Komplex* (1976) typisch, in dem die Komödie *Der Mitmacher* (1973) in die Gattung der Posse eingereiht wird, da wir nur darin »ein Übermaß an Zufall« hinnehmen; ihr Reiz besteht darin, »daß aus dem Zufall immer wieder Notwendigkeit entsteht« (WA 14, 315). Die parodistische Nacherzählung des Ödipus-Stoffes in *Das Sterben der Pythia* (1976) als »das radikale literarische Experiment«, »das metaphysische Konzept ›Schicksal‹ [...] durch das naturwissenschaftlich geprägte Denkmuster ›Zufall‹« (Käser 2003, 177) zu ersetzen, umrahmen Überlegungen zu den beiden Kategorien (vgl. WA 14, 269–274 u. 313–316): »Ist in der griechischen Tragödie der Mensch durch das Schicksal zugleich bedroht und gehalten [...], so ist er in der Welt des Zufalls nur noch bedroht, aber nicht mehr gehalten, er ist dem Zufall gegenüber, als dem Unvorhersehbaren, nur noch ein Opfer« (314 f.). In der Erzählung schildert der Autor das Scheitern der delphischen Priesterin im Bemühen, den Fall Ödipus zu lösen und zu untersuchen, wieso ihr nicht ernst gemeintes Orakel als »grotesker Zufallstreffer« (282) zur Wirklichkeit wurde.

In *Der Auftrag oder Vom Beobachten des Beobachters der Beobachter* (1986) wird die Umkehrung deutlich. Die Filmemacherin F., die ein Gesamtporträt unseres Planeten »durch ein Zusammenfügen zufälliger Szenen zu einem Ganzen« (WA 26, 38) drehen will, soll den mutmaßlichen Tod von Tina von Lambert untersuchen. Die Ehefrau des Psychiaters verließ ihren Mann, als sie »durch Zufall« (39) feststellte, von ihm medizinisch beobachtet zu werden. Auf der gefährlichen Reise begegnen F. verschiedene Zufälle, so dass sie in Korrespondenz zum Kierkegaard-Motto steht, wonach die Zukunft des Menschen unvorhersehbar ist (35). Indem F. zufällig gerettet wird, ersetzt Dürrenmatt die »schlimmstmögliche Wendung« durch eine »bestmögliche«, die er im *Prometheus*-Essay begründet (1984/1990; WA 37, 12).

Bereits Dürrenmatts »Dramaturgie des Unwahrscheinlichen« (Emter 1994, 218) der mittleren Phase ist im Kontext der modernen Physik zu betrachten. Im Spätwerk sind die wissenschaftlichen Bezüge der Zufall-Problematik noch deutlicher. So steht z. B. in *Der Mitmacher. Ein Komplex* die Passage *Zufall und Evolution* (WA 14, 145–149). Im essayistischen Fragment *Überlegungen zum Gesetz der großen Zahl* (1976/77) bespricht Dürrenmatt den Zufall im Zusammenhang mit den gesellschaftlichen Prozessen als »Auslöser immer größerer Katastrophen« (WA 33, 110).

Aus dem *Stoffe*-Projekt sind vor allem die Erzählung *Mondfinsternis* (1981; WA 28, 171–269) und *Die Brücke* (1990; WA 29, 85–111) zu berücksichtigen. *Mondfinsternis* entwickelte sich »zu einem Satyrspiel auf die Tragikomödie *Der Besuch der alten Dame*, zu einer bösartigen Posse im Zeichen einer Dramaturgie des Zufalls« (Weber 2000, 195). Während die Erzählung auf der Radikalisierung baut, basiert *Die Brücke* auf der Wiederaufnahme. Am Beispiel der Geschichte des 22-jährigen Studenten F. D., der 1943 auf der Berner Kirchenfeldbrücke von einem Meteor erschlagen wird, beschäftigt sich der Autor mit den Kategorien der Wahrheit und des Glaubens. Im Unterschied zur deduktiv interpretierenden Vernunft der Götter bewegt sich das menschliche Leben »im Induktiven«, »im Unberechenbaren«. Das Unberechenbare, »das wir Zufall nennen, weil es auf uns zufällt wie ein Meteor, verwandelt sich nachträglich, kaum hat er uns zermalmt, in etwas Berechenbares« (WA 29, 87). Der Mensch ist jedoch »ein unendlich komplizierteres Gebilde als ein Meteor« (93); die Bahn des Kometen verlaufe »kausal«, jene F. D.s unterläge »dem Zufall«, »ihre Kausalität sei nicht mehr rekonstruierbar« (92), weshalb der Autor dreizehn mögliche Varianten der Geschichte F. D.s entwirft.

Eine andere Wiederaufnahme besteht darin, dass in *Turmbau* wie im Frühwerk Erzählungen mit den bezeichneten Zufällen (*Das Haus*) und solche mit den nicht bezeichneten Zufällen (*Vinter*) nebeneinander stehen.

Zur Forschung

In der Forschung lassen sich zwei Richtungen erkennen. Die ältere Richtung beschreibt Formen und Funktionen des Zufalls, die jüngere stellt interdisziplinäre und intertextuelle Aspekte in den Vordergrund.

Ein Teil der ersten Richtung stellt Typologien des Zufalls auf (Profitlich 1971; Włodzimierz Bialik 1976; Jambor 2007). Bahnbrechend ist Profitlichs Arbeit, in der zwei Gruppen unterschieden werden: die Zufälle am Anfang einer Handlungseinheit, mit Hilfe derer sich die Figur ein Ziel setzt, und jene, welche die Realisierung der Ziele positiv oder negativ beeinflussen. Der definitive Zufall als ausschlaggebender Faktor lässt dem menschlichen Handeln keinen Spielraum mehr (vgl. Profitlich 1971, 262–265). An diese Studie knüpfte Jambors Dissertation an, die die drei einleitend genannten Funktionen des Zufalls unterscheidet und die Stellung des Zufalls zur Figur und *vice versa* der Figur zum Zufall (im Bereich der Aktion und der Kontemplation) anhand verschieder Reaktionstypen untersucht (Jambor 2007, 143–150). Andere Arbeiten lieferten exemplarische Interpretationen ausgewählter Komödien unter dem Blickwinkel der Ironie (Bodo Fritzen 1974) oder der Komödie *Die Physiker* (1962) als »Grundmodell« (Lee 1993, 10) von Dürrenmatts Zufallsdramaturgie.

Nach den Arbeiten, die z. T. auf den Zusammenhang des Dürrenmattschen Zufalls mit der Quantenmechanik eingehen (u. a. Otto Keller 1980; Hans Dietrich Irmscher 1983; Jan Knopf 1998), gilt als Pionierleistung der zweiten Richtung Emters Dissertation, in der einleuchtend nachgewiesen wird, »daß Eddingtons *Philosophie der Naturwissenschaften* zu Dürrenmatts Lieblingsbüchern zählte« (1994, 270). An Emters Arbeit knüpfte Adams an, für den der Zufall bei Dürrenmatt »die Weigerung der Wirklichkeit repräsentiert, sich den menschlichen Vorstellungen von ihr zu unterwerfen« (2011, 325). Den theologischen Aspekten des Zufalls geht Meier (2012) nach. Schließlich sei Spedicatos Aufsatz erwähnt, in dem der Zufall mittels einer Figurentypologie (2014, 80) philosophisch verankert wird.

Literatur
Primärtexte
Der Mitmacher. Ein Komplex. WA 14.
21 Punkte zu den ›Physikern‹. In: WA 7, 91–93.
Sätze über das Theater. In: WA 30, 176–211.
Überlegungen zum Gesetz der großen Zahl. In: WA 33, 108–124.
Das Versprechen. In: WA 23, 9–163.

Sekundärliteratur

Adams, Dale: Die Konfrontation von Denken und Wirklichkeit. Die Rolle und Bedeutung der Mathematik bei Robert Musil, Hermann Broch und Friedrich Dürrenmatt. St. Ingbert 2011.

Emter, Elisabeth: Literatur und Quantentheorie. Die Rezeption der modernen Physik in Schriften zur Literatur und Philosophie deutschsprachiger Autoren (1925–1970). Berlin, New York 1995.

Jambor, Ján: Die Rolle des Zufalls bei der Variation der klassischen epischen Kriminalliteratur in den Bärlach-Romanen Friedrich Dürrenmatts. Prešov 2007.

Käser, Rudolf: »Fernsehkameras ersetzen das menschliche Auge.« Friedrich Dürrenmatts Spätwerk im Spannungsfeld von Wissenschaftsgeschichte und Medientheorie. In: Text + Kritik 50/51 (2003), 167–182.

Lee, Nae-Keum: Friedrich Dürrenmatts Konzeption des Zufalls unter besonderer Berücksichtigung der *Physiker*. Marburg 1993.

Meier, Thomas Markus: Dürrenmatt und der Zufall. Ostfildern 2012.

Profitlich, Ulrich: Der Zufall in den Komödien und Detektivromanen Friedrich Dürrenmatts. In: Zeitschrift für deutsche Philologie 90 (1971), 2, 258–280.

Spedicato, Eugenio: Der Kontingenz-Gedanke und die Universalien Wahrheit, Freiheit und Gerechtigkeit bei Friedrich Dürrenmatt. In: Ulrich Weber u. a. (Hg.): Dramaturgien der Phantasie. Dürrenmatt intertextuell und intermedial. Göttingen 2014, 77–96.

Weber, Ulrich: Erinnerung und Variation. *Mondfinsternis* und *Der Besuch der alten Dame* in genetischer Sicht. In: Peter Rusterholz, Irmgard Wirtz (Hg.): Die Verwandlung der *Stoffe* als Stoff der Verwandlung. Friedrich Dürrenmatts Spätwerk. Berlin 2000, 179–195.

Ján Jambor

V Ästhetik und Poetik

85 Dialekt und Standardsprache

Dialekt und Poetik

Im Essay *Persönliches über Sprache* schrieb Dürrenmatt 1967: »Es gibt Kritiker, die mir vorwerfen, man spüre in meinem Deutsch das Berndeutsche« (WA 32, 123). Dieser Vorwurf und Dürrenmatts Reaktion darauf – u. a. auch in Texten wie *Über Kulturpolitik* und *Der Tod des Sokrates* – sind Teil einer Debatte, die im frühen 18. Jahrhundert begann und in der Deutschschweizer Diglossiesituation gründet: Verhandelt wird die Beziehung der Deutschschweiz zum deutschsprachigen Kulturraum und ihre Rolle im philosophischen und ästhetischen Diskurs. Die Tauglichkeit der Schweizer als Gesprächspartner wurde dabei auch an ihrer Fähigkeit gemessen, sich an die deutsche Standardsprache anzupassen (vgl. Böhler 1997, 149–166). In der Schweiz schieden sich im 18. Jahrhundert an der Mundart die republikanischen und aristokratischen Geister: Letztere argumentierten, der Dialekt sei nicht schreibbar und daher unvollkommen (vgl. Trümpy 1955, 102–111). Die Gegner des Ancien Régime aber propagierten den Dialekt, der zunehmend mit der neuen politischen Situation der Schweiz assoziiert wurde.

Das Stereotyp von der Mundart als einer Sprache der Bauern und des – zunehmend idealisierten – ›Volkes‹ blieb bis ins 20. Jahrhundert wirksam: Aufgrund der traditionellen Assoziation von Literatur mit Standardsprache galt literarische Dialektverwendung meist nur dann als zulässig, wenn das Landleben thematisiert wurde (vgl. Haas 1983, 1638). Um 1900 sahen manche Zeitgenossen in Heimatschutz und Mundartpflege ein Heilmittel gegen die »befürchtete Überfremdung durch Reichsdeutschland« (Böhler 2007, 445). Die Essenz des Deutschschweizerischen wurde im reinzuhaltenden Dialekt gesehen; die Hochsprache dagegen wurde als ›fremd‹ und ›aufgezwungen‹ bezeichnet (vgl. von Matt 2012, 133 f.). Es überrascht daher nicht, dass nun Gotthelfs stilbildendes Verfahren der sprachlichen Hybridisierung wie schon zur Entstehungszeit seiner Texte heftig kritisiert wurde: Gotthelf sei an der Aufgabe, die Sphären von Dialekt und Hochsprache »reinlich zu scheiden«, gescheitert (Muschg 1931, 435).

Gegen diese normativen sprachpflegerischen Bemühungen entwickelte sich in der Literatur um 1900 ein neuer Umgang mit der Mundart, der durch die literarischen Strömungen der Moderne geprägt war: durch den Naturalismus mit seiner Darstellung der Sprache proletarischer Milieus und durch die Avantgarden mit ihrer Lust an Sprachzertrümmerung und Wortneuschöpfung. Die Mundart wurde zum ironisch-kritischen Element in Texten etwa Robert Walsers, wo Formen entstanden, die sich keiner der beiden Varietäten zuordnen lassen. Und in Friedrich Glausers Romanen erschien der Dialekt als Element, das die Einheit der Hochsprache stört und die politische und soziokulturelle Vereinheitlichungstendenz konterkariert.

Literarische Sprache als Kunstsprache

Dürrenmatts Position in der Debatte erschließt sich, wenn man seine literarischen Texte vor dem Hintergrund der diskursiven Texte betrachtet: In *Turmbau* schrieb er, in einer »schweizerdeutschen Sprachwelt« sozialisiert, habe er als Jugendlicher das Hochdeutsche wahrgenommen als »eine Fremdsprache und doch keine« (WA 29, 157 f.). Im Artikel *Persönliches über Sprache* (1967) steht die in der Forschungsliteratur zur Sprachdebatte oft zitierte Passage: »[D]er deutschschweizerische Schriftsteller bleibt in der Spannung dessen, der anders redet, als er schreibt. Zur Muttersprache tritt gleichsam eine ›Vatersprache‹. Das Schweizerdeutsche als seine Muttersprache ist die Sprache seines Gefühls, das Deutsche als seine ›Vatersprache‹ die Sprache seines Verstandes, seines Willens, seines Abenteuers. Er steht der Sprache, die er schreibt, gegenüber. Aber er steht einer Sprache gegenüber, die von ihren Dialekten her formbarer ist als das Französische« (WA 32, 122). Übersehen wurden oft die daran anschließenden Überlegungen: Gotthelf, so Dürrenmatt, habe sein Deutsch durch Verschmelzung von Dialekt und Hochsprache gefunden; er habe es sich überhaupt erst erschrieben, wie Luther mit seiner Bibelübersetzung (vgl. ebd., 123). Die Sprache, die man schreibe, sei – anders als die gesprochene – nicht selbstverständlich, sie scheine es nur zu sein: »In diesem ›scheint‹ liegt die Arbeit des Schriftstellers verborgen«

J. B. Metzler © Springer-Verlag GmbH Deutschland, ein Teil von Springer Nature, 2020
U. Weber / A. Mauz / M. Stingelin (Hg.), *Dürrenmatt-Handbuch*, https://doi.org/10.1007/978-3-476-05314-5_85

(ebd.). Er selbst freue sich, wenn man ihm vorwerfe, in seinem Deutsch spüre man das Berndeutsche, da er ja hoffe, dass man es spüre: Hochdeutsch versuche man stets nur zu können, es bleibe bei der Annäherung (vgl. ebd., 124). Im Grunde habe er mit seinem Fallbeispiel etwas Allgemeingültiges beschrieben: »[W]elcher Schriftsteller der Welt lebt dort, wo man die Sprache redet, die er schreibt? Die Sprache, die er schreibt, redet nur aus seinem Werk« (ebd.). Es handelt sich also um eine Kunstsprache, die jeder Autor erst finden muss.

In manchen literarischen Texten Dürrenmatts ist das ›Berndeutsche‹ in Form von Dialektelementen und Helvetismen tatsächlich präsent. Doch ist dies – wie bei Gotthelf (vgl. Theisohn 2014, 26) – nicht auf ein Unvermögen des Autors zurückzuführen, sondern eine poetologische Entscheidung. Dass in Dürrenmatts Erzählungen und Dramen Dialektwörter weitgehend fehlen, entspricht dem Umstand, dass meist offen bleibt, wo die Handlung zu verorten ist: Zwar sind in einigen Dramen Anspielungen auf existierende Schweizer Orte häufig und zahlreiche Figuren tragen schweizerisch klingende Namen, doch durch andere Ortsnamen und Figuren, deren Sprechweise eher auf Deutschland verweist, wird eine eindeutige Zuordnung verunmöglicht. Die Handlung spielt im Irgendwo, woraus der Rezipient schließen kann, dass hier neben schweizerischen auch andere Angelegenheiten verhandelt werden.

In den Romanen ist das Geschehen dagegen an genau benannten oder rekonstruierbaren Schweizer Schauplätzen verortet. Dennoch enthalten die frühen Romane nur an wenigen spezifischen Stellen Dialektelemente: In *Der Richter und sein Henker* weisen die Lieder der betrunkenen Diener Gastmanns auf Täter und Motiv hin: »Der Tüfel geit um« und »Der Müllere ihre Ma isch todet, / d'Müllere läbt, sie läbt, / d'Müllere het der Chnecht ghürotet« (WA 20, 63). Der Dialekt bildet hier die Tiefenschicht der deutschen Sprache und steht für ein Verdrängtes, das archäologisch-kriminalistisch ans Licht gebracht werden muss. Auch in *Der Verdacht* entlarvt der Dialekt, der an einer einzigen Stelle eingesetzt wird, die wahren Verhältnisse. Bärlach stellt im Gespräch mit Emmenberger fest: »Nehle ist der nicht. Ein Berliner hätte es nie zum Miuchmäuchterli gebracht« (›Melkeimer‹; WA 20, 200). Dass der von Mundartpflegern als das ›Eigene‹, als Sprache der ›Nähe‹ und des ›Herzens‹ bezeichnete Dialekt auch vom verkörperten Bösen genutzt wird, ist die hier schockartig sich einstellende Erkenntnis.

Von Mundart durchsetzt sind einzig die Stoffe-Erzählung *Mondfinsternis* und Dürrenmatts letzter Ro-

man, der im Titel das ›Durcheinander‹ vorwegnimmt, an dem hier die Varietäten mitwirken: Unter den Protagonisten sind ›der Lappi‹ von einem Dorfpolizist und der ›Stierengrind‹ Pretänder, der auch als ›Löli‹ und ›Glünggi‹ bezeichnet wird, sowie »das cheibe Meitschi« Elsi, zu dessen Vater Marihuana-Joe sagt: »Elsi ma di de, u mi ma si de o« (WA 27, 117). In diesem Text, der 1989 die Mauern des vermeintlich stabilen Weltzentrums von Kapital und Verbrechen bersten lässt, werden so die Anspielungen auf Mani Matters abgründige Berner Chansons dadaistisch-musikalisch auf die Spitze getrieben. Dem subversiven Wirken des Riesenhunds Mani ist selbst die Armee nicht gewachsen. Die Bedeutung der ›modern mundart‹-Bewegung hatte Dürrenmatt bereits 1969 unterstrichen, als er einen Teil seines Literaturpreises an den Berner Nonkonformisten und Vorreiter der ›modern mundart‹ Sergius Golowin weitergab. Dürrenmatt sagte in seiner Rede: »Es gibt heute moderne schweizerische Schriftsteller, [...] die ihren Dialekt nicht als Medium einer Blut- und Bodenliteratur oder zur Verherrlichung des alten Bern benutzen, sondern als modernes Sprachexperiment einsetzen« (WA 34, 55).

Wie diese Ausführungen zeigen, ging Dürrenmatt gerade nicht davon aus, dass die besondere Deutschschweizer Sprachsituation eine spezifische Literatursprache hervorgebracht habe, die »aus der Differenz zwischen dem Eigenen, der Mundart, und dem Fremden, der Hochsprache, lebe« und in der stets erkennbar bleibe, dass die Autoren »anders reden«, wie Michael Böhler es beschrieb (Böhler 2007, 452). Vielmehr vertrat er die Ansicht, die Sprache der Literatur folge eigenen Gesetzen; sie komme, wie Hugo Loetscher es formulierte, »aufgrund eines intellektuell-stilistischen Entscheids zustande« (Loetscher 2000, 82). In jüngerer Zeit versuchte man in der Debatte über die Situation postkolonialen Schreibens mit dem Konzept der ›Exophonie‹ die Tatsache zu fassen, dass Literatur immer schon ›Zweitsprache‹ ist: Auch wenn man in der Sprache schreibt, die man als erste, prägende gelernt hat, schreibt man nicht, wie man spricht (vgl. Stockhammer/Arndt/Naguschewski 2007, 21).

Literatur

Primärtexte

Durcheinandertal. WA 27.
Der Richter und sein Henker. In: WA 20, 9–117.
Der Tod des Sokrates. In: WA 29, 144–176.
Der Verdacht. In: WA 20, 119–265.
Persönliches über Sprache. In: WA 32, 120–124.
Über Kulturpolitik. In: WA 34, 46–59.

Sekundärliteratur

Böhler, Michael: Gotthard Heideggers »Mythoscopia Romantica oder Discours von den so benanten Romans«. Ein vergessener Zürcher Literaturstreit. In: Helmuth Holzhey, Simone Zurbuchen (Hg.): Alte Löcher – neue Blicke. Zürich im 18. Jahrhundert: Außen- und Innenperspektiven. Zürich 1997, 149–166.

Böhler, Michael: Das Verhältnis der Deutschschweizer Autoren zur Schriftsprache. In: Klaus Pezold (Hg.): Geschichte der deutschsprachigen Schweizer Literatur im 20. Jahrhundert. Durchgesehene und erweiterte Fassung. Leipzig 2007, 442–454.

Golowin, Sergius: Gotthelf als Sprachzerstörer. In: Egon Ammann, Sergius Golowin, Peter Lehner (Hg.): apero. Politerarisches Aperiodikum. Heft 2: Thema: modern mundart. Dezember 1967, 4.

Gotthelf, Jeremias: Wie Anne Bäbi Jowäger haushaltet und wie es ihm mit dem Doktern geht. Erster Teil. In: Ders.: Sämtliche Werke, Bd. V. Erlenbach-Zürich 1921, 352.

Haas, Walter: Dialekt als Sprache literarischer Werke. In: Werner Besch u. a. (Hg.): Dialektologie. Ein Handbuch zur deutschen und allgemeinen Dialektforschung. 2. Halbband. Berlin, New York 1983, 1637–1651.

Lavater, Johann Caspar: Schweizerlieder. Vermehrte fünfte Auflage. Zürich 1788.

Loetscher, Hugo: äs tischört und plutschins. Über das Unreine in der Sprache – eine helvetische Situierung. Zürich 2000.

Matt, Peter von: Deutsch in der Deutschen Schweiz. In: Ders.: Das Kalb vor der Gotthardpost. München 2012, 127–138.

Muschg, Walter: Gotthelf: Die Geheimnisse des Erzählers. München 1931.

Stockhammer, Robert/Arndt, Susan/Naguschewski, Dirk: Einleitung. Die Unselbstverständlichkeit der Sprache. In: Dies. (Hg.): Exophonie. Anders-Sprachigkeit (in) der Literatur. Berlin 2007, 7–27.

Theisohn, Philipp: Doktern. Mundart, Medien und Medizin in Gotthelfs *Anne Bäbi Jowäger* (1834/44). In: Simon Aeberhard, Caspar Battegay, Stefanie Leuenberger (Hg.): dialÄktik. Deutschschweizer Literatur zwischen Mundart und Hochsprache. Zürich 2014, 23–47.

Trümpy, Hans: Schweizerdeutsche Sprache und Literatur im 17. und 18. Jahrhundert. Basel 1955, 3–149.

Stefanie Leuenberger

86 Distanz/Gegenwelt

Distanz und Ästhetik

Wenn Dürrenmatt 1977 in einem Gespräch postuliert, dass es schlechterdings »keine Kunst und kein Kunstwerk ohne Distanz« (G 2, 223) gebe, benennt er nicht nur ein zentrales Kriterium seiner Poetik. Er reiht sich zugleich in eine Tradition ein, die ›Distanz‹ spätestens seit der zweiten Hälfte des 18. Jahrhunderts und insbesondere im Laufe des 20. Jahrhunderts zu einem Grundbegriff der Ästhetik im Allgemeinen hat avancieren lassen (vgl. Toepfer 2012, 13 f.). Im Kontext ästhetischer Erfahrung kennzeichnet Distanz sowohl eine rezeptions- als auch produktionsästhetische Notwendigkeit künstlerischen Erkennens und Tuns, die in Form nüchtern-mitleidloser Sachlichkeit im scharfen Gegensatz zur distanzlosen Einfühlung oder gar Identifikation des schöpferischen Subjekts mit dem fraglichen Objekt steht.

Dürrenmatt hebt in seiner Poetik der Distanz an erster Stelle auf die zeitliche Komponente dieser Abstandsmarkierung ab. In seinen dramentheoretischen Schriften macht er ein Darstellungsproblem geltend, das der mangelnden zeitlichen Distanz entspringt, die zwischen dem Zeitpunkt der Literarisierung eines historisch verortbaren Stoffs und demjenigen des Ereignisses selbst liegt. Der Gegenstand drohe die Bildfläche zuzustellen und das Erkennen des Gesamtbilds zu verunmöglichen: »Man kann heute die Welt nur noch von Punkten aus beobachten, die hinter dem Mond liegen, zum Sehen gehört Distanz, und wie wollen die Leute denn sehen, wenn ihnen die Bilder, die sie beschreiben wollen, die Augen verkleben?« (WA 32, 32). Dass erst ein gewisser Abstand zum Geschehen den Künstler in den Stand versetzt, ein Phänomen in all seinen Facetten intellektuell zu erfassen, in seinen Kontexten zu beurteilen und ästhetisch zu verarbeiten, weil die persönliche Verstrickung als Zeitgenosse der Reflexion im Wege steht, ist freilich eine Beobachtung, die viel weiter zurückreicht (vgl. etwa Schiller, *Über Bürgers Gedichte*, 1789). Dürrenmatt spitzt dieses poetologische Axiom der Distanzierung in den *Anmerkungen zur Komödie* (1952) so weit zu, dass er die Tragödie zur Behandlung zeitgenössischer Stoffe kategorisch ausschließt und stattdessen allein für die Groteske optiert: »Ich könnte mir daher wohl eine schauerliche Groteske des Zweiten Weltkriegs denken, aber *noch* nicht eine Tragödie, da wir noch nicht die Distanz dazu haben können« (WA 30, 25). Distanz bildet für ihn somit ein wesentliches gattungstypolo-

gisches Unterscheidungskriterium, was er in *Theaterprobleme* (1954) weiter pointiert: »*Die Tragödie überwindet die Distanz.* Die in grauer Vorzeit liegenden Mythen macht sie den Athenern zur Gegenwart. *Die Komödie schafft Distanz*« (WA 30, 61).

Distanz qua Verfremdung und Komisierung

Auf die mit Dürrenmatts dramenpoetischer Zuspitzung einhergehende Verkürzung und Einseitigkeit wurde in der Forschung hingewiesen (vgl. Greiner 2006, 446 f.). Etwa mit dem Argument, dass seine These »die Distanznahme aller ›Arbeit am Mythos‹ [verkenne], gerade auch in der Tragödie«, und die Komödie »um ihre wesentliche dionysisch-karnevalistische Komponente« (ebd.) beschneide. Dies gilt nicht minder für die Verkennung des aristotelischen Ansatzes, wo die Tragödie mit einer ›Reinigung‹ der Affekte und insofern mit deren Enthebung aus der Unmittelbarkeit, mit einem Moment der Distanzierung also, assoziiert wird. Ungeachtet solcher plausiblen Einwände lassen sich Dürrenmatts Überlegungen für literaturwissenschaftliche Analysen fruchtbar machen, die über das Werk des Autors hinaus reichen. So hat Ursula Amrein aufgezeigt, dass seine Poetik literarhistorisch eng an die maßgeblich von deutschen Exilanten geprägte Programmatik des Zürcher Schauspielhauses und eine »in Auseinandersetzung mit dem Dritten Reich formulierte Ästhetik der Distanz« (Amrein 2007, 161) anknüpfe. Amreins Befund gälte es insoweit zu präzisieren, als Dürrenmatts Poetik eingedenk ihrer Präferenz für die Entpathetisierung des darzustellenden Gegenstands eine Tendenz aufgreift, die sich schon im epischen Theater Brechts und in der deutschsprachigen Exilliteratur abzeichnete. Wiewohl das Wissen um das Ausmaß der NS-Verbrechen in Dürrenmatts Schreibgegenwart das Darstellungsproblem weiter verschärfte, sahen sich bereits die aufgrund der NS-Diktatur exilierten Autorinnen und Autoren vor die Herausforderung gestellt, angemessene ästhetische Verfahren zur Darstellung der menschenverachtenden Ideologie und Gewalt zu finden. Angesichts der biografischen Betroffenheit boten Schreibverfahren des Komischen gegenüber dem pathetischen Ton der Anklage und dem elegischen der Heimwehdichtung jenen Vorzug, den Dürrenmatt exklusiv der Komödie unterstellt, und der eine Grundvoraussetzung für die ästhetische Reflexion und Revision der Verhältnisse im Exil bildete: die Fähigkeit zur Distanzierung qua Verfremdung. Dürrenmatts Dis-

J. B. Metzler © Springer-Verlag GmbH Deutschland, ein Teil von Springer Nature, 2020
U. Weber / A. Mauz / M. Stingelin (Hg.), *Dürrenmatt-Handbuch*, https://doi.org/10.1007/978-3-476-05314-5_86

tanzbegriff ließe sich somit in Gegenüberstellung zu Nietzsches elitärem Konzept des ›Pathos der Distanz‹ als Vermeidung und Entschärfung des Pathos dank Distanz begreifen. Stellt man die im Pathos und Lachen vereinenden Humor angelegte Kompetenz zur Selbstdistanzierung in Rechnung, erschließt sich Dürrenmatts Aussage, wonach »Humor [...] im Grunde Distanz« (G 1, 243) sei. Verfremdung und Komisierung sind in seinem Werk untrennbar mit der in Rede stehenden Poetik verbunden: »[J]e unheimlicher die Welt ist, um so wichtiger ist es, daß ich Distanz davor gewinne. Und Distanzgewinn ist nur durch die Verfremdung der Welt möglich« (G 1, 349).

Distanz in der Überrealität

In der anlässlich des Erstdrucks von *Frank der Fünfte* verfassten *Standortbestimmung* (1960) deutete Dürrenmatt die Entwicklung seiner Dramenpoetik als Fokusverschiebung »vom ›Denken über die Welt‹ zum ›Denken von Welten‹« (WA 6, 155). Er stellt diese Genese in Verkehrung des Newtonschen Axioms unter den Leitsatz »Hypotheses fingo« (ebd.). Nicht auf mimetische Abbildung der Wirklichkeit ziele er ab, sondern auf das Erschaffen *möglicher* Welten. Der Dramatiker erkennt in diesem Paradigmenwechsel sowohl einen Akt der Befreiung, indem er nicht mehr an die vorgegebenen Verhältnisse gebunden sei, formuliert aber ebenso die Gefahr, »ins Leere zu stoßen« (157), d. h. ganz im Ästhetischen aufzugehen. Um solchem Wirklichkeitsverlust vorzubeugen, müsse die »Fiktion [...] auch die Realität in sich schließen [...]. Der Realität muß im Theater eine Überrealität gegenüberstehen. Aus den Fiktionen müssen ›Mythen‹ hervorgehen, sonst sind sie sinnlos« (ebd.). Dreißig Jahre zuvor hatte Alfred Döblin in seiner wichtigen poetologischen Schrift *Der Bau des epischen Werks* unter Verwendung identischer Begriffe ähnliche Vorstellungen auf dem Feld der Epik formuliert. Döblin plädiert darin für die Abkehr vom reinen Berichtstil, der die Wirklichkeit lediglich abbilde und sich dadurch kaum mehr vom Tatsachenbericht der Zeitung unterscheide. Stattdessen sei es die Aufgabe des Dichters, »dicht an die Realität zu dringen und sie zu durchstoßen, um zu gelangen zu den einfachen großen elementaren Grundsituationen und Figuren des menschlichen Daseins« (Döblin 2013, 245). Dürrenmatt wie Döblin erkennen mithin Chance und Gebot einer Distanzierung sowohl von der empirischen ›Wirklichkeit‹ als auch von realistischen Schreibverfahren, um durch

solche Illusionsdurchbrechungen eine neue dichterische Freiheit zu erlangen. Diese negiert die Wirklichkeit keineswegs. Sie transformiert sie in eine »überreale Sphäre, das ist die Sphäre einer neuen Wahrheit und einer ganz besonderen Realität« (ebd., 223), indem sie ›Mythen‹ bloßlegt, die auf die Wirklichkeit zurückspiegeln: »Zur Wirklichkeit, wie sie ist, wird eine künstliche Gegenwirklichkeit geschaffen, in der sich die Wirklichkeit, wie sie ist, widerspiegelt« (WA 30, 210).

Distanz in der Gegenwelt

Die fiktiven Bühnen für diese überrealen Spiegelungen und Distanznahmen bezeichnet Dürrenmatt als »Eigenwelten« (WA 32, 68; G 1, 115) oder »Gegenwelten«: »Bilder sind Antworten, die man auf die Wirklichkeit gibt. Versuche, mit der Wirklichkeit fertig zu werden in Form von Gegenwelten« (G 2, 175). Das Gegenwelt-Paradigma ist im unmittelbaren Zusammenhang mit der Ablehnung der Abbildfunktion von Literatur zu beurteilen. ›Gegenwelt‹ impliziert sodann keine getreue Wiedergabe der Erfahrungswirklichkeit, sondern eine der Einbildungskraft entspringende Eigenwelt als experimentell-modellhafte Gegen-Welt im Sinne Swifts (vgl. WA 32, 68).

Als Schlüsseltext dieser Poetik kann denn auch *Der Winterkrieg in Tibet* gelten, eine kontrafaktische Parabel des Zweiten Weltkriegs. Ihr autofiktionaler Erzähler deutet den Stoff retrospektiv als »erste[n] Versuch, mich in die Wirklichkeit, von der ich und mein Land ausgeschlossen waren, durch eine erfundene Unwirklichkeit zu integrieren, eine Gesamtdarstellung zu wagen, indem ich nach einem Weltgleichnis suchte« (WA 28, 65). Zunächst dient folglich noch die Unwirklichkeit als Sprungbrett für den persönlichen Einbezug in die Wirklichkeit; später dominiert die gegenläufige Absicht, nämlich die Wirklichkeit in die Überrealität der fabelhaften Gegenwelt zu integrieren. Gemeint ist mit dem konstatierten Ausschluss von der Wirklichkeit die »Groteske des Verschontseins« (67), die dem Erzähler-Ich im Zuge einer ikonisch gewordenen Brechszene infolge eines maßlosen Besäufnisses mit Berner Bauern in La Plaine bei Genf bewusst wird; hier leistete Dürrenmatt im Winter 1944/45 militärischen Hilfsdienst, während um die Schweizer Friedensinsel herum Europa in Flammen stand. Aus dieser historischen Schreibsituation heraus entwickelt der Autor seine poetologische Maxime: »Die Welt, die ich nicht zu erleben vermochte, wenigstens zu erdenken, der Welt Welten entgegenzusetzen, die Stoffe, die mich nicht fanden, zu erfinden« (ebd.). Die »Geburt als Schriftsteller« (Rüedi 2011, 224) fällt somit in eins mit dem kompensatorischen Entwurf einer Gegenwelt, die die erfahrene Sinnvakanz in eine wenn nicht sinnstiftende, so doch der Darstellung zugängliche ästhetische Struktur überführen soll. Evident wird hier die in Dürrenmatts Werk manifeste Affinität zum Grotesken, welches das Lächerliche und das Grauen in spannungsreiche Nachbarschaft stellt, krisenhaften Orientierungsverlust und Formzerfall zelebriert, gleichzeitig aber mittels »Gestaltung [...] das Dämonische in der Welt zu bannen und zu beschwören« (Kayer 1957, 202) vermag.

Dürrenmatt verbindet die von grotesken Evokationen und Metamorphosen tingierten Gegenwelten schließlich unauflöslich mit dem raumsemantischen »Urmotiv« (WA 28, 69) des Labyrinths, das neuerlich der Abstandsmarkierung zur empirischen Wirklichkeit dient: »Indem ich die Welt, in die ich mich ausgesetzt sehe, als Labyrinth darstelle, versuche ich, Distanz zu ihr zu gewinnen, [...] sie ins Auge zu fassen wie ein Dompteur ein wildes Tier. Die Welt, wie ich sie erlebe, konfrontiere ich mit einer Gegenwelt, die ich erdenke« (ebd.). Wo der Dompteur indes das Raubtier zu zähmen sucht, heben Dürrenmatts Gegenwelten mitnichten auf die Domestizierung der Wirklichkeit ab, sondern auf deren Erkenntnis erheischende Verwandlung und auf Deutung verzichtende Verformung. Dürrenmatt setzt die Welt im naturwissenschaftlich dominierten Zeitalter in ein dezidiert mehrdeutiges Bild und geht dabei konsequent vom Ich aus, wie Philipp Burkard mit Rückgriff auf Kant überzeugend dargelegt hat: »Das Subjektive geht dem sogenannt Objektiven voraus, das Erkenntnissubjekt konstituiert ein Bild der Welt« (Burkard 2004, 93). In Auseinandersetzung mit den *Theaterproblemen* brachte Reinhold Grimm ferner Brechts Konzept des ›Gegenentwurfs‹ ins Spiel, wonach Dürrenmatt das durch Wissenschaft und Literatur »Vorgeformte durch [...] Gegenentwürfe ›verfremden‹« (Grimm 1961, 443) wollte. So verstan-

den kann ›Gegenwelt‹ neben der Etablierung von Selbst- und Weltdistanz eine von jeglicher Erfahrung entkoppelte Entität repräsentieren, die dank Mechanismen der Verfremdung wie Parodie oder Groteske (s. Kap. 90) den verstellten Weg zu den literarischen Stoffen wieder frei zu räumen verspricht.

Literatur

Primärtexte

Anmerkungen zur Komödie. In: WA 30, 20–25.
Der Winterkrieg in Tibet. In: WA 28, 11–170.
Fingerübung zur Gegenwart. In: WA 32, 31f.
[Gespräch mit] Artur Joseph [1966]. In: G 1, 235–246.
[Gespräch mit] Dieter Bachmann/Peter Rüedi [1977]. In: G 2, 218–231.
[Gespräch mit] Hans Fröhlich [1970]. In: G 1, 348–354.
[Gespräch mit] Heinz Ludwig Arnold [1975]. In: G 2, 114–176.
Sätze über das Theater. In: WA 30, 176–211.
Standortbestimmung. In: WA 6, 155–160.
Theaterprobleme. In: WA 30, 31–72.
Vom Sinn der Dichtung in unserer Zeit. In: WA 32, 60–69.
Döblin, Alfred: Schriften zu Ästhetik, Poetik und Literatur. Gesammelte Werke. Hg. von Christina Althen, Bd. 22. Frankfurt a. M. 2013.

Sekundärliteratur

Amrein, Ursula: Phantasma der Moderne. Die literarische Schweiz 1880 bis 1950. Zürich 2007.
Burkard, Philipp: Dürrenmatts *Stoffe*. Zur literarischen Transformation der Erkenntnistheorien Kants und Vaihingers im Spätwerk. Tübingen, Basel 2004.
Greiner, Bernhard: Die Komödie. Eine theatralische Sendung: Grundlagen und Interpretationen [1962]. Tübingen 2006.
Grimm, Reinhold: Parodie und Groteske im Werk Friedrich Dürrenmatts. In: Germanisch-Romanische Monatsschrift 11 (1961), 431–450.
Kayser, Wolfgang: Das Groteske. Seine Gestaltung in Malerei und Dichtung. Oldenburg, Hamburg 1957.
Rüedi, Peter: Dürrenmatt oder Die Ahnung vom Ganzen. Biographie. Zürich 2011.
Toepfer, Georg: Distanz. In: Forum Interdisziplinäre Begriffsgeschichte 1 (2012), 1–24.

Moritz Wagner

87 Dramaturgisches Denken

Ästhetisches Konzept

Dürrenmatts Begriff des ›dramaturgischen Denkens‹ bezeichnet einen essentiellen Punkt in seinem ästhetischen Selbstverständnis. Er markiert eine geistige Haltung, die sich in den frühen Jahren seines Schaffens aus einer theoretischen Auseinandersetzung mit dem Drama herauskristallisiert hat und zur Grundlage seiner intellektuellen Position wurde. Ausgehend von Aristoteles' These, die Dichtung ahme im Möglichen das Wesen des Wirklichen nach (*Poetik*, Kap. 9), stellt Dürrenmatt in den *Sätzen über das Theater* (1970) die Frage nach den Wegen, das Mögliche der Wirklichkeit auszuloten, ins Zentrum seiner Dramaturgie (vgl. WA 30, 183 f.). Damit umfasst sein dramaturgisches Denken analytisches Erfassen ebenso wie mimetisches Darstellen der Wirklichkeit; es stellt sich als ein hybrides Moment heraus, das philosophische Fragen der Erkenntnis mit kreativen Aspekten literarischen Schaffens vereint. Die Dimension des ›Dramaturgischen‹ markiert darin den schöpferischen Akzent des analytischen Zugangs zur Wirklichkeit und weist das Denken als eine Methode aus, die Welt sichtbar zu machen (vgl. Gasser 2014, 37); das Moment des ›Denkens‹ bringt dagegen die epistemische Ausrichtung des schöpferischen Aktes zum Ausdruck. Das Erdenken in sich stimmiger Abbilder der an sich kontingenten Wirklichkeit wird so zu einem Weg, sie verhandelbar zu machen. Damit begreift Dürrenmatt Wissen nicht als Teil der Gegenstände, sondern als Teil subjektiver Denksysteme (vgl. WA 35, 16). Er weist so die Strukturen des schöpferischen Aktes selbst als eigentlichen Zugang zur Wirklichkeit aus (vgl. WA 32, 68), der sich in Formen wissenschaftlichen und spielerischen Modelldenkens (vgl. Käser/Käppeli 2014) sowie archetypischer Systematisierung des Lebens manifestiert (etwa im Mythos; vgl. Gasser 2004).

Nach diversen Versuchen, das mimetische Potential des Dramas systematisch zu fassen, die im Essayfragment *Aspekte des dramaturgischen Denkens* (1964) einen Höhepunkt erfahren, entwickelte Dürrenmatt mit der ›Dramaturgie des Unfalls‹ in den *Sätzen über das Theater* (1970) ein Konzept, mit dem das Spektrum des Möglichen ausgelotet werden soll. Entscheidend dabei ist ihm die Logik als Struktur des Denkens, mit der das gerade noch Mögliche gedacht werden kann, das als die ›schlimmstmögliche Wendung‹ in Dürrenmatts Ästhetik eingehen sollte: »Stelle ich nun eine Fiktion auf, gebe ich nicht die Wirklichkeit wieder. Die Wirk- lichkeit ereignet sich, sie spielt sich im ›ontologischen‹, die Fiktion im logischen Bereich ab. Ich muß deshalb gedanklich meiner Fiktion die schlimmstmögliche Wendung geben, ich muß den tödlichen Unfall beschreiben. Nur so bekommt meine gedankliche Fiktion auch eine ›existentielle‹ Berechtigung« (WA 30, 209; s. Kap. 98).

Die Abstraktion der Wirklichkeit auf die Ebene eines gedanklichen Systems dient Dürrenmatt nicht nur für sein literarisches Schaffen. Sie spielt auch eine zentrale Rolle für das Erfassen und Visualisieren der Wirklichkeit jenseits seiner Dramentexte und schafft dabei einen Weg, sich ihr auf einer systematischen Metaebene zu nähern. Im *Monstervortrag über Gerechtigkeit und Recht* (1969) stellt er das dramaturgische Denken als seinen Zugang zur Rechtsthematik im Sinne eines gedanklichen Phänomens heraus (vgl. WA 33, 91 f.), während er im Israel-Essay *Zusammenhänge* (1975) auf systematisch-abstrakter Ebene die Daseinsberechtigung des Staates Israel entwickelt (vgl. WA 35, 9–62). Im Zentrum steht jeweils das gedanklich fassbare System hinter der tatsächlich politischen oder gesellschaftlichen Wirklichkeit, das diese zu begreifen helfen soll. Dabei geht es Dürrenmatt nicht darum, »eine Politik zu rechtfertigen, sondern sie zu durchschauen« (WA 33, 94) und so politische Diskussion jenseits von Ideologien zu ermöglichen.

Formen des dramaturgischen Denkens

Die Idee, die Wirklichkeit durch die Transposition in ein gedankliches System zugleich zu abstrahieren und zu visualisieren, weist grundlegende Parallelen zu Spiel- sowie Experimentanordnungen auf. Sie findet sich gerade in dieser Eigenschaft in zahlreichen Vorträgen und Essays ebenso wie in Dürrenmatts literarischem Werk wieder. So macht er das Erschaffen experimenteller Anordnungen als Zugang zur Welt zum zentralen Gegenstand seines Einstein-Vortrags (1979), nicht zuletzt indem er den Physiker selbst zitiert: »Der Mensch sucht in irgendwie adäquater Weise ein vereinfachtes und übersichtliches Bild der Welt zu gestalten und so die Welt des Erlebens zu überwinden, indem er sie bis zu einem gewissen Grad durch dies Bild zu ersetzen strebt. Dies tut der Maler, der Dichter, der spekulative Philosoph und der Naturforscher, jeder in seiner Weise« (WA 33, 169 f.). Zentral ist dabei die allen Positionen zugesprochene innere Verbindlichkeit der in sich stimmigen Abbilder von der Welt, die in Dürrenmatts dramaturgischem Denken der Kausallo-

J. B. Metzler © Springer-Verlag GmbH Deutschland, ein Teil von Springer Nature, 2020
U. Weber / A. Mauz / M. Stingelin (Hg.), *Dürrenmatt-Handbuch*, https://doi.org/10.1007/978-3-476-05314-5_87

gik sowie den Kategorien von Raum und Zeit folgen. Als Antwort auf eine als kontingent erkannte Wirklichkeit besteht der dramaturgische Erkenntnisweg mithin in Strategien, die Möglichkeiten der Wirklichkeit durchzuspielen. Dies zeigt sich auch und besonders in den zahlreichen Spielmetaphern, etwa im Modell des Schachspiels, das Dürrenmatt auch im Einstein-Vortrag wählt, um die Strukturen der Verhältnisse zwischen denkenden und handelnden Positionen in der Welt durchzuspielen. Unter der Prämisse, komplexe Zusammenhänge gedanklich strukturiert darzustellen, stehen auch die Kriminalromane, die innerhalb seines Werkes nichts weniger als Formen der Auseinandersetzung mit den Grenzen der Erkenntnis darstellen (vgl. Famula 2014; Gasser 2014). Im Roman *Der Richter und sein Henker* (1950) veranschaulicht die Schachmetapher unterschiedliche Grade des Wissens und führt dabei die Position des Autors von Kriminalromanen selbst ins Feld, der innerhalb einer kontingenten Welt die Möglichkeit zur Erkenntnis suggeriert. Im späteren poetologisch angelegten Roman *Das Versprechen. Requiem auf den Kriminalroman* (1957) wird dies von den Figuren selbst problematisiert (vgl. WA 23, 18). Eine entscheidende Komponente des dramaturgischen Denkens ist dabei das Zusammenspiel der Gültigkeit der Regeln des Schachspiels und der Offenheit des Spielverlaufs, wobei einzig die Verbindlichkeit der Spielregeln den Spielvollzug ermöglicht (vgl. WA 33, 159 f.). In der Metapher des Billardspiels, vor allem im Spielzug *à la bande*, bei dem die Kugel über die gegenüberliegende Bande gespielt wird, kommt in den Kriminalromanen eine mehrfach konnotierte Metapher zum Tragen, die für das indirekte Bewältigen der an sich unverfügbaren Wirklichkeit durch gedankliche Systematisierung und Sinnerzeugung steht. Die Eindeutigkeit der Metaphern wird im Laufe des Werks immer diffuser: Während die Figuren in *Der Richter und sein Henker* in der Lage waren, ein Verbrechen indirekt, durch manipulatives Eingreifen in das Geschehen, zu bestrafen, bleibt die Welt in Dürrenmatts spätem Kriminalroman *Justiz* (1985) für alle undurchschaubar und der Plan, indirekt ans Ziel zu gelangen, scheitert am Zusammenspiel unzureichender Interpretationen der Wirklichkeit (vgl. Auge 2004, 89–182; Famula 2014, 189–199).

Nicht nur die Form der literarischen Werke, sondern auch die Stoffe selbst weisen in Dürrenmatts Ästhetik Strukturen des dramaturgischen Denkens auf: So lassen sich zahlreiche seiner Figuren auf mythologische Urfiguren zurückführen, deren zentrale Bedeutung er in seinem zweibändigen autobiografischen Projekt zum Gegenstand macht (vgl. Emter 2000; Rüedi 2000). Im ersten Band *Stoffe I–III* (1981) führt Dürrenmatt das System der »Urbilder« als archetypische Grundstrukturen des eigenen Denkens aus: »Die Welt, wie ich sie erlebe, konfrontiere ich mit einer Gegenwelt, die ich erdenke. Nun sind die Bilder, zu denen man greift, nicht zufällig, auch sie sind schon etwas Vorhandenes, jedes Gedachte ist schon einmal gedacht, jedes Gleichnis schon einmal angewandt worden. In der Phantasie gibt es nichts Neues, alle Strukturen gehen auf Urstrukturen, alle Motive auf Urmotive, alle Bilder auf Urbilder zurück. Selbst die komplizierte räumliche Struktur des Kettenmoleküls, das die Eigenschaften eines jeden Individuums speichert, war in der Einbildungskraft schon vorhanden – sonst hätte sie nicht entdeckt werden können« (WA 28, 69 f.). Sowohl auf der Ebene der Form als auch auf jener des Stoffes stellen die Strukturen des dramaturgischen Denkens damit eine Grundlage nicht nur des literarischen, sondern auch des bildnerischen Werkes Dürrenmatts dar, was sich in Bildern wie *Die Katastrophe* niederschlägt (vgl. Rusterholz 2014).

Deutungsaspekte

Das dramaturgische Denken leistet auf der Basis eines komplexen Wirklichkeitsbegriffs eine unhintergehbare Aufwertung der Kunst und weist darin, in der Frage nach der Relevanz künstlerischer Mimesis für die Wirklichkeit, sowohl das Potential als auch die Grenzen dieses ästhetischen Konzeptes auf. Das Anliegen, die Strukturen der Wirklichkeit zu erkennen, das den grundlegenden Anspruch impliziert, nach Prinzipien statt nach Lösungen zu fragen, intendiert politische Positionen und Problemlösungsansätze jenseits festgefahrener Normen. Diese programmatische Neutralität birgt jedoch zugleich das entscheidende Problempotential: Die Abstraktheit des dramaturgischen Nachdenkens über die Welt schließt praktische Umsetzung geradezu kategorisch aus, weshalb es konkrete Lösungsvorschläge für gesellschaftliche und politische Situationen schuldig bleiben muss (vgl. Buchholz 2012; Améry 1984).

Ein wichtiger Grund für diese Problematik liegt in der erkenntnistheoretischen Ausrichtung der Ästhetik Dürrenmatts. Als Konsequenz seiner Auseinandersetzung mit Kants *Kritik der reinen Vernunft* bleibt eine verbindliche Darstellbarkeit der Wirklichkeit unmöglich; der weitestmögliche Zugang zu ihr besteht in der Auseinandersetzung mit den Kriterien der eigenen Erkenntnis (vgl. Burkard 2004). Damit erweist sich Dürrenmatts ästhetisches Selbstverständnis als Auseinandersetzung mit der subjektiven Erkenntnisfähigkeit. Die Modellhaftigkeit der Stücke und die Abstraktion des eigenen Denkens in der Kunst avancieren zu einem erkenntnisorientierten Anliegen, hinter dem jedoch stets die ethische – und weitestgehend religiöse – Intention erkennbar bleibt, trotz des Wissens um die Grenzen der Erkenntnis eine aktive Haltung gegenüber der Wirklichkeit einzunehmen (s. Kap. 72).

Die aktive Haltung manifestiert sich im Konzept des dramaturgischen Denkens als eine indirekte, die nicht die Wirklichkeit, sondern Modelle derselben zum Gegenstand macht und sich damit in die Tradition der ›Philosophie des Als Ob‹ stellt, die der Kantianer Hans Vaihinger entwickelt hat (vgl. Burkard 2004, 69–87). Innerhalb der verbindlichen Strukturen der Wirklichkeitsmodelle verlässt das dramaturgische Denken allerdings seine subjektive Grundlage und wird zu einer Möglichkeit, gesellschaftliche Konstellationen systematisch zu durchdenken, die über die Entscheidungsdimension des Einzelnen hinausreichen und somit indirekt – *à la bande* – politische Relevanz erhalten könnten (vgl. Käser/Käppeli 2014, 115 f.).

Literatur
Primärtexte

Aspekte des dramaturgischen Denkens. In: WA 30, 104–120.
Sätze über das Theater. In: WA 30, 176–211.

Sekundärliteratur

Améry, Jean: Friedrich Dürrenmatts politisches Engagement. In: Text + Kritik 56 (1984), 63–70.
Auge, Bernhard: Friedrich Dürrenmatts Roman *Justiz*. Entstehungsgeschichte. Problemanalyse, Einordnung ins Gesamtwerk. Münster 2004.
Buchholz, Hans-Ludwig: Die Welt als dramaturgisches Labyrinth. Das politische Denken im Werk Friedrich Dürrenmatts. Hamburg 2012.
Burkard, Philipp: Dürrenmatts *Stoffe*. Zur literarischen Transformation der Erkenntnistheorien Kants und Vaihingers im Spätwerk. Tübingen 2004.
Emter, Elisabeth: Geschichte der *Stoffe* als Geschichte des Denkens. Dürrenmatts Gedankenexperiment *Die Brücke* im Kontext der modernen Physik. In: Peter Rusterholz u. a. (Hg.): Die Verwandlung der *Stoffe* als Stoff der Verwandlung. Friedrich Dürrenmatts Spätwerk. Berlin 2000, 77–89.
Famula, Marta: Fiktion und Erkenntnis. Dürrenmatts Ästhetik des *ethischen Trotzdem*. Würzburg 2014.
Gasser, Peter: Dramaturgie und Mythos. Zur Darstellbarkeit des Grotesken in Dürrenmatts Spätwerk. In: Jürgen Söring u. a. (Hg.): Dürrenmatt im Zentrum. 7. Internationales Neuenburger Kolloquium 2000. Frankfurt a. M. 2004, 191–209.
Gasser, Peter: Die Geburt der Literatur aus dem Geiste des Spiels. Zu Friedrich Dürrenmatts Dramaturgie der Phantasie. In: Ulrich Weber u. a. (Hg.): Dramaturgien der Phantasie: Dürrenmatt intertextuell und intermedial. Göttingen 2014, 19–40.
Käser, Rudolf/Käppeli, Patricia: System-Metaphern. Modelle des Staates und der Gesellschaft im essayistischen und dramatischen Werk Friedrich Dürrenmatts. In: Ulrich Weber u. a. (Hg.): Dramaturgien der Phantasie: Dürrenmatt intertextuell und intermedial. Göttingen 2014, 97–116.
Rüedi, Peter: Friedrich Dürrenmatt und die *Stoffe* als Autobiographie des Als-Ob. In: Peter Rusterholz u. a. (Hg.): Die Verwandlung der *Stoffe* als Stoff der Verwandlung. Friedrich Dürrenmatts Spätwerk. Berlin 2000, 41–53.
Rusterholz, Peter: Dürrenmatts Bild *Die Katastrophe*. Ein Modellfall seiner dramaturgischen Erfindung. In: Ulrich Weber u. a. (Hg.): Dramaturgien der Phantasie: Dürrenmatt intertextuell und intermedial. Göttingen 2014, 143–160.

Marta Famula

88 Einfall

Der Einfall kommt in Dürrenmatts Werk in mindestens drei Ausprägungen vor: als ereignishafter Einfall, als thematisierter Einfall und als poetisch reflektierter Einfall. Dabei beziehen sich der thematisierte und der poetisch reflektierte Einfall nicht nur, aber auch, auf die eigene Schreibpraxis. Umgekehrt entzieht sich der ereignishafte Einfall seiner Thematisierung und Poetisierung (und also auch seiner Fiktionalisierung) stets auch dort noch ein Stück weit, wo er explizit reflektiert wird. Denn was einem einfällt – und nichts anderes meint die Rede vom Einfall in einem ganz basalen Sinne –, kann nur bedingt erfasst, gewollt oder kontrolliert werden. Einfälle lassen sich wohl provozieren, und man kann sich ihnen gegenüber offen oder dankbar erweisen. Oder man kann sie abzuwehren versuchen. Man kann auch *mit* Einfällen arbeiten. Aber man kann sie, als Phänomene der Kontingenz (vgl. Zanetti 2014, 16 f.), ebenso wenig ›machen‹, wie man sie in ihrer Plötzlichkeit bewahren oder in ihren möglichen Folgen determinieren könnte.

Für den literarischen Schreibprozess heißt dies: Unternommen werden kann wohl der Versuch, sein Schreiben aus den Möglichkeiten eines folgenreichen Einfalls heraus zu entwickeln – und genau davon ließ Dürrenmatt sich faszinieren. Nur bedarf es dazu eines doppelten Vertrauens: zum einen darauf, dass einem im rechten Moment ein guter Einfall kommt, zum anderen darauf, dass der Einfall genügend Potential für seine poetische Entfaltung bereithält. Dabei ist für den *Fortgang* eines Schreibprozesses und also auch für das am Ende allenfalls Veröffentlichte die Frage mindestens so wichtig, *wie* mit einem Einfall, schreibend, umgegangen wird. Wichtig ist demnach auch die Frage, welche Konsequenzen aus dem Einfall im Prozess gezogen werden und welche daraus entspringenden poetischen Effekte wiederum im Verlauf oder im Nachhinein als affirmationsfähig wahrgenommen werden können. Ebendiese vielfältigen Aspekte der Einfallsbearbeitung lassen sich bei Dürrenmatt wie bei kaum einem anderen Schriftsteller gut beobachten.

Der ereignishafte Einfall

Einfälle der ereignishaften Art sind in Dürrenmatts Werk insbesondere dort auszumachen, wo Erwartungshaltungen, die sich mit einem bestimmten Genre verbinden – etwa demjenigen des Kriminalromans –, einer gezielten Subversion unterzogen werden. Dazu kommen auf der inhaltlichen Ebene Einfälle, die innerhalb einer formalen Anordnung für Überraschung und Irritation sorgen. Ein Mann, der seine Frau verwurstet (*Die Wurst*), eine Tunnelfahrt, die kein Ende nimmt (*Der Tunnel*), eine Frau, die vor einer Dorfgemeinschaft einen Mord in Auftrag gibt (*Der Besuch der alten Dame*), ein Kommissär, der die Lösung eines Kriminalfalls gefunden hat, aber nicht beweisen kann (*Das Versprechen*), die Tötung eines Sterbenden aus Angst, er könnte noch beichten (*Frank der Fünfte*), die Niederschrift einer Novelle, die aus vierundzwanzig extrem langen Sätzen besteht (*Der Auftrag*): Auf solche Einfälle muss man erst kommen. Zugleich bedarf es einer Bereitschaft, diese Einfälle auszuarbeiten, sie dramaturgisch zuzuspitzen, sie zu grotesken Parabeln auszuweiten.

Der legendäre »Einfallsreichtum« Dürrenmatts (Peter Wyrsch in G 1, 41) ist bereits früh bezeugt, und tatsächlich lässt sich seine literarische Produktion von den Anfängen bis zum Spätwerk der *Stoffe* auch jenseits der auktorialen Selbsteinschätzungen gut erkennbar als ›einfallsorientiert‹ kennzeichnen. Bestimmend sind nicht stilistische Raffinesse, psychologische Introspektion, ein primär ästhetisches Interesse an Form, eine Realistik der Wahrscheinlichkeit, die Suche nach Beschreibungspotenz oder Überzeugungsabsichten, sondern es sind außergewöhnliche Situationen, extreme Momente, folgenreiche Konstellationen, zerreißende Konflikte, die in praktisch allen Arbeiten von Dürrenmatt ebenso am Anfang wie im Zentrum einer ›Dramaturgie des Einfalls‹ stehen (vgl. Dick 1990): »Die Absicht darf nicht der Grund des Schreibens sein. Erst muß man einen guten Einfall haben, dann kann man ein Stück beginnen« (G 1, 196).

Die für Dürrenmatt auch jenseits der Theaterarbeiten zentrale Auffassung von ›Dramaturgie‹ orientiert sich dabei nicht an einer *Reihe* von Einfällen, die spannungsreich inszeniert und als Folge von Konflikten am Ende einer Lösung zugeführt würde. Leitend ist jeweils vielmehr die Orientierung an *einem* bestimmten, bestenfalls extrem konfliktgeladenen Einfall. Dieser fungiert nicht als Treiber zur Lösung eines Konflikts, sondern als fortlaufend bekräftigter Kristallisationspunkt einer tendenziell unlösbaren Zuspitzung einer Problematik.

Der thematisierte Einfall

Die ersten umfangreichen Thematisierungen des Einfalls finden sich in Dürrenmatts theaterkritischen Texten der frühen 1950er Jahre. Zu nennen sind hier

J. B. Metzler © Springer-Verlag GmbH Deutschland, ein Teil von Springer Nature, 2020
U. Weber / A. Mauz / M. Stingelin (Hg.), *Dürrenmatt-Handbuch*, https://doi.org/10.1007/978-3-476-05314-5_88

vor allem die *Anmerkung zur Komödie* (1952; WA 30, 20–25) und – teils mit wörtlichen Wiederholungen – die *Theaterprobleme* (1954; WA 30, 31–72). Diese Stellungnahmen machen darauf aufmerksam, dass der Einfall für Dürrenmatt insgesamt, auch jenseits der Bühne, eine theatralische Komponente aufweist, ja sogar »rein theatralisch« zu denken sei: »Jeder gute Einfall ist rein theatralisch. Es kommt nur darauf an, wieviel Wirklichkeit durch ihn eingefangen wird, sich in ihm spiegelt – sonst wird die Sache abwegig, unsinnig. Die Situation mag ›unwahrscheinlich‹ sein, was sich aus ihr entwickelt, ist es nicht: Wie jedes ›Wunder‹ schafft sie Verlegenheit« (G 1, 202).

In den frühen theaterkritischen Texten hebt Dürrenmatt insbesondere die Rolle des Einfalls in der alten attischen Komödie (Aristophanes) hervor, die er sowohl von der neuen attischen Komödie (Menander) als auch, und erst recht, von der Tragödie (Sophokles) klar unterscheiden möchte. Dürrenmatt zufolge setzt die antike Tragödie auf bekannte Stoffe und inszeniert diese anhand typisierter Figuren so, dass die historische Distanz in der Rezeption möglichst überwunden wird. Dagegen zeichne sich die alte attische Komödie dadurch aus, dass sie sich rückhaltlos mit ihrer Gegenwart auseinandersetze. Allerdings geschehe das im Falle der attischen Komödie so, dass sie die Gegenwart anhand *nicht*-typisierter Persönlichkeiten in eine größtmögliche Distanz zum Zuschauer versetze. Das Mittel dazu sei der Einfall: Die Stoffe liegen im Unterschied zur Tragödie nicht einfach da, sie müssen mithilfe von Einfällen erst geschaffen werden, und zwar so, dass sie als gegenwärtige Stoffe *ihre* Gegenwart zu verstören vermögen.

Dürrenmatt zufolge sind die alten attischen Komödien »Eingriffe in die Wirklichkeit« (WA 30, 21). Es sind »Eingriffe«, die ihrerseits von Vorgängen in der Wirklichkeit handeln: »Das gemeinsame All dieser Vorgänge liegt [...] im Einfall, darin, daß sie vom Einfall leben, nur durch den Einfall möglich sind. Es sind Einfälle, die in die Welt wie Geschosse einfallen (um ein Bild zu brauchen), welche, indem sie einen Trichter aufwerfen, die Gegenwart ins Komische umgestalten« (ebd.). Dürrenmatt wird auf das poetische Bild des Geschosses oder des Kometen bzw. des Meteors immer wieder zurückkommen (vgl. z. B. WA 36, 77) und dabei sein eigenes Schaffen dezidiert an diesem Modell von Dramatik orientieren. Seine Vorstellung vom ›Bau des Dramas‹ setzt den Einfall zentral, wobei sich damit zugleich eine Wertschätzung des Besonderen gegenüber dem Allgemeinen verbindet: Seine Vorhaben will Dürrenmatt ganz affirmativ »vom

Besonderen, vom Einfall her« zu realisieren suchen, »nicht vom Allgemeinen, vom Plane her« (WA 30, 66).

Die bündigste eigene Definition des Einfalls findet sich in den *Randnotizen* Dürrenmatts zum *Besuch der alten Dame*: »So höre ich immer wieder, ich sei der Mann der maßlosen Einfälle, der gleichsam ohne Zucht und Disziplin daherschreibe. Was ist nun aber ein Einfall? Darüber zerbrechen sich manche den Kopf. Begreiflicherweise. Für sie entsteht Literatur aus der Literatur, Theater aus Theater ... Meine Kunst dagegen entsteht nicht primär aus der Kunst – ohne den Einfluß, den auch auf mich andere Schriftsteller haben, leugnen zu wollen –, sondern aus der Welt, aus dem Erlebnis, aus der Auseinandersetzung mit der Welt, und genau dort, wo die Welt in Kunst gleichsam überspringt, steht der Einfall: Weil die Welt mit ihren Ereignissen in mich einfällt (wie ein Feind oft in eine Festung), entsteht eine Gegenwelt, eine Eigenwelt als eine Gegenattacke, als eine Selbstbehauptung« (WA 5, 138).

Als Dürrenmatt seine literarische Produktion mehr und mehr weg vom Theater und hin auf das Schreiben von Prosatexten verlagerte, gewann zeitweise der Versuch an Bedeutung, das Prosaschreiben nicht am Einfall, sondern an dem zu orientieren, was er »Vision« nannte: »Die Bühne braucht den Einfall, und die Prosa braucht die Vision« (G 3, 50). Gerade sein Spätwerk zeigt allerdings, dass der Einfall seinerseits, und zwar in einem ganz nüchternen Sinne, für die Arbeit an den Prosatexten bestimmend bleibt.

Der poetisch reflektierte Einfall

Die dritte Ausprägung des Einfalls ist vor allem charakteristisch für die *Stoffe*, das Spätwerk. Die Arbeit an den *Stoffen* zeichnet sich dadurch aus, dass in ihr Einfälle nicht nur – wie in den frühen theaterkritischen Texten oder in Gesprächsaussagen – Thema sind, sondern darüber hinaus eine poetisch reflektierte Form gewinnen. Der poetisch reflektierte Einfall ist durchaus *auch* thematisierter Einfall – und von seinen Anfängen her immer noch: kontingentes Ereignis. Zugleich ist die Thematisierung selbst allerdings integraler Bestandteil einer hybriden, wuchernden Werkform, in der Erinnerungsarbeit, Wiedergabe, Neubearbeitung, Inszenierung, Fiktionalisierung sowie Kommentar und Reflexion fortlaufend in neue Konstellationen treten. Elementar ist dabei der radikale »Verzicht auf eine Poetik des Gelingens, das sich bei anderen Schriftstellern noch im Kunstvollen des Scheiterns erfüllt« (Stingelin 2004, 259). Das

Scheitern der Utopien, der Lösungen für Konflikte oder auch ganz konkret der Bewältigbarkeit des *Stoffe*-Vorhabens gewinnt dagegen in den *Stoffen* selbst Form, aber so, dass es am Ende kein Glücksversprechen gibt.

Die merkwürdige Werkform der *Stoffe* beruht im Übrigen selbst auf einem folgenreichen Einfall, für den die konventionellen Gattungen und insbesondere das Theater offensichtlich keinen passenden Rahmen mehr bieten konnten: dasjenige aufzuschreiben, was man zeitlebens *nicht* oder nicht so recht oder nur in einer revisionsoffenen Form zu Papier bringen konnte. Darin besteht Dürrenmatts Projekt – und ebenso der Grundeinfall der *Stoffe* (vgl. WA 28, 13 f.), deren publizierter Teil quantitativ nur die Spitze eines Eisbergs bildet (vgl. Rusterholz/Wirtz 2000; Weber/Probst 2007). In *Das Hirn*, dem neunten Teil der *Stoffe* (WA 29, 233–263), treibt der Autor die Reflexion bis an die (mit dem Namen ›Auschwitz‹ belegten) Grenzen dessen, was man sich, am Schreibtisch sitzend, einfallen lassen und zu Fiktionen verarbeiten kann (vgl. Prinz 2014).

Entscheidend für die Auseinandersetzung mit dem Einfall in den *Stoffen* ist das Interesse daran, *unter welchen Bedingungen* sich eine für die eigene literarische Produktion folgenreiche Idee (ein Einfall in diesem Sinne) einstellen kann. Dürrenmatt weiß darum, dass eine solche Erörterung nur »nachträglich« (G 3, 142) stattfinden kann und nie frei von Fiktion ist. Das ganze *Stoffe*-Projekt ist der Versuch, diese Nachträglichkeit als Spielraum für eine poetische Reflexion früherer Einfälle und ihrer möglichen Fortsetzungen zu begreifen. Wichtig wird dabei der Gedanke, dass biografische Prägungen, auch solche durch Lektüren, die jeweils individuelle Disposition dafür bilden, dass sich bestimmte Einfälle überhaupt einstellen können (vgl. z. B. WA 28, 213–215): »Der Mensch hat eine geistige Atmosphäre, und in diese schießen nun die Einfälle, die aber schon subjektiv vorbereitet sind, damit sie überhaupt aufleuchten und einschlagen können« (G 3, 182 f.). Werden diese Einfälle am Ende literarisch be-arbeitet, erweisen sie sich selbst als Stoffe – Stoffe, in denen Wirklichkeit und Fiktion verwoben sind.

Literatur
Primärtexte

Anmerkung zur Komödie. In: WA 30, 20–25.
[Gespräch mit] Andreas Conrad [1983]. In: G 3, 168–194.
[Gespräch mit] Annette Freitag [1966]. In: G 1, 196–200.
[Gespräch mit] Franz Kreuzer [1982]. In: G 3, 121–167.
[Gespräch mit] Heinz Ludwig Arnold [1981]. In: G 3, 11–80.
[Gespräch mit] Urs Jenny [1966]. In: G 1, 200–209.
Kunst und Wissenschaft oder Platon oder Einfall, Vision und Idee oder Die Schwierigkeit einer Anrede oder Anfang und Ende einer Rede. In: WA 36, 72–97.
Labyrinth. Stoffe I–III. WA 28.
Randnotizen. In: Der Besuch der alten Dame. WA 5, 137–141.
Theaterprobleme. WA 30, 31–72.
Turmbau. Stoffe IV–IX. WA 29.

Sekundärliteratur

Dick, Ernst S.: Dürrenmatts Dramaturgie des Einfalls. *Der Besuch der alten Dame* und *Der Meteor*. In: Herbert Mainusch (Hg.): Europäische Komödie. Darmstadt 1990, 389–435.
Prinz, Mathias: Die Urknalltheorie als Erfindungsmotiv bei Friedrich Dürrenmatt. In: Sandro Zanetti (Hg.): Improvisation und Invention. Momente, Modelle, Medien. Berlin, Zürich 2014, 99–111.
Rusterholz, Peter/Wirtz, Irmgard (Hg.): Die Verwandlung der *Stoffe* als Stoff der Verwandlung: Friedrich Dürrenmatts Spätwerk. Berlin 2000.
Stingelin, Martin: Ort, undenkbar. Friedrich Dürrenmatts Sicht vom Gehirn. In: Christian Geyer (Hg.): Hirnforschung und Willensfreiheit. Frankfurt a. M. 2004, 255–260.
Weber, Ulrich/Probst, Rudolf: »Das ist natürlich ein ziemliches Abenteuer«. Zur genetischen Edition von Friedrich Dürrenmatts Stoffen. In: Michael Stolz, Lucas Marco Gisi, Jan Loop (Hg.): Literatur und Literaturwissenschaft auf dem Weg zu den neuen Medien. Zürich 2007, 164–175.
Wyrsch, Peter: Die Dürrenmatt-Story. In: G 1, 25–97.
Zanetti, Sandro: Einleitung. In: Ders. (Hg.): Improvisation und Invention. Momente, Modelle, Medien. Berlin, Zürich 2014, 13–28.

Sandro Zanetti

89 Gleichnis

Exposition

Das ›Gleichnis‹ als »[r]hetorisch oder auch erzählerisch erweiterter Vergleich« (Zymner 2007, 724) ist lebenslang eine zentrale Kategorie der poetologischen Selbstreflexion Dürrenmatts. Angesichts des ambivalenten Verschontseins der Schweiz im Zweiten Weltkrieg schreibt er um 1945 an Eduard Wyss: Das »Bodenlose« könne »nur durch das Phantastische Gesicht ›erhalten‹«; er glaube, »dass es nie möglich sein wird, dies im Begriff zu sagen, sondern eben nur im Gleichnis [...]. Dies versuche ich in meinen Novellen« (zit. nach Rüedi 2011, 231). In den späten *Stoffen* wiederum finden sich neben Gleichniserzählungen auch ausführliche Erörterungen zur Gleichnishermeneutik. Der bevorzugte Gleichnis-Begriff (deutlich seltener ›Parabel‹) steht innerhalb eines weiteren terminologischen Feldes und wird nicht trennscharf von ›(Ur-)Bild‹, ›Metapher‹ oder auch ›Modell‹ abgegrenzt (vgl. Alami 1994, 25–56). Die Intensität der Gleichnisproduktion wie -reflexion verdankt sich Dürrenmatts ausgeprägtem erkenntnistheoretischen Interesse (s. Kap. 75). Das Gleichnis – zumal das favorisierte des Labyrinths – erscheint als geeignetes Medium, sich angesichts der eigenen »Höhlensicht« (WA 28, 71) der Komplexität der Welt zu stellen. Wie Philipp Burkard zeigt, bildet der Gleichnis-Begriff »quasi das poetologische Scharnier zwischen [Dürrenmatts] Erkenntniskritik und seinen fiktionalen Texten« (2004, 11). Die neutestamentlichen Gleichnisse als klassische Ausprägung des Darstellungsmodus spielen dagegen nur eine marginale Rolle (vgl. WA 6, 11).

Dürrenmatts Gleichnis-Verständnis

Für Dürrenmatts Gleichnis-Verständnis sind, wie u. a. seiner wichtigsten theoretischen Erörterung in der *Dramaturgie des Labyrinths* (im ersten *Stoffe*-Band: WA 28, 71–86) zu entnehmen ist, vier Aspekte zentral:

1. In funktionaler Hinsicht gilt ihm das Gleichnis als *Gegenwelt*: »Die Welt, wie ich sie erlebe, konfrontiere ich mit einer Gegenwelt, die ich erdenke« (69). Die »erfundene Unwirklichkeit« (65) fungiert als Medium zur Erfassung oder, stärker noch, Bewältigung der Wirklichkeit durch Distanzgewinn. Was Dürrenmatt seinerseits gleichnishaft auf den Punkt bringt: »Indem ich die Welt, in die ich mich ausgesetzt sehe, als Labyrinth darstelle, versuche ich, Distanz zu ihr zu gewinnen, [...] sie ins Auge zu fassen wie ein Dompteur ein wildes Tier« (69). In dieser Hinsicht ist das Gleichnis im weiteren Kontext von Dürrenmatts Komödienverständnis (s. Kap. 93) und seiner Reflexion des Paradoxen (s. Kap. 95) zu sehen.

2. *Mehrdeutigkeit*: »Das Labyrinth ist ein Gleichnis und als solches mehrdeutig wie jedes Gleichnis« (71). Diese Mehrdeutigkeit wird nachdrücklich als hermeneutische Maßgabe eingeschärft, u. a. in der Abgrenzung gegen psychoanalytische Erklärungen (82 f.), aber – generisch – auch gegen die Allegorie als »verkleidete Sentenz« (82; vgl. G 2, 173). Die Aufgabe der Auslegung ist nicht eine Singulierung, sondern eine programmatische Pluralisierung des Sinns. Der Sinn eines Gleichnisses umfasse »alle seine möglichen Erklärungen zusammen«, wobei dieser Sinn durch die Auslegung »immer mehrdeutiger« (83 f.) werde. Diese These spitzt Dürrenmatt bis in die Aufhebung der strukturbildenden hermeneutischen Differenz von Ausgelegtem und Auslegung zu: ›Vereindeutigende‹ Erklärungen würden den Sinn des Gleichnisses zerstören, weil dieser »eins mit dem Gleichnis« sei und sich nur in ihm »unzerlegt widerspieg[le]« (83). Im literaturgeschichtlichen Kontext der 1970er Jahre kann Dürrenmatts Betonung der Mehrdeutigkeit auch mit seiner Skepsis gegenüber einer unmittelbar ›engagierten‹ Literatur in Verbindung gebracht werden (vgl. WA 34, 161).

3. Die Einschärfung der Mehrdeutigkeit korrespondiert mit einer Emphase des *unmittelbaren Erlebens*. Es gelte, die »Geschichte [des Minotaurus] zu erleben. Wir feiern sonst nur unsere Bildung, statt uns unmittelbar vom Gleichnis packen zu lassen« (WA 28, 84). Die Intensität der Gleichniserfahrung führt zugleich zu fließenden Grenzen zwischen »analytischer Methode und kreativer Neuschöpfung« (Burkard 2004, 109); lässt sich der Ausleger auf das Gleichnis ein, führt dies zu seiner potentiellen Fortschreibung. Gleichnistheoretisch gesprochen: Die Bilddimension neigt dazu, sich von ihrer linearen Bindung an die Sachdimension zu emanzipieren (vgl. ebd., 256–260).

4. Die Bildung von Gleichnissen stellt sich nach Dürrenmatt in manchen Fällen als *freie Option* dar, in anderen ist sie dagegen *alternativlos*: »Was seiner Natur nach nicht anschaulich ist, kann lediglich durch Gleichnisse dargestellt werden« (WA 32, 215). Diese Äußerung steht bezeichnenderweise im Kontext von Erwägungen zur Abstraktion und Formalisierung in den Naturwissenschaften und Künsten. Dürrenmatt bemisst die Güte und Möglichkeit der Gleichnisse

J. B. Metzler © Springer-Verlag GmbH Deutschland, ein Teil von Springer Nature, 2020
U. Weber / A. Mauz / M. Stingelin (Hg.), *Dürrenmatt-Handbuch*, https://doi.org/10.1007/978-3-476-05314-5_89

ausdrücklich auch an den Erkenntnis- und Darstellungsprinzipien der exakten Wissenschaften.

Die entscheidende Hintergrundfrage, wie der Ausleger allererst dazu kommt, ein Artefakt als Gleichnis wahrzunehmen und die beschriebene hermeneutische Disposition zu aktivieren, diskutiert Dürrenmatt nicht explizit. Dabei kann sich eine Antwort kaum auf das textanalytische Datum des Gleichnis-Begriffs beschränken. Grundsätzlich müssen fraglos auch Texte als Gleichnisse verhandelt werden, die nicht ausdrücklich als solche ausgewiesen sind. Textanalytische Befunde sind allerdings aufschlussreich, um – praxeologisch-hermeneutisch – latente Spannungen zwischen Gleichnistext und Gleichnistheorie wahrzunehmen, auch bei Dürrenmatt.

Das ›Weltgleichnis‹ des Labyrinths und andere Gleichnisse

Dürrenmatt macht einen großzügigen Gebrauch vom Gleichnis-Begriff; er wendet ihn auf (eigene und fremde) Texte recht verschiedener Art an (vgl. Burkard 2004, 244). Im Blick auf seine Mehrdeutigkeitsemphase, die zugleich eine Distanzierung von der didaktischen Gattungstradition bedeutet, ist von Interesse, dass er die konstitutive Relation von Bild- und Sachdimension oft ausdrücklich macht und tendenziell *eindeutig* ›verrät‹. Das kann textimmanent durch die Benennung einer bewussten Konstruktion geschehen: »Gesetzt, ich nenne die Institution einen Verein, ist die Schweiz ein Verein. Wäre sie ein Fußballclub, so hieße dieser [...] F. C. Helvetia 1291« (WA 29, 76; vgl. auch WA 36, 175–188). Es zeigt sich aber auch in Stellungnahmen zu eigenen Texten. Mit Bezug auf die Böckmann-Szene in *Frank der Fünfte* (die Verhinderung einer Beichte durch die Tötung eines Sterbenden) gibt Dürrenmatt etwa zu Protokoll, dies sei »ein Bild nicht nur der kapitalistischen Welt, sondern der Machtwelt überhaupt, ein Gleichnis« (G 2, 354). Dass der Autor qua Schöpfungspotenz als *Alter Deus* gesehen werden kann, wird gleichfalls in mehreren Texten klar (vgl. u. a. WA 29, 233–263). Die Erzählung *Auto- und Eisenbahnstaaten* (WA 29, 131–144) ist wiederum ein Gleichnis auf den Antagonismus von Kapitalismus und Kommunismus, der gar in bester aufklärerischer Manier in eine Lehre mündet (vgl. 144).

Dürrenmatts als *Dramaturgie des Labyrinths* entfaltete Gleichnishermeneutik findet ihre höchste Anschaulichkeit und Plausibilität insofern tatsächlich im Labyrinth. Seine Kommentierung der antiken Quellen und seine *Winterkrieg*-Erzählung zeigen die genannten Aspekte *in praxi*. Im Blick auf Erstere wird etwa das Mehrdeutigkeitsmoment sowohl in der Zurückhaltungsrhetorik kenntlich (z. B. »Möglich, dass [...]«, »Vermutung«, »es ist vorstellbar«, 78 f.) wie im Aufweis inhaltlicher Mehrdeutigkeiten (das Labyrinth als offenes Gefängnis; Höhlen- vs. Gartenlabyrinth; offene Optionen zur Identifikation mit Figuren etc.). Das unordentliche Labyrinth ist, so es die Welt abbilden soll, das adäquate Gleichnis, das insofern – wie die subtile biografische Einbettung von Theoriebildung und Erzählung zeigt – höchst ordnungsgebend ist.

Zur Forschung

Dürrenmatts Sprachgebrauch folgend erscheint der Gleichnis-Begriff regelmäßig, wenn auch oft ohne genauere Schärfung, in der literaturwissenschaftlichen Metasprache. Innerhalb der spezifischeren Forschung ist aufgrund der genauen Einzeichnung in den erkenntnistheoretischen Problemhorizont an erster Stelle die Untersuchung Burkards (2004) zu nennen. Alamis Arbeit (1994) situiert das Gleichnis im Kontext von Dürrenmatts Bild-Denken; Hennig (2015; s. Kap. 71) gibt die subtilste Darstellung von Dürrenmatts Labyrinth-Poetik. Zum mathematischen ›Gesetz der großen Zahl‹ als Gleichnis vgl. die ausführliche Kommentierung Käppelis (2013, 87–124); zur literaturhistorischen und auch schweizspezifischen Bedeutung der ›Ästhetik des Exemplarischen‹ siehe die Hinweise von Utz (2013, 54) und Barner (1994). Die künftige Forschung könnte von der Debatte um das (philosophische) Gedankenexperiment (Bertram 2018) neue Impulse empfangen.

Literatur
Primärtexte
Dramaturgie des Labyrinths. In: WA 28, 71–86.

Sekundärliteratur
Alami, Marita: Die Bildlichkeit bei Friedrich Dürrenmatt. Computergestützte Analyse und Interpretation mythologischer und psychologischer Bezüge. Köln 1994.
Barner, Wilfried u. a. (Hg.): Das Jahrzehnt Frischs und Dürrenmatts. Parabeltheater aus der Schweizer Loge. In: Dies.: Geschichte der deutschen Literatur von 1945 bis zur Gegenwart. München 1994, 260–269.
Bertram, Georg W. (Hg.): Philosophische Gedankenexperimente. Ein Lese- und Studienbuch [2012]. Stuttgart 2018.
Burkard, Philipp: Dürrenmatts *Stoffe*. Zur literarischen Transformation der Erkenntnistheorien Kants und Vaihingers im Spätwerk. Tübingen 2004.

Hennig, Matthias: Das andere Labyrinth. Imaginäre Räume in der Literatur des 20. Jahrhunderts. Paderborn 2015, 180–196.

Käppeli, Patricia: Politische Systeme bei Friedrich Dürrenmatt. Eine Analyse des essayistischen und dramatischen Werks. Köln 2013.

Rüedi, Peter: Dürrenmatt oder Die Ahnung vom Ganzen. Biographie. Zürich 2011, 226–243.

Utz, Peter: Kultivierung der Katastrophe. Literarische Untergangsszenarien aus der Schweiz. München 2013.

Zymner, Rüdiger: Art. Gleichnis. In: Klaus Weimar u. a. (Hg.): Reallexikon der deutschen Literaturwissenschaft. Berlin 2007, Bd. 1, 724–727.

Andreas Mauz

90 Humor und Ironie

In seiner *Persönlichen Anmerkung zu meinen Bildern und Zeichnungen* schrieb Dürrenmatt über den Humor: »Dieser Faktor – mein hauptsächlicher – ist nie zu unterschätzen; er ist überall wirksam« (WA 32, 204). Und auf den letzten Seiten von *Der Mitmacher. Ein Komplex*, schildernd, wie er von Menschen verfolgt wird, die ihn nach dem Verständnis seines Werkes befragen, ist die letzte Antwort des Flüchtenden, es sei alles »[m]it Humor!« zu nehmen (WA 14, 325–328). Obwohl oder gerade weil er das gesamte Werk prägt und überall zum Zug kommt, wird der Humor nie Gegenstand einer ausführlichen Theorie; man hat sich deshalb an einzelne und relativ knappe Aussagen zu halten. Anders bei der Ironie: In *Der Mitmacher* hat sich Dürrenmatt intensiv damit befasst, was ein ironischer Held und inwiefern Ironie dramaturgisch bedeutsam ist. Bei beiden Kategorien ist der dänische Philosoph Søren Kierkegaard zentral und in Verbindung mit ihm auch der griechische Philosoph Sokrates. Vor dieser philosophisch-theologischen Reflexion sei jedoch kurz auf Dürrenmatts literarisch-künstlerische *Praxis* von Humor und Ironie geachtet.

Komik in unterschiedlichen Formen

»[Ü]berall wo Leben ist, da ist Widerspruch, und wo Widerspruch ist, da findet sich das Komische« (Kierkegaard 1976, 709). Das gilt auch bei Dürrenmatt: Durchwegs, beim Schreiben, Inszenieren und Zeichnen, sind Humor und Ironie im Einsatz als unterschiedliche Formen der spielerischen Verarbeitung von Widersprüchen und Spannungen im menschlichen Denken und Leben. Während Humor eher empathisch bestimmt ist, vollzieht Ironie einen radikaleren Abstand, kann bitterer, kämpferischer werden, wie etwa im Sarkasmus. Als Kommunikationsstrategien sind Humor und Ironie Gegenstand literaturwissenschaftlicher Zugänge. So hat etwa Jürgen Meyer den Roman *Durcheinandertal* als »ironische Kosmographie« (2001) charakterisiert. Die Einflüsse auf diesen rhetorischen Gebrauch von Humor und Ironie dürften vielfältig sein: Durch Kierkegaard kennt Dürrenmatt die romantische Ironie; zugleich verweist er oft auf die attische Komödie des Aristophanes. Sowohl Humor als auch Ironie werden bei Dürrenmatt regelmäßig ins Groteske gesteigert: Durch die Öffnung zum Grauenvollen kippt das Komische ins Tragische hinüber.

Humor als kreative Verfremdung

»Humor ist im Grunde Distanz« (G 1, 243). Er erlaubt, Abstand zu nehmen, um nicht an einer Situation zu verzweifeln, sondern sie aus einer anderen Perspektive in Angriff zu nehmen. In diesem Sinne gilt, dass der Humor »wie die Ironie eine der philosophischen Grundhaltungen des Menschen« ist (ebd.) und nicht – entgegen einer verbreiteten Meinung – einfach zynische Verzweiflung. Dramaturgisch betrachtet ist der Humor deshalb für Dürrenmatt eng verbunden mit der Komödie; was von dieser gesagt wird, gilt auch für jenen. Das zeigt sich am hier zitierten Gespräch: »Die Komödie kann sehr schrecklich sein. [...] Die Komödie stellt ja nicht alles direkt dar, sondern bricht es, verwandelt es, und deshalb kann sie die Dinge wieder zeigen. [...] Komödie kommt ohne Verfremdung nicht aus« (ebd., 244). Es entspricht dieser Verfremdung als Ausdruck des Humors, wenn es in *Theaterprobleme* heißt, das Verzweifeln am Sinnlosen der Welt sei keine Folge dieser Welt, sondern eine Antwort, die man auf diese Welt gebe. Eine andere Antwort wäre das Nichtverzweifeln, »der Entschluß etwa, die Welt zu bestehen, in der wir oft leben, wie Gulliver unter den Riesen« (WA 30, 63).

»Wer verzweifelt, verliert den Kopf; wer Komödien schreibt, braucht ihn« (WA 32, 110): Aus diesem Grund kann Dürrenmatt mit höchster Entschiedenheit sagen: »Die Sprache der Freiheit in unserer Zeit ist der Humor, und sei es auch nur der Galgenhumor, denn diese Sprache setzt eine Überlegenheit voraus auch da, wo der Mensch, der sie spricht, unterlegen ist« (ebd.).

Diese Spannung von Über- und Unterlegenheit entspricht Kierkegaards Bestimmung des Humors als Ineinander von Scherz und Ernst, von Leichtigkeit und Schwierigkeit – und somit von Tragik und Komik: »Das Tragische und das Komische sind dasselbe, insofern als beide den Widerspruch bezeichnen, aber das Tragische ist der leidende Widerspruch, das Komische der schmerzlose Widerspruch« (Kierkegaard 1976, 709). Ähnlich kann Dürrenmatt für seine Auffassung der Komödie das Tragikomische hervorheben als »das Tragische aus der Komödie heraus«, »als einen schrecklichen Moment, als einen sich öffnenden Abgrund« (WA 30, 63).

Humor als indirekte Mitteilung

Die Komödie stellt, wie ausgeführt, nicht alles direkt dar, sondern bricht und verwandelt es. Das findet in Kierkegaards Auffassung der »indirekten Mitteilung«

J. B. Metzler © Springer-Verlag GmbH Deutschland, ein Teil von Springer Nature, 2020
U. Weber / A. Mauz / M. Stingelin (Hg.), *Dürrenmatt-Handbuch*, https://doi.org/10.1007/978-3-476-05314-5_90

(Kierkegaard 1976) seine Begründung, und diese prägt Dürrenmatts Verhältnis zu seinem Publikum. In *Etwas über ›Die Ehe des Herrn Mississippi‹ und etwas über mich* hat er dieses Verhältnis beschrieben, indem er von sich selbst sagt: »Man sehe sich vor. Er bringt seine Helden nicht mit-leidend um, wie die Tragiker [...]. Er mordete sie hohnlachend. Er hat zwar Witz, doch geht es in seinem Stück ungemütlich zu. Die Wahrheit sagt er mit einer Grimasse, und die Beziehung, die er zu seinem Publikum hat, ist vielleicht am besten mit jener zu vergleichen, die zwei Faustkämpfer zueinander haben« (WA 3, 218 f.).

Im Gegensatz zur Tragödie, die dem Zuschauer eine direkte Identifikation mit dem Helden gewährt, wird hier also eine komische Distanz geschaffen, die das Mitleiden verhindert. Die Identifikation kann nicht mehr unmittelbar geschehen, sondern nur indirekt und wird damit zu einem *Wagnis*: Der Zuschauer muss »sich die Frage stellen, inwiefern der Fall auf der Bühne auch sein Fall sei, und sich so die Gestalten auf der Bühne wieder aneignen« (WA 10, 134).

Humor und Ironie – nach Kierkegaard

Dürrenmatts ausführlichste Stellungnahme zum Humor ist im Essay zur Malerei seines Freundes Varlin (Willy Guggenheim) zu finden (WA 32, 174–182). Auch hier arbeitet er mit einem Zitat Kierkegaards, das den Unterschied von Humor und Ironie markiert.

Dürrenmatt bezeichnet Varlin zunächst als einen kritischen Maler, was er dann wie folgt expliziert: »Varlins Kritik ist sein Humor. Er sieht die Welt durch seinen Humor und gibt sie mit seinem Humor wieder« (181). Der Humor sei jedoch etwas Individuelles. Um Varlins eigenartigen Humor zu deuten, zitiert Dürrenmatt einen komplexen Satz aus Kierkegaards Dissertation. Nachdem sich dieser ausführlich mit der sokratischen Ironie befasst hat, skizziert er den Kontrast zwischen Humor und Ironie folgendermaßen: »Humor enthält eine weit tiefere Skepsis als Ironie; denn hier dreht sich alles nicht um die Endlichkeit, sondern um die Sündigkeit: die Skepsis des Humors verhält sich zu der der Ironie wie Unwissenheit zu dem alten Satz: *credo quia absurdum* [ich glaube, weil es absurd ist]; aber der Humor enthält auch eine weit tiefere Positivität; denn er bewegt sich nicht in humanen, sondern in gottmenschlichen (theanthropischen) Bestimmungen, er findet nicht Ruhe darin, daß er den Menschen zum Menschen macht, sondern darin, daß er den Menschen zum Gottmenschen macht« (Kierkegaard 1961,

334 f.). Für Dürrenmatt spiegelt sich Kierkegaards komplexer Satz in Varlins Malerei: »Mag er Dirnen, Schriftsteller, Vaganten oder andere ehrliche Menschen malen, nie sind sie Untermenschen, sondern Geschöpfe. Geschöpfe eines Malers, der die Menschen liebt, obwohl er sie so sieht, wie er sie malt. Wer den Menschen auf diese Weise liebt, gibt ihm eine Chance. Credo quia absurdum« (WA 32, 182).

Sowohl in Skepsis als auch in Positivität übertrifft also der Humor die Ironie: Mit der Sündigkeit, dem Satz *credo quia absurdum* und dem Gott-Mensch-Verhältnis markiert Kierkegaard, dass der Humor es mit dem Religiösen zu tun hat, während Ironie an innermenschlichen Spannungen arbeitet. Das hat Kierkegaard später dazu geführt, in seiner Theorie der Existenzsphären Ironie als Grenzgebiet zwischen dem Ästheten und dem Ethiker und Humor als Grenzgebiet zwischen dem Ethiker und dem religiösen Menschen anzusiedeln.

Der ironische Held

In *Der Mitmacher* setzt sich Dürrenmatt mit Kierkegaards Begriff der Ironie auseinander, um damit die Figur Cops zu interpretieren. Er bezieht sich dabei auf Kierkegaards Dissertation, aber auch auf dessen Sokrates-Interpretation in den *Philosophischen Brosamen* und in der *Unwissenschaftlichen Nachschrift*. »Nach der Ansicht Kierkegaards ist Sokrates ein ironischer Held« (WA 14, 202). Das muss zwar leicht korrigiert werden: Kierkegaard spricht von einem »ironischen Subjekt« oder einem »ironische[n] Einzelne[n]« (Kierkegaard 1961, 263 u. 269; vgl. dazu Mingels 2003, 218 f.). Dennoch ist Dürrenmatts Rezeption angemessen: Die Ironie macht Sokrates zu einem radikalen Einzelnen, dessen Standpunkt zwar ihn selbst in seiner Innerlichkeit überzeugt, der Allgemeinheit jedoch unglaubwürdig bleiben muss. Deshalb gilt sowohl für den griechischen Philosophen als auch für Dürrenmatts Cop, dass sie entgegen aller äußeren Evidenz eine innere Überzeugung vertreten und bereit sind, für sie in den Tod zu gehen, ja diesen Tod sogar erzwingen. Der ironische Held spielt mit Beharrlichkeit seine Subjektivität gegen die Objektivität aus, im bewussten Wissen darum, dass seine Position mit der Wirklichkeit nur kollidieren kann.

Durch eine ausführliche Rekonstruktion von Dürrenmatts Arbeit am *Mitmacher* hat Ulrich Weber in seiner Dissertation die Probleme aufgewiesen, die diese Parallelisierung von Sokrates und Cop stellt (2007,

126–132 u. 161–171). Vor allem aber zeigt er auf, wie sich aus dieser figuralen Deutung Cops in drei Rezeptionsphasen das Modell »des sokratischen, subjektiv existierenden Denkers« entwickelt, das prägend wirkt »für die Form des essayistisch-autobiographischen Schreibens, wie es Dürrenmatt vor allem im *Mitmacher-Komplex*, im Israel-Essay *Zusammenhänge* und in den *Stoffen* realisiert« (ebd., 167).

Auch Gott hat Humor ...

Bei Kierkegaard wacht der Humor am Übergang zur religiösen Existenz und prüft den religiösen Menschen stets, um ihn vom falschen Ernst zu befreien und zum echten Ernst anzuhalten. Dem entspricht bei Dürrenmatt, dass er in seinen Bildern immer wieder den falschen Ernst des Päpstlichen humorvoll kariert hat: »Der Papst ist das Sinnbild des Theologischen und damit des Rechthaberischen, des Glaubens, im Besitze der Wahrheit zu sein« (WA 32, 205).

Demgegenüber kann Dürrenmatt als befreiend hervorheben, dass selbst Gott, falls es ihn gibt, Humor hat. Seine eigene schöpferische Arbeit mit der göttlichen in Beziehung bringend schreibt er: »[W]enn es einen Gott gibt, muss er einen unendlichen Humor haben. Der muss wahnsinnig Freude haben, Welten in die Luft zu jagen, [...] ich glaube, der hat einfach Freude am ganzen Spektakel. Und das hat unbewusst der kreative Mensch auch. Ich habe nie etwas geschrieben mit Hass. Ich habe einfach Freude an dem, was man kreiert« (Dürrenmatt 2001, 5).

Auch bei Varlins Humor klang bereits ein ähnlicher Vergleich an, als dieselbe Liebe zu den Geschöpfen. Deshalb überrascht es nicht, dass Dürrenmatt am 1.11.1977 an Varlins Grab dieses Motiv in einer letzten Geschichte für seinen Freund nochmals aufgreift und Gott zu einem malenden Varlin werden lässt. Nach dem Schöpfungsakt schläft der erschöpfte Gott für Abermillionen Jahre ein. Als er wieder aufwacht, betrachtet er verwundert, was aus seiner Schöpfung geworden ist. Er schweigt, fast sieht es danach aus, dass er zornig werde. Aber dann wird er lächeln »und seine Geschöpfe [...] zuerst mit etwas Kohle, dann mit etwas Farbe etwa so malen, wie du seine Geschöpfe gemalt hast: mit viel Güte, mit viel Humor über das nicht so ganz vollkommen Gelungene« (Dürrenmatt 2005, 126).

Literatur
Primärtexte
Dramaturgische Überlegungen zu den ›Wiedertäufern‹. In: WA 10, 127–137.
Das Nashorn schreibt der Tigerin. Hg. von Charlotte Kerr. St. Gallen 2001.
Der Mitmacher. WA 14.
Der Rest ist Dank. In: WA 32, 109–112.
Etwas über ›Die Ehe des Herrn Mississippi‹ und etwas über mich. In: WA 3, 217–219.
[Gespräch mit] Artur Joseph [1966]. In: G 1, 235–246.
Persönliche Anmerkung zu meinen Bildern und Zeichnungen. In: WA 32, 201–216.
Theaterprobleme. In: WA 30, 31–72.
Totenrede für Varlin (Willy Guggenheim). 1. November 1977. In: Centre Dürrenmatt Neuchâtel (Hg.): Varlin – Dürrenmatt. Horizontal. Zürich 2005, 125 f.
Varlin [1969]. In: WA 32, 174–182.
Kierkegaard, Søren: Philosophische Brosamen und Unwissenschaftliche Nachschrift. München 1976.
Kierkegaard, Søren: Über den Begriff der Ironie mit ständiger Rücksicht auf Sokrates. In: Ders.: Gesammelte Werke. Düsseldorf, Köln 1961, Bd. 31.

Sekundärliteratur
Bühler, Pierre: Foi et humour. Une petite dramaturgie de la foi chrétienne, d'après Dürrenmatt. In: Bulletin du Centre protestant d'études 28 (1976), 3, 5–39.
Bühler, Pierre: Friedrich Dürrenmatt: A Swiss Author Reading and Using Kierkegaard. In: Jon Stewart (Hg.): Kierkegaard's Influence on Literature, Criticism and Art. Farnham, Burlington 2013, 43–59.
Meyer, Jürgen: Allegorien des Wissens. Flann O'Briens *The Third Policeman* und Friedrich Dürrenmatts *Durcheinandertal* als ironische Kosmographien. Tübingen 2001.
Mingels, Annette: Dürrenmatt und Kierkegaard. Die Kategorie des Einzelnen als gemeinsame Denkform. Köln 2003.
Rusterholz, Peter: Dürrenmatts und Kierkegaards Wiederholungen. In: Ders.: Chaos und Renaissance im Durcheinandertal Dürrenmatts. Hg. von Henriette Herwig und Robin-M. Aust. Baden-Baden 2017, 165–175.
Weber, Ulrich: »Ob man sich selbst ein Stoff zu werden vermag?« Kierkegaard und die Entwicklung des subjektiven Schreibens im *Mitmacher-Komplex*. In: Quarto 7 (1996), 65–79.
Weber, Ulrich: Dürrenmatts Spätwerk. Die Entstehung aus der *Mitmacher*-Krise. Basel 2007.

Pierre Bühler

91 Intermedialität

Friedrich Dürrenmatts Werk ist genuin intermedial angelegt. Die drei Phänomene *Medienwechsel*, *Medienkombination* und *intermediale Bezüge* (vgl. Rajewsky 2002) sind wichtige Elemente seines Schaffens. Die Arbeit als Autor, Dramatiker, Regisseur und Maler fand in verschiedenen Medien ihren Ausdruck. Die transmediale Verwendung von Motiven und Themen und deren Bezüge untereinander sind offenkundig; schließlich werden insbesondere im Spätwerk Medialität und Intermedialität explizit reflektiert und Medienkritik geübt.

Medienwechsel

Bekanntlich strebte Dürrenmatt eine Karriere als Maler an, wandte sich dann der Philosophie zu, um schließlich zur Literatur zu finden. Die Produktivität im jeweiligen Medium hat in Dürrenmatts Selbstbeschreibung denselben Ursprung: »Was ich – in meinem Schreiben wie Zeichnen – suche, sind die Bilder und Gleichnisse, die im Zeitalter der Wissenschaft noch möglich sind« (WA 32, 215).

Zahlreiche Texte Dürrenmatts stehen in engem Zusammenhang mit Zeichnungen und Gemälden, die er im Vorfeld, gleichzeitig oder danach angefertigt hat (s. Kap. 61): »Meine Zeichnungen sind nicht Nebenarbeiten zu meinen literarischen Werken, sondern die gezeichneten und gemalten Schlachtfelder, auf denen sich meine schriftstellerischen Kämpfe, Abenteuer, Experimente und Niederlagen abspielen« (201). Hintergrund der intermedialen Bezüge zwischen Schrift und Bild und der Medienwechsel bei bestimmten Motiven (etwa dem Labyrinth; s. Kap. 71) ist Dürrenmatts »dramaturgisches Denken beim Schreiben, Zeichnen und Malen«, der Versuch, »immer endgültigere Gestalten zu finden, bildnerische Endformen« (207): »Ich male aus dem gleichen Grund, wie ich schreibe: weil ich denke« (216). Die bildkünstlerische Arbeit versteht Dürrenmatt als »Ergänzung« der Schriftstellerei, wobei das »Ursprüngliche […] stets das Bild, die Situation – die Welt« (ebd.) ist, an denen sich das Denken abarbeitet.

Den Beruf des Schriftstellers reduzierte Dürrenmatt nicht auf den Roman- oder Theaterautor, vielmehr verstand er sich in einem weiten Sinn als Erzähler von Geschichten: »Ich schreibe, […] weil ich es liebe, Geschichten zu erzählen, ohne mich bemüßigt zu fühlen, bei der Auflösung der Welträtsel dabei zu sein« (WA 32, 60 f.). In diesem Fokus auf die ›Geschichte‹, die dem jeweiligen Medium angepasst wird, besteht die Grundlage von Dürrenmatts intermedialen Arbeiten.

Dabei spielt der Medienwechsel der Stoffe eine wichtige Rolle: Zahlreiche Motive hat Dürrenmatt in verschiedenen Medien ausgeführt. Jedes Medium hat dabei eigene Anforderungen, die es zu beachten gilt. In Bezug auf das Stück *Die Panne* – einem Stoff, der als Erzählung, Hörspiel, Theater und Film bearbeitet wurde – erläutert er: »Die Transposition eines Stoffes in ein anderes Medium stellt nicht so sehr ein Problem der Phantasie als eines des Denkens dar – zu dem freilich das neue Medium zwingt« (WA 16, 64). Das ›Scheitern‹ seiner späten Stücke hat Dürrenmatt häufig als ein Versagen der Inszenierung, also als mangelhafte Übertragung in das andere Medium gesehen; er wünschte sich deshalb ein »Theater meiner Einbildungskraft« (WA 15, 14), in dem ein Stück zu einem ›Lesestück‹ wird.

Medienkombination

In Dürrenmatts Entwicklung zum Schriftsteller spielte das Theater als Medienkombination eine zentrale Rolle: »Einer der Maler werden wollte, Philosophie studiert hatte und ohne Sprache nicht mehr ausgekommen sei, habe sich durch die Sprache mit Hilfe der Bühne befreit« (WA 31, 143). Dürrenmatt nahm das Theater als spezifisches Medium sehr ernst; es war ihm wichtig, »mit der Bühne zu denken« (163). Im Theater nahm Dürrenmatt verschiedene Funktionen ein: Er war als Schriftsteller Verfasser von Stücken und nahm als Regisseur seiner eigenen und fremder Stücke sowie als Direktor des Theater Basel zugleich Aufgaben an, die über diejenigen des Schriftstellers hinausgingen (vgl. Rüedi 2004; s. Kap. 31).

Das Thema der Intermedialität spielt insbesondere im dramatischen Spätwerk eine zentrale Rolle, wobei es Dürrenmatt stets auch um die Begrenzungen des Mediums geht. Dies gilt bereits für sein 1948 vernichtetes Stück *Turmbau zu Babel*, das auf einem in die Höhe wachsenden Turm hätte spielen sollen, und das als Prosa-Fragment erst in den *Stoffen* möglich wurde (vgl. WA 29, 50 f.). Es gilt aber auch für *Achterloo*, Dürrenmatts letztes (Rollentherapie-)Stück, in dem die Schauspielenden die Funktionen des Schauspielers, der historischen und der gespielten Figur auf der Bühne darstellen.

Wie das Theater ist auch die Oper ein multimediales Format, in dem zur dramatischen Handlung der

J. B. Metzler © Springer-Verlag GmbH Deutschland, ein Teil von Springer Nature, 2020
U. Weber / A. Mauz / M. Stingelin (Hg.), *Dürrenmatt-Handbuch*, https://doi.org/10.1007/978-3-476-05314-5_91

Gesang und die Musik hinzukommen. Dürrenmatt schrieb mit *Frank der Fünfte. Eine Privatoper*, die auch als *Komödie einer Privatbank* geführt wird, eine theatralische Oper. Er verfasste die Songs nach eigener Aussage in nur zehn Tagen zusammen mit dem Komponisten Paul Burkhard (vgl. WA 29, 48 f.) und stellte sie selbst in Differenz zur *Dreigroschenoper*: Wo die Figuren dort »ihre Wahrheiten im Sinne Brechts singen«, singen sie bei Dürrenmatt ihre »Ausreden«: »Sie singen, wenn sie morden« (WA 31, 150).

Zahlreiche Stücke Dürrenmatts wurden vertont. Dass die Zusammenarbeit mit Komponisten nicht immer reibungslos ablief, zeigt etwa die Opernadaption von *Der Besuch der alten Dame* durch Gottfried von Einem (vgl. Eickhoff 2004). Ähnliches gilt für den Film.

Eine erstaunliche Zahl an Texten Dürrenmatts wurde für Film und Fernsehen bearbeitet, ebenso wie er an zahlreichen Filmen beteiligt war (vgl. Bolliger/Buchmüller 1996; s. Kap. 60). Für die Filmfassungen hat der Autor den Stoff jeweils stark bearbeitet. Nicht selten stand der Film am Anfang einer Arbeit, die sich dann in einem anderen Medium fortsetzte. So hat Dürrenmatt vor dem Kriminalroman *Das Versprechen* zunächst die Filmerzählung und das Drehbuch zu *Es geschah am hellichten Tag* geschrieben (vgl. Möbert 2011).

Trotz acht Hörspielen und des Hörspielpreises der Kriegsblinden 1957 blieb Dürrenmatt gegenüber dem Medium des Rundfunks skeptisch (vgl. Würffel 2004, 61; s. Kap. 13). Seine Hörspielproduktion beschrieb er als »Versuch, Geld zu verdienen« (G 3, 168) und schätzte die Regiearbeit tief ein: »[J]eder Esel kann da Regie führen« (170). Dennoch sollte die Relevanz dieses Mediums nicht unterschätzt werden: Schon in *Der Doppelgänger*, seiner ersten Arbeit für das Radio, stellt der damals 25-jährige Autor die Herstellung des Mediums selbst aus, eine metaleptische Volte, die »innovative[...] formale[...] Aspekte« (Würffel 2004, 65) an den Tag legt.

Auch die Philosophie und Essayistik lassen sich, insofern sie Gattungen im Rahmen der Schriftstellerei darstellen, als eigene Medien beschreiben. Als Medienkombination sticht dabei *Der Mitmacher. Ein Komplex* hervor: ein Theaterstück, das durch extensive bühnentechnische Anweisungen, Charakterisierungen der Figuren, essayistische Ausführungen und Erzählungen begleitet und kommentiert wird. Diese Kombination verschiedener medialer Gattungsstile ist für das Spätwerk der *Stoffe*, in denen u. a. gerade auch naturwissenschaftliche Überlegungen in philosophische Paradoxien übergehen, äußerst bedeutsam (vgl.

Die Brücke, *Das Hirn* und *Kabbala der Physik*). Dürrenmatts Schreiben zeichnet sich durch ein »Funktionalstilverständnis« aus: Analog zur Wahl des Mediums soll sich auch die Wahl des (Schreib-)Stils der Funktion des Denkens unterordnen und keinen Selbstzweck darstellen (Holzheid 2011, 286).

Dürrenmatt hat auch mehrere seiner Bücher illustriert bzw. mit zeichnerischen Arbeiten angereichert und so die Medien Schrift und Bild kombiniert (z. B. Dürrenmatt 1985; Dürrenmatt/Kerr 1986; vgl. Bigler 2014).

Poetik der Intermedialität

Medialität ist nicht nur in Dürrenmatts künstlerischer Praxis wichtig, sondern auch zentral für sein poetologisches Selbstverständnis und die Inhaltsdimension der Texte. Die Bedeutung der dem Erzählen eigenen (Meta-)Medialität wird vielfach im Erzählen wie dem Erzählten aufgenommen. Schon in den früheren Texten haben Medien eine wichtige Funktion: Im Kriminalroman *Der Verdacht* ist es eine Fotografie aus der Zeitschrift *Life*, einem Massenmedium, das die Ermittlungen auslöst; in *Das Versprechen* weist eine Zeichnung auf den Mörder hin.

Die Tendenz, (Inter-)Medialität auch konzeptuell und reflexiv hervorzuheben, nimmt im Spätwerk zu. Den posthum erschienenen Text *Midas oder Die schwarze Leinwand*, ursprünglich für einen Film geplant, nennt Dürrenmatt auf dem Umschlag der Erstausgabe »[k]ein Drehbuch für einen Film, ein Film zum Lesen« (Dürrenmatt 1991). Der Drehbuch-Charakter bleibt in diesem Text zwar erhalten, ebenso gut lässt er sich jedoch als Theater, Hörspiel oder Lesetext auffassen (vgl. Banz 2003). Durch die metaleptische Grundstruktur des Textes und die paradoxe Situation eines toten Sprechers stellt sich die Frage nach den medialen Möglichkeiten des Erzählens, nach Fiktion und Wirklichkeit überhaupt (vgl. Stingelin 2006; Rusterholz 2004).

Die Novelle *Der Auftrag oder vom Beobachten des Beobachters der Beobachter*, deren Titel bereits eine hochmedialisierte Szene evoziert, hat ihren Ursprung ebenfalls im Film, referiert mit ihren 24 Sätzen aber auch auf Johann Sebastian Bachs *Das wohltemperierte Klavier* (vgl. Kerr 1992, 172 f.). Die erzählte Geschichte formuliert dezidiert Kritik an der Macht der Medien und ihrem Einfluss auf die Wirklichkeit als Beobachtbares. Die Dominanz der Medienthematik in Dürrenmatts Spätwerk verdankt sich einerseits der

Medienrevolution der (Post-)Moderne und ist andererseits Zeichen einer zunehmenden Selbstreflexivität seiner künstlerischen Praxis.

Eine umfassende und theoretisch informierte Untersuchung zur Intermedialitätsthematik stellt ein Desiderat dar. Nicht zuletzt wären Dürrenmatts Arbeiten auch in Bezug zu Positionen der postmodernen Medientheorie zu setzen, was ihn als frühen Medienkritiker erscheinen ließe.

Literatur
Primärtexte
Der Mitmacher. Ein Komplex. WA 14.

Dürrenmatt, Friedrich/Kerr, Charlotte: Rollenspiele. Protokoll einer fiktiven Inszenierung und Achterloo III. Zürich 1986,

Labyrinth. Stoffe I–III. WA 28.

Midas oder Die schwarze Leinwand. Zürich 1991.

Minotaurus. Eine Ballade. Mit Illustrationen des Autors. Zürich 1985.

Persönliche Anmerkungen zu meinen Bildern und Zeichnungen. In: WA 32, 201–216.

Turmbau. Stoffe IV–IX. WA 29.

Sekundärliteratur
Banz, Stefan: »Ich mag heute keine Gespenster sehen«. Friedrich Dürrenmatts *Midas oder Die schwarze Leinwand*. In: Text + Kritik 50/51 (2003), 216–221.

Bigler, Regula: Surreale Begegnungen von Bild und Text. Lektüren im intermedialen Dialog. Paderborn 2014, bes. 213–298.

Bolliger, Luis/Buchmüller, Ernst (Hg.): Play Dürrenmatt. Ein Lese- und Bilderbuch. Zürich 1996.

Eickhoff, Thomas: Von Einem, der Dürrenmatt wegen seiner *Alten Dame* besuchte. Zum Verhältnis zwischen Komponist und Dramatiker im Kontext der Opernfassung der ›Tragischen Komödie‹. In: Jürgen Söring, Annette Mingels (Hg.): Dürrenmatt im Zentrum. Frankfurt a. M. 2004, 79–107.

Gasser, Manuel: Einleitung. In: Christian Strich (Hg.): Dürrenmatt. Bilder und Zeichnungen. Zürich 1978, [1–7].

Holzheid, Anett: Stilisierte Unordnung im Versuchsraum des Kunstwerks. Zur intermedialen Stilkonzeption bei Friedrich Dürrenmatt. In: Ulrich Breuer, Bernhard Spies (Hg.): Textprofile stilistisch. Beiträge zur literarischen Evolution. Bielefeld 2011, 285–315.

Kerr, Charlotte: Die Frau im roten Mantel. München, Zürich 1992.

Möbert, Oliver: Intertextualität und Variation im Werk Friedrich Dürrenmatts. Zur Textgenese des Kriminalromans *Das Versprechen* (1957/58) unter besonderer Berücksichtigung des Spielfilms *Es geschah am hellichten Tag* (CH/D/E, 1958). Frankfurt a. M. 2011.

Rajewsky, Irina: Intermedialität. Tübingen 2002.

Stingelin, Martin: Ein Selbstporträt des Autors als Midas. Das Spannungsverhältnis zwischen Schrift und Bild in Friedrich Dürrenmatts Spätwerk. In: David Giuriato, Stephan Kammer (Hg.): Bilder der Handschrift. Die graphische Dimension der Literatur. Frankfurt a. M., 269–292.

Rusterholz, Peter: Die Krise der Darstellung als Darstellung der Krise: *Midas* – der Film zum Lesen. In: Jürgen Söring, Annette Mingels (Hg.): Dürrenmatt im Zentrum. Frankfurt a. M. 2004, 177–190.

Ryan, Marie-Laure: Narration ins Various Media. In: Peter Hühn u. a. (Hg.): The Living Handbook of Narratology. Hamburg 2014, http://www.lhn.uni-hamburg.de/article/narration-various-media (4.7.2019).

Wassmann, Elena: Die Novelle als Gegenwartsliteratur. Intertextualität, Intermedialität und Selbstreferentialität bei Martin Walser, Friedrich Dürrenmatt, Patrick Süskind und Günter Grass. St. Ingbert 2009, 191–258.

Weber, Ulrich u. a. (Hg.): Dramaturgien der Phantasie. Dürrenmatt intertextuell und intermedial. Göttingen 2014.

Würffel, Stefan Bodo: »Jeder Esel kann da Regie führen...« Friedrich Dürrenmatts Rundfunkarbeiten. In: Jürgen Söring, Annette Mingels (Hg.): Dürrenmatt im Zentrum. Frankfurt a. M. 2004, 61–78.

Lukas Gloor

92 Intertextualität

Einleitung

»Ich denke nicht an Vorbilder. Ich bin ein Mensch, der die Literatur vergißt, wenn er schreibt« (G 2, 101). Nachdrücklich hat sich Dürrenmatt als ein Schriftsteller stilisiert, der seine Stoffe nicht in der Kunst, sondern in der Welt findet (vgl. WA 5, 138). Die Forschungslage zu intertextuellen Bezügen im Werk Dürrenmatts ist dementsprechend auch recht dünn. Nur wenige Arbeiten haben sich bislang mit dieser Thematik befasst, überwiegend handelt es sich hierbei um Einzelstudien zu prominenten Texten (vgl. Mitrache 1999; Möbert 2011; Park 2000). Den Beiträgen von Rusterholz und Weber ist es zu verdanken, dass Dürrenmatts intertextuellen Verfahrensweisen mehr Beachtung geschenkt wurde (vgl. Rusterholz 2002; Weber 2000; Weber 2014), wenngleich eine Studie, die das Werk hinsichtlich der Präsenz, Form und Funktion fremder und eigener Prätexte systematisch untersucht, derzeit noch fehlt.

Peter Stocker hat die bisher überzeugendste Intertextualitätstheorie vorgelegt und beschreibt ein literarisches Phänomen genau dann als »*intertextuell*, wenn es (a) auf Zitieren und/oder (b) auf Thematisieren und/oder (c) auf Imitieren eines Textes oder mehrerer Texte (›Prätexte‹) durch einen andern Text beruht [...] und/oder wenn es (d) auf Imitieren und/oder (e) auf Thematisieren und/oder (f) auf Demonstrieren von poetischen Mustern beruht« (Stocker 1998, 72). Entgegen seiner eigenen Aussage hat Dürrenmatt wiederholt auf fremde und eigene Prätexte zurückgegriffen und diese bearbeitet. Seine Bezugnahmen sind dabei ebenso vielfältig wie eigenständig und können an dieser Stelle nur kursorisch abgesteckt werden: Sie reichen von der Auseinandersetzung mit Sophokles (*Romulus der Große, Der Besuch der alten Dame, Das Sterben der Pythia*), Platon (*Die Stadt, Der Winterkrieg in Tibet*), Ovid (*Midas*), Shakespeare (*König Johann, Titus Andronicus*), Wieland (*Der Prozeß um des Esels Schatten*) und Goethe (*Urfaust, Stoffe*) über Büchner (*Woyzeck, Achterloo*), Nietzsche (*Der Folterknecht, Winterkrieg*), Strindberg (*Play Strindberg*), Kafka (*Die Panne, Der Rebell*) und García Lorca (*Die Frist*) bis hin zu Glauser (*Der Richter und sein Henker*), Brecht (*Frank V., Der Mitmacher*), Bachmann (*Der Auftrag*) und Frisch (geplante Fortsetzung zu *Biedermann und die Brandstifter*; vgl. WA 29, 63 u. 68–73). Daneben finden sich zahlreiche Bezüge zu Figuren-, Dramen- und Darstellungskonzeptionen anderer Autoren; ge-

nannt seien hier nur Aristophanes, Rabelais, Cervantes, Swift, Lessing und Wedekind, die für das Œuvre Dürrenmatts eine bedeutende Rolle spielen.

Mit Broich/Pfister (1985) lassen sich hierbei drei Verfahrensweisen der intertextuellen Bezugnahme unterscheiden, die im Folgenden näher skizziert werden: 1. der Bezug auf einen fremden Prätext (›Einzeltextreferenz‹); 2. der Bezug auf literarische Muster (›Systemreferenz‹); 3. der Bezug auf eigene Prätexte (›Autointertextualität‹). Jeder Verweis schreibt dabei dem Text eine semantische Relevanz ein, die vom Rezipienten mit Blick auf das Trennende und Verbindende zwischen Text und Prätext zu erkennen und zu aktualisieren ist (vgl. Berndt/Tonger-Erk 2013, 10 f.).

Einzeltextreferenz

Egal, ob Dürrenmatt mit *Play Strindberg* die adaptierte Vorlage gegen sich selbst verkehrt (vgl. WA 12, 193 f.), *König Johann* als ›Stoff für Stoffe‹ benutzt (vgl. WA 11, 212; G 1, 310) oder die Szenenfolge im *Woyzeck* umstellt (vgl. WA 13, 131–189) – in jedem Fall maßgeblich war für ihn der kritisch-transformierende Umgang mit dem Prätext: »Das Durchdenken der vorhandenen Theaterstücke, das Weiterspielen ist nötig. Das gibt eine neue Sicht« (G 1, 339). Dürrenmatt experimentierte mit den Vorlagen und verzerrte sie mitunter bis zur Groteske und Travestie. Seine Überschreibungen tragen damit das Signum des Ironischen, sie entkleiden die Vorlage von ihrem Pathos und weisen den transformierten Text in seiner ganzen Ambivalenz aus: ein spöttischer Gegenentwurf. In späteren Jahren stellt Dürrenmatt seine intertextuellen Verweise immer offener aus, während er manche Einsprengsel zugleich so sehr mit seinem eigenen Text verwebt, dass sich die Hinweise nicht mehr eingängig erschließen (vgl. Grimm 2000, 91). Das Spiel mit der Ironie nimmt zu, und die im Text markierten Referenzen verlieren an Validität.

Systemreferenz

Diese Verfahrensweise zeigt sich auch in Dürrenmatts Transformation poetischer Muster. Aus dem Held Theseus wird so der Betrüger Theseus, der seine Heldentat lediglich zu Karrierezwecken fingiert (vgl. Keller 2014, 149). Doch nicht nur der Mythos wird entmythisiert, ganze Genres werden von Dürrenmatt strukturell umgeschrieben. Stellt er in seinen Krimi-

J. B. Metzler © Springer-Verlag GmbH Deutschland, ein Teil von Springer Nature, 2020
U. Weber / A. Mauz / M. Stingelin (Hg.), *Dürrenmatt-Handbuch*, https://doi.org/10.1007/978-3-476-05314-5_92

nalgeschichten den Zufall in den Mittelpunkt und führt damit die Vorstellung einer vernunftgeleiteten Aufklärung des Verbrechens ad absurdum (vgl. Linden 2013, 125–128), so gerät seine Novelle *Der Auftrag* zum »bloße[n] Zitat« einer solchen, Ausdruck einer »ins Groteske gewendete[n] Simulation« (Wassmann 2009, 209). Die überlieferten Gattungskonzepte greifen für Dürrenmatt nicht mehr: Die erfahrene Lebenswirklichkeit können sie nicht adäquat wiedergeben. Konzepte von Verantwortung und Schuld – für das Modell der klassischen Tragödie unabdingbar – haben nach seiner Auffassung an Gültigkeit verloren (vgl. WA 30, 62). Das Modell der Tragödie kann für Dürrenmatt daher nur noch verfremdet wiedergegeben werden, als Parodie und Kontrafaktur (vgl. Rusterholz 2002, 297 f.), in der die einzelnen Gattungsmerkmale oft bis ins Groteske gesteigert werden (vgl. Stocker 2000, 421). Dürrenmatts Umschreibungen hinterfragen damit die geltenden Gattungsnormen und sind in ihren Umkehrungen Ausdruck eben jener ›verkehrten Welt‹, die der Schriftsteller für seine Gegenwart diagnostiziert (vgl. Bloch 2017, 156).

Autointertextualität

Kritisch reflektiert werden von Dürrenmatt jedoch nicht nur fremde Texte und literarische Muster, auch das eigene Œuvre wird Gegenstand zahlreicher Umarbeitungen und Fortschreibungen. Wie Mitrache am Beispiel der *Panne* herausarbeitet, ermöglicht die unterschiedliche Ausgestaltung dieses Stoffs als Hörspiel, Drama und Erzählung differente Modi der Sinnkonstitution und Rezeption (vgl. 1999, 142 f.), während das Drama *Achterloo* mit seinen drei Versionen Ausdruck einer fortwährenden Weiterentwicklung des eigenen Schreibens ist (vgl. Klimant 2014, 13 u. 19). Ihre Zuspitzung findet diese Form der Umschreibung in den *Stoffen* Dürrenmatts, die als eine Rekonstruktion früherer Textentwürfe präsentiert werden. Die Novelle *Mondfinsternis* wird so als Vorläufer des *Besuchs der alten Dame* präsentiert, wobei, wie Weber (2000, 184 f.) darlegt, das Verhältnis von Prä- und Posttext vom Autor ironisch verkehrt wird: »Die vermeintliche Quelle oder Vorstufe wird im Laufe der Rekonstruktion zu einem impliziten Gegenentwurf entwickelt.« Der eigene Text wird in seiner Bedeutung umgeschrieben; er wird als Fortführung eines Fragment gebliebenen Prätexts präsentiert, wobei der rekonstruierte Prätext de facto ein Posttext ist. Gerade in diesen fortwährenden Umarbeitungen drückt sich die von Dürrenmatt vertrete-

ne Prämisse aus, dass es keine endgültigen Lösungen gibt – Schreiben ist Denken und als solches immer schon ein *work in progress*.

Beispiel: *Der Prozeß um des Esels Schatten. Ein Hörspiel* (1951)

Dass Dürrenmatt mit seinen Vorlagen sehr frei verfährt und die Allusion dazu nutzt, um Inhalt und Bedeutung des referierten Texts ins Gegenteil zu verkehren, lässt sich am trickreichen Untertitel des Hörspiels *Der Prozeß um des Esels Schatten* paradigmatisch zeigen (vgl. WA 8, 119–172). So stellt hier der paratextuelle Hinweis *nach Wieland* die Textphorik des Hörspiels offensiv aus, nimmt diese jedoch über die lakonische Anschlussbemerkung *aber nicht sehr* sogleich wieder zurück. Tatsächlich lässt sich Dürrenmatts Hörspiel als eine Kontrafaktur der Wielandschen *Abderiten* (1774–1780) verstehen, einem satirischen Fortsetzungsroman, der im vierten Band von einem Streit um einen Eselsschatten erzählt und der Frage, ob bei der Anmietung eines Esels auch dessen Schatten mitgemietet wird. Während bei Wieland der fragliche Prozess ein aufklärerisch-gutes Ende findet, auch wenn dafür das Tier massakriert werden muss, so endet der Streit bei Dürrenmatt in einer apokalyptischen Zerstörung von ganz Abdera (vgl. Knapp 1993, 74 f.). Es ist die Unvernunft, die hier siegt, und das ›nicht sehr‹ des Untertitels ironisch untertreibt. Das Hörspiel persifliert damit den heiteren Gestus der Wielandschen Geschichte und denkt den in seinem Kern wesenlosen Konflikt bis zur ›schlimmstmöglichen Wendung‹ weiter. Dem aufklärerisch-vernünftigen Ende wird das Schreckbild eines irrationalen und zerstörerischen Konflikts entgegengehalten.

Der Reflexionsprozess im Schreiben

Wenn Berndt/Tonger-Erk (2013, 13) konstatieren, dass der »literarische Text [...] sowohl das wichtigste Beispiel für Intertextualität [ist] als auch deren *selbstreflexives Medium*«, so schildert das sich selbst reflektierende Spätwerk Dürrenmatts Bewusstseins- und Gedankenprozesse, die nicht linear, sondern in ihren intertextuellen Bezügen gelesen werden wollen, als Resonanzraum und Ort des ›Weiter-Denkens‹ (vgl. Rusterholz 2002, 302 f.). In seinem *Nachwort zum Nachwort* schreibt der Autor: »[D]ie Stücke, in die man sich einlässt, sind nun einmal Affären, mehr oder weniger glückliche Liebesgeschichten mit Stoffen. [...] Doch wie die Geliebte im Verlauf der Affäre, die sich ja in der Zeit abspielen muß, auch an sich eine andere ist als die Braut [...], so ist auch ein Stoff etwas anderes als Idee oder als eben geschriebenes Stück [...] oder als ein Stück endlich, aus dessen Bannkreis der Autor getreten ist, [...] indem er es noch einmal durchdachte, nicht um es vor der Welt, sondern um es vor sich selbst zu bewältigen« (WA 14, 229 f.). Die Auseinandersetzung mit anderen und eigenen Texten wird damit zu einem Prozess des ›Nach-Denkens‹, der im Verwirrspiel der intertextuellen Bezüge seine performative Umsetzung findet.

Literatur

Berndt, Frauke/Tonger-Erk, Lily: Intertextualität. Eine Einführung. Berlin 2013.

Bloch, Peter André: Dürrenmatts Dramaturgie der Verkehrung in seinen Kriminalgeschichten und frühen dramatischen Kompositionen. In: Ders.: Friedrich Dürrenmatt – Visionen und Experimente. Werkstattgespräche – Bilder – Analysen – Interpretationen. Göttingen 2017, 135–166.

Broich, Ulrich/Pfister, Manfred (Hg.): Intertextualität. Formen, Funktionen, anglistische Fallstudien. Tübingen 1985.

Grimm, Reinhold: Intertextualitäten: Einige Beispiele aus Dürrenmatts späterer Schaffenszeit. In: Peter Rusterholz, Irmgard Wirtz (Hg.): Die Verwandlung der *Stoffe* als Stoff der Verwandlung. Friedrich Dürrenmatts Spätwerk. Berlin 2000, 91–106.

Klimant, Thomas: Dürrenmatts Transzendentaldramaturgie. Die *Achterloo*-Varianten (1982–1988) als Beitrag zur Auseinandersetzung zeitgenössischer Dramaturgie mit radikal konstruktivistischen Denkfiguren. Berlin 2014.

Linden, Patricia: Literatur als »Wiederholungstäterin«. Dürrenmatts Werke zwischen Text und Film. In: Germanica 53 (2013), 121–135.

Mitrache, Liliana: Intertextualität und Phraseologie in den drei Versionen der *Panne* von Friedrich Dürrenmatt. Aspekte von Groteske und Ironie. Uppsala 1999.

Möbert, Oliver: Intertextualität und Variation im Werk Friedrich Dürrenmatts. Zur Textgenese des Kriminalromans *Das Versprechen* (1957/58) unter besonderer Berücksichtigung des Spielfilms *Es geschah am hellichten Tag* (CH/D/E, 1958). Frankfurt a. M. 2011.

Park, Gun-Yong: Intertextuelle Analyse zweier Werke von Friedrich Dürrenmatt: *Mondfinsternis* und *Der Besuch der alten Dame*. Bochum 2000.

Rusterholz, Peter: Vom ›Werk‹ zur Intertextualität der *Stoffe*: Friedrich Dürrenmatts Wandlung. In: Zeitschrift für Semiotik 24 (2002), 2–3, 295–305.

Stocker, Peter: Theorie der intertextuellen Lektüre. Modelle und Fallstudien. Paderborn 1998.

Stocker, Peter: Friedrich Dürrenmatt (1921–1990). In: Alo Allkemper, Norbert Otto Eke (Hg.): Deutsche Dramatiker des 20. Jahrhunderts. Berlin 2000, 417–441.

Wassmann, Elena: Die Novelle als Gegenwartsliteratur. Intertextualität, Intermedialität und Selbstreferentialität bei Martin Walser, Friedrich Dürrenmatt, Patrick Süskind und Günter Grass. St. Ingbert 2009.

Weber, Ulrich: Erinnerung und Variation. *Mondfinsternis* und *Der Besuch der alten Dame* in textgenetischer Sicht. In: Peter Rusterholz, Irmgard Wirtz (Hg.): Die Verwandlung der *Stoffe* als Stoff der Verwandlung. Friedrich Dürrenmatts Spätwerk. Berlin 2000, 179–195.

Weber, Ulrich u. a. (Hg.): Dramaturgien der Phantasie. Dürrenmatt intertextuell und intermedial. Göttingen 2014.

Julia Röthinger

93 Komödie (tragische)

Werkpoetik der Komödie

Dürrenmatts Äußerungen zur Komödie sind kontext-gebunden, auf die Arbeit an Stücken oder deren Wirkung auf der Bühne bezogen. So hebt er in den 1950er Jahren in der *Anmerkung zur Komödie* und in den *Theaterproblemen* den Gegensatz von Komödie und Tragödie hervor, bis hin zur vielzitierten These: »Uns [der Wirklichkeit nach den Weltkriegen] kommt nur noch die Komödie bei« (WA 30, 62). In den 1970er Jahren rückt er mit Blick auf die *Physiker* und die Idee eines ›komischen‹ Galilei das Tragische und das Komische eng zusammen. Beide seien nicht Eigenschaften von Figuren oder Situationen, sondern Zuschreibungen des jeweils wahrnehmenden Subjekts: »Das Tragische und das Komische sind für mich so hauchdünn getrennt, sind für mich nicht sachlich unterschieden, sondern rein im Bewußtsein, rein psychologisch« (G 2, 131). Dürrenmatts Einlassungen zur Komödie wandeln sich mit seinem Komödienschaffen, lassen dabei aber durchaus eine Linie erkennen: In programmatischer Hinwendung zur Komödie wird die Frage nach deren Chance immer schärfer herausgearbeitet, angesichts einer sinnverweigernden, diffusen Wirklichkeit Sinnorientierung zu bewahren, zumindest als Forderung. Die Komödie wird mit der Konzentration auf diese Frage fortschreitend totalisiert, in dem Sinne, dass es zu ihr kein Außerhalb mehr gibt.

Theorie der Komödie

Als ›Komödie‹ wird ein Theaterstück bezeichnet, das seinem Gehalt und seiner Struktur nach durch Komik bestimmt wird. Entsprechend gewinnt die Komödie ihre jeweilige Eigenart primär aus der Art und Weise, in der sie die beiden Grundformen der Komik zusammenführt (vgl. Jauß 1976, 103–132; Greiner 2006, 87–113): die des ›Verlachens‹ und die des ›entgrenzenden, Unterdrücktes freisetzenden Lachens‹. Die ›Komik des Verlachens‹ misst eine Handlung oder Figur an Erwartungen oder Normen; sie ist intellektuell, akzentuiert Gegensätze, etwa von Schein und Sein, Anstrengung und Ergebnis und wertet ab, indem sie dem Verlachen preisgibt, was den als gültig angesetzten Normen nicht genügt. ›Entgrenzende Komik‹ manifestiert sich demgegenüber primär physisch, der Sinnlichkeit Raum gebend; sie zielt darauf, das in den gegebenen Ordnungen Unterdrückte oder Verdrängte freizuset-

zen: die unter den Kulturgeboten zu mäßigenden Triebwünsche, ebenso Lust am Unsinn wie am Aufheben von Formgeboten. So entfaltet diese Komik entstrukturierende, ordnungssprengende Kräfte, die von jeher einzuschränken gesucht wurden, etwa auf eine bestimmte Zeit, den Karneval, oder auf institutionell geregelte Aktionen wie das Theaterspiel. Komik dieser Art schmilzt Unterscheidungen ein, bricht Grenzen auf, auch die zwischen Menschen; sie ist eine Komik der Teilhabe, wie dies das Phänomen des ›ansteckenden‹ Lachens bezeugt.

Ihren besonderen Reiz gewinnt die Komödie nicht im isolierten Ausprägen einer dieser beiden Arten von Komik, sondern in deren Zusammenführen. Das verleiht ihr ein Gattungsgesetze und -grenzen immer auch unterminierendes Moment, der in ihr entfalteten Komik eine irritierende Ambiguität. Beide Arten der Komik wie auch der hierauf gegründeten Komödien geben Öffnungen zur jeweils entgegengesetzten Art zu erkennen. So darf die satirische Komödie das dem Verlachen Preisgegebene nicht gänzlich vernichten, was in der Regel durch Betonen des Spielmomentes verhindert wird. Weiter sind in der Verlachkomödie die Ordnung verbürgenden Instanzen gezwungen, eben demjenigen Figur und Stimme zu geben, das sie ausschließen wollen (vgl. Freud 1970; Ritter 1974). Gibt die Komödie umgekehrt entgrenzender, formauflösender ›karnevalistischer‹ Komik (vgl. Bachtin 1990, 32–85) Raum, so hat sie zur Sicherung ihres Werkcharakters als Drama den Tendenzen zur Gestaltauflösung halt- und strukturgebende Momente entgegenzusetzen. Das kann die eigene Ordnung des Spielens sein oder das Gefüge einer schlüssigen Handlung – bei Dürrenmatt etwa die jeweils streng durchgehaltene Versuchsanordnung – oder der Entwurf konsistenter Figuren, dem Dürrenmatt durch starkes Typisieren nachkommt.

Grundbedingung der Komödie ist, dass die Protagonisten an den Gefährdungen der Handlungswelt, die sich ihnen aufgetan haben, und an den Folgen ihrer Handlungen nicht zugrunde gehen, damit dem vollen Ernst der Lebenspraxis entzogen sind. Dieses konstitutive Moment des Spiels machen Komödien insbesondere im Durchbrechen der Spielillusion in direkter Wendung an das Publikum bewusst oder im Potenzieren des Spiels durch Spiel-im-Spiel-Strukturen. Dürrenmatt lotet die Grenzen dieses Spielmoments immer neu aus, wenn er dem Handeln seiner Figuren auch tödliche Konsequenzen zuweist oder betont, dass man »das Tragische aus der Komödie heraus erzielen, hervorbringen« könne »als einen schreck-

J. B. Metzler © Springer-Verlag GmbH Deutschland, ein Teil von Springer Nature, 2020
U. Weber / A. Mauz / M. Stingelin (Hg.), *Dürrenmatt-Handbuch*, https://doi.org/10.1007/978-3-476-05314-5_93

lichen Moment, als einen sich öffnenden Abgrund«
(WA 30, 63).

Aspekte des Komödienschaffens

Dürrenmatt favorisiert die intellektuelle Komik, entsprechend die Verlachkomödie, die Missverhältnisse
herausstellt, in der *Romulus*-Komödie (WA 2, 9–115)
z. B. von Status (Kaiser) und faktischem Handeln
(Hühnerzüchten). Die Repräsentanten der Normen,
an denen die Inkongruenz offenbar wird, werden dort
aber ihrerseits (als realitätsfremde Ideologen des
Machterhalts) dem Verlachen preisgegeben. So wird
die Verlachkomik auf sich selbst zurückgewendet, als
Verlachen des Verlachens potenziert, was der anderen
Komik Raum gibt, die Unterdrücktes freisetzt, hier:
staatliche Ordnungen außer Kraft zu setzen im Austreten aus der Geschichte. In der Hinnahme des Todes
derer, die dem nicht vertrauen, wird die Komödien-
bedingung des glücklichen Ausgangs allerdings aufgehoben. Damit stellt die Komödie des potenzierten
Verlachens sich selbst in Frage, lässt sie im konsequenten Durchspielen der angesetzten Komödienbedin-
gungen einen tragischen Horizont aufscheinen und
erweist dabei die Selbstinfragestellung als Bestandteil
ihrer in sich konsequenten Konstruktion.

Das Ausgehen von ›witzigen‹ oder ›komischen‹
Missverhältnissen theoretisiert und verallgemeinert
Dürrenmatt zu einer Dramaturgie des (fantastischen)
Einfalls, für die er Aristophanes' Komödie als Vorbild
feiert. Dem »gewaltigen Einfall« wird die »Kraft« zu-
erkannt, »die Welt in eine Komödie zu verwandeln«,
in eine durch das ›Groteske‹ bestimmte Komödie (WA
30, 21 u. 24). Dürrenmatt umschreibt einige Züge des
Grotesken als ein »sinnliches Paradox« (WA 30, 62),
etwa dessen Vermischen des Heterogenen. Nur indirekt bestimmt er deren Sinnpotential: Sinnerwartung
zu wecken und zu enttäuschen, ohne neuen Sinn zu
setzen, aber auch ohne die Frage nach einer Sinn-Per-
spektivierung aufzugeben (vgl. Pietzcker 1972; Oesterle 2017). Letzteres zeigt er an, wenn er das Groteske
als Kunst nicht des Nihilisten, sondern des Moralisten
darlegt (vgl. WA 30, 25). Die Tragödie, so Dürrenmatt,
überwinde Distanz, da sie erschüttern wolle – die auf
erhabene Selbstbesinnung des Zuschauers zielende
Tragödie, z. B. Schillers, ist hier nicht im Blick –, während die Komödie Abstand zur Welt schaffe, indem sie
dieser eine eigene, groteske entgegenstelle. Mit der
Festlegung auf das Vermögen, Distanz zu schaffen, ist
die Komödie von Verlach- und Kontrastkomik her ge-

dacht, wird sie mithin um ihre dionysisch-entgren-
zende Komponente beschnitten, die Unterscheidung
einzieht, auch die zwischen vorgestellter Welt und Publikum. Das Groteske wird weiter als »äußerste Stilisierung« bestimmt (24), worauf Dürrenmatts gestalte-
rische Verfahren dann auch in der Regel zielen, insofern seine Figuren überwiegend Typen, keine Charaktere sind, während die Handlung seiner Stücke oft in
unwahrscheinlichen Annahmen und Zufällen gründet. Die entschiedene Künstlichkeit soll die diffuse
Welt der Jetztzeit zur Kenntlichkeit entstellen, was die
Theaterprobleme im Paradox der »Gestalt [...] einer
Ungestalt« fassen (WA 30, 62). Im Drängen zu solcher
Künstlichkeit gibt die Komödie auch der anderen Komik Raum, die Ordnungen, hier Gebote der Darstellung von Wirklichkeit, z. B. das der Wahrscheinlichkeit, aufbricht.

Dürrenmatts Komödienpoetik gründet in einer Setzung: einem Bild der erfahrbaren Wirklichkeit als unüberschaubar, chaotisch, von verantwortlichem Handeln entlastend (vgl. 62 f.) und entsprechend Perspektivierung auf Sinn verweigernd. Die im Grotesken zen-
trierte Komödie gebe dieser gesichtslosen Welt, so
Dürrenmatt, ein Gesicht, das Sinnerwartung aufrecht-
erhält. Da in einer sinnverweigernden Welt Versuche
der Begründung von Sinn vom Verkehrten dieser Welt
notwendig affiziert werden – wie im *Besuch der alten
Dame* der Versuch, das gebeugte Recht zu restituieren,
das Unrecht allgemein macht –, kann Begründung von
Sinn nur im Heraustreten aus der durch das Groteske
der Komödie entstellten Welt erfolgen. Das bekräftigt
Dürrenmatt durch zwei Sätze, deren Verbindung
höchst aufschlussreich für seine Komödienpoetik ist:
»Schuld gibt es nur noch als persönliche Leistung, als
religiöse Tat. Uns kommt nur noch die Komödie bei«
(62). Schuld als »persönliche Leistung« wird als Akt des
»mutigen Menschen« erläutert, der »die verlorene
Weltordnung« in seiner Brust wiederherstelle (62 f.),
wie Ill, der mit dem Anerkennen seiner Schuld und seiner Bereitschaft zum Tod sich auf eine Welt der Wirklichkeit der Idee Recht hin entwirft. Schiller hat die Tragödie von dem Wirkungsziel her bestimmt, dass der
Zuschauer der vorgestellten, alle Sinnerwartung
durchkreuzenden Welt seine Selbstvergewisserung in
seinem Vermögen zur Vernunft entgegenstelle (vgl.
Schiller 1992). Dürrenmatt verbindet solch ›erhabene
Wende‹ mit der Komödie, wenn auch einer, die sich zur
Tragödie hin öffnet. Zwei konstitutive Momente der
Komödie konnten ihm das nahe legen. Zum einen deren Gründung in der Groteske, da diese in sinnverweigernder Wirklichkeit Sinnforderung bewahrt, zum an-

dern das Heraustreten aus der vorgestellten Welt, die ›Parabase‹ (Übertretung), die einen anderen Raum für Sinnsetzung eröffnet.

Dürrenmatt macht von der Parabase einen Gebrauch, der sein weiteres Komödienschaffen wesentlich prägt. Er vollzieht sie nicht zwischen vorgestellter Welt und Wirklichkeit der Spieler und Zuschauer; er wendet sie vielmehr in die vorgestellte Welt zurück, als Grenzüberschreitung in eine andere, mit diesem Akt erst geschaffene Welt, in der Anerkennen und Verantworten von Schuld geleistet werden. Das so »aus der Komödie heraus« erzielte »Tragische« (WA 30, 63) bleibt aber intersubjektiv ohne Wirklichkeit, in die Seele des ›mutigen Menschen‹ eingeschlossen. Es wird daher leicht von der anderen Art Komödien-Parabase überdeckt, der Öffnung des Spiels zu Spielen-im-Spiel. So spielt im *Besuch der alten Dame* der Chor der Güllener, nachdem er Ill gelyncht hat, als Spiel-im-Spiel die berühmte Chor-Rede in der *Antigone* des Sophokles – »Vieles ist ungeheuer, nichts ungeheurer als der Mensch« (Vs. 332 f.) – in aktueller Konkretion nach (vgl. WA 5, 132 f.). Die auf tragische Sinnsetzung gerichtete Komödien-Parabase wird damit durch eine Tragik-Camouflage auf der nächsthöheren Fiktionsebene neutralisiert.

Die Komödien-Parabase als vielversprechender Akt im Versuch, in sinnverweigernder Wirklichkeit Sinn zu setzen, wird in den als *Komödie* angezeigten *Physikern* umfassend in Frage gestellt. Um der Welt ihre gefährlichen Erkenntnisse vorzuenthalten, treten die Protagonisten doppelt aus der Komödie, die sie spielen, heraus: Sie ermorden ihre Krankenschwestern – machen so aus ihrem Spiel Ernst – und gestehen sich gegenseitig ihr Verrücktsein als nur gespielt. Diese Komödien-Parabasen sind jedoch längst eingebunden in das Theater der verrückten Irrenhausärztin auf der nächsthöheren Spielebene, die Möbius' Aufzeichnungen für ihre Machtpläne verwertet. Die sinnorientierte, ›mutige‹ Tat, Komödie zu spielen und durch Parabasen zu befestigen, ist durch das übergeordnete Theaterspiel in den Raum von Komödie zurückgewendet, als eine Parabase zweiter Ordnung, die die erste Parabase umkehrt und um ihren Sinn bringt. Entsprechend schließt diese zweite Parabase auch den in der Binnenkomödie der Physiker aufscheinenden tragischen Horizont. So zeigen sich die Protagonisten in Komödie-Spielen gefangen. Das Diktum aus dem Nachwort zu den *Wiedertäufern*: »Die schlimmstmögliche Wendung, die eine Geschichte nehmen kann, ist die Wendung in die Komödie« (WA 10, 128), verweist derart nicht nur auf komische Missverhält-

nisse, etwa eines erhabenen Helden, der unter lächerlichen Umständen zu Tode kommt (Dürrenmatts Scott), sondern auch auf das dramaturgische Verfahren, jedes Heraustreten aus einer Komödie in einer übergeordneten Komödie einzuholen, die die Sinnsetzung der ersten Parabase aufhebt. Dann gibt es kein Außen mehr zur Komödie, ist diese total. In diesem Licht besagt der dritte Punkt zu den *Physikern*: »Eine Geschichte ist dann zu Ende gedacht, wenn sie ihre schlimmstmögliche Wendung genommen hat« (WA 7, 91), dass der Dramatiker auf solche ›Wendung‹ sinnt als den Weg zu einer ›totalen Komödie‹.

In der Komödie *Der Meteor* unternimmt Dürrenmatt ein neues Experiment mit der Parabase: Statt sie in einer übergeordneten Komödie umzuwenden und ihr Sinnversprechen zunichte zu machen, hält er an der Parabase fest, wendet aber die Figur, die sie vollzogen hat, also in eine andere Wirklichkeit übergetreten ist, in die ursprüngliche Komödienwelt zurück. Dürrenmatt hat dieses Stück als eines »über das Nichtglauben-Können« bestimmt; seine Idee sei »die Geschichte eines Mannes, der aufersteht und seine Auferstehung nicht glaubt« (WA 9, 161 u. 160). Er hat aber auch auf eine andere Art Auferstehung verwiesen, die jedem Theaterspiel eignet, und damit eine Spur gelegt, das Stück als poetologisch selbstreflexive Auseinandersetzung mit seiner Komödienpoetik zu lesen: »Für gewöhnlich stehen die Toten im Theater erst auf, wenn der Vorhang gefallen ist; Schwitter aufersteht, als sich der Vorhang hebt: Das ist der entscheidende Einfall, ich glaube, ein eminent theatralischer« (G 1, 202). Folgt man dieser Spur, ist Schwitter aus der vorgestellten Welt in die Wirklichkeit des Theaterspielens herausgetreten; in dieser wendet er sich aber nicht dem Publikum zu, sondern – als Figur mit einem ganz anderen Sein – in seine bisherige gespielte Welt zurück. An der Komödienparabase festhaltend, kehrt er sie um. Da Schwitter in seinem jetzigen Sein der Welt der anderen Figuren nicht mehr angehört, kann er in deren Welt nicht sterben, und umgekehrt erweist sich deren Leben als bloßes Theater, als der Illusion verpflichtetes Sein, das an ihm folgerichtig erlischt. Den astronomischen Meteor hat Dürrenmatt als Bild des für seine Komödie konstitutiven ›Einfalls‹ bemüht (vgl. G 1, 201), der die gestaltlose Welt zur Kenntlichkeit entstelle. Hier wird er als das groteske Phantasma eines Mannes berufen, der nicht sterben kann, um sich herum jedoch sterben macht. Erreicht wird dies durch eine Inversion der Komödienparabase, die eine ›umfassende‹ Komödie entstehen lässt: nicht nur eine des Verlachens, die die Lebenslügen der Mitfiguren offenbart, sondern ebenso eine Komödie entgrenzender Komik, die Forderungen sinnverbürgender Ordnung unterläuft, nicht zuletzt das Gebot, ontologisch verschiedene Ebenen des Theaterspiels zu unterscheiden. Diese Komödie ist total, da sie die fiktive Welt und das ihr jenseitige Sein umgreift.

Mit der Gleichzeitigkeit von drei ontologisch verschiedenen Ebenen des Spiels macht *Achterloo* (WA 18, 9–122) die Parabase, die die Figuren, die Schauspieler und die Zuschauer zu leisten und nachzuvollziehen haben, zum Hauptgegenstand des Komödienspiels. Die Arbeit an diesem Stück endete mit einer Parabase des Autors selbst, seinem Heraustreten aus seinem Komödienkosmos, eine Parabase allerdings, die der Autor nicht mehr in einer übergreifenden ›Dichter-Komödie‹ eingeholt hat.

Forschung

In den *Theaterproblemen* erkennt Karl S. Guthke »die bisher ausführlichste Theorie der Tragikomödie als der modernen Dramengattung par excellence« (1968, 133). Dürrenmatt entwerfe sie als ein prekäres Gleichgewicht von Chaos und Form. Zwar setze die Komödie der Formlosigkeit der Welt mit der Groteske das Paradox der Gestalt einer Ungestalt entgegen, ziele dann aber mit dem ›mutigen Menschen‹, der der Sinnlosigkeit die Stirn biete, auf Ordnung und Form. Allerdings gestalte Dürrenmatt derart keine Tragödie, sondern das ›Tragische‹, das die Erfahrung des Leidens stark mache. Das erklärt, warum Dürrenmatt nicht den Begriff ›Tragikomödie‹ gebraucht, sondern den einer ›tragischen Komödie‹. Jan Knopf (1980) hebt auf Dürrenmatts explizit politische Herleitung seiner Komödientheorie ab. Der – für sich – sinnsetzende mutige Mensch stelle durch den bewussten Akt seiner Selbstbehauptung seine Individualität wieder her, allerdings sei die Bedingung der Möglichkeit solcher Individualität durch die Wirklichkeit, auf die die Komödie antworte, gerade negiert. So erscheint die Sinnsetzung der Komödie Dürrenmatts bodenlos. Günter Niggl (1978) zeichnet die Umbildungen in Dürrenmatts Komödienarbeit als Wandel der Relation von Komik/grotesker Komödie und – individueller – Tragik differenziert nach. Während diese zunächst in einem antinomischen Bezug entfaltet wurden, sei dieser zu einem Zusammenfallen oder Ineinander-Umschlagen von ›komisch‹ und ›tragisch‹ in Formen des Grotesken und Paradoxen radikalisiert worden. Bernhard Greiner (2006) schlägt eine doppelte Blickrichtung

vor: nicht nur von den Weltmodellen der Komödien zur Erfahrungswirklichkeit, der sie entgegengestellt werden, sondern auch von den entworfenen Grotesken zur Komödie als Mittel zu deren stringenter Konstruktion. Gunter E. Grimm (2013) betont den Zufall in Dürrenmatts Komödienkonstruktionen, den der Autor als radikalen Bruch mit dem deterministischen Naturbild wie dem Bild einer rational strukturierten Welt aufgreife und zur Grundlage seiner Dramaturgie mache, deren Zentrum die Figur der Groteske bilde, die aber auch, wie in *Achterloo*, zum Entwurf eines unverbindlichen Spiels führen kann. Seine Dürrenmatt-Biografie stellt Peter Rüedi unter die Maxime, man müsse »Dürrenmatts gesamte Ästhetik [...] als einen einzigen Vorgang der Distanzierung verstehen« (2011, 32). In diesem Sinne sei die Wendung zum Grotesk-Komischen eine Notwehr gegen eine gesichts- und gerichtslose Welt, wie eine Strategie, religiöse oder philosophische Fragen einzubringen; sie sei aber auch ein dem Autor grundeigenes eingeborenes produktives Vergnügen am Unangemessenen, Paradoxen, Grotesken (vgl. ebd., 569 f.). Verwiesen wird damit auf die Dynamik Grenzen aufhebender, Ordnungen unterminierender Komik, die der bei Dürrenmatt dominanten, Normen voraussetzenden Verlachkomik entgegenwirkt. Die Frage nach der Verbindung der beiden Grundarten der Komik bleibt ein perspektivenreicher Zugang zur Komödienarbeit des Autors.

Literatur
Primärtexte
Anmerkung zur Komödie. In: WA 30, 20–25.
Dramaturgische Überlegungen zu den ›Wiedertäufern‹. In: WA 10, 127–137.
21 Punkte zu den ›Physikern‹. In: WA 7, 91–93.
Sätze über das Theater. In: WA 30, 176–211.
Theaterprobleme. WA 30, 31–72.
Zwanzig Punkte zum ›Meteor‹. In: WA 9, 159–162.

Sekundärliteratur
Bachtin, Michail M.: Literatur und Karneval. Zur Romantheorie und Lachkultur. Frankfurt a. M. 1990.
Freud, Sigmund: Der Witz und seine Beziehung zum Unbewußten [1905]. In: Studienausgabe, Bd. IV: Psychologische Schriften. Hg. von Alexander Mitscherlich u. a. Frankfurt a. M. 1970, 9–219.
Greiner, Bernhard: Die Komödie. Eine theatralische Sendung. Grundlagen und Interpretationen [1992]. Tübingen 2006.
Grimm, Gunter E.: Friedrich Dürrenmatt. Marburg 2013.
Guthke, Karl S.: Die moderne Tragikomödie. Theorie und Gestalt. Göttingen 1968.
Jauß, Hans Robert: Über den Grund des Vergnügens am komischen Helden. In: Wolfgang Preisendanz u. a. (Hg.): Das Komische. München 1966, 103–132.

Knopf, Jan: Friedrich Dürrenmatt [1976]. München 1980.

Niggl, Günter: Tragik und Komik bei Dürrenmatt. In: Literaturwissenschaftliches Jahrbuch N. F. 19 (1978), 77–93.

Oesterle, Günter: Das Groteskkomische. In: Uwe Wirth (Hg.): Komik. Ein interdisziplinäres Handbuch. Stuttgart 2017, 35–42.

Pietzcker, Carl: Das Groteske. In: Deutsche Vierteljahresschrift für Literaturwissenschaft und Geistesgeschichte 45 (1971), 197–211.

Ritter, Joachim: Über das Lachen [1940]. In: Subjektivität. Sechs Aufsätze. Frankfurt a. M. 1974, 62–92.

Rüedi, Peter: Dürrenmatt oder Die Ahnung vom Ganzen. Biographie. Zürich 2011.

Schiller, Friedrich: Über das Erhabene [1801]. In: Werke und Briefe in zwölf Bänden, Bd. 8: Theoretische Schriften. Hg. von Rolf-Peter Janz u. a. Frankfurt a. M. 1992, 822–840.

Bernhard Greiner

94 Moderne

Unter Moderne soll im Folgenden die Zeitspanne verstanden sein, die um die Jahrhundertwende beginnt und die durch das Bewusstsein eines Wertezerfalls gekennzeichnet ist, der einhergeht mit der Erfahrung der Großstadt, der Technologisierung, der Beschleunigung. Auf der ästhetischen Ebene wird die Auffassung vertreten, dass die überkommenen Darstellungsweisen der als unübersichtlich empfundenen Welt nicht gerecht werden. Das Konzept der Mimesis wird aufgegeben: In der erzählenden Literatur vervielfachen sich die Stimmen, die Identität der Figuren wird in Frage gestellt, die strenge dramatische Form wird aufgebrochen, die Erzeugung von Illusion ist verpönt. Es ist eine Tendenz zum Spiel mit Zitaten und Textmustern festzustellen.

Dürrenmatt und die Literatur der Moderne

In Dürrenmatts Schriften tauchen nur zwei Namen, die diese Moderne repräsentieren, öfters auf: Søren Kierkegaard und Bertolt Brecht. Die Forschung glaubt, in Dürrenmatts Texten auch Anspielungen auf Kafka und Ähnlichkeiten mit seinem Werk ausmachen zu können, was Dürrenmatt selbst bestreitet (Nagel 1987; Weber 2010). Ohne eine Analyse von Dürrenmatts Bibliothek ist es schwer zu sagen, welche Werke der Moderne er tatsächlich gelesen hat (s. Kap. 92). Fest steht, dass sich Dürrenmatt sein Leben lang mit Brechts Konzeption des epischen Theaters auseinandergesetzt und gegen diese polemisiert hat. Dabei ging es weniger um die Ablehnung des epischen Theaters und seiner Durchbrechung der Illusion als um die Ablehnung jeglicher Ideologie. So stellte er 1970 fest: »Die moderne Welt ist ein Ungeheuer, das mit ideologischen Formeln nicht mehr zu bewältigen ist« (WA 30, 174).

Er selbst beansprucht für sich lange Zeit die klassische Form des Dramas inklusive Illusion des Zuschauers (vgl. WA 7, 93), der nicht mehr weiß als die Figuren: »[E]iner Handlung, die unter Verrückten spielt, kommt nur die klassische Form bei« (12), heißt es in *Die Physiker*. Immer wieder setzt sich Dürrenmatt auch innerhalb seiner Komödien mit der antiken Tragödie auseinander, so in *Romulus der Große* (WA 2) in der Figur der Rea oder auch in der Hörspiel-Fassung der *Panne* (WA 16, 9–56). Gerade diese beiden Beispiele zeigen, dass die Aufnahme der klassischen Form des Dramas (Einheit der Zeit und des Ortes) vor allem in parodistischer Absicht erfolgt. Die antike Tragödie setzt nämlich wie das epische Theater ein geschlossenes Weltbild voraus, das Dürrenmatt radikal in Frage stellt, indem er das Schicksal durch den Zufall ersetzt (vgl. Weber 2007a, 150).

Poetologische Umsetzung

Dürrenmatts poetologisches Problem ist zu Beginn seiner Laufbahn, dass er zwar die Unübersichtlichkeit, die Pannenanfälligkeit der Welt behauptet, in seinen Dramen und selbstverständlich in den Kriminalromanen letztlich doch eine geschlossene, relativ übersichtliche Welt darstellt, in der es einer Figur gelingt, die Pläne der andern zu durchkreuzen und den schlecht informierten Rezipienten damit ebenso zu überraschen wie die Figuren.

Um 1980 – vielleicht im Zusammenhang mit dem Misserfolg von *Der Mitmacher* (Weber 2007b) und dem Erscheinen der Werkausgabe – scheint er sich der Problematik, dass seine Konzeption der modernen Welt als Chaos ästhetisch nicht umgesetzt wird, bewusst geworden zu sein. So beginnt die Komödie *Die Panne* (WA 16, 57–173) in der Version der Werkausgabe mit mehreren Pannen: Es gibt zu wenig Särge für die durch Unfälle gestorbenen Toten, dann spielen die Schauspieler den Schluss zuerst inklusive Schlussapplaus, damit die kleinen Rollen nicht zu lange warten müssen, bis sie an die Reihe kommen, ein Verfahren, das Dürrenmatt bereits in *Die Ehe des Herrn Mississippi* (WA 3) angewendet hat, dort aber nicht im Sinn einer Panne, sondern als eine vom Autor inszenierte Illusionsdurchbrechung. In *Die Panne* wird die Panne generalisiert und zum Symbol der modernen Welt. Das hatte der Autor bereits im ersten Kapitel der Erzählung (WA 21, 37–39) umschrieben, in der Komödie formuliert er es jetzt stringenter: »In einer Welt der schuldigen Schuldlosen und der schuldlosen Schuldigen hat das Schicksal die Bühne verlassen, und an seine Stelle ist der Zufall getreten, die Panne. [...] Das Zeitalter der Notwendigkeit machte dem Zeitalter der Katastrophen Platz« (WA 16, 162). Das künstlerische Problem, das Dürrenmatt in seinem Spätwerk immer wieder zu lösen versucht, ist demnach: Wie bringt man die totale Panne auf die Bühne, wie verunmöglicht man jede Konstituierung von Sinn in einer Welt, in der die Ideologien abgedankt haben, in der es »nach dem Sinn des Irrsinns« zu suchen gilt (WA 18, 477)? Dürrenmatt macht dies, indem er eine Position durch eine andere relativiert oder annulliert. Dies wird besonders deutlich in einem Text wie *Das Sterben der Py-*

J. B. Metzler © Springer-Verlag GmbH Deutschland, ein Teil von Springer Nature, 2020
U. Weber / A. Mauz / M. Stingelin (Hg.), *Dürrenmatt-Handbuch*, https://doi.org/10.1007/978-3-476-05314-5_94

thia (WA 24, 117–158), welcher zugleich als moderne Mythendekonstruktion gelesen werden kann. Ein weiteres Mittel, das Dürrenmatt anwendet, ist die Dekonstruktion der Identität der Figur durch Vervielfachung. So hat in *Achterloo III* und *IV* (WA 18, 275–414 u. 415–539) jede Figur einen bürgerlichen Beruf, eine Wahnrolle und eine Spielrolle; zudem wird die Geschlechteridentität unterminiert. Hatten die Physiker im gleichnamigen Stück auch schon vorgegeben, jemand anderes zu sein, so wird dieses Prinzip in *Achterloo* potenziert und der Wirrwarr nicht mehr aufgelöst. Im *Durcheinandertal* (WA 27) sehen die Verbrecher nach einer Operation gleich aus.

Wenn Dürrenmatt es immer schon liebte, groteske Welten zu konstruieren, so konstruiert er jetzt ›unmögliche Welten‹, ja nicht ›authentifizierte‹ Welten (vgl. Doležel 1980). Dem Leser wird nicht mehr verbindlich mitgeteilt, welche Personen und Orte nun Bestandteil der dargestellten Welt sind. Im *Durcheinandertal* gibt es das Anwalts-Büro Raphael, Raphael und Raphael, wobei man nicht weiß, ob es von einer, zwei oder drei Personen geführt wird. Die Adresse des Büros existiert nicht. Ob der Große Alte existiert – eine Gestalt, die Züge eines Gangsterbosses und eines Gottes in sich vereint –, wird im Verlauf des Textes immer unklarer. Bild und Spiegelbild sind nicht zu unterscheiden. In *Achterloo* begegnen sich Figuren, die zu verschiedenen Zeiten gelebt haben, aber auch historische und fiktive Figuren. Büchner, der im Stück für den Text verantwortlich sein sollte, hat keinerlei Autorität, und die Figuren sprechen den Text anderer Figuren. Es gibt keine Hierarchien mehr, man weiß nicht mehr, was eigentlich der *Topic* (Eco 1987, 108–114) des Textes ist, weil er sich ständig verändert – besonders deutlich in *Der Auftrag* (WA 26, 33–130), wo der Auftrag alle paar Seiten ein anderer ist. Wenn man nicht weiß, worum es geht, gibt es auch keine Botschaft des Textes mehr. Nicht zufällig taucht jetzt häufig die Metapher des Labyrinths auf, die auch die Schreibweise Dürrenmatts kennzeichnet (Weber 2007a; 2007b). Am deutlichsten wird dies vielleicht im *Mitmacher-Komplex* (WA 14), wo der Text des Dramas durch Kommentare und Erweiterungen – zwei Erzählungen sind ins Nachwort eingebaut – überschrieben, relativiert und letztlich aufgelöst wird.

Dürrenmatts späte Texte zeigen alle Kennzeichen modernen Erzählens: Es gibt keine Hierarchie mehr, keine Sicherheit darüber, was in der fiktiven Welt objektiv existiert, weil es keine Instanz mehr gibt, die das Erzählte garantiert; es gibt nur noch eine Vervielfachung der (unzuverlässigen) Perspektiven auf die Welt, die nicht zur Deckung gebracht werden können. Der *Topic* verändert sich ständig, so dass der Leser das Gelesene immer wieder reinterpretieren muss. Der Text erzeugt Bedeutung, um sie jedoch gleich wieder in Frage zu stellen und so dem Rezipienten bewusst zu machen, dass es *die* Bedeutung nicht gibt.

Literatur

Doležel, Lubomír: Truth and Authenticity in Narrative. In: Poetics Today 1 (1980), 3, 7–25.

Eco, Umberto: Lector in Fabula. Die Mitarbeit der Interpretation in erzählenden Texten. München, Wien 1987 (ital. 1979).

Müller, Klaus-Peter: Moderne. In: Ansgar Nünning (Hg.): Metzler Lexikon Literatur- und Kulturtheorie [1998]. Stuttgart 2013, 534–537.

Nagel, Bert: Friedrich Dürrenmatt und Franz Kafka. In: Modern Austrian Literature 20 (1987), 1, 37–51.

Weber, Ulrich: Kafka – Dürrenmatt. Angst vor dem Einfluss? In: Irmgard M. Wirtz (Hg.): Kafka verschrieben. Göttingen 2010, 133–151.

Weber, Ulrich: Comment Dédale, en écrivant, se perd dans le labyrinthe. Friedrich Dürrenmatt et le discours labyrinthique de la modernité. In: Marc-Olivier Gonseth, Yann Laville, Grégoire Mayor (Hg.): Figures de l'artifice. Neuchâtel 2007a, 146–153.

Weber, Ulrich: Dürrenmatts Spätwerk. Die Entstehung aus der *Mitmacher*-Krise. Eine textgenetische Untersuchung. Frankfurt a. M. 2007b.

Zeller, Rosmarie: »Ein doppelt verrücktes Unternehmen.« Das Delirium des Irr-Sinns in Dürrenmatts *Achterloo*. In: Hans Krah, Claus-Michael Ort (Hg.): Weltentwürfe in Literatur und Medien. Phantastische Wirklichkeiten – realistische Imagination. Kiel 2002, 279–298.

Rosmarie Zeller

95 Paradox

Der Begriff des Paradoxes, von griech. *para*, ›gegen‹ und *dóxa*, ›Meinung‹, wird für scheinbar widersinnige Sachverhalte verwendet, die herkömmlichen Ansichten widersprechen, weshalb ihm eine erkenntnisfördernde Funktion zugesprochen wird (vgl. Neumeyer 2003). Das Paradox als Motiv und Denkfigur begleitet Dürrenmatt seit den Anfängen seines Schreibens und erscheint, neben den verwandten Begriffen des Absurden und Grotesken, früh als wichtiger Aspekt in der Rezeption (vgl. Dyrenforth 1963).

In den frühen Stücken *Es steht geschrieben*, *Der Blinde* und *Ein Engel kommt nach Babylon* ist das Paradox in der Auseinandersetzung mit dem Christentum wichtig (vgl. Rusterholz 2013). Hervorzuheben ist die Bedeutung Kierkegaards, der das Paradox des Glaubens als Notwendigkeit zum ›Sprung‹ beschreibt, also als bewusste und ungesicherte Entscheidung. Christliche Paradoxien beschäftigen Dürrenmatt auch später, etwa die Auferstehung als ›sinnwidriges‹, d. h. physikalischen Gesetzen widersprechendes Ereignis in *Der Meteor*. In der späten Theaterfassung der *Panne* wird das Paradox formalisierter entwickelt: Traps' Mord hat im doppelten Schuldspruch des Richters gleichzeitig stattgefunden und nicht stattgefunden (vgl. WA 16, 161–164).

Auch in der Prosa ist das Paradox ein zentrales Motiv: In der Erzählung *Die Stadt* ist der Protagonist im Labyrinth zugleich Wärter und Gefangener; das Labyrinth wird im *Winterkrieg in Tibet* als »Unbegreiflichkeit« beschrieben, das »als seine letzte Paradoxie davon unabhängig [ist], ob der Minotaurus existierte oder nicht, weil ein jeder, der es betritt, zum Minotaurus wird« (WA 28, 81): Das Labyrinth, das seine Ursache in der Existenz des Minotaurus hat, bringt diesen wiederum hervor.

Dürrenmatts Begriff des Paradoxons entwickelt sich von einer »konventionellen Definition«, in der es »sich auf höherer Ebene selbst auflöst[,] zu einem dynamisch-interaktionistischen Verständnis« (Rusterholz 2004, 138): So stellt der späte Text *Das Hirn* in einer metaleptischen Struktur die Weltgeschichte als bloße Vorstellung eines Hirns dar, das nicht nur sich selbst, sondern im Erzählen der Welt auch den Autor Dürrenmatt als Ursprung des Textes – und damit seiner selbst – erdenkt. Auch die grundlegende Paradoxie der modernen physikalischen Weltbeschreibung

und ihrer Nähe zur christlichen Mythologie als ›Kabbala‹ hat Dürrenmatt hervorgehoben (vgl. WA 37, 136–144).

Das Projekt der *Stoffe* ist ein in mehrfacher Hinsicht paradoxes Unternehmen (vgl. Burkard 2003): Das sich entziehende Ich soll im Schreiben des Ungeschriebenen unter Ausschluss des ›Biografischen‹ greifbar werden (vgl. WA 28, 13–15). Im »Versuch, die Geschichte meiner ungeschriebenen Stoffe zu schreiben« (WA 29, 11), entstanden wiederum neue Stoffe, ›neues Ungeschriebenes‹, das es zu bearbeiten galt, weshalb der prinzipiell infinite Prozess abgebrochen werden musste. Eine eingehende Untersuchung der verschiedenen Formen und Funktionen des Paradoxes bei Dürrenmatt stellt ein Desiderat dar.

Literatur
Primärtexte
Kabbala der Physik. In: WA 37, 136–144.
Der Meteor. WA 9.
Die Panne. Eine Komödie. In: WA 16, 57–173.
Turmbau. Stoffe IV–IX. WA 29.
Der Winterkrieg in Tibet. In: WA 28, 11–170.

Sekundärliteratur
Burkard, Philipp: Eine Lebensgeschichte als Geschichte von ungeschriebenen Stoffen? Friedrich Dürrenmatts paradoxes Projekt der *Stoffe* im literaturgeschichtlichen Kontext der Autobiografie. In: Text + Kritik 50/51 (2003), 47–60.
Dyrenforth, Harald Oskar: The Paradox and the Grotesque in the Work of Friedrich Dürrenmatt. Ann Arbor 1964.
Neumeyer, Martina: Paradoxe. In: Gert Ueding (Hg.): Historisches Wörterbuch der Rhetorik, Bd. 6. Tübingen 2003, 515–524.
Rusterholz, Peter: Christliches Paradox als Skandalon und Korrektiv der Nachkriegskultur nach 1945: Friedrich Dürrenmatt und Karl Barth. In: Natalia Bakshi, Dirk Kemper, Iris Bäcker (Hg.): Religiöse Thematiken in den deutschsprachigen Literaturen der Nachkriegszeit (1945–1955). Paderborn 2013, 71–89.
Rusterholz, Peter: Paradox und Karikatur als Grundformen der Darstellung des Dichter-Malers Dürrenmatt. In: Eugenio Spedicato (Hg.): Friedrich Dürrenmatt e l'esperienza della paradossalità. Pisa 2004, 137–161.
Schulte, Vera: Das Gesicht einer gesichtslosen Welt. Zu Paradoxie und Groteske in Friedrich Dürrenmatts dramatischem Werk. Frankfurt a. M. 1987.
Spedicato, Eugenio: Das Böse im Land des Paradoxes. Überlegungen zu Friedrich Dürrenmatts Erzählwerk. In: Ders. (Hg.): Das Böse. Fragmente aus einem Archiv der Kulturgeschichte. Bielefeld 2001, 121–141.

Lukas Gloor

J. B. Metzler © Springer-Verlag GmbH Deutschland, ein Teil von Springer Nature, 2020
U. Weber / A. Mauz / M. Stingelin (Hg.), *Dürrenmatt-Handbuch*, https://doi.org/10.1007/978-3-476-05314-5_95

96 Parodie/Satire/Groteske

Friedrich Dürrenmatt hat in seinem literarischen Werk immer wieder Formen der Parodie, der Satire und der Groteske gestaltet, insbesondere in seinem dramatischen Schaffen, das ihn mit Satiren wie *Der Besuch der alten Dame* und *Die Physiker* weltberühmt gemacht hat. Aber auch in seiner Prosa, in den frühen Kriminalromanen der 1950er Jahre oder in Spätwerken der 1980er Jahre (etwa *Justiz* oder *Durcheinandertal*) finden sich neben zahlreichen Parodien und grotesk-skurrilen Figuren auch starke gesellschaftssatirische Elemente.

Diese besonderen Formen des Komischen sind für Dürrenmatt eine unausweichliche Konsequenz der mangelnden Transzendenz seiner Zeit: Er gehört neben Pirandello und Ionesco zu den großen europäischen Dramatikern des 20. Jahrhunderts, die die Rolle des Komischen theoretisch neu definieren und ihm als Substitut des Tragischen eine ernsthafte Dimension zusprechen. Dürrenmatt äußert sich hierzu 1954 – zur Zeit seiner größten Bühnenerfolge – in seinem Essay *Theaterprobleme*: »Die Tragödie und die Komödie sind Formbegriffe, dramaturgische Verhaltensweisen, fingierte Figuren der Ästhetik, die Gleiches zu umschreiben vermögen. [...] Die Tragödie setzt Schuld, Not, Maß, Übersicht, Verantwortung voraus. In der Wurstelei unseres Jahrhunderts [...] gibt es keine Schuldigen und auch keine Verantwortlichen mehr. Alle können nichts dafür und haben es nicht gewollt. [...] Wir sind zu kollektiv schuldig, zu kollektiv gebettet in die Sünden unserer Väter und Vorväter. [...] Das ist unser Pech, nicht unsere Schuld: Schuld gibt es nur noch als persönliche Leistung, als religiöse Tat. Uns kommt nur noch die Komödie bei. Unsere Welt hat ebenso zur Groteske geführt wie zur Atombombe [...]. Doch ist das Tragische immer noch möglich, auch wenn die reine Tragödie nicht mehr möglich ist. Wir können das Tragische aus der Komödie heraus erzielen, hervorbringen als einen schrecklichen Moment« (WA 30, 62 f.). Diese Vielschichtigkeit und neue Aufgabe des Komischen ist in allen Formen seines Werkes präsent.

Parodie

Die Parodie als literarische Form ist eine Gattung (oder als Pastiche ein stilistisches Verfahren), die ein als bekannt vorausgesetztes Werk (bzw. dessen Stil im Pastiche) bewusst nachahmend verzerrt, dessen ursprüngliche Intention verkehrt und damit eine sati-

risch-kritische Absicht verfolgt. Dürrenmatt hat sich bereits in jungen Jahren neben der Bibellektüre verstärkt mit den klassischen Mythen der Antike und des Orients beschäftigt. Weil das Drama – als klassische Gattung *par excellence* – den Mythos aktualisiert, hat er die Größe dieser mythischen Helden insbesondere in seinen ersten großen Dramen parodiert (*Romulus der Große*, *Ein Engel kommt nach Babylon*, *Herkules und der Stall des Augias*). Dürrenmatts Werk weitet diese inhaltlichen Parodien klassischer Stoffe auf Parodien aristotelischer Elemente und Strukturen der Tragödie (*Der Besuch der alten Dame*), aber auch auf die Schweizer Gegenwartsgesellschaft (*Frank der Fünfte*), das Zeitgeschehen (*Die Physiker*) und schließlich auf die gesamte Weltgeschichte (*Achterloo IV*) aus.

Herkules und der Stall des Augias und *Der Besuch der alten Dame* belegen gut diese inhaltlichen und strukturellen Parodien: Im *Herkules*-Stück geht es nicht darum, wie im Mythos eine Schuld zu sühnen, sondern darum, banale finanzielle Schulden zu tilgen – nicht die Reinheit hehrer Ziele steht im Vordergrund: Herkules, der »Säuberer Griechenlands« (WA 8, 34), wird zum Ausmisten von Ställen eingestellt, versinkt hoffnungslos im Mist und muss sich schließlich nach dem Scheitern an seiner Heldenaufgabe als Kraftprotz in einem Zirkus verdingen. Die ernsthafte Dimension der Dürrenmattschen Parodie erscheint dagegen in *Der Besuch der alten Dame*, einem Stück, das nach außen hin gewollt Strukturelemente der klassischen Tragödie enthält: die Einheit des Ortes, der Zeit und der Handlung, der Aufbau in drei Akten, der tragische Konflikt (versprochener Reichtum gegen einen Mord). All diese Strukturelemente werden hier parodiert: der Ort der Handlung, das Dorf Güllen (in der Schweiz synonym für ›Jauche‹), fällt aus dem Rahmen einer Tragödie ebenso heraus wie Zeit und Handlung, deren Einheit einzig in deren Aufhebung besteht, indem Claire auf den Tod Ills wartet. Claire handelt im ersten Akt, Ill im zweiten Akt, die Dorfbewohner im dritten Akt – es kommt zu keinem *Agon*. Einen inneren Kampf als Helden oder einen wahrhaft tragischen Konflikt haben weder Ill noch die Dorfbewohner ausgestanden (einzig Ill erlebt eine geminderte Form des inneren Kampfes, indem er sich am Ende in sein Schicksal fügt). Allen Akteuren fehlt nämlich die Größe des individuellen Helden. Außer den beiden Hauptfiguren, die mit Namen genannt werden, gibt es von Anfang an keine eigentlichen Individuen mehr, da alle entweder mit Funktionen bezeichnet werden (Bürgermeister, Pfarrer, Lehrer etc.) oder als vervielfachte Figuren ohne Persönlichkeit (Gatten VII–IX, Toby, Ro-

J. B. Metzler © Springer-Verlag GmbH Deutschland, ein Teil von Springer Nature, 2020
U. Weber / A. Mauz / M. Stingelin (Hg.), *Dürrenmatt-Handbuch*, https://doi.org/10.1007/978-3-476-05314-5_96

by, Koby, Loby) auftreten. Nach und nach benutzen auch die Dorfbewohner die mechanische Sprache dieser Marionetten, die sich auf chorhaft wiederholte Sätze reduzieren. Selbst Claire – mehr auslösende denn agierende Nemesis – erweist sich letztlich als eine alte Frau, die nur noch aus Prothesen besteht und am Ende versteinert.

In seinen Parodien traditioneller Sprach- und Denkmuster der Tragödie und der Mythen setzt Dürrenmatt, trotz des Scheiterns traditionellen Heldentums an der Sprache, seine Hoffnung auf eine neue Art des Helden, nämlich den des ›mutigen Menschen‹, der charakteristisch ist für seine Satire: »Es ist immer noch möglich, den mutigen Menschen zu zeigen. Dies ist denn auch eines meiner Hauptanliegen. Der Blinde, Romulus, Übelohe, Akki sind mutige Menschen. Die verlorene Weltordnung wird in ihrer Brust wieder hergestellt« (WA 30, 63), schreibt der Autor zwei Jahre vor dem Besuch der alten Dame. Dieser Figurentypus des ›mutigen Menschen‹ ist charakteristisch für die Satire bei Dürrenmatt.

Satire

Die Satire ist eine Gattung des Komischen, die durch ihre verlachende Kritik versucht, die Welt zu verbessern: »Satire ist Utopie ex negativo« (Arntzen 1971, 166). Es gibt deshalb in jeder Satire eine implizite Norm, von der aus der *mundus perversus* verurteilt bzw. eine ›bessere Welt‹ skizziert wird. Meist geschieht dies mithilfe von satirischen Sprechern, die bei Dürrenmatt oft Repräsentanten dessen sind, was sie explizit kritisieren: Kardinäle kritisieren die Kirche, Kaiser Romulus das Römische Reich, Staatsanwalt Mississippi die Justiz, Physiker Möbius die Gefahren der Wissenschaft. Seine Satiren befassen sich vorrangig mit Religion, Gerechtigkeit und Wissenschaft und sind generell Satiren der Macht. Das Thema Religion, das Dürrenmatts frühe Prosa (von *Weihnacht* bis *Pilatus*) stark geprägt hat, ist satirisches Angriffsziel seines ersten veröffentlichten Stücks *Es steht geschrieben* (1947), dessen Handlung er unter dem Titel *Die Wiedertäufer* 1967 neu aufgegriffen hat. In *Es steht geschrieben* geschieht der Angriff indirekt, durch Bockelsons grotesk-grausame Ausschweifungen als falscher Prophet und Knipperdollincks lächerliches Scheitern in seiner Suche nach einem verborgenen Gott. In den *Wiedertäufern* verzichtet Dürrenmatt auf Pathos und existentielle Fragestellungen und betont die Satire der Macht: Knipperdollinck kritisiert direkt die materielle Ver-

logenheit der Kirche, spricht gar von der ›Demission‹ Gottes; Bockelson hat wie die Kirchenvertreter den Glauben nur gespielt, er wird am Ende durch den Kardinal in die offizielle Schauspieltruppe engagiert. Genauso ist in *Die Frist*, einem der letzten Stücke Dürrenmatts, die Religion nur noch als Fernsehspektakel präsent, in welchem der Schauspieler Nostromanni die Rolle des Religionsvertreters besser spielt als der wahre Kardinal.

Justiz und Gerechtigkeit sind auch ein häufiges Ziel der Dürrenmattschen Satire: sowohl in den frühen Kriminalromanen der 1950er Jahre (*Der Richter und sein Henker*, *Der Verdacht*), in denen die offizielle Justiz versagt und deren Vertreter Kommissär Bärlach mit illegalen Mitteln Gerechtigkeit ›herstellt‹, als auch Claire Zachanassian im *Besuch der alten Dame* oder der Kantonsrat Kohler in einem der letzten Romane, *Justiz*, die als Rächer auf eigene Faust Gerechtigkeit durch Mord zu verwirklichen meinen. *Romulus der Große* zeigt aber ebenso wie *Frank V.*, dass auch diese vermeintlichen Träger der Satire der verschiedenen Machtinstitutionen (politische oder wirtschaftliche Imperien) durch die Wirklichkeit eingeholt werden und an ihr scheitern. Denn sowohl Frank V., der von den ›ehrlichen‹ Geschäften seiner Kinder ausgebootet wird, als auch Romulus, der keinen Heldentod sterben darf, um als gewollt erfolgloser Kaiser das mörderische Römische Reich zu versenken, werden als scheinbar agierende Träger der Satire einfach in den Ruhestand versetzt. Eine ähnliche Entwicklung – als scheiternde Sprecher der Satire – erfahren auch andere Hauptfiguren: In Dürrenmatts Wissenschaftssatiren nämlich ist es Möbius, der geniale Physiker, der umsonst gemordet hat, um die Welt vor Schrecklichem zu bewahren. Seine vermeintlichen Weisheiten sind zwar zunächst eine Satire der Wissenschaft: »Entweder bleiben wir im Irrenhaus, oder die Welt wird eines. Entweder löschen wir uns im Gedächtnis der Menschen aus, oder die Menschheit erlischt« (WA 7, 76). Aber der Zufall (in Gestalt der größenwahnsinnigen Ärztin Mathilde von Zahnd) lässt diese bessere Welt als unverwirklichbar erscheinen, auch wenn sie vom Autor bis in die 1960er Jahre zumindest noch als Utopie formuliert wird. Dürrenmatt hatte seine Satire stark auf und um die Figur seiner ›mutigen Menschen‹ gebaut. Doch im Laufe der Stücke scheint diese zentrale konstituierende Figur der Satire schrittweise an Effizienz verloren zu haben: Romulus wollte ein ganzes Imperium zerstören, Übelohe den Glauben an die Liebe retten, Akki sich nur in Sicherheit bringen, indem er flieht, was Ill, der überhaupt kein Ideal mehr formuliert, nicht mehr gelingt. Dürrenmatt hat in den *21 Punkten zu den ›Physikern‹* die Wirkungslosigkeit individuellen Handelns festgestellt: »Was alle angeht, können nur alle lösen« (Punkt 17, 92), »Jeder Versuch eines Einzelnen, für sich zu lösen, was alle angeht, muß scheitern« (Punkt 18, 93). In der Folge verzichtet Dürrenmatt darauf, mögliche Alternativen mit Hilfe seiner Figuren zu formulieren und verabschiedet sich immer mehr von den klassischen Gattungsmerkmalen der Satire. Die ›bessere Welt‹ muss im Bewusstsein seines Publikums entstehen. Protagonisten wie Doc in *Der Mitmacher* (1973) oder Goldbaum in *Die Frist* (1978) handeln nicht mehr, sondern werden agiert. Doc, der als Biologe zu den Ursprüngen des Lebens geforscht hat, arbeitet an der Beseitigung Ermordeter; Goldbaum war so sehr auf das eigene Überleben konzentriert, dass er seine Folterer vergessen hat und schließlich selbst zum neuen Machthaber der Diktatur wird. Die klassische Satire scheint in Dürrenmatts Werken ab Mitte der 1960er Jahre ihrer Sprecher ledig geworden bzw. an die Grenze ihrer Mitteilbarkeit gestoßen zu sein. Diese Unbestimmtheit in der expliziten Aussage ist ein typisches Merkmal des Grotesken.

Groteske

Das Groteske ist eine Kategorie, die Dürrenmatt immer wieder bemüht hat, um seine eigene Ästhetik zu definieren. 1954 schrieb er im Essay *Theaterprobleme*: »[D]as Groteske ist nur ein sinnlicher Ausdruck, ein sinnliches Paradox, die Gestalt [...] einer Ungestalt, das Gesicht einer gesichtslosen Welt« (WA 30, 62). Einige Forscher (z. B. Schulte 1987) haben in der Folge das Groteske bei Dürrenmatt schlicht auf Paradoxa reduziert. Doch hat Dürrenmatt in der Tat eine dynamischere Konzeption des Grotesken, dessen Unausweichlichkeit er feststellt, da das Tragische als eigenständige Form heutzutage nicht mehr möglich sei (s. o.): »Wir können das Tragische aus der Komödie heraus erzielen, hervorbringen als einen schrecklichen Moment, als einen sich öffnenden Abgrund« (WA 30, 63). Wolfgang Kayser hat sich direkt auf Dürrenmatt bezogen (1957, 11), um das Groteske allgemein als »entfremdete Welt« (ebd., 198) oder »Gestaltung des ›Es‹« (ebd., 199) zu definieren. Doch ist das Groteske ursprünglich eine komplexe Gestaltungsform der bildenden Künste, charakterisiert durch Mischphänomene, die Lachen und Schrecken erregen (vgl. Chastel 1997). Um es in der Literatur

vom Kipphänomen des Tragikomischen zu unterscheiden, mit dem es oft verwechselt wird, und um der ununterscheidbaren Mischung aus Tragischem und Komischem gerecht zu werden, auf die Dürrenmatt zurückgreift, wurde das Groteske ab 1992 anhand von Dürrenmatts Theater erstmals als »Oszillation zwischen einem tragischen und einem komischen Pol« (Wellnitz 1999, 21) definiert.

Für Dürrenmatt ist das Groteske ein Mittel, um Distanz zu gewinnen. In seiner *Anmerkung zur Komödie* (1952) hält er fest, er verwende das Groteske »eben der Distanz zuliebe, die *nur* durch dieses Mittel zu schaffen ist« (WA 30, 24), und damit als Mittel, um seine Zeit kritisch zu hinterfragen: »Das Groteske ist eine äußerste Stilisierung, ein plötzliches Bildhaftmachen und gerade darum fähig, Zeitfragen, mehr noch, die Gegenwart aufzunehmen« (24 f.). Dürrenmatts Intention ist es, das Groteske als Mittel seiner Satire zu nutzen, doch stellt sich ab Mitte der 1960er Jahre die Frage, ob es nicht zu einer gewissen Autonomie des grotesken Stils gekommen ist. Denn spätestens ab dem Stück *Der Meteor* (1966) ist nicht mehr eindeutig feststellbar, auf welches (satirische) Gegenbild Dürrenmatt verweist. Weder ist dessen Protagonist Schwitter ein ›mutiger Mensch‹, noch lassen sich hier und in den folgenden Werken und deren ›ironischen Helden‹, ›Clowns‹ oder ›Atlasfiguren‹ weiterhin Hinweise auf eine ›bessere Welt‹ ausfindig machen.

Besonders deutlich lässt sich der allmähliche Wandel des Grotesken vom Stilmittel zu einer übergreifenden Kategorie an Dürrenmatts veränderter Dialoggestaltung ablesen: In *Der Besuch der alten Dame* gibt es zwar bereits die verdoppelten Aussagen der Diener Claires, die die chorhaft werdende Sprache der Dorfbewohner kontaminieren bzw. zu »Stille« und »Schweigen« führen (WA 5, passim). Doch ist hier die sich ausbreitende Lähmung durch die groteske Sprache noch quasi kontrapunktisch der Satire zugeordnet, um das satirische Leitmotiv der Macht des Geldes zu betonen. Im *Meteor* entsteht durch eine starke Verknappung der Dialoge eine beklemmende Stille, an der alle zugrunde gehen – außer dem stets wiederauferstehenden Schwitter. Das allgemeine Sterben, begleitet vom dahinsiechenden Dialog, weist ins Leere. Im *Mitmacher* bleibt selbst Cops anarchistisches Morden ohne »objektive, gesellschaftsverändernde Auswirkungen« (s. Kap. 33). In den experimentellen Werken Dürrenmatts (*Play Strindberg*, *Dichterdämmerung*) wird das Kontrapunktische gegenüber dem Verstummen des ›eigentlichen‹ Textes dominierend. In seinem *Nachwort zu ›Porträt eines Planeten‹* räumt der Autor ein: »Die Spannung zwischen den Sätzen ist mir wichtiger geworden als die Sätze selbst« (WA 12, 198). In *Die Frist* sieht man schließlich, dass das Kontrapunktische gedankenleerer Sätze über Fußball sowie vor allem die »Gugus« und »Dadadas« der »Unsterblichen« (WA 15, passim) ohne jeden (satirischen) Bezugspunkt für Desorientierung sorgen. »Zur Struktur des Grotesken gehört, dass die Kategorien unserer Weltorientierung versagen« (Kayser 1957, 37).

Vom einfachen grotesken Stil seiner ersten Werke, die noch Satiren mit expliziten Hoffnungssignalen waren, ist Dürrenmatt so schrittweise zur Grotesken als Gattung übergegangen, die nur noch auf das Bewusstsein seines Publikums setzen kann. Doch die satirische Intention bleibt erhalten: Trotz des Wandels in Stil und Gattung belegen einige späte Publikationen früher Textprojekte (wie 1985 der Roman *Justiz*, der ab 1959 entstand oder die Texte in *Turmbau*, *Stoffe IV–IX*) und auch die sehr scharfen politischen Kritiken kurz vor seinem Tod (etwa *Die Dinosaurier und das Gesetz*, FAZ, 21.12.1989), dass Dürrenmatt bis zuletzt ein sehr engagierter Autor war.

Literatur
Primärtexte

Theaterprobleme. In: WA 30, 31–72.

Sekundärliteratur

Arntzen, Helmut: Nachricht von der Satire. Einleitung zu einer Anthologie deutscher Satire des 20. Jahrhunderts. In: Ders.: Literatur im Zeitalter der Information. Frankfurt a. M. 1971, 148–166.

Bloch, Peter André: Friedrich Dürrenmatt. Visionen und Experimente. Göttingen 2017.

Brummack, Jürgen: Zu Begriff und Theorie der Satire. In: Deutsche Vierteljahrsschrift für Literaturwissenschaft und Geistesgeschichte 45 (1971), Suppl. 1, 275–377.

Chastel, André: Die Groteske. Streifzug durch eine zügellose Malerei. Berlin 1997 (frz. 1988).

Grimm, Reinhold: Parodie und Groteske im Werk Friedrich Dürrenmatts. In: Ders. (Hg.): Der unbequeme Dürrenmatt. Basel 1962, 71–96.

Heidsieck, Arnold: Das Groteske und das Absurde im modernen Drama. Stuttgart 1969.

Kayser, Wolfgang: Das Groteske. Seine Gestaltung in Malerei und Dichtung. Oldenburg 1957.

Schulte, Vera: Das Gesicht einer gesichtslosen Welt. Zu Paradoxie und Groteske in Friedrich Dürrenmatts dramatischem Werk. Frankfurt a. M. 1987.

Wellnitz, Philippe: Dürrenmatt und das europäische Theater. In: Schweizer Monatshefte 74 (1994), 6, 18–22.

Wellnitz, Philippe: Le théâtre de Friedrich Dürrenmatt. De la satire au grotesque. Strassburg 1999.

Wellnitz, Philippe: Le grotesque chez Dürrenmatt. In: Jürgen Söring, Annette Mingels (Hg.): Dürrenmatt im Zentrum. Frankfurt a. M. 2004, 45–60.

Whitton, Kenneth S.: The Theatre of Friedrich Dürrenmatt. A Study in the possibility of freedom. London 1980.

Philippe Wellnitz

97 Prozessualität

Werk und Werkgenese

Wer Dürrenmatts Texte verstehen will, wird immer die Frage klären müssen, auf welche Ausgabe er sich bezieht. Frühere editorische Methoden vereinfachten dieses Problem durch die Privilegierung der Erstausgabe oder der Ausgabe letzter Hand, oder sie postulierten als Kriterium der Interpretation die Fiktion der Rekonstruktion einer Autorintention. Sein Werk ist nicht – wie eine verbreitete Dürrenmatt-Einführung behauptet – »aus sich heraus verständlich« (Goertz 1987, 128). Jeder literarische Text ist je nach Kunst-, Sprach- und Zeichenbegriffen, die seine Genese und seine Rezeption bestimmen, verschieden zu verstehen. Dürrenmatts Werk ist kein eindeutig bestimmbares Objekt, sondern ein in verschiedenen Formen sich dynamisch entwickelndes *work in progress*, abhängig von den Wechselwirkungen seines Lebens, Denkens und Schreibens. Die Werkgenese zeigt die ›Verwandlung der *Stoffe*‹ als Stoff der Verwandlung‹ (Rusterholz/Wirtz 2000). Das Selbstverständnis verändert sich vom auktorialen Autor bis zur Erzählinstanz, die ihr Verhältnis zwischen Subjekt und Objekt des Schreibens im Kontext sich verändernder Bedingungen von Produktion und Rezeption reflektiert.

Schon als Student distanzierte sich Dürrenmatt von den literarischen Vorbildern seiner Jugend, die noch schrieben, als wären Weltkriege und Atombomben mit Stil zu bewältigen. Während seiner Studien in Zürich betrachtete er sich als nihilistischen Dichter. Als Verfasser seiner ersten Stücke bekannte er sich zu einem unkonventionellen Christentum. Dürrenmatt hat in verschiedenen Phasen seines Lebens immer wieder Karl Barth gelesen, den bedeutendsten Vertreter der sogenannten Dialektischen Theologie, und Søren Kierkegaard, den Vater der dialektischen Existenzphilosophie (vgl. Rusterholz 2011, 3–30). Beide negieren die Möglichkeit der Äußerung objektiver Wahrheit durch direkte Mitteilung. Dürrenmatt erkennt schon, was er noch in *Stoffe VIII* (*Vinter*) bestätigt: »Die Schriftstellerei und der Glaube sprechen die gleiche Sprache«, die Sprache der indirekten Mitteilung »in sich immer widersprechenden Gleichnissen« (WA 29, 227). Barths Dogmatik blieb ihm wichtig, auch als er sie nicht mehr nur als Möglichkeit der Begründung des Glaubens wahrnahm, sondern, je nach Voraussetzung, als Konsequenz des Glaubens oder des Atheismus las.

Frühe Stücke

Dürrenmatts frühe Stücke sind im Kontext des Untergangs der alten Welt und ihrer Werte im Zweiten Weltkrieg zu sehen. Sie versuchen, dieses Scheitern in grotesken Bildern christlicher Paradoxie zu zeigen. Da diese Stücke als direkte christliche Botschaft missverstanden wurden, zog der Autor sie aus dem Verkehr. Sein Schaffen ist geprägt durch Urbilder, durch Mythen und Stoffe seiner Phantasie, die ihm erlauben, seinen Ängsten und Problemen und denen seiner Zeit Ausdruck zu geben, indem er der bildlosen, technisch geprägten Welt ein Gegenbild gegenüberstellt: das Labyrinth: »[Der Mensch] entdeckt es immer wieder, es ist ein Urbild dessen, daß er in einer Welt lebt, die er sich selber schafft und in der er sich nicht zurechtfindet« (G 3, 130). Der Schriftsteller habe sich »die Stoffe nicht durch eine Dramaturgie zu verbauen, sondern jeden Stoff durch die dem Stoffe gemäße Dramaturgie zu ermöglichen« (WA 32, 68). Im Konflikt, ob er Dichter oder Maler werden solle, entschied er sich für die Schriftstellerei, im Bewusstsein, dass er ein Künstler sein wolle, der schreibend und malend die Bilder seiner Stoffe gestalte.

Mutige Menschen als Nachfahren des heroischen Helden

1955 bestimmt er in *Theaterprobleme* die dramaturgischen Formbegriffe Tragödie und Komödie (WA 30, 31–72). Die reine Tragödie sei in unserem Zeitalter nicht mehr möglich, da sie eine geordnete Welt voraussetze, in der es Schuldige und Verantwortliche gebe. Unsere Welt aber sei grotesk, ein sinnliches Paradox, die Gestalt einer Ungestalt, das Gesicht einer gesichtslosen Welt. Ihr komme in diesem Kehraus der weißen Rasse nur noch die Komödie bei. Doch sei das Tragische noch immer möglich; wir könnten das Tragische aus der Komödie heraus hervorbringen, denn – das sei eines seiner Hauptanliegen – es sei möglich, »den mutigen Menschen zu zeigen«: »Der Blinde, Romulus, Übelohe, Akki sind mutige Menschen. Die verlorene Weltordnung wird in ihrer Brust wieder hergestellt, das Allgemeine entgeht meinem Zugriff« (62 u. 63; s. Kap. 72). Akki in *Ein Engel kommt nach Babylon* (1953) ist zweifellos ein mutiger Mensch, der aber in der modernen Welt keine Heimstatt hat und mit Kurrubi in die Wüste entschwindet. In der Erstfassung von *Die Ehe des Herrn Mississippi* spricht Übelohe von sich als letzter Christ; am Schluss spricht er als Cer-

J. B. Metzler © Springer-Verlag GmbH Deutschland, ein Teil von Springer Nature, 2020
U. Weber / A. Mauz / M. Stingelin (Hg.), *Dürrenmatt-Handbuch*, https://doi.org/10.1007/978-3-476-05314-5_97

vantes' Ritter von der traurigen Gestalt, als Figur einer ewigen Komödie: »Daß aufleuchte Seine Herrlichkeit / genährt durch unsere Ohnmacht« (WA 3, 114). Ill in *Der Besuch der alten Dame* (1956) ist die dramatische Figur, die sich aus der Komödie tragisch entwickelt; indem er seine Schuld bekennt, wird er zum Nachfahren des tragischen Helden, zum mutigen Menschen. Die tragische Komödie *Die Physiker* (1962) zeigt das Bild der Möglichkeit des Untergangs der Menschheit, wenn kein von Menschen bestimmtes Schicksal noch eine göttliche Vorsehung regiert, sondern die »schlimmstmögliche Wendung« (WA 7, 91) durch Zufall eintritt. Schon *Der Meteor* (1966) stellt mit dem radikalen Nihilisten Schwitter den Sinn des christlichen Glaubens und die Funktion der Kunst zur Debatte. In den frühen 1970er Jahren zeigen sich Zeichen der Krise des Glaubens und Schreibens, nachdem Dürrenmatt im Streit das Basler Theater verlassen hatte. Im April 1969 erlitt er einen Herzinfarkt. Mit dem Misserfolg des *Porträt eines Planeten* (1970) glaubt er, »an die Grenze dessen vorgestoßen zu sein, was eigentlich Theater vermag« (WA 12, 199).

Versuch, *(K)eine Autobiographie zu schreiben* – Ein neues Prinzip des Schreibens und Lesens

Der Misserfolg der Uraufführung seiner Komödie *Der Mitmacher* am 8.3.1973 im Zürcher Schauspielhaus stürzte Dürrenmatt in die tiefste Krise seines Lebens und Schreibens: »Jetzt kannst du aufhören zu schreiben, oder es geht dir eine Möglichkeit auf, wieder anders zu schreiben« (G 2, 147). Diesen Schock verarbeitet er umfassend in *Der Mitmacher. Ein Komplex* (WA 14). Er zeigt die Wandlungen des Autors und seines Selbstverständnisses, seine Entwicklung zum subjektiv sich reflektierenden Schreiben unter dem Einfluss der wiederholten Kierkegaard-Lektüre, vor allem der *Abschließenden unwissenschaftlichen Nachschrift zu den Philosophischen Brosamen* (vgl. Weber 1996, 65–78). Reflektiert wird insbesondere die Bedeutung der Hauptfigur Cop, sein Verhältnis zum mutigen Menschen und seine Qualität als ironischer Held, der seinen Widerstand gegen das korrupte System nur geltend machen kann, indem er »eine Weltsekunde lang dem fatalen Abschnurren der Geschäfte Einhalt zu gebieten« vermag (WA 14, 203). Der Autor erfährt und versteht sich nicht nur als Subjekt und Objekt des Schreibprozesses; er erinnert sich ungeschriebener Stoffe und ›rekonstruiert‹ sie so, dass ein neues Werk entsteht: die *Stoffe*. Er schreibt eine Autobiografie bzw.

Autobiografie seiner Stoffe (Probst 2008), ein *work in progress*, das in seinen intra- und intertextuellen Bezügen zu lesen ist. Die späteren Stoffe fungieren als Resonanzraum der früheren, so z. B. *Der Besuch der alten Dame* in der *Mondfinsternis* (vgl. Weber 2007, 241–303) oder *Die Dramaturgie des Labyrinths*, die in die Binnenerzählung *Der Winterkrieg in Tibet* integriert ist. Diese demonstriert die Vieldeutigkeit des Gleichnisbegriffs (vgl. Burkhard 2004, 102–172), indem der Erzähler wechselnd aus den Perspektiven des Minotaurus, des Theseus oder des Erbauers des Labyrinths erzählt. Die polyperspektivische Erzählweise hat auch die Funktion der Leseanweisung. Die Strukturen des Erzählens provozieren die Lesenden zum Modus der dynamischen Interpretation, wie sie Dürrenmatt in seinen poetologischen Reflexionen über das Gleichnis entwickelt hatte. Der Autor zeigt den Lesenden mit den sich verändernden Perspektiven nicht nur die Genese der Stoffe, sondern auch das Werden seines sich wandelnden Ichs. – Die *Stoffe* präsentieren eine Geschichte, die ihre Konstitutionsbedingungen reflektiert und damit polyperspektivisch komponierte Möglichkeiten der Deutung präsentiert, die den Autor immer wieder zum Schreiben zwingen und die Lesenden auffordern, mit dem Prozess der Lektüre immer wieder neu zu beginnen.

Literatur
Primärtexte
Vinter. In: WA 29, 189–233.
Vom Sinn der Dichtung in unserer Zeit. In: WA 32, 60–69.
Theaterprobleme. In: WA 30, 31–72.
Der Mitmacher. WA 14.

Sekundärliteratur
Burkhard, Philipp: Dürrenmatts *Stoffe*. Zur literarischen Transformation der Erkenntnistheorien Kants und Vaihingers im Spätwerk. Tübingen 2004.
Goertz, Heinrich: Dürrenmatt. Hamburg 1992.
Probst, Rudolf: (K)eine Autobiographie schreiben. Friedrich Dürrenmatts *Stoffe* als Quadratur des Zirkels. Paderborn 2008.
Rusterholz, Peter: Vom ›Werk‹ zur Intertextualität der *Stoffe‹*. Friedrich Dürrenmatts Wandlung. In: Zeitschrift für Semiotik 24 (2002), 295–302.
Rusterholz, Peter: Dürrenmatt, Barth und Kierkegaard. In: Véronique Liard, Marion George (Hg.): Dürrenmatt und die Weltliteratur. München 2011, 3–30.
Rusterholz, Peter/Wirtz, Irmgard: Die Verwandlung der *Stoffe* als Stoff der Verwandlung. Friedrich Dürrenmatts Spätwerk. Berlin 2000.
Weber, Ulrich: Dürrenmatts Spätwerk. Die Entstehung aus der *Mitmacher*-Krise. Frankfurt a. M. 2007.

Peter Rusterholz

98 Schlimmstmögliche Wendung

Die ›schlimmstmögliche Wendung‹ ist die wahrscheinlich am häufigsten zitierte Formulierung Dürrenmatts. Er entwickelte das betreffende poetologische Programm parallel zur Arbeit an den *Physikern* und verwendete die Prägung erstmals 1962 in den *21 Punkten zu den ›Physikern‹* (WA 7, 91–93): »Eine Geschichte ist dann zu Ende gedacht, wenn sie ihre schlimmstmögliche Wendung genommen hat« (Punkt 3; 91). Die griffige Rhetorik der Radikalität (›schlimmst‹, ›zu Ende gedacht‹) mag zum Erfolg der Formel beigetragen haben. Da sie schnell zum interpretatorischen Generalschlüssel wurde und gelegentlich auch als – nur bedingt treffendes – Kürzel für das Gesamtwerk fungiert, muss zunächst ihr spezifischer dramentheoretischer wie dramaturgischer Ort geklärt werden. Auf dieser Grundlage ist dann exemplarischen literarischen Figurationen wie theoretischen Explikationen des Autors Rechnung zu tragen.

Dramentheoretische und dramaturgische Bedeutung

In den 1967 veröffentlichten *Dramaturgischen Überlegungen zu den ›Wiedertäufern‹* (WA 10, 127–137) ordnet Dürrenmatt das Prinzip der schlimmstmöglichen Wendung ausführlich in die betreffenden Kontexte ein und zeigt, wie es mit seinem Verständnis der Komödie und des Welttheaters zusammenhängt (s. Kap. 93, 99). Wie die meisten Dramatiker des 20. Jahrhunderts geht er davon aus, dass die klassische aristotelische Tragödie den kathartischen Effekt nicht mehr erreichen kann, da die Zuschauerinnen und Zuschauer »der Bühne ihre Illusionen nicht mehr so recht glauben« würden (130). Daher auch setzt er auf die Komödie und das Komische, denn »ob das Komische erfunden oder wirklich sei, wir müssen gleichwohl lachen« (132). Dürrenmatts Komödienauffassung zeichnet sich gerade dadurch aus, dass sie nicht auf die Identifikation mit den Figuren setzt, sondern die Zuschauer durch die Eigenschaft des Komischen vom Gegenstand ›wegtreibt‹ und Distanz zum Geschehen aufbauen lässt (vgl. ebd.; Allemann 1969, 207). Seine Form des Welttheaters besteht entsprechend darin, dass die Figuren meist tragisch enden, die Handlung qua ihrer Komik aber Distanz zu diesen aufbaut. In diesem Zusammenhang spielt die ›schlimmstmögliche Wendung‹ eine entscheidende Rolle: Sie markiert die Wendung der Handlung in die Paradoxie bzw. in die Komödie und eröffnet als Peripetie das tragisch-komische Ende des Helden. Dürrenmatt illustriert diesen Zusammenhang exemplarisch am Beispiel des Arktis-Forschers Robert F. Scott, der bei seiner Expedition im ewigen Eis erfror. Sein Schicksal entspreche grundsätzlich dem Gestus der Tragödie: Shakespeare hätte es wohl »in der Weise dramatisiert, daß der tragische Untergang des großen Forschers durchaus dessen Charakter entsprungen wäre«; denkbar sei aber auch eine Dramatik, »die Scott beim Einkaufen der für die Expedition benötigten Lebensmittel aus Versehen in einen Kühlraum einschlösse und in ihm erfrieren ließe« (WA 10, 127). Dieser Tod im Eis macht aus der tragischen eine komische Gestalt: »Die schlimmstmögliche Wendung, die eine Geschichte nehmen kann, ist die Wendung in die Komödie« (128).

Figurationen und Explikationen

Im Kontext der *Physiker* verknüpft Dürrenmatt die Formel unmittelbar mit der Idee einer elementaren Wirksamkeit des Zufalls (s. Kap. 84): »Die schlimmstmögliche Wendung ist nicht voraussehbar. Sie tritt durch Zufall ein.« »Die Kunst des Dramatikers besteht darin, in einer Handlung den Zufall möglichst wirksam einzusetzen« (Punkte 4 und 5 der *21 Punkte*; WA 7, 91). Daraus ergibt sich sowohl eine poetisch-funktionale als auch eine inhaltliche Interpretation der Formel. Poetisch-funktional fungiert sie im Sinne einer Pointe. Die Peripetie ist nicht voraussehbar und tritt für den Zuschauer überraschend und damit distanzierend ein. Die inhaltliche Interpretation lässt sich an der *Physiker*-Figur Möbius illustrieren: Sein an sich souveränes Kalkül, die Weltformel vor der Welt zu verstecken, indem er sich durch vorgetäuschten Wahn in die Freiheit der psychiatrischen Gefangenschaft entzieht, kann und wird nur am Zufall scheitern. Dieser besteht in der zufälligen Begegnung mit der effektiv geisteskranken Anstaltsleiterin Mathilde von Zahnd (vgl. auch Punkt 7, 91), die sich die Formel aneignet.

Von dieser inhaltlichen Interpretation versucht sich Dürrenmatt später jedoch zu distanzieren. Das geschieht u. a., wenn er im extensiven Nachwort zum *Mitmacher* eine theoretische Explikation gibt, die die Wendung in Hinsicht auf das *Ende/Zu-Ende-Denken* hin akzentuiert. In ausdrücklicher Bezugnahme auf das mögliche ›Hereinfallen‹ eines Kritikers auf »meinen Ausspruch in den *Physikern*« (d. h. jenen zitierten Punkt 3) profiliert Dürrenmatt sein Programm inner-

J. B. Metzler © Springer-Verlag GmbH Deutschland, ein Teil von Springer Nature, 2020
U. Weber / A. Mauz / M. Stingelin (Hg.), *Dürrenmatt-Handbuch*, https://doi.org/10.1007/978-3-476-05314-5_98

halb des »alten Gegensatz[es] zwischen einem logischen System und der Existenz« (WA 14, 188). In *positiver* Aufnahme der Kritik am Nicht-zu-Ende-gedacht-Haben (nämlich der Position Brechts) betont er, dass logische Systeme – die Mathematik, die christliche Dogmatik, der Marxismus – durchaus »annähernd« (188) zu Ende gedacht werden könnten, nämlich bis zur Bloßlegung ihrer »Unstimmigkeiten« (189). Dieser Versuch wird dann anhand der auch andernorts relevanten Schachspiel-Metapher (s. Kap. 79) illustriert: »Ich strebe mit meinem Endspiel das schlimmstmögliche Ende an, das Schachmatt, während andere nur das Patt suchen« (ebd.). Das schlimmstmögliche Ende zeige insofern »nur die Denkrichtung« seiner Arbeit an, sage aber nichts über seine »Existenz« aus, seine »Schuld oder Nichtschuld« (ebd.).

Ein weiterer Bezugspunkt zur Explikation der Formel liegt im Wahrscheinlichkeitskalkül, das im Ereignis des Unfalls seine negative Konkretion findet. Die entsprechenden Überlegungen finden sich in den *Sätzen über das Theater* (1970; WA 30, 176–211) und damit im Kontext von weiträumigen Erwägungen zum Verhältnis von (dramatischer) Fiktion und Wirklichkeit. Anhand eines eigenen Autounfalls entwickelt Dürrenmatt eine ›Dramaturgie des Unfalls‹ (vgl. 204), die mit der einprägsamen These einhergeht, die Wirklichkeit sei »die Unwahrscheinlichkeit, die eingetreten ist« (205). Die Wirklichkeit wird dabei als ›ontologisch‹ vom »logischen« (209) Bereich der Fiktion abgegrenzt: Die Schramme wird in der fiktionalen Logik zum »tödlichen Unfall«: »Nur so bekommt meine gedankliche Fiktion auch eine ›existentielle‹ Berechtigung. Wir sind als Menschen auch existentiell vom Schlimmstmöglichen bedroht, nicht nur von der Atombombe, sondern auch von der schlimmstmöglichen Gesellschaftsordnung, oder von der schlimmstmöglichen Ehe« (ebd.). Im Kontext von Überlegungen zur Rationalität der Mythen gibt das Wahrscheinlichkeitskalkül Dürrenmatt darüber hinaus Anlass, das Gegenprinzip der *bestmöglichen* Wendung zu thematisieren. Mit der erwartbaren Gewichtung: »Die bestmögliche Wendung ist ebenso logisch wie die schlimmstmögliche, wenn auch die unwahrscheinlichere. Wir sind nun einmal kosmische Pechvögel. [...] Wer die schlimmstmögliche Wendung wählt, warnt, wer die bestmögliche Wendung bevorzugt, hofft. [...] Das Prinzip Hoffnung ist allzuoft eine denkfaule Schlamperei« (WA 37, 12).

Vor diesem verzweigten Hintergrund erstaunt es kaum, dass die Formel im metadramatischen Spätwerk auch in Primärtexten auftaucht. Im Katastrophenstück *Dichterdämmerung* (UA 1987) wird ebenso die schlimmst- wie die bestmögliche Wendung zitiert (WA 9, 145 u. 147 u. 153); der Autor spielt mit seinem eigenen Spielprinzip. Der zelebrierte Schluss demonstriert in seiner Mehrstufigkeit gleichsam, dass es immer noch schlimmer geht: Nachdem das Bühnengeschehen in einem schwarzen Loch verschwunden ist, kollabiert schließlich auch der institutionelle Rahmen des Theaterbetriebs.

Zur Forschung

Peter Rüedi hat mit Nachdruck betont, dass Dürrenmatts »geflügeltes Wort« (Rüedi 2011, 522) ungünstig auf den Autor zurückgefallen sei: Die *Physiker* stellten als paradoxe »aristotelische Komödie« einen »Ausnahmefall« (ebd., 523) dar; es sei verfehlt von ihm bzw. den zugehörigen apodiktischen *21 Punkten* auf Dürrenmatts Dramaturgie an sich zu schließen. Die schlimmstmögliche Wendung fungiert demnach lediglich als ein Instrument dramatischer Ökonomie unter anderen. Gegen entsprechende Generalisierungen schärft Ulrich Weber gleichfalls den technischen Aspekt der Formel ein und grenzt sie von einem »pessimistische[n] Glaubensbekenntnis« ab (Weber 2003, 21). Wie sich in der Beziehung zum Wahrscheinlichkeitsdenken andeutet, hat die Formel eine Nähe zu technischen *worst case scenarios*, die freilich lustvoll ausgemalt werden. Während die Formel, wie Schu zeigt, auch als Interpretament textimmanenter Darstellung »deformierter Weiblichkeit« fungieren kann (2007, 659–676, v. a. 672–674), stehen ausführlichere Aneignungen im weiteren Kontext der Risikoforschung noch aus (vgl. aber Haller 2004). Ausstehend sind erstaunlicherweise auch Überlegungen zur Dialektik und Perspektivität, die die Formel begleiten: Jenseits des unwahrscheinlichen bestmöglichen Ausgangs, der von Dürrenmatt thematisiert wird, steht die fallbezogene Dialektik. Am Beispiel der *Physiker*: Dass die schlimmstmögliche Wendung für Möbius wenn nicht mit der bestmöglichen, so doch mit einer positiven für Mathilde von Zahnd korrespondiert, zeigt das Primat dieser Figur und nicht jener.

Literatur
Primärtexte
Boss. Zu Ende denken. In: WA 14, 187–190.
Dichterdämmerung. Eine Komödie. In: WA 9, 97–156.
Dramaturgische Überlegungen zu den ›Wiedertäufern‹. In: WA 10, 127–137.
21 Punkte zu den ›Physikern‹. In: WA 7, 91–93.
Sätze über das Theater. In: WA 30, 176–211.

Sekundärliteratur

Adams, Dale: Chaos, Zufall und Mathematik. Friedrich Dürrenmatts Weltbild und Dramaturgie. In: Limbus. Australisches Jahrbuch für germanistische Literatur- und Kulturwissenschaft 3 (2010), 211–231.

Allemann, Beda: Die Struktur der Komödie bei Frisch und Dürrenmatt. In: Hans Steffen (Hg.): Das deutsche Lustspiel, Bd. 2. Göttingen 1969, 200–217.

Auge, Bernhard: Friedrich Dürrenmatts Roman *Justiz*. Entstehungsgeschichte, Problemanalyse, Einordnung ins Gesamtwerk. Münster 2004, 337–349.

Famula, Marta: Fiktion und Erkenntnis. Dürrenmatts Ästhetik des *ethischen Trotzdem*. Würzburg 2014, 59–68.

Haller, Matthias: »Je planmässiger die Menschen vorgehen, desto wirksamer vermag sie der Zufall zu treffen«. Abschiedsvorlesung vom 8. Juni 2004 an der Universität St. Gallen. In: https://www.risiko-dialog.ch/wp-content/uploads/2019/09/2004_Abschiedsvorlesung_Matthias_Haller_Universitiaet_St.Gallen_Duerrenmatt.pdf (9.6.2020).

Rüedi, Peter: Dürrenmatt oder Die Ahnung vom Ganzen. Biographie. Zürich 2011, 522–528.

Schu, Sabine: Deformierte Weiblichkeit bei Friedrich Dürrenmatt. Eine Untersuchung des dramatischen Werkes. St. Ingbert 2007, 659–676.

Schu, Sabine: »Das Prinzip Hoffnung als denkfaule Schlamperei«? Das Aufscheinen utopischer Tendenzen in Dürrenmatts Hörspielen *Herkules und der Stall des Augias* und *Das Unternehmen der Wega*. In: Zeitschrift für Literaturwissenschaft und Linguistik 38 (2008), 131–144.

Weber, Ulrich: Dürrenmatts Endspiele. In: Centre Dürrenmatt Neuchâtel (Hg.): Dürrenmatts Endspiele (Cahier 7). Neuchâtel 2003, 11–38.

Andreas Mauz / Philip Schimchen

99 Welttheater

1988 stellt Dürrenmatt rückblickend fest: »Ich versuchte über vierzig Jahre Welttheater zu schreiben«
(*Nachwort zu ›Achterloo IV‹*; WA 18, 541). Auf dieses
Modell des ›Welttheaters‹ rekurriert er apologetisch
nämlich bereits 1952 als Kritiker einer Zuckmayer-
Inszenierung: »Das Theater bedeutet immer noch die
Welt und folglich der *Fröhliche Weinberg* – auch dieses Stück – ein Welttheater« (WA 31, 82). Damit beruft er sich auf das reziproke Vorstellungsbild der
Welt als Theater und des Theaters als Welt, des Lebens
als eines Stücks und des Menschen als eines Darstel-
lers, das in Shakespeares Dramen ebenso wirksam ist
wie in Calderóns Welttheater. Letzteres liefert seit Joseph von Eichendorffs Übersetzung noch bis ins
20. Jahrhundert vielen Inszenierungen den gültigen
Text (u. a. ›Einsiedler Welttheater‹). Das Welttheater
exponiert die Vertreter der ständischen Gesellschaft
in ihrem durch den göttlichen Heilsplan vorbestimm-
ten Lebenszyklus. Die Frage nach dem richtigen Leben angesichts des Todes bleibt im 20. Jahrhundert
verinnerlicht ins Individuum im Jedermann-Spiel erhalten (Hugo von Hofmannsthal) oder wird gar in-
tensiviert, wenn der Plan und die Rollen wie in den
Endspielen Samuel Becketts, Eugène Ionescos und
Thomas Bernhards fehlen.

Dürrenmatt entwickelt seine Dramaturgie des
Welttheaters von seinen Anfängen in der Komödie
bis zu seinem Essay *Abschied vom Theater* (WA 18,
568–586), nicht aber in seinen dramaturgischen
Schriften. Die Komödien verlaufen nicht nach der
Vorsehung eines göttlichen Heilsplans, sondern sie
folgen einem auktorialen Einfall, was sie von der
nachahmenden, auf die Wirklichkeit oder den Mythos bezogenen Tragödie unterscheidet (vgl. WA 30,
185 u. 189). Seine Figuren sind die Darsteller dieses
Einfalls. Ihre Funktionen sind so typisiert wie die Rollen im modellgebenden Welttheater: In seiner ersten
Komödie, einem düsteren Nachkriegsstück – später
publiziert als *Untergang und neues Leben* (WA 1, 260–
294) – begegnen sich Soldat und Fremder, Fremder
und Hure, Fremder und General, Junge und Henker.
Ihr Interesse füreinander besteht nur angesichts des
Todes; sie stellen dar, was ihnen nach dem Krieg geblieben ist. Dürrenmatt überdenkt am Ende des Kalten Krieges die drastischen Mittel der Politik und der
Medien in ihrer radikalen Konsequenz in Hinblick
auf den Einzelnen.

Dürrenmatts dramaturgischer Aufbruch von einem nachahmenden zu einem darstellenden Theater
eröffnet der Komödie Möglichkeiten – für den Autor
und das Publikum. Indem er in der Entwicklung seiner Komödien das Vorstellungsbild des Welttheaters
mitnimmt, grundiert und kontextualisiert er den dramaturgischen Einfall für die Figuren in einem durch
Ort und Rolle abgesteckten Handlungsspielraum.
Dieser mitunter ›tragischen‹ (WA 5) oder – so im Untertitel von *Romulus der Große* (WA 2) – ›ungeschicht-
lich historischen Komödie‹ schreibt Dürrenmatt die
Wirkung zu, die Welt in eine Komödie zu verwandeln,
und hält damit am reziproken Verhältnis von Welt
und Theater des Vorstellungsbilds ›Welttheater‹ fest.

In seinen Erfolgskomödien *Der Besuch der alten
Dame* (1955/56) und *Die Physiker* (1961/62) steht der
Ort der Handlung gleichnishaft für die Welt: das Dorf
und die Irrenanstalt. Die Geschlossenheit des Orts be-
günstigt die wirkungsvolle Durchführung des Einfalls. Sind die Figuren in *Der Besuch der alten Dame*
durch ihre Rollen im Dorf sozial determiniert, so haben die Figuren in *Die Physiker* eine Rollengewandt-
heit und verfügen über mehrere Rollen gleichzeitig:
Wahnrollen, Spielrollen und die sozialen Rollen ihrer
Herkunft als Ergebnis ihrer Sozialisation. Die Verwendung von Rollen wird hier mit der Demaskierung
analytisch als Spiel im Spiel enthüllt, womit die Scha-
rade zum Thema des Stücks wird.

Mit den *Übungsstücken für Schauspieler* (WA 12)
sprengte Dürrenmatt 1970 erstmals die in den Erfolgskomödien noch ironisch eingehaltenen aristotelischen Einheiten von »Bühne, Stoff und Form« (WA
30, 190) (Ort, Handlung und Zeit) und die mimetische Handlung: In *Porträt eines Planeten* stellt er den
Planeten Erde unter das naturwissenschaftliche Gesetz der Wahrscheinlichkeit und verweist indirekt auf
den Schöpfungsplan, indem seine Figuren aus der
Schöpfungsgeschichte und dem Alten Testament
kommen. Sie sind also mythische Figuren, die ihre
Rollen selbst wählen und alle Gott spielen wollen, in
komischer Verkehrung der Ausgangslage des Welttheaters. Ihr Spielgrund ist die Erde im unbegrenzten
Universum. Zwar verstehen sie die Erde als Chance
und schlittern dennoch ohne Plan und Ziel unter dem
Gesetz der ›schlimmstmöglichen Wendung‹ in den
Untergang. Das *Porträt* ist ein Gleichnis des menschlichen Daseins angesichts der Katastrophe.

Dürrenmatts letzter Versuch, das Dispositiv ›Welttheater‹ umzusetzen, sind die Bearbeitungen von *Achterloo I* bis *IV*. In der ersten Fassung wird die Einheit
von Zeit und Ort scheinbar aufgehoben. Das meta-
reflexive Theater (Klimant 2014) stellt eine zweite
Bühne auf die Bühne und präsentiert die Schauspieler

J. B. Metzler © Springer-Verlag GmbH Deutschland, ein Teil von Springer Nature, 2020
U. Weber / A. Mauz / M. Stingelin (Hg.), *Dürrenmatt-Handbuch*, https://doi.org/10.1007/978-3-476-05314-5_99

als Darsteller historischer und fiktiver Personen im Vergleich zu ihren Vorläufern in Film und Theater. Aus aktuellem Anlass fragt Dürrenmatt hier nach der Notwendigkeit des Verrats in der Politik; er reagiert auf die Verhängung des Kriegsrechts durch den polnischen Ministerpräsidenten Wojciech Jaruzelski als Antwort auf die erstarkende Gewerkschaftsbewegung ›Solidarnosz‹ (1981–1983): General Bonapartes Gegenspieler sind Jan Hus und Woyzeck und seine Tochter Marion, andere Figuren aus verschiedenen historischen Epochen (Benjamin Franklin, Kardinal Richelieu, Robespierre) treten angesichts der Staatskrise als Verräter und Verbündete auf. Die Handlung wird am Schluss als entgleistes Rollenspiel in einer psychiatrischen Anstalt aufgelöst und führt so wieder an einen Ort zurück.

Die ausführliche protokollierte Besprechung des Misserfolgs von *Achterloo I* mit Charlotte Kerr entzündet sich an der Frage nach dem Leiter dieser Rollentherapie. In der weiteren Bearbeitung werden die Rollen klarer ausdifferenziert: Jeder Darsteller verfügt neben der Wahnrolle über eine Spielrolle, die zwischen Person und Wahn vermitteln könnte (Dedner 2003, 267). Diese unterschiedlichen Rollen einer Figur stehen in *Achterloo III* in einem Verhältnis von Analogie und Kritik zueinander: Wie im Welttheater sind die Figuren durch ihre Präfigurationen definiert, mythisch, kulturell oder historisch. Das Zusammenspiel ihrer unterschiedlichen Handlungskonzepte wird nicht durch einen Plan, sondern durch die Figuren, und hier neu durch die Wahnrolle Büchners als Ko-Autor Dürrenmatts, geleitet. *Achterloo* überblendet in multiplen Rollen historische Zeiten und fragt nach den Wirkkräften zwischen der Existenz des Einzelnen und den Instanzen der Macht im Moment der Revolution.

Dürrenmatt lokalisiert sein Welttheater im Dorf oder in der psychiatrischen Anstalt. Das betrifft nicht nur seine ›Übungsstücke‹, sondern gerade auch seine Meisterdramen *Der Besuch der alten Dame* und *Die Physiker*. Die Diskussion von Dürrenmatts Welttheater hat sich bis zu *Der Meteor* (Freund 1973) auf die gleichnishafte Darstellung der Welt auf der Bühne bezogen, die mit dem Abschied von der mimetischen hin zur metareflexiven Dramaturgie im *Porträt eines Planeten* und in *Achterloo* um den Preis der Spielbarkeit aufgegeben wird. Die jüngere Forschung von Cuonz (2018) betrachtet die Spielform der Komödie an der Grenze zur Katastrophe (*Romulus der Große*) als Voraussetzung für das Rollenspiel oder für die Bewältigung der Schuld- und Schuldenproblematik in *Frank der Fünfte*. Nur Dedner (2003) lässt sich auf das Spiel im Spiel und die Dynamik der multiplen Rollen ein, die im Welttheater stabilen Verläufen folgen. Diese sind in Dürrenmatts Spätwerk nicht gewährleistet; die Grenzen der Darstellbarkeit bedeuten Dürrenmatts Abschied vom Theater.

Literatur
Primärtexte

Achterloo I. Rollenspiele. Achterloo IV. WA 18.
Anmerkungen zur Komödie. In: WA 30, 20–25.
Der Besuch der alten Dame. WA 5.
Die Physiker. WA 7.
Porträt eines Planeten. In: WA 12, 95–201.
Sätze über das Theater. In: WA 30, 176–211.
Untergang und neues Leben. In: WA 1, 259–294.
›Der fröhliche Weinberg‹. Lustspiel von Carl Zuckmayer. In: WA 31, 80–82.
Rede zu Verleihung des Ehrendoktorats. In: Hommage à Friedrich Dürrenmatt à l'occasion de son 60ᵉ anniversaire et de la collation du titre de docteur honoris causa. Neuchâtel 1981, 25–30.

Sekundärliteratur

Cuonz, Daniel: Die Sprache des verschuldeten Menschen. Literarische Umgangsformen mit Schulden, Schuld und Schuldigkeit. Paderborn 2018, 303–323.
Dedner, Ulrike: Deutsche Widerspiele der Französischen Revolution. Reflexionen des Revolutionsmythos im selbstbezüglichen Spiel von Goethe bis Dürrenmatt. Tübingen 2003, 261–297.
Freund, Winfried: Modernes Welttheater. Eine Studie zu Friedrich Dürrenmatts Komödie *Der Meteor*. In: Literatur in Wissenschaft und Unterricht 6 (1973), 110–121.
Klimant, Tom: Dürrenmatts Transzendentaldramaturgie. Die *Achterloo*-Varianten (1982–1988) als Beitrag zur Auseinandersetzung zeitgenössischer Dramaturgie mit radikal konstruktivistischen Denkfiguren. Berlin 2014.

Irmgard M. Wirtz

VI Rezeption und Wirkung

A Generelles

100 Nachlass und Institutionen

Der literarische Nachlass im Schweizerischen Literaturarchiv (SLA)

Friedrich Dürrenmatt starb am 14.12.1990. Am 11.1.1991 fand die öffentliche Trauerfeier im Berner Münster statt. Gleichentags wurde auf der anderen Seite der Kirchenfeldbrücke, über die der Autor als Student oft gegangen war, das Schweizerische Literaturarchiv (SLA) eröffnet, dessen Gründung auf Dürrenmatts Initiative bzw. das Angebot der Schenkung seines Nachlasses zurückging (vgl. von Matt 2011). Dieser traf wenige Wochen später aus Neuchâtel ein. Das SLA, das heute rund 400 Nachlässe von Autorinnen und Autoren aus allen Schweizer Landessprachen zu seinen Beständen zählt, hielt für seinen geistigen Gründer stets einen Ehrenplatz bereit und investierte viel Energie in die Erschließung und Vermittlung des Dürrenmatt-Bestandes. Das ausführliche Inventar steht heute in doppelter Form online zur Verfügung, einerseits in der Datenbank HelveticArchives, andererseits in Form einer HTML-Präsentation auf der Webseite des Archivs.

Der literarische Nachlass präsentierte sich bereits bei der Übergabe als zu großen Teilen wohlgeordnetes, über lange Jahre dank der Zuverlässigkeit der Sekretärinnen und Dürrenmatts Ordnungssinn systematisch aufgebautes Privatarchiv. Den Kern des Nachlasses bilden die große Manuskripte-Sammlung (rund siebzehn Laufmeter) und die Korrespondenz (sechs Laufmeter). Hinzu kommen einzelne persönliche Dokumente und Objekte: Reisepässe und weitere Ausweise, Ehrungsurkunden, aber auch die biografisch wertvollen Taschenkalender, in welchen Dürrenmatt seit 1947 knapp über die schriftstellerische Arbeit Buch führte. Eine umfangreiche Dokumentation zu Dürrenmatts Leben und Werk und zur Rezeption (Fotomaterial, eine Sammlung von Kritiken, Rezensionen und Interviews, Programmhefte, Theaterplakate, Ton- und Videobänder usw.) und die Privatbibliothek vervollständigen den literarischen Nachlass. Das Schwergewicht der überlieferten Manuskripte liegt auf den Vorfassungen und Überarbeitungsstufen der publizierten Texte, die vor allem in den späten Jahren systematisch aufbewahrt und archiviert wurden. Der Nachlass bietet jedoch auch eine Reihe zu Lebzeiten unpublizierter Texte, hauptsächlich Fragmente, die in der Zwischenzeit zu großen Teilen vom Diogenes Verlag veröffentlicht wurden (s. u.).

Bedeutender als bei einem zu erwarten, dem nicht ganz zu Unrecht nachgesagt wurde, er beantworte prinzipiell keine Briefe, ist die Korrespondenz. Im Nachlass finden sich ca. 15.000–20.000 Briefe an den Autor. Es handelt sich bis auf wenige Ausnahmen um Einzelbriefe, nur in den wenigsten Fällen kam es zu eigentlichen Briefwechseln. Unter den Absenderinnen und Absendern finden sich Namen wie Heinz Ludwig Arnold, Peter Brook, Paul Celan, Federico Fellini, Gottfried Bermann Fischer, Paul Flora, Max Frisch, Stefan Heym, Wolfgang Hildesheimer, Rolf Hochhuth, Walter Höllerer, Ephraim Kishon, Hans Mayer, Walter Mehring, Paul Nizon, Fritz J. Raddatz, Marcel Reich-Ranicki, Hans Werner Richter, Tuvia Rübner, Gershom Scholem, Alexander Sinowjew, Tomi Ungerer, Siegfried Unseld, Jef Verheyen, Martin Walser, Lazar Wechsler, Lina Wertmüller und Carl Zuckmayer.

Zwar trifft es zu, dass die Briefe Dürrenmatts ab Mitte der 1950er Jahre sehr selten werden, aber aus den ersten Jahren der schriftstellerischen Arbeit sind recht umfangreiche Briefwechsel und -sammlungen vorhanden, die wichtige Aufschlüsse über die Entwicklung des Autors geben: Ein Dossier mit Briefen an die Eltern – von der Kindheit bis zur Studienzeit – zeigt etwa Dürrenmatts frühe Hinwendung zur Kunst und widerspiegelt den Loslösungsprozess. Der Briefwechsel mit dem Jugendfreund Eduard Wyss beleuchtet vor allem die Entstehung der frühen Prosa und den plötzlichen Entschluss, Schriftsteller zu werden und – damit zusammenhängend – zu heiraten. Derjenige mit dem Theaterintendanten, Regisseur und Schauspieler Kurt Horwitz zeigt die dramatischen Anfänge und das

J. B. Metzler © Springer-Verlag GmbH Deutschland, ein Teil von Springer Nature, 2020
U. Weber / A. Mauz / M. Stingelin (Hg.), *Dürrenmatt-Handbuch*, https://doi.org/10.1007/978-3-476-05314-5_100

Scheitern am großen Projekt eines Dramas über den *Turmbau zu Babel*, aber auch die Ernsthaftigkeit von Dürrenmatts Ringen mit der Religion. Ebenfalls ist die spannungsreiche Freundschaft und Rivalität mit Max Frisch in einem Bündel Briefen dokumentiert, von dessen erstem Brief nach der Lektüre des Manuskripts von Dürrenmatts Erstling *Es steht geschrieben* (1947) bis zum letzten Verständigungsversuch Dürrenmatts im Jahr 1985 (vgl. Briefwechsel Frisch/Dürrenmatt 1998). Der Briefbestand hat sich mit den Jahren vermehrt. So konnten 2013 etwa die wichtigen Briefe Dürrenmatts an den israelischen Schriftsteller Tuvia Rübner erworben werden, und im gleichen Jahr wurden dem SLA die lange verschollenen Briefe Dürrenmatts an seine erste Frau Lotti übergeben, die bisher unbekannte Züge dieser Beziehung aufzeigen.

Bestandteil des literarischen Nachlasses ist auch die Autorenbibliothek im Umfang von knapp 9000 Büchern, die im Rahmen eines Projekts katalogisiert und exemplarspezifisch mit dokumentierten Widmungen und Annotationen erschlossen wurde. Dabei zeigt sich die vor allem für das Spätwerk enge Verflechtung von Lektüre- und Schreibprozess – beispielsweise bei den Spuren der Relektüre der Werke Nietzsches 1978 und der Montage von Nietzsche-Zitaten in die zur gleichen Zeit entstehende Stoffe-Erzählung *Der Winterkrieg in Tibet* (vgl. die Dokumentation in S 5). Die Bibliothek befindet sich physisch nach wie vor an ihrem originalen Standort in Dürrenmatts Wohnhäusern in Neuchâtel.

Ein wichtiges Element des Nachlasses sind auch die Sammlungen zur Publikation und Rezeption von Dürrenmatts Werk. Sie bestehen aus zahlreichen Filmdokumenten (Verfilmungen, TV-Gespräche etc.), einer umfassenden Pressedokumentation, dazu Theater-Programmheften, Theater-Plakaten und nicht zuletzt über 2000 Fotografien, die von Familienfotos über professionelle Porträts bis zu Theateraufnahmen von den meisten Uraufführungen reichen.

Das Schweizerische Literaturarchiv beteiligte sich von Anfang an aktiv an der Vermittlung von Dürrenmatts literarischem Nachlass. 1994 stellte es diesen parallel zu einer Ausstellung des Bildwerks im Kunsthaus Zürich aus – begleitet von einem gemeinsamen Katalog (Schweizerisches Literaturarchiv/Kunsthaus Zürich 1994). Ab 1995 lancierte es in Zusammenarbeit mit der Universität Bern (Leitung: Peter Rusterholz) und dem Schweizerischen Nationalfonds Forschungsprojekte zum Spätwerk, verbunden mit der ersten postumen Dürrenmatt-Tagung 1998 (vgl. Rusterholz/Wirtz 2000).

Das schwerpunktmäßige Interesse am Nachlass liegt einerseits in der biografischen Forschung (vgl. Rüedi 2011; Planta u. a. 2011; Weber 2020), andererseits – an das Projekt von Rusterholz und Irmgard Wirtz anschließend – in der Untersuchung der Manuskripte unter textgenetischen Gesichtspunkten. So entstanden anhand der Manuskripte verschiedene Dissertationen, die methodisch der Schreibprozessforschung verpflichtet sind (Auge 2004; Burkard 2004; Weber 2007; Probst 2008).

Mit der Hybrid-Edition des *Stoffe-Projekts*, die vom Literaturarchiv und dem Diogenes Verlag in Kooperation herausgegeben wird, tritt die Vermittlung in eine neue Phase: Erstmals wird damit ein großer Bestand an Dürrenmatt-Manuskripten online frei zugänglich für die Forschung.

Das Centre Dürrenmatt Neuchâtel (CDN)

Ist das SLA das Zentrum der Erforschung von Dürrenmatts literarischem Werk, so ist das Centre Dürrenmatt Neuchâtel (CDN) das Zentrum der breitenwirksamen öffentlichen Erinnerung und der Auseinandersetzung mit dem Bildwerk. Es hat seine eigene Entstehungsgeschichte im Zusammenhang mit dem Nachlass Dürrenmatts: Von der Schenkung an die Eidgenossenschaft, die zur Gründung des SLA führte, war das umfangreiche Bildwerk (bis heute sind gegen 1500 Bilder bekannt) ausgenommen, das Dürrenmatt zu Lebzeiten trotz einiger Ausstellungen weitgehend als Privatsache behandelt hatte (s. Kap. 61). Es ging in den Besitz der Friedrich Dürrenmatt-Stiftung ein, die eigens zum Zweck gegründet wurde, für eine permanente Zugänglichkeit dieses Werks zu sorgen. Zehn Jahre nach Dürrenmatts Tod wurde daher vor allem auf die Initiative von Dürrenmatts zweiter Frau Charlotte Kerr hin eine weitere Bundesinstitution gegründet: das CDN. Die Friedrich Dürrenmatt-Stiftung löste sich mit der Gründung des CDN und der damit gegebenen Erfüllung des Stiftungszwecks auf und übergab das Bildwerk an die Schweizerische Eidgenossenschaft. Charlotte Kerr schenkte dieser im gleichen Zug Dürrenmatts 1952 erworbenes Wohnhaus. In verschiedenen Etappen ging seither das gesamte Anwesen mit Dürrenmatts zweitem Haus (in dem Charlotte Kerr bis zu ihrem Tod 2011 wohnte) in den Besitz der Eidgenossenschaft über. Institutionell wurde das CDN der Nationalbibliothek als Außenstelle angegliedert. Das CDN präsentiert in einem Museumsanbau des Tessiner Architekten Mario Botta und in Dürrenmatts einstigen Wohnhäusern in Dauer- und Wechselausstellungen das reiche Bildwerk im Zusammenhang mit dem literarischen Werk.

Das gesamte bekannte Bildwerk – einschließlich der Bestände in Privatbesitz – wurde ebenfalls in der Datenbank HelveticArchives erschlossen: Die Einträge umfassen nebst detaillierten Angaben zum Werk meist auch eine digitale Reproduktion. Das CDN bemüht sich zudem, die Sammlung durch Ankäufe und Schenkungen zu erweitern.

Das CDN organisiert Kolloquien, Vorträge und Dichterlesungen, die in thematischer Verbindung zum Werk Dürrenmatts stehen. Regelmäßig beleben zudem Konzerte das Centre. Nicht zuletzt ist es auch ein Ort der kritischen Auseinandersetzung mit dem literarischen und bildnerischen Werk. In Zusammenarbeit mit dem Schweizerischen Literaturarchiv fanden dort zwischen 2004 und 2016 sieben Sommerakademien statt, deren Akten im Wallstein Verlag publiziert sind. Das Centre veröffentlicht mit den *Cahiers des Centre Dürrenmatt Neuchâtel* eine eigene Schriftenreihe. Die bisher 23 erschienenen Nummern stellen mehrheitlich Begleitpublikationen zu Ausstellungen und Veranstaltungen dar. Neben Themenheften (u. a. *Das große Festmahl*, *Phantasie der Wissenschaften*, *Dürrenmatt 1968*, *Dürrenmatts Endspiele*) präsentieren die *Cahiers* aber auch persönliche Erinnerungen von Freunden und Bekannten Dürrenmatts (Bernhard Böschenstein, François Loeb u. a.). Ein besonderer Akzent liegt zudem bei der Vermittlung Dürrenmatts an ein französischsprachiges Publikum.

Dürrenmatts Bildwerk wurde in verschiedenen Publikationen präsentiert; aktuell erscheint unter dem Titel *Wege und Umwege* eine mehrbändige Edition, die den Zusammenhang mit dem literarischen Werk anhand thematischer Gruppen präsentiert. Zudem ist im Centre Dürrenmatt ein »Tableau synoptique« in Arbeit, das die Bezüge zwischen Biografie, literarischem und bildnerischem Werk sowie der Publikation und Rezeption des Werks in der ganzen Welt präsentiert.

Der Diogenes Verlag und die Publikationen aus dem Nachlass

Der Diogenes Verlag ist aufgrund eines 1986 geschlossenen Generalvertrags, der sich auch auf den Nachlass bezieht, weitgehend alleiniger Inhaber der Publikationsrechte am literarischen Werk Friedrich Dürrenmatts. Auf dieser Grundlage hat der Verlag seit Dürrenmatts Tod mit verschiedenen Ausgaben dafür ge-

sorgt, dass dessen Werk integral zugänglich bleibt: Neben verschiedenen Auswahlausgaben (*Gesammelte Werke in sieben Bänden*, Hardcover, hg. von Franz Josef Görtz, 1991; *Gesammelte Werke in sieben Bänden*, Taschenbuch, 1996), ist vor allem die *Werkausgabe in 37 Bänden* von 1998 zu nennen, die bis heute die Grundlage für die Auseinandersetzung mit Dürrenmatts Werk bleibt. Daneben wurden aus dem Nachlass verschiedene Texte publiziert: *Kants Hoffnung* (1991); *Gedankenfuge* (1993), *Die Mansarde*, hg. von Peter Erismann und Ulrich Weber (1994); *Der Pensionierte*, hg. von Peter Rüedi (1995), Max Frisch/Friedrich Dürrenmatt: *Briefwechsel*, hg. von Peter Rüedi (1998). Darüber hinaus erschien eine vierbändige Ausgabe der *Gespräche* (hg. von Heinz Ludwig Arnold u. a., 1996), ein Erinnerungsband von Heinz Ludwig Arnold (*Querfahrt mit Dürrenmatt*, 1998), der 1984 entstandene Film *Dürrenmatt: Portrait eines Planeten* von Charlotte Kerr (DVD, 2007), ein großer Bildband (*Dürrenmatt: Sein Leben und Werk in Bildern*, hg. von Anna von Planta u. a., 2011) sowie die Biografie von Peter Rüedi (2011). 2020 folgt diejenige von Ulrich Weber und das fünfbändige *Stoffe-Projekt* (S), das neben einer Auswahl von Manuskripten zum *Stoffe*-Projekt selbst auch zahlreiche frühe Fragmente aus dem Nachlass wie das erwähnte Turmbau-Fragment enthält. Der Diogenes Verlag ist aktiv bemüht um die internationale Vermittlung von Dürrenmatts Werk in Übersetzungen und Theateraufführungen.

Die Dürrenmatt-Mansarde

Als Student hatte Friedrich Dürrenmatt 1942/43 in der Mansarde über der Wohnung seiner Eltern an der Berner Laubeggstraße 49 die Wände mit großflächigen, expressiven Bildern ausgemalt. Diese wurden nach dem Auszug der Eltern 1949 übertüncht. 1993 entdeckten das Schweizerische Literaturarchiv und die Städtische Denkmalpflege Bern die verschollenen Wandmalereien. Diese wurden in sorgfältiger Kleinarbeit von zwei Restauratoren freigelegt. In einer maßstabgetreuen Rekonstruktion wurden die Bilder aus der Mansarde im Rahmen der Dürrenmatt-Ausstellung *Querfahrt* 1994 in der Schweizerischen Nationalbibliothek erstmals der Öffentlichkeit zugänglich gemacht. Zwei Jahre später erwarb die *Stiftung Dürrenmatt-Mansarde* (mit Stadt und Kanton Bern sowie der Valiant-Bank als Mitgliedern) das Mansardengeschoss der Liegenschaft. Die Mansarde wurde unter Wahrung des Charakters und der Bilder renoviert und zum Studio umgebaut. Der ausgebaute Mansardenraum steht seither Gästen der im Verein Dürrenmatt-Mansarde versammelten Berner Kulturinstitutionen als günstige Wohngelegenheit für kürzere Aufenthalte zur Verfügung. Zudem ist die Mansarde im Rahmen von Führungen für das Publikum zugänglich.

Die Charlotte Kerr Dürrenmatt-Stiftung

Dürrenmatts Witwe gründete 2007 in Bern die Charlotte Kerr Dürrenmatt-Stiftung mit dem Zweck der Förderung von Projekten, die sich mit dem schriftstellerischen, bildnerischen und wissenschaftlichen Werk Friedrich Dürrenmatts befassen. Seit dem Tod von Charlotte Kerr (28.12.2011) fließt der Stiftung als Erbin der Tantiemen-Anteil Kerrs zu. Diese Mittel werden wiederum in Dürrenmatt-Projekte unterschiedlichster Art investiert.

Literatur
Zum literarischen Nachlass

Auge, Bernhard: Friedrich Dürrenmatts Roman *Justiz*. Entstehungsgeschichte, Problemanalyse, Einordnung ins Gesamtwerk. Münster 2004.

Burkard, Philipp: Dürrenmatts *Stoffe*. Zur literarischen Transformation der Erkenntnistheorien Kants und Vaihingers im Spätwerk. Tübingen, Basel 2004.

Frisch, Max/Dürrenmatt, Friedrich: Briefwechsel. Hg. von Peter Rüedi. Zürich 1998.

Jäger-Trees, Corinna: Zwanzig Jahre Schweizerisches Literaturarchiv. Entwicklungen und Perspektiven. In: Quarto. Zeitschrift des Schweizerischen Literaturarchivs 33/34 (2011), 137–147.

Matt, Peter von: Vom literarischen Gedächtnis der Schweiz. In: Quarto. Zeitschrift des Schweizerischen Literaturarchivs 33/34 (2011), 20–26.

Planta, Anna von u. a. (Hg.): Friedrich Dürrenmatt. Sein Leben in Bildern. Zürich 2011.

Probst, Rudolf: (K)eine Autobiographie schreiben. Friedrich Dürrenmatts *Stoffe* als Quadratur des Zirkels. Paderborn 2008.

Rüedi, Peter: Dürrenmatt oder Die Ahnung vom Ganzen. Biographie. Zürich 2011.

Rusterholz, Peter/Wirtz, Irmgard M. (Hg.): Die Verwandlung der *Stoffe* als Stoff der Verwandlung. Friedrich Dürrenmatts Spätwerk. Bielefeld 2000.

Schweizerisches Literaturarchiv Bern/Kunsthaus Zürich (Hg.): Friedrich Dürrenmatt. Schriftsteller und Maler. Zürich 1994.

Weber, Ulrich: Dürrenmatts Spätwerk. Die Entstehung aus der *Mitmacher*-Krise. Eine textgenetische Untersuchung. Frankfurt a. M., Basel 2007.

Weber, Ulrich: Friedrich Dürrenmatt. Eine Biographie. Zürich 2020.

Weber, Ulrich/Probst, Rudolf (Hg.): Friedrich Dürrenmatt: Das *Stoffe*-Projekt. Textgenetische Auswahl-Edition in 5 Bänden. Zürich 2020. Online-Präsentation: http://www.fd-stoffe.ch.

Zum Centre Dürrenmatt

Betschart, Madeleine/Bühler, Pierre (Hg.): Wege und Umwege mit Friedrich Dürrenmatt. Das bildnerische und literarische Werk im Dialog. 3 Bde. Göttingen, Zürich 2020–2021.

Centre Dürrenmatt Neuchâtel (Hg.): Cahiers des Centre Dürrenmatt Neuchâtel, Nr. 1–23, 2000–2020.

Centre Dürrenmatt Neuchâtel (Hg.): Friedrich Dürrenmatt, ein Schweizer mit Weltgeltung. Sein Werk und seine Ausstrahlung. Ein synoptischer Blick. Neuchâtel 2016 (Cahier 11).

Erismann, Peter Edwin (Hg.): Mario Botta. Centre Dürrenmatt Neuchâtel. Fotos von Thomas Flechtner. Basel 2000.

Schweizerisches Literaturarchiv (Hg.): Sommerakademie Schweizer Literatur im Centre Dürrenmatt Neuchâtel, Bd. 1–6, Göttingen, Zürich 2009–2018.

Zur Dürrenmatt-Mansarde

Erismann, Peter/Weber, Ulrich (Hg.): Friedrich Dürrenmatt. Die Mansarde. Zürich 1995.

Ulrich Weber

101 Rezeption: Überblick

Einführung

Eine umfassende Aufarbeitung der Rezeption Dürrenmatts wurde bislang nicht geleistet. Die vorliegende Forschung beschränkt sich auf punktuelle und zeitlich limitierte Untersuchungen zur Theaterrezeption in einzelnen Ländern (neben den in den folgenden Artikeln besprochenen vgl. für Ungarn: Szabo 2000; für Bulgarien: Cohen-Augsburger 2004); zur Aufführungsgeschichte einzelner Stücke: Walliser 2012).

Die ausführlichste Überblicksdarstellung der Rezeption hat Gerhard P. Knapp (1993, 167–187) gegeben. Er bezeichnet den Höhepunkt von Dürrenmatts Erfolgen in den 1950er und 1960er Jahren als Folge und Ausdruck der Übereinstimmung mit dem »historischen und soziopolitischen Hintergrund« (ebd., 167) der Nachkriegsgesellschaft, und zeichnet damit eine Erfolgskurve nach, die im deutschen Sprachraum gegen 1970 rasch abebbt, als die neuen Stücke »auf ein gewandeltes Publikumsinteresse stießen, das einen klar identifizierbaren Bezug zur historischen bzw. gesellschaftlichen Realität erwartete« (ebd., 168). Parallel zum »Rückgang der Wirkung Dürrenmatts auf einheimischen Bühnen setzt freilich seine Kanonisierung als ›Leseautor‹ ein« (ebd., 169); er erobert sich einen »festen Platz auf den Lehrplänen der Schulen« und hält sich mit seinen Erfolgsstücken »im Bühnenrepertoire der westlichen Länder« (ebd.). Knapp stellt fest, dass zeitgleich zur nachlassenden Wirkung Dürrenmatts im deutschsprachigen Westen ein »Siegeszug der Bühnenstücke in der sozialistischen Welthälfte« (ebd., 170) einsetzte. Zudem dokumentiert er in den 1980er Jahren im deutschen Sprachraum eine »überraschende Dürrenmatt-Renaissance« (ebd., 175). Insbesondere mit den *Physikern* wird er Mitte der 1980er Jahre aufgrund der Brisanz der Rüstungsdiskussion wieder zum meistgespielten Autor an deutschsprachigen Theatern. Auch zur Zeit des Zusammenbruchs des sozialistischen Systems in den mittel- und osteuropäischen Ländern erlebt er große Bühnenerfolge.

Wie hat sich die Sichtweise auf Dürrenmatt und sein Werk seit seinem Tod entwickelt? Einerseits ist der historische und kulturelle Kontext, in dem Dürrenmatt geschrieben hat, in weite Ferne gerückt. Sein dramatisches Werk entfaltete seinen Witz ursprünglich im prüden, kulturbeflissenen und vom wirtschaftlichen Aufbruch geprägten Klima der 1950er Jahre und in der politischen Konstellation des Kalten Krieges; es schöpft seine Vielschichtigkeit aus der Anspie-lung und Parodie, aus Konstruktionen, die einen konkreten Bildungshintergrund voraussetzen und bereits zu seinen Lebzeiten mit Formzitaten nicht mehr fraglos funktionierten. Andererseits zeigt die Fülle der internationalen Bearbeitungen die Stärke der von ihm geschaffenen Fabeln und Gleichnisse, die über kulturelle Grenzen hinweg verständlich bleiben und ein zweites, vom Autor abgelöstes Leben als moderne Mythen entwickeln. Das betrifft insbesondere auch seine Kriminalromane.

Dürrenmatt bleibt über seinen Tod hinaus ein schillerndes, widersprüchliches Phänomen, das die ganze Spannweite zwischen E- und U-Kultur umfasst und deren Scheidung unterläuft. Auf der einen Seite ist sein Werk sehr stark regional in der Sprache und den Stoffen seiner Schweizer Heimat verankert, auf der anderen Seite war es schon früh Teil jener globalisierten Kultur, die heute bestimmend ist. Zum einen steht ›Dürrenmatt‹ für heftige Satiren und düstere Grotesken, zum andern, im Fall der Bearbeitungen der *Alten Dame*, auch für kitschige Mainstream-Stories.

Theater

Wie sieht die Rezeptionsbilanz 30 Jahre nach Dürrenmatts Tod und 60 Jahre nach seinen größten Erfolgen aus? Ein Blick auf die Zahlen zeigt: Dürrenmatt wird gespielt. Er hält sich gemäß der *Statistik des deutschen Bühnenvereins* hartnäckig unter den 25 meistgespielten Autorinnen und Autoren der jeweiligen Spielzeiten und rangiert damit jeweils unter den drei bis sechs meistgespielten deutschsprachigen Dramatikern des 20. Jahrhunderts. Von diesen wird einzig Brecht regelmäßig öfter aufgeführt. In der Spielzeit 2009/10 war Dürrenmatt nach Brecht mit acht Werken in 27 Inszenierungen und 513 Aufführungen der meistgespielte deutschsprachige Dramatiker des 20. und 21. Jahrhunderts auf deutschsprachigen Bühnen, und in der Saison 2010/11 war *Der Besuch der alten Dame* mit 21 Inszenierungen und 407 Aufführungen gar das meistgespielte Stück auf deutschsprachigen Bühnen.

Die *Alte Dame* konnte beispielsweise in Berlin in den letzten zehn Jahren kontinuierlich gesehen werden, zunächst über Jahre in der Inszenierung von Armin Petras am Gorki Theater (2010), dann in jener von Bastian Kraft am Deutschen Theater (2014). Ähnlich ist die Situation in Wien, wo neben den Inszenierungen im Volkstheater (R.: Alexander Kubelka, 2008), im Burgtheater (R.: Frank Hoffmann, 2018) und im Theater in der Josefstadt (R.: Stephan Müller, 2018) auch

J. B. Metzler © Springer-Verlag GmbH Deutschland, ein Teil von Springer Nature, 2020
U. Weber / A. Mauz / M. Stingelin (Hg.), *Dürrenmatt-Handbuch*, https://doi.org/10.1007/978-3-476-05314-5_101

musikalische Bearbeitungen zu sehen waren: Die Musical-Version von Moritz Schneider und Michael Reed wurde ab 2014 im Theater Ronacher 124 Mal gespielt. 2018 kam im Theater an der Wien auch die Opernversion von Gottfried von Einem anlässlich des 100. Geburtstags des Komponisten wieder auf den Spielplan. Eine besondere Rolle nimmt nach wie vor – oder wieder – das Schauspielhaus Zürich ein, das sich von den großen Bühnen am intensivsten mit Dürrenmatt auseinandergesetzt hat: Besonders aufsehenerregend waren etwa die Inszenierungen *Uraufführung: Der Besuch der alten Dame* von Rimini Protokoll (2006); *Die Physiker* von Herbert Fritsch (2013) oder die über fünfstündige *Justiz*-Aufführung von Frank Castorf (2019).

Kein Zweifel, Dürrenmatt ist auf den deutschsprachigen Bühnen präsent – neben den ›Klassikern‹ *Der Besuch der alten Dame* und *Die Physiker* wurden in den letzten Jahren auch *Abendstunde im Spätherbst*, *Die Panne*, *Die Ehe des Herrn Mississippi*, *Frank der Fünfte*, *Romulus der Große* und *Play Strindberg* gespielt; häufiger noch – dem Trend entsprechend – Theaterfassungen von Prosawerken wie *Das Versprechen*, *Der Richter und sein Henker*, *Der Tunnel*, *Justiz* und *Durcheinandertal*. Im Laien- und Schultheater erfreut sich sein Werk ohnehin kontinuierlicher Beliebtheit, was wiederum den großen Bühnen volle Häuser mit Dürrenmatts bekanntesten Stücken garantiert.

Allerdings kann dies nicht darüber hinwegtäuschen, dass sich sowohl die Regisseurinnen und Regisseure als auch die Kritik im deutschen Sprachraum nach wie vor schwertun mit Dürrenmatt. Keine der unzähligen Dürrenmatt-Inszenierungen wurde seit seinem Tod zum Berliner Theatertreffen eingeladen, wo jeweils zehn der interessantesten Inszenierungen der Spielzeit aus dem deutschsprachigen Raum gezeigt werden. Ähnlich sieht es aus, wenn man die Inszenierungsbesprechungen in der Zeitschrift *Theater heute* durchblättert. Kein aufregendes, aber ein erfolgreiches Theater, könnte man pauschal resümieren.

Es fällt auf, dass der Trend, Dürrenmatts Romane auf die Bühne zu bringen, nicht in andere Sprachräume übergegriffen hat. Dort beschränkt sich die Bühnenrezeption auf die dramatischen Texte. Doch auch dort ist der Autor präsent, wie die Statistik des Diogenes Verlags (der die Rechte vergibt) zeigt: Dürrenmatt-Stücke wurden in den letzten sechs Jahren in Brasilien, Bulgarien, China, Dänemark, Estland, Finnland, Frankreich, Griechenland, Großbritannien, Indien, Italien, Japan, Kanada, Kasachstan, Lettland, Litauen, Luxemburg, den Niederlanden, Norwegen, Polen, Portugal, Rumänien, Russland, Schweden, der Slowakei, Slowenien, Spanien, Tschechien, der Türkei, der Ukraine, Ungarn, Uruguay, den USA und Weißrussland gespielt. Auch wenn sich das Interesse stark auf *Der Besuch der alten Dame* und *Die Physiker* konzentriert, gab es doch auch einzelne Aufführungen von *Die Panne*, *Play Strindberg*, *Romulus der Große*, *Abendstunde im Spätherbst*, *Der Doppelgänger*, *Nächtliches Gespräch mit einem verachteten Menschen*, *Herkules und der Stall des Augias*, *Der Mitmacher*, *Der Prozeß um des Esels Schatten*, *Der Meteor*, *Die Frist*, *Ein Engel kommt nach Babylon*, *Porträt eines Planeten*, *Das Sterben der Pythia* und *König Johann*.

Gewiss, Aufführungen an großen Bühnen sind in anderen Sprachräumen eher die Ausnahme, so dass man die Dichte der Rezeption nicht mit jener im deutschen Sprachraum vergleichen kann. Doch immer wieder gab es spektakuläre Inszenierungen, so kurz nach Dürrenmatts Tod Josef Svobodas Bearbeitung des *Minotaurus* als Tanztheater in der Laterna Magika in Prag (1990), die über Jahre gespielt wurde, oder Omar Porras' *La Visite de la vieille dame* im Stile der commedia dell'arte im Teatro Malandro aus Genf, das zwischen 1993 und 2015 in drei verschiedenen Inszenierungen spielte und sehr erfolgreich durch Frankreich tourte. Im angelsächsischen Sprachraum ist wohl der Titel *The Visit* in verschiedenen Bearbeitungen bekannter als sein Autor und hat eine eigene Rezeptionsgeschichte. Zu ihr trug in jüngerer Zeit etwa die Musical-Version von John Kander und Fred Ebb (ab 2001) bei, die zwar nicht ganz den angestrebten Broadway-Erfolg brachte, aber doch eine längere, viel beachtete Aufführungsgeschichte hatte. In jüngster Zeit schloss sich die im großen Rahmen vorbereitete und präsentierte neue Adaption des Stoffs von Tony Kushner am National Theatre in London an (2020).

Buchverkäufe

Nicht nur auf den Bühnen, sondern auch bei den Buchausgaben bleibt Dürrenmatt im Spiel: Die Verkäufe im deutschen Sprachraum gehen in Form von Longsellern nach wie vor in die Millionen. Etwa halbjährlich legt der Diogenes Verlag die für die Schullektüre verwendeten Texte wie *Der Besuch der alten Dame* oder *Die Physiker* in Auflagen von 50.000 Exemplaren auf, so dass von diesen Erfolgsstücken allein durch Dürrenmatts Hausverlag seit Dürrenmatts Tod je rund 3 Mio. verkauft worden sind. Auch die Kriminalromane *Der Richter und sein Henker*, *Der Verdacht* (u. a. mit Taschenbuch-Lizenzausgaben bei Rowohlt) und *Das Versprechen* dürften heute je deutschsprachige Gesamtauflagen von 5 bis 10 Millionen erreicht haben. Und auch in anderen Sprachen bleibt Dürrenmatt präsent: Obwohl viele der Übersetzungen in insgesamt 52 Sprachen auf ältere Zeit zurückgehen, sind seine Titel auch heute in 28 Sprachen lieferbar. Seit Dürrenmatts Tod sind insbesondere mehrbändige Auswahlausgaben in Bulgarisch, Englisch (USA), Italienisch, Polnisch, Russisch, Ungarisch, Chinesisch und Japanisch erschienen, dazu viele Einzelausgaben, teilweise in Neuübersetzungen, etwa in Arabisch, Chinesisch, Italienisch, Französisch, Spanisch, Niederländische, Portugiesisch (Brasilien) Türkisch und demnächst Schwedisch.

Weitere Medien

Für die Dürrenmatt-Rezeption spielte immer auch der Film eine wesentliche Rolle. Neben den direkten Verfilmungen (s. Kap. 60, 114) und zahlreichen Remakes und Adaptionen insbesondere des Stoffs *Es geschah am hellichten Tag/Das Versprechen* (u. a. *The Pledge* in der Regie von Sean Penn mit Jack Nicholson in der Hauptrolle, 2003) gibt es immer wieder Anklänge an seine Stoffe in Kriminalfilmen, und auch Schüler-Inszenierungen des *Besuchs der alten Dame* erscheinen wiederholt als Motiv im deutschen Film (z. B. in *Die Welle* von Dennis Gansel, 2008). Nichts jedoch verdeutlicht die Vertrautheit mit seinen Erfolgswerken im deutschen Sprachraum mehr als die zahlreichen Youtube-Filme aller Art bis hin zu Playmobil-Clips, aber auch die Präsenz von Comics und Graphic Novels (s. Kap. 111).

Nicht nur Filmbearbeitungen, auch Tanztheater und Vertonungen gab es seit Dürrenmatts Tod verschiedene, darunter die erwähnten Musical-Versionen. Bemerkenswert etwa neben den Opern *Die Physiker* von Andreas Pflüger, Prag 2000, oder *Der Richter und sein Henker* von Franz Hummel, Erfurt 2008, Harrison Birtwistles ebenfalls 2008 im Royal Opera House in London uraufgeführte Oper *Minotaur*, die von Dürrenmatts Ballade angeregt ist.

Öffentlichkeit

Die konditionierten Reflexe funktionieren recht zuverlässig: Wann immer die Kommentierung einer Katastrophe ansteht, sei sie ökonomischer oder ökologischer Natur, zitiert man im deutschen Sprachraum Dürrenmatt: Der Bankencrash brachte 2008 sein Bild

Die letzte Generalversammlung der Eidgenössischen Bankanstalt (s. Abb. 77.1) auf die Titelseite des Zürcher *Tages-Anzeigers*, zwölf Tage nach der Atom-Katastrophe von Fukushima (2011) organisierte Benjamin von Stuckrad-Barre eine prominent besetzte Lesung aus Dürrenmatts *Physikern*, die live in einem Berliner Sender ausgestrahlt wurde. Zur Corona-Krise und den Protesten gegen Rassismus im Zeichen von ›*Black Lives Matter*‹ erscheint im Zürcher *Magazin* Dürrenmatts nachgelassene Parabel *Die Virusepidemie in Südafrika* (2020). Deutschsprachige Politikerinnen und -politiker (in der Schweiz Bundesräte von rechts bis links), Ökonomen und Naturwissenschaftlerinnen führen Dürrenmatt-Zitate im Mund; vor allem die Sentenzen aus *Die Physiker* und den dazugehörigen *21 Punkten* lassen sich für alle Zwecke von Präimplantationsdiagnostik bis Schuldenkrise und ökologischen Katastrophen zitieren. Die *Alte Dame* kommt immer dann als Vergleich zum Zuge, wenn ein Gemeinwesen mit einer Einzelperson mit scheinbar unerschöpflichen finanziellen Mitteln konfrontiert ist – etwa wenn die Gemeinde Andermatt am Gotthardpass mit einem groß angelegten Wintertourismus-Projekt des ägyptischen Milliardärs Samih Sawiris auf eine blühende Zukunft hofft. Doch auch der französische Starphilosoph Bernard-Henry Lévy führte die *Alte Dame* im Streitgespräch mit Michel Houellebecq ins Feld. – Die Beispiele ließen sich beliebig fortführen. Sie zeugen letztlich weniger davon, dass Dürrenmatt tatsächlich gelesen wird, als dass manche Zitate Aufnahme in entsprechende Anthologien gefunden haben. Man kann Dürrenmatt zitieren, sein Name gehört nicht nur in den schweizerischen, sondern auch in den deutschsprachigen und in eingeschränkterer Form auch in den europäischen Kulturkanon.

Dennoch besteht eine besondere Situation ohne Zweifel in der Schweiz. Kurz vor seinem Tod hatte Dürrenmatt mit seiner Rede für Václav Havel für einen Skandal gesorgt, als er in Anwesenheit von Bundesräten den Staatsgast im ›Gefängnis Schweiz‹ begrüßte (s. Kap. 57). Doch schon kurz nach seinem Tod erfolgte, was man kritisch als seine Vereinnahmung durch die offizielle Schweiz bezeichnen könnte: 1991 wurde zur 700-Jahr-Feier der Schweizerischen Eidgenossenschaft – die von vielen Kulturschaffenden boykottiert wurde – vom Jubiläumskomitee nicht nur eine CD mit der Havel-Rede als Geschenk für Prominente produziert, sondern auch Dürrenmatts Komödie *Herkules und der Stall des Augias* im Parlamentssaal des Bundeshauses als ›Theater am Tatort‹ inszeniert.

Wurde Dürrenmatt, der sich stets gegen religiöse

und politische Vereinnahmungen durch Provokationen zur Wehr gesetzt hatte, nun staatlich verharmlost und annektiert? Wird der Hofnarr, als der er zu Lebzeiten oft gesehen wurde, postum zum Nationalhelden stilisiert? Dies ist teilweise sicher der Fall, und gerne wird er angesichts seiner anhaltenden Popularität bis heute auch von Politikerinnen und Politikern mit seinen pointierten Aussagen in Anspruch genommen. Doch ist die enge Bindung an den Bundesstaat mit der Gründung des Schweizerischen Literaturarchivs und des Centre Dürrenmatt Neuchâtel eher der geschickten kulturpolitischen Strategie des Autors, seines Verlags und seiner Witwe zuzuschreiben als einem Willen des Bundes, Dürrenmatt postum zum eidgenössischen Staatsschreiber zu stilisieren. Ohnehin eignet sich sein Werk mit seiner humoristischen Unterwanderung des patriotischen Pathos dazu nicht wirklich. Doch auch in den aktuellen Vorbereitungen auf seinen 100. Geburtstag ist unverkennbar, dass das Interesse an seinem Werk in der deutschsprachigen Schweiz – verglichen mit der internationalen Rezeption – von den Bühnen bis zum akademischen Kontext weitaus am größten ist.

Literatur

Cohen-Augsburger, Lea (Hg.): Dürrenmatt in Bulgarien. Materialien eines Workshops, Mai–November 2004. Sofia, Neuchâtel 2004. Darin insbesondere: Violeta Dečeva: Ideologische und kulturelle Filter. Über die bulgarische Rezeption der Stücke von Friedrich Dürrenmatt in den 60er Jahren, 136–143.

Knapp, Gerhard P.: VII. Rezeption, Wirkung und Forschung. In: Ders.: Friedrich Dürrenmatt [1980]. 2. überarb. und erw. Auflage. Stuttgart, Weimar 1993, 167–187.

Szabó, János: »In seinem riesigen Schatten / Wir waren die Dürren und Matten«. In: Ders. (Hg.): Deutschschweizer Gegenwartsliteratur in Ungarn 1945–1995. Budapest 1996, 7–71 (kommentierte Bibliographie zur Dürrenmatt-Rezeption in Ungarn, 92–173).

Walliser, Marie-Pierre: Sammlung Marie-Pierre Walliser. Dokumentation zu *Romulus der Grosse*. Schweizerisches Literaturarchiv, Sig. SLA-FD-E-55 (Schenkung 2012). Mit: Friedrich Dürrenmatts *Romulus der Grosse* 1949–1980. Ein Stück mit hundert Variationen, Dissertationsfragment (1981), sowie einer umfassenden Sammlung zu Aufführungen des Stücks.

Pressedokumentation zur Rezeption Dürrenmatts bis in die Gegenwart im Schweizerischen Literaturarchiv.

Ulrich Weber

B Länderspezifische Rezeption

102 Afrika

Eine Darstellung der Rezeption Dürrenmatts in Afrika fällt aus mehreren Gründen nicht leicht. Erstens handelt es sich um einen ausgesprochen großen und diversen Kontinent, der grundsächlich schwer zu überblicken ist. Zweitens genießt Dürrenmatt im Vergleich zu anderen europäischen Schriftstellerinnen und Schriftstellern keine allzu große Bekanntheit. Drittens ist es schwierig, eine Übersicht über diese punktuelle Rezeption in Kunst und Forschung zu gewinnen, da viele akademische Abschluss- oder Diplomarbeiten weder digitalisiert noch veröffentlicht werden. Darum muss sich die Darstellung auf die Rezeption in bestimmten Räumen des Kunst- und Wissenschaftsbetriebs beschränken.

Dürrenmatt selbst hatte nur eine lose Beziehung zu Afrika. 1985 nahm er an einer Tagung in Kairo teil, die mit einer arabischsprachigen Publikation einherging. Im Bereich der literarischen Thematisierung ist die späte Erzählung *Die Virusepidemie in Südafrika* (1989) zu nennen (vgl. Dürrenmatt 2006; Niekerk/Grové 2017). Indem sie von einem Virus handelt, der weiße in schwarze Menschen verwandelt, thematisiert sie die Rassenproblematik – auch im Hinblick auf die Beziehungen Südafrika–Schweiz.

Unter manchen afrikanischen Akteurinnen und Akteuren des westafrikanischen Kunstbetriebs, vor allem des Theaters, ist Dürrenmatt ein bekannter Name. Der Autor Boubacar Boris Diop konnte in künstlerischen Milieus von Ouagadougou (Burkina Faso) und Dakar (Senegal) – afrikanischen Städten mit starker Kulturprägung – selber diese Feststellung machen (vgl. Diop 2016). Dazu hat der senegalesische Regisseur Djibril Diop Mambéty durch *Hyènes* (1992), seine Verfilmung von *Der Besuch der alten Dame*, maßgeblich beigetragen (vgl. Diop 2016, 56). Auch die Bühnen des Goethe-Instituts und des Teatro Avenida in Maputo (Mosambik) können erwähnt werden, die sich 2012 unter der Leitung von Manuela Soiero ebenfalls diesem Hauptwerk zuwendeten. In Mosambik, einem der ärmsten Länder, wo kürzlich Gas und Kohle entdeckt wurden, will die Künstlerin mit ihrer Inszenierung für die Schattenseiten der Korruption sensibilisieren.

Im Bereich des Films ist es nahezu unmöglich, den ästhetisch-thematischen Einfluss Dürrenmatts auf die Arbeiten Mambétys auszublenden. Kros/Pfruender (2017, 55) vertreten die These, dass Dürrenmatt indirekt Einfluss auf die ästhetische Entwicklung des subsaharischen Avantgarde-Kinos der 1990er Jahre genommen hat, ist Mambéty doch ein paradigmatischer Pionier dieser Bewegung. Seine Nähe zu Dürrenmatt kommt in zugespitzter Form in *Hyènes* zum Ausdruck, in dem Heinzmann Mambétys Assoziationsmontage als Äquivalenzphänomen zu Dürrenmatts Antinaturalismus erkennt (vgl. 2011, 109; Babou 2014). Diop sieht das Duo als Symbol einer gelungenen Symbiose von Afrika und Europa. Mambéty sei gewissermaßen der afrikanische Dürrenmatt; er habe dessen Ästhetik durch seinen »viszerale[n] Zugang zu Menschen« aber auch weiterentwickelt (Diop 2016, 58). Diese Weiterentwicklung analysiert Oury Ba in engem Zusammenhang mit dem Grotesken, der Macht-Geld-Beziehung, den Prozessen der Nationsbildung in Afrika und dem Verhältnis von Zentrum und Peripherie unter postkolonialem Blickwickel (vgl. Ba 2017, 65), während Njanjo (2017, 128) das Augenmerk auf Aspekte der religiösen Toleranz, des Panafrikanismus und des Afrofuturismus richtet.

Obwohl die Untersuchung von Niekerk/Grové Texte wie *A Dry white season* des Südafrikaners André Brink, die explizit auf die Fragen des Rassismus und der Identität im Apartheid-Kontext fokussiert sind, nicht in die Diskussion mit einbezieht, kann sie dazu beitragen, den *minor*-Aspekt (im Deleuzeschen Sinne) von *blackness* in Bezug auf neuere Ansätze zu Afrofuturismus zu erschließen (vgl. Mbembe/Sarr 2017). Auf diesem Weg können auch neue Einblicke in die Bedeutung Afrikas in Dürrenmatts Schriften gewonnen werden. Dürrenmatts Prosa – etwa die

J. B. Metzler © Springer-Verlag GmbH Deutschland, ein Teil von Springer Nature, 2020
U. Weber / A. Mauz / M. Stingelin (Hg.), *Dürrenmatt-Handbuch*, https://doi.org/10.1007/978-3-476-05314-5_102

Kriminalromane – scheinen weder historisch noch gegenwärtig eine besondere Rolle bei der Wahrnehmung des Autors zu spielen.

Literatur
Primärtexte
Die Virusepidemie in Südafrika / L'épidemie virale en Afrique du Sud. Hg. von Centre Dürrenmatt Neuchâtel. Neuchâtel 2006 (Cahier 8).

Sekundärliteratur
Ba, Amadou Oury: Jenseits des Postkolonialismus. Neue Einblicke in die Nord-Süd-Konstellation in Djibril Diop Mambétys Film *Hyènes* (1992). In: GIS. Zeitschrift der Schweizerischen Akademischen Gesellschaft für Germanistik 14 (2017), 63–77.

Babou, Cheikh Anta: Du texte au film. L'adaptation cinématographique de *La visite de la vieille dame* par Djibril Diop Mambéty. Bayreuth 2014.

Diop, Boubacar Boris: Von Güllen nach Colobane. In: Du. Die Zeitschrift der Kultur 76 (2016), 862, 56–59.

Heinzmann, Jürgen: La Suisse et l'Afrique en miroir. *La visite de la vieille dame* (Dürrenmatt) adaptée par le cinéaste Diop Mambéty. In: Revue transatlantique d'études suisses 1 (2011), 109–124.

Kros, Cynthia/Pfruender, Georges: Babel Re-Play. In: Thesis eleven 141 (2017), 1, 49–66.

Mbembe, Achille/Sarr, Felwine (Hg.): Ecrire l'Afrique-Monde. Dakar 2017.

Niekerk, Jacomien van/Grové, Waldo: ›Race‹ and Nationhood in Friedrich Dürrenmatt's *Die Virusepidemie in Südafrika*. In: Acta Germanica 45 (2017), 45–58.

Njanjo, Burrhus: Intermedialität, Literaturverfilmung und die Frage der ›Réécriture‹. Untersuchung zu F. Dürrenmatts *Der Besuch der Dame*, L. Cremers *Der Besuch der alten Dame* und Diop Mambétys *Hyènes*. Saarbrücken 2017.

Burrhus Njanjo

103 Frankreich

1947 fand im Pariser *Théâtre des Mathurins* mit *Les Fous de Dieu (Es steht geschrieben)* die erste Dürrenmatt-Aufführung in einer Fremdsprache statt. Sie wurde von missbilligenden Tumulten gestört; auch die Kritiker gaben sich bedeckt. Darauf folgten dennoch, manchmal erst einige Jahre nach deren Uraufführung, viele andere Stücke (vgl. Liard 2011, 229). Auch Dürrenmatts wichtige Prosatexte wurden fast alle ins Französische übersetzt.

Von der Kritik wurde Dürrenmatt von Anfang an geliebt oder gehasst, je nach Orientierung der Zeitung, wobei sich das Verhältnis mit der zunehmenden weltweiten Anerkennung des Autors im Laufe der Jahre besserte. Von jeher positiv bewertet wurden sein Einsatz gegen den Untergang der moralischen Werte, sein großer Erfindungsgeist und sein Humor (vgl. ebd., 234). Doch blieb Dürrenmatt in den 1950er Jahren trotz allen Lobes scheinbar ›unfranzösisch‹. Vorgeworfen wurden ihm Schwerfälligkeit und mangelnde Poetik. Dass Dürrenmatt die Genres vermischte, behagte dem französischen Publikum nicht. Der Zusammenprall von Tragik und Burleske, von Fantasie und Satire kam nicht an. Das triumphierende Böse, das die Welt in seiner Hand hält, wollte man auf französischen Bühnen nicht sehen. Schadenfreude war dort auch nicht angebracht. Dürrenmatts Humor, eine Mischung aus Zynismus und Gutmütigkeit, aus Grobheit und Feinheit, aus Philosophie und Plattheit ergab auf Französisch einen schwer zu schluckenden Cocktail und unterstrich die unüberbrückbare Differenz (vgl. ebd., 237). 1964 wurden *Die Physiker* von der Comédie de l'Est in Colmar gezeigt, erreichten Paris aber nicht. Dort, so Dürrenmatt später, seien seine Stücke »bestenfalls Achtungserfolge, nicht gerade Durchfälle« gewesen (WA 36, 27).

In den 1970er Jahren veränderte sich das Theater; das französische Publikum und die Kritik folgten. Dürrenmatts Zynismus wurde nun als eine Form der Warnung vernommen und die Farce als Mittel, das Publikum wachzurütteln. Er wurde daher gerne mit Brecht verglichen. Allerdings fiel das Urteil meist hart aus; nur als christliches oder zweitklassiges Brecht-Theater (›sous-Brecht‹) wurden Dürrenmatts Stücke eingeordnet. Man warf ihm vor, er hätte Brecht unterwürfig nachgeahmt oder die Schärfe seines Vorgän-

gers nicht erreicht; er gehe am Wesentlichen vorbei, und es fehle ihm die Großzügigkeit. Sogar *Der Besuch der alten Dame* wurde als post-brechtsches Stück eingestuft, dem man sein Alter anmerke; die Allegorie sei zu sichtbar, keine Überraschung erwarte den Zuschauer nach der Pause, die Mechanik des Stückes würde makellos, jedoch ohne Genie laufen, so zuverlässig und präzis wie eine Schweizer Uhr (vgl. Liard 2011, 238). In den 1980er Jahren wurden andere Bezugsautoren genannt: Kafka wegen Dürrenmatts heftiger Komik, seiner fratzenhaften Groteske, dem schwindelerregenden Denken; Simenon, wenn es um die Kriminalromane ging; Sartre und Camus, was die existentielle Angst, die Schuld, die Infragestellung aller etablierten Werte, das Gefühl des Absurden, die Entmythisierung der Helden und der Menschen im Allgemeinen anbetraf.

Heute bleiben die meistgespielten Stücke Dürrenmatts *Der Besuch der alten Dame*, *Die Panne* (2014, 2015, 2016), *Romulus der Große* (2016, 2017) sowie *Die Physiker* (2012). Aber auch *Play Strindberg* wurde 2017 und 2018 in Paris aufgeführt, und sogar *Minotaurus* wurde 2018 zum Theaterstück. Die Regisseure Omar Porras, Thomas Poulard oder Christophe Lidon sind in diesem Zusammenhang besonders zu erwähnen.

Dürrenmatt hat sich selbst zur Rezeption seines Werkes in Frankreich geäußert. Er habe nichts gegen das Pariser Theater; es sei aber ein Boulevardtheater, das immer noch zu traditionell sei und sich nicht wirklich befreit habe (vgl. ebd., 239). Dies mag teilweise die Zurückhaltung des Publikums gegenüber manchen Stücken erklären. »Für tragische Komödien, ungeschichtliche historische Komödien, die Komödie einer Privatbank, Nobelpreisträgerstücke oder Übungsstücke für Schauspieler war man anfangs nicht bereit, ist es heute teilweise immer noch nicht« (ebd., 240). Die Franzosen waren Dürrenmatt zu französisch – er war bzw. bleibt den Franzosen nicht französisch genug.

Literatur

Liard, Véronique: Friedrich Dürrenmatt, Französisch, Frankreich und die Franzosen. In: Véronique Liard, Marion George (Hg.): Spiegelungen – Brechungen. Frankreichbilder in deutschsprachigen Kulturkontexten. Berlin 2011, 229–241.

Véronique Liard

J. B. Metzler © Springer-Verlag GmbH Deutschland, ein Teil von Springer Nature, 2020
U. Weber / A. Mauz / M. Stingelin (Hg.), *Dürrenmatt-Handbuch*, https://doi.org/10.1007/978-3-476-05314-5_103

104 Italien

Die italienische Rezeption Dürrenmatts zeigt eine eigenartige Dichotomie. Während Dürrenmatt bei italienischen Literaturkritikern, Germanisten und der Kulturwelt eine hohe Wertschätzung erfährt, ist er dem dortigen Lesepublikum eher unbekannt. Um dieses Phänomen zu verstehen, muss man sich die Stellung des Literaturbetriebs in Italien vor Augen halten. Die große Mehrheit der Bevölkerung ist an der Literatur völlig uninteressiert, während ein kleiner Kern ein sehr hohes Lektüreniveau erreicht – und Dürrenmatt kann dort auf eine Gruppe von Bewunderern zählen, die sein Werk ausführlich lesen. Erfreulicherweise ist der Stand der Übersetzungen dabei mehr als zufriedenstellend. Bei Feltrinelli wurde bereits 1959 *La promessa* veröffentlicht (Übers. Silvano Daniele); 1960 folgten *Il giudice e il suo boia* und *Il sospetto* (übersetzt von Enrico Filippini, Feltrinellis literarischem Berater). Dank der gemeinsamen Bemühungen von Inge Feltrinelli und Filippini war Feltrinelli in diesen Jahren der Hauptverleger der neuen deutschsprachigen Literatur in Italien. 1988 wurde ein Erzählband mit dem Titel *Racconti* veröffentlicht (Übers. Umberto Gandini).

1972 stieg mit Einaudi ein weiterer hochkarätiger Verlag ein, der beginnend mit *La panne* Übersetzungen von sämtlichen Romanen veröffentlichte. Ebenfalls bei Einaudi erschien 1993 eine Sammlung von Erzähltexten (*Romanzi e racconti*) als Band der renommierten *Biblioteca della Pléiade*, herausgegeben von Eugenio Bernardi, einem der wichtigsten Vermittler Dürrenmatts in Italien. Seine Einführung in den Band ist maßgeblich; er betont etwa die zentrale Bedeutung des Labyrinths als vollkommenes Bild der Verwirrung des modernen Menschen. 2002 erschien in derselben Reihe mit dem Band *Teatro* auch eine Sammlung von Dürrenmatts Theaterstücken.

Die Publikationen bei Feltrinelli und Einaudi positionierten Dürrenmatt kulturpolitisch links. In den Jahren, in denen die Mitte dauerhaft die Regierung stellte, stand die Kultur fast ausschließlich links, und beide Verleger bildeten mit ihren Programmen wesentliche Referenzpunkte. Dürrenmatts Themen entsprachen der kritisch-säkularen Ausrichtung optimal: die Unmöglichkeit der Institutionen, Gerechtigkeit zu gewährleisten, die Infragestellung des Gerechtigkeitskonzepts selbst, der entgötterte Himmel, in dem der Zufall regiert, und die existentielle und soziologische Metapher des Labyrinths.

In den folgenden Jahren war Dürrenmatts Werk anhaltend präsent auf dem Buchmarkt, veröffentlicht von Feltrinelli und Einaudi, aber auch von Garzanti, Marcos y Marcos und anderen. Vor wenigen Jahren erwarb Adelphi, heute der meistzitierte Verlag, die Rechte an der Prosa und veröffentlicht sie in neuen Übersetzungen – ein notwendiger Schritt, wenn man bedenkt, dass diejenigen der drei Krimis noch von 1959/60 stammen.

Auch die Rezeption des dramatischen Werks setzte vielversprechend ein: Im Januar 1960 inszenierte Giorgio Strehler mit hochkarätigen Schauspielern (Protagonistin: Sarah Ferrati) *La visita della vecchia signora* am Piccolo Teatro di Milano. Seither ist dies das meistgespielte Stück des Autors, gefolgt von *Romolo il Grande* und *I fisici*. Im Bereich der Prosa sind die beliebtesten Werke *La panne* und *Giustizia*, vor allem aber die drei als ›Detektivgeschichten‹ (›gialli‹) bezeichneten Romane – trotz Dürrenmatts Aussage in der Zeitschrift *Panorama* (17.7.1988): »Ich schreibe keine Krimis, ich schreibe Philosophie.« Besonders populär ist auch *La promessa*, ein Roman, der noch heute in den Schulen gelesen wird.

Bekanntheit bei einem breiteren Publikum erlangte Dürrenmatt 1972, als *Il sospetto* als Fernsehserie adaptiert wurde, mit Paolo Stoppa, einem der beliebtesten Schauspieler Italiens, in der Rolle Bärlachs. Unter der Regie von Ettore Scola und mit dem bekannten Schauspieler Alberto Sordi erschien zugleich eine – von Dürrenmatt sehr geschätzte – Verfilmung von *Die Panne* mit dem Titel *La più bella serata della mia vita* (*Der schönste Abend meines Lebens*).

Zwei weitere Ereignisse brachten Dürrenmatt die Aufmerksamkeit der italienischen Medienöffentlichkeit: 1986 erhielt er den Mondello-Preis für den von Garzanti herausgegebenen Roman *Giustizia*; in Mondello wurde er mit Begeisterung empfangen, man widmete ihm gar einen Wein. Das andere Ereignis war sein Tod im Jahr 1990. Alle großen Zeitungen veröffentlichten umfangreiche bebilderte Nachrufe. Ein ganzseitiger Artikel im *Corriere della Sera* (15.12.1990) nannte ihn »einen der größten Schriftsteller und Dramatiker unseres Jahrhunderts«.

Literatur

Bernardi, Eugenio: Introduzione. In: Friedrich Dürrenmatt: Romanzi e racconti. Hg. von Eugenio Bernardi. Torino 1993, IX–LIV.

Spedicato, Eugenio: Friedrich Dürrenmatt e l'esperienza della paradossalità. Pisa 2004.

Donata Berra

J. B. Metzler © Springer-Verlag GmbH Deutschland, ein Teil von Springer Nature, 2020
U. Weber / A. Mauz / M. Stingelin (Hg.), *Dürrenmatt-Handbuch*, https://doi.org/10.1007/978-3-476-05314-5_104

105 Japan

In Japan wurde Dürrenmatt bereits frühzeitig rezipiert und viel übersetzt, und zwar zuerst von den Theatermacherinnen und -machern, dann von den Germanistinnen und Germanisten. Das erste übersetzte Werk war *Die Ehe des Herrn Mississippi*. Die Übersetzung wurde 1954 veröffentlicht, also zwei Jahre nach der Buchpublikation des Originals. Die erste Aufführung eines Theaterstücks in japanischer Sprache fand im Juli 1957 in Tokyo statt: *Der Besuch der alten Dame* wurde gespielt (R.: Toshiro Hayano), nur anderthalb Jahre nach der Zürcher Uraufführung. Beide Übersetzungen stammten vom Übersetzer und Regisseur Mamoru Kato. Bis Anfang der 1970er Jahre beschäftigte er sich ausgiebig mit den Stücken Dürrenmatts. Die Übersetzung von *Die Physiker* publizierte er schon 1962, als das Stück gerade in Zürich uraufgeführt wurde.

Die schnelle Rezeption hatte aber auch einen Nachteil: Kato übersetzte die Texte, ohne Dürrenmatts Dramaturgie richtig zu kennen, so dass die japanischen Regisseure die Pointe der Stücke nicht unbedingt verstehen konnten. Die Aufführung von *Der Besuch der alten Dame* fand vielleicht deshalb kein lebhaftes Echo. Erst acht Jahre später, 1965, folgte die Aufführung des zweiten Stücks *Die Physiker* (R.: Jiro Izumi), die auch erfolglos blieb. Die japanischen Regisseure und Schauspieler konnten wohl auch die Komik des Theaterstücks nicht anschaulich genug auf der Bühne darstellen. Für diese Vermutung spricht, wie unterschiedlich die Aufführung des Stückes *Romulus der Große* im März 1970 (R.: Hiroko Watanabe) gegenüber der Aufführung von *Der Meteor* im September desselben Jahres unter der Regie von Leopold Lindtberg aufgenommen wurde. Die Kritiker klagten, *Romulus* sei nicht ironisch-komisch genug dargestellt, während sie das Thema und die Komik des *Meteor* gut verstehen konnten. Lindtberg war der Regisseur, der das Stück 1966 in Zürich mit Erfolg uraufgeführt hatte, und es gelang ihm, diese Komödie auch in einer anderen kulturellen Umgebung erfolgreich aufzuführen. Dieses Beispiel macht deutlich, dass japanische Zuschauer durchaus die Voraussetzungen mitbringen, das Theater Dürrenmatts zu verstehen und zu genießen. Es liegt die Vermutung nahe, dass die Unbeliebt-

heit der Dramen des Autors auch den misslungenen Inszenierungen in den 1950er und 60er Jahren geschuldet ist.

So blieb Dürrenmatt dem japanischen Publikum sehr lange fast unbekannt, obwohl viele seiner Werke – nicht nur Dramen, sondern bald auch Hörspiele, Kriminalromane und Erzählungen – in Übersetzungen zu lesen waren. Wiederentdeckt wurde er im Jahr 2011, als Japan von einem großen Erdbeben getroffen wurde. Gleich nach dem Unfall im Kernkraftwerk Fukushima Daiichi brachte der deutsche Regisseur Peter Gössner, der seit 1993 in Japan lebt, *Die Physiker* in Tokyo als Lesedrama auf die Bühne und fand positive Resonanz. Denn die moralische Verantwortung des Wissenschaftlers, vor allem des Kernphysikers, war erneut ein höchstaktuelles Thema. 2012 wurden dann vier Erzählungen (*Der Tunnel*, *Der Sturz*, *Die Panne* und *Das Sterben der Pythia*) ins Japanische übersetzt und als Band in einer populären Taschenbuchserie veröffentlicht. Das Buch verkaufte sich gut, und dadurch wurde Dürrenmatt dem breiten Publikum schließlich bekannt. Im gleichen Jahr erschien auch die Neuübersetzung des Kriminalromans *Der Richter und sein Henker*, 2013 dann *Der Verdacht* und 2016 *Das Versprechen*. In dieser Zeit begann eine Germanistengruppe, gemeinsam eine dreibändige Übersetzung sämtlicher Theaterstücke mit ausführlichen Kommentaren zu publizieren (2012, 2013, 2015). Gegenwärtig gehören die Stücke Dürrenmatts (u. a. *Der Besuch der alten Dame*) zum Repertoire mehrerer japanischer Theater.

Literatur
Primärtexte

Theaterstücke [3 Bde.]. Übers. von Kazunori Hayanagi, Akira Ichikawa, Eri Katsuki, Eiji Kimura, Hiroko Masumoto und Yoshiki Yamamoto. Suwa 2012–2015.

Sekundärliteratur

Masumoto, Hiroko: Die Rezeption der deutschschweizerischen Literatur im gegenwärtigen Japan. In: Asiatische Studien. Zeitschrift der Schweizerischen Asiengesellschaft 58 (2004), 2, 467–478.
Terashima, Masako: Nihon ni okeru Friedrich Dürrenmatt kenkyu [Die Dürrenmatt-Forschung in Japan]. In: Doitsu Bungaku [Die Deutsche Literatur] 105 (2000), 237–252.

Hiroko Masumoto

J. B. Metzler © Springer-Verlag GmbH Deutschland, ein Teil von Springer Nature, 2020
U. Weber / A. Mauz / M. Stingelin (Hg.), *Dürrenmatt-Handbuch*, https://doi.org/10.1007/978-3-476-05314-5_105

106 Polen

Die außerordentliche Popularität Dürrenmatts in Polen fällt mit dem ›Tauwetter‹ Mitte der 1950er Jahren zusammen. Polen wirkte damals auch als eine Drehscheibe für die Verbreitung seiner Dramen in anderen mittel- und osteuropäischen Ländern. Die ironische Gelassenheit des Schriftstellers entsprach dem Geschmack der Kritiker und des Publikums nach der Fastenzeit des sozialistischen Realismus. Besonders das Warschauer Teatr Dramatyczny hat sich als Dürrenmatts Hochburg profiliert. Die Saison 1969/70 bildete den Höhepunkt seiner Popularität: fünf Stücke, 1765 Vorstellungen, 752.000 Zuschauer. Die polnische Übersetzung des *Besuchs der alten Dame* von Andrzej Wirth und Marcel Reich-Ranicki erschien 1957, andere folgten. Ein Schweizer beobachtete 1962 in Polen: »[V]on Dürrenmatt hörte man mehr als einmal sagen, er sei ein polnischer Nationaldichter geworden« (Von Salis 1989, 209). Der Triumphmarsch des Autors auf den polnischen Bühnen wurde 1972 durch einen 727 Seiten starken Band *Teatr* (*Wybór*) mit fünf Dramen und vier Hörspielen begleitet.

Mehrere Werke Dürrenmatts wurden ausgeprägt politisch rezipiert. Dazu der Schriftsteller: »Ich habe zum Beispiel in Polen mein Stück *Ein Engel kommt nach Babylon* gesehen: […] die Szene, wo Akki gehenkt werden soll. […] Akki erwidert, sein Traum wäre es, an der Laterne vor dem Regierungspalast zu hängen. Das gehe nicht, sagt der Henker, die Laterne sei für die Mitglieder der Regierung bestimmt. An dieser Stelle jubelt das Publikum« (G 2, 180).

Dürrenmatt beabsichtigte schon im Herbst 1958 gemeinsam mit Max Frisch eine Reise nach Polen, dann im November 1959. Er schrieb eine kurze unveröffentlichte Rede *Über Polen* (SLA-FD-A-m249_XVI), in der er sich mit der damals aktuellen Thematik der Oder-Neiße-Grenze auseinandersetzte. Der erste Besuch des Landes kam aber erst im Herbst 1962 zustande; eine zweite Reise fand im Juni 1967 statt. Während der Diskussionen mit Fachleuten war ein Vergleich zwischen den beiden Ländern besonders beliebt: Polen habe zu viele Helden, die Schweiz dagegen zu wenige; beide bräuchten deshalb einen Antihelden wie Romulus den Großen (vgl. Koprowski 1965, 13). 1990 war der Schriftsteller mit Charlotte Kerr zum letzten Mal in Po-

len. Außer Warschau und Krakau besuchten sie auch die Vernichtungslager von Auschwitz und Birkenau.

In verschiedenen Phasen seines Lebens pflegte Dürrenmatt private und berufliche Kontakte mit aus Polen stammenden Personen. Seit 1957 arbeitete Dürrenmatt eng mit dem in Polen geborenen Filmproduzenten Lazar Wechsler zusammen (*Es geschah am hellichten Tag*, 1958; *Die Ehe des Herrn Mississippi*, 1961). 1967 lernte er den Theaterintendanten Stanisław Siekierko kennen; er vermittelte ihm eine Anstellung am Schauspielhaus Zürich und ermöglichte ihm so die Emigration. Ein Beispiel der erfolgreichen Zusammenarbeit stellt der polnische Regisseur Erwin Axer dar, der 1970 in Düsseldorf das *Porträt eines Planeten* aufführte. Die Zusammenarbeit mit dem Filmregisseur Andrzej Wajda am *Mitmacher* in Zürich (1973) misslang hingegen.

Anfang der 1960er Jahre sprach man in Polen oft vom »Warten auf den polnischen Dürrenmatt« (Sugiera 1998, 101). Dürrenmatt übte einen Einfluss nicht nur auf einige polnische Dramatiker (Jerzy Broszkiewicz, Sławomir Mrożek), sondern auch auf bildende Künstler (hervorragende Plakate zu polnischen Aufführungen) und sogar auf Musiker aus (*Omaggio a Friedrich Dürrenmatt* von Krzysztof Penderecki, 1994).

Literatur
Quellen
Über Polen. Schweizerisches Literaturarchiv, Sig. SLA-FD-A-m249_XVI.

Sekundärliteratur
Koprowski, Jan: Ludzie i książki [Männer und Bücher]. Łódź 1965.
Orłowski, Hubert: Dürrenmatt in Polen. Artikel, Rezensionen und Aufführungen einzelner Stücke in Warschau (1956–1978). In: Hans Bänziger (Hg.): Frisch und Dürrenmatt. Materialien und Kommentare. Tübingen 1987, 172–180.
Sugiera, Małgorzata: Dialektische Verfahren in Dramen von Friedrich Dürrenmatt und Max Frisch. Wirkungen in der polnischen Dramatik nach 1956. In: Hans-Peter Bayerdörfer, Małgorzata Leyko, Małgorzata Sugiera (Hg.): Polnisch-deutsche Theaterbeziehungen seit dem Zweiten Weltkrieg. Tübingen 1998, 98–112.
Von Salis, Jean Rudolf: Kriege und Frieden in Europa. Politische Reden und Schriften 1938–1988. Zürich 1989.

Jan Zieliński

J. B. Metzler © Springer-Verlag GmbH Deutschland, ein Teil von Springer Nature, 2020
U. Weber / A. Mauz / M. Stingelin (Hg.), *Dürrenmatt-Handbuch*, https://doi.org/10.1007/978-3-476-05314-5_106

107 Sowjetunion

Die Rezeption von Friedrich Dürrenmatts Werk in der Sowjetunion wurde vor allem durch das politische und kulturelle Klima geprägt, das auch für die ideologische Selektion und Reglementierung der Rezeption ›westlicher‹ Autoren tonangebend war. Gleichzeitig spielte Dürrenmatts politisches Denken eine große Rolle für die Verbreitung und Vermittlung seiner Werke im sowjetischen Kulturraum. Einerseits wurde er von der sowjetischen Zensur als ein unerbittlicher Kritiker der kapitalistischen Gesellschaft und ein um globale Bedrohungen besorgter Humanist gesehen, der in die Schablone des erlaubten Autors hineinpasste. Hinzu kam auch sein reges Interesse am sowjetischen Kulturleben, das ihn zu drei Russland-Reisen (1964, 1967, 1987) anregte. Andererseits waren seine kritische Haltung gegenüber der kommunistischen Doktrin oder seine Protestaktion gegen den sowjetischen Einmarsch in Prag (1968) inkompatibel mit dem Bild eines ›zuverlässigen Freundes‹ der Sowjetunion. Aus diesem Grunde konfrontierte die sowjetische Rezeption Dürrenmatt stets mit der von oben verordneten Eindämmungsstrategie.

Den Anfang der Dürrenmatt-Rezeption markieren die in der Tauwetterperiode (1953–1964) publizierten Übersetzungen. Als Erstes kam *Der Besuch der alten Dame* (1958) heraus – die Tragikomödie, die sich in der Sowjetunion großer Beliebtheit erfreute. 1960 folgten die estnischen Übersetzungen der Prosafassung von *Die Panne* und des Hörspiels *Abendstunde im Spätherbst* (Tallin). In russischer Übersetzung erschien die Prosafassung der *Panne* erstmals 1961 in der Zeitschrift *Inostrannaja literatura* und wurde ein Jahr später in der populär orientierten Reihe *Biblioteka Ogon'ka* in einer Auflage von insgesamt 150.000 Exemplaren abgedruckt. *Die Panne* war das am häufigsten herausgegebene Werk Dürrenmatts in der Sowjetunion. Der Erfolg des Werkes ist wohl, so Adrian Schnetzer (1992), auf die Kritik an ökonomischen Verhältnissen des Kapitalismus, auf das ›kriminalistische Schema‹, den philosophischen Kern sowie das Potential subversiver Anspielungen auf Stalinsche Schauprozesse zurückzuführen. Später wurden Übersetzungen ausgewählter Kurzprosa (u. a. *Der Tunnel*, *Die Stadt*, 1964), das Stück *Die Physiker* (Tallinn 1964, Vilnius 1965, Moskau 1969), die Kriminalromane *Der Richter und sein Henker*, *Der Verdacht*, *Das Versprechen*, das Hörspiel *Das Unternehmen der Wega* (1966),

der Roman *Grieche sucht Griechin* und das Stück *Der Meteor* (1967) publiziert. 1969 wurden Dürrenmatts Komödien in einem gleichnamigen Band veröffentlicht (Kommentar von E. Krasnovskaja, Vorwort von Jurij Archipov). Zwischen 1962 und 1971 fanden die Stücke *Der Besuch der alten Dame* (Ordžonikidze 1962; Moskau 1966), *Die Physiker* (Moskau 1965, Leningrad 1967), *Romulus der Große* und *Frank der Fünfte* (1968–1971 in baltischen Republiken) ihren Weg auf sowjetische Theaterbühnen.

In den 1960er Jahren etablierte sich eine sowjetische literaturwissenschaftliche Dürrenmatt-Rezeption mit ihren charakteristischen Themenfeldern, Kontexten, theoretisch-methodischen Ansätzen und Diskussionsfragen. Grundlegend hierfür waren die Untersuchungen von Boris Zingerman, Dmitrij Zatonskij und Jurij Archipov. Einen hohen Stellenwert genießen auch die einschlägigen Veröffentlichungen von Nina Pavlova und Vladimir Sedel'nik. In der sogenannten Ära der Stagnation unter Leonid Brežnev (1964–1986) wurde Dürrenmatt als eine problematische Figur stärker in die Peripherie des kulturellen Lebens gerückt. Nichtsdestotrotz wurden Stücke von ihm weiterhin inszeniert, etwa *Der Besuch der alten Dame* (1966, Moskovskij Dramatičeskij Teatr na Maloj Bronnoj, R.: Andrej Gončarov), *Romulus der Große* (1980, Tbiliskij akademičeskij teatr imeni Mardžanišvili, mit Otar Megvinetuchucesi in der Rolle von Romulus) oder *Die Physiker* (1977, Tbilisskij gosudarstvennyj dramatičeskij teatr im. A. S. Gribojedova, R.: Alexander Tovstonogov).

Eine Renaissance erlebte die Rezeption Dürrenmatts während Gorbatschows Perestroika (1986–1991). Neben den Inszenierungen seiner in der UdSSR wohl bekanntesten Stücke *Der Besuch der alten Dame* und *Die Physiker* entstanden Ende der 1980er Jahre einige originelle Verfilmungen, die in den Kanon des spätsowjetischen Kinos eingingen. Eine intensive Arbeit mehrerer Übersetzer und Übersetzerinnen ermöglichte die Herausgabe von Dürrenmatts Werken in fünf Bänden (Charkiv/Moskau 1997), die nach dem Zusammenbruch der Sowjetunion erfolgte (Hg. von Evgenija Kaceva, Vorwort von Vladimir Sedel'nik). Die postsowjetische Kanonisierung von Dürrenmatts Œuvre fand nicht nur in zahlreichen Lehrbüchern der deutschsprachigen Literatur für Germanistik-Studierende ihren Niederschlag. Auch ins ukrainische Schulcurriculum von 2001 wurde *Der Besuch der alten Dame* als obligatorischer Text eingeführt.

J. B. Metzler © Springer-Verlag GmbH Deutschland, ein Teil von Springer Nature, 2020
U. Weber / A. Mauz / M. Stingelin (Hg.), *Dürrenmatt-Handbuch*, https://doi.org/10.1007/978-3-476-05314-5_107

Literatur
Primärtexte
Sobranie sochinenij [v 5 tt.]. Sost. Evgenija Kaceva. Char'kov 1997–1998.

Sekundärliteratur
Schnetzer, Adrian: Groteske und Ideologie. Die Rezeption von Friedrich Dürrenmatts Komödie *Der Besuch der alten Damen* in Russland (1956–1991). Lizentiatsarbeit. Univ. Zürich 1992.

Weber, Ulrich/Voloshchuk, Ievgeniia/Chertenko, Alexander (Hg.): Minotavr u labirynti: tvorchist' Fridrikha Diurrenmatta mizh tradycijeju ta subversijeju [Minotaurus im Labyrinth: Friedrich Dürrenmatts Œuvre zwischen Tradition und Subversion]. Kiew 2015.

Ievgeniia Voloshchuk

108 Spanien

Von einer ausgeprägten Aufnahme Dürrenmatts in weiten Kreisen der spanischen Gesellschaft kann man nicht sprechen. Das hat nicht nur mit der Eigenart seiner Werke zu tun, sondern vor allem mit der sozialen und politischen Lage Spaniens während der Franco-Zeit. Während des Kalten Krieges, der das Land mitten im Prozess des Wiederaufbaus in eine isolierte Position versetzte, herrschte dagegen eine gewisse Liberalität, so dass Studierende und Intellektuelle mittels Übersetzungen aus Lateinamerika Zugang zu vielen der vom Regime verbotenen Texte erlangten. Die ersten Annäherungen an Dürrenmatt kamen deswegen zunächst über den Atlantik, vor allem aus Argentinien, wo der Verlag General Fabril zwischen 1960 und 1962 sieben Werke Dürrenmatts auf den Markt gebracht hatte. Äußerst positive Reaktionen kamen auch aus Mexiko, wo in den 1960er Jahren drei Stücke uraufgeführt wurden: *La visita de la vieja dama*, *Los físicos* und *Rómulo Magno*. Dürrenmatt wurde auf diese Weise schnell zu einem Autor für Intellektuelle und bürgerliche Minderheiten. Bemerkenswert ist jedoch, dass er in Spanien nicht durch ein Theaterstück bekannt wurde, sondern erst durch Ladislao Vajdas Film *El cebo / Es geschah am hellichten Tag* (1958). Vajda war im Franco-Spanien ein erfolgreicher Regisseur, was vielleicht einen gewissen Einfluss darauf hatte, dass schon 1959 das Teatro Español in Madrid das Stück *La visita de la vieja dama* auf die Bühne brachte. Das Publikum war eher geteilter Meinung. Trotzdem war die katalanische Fassung dieses Stücks der erste in Spanien veröffentlichte Text Dürrenmatts (1962). Ein Jahr später erschien die spanische Fassung im Verlag Aguilar in einem Schweizer Autoren gewidmeten Band der Reihe *Teatro Contemporáneo*. 1964 erschienen katalanische Übersetzungen von *Das Versprechen* (*La promesa*) und *Der Richter und sein Henker* (*El jutge i el seu botxi*), ein Jahr später *Frank V* und 1966 *Grieche sucht Griechin* (*Greg busca grega*). *Los físicos*, 1965 uraufgeführt, erfuhr eine bessere Aufnahme und wurde in diesem Jahr bis zu 150 Mal gespielt. Die gedruckte Fassung erschien erst 1968 im Verlag Escelicer. 1966 wurde im Madrider Teatro Beatriz das Stück *Der Prozeß um des Esels Schatten* (*Proceso por la sombra de un burro*) inszeniert und mit großem Erfolg gefeiert. Trotz seiner damals nicht gern gesehenen starken Gesellschaftskritik und seiner Beschreibung einer an Gleichgewicht mangelnden neurotischen Gesellschaft wurde es sofort zu einem der beliebtesten Stücke Dürrenmatts.

Noch vor Francos Tod wurden mehrere Werke inszeniert: 1973 *El matrimonio del señor Mississippi* im Madrider Teatro Arniches; *Hércules y el estercolero*, und in der Sala Amics de les Arts de Terrasa die katalanische Fassung von *Frank V, opereta d'una banca privada*. In verschiedenen Verlagen erschienen weiterhin sowohl erzählerische als auch dramatische Werke: 1970 die Romane *El juez y su verdugo* (*Der Richter und sein Henker*) und *El desperfecto* (*Die Panne*), 1973 *Hércules y el establo de Augías* (*Herkules und der Stall des Augias*). Vieles änderte sich in Spanien nach Francos Tod 1975, darunter auch die Rahmenbedingungen des Literaturmarktes. Das Ende der Diktatur brachte eine große Öffnung auf Verlagsebene mit sich, und Dürrenmatts Werk erlebte in den 1980er Jahren eine verstärkte Aufnahme: Neben Neuinszenierungen von schon aufgeführten Stücken kamen die Theaterfassung des Hörspiels *El héroe nacional* (1980) sowie *Rómulo el Grande* (1986) auf die Bühne – ein Stück, das erst 2005 einen Riesenerfolg am Festival de Teatro Clásico der Stadt Mérida erleben sollte. Drei Romane wurden neu veröffentlicht: *Justicia* und *El encargo* (*Der Auftrag*) auf Spanisch und Katalanisch, und *Griego busca griega*. Damit erfuhr auch Dürrenmatts Prosawerk unter den Kritikern erstmals eine positive Aufnahme. Der Verlag Tusquets begann mit einer systematischen Übersetzung des Werks durch den ausgezeichneten Übersetzer Juan José del Solar. Einige Kurztexte erschienen sogar in Sammlungen von Sommerlektüren, die 1988 und 1989 zusammen mit den Tageszeitungen *El Mundo* und *El País* verkauft wurden. Die Verleger versuchten unter den neuen soziopolitischen Verhältnissen, Dürrenmatt zu einem Klassiker zu machen, und gegen Ende des Jahrhunderts, 1999, wird *El juez y su verdugo* in die Reihe *Clásicos contemporáneos internacionales* im Verlag Planeta aufgenommen. Das Interesse an Dürrenmatts Werken ist heutzutage noch lebendig, und langsam werden noch unübersetzte Texte auf den Markt gebracht: *El cooperador* (*Der Mitmacher*) erschien 2000, die galizische Fassung 2002 unter dem Titel *O colaborador*; 2010 erschien *Minotauro* auf Katalanisch, 2012 *El túnel*. 2011 wurde im Palacio de Festivales de Cantabria *La avería* (*Die Panne*) uraufgeführt und vom Publikum und der Kritik sehr positiv aufgenommen. 2018 kam eine erste Übersetzung auf Baskisch heraus: *Epailea eta haren borreroa* (*Der Richter und sein Henker*). Trotz allen Versuchen bleibt Dürrenmatt vom großen Publikum aber immer noch weitgehend unbeachtet und findet, wie die meisten deutschsprachigen Autoren, seine Leser nur in intellektuellen und bürgerlichen Kreisen.

J. B. Metzler © Springer-Verlag GmbH Deutschland, ein Teil von Springer Nature, 2020
U. Weber / A. Mauz / M. Stingelin (Hg.), *Dürrenmatt-Handbuch*, https://doi.org/10.1007/978-3-476-05314-5_108

Literatur

Fortea, Carlos: Un cebo. Friedrich Dürrenmatt en España... sobre papel. In: Turia. Revista cultural 125–126 (2018), 182–186.

Palacios León, Fernando J.: Atlas de un éxito interminable. Dürrenmatt en los escenarios españoles. In: Turia. Revista cultural 125–126 (2018), 187–198.

Isabel Hernández

109 Tschechien/Slowakei

Nach den ersten Aufführungen gehörten Dürrenmatts Dramen in tschechischen und slowakischen Theatern zum festen Repertoire. Die Präsenz seines Werks widerspiegelt deutlich die gesellschaftspolitischen Umbrüche in der damaligen Tschechoslowakei. Insgesamt verlief die Rezeption Dürrenmatts im tschechischen und slowakischen Sprach- und Kulturraum (bis Ende 1992 Tschechoslowakei) mit Blick auf die jeweils eigene Theatertradition jedoch unterschiedlich. An den tschechischen Bühnen war seine Wahrnehmung auch deutlich intensiver als in der Slowakei.

Das erste aufgeführte Stück war *Der Besuch der alten Dame* (R.: Miroslav Horníček, Theater ABC, Prag, 16.10.1959), wobei die Poetik des Autors völlig missverstanden wurde. Erfolgreich war erst Karel Nováks Inszenierung von *Frank der Fünfte* im Theater E. F. Burians (Prag, 28.9.1961), die von der damals dominierenden Darstellungsweise – dem psychologisierenden und realistischen Theater – abwich. Im Gegensatz dazu wurden *Die Physiker* (R.: Ladislav Vymětal, Städtische Bühnen Prag, 8.5.1963) traditionell mit einem Schwerpunkt auf der Schauspielkunst präsentiert. Mit ähnlichen Schwierigkeiten (falsche Auffassung von Dürrenmatts Stil und Chargieren der Schauspieler) kämpften auch die slowakischen Theater. Trotzdem stieß die Inszenierung von *Die Physiker* im Slowakischen Nationaltheater (R.: Ivan Lichard, Bratislava, 9.3.1963) durch das Thema auf große Resonanz (im Programm bis 1966, 90 Vorstellungen).

In den 1960er Jahren emanzipierte sich das Theater zunehmend von den Dogmen des sozialistischen Realismus und fand, beeinflusst von der westlichen Kultur, zu stilistischer und formaler Vielfalt zurück. Erst jetzt setzte man sich gründlich mit dem epischen Theater auseinander und entdeckte das absurde Drama. Neben klassischen westlichen Autoren setzten sich auch tschechoslowakische Dramatiker durch (Václav Havel, Josef Topol, Peter Karvaš). Nun wurden Dürrenmatts Stücke in diesem Kontext wahrgenommen und nicht mehr ideologisch als Kritik einer kapitalistischen Gesellschaft interpretiert. Er wurde zu einem eigentlichen Modeautor. Seine Stücke wurden parallel auf verschiedenen Bühnen gespielt, was insbesondere durch das dichte Netz von Stadttheatern möglich wurde. In der Slowakei verlief dieser Prozess langsamer, denn hier bestand keine ähnlich kontinuierliche Theatertradition.

Bedeutend waren Editionen seiner Theaterstücke und Hörspiele (tsch.), der Theatertheorie sowie der Kriminalromane (beides tsch., slow.). Im Rundfunk wurde *Herkules und der Stall des Augias* (Bratislava 1964) und *Nächtliches Gespräch* (Prag 1964/66) produziert.

Die Inszenierung von *Die Wiedertäufer* mit Josef Svobodas bekanntem Bühnenbild von 1968 (R.: Miroslav Macháček, Nationaltheater Prag, 3.3.1968) gewann im Kontext des ›Prager Frühlings‹ höchstaktuelle Bedeutung. In der Slowakei wurde diese erste Rezeptionsphase mit dem erfolgreich inszenierten Stück *Play Strindberg* (R.: Jaroslav Chundela, Theater Jozef Gregor Tajovskýs, Zvolen, 31.10.1969) beendet.

Die sogenannte Normalisierung in den 1970er Jahren brachte strenge kulturpolitische Maßnahmen mit sich. Nach dem Auftreten der Bürgerrechtsinitiative *Charta 77* wurden Dürrenmatt-Inszenierungen aufgrund seiner Kritik an den undemokratischen Praktiken in der Tschechoslowakei (Basel 1968) ganz verboten.

Im Wendejahr 1989 wurde *Herkules und der Stall des Augias* im Nationaltheater in Prag (R.: Václav Hudeček, 2.3.1989) aufgeführt und als Parabel der damaligen gesellschaftlichen ›Reinigung‹ wahrgenommen. Ferner erfolgte die slowakische Aufführung von *Der Besuch der alten Dame* in Martin (R.: Roman Polák, Theater des Slowakischen Nationalaufstandes, 18.11.1989). Kurz darauf fielen die ideologischen Vorbehalte gegen den Autor.

Dürrenmatts Stücke werden bis heute gelegentlich aufgeführt. Von den tschechischen Produktionen wäre etwa zu nennen: die multimediale *Minotaurus*-Bearbeitung von Josef Svoboda (Laterna Magika, Prag, 15.2.1990), die Erstaufführung von *Achterloo* (R.: Miloš Horanský, Städtische Bühnen Prag, 5.1.1991) und von *Der Mitmacher* im Theater am Gelände (R.: David Czesany, Prag, 18.3.2008), die wiederum als Kritik der aktuellen politischen Verhältnisse interpretiert wurden. Die slowakischen Inszenierungen nach 1989 enthalten sich nicht der psychologisierenden Tendenzen und setzen den Akzent auf die Schauspielkunst, wie die Aufführung von *Play Strindberg* (R.: Pavol Haspra, Slowakisches Nationaltheater, Bratislava, 30.1.1993) belegt. Von Interesse sind des Weiteren *Der Besuch* [sic] (R.: Karol Rédli, Hochschule für darstellende Künste, Bratislava, 4.12.2017) und *Die Physiker* (R.: Jan Klata, Slowakisches Nationaltheater, Bratislava, 1.6.2019).

Für den tschechischen Rundfunk wurde Dürrenmatt Anfang der 1990er Jahre durch die Produktionen von Josef Henke (tsch.) wiederentdeckt. Das auf die Kriminalromane reduzierte Prosawerk Dürrenmatts

J. B. Metzler © Springer-Verlag GmbH Deutschland, ein Teil von Springer Nature, 2020
U. Weber / A. Mauz / M. Stingelin (Hg.), *Dürrenmatt-Handbuch*, https://doi.org/10.1007/978-3-476-05314-5_109

erschien Anfang der 1990er Jahre in neuen Übersetzungen (tsch., slow.). Erst nach 2000 wurde Dürrenmatts letzter Roman *Durcheinandertal* in beide Sprachen übersetzt. Ediert wurden auch zehn Theaterstücke (tsch.). Positiv aufgenommen wurde die Laudatio des Autors anlässlich der Verleihung des Gottlieb-Duttweiler-Preises an den damaligen tschechoslowakischen Präsidenten Václav Havel (1990; vgl. WA 36, 175–188). Sie stellt, da unmittelbar vor seinem Tod gehalten, generell ein intellektuelles Vermächtnis Dürrenmatts dar.

Literatur

Dürrenmatt-Ausgabe der Zeitschrift *Divadlo [Theater]*, 5, 1964.

Hořínek, Zdeněk: Doslov [Nachwort]. In: Friedrich Dürrenmatt. Hry [Theaterstücke]. Prag 2006, 581–596.

Weber, Ulrich: Dürrenmatt und der Prager Frühling. In: Dora, Cornel (Hg.): Prager Frühling 1968. Erinnerungsstücke aus der Sammlung Felix Philipp Ingold. St. Gallen 2008, 13–17.

Michaela Kuklová

110 UK/USA

Dürrenmatt ist im englischsprachigen Raum primär als Dramatiker bekannt. Nach dem Broadway-Erfolg von *The Visit* sorgten seine Stücke vor allem in den 1950er und 1960er Jahren für Aufsehen. Dieser Fokus auf das dramatische Werk bleibt bis heute bestimmend.

Nachdem 1954 die erste englische Übersetzung von *The Judge and His Hangman* in England positiv aufgenommen wurde, fand dieser Text in einer neuen Übersetzung 1955 bei der US-amerikanischen Presse wenig Anklang. Erst mit der Lancierung des in Europa bereits erfolgreichen Stücks *The Visit* (*Der Besuch der alten Dame*) am Broadway setzte im angelsächsischen Raum eine breitere Rezeption ein (vgl. Loeffler 1976). Für dieses von langer Hand geplante Projekt konnten die Produzenten 1957 den Regisseur Peter Brook gewinnen. Maurice Valency übertrug den Text in Zusammenarbeit mit Dürrenmatt und Brook ins Englische. Nach einer Tryout-Tournee auf den britischen Inseln und in den USA feierte diese Adaption, die zugunsten eines broadwaytypischen Realismus einige Anpassungen gegenüber der deutschen Originalfassung aufweist, am 5.5.1958 am Lunt-Fontanne-Theater Premiere und wurde mehrere Monate gespielt. Der Großerfolg war auch der geschickten Werbekampagne und dem bekannten Schauspieler-Paar Alfred Lunt und Lynn Fontanne in den Titelrollen zu verdanken. Es folgte eine Gastspielreise durch die USA und Kanada, später auch eine Station in London. 1958/59 wurde das Stück mit dem New York Critics Award als ›best foreign play‹ ausgezeichnet. In Australien wurde *The Visit* 1963 in einer anderen Produktion am Independent Theatre in Sydney erfolgreich gespielt. Auch *Fools Are Passing Through* (*Die Ehe des Herrn Mississippi*) wurde bereits 1958 in New York aufgeführt, rezeptionsbestimmend blieb aber die Erfolgsgeschichte von *The Visit*.

Dürrenmatt fand infolgedessen primär als Dramatiker Beachtung: 1962 wurde mit geringem Erfolg *Romulus* in einer Broadway-Bearbeitung von Gore Vidal aufgeführt. 1963 feierte das Stück *The Physicists* unter Beifall der Kritik und in Anwesenheit Dürrenmatts am Aldwych Theatre in London Premiere, wiederum unter der Regie von Brook. Im selben Jahr wurde *The Physicists* in Melbourne inszeniert; ein Jahr später reüssierte das Stück am Broadway. 1964 erschien ein erster Sammelband mit vier Dramen, der zusätzlich Dürrenmatts Vortrag *Problems of Theatre* enthielt. Die Popularität des Autors zeigte sich auch im Interesse der Filmbranche und weiterer Medien

für seine Texte. BBC produzierte 1969 das Hörspiel *Conversation at Night With a Despised Character* mit John Gielgud und Alec Guinness; Gottfried von Einems Opernfassung von *Der Besuch der alten Dame* wurde 1972 – inszeniert von Francis Ford Coppola – auch in San Francisco aufgeführt. An musikalischen Bearbeitungen im angelsächsischen Raum sind weiter das Musical *The Visit* (2001) von John Kander und Fred Ebb sowie die Oper *The Minotaur* (2008) von Harrison Birtwistle zu erwähnen.

1969 erhielt Dürrenmatt von der Temple University Philadelphia den Ehrendoktortitel. Am dortigen Universitätstheater wohnte er der US-amerikanischen Premiere von *The Meteor* bei.

1981 war Dürrenmatt *Writer in Residence* an der University of Southern California in Los Angeles, was auch Anlass des ersten wissenschaftlichen Symposiums im englischsprachigen Raum wurde (*Play Dürrenmatt*, organisiert von Moshe Lazar; vgl. Lazar 1983). Auf den britischen Inseln wurde der Autor 1975 mit dem *Welsh Arts Council International Writers Price* ausgezeichnet.

Obwohl einzelne Prosatexte und Essays Dürrenmatts schon früher übersetzt worden sind, wird dieser Werkteil erst in jüngster Zeit stärker rezipiert. Dies zeigt sich auch in der englischsprachigen Forschungsliteratur, die hauptsächlich auf das dramatische Werk ausgerichtet ist (z. B. Whitton 1980). Neben Arbeiten, die sich mit philosophisch-theologischen Aspekten von Dürrenmatts Werk auseinandersetzen, wird dieses insbesondere im Kontext der deutschsprachigen Nachkriegsliteratur und der europäischen Tradition des Absurden diskutiert. 2006 ist bei der Chicago University Press eine dreibändige Werkausgabe (übers. von Joel Agee) erschienen, die neben Neuübersetzungen auch erstmals größere Teile aus den *Stoffen* auf Englisch zugänglich macht.

Literatur
Primärtexte

Selected Writings [3 Vols.]. Übers. von Joel Agee, hg. von Kenneth J. Northcott und Theodore Ziolkowski. Chicago 2006.

Sekundärliteratur

Crockett, Roger A.: Understanding Friedrich Dürrenmatt. Columbia 1998.
Dokumentation zu Gore Vidals Bearbeitung von *Romulus der Große*. Schweizerisches Literaturarchiv, Sig. SLA-FD-E-55-3-c-3.
Lazar, Moshe (Hg.): Play Dürrenmatt. Malibu 1983.
Loeffler, Michael Peter: Friedrich Dürrenmatts *Der Besuch der alten Dame* in New York. Basel 1976.

J. B. Metzler © Springer-Verlag GmbH Deutschland, ein Teil von Springer Nature, 2020
U. Weber / A. Mauz / M. Stingelin (Hg.), *Dürrenmatt-Handbuch*, https://doi.org/10.1007/978-3-476-05314-5_110

Materialien zur Rezeption in den USA und Großbritannien. Schweizerisches Literaturarchiv, Sig. SLA-FD-D-23-04.

Materialien zur Rezeption von *The Visit*. Schweizerisches Literaturarchiv, Sig. SLA-FD-D-10-b-AD-5.

The Swiss Institute, Schweizerisches Literaturarchiv (Hg.): Friedrich Dürrenmatt – The Happy Pessimist. New York 1997 (mit ausführlicher Bibliografie der engl. Primär- und Sekundärliteratur).

Whitton, Kenneth S.: The Theatre of Friedrich Dürrenmatt. London 1980.

Simon Morgenthaler

C Gattungen

111 Comic-Adaptionen

Literaturcomics

Basieren Comics und Graphic Novels auf literarischen Texten, so können damit unterschiedliche Voraussetzungen, Intentionen und Effekte verbunden sein. So kann die grafische Erzählung sich primär der Vermittlung von Inhaltswissen über ihren Ausgangstext widmen; sie kann ihn aber auch parodieren oder aber zur Basis eines freien Umgangs mit Motiven, Figuren und Handlungselementen machen. Häufig beziehen sich kürzere wie längere Bildergeschichten im Comicstil auf Werke, die als Bestandteile eines Literaturkanons gelten. (Hierbei kann ein Vorwissen der Leser über den Text unterstellt werden, das die spezifische Transformationsleistung der Comic-Szenaristen und -Zeichner deutlicher wahrnehmen lässt.) Der literaturbasierte Comic weist ein breites Spektrum an Formaten auf, das von buchförmigen Graphic Novels bis zu kurzen Strips aus wenigen Panels oder narrativen Einzelbildern reicht. Hinzu kommen Mischformate aus Texten und Comics.

Von Dürrenmatt wurden sowohl Schauspiele als auch Erzählungen in diversen Gestaltungsformen grafisch-narrativ umgesetzt. Manche zielen stark auf eine plastisch-realistische Vermittlung der dargestellten Welt; andere arbeiten mit ausgeprägten Stilisierungen; manche wirken wie psychedelische Szenen aus textbasierten Motiven. Die Comic-Versionen der Stücke und Erzählungen stützen sich weitestgehend auf die Schulklassiker des Autors; demgegenüber rücken mit den buchgestalterisch freieren Publikationen unter Beteiligung von Zeichnern auch einige weniger breit bekannte Texte in den Blick.

Beispiele

Felix Loser widmet mit *Der Besuch der alten Dame* (Olten 1998) Dürrenmatts Stück eine ausführliche grafische Nacherzählung. Seine oft knollennasigen und auf den ersten Blick komisch-grotesk wirkenden Figuren werden gern aus kurzer Distanz gezeigt und rücken dem Betrachter schon darum unbehaglich nahe. Das eingangs gezeichnete Spielzeugstädtchen Güllen erweist sich sukzessiv als beklemmend. Viel Raum nimmt die Darstellung von Reden und Gesprächen ein – und zwar sowohl innerhalb der Einzelpanels als auch mit Blick auf deren Kombinationen. Dadurch bleibt die Comic-Erzählung dem Drama recht nahe. Wie Dürrenmatts Stück durch diverse Szenenanweisungen strukturiert wird (und die eigene Spielhandlung dabei implizit interpretiert), so fungieren bei Loser Textfelder (Captures) gliedernd und deutend.

Als Graphic Novels in Buchformat präsentieren sich auch Nacherzählungen zu *Der Richter und sein Henker* (Bern 1988) und *Der Verdacht* (Luzern 1993). Beide wurden als schulische Teamarbeit von Kursen an derselben Schule realisiert und nennen Dürrenmatt auf dem Cover als Autor. Die vom Stil der ›ligne claire‹ beeinflussten Graphiken des *Richter*-Comics verorten die Handlung um den Kriminalisten Bärlach in einer detailliert und präzise gezeichneten Berner Kulisse. Der Text wird zwar den Bedürfnissen der Comicerzählung nach Knappheit angepasst; in Captures, Sprech- und Denkblasen findet sich der gekürzte Ausgangstext aber in gut wiedererkennbarer Weise inszeniert. Die Bilderfolge nutzt filmische Mittel wie Sequenzen aus gegenläufigen Perspektiven, Wechsel zwischen Totale und Ausschnitt und Zoomeffekte.

Auch die Graphic Novel *Der Verdacht* stellt die Bezüge der Handlung zum Berner Umfeld heraus. Stilisierend-charakterisierende Darstellungen der Figuren wie insbesondere des maskenhaften Gulliver wirken interpretationslenkend. Insgesamt verbinden sich überpointierende Realistik der Darstellung und motivliche Symbolik zu visuell dichten Szenen. Aus-

J. B. Metzler © Springer-Verlag GmbH Deutschland, ein Teil von Springer Nature, 2020
U. Weber / A. Mauz / M. Stingelin (Hg.), *Dürrenmatt-Handbuch*, https://doi.org/10.1007/978-3-476-05314-5_111

geprägte Schwarz-Weiß-Kontraste verleihen den Bildern Dramatik und verweisen zudem, vermittelt über das schwarzweiße Streifenmuster von Häftlingskleidung, auf das inhaltlich wichtige Bildfeld um gefangene KZ-Opfer. Fotorealistische Zeichnungen repräsentieren Erinnerungsprozesse, kahle Schädel verweisen auf das Häftlingsdasein, aber auch auf Alter und Tod. Durch recht ausführliche narrative Passagen bleibt die Bilderzählung der Textvorlage nah.

Im Rahmen diverser parodistischer Sammelpublikationen mit Beiträgen verschiedener Zeichner erschienen kurze, inhaltlich stark komprimierte und ostentativ reduzierte Comic Strips zu bunt gemischten literarischen Kanon-Texten verschiedener Sprachräume. Konzeptuell analog, reduzieren die Beiträger mehrerer solcher Comic-Sammlungen ihre Bezugstexte auf einseitige Darstellungen. In Moga Mobos *100 Meisterwerke der Weltliteratur* (2001) finden sich Dürrenmatts *Besuch einer [!] alten Dame*, gezeichnet von Anja Nolte (Moga Mobo 2001, 16), sowie *Die Physiker*, gezeichnet von Ralf Bohde (ebd., 101), persifliert, jeweils in individuellem Stil und schwarzweiß. Nolte zeichnet acht gleich große und ordentlich zu zwei Kolumnen angeordnete Panels, doch mit dieser (dem Design des Bandes entsprechenden) Ordnung kontrastiert ein Inszenierungseinfall, der gegen Comic-Konventionen verstößt: Übergroß erstreckt sich die ›alte Dame‹ über sieben der acht Panels, in ihrer Macht auch visuell omnipräsent. Alle anderen Figuren sind zwergenhafte Statisten; eine kollektive Exekution findet statt; makabre Motive überwiegen die Komik. Komisch-grotesk nehmen sich demgegenüber die acht Panels von Bodes *Physikern* aus; Bode baut aus Strichfiguren und physikalischen Formeln eine kuriose Geschichte.

In der zweibändigen kanonparodistischen Comic-Sammlung *Literatur gezeichnet* bietet der zweite Band (2004) schwarzweiße Kurzcomics zu denselben Stücken wie in den *100 Meisterwerken der Weltliteratur*. *Die Physiker* sind von Florian Satzinger gezeichnet (Alber/Wolf 2004, Nr. 77), *Der Besuch der alten Dame* von Muromi Frühling (ebd., Nr. 97). Begleitet werden die Ein-Seiten-Comics jeweils durch verulkende Inhaltsdarstellungen von Robert ›Jazze‹ Niederle. Die *Physiker*-Handlung präsentiert sich als Fortsetzung der Handlung von Dürrenmatts Schauspiel nach dem Entkommen der als groteske Hybridfiguren aus Mensch und Tier, Marsmännchen und Kuscheltier gezeichneten Physiker aus dem Irrenhaus; auf den Mond geflohen, zerstören sie alles Erinnerungsvermögen auf der Erde mit einem »Gehirnbruzzler«, um die von der Irrenärztin gestohlene Einsteinsche Weltformel flä-

chendeckend aus den Gedächtnissen zu tilgen, und werden dann als letzte Erinnerungsträger selbst behandelt. Die grafische Inszenierung des *Besuchs* arrangiert parallele Paare von Panels. Eines davon impliziert jeweils ein über Ill gesprochenes Urteil, das andere zeigt die Konsequenzen für das Opfer; hier wird rudimentär eine Geschichte in drei Stationen erzählt, die mit dem Tod Ills endet.

Der Band *Alice im Comicland. Comiczeichner präsentieren Werke der Weltliteratur* (1993) bietet eine grafische Kurzversion zur Erzählung *Der Tunnel*, gezeichnet von M. S. Bastian (Mahrer-Strich 1993, 9). Captures und Sprechblasen ergänzen die zunehmend deformierter wirkenden Bildmotive. In den sechs schwarzweißen Panels, die stilistisch an Lithografien erinnern, wird der Reisende im Zug immer näher an den Betrachter herangezoomt; das letzte Capture spricht vom unaufhaltsamen Rasen des Zugs in die Erdmitte; der Reisende, mit sich auflösenden Gesichtszügen, hat auch auf bildkompositorischer Ebene jede Haltung verloren.

Beispiele für die Comic-Rezeption von Dürrenmatt-Texten finden sich auch in bebilderten Textausgaben, deren Zeichner sich stilistisch am Comic orientieren oder sogar Panelsequenzen gestalten, die den Text begleiten. Die Erzählung *Abu Chanifa und Anan ben David* hat Sergio Toppi 2003 für eine deutsch-italienische Textausgabe zeichnerisch interpretiert. Seine schwarzweißen Graphiken in Comicoptik wechseln sich mit Textabsätzen ab. Dialoge und labyrinthische Wege stehen im Mittelpunkt.

Hannes Binder illustrierte durch schwarzweiße Schabzeichnungen das gestalterisch ambitionierte Buch *Friedrich Dürrenmatt: Der Schachspieler. Ein Fragment* (2007). Das Schachbrettmuster inspirierte die *mise-en-page* der Text- und Bildblöcke. Die Bilder inszenieren Dürrenmatts Geschichte als Geschichte von Schachfiguren und nehmen die Basismetapher der Erzählung insofern beim Wort. Die Erzählung wurde zunächst als Zeitungsbeitrag publiziert (FAZ, 5.9.1998). Binders Illustrationen sind Schabzeichnungen, düster durch ihre Schwarzgrundigkeit, dabei ausnehmend detailliert und plastisch. Auf dem Buchumschlag präsentiert sich ein naturalistisch porträtierter Dürrenmatt als Schachspieler.

Anja Nolte hat für ihre Graphic Novel zu *Der Besuch der alten Dame* (in DU, 75, 2015) ebenfalls eine auffällige Bildsprache eingesetzt: Figuren, Objekte und Schauplätze sind in einem lebhaft farbigen und formenreichen Collagestil zu teils ganzseitigen Bildern montiert, ohne ordnende Panelsequenzen, aber mit

Sprechblasen, die allerdings ebenfalls in vielen Varianten erscheinen: ein Durcheinander, das an Dürrenmatts Vorliebe für Labyrinthisches erinnert. Benjamin Gottwalds Graphic Novel zu *Die Physiker* ist durch die Akzentuierung der Bühnenhaftigkeit des gezeichneten Handlungsraums charakterisiert (Gottwald/Dürrenmatt 2018). Wie ein auf den Spielbeginn wartender Zuschauer im Theater sitzt der Betrachter der Graphic Novel nach der Angabe »Akt Eins« anfangs vor einem menschenleeren, mit spärlichen, aber prägnanten Requisiten ausgestatteten Spielort, bevor zunächst eine Stimme (repräsentiert durch eine Sprechblase) vernehmbar wird und dann eine Figur auftaucht (S. 5). Die Linienführung der Zeichnungen ist dynamisch, manchmal explosiv. Rezensent Andreas Platthaus spricht von einem »Geschehen in einem Bühnenkasten mit heftig fluchtenden Linien« (Platthaus, 2019, unpag.) und betont die Abstimmung des grafischen Inszenierungsmodus auf den Kammerspielcharakter des Stücks. Auch dass der Zeichenstil an »Konstruktionszeichnungen« (Platthaus, 2019, unpag.) erinnert, passt zur Welt der »Physiker«. Durch Streichung erheblicher Teile der Handlung nimmt Gottwald eine Konzentration des Stücks vor und unterwirft die gezeichnete Bühne selbst permanenten Transformationen. Der Abdruck des Dürrenmatt-Stücks im Anhangteil der Graphic Novel lädt zum Vergleich zwischen Textvorlage und Graphic Novel ein. Dabei erscheinen Farben und Formen der zum Piktografischen tendierenden Bilderfolge als die zentralen Protagonisten der Gottwaldschen Inszenierung.

Aspekte und Deutungsansätze

Die Graphic Novels, zeichenstilistisch different, arbeiten mit vielen Details und akzentuieren vor allem das (Schweizer) Lokalkolorit der jeweiligen Geschichten. Die Kurzcomics setzen, genrebedingt, Abstraktionen und Reduktionen ein – sowohl auf der Ebene der erzählten (dabei manchmal minimalisierten) Geschichten als auch auf der der Bildersprache. Wird hier auch parodistisch mit den Textvorlagen verfahren, so impliziert dies doch keine Verspottung dieser Vorlage selbst (deren kanonischer Rang augenzwinkernd bestätigt wird), sondern bildet vielmehr den Versuch, groteske Motive und Einfälle Dürrenmatts mit anderen Gestaltungsmitteln herauszupräparieren. Dabei kommt es gelegentlich zu Hybridisierungen mit anderen Bildsprachen und Motivressourcen aus den Bereichen Horror, Science Fiction und Strichzeichnung.

Dürrenmatts eigenes zeichnerisches Werk weist zwar Berührungspunkte zum Comic auf – durch seine Tendenz zum Karikaturistischen und zur prägnanten zeichnerischen Abbreviatur, aber auch durch eine Vorliebe für groteske, monströse und zugleich komische Gestalten –, es spielt als Ausgangsbasis für Dürrenmatt-Comics aber keine tragende Rolle. Immerhin wird in der Graphic Novel zu *Der Verdacht* mit Bildzitaten gearbeitet, die dem grafischen und malerischen Werk Dürrenmatts entstammen, seinen Darstellungen labyrinthisch-verwirrender Räume und katastrophaler Ereignisse.

Literatur
Primärtexte
Alber, Wolfgang/Wolf, Heinz (Hg.): Literatur gezeichnet, Bd. 2. Wien 2004.

Binder, Hannes: Friedrich Dürrenmatt: Der Schachspieler. Ein Fragment. Großhansdorf 2007.

Dürrenmatt, Friedrich: Der Richter und sein Henker. Comic auf der Grundlage des Romans. Zeichnungen: Kernfach Zeichnen. Städt. Literaturgymnasium Bern-Neufeld. Bern 2003.

Dürrenmatt, Friedrich: Der Verdacht. Comic auf der Grundlage des Romans. Textbearbeitungen und Zeichnungen: Kernfächer Deutsch und Zeichnen. Städt. Literaturgymnasium Bern-Neufeld. Luzern 1993.

Dürrenmatt, Friedrich/Loser, Felix: Der Besuch der alten Dame. Comic, auf der Grundlage der dramatischen Komödie vollends überarbeitete Zweitfassung. Olten 1998.

Dürrenmatt, Friedrich/Gottwald, Benjamin: Die Physiker. Frankfurt a. M. 2018.

Mahrer-Strich, Irene (Hg.): Alice im Comicland. Comiczeichner präsentieren Werke der Weltliteratur. Zürich 1993.

Moga Mobo [Künstlergruppe]: 100 Meisterwerke der Weltliteratur. Berlin 2001.

Nolte, Anja: Der Besuch der alten Dame. Illustrationen mit Zitaten aus dem Werk. In: Friedrich Dürrenmatt: Denker – Maler – Weltautor, DU 75 (2015), 862.

Platthaus, Andreas: Schlimmstmögliche Wendung – bestmögliche Zeichnung. [= Besprechung zu Die Physiker von Dürrenmatt/Gottwald, 8. März 2019]. In: https://blogs.faz.net/comic/2019/03/08/schlimmstmoegliche-wendung-bestmoegliche-zeichnung-1409/ (25.7.2020).

Sergio Toppi illustra Friedrich Dürrenmatt. Abu Chanifa e Anan ben David. Milano 2003.

Sekundärliteratur
Schmitz-Emans, Monika: Friedrich Dürrenmatt im Comic – Friedrich Dürrenmatt und der Comic. In: Ulrich Weber u. a. (Hg.): Dramaturgien der Phantasie. Dürrenmatt intertextuell und intermedial. Göttingen 2014, 271–301.

Monika Schmitz-Emans

112 Dürrenmatt auf der Bühne

In den Spielplänen der deutschsprachigen Theater nimmt Dürrenmatt einen der vorderen Plätze im Ranking der meistgespielten Autorinnen und Autoren ein. *Der Besuch der alten Dame* und *Die Physiker* sind seine weltweit erfolgreichsten Dramen. Regisseurinnen und Regisseure schreiben sich in bestehende Inszenierungstraditionen ein, suchen neue Interpretationen und arbeiten sich immer wieder an Dürrenmatts Texten ab. In höchst unterschiedlichen kulturellen und historischen Kontexten setzen sich Theaterschaffende weltweit auf vielfältigste Weise mit seinem Werk auseinander. Gegenwärtig entdecken Theaterschaffende das weniger beachtete Spätwerk wieder; Bühnenadaptionen seiner späten Prosa setzen Impulse für die Neulektüre. Der folgende Beitrag bietet eine Typologie an, die grundlegende Herangehensweisen an Dürrenmatts Texte charakterisiert und anhand exemplarischer Inszenierungen veranschaulicht.

Die Rezeption von Dürrenmatts Werk im Theater kann einerseits quantitativ, andererseits qualitativ beschrieben werden. Die quantitative Dimension lässt sich in einem Kontinuum fassen: Am einen Ende des quantitativen Spektrums befinden sich Texte, die erst nach und nach für die Bühne entdeckt wurden, etwa die späte Prosa wie *Der Auftrag*, *Durcheinandertal* und die *Stoffe*. Am anderen Ende dieses Spektrums stehen die zu Klassikern avancierten Texte, welche über Jahrzehnte hinweg in einer Vielzahl von Kulturen und Theaterformen immer wieder auf die Bühne gebracht wurden und werden. Sie bilden den Kanon. Die am häufigsten und in zahlreichen Ländern gespielten Stücke sind *Die Physiker* und *Der Besuch der alten Dame*: von Argentinien bis China, von Kasachstan bis Kanada, von Finnland bis Südafrika (vgl. unpublizierte Übersicht Lizenzverträge Diogenes Verlag). Die Inszenierungen verteilen sich über die gesamte Breite der Theaterformen: Stadttheater, freies Theater, Amateurtheater vom Schultheater bis zum Theaterverein sowie Privattheater und kommerzielles Tourneetheater. Der Schwerpunkt liegt beim Sprechtheater, aber auch andere Sparten wie Oper und Tanz haben Dürrenmatts Texte adaptiert. (Eine Auswahl der Adaptionen ist Bestandteil der Chronik im Anhang des Handbuchs.)

In der Statistik des Deutschen Bühnenverbands rangieren die beiden oben genannten Stücke in Bezug auf die Anzahl der Inszenierungen und Aufführungen sowie die Zuschauerzahlen oft in den Top Ten. Im Jubiläumsjahr 2011 war Dürrenmatt der am meisten gespielte Autor an Schweizer Theatern. Anlässlich seines 90. Geburtstags war *Der Besuch der alten Dame* das am zweithäufigsten inszenierte Stück an deutschen Theatern. Bei der Aufführungszahl lag es gar auf Platz eins. *Die Physiker* belegte in der Schweiz in der Saison 2013/14 den ersten Platz in allen Kategorien des Rankings: Anzahl der Inszenierungen, Aufführungen und Zuschauende. Auch Bühnenfassungen der Kriminalromane wie *Der Richter und sein Henker* und *Das Versprechen* erfreuen sich anhaltend großer Beliebtheit (vgl. Lizenzverträge Diogenes Verlag). Bei der Kanonisierung der Erfolgsstücke *Der Besuch der alten Dame* und *Die Physiker* sowie der Kriminalromane spielten auch die Verfilmungen (s. Kap. 60, 114) eine zentrale Rolle sowohl als Multiplikatoren wie auch im Hinblick auf die Interpretation der Texte.

Die qualitative Untersuchung führt zu fünf Inszenierungstypen. Jeder Typus ist durch ein bestimmtes Verhältnis zwischen Text und Inszenierung charakterisiert, wobei die drei erstgenannten Inszenierungstypen den Kanon der Aufführungstradition von Dürrenmatts Texten bilden. Die Mehrheit der Inszenierungen weist Eigenschaften eines oder mehrerer dieser Typen auf.

Umsetzung

Der Text wird als Werk verstanden, die Inszenierung transferiert ihn auf die Bühne. – In Hans Gauglers Inszenierung *Der Besuch der alten Dame* an der Emmentaler Liebhaberbühne (1973) wird der Werkaspekt betont. Das heißt, der Akzent der Inszenierung liegt auf der Entfaltung der Fabel und der Charakterisierung der Figuren. Der innere Zusammenhang der streng komponierten Fabel bzw. der einzelnen Szenen steht im Vordergrund. Auch Nebentexte wie Regieanweisungen des Autors werden in der Inszenierung berücksichtigt. Die Sprache ist das dominante Zeichensystem. Die Diktion der Schauspielerinnen und Schauspieler betont die Bedeutungsdimension der sprachlichen Äußerungen. Alle szenischen Mittel werden so eingesetzt, dass sie diese illustrieren. U. a. sind Bühnenbild und Requisiten aus dem Text abgeleitet. Markant an der Inszenierung ist, dass es sich um eine Fassung des Dramas in Schweizer Dialekt handelt: Die Bewohnerinnen und Bewohner Güllens sprechen Emmentaler Dialekt, wodurch Figuren und Handlung lokal verortet werden. Claire Zachanassian spricht als einzige Figur zwei Sprachen: Schweizerdeutsch und Hochdeutsch mit Schweizer Akzent. Diese Sprachver-

J. B. Metzler © Springer-Verlag GmbH Deutschland, ein Teil von Springer Nature, 2020
U. Weber / A. Mauz / M. Stingelin (Hg.), *Dürrenmatt-Handbuch*, https://doi.org/10.1007/978-3-476-05314-5_112

wendung übersetzt die beiden Pole der Figur, die im Stück durch die Namen Klara und Claire symbolisiert werden, auf die Bühne.

Ein solches Verhältnis von Text und Inszenierung geht zurück auf Interpretationen der hegelschen Ästhetik im 19. Jahrhundert, wonach der Schauspieler sich »ganz in die gegebene Rolle hineindenke und sie so ausführe, wie der Dichter sie konzipiert und poetisch ausgestaltet hat. Der Schauspieler soll gleichsam [nur] das Instrument sein, auf welchem der Autor spielt, ein Schwamm, der alle Farben aufnimmt und unverändert wiedergibt« (Hegel 1835/1976, 541 f.). Diese Herangehensweise war maßgeblich für Inszenierungen Richard Wagners und des international tätigen Meininger Theaters. Bis in die Gegenwart findet diese Inszenierungspraxis einen Nachhall im Begriff der Werktreue. Bei den bereits kanonisierten Texten Dürrenmatts stabilisiert dieser Inszenierungstypus den Literaturkanon, was eine mögliche Wirkungsweise von Theater in der Gesellschaft beschreibt. Dieser Zugriff auf die Dramen Dürrenmatts findet sich zum einen häufig bei Uraufführungsinszenierungen (vgl. Chronik im Anhang des Handbuchs). Zum anderen zeigen das kommerzielle Tourneetheater und teilweise das Amateurtheater bis in die Gegenwart eine Vorliebe für diesen Inszenierungsstil.

Setzung

In diesem Fall bietet der Text Bedeutungen an, aus denen die Inszenierung interpretierend auswählt. Der Text wird als genuin polyvalent verstanden, d. h. ihm wohnen zahlreiche Form- und Sinnangebote inne. Die Inszenierung arbeitet eine wesentliche im Text angelegte Bedeutungsebene heraus und bietet diese dem Publikum mit szenischen Mitteln dar. Diese Herangehensweise kennzeichnet u. a. das Regietheater; die Regie akzentuiert hierbei ihre Autorschaft (vgl. Weiler/Roselt 2017, 278).

Bastian Krafts Inszenierung *Der Besuch der alten Dame* am Deutschen Theater in Berlin (2014) wählt aus den Bedeutungsangeboten eine Lesart aus. In der Inszenierung verkörpert ein Schauspieler Alfred Ill, während Claire Zachanassian von vier Schauspielerinnen und einem Schauspieler gespielt wird. Sie treten zugleich auch als Einwohnerinnen und Einwohner von Güllen auf. Dass Ill in der Inszenierung von Anfang an mit einer Gruppe alter Damen konfrontiert ist, betont seine Vereinzelung und Claires Übermacht, während diese Konstellation im Text erst allmählich hervortritt. Die Spielweise unterstreicht dies: Ulrich Matthes spielt Alfred Ill emotional realistisch, während die vier Darstellerinnen und der Darsteller der Claire und der Güllenerinnen und Güllener eine eher exaltierte Spielweise zeigen. Dass Letztere von denselben Schauspielerinnen und demselben Schauspieler wie Claire gespielt werden, kompromittiert sie von Beginn an. Durch diese Besetzung fokussiert die Inszenierung vollkommen auf den Konflikt zwischen Claire und Alfred. Die Inszenierung bietet eine Lesart des Dramas an, nach welcher der Ausgang des Stückes bereits in den Beginn eingeschrieben ist.

Inszenierungen, die einen Text interpretieren, verhalten sich zu einem gesellschaftlichen Konsens über den Text wie auch zu dessen Aufführungstradition. Dieser Inszenierungstyp bietet mit einer Akzentsetzung eine von zahlreichen, gleichwertigen Möglichkeiten an, einem Text zu folgen und stellt so eine Erweiterung kanonisierter Lesarten dar.

Versetzung

Bei diesem Inszenierungstyp wird der Text als Material verwendet und durch außertextuelle Bezüge in einen anderen historischen, geografischen und/oder kulturellen Kontext versetzt. Diese Neukontextualisierung findet sich u. a. bei drei Inszenierungen von *Der Besuch der alten Dame* in Lodz, Krakau und Warschau in der Saison 1957/58. Sie entwickeln Lesarten des Stückes vor dem Hintergrund der zeitgeschichtlichen polnischen Verhältnisse. Die Inszenierung von Ludwik René im Teatr Dramatyczny wurde als eine der herausragendsten polnischen Theateraufführungen der Nachkriegszeit gewürdigt.

Viktor Bodós Inszenierung des Stücks am Schauspielhaus Zürich (2015) entfernt dieses durch das Bühnenbild aus seiner schweizerischen Aufführungstradition: Eine heruntergekommene Bahnhofshalle mit geschlossenen Fahrkartenschaltern sowie die Kostüme stellen Referenzen zu Ungarn nach dem Systemwechsel von 1989 her. Eine weitere Referenzebene betrifft den aktuellen Diskurs um Cyborgs, indem das Motiv von Claire Zachanassians Prothesen inszenierungsleitend eingesetzt wird. Die im Text erwähnten Veränderungen an ihrem Körper werden auf der Bühne materialisiert: Claire klappert beim Gehen, ihre Gliedmaßen werden entfernt und wieder installiert. Fehlfunktionen erzeugen komische Effekte. Die starke Betonung der Materialhaftigkeit und Lautlichkeit dieses Prothesenleibs verleiht ihm szenischen Eigenwert. Claires Entfernung vom Mensch-sein charakterisiert die Figur.

Freisetzung

Bei diesem Typ wird der Text als fremd verstanden, die Inszenierung löst ihn aus Deutungstraditionen. Diese Inszenierungen kritisieren, dass bestimmte Tex-te ihre Polyvalenz und damit ihr ästhetisches Potential verloren haben, indem sie durch ihre Inszenierungs-traditionen kanonisiert worden sind. Ihre bisherigen Deutungen werden ostentativ zurückgewiesen, um das ästhetische Potential des Textes in einer Alteritäts-erfahrung freizusetzen.

So bricht Herbert Fritschs Inszenierung von *Die Physiker* am Schauspielhaus Zürich (2013) mit einer Aufführungstradition, die 1962 mit der Uraufführung dieses Stückes auf dieser Bühne ihren Anfang nahm. Seine markante Regiehandschrift ist gekennzeichnet durch artistische Spielweise, stilisierte Diktion, far-benfrohes und einprägsames Bühnen- und Kostüm-bild sowie einen leichtfüßigen Umgang mit dem Text (zur Kontextualisierung vgl. Englhart 2016, 154–158). Der Inszenierung liegt Dürrenmatts Fassung des Stü-ckes für die Werkausgabe von 1980 zugrunde. Der Text wird nahezu unverändert und ungestrichen ge-spielt. Die szenischen Mittel Bühnenbild, Kostüme und Maske folgen einer eigenen, vom Stück (schein-bar) unabhängigen Logik. Die stark stilisierte Spiel-weise ist geprägt durch exaltierten Körpergebrauch. Das Bühnenbild wird dominiert von drei grell-gelben Wänden, die die Schauspielerinnen und Schauspieler auf immer wieder neue Weise bei ihren Auftritten und Abgängen überspringen oder anders überwinden müssen (zur komischen Wirkung vgl. Hochholdin-ger-Reiterer 2016). Rhythmus und Dynamik entste-hen aus dem akrobatischen Spiel, das die Vertikale be-tont. Alle Figuren präsentieren sich während des ge-samten Verlaufs in ähnlichem Gestus. Spielweise, Kos-tüme und Schminkmasken illustrieren weder die Figurenkonstellation noch den Handlungsablauf.

Andreas Englhart liest Fritschs Inszenierung vor »der Folie des aus dem 19. Jahrhundert stammenden ersten Hauptsatzes des [sic] Thermodynamik, dass in einem geschlossenen System keine Energie verloren-geht« (Englhart 2016, 162) und gelangt zu dem Schluss: »Offensichtlich geht es hier weniger um die einzelnen Kugeln [die Handelnden], sondern um die Energien, die über den Energieerhaltungssatz im Zusammenstoß bzw. dramatischen Konflikt übertragen werden« (ebd.,

159). Die Inszenierung ist dann zu verstehen als Über-setzung einer dem Stück immanenten Logik ins Moto-risch-Körperliche. Dürrenmatts Drama stellt ein Sys-tem dar, dessen Funktionsweise Fritsch in eine Cho-reografie übersetzt.

Den Gedanken der Darstellung eines Systems ab-wandelnd, bietet die Inszenierung eine Engführung mit Dürrenmatts letztem Theaterstück *Achterloo IV* an. Darin treten historische und literarische Figuren auf, gespielt von einer Gruppe Insassen eines Irren-hauses. Eine ähnliche Wirkung erzeugt Fritsch, indem Spielweise, Kostüme und Masken die Grenzen zwi-schen Insassen, Angestellten und Gästen, Gesunden und Irrsinnigen, echtem und gespieltem Wahn nivel-lieren. So wirkt das Sanatorium ›Les Cerisiers‹ bei Fritsch, als hätte es kein Außen. Wie in *Achterloo IV* ist es eine Metapher für die Welt: die Welt als Irrenhaus.

Anders als die Fabel des Stückes weist das Zusam-menspiel der szenischen Mittel in der Inszenierung keine deutlichen Umschlagpunkte auf. Dies lässt die Deutung zu, dass die Inszenierung Zeit anders ordnet: Während sich im Drama die Fabel sukzessiv entfaltet, ist die Inszenierung zeitlich nach der schlimmstmög-lichen Wendung angesiedelt. Fritsch zeigt die Ereig-nisse, nachdem die Katastrophe eingetreten ist.

Die freie Entfaltung der szenischen Mittel befreit das Drama. Indem Rhythmus, Spielweise, Bühnen- und Kostümbild den Text weitgehend unberührt las-sen, akzentuieren sie seine Eigenwertigkeit und eröff-nen ihm neue Räume. Weder dominiert der Text die Inszenierung noch umgekehrt. Weder illustrieren die Theatermittel den Text noch interpretieren sie ihn. Der Einsatz der Theatermittel lässt *Die Physiker* als unvertraut und fremd erscheinen.

Neuentdeckung

Schließlich kann Theater auch ein Mittel sein, um In-teresse an weniger beachteten Texten zu wecken. Mit der Haltung des Entdeckers nähern sich Regisseurin-nen und Regisseure diesen an und präsentieren sie als Trouvaillen.

Inspiriert von der Publikation der *Stoffe* inszeniert Volker Hesse so am Theater Neumarkt in Zürich *Fritz. Szenische Annäherung an Friedrich Dürrenmatt* (1994) als eine Text-Collage. Autobiografische Passagen, Er-zählungen und Reflexionen werden zu einem neuen Bühnentext zusammengestellt. Brüche, Spannungen und Widersprüche betonend, wird das Polyphone und Dialektische in Dürrenmatts Denken und Schreiben zum Kompositionsprinzip der Inszenierung erhoben. Dem entspricht auf der Ebene der Figuren das Prinzip der Vervielfältigung: Zwei Schauspieler, eine Schauspielerin und eine lebensgroße Puppe stellen Versionen des Autors dar. Die große Dürrenmatt-Puppe hält eine kleinere Dürrenmatt-Puppe im Arm. In einer Szene spielt ein Dürrenmatt-Darsteller ein imaginäres Brettspiel mit vielen kleinen Dürrenmatt-Figurinen, die an Zeichnungen aus der Feder Dürrenmatts erinnern. Das Lichtdesign vervielfältigt diese Figuren nochmals in Schattenrissen an den Wänden. Die Darstellenden akzentuieren die Differenzen in der Rhetorik, Diktion und inneren Bewegung der Texte; die Textteile werden in ihrer Verschiedenartigkeit zelebriert. Das Ensemble präsentiert sie auf Schweizerdeutsch, Schriftdeutsch mit dem Dürrenmatt eigenen starken Schweizer Akzent und Hochdeutsch (vgl. Glarner 1996; vgl. Bachmann 1996).

In dieser Inszenierungsweise dienen das Schauspiel sowie die anderen szenischen Mittel dem Text. Indem die Inszenierung die *Stoffe* als Steinbruch nutzte, konnte sie bei den Zuschauenden Neugier auf die Neuerscheinung wecken und die Lust, sich einen eigenen Weg durch das Textkorpus zu bahnen.

Heute zeigt das deutschsprachige Stadttheater erneut Interesse an Dürrenmatts weniger beachtetem Spätwerk und erprobt die sperrigen Prosatexte in postdramatischen Inszenierungen auf der Bühne. 2017 brachte das Theater St. Gallen eine Bühnenfassung seines letzten Romans *Durcheinandertal* zur Uraufführung. Erschienen 1989, ein Jahr vor Dürrenmatts Tod, polarisierte der Roman zuerst die Literaturkritik und geriet bald darauf in Vergessenheit. Martin Pfaffs Fassung und Inszenierung präsentiert den Roman zwischen Klamauk und abgründigem Anti-Märchen. Die Besprechung der Inszenierung durch die SDA gelangt zum Schluss: »Empfehlen lässt sich beides: Die Inszenierung in St. Gallen – oder das (Wieder-)Lesen des letzten Romans des grossen Schriftstellers« (N. N. 2020).

Dürrenmatts spätes Prosawerk ist anschlussfähig für postdramatische Ästhetiken seit den 1990er Jahren, die nicht auf dem Primat der Handlung und der Figuren beruhen. In dieser Hinsicht gehen diese Art Inszenierungen auf ähnliche Weise mit Dürrenmatts

Texten um wie der Autor selbst: Sie behandeln sie als Material.

Literatur
Zitierte Inszenierungen

Der Besuch der alten Dame. R.: Hans Gaugler, Emmentaler Liebhaberbühne, 17.3.1973.

Der Besuch der alten Dame. R.: Bastian Kraft, Deutsches Theater, Berlin, 17.4.2014.

Der Besuch der alten Dame. R.: Viktor Bodó, Schauspielhaus Zürich, Pfauen, 11.12.2015.

Durcheinandertal. Dramatisierung und Regie: Martin Pfaff, Theater St. Gallen, 6.1.2017.

Fritz. Szenische Annäherung an Friedrich Dürrenmatt. R.: Volker Hesse, Theater Neumarkt Zürich, 21.2.1994.

Fritz. Szenische Annäherung an Friedrich Dürrenmatt. R.: Volker Hesse, Theater Neumarkt Zürich, Probenaufzeichnung.

Fritz. Szenische Annäherung an Friedrich Dürrenmatt. Fernsehfassung 3sat/ZDF, SF DRS, Fernsehregie: Ernst Buchmüller, Volker Hesse, 1994.

Die Physiker. R.: Herbert Fritsch, Schauspielhaus Zürich, Pfauen, 19.10.2013.

Sekundärliteratur

Bachmann, Guido: Der multiplizierte Fritz. In: Luis Bolliger, Ernst Buchmüller (Hg.): Play Dürrenmatt. Ein Lese- und Bilderbuch. Zürich 1996, 311–315.

Englhart, Andreas: Dürrenmatt im Theater der Gegenwart. Herbert Fritsch inszeniert *Die Physiker* in Zürich. In: Dragoş Carasevici, Alexandra Chiriac (Hg.): Friedrich Dürrenmatts Rezeption im Lichte der Interdisziplinarität. Iaşi, Konstanz 2016, 153–166.

Glarner, Johannes: Eine szenische Annäherung an den späten Dürrenmatt. In: Luis Bolliger, Ernst Buchmüller (Hg.): Play Dürrenmatt. Ein Lese- und Bilderbuch. Zürich 1996, 308–310.

Hegel, Georg Wilhelm Friedrich: Ästhetik, Bd. 2 Die äußere Exekution dramatischen Kunstwerks [1835]. Berlin 1976.

Hochholdinger-Reiterer, Beate: Out of Order? Zur Widerständigkeit komödiantischer Abgänge. In: Franziska Bergmann, Lily Tonger-Erk (Hg.): Ein starker Abgang. Inszenierungen des Abtretens in Drama und Theater. Würzburg 2016, 61–80.

N. N., *Durcheinandertal* als Dürrenmatt-Potpurri am Theater St. Gallen. In: https://www.swissinfo.ch/ger/durcheinandertal--als-duerrenmatt-potpurri-am-theater-st--gallen/42817678 (5.2.2020).

Weiler, Christel/Roselt, Jens: Aufführungsanalyse. Eine Einführung. Tübingen 2017.

Beate Schappach

113 Dürrenmatt in der Schule

Wirkungsdimensionen

Die Wirkungsgeschichte Dürrenmatts, wie sie innerhalb und außerhalb des Schulunterrichts bzw. retrospektiv erfahren wird, ist fast identisch mit dem Erscheinen der jeweiligen Arbeiten. Das heißt, sie setzt mit dem Publikumserfolg seines Œuvres im deutschsprachigen Raum um 1950 unter den Vorzeichen der Nachkriegszeit und des deutschen Wirtschaftswunders ein und korreliert damit auch mit einer Neustrukturierung des Bildungssystems der Bundesrepublik. Dürrenmatts früh einsetzende Schul-Rezeption und ebenfalls die dort sehr selektive Kanonisierung ist an drei Faktoren ablesbar: 1. an der subjektiven Begegnung und dem vermittelten sowie aufgenommenen Wert, den diese Lektüren für einen selbst bedeuten; 2. an der zur Verfügung stehenden Vielfalt an Unterrichtsmaterialien, Lernhilfen und Handreichungen, die auf curriculare Vorgaben reagieren und diese Rezeption – derzeit vor allem kompetenzorientiert – festschreiben; 3. an der inhaltlichen Fokussierung, die bestimmte Richtungen, Schwerpunkte und Deutungen des Verstehens für die schulische Lektüre nahe legen.

Ad 1.: Die Schwierigkeit, eine individuelle Reaktion auf die Begegnung mit Dürrenmatt in der Schule zu erfassen, liegt auf der Hand. Anhaltspunkte bieten jedoch Erinnerungsäußerungen, wie sie meist anlässlich eines Jubiläums vorliegen und veröffentlicht werden, so geschehen etwa in einem Beitrag für die Tageszeitung *Die Welt* am 14.12.2010 zum zwanzigsten Todestag des »Lieblingsautor[s] unserer Deutschlehrer« (Kämmerlings u. a. 2010). Darin erinnert man sich vor allem an die Dramen *Romulus der Große*, *Die Physiker* und *Der Besuch der alten Dame*, womit der Kanon als ›Dauerbrenner‹ insbesondere der gymnasialen Oberstufe benannt ist: »Dürrenmatt, das war zuerst der Klassensatz des ›Meteor‹ im Schrank des Lehrerzimmers. Von der vergilbten Styropordecke bis zum ausgeblichenen Teppichboden füllte der Schrank eine ganze Wand[:] [...] die Folterinstrumente des Kanons der 70er- und 80er-Jahre« (ebd.).

Nicht unerwähnt bleibt in den einzelnen Stellungnahmen jedoch auch *Es geschah am hellichten Tag*, einer jener Texte, durch die »der Krimi-Schreiber D.« einem »nicht Dramentheorie, sondern das Fürchten lehrte« (ebd.). Heißt dies, dass die dramatischen Texte Dürrenmatts, die in der Regel auch den Weg auf die Schulbühnen finden, aus Schülerperspektive eher zu deren sprichwörtlicher ›Folter‹ eingesetzt werden und

dessen populäres kriminalliterarisches Werk – zumal angesichts von Verfilmungen etwa durch Ladislao Vajda 1958 oder Sean Penn 2001 (vgl. Möbert 2011; Schwarz 2006) – stattdessen die Freizeit begleitet? Die zitierten Äußerungen legen zumindest nahe, dass Dürrenmatt in der Schule zwar intensiv gelesen worden ist (und weiterhin gelesen wird), dass seinem generellen ›Einsatz‹ hier allerdings durch diesen Verwendungskontext und den damit verbundenen (und mit Prüfungssituationen einhergehenden) Lerneffekten nicht zwangsläufig eine positive Resonanz zugesprochen werden kann. Vor allem Dürrenmatts Krimis und Erzählungen (allen voran: *Der Tunnel* von 1952) haben dabei jedoch einen anderen Wirkungsgrad, der bei den einzelnen Altersgruppen je unterschiedlich ausgeprägt ist. Denn in der Regel erfolgt der Lektüreeinstieg bei jungen Leserinnen und Lesern mit Dürrenmatts Kriminalliteratur, wogegen die Dramen – bedingt durch die schulische Kanonisierung – erst in einem höheren Alter und unter schulischen Bedingungen gelesen werden.

Ad 2.: Kaum überschaubar sind die Reaktionen, die die deutschsprachigen Schulbuchverlage Dürrenmatts Werk und Person entgegenbringen und in immer neuen Zuspitzungen, Arbeitsanregungen und Überblicksdarstellungen ›Zugänge‹ für Schülerinnen und Schüler sowie für Lehrerinnen und Lehrer gleichermaßen anbieten. Diese reichen, um nur die einschlägigsten zu nennen, von *Schroedel Interpretationen* (Martin 2010; Winkler 2009), über *Klett-Lektürehilfen* (Wahl 2017; Kaltenbach 2015; Eisenbeis 2013) bis hin zu *Königs Erläuterungen* (Matzkowski 2016; 2015a; 2015b; 2014a; 2014b) und hören bei *Reclams Lektüreschlüssel* (Payrhuber 2012; 2001; Pelster 2006) noch lange nicht auf. Darin heißt es im Übrigen programmatisch, dass wiederum *Der Besuch der alten Dame* und *Die Physiker* »seit mehr als zwei Jahrzehnten als Schullektüre kanonisiert« seien und »mittlerweile ihren festen Platz in den Lehrplänen« hätten (ebd., 5). Ablesbar wird an dieser großen Menge an Handreichungen auch, wie sehr Dürrenmatt als sogenannter ›moderner Autor‹ im Gegensatz zu denjenigen ›klassischer‹ Provenienz wahrgenommen wird. Er ist Teil eines »Gegenkanon[s] der Schülerschaft« (Fend 2008, 82), was trotz der erwähnten negativen Empfindungen auch einer Beliebtheit Dürrenmatts Ausdruck verleiht.

Ad 3.: Im *Lehrplan Deutsch für die Einführungsphase der gymnasialen Oberstufe* des Ministeriums für Bildung, Kultur und Wissenschaft Saarland vom Februar 2006 wird Dürrenmatts dramatisches Werk vor

J. B. Metzler © Springer-Verlag GmbH Deutschland, ein Teil von Springer Nature, 2020
U. Weber / A. Mauz / M. Stingelin (Hg.), *Dürrenmatt-Handbuch*, https://doi.org/10.1007/978-3-476-05314-5_113

diesem Hintergrund als ›erprobte‹ und ›geeignete‹ Leseempfehlung wiederum explizit genannt, das nach wie vor auch deshalb auf den großen Theaterbühnen inszeniert wird (vgl. Greiner 2015). Die thematischen Anschlussmöglichkeiten im Deutschunterricht betreffen aber nur am Rande solche theaterpraktischen Fragestellungen. Vielmehr geht es, wie es etwa in den *Richtlinien und Lehrplänen für die Sekundarstufe II – Gymnasium/Gesamtschule in Nordrhein-Westfalen Deutsch* (1999, 57) heißt, als »Halbjahresthema für 11/ II« um den »subjektorientierte[n] Ansatz der Identitätsproblematik«. Dieser soll erweitert werden, »indem nach der gesellschaftlichen Mitverantwortung des Einzelnen gefragt wird«, für die in »der wissenschaftlich-technischen Lebenswelt von heute« die »Haltung des Wissenschaftlers [...] besondere Aufmerksamkeit« erfahre (ebd.). Auch in mehreren Theaterstücken der Nachkriegszeit, namentlich in *Die Physiker*, stehe der Wissenschaftler und seine gesellschaftliche Verantwortung im Mittelpunkt. Für dieses Stück lasse sich in der Verknüpfung von Deutsch und naturwissenschaftlichen Fächern der Komplex »Die Verantwortung der Wissenschaftlerin und des Wissenschaftlers in der Gesellschaft« behandeln (ebd.). Aus der Perspektive des Faches Deutsch erscheine hier »die Mitverantwortung des Einzelnen in der wissenschaftlich-technischen Lebenswelt von heute aber auch als Sprachproblem, weshalb Aspekte der Sprachreflexion zum Schwerpunkt des 2. Unterrichtsvorhabens gemacht werden« sollen (ebd.).

Wirkungszwecke

In diesen und ähnlich formulierten Vorgaben ist einerseits die didaktische Idee enthalten, Verpflichtungen der Ethik, Verständlichkeit und Transparenz gegenüber der Öffentlichkeit zu reflektieren; Dürrenmatts Komödie wird damit zu einem Unterrichtsgegenstand, anhand dessen Sprechen über Wissenschaft und das moralische Handeln in jener diskutiert wird. Zudem dient er zur alltagsweltlichen Reflexion der potentiellen Gefahr wissenschaftlicher Erkenntnisse sowie der Rolle des Wissenschaftlers in der Bewährung gegenüber Fortschrittsverheißungen. Andererseits legen es die Curricula der verantwortlichen ministerialen Abteilungen (etwa der *Lehrplan Deutsch Gymnasialer Bildungsgang Jahrgangsstufen 5 bis 13* des hessischen Kultusministeriums; 2010, 38 f.) nahe, mit dieser »bewährten Lektüre« den grundsätzlichen Umgang mit literarischen Texten zu vermitteln. Dürrenmatts Werke

sollen u. a. die Machart von Theaterstücken ebenso erweisen wie Kulturdebatten anregen. Mit Dürrenmatt scheint in der Schule fast alles erklärbar – als dramaturgischer Prototyp und zugleich pädagogischer Stichwortgeber.

Ulrich Greiner hat in einem Beitrag für die *Die Zeit* festgestellt, dass dessen Werke zwar festgeschriebene und damit geradezu unausweichliche Schullektüren, aber zugleich »keineswegs verstaubt« und damit »[g]espenstisch aktuell« sind (Greiner 2015). Auffallend sind aber auch jene populärkulturellen Bezugnahmen, für die Dürrenmatt schließlich die Referenz eines Bildungskanons ist, dem man wenigstens in der Schule kaum entkommen kann. Das eindrücklichste Beispiel für diese Beobachtung ist ein Video, das in den sozialen Medien als eine Art werbetechnische Zugabe zur Kino-Komödie *Fack ju Göhte* (2013) verbreitet worden ist. Darin erklärt die als bildungsfern gezeigte Figur Chantal Schulklassiker, darunter in Episode 4 *Der Besuch der alten Dame*: »Und was ich halt nicht so gut fand, ist dass, wenn das dann halt so Jugendliche lesen ne und so Schüler, die ja so ein bisschen dumm sind, dass sie dann halt vielleicht denken, dass Gewalt eine Lösung ist. [...] Deshalb also wenn ich Lehrer wäre, ich würd's aus dem Lehrerplaner rausstreichen« (0:26:0:47).

Und auch in einer Sonderfolge des TV- und Internet-Formats *Neo Magazin Royale* wird Dürrenmatt als schulischer ›Dauerbrenner‹ die Folie einer Mini-Verfilmung. Das Team um Moderator Jan Böhmermann macht dabei aus *Die Physiker* etwas, was hierfür immer schon vorgesehen ist: Das Stück wird vergegenwärtigt – allerdings nicht ohne ironische Überspitzung und satirische Brechung. Ob diese Zwangsläufigkeit der Referenzierung vor dem Hintergrund der ursprünglich schulischen Begegnung Dürrenmatts Rezeption gut tut oder nicht, ist eine Frage, welche sich die Wirkungsforschung stellen muss. Dürrenmatt selbst hätte sich mutmaßlich gefreut. Offen bleibt zudem die Frage, welche nationalen Spezifika Dürrenmatts Wirkung in der Schule aufweist. Ist sie in Deutschland anders als in Österreich und in der Schweiz? Wie verhält es sich in internationaler Hinsicht, d. h. etwa in deutschsprachigen Auslandsschulen? Und welche Rolle spielt hier die Auslandsgermanistik?

Literatur

Eisenbeis, Manfred: Friedrich Dürrenmatt. Die Physiker [1994]. Stuttgart 2013.
Fend, Helmut: Schule gestalten. Systemsteuerung, Schulentwicklung und Unterrichtsqualität. Wiesbaden 2008.
FACK JU GÖHTE Chantals Klassiker 4 – Besuch der alten

Dame. In: https://www.youtube.com/
watch?v=xMVzmw39hl8 (22.3.2019).

Greiner, Ulrich: Gespenstisch aktuell. In: Die Zeit,
14.5.2015.

Kämmerlings, Richard u. a.: Friedrich Dürrenmatt muss in
die Nachprüfung. In: Die Welt, 14.12.2010.

Kaltenbach, Elisabeth: Friedrich Dürrenmatt. Der Richter
und sein Henker. Stuttgart 2015.

Lehrplan Deutsch Gymnasialer Bildungsgang Jahrgangsstufen 5 bis 13 (Hessisches Kultusministerium 2010). In:
https://kultusministerium.hessen.de/sites/default/files/
media/g9-deutsch.pdf (27.2.2020).

Martin, Dieter: Friedrich Dürrenmatt. Die Physiker. Braunschweig 2010.

Matzkowski, Bernd: Friedrich Dürrenmatt. Das Versprechen [2012]. Hollfeld 2016.

Matzkowski, Bernd: Friedrich Dürrenmatt. Die Physiker
[2011]. Hollfeld 2015a.

Matzkowski, Bernd: Friedrich Dürrenmatt. Der Richter und
sein Henker [2011]. Hollfeld 2015b.

Matzkowski, Bernd: Friedrich Dürrenmatt. Der Besuch der
alten Dame [2011]. Hollfeld 2014a.

Matzkowski, Bernd: Friedrich Dürrenmatt. Der Verdacht.
Hollfeld 2014b.

Möbert, Oliver: Intertextualität und Variation im Werk
Friedrich Dürrenmatts. Zur Textgenese des Kriminal-
romans Das Versprechen (1957/58) unter besonderer
Berücksichtigung des Spielfilms Es geschah am hellichten
Tag (CH/D/E 1958). Frankfurt a. M. u. a. 2011.

NEO MAGAZIN ROYALE mit Jan Böhmermann – Letzte
Stunde vor den Ferien: Die Physiker. In: https://www.
youtube.com/watch?v=jRl3dCa7uPk (22.3.2019).

Payrhuber, Franz-Josef: Friedrich Dürrenmatt. Der Besuch
der alten Dame [2007]. Ditzingen 2012.

Payrhuber, Franz-Josef: Friedrich Dürrenmatt. Die Physiker.
Ditzingen 2001.

Pelster, Theodor: Friedrich Dürrenmatt. Der Richter und
sein Henker. Ditzingen 2006.

Schwarz, Florian: Der Roman Das Versprechen von Friedrich Dürrenmatt und die Filme Es geschah am hellichten
Tag (1958) und The Pledge (2001). Münster 2006.

Wahl, Johannes: Friedrich Dürrenmatt. Der Besuch der
alten Dame. Stuttgart 2017.

Winkler, Werner: Friedrich Dürrenmatt. Der Besuch der
alten Dame. Braunschweig 2009.

Oliver Ruf

114 Verfilmungen

In den 1950er Jahren begann sich Dürrenmatt einerseits als Autor für den Film zu interessieren (s. Kap. 60), andererseits waren seine Stoffe schon damals interessant für die Umsetzung in bewegte Bilder. Vor allem das noch relativ junge Medium des Fernsehens brauchte Material. Die Anzahl der kostengünstigen und teilweise live gespielten TV-Adaptionen von Dürrenmatt-Stoffen ist denn auch kaum zu überblicken. Schon in der zweiten Hälfte der 1950er Jahre setzten namhafte angelsächsische Fernsehsender wie CBS, NBC, BBC und ITV *Der Richter und sein Henker* und *Die Panne* in erfolgreichen Sendereihen um. Das erste deutschsprachige Fernsehspiel nach einer Vorlage Dürrenmatts war ebenfalls eine Bearbeitung der *Panne* (R.: Fritz Umgelter, BRD, 1957).

Mit *The Visit* (R.: Bernhard Wicki, D/I/F) folgte schon 1964 ein Hollywood-Spielfilm mit Starbesetzung. Bis zur Jahrtausendwende erschienen darauf über zwanzig weitere Produktionen, vor allem in Europa, aber auch in den USA, in der Sowjetunion, in Argentinien und im Senegal.

Im neuen Jahrtausend nahm die Frequenz der Verfilmungen deutlich ab. 2001 kam mit *The Pledge* (R.: Sean Penn) noch einmal eine große US-Produktion ins Kino. (Lars von Triers *Dogville*, 2003, ist nur indirekt über eine Verwandtschaft des Stoffs, der über Kafka zu Kierkegaard führt, mit *Ein Engel kommt nach Babylon* verbunden; vgl. Pellin 2020a.) Mit einer Fernsehfassung des *Besuchs der alten Dame* (R.: Nikolaus Leytner, A/D, 2008) adaptierte der derzeit letzte Langspielfilm einen Dramen- oder Erzähltext Dürrenmatts. 2019 setzte Hannah Dörr mit *Midas oder Die schwarze Leinwand* einen späten Dürrenmatt-Stoff in einem Kurzspielfilm um. Insgesamt lässt sich in den Dürrenmatt-Verfilmungen eine erstaunliche Vielfalt inhaltlicher Umdeutungen feststellen. Eine umfassende Analyse der filmischen Rezeption, die nicht zuletzt auch die schwer zugänglichen Verfilmungen aus Osteuropa und Südamerika berücksichtigte, steht aber noch aus. Angesichts der Menge an Adaptionen (vgl. Boss/Pellin 2019) können hier nur Schlaglichter auf einige der gewichtigsten und bemerkenswertesten geworfen werden.

Die Panne

Die Panne (R.: Fritz Umgelter, BRD, 1957): Umgelter, dessen Live-Inszenierung der *Panne* der Bayrische Rundfunk am 11.4.1957 ausstrahlte, war einer »der ›Pioniere‹ des Fernsehspiels« (Netenjakob 1994, 399). Er sollte auch *Die Physiker* noch als solches drehen (1964) und wurde für seine »Fähigkeit« »bewundert«, »die Schwierigkeiten der Studio-Regie bei maximalem Aufwand zu bewältigen« (ebd., 400). Die zahlreichen Rezensionen der Erstausstrahlung fielen fast durchgängig positiv bis enthusiastisch aus (vgl. SLA-FD-D-10-b-PAN-2.5), sprachen von einem Programmhöhepunkt und Umgelters bisher bester Regiearbeit, von einer »virtuos perfekte[n] Fernsehfassung«, die viel mehr sei als nur »[a]bfotografiertes Theater« (*Frankfurter Rundschau*). Und sie nahmen auch bereits zur Kenntnis, dass die Fernsehfassung größtenteils der Vorlage des seinerseits vom BR produzierten Hörspiels folgt. Tatsächlich weicht die Fernsehinszenierung nur derart geringfügig von dieser Fassung ab – die Sequenz einiger Sätze am Schluss und vor allem zu Beginn ist geändert und wenige Stellen wurden gekürzt –, dass zweifelhaft erscheint, ob Dürrenmatt an einem Drehbuch überhaupt noch hatte mitwirken müssen (vgl. dagegen Möbert 2011, 73, Anm. 78).

La più bella serata della mia vita (R.: Ettore Scola, IT/F, 1972): In Scolas Bearbeitung der *Panne* wird Trapp, dem schon Dürrenmatt den Vornamen Alfredo gab, zu einem italienischen Geschäftsmann mit dem Allerweltsnachnamen Rossi (Alberto Sordi). Schauplatz der Handlung bleibt aber die Schweiz (gedreht wurde in Chiasso, Lugano und auf Schloss Taufers in Südtirol). Denn der schmierige Aufsteiger Rossi, den Scola als Repräsentanten der damaligen »mentalitätsgeschichtlichen Realität« verstanden wissen wollte (Scola, zit. nach Spedicato 2007, 181), ist kapitalflüchtig und will im Tessin hundert Millionen Lire in Sicherheit bringen. Er kommt jedoch drei Minuten zu spät: Die Bank hat bereits geschlossen. Zurück in seinem Maserati verfolgt er eine Motorradfahrerin (Janet Ågren), einen Lockvogel im tief dekolletierten Lederdress, ins alpine Hinterland und bleibt dort mit einer Panne liegen. Ein Fuhrwerk bringt ihn ins Schloss des Grafen de la Brunetière (Pierre Brasseur), wo ihm ausgerechnet im Land seiner Steuerflucht und des Bankgeheimnisses der Prozess gemacht und am nächsten Morgen nicht nur sein Todesurteil übergeben, sondern auch eine saftige Rechnung präsentiert wird: Das Schloss des Grafen erweist sich als luxuriöses Erlebnishotel.

Anders als der Trapp der Erzählung entwickelt Rossi keinerlei »moralisches Bewusstsein« und kann daher nur »infolge einer Nemesis« ums Leben kommen (Scola, zit. nach Spedicato 2007, 181). Am Ende des Films lotst ihn die Motorradfahrerin als eine Art

»moderne Hadesführerin« (Spedicato 2007, 184) auf eine in Bau befindliche Brücke. Das in einem Etui aufbewahrte Todesurteil verfängt sich unter dem Bremspedal, blockiert die Bremse und Rossi stürzt laut lachend in die Tiefe – der Zeitlupensturz dauert rund zweieinhalb Minuten. Für Scola war dieses Lachen selbst im Moment des Todes ein für den egozentrischen Kapitalisten charakteristisches »Zeichen des Selbstvertrauens«: »Einer wie er kann nicht aussterben. Er wird nur physisch tot sein; deshalb nimmt das Fallen des Wagens auch kein Ende« (Scola, zit. nach Spedicato 2007, 189).

Der Besuch der alten Dame

Der Besuch der alten Dame war – unter Mitarbeit Dürrenmatts und der Regie Ludwig Cremers – bereits 1958 als Fernsehspiel gesendet worden, das sich »[a]uch ästhetisch« »stark unter das Paradigma des Theaters« stellte (van Laak 2018, 121). Kurz vor Filmende distanziert sich diese Fernsehfassung durch eine Überblendung der tanzenden Konsumgesellschaft Güllens mit Bar- oder Kino-Leuchtreklamen denn auch von der Unterhaltungsindustrie (vgl. ebd.).

The Visit (R.: Bernhard Wicki, D/I/F, 1964): Die prominent besetzte Hollywood-Verfilmung Wickis von 1964 – die beiden Hauptdarsteller Ingrid Bergman und Anthony Quinn besaßen neben dem Produzenten Darryl F. Zanuck auch die Filmrechte – nahm sich bei der Umsetzung von Dürrenmatts »böse[m] Stück« (WA 5, 144) erwartungsgemäß größere Freiheiten. Allerdings sind manche der Abweichungen bereits auf die Übersetzung und Adaption des Dramas zurückzuführen, die Maurice Valency für Peter Brooks erfolgreiche Broadway-Inszenierung vorgenommen hatte. Stärker noch als Valencys Bearbeitung reduziert der aufwendig fotografierte Film die ironischen Reminiszenzen an die Gattungstradition der Tragödie, den grotesken Charakter und die gesuchte Artifizialität von Dürrenmatts Vorlage und verleiht dem Stoff dafür eine melodramatische Note (vgl. Brock 1976, 65).

Verfremdet, nämlich in Distanz zum Hollywood-Publikum gerückt, erscheint in *The Visit* primär der Schauplatz der Handlung. Das rückständige, korrupte »Guellen« liegt zwar auch hier »in Europe«, aber in Osteuropa: Bahnhof wie Geschäfte sind auch in kyrillischer Schrift beschriftet; Karla Zachanassian – wie Claire hier heißt – reist mit dem als »Diplomat Express« bezeichneten Orient-Express an.

Von Bergman gespielt, hat Karla nicht nur keine Prothesen und ist deutlich jünger als im Drama, sondern hat und wechselt auch keine Ehemänner. Dennoch ist sie durchaus nicht zu einer »Frigide[n] gemacht«, wie Dürrenmatt 1965 in einem Interview behauptete (obwohl er den Film nach eigener Aussage nicht gesehen hatte, weshalb er auch Max Frischs Cameo-Auftritt verpasst haben dürfte). Aber sie liebt Serge M*ill*er, wie Ill nun heißt, noch immer; das zeigt u. a. eine leidenschaftliche Kussszene am Abend vor der Gerichtsverhandlung. Zudem erhält Karla eine Parallelfigur, Anya, die sie an ihre eigene Geschichte als junge Frau erinnert und derer sie sich mütterlich annimmt.

Den Schluss als »läppisch-versöhnliches Ende« zu kritisieren (Knapp 1993, 86), greift indes zu kurz. Auch wenn Miller hier am Leben bleiben darf, wie der Studiomagnat Zanuck es verlangt hatte (vgl. Rüedi 2011, 597–601), ist die Schlusspointe »viel eher eine Zuspitzung ganz im Sinne von Dürrenmatts schlimmstmöglicher Wendung« (Weber 2020, 221): »If you killed him, in a few weeks you might begin to forget. I want Serge Miller alive. [...] Live among these people who were ready to shed your blood«.

Hyènes (R.: Djibril Diop Mambéty, SEN/CH/F, 1992): Knapp dreißig Jahre später, in *Hyenas* des senegalesischen Regisseurs Mambéty, bleibt von der männlichen Hauptfigur, Dramaan Drameh (Mansour Diouf), am Ende nur noch das Jackett übrig. Als die Männergruppe, die ihn eingekreist hat, auseinandergeht, ist er vom Erdboden verschwunden – das beste Beispiel für den magischen Realismus des Films (vgl. Uraizee 2006, 316–318). Mambéty war über Wickis *The Visit* allererst auf das Stück aufmerksam geworden. Während Wicki die Handlung in den Osten auslagerte, versetzt Mambéty sie in ein postkoloniales, aber noch vormodernes Städtchen, das den Namen seines Geburtsorts Colobane trägt (eines Stadtteils von Dakar; gedreht wurde an wechselnden Orten in der näheren Umgebung Dakars). Gesprochen wird in der wichtigsten Umgangssprache Senegals, in Wolof. Und die nicht umzubringende, stets aus Untersicht gefilmte Protagonistin Linguère Ramatou (Ami Diakhate) führt – in Szene gesetzt als eine Art mutterrechtliche Rachegöttin – nicht Manhattaner Gangster mit sich, sondern größtenteils weibliches Personal, auch drei Amazonen.

Im Ganzen bleiben die Dialoge aber erstaunlich nahe an Dürrenmatts Prätext, auf dessen dramatische Herkunft die Verfilmung mitunter auch verweist. Dramaans Laden- und Ausschanklokal zum Beispiel fehlt eine vierte Wand und erinnert dadurch an einen

Bühnenraum. Kostüme und Requisiten wollen keinen Realitätseffekt erzeugen, sondern erfüllen oft eine emblematische Funktion (vgl. Paravy 1999, 547). Teil daran haben auch etliche der zahlreichen Reminiszenzen an den Western, die von Colobanes »Westernization« zeugen (Oscherwitz 2008, 232). Dabei verbindet *Hyenas* die Westernmotive mit der Kolonialismusthematik. Während sich der Bürgermeister bald nach Ramatous Ankunft mit Cowboyhut und Bolotie dekoriert, tragen auf einmal nahezu alle Gäste in Dramaans Schenke groteske Hüte in der Form von Tropenhelmen. Beide Zeichenträger markieren die Kontinuität des Abhängigkeitsverhältnisses vom Westen und stehen somit in Bezug zur Assoziation Ramatous mit der Weltbank, die der Film von Anfang an herstellt. Anhand der Ramatou-Figur, die die ganze Stadt in den Bankrott getrieben hat – »Vous avez des dettes à rembourser«, »il faudra respecter les règles« –, übt *Hyenas* auch Kritik an der westlichen Wirtschaftspolitik und gewinnt dem Drama als politische Allegorie »neues Sinnpotenzial« ab (Heizmann 2010, 217): Die Kühlschränke und anderen Haushaltsgegenstände, die in einer auf *The Visit* anspielenden Szene beworben und auf Kredit verteilt werden, stammen alle aus dem Ausland.

Die Verfilmung ist aber nicht nur als »an assault on ongoing economic imperialism« zu verstehen, sondern ebenso als »a mournful commentary on the current state of African communalism« (Porton 1995, 96). Das titelgebende Leitmotiv der Hyänen, die in Assoziationsmontagen wiederholt eingespielt werden, ist auch auf die korrumpierte einheimische Elite gemünzt. Der unmittelbare Schluss des Films verdeutlicht nochmals, »welche Art von Fortschritt die Bewohner sich eingehandelt haben« (Heizmann 2010, 224): Bulldozer fahren auf und scheinen bis auf einen vereinzelten Affenbrotbaum alles niedergewalzt zu haben; im Hintergrund erscheint die Silhouette der Großstadt. Das alte Colobane ist Geschichte.

Grieche sucht Griechin

Grieche sucht Griechin (R.: Rolf Thiele, BRD, 1966): 1954/55 als Filmstoff für den Bayerischen Rundfunk entstanden (zunächst unter dem Titel *Ich heiratete eine Kurtisane*), erschien *Grieche sucht Griechin* 1955 als ›Prosakomödie‹. Erst zehn Jahre später wurde der Stoff ohne Mitarbeit Dürrenmatts verfilmt. Thieles Adaption macht den Bezug zum Autor aber überdeutlich: Die Erzählstimme zu Beginn erinnert stark

an die Diktion Dürrenmatts. Der Film zeigt Heinz Rühmann als spießigen Unterbuchhalter Arnolph Archilochos, der von seinem unerwarteten Glück überfordert ist, in einer seiner Musterrollen. In einer Umkehrung der Chronologie beginnt die Verfilmung mit einer Orgie, in die Archilochos platzt; sie bietet einen ersten visuellen Höhepunkt einer übermütigen Komödie, deren Bandbreite von philosophischem Sarkasmus bis zum Slapstick reicht. Der Film ist hochkarätig besetzt und zeigt eine bis in die Details sorgfältige Ausstattung. Die Kamerafahrt außen am Geschäftshochhaus der »Petit-Paysan« und mit den wechselnden Blicken in die Abteilungen des Konzerns, in denen witzige Binnengeschichten angedeutet werden, ist filmisch anspruchsvoll und unterstreicht die Vertikale (den Aufstieg).

Der Richter und sein Henker

Le Juge et son bourreau (R.: Daniel le Comte, F, 1973): Le Comtes Bearbeitung von *Der Richter und sein Henker* übernahm mit den Drehorten dessen Originalschauplätze. Le Comte versetzte die Handlung, die weitgehend dem Roman folgt, aber in die damalige Gegenwart. Und er transponiert die Figurennamen ins Französische: Aus Bärlach wird Bairelard, aus Tschanz Terence, aus Schmied Schmitt. Bairelard (Charles Vanel) hält eine Schildkröte als Haustier und spielt alleine Schach. Augenfällig werden im Verlauf des Films seine Spielzüge mit seinen Zügen gegen Gastmann (Michel Vitold) verbunden. Anders als der Schriftsteller in der zwei Jahre später entstandenen Adaption von Maximilian Schell spielt Bairelard also nicht gegen sich selbst, sondern gegen den abwesenden Gastmann. Schmitt hat einen roten Sportwagen gefahren. Terence (Gilles Segal) fährt einen roten Käfer. Damit ist er nicht nur eine unbeholfene Kopie des talentierten Schmitt; mit seiner Bekleidung – Regenmantel, Hut und unpassende Krawatten – ist er auch eine Karikatur des coolen Filmdetektivs. Schmitts Freundin Anna (Marika Green) ist Mannequin und Fotomodell und gehört zur Entourage von Gastmann. Die massivste Umdeutung des Stoffes nimmt die Adaption an der Figur Gastmann vor: Das auslösende Moment der Geschichte ist nicht die Wette zwischen ihm und dem Kommissär. Gastmann ist nicht der Nihilist, der sich die Freiheit nimmt, Gutes wie Böses zu tun; vielmehr ist er ein ehemaliger SS-Mann, der nach wie vor davon überzeugt ist, das richtige Ideal verfolgt zu haben.

Es geschah am hellichten Tag / Das Versprechen

Dürrenmatts populärster Filmstoff wurde in einer Reihe von Remakes und Neuformungen wieder aufgegriffen. Zwei Filme, die kaum unterschiedlicher sein könnten, heben sich deutlich von den weniger geglückten Umsetzungen ab (vgl. Pellin 2020b).

Szürkület (*Dämmerung/Twilight*) (R.: György Fehér, U, 1990): Für seine Adaption des *Versprechens* versetzte Fehér den Stoff in das Ungarn der Zwischenkriegszeit. Er wollte explizit den Roman umsetzen (vgl. SLA-FD-B-4-d-6-VERS, 5.9.1986), um dessen Filmrechte er sich lang erfolglos bemüht hatte. Die Rahmenhandlung übernahm Fehér nicht, und die Kriminalgeschichte interessierte ihn nur am Rand. Ins Zentrum stellte er zwei Ermittlerfiguren, von denen eine an Kommissar Matthäi und die andere an den Kommandanten der Kantonspolizei Zürich, Dr. H., angelehnt ist. Auf die »inneren psychologischen Bewegungen« zwischen diesen Figuren, schrieb Fehér an Dürrenmatt, wolle er den Hauptakzent legen (ebd.). Zeichnete er die Dr. H.-Figur (Felügyelö/Inspektor: Péter Haumann) als Beobachter und Vertreter konventioneller Polizeiarbeit, kommt der Matthäi-Figur (K-Rolle: János Derzsi) der Part des emotionalen und persönlich Involvierten zu. *Szürkület* ist aber mehr als ein Film über zwei Männer in einem psychologischen Spannungsfeld. Die Szenen mit K und der Mutter oder mit dem Inspektor und dem Mädchen sind emotional heftig und roh und lassen keinen Raum für Versöhnung oder Sentimentalitäten. Wie im Roman verunfallt auch hier der Kindermörder, bevor er in die Falle gehen kann. Anders als in der Vorlage überlebt er aber den Autounfall und flieht. Die Kamera schwenkt vom Inneren des Wagens nach draußen in die Hügellandschaft, in die der Mörder geflüchtet sein muss, und zeigt so den ganzen Raum der Bedrohung.

Szürkület ist durchgehend in Schwarzweiß gehalten. In wenigen, teils quälend langen, minutiös inszenierten Passagen gestattet die Kamera den Blick auffallend häufig nur durch Fenster und verglaste Türen. Die Kamera biete, wie Gergely Bikácsy konstatiert, Objekten und Bildern kein Zentrum. Die Dinge in dieser Welt hätten sich verschoben, nichts sei an seinem Platz: »It is a cruel and slow film, providing no consolation, no ease whatever. The crime rests as heavily on the audience as it does on the investigators.« (Bikácsy 1991, 165 f.)

The Pledge (R.: Sean Penn, USA, 2001): *The Pledge* ist eine Adaption des *Versprechens*, die gleichfalls auf die Rahmenhandlung des Romans verzichtet. Penns Film ist also kein »Requiem auf den Kriminalroman«, sondern das Drama um die Pensionierung des Polizisten Jerry Black (Jack Nicholson). Ohne die Rahmenkonstruktion hat der Film allerdings ein strukturelles Problem: Er kann den Zufall – den für die Geschichte wichtigen Tod des Mörders – erzählerisch nicht rechtfertigen (vgl. Bettinson 2004, 72).

In einer Prolepse, einer reduzierten Variante der Rahmenhandlung, wird in der ersten Szene ein verwahrloster, vor sich hin brabbelnder Ex-Fahnder vor einer heruntergekommenen Tankstelle gezeigt. Mit einem harten Schnitt wechseln Setting und Stimmung: Winterlandschaft, Schnee, auf einem zugefrorenen See ein einsamer Verschlag fürs Eisfischen. Black, Fahnder der Mordkommission in Reno, ist passionierter Fischer. *The Pledge* nimmt das Motiv des Fischens aus dem Roman auf (Matthäi ›fischt‹ in seiner Tankstelle nach dem Kindermörder, vgl. WA 23, 110 u. 114) und macht es zum Leitmotiv. Sein Plan mit dem Mädchen als Köder spiegelt sowohl seine ehemalige Profession als Ermittler als auch seine Passion als Fischer.

Als Kontrast zu den Szenen mit dem irren Jerry am Anfang und am Schluss bettet *The Pledge* die Szenen rund um den ersten Kindermord in tief verschneite Landschaften – Spuren werden nicht wie im Roman vom Regen weggespült, sondern zugeschneit. Das Nummernschild ›Nevada‹ an Jerrys Wagen und die riesige Menge weißer Mast-Truten, aus denen die Eltern Larsen die toten Tiere zusammenklauben, als Jerry ihnen die Nachricht vom Tod ihrer Tochter überbringt, unterstreichen das Motiv. Damit nimmt der Film das »triste[...] Schneegestöber« vom Anfang des Romans auf (WA 23, 11; »dazu war alles vereist«: Jerry ist nicht nur Eisfischer, in seiner Tankstelle schaut er sich mitten im Sommer auch ein Eishockeymatch an).

Mit dem Schneepflugfahrer und Prediger Gary Jackson (Tom Noonan) baut *The Pledge* eine der alternativen Wendungen, die der ehemalige Polizeikommandant im *Versprechen* dem Schriftsteller vorschlägt, als falsche Fährte ein (vgl. WA 23, 144). Vom Tod des Kindermörders erfahren weder Jerry noch sein ehemaliger Vorgesetzter (Sam Shepard); nur das Publikum sieht den Unfall, der in einer Parallelmontage zum vergeblichen Warten von Black besonders drastisch gezeigt wird. Der qualvolle Tod, den die Szene vermuten lässt, ist nicht wie bei Dürrenmatt eine Folge des Zufalls, der die brillante detektivische Arbeit sinnlos macht, sondern wirkt wie eine Strafe, die den Mörder doch noch ereilt.

Literatur

Bettinson, Gary: Penning Dramatic Chance. Adaptation, Dürrenmatt, and *The Pledge*. In: Film Studies 5 (2004), 66–79.

Bikácsy, Gergely: Innocents and Murderers. In: The New Hungarian Quarterly 32 (1991), 123, 165–169.

Boss, Ulrich/Pellin, Elio: Filme nach Stoffen von Friedrich Dürrenmatt (2019). In: https://dx.doi.org/10.7892/boris.131340.

Brock, D. Heyward: Dürrenmatt's *Der Besuch der alten Dame*. The Stage and Screen Adaptations. In: Literature/Film Quarterly 4 (1976), 1, 60–67.

Heizmann, Jürgen: Von Güllen nach Colobane. Djibril Diop Mambétys Film *Hyenas* – eine postkoloniale Aktualisierung von Dürrenmatts *Der Besuch der alten Dame*. In: Jane V. Curran, Julia Pförtner (Hg.): West-östliche Begegnung. München 2010, 210–229.

Kind, Thomas: Die Fernsehsendungen nach literarischer Vorlage im NWDR/NWRV Hamburg 1951–1961. In: Helmut Schanze (Hg.): Fernsehgeschichte der Literatur. Voraussetzungen – Fallstudien – Kanon. München 1996, 113–152.

Knapp, Gerhard P.: Friedrich Dürrenmatt [1980]. Stuttgart, Weimar 1993.

Möbert, Oliver: Intertextualität und Variation im Werk Friedrich Dürrenmatts. Frankfurt a. M. 2011.

Netenjakob, Egon: TV-Filmlexikon. Regisseure, Autoren, Dramaturgen. 1952–1992, Frankfurt a. M. 1994.

Oscherwitz, Dayna L.: Of Cowboys and Elephants. Africa, Globalization and the Nouveau Western in Djibril Diop Mambety's *Hyenas*. In: Research in African Literature 39 (2008), 1, 223–238.

Paravy, Florence: De l'Europe à l'Afrique, du théâtre au cinéma. L'adaptation cinématographique de *La visite de la vieille dame* de F. Dürrenmatt par D. Diop Mambéty. In: Chantal Foucrier, Daniel Mortier (Hg.): Frontières et passages. Les échanges culturels et littéraires. Rouen 1999, 543–548.

Pellin, Elio: Dogville ohne Dürrenmatt. Lars von Triers *Dogville* und Friedrich Dürrenmatts *Ein Engel kommt nach Babylon* (2020a). In: https://dx.doi.org/10.7892/boris.138262.

Pellin, Elio: Das Versprechen am hellichten Tag. Drei missglückte Verfilmungen von Dürrenmatts populärstem Stoff (2020b). In: https://dx.doi.org/10.7892/boris.138282.

Porton, Richard: Mambety's *Hyenas*. Between Anti-Colonialism and the Critique of Modernity. In: Iris 18 (1995), 95–103.

Rüedi, Peter: Dürrenmatt oder Die Ahnung vom Ganzen. Biographie. Zürich 2011.

Spedicato, Eugenio: Moralsatirische Pathologie eines Aufsteigers. Über Ettore Scolas Film *La più bella serata della mia vita* (1972) und Friedrich Dürrenmatts Erzählung *Die Panne* (1956). In: Zeitschrift für Literaturwissenschaft und Linguistik 147 (2007), 178–190.

Uraizee, Joya F.: Subverting the Status Quo in Sénégal. Djibril Diôp Mambety's *Hyenas* and the Politics of Liberation. In: Literature/Film Quarterly 34 (2006), 4, 313–322.

Van Laak, Lothar: Literatur und Film. Friedrich Dürrenmatts *Der Besuch der alten Dame*. In: Günter Butzer, Hubert Zapf (Hg.): Theorien der Literatur, Bd. 7: Literatur und die anderen Künste, Tübingen 2018, 119–126.

Weber, Ulrich: Friedrich Dürrenmatt. Eine Biographie. Zürich 2020.

Ulrich Boss / Elio Pellin

115 Literarische Rezeption

Wirkung und Nachfolge Dürrenmatts sind schwierig einzuschätzen und noch in keiner Weise systematisch aufgearbeitet. In der Frage seines Einflusses auf die jüngere Literatur weist Gerhard P. Knapp (vgl. 1993, 176) darauf hin, dass sich im Theater wenig direkte Anknüpfungspunkte in Motiven und Themen finden. Dürrenmatt sei mit seiner Ästhetik des Grotesken aber umso stärker zum Wegbereiter für deutschsprachige Dramatiker der Nachfolgegeneration wie Peter Weiss, Tankred Dorst, Heiner Müller, Peter Hacks, Franz Xaver Kroetz, Thomas Bernhard oder Herbert Meier geworden. Aber auch bei französisch- und englischsprachigen Dramatikerinnen und Dramatikern beobachtet Knapp, dass »[g]roteske Ästhetik und komödiantische Formen [...] vielfach mehr oder minder offensichtlich von Dürrenmatts Stücken entlehnt« seien (ebd., 177). Er nennt als Beispiele Roger Planchon, John Ardon, Howard Brenton/David Hare, Joan Littlewood und Edward Bond. Autoren wie Marcel Aymé, Marcel Reich-Ranicki, Gore Vidal und Imre Kertesz haben seine Stücke übersetzt oder bearbeitet. Bis heute stellen sich kaum Theaterautorinnen und -autoren explizit in Dürrenmatts Tradition, doch wirkt das Register des Grotesk-Komischen, das er maßgeblich mitgeprägt hat, gerade auch bei Schweizer Dramatikern wie Hansjörg Schneider (*Sennentuntschi*), Urs Widmer (mit seiner Vorliebe für ökonomische Motive) oder Lukas Bärfuss nach – bei Letzterem gewiss am deutlichsten im gemeinsam mit Regisseur Samuel Schwarz im Kollektiv 400asa erarbeiteten *Affentheater* als Anti-Festspiel an der Schweizerischen Landesausstellung *expo02* (2002).

Im Bereich der Erzählprosa ist Dürrenmatts Wirkung konkreter: Knapp weist vielfältige Einflüsse auf deutschsprachige Schweizer Erzähler wie Otto F. Walter, Beat Brechbühl oder Beat Sterchi nach (vgl. Knapp 1993, 178) und sieht eine besondere Nähe bei Walter Vogt (*Besuch in Neuenburg*, 1976) – auch bei seinem dramatischen Werk – und dem deutschen Autor Gert Hofmann (vgl. ebd., 179–181), die beide auch explizit auf Dürrenmatt Bezug nahmen. Die Reihe ließe sich fortführen. Bei Schweizer Prosa-Autorinnen und -Autoren begegnet man immer wieder kleinen und größeren Reverenzen und Reminiszenzen, beispielsweise in E. Y. Meyers *Venezianischem Zwischenspiel* (1996) oder Urs Widmers Erzählung *Nach Istanbul* (in *Stille Post*, 2011), bei Monique Schwitter, die sich ausdrücklich als Erbin Dürrenmatts präsentiert (vgl. u. a. *Dinner mit Dürrenmatt*, in *Goldfischgedächtnis*, 2011),

oder Christian Kracht, der in seinem Roman *Ich werde hier sein im Sonnenschein und im Schatten* (2008) Grundkonzeption und Setting des *Winterkriegs in Tibet* in wesentlichen Punkten aufgreift. Die Anthologie *Dunkelkammern* (2020) ist als Versuchsanordnung den umgekehrten Weg zur üblichen Suche nach literarischen Wirkungen gegangen: Autorinnen und Autoren aus der Schweiz schreiben darin, angeregt durch Dürrenmatts *Stoffe*, über ihre »Dunkelkammern der Imagination« (Klappentext).

Bis heute geht die Rezeption weit über die Schweiz hinaus: Wolfgang Herrndorf spielt beispielsweise im Roman *Sand* mit Motiven aus Dürrenmatts *Der Auftrag* (vgl. Nusser 2015, 117). Motivanklänge kann man etwa bei Daniel Kehlmann erkennen. In einem Gespräch erzählt er: »Mit Anfang zwanzig habe ich fast alles von Dürrenmatt gelesen. Ich habe auch sein wissenschaftliches Interesse elektrisierend gefunden. Es ist bezeichnend, dass er nicht mehr gespielt wird, aber ich fange jetzt keine neue Polemik an.« (Kehlmann 2019, 126)

Fehlt es schon für den deutschsprachigen Raum an Untersuchungen, so ist es noch viel schwieriger, Einflüsse über den deutschen Sprachraum hinaus aufzuzeigen. Der Nachweis muss sich auf subjektive und zufällige Lektürebekanntschaften und -funde beschränken: Der chilenische Kultautor Roberto Bolaño wählt in *Das dritte Reich* etwa ein Dürrenmatt-Zitat aus *Die Panne* als Motto, das auf die Doppelstruktur von titelgebendem Strategie-Spiel und Lebenskampf vorausweist. Der argentinische Schriftsteller und Literaturkritiker Alberto Manguel würdigt Dürrenmatt anlässlich der US-amerikanischen Auswahlausgabe als »one of the most important writers of the 20th century« (*The Spectator*, 16.12.2006), dessen Lektüre den Eindruck vermittle, der Geburt und Explosion einer kleinen Galaxie beigewohnt zu haben. Der brasilianische Erfolgsautor Paolo Coelho hat im Roman *Der Dämon und Fräulein Prym* eine etwas naive Variation von *Der Besuch der alten Dame* geschrieben. Interessanter ist das intertextuelle Spiel, das der tschechische Autor Jiří Kratochvil im Roman *Das Versprechen des Architekten* inszeniert. Wörtlich übersetzt lautet der Titel *Das Versprechen. Requiem auf die fünfziger Jahre*. Dieser im tschechischen Brünn der 1950er Jahre spielende Roman handelt davon, wie ein Architekt einen Geheimdienstmann aus Rache für die Ermordung seiner Schwester in einem katakombenartigen Gewölbe einsperrt und lebenslang gefangen hält – inspiriert wird er zu dieser Rache durch einen Text von Vladimir Nabokov. Dürrenmatt wird im Roman nirgends er-

J. B. Metzler © Springer-Verlag GmbH Deutschland, ein Teil von Springer Nature, 2020
U. Weber / A. Mauz / M. Stingelin (Hg.), *Dürrenmatt-Handbuch*, https://doi.org/10.1007/978-3-476-05314-5_115

wähnt, doch weist der Titel (offenbar für das tschechische Publikum erkennbar) auf intertextuelle Bezüge hin, die unschwer zu identifizieren sind: Der Architekt muss immer mehr Leute einsperren, die das Gefängnis zufällig entdecken, so dass im Gewölbekeller eine geheime Gemeinde entsteht, die der Architekt bewachen und versorgen muss. Die Leute leben im Bewusstsein, dass sie erst dann frei werden, wenn jemand den Geheimdienst-Mann umbringt. Als dies geschieht, tritt die schlimmstmögliche Wendung ein: Nach dem Tod des Geheimdienstmannes erfahren Leserinnen und Leser, dass dieser keineswegs die Schuld am Tod der Schwester des Architekten trug, er sich vielmehr für sie eingesetzt hatte. Die Rache, die zum Lebensinhalt des Architekten wurde, traf mithin den Falschen.

Eine eigene Untersuchung wert wäre der Einfluss Dürrenmatts auf die Entwicklung des Kriminalromans – wiederum am stärksten ausgeprägt in der Schweiz. Neben den Romanen von Paul Lascaux (*Mordswein*, 2011) und Claude Darbellay (*L'affaire*, 2012), die das Centre Dürrenmatt in Neuchâtel zum Tatort machen, schließt etwa Alexander Heimann 1996 mit seinem Roman *Dezemberföhn* deutlich an Dürrenmatts *Versprechen* an. Der Basler Autor Pierre Chiquet nimmt in seinem Roman *Der Springer* (2010) das Motiv des ›Beobachtens des Beobachters der Beobachter‹ aus Dürrenmatts Novelle *Der Auftrag* auf (vgl. Stingelin 2014), und auch Elio Pellin würzt sein *Risotto für Krissy Kraut* (2014) mit ironischen Reminiszenzen an Dürrenmatt und andere Schweizer Krimiautoren. Blickt man über die Schweizer Literatur hinaus, so werden die Spuren spärlicher. In deutschen Krimis finden sich immer wieder Anklänge und Motive wie der Kriminalist, der einen Verbrecher für ein nicht begangenes Verbrechen hinter Gitter bringt, weil es ihm nicht gelingt, die tatsächlich begangenen Verbrechen nachzuweisen. Ebenso haben sich der geniale, aber vergeblich auf das Zuschnappen der Falle wartende Detektiv und der Rache nehmende Heimkehrer so selbstverständlich ins Repertoire von Kriminalroman und -film eingebrannt, dass es meist müßig ist, zu fragen, ob sie direkt oder indirekt von Dürrenmatt inspiriert sind. Der österreichische Krimiautor Heinrich Steinfels bezeichnet den ›göttlichen Dürrenmatt‹ unumwunden als literarisches Vorbild. Aber auch anderssprachige Krimiautoren haben ihn rezipiert. Der Katalane Manuel Vázquez Montalbán fühlte sich Dürrenmatt verwandt dank dessen kulturellem »Zwitterwesen, das ihn so leicht von scheinbar edlen Genres zur Strassenmischung der Kriminalerzählung [...] wechseln ließ« (1991, 39). In Italien wird Dürrenmatt oft mit Leonardo Sciascia in Verbindung gebracht, der ihn auch zitiert; dessen sizilianischer Landsmann Andrea Camilleri (*Der Hund aus Terracotta*) nimmt ebenfalls gelegentlich Bezug auf Dürrenmatt.

Literatur

Kehlmann, Daniel: Der unsichtbare Drache. Ein Gespräch mit Heinrich Detering. Zürich 2019.

Knapp, Gerhard P.: Friedrich Dürrenmatt [1980]. Stuttgart, Weimar 1993.

Manguel, Alberto: Swiss master of madness. In: The Spectator, 16.12.2006.

Mettler, Michel/Sorg, Reto (Hg.): Dunkelkammern. Geschichten vom Entstehen und Verschwinden. Berlin 2020.

Nusser, Tanja: Transnational Politics in Friedrich Dürrenmatt's *Der Auftrag* and Wolfgang Herrndorf's *Sand*. In: Carrie Smith-Prei, Elisabeth Herrmann, Stuart Taberner (Hg.): Transnationalism in Contemporary German-Language Literature. Rochester 2015, 247–263.

Stingelin, Martin: 28. Zum Widerstreit von Wort und Blick, Text und Bild im Spätwerk von Friedrich Dürrenmatt. In: Ulrich Weber u. a. (Hg.): Dramaturgien der Phantasie. Dürrenmatt intertextuell und intermedial. Göttingen 2014, 261–270.

Vázquez Montalbán, Manuel: Das doppelt geschätzte Recht auf Ironie. In: Das Magazin (Zürich), Nr. 50, 1991, 39.

Ulrich Weber

Anhang

Chronik zu Leben und Werk

1921 5.1.: Geburt in Stalden (ab 1933 Konolfingen) im Emmental, Kanton Bern, als ältester Sohn des protestantischen Pfarrers Reinhold Dürrenmatt (20.1.1881–8.2.1964) und dessen Frau Hulda, geb. Zimmermann (24.11.1886–12.8.1975). In der Familie ist bereits die fünfjährige Pflegetochter Elisabeth Gori. Die Eltern heirateten 1909 und blieben lange kinderlos.

1922 6.9.: Geburt der Schwester Marianna, die nach drei Tagen stirbt.

1924 9.5.: Geburt der Schwester Verena.

1928–1932 Primarschule in Stalden.

1932–1935 Sekundarschule im Nachbardorf Grosshöchstetten. Eine ›Kopfgrippe‹ (leichte Kinderlähmung) beeinträchtigt die Beweglichkeit des Jungen.

1934 Juli: Auf dem Fahrrad Kollision mit einem Motorrad, Empfindung von Todesangst.

1935 Okt.: Umzug der Familie nach Bern (Altenbergstraße 29), wo der Vater Pfarrer am Salem-Spital und bei den das Krankenhaus betreibenden Diakonissen wird. Bis 1939 Besuch des Freien Gymnasiums, anschließend des Maturitätsinstituts Humboldtianum.

1936 Sept.: Umzug in die Nydeggasse 13.

1937 Juli/Aug.: Fahrradtour mit einem Onkel und einem Freund nach Deutschland: München (Besuch der Ausstellung *Entartete Kunst*), Regensburg, Nürnberg, Weimar (Besuch des Goethe-Hauses), Frankfurt a. M.

1938 Zur Aufbesserung der Französischkenntnisse Fahrradreise während der Sommerferien zu einer Pfarrersfamilie in Straßburg. Besuch in Sessenheim. Erwerb von Hitlers *Mein Kampf*.

1939 Besuch der großen Prado-Ausstellung in Genf. In den Sommerferien Sprachaufenthalt in La Tourne im Neuenburger Jura.

1941 Stellungnahme für Hitler und Mitgliedschaft bei einer frontistischen Jugendorganisation. Sept.: Umzug in die Jubiläumsstraße 31.
29.8.–13.9.: Maturitätsprüfung (Alte Sprachen);

Gesamtbewertung ›befriedigend‹, Bestnote in Geschichte. Bei Maturitätsfeier Aufführung der (nicht erhaltenen) humoristischen ›Faust‹-Adaption *Die Wandlung*. 27.9.: Brief an den Vater: Entscheidung für künstlerische Tätigkeit, Unentschiedenheit zwischen Malerei und Schriftstellerei. Immatrikulation an der Philosophisch-historischen Fakultät der Universität Bern: Neuere Deutsche Literatur (bei Fritz Strich), Germanistik (bei Helmut de Boor), Kunstgeschichte (bei Max Huggler und Wilhelm Stein, einem wichtigen Förderer). Lektüre u. a. von Christoph Martin Wieland, E. T. A. Hoffmann, Georg Büchner, Christian Dietrich Grabbe.

1942 6.–30.7.: Rekrutenschule; frühzeitige Entlassung und Versetzung in den militärischen Hilfsdienst wegen Kurzsichtigkeit. Bezug einer Mansarde über der neuen Wohnung der Eltern in der Laubeggstraße 49 in Bern, wo er die Wände mit mythlogischen, religiösen und zeitgeschichtlichen Motiven bemalt.

1942/43 Okt.: Fortsetzung des Studiums in Zürich. Erste Freundin, die Walliser Kunststudentin Christiane Zufferey. Zugehörigkeit zum Kreis um den Maler Walter Jonas; über diesen Erstkontakt zum Werk Franz Kafkas; gemeinsam mit Jonas: *Buch einer Nacht*. 24.12.: Entstehung der Prosaminiatur *Weihnacht*, der älteste Text, der ins publizierte Werk eingeht. Weitere Kurzprosa und Arbeit an einem Drama. 24.2.1943: Besuch der Uraufführung von Bertolt Brechts *Der gute Mensch von Sezuan* am Schauspielhaus Zürich. Frühjahr: Nach Hepatitiserkrankung frühzeitige Rückkehr nach Bern.

1943 22.8.–5.10.: Aufenthalt im Walliser Dorf Eison mit Christiane Zufferey und deren Eltern. Jean Paul-Lektüre, Fertigstellung des (nie publizierten oder aufgeführten) Stücks *Eine Komödie*.

1943–1946 Fortsetzung des Studiums in Bern: Psychologie, Nationalökonomie, Philosophie (Schwerpunktfach) bei Richard Herbertz; Seminararbeit über Platons *Staat*, prägende Lektüre von

Platon, Kant und Kierkegaard, Planung der nie realisierten Dissertation *Kierkegaard und das Tragische*. Weiterhin bildkünstlerische und schriftstellerische Versuche.

1944 17.7.–17.8.: Militärischer Hilfsdienst in Interlaken. Lektüre von Goethes *Dichtung und Wahrheit*.

1944/45 22.12.–18.1.: Militärischer Hilfsdienst in La Plaine (bei Genf). Beschluss, Schriftsteller zu werden.

1945 25.3.: Erste literarische Publikation: *Der Alte* (Erzählung) in der Berner Tageszeitung *Der Bund*.

1945/1946 Weitere Erzählungen (*Das Bild des Sisyphos*, *Der Theaterdirektor*, *Der Hund*, *Die Stadt*, *Pilatus*), dazu Arbeit an Bildern, u. a. *Pilatus* und *Sisyphos*.

1946 2.3.: Fertigstellung des Stücks *Die Wiedertäufer* (später umbenannt in *Es steht geschrieben*). Das Hörspiel *Der Doppelgänger* wird von Radio Bern abgelehnt. Mai: Exmatrikulation von der Universität Bern ohne Abschluss. Umsetzung des Beschlusses, Schriftsteller zu werden. Trennung von Christiane Zufferey. 12.10.: Heirat mit der Schauspielerin Lotti Geissler (geb. 1919), die F. D. im Frühling kennengelernt hatte. Umzug des Paars nach Basel (St. Alban-Vorstadt 30).

1947 Jan.: Beginn der Arbeit am Stück *Der Blinde*. Theaterkritiken für die Berner Zeitschrift *Die Nation*. 24.1.: Brief von Max Frisch (geb. 1911), der sich nach der Lektüre des Manuskripts begeistert zum Stück *Es steht geschrieben* äußert; mit F. D.s Antwort am nächsten Tag Beginn einer langjährigen Freundschaft und wechselseitigen kritischen Auseinandersetzung. 19.4.: Uraufführung *Es steht geschrieben* am Schauspielhaus Zürich (R.: Kurt Horwitz; Hauptrollen: Heinrich Gretler und Gustav Knuth), Theaterskandal; Bühnenbild wie bei fast allen zukünftigen Uraufführungen von Teo Otto, mit dem sich F. D. befreundet. Buchausgabe des Stücks bei Schwabe. Preis der Welti-Stiftung für das Drama. Juli: Umzug nach St. Alban-Vorstadt 10. 6.8.: Geburt des Sohnes Peter.

1948 10.1.: Uraufführung *Der Blinde* am Stadttheater Basel (R.: Ernst Ginsberg; Titelrolle: Heinz Woester). Begegnung mit Karl Barth. Arbeit am Drama *Der Turmbau zu Babel*; am 13.12. Abbruch und Verbrennung des Manuskripts. Mehrere Sketche für das Zürcher Kabarett Cornichon, u. a. *Der Erfinder* und *Der Gerettete* (Uraufführung: 30.4.). Juni: Umzug mit Frau und Sohn nach Schernelz bei Ligerz am Bielersee ins Haus der Schwiegermutter Cécile Falb (Obergasse 9).

1949 Innerhalb weniger Wochen Niederschrift der Komödie *Romulus der Große*; Uraufführung: 25.4. in Basel (R.: Ernst Ginsberg; Titelrolle: Kurt Horwitz). Apr./Mai: Begegnungen mit Bertolt Brecht. Erzählung *Pilatus* erscheint als Buchausgabe. 19.9.: Geburt der Tochter Barbara. Dez.: Umzug von Schernelz in die ›Festi‹ Ligerz, ins Haus der Textilkünstlerin Elsi Giauque. *Schweizerpsalm I* entsteht.

1950 Das Stück *Die Ehe des Herrn Mississippi* wird von Kurt Horwitz und Ernst Ginsberg abgelehnt. Erscheinen der Erzählung *Der Nihilist* als Buchausgabe. 26.–30.6.: Teilnahme am Kongress für Kulturelle Freiheit in Westberlin (gemeinsam mit Frisch). 31.8.: Besuch beim Philosophen Rudolf Kassner in Sierre (Wallis). 15.12.–31.3.1951: Abdruck des seit 1949 entstandenen Kriminalromans *Der Richter und sein Henker* als Fortsetzungsroman in der Zeitschrift *Der Schweizerische Beobachter*.

1951 Theaterkritiken für *Die Weltwoche* (bis 1953). Hörspiele *Der Prozeß um des Esels Schatten* (Erstsendung 5.4.) und *Nächtliches Gespräch mit einem verachteten Menschen*. Die Hörspiele, vor allem Auftragsarbeiten für deutsche Rundfunkanstalten, sind in der ersten Hälfte der 1950er Jahre F. D.s wichtigste Einnahmequelle (neben finanzieller Unterstützung aus privaten und öffentlichen Quellen). 6.10.: Geburt der Tochter Ruth. Gesundheitlicher Zusammenbruch, Diagnose Diabetes. Im Okt. Krankenhausaufenthalt, finanzielle Probleme. Unter großem Druck Abfassung des zweiten Kriminalromans *Der Verdacht*, der vom 15.9.–29.2.1952 als Fortsetzungsroman im *Schweizerischen Beobachter* erscheint.

1952 14.3.: Umzug nach Neuchâtel ins Haus am Chemin du Pertuis-du-Sault, wo er bis ans Lebensende bleibt. Der befreundete Schriftsteller Ludwig Hohl ist wochenlang zu Gast. 26.3.: Uraufführung *Die Ehe des Herrn Mississippi* an den Münchner Kammerspielen (R.: Hans Schweikart; Titelrolle: Friedrich Domin); die Komödie bedeutet den Durchbruch in Deutschland. Erste Dürrenmatt-Aufführung in fremder Sprache: *Les Fous de Dieu* (*Es steht geschrieben*) in Paris. Hörspiel *Stranitzky und der Nationalheld*. Federzeichnung *Turmbau I*. Bis 1978 weitere 5 Darstellungen des *Turmbau*-Motivs. *Der Richter und sein Henker* erscheint in Buchform bei Benziger. Erscheinen der neuen Erzählung *Der Tunnel* gemeinsam mit früheren Prosatexten im Sammelband *Die Stadt* im Verlag Die Arche, der bis 1978 F. D.s Werke herausgibt.

1953 März: Mit Frisch an Rundfunktagung in Felda-
fing über das Fernsehspiel. Arbeit an der Filmstory
Gotthardexpress; Abbruch nach einem Streit mit
dem Auftraggeber Max Haufler. 22.12.: Uraufführung *Ein Engel kommt nach Babylon* an den
Münchner Kammerspielen (R.: Hans Schweikart;
Erich Ponto als Akki); F. D. fühlt sich vom Regisseur völlig missverstanden; in der Folge gesundheitliche Probleme und tiefe Krise.

1954 Erste eigene Regieerfahrung am Stadttheater
Bern mit *Die Ehe des Herrn Mississippi* (Premiere
4.2.). Hörspiele *Herkules und der Stall des Augias*
und *Das Unternehmen der Wega*. Literaturpreis der
Stadt Bern. F. D. hält an verschiedenen Orten den
Vortrag, der 1955 als *Theaterprobleme* in Buchform erscheint.

1955 Jan.: Anstellung einer Sekretärin. Lotti muss
wegen einer Gebärmuttersenkung operiert werden; es kommt zu Komplikationen, in der Folge
große finanzielle Sorgen. Umwandlung der fragmentarischen Novelle *Mondfinsternis* in den dramatischen Stoff *Der Besuch der alten Dame*. Arbeit
an Hörspiel und Erzählung *Die Panne* (erscheint
1956). Teilnahme am Theatergespräch in Baden-
Baden und an den Darmstädter Gesprächen zum
Theater. Beginn der Freundschaft mit dem Physiker Marc Eichelberg. Aus gescheitertem Filmprojekt entsteht die ›Prosakomödie‹ *Grieche sucht
Griechin*.

1956 1.1.: F. D. malt sein erstes Porträt: Es zeigt Wal-
ter Mehring. 29.1.: Uraufführung *Der Besuch der
alten Dame* am Schauspielhaus Zürich (R.: Oskar
Wälterlin; Titelrolle: Therese Giehse); F. D. inszeniert das Stück im Herbst am Stadttheater Basel.
Hörspiel *Die Panne*. Mit Frisch Plan zu einer gemeinsamen Fortsetzung von *Biedermann und die
Brandstifter*. Schriftstellertagung in Boldern (Kanton Zürich), Vortrag *Schriftstellerei als Beruf*. Mit
Produzent Hans Gottschalk Drehbuch für den
Fernsehfilm *Der Richter und sein Henker* (erste
Spielfilm-Eigenproduktion des deutschen Fernsehens; F. D. ist bei den Dreharbeiten dabei; Erstsen-
dung 1957). Sept.: Tagung der Evangelischen Akademie für Rundfunk und Fernsehen in Bad Boll
zum Thema ›Das Wort im Zeitalter der Bilder‹.
Vortrag *Vom Sinn der Dichtung in unserer Zeit*,
F. D. betont erstmals die fundamentale Bedeutung
der Naturwissenschaften für das zeitgenössische
Schreiben.

1957 Febr.: Aufenthalt in Paris zur französischen
Erstaufführung von *Der Besuch der alten Dame*.

Begegnung mit Eugène Ionesco. März: Hörspielpreis der Kriegsblinden für *Die Panne*. 26.3.: Treffen mit dem Filmproduzenten Lazar Wechsler in
Zürich; in der Folge Treatment und Drehbuch zum
Film *Es geschah am hellichten Tag*. 11.4.: Erstausstrahlung Fernsehspiel *Die Panne* (R.: Fritz Umgelter, Bayerischer Rundfunk). 11.–13.5.: Besprechung der geplanten englischsprachigen Inszenierung der *Alten Dame* mit Peter Brook in Paris. Besuch bei Samuel Beckett. 11.–28.6.:
Krankenhausaufenthalt in Zürich.

1958 März: Einsetzen der intensiven Rezeption in
den sozialistischen Ländern mit der polnischen
Erstaufführung von *Der Besuch der alten Dame* im
Warschauer Teatr Dramatyczny (R.: Ludwik René).
5.5.: Maurice Valencys Bearbeitung *The Visit* (R.:
Peter Brook) wird in New York ein Großerfolg.
29.7.: In Berlin zur Erstaufführung von *Es geschah
am hellichten Tag* im Rahmen der Berliner Film-
festspiele (R.: Ladislao Vajda; mit Heinz Rühmann,
Gert Fröbe, Michel Simon u. a.). Der Roman *Das
Versprechen. Requiem auf den Kriminalroman* er-
scheint als Weiterentwicklung des Filmstoffs im
Arche Verlag. Okt.: Prix Italia für *Abendstunde im
Spätherbst*. *Zehn Jahre Israel*, Beitrag für die Zeit-
schrift *Das neue Israel*, erster in einer Reihe von
Texten und Vorträgen (u. a. im Kontext des Sechs-
tagekriegs und des Yom-Kippur-Kriegs) für den
Staat Israel.

1959 19.2.: Erstausstrahlung des Fernsehspiels *Der
Besuch der alten Dame* (R.: Ludwig Cremer; Titelrolle: Elisabeth Flickenschildt, ARD/Südwestfunk)
erreicht eine Einschaltquote von 81 %. 19.3.: Uraufführung *Frank der Fünfte. Oper einer Privatbank* am Schauspielhaus Zürich (R.: Oskar Wälterlin; Hauptrollen: Kurt Horwitz und Therese Giehse; Musik: Paul Burkhard), ein Misserfolg. 27.4.–
25.5.: Reise nach New York (Preis der New Yorker
Theaterkritiker für *The Visit* als ›best foreign
play‹); dort erste Begegnung mit dem Astrophysiker Fritz Zwicky. 19.8.–10.9.: Kuraufenthalt in Vulpera (Unterengadin), Einfälle zu verschiedenen
später ausgeführten Stoffen (*Die Physiker*, *Der Meteor*, *Durcheinandertal*), anschließend Krankenhausaufenthalt in Winterthur. 9.11.: Schillerpreis
in Mannheim. 25.11.: *Der Besuch der alten Dame*
in F. D.s Neufassung und Inszenierung am Berner
Atelier-Theater.

1960 Reisen nach London, Mailand, Paris, Stock-
holm und München zu Aufführungen seiner Stücke: u. a. Besuch der italienischen Premiere der *Al-*

ten *Dame* am Teatro popolare di Milano (R.: Giorgio Strehler) und Aufenthalt in London zur Premiere von *The Visit* am Royalty Theatre. Großer Preis der Schweizerischen Schillerstiftung. Arbeit am Filmstoff *Justiz*, die nicht fristgerecht abgeschlossen wird; als Ersatz in kurzer Zeit Erarbeitung eines Drehbuchs zu einer Filmfassung von *Die Ehe des Herrn Mississippi* (R.: Kurt Hoffmann). Lernt den Maler Varlin (Willy Guggenheim) kennen, der zu seinem Freund und Lieblingsmaler wird und ihn mehrfach porträtiert.

1961 Arbeit an *Die Physiker*. Jan.: Reise nach Berlin zu den Dreharbeiten zu *Die Ehe des Herrn Mississippi*; Begegnungen mit Günter Grass und Henry Miller. 23.–25.6.: Erneuter Berlin-Aufenthalt zur Präsentation des Films im Rahmen der Filmfestspiele. Juli: Präsident der Jury bei den Filmfestspielen von Locarno. 2.11.: Premiere von Frischs *Andorra*; F. D.s kritische Bemerkungen zum Stück gegenüber der Presse tragen zur Abkühlung der Freundschaft zwischen den beiden Dramatikern bei.

1962 20.2.: Uraufführung *Die Physiker* am Schauspielhaus Zürich (R.: Kurt Horwitz; mit Therese Giehse und Hans Christian Blech), in der Saison 1962/63 das meistgespielte Stück auf deutschsprachigen Bühnen (so auch wieder in der Saison 1982/83). Mitarbeit bei den Proben zur französischen Erstaufführung von *Frank der Fünfte* in Paris. In Paris Begegnung und Freundschaft mit Paul Celan.

1963 Uraufführung *Herkules und der Stall des Augias* am Schauspielhaus Zürich (R.: Leonard Steckel), ein Misserfolg. Beginn der Arbeit am Stück *Der Meteor*. Der Band *Die Heimat im Plakat* mit satirischen Zeichnungen über die Schweiz erscheint bei Diogenes.

1964 Jan./Febr.: Reise nach Marokko und Teneriffa, wo die ersten erhaltenen Manuskripte zu den *Stoffen* entstehen. Juni: Reise in die UdSSR (Kiew, Leningrad, Moskau, Tiflis, Eriwan) und nach Prag, u. a. zu Aufführungen der *Physiker*. 6.5.: Präsentation des Hollywood-Films *The Visit* (R.: Bernhard Wicki; mit Ingrid Bergman und Anthony Quinn) in Cannes, F. D. reist nicht hin. Okt.: Besuch der Landesausstellung Expo 64 in Lausanne; später Kauf des für diesen Anlass gemalten Varlin-Bilds *Die Heilsarmee*. Okt./Nov.: Regiearbeit mit Neufassung *Frank der Fünfte* in Bochum, wird nach Auseinandersetzungen mit dem Intendanten Hans Schalla abgebrochen. 5.11.: Erstausstrahlung der Fernsehfassung von *Die Physiker* (SDR).

1965 8.2.: Tod des Vaters. Arbeit am *Meteor*. Bau eines zweiten Wohn- und Arbeitshauses auf dem Grundstück am Pertuis-du-Sault in Neuchâtel.

1966 20.1.: Uraufführung *Der Meteor* am Schauspielhaus Zürich (R.: Leopold Lindtberg, mit Leonard Steckel). Erstaufführung der Verfilmung von *Grieche sucht Griechin*. Italienreise (Florenz, Neapel, Paestum, Maratea, Rom) auf den Spuren der Kunst der Antike und der Renaissance; die Eindrücke führen zur Entstehung des Bildes *Katastrophe*. Weitere Ölbilder, u. a. *Letzte Generalversammlung der Eidgenössischen Bankanstalt*, im Zusammenhang mit F. D.s Inszenierung seiner TV-Fassung des Stücks *Frank der Fünfte* (25.10.–17.12. in Hamburg, NDR-Studio).

1967 16.2.: Erstausstrahlung des Fernsehspiels *Frank der Fünfte*. 6.3.: Uraufführung *Die Wiedertäufer* (Komödienfassung von *Es steht geschrieben*; R.: Werner Düggelin, mit Ernst Schröder und Gustav Knuth) am Schauspielhaus Zürich. 21.5.–7.6.: Reise nach Moskau zum vierten Sowjetischen Schriftstellerkongress und zur Inszenierung der *Alten Dame*; F. D.s Beobachtungen des versammelten Politbüros geben die Inspiration zur Erzählung *Der Sturz* (publiziert 1971). 17.6.: Rede *Israels Lebensrecht* anlässlich einer Kundgebung im Zürcher Schauspielhaus (zum Sechstagekrieg). 13.–20.10.: Reise mit Frisch nach Verona und Venedig. 15.–19.12.: Reise nach Wien zu Gottfried von Einem, der eine Opernfassung von *Der Besuch der alten Dame* plant.

1968 24.1.: Vortrag über *Gerechtigkeit und Recht* in Mainz, der später für die Buchfassung zum *Monstervortrag* ausgearbeitet wird. 13.–25.3.: Anlässlich der tschechischen Erstaufführung von *Die Wiedertäufer* mitten im Prager Frühling Reise nach Prag. Mai: Franz Grillparzer-Preis in Wien. Aug.: Einladung zur künstlerischen Mitarbeit in der Direktion Basler Theater durch Werner Düggelin; F. D. bezieht für die Arbeit eine Wohnung in Basel. 8.9.: Organisation einer Protestveranstaltung im Theater Basel gegen Niederschlagung des Prager Frühlings, u. a. mit Frisch und Grass; Rede *Tschechoslowakei 1968*. 18.9.: Premiere Shakespeare-Adaption *König Johann* (R.: Werner Düggelin; mit Horst Christian Beckmann).

1969 8.2.: Uraufführung *Play Strindberg* in der Basler Komödie (R.: F. D./Erich Holliger; u. a. mit Regine Lutz; Erstausstrahlung der Fernsehaufzeichnung: 14.9.1971, SDR). Apr.: F. D. wird (bis 1971) Mitherausgeber der neugegründeten Zürcher Wochenzeitung *Sonntags-Journal* (mit Rolf Bigler, Markus Kutter und Jean Rudolf von Salis); für dieses in den folgenden Jahren verschiedene größere Beiträge. 8./9.4.: Herzinfarkt. Während eines Kuraufenthalts in Schuls (Engadin) Beginn der Arbeit an *Stoffe. Geschichte meiner Schriftstellerei*. Nach Streit mit Düggelin verlässt F. D. die Basler Theater. 25.10.: Großer Literaturpreis des Kantons Bern; Weitergabe des Preisgelds an drei Nonkonformisten. Nov.–Jan. 1970: Reise in die USA (Ehrendoktor der Temple University, Philadelphia), nach Mexiko und in die Karibik; Essay *Sätze aus Amerika*. Arbeitsbeginn am (Fragment gebliebenen) Kriminalroman *Der Pensionierte*.

1970 Berufung in den Verwaltungsrat des Zürcher Schauspielhauses. Regie bei der eigenen Bearbeitung von Goethes *Urfaust* am Schauspielhaus Zürich (22.10.). Uraufführungen *Porträt eines Planeten* (10.11.; R.: Erwin Axer) und der Shakespeare-Bearbeitung *Titus Andronicus* (12.12.; R.: Karl-Heinz Stroux) am Schauspielhaus Düsseldorf.

1971 17.1.: Matinee zum 50. Geburtstag im Schauspielhaus Zürich. Inszenierung der Neufassung von *Porträt eines Planeten* am Schauspielhaus Zürich (Premiere: 25.3.; Erstausstrahlung der Fernsehaufzeichnung: 14.9., SDR). Beginn der Arbeit an der Komödie *Der Mitmacher*. 23.5.: Uraufführung der Oper *Der Besuch der alten Dame* von Gottfried von Einem in der Wiener Staatsoper. Mit *Der Sturz* erscheint nach langer Phase der Konzentration auf die Dramatik wieder ein Band mit erzählerischer Prosa. F. D. liebäugelt damit, Direktor des Zürcher Schauspielhauses zu werden, 1973 Rückzug der Kandidatur.

1972 17.2.: Inszenierung von Büchners *Woyzeck* am Zürcher Schauspielhaus. Italienische Verfilmung von *Die Panne*: *La più bella serata della mia vita* (R.: Ettore Scola). Arbeit an den *Stoffen*.

1973 Inszenierung von *Die Physiker* mit dem Schweizer Tournee-Theater (Premiere: 8.1.). 8.3.: Uraufführung *Der Mitmacher* am Schauspielhaus Zürich (Titelrolle: Peter Arens); kurzfristige Regieübernahme F. D.s nach Streit mit Regisseur Andrzej Wajda; das Stück fällt bei Kritik und Publikum durch. 15.6.: Teilnahme am Militärgerichtsprozess seines Sohns Peter wegen Dienstverweigerung. 31.10.: *Der Mitmacher* in Neufassung in Mannheim (R.: F. D.; Erstausstrahlung der Fernsehaufzeichnung: 2.1.1975, SDR); während der Proben Ausbruch des Yom-Kippur-Kriegs in Israel. Abfassung des Plädoyers *Ich stelle mich hin-*

ter Israel. Beginn der Arbeit am Nachwort zum *Mitmacher* (erst 1976 mit dem Stück im Buch *Der Mitmacher. Ein Komplex* publiziert).

1974 21.–23.2.: Erste öffentliche Lesung aus den *Stoffen* in Genf. Besuch des Europäischen Nuklearforschungszentrums CERN. 5.6.: Inszenierung von Lessings *Emilia Galotti* am Schauspielhaus Zürich. Drehbuch *Der Richter und sein Henker* für die gleichnamige Verfilmung von Maximilian Schell (F. D. in der Rolle des Schriftstellers); während der Dreharbeiten in Neuchâtel (27.11.–5.12.) Begegnung mit dem Emmentaler Kunstsammler und Wirt Hans Liechti im Restaurant ›du Rocher‹, dieser wird zu einem engen Vertrauten und Freund; regt F. D. zu intensiver Zeichen- und Maltätigkeit an, u. a. zum Minotaurus-Motiv. 27.10.–24.11.: Reise nach Israel auf Einladung der israelischen Regierung; Vortrag einer immer wieder überarbeiteten Rede an den Universitäten Jerusalem, Haifa und Beerschewa (wo F. D. Ehrenmitglied der Ben-Gurion-Universität wird).

1975 7.–9.3.: Großes Interview mit Heinz Ludwig Arnold, der ein Freund F. D.s wird und beim Arche Verlag das Lektorat der neuen Dürrenmatt-Werke übernimmt. Ausarbeitung der Israel-Rede aus dem Vorjahr zum Buch *Zusammenhänge* (erscheint 1976). 12.8.: Tod der Mutter. 12.10.: Angina Pectoris, längere Aufenthalte im Berner Engeried-Spital, ›Atlas‹-Zeichnungen. F. D.s größtes Bild entsteht: *Die Welt der Atlasse*, bis 1978 immer wieder überarbeitet. 16.–22.11.: Aufenthalt in Wien; Rede gegen die antiisraelische Resolution der UNO auf dem vierten internationalen PEN-Kongress. Ab Dez.: Idee zu und Arbeit am Stück *Die Frist*; gesundheitlicher Rückfall, neuerlicher Krankenhausaufenthalt in Bern.

1976 Niederschrift der Erzählung *Das Sterben der Pythia* (erscheint im Herbst als Teil von *Der Mitmacher. Ein Komplex*). 27.10.–15.12.: Erstmals Präsentation einer größeren Auswahl seiner Bilder in einer Ausstellung in Liechtis Restaurant ›du Rocher‹ in Neuchâtel. Nov.: Reise nach Wales, Auszeichnung mit dem Welsh Arts Council International Writer's Prize.

1977 Buber-Rosenzweig-Medaille in Frankfurt a. M. (Rede *Über Toleranz*). 5.6.: Uraufführung der Oper *Ein Engel kommt nach Babylon* von Rudolf Kelterborn mit F. D.s Libretto. 6.10.: Uraufführung *Die Frist* am Zürcher Schauspielhaus (R.: Kazimierz Dejmek). März und Okt.: Letzte Besuche beim Maler Varlin in Bondo, der am 30.10. stirbt; Totenrede von F.D, später wiederholt Zeichnungen des toten Malers aus der Erinnerung. Ehrendoktorate der Hebräischen Universität Jerusalem (1.–8.7.: Reise nach Jerusalem) und der Universität Nizza (17.10.).

1978 Arbeit am autobiografischen Spätwerk der *Stoffe*. 28.9.–4.11.: Ausstellung von Bildern und Zeichnungen F. D.s in der Galerie Daniel Keel in Zürich. Gleichzeitig Bildband *Bilder und Zeichnungen* im Diogenes Verlag. Nov.: Inszenierung des *Meteors* in einer neuen Fassung durch F. D. am Wiener Theater in der Josefstadt (Premiere: 23.11.).

1979 24.2.: Vortrag *Albert Einstein* an der ETH Zürich anlässlich der Feier zum 100. Geburtstag des Physikers. 19.6.: Großer Literaturpreis der Stadt Bern. 13.9.: Uraufführung der Komödienfassung *Die Panne* in Wilhelmsbad/Hanau (R.: F. D.). Nach 27 Jahren beim Arche Verlag etappenweise Wechsel zum Diogenes Verlag. Nov.–Jan. 1980: Arbeit an der (Fragment gebliebenen) Komödie *Die Sekretärin. Eine Friedhofskomödie*.

1980 *Werkausgabe in 29 Bänden* erscheint gebunden im Arche Verlag, als Taschenbuch im Diogenes Verlag. Neufassungen der meisten Stücke. Okt.: Besuch von Maximilian Schell: Entwurf zum Film-Treatment *Midas*.

1981 5.1.: Ehrendoktor der Universität Neuchâtel zum 60. Geburtstag. 10.1.: Feier im Schauspielhaus Zürich. 30.3.–9.7.: Aufenthalt in Los Angeles, ›Writer in Residence‹ an der University of Southern California. Sept.: *Stoffe I–III* erscheint im Diogenes Verlag (Neuauflage 1990 unter dem Titel *Labyrinth. Stoffe I–III*).

1982 15.7.: Vortrag/Diskussion (mit Paul Feyerabend) an der ETH Zürich. Arbeit an den *Stoffen* und *Achterloo*.

1983 16.1.: Tod von Ehefrau Lotti. 29.4.: Ehrendoktorat der Universität Zürich. 6.10.: Uraufführung *Achterloo* am Schauspielhaus Zürich (R.: Gerd Heinz; mit Helmuth Lohner). Verschiedene Aufenthalte in München zur Arbeit am Filmprojekt *Midas* mit Maximilian Schell. 27.10.–16.11.: Reise mit Charlotte Kerr und Schell nach Griechenland. 27.12.–24.1.1984: Reise mit Charlotte Kerr und dem Arzt Fred Schertenleib nach Ecuador (Galapagos-Inseln) und Peru.

1984 28.2.: Carl-Zuckmayer-Medaille des Landes Rheinland-Pfalz. 20.3.: Österreichischer Staatspreis für Europäische Literatur. 24.4.–7.5.: Dreharbeiten in Neuchâtel für den Film *Portrait eines Planeten* von Charlotte Kerr (Erstsendung: 26.12.). 8.5.: Heirat mit der Filmemacherin, Schauspielerin und Journalistin Charlotte Kerr. Nov.: Weinpreis für Literatur. 16.11.: Poetikvorlesung *Kunst und Wissenschaft* an der Goethe-Universität Frankfurt a. M.

1985 Apr.: Niederschrift der Novelle *Der Auftrag*. Mai: *Minotaurus. Eine Ballade* (mit Zeichnungen des Autors) erscheint. Wiederaufnahme des fragmentarischen Romans *Justiz* (neuer Schluss, Vorabdruck in Fortsetzungen in der Zeitschrift *Stern*, Buchausgabe im Okt.). 17.9.–19.1.1986: Ausstellung des zeichnerischen Werks in Neuchâtel (Musée d'Art et d'Histoire). 4.10.: Bayerischer Literaturpreis (Jean-Paul-Preis) in München. Fernsehdiskussionen um Atomrüstung u. a. mit Manfred Wörner (26.2.) und Edward Teller (27.8.). 18.11.–7.12.: Reise nach Ägypten. 11./12.12.: Niederschrift *Selbstgespräch*. Ab Dez.: Gemeinsam in Gesprächen mit Charlotte Kerr Entwicklung von *Protokoll einer fiktiven Inszenierung* und der Neufassung von *Achterloo III* (*Rollenspiele*).

1986 8.–24.9.: Italienreise; Premio Letterario Internazionale Mondello in Palermo. 10.10.: In Darmstadt Verleihung des Georg-Büchner-Preises der Deutschen Akademie für Sprache und Dichtung (Rede *Georg Büchner oder Der Satz vom Grunde*). 10.11.: Schiller-Gedächtnispreis des Landes Baden-Württemberg (Rede *Das Theater als moralische Anstalt heute*). *Rollenspiele* und *Der Auftrag* erscheinen.

1987 11.–18.2.: Teilnahme am Moskauer Friedensforum im Zeichen von Michail Gorbatschows Entspannungspolitik. 10.9.: Fernsehdiskussion mit Egon Bahr und Joseph Rovan anlässlich des Besuchs des DDR-Staatschefs Erich Honecker in Saarland. Arbeit an den *Stoffen*. Reisen in die Türkei, nach Italien und Spanien. Dez.–Jan. 1988: Reise nach Rom, Barcelona, Sevilla.

1988 20.–27.1.: Entstehung der Lithografie *Die Hochzeit zu Kana* in der Galerie Erker in St. Gallen. Verschiedene Gouachen entstehen. 17.6.: Uraufführung *Achterloo IV* im Rokoko-Theater Schwetzingen (Erstausstrahlung der Fernsehaufzeichnung: 14.1.1989, SDR). Prix Alexeï Tolstoï der Association Internationale des Écrivains de Romans Policiers. 28.6.: Zweiter Besuch im Forschungszentrum CERN. Arbeit an den *Stoffen* und am Roman *Durcheinandertal*.

1989 23.–29.1.: Aufenthalt in Madrid anlässlich Inszenierung von *Frank V*. 27.4.: Ernst-Robert-Curtius-Preis für Essayistik, Bonn (Rede *Über das vaterländische Gefühl*). 27.6.: F. D. vermacht seinen gesamten literarischen Nachlass der Schweizerischen Eidgenossenschaft (Bedingung: Einrichtung eines Schweizerischen Literaturarchivs). Aug.: *Durcheinandertal* erscheint. 4.–14.9.: Reise nach Schweden und Dänemark. 6.–15.10.: Reise nach Norditalien. Arbeit an den *Stoffen*.

1990 Jan.–Mai: Fertigstellung des Bandes *Turmbau. Stoffe IV–IX* (erscheint im Okt.). 8.–14.5.: Reise nach Polen, Besuch von Auschwitz und Birkenau. Juli: Lithografien in der Galerie Erker, St. Gallen: *Kreuzigung I–IV*, *Minotaurus*. 22.11.: Letzter öffentlicher Auftritt in der Schweiz; die Rede auf Václav Havel zur Verleihung des Gottlieb-Duttweiler-Preises (*Die Schweiz – ein Gefängnis*) in Anwesenheit von Regierungsmitgliedern provoziert einen Skandal. 23.–26.11.: Rede auf Michail Gorbatschow (*Die Hoffnung, uns am eigenen Schopfe aus dem Untergang zu ziehen*) in Berlin. 14.12.: Tod in Neuchâtel (Herzversagen) kurz vor dem 70. Geburtstag.

Ulrich Weber

Siglenverzeichnis

WA Werkausgabe in siebenunddreißig Bänden. Zürich 1998.

G Gespräche 1961–1990 in vier Bänden. Hg. von Heinz Ludwig Arnold u. a. Zürich 1996.

S Das Stoffe-Projekt. Textgenetische Edition in fünf Bänden, verbunden mit einer erweiterten Online-Version. Hg. von Ulrich Weber und Rudolf Probst. Mit einem einleitenden Essay von Daniel Kehlmann. Zürich 2020.

Bibliografie

Vorbemerkungen

Die folgende Bibliografie erfasst gegenwärtig relevante Primärtexte von und Sekundärtexte zu Friedrich Dürrenmatt. Zugleich kann aus Umfangsgründen nur eine Auswahlbibliografie geboten werden. Das betrifft im Bereich der *Primärliteratur* vor allem die Nennung von Einzelausgaben. Diese werden prinzipiell in den Werkartikeln genannt. Eine detaillierte Zusammenstellung der Primärliteratur findet sich in der Bibliografie von Cavigelli/Hönes 1998 (s. u.), 472–482. Im Bereich der *Sekundärliteratur* ist es weder möglich noch sinnvoll, die unzähligen Einzelpublikationen zu erfassen, die durch die einschlägigen elektronischen Hilfsmittel leicht zugänglich sind. Das Verzeichnis beschränkt sich daher ausschließlich auf biografische Darstellungen, Dokumentarfilme, einführende Gesamtdarstellungen, Bibliografien, Sammelbände und Monografien. Eine umfassende, periodisch aktualisierte Bibliografie der Forschungsliteratur seit 1987 sowie schulischer Kommentarliteratur, unpublizierter Qualifikationsarbeiten, aber auch Übersetzungen ist online zugänglich auf den Web-Seiten des Schweizerischen Literaturarchivs.

Ausgaben

Werkausgabe in siebenunddreißig Bänden. Zürich 1998. Sigle: WA.

Gesammelte Werke in sieben Bänden. Hg. von Franz Josef Görtz. Zürich 1988 (Hardcover).

Gesammelte Werke in sieben Bänden. Zürich 1992 (TB-Ausgabe in anderer Komposition).

Werkausgabe in dreißig Bänden. Hg. in Zusammenarbeit mit dem Autor. Zürich 1980 (Hardcover Arche, Taschenbuchausgabe Diogenes).

Gespräche 1961–1990 in vier Bänden. Hg. von Heinz Ludwig Arnold u. a. Zürich 1996. Sigle: G.

Das Stoffe-Projekt. Textgenetische Edition in fünf Bänden, verbunden mit einer erweiterten Online-Version. Hg. von Ulrich Weber und Rudolf Probst. Mit einem einleitenden Essay von Daniel Kehlmann. Zürich 2020. Sigle: S.

Max Frisch – Friedrich Dürrenmatt. Briefwechsel. Hg. von Peter Rüedi. Zürich 1998.

Das Mögliche ist ungeheuer. Ausgewählte Gedichte. Mit einem Nachwort von Peter Rüedi. Zürich 1993.

Bildwerk

Dürrenmatt. Bilder und Zeichnungen. Hg. von Christian Strich. Mit einer Einleitung von Manuel Gasser und Kommentaren von Friedrich Dürrenmatt. Zürich 1978.

Dürrenmatt dessine. Préface de Paul Nizon, textes de Friedrich Dürrenmatt et de Valère Bertrand. Paris 2006.

Dürrenmatt und die Mythen. Zeichnungen und Originalmanuskripte. Collection Charlotte Kerr Dürrenmatt. Mailand 2005.

Friedrich Dürrenmatt. Œuvre graphique / Das zeichnerische Werk. Neuchâtel 1985.

Friedrich Dürrenmatt. Schriftsteller und Maler. Ausstellungskatalog zu den Ausstellungen in Bern und Zürich, mit Beiträgen von Hugo Loetscher, Peter Rüedi, Beat Sterchi u. a. Hg. vom Schweizerischen Literaturarchiv, Bundesamt für Kultur und Kunsthaus Zürich. Zürich 1994.

Friedrich Dürrenmatt. Skizzenbuch. Engel, Teufel und so weiter. Sonderausgabe zur ersten Gesamtausstellung des bildnerischen und zeichnerischen Werkes von Friedrich Dürrenmatt im Kunsthaus Zürich vom 18. März bis 23. Mai 1994. Hg. von Charlotte Kerr und Ted Scapa. Bern 1994.

Die Heimat im Plakat. Ein Buch für Schweizer Kinder [1963]. Zürich 2005.

Die Mansarde. Die Wandmalereien aus der Berner Laubeggstrasse. Hg. vom Schweizerischen Literaturarchiv. Zürich 1995.

Das Nashorn schreibt der Tigerin. Bild-Geschichten von Friedrich Dürrenmatt. Hg. und kommentiert von Charlotte Kerr. Berlin 2002.

Varlin – Dürrenmatt. Horizontal. Katalog zur Ausstellung im Centre Dürrenmatt Neuchâtel, 2005 und im Museum Liner Appenzell, 2005. Hg. vom Centre Dürrenmatt Neuchâtel. Zürich 2005.

Wege und Umwege mit Friedrich Dürrenmatt. Das bildnerische und literarische Werk im Dialog. Hg. von Madeleine Betschart und Pierre Bühler. 3 Bde. Göttingen, Zürich 2020–2021.

Einführungen und Gesamtdarstellungen

Bolliger, Luis/Buchmüller, Ernst (Hg.): Play Dürrenmatt. Ein Lese- und Bilderbuch. Zürich 1996.

Brock-Sulzer, Elisabeth: Friedrich Dürrenmatt. Stationen seines Werkes [1960]. Zürich 1986.

Centre Dürrenmatt Neuchâtel (Hg.): Friedrich Dürrenmatt, ein Schweizer mit Weltgeltung. Sein Werk und seine Ausstrahlung. Ein synoptischer Blick. Neuchâtel 2016 (Cahier 11).

DU. Die Zeitschrift für Kultur. 1991. H. 1: Friedrich Dürrenmatt (70). Havel, Kunst, Kosmos, Kollaps, die Schweiz.

Du (Magazin) 862 (2015): Friedrich Dürrenmatt. Denker – Maler – Weltautor.

Grimm, Gunter E.: Friedrich Dürrenmatt. Literatur kompakt. Marburg 2013.

Grosse, Wilhelm: Friedrich Dürrenmatt [1998]. Stuttgart 2006.

Knapp, Gerhard P.: Friedrich Dürrenmatt [1980]. Stuttgart 1993.

Knopf, Jan: Friedrich Dürrenmatt [1976]. München 1988.

Walliser-Klunge, Marie-Pierre: Dürrenmatt. La liberté de penser. Gollion 2020.

Weber, Ulrich: Friedrich Dürrenmatt oder Von der Lust, die Welt nochmals zu erdenken. Bern, Stuttgart, Wien 2006.

Biografische Darstellungen

Arnold, Heinz Ludwig: Querfahrt mit Dürrenmatt. Aufsätze und Vorträge. Zürich 1998.

Böschenstein, Bernhard: Meine Begegnungen mit Friedrich Dürrenmatt. Neuchâtel 2016 (Cahier 12).

Goertz, Heinrich: Friedrich Dürrenmatt. Mit Selbstzeugnissen und Bilddokumenten [1987]. Reinbek bei Hamburg 2011.

Karter, Egon: Mit und über Friedrich Dürrenmatt. Essay. Basel 2001.

Kerr, Charlotte: Die Frau im roten Mantel. München 1992.

Lévy, René: Deux écrivains suisses rebelles: Max Frisch (1911–1991), Friedrich Dürrenmatt (1921–1990). Paris 2019.

Loetscher, Hugo: Friedrich Dürrenmatt – labyrinthische Erinnerungen. In: Ders.: Lesen statt klettern. Aufsätze zur literarischen Schweiz. Zürich 2003, 282–375.

Das Magazin (Zürich) Nr. 50, 13./14.12.1991: Erinnerungen an Friedrich Dürrenmatt.

Planta, Anna von u. a. (Hg.): Friedrich Dürrenmatt. Sein Leben in Bildern. Zürich 2011.

Rüedi, Peter: Dürrenmatt oder Die Ahnung vom Ganzen. Biographie. Zürich 2011.

Stettler, Michael: Augenblicke mit Dürrenmatt. In: Ders.: Lehrer und Freunde: Essays, Bern 1997, 65–112.

Tantow, Lutz: Friedrich Dürrenmatt. Moralist und Komödiant. München 1992.

Weber, Ulrich: Friedrich Dürrenmatt. Eine Biographie. Zürich 2020.

Wyrsch, Peter: Die Dürrenmatt-Story. In: G1, 25–97.

Dokumentarfilme

Dürrenmatt – Eine Liebesgeschichte [2015]. Buch und Regie: Sabine Gisiger, Idee und Produktion: Philip Delaquis. Schweiz 2016.

Friedrich Dürrenmatt [1981]. Regie: Ludy Kessler, Produktion: RSI/Stella Video. Schweiz 1996.

Marcel Reich-Ranicki über Friedrich Dürrenmatt. Gespräch. Regie: Thomas M. Lindner, Moderation: Peter Voß, Produktion: SWR. Deutschland 2001.

Portrait eines Planeten – Friedrich Dürrenmatt. Dokumentarfilm [1984]. Buch und Regie: Charlotte Kerr, Produktion: Kerr-Sokal Film, Süddeutscher Rundfunk. Zürich 2006 (DVD Diogenes Verlag).

Reihen

Dürrenmatt Studien. Hg. vom Schweizerischen Literaturarchiv und vom Centre Dürrenmatt Neuchâtel. Göttingen 2014 ff.

Cahiers des Centre Dürrenmatt Neuchâtel. Neuchâtel 2000 ff.

Bibliografien und Nachlassinventar

Bänziger, Hans: Ergänzung zu Standard- und Spezialbibliographien. In: Ders.: Frisch und Dürrenmatt. Materialien und Kommentare. Tübingen 1987, 155–180.

Bibliografie Friedrich Dürrenmatt [Wissenschaftliche Sekundärliteratur; Unterrichtsmaterialien; unpublizierte Arbeiten]. Hg. vom Schweizerischen Literaturarchiv.

Cavigelli, Franz/Hönes, Winfried: Bibliografie. In: Daniel Keel (Hg.): Über Friedrich Dürrenmatt. Essays und Zeugnisse von Gottfried Benn bis Saul Bellow [1980]. Zürich 1998, 467–562.

Freudenstein, Christiane: Bibliografie zu Friedrich Dürrenmatt. In: Heinz Ludwig Arnold (Hg.): Friedrich Dürrenmatt. Text + Kritik 50/51, Neufassung 3. Aufl. München 2003, 236–242.

Rüedi, Peter: Literatur über Friedrich Dürrenmatt. In: Dürrenmatt oder Die Ahnung vom Ganzen. Biographie. Zürich 2011, 879–898.

Nachlassinventar Friedrich Dürrenmatt. Erstellt von Rudolf Probst, Ulrich Weber u. a., http://ead.nb.admin.ch/html/fd.html sowie HelveticArchives.ch.

Sammelbände

Arnold, Armin (Hg.): Zu Friedrich Dürrenmatt. Interpretationen. Stuttgart 1982.

Arnold, Heinz Ludwig (Hg.): Friedrich Dürrenmatt. Text + Kritik 50/51, Neufassung 3. Aufl. München 2003.

Arnold, Heinz Ludwig (Hg.): Friedrich Dürrenmatt II. Text + Kritik 56 [1977]. München 1984.

Arnold, Heinz Ludwig (Hg.): Friedrich Dürrenmatt I. Text + Kritik 50/51 [1976]. München 1980.

Carasevici, Dragoş/Chiriac, Alexandra (Hg.): Friedrich Dürrenmatt. Rezeption im Lichte der Interdisziplinarität. Akten des Kolloquiums *Friedrich Dürrenmatts Rezeption im 21. Jahrhundert. Eine internationale Tagung anlässlich des 25. Todesjahres des Dramatikers* [2016]. Iași, Konstanz 2017.

Cartapacio: Friedrich Dürrenmatt. In: Turía. Revista Cultural 125–126, Teruel 2018, 139–275.

Gobat, Laurent/Schlup, Michel (Hg.): Visites à Friedrich Dürrenmatt. Etudes et témoignages. Zu Besuch bei Friedrich Dürrenmatt. Betrachtungen und Erinnerungen. Neuchâtel 2000.

Grimm, Reinhold/Jäggi, Willy/Oesch, Hans (Hg.): Der unbequeme Dürrenmatt. Kritische Beiträge zu aktuellen Theaterfragen. Basel, Stuttgart 1962.

Keel, Daniel (Hg.): Über Friedrich Dürrenmatt. Essays und Zeugnisse von Gottfried Benn bis Saul Bellow [1980]. Zürich 1998.

Keel, Daniel (Hg.): Herkules und Atlas. Lobreden und andere Versuche über Friedrich Dürrenmatt. Zürich 1992 [als Festschrift zu Dürrenmatts 70. Geburtstag erstmals 1990 erschienen].

Knapp, Gerhard P. (Hg.): Friedrich Dürrenmatt. Studien zu seinem Werk. Heidelberg 1976.

Knapp, Gerhard P./Labroisse, Gerd (Hg.): Facetten. Studien zum 60. Geburtstag Friedrich Dürrenmatts. Bern, Frankfurt a. M., Las Vegas 1981.

Liard, Véronique/George, Marion (Hg.): Dürrenmatt und die Weltliteratur – Dürrenmatt in der Weltliteratur. München 2011.

Mingels, Annette/Söring, Jürgen (Hg.): Dürrenmatt im Zentrum. 7. Internationales Neuenburger Kolloquium 2000. Frankfurt a. M. 2004.

Probst, Rudolf/Weber, Ulrich (Hg.): Friedrich Dürrenmatt. Die Entstehung des Spätwerks. Dossier von: Quarto. Zeitschrift des Schweizerischen Literaturarchivs 7 (1996).

Rusterholz, Peter/Wirtz, Irmgard (Hg.): Die Verwandlung der *Stoffe* als Stoff der Verwandlung. Friedrich Dürrenmatts Spätwerk. Berlin, Bielefeld 2000.

Söring, Jürgen/Flury, Jürg (Hg.): Hommage à Friedrich Dürrenmatt. Neuenburger Rundgespräch zum Gedächtnis des Dichters. Neuchâtel 1991.

Spedicato, Eugenio (Hg.): Friedrich Dürrenmatt e l'esperianza della paradossalità. Pisa 2004.

Weber, Ulrich u. a. (Hg.): Dramaturgien der Phantasie. Dürrenmatt intertextuell und intermedial. Göttingen 2014 (Dürrenmatt Studien 1).

Weber, Ulrich u. a. (Hg.): Minotaurus im Labyrinth: Friedrich Dürrenmatts Œuvre zwischen Tradition und Subversion. Kiew 2015.

Einschlägige ältere und aktuelle Forschungsliteratur: Monografien (vollständig ab 2000)

Abs, Carina: Denkfaule Hoffnung? Anfragen an Erlösungsnarrationen bei Alfred Döblin, Christine Lavant und Friedrich Dürrenmatt. Ostfildern 2017, 229–278.

Adams, Dale Allan: Die Konfrontation von Denken und Wirklichkeit. Die Rolle und Bedeutung der Mathematik bei Robert Musil, Hermann Broch und Friedrich Dürrenmatt. St. Ingbert 2011, 247–326.

Arnold, Armin: Friedrich Dürrenmatt [1969]. Berlin 1986.

Auge, Bernhard: Friedrich Dürrenmatts Roman *Justiz*. Entstehungsgeschichte, Problemanalyse, Einordnung ins Gesamtwerk. Münster 2004.

Avram, Stela: »Minotaurus im Spiegel«. Die Facetten des Spiegellabyrinth-Motivs in Dürrenmatts *Minotaurus*. Hamburg 2013.

Bigler, Regula: Surreale Begegnungen von Bild und Text: Lektüren im intermedialen Dialog. Paderborn 2014, 213–297.

Bloch, Peter André: Friedrich Dürrenmatt – Visionen und Experimente. Werkstattgespräche – Bilder – Analysen – Interpretationen. Göttingen 2017 (Dürrenmatt Studien 2).

Buchholz, Hans-Ludwig: Die Welt als dramaturgisches Labyrinth. Das politische Denken im Werk Friedrich Dürrenmatts. Hamburg 2012.

Burkard, Philipp: Dürrenmatts *Stoffe*. Zur literarischen Transformation der Erkenntnistheorien Kants und Vaihingers im Spätwerk. Tübingen 2004.

Bursch, Roland: »Wir dichten die Geschichte«. Adaption

und Konstruktion von Historie bei Friedrich Dürrenmatt. Würzburg 2006.

Carasevici, Dragoș: Die fiktive Inszenierung. Friedrich Dürrenmatts Bühnenanweisungen. Iași 2014.

Dawidowicz, Andreas: Die metaphorische Krankheit als Gesellschaftskritik in den Werken von Franz Kafka, Friedrich Dürrenmatt und Thomas Bernhard. Berlin, Münster 2013, 115–201.

Dedner, Ulrike: Deutsche Widerspiele der Französischen Revolution. Reflexionen des Revolutionsmythos im selbstbezüglichen Spiel von Goethe bis Dürrenmatt [2003]. Tübingen 2015, 261–298.

Famula, Marta: Fiktion und Erkenntnis. Dürrenmatts Ästhetik des *ethischen Trotzdem*. Würzburg 2014.

Farag, Sami Samir Gohar: Dürrenmatt und das Groteske. Zu Form und Funktion des Grotesken bei Friedrich Dürrenmatt am Beispiel der Komödie *Romulus der Grosse*. Hamburg 2015.

Franke, Dieter: Prägnante Namenspiele Thomas Manns, Kafkas, Dürrenmatts. Essen 2007.

Gabor-Peirce, Olivia: Becoming fiction. Reassessing atheism in Dürrenmatt's *Stoffe* [2017]. New York 2018.

Harweg, Roland: Situation und Text im Drama. Eine textlinguistisch-fiktionsanalytische Studie am Beispiel von Friedrich Dürrenmatts tragischer Komödie *Der Besuch der alten Dame*. Heidelberg 2001.

Hennig, Matthias: Das andere Labyrinth. Imaginäre Räume in der Literatur des 20. Jahrhunderts. München 2014.

Jambor, Ján: Die Rolle des Zufalls bei der Variation der klassischen epischen Kriminalliteratur in den Bärlach-Romanen Friedrich Dürrenmatts. Univ. Prešov 2007.

Käppeli, Patricia: Politische Systeme bei Friedrich Dürrenmatt. Eine Analyse des essayistischen und dramatischen Werks. Köln u. a. 2013.

Keel, Daniel (Hg.): Über Friedrich Dürrenmatt. Essays und Zeugnisse von Gottfried Benn bis Saul Bellow [1980]. Zürich 1998.

Keller, Otto: Dürrenmatts Gangster. Von den Kriminalromanen der 1950er zum Justizroman der 1980er Jahre. Bern u. a. 2014.

Keller, Otto: Dürrenmatts Kritik des abendländischen Denkens in *Stoffe I. Der Winterkrieg in Tibet*. Das *Labyrinth*. Weltgleichnis oder Epos einer neuen Aufklärung. Bern, Berlin 2000.

Klimant, Tom: Dürrenmatts Transzendentaldramaturgie. Die *Achterloo*-Varianten (1982–1988) als Beitrag zur Auseinandersetzung zeitgenössischer Dramaturgie mit radikal konstruktivistischen Denkfiguren. Berlin 2014.

Kolvenbach, Helga: Hoffnung gegen alle Hoffnung. Der Zweifler Friedrich Dürrenmatt – eine theologische Annäherung. St. Ottilien 2009.

Kost, Jürgen: Geschichte als Komödie. Zum Zusammenhang von Geschichtsbild und Komödienkonzeption bei Horváth, Frisch, Dürrenmatt, Brecht und Hacks. Würzburg 1996, 127–180.

Kriens, Jochen: Die Poetik des Experiments. Provozierte Erfahrung und künstlerische Erkenntnis bei Friedrich Dürrenmatt. Tübingen 2014.

Marquart, Bernd Peter: Friedrich Dürrenmatt. Die poetische Kategorie der Groteske. Am Beispiel der tragischen Komödie *Der Besuch der alten Dame*. Hamburg 2012.

Mayer, Hans: Frisch und Dürrenmatt. Frankfurt a. M. 1992.

Meier, Thomas Markus: Dürrenmatt und der Zufall. Ostfildern 2012.

Meyer, Jürgen: Allegorien des Wissens. Flann O'Briens *The third policeman* und Friedrich Dürrenmatts *Durcheinandertal* als ironische Kosmographien. Tübingen 2001, 101–164.

Mingels, Annette: Dürrenmatt und Kierkegaard. Die Kategorie des Einzelnen als gemeinsame Denkform. Köln 2003.

Möbert, Oliver: Intertextualität und Variation im Werk Friedrich Dürrenmatts. Zur Textgenese des Kriminalromans *Das Versprechen* (1957/58) unter besonderer Berücksichtigung des Spielfilms *Es geschah am hellichten Tag* (CH/D/E, 1958). Frankfurt a. M. u. a. 2011.

Müller, Claudia: »Ich habe viele Namen«. Polyphonie und Dialogizität im autobiographischen Spätwerk Max Frischs und Friedrich Dürrenmatts. Paderborn, München 2009, 107–157.

Obermeier, Monika: Nur eine belanglose Geschichte? Eine Interpretation der Prosakomödie *Grieche sucht Griechin* von Friedrich Dürrenmatt und ihre Verortung innerhalb des Gesamtwerkes. Hamburg 2015.

Paganini, Claudia: Das Scheitern im Werk von Friedrich Dürrenmatt. »Ich bin verschont geblieben, aber ich beschreibe den Untergang«. Hamburg 2004.

Park, Gun-Yong: Intertextuelle Analyse zweier Werke von Friedrich Dürrenmatt: *Mondfinsternis* und *Der Besuch der alten Dame*. Univ. Bochum 2000.

Popp, Katarina: Öffentliche Meinung im Werk von Friedrich Dürrenmatt. Der Mensch im Zwang gesellschaftlicher Kontrolle. Saarbrücken 2008.

Probst, Rudolf: (K)eine Autobiographie schreiben. Friedrich Dürrenmatts *Stoffe* als Quadratur des Zirkels. Paderborn 2008.

Profitlich, Ulrich: Friedrich Dürrenmatt. Komödienbegriff und Komödienstruktur. Eine Einführung. Stuttgart 1973.

Riedlinger, Stefan: Tradition und Verfremdung. Friedrich

Dürrenmatt und der klassische Detektivroman [2000]. Marburg 2007.

Röthinger, Julia: Ästhetische Erkenntnis und politisches Handeln. Max Frisch und Friedrich Dürrenmatt in Konstellationen ihrer Zeit. Berlin 2018.

Rusterholz, Peter: Chaos und Renaissance im Durcheinandertal Dürrenmatts. Hg. von Henriette Herwig und Robin-M. Aust. Baden-Baden 2017.

Schu, Sabine: Deformierte Weiblichkeit bei Friedrich Dürrenmatt. Eine Untersuchung des dramatischen Werkes. St. Ingbert 2007.

Schwarz, Florian: Der Roman *Das Versprechen* von Friedrich Dürrenmatt und die Filme *Es geschah am hellichten Tag* (1958) und *The Pledge* (2001) [2006]. Berlin, Münster 2010.

Song, Young-Jin: Die Entwicklung von Friedrich Dürrenmatts dramentheoretischen Konzeptionen unter besonderer Berücksichtigung der *Stoffe I–III* und der Theaterstücke der Spätzeit. Diss. [2004] Frankfurt a. M. u. a. 2006.

Spycher, Peter: Friedrich Dürrenmatt. Das erzählerische Werk. Frauenfeld 1972.

Tegelkamp, Martin: Recht und Gerechtigkeit in Dürrenmatts Dramen und Prosa. Baden-Baden 2013.

Tuxhorn, Karin: Friedrich Dürrenmatt, Friedrich Glauser und die Schweiz. »La Suisse n'existe pas« oder »Zur Freiheit verurteilt«? Hamburg 2009.

Wassmann, Elena: Die Novelle als Gegenwartsliteratur. Intertextualität, Intermedialität und Selbstreferentialität bei Martin Walser, Friedrich Dürrenmatt, Patrick Süskind und Günter Grass. St. Ingbert 2009, 191–258.

Whitton, Kenneth S.: The Theatre of Friedrich Dürrenmatt. A Study in the Possibility of Freedom. London 1980.

Weber, Ulrich: Dürrenmatts Spätwerk. Die Entstehung aus der *Mitmacher*-Krise. Eine textgenetische Untersuchung. Frankfurt a. M. 2007.

Zurbriggen, Eveline: Uns kommt nur noch die Komödie bei. Friedrich Dürrenmatts Verständnis der modernen Komödie. Dargestellt an den Dramen *Romulus der Grosse*, *Der Besuch der alten Dame*, *Die Physiker*, *Der Meteor* und *Dichterdämmerung*. Hamburg 2014.

Abbildungsverzeichnis

Minotaurus I, 1984, Tuschelavis auf Papier, 30 cm × 40 cm, CDN, SLA-FD-A-Bi-1-376-1. © CDN/Schweizerische Eidgenossenschaft.

Abb. 71.1 Friedrich Dürrenmatt, *Weltstier*, 1975, Tusche (Feder) auf Papier, 31,6 cm × 46,5 cm, CDN, SLA-FD-A-Bi-1-88. © CDN/Schweizerische Eidgenossenschaft.

Abb. 77.1 Letzte Generalversammlung der Eidgenössischen Bankanstalt, 1966, Öl auf Leinwand, 72 cm × 60 cm, CDN, SLA-FD-A-Bi-1-206. © CDN/Schweizerische Eidgenossenschaft.

Autorinnen und Autoren

Aeberhard, Simon, Dr. phil., stellvertretender Leiter Hochschulen, Erziehungsdepartement Basel-Stadt (II.G.28 Bearbeitungen eigener Werke; II.K.51 *Sätze über das Theater*).

Amrein, Ursula, Prof. Dr., Professorin für Neuere deutsche Literaturwissenschaft an der Universität Zürich (II.F.25 *Die Physiker*).

Bartl, Andrea, Prof. Dr., Professorin für Neuere deutsche Literaturwissenschaft an der Universität Bamberg (II.I.41 *Justiz*).

Battegay, Caspar, PD Dr. phil., Dozent an der Fachhochschule Nordwestschweiz sowie PD am Deutschen Seminar der Universität Basel (II.H.35 *Achterloo I–IV*; II.K.56 *Abschied vom Theater/Nachwort Achterloo IV*).

Berra, Donata, Dr. phil., Lyrikerin und literarische Übersetzerin, Bern (VI.A.104 Italien).

Bigler, Regula, Dr. phil., Lehrerin für deutsche Sprache und Literatur an Schulen im Raum Bern sowie punktuelle Mitarbeit am Centre Dürrenmatt Neuchâtel (IV.79 Spiel).

Bloch, Peter André, Prof. Dr., em. Professor für deutsche Sprache und Literatur an der Universität Mulhouse (II.K.47 Dürrenmatt als Redner; II.M.59 Dürrenmatt als Gesprächspartner).

Bonnefoit, Régine, Prof. Dr., Professorin für Kunstgeschichte und Museologie an der Universität Neuchâtel (III.61 Bildnerisches Werk, zus. mit M. Minder).

Boss, Ulrich, Dr. phil., wissenschaftlicher Mitarbeiter für Neuere deutsche Literaturwissenschaft an der Universität Bern (II.N.60 Film und Literatur, zus. mit E. Pellin; VI.C.114 Verfilmungen, zus. mit E. Pellin).

Bugmann, Urs, Dr. phil., Kulturjournalist und Literaturkritiker, Luzern (I.7 Dürrenmatt im Literaturbetrieb).

Bühler, Pierre, Prof. Dr., em. Professor für Systematische Theologie an der Universität Zürich (II.B.10 *Es steht geschrieben*; II.F.21 *Die Ehe des Herrn Mississippi*; II.F.27 *Der Meteor* zus. mit P. Rusterholz;

II.I.42 *Selbstgespräch*, zus. mit P. Rusterholz; V.90 Humor und Ironie).

Carasevici, Dragoş, Dr. phil., Assistenzprofessor für deutsche Literatur an der Universität Iaşi, Rumänien (II.G.31 Dürrenmatt als Regisseur).

Famula, Marta, Dr. phil., wissenschaftliche Mitarbeiterin am Lehrstuhl für Neuere deutsche Literatur an der Universität Paderborn (IV.72 Mutiger Mensch; V.87 Dramaturgisches Denken).

Fischer, Michael, Dr. phil., ehemaliger wissenschaftlicher Mitarbeiter am Centre Dürrenmatt Neuchâtel (II.C.12 Kabarett-Texte).

Gasser, Peter, Dr. phil., em. Lehrbeauftragter für deutschsprachige Literatur der Schweiz an der Universität Neuchâtel (II.I.40 *Minotaurus*).

Gisi, Lucas Marco, Dr. phil., Co-Leiter Dienst Forschung und Vermittlung im Schweizerischen Literaturarchiv und Chargé d'enseignement an der Universität Neuchâtel (IV.63 Autorschaft).

Gloor, Lukas, Dr. phil., Leiter des Robert Walser-Archivs in Bern (II.A.8 *Die Stadt*; V.91 Intermedialität; V.97 Paradoxie).

Greiner, Bernhard, Prof. Dr., em. Professor für Neuere deutsche Literatur an der Universität Tübingen (II.K.48 *Theaterprobleme*; V.93 Komödie (tragische)).

Hennig, Matthias, Dr. phil., Literaturwissenschaftler, Autor und Journalist, Berlin (IV.71 Labyrinth).

Hernández, Isabel, Prof. Dr., Professorin für Deutsche Literatur an der Universität Complutense Madrid (VI.B.108 Spanien).

Jambor, Ján, Dr. phil. habil., assoziierter Professor für Deutsche Literatur an der Universität Prešov, Slowakei (IV.84 Zufall).

Käppeli, Patricia, Dr. phil., Lektorin, Zürich (IV.64 Einzelmensch – Institution – Gesellschaft; IV.76 Politik; IV.81 System).

Käser, Rudolf, Prof. Dr., em. Titularprofessor für Neuere deutsche Literatur an der Universität Zürich sowie em. Professor für Literaturwissenschaft und Deutschdidaktik an der Pädagogischen Hochschule der Fachhochschule Nordwestschweiz (II.H.32 *Porträt eines Planeten*; II.H.34 *Die Frist*; II.K.49 *Vom Sinn der Dichtung*; II.K.55 *Albert Einstein*; IV.62 Astronomie; IV.74 Naturwissenschaften; IV.75 Philosophie; IV.82 Technik).

Kilcher, Andreas, Prof. Dr., Professor für Literatur- und Kulturwissenschaft an der Eidgenössischen Technischen Hochschule Zürich (II.K.52 *Zusammenhänge*).

Kuklova, Michaela, Dr. phil., Universitätslektorin am Institut für Translationswissenschaft an der Universität Wien (VI.B.109 Tschechien/Slowakei).

Leuenberger, Stefanie, PD Dr., Privatdozentin für Literatur- und Kulturwissenschaft an der Eidgenössischen Technischen Hochschule Zürich (V.85 Dialekt und Standardsprache).

Liard, Véronique, Prof. Dr., Professorin für Germanistik an der Universität Dijon (VI. B.103 Frankreich).

Lohr, Dieter, Dr. phil., wissenschaftlicher Mitarbeiter am Lehrstuhl für Medienwissenschaft der Universität Regensburg sowie Schriftsteller, Hörspiel-Regisseur und Hörbuch-Verleger (II.D.13 Hörspiele).

Marquardt, Anne-Kathrin, M. A., Dozentin für englische Sprache und Literatur in Classes Préparatoires aux Grandes Ecoles in Paris (II.G.29 Shakespeare-Bearbeitungen).

Masumoto, Hiroko, Prof. Dr., Professorin für Deutsche Literatur an der Universität Kobe (VI.B.105 Japan).

Mauz, Andreas, Dr. theol., lic. phil., Oberassistent am Institut für Hermeneutik und Religionsphilosophie an der Universität Zürich (II.E.15 *Der Verdacht*; II.I.44 *Durcheinandertal*; IV.67 Gnade, zus. mit U. Weber; IV.68 Gott; IV.69 Katastrophe; IV.78 Religion; IV.80 Sterben/Tod; V.89 Gleichnis; V.98 Schlimmstmögliche Wendung, zus. mit P. Schimchen).

Middelhoff, Frederike, Prof. Dr., Professorin für Neuere deutsche Literatur mit dem Schwerpunkt Romantikforschung an der Goethe-Universität Frankfurt (IV.83 Tiere).

Minder, Myriam, M. A., Doktorandin am Institut für Kunstgeschichte und Museologie an der Universität Neuchâtel und stellvertretende Konservatorin am Historischen Museum La Chaux-de-Fonds (III.61 Bildnerisches Werk, zus. mit R. Bonnefoit).

Möbert, Oliver, Dr. phil., Gymnasiallehrer, Hamburg (II.E.18 *Das Versprechen*).

Morgenthaler, Simon, Dr. phil., wissenschaftlicher Mitarbeiter am Schweizerischen Literaturarchiv (SLA), Bern (II.K.53 *Nachgedanken*; VI.B.112 UK/USA).

Nesselrath, Heinz-Günther, Prof. Dr., Professor für Klassische Philologie an der Universität Göttingen (IV.73 Mythos).

Njanjo, Burrhus, M. A., Promotionsstipendiat an der a.r.t.e.s. Graduate School for the Humanities der Universität zu Köln (VI.B.102 Afrika).

Obermeier, Monika, Dr. phil., Studienberaterin am Philosophischen Seminar an der Universität Heidelberg (II.E.16 *Grieche sucht Griechin*).

Pellin, Elio, Dr. phil., Verantwortlicher für Öffentlichkeits- und Kulturarbeit der Universitätsbibliothek Bern (II.N.60 Film und Literatur, zus. mit U. Boss; VI.C.114 Verfilmungen, zus. mit U. Boss).

Probst, Rudolf, Dr. phil., Leiter Dienst Erschließung und Nutzung am Schweizerischen Literaturarchiv Bern (II.J.46 Das *Stoffe*-Projekt, zus. mit U. Weber).

Riedel, Volker, Prof. Dr., em. Professor für Klassische Philologie an der Universität Jena (II.F.20 *Romulus der Große*).

Röthinger, Julia, Dr. phil., wissenschaftliche Mitarbeiterin am Centre Dürrenmatt Neuchâtel (V.92 Intertextualität).

Ruf, Oliver, Prof. Dr., Professor für Kommunikationswissenschaft und Medienpraxis an der Hochschule Bonn-Rhein-Sieg (VI.C.113 Dürrenmatt in der Schule).

Rusterholz, Peter, Prof. Dr., em. Professor für Neuere deutsche Literatur an der Universität Bern (II. F.27 *Der Meteor*, zus. mit P. Bühler; II.I.42 *Selbstgespräch*, zus. mit P. Bühler; V.97 Prozessualität).

Schappach, Beate, Dr. phil., Oberassistentin am Institut für Theaterwissenschaft der Universität Bern (VI.C.112 Dürrenmatt auf der Bühne).

Schimchen, Philip, B. A., wissenschaftliche Hilfskraft am Lehrstuhl für Neuere deutsche Literatur an der Technischen Universität Dortmund (V.98 Schlimmstmögliche Wendung, zus. mit A. Mauz).

Schmid, Kathrin, Dr. phil., wissenschaftliche Mitarbeiterin am Institut für Germanistik an der Universität Zürich (II.B.11 *Der Blinde*; II.I.38 *Smithy*, zus. mit U. Weber).

Schmitz-Emans, Monika, Prof. Dr., Professorin für Allgemeine und Vergleichende Literaturwissenschaft an der Ruhr-Universität Bochum (II.I.37 *Abu Chanifa und Anan ben David*; VI.C.111 Comic-Adaptionen).

Schnyder, Peter, Prof. Dr., Professor für Neuere deutsche Literaturwissenschaft an der Universität Neuchâtel (II.E.17 *Die Panne*).

Stingelin, Martin, Prof. Dr., Professor für Neuere deutsche Literatur an der Technischen Universität Dortmund (II.I.43 *Der Auftrag*; II.I45 *Midas oder Die schwarze Leinwand*; II.K.50 *Monstervortrag über Gerechtigkeit und Recht*, zus. mit B. Thimm; II.K.57 *Die Schweiz – ein Gefängnis*, zus. mit B. Thimm; IV.77 Recht und Gerechtigkeit).

Schwitter, Fabian, Dr. phil., freier Schriftsteller, Leipzig und Zürich (II.L.58 Lyrik).

Tanner, Jakob, Prof. Dr., em. Professor für Geschichte der Neuzeit und Schweizer Geschichte an der Universität Zürich (IV.66 Geschichte).

Thimm, Benjamin, M. Ed., wissenschaftlicher Mitarbeiter am Lehrstuhl für Neuere deutsche Literaturwissenschaft an der Technischen Universität Dortmund (II.F.22 *Ein Engel kommt nach Babylon*; II.F.26 *Herkules und der Stall des Augias*; II.I.36 *Der Sturz*; II.K.50 *Monstervortrag über Gerechtigkeit und Recht*, zus. mit M. Stingelin; II.K.57 *Die Schweiz – ein Gefängnis*, zus. mit M. Stingelin).

Utz, Peter, Prof. Dr., em. Professor für Neuere deutsche Literatur an der Universität Lausanne (II.A.9 *Der Tunnel*).

Voloshchuk, Ievgeniia, Prof. Dr., Projektmitarbeiterin am Axel Springer-Lehrstuhl für deutsch-jüdische Literatur-und Kulturgeschichte, Exil und Migration der Europa-Universität Viadrina Frankfurt (Oder) (VI.B.107 Sowjetunion).

von Matt, Peter, Prof. Dr., em. Professor für Neuere deutsche Literaturwissenschaft an der Universität Zürich (II.F.23 *Der Besuch der alten Dame*).

Wagner, Moritz, Dr. phil., wissenschaftlicher Mitarbeiter am Schweizerischen Literaturarchiv (SLA), Bern (II.F.24 *Frank der Fünfte*; V.86 Distanz/Gegenwelt).

Weber, Ulrich, Dr. phil., wissenschaftlicher Mitarbeiter am Schweizerischen Literaturarchiv (SLA), Bern (I.1 Ein unspektakuläres Leben: biografischer Abriss; I.2 Selbst- und Fremddarstellungen: Mythos Dürrenmatt; I.3 Politisch-kulturelle Kontexte; I.4 Freundschaften; I.5 Theater; I.6 Verlage; II.E.14 *Der Richter und sein Henker*; II.E.19 *Der Pensionierte*; II.H.33 *Der Mitmacher*; II.I.38 *Smithy*, zus. mit K. Schmid; II.J.46 Das *Stoffe*-Projekt, zus. mit R. Probst; II.K.54 *Der Mitmacher. Ein Komplex*; IV.65 Geld/Ökonomie; IV.67 Gnade, zus. mit A. Mauz; VI.A.100 Nachlass und Institutionen; VI.A.101 Rezeption: Überblick; VI.C.115 Literarische Rezeption; Anhang: Chronik zu Leben und Werk).

Weder, Christine, Prof. Dr., Professorin für Neuere deutsche Literatur an der Universität Genf (IV.70 Körper).

Wellnitz, Philippe, Dr. habil., Maître de conférences für deutsche Literatur an der Universität Paul Valéry Montpellier (V.96 Parodie/Satire/Groteske).

Winkler, Oliver, Dr. phil., Dozent am Departement Angewandte Linguistik der Zürcher Hochschule für Angewandte Wissenschaften (II.G.30 *Play Strindberg*).

Wirtz, Irmgard M., PD Dr., Leiterin des Schweizer Literaturarchivs, Bern (V.99 Welttheater).

Zanetti, Sandro, Prof. Dr., Professor für Allgemeine und Vergleichende Literaturwissenschaft an der Universität Zürich (V.88 Einfall).

Zeller, Rosmarie, Prof. Dr., em. Professorin für Neuere Deutsche Literatur an der Universität Basel (II.I.39 *Das Sterben der Pythia*; V.94 Moderne).

Zieliński, Jan, Prof. Dr., Professor für Weltliteratur an der Kardinal-Stefan-Wyszynski-Universität Warschau (VI.B.106 Polen).

Werkregister

In Klammern steht jeweils der Nachweis des Textes in der Werkausgabe (WA). Die kursive Ziffer gibt den Band an, danach folgen die Seitenzahlen. Vereinzelte Texte, die nicht in der Werkausgabe enthalten sind, werden nach einer anderen Buchausgabe nachgewiesen. Die Einordnung der Werktitel erfolgt alphabetisch nach dem ersten Wort (ohne Berücksichtigung der Artikel). Die Titel sind teilweise gekürzt, Gattungsbezeichnungen stehen nur, wo es mehrere Fassungen gibt. Titel anderer Autorinnen und Autoren stehen in einfachen Anführungszeichen (v. a. in Kritiken), dahinter folgt in Klammern der Name der Autorinnen und Autoren. Nicht berücksichtigt ist das Bildwerk.

Personenregister

Zeitfracht Medien GmbH
Ferdinand-Jühlke-Straße 7
99095 Erfurt, Deutschland
produktsicherheit@kolibri360.de